Agrarpolitik im 20. Jahrhundert

Agrarpolitik im 20. Jahrhundert

Das Bundesministerium für Ernährung
und Landwirtschaft und seine Vorgänger

Hrsg. von
Horst Möller, Joachim Bitterlich, Gustavo Corni,
Friedrich Kießling, Daniela Münkel, Ulrich Schlie

DE GRUYTER
OLDENBOURG

ISBN: 978-3-11-065116-4
e-ISBN (PDF): 978-3-11-065530-8
e-ISBN (EPUB): 978-3-11-065135-5

Library of Congress Control Number: 2020934093

Bibliografische Information der Deutschen Nationalbibliothek
Die Deutsche Nationalbibliothek verzeichnet diese Publikation in der Deutschen
Nationalbibliografie; detaillierte bibliografische Daten sind im Internet über
http://dnb.dnb.de abrufbar.

© 2020 Walter de Gruyter GmbH, Berlin/Boston
Einbandabbildung: Grüne Woche Berlin 1971, Besuch von
Bundesernährungsminister Josef Ertl, Altbundespräsident Heinrich Lübke
und EG-Vizepräsident Sicco Mansholt (v.r.n.l.). Quelle: Messe Berlin.
Druck und Bindung: CPI books GmbH, Leck

www.degruyter.com

Inhalt

Horst Möller: Einführung —— 1

Erster Teil: Vom Ersten Weltkrieg bis zum Ende der Weimarer Republik
Gustavo Corni, Francesco Frizzera

I   Die Entstehung des Kriegsernährungsamtes und die Agrarpolitik im Ersten Weltkrieg —— 11
    1   Einleitung —— 11
    2   Die Entwicklung der Landwirtschaft 1900–1918 —— 12
    3   Der Weg in die Zwangswirtschaft —— 14
    4   Strukturierung und Kompetenzen des KEA —— 20
    5   Neuorganisation der Verteilung —— 21
    6   Maßnahmen zur Förderung der Produktion und ihre Grenzen —— 24
    7   Reform des KEA, Schleichhandel und Zusammenbruch —— 26

II   Die Errichtung des Ministeriums und der Abbau der Zwangswirtschaft 1919–1923 —— 29
    1   Emanuel Wurm und der Primat der Ernährungsfrage —— 29
    2   Robert Schmidt: Konflikte über Wirtschaftspolitik —— 31
    3   Andreas Hermes: Ein Ministerium für Ernährung und Landwirtschaft —— 37
    4   Hyperinflation und Ernährungskrise 1922/23 —— 43

III Vom Neubeginn zur Agrarkrise 1924–1930 —— 51
    1   Förderung, Mechanisierung, Rationalisierung —— 51
    2   Zoll- und Handelspolitik —— 54
    3   Umschuldung und Notprogramm —— 60
    4   Die Ostpreußenhilfe —— 65
    5   Reorganisierung der Behörde —— 67
    6   Die ersten Schritte zur Marktregulierung —— 70

IV   Krise der Landwirtschaft, Krise der Republik 1930–1933 —— 74
    1   Proteste in der Landbevölkerung —— 74
    2   Wahlerfolg des Nationalsozialismus auf dem Lande und Bildung des Agrarpolitischen Apparats der NSDAP —— 76
    3   Die Agrarpolitik der Präsidialregierungen —— 80
    4   Osthilfe und Marktordnung —— 85

Zweiter Teil: Das Reichsministerium für Ernährung und Landwirtschaft in der Zeit des Nationalsozialismus
Ulrich Schlie

I Einführung, Gegenstand der Untersuchung und Quellenlage —— 105

II Die ersten Monate nach der Machtergreifung —— 109
   1 Die Rolle der Agrarpolitik bei der nationalsozialistischen Machtergreifung —— 109
   2 Die Episode Hugenberg und die Unterminierungstaktik Darrés —— 112
   3 Personal- und Sachpolitik in Vorbereitung der Amtsübernahme Darrés —— 117
   4 Exit Hugenberg —— 121

III Die Anfänge der nationalsozialistischen Agrarpolitik (1933–1935) —— 122
   1 Dienstantritt Darrés —— 122
   2 Zur Biographie und politischen Vorstellungswelt Herbert Backes —— 123
   3 Startbilanz und Bedeutung des Reichsernährungsministeriums im NS-System —— 130
   4 Der Personalkörper des Ministeriums —— 132
   5 Grundüberlegungen der Neuaufstellung der nationalsozialistischen Agrarpolitik —— 139
   6 Darré: Amtsverständnis und persönliches Regiment —— 146
   7 Auseinandersetzungen mit anderen Ressorts der Reichsregierung —— 149
   8 Parallelschaltung des Ministeriums durch den Reichsnährstand und interministerielle Einflusskämpfe —— 150
   9 Fließende Grenzen zwischen Reichsnährstand und Rasse- und Siedlungshauptamt —— 155
   10 Abgrenzungsprobleme zwischen Ministerium und Reichsnährstand —— 156
   11 Anfänge der Siedlungspolitik —— 158
   12 Zwischenbetrachtung —— 163

IV Vorbereitungen für einen Angriffskrieg —— 166
   1 Die Einrichtung des Amtes des Beauftragten für den Vierjahresplan als Zäsur —— 166
   2 Darrés Machtverfall —— 170
   3 Weitere Streitigkeiten mit anderen Ressorts —— 172
   4 Veränderte politische Rahmenbedingungen 1938/1939 und das Verhältnis zur SS —— 175

	5	Das Reichsprotektorat Böhmen und Mähren und fortgesetzte Spannungen zwischen Himmler und Darré —— 180
	6	Die Arisierung jüdischen Besitzes —— 183
	7	Vorbereitung eines Angriffskrieges? —— 185
	8	Am Vorabend des Zweiten Weltkrieges —— 187
V	**Das Ministerium im Krieg** —— 191	
	1	Kriegsbeginn 1939 —— 191
	2	Zwangsarbeit und verstärkte Arisierungen —— 192
	3	Die Einrichtung des Amts des Reichskommissars zur Festigung deutschen Volkstums —— 197
	4	Führererlasse und ministerielles Verwaltungshandeln —— 199
	5	„Exekutive der Siedlung" —— 201
VI	**Ostkrieg, Siedlung und Ernährung** —— 206	
	1	Professor Konrad Meyer und der Weg zum Generalplan Ost —— 206
	2	Neuordnung der Aufgabenverteilung im Ministerium —— 208
	3	Hungerkalkül und Vorbereitungen für den Angriff auf die Sowjetunion —— 212
	4	Fronde gegen Darré —— 216
	5	Backe wird „Geschäftsführender Minister" —— 219
	6	Gemeinsame Ostplanung und Siedlungspolitik an Himmlers Seite —— 222
	7	Der Geschäftsführende Ernährungsminister Backe als Muster-Nationalsozialist —— 228
	8	Verwaltungsvereinfachung und Zwangseinsatz von Fremdarbeitern —— 229
VII	**Von der Kriegswende bis zum Zusammenbruch** —— 232	
	1	Kriegswende 1943 und die Herausbildung einer neuen Machtgeometrie —— 232
	2	Die Kraut-Aktion 1944 —— 238
	3	Durchhalteparolen —— 240
	4	Auflösungserscheinungen und Ende —— 242
	5	Nachspiel: In der Geschäftsführenden Regierung Dönitz —— 246
VIII	**Schlussbetrachtung: Schuld und Verantwortung** —— 250	

Dritter Teil: Landwirtschaftspolitik unter alliierter Besatzung 1945–1949
Horst Möller, Eberhard Kuhrt

I   Ausgangsbedingungen 1945 —— 265

II Der Aufbau der länderübergreifenden Agrarverwaltungen in den westlichen Besatzungszonen —— 275
    1 Institutionelle Zuständigkeiten in den Ländern und in den drei Westzonen —— 275
    2 Amerikanische Besatzungszone: Abteilung für Ernährung und Landwirtschaft im Sekretariat des Länderrates – Sonderbevollmächtigter Hermann Dietrich —— 283
    3 Britische Besatzungszone: Zentralamt für Ernährung und Landwirtschaft (ZEL) – Hans Schlange-Schöningen —— 288
    4 Französische Besatzungszone —— 298
    5 Stufen der Kooperation in den westlichen Besatzungszonen: Der Wendepunkt 1947 —— 304
    6 Der Wirtschaftsrat des Vereinigten Wirtschaftsgebietes 1947–1949 —— 311
        Erster Wirtschaftsrat Juni 1947–Januar 1948 —— 311
        Zweiter Wirtschaftsrat Februar 1948–September 1949 —— 313
    7 Föderativorgane und Hauptverwaltungen: Verwaltung für Ernährung, Landwirtschaft und Forsten des Vereinigten Wirtschaftsgebietes (VELF) —— 315
    8 Landwirtschaftliche Organisationen in den Westzonen —— 326
    9 Das Personal —— 330

III Die zentrale Agrarverwaltung in der sowjetischen Besatzungszone —— 339
    1 Der Aufbau zentraler Verwaltungen – die DVLF / HVLF —— 339
    2 Zur Bodenreform —— 347
    3 Das Personal —— 351

Vierter Teil: Landwirtschaftsministerium und Agrarpolitik in der alten Bundesrepublik
Friedrich Kießling

I	Einführung: Rahmenbedingungen, Strukturen, Akteure — 367	
II	Die institutionelle Entwicklung — 371	
	1	Entstehung und frühe institutionelle Entwicklung des Ministeriums — 371
	2	Das Ministerium im politischen System der Bundesrepublik — 380
	3	Verwaltungskultur, institutionelles Selbstbild und Arbeitsweisen — 387
	4	Die institutionelle Entwicklung des Ministeriums bis in die 1980er Jahre — 393
III	Personen und Personalpolitik — 397	
	1	Minister und Staatssekretäre in der Ära Adenauer — 399
	2	Die leitenden Mitarbeiter des Ministeriums: Auswahl, Zusammensetzung, personelle Kontinuitäten und Diskontinuitäten — 415
	3	Historische Prägungen und Erfahrungsräume der leitenden Beamten — 432
		Zweifache (Fach-)Experten — 433
		Generationen — 437
		Prekäre Arrangements: Außenseiter, Distanz zum Nationalsozialismus und widerständiges Verhalten — 439
		Deutsche Besatzungsverwaltung im Zweiten Weltkrieg — 445
	4	Die Personalpolitik bis in die 1980er Jahre — 451
IV	Aspekte von Kontinuität und Diskontinuität in der Sachpolitik nach 1949 — 459	
	1	Marktpolitische Grundsatzentscheidungen zwischen Regulierung und Liberalisierung — 459
	2	Modernisierung und „Parität": Strukturpolitik des ländlichen Raums in der frühen Bundesrepublik — 465
	3	Agrarpolitik im Kalten Krieg: Ideengeschichtliche Aspekte und Systemauseinandersetzung — 473
	4	Das Landwirtschaftsministerium und die Anfänge der europäischen Integration — 479
V	Schluss: Belastungstoleranz und Traditionsverhalten. Der Umgang des Bundeslandwirtschaftsministeriums mit der NS-Vergangenheit — 502	

Fünfter Teil: Das DDR-Landwirtschaftsministerium – Politik und Personal
Daniela Münkel, Ronny Heidenreich

I   Einleitung —— 515

II   Das Ministerium —— 518
      1   Aufbau, Strukturen, Zuständigkeiten —— 518
      2   Personal und Personalpolitik von der Gründung bis in die 1970er Jahre —— 528
          Die Gründungsgeneration —— 530
          Die Aufbaugeneration: politische Aktivisten —— 537
          Zielkonflikte —— 545
          Säuberungen und Konsolidierung 1958/1959 —— 554
          Im Griff der SED: Personalpolitik in den 1960er Jahren —— 559
      3   Das Ministerium in der Landwirtschaftspolitik —— 565
          1952: Erster Kollektivierungsschub —— 566
          1960: Die Vollkollektivierung —— 580

III   Schatten der Vergangenheit —— 591
      1   „Nazis" im Ministerium —— 592
      2   Kontinuität der Experten —— 602
      3   Akademie der Landwirtschaftswissenschaften —— 611
      4   Besondere Fälle —— 621
          Der Zweitageminister Karl-Heinz Bartsch —— 622
          Der Fall Kurt Goercke —— 630

IV   Schlussbemerkungen —— 638

Sechster Teil: Sechzig Jahre Europäisierung der Agrarpolitik – Interessen, Konflikte, Weichenstellungen Eine historisch-politische Betrachtung
Joachim Bitterlich mit Simon Reiser

I   Einführung: Kontinuität und Reformen, Brüche und Widersprüche – eine „unendliche Geschichte"? —— 651
      1   Gegenstand der Betrachtung —— 651
      2   Grundlagen und Ausgangspunkte der Europäisierung —— 652
      3   Die Weichenstellungen der Anfangszeit —— 654

II	**Die sechziger Jahre —— 657**	
	1	Getreidepreis und Gemeinsamer Markt —— 657
	2	Frankreichs „Politik des „leeren Stuhls" und der „Luxemburger Kompromiss" —— 659
	3	Die Führung der deutschen Agrarpolitik in den 60er Jahren —— 663
III	**Die Agrarpolitik der 70er Jahre – Erste Korrekturen und Reformbemühungen —— 666**	
	1	Schreckgespenst Überschüsse – Butterberge, Milchseen —— 666
	2	„Währungsausgleichbeiträge" – Zankapfel zwischen Deutschland und Frankreich —— 667
	3	Erste Bemühungen zur Eindämmung der Überproduktion —— 669
	4	Die Führung der deutschen Agrarpolitik in den Jahren der sozialliberalen Koalition —— 672
IV	**Die achtziger Jahre —— 674**	
	1	Nächste Reformschritte: Von der Haushaltskrise 1981 zur Milchquote 1984 —— 674
	2	Das Grünbuch der Kommission im Juli 1985 —— 679
	3	Die Führung der deutschen Agrarpolitik in der Ära Kohl —— 681
V	**Die 90er Jahre: erste grundlegende Reformen und „Brüche" mit der Konzeption —— 685**	
	1	Deutsche Wiedervereinigung – die „Task Force" der Kommission —— 685
	2	Die MacSharry-Reform —— 689
	3	Schritte und Konsequenzen der Erweiterungen bis zur Jahrhundertwende – neue Herausforderungen —— 691
VI	**Bilanz nach vierzig Jahren GAP —— 695**	
	1	Das BML und das Verhältnis zu Frankreich und den Partnerstaaten —— 695
	2	Das BML im Verhältnis zu Brüssel – Strategien der Einflussnahme —— 697
	3	Die Stellung des BML innerhalb der Bundesregierung —— 698
	4	Verhältnis zu Bundesländern und Verbänden —— 699
VII	**Zukunft und Ausblick —— 702**	

Horst Möller: Schlussbemerkungen —— 707

Anhang

Schaubilder —— 727

Verzeichnis der politischen Leitungen der zentralen deutschen Regierungsbehörden für Landwirtschaft —— 745

Quellen- und Literaturverzeichnis —— 751
    Unveröffentlichte Quellen —— 751
    Veröffentlichte Quellen, Editionen —— 755
    Zeitgenössische Literatur, Memoiren —— 758
    Zeitungen und Zeitschriften —— 763
    Sekundärliteratur —— 763

Abkürzungsverzeichnis —— 791

Die Autorin und Autoren dieses Bandes —— 795

Personenregister —— 799

Horst Möller

Einführung

I

Der vorliegende Band ist im Rahmen der durch die Bundesregierung beschlossenen Erforschung der Geschichte der Bundesministerien entstanden. Ziel dieser Projekte, über die verschiedentlich auch der Ausschuss für Kultur und Medien des Deutschen Bundestages beraten hat, ist die Beantwortung einer doppelten Frage: Welche Rolle spielten die Reichsministerien für die Herrschaftsstruktur der nationalsozialistischen Diktatur? Welche personellen und sachlichen Kontinuitäten aus den Jahren vor 1945 blieben beim demokratischen Neubeginn nach dem Zweiten Weltkrieg 1945 bzw. 1949 wirksam?

Der damalige Bundesminister für Ernährung und Landwirtschaft, Christian Schmidt, beauftragte nach einem vorangegangenen Colloquium im Sommer 2016 eine aus sechs Mitgliedern bestehende Unabhängige Historikerkommission mit der Darstellung der Geschichte des Bundesministeriums für Ernährung, Landwirtschaft und Forsten sowie seiner Vorgängerinstitutionen im Kontext des 20. Jahrhunderts. Seine Nachfolgerin, Bundesministerin Julia Klöckner, unterstützte die Fortsetzung der Arbeit. Beide Bundesminister – wie auch der Ausschuss für Ernährung und Landwirtschaft des Deutschen Bundestages – haben sich in Gesprächen mit den Beteiligten zwischenzeitlich über den Fortgang der Arbeiten informiert. Der Kommission gehörten an: Prof. Dr. Horst Möller, München (Vorsitzender); Botschafter a. D. Prof. Joachim Bitterlich, Paris/Berlin; Prof. Dr. Gustavo Corni, Trient; Prof. Dr. Andreas Dornheim, Bamberg; Prof. Dr. Friedrich Kießling, Eichstätt-Ingolstadt; Prof. Dr. Daniela Münkel, Berlin/Hannover; Prof. Dr. Ulrich Schlie, Berlin/Budapest. Aufgrund einer längeren Erkrankung von Andreas Dornheim – die jetzt glücklicherweise überwunden ist – wurde die Entwicklung des RMEL in der NS-Diktatur von Ulrich Schlie bearbeitet. Eberhard Kuhrt besorgte, neben seiner Tätigkeit als Mitautor und der Mitwirkung an den Kommissionssitzungen, die Schlussredaktion und erstellte die Anhänge.

Die Kommission arbeitete unabhängig, wurde aber bestmöglich vom BMEL unterstützt, wofür insbesondere Ministerialdirigent a. D. Dr. Ulrich Kuhlmann sowie dem zuständigen Referatsleiter Ministerialrat Sebastian Graf von Keyserlingk und ihren Mitarbeitern sehr zu danken ist.

Das Bundesministerium hat – wie auch das Bundesarchiv – soweit es selbst zuständig war, den Quellenzugang sichergestellt. Die Einschränkungen, die das Bundesbeamtengesetz für die Benutzung von Personalunterlagen noch nicht bzw. erst kürzlich Verstorbener vorsieht, erwiesen sich für die Kommissionsarbeit als irrelevant. Der Kommission lagen auch die früheren zum Teil vertraulichen Gutachten von Professor Dr. Andreas Dornheim zur ‚Ehrwürdigkeitsprüfung' ehemaliger Mitarbeiter des BMEL und zur Rolle des Reichsernährungsministeriums in der nationalsozialistischen Diktatur vor, die die damalige Bundesministerin Renate Künast in Auftrag gegeben

hatte. Die Kommissionsmitglieder hatten uneingeschränkten Aktenzugang. Die Unabhängige Historikerkommission beim BMEL nahm ihre für drei Jahre geplante Arbeit im Herbst 2016 auf und legte am 15. Mai 2017 in einer öffentlichen Veranstaltung im BMEL Konzeption und Zwischenbericht vor. Gemäß ihrem Auftrag sollten für die Erforschung der Geschichte des Bundesministeriums für Ernährung, Landwirtschaft und Forsten im Kontext der deutschen Geschichte des 20. Jahrhunderts insbesondere folgende Aspekte berücksichtigt werden:
– die Wiederbegründung des Ministeriums im Jahr 1949,
– die Geschichte seiner Vorgängerinstitutionen,
– die Frage nach personellen und sachlichen Kontinuitäten bzw. Diskontinuitäten,
– die Haltung zu seinen Vorgängerinstitutionen,
– die Rolle der Verbände,
– die zeitlich parallelen Entwicklungen in der Deutschen Demokratischen Republik.

II

Ziel des Bandes ist also keine Geschichte der Agrarpolitik oder der Landwirtschaft i. e. S., sondern eine Institutionengeschichte des Bundesministeriums bzw. der ihm im 20. Jahrhundert vorausgegangenen Institutionen. Die epochenspezifischen agrar- und ernährungspolitischen Entwicklungen werden jedoch in die Darstellung einbezogen, soweit sie für das Verständnis notwendig sind. Die eingehende Diskussion über die Rolle des Ernährungsministeriums und des Reichsnährstandes in der NS-Diktatur sowie die Frage nach personellen und sachlichen Kontinuitäten nach 1945 zeigte: Eine Analyse der Kontinuitätsfrage ist sachgerecht nur möglich, wenn sie sich nicht auf die Schwellenjahre 1945/49 beschränkt. Vielmehr müssen die zahlreichen politischen, gesellschaftlichen und wirtschaftlichen Einschnitte der deutschen Geschichte – 1918/19 (Revolution und Friedensschluss), 1930/33 (Krise der Republik und nationalsozialistische Machtergreifung), 1939/45 (Zweiter Weltkrieg), 1949 (Staatsgründungen), 1955/57 (Westbindung der Bundesrepublik) und 1989/90 (Friedliche Revolution und Wiedervereinigung) – insgesamt in den Blick genommen werden.

Hierin liegt die Spezifik des vorliegenden Bandes: Er reduziert die Frage nach den Kontinuitäten nicht auf den Zivilisationsbruch des Nationalsozialismus, sondern weitet sie auf das 20. Jahrhundert seit dem Ersten Weltkrieg aus. Nur so sind längerfristige Kontinuitäten, aber auch mentale und administrative Traditionsbildungen in den Ministerien erfassbar und innovative Schübe historisch einzuordnen, nur so ist das Verhältnis zwischen politischer Leitung und Ministerialverwaltung prinzipiell zu erfassen, nur so kann die vielberufene These des Weimarer Staatsrechtslehrers Otto Mayer „Verfassungsrecht vergeht, Verwaltungsrecht besteht" (1924) hinterfragt werden. Hierbei handelt es sich nicht allein um eine juristische, sondern um eine eminent politische Frage. Wie weit wäre die relative Eigenständigkeit des Verwaltungshandelns, die diese These impliziert, vereinbar mit der Treue- und Gesetzespflicht, die jeder Staat, auch der diktatorische, von seinen Bediensteten einfordert? Wie weit könnte diese andererseits eine Erklärung – keineswegs jedoch eine Rechtfertigung im juristischen oder moralischen Sinn – für unrechtsstaatliches Verwaltungshandeln bieten?

Nur in der langfristigen Analyse wird das Verhältnis von Kontinuität und Diskontinuität in der deutschen Geschichte klar, handelt es sich doch stets um ein Mischungsverhältnis. Eine dogmatische Entgegensetzung verfehlt die historische Realität ebenso wie die Konstruktion einer „Stunde Null", die es allein schon deshalb nicht geben kann, weil auch im Falle massiver Brüche, wie es die Katastrophe des Zweiten Weltkriegs mit dem Ende im Jahr 1945 war, die deutsche Bevölkerung ja nicht einfach ausgewechselt werden konnte, also historische Prägungen und Traditionen erhalten blieben. „Die Bundesrepublik ist eine neue staatliche Formation in der Geschichte der Deutschen. Sie unterscheidet sich in ihrer Verfassung und politischen Ordnung, in ihrer Sozial- und Wirtschaftsstruktur, in ihrer politischen Kultur und den dominanten Wertorientierungen vom Kaiserreich, der Weimarer Republik und dem nationalsozialistischen Herrschaftssystem. Zugleich aber steht sie in der Tradition des Deutschen Reiches: politisch, sozial, wirtschaftlich und kulturell. Sie ist kein ‚Neustaat' und noch viel weniger eine ‚neue Gesellschaft' oder gar eine ‚neue Kultur'". Und doch schließt der Soziologe M. Rainer Lepsius diesen Befund mit der Diagnose: „Schon die Existenz der Bundesrepublik ist ein Ausdruck der Diskontinuität der deutschen Geschichte."[1] Diese Paradoxie gilt es zu analysieren, was zunächst nicht gesamtstaatlich und gesamtgesellschaftlich, sondern nur sektoral in Angriff genommen werden kann, hier also am Beispiel des Landwirtschaftsministeriums.

III

In der Landwirtschaft und Agrarpolitik überlagerte sich ein tiefgreifender Strukturwandel mit politischen und gesellschaftlichen Umbrüchen: Dazu zählen auch die ökonomischen, territorialen und demographischen Folgen zweier Weltkriege sowie die verbrecherische Kriegs-, Raum- und Rassepolitik des NS-Regimes, die durch Besetzung der meisten angrenzenden Staaten – wie im Falle Polens – deren Territorien teilweise in die großdeutsche Agrarpolitik eingliederte. Nach dem II. Weltkrieg wurde zunächst die SBZ, dann die SED-Diktatur in das 1989 offensichtlich gescheiterte Großexperiment der sowjetsozialistischen Zentralverwaltungswirtschaft einbezogen, während die Bundesrepublik Deutschland, beginnend mit den Montan- sowie den Römischen Verträgen, zunehmend in die Europäischen Gemeinschaften integriert und seit der Konferenz von Stresa 1958 Teilnehmer ihrer gemeinsamen Agrarpolitik wurde.

---

1 Lepsius, M. Rainer: Die Bundesrepublik Deutschland in der Kontinuität und Diskontinuität historischer Entwicklungen. Einige methodische Vorüberlegungen, in: Ders.: Demokratie in Deutschland. Soziologisch-historische Konstellationsanalysen, Göttingen 1993, S. 135–144, die Zitate S. 135.

Die Ministerialverwaltungen standen im 20. Jahrhundert einerseits vor fortbestehenden Strukturen und Aufgaben der Landwirtschaftspolitik, die auch in unterschiedlichen Kontexten weiter bewältigt werden mussten, andererseits aber auch vor jeweils neuen politischen Herausforderungen und vor ideologischen Vorgaben der beiden Diktaturen in Deutschland.

Die Spannung des Projekts ergibt sich somit aus der Dialektik von Kontinuität und Diskontinuität, und zwar gleichermaßen für die Personalebene wie für die Sachpolitik. Aus ihr folgten Handlungszwänge für die Agrarverwaltungen, die zu Unterschieden, aber auch Analogien führten: So musste die Agrarpolitik sowohl infolge des Ersten als auch des Zweiten Weltkriegs auf die katastrophale Ernährungslage reagieren, jedoch unter völlig verschiedenen politischen Voraussetzungen – im und auch nach dem Ersten Weltkrieg in deutscher Selbstverantwortung in relativ intakten Strukturen, nach 1945 unter zonal gegliederter alliierter Besatzung in weitgehend aufgelösten Verwaltungsorganisationen und unter den erschwerenden Rahmenbedingungen der Abtrennung der Ostgebiete und des Hereinströmens von knapp 12 Millionen Flüchtlingen und Vertriebenen in das Vier-Zonen-Deutschland. Gleichzeitig veränderten sich auch die Verwaltungsstrukturen, da der föderative Staatsaufbau, den die NS-Diktatur faktisch beseitigt hatte, wiedererstand, für kurze Zeit sogar in der SBZ.

Seit den 1950er Jahren stellt sich die Frage nach dem Verhältnis kontinuierlicher zu diskontinuierlichen Elementen verstärkt unter dem Gesichtspunkt eines tiefgreifenden Wandels der Landwirtschaft. Durch die rasanten Fortschritte in Agrartechnik und Züchtung, inspiriert vor allem durch agrarwissenschaftliche Forschung, und in der Bundesrepublik auch durch die europäische Integration wurden frühere Ernährungsprobleme nicht nur bewältigt, sondern später durch Überproduktion abgelöst. Nach dem vorhergehenden Autarkiestreben des NS-Regimes änderten sich seit den 1950er Jahren die Export- und Importpolitik sowie immer stärker auch die Ernährungsgewohnheiten.

Für die Agrarpolitik bedeutete dies: Neben das zuvor zwangsläufig dominante Ziel der Ernährungssicherung traten neue Aufgaben der Flankierung des Strukturwandels, der aus der Land-Stadt-Wanderung mit der rasanten Verminderung der Zahl der landwirtschaftlichen Betriebe und der in der Landwirtschaft Beschäftigten resultiert. In den letzten Jahrzehnten entwickelten sich Herausforderungen für eine umfassend konzipierte Politik für die ländlichen Räume, in der die Ökologie eine wachsende Rolle spielt. Auf solche zum Teil fundamentalen Veränderungen mussten und müssen nicht allein die Agrarpolitik im Allgemeinen, sondern auch Aufbau und Ausrichtung des Ministeriums reagieren. Dies gilt nicht minder für die Lobbyarbeit der Agrarverbände, aber auch für die Verortung des Ministeriums im öffentlichen Raum, der wesentlich durch parlamentarische Kontrolle und Medien geprägt wird.

IV

Auch in Bezug auf die personelle Kontinuität ist die häufig anzutreffende Reduzierung auf das Jahr 1945 irreführend. So ist beispielsweise ein Beamter, der 1925 in ein Landwirtschaftsministerium eintrat – sei es auf Reichs-, sei es auf Länderebene –, im Falle einer regulären Laufbahn ungefähr 1965 pensioniert worden. Er hat also während seiner Dienstzeit unter Einrechnung der Besatzungszeit vier verschiedene politische Rahmenbedingungen bzw. politische Systeme erlebt; zählt man seine Ausbildung im Kaiserreich hinzu, sogar fünf. Die Untersuchung personeller Kontinuitäten muss all diese Umbrüche einbeziehen. Dabei stellt sich die Frage, in welchem Maße in den einzelnen Phasen Sachpolitik betrieben werden konnte, wie weit im Falle der nationalsozialistischen Diktatur ideologische oder politische Übereinstimmung ging. Gab es Handlungsspielräume, wie wurden sie ggf. genutzt oder infolge politischer Gleichschaltung – durch Repression oder durch systemkonforme politische Zielsetzung – nicht ausgeschöpft?

Aus solchen prinzipiellen Kontexten ergeben sich konkrete Fragen, insbesondere: Wie weit war der demokratische Neubeginn in der Bundesrepublik nach 1945 und 1949 durch NS-belastetes Personal mitgeprägt – und schärfer gefragt: Wie war es möglich, dass der Aufbau einer demokratischen Verwaltung gelang, obwohl ein erheblicher Anteil von Personal mit unterschiedlichen Graden von NS-Belastung daran mitwirkte?

Die Untersuchung des statistischen und individuellen Ausmaßes von NS-Belastungen konzentriert sich – abgesehen von der NS-Zeit – auf die Kapitel, die die Jahre nach 1945 und nach 1949 behandeln. Untersucht werden die leitenden Angehörigen des Ministeriums und der zonalen und zonenübergreifenden Vorläuferbehörden vom Referatsleiter aufwärts unter Einbeziehung der persönlichen Referenten der Hausleitung. Die Quellenbasis bilden die Personalakten, soweit sie erhalten und unter beamten- und datenschutzrechtlichen Gesichtspunkten zugänglich sind, grundsätzlich bis hin zum Geburtsjahrgang 1927, dessen Angehörige in der Zeit der NS-Diktatur noch das 18. Lebensjahr vollendeten und regulär im Jahr 1992 aus dem öffentlichen Dienst ausschieden.

Die Frage, wie „NS-Belastung" bei Angehörigen der Agrarverwaltung zu interpretieren sei, ist selbst Gegenstand der Untersuchung: Welche Tatbestände wurden zu welcher Zeit in den deutschen zentralen Agrarverwaltungen nach 1945 als „belastend" angesehen und welche Konsequenzen ergaben sich daraus? Verfahrensweisen, politische und rechtliche Beurteilung und ggf. disziplinarische oder strafrechtliche Ahndung haben sich seit den alliierten Entnazifizierungsverfahren und den deutschen Spruchkammer-Urteilen nach 1945 mehrfach verändert, so dass eine differenzierende Analyse erforderlich ist.

Die Kommission unterscheidet prinzipiell zwischen formaler und materieller Belastung. Bei der Bewertung von Mitgliedschaften in der NSDAP und ihren Unterorganisationen und angeschlossenen Verbänden ist zu differenzieren

- zwischen bloßer (passiver) Parteimitgliedschaft, ohne weitere Funktion oder NS-Aktivität, und aktiver Parteimitgliedschaft; dabei kann auch das Datum des Parteieintritts relevant sein. Einfache Parteimitgliedschaft ohne jede Funktion oder weitere NS-Aktivität wird für die Untersuchung statistisch erfasst, aber nicht als gravierende materielle Belastung gewertet;
- zwischen freiwilliger und Zwangsmitgliedschaft (wie z.B. im Reichsnährstand, der Deutschen Arbeitsfront u.a.);
- zwischen Mitgliedschaft in Organisationen, die in den Nürnberger Prozessen als „verbrecherische Organisationen" eingestuft wurden, also Terrorinstrumente des NS-Regimes waren (z.B. Gestapo, Reichssicherheitshauptamt, SS, Einsatzgruppen des Sicherheitsdienstes, Korps der politischen Leiter), und solchen, die kaum oder wenig oder nicht zwangsläufig an Verbrechen beteiligt waren. Freiwillige Tätigkeit in einer „verbrecherischen Organisation" ist auch im Falle nicht individuell nachweisbarer Handlungen als nicht spezifizierbares Kriterium einer materiellen Belastung zu werten.

Als materielle Belastungen beurteilt die Kommission
- Akte, die nach Kriterien rechtsstaatlicher Justiz – wie in der Weimarer Republik oder der Bundesrepublik Deutschland – als kriminell einzustufen sind;
- Funktionen im Partei- und/oder im Terrorapparat;
- Erwerb von Leitungsfunktionen durch spezifische NS-Personalpolitik;
- maßgebliche Mitwirkung an NS-propagandistischen Aktivitäten bzw. ausgeprägte ideologische Nähe zum Nationalsozialismus;
- maßgebliche Mitwirkung an der inhaltlichen Ausrichtung NS-spezifischer Politik oder sonstiger NS-spezifischer Entscheidungen.

Schließlich ist auch auf der Ebene der Sachpolitik die Kontinuitätsfrage differenziert zu beantworten, zumal die NS-Politik, um sich eine breite Zustimmung der bäuerlichen Bevölkerung zu sichern, ältere Forderungen und Vorstellungen aus der Landwirtschaft aufgriff und in ihrer Blut- und Boden-Mystifizierung ideologisch überhöhte. Die Kommission geht der Frage nach, ob und in welchem Maße in gewissen konstanten Elementen – wie z.B. in bestimmten Entscheidungen für Agrarschutz- und Marktordnungsmaßnahmen – Elemente der NS-Agrarpolitik nach 1945 weiterwirkten. Neben der Ordnung des Agrarmarktes ist hier unter anderem Kontinuität bzw. Epochenspezifik von Siedlungskonzeptionen zu diskutieren.

Mit Blick auf die Entwicklung in der DDR stellt sich die Frage, ob und in welchem Umfang auch dort auf belastete Fachleute zurückgegriffen worden ist bzw. inwieweit sich der Verzicht auf diese politisch und fachlich auswirkte. Weiterhin verdient auch die Frage Beachtung, welche Kontinuitätslinien zur NS-Agrarpolitik gegeben sind und in welchen Bereichen es besonders scharfe Brüche gab. Auch die personal- und agrarpolitischen Folgen des Aufstands am 17. Juni 1953 und der vollständigen Grenzabriegelung seit dem 13. August 1961 werden berücksichtigt.

V

Der Band ist in sechs teils chronologisch, teils systematisch definierte Teile gegliedert, die sich, sachbedingt bei personellen oder inhaltliche Kontinuitäten, teilweise überschneiden:
– Agrarpolitik und Agrarverwaltung vom Ersten Weltkrieg bis zum Ende der Weimarer Republik (Gustavo Corni/Francesco Frizzera),
– Agrarpolitik und Agrarverwaltung in der NS-Diktatur einschließlich der besetzten Gebiete im Zweiten Weltkrieg (Ulrich Schlie),
– Landwirtschaftspolitik in Deutschland unter alliierter Besatzung (1945–1949) (Horst Möller/Eberhard Kuhrt),
– Bundesrepublik I, insbesondere Wiederbegründung des Ministeriums nach 1949, Frühphase der Bundesrepublik und Strukturwandel (Friedrich Kießling),
– Bundesrepublik II, insbesondere der Weg zur Mitgliedschaft in den Europäischen Gemeinschaften und die Internationalisierung der deutschen Landwirtschaft (Joachim Bitterlich/Simon Reiser),
– Agrarpolitik und Agrarverwaltung in der DDR (Daniela Münkel/Ronny Heidenreich).

Der Berichtszeitraum umfasst die Zeit von der Errichtung des Reichsernährungsministeriums 1919 (unter Berücksichtigung des 1916 gegründeten Kriegs- bzw. Reichsernährungsamtes, das als unmittelbarer Vorläufer des REM anzusehen ist) bis zur Wiedervereinigung.

Die Wiedervereinigung 1990 bedeutete auch für die Agrarpolitik in Deutschland und natürlich für die Geschichte des heutigen Bundesministeriums für Ernährung und Landwirtschaft insofern einen massiven Einschnitt, als die bis dahin sozialistisch-planwirtschaftliche Großlandwirtschaft und ihre völlig anderen Strukturen in die vereinigte Bundesrepublik integriert werden mussten. Die SBZ bzw. die DDR gehören zum Kommissionsauftrag, weil die NS-Diktatur auch ihre Vorgeschichte bildet und weil sie selbst seit 1990 zur Vorgeschichte des wiedervereinigten Deutschland gehört. Folglich wurde sie zum Arbeitsfeld der Agrarpolitik des BMEL. Der komplexe Integrationsprozess und die Neustrukturierung seit 1990 bildet indes ein neues, in diesem Rahmen nicht mehr zu untersuchendes Thema.

In den einzelnen Teilen werden die Rahmenbedingungen berücksichtigt. Dazu zählen knappe Angaben über Strukturdaten und Basisinformationen zur Agrargeschichte der jeweiligen Epoche, Kompetenzverteilung zwischen Zentralinstanzen, Ländern und Kommunen, die epochenspezifischen Probleme und Ziele der Agrarpolitik, institutionelle und personelle Akteure. In den Abschnitten zur NS-Diktatur werden die ideologischen Komponenten (,Blut und Boden') ebenso einbezogen wie die agrarpolitischen Sektoren der Besatzungspolitik, darunter Rasse- und Siedlungspolitik. Den Schwerpunkt bildet jeweils die Geschichte der zentralen Institutionen der Ernährungs- und Agrarverwaltung, wozu die für das Herrschaftssystem der NS-Diktatur charakteristische Doppelstruktur von REM und Reichsnährstand gehört. Für die Besatzungszeit 1945 bis 1949 spielt der dynamische Pluralismus unterschiedlicher, zum Teil konkurrierender Besatzungsbehörden und nachgeordneter deutscher Verwaltungseinheiten eine spezifische Rolle. Für die Agrarpolitik der SBZ bzw. der DDR kommen den ideologischen Prämissen des Kommunismus sowie ihrer realpolitischen Umsetzung eine wesentliche Bedeutung zu.

Untersucht werden für den gesamten Zeitraum die Personalstruktur und administrative Struktur, politische Leitung, die agrarpolitischen Entwicklungen und die jeweiligen Konzeptionen von Landwirtschaftspolitik, das Selbstverständnis des Ministeriums einschließlich des Umgangs mit der eigenen Geschichte, Gewicht und Einfluss der Agrarlobby und das politische und ökonomische Gewicht des Landwirtschafts- und Ernährungssektors in Relation zu anderen Wirtschaftssektoren.

VI

Naturgemäß ist die Quellen- und Forschungslage für die einzelnen Teile ungleich. Folglich werden für einzelne Teile die Quellengattungen, archivalische und publizierte Quellen in unterschiedlichem Ausmaß herangezogen. Und auch die hier genannten leitenden Fragestellungen können aus Sachgründen nicht für alle untersuchten Perioden mit vergleichbarer Intensität behandelt werden. Wenngleich die Teile aufeinander abgestimmt sind, resultiert die Spezifik der jeweiligen Teile doch nicht allein aus der behandelten Thematik, sondern zudem aus der jeweiligen Vorgehensweise der Autoren.

Einen von vornherein eigenen Zuschnitt besitzt der abschließende Teil über die EU-Agrarpolitik, für die die Jahre 1990/1992 (als Beamte, die seit 1927 tätig waren, pensioniert wurden), keine Zäsur bilden. Aber nicht nur chronologisch, auch systematisch unterscheidet sich diese Thematik von den anderen Teilen und deren Darstellungsweise. Methodisch geht es nicht zuletzt darum, die bundesdeutsche Agrarpolitik in der EG der 1970er/1980er Jahre im Horizont späterer Erfahrungen und Wirkungen zu erfassen und zu beurteilen. Sie resultieren aus essentiellen Wandlungen der EG/EU-Agrarpolitik der 1990er Jahre, womit wiederum eine neue Epoche perspektivisch in den Blick genommen wird. Insofern profitiert dieser insgesamt historisch noch nicht abgeschlossene Teil von der beruflich-diplomatischen Erfahrung des Verfassers in diesem Prozess.

Erster Teil:
**Vom Ersten Weltkrieg
bis zum Ende der Weimarer Republik**

Gustavo Corni, Francesco Frizzera

I Die Entstehung des Kriegsernährungsamtes und die Agrarpolitik im Ersten Weltkrieg[1]

1 Einleitung

Ein Reichsministerium für Ernährung und Landwirtschaft wurde eher spät im Deutschen Reich gegründet, als direkte Folge des Ersten Weltkrieges und der andauernden Schwierigkeiten in den Nachkriegsjahren bei der Versorgung der Zivilbevölkerung. In Preußen war seit Juli 1848 ein Staatsministerium für Landwirtschaft, Domänen und Forsten tätig. In keinem anderen Bundesstaat wurde im Laufe des 19. Jahrhunderts eine ähnlich spezialisierte Behörde gegründet. Meist gab es Abteilungen oder Sektionen in den Wirtschafts- oder Handelsministerien, die sich mit Landwirtschaft und Forsten beschäftigten. Während des Krieges wurde das im Jahre 1916 errichtete Kriegsernährungsamt (KEA) Hauptakteur des staatlichen Interventionismus in der Landwirtschaft und direkter Vorgänger des Reichsernährungsministeriums. Dieser kriegsbedingte Wendepunkt, der die kaiserliche Regierung zwang, Nahrungsmittelproduktion und -verteilung zentral zu verwalten, ist keine deutsche Besonderheit. In fast allen kriegführenden Staaten und sogar in einigen neutralen Ländern wurden damals Zentralbehörden oder Ministerien gegründet, die für die Verwaltung und Bewirtschaftung von Lebensmitteln zuständig waren.[2]

Dadurch wurden Verwaltungsstrukturen und -praktiken errichtet, die die folgenden Jahrzehnte kennzeichneten. Diese mit hoch qualifiziertem Personal besetzten Ressorts gingen aus den Bedürfnissen des Krieges hervor. Sie blieben nach dem Konflikt ein struktureller Bestandteil der öffentlichen Verwaltung in der Zwischenkriegszeit.[3] Die Folgen dieser Entwicklung sind langfristig. Auch in den folgenden zwei Jahrzehnten, in Anbetracht der nicht lösbaren strukturellen Engpässe in Produktion und Verteilung, griff der Staat auf zum Teil umfangreiche Maßnahmen zur Beschränkung des freien Marktes zurück, obwohl die Ergebnisse der Zwangswirtschaft damals und danach als das schlimmste Übel überhaupt verteufelt worden waren.

Der vorliegende erste Teil unseres Bandes beschreibt die Entwicklung des Reichsministeriums für Ernährung und Landwirtschaft (RMEL), ausgehend von seinem Vorgänger in der Kriegszeit. Das RMEL setzte sich während der Weimarer Zeit mit gegensätzlichen Tendenzen auseinander. Seine Tätigkeit musste den Bedarf an Nah-

---

1 Die Autoren haben die Forschungsarbeit gemeinsam durchgeführt und den vorliegenden Text gemeinsam konzipiert. Dr. Frizzera ist jedoch für die Abschnitte 1.2, 1.4, 1.5, 1.6, 2.3, 3.1, 3.3, 3.4, 3.5, 3.6, 4.3 verantwortlich, Prof. Corni für die restlichen Abschnitte. Die Übersetzung ins Deutsche ist von Ulrich Beutler.
2 Hardach, Gerd: Der Erste Weltkrieg 1914–1918, München 1973, S. 147–150.
3 Melis, Guido: Due modelli di amministrazione tra liberalismo e fascismo. Burocrazie tradizionali e nuovi apparati, Roma 1988, S. 11–48.

rungsmitteln für den inneren Markt einerseits und anderseits die Forderungen der gut organisierten sektoralen *pressure groups* berücksichtigen, die auf die Erhaltung oder Verbesserung der Einkommensverhältnisse der Bauern und Landwirte angewiesen waren. Seine Initiativen bewegten sich zwischen den beiden sich widersprechenden Polen der Marktliberalisierung und des staatlichen Interventionismus. Der Handlungsraum war sehr eng angesichts der Krise der Landwirtschaft, die zunehmend spürbar wurde, sowie der politischen und (nach 1933) politisch-ideologischen Relevanz des primären Sektors. Ein roter Faden durchläuft, trotz der Brüche, drei unterschiedliche politischen Regime: das Kaiserreich, die Republik und den Aufstieg der nationalsozialistischen Diktatur.

Die Quellenlage wirkt sich maßgeblich auf die Struktur dieses ersten Teiles des Bandes aus. Aufgrund zahlreicher Lücken in der Überlieferung von Archivalien des Reichsernährungsministeriums, insbesondere was die Personalakten betrifft, war es nicht möglich, die Karrieren der Beamten für die Zeit vor 1933 so detailliert zu rekonstruieren wie in den folgenden Teilen des Buches. Auch der Zugriff auf andere Quellen war in dieser Hinsicht nicht ausreichend.[4] Aus diesen Gründen beschränkt sich die Untersuchung der Struktur des Ministeriums auf die Führungsebene.

2 Die Entwicklung der Landwirtschaft 1900–1918

Der Beginn des Jahrhunderts fällt mit einer Phase des Aufschwungs für den Primärsektor zusammen. Die Mechanisierung und der Einsatz von Kunstdünger nahmen zu. Folglich wuchsen die Hektarerträge. Im europäischen Vergleich verzeichnete Deutschland 1913 die höchsten Hektarerträge für Weizen, Roggen, Gerste, Hafer und Kartoffeln.[5] Die Viehhaltung wies eine Verdoppelung des Schweinebestands (von 8,43 auf 18,86 Mio.) zwischen 1885 und 1907 und eine Zunahme des Rindviehbestands von 15,5 auf fast 20 Mio. auf. Die landwirtschaftliche Produktion insgesamt hatte im Jahr 1913 einen Stand von 160 % gegenüber dem Basisjahr 1900 (=100 %) erreicht.[6] Es gab „gute Gründe dafür, die zwei Jahrzehnte vor dem Krieg als die besten in der Geschichte der deutschen Landwirtschaft anzusehen."[7]

---

[4] Wir haben Bestände der Reichskanzlei, des Finanzministeriums, des Preußischen Geheimen Staatsarchivs, des Archivs für christlich-demokratische Politik, des Bayerischen Hauptstaatsarchivs und von mehreren Personalnachlässen benutzt.
[5] Grant, Olivia: Agriculture and economic development in Germany, 1870–1938, in: Lains, Pedro/Pinilla, Vincente (Hgg.): Agriculture and Economic Development in Europe since 1870. London/ New York 2009 (*Grant, Agriculture*), S. 181–183.
[6] Dillwitz, Sigrid: Die Struktur der Bauernschaft von 1871 bis 1914, dargestellt auf der Grundlage der Deutschen Grundstatistik, in: Jahrbuch für Geschichte, Bd. 9, 1973, S. 49.
[7] Moeller, Robert G.: German Peasants and Agrarian Politics, 1914–1924: The Rhineland and Westphalia, Chapel Hill 1986 (*Moeller, Peasants*), S. 21.

Diese Daten müssen im internationalen und nationalen Kontext betrachtet werden. Was den ersten Gesichtspunkt angeht, hatte eine erhebliche Erweiterung des internationalen Agrarmarktes stattgefunden, mit einer massiven Abnahme der Preise wegen der Konkurrenz der außereuropäischen Großproduzenten: USA, Kanada und Argentinien, aber auch Russland. Innerhalb des Reichs erfolgte gleichzeitig ein außerordentlich rasches industrielles Wachstum. Daraus wiederum ergab sich eine Steigerung des Binnenkonsums. Diese Dynamik spiegelt sich auch in der zunehmenden Unfähigkeit der Landwirtschaft wider, der gestiegenen Nachfrage nach Lebensmittelprodukten nachzukommen. 1913 führte das Reich 3,2 Mio. t Getreide und 8,3 Mio. t Futtermittel ein, die Hälfte seines Bedarfs.[8] Der Vergleich weist, gegenüber Industrie und Handwerk, einen Rückgang des Primärsektors aus. Sein Anteil an der Gesamtwertschöpfung sank von 37 Prozent (1875) auf 23 Prozent (1913). Allerdings lebten nach der Jahrhundertwende noch etwa 18 Millionen Deutsche von der Landwirtschaft.

Die möglichen Konsequenzen aus dieser Lage wurden unterschiedlich bewertet. Einerseits versicherte der Kaiser 1913 während der Versammlung des Deutschen Landwirtschaftsrats (DLR): „Es steht außer jedem Zweifel, dass die deutsche Landwirtschaft technisch imstande ist, nicht nur die jetzige Bevölkerung des Reiches, sondern auch die künftig vermehrte Volksmenge mit den wichtigsten Nahrungsmitteln zu versorgen."[9] Ebenso entschieden hielt der Nationalökonom Lujo Brentano dagegen: „Unsere Kühe weiden am La Plata."[10]

Es gab noch weitere Problemfelder: Eine unausgeglichene Verteilung des Grundbesitzes zugunsten der ostelbischen Großgüter und zum Nachteil von „vier Millionen Klein- und Kleinstbauern, die von dem Ertrag ihres Landbesitzes nicht oder nur schlecht leben konnten."[11] Diese Schwachstellen wurden von der herrschenden Klasse unterschätzt, die der Landwirtschaft prinzipiell zutraute, den Notwendigkeiten eines eventuellen Krieges standzuhalten.

Nach Ausbruch der Feindseligkeiten fand man sich daher in einer unvorhergesehenen Situation wieder. Die Einfuhren waren eingestellt. Die Einberufung der männlichen Arbeitskräfte – über zwei Millionen Männern, die in der Landwirtschaft tätig waren (bei insgesamt 3,4 Mio. Beschäftigten) – war kaum mit den Wanderarbeitern (ca. 400.000) oder mit den Kriegsgefangenen (ca. 700.000) zu kompensieren.[12]

---

8 Willi A.: Wandlungen der deutschen Agrarwirtschaft in der Folge des Ersten Weltkrieges, in: Francia. Forschungen zur westeuropäischen Geschichte, Bd. 3, 1975–1976 (*Boelcke, Wandlungen*), S. 501
9 Schwerin-Löwitz, Hans von: Die deutsche Landwirtschaft, in: Körte, Siegfried: Friedrich Wilhelm von Loebell, Deutschland unter Kaiser Wilhelm II, Bd. 2, Berlin 1914, S. 483.
10 Haushofer, Heinz: Ideengeschichte der Agrarwirtschaft und Agrarpolitik im deutschen Sprachgebiet, Bd. 2: Vom ersten Weltkrieg bis zur Gegenwart, München 1958, S. 17.
11 Herbert, Ulrich: Geschichte Deutschlands im 20. Jahrhundert, München 2014, S. 40.
12 Seidl, Alois: Deutsche Agrargeschichte, Weihenstephan 1995, S. 252.

Die Konsequenzen für die Produktion waren in den folgenden vier Jahren katastrophal. Die Gesamtproduktion in Getreidewerteinheiten[13] fiel von 234,3 Mio. t im Jahr 1912 auf 174,5 im Jahr 1918. Der Viehbestand wurde dezimiert: von 21,9 Mio. auf 18,5 Mio. Stück Rindvieh und von 25,3 Mio. auf 10,9 Mio. Schweine. Letzteres aufgrund einer planlos durgeführten Massenschlachtung, die ab Januar 1915 stattfand und die unter der Benennung „Schweinemord" bekannt geworden ist. Das Heer sollte übrigens bei der Nahrungsmittelversorgung den Vorrang haben. Die Kürzung der verfügbaren Lebensmittel für die Zivilbevölkerung wurde auf ein Drittel des Gesamtbedarfs geschätzt.[14]

Zusammenfassend kann festgestellt werden, dass die Landwirtschaft in den vierzig Jahren, die dem Krieg vorausgingen, ihren bis dahin stärksten Fortschritt erfahren hatte. Jedoch hatte der Produktivitätszuwachs die strukturellen Probleme nicht gelöst. Die Schließung der wichtigsten Handelskanäle und die Masseneinberufung der erwachsenen Männer im Sommer 1914 offenbarten diese Mängel schonungslos. Der Rückgang der Erträge und der Produktion war die Folge. In dieser Lage sah sich die Regierung gezwungen, neue Lösungen zur Anwendung zu bringen.

3 Der Weg in die Zwangswirtschaft

Schon am 4. August 1914 wurden im Reichsgesetzblatt die ersten Sondermaßnahmen veröffentlicht. Es handelte sich um drei Gesetze, die den Staatsbehörden außerordentliche Vollmachten in den Bereichen Wirtschafts-, Handels- und Preisregulierung übertrugen.[15] Unter dieser besonderen Vollmacht war auch vorgesehen, dass die gesamten Bestände von Agrarprodukten vom Staate formell vor Ort (d.h. bei Produzenten und Händlern) beschlagnahmt werden konnten, um sie zentralistisch zu verwenden. Die Maßnahmen legten lediglich den Rahmen fest. Als Beispiel: Nur zur Festsetzung der Höchstpreise bedurfte man zweier weiterer Gesetze, im Oktober und Dezember 1914, um den Landesbehörden die Befugnis zu entziehen und sie zentral dem Bundesrat zu übertragen.[16]

In der Folge richtete der Bundesrat eine Reihe von Kriegsstellen ein, die unter Beteiligung des Reichs, der Bundesstaaten und privater Interessenten betrieben wurden. Die erste war die Reichseinkaufsgesellschaft, die am selben 4. August 1914 mit dem Ziel gegründet wurde, den internationalen Importhandel zu kontrollieren. An

---

13 Die Getreide(wert)einheit ist ein Maßstab, mit dem landwirtschaftliche Erzeugnisse mittels ihres Energielieferungsvermögens zu einem Gesamtwert aggregiert werden. Dabei wird das Energielieferungsvermögen von Getreide bzw. bestimmter Getreidearten als Maßstab verwendet. Erläuterung freundlich mitgeteilt von Dr. Volker Appel, Leiter des Statistikreferats im BMEL.
14 Kriegsernährungsamt/Nachrichtenabteilung: Ist die behördliche Ernährungsregelung notwendig?, Berlin 1917, S. 8.
15 RGBl. 1914, S. 327–341.
16 Am 28.10. (RGBl. 1914, S. 458 f.) und am 17.12. (RGBl. 1914, S. 516).

ihrer Stelle wurde im Dezember eine kaufmännische Gesellschaft gegründet: Die Zentraleinkaufsgesellschaft (ZEG),[17] die in neutralen Ländern Sammeleinkäufe tätigen sollte.[18] Bis Herbst 1915 agierte die ZEG „neben dem Handel als eine Einkaufsorganisation des Reiches."[19] Nachdem im Herbst 1915 eine Verknappung der Lebensmittel spürbar wurde, organisierte die ZEG ein geplantes System der Verteilung, das sowohl die Notwendigkeiten als auch die Erzeugungsmöglichkeiten auf lokaler Ebene berücksichtigte.

Es folgte die Gründung der Kriegsgetreidegesellschaft (KGG), deren Gesellschaftszweck die Bildung von Reserven unter Rückgriff auf den privaten Markt war. Als Leiter der KGG wurde in der Person von Georg Michaelis ein Reichskommissar eingesetzt. Die wirtschaftliche Bedeutung dieser Institution wird durch die spätere politische Laufbahn ihres Leiters deutlich.[20] Mit sukzessiven Verordnungen, datiert 12. April und 23. Juli 1915 und 27. März 1916, wurden drei analoge Strukturen für die Verwaltung von Kartoffeln, Futtermitteln sowie für Fleisch und Fleischwaren eingerichtet.[21]

Die Bedingungen zur Schaffung der Verwaltungsstrukturen zur Bewältigung des Nahrungsmittelmangels machen die fehlende Vorbereitung der Regierung deutlich. Ein eindeutiges Beispiel wird von Georg Michaelis in seinen Erinnerungen erwähnt. Anfang November 1914 wurden der KGG neue Diensträume zugewiesen, nämlich „etwa sechs Zimmer mit einem Sitzungssaal", in denen 30 Angestellte arbeiten sollten.[22] Diese Planung erwies sich in Kürze als absolut unzureichend: „Als nach einiger Zeit das Geschäft funktionierte und die Lieferung des Mehles an die kommunalen Verbände begann, waren 860 Angestellte tätig, und keiner war zu viel." Am 12. März 1918 waren 28 Reichs- bzw. Kriegsgesellschaften tätig; diese beschäftigten insgesamt 6.735 Angestellte.[23]

Die Versorgung der Großstädte war ebenfalls nicht geplant. In einem Bericht des Magistrats von Berlin vom 20. Juli 1914 standen die Dimensionen der Hauptstadt mit ihren 3,9 Mio. Einwohnern im Mittelpunkt. Im Falle der Mobilmachung wäre auf das Transportsystem eine enorme Einschränkung zugekommen.[24] Die Prognosen des

---

17 Barber, Oswald: Einrichtung und Aufgaben der Zentral-Einkaufsgesellschaft, Berlin 1917 (*Barber, Einrichtung*), S. 1.
18 Skalweit, August: Die deutsche Kriegsernährungswirtschaft, Stuttgart 1927 (*Skalweit, Kriegsernährungswirtschaft*). S. 22.
19 Barber, Einrichtung, S. 4.
20 Michaelis, Dr. jur in Leipzig, war später Reichskommissar der Reichsgetreidegesellschaft (RGG) und ab Anfang 1917 Preußischer Staatskommissar für Volksernährung. Am 14.7.1917 wurde er Reichskanzler und preußischer Ministerpräsident.
21 RGBl. 1915, S. 217; RGBl. 1915, S. 455; RGBl. 1916, S. 199.
22 Michaelis, Georg: Für Staat und Volk. Eine Lebensgeschichte, Tübingen/ Stuttgart 1922, S. 271 ff., wie folgendes Zitat.
23 BArch, R 3601/38, Bl. 2f., Kriegsgesellschaften: Halbjahresberichte 1918.
24 GStA, R 197 A/1, Bl. 3ff., Magistrat von Berlin an Lewald (RAInneren), 20.7.1914. In den konsultierten Archivquellen wird die Blattzahl nicht immer angegeben. Wenn vorhanden, wird sie erwähnt.

Verantwortlichen für das Feldbahnwesen, General Wilhelm Groener, waren alles andere als beruhigend. Es sei zu diesem Zeitpunkt nicht möglich vorherzusehen, wann die volle Verfügbarkeit des Bahnnetzes für zivile Zwecke wiederhergestellt werden könne.[25]

Endlich wurden am 25. Januar 1915 Kommunalverbände (KV) in den Städten mit mehr als 10.000 Einwohnern und in allen Amtsbezirken eingerichtet,[26] deren wichtigste Handlungsfelder die Verteilungsregelung für die bewirtschafteten Waren und die Festlegung von Höchstpreisen waren.[27] Ein großer Teil der zunächst ergriffenen Maßnahmen war auf die Einfuhr von Nahrungsmitteln aus Rumänien[28] und den Niederlanden konzentriert.[29] Jedoch war der Handlungsspielraum gering: „Die gesamten mit deutschem Geld in Rumänien festgelegten Warenbestände abzutransportieren, erscheint schon wegen der beschränkten Belastungsfähigkeit der Eisenbahnlinien unmöglich."[30]

In einem Kontext, in dem die Nachfrage größer als das Angebot war und die internationalen Märkte unzugänglich blieben, wurden die Anstrengungen auf eine Kontrolle des Verbrauchs und den rationalen Einsatz der verfügbaren Lebensmittel konzentriert. Die Steigerung der Produktion als Lösungsansatz blieb ein Thema von sekundärer Bedeutung. Dennoch gab es in der ersten Phase des Krieges zahlreiche Stimmen, die der Zentralisierung der Befugnisse in den Händen eines „Lebensmitteldiktators" das Wort redeten, von den Konservativen bis zu den Sozialdemokraten.

Beispiele, die die Notwendigkeit einer zentralen Kontrolle über die Nahrungsmittelpolitik für die Zeitgenossen deutlich machten, sind zum einen die Festlegung der Höchstpreise für einzelne Lebensmittelprodukte und zum anderen der Ankauf von Lebensmitteln. Im Zentrum stand bis Mai 1916 die Preisgestaltung für die Agrarprodukte. Zielvorgabe war es, „die für die breiten Schichten der Bevölkerung wichtigen Nahrungsmittel so billig [zu] halten, als es unter den gegebenen Verhältnissen und ohne eine Beeinträchtigung der Erzeugung möglich" war.[31] Die Ausführung blieb jedoch Aufgabe der Einzelstaaten. Das Gesetz vom 4. August 1914 sah vor, dass die lokalen Behörden Höchstpreise festlegen konnten, um spekulative Tendenzen zu bekämpfen. Die Suche nach dem „angemessenen Preis" war „zunächst zögernd und tastend."[32] Bald erkannte man, dass eine Festlegung von Höchstpreisen auf lokaler

---

25 Ebenda, Bl. 14 ff., Sitzung beim RAInneren [Ende Juli 1914].
26 Müller, Klaus-Peter: Politik und Gesellschaft im Krieg. Der Legitimitätsverlust des badischen Staates 1914–1918, Stuttgart 1988 (*Müller, Politik und Gesellschaft*), S. 265.
27 Rudloff, Wilfried: Die Wohlfahrtstadt. Kommunale Ernährungs-, Fürsorge- und Wohnungspolitik am Beispiel München 1910–1933, Göttingen 1998 (*Rudloff, Wohlfahrtstadt*), S. 187.
28 GStA, R197 A/89, MfHG an Regierungspräsidenten, 5.5.1915.
29 Ebenda, RK an den RMI und den MfHG, 23.4.1915.
30 Ebenda, Reichsschatzamt; Aufzeichnung über Besprechung am 20.4.1915.
31 Flemming, Jens: Landwirtschaftliche Interessen und Demokratie. Ländliche Gesellschaft, Agrarverbände und Staat 1890–1925, Bonn 1978, S. 98.
32 Le Coutre, Walter: Die Grundgedanken der deutschen Preispolitik im Weltkriege 1914–1918, staatswiss. Dissertation, Greifswald 1919, S. 6.

Ebene keineswegs zielführend war. Es kam „zu erheblichen regionalen Verwerfungen mit dem Effekt, dass die Waren zu den Märkten wanderten, die ein Maximum an Gewinn versprachen."[33] Mit Bundesratsverordnung vom 28. Oktober 1914 wurde daher beschlossen, dass die Höchstpreise auf Reichsebene festgelegt werden sollten. Nur ein Jahr später aber wurde eine Reichsprüfungsstelle eingerichtet, welche die Aufgabe hatte, die vollständige Umsetzung der Bestimmungen zu den Preisen zu überprüfen.[34]

Dabei handelte es sich, schon wegen der Unterschiede zwischen den einzelnen Gebieten und Produkten, um ein schwieriges Unterfangen. Mitte 1916 hatten zum Beispiel die lokalen Preisprüfungsstellen in Bayern Preisklassen für über 400 Produkte festgelegt.[35] Außerdem wurde die Festlegung der Höchstpreise durch andere Faktoren kompliziert. Die Zentraleinkaufsgesellschaften und die Kommunalverbände im Ruhrgebiet zum Beispiel führten Lebensmittelkäufe im Ausland durch, um den Mangelbedarf auszugleichen. Die auf den Märkten der neutralen Länder erworbenen Lebensmittel waren jedoch erheblich teurer als die zu festgelegten Höchstpreisen im Inland produzierten. Wenn diese Waren auf den Binnenmarkt kamen, verursachten sie einen tendenziellen Anstieg der Lebensmittelpreise. Die ZEG wurde bald zur Zielscheibe heftiger Angriffe seitens der Presse, die deren spekulativen Charakter hervorhob.[36]

Ein negativer Ernteausschlag genügte, um eine Krise auszulösen. Erkennbar wird das an der Ende 1915 durchgeführten Bestandaufnahme der Brotgetreidevorräte, die unter den Erwartungen ausfiel. Das System zeigte dabei seine Zerbrechlichkeit. Zu Beginn des folgenden Jahres schrieb der Kommandant des II. Armeekorps: „Ich habe die Überzeugung, dass die gesetzlichen Höchstpreise nicht mehr geachtet werden, nicht aus bösem Willen, sondern weil die Leute nicht mehr wissen, was sie sollen und dürfen […] So bleibt kaum etwas anders übrig, als die Preisbildung ihren heillosen Gang gehen zu lassen."[37] Der Agrarmarkt war das Ergebnis überregionaler und internationaler Vernetzung. Daher stellte die Festlegung von Höchstpreisen auf lokaler Ebene eine Palliativmaßnahme dar, die ohne rigide zentrale Aufsicht zum Scheitern verurteilt war. Die beschriebene Entwicklung führte allmählich dazu, eine Zentralisierung der Kontrolle als zweckmäßig zu betrachten.

Eine analoge Entwicklung findet man, wenn die Modalitäten untersucht werden, die zur Zentralisierung der Lebensmittelankäufe im Ausland führten. Im Ruhrgebiet berichtete man ab Februar 1915 über einen Mangel an Kartoffeln. Die vereinigten Städte der Regierungsbezirke Düsseldorf und Köln hatten daher „dem Verband der Kartoffelgroßhändler den Antrag auf Einkauf von 1000 Doppelwaggons von Kartoffeln

---

33 Skalweit, Kriegsernährungswirtschaft, S. 118.
34 RGBl. 25.9.1915, S. 607–614.
35 BArch, R 3601/334, Die am 10.9.1916 in Bayern geltenden Reichs-, Landes-, und Regierungsbezirkshöchstpreise.
36 Zum Beispiel: Berliner Tageblatt: Gegen die Verteuerung der Lebensmittel, 1.6.1916.
37 BArch, R 3601/334, Bl. 62f., General von Vietinghoff, Brief vom 3.2.1916.

erteilt."³⁸ Das Schreiben zeigt das Vorgehen der städtischen Behörden und KV beim Versuch, Lebensmittel zu beschaffen. Diese notgedrungenen Handelsinitiativen zielten darauf ab, auch zum Nachteil konkurrierender KV größere Vorräte an Lebensmitteln auf dem freien Markt aufzukaufen. Auf diese Weise entstand allerdings Wettbewerb, was wiederum den Preisauftrieb förderte.³⁹

Die Zentralisierung der Kontrolle wurde mit der Zeit erforderlich, um die getroffenen Maßnahmen zu korrigieren und um die Inflationsspirale aufzuhalten, die die ärmeren Bevölkerungsschichten ihrer Lebensmittelvorräte beraubte, und zwar in einem Umfeld, in dem die Verteilung dem freien Markt überlassen war, wenn auch mit amtlich festgelegten Höchstpreisen: Es handelte sich um eine „vollständig horrende Fusion aus öffentlicher Verwaltung und Kapitalinteressen."⁴⁰ Die Einführung einer zentralisierten Kontrolle schien die Lösung zu sein.

Der Zweck des gesamten Verteilungs- und Preisregulierungssystems war letztlich, Lebensmittel zu akzeptablen Preisen für alle garantieren zu können, mit besonderem Augenmerk auf die städtische Bevölkerung. So verwundert es nicht, dass gerade die Sozialdemokraten die Einführung von Kontrollmaßnahmen aktiv befürworteten.⁴¹ Die Einsicht in die Notwendigkeit einer zentralisierten Politik war aber auch in anderen Kreisen verbreitet. Auch die Vertreter der Agrarinteressen hatten zwischen 1914 und 1916 bei der Festlegung der Zwangsmaßnahmen eine aktive Rolle gespielt. In einer 1915 veröffentlichten Denkschrift des Bundes der Landwirte (BdL)⁴² wurden „Höchstpreise für Brotgetreide" und die „Schaffung einer Organisation der Verteilung des Getreides" gefördert.⁴³ Die Agrarverbände prägten in mehreren Fällen die Regierungspolitik: „Am 1. November 1914 wurde [...] eine Eingabe übermittelt, in der der Ausbau einer [...] 'Zentralstelle für Versorgung der Zivilbevölkerung mit Brotgetreide' im Einzelnen dargelegt war."⁴⁴ Die Tätigkeit des BdL kam im Sommer 1915 in Vorschlägen an die Regierung zum Ausdruck, die auf den bis dahin gemachten Erfahrungen beruhten.⁴⁵ Dieses Maßnahmenpaket nahm eben jene Kompetenzen vorweg,

---

38 GStA, R197 A/89, Bl. 36, Der RP Düsseldorf-Köln an den RMI, 11.3.1915.
39 Ebenda, MfHG an Regierungspräsidenten, 5.5.1915.
40 Krumeich, Gerd: Die unbewältigte Niederlage. Das Trauma des Ersten Weltkrieges und die Weimarer Republik, Freiburg 2018, S. 45.
41 Feldman, Gerald D.: Army, Industry, Labor in Germany 1914–1918, Princeton 1966, (*Feldman, Army, Industry*) S. 98–102.
42 Der Bund der Landwirte (BdL) wurde am 18. Februar 1893 als Reaktion zur Senkung der Getreideeinfuhrzölle gegründet. Er gilt als Prototyp einer gut organisierten und politisch effektiven landwirtschaftlichen *pressure group*. Neben den Konservativen (Bund der Landwirte) und den Katholiken (Christliche Bauernvereine) betrieben auch die Liberalen die Gründung von Bauernverbänden. Grundlegend ist die Studie von Puhle, H. J.: Agrarische Interessenpolitik und preußischer Konservativismus im wilhelminischen Reich, Bonn 1975.
43 BArch, R 43/1128, Bl. 9–10, Denkschrift über die Tätigkeit des BdL während der Kriegszeit, 1915.
44 Ebenda, Bl. 12.
45 Ebenda, Bl. 14–15, Denkschrift über die Tätigkeit des BdL – Fortsetzung, 1915.

welche dann im Mai des folgenden Jahres dem Kriegsernährungsamt (KEA) übertragen wurden.

Somit war die Einführung von Maßnahmen zur Kontrolle des Marktes und der Produktion nicht nur das Ergebnis von Anpassungen an eine unerwartete Lage. Interessenverbände, lokale[46] und militärische Behörden[47] brachten Vorschläge ein. Die Regierung griff oft diese Vorschläge auf. Der Reichskanzler erhielt am 22. Mai 1916 vom Bundesrat die Vollmacht zur Einrichtung des KEA, das so zur Zentralbehörde zur Erfassung, Verwertung und Verteilung aller greifbaren Lebensmittel, Agrarrohstoffe und Vorräte wurde. Der Präsident des KEA unterstand direkt dem Reichskanzler. Zu dieser Stelle wurde Adolf von Batocki-Friebe berufen, Regierungspräsident Ostpreußens, Rittergutsbesitzer und seit 1907 Vorsitzender der Landwirtschaftskammer Ostpreußen. In dieser Provinz hatte er sich im Wiederaufbau der Landwirtschaft nach der russischen Invasion im August-September 1914 große Verdienste erworben.[48] „Als das KEA geschaffen wurde, begrüßte es ganz Deutschland als Retter aus der Not und knüpfte überhöhte Hoffnungen an die Einsetzung eines Lebensmitteldiktators."[49]

Das neue Amt definierte sich selbst eigentlich als eine „Ausgleichsbehörde."[50] Um ihr eine stärkere Legitimation zu verschaffen, schuf von Batocki eine vielköpfige Beratungsstruktur; es handelte sich dabei um einen rund hundert Mitglieder umfassenden Beirat aus Vertretern der Landwirtschaft, der Industrie, der Gewerkschaften, der Verbraucher, der Bundesstaaten, der Ministerien.[51] Die Zusammensetzung des KEA-Beirats brachte den Willen, alle Interessen zu repräsentieren, zum Ausdruck. Laut Schumacher gab es „für die Einbindung der Interessenten in die Behördenorganisation […] in der deutschen Verwaltungsgeschichte kein Vorbild."[52]

Da er nur mit einer beschränkten Exekutivgewalt ausgestattet war, musste sich Batocki von Mal zu Mal auf Verhandlungen – mit Preußen, Bundesrat und Reichstag – einlassen. Im größten Bundesstaat, Preußen, führte die analoge Zentralisierungstendenz am 17. Februar 1917 zur Einrichtung der Stelle eines Staatskommissars für die Volksernährung (PSKV) in der Person von Georg Michaelis.[53] Der Umstand, dass dieser auch Vorstandsmitglied des KEA war, hätte eine bessere Verbindung zwischen den beiden Institutionen garantieren sollen.

---

46 BArch, R 3601/347, Antrag der Bay. Regierung betr. den Verkehr mit Kraftfuttermitteln, 9.3.1916.
47 Ebenda, Beratung in der RKlei über die Beteiligung der Heeresverwaltung an der Verteilung von Vieh und Fleisch, 14.3.1916.
48 Zu Batocki siehe Hertz-Eichenrode, Dietrich: Politik und Landwirtschaft in Ostpreußen, Köln/Opladen 1969 (*Hertz-Eichenrode, Politik*), S. 52–53.
49 Gündell, Gisela: Die Organisation der deutschen Ernährungswirtschaft im Weltkriege, Lepizig 1939, S. 63.
50 Kriegsernährungsamt/Nachrichtenabteilung (Hg.): Ist die behördliche Ernährungsregelung notwendig? Berlin 1917, S. 42.
51 BArch, R 3601/22d, Beirat des KEA.
52 Schumacher, Martin: Land und Politik. Eine Untersuchung über politische Parteien und agrarische Interessen, 1914–1923, Düsseldorf 1978 (*Schumacher, Land und Politik*), S. 41.
53 BArch, R 3601/32, Bl. 18 ff., Die Zuständigkeit des PSKV, 29.12.1917.

4 Strukturierung und Kompetenzen des KEA

Der Aufsicht des KEA unterstanden die 31 bestehenden Kriegsstellen. Außerdem kontrollierte das KEA weitere Einrichtungen, die mit der Festlegung der Übernahmepreise von den Erzeugern beauftragt waren, dazu Schiedsgerichte und Beschwerdeausschüsse.[54] Auf diese Weise entstand ein bürokratisches Monster, das den Anspruch hatte, den Anforderungen der Kriegswirtschaft zu entsprechen.

Nach der ursprünglichen Geschäftsverteilung, die in einem Organigramm vom 28. Juni 1916 festgelegt war, war die Präsidialabteilung (P) des KEA in drei weitere Unterabteilungen gegliedert. Die Unterabteilung P-I war mit der Förderung der Erzeugung beauftragt. Der Unterabteilung P-II waren die Bereiche Handel und Verbrauch zugeteilt, und P-III beschäftigte sich mit Presseangelegenheiten und Statistik. Zu den recht umfangreichen Aufgabenbereichen der Ersten Unterabteilung, die von Ministerialdirektor Edler von Braun[55] geleitet wurde, gehörten: Verkehr mit Brotgetreide und Mehl, Futtermittel, Sicherung der Ackerbestellung und der Ernte, Verkehr und Höchstpreise für alle wichtigen Nahrungsmittelprodukte sowie für Dünger. Die Unterabteilung II wurde von General Wilhelm Groener geleitet, der für zwei wichtige Tätigkeitsbereiche verantwortlich zeichnete, für militärische Angelegenheiten sowie Ein- und Ausfuhrangelegenheiten.[56]

Eineinhalb Jahre später, am 6.12.1917, wies das Amt eine deutliche Erweiterung der Organisationsstruktur auf. Das KEA umfasste nun sieben Abteilungen.[57] Es war eine Volkswirtschaftliche Abteilung dazugekommen, der auch Preisprüfung und Statistik unterstanden. Schließlich gab es noch eine Abteilung, die sich mit der Öffentlichkeitsarbeit befasste, und ein Büro für die wissenschaftliche Bearbeitung der Kriegsernährungsfragen, das Professor August Skalweit (Staatswissenschaftler an der Universität Bonn) unterstellt war. Diese Gliederung sollte bis Kriegsende erhalten bleiben.

Das bürokratische Monster hatte aber eine dünne Personalausstattung. Der Hauptteil der Funktionen des KEA war auf Führungsebene durch die insgesamt fast 100 Mitglieder des Vorstands und des Beirats abgedeckt.[58] Das operative Gerüst der Behörde bestand aus Personal der Kriegsstellen und Kriegsgesellschaften. Das KEA

---

54 BArch, R 3601/3375, Bl. 27–33, Kriegsorganisationen, 25.8.1916.
55 Friedrich Edler von Braun, der 1916 von Batocki-Friebe ins KEA berufen wurde, nahm später als Sachverständiger für Lebensmittelfragen an den Waffenstillstandsverhandlungen in Spa teil und wurde 1920 geschäftsführendes Präsidialmitglied des Reichsausschusses der deutschen Landwirtschaft. Siehe: Haenlein, Albrecht: Braun, Friedrich, Edler von, in: Neue Deutsche Biographie, 2 (1955), S. 459.
56 Ebenda, Bl. 9–16, Geschäftsverteilung im KEA, 28.6.1916.
57 BArch, R 3601/22d, Geschäftsverteilung im KEA, 6.12.1917.
58 Ebenda, Bl. 35 ff., Geschäftsverteilung des KEA [Juli 1917].

war bemüht, diese zu koordinieren, die bis dahin ohne gegenseitige Abstimmung vorgegangen waren.[59]

Die Beurteilung des Handlungsspielraums der neuen Behörde fällt bei den Historikern eher negativ aus. Für Gerald Feldman, Spezialist für die Geschichte der Inflationszeit in Deutschland, stand das KEA „mächtigen Interessen – Agrariern, Gewerkschaften, Bundesstaaten – [...] machtlos gegenüber. Batocki war nach seiner ganzen Persönlichkeit kein Diktator, und dem neuen Amt fehlte eine klar umrissene Exekutivgewalt."[60] Diese Beurteilung ist fundiert, zeigt jedoch nur einige Aspekte der Tätigkeit des KEA auf, dessen Handlungsspielraum sich nach und nach vergrößerte. Anfangs befasste sich das KEA mit der Koordinierung bestehender Vorgehensweisen und Strukturen. Damit zog die Behörde den Widerstand insbesondere der süddeutschen Staaten auf sich, die jeden Hauch von Zentralismus fürchteten.[61] Auch mangelte es nicht an Kritik von Seiten des preußischen Ministeriums. Die Exekutivgewalt der Behörde wuchs, als Batockis Nachfolger Wilhelm von Waldow auch den Titel des preußischen Staatskommissars für die Volksernährung im Dezember 1917 erhielt. Waldow war Oberpräsident von Pommern, Großgrundbesitzer, dazu Schulfreund des Kaisers und „Wunschkandidat der ostelbischen Großagrarier."[62]

Durch die Aktivität Batockis wurde die gesamte Verteilungsstruktur für die Agrarprodukte ebenso wie die Produktionsanreize radikal reformiert. Bereits einen Monat nach seiner Gründung, mit dem Geschäftsverteilungsplan vom 28. Juni 1916, zentralisierte das KEA die Verwaltung aller „Angelegenheiten des Handels und Verbrauchs."[63] Es entstand auch eine Sektion für die „Förderung der Erzeugung" und ein Büro für die Erstellung eines „Wirtschaftsplans für das Erntejahr 1916/17". Auf diese Weise zeichneten sich zwei komplementäre Tätigkeitsbereiche ab: die zentrale Verteilung der Ressourcen und die Förderung der Produktion.

5 Neuorganisation der Verteilung

Das KEA musste sich von Anfang an mit einer kritischen Situation auseinandersetzen. Da die Regierung in den Jahren 1914 bis 1916 der Produktionsförderung in der Landwirtschaft nur wenig Beachtung geschenkt hatte, waren die Erträge eingebrochen. Zu den ersten Notstandmaßnahmen zählten daher das Verbot der Verfütterung der Kartoffeln, die Beschränkung des Kartoffelverbrauchs der Landbevölkerung, die Zwangslieferung von Frühkartoffeln und die Revisionen der bei den Produzenten

---

59 Die Reichsfuttermittelstelle zählte zum Beispiel auf 17 leitende Beamte, 1.122 mittlere Beamte sowie 182 gewerbliche Angestellte. Vgl. BArch, R 3601/2418, Reichsfuttermittelstelle [September 1918].
60 Feldman, Army, Industry, S. 111.
61 BArch, R 3601/23, Bl. 10, Der Bayerische Landwirtschaftsrat gegen das Reichswirtschaftsamt, 18.5.1916.
62 Schumacher, Land und Politik, S. 53 ff.
63 BArch, R 3601/3375, Bl. 9–16, Geschäftsverteilung KEA, 28.6.1916. Wie folgende zwei Zitate.

gelagerten Vorräte durch sog. Kommissionen. Dazu kamen die Ausschüttung von Brotgetreide durch die RGS überall dort, wo trotz dieser Maßnahmen eine ausreichende Kartoffelversorgung zeitweilig fehlte, sowie die Bereitstellung von Nahrungsmitteln zu Massenspeisungen und die Ausgabe von Zulagen an die Schwerarbeiter.[64]

Bis zu diesem Zeitpunkt fußte das ganze System auf der Annahme, dass „die Kommunalverbände, die über den Bedarfsanteil hinaus produzierten, ihre Überschüsse der Zentralstelle zur Verfügung stellen" mussten.[65] In der Praxis erwies es sich jedoch als schwierig, „die Lebensmittel aus den Kommunalverbänden zu holen", denn schon die quantitative Festsetzung der vorhandenen Reserven traf auf kommunalen Widerstand, der eine genaue Berechnung unmöglich machte.

Das Problem der Verteilung knapper Ressourcen gab es schon seit Anfang des Krieges. „Zur Lösung dieser Aufgabe wählte man den Weg der Dezentralisation."[66] Auf diese Weise war in den ländlichen Gebieten eine Selbstversorgungswirtschaft entstanden. Das KEA hingegen erstellte auf der Grundlage des Bedarfs und der Gesamtverfügbarkeit von Nahrungsmitteln allgemeine Wirtschaftspläne.[67] Aufgrund der Ernteschätzungen und der Importdaten wurde von der ZEG festgelegt, welche Tagesration die sog. Selbstversorger (also die Erzeuger) und welche die Versorgungsberechtigen (d.h. überwiegend die städtischen Konsumenten) erhalten sollten, welcher Anteil den Nährmittelbetrieben zuzuweisen und was für Saatzwecke und Viehfütterung zu verwenden war.

Durch die Verordnung vom 14. Januar 1917[68] wurde eine allgemeine Aufnahme der Vorräte verfügt. Den Kommunalverbänden wurde „die Pflicht auferlegt, für mindestens 10% der abgegebenen Anzeigen eine Nachprüfung der Erhebung [...] vorzunehmen."[69] Ende Januar 1917 dann war das Verteilungssystem aufgestellt.[70] Die Zuweisung der Lebensmittel erfolgte weiterhin über die Kriegsstellen. Sie wurden vom KEA einer strengen Beaufsichtigung unterstellt.[71] Diese Maßnahmen bewirkten die Rationalisierung des Systems und ermöglichten es bis Kriegsende, durch die Garantie von Mindestrationen den fortschreitenden Nahrungswertverlust teilweise aufzuhalten.

Die Talsohle der Versorgungslage hatte man während des sog. „Steckrübenwinters" von 1916/17 bereits durchschritten, was eine Reihe von Hungerstreiks in den Industriegebieten verursacht hatte. Jedoch blieben viele Probleme ungelöst, da das System sich weiterhin auf die Mitarbeit der KV stützte und diese sich der zentralen

---

64 BArch, R 3601/23, Bl. 102–103, Das KEA. Begründung, Organisation, bisherige Tätigkeit, 11.7.1916.
65 Müller, Politik und Gesellschaft, S. 270 ff., wie das folgende Zitat.
66 Skalweit, Kriegsernährungswirtschaft, S. 148.
67 BArch, R 3601/3376, Bl. 55–56, Wirtschaftsplan 1916/17, 27.3.1916.
68 RGBl. 1917, S. 46–48.
69 BArch, R 3601/14, Wochenberichte für die Vorstandssitzung, 19.1.1917.
70 Ebenda, Wochenberichte für die Vorstandssitzung, 26.1.1917.
71 Ebenda, Wochenberichte für die Vorstandssitzung, 15.1.1917.

Aufsicht widersetzten. Praktisch gaben einige KV zu niedrig geschätzte vorhandene Vorräte an, um die „eigene" Bevölkerung zu schützen.[72]

Deshalb wurde am 27. November 1917 beschlossen, der RGS die Befugnis zu erteilen, „bei ihren Revisionen auch die landwirtschaftlichen Betriebe zu betreten."[73] Am 8. Dezember hob das KEA bei der Erwägung „besonderer strafverschärfender Vorschriften gegen den gewerbsmäßigen Schleichhandel" hervor, dass „gegen Kommunalverbände, welche sich des Schleichhandels schuldig gemacht haben, [...] sofort vorgegangen werden" sollte.[74]

Rechnete man einen Durchschnittsbedarf von 3.456 kcal pro Person brutto, erreichte im (genau untersuchten) Falle der Stadt Bonn die Rationierung eine durchschnittliche Deckung von 43,7 % des Bedarfs im Laufe der Kriegsjahre.[75] Der Beitrag der Ankäufe auf dem freien Markt zur Deckung des Energiebedarfs muss als unzulänglich angesehen werden. Wenn wir die auf den Lebensmittelkarten basierenden Konsumdaten betrachten, fällt die steigende Verarmung der Ernährung insbesondere mit tierischen Produkten auf, während für Brot und Kartoffeln die durchschnittlichen Rationen bis 1918 stabiler blieben. Die für andere Städte durchgeführten Untersuchungen ergeben ein fragmentarisches, aber ebenso negatives Bild.

Die Tätigkeit des KEA traf auf viele Hindernisse: Neben der fehlenden Kooperation der KV in den Überschussgebieten müssen vor allem die Transportmängel erwähnt werden, durch die die Verteilungen häufig aufgehalten wurden. In den zwei Wochen zwischen Oktober und November 1917 fielen zum Beispiel reichsweit 69 % – 76 % der Kartoffeltransporte aus.[76] In einer Vorstandssitzung, in der die Rationen für den kommenden Winter 1917/18 berechnet werden sollten, wies der Vertreter der Reichsfettstelle darauf hin, dass „einem Fettbedarf für die nächsten sieben Monate von 4.215.867 Ztr. [...] eine Produktion von 2.207.639 Ztr. gegenüber" stehe.[77] Tatsächlich stand man kurz vor dem Kollaps.

Alle Anstrengungen des KEA waren zum Scheitern verurteilt. Man konnte eine bereits kurz vor dem Zusammenbruch stehende Konstellation notdürftig aufrechterhalten, aber keine Besserung bewirken, ohne bei der Produktion anzusetzen.

---

72 Ebenda, Wochenberichte für die Vorstandssitzung, 7.6.1917.
73 Ebenda, Wochenberichte für die Vorstandssitzung, 22.11.1917.
74 Ebenda, Wochenberichte für die Woche 2.– 8.12.1917.
75 Bach, Fritz W.: Untersuchungen über die Lebensmittelrationierung im Kriege und ihre physiologisch-hygienische Bedeutung, aufgrund der Lebensmittelversorgung in Bonn während der Zeit vom 1. Juli 1916 bis 18. September 1918, München 1919, S. 6. Die folgenden Daten stammen aus dieser gründlichen Studie.
76 BArch, R 3601/16, Wochenberichte für die Woche 28.10.–3.11.1917.
77 BArch, R 3601/15, Aufzeichnung über die Sitzung des Vorstandes, 13.9.1917.

6 Maßnahmen zur Förderung der Produktion und ihre Grenzen

Tatsächlich verlegte das KEA seine Tätigkeit erst spät auf die Steigerung der Produktion. Die allerersten Bestimmungen sollten vor allem Druck auf die Erzeuger ausüben. Nach Maßgabe der Reichsgetreideordnung für 1917[78] konnten die Behörden vorschreiben, wann und wie die Ernte- und Drescharbeiten durchzuführen waren.

Ein grundlegender Widerspruch blieb bestehen: Einerseits wurden Höchstpreise der wichtigsten Verbrauchsprodukte festgelegt, andererseits aber keine amtlichen Höchstpreise für die Produktionsmittel; und gerade Dünge- und Futtermittel waren schon seit Beginn des Krieges Mangelware. Dazu kam der zunehmende Produktivitätsverlust infolge der fehlenden Arbeitskraft. Dieser Kontext führte zu abnehmender Rentabilität der Betriebe. Die Folgen lagen vor aller Augen: Die Landwirte versuchten, ihre Produktion auf rentablere Nahrungsmittel auszurichten, für die keine amtlich festgelegten Höchstpreise galten. Wo dies nicht möglich war, führten sie die Produkte anderen Nutzungszwecken zu, fütterten z. B. das Vieh mit Brotgetreide. Schließlich brachten sie ihre Eigenproduktion auf den weitaus profitableren Schwarzmarkt.

Um diese negative Entwicklung zu stoppen, erweiterte das KEA seine Kompetenzen auf die Verteilung von Dünger, Futtermitteln, Saatgut und Arbeitskräften. Am 3. November 1916 verdeutlichte Batocki vor dem Reichstag die Verschiebung der Prioritäten: „Nachhilfe soll nicht durch Zwang ausgeübt werden, sondern durch Vorteile an künstlichem Dünger, an Arbeitskräften, an sonstigen Bedingungen der Abgabe durch vorherige Vertragsschlüsse usw., die eine angemessene Ernte dieser Früchte sichern."[79] Um die Produktion von Nahrungsmitteln durch Anreize zu beeinflussen, erhöhte das KEA die Preise für landwirtschaftliche Erzeugnisse aus der Ernte 1917.[80] Die Verlagerung der Aufmerksamkeit von der Verteilung auf die Produktion stellte einen Qualitätssprung dar. Der Schlüssel zum Erfolg sollten außerdem nicht nur Opferwilligkeit oder Zwang sein, vielmehr erkannte man die Notwendigkeit, den Betrieben einen Mindestgewinn zu garantieren.

Versuche, den Mangel an Arbeitskräften zu mildern, hatten keinen Erfolg. Von grundlegender Bedeutung war die Zusammenarbeit der Militärbehörden, die aber nicht die Prioritäten der Kriegslage durchbrechen konnten. General Groener ließ im Januar 1917 in allen 24 Armeekorps Kriegswirtschaftsämter und Kriegswirtschaftsstellen einrichten. Diese stellten Kriegsgefangene als Arbeitskräfte zur Verfügung und genehmigten zu den Saat- und Erntezeiten längere Urlaube für einberufene Soldaten.[81] Am 24. April verfasste der Generalquartiermeister, General Ludendorff, ein Staatstelegramm an alle Heeresgruppen: „Um der Heimat die dringend notwendigen landwirtschaftlichen Arbeitskräfte zuzuführen, sind von den in der Etappe und im besetzten Gebiet verwendeten Landsturmbataillonen 10 % landwirtschaftlicher Ar-

---

78 RGBl. 1917, S. 507.
79 BArch, R 3601/466, Bl. 12, 73. Sitzung des Reichstags, Rede von Batocki, 3.11.1916.
80 BArch, R 3601/24, Bl. 93, Ein Jahr Kriegsernährungsamt, 18.5.1917.
81 Feldman, Army, Industry, S. 285–287.

beiter, Besitzer, Betriebsleiter von 10. April bis [unleserliche Datumsangabe] zu beurlauben."[82] Diese Anordnung der Obersten Heeresleitung scheint allerdings nicht ausreichend gewesen zu sein.[83]

Ein anderer Weg, den die Behörden einzuschlagen suchten, war die Einbeziehung der Schuljugend. Am 23. März 1917 hatte das KEA einen Brief an sämtliche Regierungen der Einzelstaaten gerichtet. Darin wurde gefordert, die Schüler „der hohen und mittleren landwirtschaftlichen Lehranstalten" heranzuziehen, die eine wertvolle Aufgabe als „Assistenten der Betriebsleiter" übernehmen sollten.[84] Es wurden nur begrenzte Ergebnisse erzielt. Im Jahr 1917 wurden insgesamt 80.000 Schüler in der Landwirtschaft eingesetzt.[85]

Eine vom KEA im Sommer 1918 durchgeführte Untersuchung ergab einen Rückgang der verfügbaren Arbeitskraft in den landwirtschaftlichen Betrieben von 8,9 Prozent. Die Erträge waren im gleichen Zeitraum durchschnittlich um 20 Prozent gesunken, während die Betriebskosten um 28 Prozent gestiegen waren. Damit war die Rentabilität der Betriebe in Frage gestellt.[86]

Die Düngemittel bedeuteten einen anderen Engpass. Zwischen 1913/14 und Kriegsende wurden die verfügbaren Mengen an Stickstoff und Phosphat halbiert.[87] Die Schließung der Auslandsmärkte war entscheidend. Dazu kam, dass die inländische Produktion gegenüber den Bedürfnissen der Erzeugung kriegswichtiger Sprengstoffe zurückstehen musste. Schließlich führte auch der stark abgenommene Viehbestand zum reduzierten Einsatz organischen Düngers.[88]

Die Förderungspolitik fußte schließlich auf der Überzeugung, dass man bei der Festlegung der Höchstpreise den Markt besser im Blick haben müsse als bislang.[89] Man beschloss daher für das Wirtschaftsjahr 1917/18 eine Erhöhung der Preise für Weizen, Roggen, Gerste und Hafer.[90] Das KEA stellte nachblickend fest, dass 1917/18 die Anbaufläche bei Weizen und Roggen eine Zunahme um 2,8 Prozent, bei Kartoffeln eine Zunahme von 10,4 Prozent, bei Gerste und Hafer dagegen eine Abnahme um 5,4 Prozent ausgewiesen hatte.[91] Insgesamt gelang es dem KEA, den Produktivitätsverfall und den Rückgang der Anbauflächen aufzuhalten, die für die ersten zwei Kriegsjahre kennzeichnend gewesen waren; jedoch wurde die Nahrungsmittelbilanz nicht ausgeglichen.

---

82 GStA, R 197 A/20, General Ludendorff an alle Heeresgruppen, 24.4.1917.
83 Ebenda, OP Posen an KEA, 2.5.1917.
84 Ebenda, KEA an sämtliche Bundesregierungen, 23.3.1917.
85 BArch, R 3601/16, Wochenberichte für die Woche 24.–30.5.1918.
86 BArch, R 3601/544b, Denkschrift über die Steigerung des landwirtschaftlichen Betriebsaufwandes 1913/14 bis 1917/18.
87 BArch, R 3601/3376, Bl. 2, Denkschrift.
88 Aereboe, Friedrich: Der Einfluss des Krieges auf die landwirtschaftliche Produktion in Deutschland, Stuttgart 1927, S. 47–62.
89 BArch, R 3601/15, Wochenberichte für die Vorstandssitzung, 23.8.1917.
90 BArch, R 3601/16, Wochenberichte für die Woche 24.–30.5.1918.
91 Ebenda, Wochenberichte für die Woche 19.7.–1.8.1918.

7 Reform des KEA, Schleichhandel und Zusammenbruch

Die Fachliteratur zur Zwangswirtschaft hebt vor allem das institutionelle Konfliktfeld hervor, in dem das KEA seine Tätigkeit abwickeln musste. So urteilt der israelische Wirtschaftshistoriker Avner Offer: „Die Beamten im Kriegsernährungsamt hatten nur begrenzte Autorität, die sie gegenüber Staaten, Kommunalverwaltungen und dem Militär behaupten konnten."[92] Der Zeitgenosse Michaelis schrieb in seiner Autobiographie: „Im Staat Preußen waren es wieder die widerstreitenden Interessen der Einzelressorts, die eine einheitliche und wirklich durchgreifende Ordnung erschwerten."[93]

Andererseits waren die Vorsitzenden des KEA nicht bereit, diesen Stand der Dinge ohne Gegenwehr hinzunehmen. Batocki und von Waldow erweiterten ständig die ihnen übertragenen Kompetenzen. Sie veränderten mehrmals die Struktur der Behörde, um deren Exekutivgewalt zu stärken. Die Ergebnisse scheinen den Eindruck zu bestätigen, dass das KEA „ein Schwert ohne Schärfe" gewesen sei.[94] Dennoch wurde das Amt zum Dreh- und Angelpunkt der Nahrungsmittelpolitik und verbesserte seine Effektivität.

Deutlichster Beleg für diese Tendenz ist die strukturelle Veränderung der Behörde, die innerhalb eines Jahres reformiert wurde. Außerdem wurde Mitte Februar 1917 der Unterstaatssekretär (UStS) Michaelis auf eigenen Antrag hin zum PSKV ernannt. Sein Anliegen war, die Nahrungsmittelsituation mit „schärferem Zugreifen" zu verbessern.[95] Der Aktivismus des schlesischen Politikers zielte nicht nur auf die Produzenten, sondern auch darauf, die Kompetenzen des Staatskommissars auf Kosten der anderen Ressorts im preußischen Staatsapparat zu stärken.[96]

Durch kaiserlichen Erlass vom 30. August 1917 erhielt das KEA formell die Stellung eines Reichsamtes.[97] Dem Präsidenten wurde der Rang eines Staatssekretärs erteilt, und es standen ihm zwei ständige Unterstaatssekretäre zur Seite. Der neue Vorsitzende des KEA, Wilhelm von Waldow, nahm auf Vorschlag des zum Reichskanzler aufgestiegenen Michaelis die Position des PSKV ein. Er saß daher zugleich im preußischen Ministerium und im Reichskabinett. Aus einer Situation „schwacher" Machtbefugnisse heraus erfolgte der Übergang zu einem komplexen System mit verschachteltem Aufbau; es ermöglichte Waldow, seine Entscheidungen zumindest innerhalb Preußens durchzusetzen, ohne auf die Kooperation der anderen Behörden zählen zu müssen.[98]

---

92 Offer, Avner: The First World War. An Agrarian Interpretation, Oxford 1989, S. 64.
93 Michaelis, Für Staat, S. 290.
94 Schumacher, Land und Politik, S. 60.
95 Ebenda, S. 49.
96 BArch, R 3601/32, Zuständigkeit des PSKV, 23.8.1917.
97 RGBl. 1917, S. 823 f.
98 Löwe, Adolf: Die ausführende Gewalt in der Ernährungspolitik, in: Europäische Staats- und Wirtschaftszeitung, Nr. 2, Berlin 1917, S. 542–546.

Die Tätigkeit des KEA trug dazu bei, die Wirkung der strukturellen Grenzen in der Produktion und im Verteilungsapparat zu mildern, erwies sich aber als unzureichend, um die Ernährungsbedürfnisse der Bevölkerung vollständig zu befriedigen. Als größtes Hindernis erwies sich dabei die Abneigung großer Teile der Landbevölkerung gegen die Zwangsmaßnahmen des KEA. Im März 1917 schrieb Groener dazu: „In allen Kreisen der Landwirtschaft herrschen die ernstesten Bedenken über die Maßnahmen zur Erfassung der Produktion, die dazu führen, dass die Produktion selber aufs schwerste leiden wird."[99] Andererseits führte der steigende Mangel an Lebensmitteln in den städtischen Zentren immer häufiger zu Ausschreitungen und Massendemonstrationen.[100]

Der Schleichhandel ist schwer messbar. Zeitgenössische Schätzungen gingen davon aus, dass „insgesamt ein Drittel der Lebensmittel abseits des offiziellen Marktes den Weg zu den Verbrauchern fand."[101] Die Zahl von Personen, die wegen übermäßiger Preisforderungen bei den Behörden angezeigt wurden, nahm mit der schwieriger werdenden Versorgungslage weiter zu. In industriellen Gebieten wie Sachsen wurden zwischen dem 1. November 1916 und dem 31. Oktober 1917 30.388 Personen wegen Delikten verurteilt, die mit dem Schleichhandel zusammenhingen.[102]

Im November 1917 erklärte das KEA, dass ca. 1,4 Mio. t Zucker über den Schwarzmarkt verkauft worden waren.[103] KEA und PSKV hatten außerdem einen Fehlbestand von ca. 832.000 Rindern gegenüber den drei Monate zuvor berechneten Viehbeständen ermittelt. Die Fehlmenge konnte „nur auf dem Wege des gewissenlosen Schleichhandels verschwunden sein."[104] Der Schwarzmarkt hatte sich derart ausgebreitet, dass die Bauern ihre Erzeugnisse sogar an staatliche Stellen zu erhöhten Preisen verkauften.[105]

Die angespannte Lage in den Beziehungen zwischen Erzeugern und Verbrauchern war das Spiegelbild des Rückgriffs auf den Schwarzmarkt als einzige Möglichkeit, der Nahrungsmittelknappheit entgegenzuwirken. In den Großstädten nahmen diese Verhältnisse oft einen gewaltsamen Charakter an, der das Ende des Burgfriedens[106]

---

99 GStA, R 197 A/306, Kriegsministerium an Batocki, 3.5.1917.
100 Geyer, Martin H.: Teuerungsprotest und Teuerungsunruhen 1914–1923. Selbsthilfegesellschaft und Geldentwertung, in: Manfred Gailus, Heinrich Volkmann (Hrsg.), Der Kampf um das tägliche Brot. Nahrungsmangel, Versorgungspolitik und Protest 1770–1990, Opladen 1994 S. 328–343.
101 Ziemann, Benjamin: Front und Heimat. Ländliche Kriegserfahrungen im südlichen Bayern 1914–1923, Essen 1997, S. 322.
102 BArch, R 3601/749, Bl. 188, Verfehlungen gegen die kriegswirtschaftlichen Bestimmungen im Königreich Sachsen.
103 BArch, R 3601/405, Bl. 128–138, Bericht KEA, 20.11.1917.
104 BArch, R 3601/430, PSKV an Bundesregierungen, Juli 1918.
105 BArch, R 3601/407, Bl. 51, PSKV an die Regierungspräsidenten, 19.12.1917.
106 Der Begriff „Burgfrieden" hat einen mittelalterlichen Ursprung. Im August 1914 spontan in Gebrauch gekommen, beschreibt er einen Waffenstillstand innerhalb der Gesellschaft. Dieser Stillstand implizierte die Einschränkung der internen sozialen und parteipolitischen Spannungen, um alle Kräfte für den als defensiv proklamierten Krieg zusammenzufassen.

deutlich aufzeigte. Nach einem Vermerk des Oberpräsidiums der Provinz Brandenburg „hatten sich die Verhältnisse auf dem platten Lande derart zugespitzt, dass die großstädtische Bevölkerung dort sogar mit Gewalt Lebensmittel an sich reißt und nach Berlin schleppt."[107] Im Oktober 1918 musste der Staatssekretär des KEA zugeben: „Die Schleichversorgung hat einen Umfang angenommen, der bei weiterer Duldung zu einem baldigen Zusammenbruch unserer Ernährungswirtschaft und unserer gesamten staatlichen und wirtschaftlichen Ordnung führen muss."[108] Nach einer ironisch-bitteren Feststellung „war der Schleichhandel die einzig wirklich erfolgreiche Organisation unseres Versorgungssystems."[109]

Das Problem betraf allerdings nicht nur die unterstellte Unfähigkeit des KEA, sondern die abnehmende Legitimation des Staates. Am 11. November 1918 erklärte UStS Schmidt (SPD), „dass alle bisherigen Maßnahmen sich als wirkungslos ergeben haben, weil die unteren Polizeiorgane, in deren Hand diese Maßnahmen schließlich gelegt sind, mehr und mehr versagen."[110] Der Staatsapparat war nicht mehr in der Lage, mit der notwendigen Härte gegen den Schleichhandel durchzugreifen. Die Verbreitung illegaler Verhaltensweisen hatte – nach Jürgen Kocka – das „Prestige und die Geltung von Recht und Staat" untergraben.[111]

Auch die Versuche des KEA, einen größeren Handlungsspielraum zu gewinnen, wurden durch den Autoritätsverlust des Staates unterminiert. Die Unfähigkeit, eine weitere Ausbreitung des Schleichhandels zu unterbinden, darf trotzdem nicht über die Tatsache hinwegtäuschen, dass das KEA zwischen 1916 und 1918 Kompetenzen und Handlungsbereich ausgedehnt hatte. Damit war ein allgegenwärtiger (wenn auch kein allmächtiger) Ordnungsfaktor im Leben der Reichsbürger entstanden.

---

107 BArch, R 3601/407, Bl. 65 ff., Oberpräsidium Provinz Brandenburg an KEA, 16.3.1918.
108 Ebenda, Bl. 181, StS des KEA an Kriegsministerium, 31.10.1918.
109 Wehler, Hans-Ulrich: Deutsche Gesellschaftsgeschichte, Bd. 4, Vom Beginn des Ersten Weltkriegs bis zur Gründung der beiden deutschen Staaten 1914–1949, München 1987, S. 61.
110 BArch, R 3601/432, Aktenvermerk zu einer Sitzung im Ministerium, 11.11.1918.
111 Kocka, Jürgen: Klassengesellschaft im Krieg. Deutsche Sozialgeschichte 1914–1918, Göttingen 1978 S. 134 f.

II Die Errichtung des Ministeriums und der Abbau der Zwangswirtschaft 1919–1923

1 Emanuel Wurm und der Primat der Ernährungsfrage

Die Situation bei Kriegsende war noch bedenklicher als in den Jahren zuvor.[112] Deutschland erfuhr mit dem Friedensvertrag einen Bevölkerungsrückgang von 10 Prozent; die Gebietsabtretungen verursachten aber einen Verlust von 15,6 Prozent des Ackerlandes. Westpreußen, Posen, Memel und Nord-Schleswig waren traditionelle Überschussgebiete für Kartoffeln und andere Lebensmittel; daher ging die gesamte Kartoffelproduktion um 18 Prozent zurück.

Die geschätzten Hektarerträge der Landwirtschaft waren drastisch gesunken: Bei einem Index von 100 für den Zeitraum 1909/13 lagen die Durchschnittserträge 1919 bei Werten von 77,8 für Weizen, 74,2 für Roggen und 72 für Kartoffeln.[113] Die Sieger behielten die Seeblockade „wie einen Ersatz für den Krieg"[114] bei, um die neue Republik zur Annahme der Friedensbedingungen zu zwingen. Tatsächlich wurde die Seeblockade bis zum 15. März 1919 rigoros aufrechterhalten und erst im Juli, nach der Unterzeichnung des Versailler Friedensvertrages, beendet.

Auch andere Probleme beeinträchtigten die Produktion. Die Verteilung von Düngemitteln insbesondere wurde durch zahlreiche Faktoren behindert: „Die Schwierigkeiten im Transportwesen, die mangelnde Kohlebelieferungen, das Fehlen von Kali bei der Herstellung von Kalistickstoff und die durch die Haltung der Arbeiter hervorgerufenen Produktionserschwerungen."[115] Die Lage wurde schließlich auch durch „die unruhigen politischen Ereignisse in Deutschland" kompliziert.[116] Die Revolutionsversuche 1919/1920 und die parallelen sozialen Wirren, sowie die dramatisch steigende Inflation, insbesondere nach dem Sommer 1922, trugen dazu bei, die Ernährungslage zu verschlechtern. Die Einschränkungen der Produktion spitzten sich also dadurch zu, dass es fast unmöglich war, die Bauern mit Produktionsmitteln zu versorgen.

Der Gegensatz zwischen Stadt und Land, der in den Kriegsjahren durch einen starken Staat und den Patriotismus in Grenzen gehalten worden war, kam nun zum Ausbruch. In den Städten brachen Unruhen aus, Lebensmittelgeschäfte wurden ge-

---

[112] Merkenich, Stephanie: Grüne Front gegen Weimar. Reichs-Landbund und agrarischer Lobbyismus 1918–1933, Düsseldorf 1998 (*Merkenich, Grüne Front*), S. 43.
[113] Statistisches Reichsamt, Statistisches Jahrbuch für das Deutsche Reich 1921, Berlin 1922, S. 43.
[114] Howard, Nick P.: The Social and Economic Consequences of the Allied Food Blockade of Germany 1918–1919, in: German History, Vol. 11, 1993, S. 184 (*Howard, Consequences*).
[115] Verhandlungen der Verfassunggebenden Deutschen Nationalversammlung. Stenographische Berichte, Berlin 1919/20, Bd. 326, S. 485, Nationalversammlung, 20. Sitzung, 4.3.1919.
[116] BArch, R 43 I/1253, Besprechung mit Vertretern der süddeutschen Staaten, 12.4.1919.

stürmt, Bürger überfielen landwirtschaftliche Anwesen.[117] Diesen Formen der Selbsthilfe der Verbraucher begegneten Landwirte und Bauern, indem sie ihre Vorräte versteckten und Lebensmittel an rentableren Märkten illegal verkauften. In Bayern gingen die Lieferungen von Brotgetreide an den KV München von 465.563 t im Jahr 1918/19 auf 260.144 im Folgejahr zurück.[118] Es entstand ein „Kleinkrieg der Produzenten gegenüber Konsumenten und kommunalen Behörden."[119]

Die Landwirtschaftspolitik war jetzt in den Händen einer neuen Führungsschicht. Als der Sozialdemokrat Otto Braun am 12. November 1918 die Leitung des 1848 gegründeten Preußischen Landwirtschaftsministeriums übernahm, bedeutete dies das Eindringen eines „Roten" in den Tempel der Konservativen.[120] Die neuen Regierenden maßen der inneren Kolonisation große Bedeutung bei, da sie darin ein wesentliches Mittel zur Veränderung der gesellschaftlichen Verhältnisse sahen. Nach seiner Verabschiedung am 11. August 1919 hob das Reichssiedlungsgesetz das Tabu der Unantastbarkeit des Großgrundbesitzes auf und sah eine teilweise Enteignung mit dem Ziel der Aufsiedlung vor.

Auf institutioneller Ebene erfolgte am 19. November 1918 die Umbenennung des Kriegsernährungsamts in Reichsernährungsamt (REA); die Leitung wurde Staatssekretär Emanuel Wurm übertragen,[121] einem Sozialdemokraten, der 1917 zur USPD gewechselt war.[122] Wurm, der die Position eines Staatssekretärs im REA innehatte, unterstanden auch zwei Unterstaatssekretäre: der zukünftige Ernährungsminister Robert Schmidt (SPD) und Edler von Braun (DNVP).[123] Wurm verfolgte eine Politik der „Wahrheit". Nur Hilfsmaßnahmen von außen konnten seiner Ansicht nach die Lage entschärfen. Wurm sah auch eine Reduzierung der Brotration auf 150 g vor, räumte jedoch selbst ein: „Aber davon kann die Bevölkerung nicht leben."[124] Die wahre Lage in der Ernährungsfrage musste klar zutage treten, um die Hilfswilligkeit der USA zu motivieren und den Bauern- und Landarbeiterräten ihre Verantwortung bewusst zu

---

117 Ebenda, Staatsministerium Sachsen an Reichsministerium, 3.5.1919.
118 Rudloff, Wohlfahrtstadt, S. 252.
119 Kluge, Ulrich: Agrarwirtschaft und ländliche Gesellschaft im 20. Jahrhundert, München 2005 S. 18.
120 Flemming, Landwirtschaftliche Interessen, S. 164; Schulze, Hagen: Otto Braun oder Preußens demokratische Sendung. Eine Biographie, Frankfurt/ Berlin/ Wien 1977 (*Schulze, Braun*), S. 260 ff.
121 Als Ernährungsfachmann war Wurm während des Kriegs für die Versorgung von Groß-Berlin zuständig gewesen; vgl. die von ihm verfasste Broschüre: Die Teuerung. Ihre Ursachen und Bekämpfung, Berlin 1917.
122 Globig, Marta: Wurm, Emanuel, in: Geschichte der deutschen Arbeiterbewegung. Biographisches Lexikon, Berlin 1970, S. 492–493.
123 BArch, R3601/22c, Wurm an RKlei, 25.1.1919.
124 Die Regierung der Volksbeauftragten 1918/19. Mit einer Einleitung von Erich Matthias, bearb. von Susanne Miller unter Mitwirkung von Heinrich Potthoff, Bd. 2, Düsseldorf 1962, S. 279 f., Sitzung am 15.1.1919.

machen. Denn die Räte sollten eine Vermittlerrolle zwischen Regierung und Gesellschaft übernehmen.[125]

Die den Räten zugedachte Rolle wurde am 20. November 1918 vom REA bestätigt, nämlich „die Produktion von Nahrungsmitteln und ihre Zufuhr in die Städte nicht zu hindern, sondern zu fördern."[126] Die Revolutionsregierung hatte „in einem Anruf an die Landwirtschaft [...] zur Bildung von Bauernräten aufgefordert, um die Volksernährung, die Ruhe und Ordnung auf dem Lande sowie die ungehinderte Fortführung der ländlichen Betriebe sicherzustellen." Allerdings funktionierte nicht alles wie vorgesehen. Im Dezember 1918 vermerkte Wurm: „Es besteht bei einzelnen Orts- oder Kreisbauernräten die Absicht, die den Gemeinden oder Kommunalverbänden zugewiesenen Aufgaben an ihrer Stelle selbständig in die Hand zu nehmen."[127] Zu diesem Zeitpunkt war es unvermeidlich, die Zwangswirtschaft beizubehalten. In einem Rundschreiben an die KV erklärte Wurm: „Die außerordentlich ernste Lage [...] zwingt zur schärfsten Erfassung der einheimischen Produktion."[128] Zur Verbesserung der Anlieferungen und der Verteilung sah er „das nützlichste Mittel in einer Inanspruchnahme der neugebildeten Bauernräte."

Am 30. Dezember reichte Wurm in Abstimmung mit den Parteikameraden der USPD seinen Rücktritt ein. Er war jedoch bereit, die ordentliche Verwaltung des REA weiterzuführen, bis im Februar 1919 die erste parlamentarische Regierung unter Vorsitz von Philipp Scheidemann gebildet wurde, der auch der erste Landwirtschaftsminister des Reiches, Robert Schmidt, angehörte. Schmidt blieb auch unter der folgenden Regierung Bauer bis März 1920 im Amt. Bei der Amtsniederlegung hinterließ Wurm eine Denkschrift, die die neuen Aufgaben des REA zur Hebung der landwirtschaftlichen Erzeugung beschrieb: von der Zufuhr von Arbeitskräften, Maschinen und Rohstoffen bis zur Verteilung von Düngemitteln.[129] Das zweite Handlungsfeld des REA betraf die „Preisregelung der landwirtschaftlichen Erzeugnisse durch Festsetzung von Erzeugerpreisen." Wurm stellte implizit die Forderung nach einem Ministerium, das sich sowohl mit der Ernährung als auch mit der Landwirtschaft befassen sollte.

2 Robert Schmidt: Konflikte über Wirtschaftspolitik

Robert Schmidt, Gewerkschaftsfunktionär mit langer parlamentarischer Erfahrung und seit 15.10.1918 Unterstaatssekretär im REA anstelle des zurückgetretenen August

---

[125] Howard, Consequences, S. 184.
[126] BArch, R 3601/532, Bl. 61, Mitteilungen der Aufklärungsstelle beim PSKV, 20.11.1918. Folgendes Zitat Bl. 62.
[127] BArch, R 3601/490. StS des REA an den Vorsitzenden des Reichsbauern- und Landarbeiterrats, 19.12.1918.
[128] GStA, 197 A/307, Der StS des REA an alle KV, 30.11.1918, wie folgendes Zitat.
[129] GStA, 197 A/307, Bl. 1–4, Das REM und die Förderung der landwirtschaftlichen Erzeugung, 27.12.1918. Wie folgendes Zitat.

Müller (beide SPD),[130] übernahm das Amt des Reichsernährungsministers (REM) im ersten republikanischen Kabinett Scheidemann am 13. Februar.[131] Die Liste der Minister wurde eigentlich im Reichsgesetzblatt nur am 21. März veröffentlicht. Es gibt keine Protokolle der Sitzungen des Reichsministeriums für den ersten Monat. Der Name des neuen Ministers ist regelmäßig in den Protokollaufnahmen seit dem 11. März aufgelistet. Als Unterstaatssekretär wurde Edler von Braun bestätigt. Von Anfang an vertrat Schmidt die Ansicht, dass es notwendig sei, die wesentlichen Züge der Zwangswirtschaft beizubehalten, um den Verbrauchern Konsumgüter zu kontrollierten Preisen anbieten zu können.[132] Zu den bereits angeführten Problemen kam nun ein weiteres: die Entwertung der Mark.

Am 10. März 1919 erkannte Schmidt in einer Rede vor der Nationalversammlung an, dass die von seinem Vorgänger ergriffenen Maßnahmen nicht ausreichend gewesen seien, um „den Schleichhandel zu unterbinden und ihn vollständig auszurotten."[133] Die einzige Lösung sah er darin, die Rationen so stark zu erhöhen, „dass das Interesse am Schleichhandel überhaupt nicht mehr vorhanden ist." Allerdings musste er zugeben, dass er dazu nicht in der Lage war und deshalb „einen Teil der Zwangswirtschaft nicht entbehren" konnte. Seine mittelfristige Perspektive unterschied sich somit von den Forderungen der Agrarier, aber auch von Wurm: „Die Zwangswirtschaft ist aus dem Zwange der Verhältnisse geboren, sie ist kein Wirtschaftssystem für die Zukunft."[134] Zwar konnte sie nicht sofort abgeschafft, aber sie musste überwunden werden. Schmidt schlug vor, zunächst einige Produkte zu liberalisieren, um dann schrittweise zu den wichtigeren überzugehen. Er erklärte: „Es sind bereits Maßnahmen eingeleitet [worden], um die Zwangswirtschaft [...] auf dem Gebiet der Versorgung mit Frühgemüse und mit Obst [aufzuheben]." Hingegen schob er die Aufhebung der Zwangswirtschaft für Brotgetreide, Fleisch, Kartoffeln und Butter auf, da er eine unkontrollierbare Preistreiberei fürchtete. Außerdem behielt er sich vor, die Höchstpreise wieder einzuführen, sobald eine „planlose Preistreiberei" mit den liberalisierten Erzeugnissen festgestellt würde.

Schmidt war überzeugt, dass es unmöglich sein würde, die landwirtschaftliche Produktion so zu steigern, dass sie den Bedarf des eigenen Volkes deckte. Außerdem vertrat er die Ansicht: „Auch für die Folgezeit wird es sehr schwer sein [...], ohne Einfuhr auszukommen." Sein Handeln war nicht auf die Förderung der Landwirt-

---

130 Regierung der Volksbeauftragten, Bd. 2, S.128, Anm.16.
131 Geboren 1864 in Berlin, Klavierbauer vom Beruf, stieg Schmidt rasch in die Führungsriege der unabhängigen Gewerkschaften auf. 1893–1903 war er Redakteur des Vorwärts. Mit einer kurzen Unterbrechung am Anfang des Jahrhunderts saß er zwischen 1893 und 1930 im Reichstag. BArch R3601/22c, Bl. 43, REA an RKlei, 18.3.1919.
132 Mathews, William C.: The Continuity of Social Democratic Economic Policy 1919–1920. The Bauer-Schmidt Policy, in: Feldman, Gerald D./Holtfrerich, Carl-Ludwig/Ritter, Gerhard A./Witt, Peter-Christian (Hgg.): Die Anpassung an die Inflation, Berlin 1986 S. 497.
133 Verhandlungen der Nationalversammlung, Bd. 327, S. 627f., 24. Sitzung, 10.3.1919, wie die folgenden zwei Zitate.
134 Ebenda, S. 628f., wie die folgenden drei Zitate.

schaft fokussiert, da keine Autonomie durch die Binnenproduktion garantiert werden konnte. Andererseits glaubte er, dass eine schrittweise und durch hohe Preise für die Erzeuger gekennzeichnete Rückkehr zum freien Markt die Landwirtschaft zur Vorkriegsproduktivität zurückführen könne. Unter Berücksichtigung des begrenzten Handlungsspielraums unterschied sich seine Zielsetzung damit doch von der seines Vorgängers.[135]

Mit der Fortsetzung der Zwangswirtschaft zog Schmidt viel Kritik auf sich, wobei die schärfsten Einwände von der politischen Rechten kamen.[136] Ihre Aversion gegen die Fortsetzung der Zwangswirtschaft stellte auch die linksliberale Deutsche Demokratische Partei (DDP) unter Beweis, die forderte, die Agrarpolitik einem Wirtschaftsdiktator zu übertragen, der sie einheitlich dirigieren sollte.[137] Der REM prophezeite katastrophale Konsequenzen für den Fall, dass man die Zwangswirtschaft zu früh aufgebe: „Bolschewismus mit allen Folgen" und „Zerfall des Deutschen Reiches."[138]

Schmidt setzte sich dafür ein, die Einfuhr von Lebensmitteln zu begünstigen. Das war eine kostspielige Politik, denn die Ankäufe mussten in Goldwährung bezahlt werden. Genau dieser Punkt aber war strittig zwischen Schmidt und seinem Parteigenossen, Wirtschaftsminister Rudolf Wissell, der die Goldreserven bevorzugt für den Ankauf von Rohstoffen für die industrielle Produktion verwenden und die Kontrolle über die Agrarpolitik erlangen wollte – mit dem Ziel, eben jener Wirtschaftsdiktator zu werden. Der Druck, der von der DDP und Wissell ausgeübt wurde, nahm im Mai 1919 konkrete Formen an, als Reichsfinanzminister Bernhard Dernburg (DDP) die Einrichtung eines diktatorischen Wirtschaftsausschusses „zur Prüfung und energischen Durchführung aller notwendigen und möglichen Maßnahmen für die Beschaffung von ausländischen Zahlungsmitteln" vorschlug.[139] Am 7. Mai gab Wissell sein Wirtschaftsprogramm bekannt.[140] Bezüglich der Ernährungspolitik vermerkte der Minister: „Die Preise für die ausländischen Lebensmittel, auf die Deutschland zunächst jedenfalls noch unbedingt angewiesen ist, übertreffen die Preise der heimischen rationierten Lebensmittel zum Teil um das Zwei- bis Vierfache."[141] Er kritisierte die Politik von Schmidt und schlug eine Erhöhung des Brotpreises vor. Der REM sollte aus den entsprechenden Entscheidungen herausgehalten werden.

---

[135] Ebenda, S. 486, 20. Sitzung am 4.3.1919.
[136] Ebenda, S. 734, 24. Sitzung am 4.3.1919.
[137] Akten der Reichskanzlei. Weimarer Republik. Das Kabinett Bauer, 21. Juni 1919 bis 27. März 1920, bearbeitet von Anton Golecki, Boppard am Rhein 1980 (*ARK, Bauer*), Bd. 1, S. LXXIII.
[138] BArch, R 43 I/1255, Schmidt als PSKV, 4.9.1919.
[139] BArch, R 43 I/1349, Bl. 56–59, Kabinettssitzung vom 6.5.1919.
[140] Winkler, Heinrich A.: Weimar 1918–1933. Die Geschichte der ersten deutschen Demokratie, München 1993, S. 85.
[141] BArch, R 43 I/1146, Bl. 64–68, Wirtschaftsprogramm des RWM, 7.5.1919.

Schmidts Reaktion war vehement: Am 9. Mai richtete er eine Denkschrift an Reichskanzler Scheidemann, in der er die Pläne des Kollegen zurückwies.[142] Seines Erachtens mussten die Löhne der Industriearbeiter auf einem niedrigen Niveau gehalten werden, um auf den internationalen Märkten konkurrenzfähig zu bleiben. Die Wettbewerbsfähigkeit der deutschen Industrieprodukte hätte für den Zufluss der notwendigen Fremdwährung zum Ankauf landwirtschaftlicher Produkte gesorgt. Diese strategische Ausrichtung war der von Wissell genau entgegengesetzt.

Zwischen den beiden Ministerien gab es seit längerer Zeit Zuständigkeitskonflikte. Schon Ende 1918 hatte der Staatssekretär im Reichswirtschaftsamt (RWiA) August Müller gegen die Entscheidung des REA protestiert, eine Einkaufsstelle für pflanzliche und tierische Fette einzurichten. Eine „planmäßige Wirtschaftspolitik dem Ausland gegenüber", bemerkte er, sei ohne die Zusammenfassung der „gesamten Ein- und Ausfuhrfragen" bei einem verantwortlichen Akteur nicht möglich.[143] Das REA wies diese Argumentation zurück. Mit Verordnung vom 15. Februar 1919 verfügte Wurm die Übertragung aller Kompetenzen für die Einfuhr von Ölen und Fetten an seine Reichsstelle.

Einen Monat später beauftragte das REM die Reichsstelle, „mit tunlichster Beschleunigung die Einfuhr von tierischen Fetten" durchzuführen,[144] ohne den Klagen des RWM oder den Einwänden des Reichsjustizministers stattzugeben. Der RWM bestand in seiner Protestnote an den Reichskanzler auf seinem Standpunkt: Er müsse „entscheidendes Gewicht darauf legen, dass die gesamten Ein- und Ausfuhrfragen auch hier einheitlich behandelt werden."[145] Wissell war nicht bereit, den Anspruch von Schmidt zu akzeptieren, wonach „das Reichslandwirtschaftsministerium" die Zuständigkeit für „die Bearbeitung aller Fragen der landwirtschaftlichen Erzeugung" besaß.

Die Streitfrage wurde – zusammen mit dem noch bedeutenderen Gegensatz zwischen Schmidt und Wissell zum Thema Sozialisierung der wichtigsten Produktionszweige – von der neuen Regierung aufgelöst. Die vom Sozialdemokraten Gustav Bauer geführte „rot-schwarze Rumpfkoalition" kam infolge der Krisensituation aufgrund der Unterzeichnung des Versailler Vertrags am 21. Juni zustande. Reichspräsident Ebert und Reichskanzler Bauer unterzeichneten den Erlass „über die Abgrenzung der Zuständigkeit" zwischen den beiden Ministerien am 5. Juli. Drei Tage später war der Höhepunkt der Auseinandersetzung über die von Wissell vorgesehenen Grundlinien der Wirtschaftspolitik erreicht: Der RWM wurde überstimmt und reichte seinen Rücktritt ein. Im neuen Kabinett übernahm Schmidt auch das Amt des Reichswirt-

---

142 Akten der Reichskanzlei. Weimarer Republik. Das Kabinett Scheidemann 13. Februar bis 20. Juni 1919, bearbeitet von Hagen Schulze, Boppard am Rhein 1971 (*ARK, Scheidemann*), Denkschrift des REM vom 7.5.1919, S. 289 ff.
143 BArch, R 43 I/1484, August Müller an StS in der RKlei, 14.11.1918.
144 Ebenda, RWM an StS in der RKlei, 23.3.1919.
145 Ebenda, Wissell an Scheidemann, 23.3.1919, wie folgende zwei Zitate.

schaftsministers.[146] Mit Datum vom 1. September 1919 schrieb Bauer an Reichspräsident Ebert, dass die Notwendigkeit „den Wiederaufbauplan des deutschen Wirtschaftslebens"[147] im Kompetenzbereich des RWM zu vereinen, überwogen habe. „Das Reichsministerium hat daher in seiner Sitzung vom 28. August 1919 beschlossen, das Reichswirtschaftsministerium und das Ernährungsministerium zu einem Ministerium zu vereinigen."

Das RWM wurde daher in zwei Hauptabteilungen unterteilt, wovon die erste den Aufgabenbereich „Allgemeine Volkswirtschaft, Industrie, Verkehr und Handel" abdeckte. Der zweiten Hauptabteilung unter Leitung von Unterstaatssekretär Dr. Peters waren die Abteilungen V (18 Referate) und Va (5) zugeordnet, die die Bezeichnung „Ernährungswirtschaft" trugen. Die Abteilung VI (10 Referate), „Landwirtschaft", wurde von Dr. Andreas Hermes geleitet. Deren Kompetenzbereich reichte von den Düngemitteln bis zur pflanzlichen Erzeugung und von der Festsetzung der landwirtschaftlichen Erzeugerpreise bis zur tierischen Produktion.

Schmidt begann, Vorkehrungen für einen vorsichtigen Ausstieg aus der Zwangswirtschaft vorzubereiten. In der Denkschrift über die „Grundlagen für die Preisbemessung der landwirtschaftlichen Erzeugnisse im Jahre 1919"[148] betonte der Minister, einen Interessenausgleich zwischen den Erwartungen der Verbraucher und denen der Erzeuger herbeiführen zu wollen – und stimmte damit ganz nebenbei ein Schlagwort an, das für die Agrarpolitik des gesamten 20. Jahrhunderts typisch werden sollte.[149] Er ging davon aus, dass Preiserhöhungen in vernünftigem Umfang das geeignetste Mittel zur Lösung der Probleme auf dem Lebensmittelmarkt seien.[150] Eine solche Preisgestaltung konnte aber nur durch den Staat erfolgen.[151] Der Vorschlag, der die Verteuerung der rationierten Lebensmittel um ein Drittel vorsah, wurde am 15. Juli gesetzlich geregelt.[152]

Der preußische Landwirtschaftsminister Otto Braun sprach sich für eine „weitere Lockerung der Zwangswirtschaft auf dem Ernährungsgebiet" aus.[153] Am 13. September erkannte Braun die Notwendigkeit der öffentlichen Bewirtschaftung für Brot und Fleisch an, forderte aber die Freigabe der Gerste zur Schweinemast, damit mehr inländisches Fleisch und Fett produziert werden könne. Der preußische Minister betonte, „die öffentliche Bewirtschaftung in der bisherigen Form drohe zur Farce zu werden."[154] Schmidt sicherte sich jedoch die Unterstützung des Kabinetts für seine Einschätzung, dass „weitere Lockerungen der Zwangswirtschaft kaum möglich

---

146 ARK, Bauer, S. 120, Kabinettssitzung vom 14.7.1919, Grundzüge der Wirtschaftspolitik.
147 BArch, R 43 I/928, RK an den RP, 1.9.1919, wie folgendes Zitat.
148 BArch, R 43 I/1254, Bl. 160–224, Denkschrift datiert 22.6.1919.
149 Ebenda, Begleitbrief an den RP zum Entwurf der Verordnung, 22.6.1919.
150 BArch, R 43 I/1256, Schmidt als PSKV an den StS RKlei, 12.12.1919.
151 Ebenda, Schlussvortrag des REM bei der Expertensitzung am 3.11.1919.
152 RGBl. 1919, S. 647–650.
153 BArch, R 43 I/1351, Bl. 29–32, Kabinettssitzung vom 10.9.1919.
154 Vorwärts, Nr. 468, 13.9.1919.

sind."¹⁵⁵ Schließlich fand sich auch Braun mit der vorübergehenden „Beibehaltung der Zwangswirtschaft" ab.¹⁵⁶

Nachdem er den Widerstand von Wissell und Braun überwunden hatte, konnte nun Reichsminister Schmidt nach seinen Vorstellungen schalten und walten. Die fehlenden Lebensmittel sollten, auch zu hohen Preisen, importiert und dann auf dem Binnenmarkt zu amtlich festgelegten Höchstpreisen weiterverkauft werden. Die Zwangswirtschaft sollte für die wichtigsten Produkte beibehalten werden, solange Angebot und Nachfrage in einem unausgeglichenen Verhältnis standen.

Am 26. September erhielt Schmidt vom Kabinett Haushaltsmittel zur Verbilligung der Lebensmittel in Höhe von 3,5 Mrd. Mark für den Zeitraum bis März 1920.¹⁵⁷ Am 1. Oktober erklärte er: „Die Lebensmittelpreise an den Weltmarktpreis [...] anlehnen [...] ist undenkbar."¹⁵⁸ Andernfalls wären die Lebenshaltungskosten derart gestiegen, dass das Auskommen „der Arbeiterschaft und der großen Masse der Bevölkerung" nicht mehr garantiert werden konnte. Der Reichswirtschaftsminister erklärte seine Absicht, „die Zwangswirtschaft auf das allernotwendigste Maß zu beschränken."¹⁵⁹

Die Ernährungssituation war jedoch instabil.¹⁶⁰ Die Engpässe im Transportwesen¹⁶¹ vermengten sich mit den Partikularinteressen der Erzeuger.¹⁶² Während die Berichte an den Reichspräsidenten für die Monate Juli bis September noch einen gewissen Optimismus zeigten,¹⁶³ bemerkte der Minister Ende November: „Die Kartoffelversorgung befindet sich in einer gefährlichen Lage."¹⁶⁴ Die Maßnahmen, die getroffen wurden, um die Lage in den Griff zu bekommen, beschränkten sich auf Prämien für die vorzeitige Lieferung von Kartoffeln und Brotgetreide nach dem bereits vom KEA praktizierten Modell.¹⁶⁵

Zwei Monate später entzündete sich ein neuer Konflikt zwischen den Ministern der SPD und denen der DDP. Der Auslöser war eine am 14. Januar 1920 versandte Eingabe des Berliner Oberbürgermeisters Wermuth über den „katastrophalen Mangel in der Getreide- und Kartoffelversorgung vor allem der städtischen Bevölkerung."¹⁶⁶ Gegen die Kritik der DDP-Minister führte Schmidt zu seiner Verteidigung an, dass die

---

155 BArch, R 43 I/1255, Aus dem Protokoll der Sitzung, 10.9.1919.
156 Ebenda, Mitteilung des PrMinPräs. an die RKlei, 23.9.1919.
157 ARK, Bauer, S. 274, Kabinettssitzung vom 26.9.1919.
158 Verhandlungen der Nationalversammlung, Bd. 329, S. 2803, 88. Sitzung, 1.10.1919, wie folgendes Zitat.
159 BArch, R 43 I/1256, Sitzung des Vorstandes REM, 3.11.1919.
160 ARK, Bauer, S. 445 ff., Bericht des RWM über die Wirtschaftslage im Oktober, 28.11.1919.
161 Die in Posen und Westpreußen auftretenden Schwierigkeiten wurden darauf zurückgeführt. Vgl. BArch, R 43 I/1255, Vorstand der Waffenstillstandkommission an RWM, 8.10.1919.
162 Vgl. ebenda, Monatlicher Bericht (September 1919) betr. die Ernährungslage, 21.10.1919.
163 Ebenda, Bericht über die Ernährungslage, 16.8.1919. Für Juli wurde ein Anstieg der durchschnittlichen Tageskalorienzahl auf 1718 cal geschätzt, gegenüber dem Vorjahreswert von 1124 cal.
164 ARK, Bauer, S. 447.
165 Ebenda, S. 458, Protokoll der Sitzung des Reichskabinetts, 4.12.1919.
166 BArch, R 43 I/1256, Bl. 160, Berliner Oberbürgermeister an Kabinett, 14.1.1920.

„volle Wirkung der Prämien noch nicht in Erscheinung getreten"[167] und der Notstand dadurch eingetreten sei, weil „auf Wunsch aller Parteien der Nationalversamml[ung]" die „Herabsetzung der Ausmahlungsquote" von 94% auf 81% beschlossen worden war. Ein Kompromiss wurde durch punktuelle Maßnahmen gefunden: Kredite an einzelne Städte in „unhaltbaren Zuständen" und Sondereinfuhr von 1 Million Tonnen Mais auf Staatskosten.

Die SPD und ihr Minister waren jedoch nicht willens, alle Räume für den freien Markt zu öffnen. Politisch gesehen wäre „keine Regierung stark genug" gewesen, „um die Folgen der sofortigen Beseitigung der Zwangswirtschaft tragen zu können."[168] Daher legte der Minister für zwei der anfälligsten Produkte, nämlich Kartoffeln und Milch, Höchstpreise fest und schmiedete regionale Vereinbarungen zwischen Agrarverbänden und Verbrauchern, um die Versorgung zu garantieren.[169]

Erst die Übernahme des Ministeriums durch Hermes sollte schließlich zu einem neuen Kurs führen. Dasselbe gilt für die Produktivität, für die Schmidt Lösungen wählte, die nur geringe Wirkung entfalteten. Schmidt blieb bei seiner Linie: Liberalisierung einiger marginaler Produkte und Garantie angemessener Erzeugerpreise, um auf diese Weise, bei gleichzeitiger Beibehaltung der Zwangswirtschaft für die wichtigsten Produkte, die Produktivität nicht abzuwürgen.

3 Andreas Hermes: Ein Ministerium für Ernährung und Landwirtschaft

Auf die zaghaften Schritte, die von Schmidt unternommen worden waren, folgte die Ausarbeitung eines ersten organischen Plans für eine Übergangswirtschaft durch den neuen Minister, den Zentrumspolitiker Andreas Hermes. Es begann so eine neue Epoche, die zugleich das Ende des sozialdemokratischen Intermezzos und somit des Primats der Verbraucher bedeutete. Der 1878 in Köln geborene Hermes war 1905 an der volkswirtschaftlichen Fakultät in Jena zum Dr. phil. promoviert worden. Nach Ausbruch des Krieges übernahm er die Leitung einer Sektion beim Kriegsausschuss für Ersatzfutter[170] und wurde Ende 1919 zum Abteilungsleiter für Landwirtschaft (Abt. VI) im Reichswirtschaftsministerium berufen. Die Abteilung bildete den Kern des zukünftigen Reichsernährungsministeriums, das im Rahmen einer Umbildung der

---

[167] Ebenda, Bl. 163–166, Denkschrift Schiffer, Koch und Geßler. Protokoll der Sitzung des Kabinetts, 20.1.1920, wie die folgenden zwei Zitate.
[168] BArch, R 43 I/2534, Bl. 70–71, Staatsmin. Oldenburg an RKlei, 18.12.1919.
[169] Siehe dazu Dokumente aus den ersten Monaten des Jahres 1920 in BArch, R 43 I/1257.
[170] Caspers, Hermann: Unser Herr Reichsminister. Ein Lebensbild des Reichsministers Andreas Hermes, in: Caspers, Hermann (Hg.): Festschrift für Andreas Hermes zum 80. Geburtstag, Neuwied/Rhein 1958, S. 20.

Reichsregierung (am 27. März) nach dem gescheiterten Kapp-Putsch gegründet wurde.[171]

An der Spitze der neuen Regierung der Weimarer Koalition stand Reichskanzler Hermann Müller (SPD). Der Erlass zur Einrichtung des Reichsministeriums (RMEL), das sich mit allen „Angelegenheiten der Ernährungswirtschaft, der Landwirtschaft, der Forstwirtschaft und der Fischerei" befassen sollte, trägt das Datum 30. März 1920.[172] Hermes schrieb dazu in seinen Lebenserinnerungen: „Dadurch erhielt zum ersten Male die deutsche Landwirtschaft eine gleichberechtigte Vertretung mit anderen Berufsständen im Reichskabinett."[173]

Der Unterschied zu der von Schmidt verfolgten Politik war grundsätzlich, wie Hermes in seiner Rede an die Nationalversammlung am 26. April hervorhob. Die Vorgängerminister hatten sich die „Bewirtschaftung vorhandener Lebensmittel" zum Ziel gesetzt.[174] Nun habe sich das Ministerium „in den Grenzen seiner Zuständigkeit mit allen Kräften" auch mit der Förderung der Landwirtschaft beschäftigt. „Der außerordentliche Rückgang der inländischen Erzeugung und der wachsende Widerstand gegen die Zwangswirtschaft: das sind die Hauptursachen unserer schlechten Ernährung", sagte Hermes und stellte klar: „Der einzige Weg, auf dem eine durchgreifende Verbesserung der Ernährungslage herbeigeführt werden kann, ist die Hebung der einheimischen landwirtschaftlichen Produktion."

In seinem ersten Brief an die Landesregierungen kehrte der Minister die Rangordnung zwischen Ernährung und Landwirtschaft um.[175] Hermes veränderte auch die innere Struktur des Ministeriums, das in sechs Abteilungen gegliedert wurde, wovon drei für das Ernährungswesen, zwei für die Förderung der landwirtschaftlichen Erzeugung und eine für die Forstwirtschaft zuständig waren.[176]

Auch der neue Minister musste sich jedoch den Protesten der Verbraucher stellen.[177] Im Monatsbericht für Juni war zu lesen: „In einzelnen Gegenden ist es infolge der Ernährungsschwierigkeiten zu Unruhen gekommen"; die Kaufkraft der Bevölkerung sei „offenbar geringer geworden."[178] Es wurden daher 3 Mrd. Mark zum Ankauf

---

[171] Im neu begründeten REM wurde Ludwig Huber zum UStS (ab Mai 1920 StS). Huber war Rechtswissenschaftler, von 1916 bis 1920 stellvertretender Bevollmächtigter Bayerns im Bundesrat und ab 1922 Regierungspräsident von Mittelfranken. BArch, R 43 I/1355, Bl. 211–217, Ernennung des MinDir Huber zum UStS, 10.4.1920.
[172] BArch, R 43 I/928, Der RWM an UStS RKlei, Entwurf eines Erlasses, betr. die Errichtung eines Reichsministeriums für Ernährung und Landwirtschaft, 30.3.1920.
[173] ACDP, NL Hermes/157-1, Bl. 49. Die Hintergründe für diese Entscheidung sind aus den Akten nicht festzustellen.
[174] ACDP, NL Hermes/114-1, Rede Hermes, Nationalversammlung, 171. Sitzung, 26.4.1920, wie die folgenden zwei Zitate.
[175] GStA, R 197 A/307, RMEL an sämtliche Landesregierungen, 4.6.1920.
[176] Ebenda.
[177] BArch, R 43 I/1257, Bericht RMEL an RPräs, 3.7.1920.
[178] Ebenda, Bericht RMEL an RP, 21.7.1920.

von Nahrungsmitteln aus dem Ausland bereitgestellt.[179] Ende September beklagte sich die Arbeitsgemeinschaft für die Eisen- und Metallindustrie, dass dem Preisabbau für industrielle Erzeugnisse nicht eine analoge „Preisgestaltung der inländischen Lebensmittel" gefolgt sei.[180]

Hermes versuchte nicht, die Schwierigkeiten zu verbergen, setzte aber auf die Überwindung der Zwangswirtschaft, indem er der Landwirtschaft „eine größere Bewegungsfreiheit" einräumte.[181] Die Zwangswirtschaft sollte nur noch dort angewandt werden, wo absolute Notwendigkeit bestand, da der Staat eine „Fürsorgepflicht gegenüber der großen Masse der Bevölkerung" hatte. Schon am 14. Mai hatte er die Ansicht vertreten, dass „Brotgetreide, Gerste und Hafer weiter zwangsweise bewirtschaftet", während „Hülsenfrüchte und Buchweizen aus der Zwangswirtschaft herausgelassen werden" sollten.[182]

Der neue Minister war überzeugt, dass „bei einem verständnisvollen Mitarbeiten der Landwirtschaft und der genossenschaftlichen Organisationen [...] eher mit einem Mehraufbringen an Kartoffeln zu rechnen sei als bei Fortsetzung der bisherigen Zwangsbewirtschaftungsform." Er deutete eine weitere Öffnung an: „Der REM beabsichtigte, die Kartoffelbewirtschaftung aufzuheben, wenn ein Ernteertrag von 120 Millionen Zentnern sichergestellt werde."[183] Der Minister stellte fest, dass bei Freigabe der Kartoffeln „die Preise im Herbst ansteigen werden, so dass durch diese Regelung der Verbraucher sehr stark belastet würde."[184] Andererseits sei nicht zu verkennen, dass „die Weiterführung der bisherigen Art der Kartoffelbewirtschaftung auf erhebliche Schwierigkeiten stößt und dass insbesondere im letzten Jahr die Ergebnisse der Bewirtschaftung nicht als genügend bezeichnet werden können."[185]

Zwischen August und Oktober wurden die Bestimmungen der Zwangswirtschaft für Schweine, Rinder und Kartoffeln abgeschafft, im Jahr darauf die für Milch. Auf diese Weise wurde der Weg zur Wiedereinführung der freien Wirtschaft geebnet. Der weitere Verlauf erforderte die Abstimmung zwischen Reich und Ländern auf der einen sowie zwischen Erzeugern und Verbrauchern auf der anderen Seite. Die erste Sitzung mit den Ministern der Länder wurde am 28. August 1920 einberufen, um den „Übergang aus der gebundenen in die freie Wirtschaft bei Kartoffeln und Fleisch" und die „Maßnahmen zur Verhütung von Preistreibereien aus Anlass der Lockerung der Zwangswirtschaft" zu besprechen.[186]

Da die Aussichten für die Ernte 1920 gut waren, glaubte der Minister, die öffentliche Bewirtschaftung der Kartoffelernte aufheben zu können. Am 5. August über-

---

179 Ebenda, RFM an RK, 26.5.1920.
180 Ebenda, AG f. d. Eisen- und Metallindustrie an RKlei, 22.9.1920.
181 Ebenda, Hermes an Vorstand ADGB, 18.8.1920, wie folgendes Zitat.
182 BArch, R 43 I/2535, Bl. 32, Sitzung des Reichsministeriums, 14.5.1920, wie folgendes Zitat.
183 Ebenda, Bl. 176–179, VO über die Versorgung mit Herbstkartoffeln.
184 Ebenda, Bl. 32, Sitzung des Reichsministeriums, 14.5.1920.
185 Ebenda, Bl. 170, VO über die Versorgung mit Herbstkartoffeln.
186 GStA, R 197 A/53, RMEL an sämtliche Landesregierungen, 15.8.1920.

sandte er der Reichskanzlei einen entsprechenden Entwurf.[187] Dieser wurde zwei Tage später vom Kabinett angenommen; damit wurde einer der wichtigsten Nahrungsmittelmärkte liberalisiert.[188] Diese Maßnahme sah einen Schutzmechanismus vor. Dabei handelte es sich um eine Reserve von 20 Mio. Zentnern Kartoffeln, die von der Reichsregierung verwaltet wurde.[189]

Dieser Schritt stellte einen wichtigen Mosaikstein für die Abschaffung der Zwangswirtschaft dar. Die Erzeuger hatten trotz des von Schmidt garantierten Mindestpreises nur 25 Mio. Zentner anstelle der für die Zeit zwischen Mai und August vorgesehenen 120 Mio. Zentner abgeliefert. Die Lage stellte sich so dar, wie sie August Müller (SPD) in einer Rede vor dem Reichstag beschrieb: „Die Zwangswirtschaft ist nicht aufgehoben worden, sie hat sich selbst aufgehoben."[190]

Im Getreidesektor versuchte Hermes, die Binnenproduktion durch garantierte Mindestpreise zu steigern, ohne auf eine Rückkehr zur freien Marktwirtschaft zu drängen. Am 12. Juli wurde eine Neufestsetzung des Getreidepreises[191] beschlossen, weil die Anlieferungen immer weiter zurückgingen. Das Ziel war klar: „Durch die vorgesehene Erhöhung der Getreidepreise, die den Erzeugern zugute kommen sollte, erhoffte man sich eine Steigerung der Anlieferungen."[192] Jedoch waren die Handlungsspielräume eng bemessen: Die Brotversorgung sollte mit Ankäufen im Ausland gestützt werden.[193]

In einer Denkschrift vom 24. November 1920 verdeutlichte Hermes die Engpässe, die mit der Beschaffung von Getreide zusammenhingen. Da die Ernte nicht ausreichte, „um die Brotgetreideversorgung aufrechtzuerhalten, sei die Einfuhr von 2 Mio. Tonnen Getreide erforderlich."[194] Problematisch war dabei die Finanzierung der Einfuhr, da die Preise für ausländisches Getreide sehr hoch blieben.

Die Schwierigkeit, Preise festzulegen, die die Rentabilität garantiert hätten, beruhte auf der allgemeinen Entwicklung: Für Agrarprodukte waren die Preise von 100 (im Januar 1920) auf 151,5 im Dezember angestiegen, während der Index für Produktionsmittel im gleichen Zeitraum auf 204,7 kletterte.[195] In der Sitzung des Unterausschusses vom 13. Januar 1921 bestätigte eines seiner erfahrensten Mitglieder, von Batocki: „Der jetzige Zustand erinnert sehr an den Zustand bei Errichtung des KEA im Juni 1916."[196] Grund war vor allem der zunehmende Unterschied zwischen den durch Verordnung niedrig gehaltenen Getreidepreisen und den Viehpreisen. Der „Vater der

---

187 BArch, R 43 I/2536, Bl. 114, Entwurf, RMEL a StS in der RKlei, 5.8.1920.
188 Akten der Reichskanzlei. Weimarer Republik. Das Kabinett Fehrenbach (1920/21), bearbeitet von Peter Wulf, Boppard am Rhein 1972 (*ARK, Fehrenbach*), S. 108, Kabinettssitzung vom 7.8.1920.
189 RGBl. 1920, S. 1609.
190 BArch, R 401/440, datiert 11.12.1920.
191 ARK, Fehrenbach, S. 59, Kabinettssitzung vom 12.7.1920.
192 BArch, R 43 I/1357, Bl. 560, StS Huber in der Kabinettssitzung vom 12.7.1920.
193 GStA, R 197 A/53, RMEL an PSKV, 25.8.1920.
194 ARK, Fehrenbach, S. 337, Kabinettssitzung vom 8.12.1920.
195 GStA, R 197 A/53, RMEL an sämtliche Landesregierungen, 6.1.1921.
196 BArch, R 401/442, Rede Batocki, 13.1.1921.

Zwangswirtschaft" war somit selbst der Ansicht, dass das System sich nicht mehr aufrechterhalten ließ.

Die Wende wurde Anfang 1921 vollzogen. Am 15. Januar fand eine Versammlung mit den Länderministern statt. Das REM „forderte die baldige Festsetzung der Mindestpreise und vertritt die Auffassung, dass die öffentliche Bewirtschaftung aufrechterhalten werden müsse, dass aber die bisherige Form nicht mehr beibehalten werden könne."[197] Schließlich wurde die Einführung des Umlagesystems beschlossen. Die Vorstellung, eine vom Reich verwaltete Getreidereserve als Ersatzlösung für die zentralisierte Bewirtschaftung anzulegen, hatte sich durchgesetzt. Die Umlage wurde auf eine Durchschnittsmenge von „vier Doppelzentnern pro Hektar der Gesamtanbaufläche von Weizen, Roggen, Gerste und Hafer" festgesetzt.[198] Die überschüssige Menge konnte von den Landwirten zu freien Preisen verkauft werden. Hermes war der Auffassung, „unsere Ernährungspolitik müsse sich zum Grundsatz machen, das Verhältnis der Einfuhr ausländischer Lebensmittel zur inländischen Produktion zugunsten der letzteren zu ändern."[199] Die Umlage für Getreide und das Drängen auf intensiven Einsatz von Düngemitteln dienten dem Zweck, die Produktion anzukurbeln. Die Rentabilität der Betriebe war jedoch mit zentralistischen Methoden schwer zu steuern.[200] Das Getreide freizugeben, wäre allerdings angesichts der Schwierigkeiten, es aus dem Ausland zu importieren, „ein Wagnis [gewesen], das kein Minister verantworten könne."[201]

Im April brachte die Regierung einen Gesetzentwurf über „die Regelung des Verkehrs mit Getreide" ein.[202] Diese „hätte zwei Forderungen zu erfüllen: Sie sollte einmal den Inlandsbedarf an Getreide decken und sie sollte zum anderen die Getreideproduktion heben."[203] Der Umfang der Getreideumlage war auf 3,5 Mio. t festgelegt worden. Um einen Anreiz für die Erhöhung der Produktion zu schaffen, sah der Gesetzentwurf vor, „dass der nach der Umlage verbleibende Überschuss an Getreide dem Erzeuger zur freien Verfügung verbleiben sollte." Der Gesetzentwurf wurde vom 14. bis 16. Juni im Reichstag diskutiert. Auch innerhalb der Koalition gab es unterschiedliche Auffassungen. Die DVP forderte „die sofortige Einführung der freien Wirtschaft für das Getreide."[204] Die SPD hingegen war „für die Fortführung der bestehenden öffentlichen Bewirtschaftung." Das Gesetz wurde angenommen, nachdem ein Kompromiss gefunden worden war, der die Umlage auf 2,5 Mio. t festlegte und die erste Fälligkeit von Oktober auf Dezember verschob.[205]

---

197 Schulthess' Europäischer Geschichtskalender, 62 (1921), Bd. 1, S. 9.
198 Deutsche Allgemeine Zeitung, Das Ergebnis der Ernährungskonferenz, 23.2.1921.
199 Deutsche Allgemeine Zeitung, Dr. Hermes über unsere Ernährungslage, 24.2.1921.
200 ARK, Fehrenbach, S. 472ff., Chefbesprechung mit den Führern des ADGB, 18.2.1921.
201 GStA, R 197 A/53, Bl. 23. Ernährungsministerbesprechung vom 16.1.1921 in Dresden.
202 BArch, R 43 I/1367, Bl. 42, Kabinettssitzung, 13.4.1921.
203 BArch, R 43 I/1258, Bl. 154–191, Text des Entwurfs, wie folgendes Zitat.
204 Schulthess' Europäischer Geschichtskalender, 62 (1921), Bd. 1, S. 201, wie folgendes Zitat.
205 Torp, Claudius: Konsum und Politik in der Weimarer Republik, Göttingen 2011, S. 186.

Die von Hermes vertretene Auffassung setzte sich zwar durch, wurde aber vom neuen Kabinett Wirth, das seit Mai 1921 die Regierungsgeschäfte führte, nicht geteilt. Die Einführung des Umlageverfahrens erfolgte in Kombination mit der Beibehaltung des politischen Brotpreises, um auf diese Weise einen Ausgleich der Interessen von Konsumenten und Erzeugern herzustellen; letztere drängten darauf, ihre Überschüsse zu freien Preisen verkaufen zu können. Die Forderung von Hermes, den Brotpreis für das laufende Jahr nicht anzuheben, wurde abgelehnt.[206]

Der Weg, der aus der Zwangswirtschaft herausführen sollte, war also verschlungen. Mit der Verabschiedung des Umlageverfahrens für Brotgetreide hatte Hermes jedoch eine entscheidende Etappe bewältigt. In nur einem Jahr war es dem Rheinländer gelungen, einen Großteil des Systems der Zwangswirtschaft aus den Angeln zu heben. Die Liste der erlassenen Bestimmungen belegt diese Aktivität. Außer der Einfuhr von Obst, Gemüse, Eiprodukten, Mais, Schlachtvieh, Fleisch und tierischen Fetten wurde auch die Bewirtschaftung der Futtermittel sowie von Bohnen, Erbsen, Linsen, Hülsenfrüchten, Reis, Ölfrüchten und Ölsämereien liberalisiert. Dann waren Kartoffeln, Butter, Käse, Gerste, Hafer, Roggen, Weizen und Spelz an der Reihe.[207] Gleichzeitig wurden die Kriegsstellen reduziert und die Reichskartoffelstelle abgebaut. Der Kriegsausschuss für Ersatzfutter, der im September 1918 noch 565 Beamte und Angestellte beschäftigte, hatte eineinhalb Jahre später nur noch 140 Mitarbeiter. Im September 1920 wurde er aufgelöst. Ähnlich erging es der Reichsfuttermittelstelle mit ihren 1321 Mitarbeitern; die Zahl sank drastisch auf 49 im August 1922.[208]

Der Sommer 1921 stellte somit den Wendepunkt zur Aufgabe der Zwangswirtschaft dar. In einigen Sektoren (Düngemittel, tierische und pflanzliche Fette) blieben Beschränkungen zwar bestehen, ebenso für das Brotgetreide; hierfür war – wie bereits erläutert – die Umlage eingeführt worden. Nachdem auf diese Weise ein Ausgleich zwischen Erzeugung und Bedarf erreicht worden war, forcierte Hermes aber auch das Ende der Zwangswirtschaft für Zucker am 1. Oktober 1921. Die Wende lässt sich am Beispiel der öffentlichen Bewirtschaftung von Getreide eindeutig nachvollziehen: Zum ersten Mal nach Jahren wurde „nicht mehr die gesamte Ernte beschlagnahmt, sondern nur eine Umlage von 2,5 Millionen Tonnen Getreide."[209]

Von diesem Zeitpunkt an verlagerte sich die Debatte auf die Förderung der Produktion und auf das wachsende Problem der Inflation.[210] Die Versuche, die Preissteigerungen durch Verhandlungen zu bremsen, scheiterten. Die Konsumenten verlangten die Festsetzung von Höchst- und Richtpreisen. Jedoch waren nach Auffassung von Hermes Höchstpreise „in der freien Wirtschaft nicht mehr durchführbar." Man

---

206 BArch, R 43 I/1367, Bl. 390–392, Kabinettssitzung vom 31.5.1921.
207 RGBl. 1920, Nr. 7633, S. 1327; Nr. 7748, S. 1615 f.; RGBl. 1921, Nr. 17, S. 162; Nr. 20, S. 192; Nr. 24, S. 205; Nr. 27, S. 223; Nr. 52, S. 512; Nr. 88, S. 1203.
208 BArch, R 3601/817 A, Kriegsausschuss für Ersatzfutter; BArch, R 3601/2418, Reichsfuttermittelstelle, 1.6.1920 und BArch, R 3601/2426, Bl. 42f., Reichsgetreidestelle, Verwaltungsabt.
209 GStA, R 197 A/53, RMEL an sämtliche Landesregierungen, 23.7.1921.
210 Ebenda, RMEL an sämtliche Landesregierungen, 25.11.1921, sowie folgende zwei Zitate.

hatte es ja im Vorjahr schon versucht: Dort, wo man wie in Hannover und Braunschweig Höchstpreise festlegte, wanderten die Produkte in nahe gelegene Länder ab, wo bessere Preise zu erzielen waren.

Das Umlagesystem schien zu halten. Die Reichsgetreidestelle erwarb im Jahr 1920/21 insgesamt 1.440.292 t Brotgetreide gegenüber den geplanten 2 Mio. t. Hermes betonte: „In der Gesamtheit der deutschen Landwirtschaft bestehe der Wille, bei der Hereinbringung der Umlage zu helfen." Das dringlichste Problem betraf nun die Inflation. Die Brot- und Lebensmittelversorgung war immer stärker an die Abwertung gekoppelt.

4 Hyperinflation und Ernährungskrise 1922/23

Die aus der Kriegsinflation resultierende Nachkriegsinflation wurde zur Dauerbelastung des besiegten Reiches. In den Jahren 1922/23 nahm sie die dramatischen Formen einer Hyperinflation an. Bis April 1923 hielt die Reichsbank durch den Ankauf von Mark gegen Devisen und Gold der Geldentwertung noch stand. Dann erfolgte der Dammbruch.[211]

Anfangs schien es so, als ob die Entwertung der Mark positive Auswirkungen für Bauern und Landwirte haben würde: Die Schulden wären verschwunden und der Traum von einem vorher unvorstellbaren Wohlstand wäre konkret geworden. Besonders geschickte Erzeuger wussten die Lage zu nutzen; für die Mehrheit aber wuchs die Unsicherheit.[212] Mit steigender Inflation zeigten sich die negativen Konsequenzen.[213] Die Preise der Agrarprodukte konnten nicht im selben Maße zulegen wie in den anderen Wirtschaftssektoren. Schließlich verhärteten sich die Arbeitskonflikte in den Großgütern des Ostens, da die Löhne der Landarbeiter nicht mit der Inflation Schritt halten konnten. Viele Erzeuger suchten erneut ihr Heil auf dem Schwarzmarkt.

Die größte Sorge des RMEL war das Brotgetreide. Im ersten Jahr hatte das Umlagesystem funktioniert, ohne dass seine Unausgewogenheit zutage getreten wäre: Der Kleinbesitz war fast vollständig befreit, die gesamte Belastung entfiel auf Mittel- und Großbauern und Großgutsbesitzer. Die Inflation drohte die Ablieferungen, die auf Festpreisen beruhten, zu verhindern. Hermes hatte daher schon im Januar 1922 vorgeschlagen, den Abgabepreis zu erhöhen, den die RGS zahlte; gleichzeitig hatte man versucht, den Brotpreis niedrig zu halten. Im Wirtschaftsjahr 1921/22 waren 3,27 Mio. Mark für die Verbilligungsaktion zur Verfügung gestellt worden. Diese hätte jedoch bei fortschreitender Entwertung der Mark nicht beibehalten werden können. Im

---

[211] Vgl. die langjährige internationale, von Gerald Feldman koordinierte Untersuchung und sein Buch. Feldman, Gerald D.: The Great Disorder. Politics, Economics, and Society in the German Inflation. 1914–1924. New York/ Oxford 1993.
[212] Schumacher, Land und Politik, S. 274.
[213] Siehe dazu die Tabellen in Meyer, Lothar: Die deutsche Landwirtschaft während der Inflation und zu Beginn der Deflation, Tübingen 1924, S. 10 f.

schlimmsten Fall – den die Fachleute des Ministeriums für einen Wechselkurs von 300 Mark pro Dollar annahmen – hätten fast 23 Mrd. Mark dafür aufgebracht werden müssen.[214]

Hermes, der seit dem 26. Oktober 1921 auch das Finanzministerium kommissarisch leitete, reichte am 10. März 1922 seinen Rücktritt als Ernährungsminister ein. Seine doppelte Arbeitslast war nicht mehr zu tragen.[215] Das doppelte Veto von SPD und Reichs-Landbund (RLB)[216] verhinderte die Kandidaturen von Theodor Tantzen (DDP) und vom Preußischen Staatskommissar für die Volksernährung, Fred Hermann Hagedorn.[217] Die politische Auseinandersetzung endete mit der Ernennung eines „süddeutschen Fachmanns."[218] Die Wahl fiel, „insbesondere mit Rücksicht auf die Stellung der Landwirtschaft zum Umlageverfahren", auf Anton Fehr (BVP), der das Amt am 31. März übernahm.[219] Sein Parteihintergrund, seine Nähe zum Bayerischen Bauernbund und seine Positionierung zugunsten des Abbaus der Zwangswirtschaft in der Fett- und Milchversorgung[220] deuteten auf eine Bevorzugung der Forderungen aus der Landwirtschaft hin. Fehr stand 1916–22 der Bayerischen Landesfettstelle München vor und war seit 1917 ordentlicher Professor für Milchwirtschaft bei der Bayerischen Akademie für Landwirtschaft in Weihenstephan. 1920 wurde er in den Reichstag gewählt.[221] Die Ernennung von Fehr brachte auch eine Änderung der Staatssekretärsposition mit sich: StS Huber beantragte am 1.4.1922, aus Gesundheitsgründen in den einstweiligen Ruhestand versetzt zu werden; als sein Nachfolger wurde der Rechtswissenschaftler Carl Heinrici ernannt. Er amtierte seit 1913 als Geheimer Regie-

---

214 BArch, R 43 I/1260, RMEL an sämtliche Reichsminister, 6.1.1922.
215 Barmeyer, Heide: Andreas Hermes und die Organisation der deutschen Landwirtschaft. Christliche Bauernvereine, Reichslandbund, Grüne Front, Reichsnährstand 1928–1933, Stuttgart 1971, S. 6–8.
216 Im Zuge der Gründung der Weimarer Republik löste sich nach und nach der alte Bund der Landwirte auf und ging mit den 1918/19 neu gegründeten regional begrenzten Landbünden im Reichs-Landbund auf, der sich offiziell 1921 konstituierte. Seine Mitgliederzahl ist wegen der artikulierten Gliederung in lokalen Verbänden schwer zu eruieren, war aber viel größer als die der Vorgänger.
217 BayHStA, NL Fehr/160, Völkische Zeitung, 11.3.1922; Kölnische Volkszeitung, 16.3.1922. Fred Hagedorn wurde am 10.12.1923 StS unter Ernährungsminister Luther ernannt. Vgl. BArch, R 43 I/1390, Bl.137, Kabinettssitzung, StS im REM, 10.12.1923. Hagedorn studierte Rechtswissenschaft in Göttingen. Zunächst war er als Regierungsassessor im preußischen Handelsministerium tätig, ab 1916 im Innenministerium, 1917 wurde er UStS beim KEA. Von 1920 bis 1922 war er als StS und stellvertretender preußischer PSKV tätig. Von 1923 bis zum 1926 wurde er StS im RMEL. Siehe: Volz, Robert: Hagedorn, Fred, in: Reichshandbuch der deutschen Gesellschaft. Das Handbuch der Persönlichkeiten in Wort und Bild, Bd. 1, Berlin 1930, S. 634–635.
218 BayHStA, NL Fehr/160, Lokal-Anzeiger, 23.3.1922.
219 Ebenda, Deutsche Tageszeitung, 26.3.1922.
220 GStA, R 197 A/53, Bl. 1–18, Ernährungsministerbesprechung, 18.4.1921.
221 Andrian-Werburg, Klaus von: Fehr, Anton, in: Neue Deutsche Biographie, 5 (1961), S. 49. 1924–30 war Fehr bayerischer Landwirtschaftsminister und ab 1930 wurde er 1. Vorsitzender des Deutschen Milchwirtschaftlichen Reichsverbandes.

rungsrat und Vortragender Rat im Reichsjustizamt und ab 1916 im KEA.[222] Die Kontinuitätslinie im internen bürokratischen Betrieb wurde somit bevorzugt.

Die Ausrichtung des Ministers lässt sich aus seiner Rede vor dem Reichstag am 20. Mai ablesen. Anders als erwartet,[223] hob Fehr nun die Kontinuität gegenüber Hermes hervor. Er betonte, dass es sein wichtigstes Anliegen sei, die Versorgung zu garantieren, ohne Partei für die Erzeuger oder die Konsumenten zu ergreifen. Letztendlich musste das Ziel die „Förderung der Produktion" sein, als Voraussetzung für den Abbau der Zwangswirtschaft.[224] Parallel dazu wollte er sich für den kompletten Abbau der Kriegsorganisationen einsetzen. Das störende Element dabei war die Hyperinflation. „Die Kosten der Ernährung sind von April 1920 bis heute auf das 43,6-Fache gegenüber dem Frieden gestiegen."

Beim Thema Getreide behielt Fehr die Position von Hermes bei. Für das Agrarjahr 1921/22 war ein Verbrauch von 4,5 Mio. t Brotgetreide berechnet worden. Davon war vorgesehen, 1,9 Mio. t im Ausland einzukaufen. Um den Fehlbedarf zu decken, musste eine Umlage von 2,5 Mio. t angewandt werden. Das System hatte im Übrigen funktioniert: Bis zum 15. April 1922 waren 2,44 Mio. t abgeliefert worden.[225] Die Schlussfolgerung des Ministers lautete: „Leider wird es im Hinblick auf unsere schwierige Wirtschaftslage und auf unsere politische Lage nicht möglich sein, die Landwirtschaft von diesen Leistungen für das kommende Wirtschaftsjahr zu befreien."[226] Fehr legte daher einen Gesetzesentwurf vor, der die Umlage auf das Wirtschaftsjahr 1922/23 verlängerte. Entscheidend war auch ein „erträglicher Brotpreis." Wenn nicht regulierend eingegriffen worden wäre, hätte sich der aktuelle Verbraucherpreis von 7 Mark (für das 1900-Gramm Markenbrot) um das Fünf- bis Sechsfache erhöht.[227]

Am 17. Juni wurde der Gesetzentwurf im Reichstag eingebracht und stieß auf die gewohnten parteipolitischen Polarisierungen. Die SPD forderte eine Erhöhung der Umlage auf 4,5 Mio. t, während die Parteien der Mitte und die Konservativen eine Reduzierung verlangten. Der Entwurf wurde schließlich am 1. Juli mit einer erneuten Kompromisslösung angenommen. Nur für das erste Drittel der Brotgetreidemengen, die für die Umlage vorgesehen waren, sollte ein Preis festgelegt werden, während für die restlichen zwei Drittel zu einem späteren Zeitpunkt ein höherer Preis bestimmt werden sollte. Die Reserve wurde auf 1 Mio. t festgelegt.[228] Es bestand jedoch das Risiko einer „außerordentlichen Vorsicht in der Abgabe des Brotgetreides seitens der Landwirtschaft im kommenden Wirtschaftsjahr."[229] Die Landwirte hielten es aufgrund

---

[222] BArch, R 43 I/930, Bl. 38, Ernennung des MinDir Heinrici zum StS im RMEL, 1.4.1922.
[223] BayHStA, NL Fehr/160, Münchener Post, 28.3.1922.
[224] BayHStA, NL Fehr/26, Reichstagsrede, 215. Sitzung, 20.5.1922, wie folgendes Zitat.
[225] BayHStA, NL Fehr/28, Stand der Brotversorgung, 15.4.1922.
[226] BayHStA, NL Fehr/26, Reichstagsrede, 215. Sitzung, 20.5.1922, wie folgendes Zitat.
[227] BArch, R 43 I/1260, Das Dokument trägt handschriftlich das Datum des 29.5.1922.
[228] Ebenda, Brief des RMEL an RK, 5.7.1922.
[229] BayHStA, NL Fehr/26, Reichstagsrede, 240. Sitzung, 30.6.1922.

der Inflation für vorteilhafter, den Verkauf hinauszuzögern. Der erzielte Kompromiss war also von Anfang an durch die Hyperinflation bedroht.

Zwei Monate später schlug Fehr eine Erhöhung der Preise vor. Die Begründung war klar: Seit dem Zeitpunkt der Annahme des Gesetzes hatten sich die Getreidepreise vervierfacht. Die Ablieferungen für das erste Drittel der Umlage entwickelten sich negativ. Angesichts der Dringlichkeit der Lage forderte Fehr, dass die Regierung ohne Zustimmung des Reichtags handeln müsse. Jede Verzögerung hätte die Ablieferungen weiter verringert.[230] Fehr sprach von einem „Marktsturz", dem nur mit einer drastischen Maßnahme begegnet werden könne.[231]

Die an die Regierung gestellte Forderung nach Anhebung der Abgabepreise wurde von Kanzler Wirth am 20. September 1922 gutgeheißen, aber von den sozialdemokratischen Ministern boykottiert.[232] Der Staat konnte die Frage der Preisbildung jedoch nicht einer Eigendynamik überlassen. Die Zahlen waren beängstigend. Der Preis für die Tonne Manitoba-Weizen, der vor dem Krieg bei 175 Mark gelegen hatte, war im August 1921 auf 4.800 Mark und bis Oktober 1922 auf 228.000 Mark angestiegen. Die Produktionskosten und insbesondere die Düngemittelpreise folgten dem gleichen Trend.[233] Ein auswärtiger Beobachter, der britische Botschafter in Berlin, notierte in einem Bericht über ein Treffen mit dem Kanzler Ende August: „Ich traf heute Wirth in starker nervöser Erregung an. Er sagte mir dass der katastrophale Sturz der Mark es zweifelhaft erscheinen lasse, ob Deutschland sich genügend Lebensmittel sichern könne, um die Bevölkerung während des kommenden Winters zu ernähren. Brot komme vor Reparationen – er habe es bereits gesagt und halte daran fest".[234]

Im Parlament wurde am 18. Oktober 1922 der Änderungsentwurf für das Gesetz über die Regelung des Verkehrs mit Getreide diskutiert. Fehr fasste die Gründe zusammen, die ihn dazu gebracht hatten, eine Korrektur der Preise zu fordern. Die katastrophale Geldentwertung zwischen Juni und Oktober hatte den Wechselkurs der Mark zum Dollar um das Neunfache verschlechtert.[235] Die Spanne zwischen Umlage- und Marktpreisen hatte deshalb eine negative Haltung der Produzenten bewirkt. „Die Ablieferung betrug auf das gesamte Ablieferungssoll nur 285.000 Tonnen gegen die etwa vierfache Menge des Vorjahres." Die politischen Gegensätze waren deutlich: Auf der einen Seite die linken Parteien, die eine Erhöhung der Umlage auf 4,5 Mio. t forderten, auf der anderen Seite die Konservativen, die zur freien Wirtschaft übergehen wollten.

In der Zwischenzeit verschlechterte sich die Ernährungslage. Die bayerische Regierung, die eine Liste radikaler Reformvorschläge an die Reichskanzlei übermittelte,

---

230 BayHStA, NL Fehr/28, Heinrici an Fehr, 3.8.1922.
231 BArch, R 43 I/1260, undatiert.
232 Ebenda, Auszug aus dem Protokoll des Reichsministeriums, 27.9.1922.
233 Ebenda, Heinrici a StS in der RKlei, 28.10.1922.
234 d'Abernon, Edgar Vincent Viscount: Botschafter der Zeitenwende, Memoiren, Bd. 2, Ruhrbesetzung, Leipzig 1929, S. 111.
235 BayHStA, NL Fehr/26, Reichstagsrede, 258. Sitzung, 18.10.1922, sowie folgendes Zitat.

schrieb von einer „Teuerungswelle, die an Mächtigkeit und Umfang alle früheren weit übertrifft" und damit verheerende politische Konsequenzen auslöse, da „jene mittelständische Masse" getroffen werde, „die von jeher als die zuverlässigste Stütze des Staates gegolten hat."[236] Wenige Wochen später legte das RMEL einen weiteren Antrag auf Erhöhung der Abgabepreise vor, wohl wissend, dass es „Reibungen bei allen Stellen" geben würde.[237] Um der Inflation die Stirn zu bieten, war es nun notwendig, 92.400 Mark pro Tonne an die Erzeuger zu zahlen. Die vorgeschlagene Erhöhung hätte sich nur in begrenztem Umfang auf den Preis des Markenbrots ausgewirkt: „Bei dem vorgeschlagenen Abgabepreis wird das Brot etwa 195 M, also weniger als die Hälfte des freien Preises, kosten." Die Frage der steigenden Kosten der Umlage war jedoch nicht zu lösen.

Mit dieser Auseinandersetzung über die künftige Ernährungswirtschaft endete das Zwischenspiel von Fehr im Ministerium – dem er öfter ferngeblieben war. In seiner Rede bei der Konferenz der Ernährungsminister in Hamburg am 4.–5. September zog er eine Bilanz.[238] Der Abbau der Zwangswirtschaft konnte nicht verlangsamt werden, wie es die SPD forderte, da dies die Produktionssteigerung in Frage gestellt hätte. Fehr, der sich als Befürworter eines Abbaus der zentralen Bewirtschaftung sah, war es jedoch nicht gelungen, das Umlagesystem zu überwinden.

Nur wenige Wochen später forderte das Ministerium erneut – dieses Mal durch Hans Luther, der die Nachfolge von Fehr angetreten hatte[239] –, die Preise für das letzte Drittel der Umlage zu erhöhen. Die Maßnahme war „unumgänglich", obwohl „die Erhöhung der Getreidepreise von den Verbraucherkreisen sehr schwer empfunden werden würde."[240] Der Vorschlag wurde von der Regierung in ihrer Sitzung vom 16. Dezember diskutiert. Das Kabinett beschränkte sich jedoch auf alternative Lösungen wie die Streckung des Markenbrotes mit bis zu 10 % Kartoffelmehl, unter Nutzung der sehr guten Kartoffelernte, und beabsichtigte, den Ausmahlungssatz auf 85 % zu erhöhen.[241]

Das neue Jahr begann mit beunruhigenden Signalen, auch wegen der französischen Militärbesetzung des Ruhrgebiets, des Herzens der deutschen Kohle- und Eisenwirtschaft. Der daraus entstandene „Ruhrkampf" hatte einen schwerwiegenden

---

236 BArch, R 43 I/1260, Brief des Bayerischen Ministeriums des Äußeren, 29.9.1922.
237 BArch, R 43 I/1261, RMEL an StS in der RKlei, 4.11.1922, sowie folgendes Zitat.
238 GStA, R 197 A/54, Bl. 63–65, Niederschrift über die Konferenz der Ernährungsminister, 12.10.1922.
239 In einem ersten Moment war Karl Müller (Zentrum) ernannt worden, der jedoch drei Tage nach Amtsantritt wegen des Vorwurfs einer Verbindung zu den rheinischen Separatisten zurücktreten musste. Hans Luther wurde 1904 zum Dr. jur. promoviert. Bei der Umbildung des Kabinetts Stresemann (6.10.1923) übernahm Luther das Finanzministerium und am 9.1.1925 trat er das Amt des Reichskanzlers an. Am 11.3.1930 wurde er nach dem Rücktritt Schachts zum Reichsbankpräsidenten ernannt; am 16.3.1933 trat er auf Aufforderung Hitlers zurück und übernahm das ihm angebotene Amt des Botschafters in Washington. Siehe: Born, Karl E.: Luther, Hans, in: Neue Deutsche Biographie, 15 (1987), S. 544–547.
240 BArch, R 43 I/1261, Aus dem Protokoll der Kabinettssitzung des 16.12.1922.
241 GStA, R 197 A/54, Konferenz mit den Ernährungsministern der Länder, 18.12.1922.

Nebeneffekt: Die Regierung wurde gezwungen, die Hyperinflation zu verstärken, um die hiesige streikende Bevölkerung zu ernähren. Der soziale Konflikt nahm wieder schärfere Töne an, die an die schlechtesten Zeiten erinnerten. In seiner Autobiografie schreibt der damalige Reichsminister Luther: „Viele Landwirte gaben von ihren Erzeugnissen nichts her, weil das gezahlte Geld schon am nächsten Tage nicht mehr annähernd ausreichte, um beispielsweise die Menge an Düngemitteln einzukaufen, die den natürlichen Gegenwert für das verkaufte Getreide darstellte. Die Städter versuchten, Getreidelager anzuzünden."[242]

Erzeuger und Konsumenten versuchten, aus dem Mangel einen Vorteil für sich selbst zu ziehen. Zwischen diesen entgegengesetzten Positionen stand die Regierung. Die Prognosen für eine gute Getreideernte für 1923/24 verleiteten das Ministerium dazu, die Umlage zu verringern.[243] Am 16. April wurde ein Gesetzentwurf zur Sicherung der Brotversorgung vorgelegt, der es der RGS ermöglichte, 3,5 Mio. t Brotgetreide zu erwerben. Die Umlage, für die ein höherer Erzeugerpreis festgelegt wurde, solle nur für den Fall angewandt werden, dass bis Mitte Juni nicht wenigstens 1,25 Mio. t. auf dem freien Markt angekauft worden wären. Am 21. April wurde der Entwurf mehrheitlich angenommen. Das am 23. Juni veröffentlichte Gesetz verringerte allerdings die Getreidereserve, die von der RGS angekauft werden sollte, auf 1 Mio. t.[244]

In den folgenden Monaten zeigte sich „ein möglicher Kollaps der Getreidelieferungen."[245] Laute Klagen kamen aus den Industriebezirken und zwangen Reichspräsident Ebert dazu, die Regierung aufzufordern, die „Konsumvereine aller Richtungen" zu unterstützen.[246] Die einzige Möglichkeit, mit dem freien Markt Schritt zu halten, war die Erhöhung der Preise für die Umlage. Die Aufholjagd war jedoch aussichtslos, denn im Juli stellte der Reichsminister fest, dass die Preise auf dem freien Markt achteinhalb Mal so hoch waren wie die der Umlage. Luther forderte daher eine weitere Anpassung, mit welcher der Preis für eine Tonne Brotgetreide auf 2 Mio. Mark angehoben werden sollte. Das Markenbrot hätte dann je Laib 6.500 Mark gekostet, gegenüber 12.000 Mark auf dem freien Markt.[247]

Die Regierung setzte eine beruhigende Kommunikationskampagne in Gang. Am 11. Mai wurde ein von Kanzler Cuno unterzeichneter Aufruf veröffentlicht, der eine stabilere Währungssituation und eine bessere Ernte in Aussicht stellte.[248] Ende Juli wurde nach Abstimmung mit der Reichsbank entschieden, dem Lebensmittelhandel die notwendigen Devisen zur Verfügung zu stellen.[249] Nach Abschluss der Ernte

---

242 Luther, Hans: Politiker ohne Partei. Erinnerungen. Stuttgart 1960, S. 113.
243 Vgl. BArch, R 43 I/1261, Materialien und Briefwechsel über diese Frage, datiert zwischen Februar und März.
244 RGBl. 1923, S. 410 f.
245 Moeller, Peasants, S. 115.
246 BArch, R 43 I/1262, RP an RK, 26.7.1923.
247 Ebenda, Antrag RMEL an die RKlei, 3.7.1923.
248 BArch, R 43 I/1263, Aufruf vom Kanzler Cuno, 11.5.1923.
249 Ebenda, StS RKlei an Parteivorstand der SPD, 31.7.1923.

nahmen die Berichte des Ministers einen entspannteren Ton an. Mitte August, beim ersten Zusammentreten des neuen Kabinetts unter Führung von Gustav Stresemann, versicherte der im Amt bestätigte Luther, die Ernährungslage „habe sich in den letzten Tagen gebessert."[250] Dem REM seien reichlichere Devisen zur Verfügung gestellt worden. Die Ernteaussichten seien „im Großen und Ganzen gut."

Der Sommer 1923 stellte einen Wendepunkt dar.[251] Am 23. Juni 1923 wurde ein Gesetz erlassen, das den letzten Rest der Zwangswirtschaft beseitigte: „Die Erhebung der Zwangsabgabe sollte nach dem Kompromissvorschlag zur Hälfte am 1. August 1923 und je zu einem Viertel am 1. Januar und 1. April 1924 erfolgen."[252] Die Umlage, letzte Bastion der Zwangswirtschaft, stellte also deren Epilog dar. Die Lieferverträge wurden abgeschafft, das Wirtschaftsjahr wurde vom 15. September bis zum 15. Oktober verlängert. Daraus ergab sich eine Verringerung der Tagesration von Brotgetreide von 200 auf 150 g.[253]

Die regierungsinterne Kommunikation war weniger optimistisch als die öffentlichen Kundgebungen. Die Getreideproduktion nahm zwar zu, aber nicht in ausreichendem Maße. Die Einfuhren wurden gleichzeitig durch „ungeheure Schwierigkeiten in der Beschaffung von Devisen" behindert.[254] Der Minister wies jedoch die Möglichkeit einer Wiedereinführung „irgendwelcher wirtschaftlicher Zwangsmaßnahmen" zurück. Die Details der neuen Brotversorgung wurden im September genauer festgelegt. Man hob die Getreidereserve von 1 auf 2,5 Mio. t an.

In der Zwischenzeit verschlechterte sich die Situation weiter, auch aufgrund der schlechten Kartoffelernte und der sich immer weiter öffnenden Preisschere zwischen Industrieprodukten und landwirtschaftlichen Erzeugnissen; dazu kam das zunehmende Gewicht der Betriebssteuern.[255] Ein besorgter Bericht des Reichsinnenministers stellte eine „ständige Zunahme" von Diebstahl und Plünderungen auf den Feldern fest.[256] Die Reichs- ebenso wie die preußischen Behörden räumten ein, dass drastischere Maßnahmen notwendig seien: „Abhilfe kann demgemäß nur geschaffen werden, indem der bedürftigen Bevölkerung vermehrte Geldmittel zur Verfügung gestellt werden."[257]

Am 26. September verkündete Stresemann das Ende des passiven Widerstandes im Ruhrgebiet. Am 15. Oktober erließ die Regierung die Verordnung zur Einführung der Rentenmark und beschritt damit den Weg der Währungsstabilisierung. Es handelte sich um eine fiktionale Währung, die von der sog. Grundschuld getragen war:

---

250 Ebenda, Vereidigung des neuen Kabinetts, 15.8.1923, sowie folgendes Zitat.
251 Cuno musste aufgrund eines Misstrauensvotums der SPD am 13. August sein Amt niederlegen und wurde durch Stresemann ersetzt.
252 Schumacher, Land und Politik, S. 182. Der Text in RGBl. 1923, S. 410.
253 GStA, R 197 A/54, Bl. 209ff., RMEL an sämtliche Landesregierungen, 3.9.1923.
254 BArch, R 43 I/1263, REM a RK, 22.8.1923, wie folgendes Zitat.
255 Ebenda, Bericht, undatiert (aber Oktober 1923).
256 Ebenda, Rundbrief, datiert 25.9.1923.
257 Ebenda, StS Heinrici an StS Hamm (PMLDF), 16.10.1923.

eine Mischung von privatem und öffentlichem (u. a. Staat, Länder, Reichsbahn) Vermögen. Die psychologische Wirkung war sehr positiv. In dem Monat, der zwischen dem Erlass und dem Inkrafttreten der Verordnung verstrich, erreichte jedoch der Wechselkurs der Mark gegenüber dem Dollar unvorstellbare 4,2 Milliarden. Am 3. November kostete in Potsdam ein Laib Brot 145 Mrd. Mark.[258]

Am 6. Oktober wurde der „Retter der Mark" Luther, der das Finanzministerium übernahm, durch den Rittergutsbesitzer Gerhard Graf von Kanitz (DNVP) ersetzt, der das RMEL unter den Regierungen Stresemann, Marx und Luther dann fast zweieinhalb Jahre lang leiten sollte.[259] In seiner Rede bei der ersten Ernährungsministerkonferenz vom 18. Dezember 1923 wies Kanitz auf eine besorgniserregende Tendenz hin, die wie folgt protokolliert wurde: „Nachdem jetzt die Währung leidlich stabil sei, erlebe man, dass die landwirtschaftlichen Erzeugerpreise zum großem Teil unter den Weltmarktpreisen lägen."[260] Daraus ergab sich eine „ziemlich große Kreditnot bei der Landwirtschaft." Genau diese Thematik und die wieder aufflammenden Diskussionen zur Zollpolitik kennzeichneten die Tätigkeit des RMEL in den folgenden Jahren.

---

258 BArch, R 43 I/1263, Protokoll der Ministerbesprechung, 3.11.1923.
259 Gerhard von Kanitz war vom 6.10.1923 bis zum 19.1.1926 Reichsernährungsminister. Vorher war er für die DNVP Mitglied der Verfassunggebenden Preußischen Landesversammlung; 1921–1924 im Deutschen Reichstag; 1928 bis 1932 für die DVP Mitglied des Preußischen Landtages.
260 GStA, R 197 A/53, Bl. 228 f., Niederschrift über die Ernährungsministerkonferenz, 18.12.1923, wie folgendes Zitat.

III Vom Neubeginn zur Agrarkrise 1924–1930

1 Förderung, Mechanisierung, Rationalisierung

Die neue Phase der Agrarpolitik begann mit der Währungsreform, die zu einer raschen (aber kurzlebigen) Stabilisierung der inneren Lage führte. Gekennzeichnet wurde sie durch die verstärkten Forderungen der Agrarier nach einer protektionistischen Zollpolitik. Nach 1924 setzte sich die Auffassung durch, dass „die landwirtschaftliche Erzeugung ohne den Schutzwall des Zolles, den sie bis zum Kriege gehabt hatte, in ihrer Rentabilität erdrückt werden würde."[261] Ein zentrales Problem blieb die Rentabilität im allgemeinen Kontext der deutschen Volkswirtschaft: „Die Preise für die Lebensmittel in der neuen Währung zeigten nach einige Monaten alsbald ein erhebliches Missverhältnis zwischen den Preisen der landwirtschaftlichen und industriellen Produkte."

Auch wenn sie in der Tätigkeit des RMEL – die auf die Zollpolitik konzentriert war – keine vorrangige Stellung genoss, stellte die Förderung der Landwirtschaft vermutlich den größten Erfolg des Ministeriums während der Weimarer Zeit dar. Zu den wichtigsten Zielen gehörten: „Steigerung der pflanzlichen Produktion mit dem Ziel einer starken Ausweitung der Getreide- und Futtermittelanbauflächen" und dazu „weitgehende Technisierung der Landwirtschaft durch Entwicklung neuzeitlicher landwirtschaftlicher Geräte und Maschinen [...]. Erschließung des [...] noch nicht genutzten Bodens durch Meliorationsmaßnahmen [...]. Förderung des Absatzes der einheimischen landwirtschaftlichen Erzeugnisse durch Steigerung der Qualität."[262] Ein nicht zu vernachlässigender Anteil der begrenzten finanziellen Ressourcen des RMEL wurde dafür eingesetzt. Nach Stand vom 1. Januar 1927 hatte das Reich Bürgschaften in Höhe von 20,5 Mio. RM für die Finanzierung von Landmaschinen, 60 Mio. RM für die Abnehmer des Stickstoffsyndikats, 30 Mio. RM für die Winzer, 28,6 Mio. RM für die Exportförderung, 140 Mio. für die Siedlung und 22 Mio. für Viehverwertungsgesellschaften bereitgestellt.[263]

Das Reich griff auch in den Kreditsektor ein: „Angesichts der weitgehenden Desorganisation des landwirtschaftlichen Kreditsystems und des extremen Kapitalmangels innerhalb der Landwirtschaft war der erste Ansatzpunkt staatlicher Stützungspolitik die Sicherung des Agrarkredits."[264] In erster Linie waren hierfür die

---
261 BArch, N 1004/327, Bl. 10, Die Umstellung des Ernährungswesens nach dem Kriege und die Entwicklung der deutschen Landwirtschaft in den letzten 10 Jahren. Folgendes Zitat Bl. 7.
262 Haushofer, Heinz: Die deutsche Landwirtschaft im technischen Zeitalter, Stuttgart 1963 (*Haushofer, Landwirtschaft*), S. 238–239.
263 Petzina, Dietmar: Staatliche Ausgaben und deren Umverteilungswirkungen. Das Beispiel der Industrie- und Agrarsubventionen in der Weimarer Republik, in Blaich, Fritz (Hg.): Staatliche Umverteilungspolitik in historischer Perspektive. Beiträge zur Entwicklung der Staatsinterventionismus in Deutschland und Österreich, Berlin 1980, S. 79.
264 Ebenda, S. 93.

preußische Zentralgenossenschaftskasse und die Deutsche Rentenbank-Kreditanstalt (RKA) zuständig. Die 1925 gegründete RKA vergab im ersten Jahr etwa 870 Mio. RM an Krediten. Diese finanziellen Hilfen trugen dazu bei, dass die Investitionen für Maschinen und Geräte zwischen 1924 und 1930 die der Vorkriegszeit übertrafen. Auf diese Weise wurden 1928 die Vorkriegserträge wieder erreicht. Das Reichskuratorium für Wirtschaftlichkeit und der Reichsausschuss für Technik in der Landwirtschaft, beide im Jahre 1920 gegründet,[265] wurden 1928 unter der Bezeichnung Reichskuratorium für Technik in der Landwirtschaft (RKTL) unter der Leitung von Thilo von Wilmowsky (verbunden mit der Familie Krupp) zusammengelegt.[266] Zu dessen Aufgaben zählten die Ausgestaltung und Nutzbarmachung der technischen Einrichtungen zur Steigerung der Erzeugung. Das Kuratorium lieferte technische Beratung und unterstützte die Forschung.[267] So entwickelte sich ein Industriesektor, der 1927 einen Umsatz von 323 Mio. RM erwirtschaftete.[268] Die Zahl der Dampfpflugaggregate war nach dem Krieg auf etwa 1.000 geschätzt worden, während 1929 „bereits gegen 15.000 vorwiegend land- und forstwirtschaftlichen Zwecken dienende Zugmaschinen festgestellt" wurden.[269] Bis 1932 wuchs diese Zahl auf 45.000 an.[270] Im Zeitraum zwischen 1925 und 1933 stieg die Zahl der Elektromotoren von 644.000 auf 1,22 Mio., die der Erntemaschinen von 544.000 auf 806.000 und die Zahl der Dreschmaschinen verdreifachte sich gegenüber 1907 auf 1,2 Mio.[271] Das zweite Element, an dem sich das Engagement für Investitionen in die Produktivität messen lässt, ist die Verwendung des Kunstdüngers; schon in der zweiten Hälfte der zwanziger Jahre stieg die Nutzung von Kunstdünger stark an, bis schließlich – am Ende des Jahrzehnts – der Vorkriegsstand übertroffen wurde.[272]

Richtungsweisend für Interventionen im Bereich des Absatzwesens waren die im April 1928 von Reichsminister Schiele erlassenen Richtlinien zur Gewährung von „Darlehen für die Organisation und Förderung des Absatzes von Schlachtvieh und Fleisch."[273] Martin Schiele, Landwirt, gehörte 1918 zu den Mitbegründern der DNVP, für die er in der Weimarer Nationalversammlung und dann bis 1930 im Reichstag

---

265 Franz, Günther: Die Geschichte der Landtechnik im 20. Jahrhundert, Frankfurt am Main 1969 (*Franz, Landtechnik*), S. 4.
266 Haushofer, Landwirtschaft, S. 247.
267 Hue de Grais, Robert Graf/ Peters, Hans (Hgg.): Handbuch der Verfassung und Verwaltung in Preußen und dem Deutschen Reiche, 25. Auflage, Berlin 1930, S. 50.
268 Franz, Landtechnik, S. 5.
269 Haushofer, Landwirtschaft, S. 245.
270 Grant, Agriculture, S. 198.
271 Ebenda, S. 198.
272 Statistisches Reichsamt, Deutschlands Wirtschaftslage unter den Nachwirkungen des Weltkrieges. Unter Verwendung von amtlichen Material zusammengestellt im Statistischen Reichsamt, Berlin 1923, S. 16. Vgl. BayHStA, NL Fehr/41, Niederschrift der 79. Sitzung über allgemeine Düngerangelegenheiten, 7.11.1930.
273 BArch, N 1004/335, Bl. 15 ff., Maßnahmen zur Förderung des Absatzes von Schlachtvieh und Fleisch, 19.1.1929. BArch, R43 I/2539, Bl. 398, Reichstag, 33. Ausschuss, Richtlinien für die Verwendung von Reichsmitteln zur Förderung des Absatzes landwirtschaftlicher Erzeugnisse.

wirkte. Er führte das RMEL unter Reichskanzler Marx von Januar 1927 bis Juni 1928 und nochmals unter Brüning von März 1930 bis Mai 1932. Von Juli 1928 bis zum September 1930 war er geschäftsführender Präsident des RLB und förderte den Zusammenschluss des RLB mit politisch anders gerichteten Agrarverbänden zur sogenannten Grünen Front. Diese stellte sich als Hauptaufgabe die Verteidigung der wirtschaftlichen und politischen Stellung der Landwirtschaft im republikanisch-demokratischen Kontext.[274]

Der Plan zur Reform des Absatzwesens (mit einer Dotierung von 31 Mio. RM) war vorher zwischen dem Preußischen Ministerium (PMLDF) und dem RMEL abgestimmt worden, da „die Verwendung dieser Mittel der Reichsregierung im Einvernehmen mit Vertretern der Länder" festzulegen war.[275] Es handelte sich um die erste Regierungsmaßnahme, die auf eine Vereinheitlichung des Marktes ausgerichtet war. Schiele schrieb dazu: „Besonders wichtig sei eine Einflussnahme auf die heute völlig desorganisierten Marktverhältnisse bei Vieh und Fleisch."[276] Ziel war es „die Viehauftriebe mit der Aufnahmefähigkeit der großen Schlachtviehmärkte möglichst in Einklang zu bringen." Weitere 30 Mio. RM wurden „zur Hebung allgemein dringender Notstände"[277] bereitgestellt; sie betrafen den Absatz von Kartoffeln, Molkereiprodukten, Eiern, Obst und Gemüse. Für den „Zusammenschluss der zentralen Verbände der landwirtschaftlichen Genossenschaften zu einem einzigen Spitzenverband" bewilligte Schiele eine Finanzierung von 25 Mio. RM.[278] Alle Maßnahmen zielten auf eine Rationalisierung und Modernisierung.

Schieles Politik führte der neue Minister Hermann Dietrich weiter.[279] Er übernahm den Posten im Kabinett Müller im Juni 1928. Dietrich, Rechtswissenschaftler, war seit 1911 Mitglied des badischen Landtages, seit 1919 der badischen Nationalversammlung. Mit dem Ausbruch der Revolution im November 1918 wurde er als Minister für Reichs- und Auswärtige Angelegenheiten in die badische Regierung berufen und dann als Mitbegründer und Vorstandsmitglied der DDP 1919 in die Weimarer Nationalversammlung gewählt. Vom 29. Juni 1928 bis zum 27. März 1930 wirkte Dietrich als REM, unter Reichskanzler Brüning dann zunächst als RWM, anschließend (seit 26. Juni

---

274 Kittel, Manfred: Schiele, Martin, in: Neue Deutsche Biographie, 22 (2005), S. 741. Siehe auch: Merkenich, Grüne Front.
275 BArch, R 43 I/2539, Bl. 152, PMLDF an RMEL und K, 23.2.1928.
276 Ebenda, Bl. 182, datiert 12.3.1928, wie folgendes Zitat.
277 BArch, N 1004/326, Bl. 41 ff., Richtlinien für die Verwendung von Reichsmitteln zur Förderung des Absatzes landwirtschaftlicher Erzeugnisse, 20.4.1928.
278 Ebenda, Bl. 23, Richtlinien für die Verwendung von Reichsmitteln zur Rationalisierung des landwirtschaftlichen Genossenschaftswesens, 28.4.1928.
279 BArch, R 43 I/2542, Bl. 161, Vorschlag für die Verteilung des Fonds für landwirtschaftliche Betriebsumstellung und Absatzförderung, 4.12.1929.

1930) als RFM. Gleichzeitig bekleidete er bis zum Sturz Brünings am 2. Juni 1932 das Amt des Vizekanzlers.[280]

Insgesamt hinterließen die Bestrebungen des RMEL zur Rationalisierung der Landwirtschaft deutliche Spuren. Diese „stille" Revolution erbrachte bessere Ergebnisse als die nach 1933 von der NSDAP bombastisch proklamierten Erfolge in der sog. „Erzeugungsschlacht". Die Produktivität, gemessen in Pro-Kopf-Wertschöpfung (zu Fixpreisen von 1913), wuchs von 682 RM im Jahre 1925 auf 1.087 RM im Jahre 1933 und erreichte damit den Vorkriegsstand (1.110 RM). In den Folgejahren blieb dieser Wert unverändert.[281]

Auf den Gebieten der Mechanisierung, der Silos, des Absatzwesens und der Verbesserung der Erträge gab es im Zeitraum von 1924 bis 1930 bedeutende Ergebnisse – im Gegensatz zur Unzulänglichkeit der Zollpolitik und der Umschuldungsaktionen.[282] Die Grenzen der Politik des RMEL waren durch die Haushaltslage sowie durch die Preisschere zwischen Agrar- und Industrieprodukten vorgegeben. Die Krise der frühen 30er Jahre verschärfte diesen Kontrast. Außerdem spiegelten Zollpolitik und Förderungspolitik unterschiedliche Zukunftsvisionen wider.

Eine Veröffentlichung des Reichsverbands der deutschen Industrie (RDI) aus dem Jahr 1930 führte auf, was noch zu tun blieb: „Aufbau einer zeitgemäßen, den deutschen Verhältnissen angepassten Absatzorganisation" und „Verbesserung der landwirtschaftlichen Technik mit dem Ziele, in erster Linie die Erzeugungskosten zu senken."[283] Die Zölle stellten nur eine vorübergehende Erleichterung dar. Nach Meinung des wichtigsten Industrieverbandes musste die Entscheidung des Ministeriums, Produktion und Absatzorganisation zu fördern, fortgesetzt werden. Die Weltwirtschaftskrise brach seit Oktober 1929 herein, als die Veränderung bereits im Gange war. Nun musste das Ministerium einen zunehmenden Anteil seiner Mittel für die Bewältigung der Krise aufbringen.

2 Zoll- und Handelspolitik

Nach einer gängigen Interpretation[284] wurde das Bismarck-Reich 1871 von der durch Protektionismus geschmiedeten Allianz zwischen Roggen und Stahl getragen. Eine der Konsequenzen aus der Niederlage von 1918 war die von den Siegermächten auf-

---

280 Bracher, Karl Dietrich: Dietrich, Hermann, in: Neue Deutsche Biographie, 3 (1957), S. 698. Nach dem Zweiten Weltkrieg war Dietrich maßgeblich an der Verwaltung von Landwirtschaft und Ernährung in den von den Alliierten besetzten Gebieten beteiligt. Siehe unten, dritter Teil.
281 Grant, Agriculture, S. 198.
282 Haushofer, Landwirtschaft, S. 245.
283 BayHStA, NL Fehr/75, Beiträge zu einem Agrarprogramm, Denkschrift RDI 1930.
284 Vgl. Rosenberg, Hans: Große Depression und Bismarckzeit, Berlin 1967, und Wehler, Hans Ulrich: Das deutsche Kaiserreich 1871–1918, Göttingen 1973. Unter den kritischen Stimmen Eley, Geoff: Reshaping the German Right, New-Haven/ London 1980.

gezwungene Meistbegünstigungsklausel (Art. 264 ff. des Friedensvertrages), durch die das Reich seine Zollautonomie verlor. Artikel 264 beginnt mit folgenden Gebot: „Deutschland verpflichtet sich, die Waren, Roh- oder Fertigerzeugnisse irgendeines der alliierten oder assoziierten Staaten bei der Einfuhr in das deutsche Gebiet ohne Rücksicht auf den Abgangsort keinen anderen oder höheren Gebühren oder Abgaben, einschließlich der inneren Steuern, zu unterwerfen als denen, welchen die gleichen Waren, Roh- oder Fertigerzeugnisse irgendeines anderen der genannten Staaten oder irgendeines anderen fremden Landes unterworfen sind."

Erst Anfang 1925 erhielt Deutschland seine handelspolitische Freiheit zurück. Damit wurde die Frage des Protektionismus erneut aktuell. Die Wende fiel mit dem Wahlaufstieg der DNVP im Dezember 1924 zusammen, als die Partei 20,4% der Stimmen erhielt. Die Konservativen setzten sich nach den Worten Schieles die „Herstellung wenigstens eines gewissen Zollschutzes" zum Ziel.[285] Man wollte „Ausgeglichenheit" erreichen und versuchte die Industrie davon zu überzeugen, dass eine geschützte Landwirtschaft auch in deren Interesse liege.

Von diesem Zeitpunkt an erlangte die Aktivität der Verbände wieder zunehmende Bedeutung. „Gleichzeitig verschärfte sich der Machtverlust der demokratischen Parteien und der Gewerkschaften."[286] Im Januar 1924 hatten die Verbände ein Programm verfasst, in dem sie die Wiedereinführung von Mindestzöllen forderten, die bei Bedarf angehoben werden sollten. Diese Forderung wurde auch vom Landwirtschaftsrat befürwortet.[287] In der Sitzung der Regierung vom 19. Juni 1924 hatte sich der damalige Minister von Kanitz, Vertreter der ostelbischen Großgrundbesitzer, dem Wirtschaftsminister Eduard Hamm (DDP) entgegengestellt. Kanitz war „der Meinung, dass die Agrarzölle in kürzester Zeit eingeführt werden müssten."[288] Nur eine solche „beruhigende Maßnahme" hätte dazu geführt, die Landwirtschaft zu stabilisieren. Seine Kabinettskollegen erkannten an, dass gehandelt werden musste. Reichskanzler Wilhelm Marx (Zentrum) jedoch fürchtete, dass „eine Wiedereinführung der Agrarzölle in der Bevölkerung große Aufregung verursachen werde."

Am Ende setzte sich der Minister durch und erhielt den Auftrag, einen Gesetzentwurf „betreffend Wiedereinführung der autonomen Zollsätze für landwirtschaftliche Produkte vorzubereiten."[289] Die Forderung von Kanitz wurde vom RLB unter-

---

285 Schiele, Martin: Die Agrarpolitik der Deutschnationalen Volkspartei in den Jahren 1925/1928, Berlin 1928 (*Schiele, Agrarpolitik*), S. 3.
286 Stegmann, Dirk: Deutsche Zoll- und Handelspolitik 1924/25–1929 unter besonderer Berücksichtigung agrarischer und industrieller Interessen, in: Mommsen, Hans/ Petzina, Dietmar/ Weisbrod, Bernd (Hgg.): Industrielles System und politische Entwicklung in der Weimarer Republik, Düsseldorf 1974, S. 503.
287 Der Text der Beschlüsse des DLR, mit einer Denkschrift, wurde am 10.5.1925 an die Regierung gesandt; vgl. BArch, R 43 I/2537.
288 Ebenda, Kabinettssitzung, 26.6.1924, wie die folgenden zwei Zitate.
289 Akten der Reichskanzlei. Weimarer Republik. Die Kabinette Marx I und II (1923–1925), bearbeitet von Günter Abramowski, Boppard am Rhein 1973, Bd. 2, S. 717–722 (*ARK, Marx I-II*). Der Gesetzentwurf ist nicht auffindbar.

stützt.[290] Die Gewerkschaften hingegen waren der Ansicht, dass der Protektionismus die Konsumenten schädige. Dabei klang die Erinnerung an den Krieg an: Es sei „nun der Zeitpunkt gekommen, der Landwirtschaft das zu vergelten, was sie im Kriege und nach dem Kriege an den Arbeitern gesündigt habe."[291]

Im Kabinett des parteilosen Hans Luther, das am 1. Januar 1925 die Amtsgeschäfte aufnahm, wurde Kanitz als Minister bestätigt. Begünstigt wurde er von der neuen politischen Lage, in der durch den Wahlerfolg der DNVP die Rechtsparteien gestärkt waren. Das von Kanitz verfolgte Ziel war „die Festlegung von Agrarzöllen als gleichberechtigtes Pendant zu den Industriezöllen."[292] Zugleich erklärte er jedoch auch: „Ich bin kein Freund von Hochschutzzöllen."[293] Kanitz legte dem Reichstag eine „Kleine Zolltarifnovelle" vor; sie wurde im August mit den ausschlaggebenden Stimmen des Zentrums angenommen. Ex-Minister Schmidt räumte ein, dass die Lage der Landwirtschaft schwierig sei, hob jedoch hervor, dass „keine Berufsschicht mehr als die Arbeiterklasse" am Rande des Zusammenbruches stehe.[294] Auch Dietrich (DDP) war kritisch.[295] Die Kleine Zolltarifnovelle stellte das Zollgesetz von 1902 wieder her und ließ der Regierung die Möglichkeit, „im Falle eines dringenden wirtschaftlichen Bedürfnisses" Änderungen vorzunehmen.[296] Die Novelle trat am 1. Oktober in Kraft und sollte zwei Jahre lang gelten. Im Juli 1927 wurde die Debatte über ihre Verlängerung eröffnet. Das neue Kabinett Marx billigte die Forderung von REM Schiele, den Zolltarif für Kartoffeln und Schweinefleisch anzuheben, ließ jedoch die geltenden ermäßigten Zollsätze für Getreide unverändert.[297] Reichsfinanzminister Heinrich Köhler (Zentrum) forderte eine Absenkung der Zollsätze, die eine allzu starke Belastung der Bevölkerung bedeuteten. Schiele hingegen bestand darauf, dass die Zölle auf die Agrarprodukte einen „Ausgleich" gegenüber den Industrieprodukten darstellten.

Während seiner nur ein knappes Jahr dauernden Amtszeit in den Regierungen Luther II und Marx III kritisierte Reichsminister Heinrich Haslinde die „ungenügend erreichten Agrarzölle."[298] Haslinde, Dr. jur. an der Universität Leipzig und Mitglied der Zentrumspartei, war ab 1916 Landrat im Kreis Arnsberg und vom 17. Oktober 1922 bis zu seiner Ernennung zum REM, am 20. Januar 1926, als Regierungspräsident von Münster

---

290 Die Unterlagen liefern Hinweise, dass der RLB direkte Kontakte mit Kanzler Luther unterhielt. Vgl. BArch, R 43 I/2577.
291 BArch, R 43/1264, Bl. 9, Ministerbesprechung, 15.7.1924.
292 Merkenich, Grüne Front, S. 31.
293 Verhandlungen des Reichstages: Stenographische Berichte, 1.1920/24–9.1933, Berlin 1921–1934, Bd. 385, S. 1800, 15.5.1925.
294 Ebenda, Bd. 389, S. 6587 ff., aus der Rede in der Reichstagsdebatte des 24.3.1926.
295 BArch, N 1004/8, Bl. 6–16, Text der Rede, datiert 8.8.1925.
296 RGBl. 1925, S. 261–263.
297 BArch, R 43 I/2538, Entwurf eines Gesetzes über Zolländerungen, vorgelegt bei der Kabinettssitzung vom 17.6.1927.
298 Verhandlungen des Reichstages, Bd. 389, S. 6574, Rede gehalten am 24.3.1926.

tätig.²⁹⁹ Bei der Bewältigung der dringenden Probleme der Gestaltung neuer Agrarzölle und der Kreditkrise stützte sich Haslinde auf die Fähigkeiten von Erich Hoffmann, der 1926 zum Staatssekretär befördert wurde.³⁰⁰ Hoffmann, Jurist, trat 1899 in den preußischen Staatsdienst ein. Nach der Novemberrevolution wurde er als Vortragender Rat ins preußische Handelsministerium berufen und war ab 1922 beim RMEL als Leiter der Abteilung II tätig. Dort war er für die Geschäftsleitung des landwirtschaftlichen Kreditwesens, der Agrarpolitik und des wichtigen Bereichs der Wirtschaftspolitik gegenüber dem Ausland zuständig. Wie bei der Ernennung der Staatssekretäre Heinrici und Hagedorn folgte die Beförderung Hoffmanns als Staatssekretär beim RMEL nicht den politischen Erfordernissen, sondern sie richtete sich an der internen Fachkompetenz und einer bewährten Kontinuitätslinie aus.

Haslindes Nachfolger Schiele wies die Vorstellung zurück, dass der Protektionismus die Konsumenten geschädigt habe. „Auf die Dauer werden wir eine Verbilligung und vor allem eine Sicherstellung der Volksernährung herbeiführen."³⁰¹ Für den neuen Minister befriedigten die Zölle „vitale Interessen der deutschen Nation [...] aus wirtschaftspolitischer, sozialpolitischer und bevölkerungspolitischer Perspektive."

Bei den Verhandlungen für den Handelsvertrag mit Frankreich von 1927 schlug Schiele eine „Katastrophenklausel" vor, „welche die Überschwemmung des deutschen Marktes mit französischen Agrarprodukten verhindern sollte."³⁰² Die dann abgeschlossene Vereinbarung stellte eine Kompromisslösung dar. Bei der Debatte über die Aufnahme von Verhandlungen mit Jugoslawien entgegnete Schiele dem Außenminister Stresemann, der die Notwendigkeit betonte, einer befreundeten Regierung entgegenzukommen, er wolle vermeiden, dass „die Landwirtschaft allein hier die Kosten trage."³⁰³ In der Folgezeit versuchten Schiele und die DNVP-Regierungsmitglieder vergeblich, bessere Bedingungen zu erreichen. Die Lage änderte sich auch im März 1929 nicht, als eine von Reichskanzler Hermann Müller (SPD) geführte Regierung der „Großen Koalition" amtierte und in der Grünen Front die wichtigsten Agrarverbände zusammengefasst wurden. Die zwei größten überregionalen Agrarverbände (Reichs-Landbund und Vereinigung der deutschen Bauernvereine) und der Bayerische Bauernbund (der größte Zweigverband der deutschen Bauernschaft) schlossen sich mit der Dachorganisation der Landwirtschaftskammern und dem Deutschen Landwirtschaftsrat zusammen. Laut Merkenich war das „Ziel der Grünen

---

299 Haunfelder, Bernd: Die münsterischen Regierungspräsidenten des 20. Jahrhunderts, Münster 2006, S. 23–26.
300 BArch, R43 I/1413, Bl. 271 ff., Personalangelegenheiten des RMEL, Ministerbesprechung 22.6.1926.
301 Verhandlungen des Reichstages, Bd. 393, S. 11209 ff., Rede Schiele, Beratung des Gesetzentwurfs über Zolländerungen vom 4.7.1927, wie folgendes Zitat.
302 Schiele, Agrarpolitik, S. 7 f.
303 Akten der Reichskanzlei. Weimarer Republik. Die Kabinette Marx III und IV (1926–1928), bearbeitet von Günter Abramowski, Boppard am Rhein 1988 (*ARK, Marx III-IV*), Bd. 2, S. 865–867, Ministerbesprechung vom 14.7.1927.

Front die Gleichberechtigung des agrarischen Interessenbundes neben dem RDI".[304] Es folgten lediglich bescheidene Korrekturen der Zollsätze.[305] Aufgrund der Verschärfung der Krise reichte der Zollschutz nicht mehr aus. Nun standen Verschuldung und Rentabilität auf der Tagesordnung. Im November 1925 legte der REM den Entwurf für ein Gesetz „zur Sicherung der Getreidebewegung" vor, das die Einrichtung einer Reichsgetreidestelle vorsah. In der Begründung wurde deutlich das Scheitern des Protektionismus unterstrichen.[306]

Die Zollfrage war auch Anlass zu Auseinandersetzungen innerhalb der Regierung: Dietrich, der eine Anhebung der Tarife „zur Beruhigung der Interessenten" forderte, wurde von Ministerialdirektor Kurt Ritter (Auswärtiges Amt) entgegengehalten, „dass dadurch auch die Länder mit niedrigen Zollschranken zu gleichen Maßnahmen verleitet würden."[307] Die 1925 begonnenen Verhandlungen mit Polen, einem Land, das bedeutende Agrarüberschüsse produzierte, gestalteten sich langwierig.[308] Der RWM hatte in einem Bericht vom 5. Mai 1927 betont, „ein Handelsvertrag mit dem polnischen Zollgebiet" sei „für Deutschland dringend notwendig."[309] Daher müsse man Kompromisse eingehen. Der mit der Leitung der Verhandlungen betraute Andreas Hermes betrieb eine Verschleppungstaktik.[310] Im neuen Kabinett Müller (seit Juni 1928) gab seine Strategie Anlass zu Kritik,[311] so dass Hermes schließlich im September 1929 zum Rücktritt gezwungen war. Die Spannungen waren auch im Reichstag mit der Attacke von Dietrich gegen Schiele offensichtlich geworden, als Schiele Schweinefleisch zum Nachteil polnischer Interessen kontingentieren wollte.[312]

Der neue REM Dietrich brachte die Verhandlungen schließlich am 17. März 1930 zu einem Schluss.[313] Der Roggenexport beider Länder sollte amtlich zentralisiert und nach einem festgesetzten Schlüssel aufgeteilt werden. Das Abkommen benachteiligte die agrarischen Interessen Deutschlands derart, dass es Reichspräsident von Hindenburg Anlass gab, eine radikale Wende in der Agrarpolitik zu fordern.[314] Wegen des Sturzes der Regierung Hermann Müller wurde der Vertrag nicht mehr ratifiziert.

---

304 Merkenich, *Grüne Front*, S. 260.
305 Vgl. zum Beispiel: Akten der Reichskanzlei. Weimarer Republik. Das Kabinett Müller I (1920), bearbeitet von Martin Vogt, Boppard am Rhein 1971 (*ARK, Müller I-II*), Bd. 1, S. 390–392, Kabinettssitzung, Verhandlungen über [die] Agrarfrage, 24.6.1929.
306 BArch, R 43 I/2537, Entwurf für ein Gesetz zur Sicherung der Getreidebewegung.
307 ARK, Müller II, Bd. 1, S. 468–471, Ministerbesprechung vom 7.3.1929.
308 Vgl. Becker, Heinrich: Handlungsräume der Agrarpolitik in der Weimarer Republik zwischen 1923 und 1929, Stuttgart 1990, S. 189 ff.
309 ARK, Marx III-IV, S. 728, RWM an StS Pünder, 5.5.1927.
310 Schiele, Agrarpolitik, S. 8. Auch Hindenburg schaltete sich in die Debatte ein. Vgl. Becker, Handlungsräume, S. 197.
311 ARK, Müller I-II, Bd. 1, S. 818, Ministerbesprechung vom 8.7.1929.
312 Verhandlungen des Reichstags, Bd. 395, S. 13.028, Haushaltssitzung des 29.2.1928.
313 Von Batocki hatte die Ernennung eines liberalen Ministers begrüßt, der darauf achte, den Gleichgewicht zwischen Industrie und Landwirtschaft herzustellen. Vgl. Der deutsche Volkswirt, Gleitende Agrarzölle, 3/1929.
314 Becker, Handlungsräume, S. 182 f.

Im Kabinett Müller, in dem die Sozialdemokraten nach fünf Jahren wieder an die Regierung gekommen waren, verfolgte Dietrich, der sich für eine Reduzierung der Zölle einsetzte, eine „mittlere Linie",[315] mit der sowohl die Grüne Front als auch die freihändlerisch geneigten Industriellen unzufrieden waren.[316] Er erklärte so seine Vorstellung im Mai 1929: „Jeder Firma, gleichgültig, ob sie ein Mühlen- oder ein Handelsunternehmen ist, soll es freistehen, jedes erforderliche Quantum Auslandsgetreide zu jedem ihr zweckmäßig erscheinenden Zeitpunkt zu importieren."[317] Die Position des Ministers wurde von den Agrarverbänden heftig kritisiert. Dies lässt sich aus dem Schreiben der Grünen Front an den Reichskanzler vom 20. März 1929 entnehmen: „Deutschland ist heute vor die schicksalsschwere Entscheidungsfrage gestellt, ob es sich eine lebensfähige Landwirtschaft und damit die sichere Grundlage für einen aufnahmefähigen deutschen Binnenmarkt erhalten, oder ob es die Ernährung seiner Bevölkerung und den Absatz seiner gewerblichen Erzeugnisse von der Bereitwilligkeit des Auslandes abhängig machen will."[318]

Anfang 1929 schlug Dietrich vor, die Viehzölle an die Fleischzölle anzupassen, die Steuerbegünstigungen für die Vieh- und Fleischeinfuhr abzuschaffen und die Sanitätskontrollen wieder einzuführen. Letztere verlangsamten den Außenhandel. Dem widersetzte sich der sozialdemokratische Finanzminister Rudolf Hilferding. Seiner Ansicht nach hätten diese Maßnahmen zu Reaktionen der Länder geführt, in die Deutschland industrielle Erzeugnisse ausführte.[319] Nur in zwei Punkten wurde Einigkeit erzielt: bei der Angleichung der Zölle für Rindvieh und Schafe an die Fleischzölle und bei der Erhöhung des Schmalzzolles.

Wenige Monate später legte Dietrich eine neue Zolltarifnovelle mit begrenzten Änderungen vor. An eine völlig „zollfreie" Wirtschaft zu denken, sei – nach Einschätzung des liberalen Ministers – „vollendeter Unsinn."[320] Das neue Tarifsystem sah Gleitzölle vor, die erhöht oder reduziert werden konnten. Dietrich blieb auch in der Folgezeit ein Verfechter des Systems, das den Forderungen der SPD entgegenkam. Er forderte auch eine Erhöhung des Zolls auf Weizen; dagegen schrieb er über die Roggenpreise: „Die Roggenfrage ist im Wege des Zolls überhaupt nicht zu bewältigen [...]. Die Verfütterung ist die einzige Möglichkeit, die deutsche Roggenernte volkswirtschaftlich richtig zu verwerten."[321] Durch die Anwendung der Gleitzölle erfuhren die Zölle auf Viehzuchterzeugnisse nur geringe Veränderungen.[322]

---

315 BArch, N 1004/335, Bl. 18 ff., Rede Dietrichs vom 3.5.1929 vor dem Reichstag.
316 Saldern, Adelheid von: Hermann Dietrich. Ein Staatsmann der Weimarer Republik, Boppard am Rhein 1966 (*Saldern, Dietrich*), S. 49.
317 BArch, N 1004/334, Bl. 145 ff., Denkschrift.
318 BArch, R 43 I/2541, Grüne Front an den RK, 20.3.1929.
319 BArch, N 1004/335, Bl. 78–82, Schriftwechsel (Januar-Februar 1929).
320 BArch, N 1004/334.
321 BArch, N 1004/9, Rede des Ministers anlässlich der Beratung über Zolländerungen, am 19.12.1929.
322 Vgl. BArch, N 1004/335, Vorschlag des REM, datiert 19.11.1929.

Der Reichskanzler versicherte den Agrarverbänden am 28. Februar 1930, dass er „durchgreifende Maßnahmen zur Stützung des Marktes landwirtschaftlicher Produkte"[323] erarbeiten lassen wolle. Die Verbände forderten dagegen die Erhöhungen der Getreidezölle. Außerdem verlangten sie ein Maismonopol, was Dietrich ablehnte. Die vom Minister wenige Tage später, am 7. März, vorgestellten Sofortmaßnahmen spiegelten die Forderungen der Agrarverbände im Hinblick auf Getreide, Zucker und das Maismonopol wider. Das Auswärtige Amt betonte jedoch seine grundsätzliche Skepsis: „Für die Gesamtheit der vorgeschlagenen Maßnahmen dürfte gelten, dass sie nur durch die außerordentliche Notlage der Landwirtschaft gerechtfertigt erscheinen."[324]

Die am 26. März veröffentlichten Gesetze rezipierten den Kompromiss. Sie sahen eine leichte Erhöhung der Zölle auf Getreide und Kartoffeln vor und bevollmächtigten die Regierung zur Korrektur, „wenn die Entwicklung der Wirtschaftslage es erfordert."[325] Mit dem Maisgesetz hingegen war eine Reichsmaisstelle eingerichtet worden, die den Markt monopolistisch regeln sollte. Außerdem war geplant, einen Teil des überschüssigen Roggens zu eosinieren, also dem menschlichen Verzehr zu entziehen. Der liberale Dietrich erwies sich als Realpolitiker.

3 Umschuldung und Notprogramm

Die Hyperinflation 1922/23 hatte neben den negativen Effekten auch den Vorteil der drastischen Reduzierung des angehäuften Schuldenbergs der deutschen Landwirtschaft (von 17,5 Mrd. Mark in der Vorkriegszeit auf 2,75).[326] Die dahinter steckende strukturellen Probleme waren allerdings nicht gelöst worden.[327] Im Gegenteil begünstigte diese „positive" Lage bei den Betriebsleitern eine neue Verschuldung, um die Produktion rationalisieren zu können. Zur Finanzierung der Frühjahrsarbeiten schließlich bediente man sich einer kurzfristigen Schuldaufnahme.[328] Darüber hinaus erforderte die Wettbewerbsfähigkeit der landwirtschaftlichen Betriebe nach dem Krieg große Investitionen. Auf diese Weise kam das Problem der Umschuldung auf die Tagesordnung und heizte die politische Debatte und das Handeln der Regierung an.

---

323 BArch, R 43 I/2542, Empfang der Vertretung der Grünen Front beim RK, 28.2.1930.
324 BArch, N 1004/335, Aus dem Vortrag des Referenten, MinRat Dr. Fessler, 7.3.1930.
325 RGBl. 1930, S.87 ff., 26.3.1930.
326 Schumacher, Martin: Thesen zur Lage und Entwicklung der deutschen Landwirtschaft in der Inflationszeit (1919–1923), in: Büsch, Otto/ Feldman, Gerald D. (Hgg.): Historische Prozesse der deutschen Inflation 1914 bis 1924, Berlin 1978, S. 215 ff.
327 Moeller, Robert G.: Winners and Losers in the German Inflation. Paesant Protest over the Controlled Economy, 1920–1923, in Feldman, Gerald D. (Hg.), Die deutsche Inflation/The German Inflation Reconsidered. Eine Zwischenbilanz / A Preliminary Balance, Berlin/ New York 1982, S. 255–288.
328 Boelcke, Wandlungen, S. 518.

Die außerordentlichen Maßnahmen zur Umschuldung verschlangen einen zunehmenden Anteil der Haushalte. Schon vor der Währungsstabilisierung hatte die Kreditsituation Probleme aufgewiesen. Bis dahin hatte das RMEL nicht eingegriffen, da seines Erachtens „die Fürsorge für die Beschaffung derartiger Dauerkredite Aufgabe der Länder bleiben" musste.[329] Die Probleme, die zur Verschuldung der Landwirte geführt hatten, waren noch nicht in Angriff genommen worden. Insbesondere klafften die Preisen für Agrarprodukte und die für Industrieprodukte immer weiter auseinander. Zudem hatte die finanzielle Lage des Reichs eine stärkere Besteuerung zu Lasten der Landwirte zur Folge[330] und damit ihre liquiden Mittel ausgetrocknet. Die Landwirte erhielten nur noch sehr kurzfristige Darlehen zu hohen Zinssätzen. Die Regierung schritt nicht ein, weil sie nicht ohne Schwierigkeiten die eigenen Kompetenzen auf Kosten der Länder erweitern konnte. Obwohl der RLB und die Vereinigung der Christlichen Bauernvereine[331] „umfassende Notstandmaßnahmen seitens der Regierung" für unerlässlich hielten,[332] ließ der RMEL Kanitz wissen, dass „zur Behebung der Notstände" leider „Reichsmittel nicht bereitgestellt werden" könnten.[333]

Seit dem Spätherbst 1924 suchte das Ministerium Alternativen für die Bereitstellung von mittel- bis langfristigen Darlehen. Die einzige realisierbare Lösung schien die Ausgabe von Darlehen seitens der Reichsbank, und zwar durch „die Errichtung eines besonderen Tochterinstituts, der Rentenbank-Kreditanstalt, ein für die Gewährung langfristiger landwirtschaftlicher Kredite geeigneter Träger."[334] Der Minister musste im Reichsrat den Widerstand der süddeutschen Staaten überwinden, die sich gegen „die Errichtung eines zentralen landwirtschaftlichen Kreditinstituts" stellten.[335]

Am 19. November 1925 präsentierte der RMEL eine Aufstellung über die Agrarkrise und die Maßnahmen zu ihrer Bewältigung. Darin wurden die grundlegenden Motive genannt, die die Landwirtschaft in die Schuldenkrise gestürzt hatten, darunter die „Fälligkeiten des größten Teiles der kurzfristigen Verbindlichkeiten (2 Milliarden RM, davon mehr als die Hälfte fällig)", der „Tiefstand der Getreidepreise infolge guter Welternte und mangelnder Kaufkraft der abnehmenden Hand."[336] Das RMEL verzeichnete kurzfristige Schulden der Landwirtschaft in Höhe von 2 Mrd. Mark, zu denen noch einmal 1,25 Mrd. langfristiger Realkredite sowie 3 Mrd. an Aufwertungshypo-

---

[329] BArch, R 43 I/2537, Bl. 93–94, Antrag Büsselberg zur Kreditbeschaffung durch die Deutsche Gesellschaft für Landeskultur, 9.4.1923.
[330] Ebenda, Bl. 122, Landwirtschaftskammer Provinz Brandenburg-Berlin an die RKlei, 11.2.1924. In der Vorkriegszeit waren die Steuern im primären Sektor äußerst mäßig.
[331] Die ursprünglich katholisch orientierten Christlichen Bauernvereine schlossen sich am 1. Januar 1917 zu einer Dachorganisation, der Vereinigung der christlichen Bauernvereine, zusammen und begannen zunehmend, sich auch in protestantischen Gebieten zu erweitern.
[332] BArch, R 43 I/2537, Bl. 222, Vereinigung der deutschen Bauernvereine an Graf von Kanitz, 10.9.1924.
[333] Ebenda, Bl. 224, RMEL an StS in der RKlei, 26.9.1924.
[334] Ebenda, Bl. 242–243, RMEL an StS in der RKlei, 24.11.1924.
[335] Ebenda, Bl. 258, Der StS in der RKlei, 14.3.1925.
[336] Ebenda, Bl. 404–414, RMEL an StS in der RKlei, 17.11.1925, wie folgenden zwei Zitate.

theken hinzukamen. Die Last der Zinssätze war tatsächlich untragbar: Sie lagen nun bei 14 Prozent. Im Osten war die Lage besonders gravierend. Die Regierung entschloss sich daher einzugreifen. Da der „inländische Kapitalmarkt für Pfandbriefe erschöpft" war, versuchte man die Sanierung mit Hilfe der „Bereitstellung von Realkredit zur Abdeckung der laufenden Schulden", wobei man Kredite aus dem Ausland durch eine langfristige Auslandsanleihe für 400 Mio. Mark erreichen wollte. Auch wurde am 1. November 1925 die erwähnte RKA gegründet.[337]

Etwa zehn Tage nach seiner Ernennung im Januar 1926 äußerte sich der bis dahin relativ unbekannte Minister Haslinde zur RKA. Diese sei „bemüht gewesen, durch Hereinnahme von Auslandsanleihen der Landwirtschaft langfristige hypothekarische Kredite, namentlich auch zur Abdeckung ihrer schwebenden kurzfristigen Schuldverbindlichkeiten, zuzuführen."[338] Die der Landwirtschaft durch Vermittlung der RKA zur Verfügung gestellten Kreditmittel wurden als Darlehen zu einem Zinssatz von 7,5 % vergeben und konnten in drei Raten getilgt werden.

Bei einem Treffen zwischen RLB und Reichskanzler wurde die Möglichkeit der Ausgabe einer Reichsanleihe „für die Zwecke der Landwirtschaft" besprochen. Anlass war die Tatsache, dass 1926 1,2 Mrd. RM an kurzfristigen Verbindlichkeiten fällig wurden.[339] Die Regierung erklärte sich bereit. Die vom Reichsbankpräsidenten zur Verfügung gestellten Mittel waren jedoch unzureichend.[340] Die von Minister Haslinde ergriffenen Maßnahmen stellten eine Wende dar, ohne jedoch die Umschuldung in Gang zu bringen. Ein Jahr später forderte der RLB den Reichskanzler auf, „die notwendigen Maßnahmen zur Linderung der gegenwärtigen Kreditkrisis" festzulegen.[341] Mitte 1927 hatte sich nämlich wieder ein „plötzliches und fast gänzliches Stocken des Realkreditgeschäftes" ergeben, das „alle Hoffnungen und Dispositionen des Landwirts auf Umwandlung eines Teiles der kurzfristigen in langfristige Verschuldung" zunichte machte. Gefordert wurde daher eine Milderung der schwierigen Kreditlage durch Maßnahmen zur Senkung des Zinsfußes „auf ein erträgliches Maß."

Die Reichsbank ließ wissen, dass sie, „soweit sie bei ihrer eigenen äußerst angespannten Lage imstande sei, bemüht sein werde, zur Überwindung der Schwierigkeiten [der Landwirtschaft] beizutragen."[342] Aufgrund dieses Entgegenkommens[343] schlug der neue Minister Schiele eine Reihe von mit dem RLB abgestimmter Maß-

---

337 RGBl. 1925, S. 145, Gesetz über die Errichtung der RKA, 18.7.1925.
338 BArch, R 43 I/2538, Bl. 51, datiert 31.1.1926.
339 Ebenda, Bl. 157, datiert 29.5.1926.
340 Ebenda, Bl. 179–180, Der StS in der RKlei an RK, 2.6.1926.
341 Ebenda, Bl. 257, RLB an RK, 14.10.1927, sowie folgenden drei Zitate.
342 Ebenda, Bl. 262–263, Reichsbank an den StS in der RKlei, 24.10.1927.
343 Ebenda, Bl. 264–268, RMEL an StS in der RKlei, 26.10.1927.

nahmen vor: Erhöhung des staatlichen Kredits, niedrigere Zinssätze und längere Laufzeiten.[344]

Am 30. Juni 1927 beliefen sich nach Erhebungen des Instituts für Konjunkturforschung „die Personalschulden [...] auf 2,5 Milliarden Mark (gegenüber 2,2 Ende Juni 1926)."[345] Außerdem „betrug der Bestand an Realschulden 2,5 Milliarden (Ende Juni 1926, 1,5 Milliarden)." Das Hauptproblem betraf die kurzfristige Fälligkeit der Schulden zum Ende der Erntezeit. Landwirtschaftliche Kreise hatten eine Verlängerung gefordert, die jedoch nach Auffassung der Experten im Ministerium eine schädliche Wirkung auf die Beurteilung der deutschen Wirtschaft und des deutschen Kredits im In- und Ausland gehabt hätte.

Im ersten Halbjahr 1928 ließ Reichsminister Schiele einen Bericht ausarbeiten, der sich auf die Ergebnisse der Untersuchungen des von Hermes geleiteten Enquete-Ausschusses im Parlament stützte.[346] Dieses Dokument stellte die erste umfassende Analyse der Kreditfrage dar und zeigte langfristige Lösungen auf. Die durch Zwangswirtschaft und Inflation verursachten Schäden an den Beständen hatten die Landwirte 1923/24 demnach veranlasst, um Darlehen nachzusuchen, die „bei der allgemeinen Kapitalarmut nur zu gewaltigen Zinssätzen und mit großen Disagioverlusten zu beschaffen waren."[347] Nach Auffassung des Ausschusses reichten „die durch ungünstige Ernten und ungünstige Preisverhältnisse geminderten Erträge der folgenden Jahre [...] nicht aus, um neben den hohen Abgaben und Lasten die hohen Zinssätze aufzubringen." Der Ausschuss hatte außerdem weitreichende regionale Unterschiede festgestellt. Der „Prozentsatz der ohne Reinertrag, also mit Verlust, arbeitenden Betriebe" war im Osten höher als im Westen, aber es gab schwierige Situationen auch in Bayern und Norddeutschland. Die größten Probleme hatten die östlichen Großbetriebe. Nach Einschätzung des Ministers waren erweiterte Kompetenzen des Reiches notwendig. Außerdem betonte er: „Die Kreditgewährung wird daher von einer individuellen Prüfung abhängig zu machen sein, ob der Betrieb [...] bei Gewährung des Kredites eine rationelle Fortführung erwarten lässt."[348] Der zweite Punkt des Schiele-Plans betraf die Zinserleichterung „durch Einsetzen öffentlicher Mittel."[349] Insbesondere schlug Schiele die Möglichkeit vor, „dass etwa die Rentenbankgrundschuld (zusammen 100 Millionen RM jährlich) unter geeigneten Voraussetzungen den Landwirten erlassen wird."

---

344 Die Reichsbank hatte bereits die Verantwortung der Genossenschaften für die allzu hohen Zinssätze hervorgehoben. Vgl. ebenda, Bl. 190–195, 11.6.1926. Der RLB hingegen gab die Schuld der „fehlerhafte[n] Wirtschaftspolitik der Vergangenheit"; ebenda, Bl. 259, 14.10.1927.
345 Ebenda, Bl. 264–268, RMEL an StS in der RKlei, 26.10.1927, sowie folgendes Zitat.
346 Ebenda, Bl. 276, Der StS in der RKlei an den REM, 5.1.1928.
347 Ebenda, Bl. 279–280, Maßnahmen zur Erleichterung der Kreditnotlage der deutschen Landwirtschaft, 17.12.1927. Wie die folgenden zwei Zitate.
348 Ebenda, Bl. 293, 17.12.1927.
349 Ebenda, Bl. 297, wie folgendes Zitat.

Die sich territorial ausbreitenden Bauernunruhen von Anfang 1928,[350] zahlreiche parlamentarische Interpellationen[351] und die Appelle der Agrarverbände[352] erforderten Entscheidungen der Koalitionsparteien. Aus den Verhandlungen entstand ein detailliertes „Notprogramm", das der Reichstag Ende März annahm. Das Notprogramm hatte zwei Schwerpunkte: „Zum einen die Verbesserung der Rentabilität der Landwirtschaft durch preisstabilisierende, marktregulierende Maßnahmen und andererseits [...] die Umwandlung hochverzinslicher, kurzfristiger Verbindlichkeiten in langfristige, niedriger verzinslichte Realkredite."[353]

Schiele musste die Vorbehalte von RFM Köhler überwinden.[354] Nach einem Treffen mit Vertretern der süddeutschen Landwirtschaft ließen „die Erklärungen der Mitglieder der Reichsregierung [...] klar erkennen, dass alles geschehen soll, um der Landwirtschaft zu helfen."[355] Am 3. Februar versicherte Schiele, „dass er die Frage der Besserung der Verhältnisse der Landwirtschaft, insbesondere die Wiederherstellung der Rentabilität der deutschen Landwirtschaft, mit dem größten Interesse begleite und nach Maßgabe der ihm verfassungsmäßig zustehenden Rechte auch zu fördern bestrebt sei."[356]

Es wurde ein mehrköpfiger Expertenausschuss gebildet, der mit der Durchführung des Notprogramms beauftragt wurde.[357] Nach Beratungen mit den Ländern wurden die von ihm vorgeschlagenen „Richtlinien für die Hilfsmaßnahmen des Reichs für Umschuldungskredite" gebilligt.[358] Das Reich beteiligte sich demnach „zu einem Drittel an einer Organisation (Treuhandstelle)", die den kreditgebenden Banken „zinslose Vorschüsse in Höhe der fälligen Beträge bis zur Durchführung des Zwangsvollstreckungsverfahrens" überweisen sollte. In der Regel sollten die Umschuldungskredite nur an die Inhaber landwirtschaftlicher Betriebe ausgegeben werden, „die zu ihrer rationellen Fortführung dieser Kredite bedürfen."[359]

---

350 Ebenda, Bl. 15 f., RLB an sämtliche Minister, 21.1.1928: „Aus verschiedenen Teilen des Reiches – wir nennen besonders Schleswig-Holstein, Oldenburg, Hannover, Brandenburg und Pommern – mehren sich die Anzeichen einer starken Erregung." Siehe unten, im vierten Kapitel.
351 Ebenda, Bl. 10, Interpellation Graf von Westarp und Genossen, 17.1.1928.
352 Ebenda, Bl. 5 f., Landwirtschaftlicher Hauptverband Württemberg u. Hohenzollern an Reichskanzler, 16.1.1928: „Unsere mittleren und kleineren landwirtschaftlichen Betriebe [sind] allmählich in eine Kreditbelastung und Verschuldung hineingetreten."
353 ARK, Marx III/IV, Bd. 1, S. LXIII, Einleitung.
354 BArch, R 43 I/2539, Niederschrift über die Besprechung im Haushaltsausschuss, 20.1.1928; vgl. auch ebenda, Ergebnis des Interfraktionellen Ausschusses über Anträge zum Landwirtschaftsetat, 24.1.1928.
355 Ebenda, Vermerk der RKlei, 4.2.1928.
356 Ebenda, Aufzeichnung des StS Meissner über den Empfang von Vertretern der Landwirtschaft beim Reichspräsidenten, 3.2.1928.
357 RGBl. 1928, II, S. 209 ff., Gesetz über den Reichshaushaltsplans für das Rechnungsjahr 1928, 31.3.1928.
358 BArch, N 1004/326, Bl. 27, Richtlinien für die Hilfsmaßnahmen des Reichs durch Umschuldungskredite, 28.4.1928. Wie die folgenden zwei Zitate.
359 Ebenda, Bl. 31.

Das Engagement von Schiele wurde durch Engpässe im Haushalt gebremst. Das Reich war „an die Grenze seiner Finanzierungsmöglichkeiten" gelangt.[360] Die durch sein Programm geschürten Hoffnungen wurden „schnell enttäuscht."[361] Im Januar 1929 musste REM Dietrich zugeben, dass „es sich bei dem ganzen vorjährigen Notprogramm und seiner bisherigen Durchführung zunächst nur um einen Anfang handeln kann."[362] Im Gegensatz zu seinem Vorgänger wollte Dietrich denjenigen Betrieben den Vorrang geben, von denen „verhältnismäßig schnell größere und nachhaltige Erfolge erwartet werden" konnten. Er sah den Ausweg in einer „Erweiterung und Verbesserung der Produktionsbasis (Meliorationen, Siedlung)" und in der Produktivitätssteigerung durch Rationalisierung und Technisierung. Im Endeffekt musste sich aber auch Dietrich beugen. In seiner Etatrede vom 22. April 1929 erklärte der Minister, der Haushaltsplan trage „deutlich den Stempel des Notjahres."[363]

Dietrich unterstrich zugleich die Distanz zu Schiele: „Während mein Amtsvorgänger ausdrücklich betont hat, dass es sich bei dem von ihm eingebrachten Notprogramm nur um eine einmalige Aktion handele, beabsichtige ich nicht, dieses Programm einfach durchzuführen, sondern ich habe es für meine vordringlichste Aufgabe gehalten, die Arbeiten für landwirtschaftliche Betriebsumstellung und Absatzförderung für längere Zeit sicherzustellen."[364] In Wirklichkeit aber stand sein konkretes Handeln eher in Kontinuität zu Schiele.[365]

4 Die Ostpreußenhilfe

Dietrich konkretisierte schließlich Schieles Projekt in Form der spezifisch orientierten Ostpreußenhilfe. Ausgangspunkt eines umfassenden Hilfsplans für die östlichste Provinz des Reichs war eine Ministerbesprechung beim Reichspräsidenten am 21. Dezember 1927. Dabei erklärte Hindenburg: „Aus meinen persönlichen Eindrücken in Ostpreußen, zahlreichen Zuschriften und zahlreichen Besprechungen habe ich den Eindruck gewonnen, dass die wirtschaftliche Lage Ostpreußens zu den größten Besorgnissen Anlass gibt, und dass durchgreifende Hilfe dringend nottut. Ich habe es daher als meine Pflicht erachtet, mich an die Spitze der Bewegung, Ostpreußen Hilfe zu bringen, zu setzen."[366]

---

360 ARK, Marx III/IV, Bd. 1, S. LXV, Einleitung.
361 H. Becker, *Handlungsräume*, S. 262.
362 BArch, R 43 I/2542, Bl. 99, RMEL an RKlei, Hilfsmaßnahmen des Reiches für die Umschuldung. Sowie folgende zwei Zitate.
363 BArch, N 1004/335, Bl. 23, Material für die Etatrede, 22.4.1929.
364 Ebenda, Bl. 187–189, Beratung über den Reichshalthausplans für 1928. Reichstag-Sitzung 27.2.1928.
365 Ebenda, Bl. 37, Deutsche Bauernpolitik bei Beginn der Agrarkrise [Manuskript, vermutlich 1932].
366 ARK, Marx III/IV, Bd. 2, S. 1184 ff., Ministerbesprechung beim Reichspräsidenten, 21.12.1927.

Dieser Druck nötigte die Regierung Anfang 1928 dazu, als Ergänzung des Notprogramms einen Gesamtplan mit der Bezeichnung „Ostpreußenhilfe" auszuarbeiten. Hierzu hatte sich Hindenburg während eines weiteren Ministerrats am 7. Februar 1928 klar geäußert: „Notwendig sei ein klares Programm. Mit Krediten und Worten allein sei es nicht erfüllt."[367] Für das gesamte Projekt sollten für 1928 das Reich 60 Mio. RM und Preußen 15 Mio. RM bereitstellen. Es handelte sich um eine weitreichende Maßnahme, die die Schulden der Landwirte in der Provinz partiell auf den Staatshaushalt abwälzte.[368] Dietrich änderte zwar teilweise die von Schiele vorgegebenen Auszahlungsmodalitäten für die Mittel aus der Ostpreußenhilfe, behielt aber das System bei.[369] Die Maßnahmen zur Umschuldung wurden erweitert. Für das gesamte Reich sah man einen Umschuldungskredit in Höhe von 78 Mio. RM vor, davon 10 bis 15 Mio. für Ostpreußen.[370] In der endgültigen Version wurden die Pläne erweitert: 34,4 Mio. RM für Lastensenkungen, 95,5 Mio. RM für Kredithilfe und 44,4 Mio. RM für Siedlung.[371] Die Maßnahme wurde am 18. Mai als „Gesetz über wirtschaftliche Hilfe für Ostpreußen" veröffentlicht.[372]

Um die Neutralität bei der Bewertung der Anträge zu garantieren, wurde als Staatskommissar der Landrat Heinrich Rönneburg eingesetzt.[373] Zwar ermöglichte die Ernennung des Staatskommissars eine ausgewogenere Verteilung der Hilfen,[374] jedoch reichte der Plan nicht aus, die Krise zu bewältigen. Das unzureichende Ergebnis der von Schiele eingeleiteten und von Dietrich fortgeführten Subventionspolitik lässt sich an einem Brief ablesen, den der Preußische Ministerpräsident Braun (gebürtiger Ostpreuße!) am 28. Februar 1930 an das RMEL richtete. Braun war der Auffassung, dass neue Mittel bereitgestellt werden mussten, um vor dem Zusammenbruch stehende Betriebe durch die Treuhandstelle aufzukaufen.[375] Die finanzielle Anstrengung des Staates zwischen 1928 und Anfang 1930 hat vielleicht einen weiteren Schuldenzuwachs verhindert. Zur Verbesserung der Produktivität war jedoch kein entscheidender Beitrag geleistet worden. Vielmehr überlebten wenig rentable Unternehmen auf öffentliche Kosten.

Die Bayerische Landesbauernkammer beklagte „das Ausmaß der amtlichen Geldhilfen seitens des Landes und des Reiches."[376] Der Direktor des Pommerschen Landbundes forderte „besondere Hilfsmaßnahmen des Reiches außerhalb des Rah-

---

367 Ebenda, S. 1292 ff., Ministerrat beim Reichspräsidenten, 7.2.1928.
368 Aktenmaterial über die Durchführung der Ostpreußenhilfe von 1928 in BArch, R 43 I/1854 und 1855. Siehe auch: D. Hertz-Eichenrode, Politik, S. 240 ff.
369 BArch, N 1004/331, Bl. 274, Ostpreußenhilfe. Bisherige Maßnahmen [1929].
370 Vgl. Verhandlungen des Reichstags, Bd. 435, Anlage Nr. 988, Gesetzentwurf, 1928.
371 BArch, N 1004/331, Bl. 339, Fortführung der Kredithilfsmaßnahmen [1929].
372 Roidl, Angelika: Die „Osthilfe" unter der Regierung der Reichskanzler Müller und Brüning, Regensburg 1994 (*Roidl, Osthilfe*), 37–41.
373 BArch, N 1004/342, Bl. 121, Deutsche Bauernpolitik bei Beginn der Agrarkrise 1928–1931.
374 Roidl, „Osthilfe", S. 52f.
375 BArch, N 1004/339, Bl. 5 ff., Der Preußische Ministerpräsident an RMEL, 28.2.1930.
376 BArch, R 43 I/2542, Bl. 24, Vertretung der Bay. Regierung in Berlin an die RKlei, 11.9.1929.

mens des sogenannten landwirtschaftlichen Notprogrammes."[377] Die in die Ostpreußenhilfe fließenden Geldmittel veranlassten die Verbände der Nachbarregionen eine analoge Behandlung einzufordern.

5 Reorganisierung der Behörde

Wegen der mangelhaften Quellenüberlieferung, die eine vertiefte Befassung mit Beamtenstruktur und -karrieren verhindert, konzentrieren wir uns auf die Gesamtentwicklung der inneren Struktur des Ministeriums. Analysiert man die Tätigkeit des RMEL für den Zeitraum 1924 bis 1930, so zeigt sich, dass das Ministerium seine Aufmerksamkeit immer mehr auf die Verwaltung der Landwirtschaft richtete, d. h. vor allem Produktion und Absatz. Dies führte zu einer Veränderung der internen Aufgabenverteilung, die aus der Analyse der aufeinanderfolgenden Geschäftsverteilungspläne zu entnehmen ist.

Nach dem Ende der Ernährungs- und Finanzkrise 1924 spielte das Ministerium eine wichtige wirtschaftspolitische Rolle. Dies erscheint umso bedeutsamer, als der Fortbestand des RMEL keineswegs selbstverständlich war. Bei der Bildung des Kabinetts Cuno (November 1922) wurde Hans Luther wahlweise das Wirtschafts- oder das Innenministerium angeboten. Er lehnte ab, übernahm aber am 1. Dezember das RMEL, nachdem der neue Minister Karl Müller (Zentrum) schon nach drei Tagen wegen der sozialdemokratischen Opposition hatte zurücktreten müssen. Luther bemerkte: „Ich ging dabei von der Annahme aus, dass nach völliger Beendigung der Kriegswirtschaft im Gebiet der Ernährung ein besonderes Reichslandwirtschaftsministerium nicht mehr lange benötigt würde [...] Ich schätzte die weitere Lebensdauer dieses Ministeriums auf etwa vier Monate und rechnete damit, dass ich aus dem Oberbürgermeisteramt für diese Frist beurlaubt werden könnte."[378] Mit dieser Vorstellung stand Luther nicht allein. Der Reichsrat hatte in seinen Grundlinien für die Beratung des Haushalts 1922 „die Auflösung des Reichsministeriums" gefordert, da es „infolge des Wegfalls der Zwangswirtschaft seine Daseinsberechtigung verloren habe."[379]

Die Analyse der Geschäftsverteilungspläne zeigt, dass sich das Ministerium 1922 mit vier Problembereichen beschäftigte, wobei drei auf die Zwangswirtschaft zurückzuführen waren: die „gesetzgeberische[n] Befugnisse über die Erzeugung, Herstellung, Verteilung und Preisgestaltung",[380] die Zoll- und Handelspolitik sowie die „Durchführung einiger Klauseln des Friedensvertrages". Die „landwirtschaftliche Verwaltung, auf der das Reich beim Mangel eines eigenen landwirtschaftlichen Un-

---
[377] Ebenda, Bl. 32, von Dewitz an den Reichskanzler, 25.9.1929.
[378] Luther, Politiker, S. 90 f. Er war damals Oberbürgermeister von Essen.
[379] BArch, R 43 I/928, Bl. 68, RMEL an den Reichsminister, 9.1.1922.
[380] Ebenda, Bl. 69, wie folgendes Zitat.

terbaus [...] in der Regel nur anregend und unterstützend vorgehen kann", wurde als letzter Kompetenzbereich genannt.

Planmäßig verfügte das Ministerium damals über 109 Beamte. In den Leitungspositionen arbeiteten drei Ministerialdirektoren, 14 Ministerialräte, 12 Oberregierungsräte und 10 Regierungsräte. Ihnen zur Seite standen 220 beamtete und nicht beamtete Mitarbeiter. Die Gesamtzahl, die 1920 als unmittelbare Folge der Zwangswirtschaft bei 479 gelegen hatte, war stark zurückgegangen. Für die Schwerpunkte der Behörde aufschlussreich ist auch die Analyse der einzelnen Abteilungen: Von den sechs (mit insgesamt 46 Referaten), die für Ernährungsangelegenheiten zuständig waren, beschäftigte sich die Abteilung I mit Getreide und Zucker, Abt. II mit Kommunalen Angelegenheiten (insbesondere Fleisch-, Fett- und Kartoffelwirtschaft), Abt. III mit Forst- und Holzwirtschaft, Abt. IV mit Pflanzlicher Produktion und Kunstdünger, Abt. V mit Preisfestsetzung und Futtermitteln und Abt. VI mit Wirtschaftspolitik und Zollangelegenheiten.[381]

Der Amtsantritt von Anton Fehr am 21. März 1922 markierte die erste wichtige Änderung – trotz der Kürze seiner Amtszeit – in Richtung einer mehr an den eigentlichen landwirtschaftlichen Themen orientierten Struktur. Der am 10. Mai 1922 vorgelegte Geschäftsverteilungsplan führte vier (in 37 Referate unterteilte) Abteilungen auf, in denen Ernährung und landwirtschaftliche Fragen klar getrennt waren. Die Abteilung I behielt die Zuständigkeiten für Preise, Bekämpfung des Schwarzmarkts, allgemeine Ernährungs- und Verteilungsfragen und Aufsicht über die Kriegsorganisationen. Die anderen drei konzentrierten sich auf die Landwirtschaft. Die Abteilung II war unter anderem für Berufsvertretung, Steuerfragen, Genossenschafts- und Kreditwesen, Agrarpolitik, Meliorationswesen und Landmaschinen zuständig. Die Abteilung III beschäftigte sich mit Forschung und Düngemitteln. Die Abteilung. IV war für Preise, Statistiken und Futtermittel zuständig.[382]

Die Neubestimmung der Aufgaben des Ministeriums nach der Währungsstabilisierung folgte dieser Linie. Im April 1924, wenige Monate, nachdem er im Kabinett Stresemann die Leitung des RMEL übernommen hatte, erneuerte Kanitz dessen innere Struktur, da die an die Kriegswirtschaft gebundenen Aufgaben ihre Bedeutung weitgehend verloren hatten. Mit Ausnahme der Zuständigkeiten für Personal und Haushalt, die direkt dem Minister/Staatssekretär unterstellt waren, wurde das Ministerium in zwei Abteilungen unterteilt, die die von Fehr festgelegten Kompetenzen umfassten. Abteilung I war allgemein für Ernährung zuständig. Die größere zweite Abteilung sollte für Agrarpolitik zuständig sein. Die 11 Referate dieser Abteilung beschäftigten sich mit Genossenschaftswesen, Meliorationen, Maschinen und Geräten sowie Wirtschaftspolitik, Forschung, Veterinärwesen und Futtermitteln.[383]

---

381 Ebd., Bl. 71 ff.
382 Ebenda, Bl. 75 ff., Geschäftsverteilungsplan 10. 5.1922.
383 Ebenda, Bl. 90 ff., Geschäftsverteilungsplan 6. 5.1924.

Die anschließenden Änderungen in der Geschäftsverteilung spiegeln die zunehmende Bedeutung der agrarischen und finanziellen Themen wider. Minister Haslinde nahm 1926 Anpassungen vor, ließ jedoch die Unterteilung in zwei Abteilungen unverändert. Die Anzahl der Referate in Abteilung I verringerte sich, und diese Abteilung begann sich auch mit allgemeinen landwirtschaftlichen Themen zu befassen, wie etwa Wirtschaftsberatung, ausländische Landwirtschaft und Beziehungen mit den Berufsverbänden. Abteilung II wurde umorganisiert und mit zusätzlichen Referaten für Mechanisierung, Meliorationswesen und Zollfragen ausgestattet.[384] Das Ministerium bildete daher in seiner inneren Struktur die jeweils aktuellen Kontexte ab. Auffallend ist das steigende Interesse für die Förderung der Landwirtschaft und für die Zollfrage, während das Thema Umschuldung, das wenige Jahre später so große Bedeutung erlangte, noch kein eigenes Referat hatte.

Wie das Ministerium sich den Umständen anpasste, lässt sich aus der Analyse des Organigramms ablesen, das Reichsminister Schiele am 5. September 1930 vorlegte.[385] Zu diesem Zeitpunkt unterstanden die Referate für Personal, Haushalt, Kommunikation und landwirtschaftliche Berufsvertretung direkt dem Minister bzw. dem Staatssekretär. Die Abteilung I behielt einige traditionelle Elemente des Sektors Ernährungswesen, beschäftigte sich jedoch auch mit anderen Fragen: Referat 1 war mit der Durchführung des landwirtschaftlichen Notprogramms und des Absatzförderungsprogramms befasst; Referat 2 beschäftigte sich mit Marktbeobachtung und Preisbildung. Referat 3 war für Agrarpropaganda zuständig. Das Referat 4 war mit dem Kreditwesen, der RKA und der „Überleitung der bisherigen Ostpreußenhilfsmaßnahmen" befasst. Die anderen Referate der Abteilung I beschäftigten sich mit Molkereiwesen, Düngemitteln und Meliorationen. Abteilung II konzentrierte sich auf die nun vorrangige Zollpolitik. Die anderen 19 Referate waren unter anderem für Maschinen, Steuerwesen, Pflanzenzucht, Futtermittel und Tierzucht zuständig. Zuletzt war noch eine neue Abteilung eingerichtet worden, die sich mit Osthilfe und Umschuldung befasste. Nach der 1924 von Graf Kanitz durchgeführten Verkleinerung führten die Komplexität der Probleme in der Landwirtschaft und die Erweiterung der Kompetenzen zu einer Aufblähung des Apparates, der nun 39 Referate umfasste.

In wenigen Jahren hatten sich somit die Kompetenzen des Ministeriums erweitert. Die aufeinanderfolgenden Minister verlagerten den Schwerpunkt ihrer Tätigkeit von der Ernährung auf die Verwaltung der Landwirtschaft, kurzum, auf die Produktion. Anfang 1922 beschäftigten sich alle Abteilungen mit Ernährungsfragen. Zwei Jahre später bezog sich die Tätigkeit des Ministeriums fast ausschließlich auf landwirtschaftliche Themen, wobei die Förderung der Produktion im Mittelpunkt des Interesses stand. Die zunehmende Krise in der Landwirtschaft bedingte die Erweiterung des Aktionsradius, dies wiederum führte zu einer stärker differenzierten Gliederung der Ministerialverwaltung.

---

384 Ebenda, Bl. 164 ff., Geschäftsverteilungsplan 2.7.1926.
385 Ebenda, Bl. 215 ff., Geschäftsverteilungsplan 5.9.1930, wie folgendes Zitat.

Trotz der ständigen Wechsel an der Spitze entwickelte sich ein stabiler bürokratischer Apparat mit einer begrenzten Personalfluktuation. Die leitenden Beamten waren zum großen Teil Juristen. Ihre Stärke lag in ihren fachspezifischen Kompetenzen. Die Lösungen, die das Fachpersonal vorschlug, zeigten eine langfristige Tendenz zur Annäherung an eine Marktordnung. Die wechselnde politische Couleur der Minister löste sich in der Kontinuität des Apparates auf.[386]

6 Die ersten Schritte zur Marktregulierung

Die vom RMEL zwischen 1928 und 1930 ergriffenen Maßnahmen müssen im Rahmen einer langfristigen Tendenz interpretiert werden. In der Agrarpolitik der späten 1920er Jahre vermischten sich Maßnahmen zur Krisenbewältigung (wie Ostpreußenhilfe und Umschuldung) und Maßnahmen zur Rationalisierung. Das verbindende Element dieser dem Anschein nach inkongruenten Politiken verdeutlichte Reichsminister Dietrich mit einem Bleistiftvermerk auf einem Dokument: Ein guter Teil der politischen Entscheidungen zielte auf die Regulierung des inneren Marktes.[387]

Es handelt sich um die ersten Schritte einer Politik, die ab 1930 umfassend angewendet wurde. Eine Mischung aus Zöllen, Zwangsablieferung von Produktionsquoten, Preisregulierung und einmaligen Maßnahmen sollte Produktion und Verteilung effizienter gestalten. Dieses Ziel hatten die Fachleute im Ministerium seit 1928 klar vor Augen. In der Begründung des Notprogramms wird hervorgehoben, wie die „Schwankungen auf dem Absatzmarkt [...] in der Nachkriegszeit noch wesentlich dadurch verstärkt [worden sind], dass der Wettbewerb mit ausländischen landwirtschaftlichen Produkten schärfer geworden ist, dass der Mangel an Betriebs- und Leihkapital die Lagerhaltung einschränkt und dass der Druck der hohen Zinsen, der Steuern [...] die landwirtschaftlichen Erzeugnisse besonders stark auf den Markt drängt."[388] Diese Entwicklung machte die Produktion weitgehend unrentabel.

In diesem Rahmen standen die vom RMEL zwischen 1928 und 1930 ergriffenen Maßnahmen: Ziel war es, den Wettbewerb zu begrenzen, die saisonalen Preis-

---

[386] Die Kontinuität des Apparates wird auch bei der Ernennung von Hermann Heukamp zum StS im Jahr 1929 festgestellt: Heukamp, Dr. jur. in Münster, war von 1916 bis Ende 1918 Leiter der Abteilung für Ernährung und Landwirtschaft beim Oberbefehlshaber Ost und ab 1919 im REM. 1929 berief ihn Minister Dietrich zum StS. Im Juli 1932 wurde Heukamp nach dem Rücktritt des Kabinettes Brüning von der neuen Regierung Papen aus politischen Gründen durch Fritz Mussehl ersetzt. Er galt als parteilos, gehörte aber nach eigenen späteren Angaben der Zentrumspartei an. Heukamp amtierte von August 1946 bis Januar 1947 als Minister für Ernährung, Landwirtschaft und Forsten in der ersten von der britischen Besatzungsbehörde ernannten nordrhein-westfälischen Landesregierung: BArch, R 43 I/1435, Bl. 384–386, Ministerbesprechung vom 18. 2. 1929.
[387] BArch, N 1004/335, Bl. 15, Maßnahmen zur Förderung des Absatzes von Schlachtvieh und Fleisch, 19. 1. 1929. Mit Bleistift vermerkt: „Marktregulierung Vieh und Fleisch."
[388] BArch, N 1004/328, Bl. 3ff., Das Notprogramm für die Landwirtschaft, Zweites Gesetz zur Abänderung des Gesetzes über die Errichtung der Deutschen Rentenbank-Kreditanstalt.

schwankungen abzuschwächen und den Verkauf rationaler zu gestalten. Die Tendenz zu mehr Protektionismus bei den landwirtschaftlichen Produkten muss in direktem Zusammenhang mit der Bereitstellung umfangreicher Mittel für die Verbesserung des Absatzes gesehen werden, die im ersten Abschnitt dieses Kapitels dargestellt wurden. Ein gewichtiger Teil der Regierungsarbeit betraf die Marktrationalisierung und die Anreize zur Verarbeitung der Produkte. Ausdruck dieses Willens sind die bereits erwähnten Richtlinien des Notprogramms 1928: die erste Einmischung des Staates in den freien Markt nach 1923.[389]

Der Versuch, die Marktmechanismen zu beeinflussen, wird noch offensichtlicher in den von Dietrich im folgenden Jahr 1929 erlassenen Verordnungen. Daraus folgte der graduelle Übergang von einem System des freien Marktes zu einer staatlich regulierten Marktpolitik. Laut einer Denkschrift zur Agrarpolitik war der Staat seit Beginn der Krise „um den Absatz der in Deutschland hergestellten Erzeugnisse bemüht und bestrebt, zu diesem Zwecke nicht nur die ausländischen Agrarprodukte fern zu halten oder ihren Absatz in gewisse Bahnen zu lenken, sondern auch den Lauf der einheimischen Erzeugnisse vom Erzeuger zum Verbraucher zu regeln."[390]

Das RMEL arbeitete einen Gesetzentwurf zur Regelung der Getreidepreise aus, der vorsah, den Zoll auf Weizen für den Fall anzuheben, dass der Inlandpreis unter 26 RM je 100 kg fallen würde. Die Einführung eines Getreidemonopols – ähnlich der Reichsgetreidestelle in der Kriegszeit – war hingegen eine komplexere Angelegenheit, da die finanzielle Lage ein unüberwindliches Hindernis darstellte.[391] Die nächste Maßnahme war die Schaffung von Kontrollorganen für Import/Export und Verteilung. Am 7. März 1929 gründete das RMEL nach Abstimmung mit Erzeugern und Handel zwei Gesellschaften: die Deutsche Getreide-Handels-Gesellschaft (DGHG) zur Roggenpreisstützung und die Getreide-Industrie-Commission mit dem Auftrag der Neuregelung der Brotgetreidewirtschaft.[392] Da es nicht möglich war, den 1928 geernteten Roggen auf dem Markt zu platzieren, übertrug Dietrich der DGHG die Vollmacht, „frühzeitiger als sonst in den Markt einzugreifen."[393] Laut Bericht des Vorstandes des DGHG, mussten „täglich wachsende Mengen von Roggen aufgenommen werden", um dem außergewöhnlich hohen Angebot von Roggen erfolgreich zu begegnen und den Preissturz zu bremsen.

---

389 BArch, R 2/18249, Bl. 13 ff., Das Landwirtschaftliche Notprogramm und seine Ausgestaltung. Denkschrift nebst den zur Durchführung des landwirtschaftlichen Notprogramms erlassenen Richtlinien, 27.4.1928.
390 BArch, N 1004/342, Bl. 22, Deutsche Bauernpolitik bei Beginn der Agrarkrise 1928–1931.
391 Ebenda, Bl. 173 ff., Entwurf eines Gesetzes zur Regelung der Getreidepreise.
392 BArch, N 1004/334, Bl. 83, Abschrift, 3.3.1929.
393 Ebenda, Bl. 8 ff., DGHG, Bericht des Vorstandes über das Geschäftsjahr 1929–1930, wie folgendes Zitat.

Im Juni 1929 beschloss Reichsminister Dietrich, von Hermes aufgefordert, die Zölle für Weizen, Gerste, Roggen und Hafer anzuheben.[394] Mit dem Gesetz über die Vermahlung von Inlandsweizen vom 4. Juli wurden die Mühlen verpflichtet, Mindestanteile von Inlandsweizen zu verarbeiten.[395] Nach einem weiteren Preisrückgang beschloss das RMEL, den Satz des zu vermahlenden Inlandsweizens auf 50 % aufzustocken.[396] Dietrich war sich der Tragweite der Maßnahme bewusst: „Zum ersten Male wird hier der Versuch unternommen, den Zoll durch Maßnahmen zur Hebung der Nachfrage im Innern zu unterstützen."[397]

Die Neigung zur Regulierung des Marktes verstärkte sich mit Fortdauer der Krise. Am 14. Februar 1930 wurde im Kabinett auf Antrag des RMEL darüber debattiert, ob in das Brotgesetz ein Antrag aufgenommen werden sollte, der die Verpflichtung zur Verwendung von mindestens 60 % Roggenanteil bei der Brotherstellung festgeschrieben hätte. Dietrich schätzte, dass diese Maßnahme eine „Ersparnis an Einfuhr vom Weizen im Werte von jährlich etwa 120 Mio. RM" erbracht hätte.[398] Der Antrag wurde wegen des Regierungswechsels nicht mehr angenommen. Trotzdem war der Weg zur Getreidemarktregulierung vorgezeichnet.

Zudem wurde die Praxis eingeführt, den Roggen mit Farbstoff (Eosin) einzufärben, um ihn ausschließlich als Futter zu verwenden. Während der Amtszeit von Dietrich „wurde die gesetzliche Grundlage für den Absatz von Eosinroggen geschaffen, der dann im starken Maße im Sommer 1930 verwendet wurde."[399] Auf diese Weise konnten die in Deutschland erzeugten Roggenüberschüsse zu subventionierten Preisen an die Schweinemäster verkauft werden. Die letzte von Dietrich konzipierte Maßnahme war die Einführung eines Maismonopols durch Gesetz vom 26. März 1930, das sowohl die Binnenproduktion als auch die Importe betraf.[400] Auch das Milchgesetz, das unter Brüning am 31. Juli 1930 verabschiedet wurde, war ein Ergebnis der von Dietrich geleisteten Vorarbeit.[401] Es ermächtigte die Landesbehörden zur Einrichtung von „milcherzeugende[n] und milchverarbeitende[n] Betriebe[n] zur Regelung der Verwertung und des Absatzes von Milch und Milchprodukten."[402]

Im Zeitraum zwischen März 1928 und dem Ende des zweiten Kabinetts Müller im März 1930 lassen sich also immer umfassendere Maßnahmen zur Marktregulierung

---

394 Akten der Reichskanzlei. Weimarer Republik. Das Kabinett Müller II (1928–1930), bearbeitet von Martin Vogt, Boppard am Rhein 1970 (*ARK, Müller II*), Bd. 2, S. 770 f., Kabinettssitzung vom 24.6.1929, Verhandlungen über [die] Agrarfrage.
395 RGBl. 1929, I, S. 129, Gesetz über die Vermahlung von Inlandsweizen, 4.7.1929.
396 BArch, R 43 I/2542, Bl. 60 f., RMEL an den StS RKlei, 28.9.1929.
397 Dietrich, Hermann: Ein Jahr Agrarpolitik, Berlin 1929, S. 25.
398 BArch, R 43 I/2542, Bl. 179–180, Der StS in der Reichskanzlei, 14.2.1930.
399 Saldern, Dietrich, S. 60. Der mit Eosin rot gefärbte Roggen war somit für die Fütterung des Viehs gekennzeichnet.
400 RGBl. 1930, I, S. 88, Maisgesetz vom 26.3.1930.
401 ARK, Müller II, Bd. 1, S. 504 f., Empfang von Vertretern der Landwirtschaft beim Reichskanzler, 21.3.1929.
402 RGBl. 1930, I, S. 427.

feststellen. Man versuchte, den Verkaufspreis einiger Produkte (insbesondere Getreide) durch Einführung gleitender Zollschutzmaßnahmen und durch den Ankauf von Roggenüberschüssen durch die DGHG zu beeinflussen. Außerdem beschloss die Regierung ein Einfuhrmonopol für Mais. Auf diese Weise wurden die Grundlagen für eine Erweiterung der staatlichen Kompetenzen gelegt. Die Regierung Brüning folgte dieser Vorgabe. Obwohl es niemand wagte, es offen zu erwähnen: Die Agrarpolitik der Kriegszeit blieb in der gesamten republikanischen Zeit wegweisend. Man kann sich daher der Ansicht von Adelheid von Saldern anschließen, wonach diese Maßnahmen „grundsätzlich weit über die bis dahin übliche Methode indirekter Marktbeeinflussung" hinausgingen „und einen Wandel der Auffassungen über die Stellung des Staates gegenüber dem ländlichen Sektor der Volkswirtschaft" ankündigten.[403]

---

[403] Saldern, Dietrich, S. 83.

IV Krise der Landwirtschaft, Krise der Republik 1930–1933

1 Proteste in der Landbevölkerung

Auch vor der Auflösungsphase der Weimarer Republik seit 1930 hatte sich das RMEL bereits mit allgemeinpolitischen Fragen befasst. Beispiele bilden die Auseinandersetzung zwischen Schmidt und Wissell im Jahre 1920 über die Ausrichtung der Wirtschaftspolitik sowie der fortwährende Konflikt zwischen Schiele und Dietrich. Im Großen und Ganzen hatte man sich jedoch auf verwaltungstechnische Sachfragen konzentriert.

Ab Ende der zwanziger Jahre erhielt die Landwirtschaft dann ein deutlich darüber hinausgehendes allgemeinpolitisches Gewicht. Zu dieser Entwicklung trugen viele Faktoren bei: die dramatischer werdende Krise des Sektors, die ab 1929/30 von der allgemeinen Wirtschaftskrise überlagert und verstärkt wurde, die Zuspitzung der sozialen Konflikte in den ländlichen Gebieten sowie die Schwächung der republikanischen Institutionen. Ein weiterer Faktor war die Stärkung der Rolle des Reichspräsidenten, dem in besonderer Weise das Schicksal der Landwirtschaft am Herzen lag. Der Aufstieg des Nationalsozialismus, der die Krise der Landwirtschaft zum eigenen Vorteil zu nutzen wusste, darf ebenfalls nicht außer Acht gelassen. Man kann in der letzten Phase der republikanischen Agrarpolitik von einem „Primat der Wirtschaft" sprechen, in dem auch der Landwirtschaft eine besondere Rolle zukam.[404] Aus diesen Gründen nehmen in diesem Kapitel im Vergleich zu den vorigen allgemeinpolitischen Themen mehr Raum ein.

Bis 1929/30 hatte die Misere in der Landbevölkerung noch keine organisierten Proteste hervorgerufen, was vor allem auf deren unterschiedliche soziale und wirtschaftliche Verhältnisse zurückzuführen war. Die Verschärfung der Krise bedingte jedoch gegen Ende der 20er Jahre eine qualitative Veränderung. Im Zuge einer „zunehmenden Radikalisierung der Landbevölkerung" bildeten sich organisierte Gruppierungen,[405] die zur Schwächung der Demokratie beitrugen und den Aufstieg der NSDAP begünstigten. Das Kerngebiet der Protestbewegungen lag in Schleswig-Holstein.[406] Kennzeichnend für die bäuerliche Bevölkerung in der nördlichen Region war ihr Bewusstsein von der „Besonderheit der eigenen Wesensart",[407] die mit einer In-

---

[404] Winkler, Weimar, S. 373.
[405] Bergmann, Jürgen/ Megerle, Klaus: Protest und Aufruhr in der Landwirtschaft in der Weimarer Republik, in Bergmann, Jürgen (Hg.), Regionen in historischen Vergleich. Studien zu Deutschland im 19. und 20. Jahrhundert, Opladen 1989 (*Bergmann/Megerle, Protest und Aufruhr*), S. 206.
[406] Vgl. die zeitgenössische Untersuchung des deutsch-amerikanischen Soziologen Rudolf Heberle, Landbevölkerung und Nationalsozialismus, Stuttgart 1963 (*Heberle, Landbevölkerung*).
[407] Stoltenberg, Gerhard: Politische Strömungen im schleswig-holsteinischen Landvolk 1918–1933, Düsseldorf 1962, S. 34. Folgendes Zitat S. 109.

terpretation der (im 19. Jahrhundert verwurzelten) liberalen Demokratie als „grüne Demokratie" einherging. In dieser protestantischen Provinz hatten sich die örtlichen Vereine der Christlichen Bauernvereinen angeschlossen, die eine katholische Position vertraten. Dieser Zusammenschluss gründete auf der Überzeugung, dass alle in der Landwirtschaft Beschäftigten einer einzigen ständischen Gemeinschaft angehörten.

Nach dem Ersten Weltkrieg hatte die Landwirtschaft in dieser Provinz wieder volle Fahrt aufgenommen, vor allem in der Veredelungswirtschaft (Schweinemast). Die günstigen Aussichten hatten zu einer verstärkten Inanspruchnahme von Krediten geführt. Bereits ab 1924 jedoch verschlechterte sich die Lage. Am 31. Dezember 1926 belegte Schleswig-Holstein mit 119 RM pro ha landwirtschaftlich genutzter Fläche im Vergleich zu einem Reichsdurchschnittswert von 75,5 RM den ersten Rang unter den Gebieten mit der höchsten Verschuldung. Auch in anderen östlichen und nördlichen Gebieten des Reiches setzte zwischen 1927 und 1928 eine negative Entwicklung ein. In Schleswig-Holstein verwandelte sich das Unbehagen in eine Massenbewegung mit politischen Akzenten. Am 28. Januar 1928 fanden gleichzeitig 20 Demonstrationen statt, an denen sich etwa 140.000 Personen beteiligten. Die Demonstranten forderten die „Nahrungsmittelfreiheit vom Ausland", einen allgemeinen Schuldenerlass und eine drastische Rückführung der Schuldzinsen. Es handelte sich um ein nie dagewesenes Ereignis, das ein großes Echo hervorrief.

Diese spontan entstandene Bewegung, die die Bezeichnung Landvolkbewegung annahm und sich an dem Bauernkrieg des 16. Jahrhunderts inspirierte, war nicht bereit, sich von den bestehenden Verbänden und Parteien führen zu lassen. In ihrer völkischen Ausrichtung ähnelte die Landvolkbewegung dem, was zwei Jahre später Richard Walther Darré ins Leben gerufen hat – wie wir in Kürze sehen werden. Trotzdem besteht keine durchgehende Kontinuität zwischen dem ideologischen Ideengut der Landvolkbewegung und dem des Nationalsozialismus. Im Laufe des Jahres 1929 organisierte die Bewegung gewalttätige Formen der „Nothilfe", wie den Steuerstreik oder die Selbstverteidigung bei Pfändungen. Es wurden Bombenattentate verübt (eines sogar im Berliner Reichstag), worauf die Behörden mit großer Härte reagierten. Die Landvolkbewegung war nicht in der Lage, sich als Partei zu organisieren und wurde daher in den folgenden zwei Jahren von der NSDAP unterwandert.

Allgemein lässt sich sagen, dass sich nach Abflauen der stärksten Protestwelle und der verschiedenen Formen der Selbsthilfe (1928 bis 1930), „das Schwergewicht" auf die politische Ebene verlagerte, „da nur eine politische Lösung der Agrarkrise Aussicht auf Erfolg zu haben schien."[408] Die sektorale Krise war jedoch nicht überwunden. Im Gegenteil, die einsetzende Industriekrise mit ihrer Massenarbeitslosigkeit verschlimmerte die Lage. Der Konsens derjenigen, die in den Jahren zuvor protestiert hatten, mündete nun in die radikale Opposition gegen das demokratische System. Die neue Welle der Bauernproteste seit 1931/32 wurde durch Darrés Agrarpolitischen

---

408 Bergmann/Megerle, Protest und Aufruhr, S. 237.

Apparat (ApA) der NSDAP beeinflusst. Aus den Protesten wurden somit Wahlstimmen für die Partei Adolf Hitlers.

2 Wahlerfolg des Nationalsozialismus auf dem Lande und Bildung des Agrarpolitischen Apparats der NSDAP

Richard Walther Darré[409] wurde 1895 in einer bürgerlichen deutschen Familie in Belgrano (Buenos Aires) geboren, wo sein Vater die Niederlassung eines deutschen Unternehmens führte. Anfang des Jahres 1900 kehrte seine Familie nach Deutschland zurück. Bei Ausbruch des Ersten Weltkriegs meldete er sich freiwillig und wurde für seine Tapferkeit ausgezeichnet. Er gehörte zu jener Generation der Söhne bürgerlicher Familien, die durch ihre Kriegserfahrung geprägt wurden. Nach dem Krieg hatte Darré zunächst wie viele ehemalige Soldaten Schwierigkeiten, beruflich Fuß zu fassen. Sein Studium an der Universität Halle schloss er mit dem Titel eines Diplomlandwirtes ab. Der völkische Münchener Verleger Julius Lehmann förderte die rege publizistische Tätigkeit Darrés. Mit seinem an der Universität erworbenen Wissen zur Tierzucht und einer umfassenden Kenntnis der Literatur zur historischen Anthropologie machte er sich in der völkischen Rechten einen Namen. Seine Schriften stellten einen Zusammenhang zwischen den rassischen Qualitäten der Arier und deren landwirtschaftlicher Tätigkeit her. Die Schweinezucht war in seinen Augen ein „Kriterium für Nordische Völker und Semiten."[410]

Das ist nicht der Platz, um eine gesamte Analyse des ideologischen Gedankengutes von Darré durchzuführen. An dieser Stelle sind lediglich einige Hinweise erforderlich, inwiefern die Blut-und-Boden-Theorie von Darré Ende der 20er Jahre die Wahlentscheidung für die NSDAP beeinflusste. Seine theoretischen Werke, *Das Bauerntum als Lebensquell der nordischen Rasse* (1929), und *Neuadel aus Blut und Boden* (1930) hatten den Anspruch, die Grundzüge einer Weltanschauung zu definieren, die auf einer Verbindung zwischen Elementen des radikal-rechten Nationalismus und rassistischen Motiven aufbaute. Im ersten Werk wollte Darré nachweisen, dass das zentrale Unterscheidungsmerkmal zwischen der arischen und den anderen Rassen die Sesshaftigkeit und das bäuerliche Wesen seien. Daraus entstehe – laut Darré – eine besonders hohe „rassische" Qualität der Deutschen, sowohl physisch wie auch geistig. Im zweiten Buch legte er die innere Aufteilung der germanischen Urgesellschaft in Adel und Bauern fest, die nach seiner Vorstellung auf einer harmonischen Rollenverteilung beruhte. Um dem „rassischen Niedergang" des Volkes durch Industrialisierung und Urbanisierung entgegenzutreten, sollte eine Rückkehr zu den bäuerlichen Wurzeln erfolgen. In diesem Kontext sollte der Staat die Auswahl des

---

[409] Vgl. zuletzt die umfassende Biografie von Gies, Horst: Richard Walter Darré. Der „Reichsbauernführer", die nationalsozialistische „Blut und Boden"-Ideologie und Hitlers Machteroberung, Köln 2019.
[410] Darré, Richard W.: Das Schwein als Kriterium für nordische Völker und Semiten, Berlin 1933.

neuen Adels und des neuen Bauerntums übernehmen, denen wirtschaftliche Sicherheit und die Möglichkeit zur Selbstregierung gegeben werden sollten. Erste Aufgabe des Staates war es daher, den Niedergang zu beenden und sich auf wirtschaftlichem, sozialem und kulturellem Gebiet des Bauerntums anzunehmen. Die theoretischen Schriften von Darré fanden eine beachtliche Verbreitung. Wahrscheinlich hat die so erlangte Bekanntheit Darré den Weg zu einer direkten Begegnung mit Hitler eröffnet, die im Mai 1930 stattfand. Der „Führer" benötigte Fachleute, um seinem politischen Entwurf Gehalt zu verleihen, und so berief er Darré als landwirtschaftlichen Berater.

Die Partei hatte der bäuerlichen Welt bis dahin wenig Aufmerksamkeit geschenkt. Im 25-Punkte-Programm vom Februar 1920 war nur ein einziger Punkt (der siebzehnte) diesem Thema gewidmet: „Wir fordern eine unseren nationalen Bedürfnissen angepasste Bodenreform, Schaffung eines Gesetzes zur unentgeltlichen Enteignung von Boden für gemeinnützige Zwecke, Abschaffung des Bodenzinses und Verhinderung jeder Bodenspekulation."[411] Am 13. April 1923 änderte Hitler diesen Absatz in einer öffentlichen Bekanntmachung: „Da die NSDAP auf dem Boden des Privateigentums steht, ergibt sich von selbst, dass der Passus ‚unentgeltliche Enteignung' nur auf die Schaffung gesetzlicher Möglichkeiten Bezug hat, Boden, der auf unrechtmäßige Weise erworben wurde oder nicht nach den Gesichtspunkten des Volkswohls verwaltet wird, wenn nötig, zu enteignen. Dies richtet sich demgemäß in erster Linie gegen die jüdischen Grundbodenspekulationsgesellschaften." In den folgenden Jahren propagierten Parteikader wie Werner Willikens und Heinrich Himmler die Vorstellung, dass die Wiedergeburt des Bauerntums eine wesentliche Voraussetzung für die Wiedergeburt Deutschlands sei. Am 6. März 1930 – kurz vor der Begegnung zwischen Hitler und Darré – hatte die politische Leitung der Partei ein vages Programm[412] veröffentlicht. Darin wurde die Bedeutung des Bauerntums als Quelle des Volkes hervorgehoben und eine „planmäßige – nach großen, bevölkerungspolitischen Gesichtspunkten erfolgende – Besiedelung verfügbar gewordenen Landes" im Osten in Aussicht gestellt.[413] Das war nicht eigentlich neu, mit Ausnahme von zwei Andeutungen: „Die nicht erbberechtigten Söhne von Landwirten […] werden besonders berücksichtigt", womit sich die Gesetzgebung zum Erbhof ankündigte. Zweitens: „Ernährungs- und Siedlungsraum im Großen für das wachsende deutsche Volk zu schaffen, ist Aufgabe der deutschen Außenpolitik." Auf diese Weise wurde eine Verbindung zwischen Agrarpolitik und Außenpolitik hergestellt, die im Zweiten Weltkrieg erhebliche Bedeutung erlangen sollte.

Darré arbeitete in den folgenden Monaten am Aufbau des ApA und rekrutierte fachkundiges Personal. Mit Organisationsvermögen und starker Motivation schuf er

---

[411] Corni, Gustavo/ Gies, Horst: Blut und Boden. Rassenideologie und Agrarpolitik im Staat Hitlers, Idstein 1994 (*Corni/Gies, Blut und Boden*), S. 71, sowie folgendes Zitat.
[412] Feder, Gottfried: Das Programm der N.S.D.A.P. und seine weltanschaulichen Grundgedanken, München 1930, S. 6–12.
[413] Corni/Gies, Blut und Boden, S. 72, wie die folgenden zwei Zitate.

ein Netzwerk von aktiv in die Propagandatätigkeit involvierten Landwirtschaftsberatern, die die Aufgabe hatten, die existierenden sektoralen Organisationen zu unterwandern. Ab April 1931 wurde im *Völkischen Beobachter*, der Tageszeitung der Partei, alle zwei Wochen eine Seite mit dem Titel „Im Kampf um Blut und Boden" veröffentlicht, die sich mit den politischen und wirtschaftlichen Aspekten der Krise beschäftigte. Ab September brachte der ApA selbst eine Wochenzeitung heraus, nämlich die *Nationalsozialistische Landpost*; sie fungierte auch als Schulungsorgan für Agitatoren und gleichzeitig als internes Mitteilungsblatt. Im Juli 1932 erschien dann die *Deutsche Agrarpolitik*, eine Monatszeitschrift mit höherem kulturellen Anspruch, die später kurzzeitig in *Odal* umbenannt wurde. Die Gründung des ApA verschaffte der Bewegung engere Kontakte mit der ländlichen Bevölkerung. Für viele zählte die Feststellung, „dass die NSDAP sich energischer als jede andere Partei für die bäuerlichen Interessen einsetzte."[414]

Die Wahlergebnisse bei den Reichstagswahlen von 1930 bedeuteten eine Zäsur für das Schicksal der Republik. Die Wahlbeteiligung stieg auf 82% der Berechtigten. Das Gleichgewicht veränderte sich tiefgreifend zum Nachteil der moderaten liberal-konservativen DVP und der rechtsnationalistischen DNVP. Die zusammengerechnete Stimmenanzahl der DVP und DNVP halbierte sich gegenüber der Wahl von 1928: von 22,9% auf 11,7%. Die SPD und die beiden katholischen Parteien Zentrum und BVP konnten ihre Wählerschaft zum guten Teil erhalten. Die augenscheinlichsten Erfolge hatten jedoch die Kommunisten und die Partei von Adolf Hitler, die acht Mal so viele Stimmen erhielt (6.409.610) wie beim letzten Wahlgang 1928 (810.127), als sie noch eine unbedeutende Splitterpartei war.

Detaillierte Untersuchungen zu den Wahlen der Jahre 1930 bis 1933 haben gezeigt, dass die Partei sowohl Stimmen in der politischen Mitte als auch im rechten Spektrum hinzugewinnen konnte. Die katholische Wählerschaft erwies sich als resistenter. Insgesamt kann das wie folgt interpretiert werden: „Die NSDAP war, daran konnte es schon 1930 keinen Zweifel geben, in höherem Maße ‚Volkspartei' als irgendeine andere Partei der ersten deutschen Republik."[415]

1930 erzielte die NSDAP in den Wahlbezirken mit starker landwirtschaftlicher Prägung auf Kosten der DNVP und der anderen konservativen Parteien höhere Resultate als auf Reichsebene. Die von der NSDAP zwischen 1928 und 1930 in den Hochburgen der DNVP erzielten Zugewinne sind erstaunlich: In Ostpreußen wuchs die Hitler-Partei um 21,7%, während die DNVP 11,8% ihrer Stimmen verlor. In Schleswig-Holstein wurde die NSDAP mit 27% der Wählerstimmen stärkste Partei. Die Partei nutzte daher den Erfolg der Landvolkbewegung zum eigenen Vorteil. „In Gegenden,

---

414 Heberle, Landbevölkerung, S. 163.
415 Grundlegend über die soziographische Verteilung der Wahlstimmen für die NSDAP ist Falter, Jürgen W.: Hitlers Wähler, München 1991 (*Falter, Hitlers Wähler*); siehe auch Möller, Horst: Parlamentarismus in Preußen 1919–1932, Düsseldorf 1985. Das Zitat in Winkler, Weimar, S. 373.

die von Kleinbauern und landwirtschaftlichen Familienbetrieben gekennzeichnet waren, stach die NSDAP ihre konservativen Rivalen klar aus."[416]

Nach dem unerwarteten Erfolg nahm der ApA volle Fahrt auf, wenngleich ständige Spannungen mit der Reichsorganisationsleitung von Gregor Strasser blieben. Erst nach dem politischen Sturz Strassers im Dezember 1932 hatte Darré freie Hand. Nun wurde ihm die neue Abteilung Landwirtschaft übertragen; diese arbeitete die Grundlinien der Gesetzgebung aus, die nach der Machtergreifung umgesetzt werden sollte: Marktregelung, Reichsnährstand und Erbhof.

Durch Märsche, Wahlkundgebungen und zahlreiche andere Formen der Propaganda förderte der ApA intensiv die Verbreitung des Weltbildes, das als Blut-und-Boden-Ideologie bekannt wurde. Gleichzeitig betrieb Darré eine Politik der Unterwanderung und der Gleichschaltung der Verbände. Bereits bei den Wahlen für die Führungsgremien der Landwirtschaftskammern, die im Dezember 1931 stattfanden, konnte der ApA auf Kosten der Bauernvereine und des RLB Stimmen hinzugewinnen. Zuletzt bei den Wahlen für die Landwirtschaftskammer von Ostpreußen im April 1932 triumphierten die „Braunen" mit 50 von 75 Sitzen. Der Höhepunkt dieser Unterwanderungstaktik war im Dezember 1931 die Kooptierung eines Mitarbeiters von Darré, Willikens, in das Viererpräsidium des RLB.

Die folgenden Wahlen vom Juli 1932 erbrachten einen weiteren Stimmenzugewinn für die NSDAP von 18,3% auf 37,4%. Sie wurde somit stärkste Partei im neuen Reichstag mit 230 Abgeordneten. Falter hat den Zusammenhang bestätigt: „Je höher der Anteil der Agrarbevölkerung, desto stärker im Durchschnitt auch die NSDAP".[417] Diese Relation muss aber unter Berücksichtigung verschiedener sozialer und wirtschaftlicher Faktoren nuanciert werden. Auch der konfessionelle Faktor spielte eine Rolle. Das Vordringen der nationalsozialistischen Ideologie hatte zumindest bis 1933 in den katholischen Bauernvereinen noch ein bedeutsames Gegengewicht.[418]

Parallel dazu – wenn auch in weniger expliziter Form – pflegte Darré rassistisches Gedankengut und propagierte eine Selektion innerhalb der deutschen Bevölkerung. Im Februar 1931 wurde er im Range eines Sturmbannführers in die SS aufgenommen. Himmler vertraute ihm das SS-Rasseamt an. Die wichtigste Maßnahme, die aus dieser Tätigkeit hervorging, war der sog. Heiratsbefehl, der am 31. Dezember 1931 verkündet wurde. Damit wurden genaue rassische Merkmale für die Frauen festgelegt, die SS-Mitglieder heiraten sollten, um auf diese Weise „erbgesundheitlich wertvolle Sippen" aufzubauen. Das in den ersten Jahren von Darré geführte Amt sollte später, während des Krieges, eine weitreichende Politik des *social engineering* (Umgestaltung von

---

[416] Childers, Thomas: The Nazi Voter. The Social Foundations of Fascism in Germany 1919–1933, Chapel Hill 1983, S. 159.
[417] Falter, Hitlers Wähler, S. 258.
[418] Bergmann/Megerle, Protest und Aufruhr, S. 280.

Raum, Neugliederung der Wirtschaftsstrukturen und bevölkerungspolitische Eingriffe) in den besetzten Gebieten betreiben.[419]

Die im engeren Sinne rassistischen Aspekte der Blut-und-Boden-Ideologie traten in der von NSDAP und ApA verbreiteten Propaganda in den Hintergrund. Die an die Landbevölkerung gerichtete Botschaft ließe sich vielmehr als „lautstark verkündete Mischung aus populären Schlagworten und nationalen Phrasen" definieren.[420] Die Blut-und-Boden-Ideologie setzte der Identitätskrise von Bauern, Lohnarbeitern und Großgrundbesitzern die Betonung ihrer Bedeutung als Grundlage des Volkes und die Vorspiegelung einer „bauerngerechten" Gesellschaft entgegen. Sie bildete einen Kontrapunkt zu den Aspekten der industrialisierten und verstädterten Gesellschaft, die diese Bevölkerungsgruppen am stärksten beunruhigten.[421]

3 Die Agrarpolitik der Präsidialregierungen

Die Wirtschaftskrise und die Berufung der Präsidialregierung unter Heinrich Brüning am 27. März 1930 stellten bedeutende Wendepunkte dar. Dies galt auch für die Agrarpolitik. Von diesem Zeitpunkt an veränderten sich die Modalitäten der Eingriffe in die Wirtschaftspolitik. Die Notverordnungen ersetzten die parlamentarische Dialektik.[422] Der neue Reichskanzler und vormals Fraktionsvorsitzende des Zentrums war ein glühender Patriot und Finanzexperte. Somit war er die richtige Person in einem Moment, in dem die Aufhebung der Reparationen verhandelt werden musste. Präsident von Hindenburg wollte die SPD aus der Regierung verdrängen und dafür die DNVP ins Boot holen. Auf der anderen Seite versprach sich „die Großlandwirtschaft […] von einem Hindenburg-Kabinett massive staatliche Hilfsmaßnahmen für die in schwerer wirtschaftlicher Bedrängnis befindliche Landwirtschaft und machte in diesem Sinne ihren Einfluss geltend bei der agrarischen Interessen besonders aufgeschlossenen DNVP."[423] Der ideale Kandidat für den Posten des REM war der sowohl vom Reichspräsidenten als auch vom Kanzler geschätzte Martin Schiele. Der hatte gegenüber Brüning die eigene „Unabhängigkeit von jeder Bindung an Fraktion und Partei" zur Bedingung für die Übernahme des Amtes gemacht und dabei ein ehrgei-

---

419 Heinemann, Isabel: Rasse, Siedlung, deutsches Blut. Das Rasse- und Siedlungshauptamt der SS und die rassenpolitische Neuordnung Europas, Göttingen 2003.
420 Corni, Gustavo/Gies, Horst: Brot – Butter – Kanonen. Die Ernährungswirtschaft in Deutschland unter der Diktatur Hitlers, Berlin 2007 (*Corni/Gies, Brot*), S. 18.
421 Vgl. Kroll, Frank-Lothar: Utopie als Ideologie. Geschichtsdenken und politisches Handeln im Dritten Reich, Paderborn 1998. Sehr ausführlich Gies, Darré, S. 161–550.
422 Gessner, Dieter: Agrardepression und Präsidialregierungen in Deutschland 1930 bis 1933, Düsseldorf 1977 (*Gessner, Agrardepression*), S. 9–101.
423 Pyta, Wolfram: Hindenburg. Herrschaft zwischen Hohenzollern und Hitler, München 2007 (*Pyta, Hindenburg*), S. 557.

ziges Programm vorgestellt, das auf Zollpolitik und Ostprogramm gründete.[424] Diese Ausrichtung gab den Erwartungen der Landbünde neuen Auftrieb. In der Leitung des RLB wurde Schiele durch Eberhard Graf von Kalckreuth ersetzt, der programmatisch die „sofortige Abkoppelung der deutschen Landwirtschaft vom Weltmarkt" forderte.[425]

Die Wirtschaftskrise verstärkte die latenten Spannungen im primären Sektor. Im April 1930 wies das RMEL auf die Verschlechterung der bereits prekären Situation hin. Der Niedergang der Landwirtschaft war schneller vonstattengegangen als der des Industrie- und Dienstleistungssektors. Vor allem die Preisdynamik war besorgniserregend: Von der Ausgangsbasis 100 für das Jahr 1913 war der Index der Großhandelspreise bis 1927/28 für Agrarstoffe bzw. für Industriefertigwaren auf 135,2 bzw. 154,4 geklettert. Die Preisschere verschärfte die Schwierigkeit, die Rentabilität der Betriebe wiederherzustellen. Im März 1930 war die Lage noch problematischer geworden: Der Index der Agrarstoffe war auf 110 zurückgefallen, während der für Industrieprodukte stabil geblieben war (152,9).[426]

Die Rentabilität der landwirtschaftlichen Betriebe wurde durch die Krise auf eine harte Probe gestellt. Insbesondere drückte der Verfall des Roggenpreises auf dem internationalen Markt auf die Preise für alle Getreidesorten. Im September 1930 fiel der Roggenpreis auf den internationalen Märkten von 110 RM auf 88 RM je Tonne, auf dem Binnenmarkt von 187 RM auf 149 RM. Zu dieser Sorge kamen andere hinzu, wie etwa der Preisverfall für die Schweinemast.[427] Dazu kam die Schließung der internationalen Kreditkanäle, die noch in der zweiten Hälfte der 1920er Jahre das System aufrecht erhalten hatten.[428] Dabei zeichnete sich für die Verschuldungskrise keine Lösung ab. Am 1. Juli überschritt die durchschnittliche Verschuldung der Großbetriebe (über 100 ha) im Osten die 70 Prozent-Marke, im Westen lag sie bei 44 bis 46 Prozent. Bei kleineren Anwesen war die Verschuldung etwas niedriger, betrug aber doch 35–40 Prozent im Reichsdurchschnitt.[429]

Das RMEL folgte den von Schiele und Dietrich seit 1928 vorgegebenen Richtlinien. In dem Mitte 1930 verfassten Bericht, der die Tätigkeit des Ministeriums für das Haushaltsjahr 1929 resümierte, hob Schiele die Kontinuität hervor: Die von Brüning erlassenen Verordnungen seien die Fortsetzung der von Dietrich ergriffenen Initiativen.[430] Der Minister stellte fest, dass die „bereitgestellten beträchtlichen Mittel" sich

---

[424] Akten der Reichskanzlei. Weimarer Republik. Die Kabinette Brüning I und II (1930–1932), bearbeitet von Tilman Koops, Boppard am Rhein 1982–1990 (*ARK Brüning*), Bd. 1, S. 1–4, Brief an Brüning, 29.3.1930.
[425] Müller, Andreas: „Fällt der Bauer, stürzt der Staat". Deutschnationale Agrarpolitik 1928–1933, München 2003 (*Müller, Fällt der Bauer*), S. 217.
[426] BArch, R 43 I/1274, Bl. 398–401, Bericht über den Stand des Wirtschaftslebens, April 1930.
[427] BArch, R 43 I/1274, Bl. 417–419, Bericht über den Stand des Wirtschaftslebens, Juni 1930.
[428] Corni, Gustavo: La politica agraria del nazionalsocialismo 1930–1939, Milano 1989, S. 26.
[429] Roidl, Osthilfe, S. 99.
[430] BArch, R 43 I/1274, Bl. 361 ff., Bericht über die Tätigkeit des RMEL im Haushaltsjahr 1929. Wie die folgenden drei Zitate.

als unzureichend erwiesen hätten, um den „Auswirkungen der Weltmarktlage und der katastrophalen Entwicklung der Weltmarktpreise auf die wichtigsten landwirtschaftlichen Erzeugnisse" ohne eine hohe Zollbarriere entgegenzuwirken. Als zweiten Punkt seiner Tätigkeit plante er „besondere Hilfsmaßnahmen für die schwer ringende Landwirtschaft des deutschen Ostens." Die beiden Prioritäten des Ministeriums – Schutzzoll und Osthilfe – sah Schiele als Fortsetzung der Maßnahmen seines Amtsvorgängers.

Die zollpolitischen Maßnahmen vom 15. April 1930 schafften unter anderem Höchstgrenzen für die Gleitzölle ab.[431] Die erhöhten Zolltarife für Vieh und Fleischwaren hatten ihren Ausgangspunkt in einer ersten, von Dietrich am 22. Dezember 1929 verfügten Anpassung.[432] Diese machte dann den Weg frei für einen entschiedeneren Eingriff in Form zahlreicher Maßnahmen zur Stützung der Getreidepreise und zu einem Brotgesetz.[433]

Auf diese Weise konnte jedoch nur eine weitere Ausbreitung der Krise eingedämmt werden. Die Daten zum Einsatz von Düngemitteln und zur Mechanisierung wiesen nach Jahren des Wachstums eine rückläufige Tendenz auf.[434] Der Staat verteilte Förderungen, aber ohne umfassende Planung. Im Herbst konzentrierten sich die Regierungsmaßnahmen auf die Zollpolitik. Neue Verordnungen beschränkten die Einfuhr von Gerste und Viehfutter (8. September 1930) und regelten die Ein- und Ausfuhrscheine (25. September 1930) entsprechend einem Schema, das auf eine „stärkere Verwendung des Roggens als Ersatz für Gerste und Mais bei der Schweinemast" abzielte.[435]

Zum Jahresende konstatierte das RMEL einen Rückgang der Butterpreise, obwohl mit der Neuregelung des deutsch-finnischen Handelsvertrages am 27. November 1930 die Bindung des Butterzolls aufgehoben worden war.[436] Man beschloss, auch in die Milcherzeugung einzugreifen, da die Vorschriften des Milchgesetzes vom 31. Juli 1930 nur Rahmenbestimmungen darstellten, die den Erlass von Verordnungen erforderten.[437] Auf diese Weise nahm der Versuch, eine erste Form von Marktordnung in der Fettwirtschaft einzurichten, allmählich Form an. Am 24. Oktober diskutierte das Kabinett über die Möglichkeit, dem Parlament ein „Gesetz über die Förderung der Verwendung inländischer tierischer Fette" vorzulegen mit der Maßgabe, dass „jede im deutschen Zollgebiet gelegene Margarine-Fabrik bei der Herstellung von Margarine

---

431 RGBl. 1930, I, S. 131–134, Gesetz über Zolländerungen.
432 Ebenda, S. 71–72.
433 Siehe oben, S. 60 ff..
434 BArch, R 43 I/1274, Bl. 431, Bericht über den Stand des Wirtschaftslebens, Juli 1930.
435 Ebenda, Bl. 448–450, Bericht über den Stand des Wirtschaftslebens, September 1930.
436 Gessner, Agrardepression, S. 28.
437 BArch, R 43 I/1274, Bl. 479, Bericht über den Stand des Wirtschaftslebens, Oktober 1930.

Talg und Schmalz inländischer Herkunft oder Erzeugnisse aus diesen Produkten zu verwenden hat."[438]

Der RLB übte weiterhin Druck auf die Regierung aus, um „die Rentabilität der Landwirtschaft wieder herzustellen."[439] Man forderte die Garantie angemessener Preise, die Errichtung von höheren Zollschranken und die Erweiterung des Osthilfegesetzes (von dem noch die Rede sein wird), dem ein Westhilfegesetz zur Seite gestellt werden sollte. Schließlich sollten die indirekten Stützungsaktionen fortgeführt werden, die den in der Kriegszeit angewandten Rezepten ähnelten, wie zum Beispiel die Beimischung von Roggen und Kartoffelmehl zum Weizenmehl und eine Kartoffelflocken-Stützungsaktion.[440] Der Unterschied zwischen den Forderungen der Verbände und der Regierungstätigkeit betraf daher nicht den Inhalt der Maßnahmen, sondern das Verfahren. Der RLB verlangte, dass all diese Maßnahmen „im Wege von Notverordnungen durchzuführen" seien.[441] Diese Forderung trug zur Unterwanderung des parlamentarischen Verfahrens und zur Vertagung des Reichstages bis Anfang Dezember 1930 durch Brüning bei.

Am 20. Oktober 1930 ersuchte der Minister den Reichspräsidenten um Erlass einer Notverordnung, die den „Beimischungszwang für 20 % Roggenmehl zu Weizenbrotgebäck, 10 % zu Brötchen" vorsah, außerdem sollte der Zolltarif für Futtergerste um 50 % erhöht werden.[442] Weiter bestand die Forderung nach „Einführung eines Verwendungszwangs für tierische Fette" zur Entlastung des Schweinemarkts, dem aufgrund des Zuwachses um 4 Millionen Stück der Kollaps drohte.[443] Das darauf folgende Brotgesetz, das am 10. Dezember verabschiedet wurde, führte die Erhöhung des Vermahlungssatzes für Roggen zur Herstellung von Brot und Backwaren ein und konsolidierte das Eosinierungsverfahren für einen Teil der Roggenernte.[444] Für den Reichskanzler bestand das Problem, dass der Preisverfall bei Roggen und Kartoffeln die Unterstützung der Betriebe durch die Osthilfe zunichtemachen würde. Denn trotz der Anstrengungen der Regierung sei „die Stimmung in den Ostprovinzen […] sehr erregt; wenn nicht rasch neue durchgreifende Maßnahmen getroffen würden, sei mit agrarpolitischen Unruhen zu rechnen."[445] Die Forderungen nach einer entschiedeneren Politik waren weit verbreitet: Der Vorsitzende der CNBLP Ernst Höfer zum Beispiel hatte am 23. Oktober vom Reichspräsidenten eine radikale Erweiterung der

---

438 BArch, R 43 I/2544, Bl. 254, Gesetz über die Förderung der Verwendung inländischer tierischer Fette, 24.10.1930.
439 Ebenda, Bl. 288–290, RLB an RKlei, 8.10.1930.
440 Ebenda, Bl. 292–298.
441 Ebenda, Bl. 310–311, RLB an RKlei, 20.10.1930.
442 Ebenda, Bl. 313, RKlei: Agrarpolitische Maßnahmen, 20.10.1930.
443 Ebenda, Bl. 343–344, Agrarpolitische Vorschläge, 24.10.1930.
444 Walz, Dieter: Die Agrarpolitik der Regierung Brüning, phil. Diss., Erlangen 1971 (*Walz, Agrarpolitik*), S. 85.
445 BArch, R 43 I/2544, Bl. 364, Niederschrift über die Ministerbesprechung, 24.10.1930.

Zollpolitik gefordert: „Grundsätzlich dürfen wir aus dem Auslande überhaupt keine Lebensmittel hereinkommen lassen."[446]

Trotz der Osthilfemittel beliefen sich die Verluste der östlichen Landwirtschaft im Verlauf des Jahres 1930 auf geschätzte 600 Mio. RM. Hermes wies darauf hin, dass die Krise sich auch auf die bäuerlichen Betriebe im Westen ausbreite. Die größte Sorge war laut Darstellung des vormaligen Ministers, dass „die Not der Landwirtschaft den Nährboden für radikale Strömungen bilde."[447] Die Maßnahmen, die das RMEL unmittelbar zur Anwendung brachte, betrafen zweitrangige Aspekte: Der Vermahlungssatz für Mais wurde auf 80 % erhöht[448] und die Maiseinfuhr für Private verboten.[449] Umfassendere Maßnahmen wie die Revision des Brotgesetzes wurden durch die einander entgegengesetzten Einsprüche der Länder und der Interessenten blockiert.[450]

Bei einem der wiederholten Treffen mit der Grünen Front, die am 19. Dezember ihre Forderungen erneuerte, reagierte Brüning abweisend. Die Regierung arbeite sehr wohl zum Schutze der Landwirtschaft, „aber auch andere Teile der Bevölkerung müssten mit ihren Forderungen berücksichtigt werden."[451] Im Verlauf einer Kabinettssitzung im Januar 1931 trat die Kluft zwischen den radikalen Forderungen der Agrarverbände und dem Handlungsspielraum der Regierung zutage. Hermann Pünder, Staatssekretär in der Reichskanzlei, bemerkte dazu: „Das neue Programm der Grünen Front bedeutet in seiner Totalität die Forderung, die ganze deutsche Wirtschaftspolitik auf die Interessen der Landwirtschaft abzustellen."[452] Seiner Ansicht nach hätte „die Industrie [...] den Forderungen der Landwirtschaft stärksten Widerstand leisten müssen", da die Erfüllung dieser Forderungen *de facto* das Verlassen des Welthandelssystems und eine Steigerung der Lebenshaltungskosten verursachen würde.

Gegenüber der Vorsicht der Reichskanzlei, die das Allgemeininteresse im Blick hatte, setzte das RMEL seine Politik der Anpassung an die Forderungen der Verbände fort. Am 5. März 1931 wurde eine Verordnung erlassen, die den Zolltarif für Roggen auf 20 RM/dz erhöhte.[453] Drei Wochen später folgte das Gesetz über Zolländerungen, mit dem die Möglichkeit der Anpassung von Zolltarifen an die Weltmarktpreise um ein Jahr verlängert wurde. Diese rigide Zollpolitik, die auf den Widerstand von Industrie- und Handelsinteressen stieß, ließ die Binnenpreise im Getreidesektor auf das Zwei-

---

[446] Ebenda, Bl. 120, Aufzeichnung Besprechung beim Reichspräsidenten, 23.10.1930.
[447] BArch, R 43 I/2545, Bl. 3–5, Niederschrift über Besprechung mit Vertretern der Grünen Front, 6.11.1930.
[448] Ebenda, Bl. 80, RMEL an RKlei, Vermahlungssatz für Inlandsweizen, 26.11.1930.
[449] Ebenda, Bl. 169, StS in der RKlei, Änderung des Maisgesetzes, 5.12.1930.
[450] Ebenda, Bl. 156–157, StS in der RKlei an RMEL, 19.12.1930.
[451] Ebenda, Bl. 192–193, Unterredung des RK mit Vertretern der Grünen Front, 17.12.1930.
[452] Ebenda, Bl. 310–313, RKlei, Vermerk über neue Forderungen der Grünen Front, Januar 1931. Wie folgendes Zitat.
[453] RGBl. 1931, S. 62.

bis Dreifache der Weltmarktpreise ansteigen. Bei der Veredelungswirtschaft waren die Unterschiede kleiner.[454]

4 Osthilfe und Marktordnung

Die Maßnahme, die mehr als alle anderen das energische Eingreifen des RMEL verdeutlicht, ist das am 31. März 1931 verabschiedete „Gesetz über Hilfsmaßnahmen für die notleidenden Gebiete des Ostens", auch als Osthilfegesetz bekannt. Reichspräsident von Hindenburg maß diesem Thema wie erwähnt große Bedeutung zu. Seine Perspektive beschränkte sich nicht auf die Forderungen der Großgrundbesitzer. Die östlichen Provinzen waren für ihn vielmehr ein nationales Bollwerk: „Um Polen nicht zuletzt mit den Mitteln des Volkstumskampfes unter Druck zu setzen, musste die Landwirtschaft im Osten massiv unterstützt werden."[455] Auch das Programm der neuen Regierung, das am 1. April 1930 vorgestellt wurde, unterstrich den Willen, mit einer „umfassenden Osthilfe" zugunsten der Landwirtschaft intervenieren zu wollen.[456]

Eine Präsidialverordnung vom 26. Juli legte die Richtlinien für eine Umschuldung und einen Vollstreckungsschutz für verschuldete Betriebe in den östlichen Provinzen fest.[457] Das war eine absolute Neuheit: Der Staat gewährte ein Moratorium, mit dem die Pfändungen bis Jahresende ausgesetzt werden konnten. Die Betriebe sollten in diesem Zeitraum von den Landstellen überwacht werden. Unterstützung für den Plan kam durch einen erstrangigen Vertreter der westlichen Montanindustrie: Paul Silverberg. Die sogenannte Industrieumlage, die per Gesetz am 3. August 1924 eingeführt worden war, um mit den von der Industrie aufgebrachten Mitteln zur Bezahlung der Reparationen beizutragen, war durch den Dawes-Plan hinfällig geworden. Silverberg schlug daher vor, die erfolgten Rückstellungen (850 Mio. RM) für die Umschuldung der Landwirtschaft einzusetzen. Im RDI stieß der Vorschlag auf erhebliche Kritik. Im Spitzenverband der Industrie war man überzeugt, dass „eine wirkliche Gesundung der deutschen Landwirtschaft nicht möglich ist, ohne eine umfassende und planmäßige, auf Förderung der Selbsthilfe abgestellte Agrarpolitik, die sich die Senkung der landwirtschaftlichen Produktionskosten, die Verbesserung der Qualität und die Reform der Absatzorganisation zum Ziele setzt."[458] Die Ausstattung der Osthilfe wurde schließlich vom RDI auf 500 Mio. RM reduziert.

Die Osthilfe bewilligte Mittel für die Siedlung, die Lastensenkung, die Förderung der Landwirtschaft sowie des Eisenbahnbaus. Insgesamt wurden für die vorgesehenen Maßnahmen (bis 1936) 1.989,5 Mio. RM vorgesehen, davon entfiel fast die Hälfte

---

454 Walz, Agrarpolitik, S. 85.
455 Pyta, Hindenburg, S. 563.
456 Müller, Fällt der Bauer, S. 166 f.
457 RGBl. 1930, I, S. 311 ff.
458 BArch, R 43 I/1278, Deutscher Industrie- und Handelstag, Öffentliche Stellungnahme, 20.1.1931.

auf die landwirtschaftliche Entschuldung. Die Präsidialregierung Brüning setzte daher die Vorgehensweise der Regierung Müller mit ungleich größeren Mitteln fort. Der Wirtschaftshistoriker Dietmar Petzina schätzt das Gesamtvolumen der staatlichen Hilfe für die Landwirtschaft 1930/31 auf mehr als 2 Mrd. RM und folgert: „Das Ergebnis war eine beachtliche Umschichtung des Reichsetats zugunsten der Agrarier und zulasten der übrigen, namentlich der sozialpolitisch relevanten Aufgaben."[459]

Schon bei der ersten Sitzung des neuen Kabinetts hatte man sich darauf geeinigt, dass eine Osthilfe mithilfe des Art. 48 der Reichsverfassung beschlossen werden könne.[460] Wenige Wochen später gab Pünder bekannt, dass der Kanzler die „Ausarbeitung einer Kabinettvorlage wegen der Stützung des gefährdeten Ostens für die vordringlichste Aufgabe der Reichsregierung" halte.[461] In einer Ministerbesprechung erklärte der RFM, dass die vorgesehenen Maßnahmen als Fortsetzung der Ostpreußenhilfe von 1929 zu verstehen seien.[462] Schon am 28. April 1930 lagen zwei Gesetzesvorschläge bereit, die eine Finanzausstattung der Osthilfe mit staatlichen Mitteln in Höhe von 116,3 Mio. RM vorsahen.[463]

Die in der Folge bereitgestellten Beträge wuchsen und kamen daher den Forderungen der Verbände entgegen.[464] Schließlich wurden in den Entwurf eines Osthilfegesetzes vom Januar 1931 die gebietsmäßige Erweiterung und vor allem ein weitreichender Fünfjahres-Plan zur Umschuldung aufgenommen. Man ging davon aus, jedes Jahr 30 Mio. RM in Lastensenkungen, 12 Mio. in Pachterleichterungen, 10 Mio. für Förderung, 36 Mio. für Umschuldung und 50 Mio. für die Siedlung zu investieren.[465] Zu diesen Summen mussten Investitionen für den Bau von Eisenbahnen (130 Mio. RM) und Reichsbürgschaften in Höhe von 475 Mio. RM hinzugerechnet werden.[466] Es handelte sich um enorme Beträge, die das Reich der notleidenden Landwirtschaft des Ostens zur Verfügung gestellt hätte – sie blieben jedoch hinter den Erwartungen der Verbände zurück.[467]

Ein weiteres entscheidendes Thema war die Einbeziehung Preußens. Schiele war dagegen, während Brüning aus politischen Gründen Wert darauf legte, den größten Staat im Reich mit im Boot zu haben. Die schließlich vereinbarte Lösung sah vor, eine Oststelle mit Doppelspitze zu schaffen: für das Reich Gottfried Treviranus – ehema-

---

459 Petzina, Dietmar: Deutsche Wirtschaft in der Zwischenkriegszeit. Wiesbaden 1977, S. 103 f.
460 ARK, Brüning, Bd. 1, S. 10.
461 BArch, R 2/4359, Bl. 2, StS in der RKlei an RMEL und RFM, 17.04.1930.
462 Ebenda, Bl. 15, Niederschrift Sitzung betr. finanzielle Grundlagen für ein Osthilfegesetz, 25.04.1930.
463 Ebenda, Bl. 92 f., RFM und RMI an StS in der RKlei, 28.04.1930.
464 Dokumentation in BArch, R 2/4358.
465 BArch, R 2/4362, B. 2 ff., Oststelle in der RKlei an RMEL, Entwurf eines Osthilfegesetzes, 9.1.1931.
466 Ebenda, Bl. 380, Finanzielle Belastung des Reiches durch den neuen Entwurf des Osthilfegesetzes.
467 Bspw. BArch, R 43 I/2544, Bl. 146, Landwirtschaftskammer Niederschlesien an RK, 3.11.1931: „Die Hoffnung auf durchgreifende Hilfsmaßnahmen der Regierung zur Behebung der katastrophalen Wirtschaftsnot [...] haben sich leider nicht erfüllt."

liger DNVP-Politiker, jetziger Volkskonservativer – und für Preußen der Sozialpolitiker Heinrich Hirtsiefer (Zentrum). Ebenso wurde eine Siedlungsbank mit einem Startkapital von 200 Mio. RM ins Leben gerufen, das je zur Hälfte vom Reich und von Preußen stammte.[468] Schon die Bezeichnung dieser Einrichtung zeigt, dass für Preußen die Siedlung – ein besonderes Anliegen von Ministerpräsident Otto Braun – im Vordergrund stand.

Es handelte sich um eine instabile Kompromisslösung, die unter anderem mit den stets unzureichenden preußischen Ressourcen rechnen musste. Innerhalb der Oststelle wollte Treviranus der Umschuldung den Vorzug geben.[469] Seiner Ansicht nach behinderten die preußischen Funktionäre mit einer Vielzahl von Kontrollen die Arbeit, die darauf ausgerichtet war, so viele Betriebe wie möglich zu retten. Die Klagen von Treviranus beeinflussten den Kanzler, der nun einen Ausschluss von Preußen aus der Oststelle befürwortete. Bis dahin war die Zahl der neuen Siedlerstellen eher bescheiden gewesen. Bis Ende 1929 waren 31.888 neue Siedlerstellen mit einer Gesamtfläche von 320.727 ha eingerichtet worden, was weniger als 1 % der gesamten Nutzfläche entsprach. Ein weiterer Beweis für das Scheitern des Projekts war die durchschnittliche Größe der einzelnen Siedlerparzellen von 10 ha. Deren wirtschaftliche und soziale Bedeutung entsprach bei Weitem nicht dem Geist des Reichssiedlungsgesetzes von 1919. „Der praktische Einsatz der Siedlung als konjunkturpolitisches Instrument musste die in sie gesetzten Hoffnungen enttäuschen."[470]

Das kurze Miteinander von Reich und Preußen war von Spannungen gekennzeichnet, sowohl innerhalb der Oststelle, wo die Verwaltung entsprechend zäh funktionierte, als auch auf Regierungsebene. Außerdem verbreiteten sich die kritischen Stellungnahmen der Agrarverbände zur Politik von Ministerpräsident Braun nach dem Motto: „Der Minister gegen die Landwirtschaft."[471] Ihm wurde vorgeworfen, die Osthilfe zur Zerschlagung des Großgrundbesitzes nutzen zu wollen. Die Auseinandersetzung ging so weit, dass der Landwirtschaftsverband Ostpreußen im Oktober seine Mitglieder aufforderte mit einer allgemeinen Konkurserklärung in der Heimatprovinz von Braun zu drohen.[472]

Im Herbst desselben Jahres zog sich Preußen aus dem Verfahren zurück. Die preußische Regierung hatte eingesehen, dass sie eine Priorisierung der Siedlung gegen die Vorbehalte von Treviranus, Schiele, Brüning und der Verbände nicht erzwingen konnte. Daher wurde mit Erlass des Reichspräsidenten vom 5. November 1931

---

468 Intensive Diskussionen im Reichskabinett unter Beteiligung von Vertretern der preußischen Regierung, am 7. und 8.8.1930. Vgl. ARK, Brüning, Bd. 1, S. 360–370.
469 Mannes, Astrid L.: Heinrich Brüning: Leben, Wirken, Schicksal. München 1999 (*Mannes, Brüning*), S. 60 f.
470 Becker, Handlungsräume, S. 286.
471 Schulze, Braun, S. 676.
472 Ebenda, S. 683 f. Der Minister reagierte mit Härte und erreichte, dass der Verband von seinem Ansinnen abließ.

die Oststelle aufgelöst und ein Reichskommissar für die Osthilfe geschaffen.[473] Die für diese Position auserkorene Figur war Hans Schlange-Schöningen, ein pommerscher Großgrundbesitzer und Vertreter der CNBLP, der eine Rationalisierung der Osthilfe und die klare Trennung von Umschuldung und Siedlung befürwortete. Aus Sicht des neuen Reichskommissars sollte die Siedlungspolitik zur Sanierung der Landwirtschaft im Osten beitragen. Die Ironie des Schicksals wollte es somit, dass Schlange, der einer anderen politischen Tradition entstammte, die Ziele des Sozialdemokraten Otto Braun weiterverfolgte.

Die erste von Schlange unterzeichnete Verordnung mit Datum vom 17. November sah vor, dass die Rechte der Gläubiger gegenüber verschuldeten landwirtschaftlichen Betrieben ausgesetzt, die Hypotheken halbiert und die Zinsen bei 4,5 % eingefroren werden sollten. Eine weitere Verordnung vom 6. Februar 1932 löschte alle Schulden mit einer außerordentlichen Maßnahme bis zu einem Umfang von 500 Mio. RM. Die Pläne von Schlange reichten jedoch weiter. Er wollte, dass die Reichsbank mit umfangreicheren Mitteln eingreife und schlug vor, den Vollstreckungsschutz auch auf Ostbayern auszudehnen. Darüber konnte er jedoch mit den Kabinettskollegen keine Einigung erzielen.[474] „Volkswirtschaftlich gesehen, stellt sich die gesamte Entschuldungsaktion als eine Fehlleitung von Kapital dar; denn ohne tiefgreifende Strukturverbesserungen in der Landwirtschaft musste ein großer Teil der zu vergebenden Darlehen in wenigen Jahren wieder notleidend werden."[475]

Widerrechtliche Praktiken zur Begünstigung der Großgrundbesitzer kamen ans Tageslicht. Die Presse widmete dem „Skandal" viel Aufmerksamkeit, was wiederum gerichtliche Untersuchungen zur Folge hatte. Eine 1934 vom Rechnungshof verfasste Denkschrift endete mit der vorsichtigen Schlussfolgerung, dass „die Reichs- und Staathilfe nicht immer nur den Würdigen zuteil geworden war."[476] Es wurden auch Bewertungsprobleme zur Sanierungsfähigkeit der einzelnen Betriebe festgestellt und Zweifel an technischen Aspekten der Abwicklung angemeldet. Die Schlussfolgerung fiel eher kritisch aus: „Ob allerdings der Zweck der Osthilfegesetzgebung, den Betrieben zu einer nachhaltigen Rentabilität zu verhelfen, allgemein erreicht worden ist, erscheint dem Rechnungshof keineswegs sicher." Die Regierung Hitler stoppte dann endgültig derartige Untersuchungen.

---

473 RGBl. 1931, I, S. 665.
474 ARK, Brüning, Bd. 2, S. 2267 ff., Ministerbesprechung 5.2.1932. Vgl. auch ebenda, S. 2495 f., Ministerbesprechung 6.5.1932.
475 Grübler, Michael: Die Spitzenverbände der Wirtschaft und das erste Kabinett Brüning. Vom Ende der Großen Koalition 1929/30 bis zum Vorabend der Bankenkrise 1931. Eine Quellenstudie, Düsseldorf 1982, S. 290.
476 BArch, R 2/4376, Bl. 5 ff., Denkschrift des Rechnungshofs über die Ergebnisse seiner Prüfung auf dem Gebiete der landwirtschaftlichen Osthilfe, 26.7.1934. Wie folgendes Zitat.

Im Februar 1932 drängten Arbeitsminister Adam Stegerwald und RFM Dietrich den Reichskommissar, seinen Fokus auf die Siedlung zu verlegen. Schlange[477] ließ sich schließlich von den Kollegen überzeugen, dass die Siedlungspolitik dazu beitragen könne, das Gespenst der Arbeitslosigkeit zu vertreiben. Ein Verordnungsentwurf sah vor, dass der Reichskommissar gegen angemessene Entschädigung nicht mehr sanierbare Teile von Grundbesitzen enteignen konnte.[478] Diese sollten dann der Siedlung zugänglich gemacht werden. Am 21. Mai wurde offiziell bekanntgegeben, dass der Text von der Regierung verabschiedet worden sei.

Die Folge war eine harte, vom RLB gesteuerte Pressekampagne. Das Projekt lieferte den Gegnern ein nützliches Argument an die Hand: die Bedrohung des Privateigentums. Der vom RLB in Szene gesetzte Widerstand fand im Reichspräsidenten einen idealen Adressaten. An seinem Rückzugsort auf Gut Neudeck wurde er von Vertretern der Agrarier besucht, die ihm vermittelten, dass die Zwangsenteignung nicht sanierbarer Betriebe einem „Abrutschen in den Sozialismus" gleichkäme. Die Besucher verwiesen auch auf die Ausbreitung der Proteste gegen ein solches Projekt. In Wirklichkeit hatte zwar der Siedlungsprozess in den Jahren der Osthilfe (1930–1933) an Intensität zugenommen: Es wurden mehr Siedlerstellen errichtet als im vorhergehenden Jahrzehnt, nämlich 35.142. Ihre durchschnittliche Größe blieb jedoch bescheiden, nämlich unter 10 Hektar. Der gesamte Siedlungsprozess entsprach also nicht der Erwartung grundsätzlicher Strukturreformen. Auch stellte er keine Gefahr für den Großgrundbesitz Ostelbiens dar. Laut Reichsstatistik besaßen 1933 die Betriebe über 100 ha mehr als 19 % der gesamten landwirtschaftlichen Nutzfläche, mit einem kleinen Rückgang gegenüber 1925 (21,5 %).

Am 25. Mai ließ Reichspräsident von Hindenburg Brüning mitteilen, dass der Plan in dieser Form nicht annehmbar sei. Der Reichspräsident verlangte außerdem eine Einbeziehung der Verbände in das Entscheidungsverfahren. Gleichzeitig forderte er Brüning auf, die Regierung stärker nach rechts auszurichten, aber ohne die Nationalsozialisten. Brüning konnte diesen Vorschlag kaum annehmen. Am 27. Mai griff die DNVP den Verordnungsentwurf zur Siedlung frontal als „Bolschewismus in Reinform" an. Schlange verteidigte sich mit einem Brief an Hindenburg: „Von einer Enteignung des Großgrundbesitzes kann wohl nicht gut die Rede sein [...] Neu an dem Gesetzentwurf ist nur die Kürzung der Fristen für die Einleitung der Zwangsversteigerung [...] In dem starken Willen zur inneren Kolonisation offenbart sich der nationale Drang zur Selbsthilfe und zur Gesundung."[479]

Der Bruch zwischen Brüning und Hindenburg erfolgte dann binnen weniger Tage. Am 30. Mai gab der Reichskanzler bekannt, dass er seine Arbeit nicht mehr fortführen könne, und trat zurück. Die Ereignisse um die Osthilfe stellten sicher die Gelegenheit dar, auf die Hindenburg gewartet hatte, um jener moderaten Phase der Präsidialre-

---

[477] Mannes, Brüning, S. 88. Seine Figur ist symptomatisch für das unklare Verhältnis zwischen strukturpolitischer und subventionspolitischer Ausrichtung.
[478] BArch, R 43 I/928, Bl. 266, Auszug aus der Niederschrift über die Ministerbesprechung, 3.6.1932.
[479] Schlange-Schöningen, Hans: Am Tage danach, Hamburg 1946, S. 71.

gierung ein Ende setzen zu können. Die Osthilfe war aber nicht der Hauptgrund für den Bruch. Trotzdem zeigt sich, welche zentrale Rolle die Agrarpolitik in der Endphase der Republik einnahm und welchen Zuwachs das Vetopotenzial der Verbände hatte.

Die Osthilfe ist das Beispiel, das die langfristigen Entwicklungslinien der RMEL-Politik zwischen den zwanziger und dreißiger Jahren am deutlichsten darstellt. Weitere Themen tragen jedoch zur Verstärkung des Eindrucks bei, dass die seit 1928 aufgestellten Leitlinien auch in den Jahren danach angewandt wurden: Vor allem galt dies – lange vor Beginn der nationalsozialistischen Agrarpolitik – für die zunehmende Inanspruchnahme von Instrumenten der Marktordnung. Die fragmentarischen Maßnahmen, die Dietrich ab 1929 ergriff und die Schiele sich später zu eigen machte, um einen immer schwächeren Agrarmarkt zu regulieren, nahmen im Januar 1931 zum ersten Mal eine organische Form an. Staatssekretär Pünder bemerkte dazu: „Dieser Gesamtplan hat zum Ziele eine Regelung der agrarischen Produktion und des Absatzes agrarischer Erzeugnisse, die ohne Einführung von Monopolen der Landwirtschaft eine ausreichende Rentabilität sicherstellen soll."[480] Der Plan sah Maßnahmen zur Förderung des Anbaus von Weizen, Gerste und Grünland anstelle von Roggen und Hafer vor; in der Veredelungswirtschaft setzte man auf eine verbesserte Produktion durch Einführung neuer Tierrassen und neuer Fütterungsmethoden. Vorgesehen war auch die „Verbesserung des landwirtschaftlichen Absatzgenossenschaftswesens und die rasche Durchführung der Standardisierung landwirtschaftlicher Erzeugnisse."

Ludwig Kastl, Präsidiumsmitglied des RDI, machte den Kanzler im April 1931 darauf aufmerksam, dass die „Einführung eines gesetzlichen Verwendungszwanges für landwirtschaftliche Erzeugnisse" eine derartige Verbreitung gefunden hatte, dass „fast kein Gebiet der landwirtschaftlichen Erzeugung [...] von diesen Bestrebungen unberührt geblieben" ist.[481] Kastl malte das Schreckbild einer Rückkehr zur Zwangswirtschaft an die Wand. Soweit kam es nicht, jedoch stellten viele Beobachter die allmähliche Ausweitung der staatlichen Intervention auf die Agrarwirtschaft fest. 1931 bewilligte die Regierung 59 Mio. RM für die DGHG zur Getreidestützung;[482] das Maismonopol wurde um zwei Jahre verlängert und ein Reichskommissar für Preisüberwachung etabliert, der „Vorschriften oder Anordnungen über Preise für lebenswichtige Gegenstände des täglichen Bedarfs" erlassen konnte.[483]

Die allmähliche Schwächung der Eigenständigkeit des RMEL zugunsten der Verbände, die bereits im Fall der Osthilfe sichtbar gewesen war, lässt sich auch bei der Analyse der Zollpolitik nachvollziehen. Am 31. März 1931 wurde eine Ministerbesprechung über Zollerhöhungen abgehalten. Reichskanzler Brüning wies darauf hin, dass die immer radikaleren Forderungen des Landbundes „so feindlich gegen die

---

480 BArch, R 2/18017, StS in der RKlei an RMEL, 30.1.1931. Wie folgendes Zitat.
481 Ebenda, Kastl an Reichskanzler, Verwendungszwang für deutsche Rohstoffe, 28.4.1931.
482 BArch, R 2/18247, Bl. 331–332, Bericht des 19. Ausschusses zur Untersuchung der Roggenstützungsaktion, 29.7.1931.
483 RGBl. 1931, I, S. 747, Verordnung über die Befugnisse des Reichskommissars für Preisüberwachung, 8.12.1931.

Regierung"[484] seien, dass man ihnen unmöglich stattgeben könne, auch wenn der Radikalisierung des Landvolkes „auf das Schärfste entgegengearbeitet werden" müsse. Schiele hingegen schlug vor, den Wünschen des Landbundes entgegenzukommen.

Im folgenden Jahr widmete sich die Regierung besonders der krisengeplagten Veredelungswirtschaft. Das Schlachtrindvieh war auf dem Binnenmarkt nicht platzierbar, und der Schweinebestand hatte die Rekordhöhe von 23,5 Mio. Stück erreicht; es bestand die Gefahr einer Überproduktion.[485] Im Oktober 1931 waren die Schlachtpreise für Rinder am Marktplatz Berlin gegenüber dem Vorjahr von 42,4 auf 28,3 RM (je 50 kg) gefallen. Bei Milch und Milchderivaten war die Situation ähnlich.[486] Das Eingreifen der Regierung erfolgte nach entsprechenden Forderungen des RLB,[487] des Süddeutschen Verbandes der Milcherzeuger,[488] der Vereinigung des Rheinischen Bauernvereins und des Rheinischen Landbundes;[489] ein Zeichen dafür, dass die Krise sich auch in West- und Süddeutschland ausgebreitet hatte.[490]

Auch das Thema Veredelungswirtschaft und Milchwirtschaft verdeutlicht die Kontinuität der Tätigkeit des RMEL zwischen den 1920er und den frühen 1930er Jahren. Seit 31. Oktober 1929 tagte ein Arbeitsausschuss zur Beratung eines Milchgesetz-Entwurfs;[491] das Rahmengesetz zur Milch wurde im Juli 1930 angenommen, nachdem das RMEL (unter Dietrich) eine Studie mit dem Titel „Die Lage der deutschen Milchwirtschaft" veröffentlicht hatte.[492]

Die Probleme waren Ende 1931 allgegenwärtig: Die Krise betraf nicht mehr nur die ostelbischen Großbetriebe, sondern schwächte insgesamt die Widerstandskraft der bäuerlichen Wirtschaft, die sich „im Wesentlichen auf die Verwertung von Vieh und Vieherzeugnissen" stützte.[493] Nach dem Befund des Instituts für Konjunkturforschung war der Nettoerlös der Landwirtschaft von 9,3 (1928/29) auf 6,6 Milliarden RM (1931/32) gesunken, wobei der Grund im „ständigen Rückgang für Vieh und Vieherzeugnisse" zu suchen war. Der von den Fachleuten des RMEL vorbereitete Aktionsplan sah Maßnahmen vor, die auf der bereits seit dem Notprogramm von 1928 erprobten Linie

---

484 BArch, R 43 I/2547, Bl. 21 f., Niederschrift über Ministerbesprechung 31.3.1931. Wie folgendes Zitat.
485 BArch, R 2/18017, RMEL, Sitzung des für die Verwendung von Reichsmitteln für Vieh und Fleisch gebildeten Länder-Ausschusses, 12.12.1930.
486 BArch, R 43 I/2544, Bl. 165, RMEL an RAM, RFM und RMI, 23.10.1931.
487 BArch, R 43 I/2547, Bl. 217, RLB an Reichskanzler, 6.5.1931.
488 Ebenda, Bl. 284, StS in der RKlei an Süddeutschen Verband der Milcherzeuger, 22.5.1931.
489 Ebenda, Bl. 336, Vereinigung des Rheinischen Bauernvereins und des Rheinischen Landbundes an RK, 29.5.1931.
490 BArch, R 43 I/2548, Bl. 384 f., Kanzler empfing Vertreter der Grünen Front, Vermerk, 18.9.1931.
491 BArch, R 2/18067, Bericht des Arbeitsausschusses zur Beratung des Entwurfs eines Milchgesetzes, 17.12.1929.
492 Ebenda, RMEL (Hrsg.) Denkschrift „Die Lage der deutschen Milchwirtschaft", Berlin 1930.
493 BArch, R 43 I/2550, Bl. 3 f., RMEL an StS in der RKlei, 5.1.1932. Wie folgendes Zitat.

lagen. In erster Linie schlug man eine Erhöhung des Butterzolls (um 60 RM) vor, da der Verkaufspreis für Importbutter wesentlich niedriger war als der für deutsche Butter.[494]

Die Endphase der Präsidialregierungen nach dem Sturz Brünings, in der Hindenburg auf die parlamentarische Unterstützung durch die Parteien völlig verzichtete, war kurz. Sie dauerte von der Einsetzung des Kabinetts Franz von Papens im Juni 1932 über die nur wenige Wochen amtierende Regierung des Generals Kurt von Schleicher bis zur Bildung der Regierung Hitler am 31. Januar 1933. Wenig mehr als sechs Monate also, in denen agrarpolitische Maßnahmen, die einer längeren Vorbereitungsphase bedürfen, in den Hintergrund rückten.

Die Bildung der Regierung Papen war nichts weiter als ein „Austausch von Personen, wenn sich auch der neue Reichskanzler durch propagandistisch wirksame agrarpolitische Versprechungen von seinem erfolglosen Vorgänger abzusetzen suchte."[495] Die Leitung des RMEL wurde Magnus Freiherr von Braun (DNVP) übertragen, einem Experten für Agrarfragen. Seit 1907 in der preußischen Verwaltung, war er 1915–1917 Pressechef im Reichsamt des Inneren, danach Regierungspräsident in Gumbinnen (Ostpreußen), seit 1926 Generaldirektor der Raiffeisenbank und des Generalverbandes der Raiffeisengenossenschaften.[496] 1932 übernahm von Braun gleichzeitig auch die Rolle des Reichskommissars für die Osthilfe. An die Spitze des RWM rückte Hermann Warmbold, ein „rotes Tuch" für die Agrarier wegen seiner dezidiert liberalistischen Ausrichtung. Es handelte sich in der Tat um ein „Kabinett der Barone" (sieben von neun Ministern waren Adlige): ein Sprung in die Vergangenheit! Die Regierung aber stand vor neuen Herausforderungen und löste sich vollständig aus parlamentarischen Entscheidungsprozessen. Am 4. Juli löste Hindenburg den Reichstag auf, um den Sturz der Reichsregierung zu vermeiden und Neuwahlen abhalten zu lassen. Das Wahlergebnis vom 31. Juli ergab mehr als 37 % der Stimmen für die NSDAP, die dadurch größte Partei im Reichstag wurde. Das fast vollständige Verschwinden der Mitte- und Rechtsparteien, deren Wähler – ebenso wie die bisherigen Nichtwähler und die Neuwähler – massenhaft zur NSDAP wanderten, beflügelte die Hoffnungen von Papens sicher nicht, der nun alle seine Trümpfe ausspielen musste, um Hitler in die Regierung einzubeziehen. Eine schwierige Mission, einerseits wegen der Haltung Hindenburgs, der davon nichts wissen wollte, andererseits wegen des Drängens von Hitler, der die Rolle des Kanzlers für sich beanspruchte.

Die Agrarverbände überhäuften die neue Regierung mit Forderungen, die sich bald in heftige Kritik verwandelten; die „mangelnde Initiative" von Papens ent-

---

494 Ebenda, Bl. 65–72, Niederschrift Ministerialbesprechung, 18. 1. 1932. Verordnung, datiert 19. 1. 1932, in RGBl. 1932, S. 30
495 Gessner, Agrardepression, S. 28.
496 Einige Monate nach der Ernennung von Brauns führten die institutionellen Auswirkungen seiner Politik dazu, dass StS Heukamp durch Fritz Mussehl ersetzt wurde. Mussehl, seit 1930 Kommissar für die Osthilfe in Königsberg, wurde zuerst im Juli 1932 durch die Regierung Papen als Kommissar für das preußische Landwirtschaftsministerium eingesetzt und danach im Oktober zum StS beim RMEL ernannt. Vgl. BArch, R 43 I/2288, Bl.182–183, Sitzung des preußischen Staatsministeriums, 21. 7.1932.

täuschte ihre Erwartungen.[497] Im Rahmen einer geplanten konjunkturfördernden Wirtschaftspolitik ließ Reichswirtschaftsminister Warmbold einen Fünfjahresplan mit Steuererleichterungen für die Industrie auflegen. Als Antwort darauf präsentierte Reichsernährungsminister von Braun Maßnahmen zur Erhöhung einiger Zölle und zur Einführung von Kontingenten.[498] Warmbold brachte sein Missfallen offen zum Ausdruck. Rückhalt erhielt er durch gewichtige Stellungnahmen des RDI und der Reichsbank. Gerade in einer Phase des Wiederaufschwungs der nationalen und internationalen Wirtschaft musste sich – in der Einschätzung der stärksten Interessenverbände – die Flucht in die Autarkie kontraproduktiv auswirken. Andererseits bedrängten die Agrarverbände „ihre" Regierung mit einer langen Liste von Forderungen.[499] Dagegen konnte der Versuch von Brauns, eine auf Programmreden aufgebaute Informationskampagne durchzuführen, wenig ausrichten. Zu nennen sind hier etwa die Programmrede vom 26. September in München[500] und die Rundfunkreden vom 6. Juli und vom 22. Dezember, in denen der Minister die bereits getroffenen und die geplanten Maßnahmen detailliert vorstellte.[501]

Wenn man diese fortgesetzte Polemik mit dem vergleicht, was Joachim von Rohr-Demmin, zukünftiger Staatssekretär im RMEL im ersten Kabinett Hitler, am 3. Dezember 1932 an Graf Kalckreuth schrieb, wird die Unregierbarkeit des Reiches in jener Krisensituation verständlich: „Herr von Braun war im Kabinett Papen der von Ihnen persönlich vorgeschlagene Vertrauensmann des Reichs-Landbundes."[502] Vom Kontingentierungsplan, der von verschiedener Seite kritisiert worden war, blieb nur eine gemäßigte Einschränkung der Buttereinfuhr übrig.

Braun hatte den „Entwurf einer Verordnung zur Förderung der Verwendung inländischer tierischer Fette und inländischer Futtermittel"[503] ausgearbeitet, mit dem die Herstellung und die Verwendung von Butter und Margarine reguliert werden sollten. Der Vorschlag zielte darauf ab, die Einfuhr von Auslandsfett zu reduzieren, da 1931 fast 60 Prozent des Gesamtverbrauchs mit Importware abgedeckt wurden. Der Butterbeimischungszwang für Margarine stellte dabei den Eckstein dar, auf dem das Gesetz gründete. Dazu kam der Zwang zur Verwendung von inländischen Ölsaaten in den Ölmühlen.[504]

---

497 Akten der Reichskanzlei. Weimarer Republik. Das Kabinett von Papen (1932), bearbeitet von Karl-Heinz Minuth, Boppard am Rhein 1989 (*ARK, von Papen*), Bd. 1, S. 433f., aus einem Brief von Kalckreuth an von Papen, 22.8.1932; die Wirtschaftspolitik der Regierung wurde darin als „verhängnisvoll" bezeichnet.
498 Ebenda, S. 461f., Sitzung des Kabinetts vom 27.8.1932.
499 Vgl. z.B. BArch, R 43 I/1275, Präsidium der Vereinigung der Rheinischen Bauernvereine, 15.6.1932; Ebenda, Hugenberg an RK, 2.9.1932; Ebenda, DNVP-Fraktionen im Reichstag und Landtag, 21.9.1932.
500 Ebenda.
501 Ebenda, die gedruckten Zusammenfassungen des WTB. Im Dezember sprach von Braun bereits als Minister des Kabinetts Schleicher.
502 BArch, N 1652/27, Von Rohr an Graf Kalckreuth, 3.12.1932.
503 BArch, R 2/18053, RMEL an RFM, 16.12.1932.
504 BArch, N 1652/26, StS beim RMEL an Minister, 15.11.1932.

Der Entwurf sah die Errichtung einer Reichsstelle für Öle und Fette vor – ein Sprung zurück in die vergangenen Zeiten der Zwangswirtschaft. Vorgestellt wurde der Entwurf erst am 28. März 1933,[505] also nach Hitlers Machtergreifung. Das Gesetz entsprach aber der von Braun vorbereiteten Fassung und folgte den Leitlinien, die schon von Dietrich und Schiele umrissen worden waren.

In der neuen, am 2. Dezember 1932 eingesetzten Präsidialregierung unter General Kurt von Schleicher blieb von Braun an der Spitze des Ministeriums. Auch beim neuen Kabinett präsentierten sich die Verbände mit langen Beschwerdelisten. Die nicht eingehaltenen Versprechen hätten eine „Radikalisierung des Landvolkes" hervorgerufen; die Zeit zum Kurswechsel sei fast abgelaufen.[506] Einige Zugeständnisse konnten die Verbände sofort erlangen. Trotz der Zusicherungen des Kanzlers, dass eine Kompromisslinie gefunden werden sollte, bevorzugte die Verordnung vom 23. Dezember doch deutlich die Interessen der Landwirtschaft, indem sie die Verpflichtung zur Beimischung von Butter zur Margarine vorschrieb, um so den Verfall des Binnenmarktpreises für Butter aufzuhalten.[507] Es folgten Proteste von Gewerkschaften und Industrieverbänden, da die Beimischung eine Lebensmittelteuerung hervorgehoben hätte. Nur wenige Tage später forderte der RLB einen Totalstopp für die Importe aus Holland und Dänemark: Das war die Ankündigung eines Zollkrieges. Die Kritik war inzwischen so scharf geworden, dass sie sich von der der Nationalsozialisten kaum mehr unterschied.

Bis dahin hatte sich die Regierung Schleicher auf bekanntem Terrain bewegt: Sie hatte Zollpolitik und Marktregulierung mit dem Ziel der Stabilisierung der Inlandspreise betrieben. Einen eigenen Impuls der letzten republikanischen Regierung stellt hingegen die Vorstellung dar, die Schleicher und seine Berater unter Einfluss völkischer Leitgedanken (vermischt mit militärischen Gesichtspunkten) zur Siedlung entwickelt hatten. Sie wollten die Siedlungsbewegung fördern, und zwar sowohl, um Arbeitsplätze zu schaffen, als auch, um an den Ostgrenzen des Reichs einen Wall von stolzen und wirtschaftlich stabilen Bauern zu errichten, die eine mögliche Grundlage eines künftigen Volksheeres bilden sollten. Daher wurde ein Kommissariat für die Arbeitsbeschaffung mit einem Unterausschuss eingerichtet, der sich mit der Ostsiedlung befassen sollte. Dieses Gremium hätte die Entschuldungsverfahren und die Ermittlung der nicht mehr sanierbaren und daher für die Siedlung bestimmten Güter beschleunigen und zugleich die Auswahl der potenziellen Siedler vornehmen sollen. Es handelte sich um einen ehrgeizigen Plan, dem Schleicher in seiner Rundfunkrede vom 15. Dezember breiten Raum gab. Die Siedlung sollte demnach 1,3 Mio. Morgen Land (mehr als 300.000 ha) umfassen.

---

505 BArch, R 2/18053, RMEL an RFM, 28.3.1933.
506 BArch, R 43 I/1275, Bl. 411, Ernst Brandes (DLR) an Schleicher, 10.12.1932.
507 RGBl. 1932, I, S. 575.

Schleicher überschätzte jedoch die Effekte auf die Arbeitsbeschaffung und unterschätzte die Hindernisse, die ihm die Verbände in den Weg gestellt hätten.[508] Die „Bedrohung" rief – wie vor acht Monaten – den RLB auf den Plan. In einer Besprechung mit Hindenburg am Morgen des 11. Januar, dann im Kabinett in Anwesenheit des Reichspräsidenten drohte Kalckreuth damit, dass die Landwirtschaft zur Selbsthilfe greifen und sich „außerhalb der Staatsordnung" positionieren würde.[509] Am Tag danach veröffentlichte das Präsidium des RLB eine Stellungnahme, in der die Regierung als „rein marxistisch" bezeichnet wurde.[510] Wenige Wochen nach diesen Ereignissen entzog Hindenburg General von Schleicher das Vertrauen. An seiner Stelle entstand – unter der Regie von Papens – eine Regierung mit Hitler als Reichskanzler und den wichtigsten Ressorts in den Händen deutschnationaler Minister. Auf diese Weise hofften die anti-republikanischen Kräfte, die NSDAP unter ihrer Kontrolle zu halten und deren Massenkonsens für ihre Zwecke zu instrumentalisieren.

Zusammenfassend, zeigt die lange und facettenreiche Entwicklung der deutschen Agrarpolitik in den 14 Jahren der Republik von Weimar einerseits die eindeutige Umstellung vom Thema der Ernährung sowie der Verbraucherorientierung (zentral sowohl während des Krieges wie auch in den ersten Nachkriegsjahren, unter dem Vorherrschen der SPD) auf das Thema der Erhaltung und womöglich Verstärkung der nationalen Landwirtschaft. Andererseits bedeutete der mit variierender Effektivität ausgeübte Druck der Agrarverbände eine ständige Herausforderung für die Regierungen und für die zwölf hintereinander amtierenden Minister. Diese hatten eine sehr unterschiedliche politische Färbung: Überwiegend stammten sie aus Zentrum und DNVP, aber es gab auch einen deutsch-demokratischen, einen sozialdemokratischen und zwei parteilose Minister. Trotz aller Unterschiede überwogen in ihrem Regieren die Kontinuitäten. Auffallend ist dabei der Drang nach einer interventionistischen Politik, um Erzeugung, Markt und Verbrauch zentral zu regeln.

Gemeinsam war aber vor allem die Unfähigkeit, die strukturelle Krise der Landwirtschaft zu meistern und so das Unbehagen der Landbevölkerung in Grenzen zu halten oder sogar politisch auszunutzen. Nach 1930 mündete dieses Unbehagen mit steigender Intensität in eine radikale Kritik der parlamentarischen Demokratie. Davon profitierten allein die Nationalsozialisten. 1932/33 kam plötzlich und unerwartet die Agrarpolitik in den Mittelpunkt der politischen Bühne. Die dafür verantwortliche Behörde wurde dabei das Kampffeld der alten und neuen Regierenden.

---

508 Vgl. Akten der Reichskanzlei. Weimarer Republik. Das Kabinett von Schleicher (1932/33), bearbeitet von Anton Golecki, Boppard am Rhein 1986 (*ARK, von Schleicher*), S. 170 ff., Sitzung des 31.12. 1932, über die praktische Umsetzung der Ostsiedlung.
509 Ebenda, S. 206–214, 31.1.1933.
510 Müller, Fällt der Bauer, S. 376 f.

Abbildungen Teil I —— 97

Abb. I.1: Quelle: Bundesarchiv Bild 183-530307.

Die Errichtung des Kriegsernährungsamtes 1916 war die politische Reaktion auf die zunehmenden Versorgungsprobleme während des Ersten Weltkrieges.
Oben: Landwirtschaft im Krieg; Kartoffelernte 1914.
Mitte: Brotkarte 1916.
Unten: Anstehen nach Butter in Berlin-Steglitz 1916.

Abb. I.2: Quelle: Bundesarchiv Bild 183-R33850.

Abb. I.3: Quelle: Bundesarchiv Bild 183-R00013.

Abb. I.4: Quelle: Bundesarchiv Bild 193-R08282.

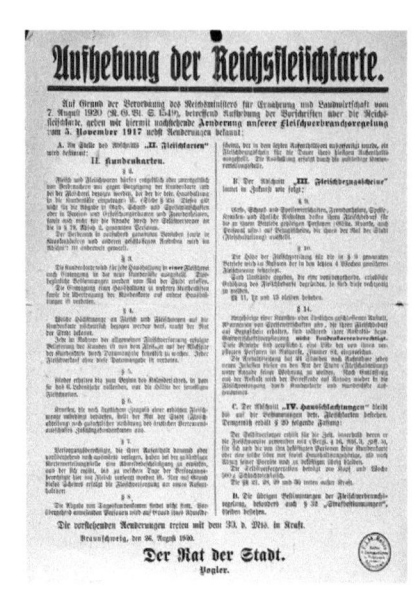

Oben: Das Kabinett Scheidemann 1919 (der Kanzler 9. von links). 2. von links: Ernährungsminister Schmidt (SPD). Robert Schmidt (1864–1943), 1893-1896 und 1903-1918 MdR, Mitglied der Nationalversammlung, MdR bis 1930. Im Kabinett Bauer (1919) Minister für Wirtschaft (einschließlich Landwirtschaft), im Kabinett Stresemann I Vizekanzler, in beiden Kabinetten Stresemann (1923) Minister für Wiederaufbau (das zweite Kabinett verließ er wenige Wochen vor dessen Ende), nochmals Reichswirtschaftsminister Dezember 1929 bis März 1930 (Kabinett Müller II).
Links: Aufhebung der Reichsfleischkarte im Zuge der Zurückführung der zentralen Bewirtschaftung.

Abb. I.5: Quelle: Bundesarchiv Plak 002-006-061.

Abb. I.6: Quelle: Bundesarchiv Bild 102-18444.

Abb. I.7: Quelle: Bundesarchiv Bild 146-2002-007-34.

Oben links: Reichsernährungsminister Fehr (März bis November 1922). Anton Fehr (1881–1954), seit 1919 Professor für Milchwirtschaft. MdR (Bayerische Volkspartei) Juni 1920 bis November 1933. RMEL im Kabinett Wirth II, 1924–1930 Bayerischer Staatsminister. 1935 von der Hochschule entlassen. Nach dem Attentat auf Hitler im KZ inhaftiert. Nach 1945 wieder an der Hochschule.
Oben rechts: Reichsernährungsminister Luther (1922–1923). Hans Luther (1879–1962), Jurist und Finanzfachmann. Parteilos, der DVP nahestehend. RMEL von Dezember 1922 bis Okt. 1923, bis 1925 Reichsfinanzminister, von Januar 1925 bis Mai 1926 Reichskanzler. 1930–1933 Reichsbankpräsident, 1933–1937 Deutscher Botschafter in Washington. Nach dem Krieg als Wissenschaftler und in politischen Beratungsfunktionen tätig.
Unten: Aufruf des Reichsernährungsministers Luther in der Inflationskrise 1923.

Zur Lebensmittellage.

Durch die großen Schwierigkeiten bei der Beschaffung von ausländischen und inländischen Zahlungsmitteln waren in der Lebensmittelversorgung Störungen entstanden.

In den letzten Tagen sind aus dem Wirtschaftsleben größere Mengen ausländischer Zahlungsmittel zur Verfügung gestellt. Die Reichsbank hat in steigendem Maße Kredit gewährt. **Der Not an inländischen Zahlungsmitteln wird mit allen Kräften gesteuert.**

Im ganzen Reich ist für eine sofortige Besserung der Versorgung mit **Margarine** vorgesorgt. In Berlin sind heute größere Margarinemengen in den Kleinhandel gebracht. Die Reichsregierung wird auf diesem Wege fortschreiten.

Das bis zum Oktober erforderliche **Brotgetreide** ist in der Hand der Regierung. Die Zufuhr an **Kartoffeln** und **Gemüse** nimmt zu. Die Heranschaffung aller anderen Waren wird von der Regierung gefördert.

Die Regierung kann ihre Absichten nur durchführen, wenn die tägliche Zufuhr der Lebensmittel keine Unterbrechung erleidet.

In der jetzigen Jahreszeit, bevor die neue Ernte voll wirksam wird, sind nie große Vorräte in den Städten gewesen. Deshalb kommt es entscheidend auf die tägliche Zufuhr an.

Die städtische Bevölkerung schützt sich am besten selbst vor Hunger, wenn sie dafür sorgt, daß keine Störungen im Verkehr entstehen und keine Unruhen eintreten.

Berlin, den 11. August 1923.

Die Reichsregierung
Im Auftrage
Dr. Luther
Reichsernährungsminister.

Abb. I.8: Quelle: Bundesarchiv Plak 002-005-007.

Abb. I.9: Quelle: ullstein bild - Gircke.

Oben: Aufgrund der Erhöhung der Lebensmittelpreise in der Inflationskrise kam es zu Protesten und Plünderungen: Hier: Die Polizei treibt eine Gruppe von Protestierenden auseinander (1923).
Links: Werbeplakat „deutsches Obst, deutsches Gemüse" von 1932.

Abb. I.10: Quelle: Bundesarchiv Plak 003-023-005.

Abb. I.11: Quelle: Bundesarchiv Bild 102-00177A.

Abb. I.12: Quelle: Bundesarchiv Bild 183-R72921.

Oben: Die Ernährungsminister Haslinde (1925–1926, linkes Bild) und Schiele (1927–1928 und 1930–1932, rechtes Bild). Heinrich Haslinde (1883–1958), Jurist, Mitglied der Zentrumspartei, von 1922 bis 1926 Regierungspräsident in Münster, RMEL 1925/1926. 1933 von den Nationalsozialisten von seiner damaligen Funktion abgesetzt. Nach dem Krieg wurden ihm von der amerikanischen Militärverwaltung mehrere Posten angeboten. Martin Schiele (1870–1939), Mitgründer der DNVP; nach Übernahme des Vorsitzes durch Hugenberg Wechsel zur Christlich-nationalen Bauern- und Landvolkpartei. 1914-1918 MdR, Mitglied der Nationalversammlung, anschließend bis 1930 wieder MdR. 1925 Reichsinnenminister, 1927/28 und März 1930 bis Mai 1932 RMEL.

Unten: Wahlplakate der NSDAP vom Oktober 1932 (links) und 1933 (rechts).

Abb. I.13: Quelle: Bundesarchiv Plak 002-042-113, **Abb. I.14:** Quelle: Bundesarchiv Plak 003-023-021.

Zweiter Teil:
**Das Reichsministerium für Ernährung und
Landwirtschaft in der Zeit des Nationalsozialismus**

Ulrich Schlie

I Einführung, Gegenstand der Untersuchung und Quellenlage

Der Charakter der nationalsozialistischen Diktatur als „*dual state*" (Ernst Fraenkel)[1] ist auf dem Gebiet der Landwirtschafts- und Ernährungspolitik auf besondere Weise sichtbar. Der Nationalsozialismus verstand sich als Massenbewegung, von der ein signifikanter Modernisierungsschub ausgegangen war.[2] Zugleich trug er dem Umstand Rechnung, dass ungefähr ein Drittel der Deutschen Anfang der 1930er Jahre noch in der Landwirtschaft tätig war. Dies erklärt scheinbare Widersprüche zwischen nationalsozialistischer Agrarideologie und NS-Landwirtschafts- und Ernährungspolitik ebenso wie den Umstand, dass der Bauer 1933 das „ideologische Lieblingskind des regierungsoffiziellen Deutschland"[3] gewesen ist.

Die Bedeutung des Reichsministeriums für Ernährung und Landwirtschaft im Macht- und Institutionengefüge des Dritten Reiches ergibt sich zum einen aus dem politischen Stellenwert, dem die Agrarfrage in den frühen 1930er Jahren und insbesondere bei der Festigung der Macht der NSDAP zukam, zum anderen aus der Bedeutung der Ernährungsfrage im Zweiten Weltkrieg. Der Nationalsozialismus hatte das Bauerntum zur Grundlage der Nation erklärt und sorgte mit seinem Etikett vom Bauernstaat für eine ideologische Hebung des Bauernstandes. Bauernstaat und Industrialisierung waren in der nationalsozialistischen Ideologie dabei keine Gegensätze. In wenigen Monaten wurden nach dem Amtsantritt von Darré auf Basis von dessen utopischen Vorstellungen von einem „Neuadel aus Blut und Boden" die or-

---

[1] Fraenkel, Ernst: The Dual State. A Contribution to the Theory of Dictatorship, New York, London, Toronto 1941, dt.: Der Doppelstaat. Recht und Justiz im „Dritten Reich", Frankfurt/M. 1974.
[2] Der Verfasser folgt hier der erstmals von Ralf Dahrendorf vertretenen Auffassung, dass der Nationalsozialismus wider Willen Modernität hervorgerufen habe: vgl. Dahrendorf, Ralf: Gesellschaft und Demokratie in Deutschland, München 1. Aufl. 1965; zu ähnlichen Ergebnissen gelangen Schoenbaum (Schoenbaum, David: Die braune Revolution, München 1980, *Schoenbaum, Revolution*) und Zitelmann (Zitelmann, Rainer: Hitler. Selbstverständnis eines Revolutionärs, 4. Aufl. München 1998, S. 69 ff.); anders dazu Hans Mommsen (ders., Nachwort, in: Schoenbaum, Revolution, S. 352–368) und Heinrich August Winkler (ders., Wie konnte es zum 30. Januar 1933 kommen, in: APuZ B 4–5/1983, 29.1.1983, S. 3–15), die beide – mit unterschiedlichen Argumentationen, Winkler in Anerkennung einer Teilmodernisierung – den Begriff „soziale Revolution" ablehnen. Joachim Fest hat den Begriff der „legalen Revolution" geprägt, den der Verfasser hier übernimmt (ders., Hitler, Frankfurt/M., Berlin 1973, S. 533–570; kritisch dazu Graml, Hermann: Probleme einer Hitler-Biographie. Kritische Bemerkungen zu Joachim Fest, in: VfZ 22. Jg, 1974, S. 76–92). Auch der in der nationalsozialistischen Selbstbeschreibung in der Zeit übliche Begriff der „nationalen Revolution" trifft den Charakter der Erhebung. Vgl. zum Revolutionsbegriff auch: Bracher, Karl Dietrich: Revolutionen einst und jetzt, in: ders., Die totalitäre Erfahrung, München, Zürich 1987, S. 40–49; ders., Stufen der Machtergreifung, in: Bracher, Karl Dietrich/ Schulz, Gerhard und Sauer, Wolfgang: Die nationalsozialistische Machtergreifung: Teil 1, Frankfurt, Berlin, Wien 1. Aufl. 1962; sowie grundlegend Möller, Horst: Die nationalsozialistische Machtergreifung: Konterrevolution oder Revolution? in: VfZ 31. Jg., 1983, S. 25–51.
[3] Schoenbaum, Revolution, S. 197.

ganisatorischen und gesetzlichen Rahmenvorgaben der Landwirtschaftspolitik grundlegend neu gestaltet. Inwieweit das Reichsernährungsministerium diesen Prozess steuerte, beeinflusste oder auch nur reaktiv begleitete, ist Gegenstand dieser Untersuchung. Zudem geht es darum zu klären, welche Rolle dem Reichsernährungsministerium in der nationalsozialistischen Rasse- und Vernichtungspolitik zukam und inwieweit der Begriff der „persönlichen Schuld" auf die Leitung des Ministeriums und einzelne Angehörige angewandt werden kann. Diese Fragen werden in dem Maße umso klarer beantwortet werden können, als es gelingt, das Handeln des Ministeriums, insbesondere auch in seinem schuldhaften Zusammenwirken mit anderen Institutionen des Dritten Reiches, zu beschreiben und die Rolle der Partei und ihrer Gliederungen gerade bei den sich überlappenden Aufgaben des Rasse- und Siedlungswesens in Abgrenzung, Übereinstimmung und Unterwanderung des Ministeriums zu erfassen.

Die nachfolgenden Ausführungen sind grundsätzlich chronologisch gegliedert und zielen darauf, die Fragen der Ernährungs- und Landwirtschaftspolitik unter besonderer Berücksichtigung der Machtverhältnisse und Machtstrukturen im nationalsozialistischen Herrschaftssystem zu erörtern. Die Ansätze einer verwaltungsgeschichtlichen Strukturanalyse, die institutionengeschichtliche mit juristischen und sozialwissenschaftlichen Fragestellungen verbindet, fließen dabei im Folgenden mit einer wirtschaftsgeschichtlichen und kriegsstrategischen Betrachtungsweise zusammen. Eine Herausforderung für die zeitgeschichtliche Erforschung der Rolle des Reichsministeriums für Ernährung und Landwirtschaft in der nationalsozialistischen Zeit bestand darin, dass das amtliche Aktenmaterial nur bruchstückhaft erhalten geblieben ist.[4] Dies brachte es mit sich, dass die Lücke durch Parallelüberlieferungen in anderen amtlichen Aktenbeständen, privaten Nachlässen und den im Zusammenhang mit dem Nürnberger Prozess gesammelten Materialien – so weit es ging und mit den Methoden der Quellenkritik – geschlossen werden musste.[5]

---

4 Ein Großteil des Aktenbestandes des Reichsministeriums für Ernährung und Landwirtschaft und des Reichsforstamtes ist durch Kriegseinwirkungen zerstört oder gemäß dem Schreiben des Reichswirtschaftsministers, Generalreferat für Organisationsfragen, an die nachgeordneten Dienststellen vom 16. Februar 1945 vernichtet worden; vgl. zum Aktenbestand des RMEL die Online-Beschreibung in der Deutschen Digitalen Bibliothek, www.deutsche-digitale-bibliothek.de: Dokumentiert wird besonders die Tätigkeit der Abteilung I (Allgemeine Verwaltungs-, Personal-, Haushalts- und Rechtsangelegenheiten), Abteilung II (Erzeugungs- und Ernährungspolitik), hier v. a. die Ernährungssicherung während und nach dem Ersten Weltkrieg, sowie die Abteilung III (Reichsgestütverwaltung)" (https://www.deutsche-digitale-bibliothek.de/item/JMOC534M5GEL2MY3MM64PB3HBVPYAAJM). Der Bestand der Unterabteilung B der Abteilung VII (später: Unterabteilung B der Abteilung IX bzw. Unterabteilung D der Abteilung I) Bergland (Dorf-Aufrüstung, Bergland, Umlegung) findet sich – entgegen der Beschreibung der Deutschen Digitalen Bibliothek – heute im Österreichischen Staatsarchiv, Archiv der Republik. Dieser Bestand wurde 1955 vom Österreichischen Bundesministerium für Land- und Forstwirtschaft an das Allgemeine Verwaltungsarchiv abgegeben und nach Errichtung des Archivs der Republik dorthin 1987 übergeführt (vgl. dazu: Das Archiv der Republik und seine Bestände, Teil. 1, Bd. 4/1, Wien 1993).
5 Zu den privaten Nachlässen vgl. insbesondere die Nachlässe Backe, Darré, Harmening, Lauenstein, Riecke (siehe Archivalienverzeichnis). Die Lücke in der quellenmäßigen Überlieferung kann teilweise

Eine Analyse der ministeriellen Aufgaben, der gesetzgeberischen Tätigkeit und des davon abgeleiteten Verwaltungshandelns des Reichsernährungsministeriums muss deshalb konsequent die Rolle der Partei, den ideologischen Rahmen und – auf der Zeitachse von Hitlers Herrschaft in zunehmendem Maße – auch die Kriegszielpolitik des nationalsozialistischen Deutschlands mit einbeziehen. Es wird dabei insbesondere auch um die Frage gehen, inwieweit die innere Konsistenz der Landwirtschafts- und Ernährungspolitik für den gesamten Zeitraum nachgewiesen werden kann. Denn es zählt zu den Arbeitshypothesen, dass, anders als auf den meisten anderen Feldern der NS-Politik, die innere Konsistenz der nationalsozialistischen Landwirtschafts- und Ernährungspolitik in all ihren Phasen, von der konzeptionellen Planung bis zur Umsetzung, bemerkenswert war.

Das durchgehende Thema dieses Kapitels ist die Rolle der Verwaltung in Hitlers Führerstaat, die Frage, inwieweit die zunehmende ideologische Radikalisierung und die im „rassenideologischen Vernichtungskrieg" (Andreas Hillgruber) erfolgte Missachtung von Völkergewohnheitsrecht, insbesondere von humanitärem Völkerrecht, in der Verwaltungspraxis des Reichsernährungsministeriums nachvollzogen werden kann. Die Untersuchung beschäftigt sich zunächst mit den rechtlichen, strukturellen und personellen Konsequenzen der nationalsozialistischen Machtergreifung für die Landwirtschafts- und Ernährungspolitik. Die fortschreitende Ideologisierung des Ministeriums wird dabei ebenso betrachtet wie die Querverbindungen zu anderen Organisationen von Staat und Partei – insbesondere zu Görings Amt des Vierjahresplans und zum Rasse- und Siedlungshauptamt der NSDAP –, die Entrechtung der jüdischen Bevölkerung – hier vor allem Arisierungsfragen – sowie die Rolle des Ministeriums bei den Kriegsvorbereitungen.

Mit dem Ausbruch des Zweiten Weltkriegs bekommen die ernährungswirtschaftlichen Fragen – nicht zuletzt vor dem Hintergrund der Erfahrungen des Ersten Weltkriegs – eine Bedeutung, die die Rolle des Ministeriums im Gesamtgefüge des nationalsozialistischen Herrschaftssystems, seinen Anteil an Verbrechen ebenso wie die innere Balance der Aufgaben und Schwerpunkte des Ministeriums signifikant verändern. Die jetzt immer machtvollere und auch nach außen hin sichtbar werdende Rolle des studierten Landwirts und Reichsführers SS Heinrich Himmler bei der Rasse- und Siedlungspolitik berührt zentrale Kompetenzen und Selbstverständnis des Reichsernährungsministeriums. Vor diesem Hintergrund wird nach dem ministeriellen Selbstverständnis und dem politischen Handeln des zunehmend in die Schlüs-

---

geschlossen werden durch die Heranziehung von Nachbarbeständen, insbesondere den Beständen Vierjahresplan, Reichswirtschaftsministerium und Reichsnährstand. Auch die von der Anklagebehörde im Zusammenhang mit dem Hauptkriegsverbrecherprozess und den Nachfolgeprozessen 1946 bis 1948 durchgeführten Vernehmungen von Ministeriumsangehörigen können als Ersatzüberlieferung herangezogen werden. Diese Bestandsgruppe ist unter quellenkritischen Aspekten von höherem Quellenwert als die von den Anwälten der Verteidiger im Nürnberger Prozess zumeist in verteidigungspolitischer Absicht kompilierten Dokumente, die ebenfalls im Nürnberger Staatsarchiv überliefert sind.

selrolle geratenden Staatssekretärs Herbert Backe – seit 1942 mit der Wahrnehmung der Geschäfte beauftragt – gefragt. Schwerpunkte dieses Teils der Untersuchung sind die Siedlungspolitik in den besetzten Ostgebieten, Kriegsernährungswirtschaft, die Behandlung der Fremdarbeiter, das sogenannte „Hungerkalkül" und damit der Zusammenhang zwischen „Arbeit, Brot und Völkermord" (Adam Tooze).

II Die ersten Monate nach der Machtergreifung

1 Die Rolle der Agrarpolitik bei der nationalsozialistischen Machtergreifung

Der revolutionäre Charakter der nationalsozialistischen Machtergreifung wird auf dem Gebiet der Landwirtschaftspolitik besonders deutlich. Der Agrarpolitische Apparat, die Schattenorganisation der NSDAP für die Land- und Ernährungswirtschaft unter Leitung von R. Walther Darré, war in wenigen Jahren vor 1933 aufgebaut worden und hatte zielgerichtet die Durchdringung der Bauernschaft vorbereitet. Sie erwies sich in den Jahren nach der Machtergreifung als Stütze der nationalsozialistischen Führung bei der zügigen Umformierung der Landwirtschafts- und Ernährungspolitik, bei der personellen Umgestaltung des Reichsernährungsministeriums, bei der im wesentlichen schon 1933/34 vollzogenen grundlegenden Neugestaltung der Ernährungs- und Landwirtschaftspolitik und bei der darauf aufbauenden Positionierung des Reichsernährungsministeriums im Gefüge des nationalsozialistischen Herrschaftssystems. Die Erfolge, die die NSDAP seit 1929 im ländlichen Raum erzielte, können dadurch indes nur teilweise erklärt werden. Sie hängen zuallererst auch mit der Enttäuschung zusammen, dass es den von der DNVP dominierten landwirtschaftlichen Verbänden in der Spätphase der Weimarer Republik nicht gelungen war, die seit 1927 anhaltende internationale Agrarkrise, die sich durch die Folgen der Weltwirtschaftskrise von 1929 noch einmal verschärfte, zu meistern. Damit verbunden war ein Vertrauensverlust in die traditionellen agrarkonservativen Parteien wie Deutschnationale Volkspartei (DNVP) und Christlich-Nationale Bauern- und Landvolk-Partei (CNBLP), die es nicht vermocht hatten, diese Entwicklung zu stoppen und die sich zudem untereinander befehdeten. Der agrarisch-protestantische Konservativismus in der Weimarer Republik, so das treffende Urteil Wolfram Pytas, hatte durch seine „nationalistischen Aufweichungen" die Trennschärfe gegenüber nationalistisch-völkischen Bewegungen verloren.[6] Indem sich die NSDAP mit den örtlichen Honoratioren und Meinungsführern verband und es geschafft hatte, sich als deren Sprachrohr an die Spitze der Unzufriedenen zu setzen, trug sie entscheidend zur Auflösung jener traditionellen dörflichen Machtstrukturen bei.[7] Die Ablösung der Deutschnationalen als ländlich-protestantische Milieupartei war auch Ergebnis der politischen Schwäche des protestantischen Konservativismus, sie war vor allem aber auf eine geschickte Infiltrationsstrategie R. Walther Darrés zurückzuführen, mit der

---

[6] Vgl. dazu Pyta, Wolfram: Dorfgemeinschaft und Parteipolitik 1918–1933. Die Verschränkung von Milieu und Parteien in den protestantischen Landgebieten Deutschlands in der Weimarer Republik, Düsseldorf 1996, S. 472 ff.
[7] Vgl. dazu Merkenich, Stephanie: Grüne Front gegen Weimar. Reichs-Landbund und agrarischer Lobbyismus 1918–1933. Beiträge zur Geschichte des Parlamentarismus und der politischen Parteien, Bd. 113, hrsg. von der Kommission für Geschichte des Parlamentarismus und der Politischen Parteien, Düsseldorf 1998, insbes. S. 319 ff.

die protestantische Landbevölkerung auf ähnliche Weise an die NSDAP zu binden gesucht wurde, wie es einst dem Zentrum für die katholische Wählerschicht gelungen war. Das maßgeblich auf den Diplomlandwirt Darré zurückgehende Konzept setzte auf Kooperation anstelle von Konfrontation und zog damit geschickt die Konsequenz aus dem noch Mitte der 1920er Jahre äußerst heftig geführten, aber im Resultat nicht erfolgreichen offenen Kampf gegen lokale Reichslandbundrepräsentanten. Vor allem hatte Darré früher und besser als andere die Agrarfrage als eine vorrangige politische Frage erkannt und verstanden, dass die Bauernschaft durch die Agrarkrise in hohem Maße politisiert war.

R. Walther Darré war in der Weimarer Republik vergleichsweise spät zur nationalsozialistischen Bewegung dazugestoßen.[8] Diese hatte jedoch, wie es Hitler „am Abschluss des Jahres der nationalsozialistischen Revolution", also an der Jahreswende 1933/34 drängte zu sagen, dem „lieben Parteigenossen R. Walther Darré" „aus ganzem Herzen für die außerordentlichen Verdienste zu danken, die Sie sich um das deutsche Bauerntum und damit um die nationalsozialistische Bewegung und die Zukunft des deutschen Volkes erworben haben."[9] Im Wilhelmstraßenprozess 1949 kam Darré mit einer Verteidigungsstrategie, die gezielt seine Kaltstellung im Ministerium als Distanzierung von den verbrecherischen Seiten des Regimes inszenierte und ihn als eine Art Opfer stilisierte, mit einer Verurteilung zu sieben Jahren Freiheitsstrafe davon, aber schon im Jahr darauf, 1950, wurde er vorzeitig freigelassen. Für das milde Urteil hatte es Darré in Kauf genommen, als „weltfremder Spinner" zu gelten und hatte damit – nicht ohne Erfolg – einer Darré-Sicht zum Durchbruch verholfen, die sein biologistisches Weltbild, seinen Anteil an der Propagierung der nationalsozialistischen Weltanschauung und der darauf aufbauenden Besatzungsherrschaft im Osten verschleiern und damit aus dem Fokus der Betrachtung nehmen sollte. Die von Darré in seinem in Nürnberg eingereichten Lebenslauf präsentierte Weltsicht war gerichtet auf Verharmlosung seiner ideologischen Verblendung und das Herunterspielen des von ihm zu verantwortenden Anteils daran, daß das nationalsozialistische Regime mit dem Ziel der Eroberung von Lebensraum im Osten einen rassenideologischen Vernichtungskrieg anzetteln und das singuläre Verbrechen des Mords an den europäischen Juden verüben konnte.

Die umfangreichen publizistischen Beiträge Darrés seit den späten 1920er Jahren sprechen indes eine andere Sprache. Sie zeigen vielmehr ein in sich geschlossenes Weltbild, das romantische Vorstellungen vom Bauerntum mit dem an die Tierzucht angelehnten Rassenprinzip verband und über die Jahre von einer bemerkenswerten

---

8 Zu Werdegang und politischer Konzeption Darrés vgl. die Ausführungen von Gustavo Corni im Teil I dieses Bandes auf Seite 66 ff.; vgl. zur Biographie Darrés bis zum Jahr 1934 die maßgebliche Arbeit von Gies, Horst: R. Walther Darré. Der „Reichsbauernführer", die nationalsozialistische „Blut und Boden"-Ideologie und Hitlers Machteroberung, Köln 2019 (*Gies, Darré*), sowie grundsätzlich Corni, Gustavo und Gies, Horst: „Blut und Boden". Rassenideologie und Agrarpolitik im Staat Hitlers, Idstein/Ts 1984 (*Corni/Gies, Blut und Boden*).
9 Adolf Hitler an R. Walther Darré, 31. Dezember 1933, BArch NL Darré N 1094 II/30.

Konsistenz geprägt ist. Zu dieser Auffassung gehörte etwa ein Volksbegriff, der „Volk" in erster Linie als rassenbiologische Einheit verstand. Darrés Idee von der Volksgemeinschaft, in der ältere Klassengesichtspunkte aufgehoben waren, war ebenfalls vom Begriff der Blut- und Rassezugehörigkeit geprägt, der „Staatsgedanke von Blut und Boden" mithin also die Voraussetzung für die Bildung der Volksgemeinschaft.[10]

Was Darré in Wirklichkeit vorschwebte, lässt sich einer Geheimrede des Reichsbauernführers entnehmen, die er auf einer landwirtschaftlichen Gau-Fachberater-Tagung in Weimar am 23. und 24. Januar 1936 an seine „alten nationalsozialistischen Mitkämpfer" adressierte. Der Nationalsozialismus, so führte er darin aus, beurteile Staatsform und Staatsidee vom Blute her und werte sie danach, was sie für das Blut wert seien und welchen Nutzen oder Schaden das Blut davon habe.[11] Er vertrat darin die Auffassung, die er als „harte Wahrheit" bezeichnete, dass die Leistungen des deutschen Volkes in der Zukunft ausschließlich davon abhängig sein würden, in welchem Verhältnis dieses schöpferische Blut des nordischen Menschen im deutschen Volk vorhanden sein werde. Die „nordische Rasse" als Ausleserasse war die eine Seite seiner Auffassungen, die andere, bemerkenswerte, bestand darin, dass er bereits im Friedensjahr 1936 Siedlungsgebiete östlich der deutschen Ostgrenzen – und damit verbunden eine Eroberungspolitik – propagierte, wenn er vom Traum der „politische(n) und wirtschaftliche(n) Erschließung des heutigen europäischen Russlands" sprach und prognostizierte, dass keine zehn Jahre vergehen würden „und die politische Landkarte Europas wird anders aussehen."[12]

In Darré verband sich die doktrinäre Starrheit des Theoretikers mit der Machtversessenheit des Fanatikers. Er war im persönlichen Umgang fordernd, schwierig, detailversessen und in seiner Schwerpunktsetzung von persönlichen Interessen geleitet. Dies mag erklären, weshalb Darré innerhalb der nationalsozialistischen Führungsriege immer ein Außenseiter bleiben sollte, letztlich sehr bald schon in der Leitung des Ministeriums scheiterte und er auch nach 1936 im regimeinternen *Powerplay* – nun auch nach außen mehr und mehr sichtbar – unterlag. Dies darf aber nicht zum Fehlurteil verleiten, dass es ihm an Machtbewusstsein und Skrupellosigkeit gefehlt hätte. Auch hat ihn seine eigene Kaltstellung nicht dazu veranlasst, an seinen radikalen rassenideologischen Thesen Abstriche zu machen, geschweige denn vom Ziel ihrer politischen Verwirklichung abzurücken. Schon wegen kleinerer Verfehlungen oder gar nur Meinungsverschiedenheiten fielen Mitarbeiter bei ihm in Ungnade[13], er scheute zudem keinen Aufwand, einen Personenkult um sich zu schaffen und dürfte damit auch in der an Sonderbarkeiten und Egotrips reichen nationalsozialistischen Führungsriege eine Spitzenstellung behaupten.

---

10 Vgl. D'Onofrio, Andrea: Rassenzucht und Lebensraum: zwei Grundlagen im Blut- und Boden-Gedanken von Richard Walther Darré, in: ZfG 49. Jg., 2001, S. 141–157, hier S. 146.
11 Vgl. ebd., S. 152.
12 Ebd., S. 156.
13 Vernehmung Hans Werner von Aufseß, 15. August 1947, StAN Rep. 502, KV-Anklage, Interrogations, A-37.

In der Phase unmittelbar vor und nach der nationalsozialistischen Machtergreifung sollte Darré die unbestrittene Schlüsselrolle in der Landwirtschafts- und Ernährungspolitik spielen. In einem relativ kurzen Zeitraum konnte er seine Vorstellungen durchsetzen und damit die nationalsozialistische Agrarpolitik neu ausrichten. Dies gelang ihm nicht zuletzt deshalb, weil Hitler von agrarwirtschaftlichen Themen nichts verstand. Wirtschaftliche Fragen waren in Hitlers Denken den weit ausgreifenden territorialen Ambitionen und rassenideologischen Zielen untergeordnet. Das galt auch für die Agrarwirtschaft, deren Ernährungsbilanzen ihm nur als einer der Gründe für seine Eroberungspläne im Osten zu dienen hatten. Ein inneres Verhältnis zur bäuerlichen Arbeit fehlte Hitler vollständig; umso mehr konnte Darré bei der Ausformulierung der Agrarpolitik in der Phase der nationalsozialistischen Machtergreifung nach Gutdünken schalten und walten.

2 Die Episode Hugenberg und die Unterminierungstaktik Darrés

Die Entscheidung Hitlers, nach seiner Ernennung zum Reichskanzler am 30. Januar 1933 das Amt des Landwirtschaftsministers (in Personalunion mit demjenigen des Wirtschaftsministers) Alfred Hugenberg, dem Vorsitzenden der DNVP, zu übertragen, musste vor dem Hintergrund der zentralen Rolle von R. Walther Darré und seines Agrarpolitischen Apparats bei der Vorbereitung der Machtübernahme für diesen zweifelsohne als Rückschlag gewertet werden. Darrés Name hatte sich bereits auf einer zwischen Hitler und Kurt von Schleicher am 5. August 1932 gebilligten Kabinettsliste befunden, bei der auf nationalsozialistischer Seite nur noch Goebbels und Strasser – neben Hitler als Reichskanzler – als ministrabel angesehen wurden, einem Plan, zu dessen Verwirklichung es dann aufgrund von Hindenburgs Einspruch nicht kam. Darré schien sich im Januar 1933 seiner Sache so sicher, dass er zunächst sogar geneigt gewesen war, den Rat von Goebbels und Göring aufzugreifen und bei der Ernennung von Hitler zum Reichskanzler am 30. Januar 1933 gar nicht nach Berlin zu kommen.[14]

Alfred Hugenberg, im Nazi-Jargon der Zeit als „Rübenschwein" diffamiert, war in der Reihe von Hitlers konservativen Gegenspielern im Kabinett eine viel beachtete Persönlichkeit, auf der die Hoffnungen der sogenannten „Einhegung" Hitlers ruhten.[15] 1928 war er Vorsitzender der DNVP geworden, und er verfügte er über hinreichende agrarpolitische Expertise. Nach übereinstimmendem Urteil galt er als das größte Schwergewicht der Regierung, als *der* Mann, dem man noch mehr als Vizekanzler Franz von Papen zutraute, den Führer der NSDAP und Reichskanzler Adolf

---

14 Zum Folgenden auch: Fest, Joachim: Hitler. Eine Biographie, Berlin 1973, S. 533 ff; Kershaw, Ian: Hitler, Bd. 1, München 1991, S. 523 ff.
15 Zu Hugenberg vgl. Corni, Gustavo: Alfred Hugenberg as Minister for Agriculture: Interlude or Continuity? in: German History 7/1989, S. 204–225; Holzbach, Heidrun: Das „System Hugenberg". Die Organisation bürgerlicher Sammlungspolitik vor dem Aufstieg der NSDAP, Stuttgart 1981.

Hitler zu zähmen. Als Hauptinitiator der Kampagne gegen die Annahme des Young-Plans hatte Hugenberg bedenkenlos nationale Ressentiments geschürt und unter seiner Führung die DNVP programmatisch in die Nähe der Hitler-Partei getrieben. Als Mitglied der 1894 begründeten Ansiedlungskommission Posen war er mit siedlungspolitischen Fragen gut vertraut und teilte die politische Argumentation der ‚Gesellschaft zur Förderung der inneren Kolonisation' (GFK) für die Siedlung zum Schutz des „national gefährdeten Deutschtums im Osten" und als „nationalpolitischen Abwehrkampf."[16]

Darré indes gab nach dem Rückschlag der Nichtnominierung als Ernährungsminister nicht auf. Die von ihm gewählte Strategie der Zermürbung Hugenbergs mit dem Ziel seiner Verdrängung sollte sich als erfolgreich erweisen. Der Weg zur Erreichung des Ziels ging Zug um Zug, und mit maßgeblicher Unterstützung der Seilschaften seines Agrarpolitischen Apparats, auf die Beherrschung der Verbände hin. Am 4. April 1933 übernahm Darré die ‚Reichsführergemeinschaft des Deutschen Bauernverbandes', am 19. April wurde er in der Nachfolge von Staatsminister Andreas Hermes zum Präsidenten der ‚Landwirtschaftlichen Genossenschaften-Raiffeisen e.V.' gewählt.[17] Bei der Übernahme dieses Amtes verkündete Darré „eine neue Blüte des Genossenschaftswesens" und versicherte, „dass sich seine Arbeit in dem Rahmen bewegen würde, den der Reichskanzler in seinem öffentlichen Bekenntnis zum Bauerntum aufgezeigt habe."[18]

Der Gegensatz Darré – Hugenberg war jetzt schon notorisch und Gegenstand der politischen Erörterungen der Koalitionspartner. Sachthemen, der gesetzliche Regelungsbedarf des Ernährungsministeriums, mussten zum Austrag der machtpolitischen Auseinandersetzung herhalten, bei der es um nichts weniger als einen politischen Richtungsstreit ging. So hatte eine zwischen dem Reichsminister Hugenberg in Gegenwart seines Staatssekretärs von Rohr mit dem Leiter des Amtes für Agrarpolitik der NSDAP, Darré, am 11. Mai 1933 anberaumte Sitzung keine Einigung in der strittigen Entschuldungsfrage der landwirtschaftlichen Betriebe gebracht und lediglich weiteren Beratungsbedarf identifiziert.[19] Der Umstand, dass Darré schon im Mai 1933 – nota bene noch ohne Regierungsamt – vom amtierenden Landwirtschaftsminister in Fragen des gesetzlichen Regelungsbedarfs auf maßgebliche Weise einbezogen wurde, zeigt, wie stark seine durch Ämterkumulation im Verbandswesen gefestigte Position zu diesem Zeitpunkt bereits gewesen sein muss.

Hugenberg erkannte die Bedrohung, die für ihn als Minister, aber auch für die Regierung als Ganzes von Darré ausging. Hugenberg, der neben dem Landwirt-

---

16 Vgl. dazu Volkmann, Hans-Erich: Deutsche Agrareliten auf Revisions- und Expansionskurs, in: Broszat, Martin und Schwabe, Klaus (Hgg.): Die deutschen Eliten und der Weg in den Zweiten Weltkrieg, München 1989, S. 334–388.
17 Vgl. dazu Martens, Holger: „Gleichschaltung" und „Arisierung". Die Raiffeisen-Organisationen nach 1933, in: ZfgG 2018, 68 (2), S. 85–100.
18 „Darré Genossenschaftspräsident", in: Berliner Tageblatt vom 19. April 1933.
19 Vgl. „Keine Einigung Hugenberg-Darré": Meldung der Vossischen Zeitung vom 12. Mai 1933.

schaftsministerium auch noch mit der Führung des Wirtschaftsministeriums und in Personalunion mit den entsprechenden Ministerien in Preußen – also insgesamt vier Ressorts – betraut war, hätte der starke Mann der Hitler-Regierung sein können. Die fünfmonatige Ministerzeit Hugenbergs war durchaus von dessen Anspruch geprägt, grundlegende wirtschaftspolitische Maßnahmen auf den Weg zu bringen, die im Resultat die katastrophale Lage der Landwirtschaft beheben sollten. Wie sehr Hugenberg dabei gerade seine Ressortverantwortung für Landwirtschaft und Ernährung wichtig war, wird nicht zuletzt aus dem Umstand deutlich, dass er Ende Juni 1933 in seinem Rücktrittsgesuch an den Reichspräsidenten einführend darauf hinwies, dass die von ihm ergriffenen und eingeleiteten Maßnahmen, „insbesondere auf landwirtschaftlichem Gebiete, nicht ohne Erfolg geblieben"[20] seien.

Welche Gesetzesmaßnahmen und politischen Initiativen konnten aus dem Ernährungsministerium in den ersten Monaten der Hitler-Regierung auf den Weg gebracht werden? In einem Schreiben an Staatssekretär Lammers, den Chef der Reichskanzlei, hatte Hugenberg dafür geworben, die landwirtschaftlichen Fragen in den Gesamtzusammenhang von Deutschlands Angewiesenheit auf den Markt und die Außenhandelsüberschüsse der deutschen Wirtschaft zu stellen. Hugenberg wies in diesem Zusammenhang insbesondere auf die Probleme der Preisbildung bei Fetten hin, die weniger das Ergebnis des Preisdrucks des Auslands denn das Resultat einer mangelnden Inlandsnachfrage seien.[21] Entsprechend stand im Zentrum der von seinem Staatssekretär von Rohr zur Überwindung der Agrarkrise vorgeschlagenen Maßnahmen der schon im Februar 1933 vorgestellte „Fett-Plan", der es den Landwirten ermöglichen sollte, anstelle von staatlichen Subventionen kostendeckende Preise für Butter und tierische Fette zu erzielen. Die Beschränkung der Margarineproduktion und die Erhöhung der Margarinesteuer bei gleichzeitiger Preiserhöhung führten zu einem Mehrabsatz von Butter und anderen tierischen Fetten, der durch sogenannte Fettverbilligungsscheine für Arbeitslose unterfüttert war. Auf der Grundlage dieser Vorschläge konnte die deutsche Fettproduktion nachrücken, wobei in mehreren Punkten die Rohr'schen Überlegungen in den darauf folgten Monaten weiterentwickelt wurden.[22]

---

20 Hugenberg an Reichspräsident Hindenburg, Berlin 26. Juni 1933, als Anlage VIII abgedruckt in: Borchmeyer, Joseph (Hg.): Hugenbergs Ringen in deutschen Schicksalsstunden. Tatsachen und Entscheidungen in den Verfahren zu Detmold und Düsseldorf, 1949/50, Düsseldorf 1951 (*Hugenbergs Ringen*), Heft 1, S. 82; vgl. auch Kershaw, Ian: Hitler, Bd. 1, München 1998, S. 604.
21 Vgl. dazu Schreiben des Reichsministers für Ernährung und Landwirtschaft an Staatssekretär Lammers vom 27. Februar 1933, Akten der Reichskanzlei (*AdR*), Bd. I/1: 1933/34, Dok. 31, S. 123 ff.
22 Rohr überschätzt allerdings seinen Beitrag, wenn er in einer veröffentlichten Denkschrift für die kurze Spanne seiner Zeit als Staatssekretär reklamiert, „eine völlige Wende der Agrarlage" herbeigeführt und „den allgemeinen Aufstieg der Landwirtschaft eingeleitet zu haben." (Rohr, Hansjoachim von: Beitrag zur Agrarpolitik, Demmin o. D., ca. 1934, Zitat auf S. 2.) Zur Biographie von Rohrs vgl. Rohr, Hans Christoph von: Ein konservativer Kämpfer. Der NS-Gegner und Agrarpolitiker Hansjoachim von Rohr, Stuttgart 2010. In der Bundesrepublik bemühte sich Rohr, allerdings ohne wirklichen Erfolg, mit

Mit der positiven Bewertung seiner eigenen Amtszeit – Hugenberg nennt hier explizit „in Zusammenarbeit mit seinem Staatssekretär von Rohr [...] die Aufstellung des Fett-Planes, [...] Abschluss und Vorbereitung von Handelsverträgen und eine große Anzahl sonstiger wirtschafts- und agrarpolitischer Maßnahmen"[23] – drang der deutschnationale Ernährungsminister in der rückblickenden Bewertung indes nicht durch. Die ersten fünf Monate des Jahres 1933 sind vielmehr – wie Hugenberg im Juni 1933 in seinem Rücktrittsgesuch ausführen sollte – durch die fortgesetzten „Angriffe der von Darré kommandierten landwirtschaftlichen Organisationen" und dem Dauerkonflikt seines Staatssekretärs von Rohr mit den nationalsozialistischen Parteistellen geprägt gewesen.[24] Denn seine wichtigste Personalentscheidung im Ministerium, die Berufung des damaligen Hauptgeschäftsführers des Pommerschen Landbundes, Hansjoachim von Rohr-Demmin, zum Staatssekretär des Reichsernährungsministeriums im Februar 1933 verschärfte ganz wesentlich den Konflikt des Ministers mit den Nationalsozialisten. Rohr hatte es schon vor der Machtergreifung dazu gebracht, in seiner Heimat Pommern als einer der „Lieblingsfeinde" der Nationalsozialisten zu gelten. Gerade die Personalie des Staatssekretärs von Rohr hatte dabei immer wieder im Zentrum der Auseinandersetzungen mit den nationalsozialistischen Agrarpolitikern gestanden und war von Darré geschickt dazu genutzt worden, Druck auf die offizielle Landwirtschafts- und Ernährungspolitik auszuüben. In seiner nicht einmal halbjährigen Amtszeit als Staatssekretär ließ Rohr keine Gelegenheit aus, sich der Parteipolitisierung des Ministeriums durch die Nationalsozialisten entgegenzustellen und auch in Kabinettssitzungen in den offenen Dissens mit dem Rest der Regierung einzutreten.

In der Geschichte der Reichsregierung in der NS-Zeit gebührt Rohr damit die goldene Palme für den größtmöglichen Widerspruch innerhalb der Regierung. So hatte Staatssekretär von Rohr am 2. Juni 1933 ein Schreiben von Staatssekretär Lammers, in dem dieser darauf hingewiesen hatte, dass sämtliche Mitteilungen aller Ministerien an die Presse über die Abteilung IV des gerade neu geschaffenen Reichsministeriums für Volksaufklärung und Propaganda zu leiten seien, zum Anlass genommen, sich darüber zu beklagen, dass das Propagandaministerium dem Reichsernährungsministerium nicht zur Verfügung stehe und er seit März daran gehindert werde, in einem Rundfunkvortrag die Bevölkerung über die Fettzusammenhänge aufzuklären.[25] Die von Goebbels' Staatssekretär Funk unterzeichnete Antwort vom 27. Juni, ausgerechnet dem Tag des Hugenberg-Rücktritts, ließ an Klarheit nichts zu wünschen übrig und dokumentiert den unüberwindbaren Gegensatz, der zu jener Zeit zwischen dem Ernährungsministerium und den Vertretern der nationalsozialis-

---

einer umfangreichen publizistischen Tätigkeit für die Konstruktion eines die Fachbereiche Wirtschaft und Landwirtschaft zusammenfassenden Ressorts zu werben.
23 Vgl. Hugenbergs Ringen, Heft 1, S. 32.
24 Ebd.
25 Staatssekretär von Rohr an Staatssekretär Lammers, 2. Juni 1933, in: AdR, Bd. 1/1: 1933, Dok. 154, S. 544 f.

tischen Agrarpolitik geherrscht hatte: „Es hätte zu einer starken Erregung innerhalb des deutschen Bauernstandes geführt, wenn wir eine Rundfunkrede des Herrn Staatssekretärs von Rohr zugelassen hätten, ohne dem Führer des deutschen Bauernstandes und Präsidenten des deutschen Landwirtschaftsrates, Darré, Gelegenheit zu geben, ebenfalls seine Pläne in breitester Öffentlichkeit zu entwickeln. Damit wäre die Kluft zwischen der Auffassung des Ministeriums für Ernährung und Landwirtschaft und der Auffassung des Deutschen Bauernstandes aller Welt erkennbar gewesen. Das sollte und musste verhindert werden."[26]

Wie sehr Rohr ins Zentrum der nationalsozialistischen Kritik gerückt war, wird etwa durch die Kampfansage des neugewählten nationalsozialistischen Präsidenten des Reichslandbundes, Meinberg, deutlich. Nachdem sich Rohr geweigert hatte, eine offizielle NSDAP-Delegation zu empfangen, verband Meinberg seine Forderung, diese Entscheidung zu revidieren, mit einer handfesten Drohung: „Ich will es offen aussprechen, dass falls das Reichsernährungsministerium sich weiter dem Wollen der nationalsozialistischen Revolution entgegenstemmt, der Druck der Bauern auf dem Lande so groß werden wird, dass die Stellung der verschiedenen Herren im REM bis in die höchsten Spitzen hinauf unhaltbar wird."[27]

Die Wirksamkeit von Staatssekretär von Rohr in der nach innen gerichteten Ministeriumsarbeit indes blieb überschaubar. Seine offenkundig weit ausgreifenden Vorstellungen konnte er nicht einmal in Ansätzen verwirklichen. Lakonisch äußerte sich der für die Fragen der Erzeugungs- und Ernährungspolitik in der gesamten Zeit des Nationalsozialismus zuständige Abteilungsleiter Alfons Moritz im Nürnberger Zeugenstand im Rückblick über Hugenberg: „Er brachte einen pommerschen Gutsbesitzer, von Rohr mit, und Rohr hatte einige Ideen, die ich bis heute nicht erfahren habe. Er hat zunächst eine Neuschöpfung hinstellen wollen, wie sie ihm vorschwebte."[28] Verhindert worden sei dies vor allem durch Darré und dessen Mitarbeiter Backe, die zu jener Zeit über eigene Ideen verfügt hätten, die sie dann auch umgesetzt hätten.

Hitler hatte – folgt man der Darstellung Hugenbergs, und dann sogar bis zuletzt – den Konflikt zwischen den Funktionären der NSDAP und dem Vorsitzenden der DNVP im Kabinett vergeblich zu entschärfen versucht, indem er mehrfach eine Ersetzung von Rohrs durch einen Nationalsozialisten als Staatssekretär anregte.[29] Dies scheiterte indes an Hugenbergs Widerstand und daran, dass der auserkorene nationalsozialistische Landwirt und Agrarfunktionär Werner Willikens im entscheidenden Moment einen Rückzieher gemacht hatte.[30]

---

26 Staatssekretär Funk an Staatssekretär Lammers, 27. Juni 1933, ebd., Dok. 171, S. 603f.
27 Landbundpräsident Meinberg in einem Interview am 6. April 1933, zit. nach: Hugenbergs Ringen, Heft 1, Anlage VII, S. 78.
28 Vernehmung Dr. Alfons Moritz, 26. September 1946 durch Mr. Beauvais und Mr. Fleischmann, StAN Rep. 502, KV-Anklage, Interrogations, M-101.
29 Vgl. Hugenbergs Ringen, Heft 1, S. 36.
30 Vernehmung Werner Willikens, 4. Februar 1947 auf Veranlassung von Mr. Dickinson O'Haire durch Mr. Cohen, StAN Rep. 502, KV-Anklage, Interrogations, W-93.

3 Personal- und Sachpolitik in Vorbereitung der Amtsübernahme Darrés

Werner Willikens hatte als alter Kämpfer und nationalsozialistischer Verbandsfunktionär der ersten Stunde auch gegenüber R. Walther Darré die älteren Rechte auf die Gestaltung der Agrarpolitik. Im entscheidenden Moment der Machtergreifung hatte er sich jedoch als zu zögernd erwiesen und sollte trotz seiner nahezu die ganze Zeitperiode des Nationalsozialismus umfassenden Spanne als Staatssekretär der nationalsozialistischen Agrarpolitik keinen dauerhaften Stempel aufdrücken. Willikens hatte Darré – seiner eigenen Erinnerung nach – im Jahr 1929 oder 1930 kennengelernt, als er durch Vermittlung Hitlers mit Darré in München zusammengebracht wurde, weil jener von Hitler mit der Aufgabe betraut worden war, die nationalsozialistischen Landwirte Deutschlands lose zusammenzufassen.[31] Willikens, am 3. Februar 1893 in Vienenburg/Harz, Kreis Goslar, geboren, verheiratet und Vater dreier Kinder, hatte nach dreijähriger Volksschule das Realgymnasium in Goslar besucht, an dem er im Jahr 1912 sein Abitur ablegte. Am Ersten Weltkrieg nahm er als Kriegsfreiwilliger teil und schied bei Kriegsende mit dem Dienstgrad Oberleutnant aus. Nach dem Besuch einer Landwirtschaftsschule übernahm er 1924 den Hof seines Schwiegervaters in Floethe. Willikens war Landwirt durch und durch. Seinen Hof bewirtschaftete er – trotz der ministeriellen Pflichten als Staatssekretär – noch bis 1943. Am 1. Mai 1925 war Willikens mit der Mitgliedsnummer 3355 in die NSDAP eingetreten, 1934 in die allgemeine SS, sein letzter SS-Dienstgrad bei Kriegende lautete Gruppenführer. Willikens war Träger des goldenen Parteiabzeichens, und er hatte noch zu Zeiten der Weimarer Republik nebenher im agrarischen Verbandswesen Karriere gemacht. 1931 wurde er ins Viererpräsidium des Reichslandbundes gewählt. Als Parteigänger der NSDAP war er bereits 1931 mit einer Publikation zum agrarpolitischen Programm der NSDAP an die Öffentlichkeit getreten, in dem vom rasseideologischen Dogma bis hin zum Traum vom Kolonialreich keine der nationalsozialistischen Phantasien ausgespart wurden. Wie nahe Willikens schon damals Darré gestanden haben muss, wird auch daraus ersichtlich, dass der Diplomlandwirt Darré den Ausführungen seines Parteifreundes eigens in einem Geleitwort ein „herzliches Glückauf" mit auf den Weg gab.[32]

Hitler hatte seinen Parteifreund Willikens bereits im Januar oder Februar 1933 gefragt, ob er Staatssekretär im Reichsernährungsministerium unter Hugenberg werden wolle.[33] Willikens erinnerte sich in seinen Nürnberger Vernehmungen nach dem Krieg daran, dass es bei der Berufung nicht nur die angedeutete Absicht gewesen sei, er solle Hugenberg aus dem Sattel heben, um danach eine vornehmlich von Nationalsozialisten gestellte Regierung zu bilden. Nach Rücksprache mit dem mit ihm gut

---

31 Vernehmung Werner Willikens, 4. Dezember 1947, StAN Rep. 502, KV-Anklage, Interrogations, W-93; vgl. auch die Angaben in seiner Reichsnährstands-Personalakte, BArch R 16/I-172.
32 Geleitwort R. Walther Darré, in: Willikens, Werner: Nationalsozialistische Agrarpolitik, München 1931.
33 Vernehmung Werner Willikens, 4. Februar 1947, StAN Rep. 502, KV-Anklage, Interrogations, W-93.

befreundeten preußischen Justizminister Kerrl hatte Willikens dieses Begehren und den Eintritt in die Regierung Hitler als Staatssekretär dann abgelehnt. Willikens hatte dabei in realistischer Einschätzung der eigenen Stärken – er sei „von Natur kein Beamter" – das Amt auch aus dem Kalkül ausgeschlagen, um im neu zu bildenden Reichsnährstand in der Selbstverwaltungsorganisation in die führende Position einzurücken.[34] Sein Verzicht sei ihm damals von Hitler sehr übelgenommen worden, behauptete Willikens nach dem Kriege. Dass Hitler trotzdem im Juni 1933 nicht auf die guten Dienste von Willikens bei der Übernahme des Ernährungsministeriums durch den Nationalsozialisten Darré verzichten wollte, kann letztlich auch als Anzeichen dafür gewertet werden, wie dünn zum Zeitpunkt der Machtergreifung die nationalsozialistische Personaldecke gewesen ist. Im Vergleich zu Darré und – vor allem – dem späteren Staatssekretär, geschäftsführenden Minister und schließlich, seit 1944, auch Reichsminister Herbert Backe – ist indes die Handschrift von Willikens im Ernährungsministerium bis zum Schluss blass geblieben.

Für die Geschichte des Reichsernährungsministeriums in der nationalsozialistischen Zeit sind neben der ministeriellen, hier vor allem gesetzgeberischen Tätigkeit in den ersten fünf Monaten nach der Machtergreifung die parallelen Aktivitäten Darrés von ebenso maßgeblicher Bedeutung. Denn diese sollten nicht nur zielstrebig weiter der Neuausrichtung der nationalsozialistischen Agrarpolitik gelten und unzweifelhaft die Berufung in das Amt des Ernährungsministers vorbereiten, sondern sie zeigten zugleich auch, wie sehr der Ernährungsminister *in spe* bereits im Interregnum Hugenberg in den ministeriellen Entscheidungsprozess eingebunden war, beziehungsweise, wie er ihn, je nach Bedarf, geschickt von außen torpediert oder gesteuert hat. Am 12. Mai hatte Darré die Präsidentschaft des ‚Deutschen Landwirtschaftsrates' übernommen, am 20. Mai die Führung des ‚Deutschen Landhandelbundes'. Der Ruf nach einer Ersetzung des Reichsministers Hugenberg durch den Reichsbauernführer Darré wurde in jenen Monaten in Presse und Öffentlichkeit – nicht ohne Dazutun der Repräsentanten des Agrarpolitischen Apparats – immer vernehmbarer geäußert. Bereits am 2. Mai hatte der Gauleiter von Schleswig-Holstein, Lohse, erklärt, dass die Zeugnisse der Unfähigkeit Hugenbergs so eindringlich seien, „dass der Reichspräsident sich dem nicht verschließen könne und auch das Wirtschaftsministerium und das Landwirtschaftsministerium umschalten werde."[35] Am 20. Mai schließlich veröffentlichte die Deutsche Wochenschau einen Artikel Gottfried Feders, eines der Mitverfasser des (NS)DAP-Programms, mit der Überschrift „Darré soll Hugenberg ablösen."[36]

Wenige Tage zuvor, am 17. Mai, war es zu einer Aussprache zwischen Hugenberg und dem Reichspräsidenten Hindenburg gekommen. In dieser Besprechung hatte der Landwirtschaftsminister seine Sorge geäußert, dass die Nationalsozialisten auf ihrem

---

34 Ebd.
35 Bericht der Husumer Zeitung vom 2. Mai 1933, zitiert nach Hugenbergs Ringen, Heft 1, Anlage VII, S. 78.
36 Zit. nach ebd.

Vormarsch die Alleinherrschaft anstrebten: „Ich bin persönlich überzeugt, dass der Herr Reichskanzler selbst die loyale Durchführung des Pakts vom 30. Januar will, glaube aber, dass innerhalb der NSDAP starke Gegenströmungen arbeiten, um die Durchführung dieses Paktes praktisch unmöglich zu machen."[37] Es bestünden Zweifel, so führte Hugenberg aus, dass im Lande die Führer der NSDAP ihre Leute wirklich noch im Griff hätten. Seltsame Dinge gingen vor. So habe „eine wahre Hetze gegen meine Mitwirkung im Kabinett eingesetzt."[38] Darré wird explizit als Quertreiber erwähnt, und Hugenberg betont, dass er „als Ernährungs- und Landwirtschaftsminister selbstverständlich bemüht" sei, auch mit Darré zusammenzuarbeiten, aber dass es nicht angehe, „wenn dann der Inhalt unserer Besprechungen agitatorisch bei der Bauernschaft gegen den Minister ausgewertet wird."[39] Göring habe, so berichtet Hugenberg, gegenüber dem Reichspräsidenten den Wunsch geäußert, den Nationalsozialisten Willikens zum Staatssekretär im Preußischen Landwirtschaftsministerium zu machen, wozu er unter gewissen Voraussetzungen bereit sei: „Aber keinesfalls kann der gegenwärtige Zustand, dass ich Reichskommissar für die Wirtschaft und Landwirtschaft in Preußen bin, während die anderen Herren preußische Staatsminister sind, noch länger bestehen bleiben."[40]

Reichspräsident von Hindenburg versprach, den Reichskanzler über Hugenbergs Sorgen zu unterrichten und beschwichtigte mit dem Hinweis, dass der Reichskanzler den besten Willen habe und „nur im Interesse des Vaterlandes und reinen Herzens" arbeite: „Seine Unterführer schlagen leider noch oft über die Stränge, aber das wird sich mit der Zeit wohl auch beseitigen lassen."[41] Vor dem biographischen Hintergrund Hindenburgs und seiner Rolle in der Agrarkrise in der Schlussphase der Weimarer Republik wäre eigentlich zu erwarten gewesen, dass der Reichspräsident den Vorstoß Hugenbergs auf dem Gebiet der Landwirtschaftspolitik für eine Intervention zum Anlass genommen hätte, doch mit dem Antritt der Reichskanzlerschaft Hitlers verstärkte sich der Rückzug des Reichspräsidenten aus dem politischen Tagesgeschäft.[42] Dazu passt die Einschätzung, dass Hindenburgs Neigung zur einer Fortsetzung der Präsidialregierungen auf der Grundlage des Notverordnungsartikels 48 WRV nicht ausgeprägt war. Schon bei der Annahme des Ermächtigungsgesetzes im März 1933 hatten Hugenberg und die anderen nationalkonservativen Kabinettsmitglieder die Erfahrung gemacht, dass sie nicht mehr auf den Reichspräsidenten setzen konnten.

---

37 Aufzeichnung über die Besprechung des Herrn Reichspräsidenten mit dem Reichswirtschafts- und Ernährungsminister Hugenberg und dem stellvertretenden Führer der Deutschnationalen Front von Winterfeld am 17. Mai 1933 11 Uhr 45, BArch NL Hugenberg N 1231/38, Bd. 1.
38 Ebd.
39 Ebd.
40 Ebd.
41 Ebd.
42 Vgl. dazu Pyta, Wolfram: Hindenburg: Herrschaft zwischen Hohenzollern und Hitler, München 2007, S. 791 ff.

Den wohl geschicktesten Schachzug auf dem Weg zur Amtsübernahme hatte Darré vollzogen, als er am 15. Mai 1933 aufgrund einer engen Zusammenarbeit mit dem vom Nationalsozialisten Hanns Kerrl besetzten preußischen Justizministerium und anderen nationalsozialistischen Agrarpolitikern ein über zwanzig Seiten umfassendes Erbhofgesetz zunächst in Preußen auf den Weg brachte, das eine agrarpolitische Tendenzwende ankündigte. Dieses Gesetz weist in wesentlichen Überlegungen bereits auf das dann am 29. September 1933 erlassene Reichserbhofgesetz hin, das land- und forstwirtschaftlichen Besitz in der festgelegten Größe „von mindestens einer Ackernahrung und höchstens 125 Hektar" als Erbhof definierte, im Kerngedanken ein Besitzstandsfestigungsgesetz war und das in einer Reihe von ländlichen Regionen Deutschlands althergebrachte Anerbenrecht zur gesetzlichen Grundlage erhob.[43]

Bereits das Protokoll der Sitzung des Preußischen Landwirtschaftsministeriums, in der die Gesetzesvorlage verabschiedet wurde, erwähnt ausdrücklich die Beteiligung R. Walther Darrés, Werner Willikens und Herbert Backes – der offizielle Vermerk über die Sitzung der Preußischen Regierung vom 11. Mai, in der über die Vorlage befunden wurde, nennt diese unmissverständlich als Ideengeber.[44] Die Handschrift Darrés wird bereits in der Präambel dieses Gesetzes deutlich: „Die unlösbare Verbundenheit von Blut und Boden ist die unerlässliche Voraussetzung für das gesunde Leben eines Volkes", heißt es dort, und der „Regierung des erwachten Volkes" wird darin die Aufgabe zugewiesen, „die Sicherung der nationalen Erhebung durch gesetzliche Festlegung der in deutscher Sitte bewährten unauflöslichen Verbundenheit von Blut und Boden durch das bäuerliche Erbhofrecht"[45] zu gewährleisten. 1940 präzisierte Darré, dass sein langjähriger Mitarbeiter Dr. Hermann Reischle schon 1932, „auf den Grundgedanken Ruhlands aufbauend und die gegebene wirtschaftliche Notlage in Deutschland vor Augen, in generalstabsmäßiger Kleinarbeit diejenigen Voraussetzungen herausgearbeitet (habe), auf denen dann im Sommer 1933 in ganz kurzer Zeit das vorliegende Reichsnährstandgesetz ausgearbeitet und dem Reichskabinett vorgelegt werden konnte."[46]

Wie sehr Hugenberg zu jenem Zeitpunkt schon in seiner Position als preußischer Landwirtschaftsminister geschwächt war, wird daraus ersichtlich, dass er sich im Nachhinein bemüßigt sah, sich gegenüber dem Langensalza Tageblatt dagegen zu

---

43 Zum preußischen Erbhofgesetz vgl. Die Protokolle des Preußischen Staatsministeriums 1817–1934/38, Bd. 12/1, 12/2, 4. April 1925 bis 10. Mai 1938, bearb. v. Reinhold Zilch, unter Mitarbeit v. Bärbel Holtz (= Acta Borussica N. F. Erste Reihe, hg. v. d. Berlin-Brandenburgischen Akademie der Wissenschaften 12,1, 12, 2), Hildesheim 2004, S. 371f.
44 Preußisches Staatsministerium vom 11. Mai 1933, AdR, Bd. I/1: 1933, Dok. 124, S. 381.
45 Der Text des Reichserbhofgesetzes ist online verfügbar unter: http://www.verfassungen.de/de33-45/reichserbhof33.htm; zur Literatur vgl. die grundlegenden Arbeiten von Grundmann, Friedrich: Agrarpolitik im „Dritten Reich". Anspruch und Wirklichkeit des Reichserbhofgesetzes, Hamburg 1979; sowie Münkel, Daniela: Bäuerliche Interessen vs. NS-Ideologie. Das Reichserbhofgesetz in der Praxis, in: VfZ 44. Jg., 1996, S 549–579.
46 Darré, Vorwort zur 3. Auflage, in: Reischle, Hermann/Saure, Wilhelm: Der Reichsnährstand. Aufbau, Aufgaben und Bedeutung, 3. Aufl. Berlin 1940 (*Reischle/Saure, Reichsnährstand*), S. 10.

verwahren, als „geistiger Vater" des Erbhofgesetzes bezeichnet zu werden: „Ich halte für große Teile Preußens den großen Teil des Anerbenrechts, das in meiner Heimat Hannover seit Jahrzehnten gilt und in weitem Umfange durch die bäuerliche Erbsitte getragen wird, für durchaus richtig. Aber ich habe schwere Bedenken gegen eine Reihe von Bestimmungen des fraglichen Gesetzes, insbesondere hinsichtlich der viel zu weitgehenden Macht, die es den Behörden über den Hof und die Familie des Bauern einräumt. Wegen dieser Bedenken habe ich auch – das muß ich gegenüber den erwähnten Angriffen ausdrücklich betonen – im Staatsministerium gegen das Gesetz gestimmt."[47] Ausweislich des Protokolls der Sitzung des Preußischen Landwirtschaftsministeriums am 11. Mai 1933 hatte Hugenberg der Vorlage grundsätzlich zugestimmt, wenn auch weniger enthusiastisch als der maßgebliche Initiator, der preußische Justizminister Kerrl, der von einer „nationale(n) Tat von herausragender Bedeutung" gesprochen hatte.[48]

4 Exit Hugenberg

Der Aufstieg Darrés schien jetzt unaufhaltsam. Am 2. Juni wurde er von Hitler zu einem der Reichsleiter der NSDAP bestimmt. Die Front gegen Hugenberg war nun immer stärker geworden, gegen den jetzt ein wahres publizistisches Kesseltreiben einsetzte. Als Hugenberg am 27. Juni 1933 den Auftritt bei der Weltwirtschaftskonferenz in London dazu nutzte, mit der Vorlage eines im Kabinett nicht abgestimmten, vom Reichskanzler unautorisierten Memorandums einen Katalog weit ausgreifender außenpolitischer Maßnahmen – Wirtschaftsexpansion bis in die Ukraine, Forderung nach Errichtung eines deutschen Kolonialreichs – vorzuschlagen, nutzte Hitler die Gunst der Stunde, um sich des DNVP-Anführers zu entledigen und den Generaldirektor der Allianz-Versicherung, Kurt Schmitt, mit dem Wirtschaftsressort und R. Walther Darré mit dem Ministerium für Ernährung und Landwirtschaft zu betrauen. In den zeitgenössischen Kommentaren wurde der Abgang Hugenbergs, der mit der Selbstauflösung der Nationalen Front zusammenfiel, als Zäsur empfunden, die auch mit den grundsätzlichen Gegensätzen zwischen den Nationalsozialisten und den alten Parteien in der Frage der Wirtschaftsordnung erklärt wurde.[49] Von da an war das Ernährungs- und Landwirtschaftsministerium als Reichsministerium nicht mehr in Personalunion mit dem Wirtschaftsministerium gebunden.

---

[47] „Umstrittenes Erbhofrecht. Hugenberg war dagegen". Meldung der Vossischen Zeitung vom 3. Juni 1933.
[48] Vgl. Protokoll der Sitzung des Preußischen Landwirtschaftsministeriums vom 11. Mai 1933, AdR, Bd. I/1: 1933, Dok. 124, S. 440–443.
[49] Vgl. den auf dem Frontispiz veröffentlichten Kommentar „Die Demission", in: Germania, Donnerstag, 29. Juni 1933.

III Die Anfänge der nationalsozialistischen Agrarpolitik (1933–1935)

1 Dienstantritt Darrés

In der für den Nationalsozialismus typischen Doppelfunktion als Minister für Ernährung und Landwirtschaft und gleichzeitig als der für die Landwirtschaft zuständige Reichsleiter der Partei befand sich R. Walther Darré endlich am Ziel seiner Wünsche.[50] Er sollte nun eine für die nächsten zwölf Jahre des nationalsozialistischen Herrschaftssystems „konsequent durchgeführte Parallelschaltung des Ministeriums mit der Einheitsorganisation des Reichsnährstands"[51] einleiten, und er hat mit seiner ausgeprägten Ideologiefixierung und umfangreichen pseudowissenschaftlichen publizistischen Tätigkeit als einer der geistigen Väter dem rassenideologischen Dogma, einer darauf aufbauenden Siedlungspolitik und einem radikalen Antisemitismus zur Verbreitung verholfen, die später Grundlage für die Politik der Vernichtung durch Aushungern in den besetzten Ostgebieten und die Ermordung der europäischen Juden waren. Die spätere Verwicklung des Reichsernährungsministeriums in die Verbrechen des Nationalsozialismus im Ostkrieg kann deshalb nicht erklärt werden ohne die besondere – und im Vergleich mit anderen obersten Reichsbehörden – atypische, weil hochgradige Ideologisierung und NS-Parteipolitisierung des Ministeriums, die insbesondere an ihren beiden prägenden ministeriellen Spitzen festgemacht werden kann: am Ideologen und Parteitheoretiker R. Walter Darré und am überzeugten Nationalsozialisten und effizienten Techniker der Macht, Herbert Backe, der ab 1936 mehr und mehr an die Stelle Darrés trat und in späteren Jahren durch seine Allianz mit Himmler und Göring nach Kriegsausbruch das Ministerium tief in die nationalsozialistische Vernichtungspolitik verstricken sollte.[52]

---

50 Goebbels notierte am 1. Juli 1933 in seinem Tagebuch: „Zu Hitler: R.Pr. war sehr gut zu ihm. Gesundheitlich vollkommen frisch. Sie haben sich noch enger aneinandergeschlossen. Darré ist glücklich." Eintrag vom 1. Juli 1933, in: Fröhlich, Elke (Hg.): Die Tagebücher von Joseph Goebbels (*Goebbels Tagebücher*), Teil 1, Bd. 2/III, München 1987, S. 219.
51 Sonnemann, Theodor: Gestalten und Gedanken. Aus einem Leben für Staat und Volk, Stuttgart 1975 (*Sonnemann, Gestalten*), S. 16 ff.
52 Die biographischen Angaben sind im wesentlichen Backes BDC-Akte entnommen: BArch R 9361-III/515106; der umfangreiche Nachlass Backes im Bundesarchiv Koblenz ist eine wahre Fundgrube und von der wissenschaftlichen Forschung noch nicht hinreichend ausgewertet; zu Backe vgl. die gedruckte Magisterarbeit von Alleweldt, Bertold: Herbert Backe. Eine politische Biographie, Berlin 2011; eine zentrale Rolle nimmt Backe auch in Gesine Gerhards aufschlussreicher Monographie ein: Nazi Hunger Politics. A History of Food in the Third Reich, London 2015; sowie dies.: Agrarian Politics in the Occupied Territories of the Soviet Union, in: Contemporary European History 18, 2009, S. 45–65; vgl. auch Lehmann, Joachim: Faschistische Agrarpolitik im Zweiten Weltkrieg. Zur Konzeption von Herbert Backe, in: ZfG 28, 1980, S. 948–956; ders.: Verantwortung für Überleben, Hunger und Tod. Zur Stellung von Staatssekretär Herbert Backe im Entscheidungsgefüge von Ernährungs- und Landwirtschaft, Agrar- und Aggressionspolitik in Deutschland während des Zweiten Weltkriegs sowie deren Voraus-

2 Zur Biographie und politischen Vorstellungswelt Herbert Backes

Herbert Backes Name wurde in den Akten der Reichskanzlei zum ersten Mal im Kontext des Vortrags über das preußische Erbhofgesetz erwähnt, und zwar zu einem Zeitpunkt, als Backe noch gar nicht dem Ministerium angehörte.[53] Backe hatte Hitler Anfang 1932 persönlich kennengelernt. Er zeigte sich von dessen Vortrag vor den Gauleitern und den landwirtschaftlichen Gaufachberatern aufgrund der Hitler zugeordneten Fähigkeit, die „gesamten politischen Probleme auf eine einfache, ihm einleuchtende Linie" zurückzuführen, tief beeindruckt.[54] Backe hatte bei dieser Gelegenheit ebenfalls über weltwirtschaftliche und ernährungspolitische Fragen vortragen können und schon damals den Eindruck gewonnen, dass man sich bei Darré und dessen Mitarbeitern „über die fachliche Problematik der Landwirtschaft und die notwendigen Maßnahmen" nicht im Klaren gewesen sei.[55] Dies hielt Backe freilich nicht davon ab, Darrés Angebot als Kandidat für die bevorstehenden preußischen Landtagswahlen anzunehmen, das ihm im Resultat im April 1932 ein Mandat bescherte. „Hier lernte ich die hoffnungslose, von mir bisher nur geahnte Hohlheit des damaligen deutschen Parlamentarismus kennen", schrieb Backe in seinem unveröffentlichten Lebensbericht.[56] Backe konnte zudem erneut im Januar 1933, unmittelbar vor der Machtergreifung, bei Hitler über landwirtschaftliche Fragen vortragen, und er folgte Darrés Ruf Ende Juni 1933, als Reichskommissar ins Amt des Reichsernährungsministeriums und preußischen Landwirtschaftsministeriums in dessen Gefolge einzutreten: „Ich hatte nunmehr eine Plattform, um arbeiten zu können", resümiert Backe, auch wenn seine Stellung zwischen dem nationalsozialistischen Minister und dem damals noch amtierenden deutschnationalen Staatssekretär von Rohr zunächst ungeklärt war.[57]

Wer genau war dieser Herbert Backe, mit dessen Wirken die Geschichte des Reichsernährungsministeriums in der Zeit des Nationalsozialismus aufs engste verbunden sein sollte? Wodurch war er geprägt worden? Worin bestanden seine weltanschaulichen Grundüberzeugungen? Herbert Friedrich Wilhelm Backe wurde am 1. Mai 1896 in Batumi/Russland geboren. Er besuchte zunächst die deutsche evangelische Schule in Tiflis im Kaukasus von 1902 bis 1905, dann das Gymnasium in Tiflis

---

setzungen, in: Studien zur ostelbischen Gesellschaftsgeschichte. Festschrift für Gerhard Heitz zum 75. Geburtstag, hg.v. Münch, Ernst, Rostock 2000, S. 509–526; zu Herbert Backe ist eine umfassende Biographie weiterhin ein Desiderat der Forschung.
53 Vgl. Backe an Darré, 15. April 1933, in dem er über eine Besprechung im Preußischen Justizministerium am 10. April 1933 zum Thema Erbhofgesetz berichtet: AdR, Bd. I/1: 1933, S. 441, Fußnote 8.
54 Herbert Backe, Großer Bericht 1946, BArch NL Backe N 1075, Bd. 5, S. 11 (Kopie des Berichts im IfZ Sammlung David Irving ED 100-257-24).
55 Ebd.
56 Ebd., S. 12.
57 Ebd.

bis 1914. Noch bevor er dort das Abitur ablegen konnte, wurde er bei Kriegsbeginn im September 1914 als deutscher Staatsbürger verhaftet und interniert. 1918 gelang ihm die Flucht: In einem Gewaltmarsch, quer durch Russland und unter abenteuerlichen Umständen, konnte er schließlich mit Hilfe der schwedischen Gesandtschaft nach Deutschland ausreisen. Die frühen Prägungen im zaristischen Russland, die Erfahrungen des Zusammenbruchs, der materiellen Not, die vor allem nach der Ankunft im Deutschen Reich im letzten Kriegsjahr, Frühjahr 1918, zutage trat, haben Backe zeitlebens geprägt. „Die Gefangenschaft und der Verlust unseres Vermögens lehrte mich auch äußerste Not kennen", schreibt Backe in seinem „Großen Bericht". „Diese Not steigerte sich nach der Rückkehr nach Deutschland, war ich doch völlig mittellos, trotz meiner Schulbildung und Erziehung nunmehr dem Stand des ungelernten Arbeiters angehörig. Diese Not und der Wille, schon mit Rücksicht auf die Zukunft meiner Angehörigen, denen ich eine neue Lebensmöglichkeit schaffen wollte, zwangen mich, zwar realistisch das Leben anzupacken und mich vor keiner Arbeit zu scheuen, hinderten aber keineswegs, dass meine Grundeinstellung idealistisch blieb, hier verband sich Idealismus und Realismus zu der Haltung, die ich bis heute beibehalten habe und die wahrscheinlich meine Erfolge in der Agrarwirtschaft erklären."[58]

Am 1. Oktober 1918 trat Backe als Hilfsdreher in die Gutehoffnungshütte im Oberhausener Ortsteil Sterkrade ein. Anschließend war er als Drainagearbeiter im Uchter Moor, später als Aushilfskraft beim Viehhandelsverband in Hannover und danach als Landwirtschaftseleve auf einem Hof bei Hannover tätig. Im Juli 1919 hatte er noch zudem seine Reifeprüfung nachgeholt und zum Wintersemester 1920/21 das Studium der Landwirtschaft an der Universität Göttingen aufgenommen, das er in der Mindeststudienzeit 1923 erfolgreich mit dem Abschluss des Diplom-Landwirts absolvierte. Unmittelbar danach wurde er Assistent bei Professor Erich Obst am Geographischen Institut der Technischen Hochschule Hannover. Die in Hannover verbrachten Jahre bezeichnete Backe im Rückblick seines Lebensberichts für seine geistige Entwicklung als ausschlaggebend: „Ich erarbeitete mir nunmehr, neben meiner Beherrschung der Praxis, ein solides wissenschaftliches und theoretisches Wissen, wobei es sich nicht um das Erlernen von fremden Erkenntnissen handelte, sondern um eigene wirtschaftspolitische Erforschung der Zusammenhänge der Weltwirtschaft und Weltagrarwirtschaft." 1927 kündigte er seine Stelle an der Hochschule Hannover, wirkte zunächst als Praktikant, dann als Oberinspektor auf dem Rittergut „Gützelfitz" in Hinterpommern vom Juni 1927 bis Juni 1928, bevor er mit Unterstützung seines künftigen Schwiegervaters eine preußische Domäne im Kreis Alfeld bei Hannover übernahm.

Bereits 1922, zu diesem Zeitpunkt war er gerade 26 Jahre alt, war Backe gemäß SS-Stammrollenauszug in die NSDAP mit der Mitgliedsnummer 22766 eingetreten und gehörte von Winter 1922 bis Sommer 1923 der SA an. „Während ich gedanklich weiterhin im Nationalsozialismus die Verwirklichung der Zustände sah, die mir sozial und

---

58 Ebd., S. 2.

national nahelagen, sah ich nun, dass einerseits auch meine exakten Erkenntnisse auf dem Gebiet der Agrarpolitik und Agrarwirtschaft in den Thesen des Nationalsozialismus eine Grundlage zu ihrer Verwirklichung fanden, da alle übrigen Parteien gar kein Verständnis für die große Wandlung zeigten, die sich in der Weltwirtschaft anbahnte im Sinne eines Endes des liberalen Zeitalters und des Aufbruchs eines neuen, durch eine Reihe von Großräumen gekennzeichneten Wirtschaftsgefüges. „Zunächst war ich 1918 tiefst enttäuscht von der Haltung des deutschen Volkes, das aus dem Zusammenbruch heraus nicht bereit war, sich für eine große Idee einzusetzen, sondern sich dem Egoismus und Broterwerb hingab."[59] Seine NSDAP-Mitgliedschaft ruhte, nachdem sein Heimatgau „Süd-Hannover-Göttingen" aufgelöst worden war. Zwischen 1927 und 1930 war Backe Mitglied des Stahlhelms. Im Oktober 1931 trat er als Funktionär des Agrarpolitischen Apparats erneut in die NSDAP und in die SA ein.

In seinem „Großen Bericht" lässt Backe seine nicht angenommene Dissertation unerwähnt, allerdings kann deren Veröffentlichung im Eigenverlag im Jahr 1941 in einer Auflage von über 10.000 Exemplaren auch als Ausdruck dafür gewertet werden, wie wichtig ihm diese Dissertation und die darin enthaltenen Gedanken gewesen sind. Backe hatte das Manuskript mit dem Ziel der Promotion zum Thema „Die russische Getreidewirtschaft als Grundlage der Land- und Forstwirtschaft Russlands" im Jahr 1926 an der Universität Göttingen eingereicht und darin insbesondere den Zusammenhang zwischen Fragen der Versorgung aufgrund der durch die Industrialisierung gestiegenen städtischen Bevölkerung und den natürlichen Mechanismen des russischen Getreideexports analysiert, ein Thema, das ihn im Laufe seiner Tätigkeit im Reichsernährungsministerium auf schicksalhafte Weise beschäftigen sollte.[60]

Backes Tätigkeit im Ministerium war in gewisser Hinsicht die Krönung einer konsequenten Laufbahn, die entlang der besonderen – insbesondere schwierigen – Bedingungen der Agrarkrise der 1920er Jahre und in einem engen Konnex zum Auslandsdeutschtum verlaufen und durch die Rückkehr in das durch den Versailler Vertrag territorial reduzierte und dadurch traumatisierte Deutschland der Weimarer Republik nachhaltig geprägt war. In diesen nachwirkenden Erfahrungen ist wohl die bemerkenswerte innere weltanschauliche Geschlossenheit der Auffassungen Backes begründet, die die Grundlage für die dann im Nationalsozialismus entfaltete ideologische Gestaltungskraft gebildet hat. Sowohl das Reichsnährstandgesetz als auch das Reichserbhofgesetz und die Marktordnung tragen seine Handschrift.

Backe, der von Hitler in seinen Tischgesprächen in den Kriegsjahren einmal als „Tausendsassa in der Ernährung von Zivilbevölkerung und Wehrmacht in Friedens-

---

[59] Ebd.
[60] Backe, Herbert: Die russische Getreidewirtschaft als Grundlage der Land- und Volkswirtschaft Rußlands, als MS gedruckt (ca. 1942), erstmals als Dissertation an der Universität Göttingen im Jahr 1926 eingereicht und dort nicht angenommen. Ein Exemplar der Dissertation findet sich im Nachlass: BArch NL Backe N 1075, Bd. 7.

und Kriegszeiten"[61] gerühmt wurde, war indes alles andere als der unpolitische Technokrat, als der auch Albert Speer über lange Zeit von Teilen der Literatur missverstanden wurde.[62] Backe hatte insbesondere klare wirtschaftspolitische Überzeugungen, für die in seinen russischen Jahren die Fundamente gelegt worden waren und die er in zahlreichen Vorträgen und wissenschaftlichen Aufsätzen, vor allem aber in seinem 1938 erschienenen Hauptwerk „Das Ende des Liberalismus in der Wirtschaft"[63], prägnant ausbuchstabiert hat. Seine dort reklamierte Führungsrolle der Ernährungswirtschaft als desjenigen Bereichs des wirtschaftlichen Lebens, „der seit 1933 als einziger unter rein nationalsozialistischer Führung steht", ist Ausdruck eines weltanschaulichen Gesamtkonzepts, das sich wie ein roter Faden durch sämtliche veröffentlichten und unveröffentlichten Manuskripte und Gedächtnisprotokolle von öffentlichen Auftritten Backes zieht.

Bei Backe verbanden sich Darrés Rassenideologie mit einer konventionellen Kapitalismuskritik und einem aus der Beschäftigung mit dem Wirtschaftsliberalismus des 19. Jahrhunderts erwachsenen Plädoyer für einen extremen Protektionismus. Ihm galt die viktorianische Ideologie von der freien Marktwirtschaft als überkommenes Relikt einer vergangenen Ära, „die Steigerung der Leistungsfähigkeit der heimischen Landwirtschaft [...] (als) eine Lebensfrage für das deutsche Volk."[64] Bereits 1927 hatte er in einem Beitrag für den Bund Deutscher Glaube in Hannover formuliert: „Der völkische Staat kann nur dann seine Pflichten gegenüber dem Volk richtig erfüllen, wenn seine Lenker zumindest die Grundwahrheiten der Biologie, d.h. der Lehre vom Leben und der dasselbe bestimmenden Gesetze, beherrschen."[65] Backes Sinnen und Trachten war auf das Ende des bürgerlichen Zeitalters gerichtet; er brachte den Ausbruch der Agrarkrise „mit dem Endsieg des Liberalismus und seiner marxistischen

---

[61] Bemerkung Hitlers im Anschluss an ein Mittagessen mit Staatssekretär Backe zu Fragen aus dem Ernährungssektor am 10. Mai 1942 in der Wolfsschanze, in Picker, Henry: Hitlers Tischgespräche im Führerhauptquartier, Stuttgart 1963, S. 275.
[62] Speer selbst hatte in seinen Erinnerungen (Speer, Albert: Erinnerungen, Frankfurt/M. 1968) sowie in den Spandauer Tagebüchern (Speer, Albert: Spandauer Tagebücher, Frankfurt/M. 1975), bei denen wesentlich Joachim Fest die Feder geführt hatte, diese Sichtweise zu erwecken versucht. Fest hat in seiner eigenen Speer-Biographie (Fest, Joachim C.: Speer, Berlin 1999) die von ihm maßgeblich mitgeprägte Deutung verfeinert und ist dafür in der jüngsten Speer-Biographie von Magnus Brechtken (ders., Albert Speer: Eine deutsche Karriere, München 2017) überaus heftig kritisiert worden. Den Anstoß zu einer kritischen Speer-Sicht hatte 1983 Matthias Schmidt (Albert Speer. Das Ende eines Mythos, Bern/ München 1982) gegeben; auch Speers Verhörprotokolle unmittelbar nach der Verhaftung unterstützen diese kritische Sicht: vgl. Schlie, Ulrich: Albert Speer (1905–1981). Ein biographisches Portrait, in: Speer, Albert: Die Kransberg-Protokolle. Seine ersten Aussagen und Aufzeichnungen Juni bis September 1945, München 2003, S. 11–59.
[63] Backe, Herbert: Das Ende des Liberalismus in der Wirtschaft, Berlin 1938.
[64] Aufzeichnung Backes „Betreffend: Stellung der NSDAP zum Landvolk und zur Landwirtschaft", München, 3. Februar 1930, BArch NL Backe N 1075/6.
[65] Aufzeichnung Backe „Die Erlösung im Rassegedanken", 16. Januar 1927, BArch NL Backe N 1075/8, Bd. 1.

Spielart"⁶⁶ in Zusammenhang, er verstand die Landwirtschaft als Gegenpol zum Liberalismus und deutete die Agrarkrise als „Sieg der Materie über das Blut, der Gegenwart über die Zukunft", die „Übertragung liberal-privatwirtschaftlichen Wertens auf die Landwirtschaft" als „Degradierung des schollengebundenen Bauerntums."⁶⁷ Auffallend ist bei Backe die innere Konsistenz seines Gedankengebäudes, die dem Liberalismus westlicher Prägung die Hauptschuld an den Problemen der Landwirtschaft im 20. Jahrhundert zuweist, schonungslos die Widersprüche des Wirtschaftsliberalismus aus dem 19. Jahrhundert benennt und den Nationalsozialismus in seiner Verbindung von Protektionismus und völkischem Gedankengut als Modernisierungsschub und Allheilmittel gegen die gnadenlos analysierten Probleme der agrarwirtschaftlichen Krise der 1920er und 1930er Jahre preist.

Die Erfahrung des russischen Bürgerkriegs war für Backe ein tiefgreifendes Erlebnis gewesen. Die Machtergreifung der Bolschewiki erfolgte zum Zeitpunkt der militärischen Niederlage und der Auflösung des Zarenreiches. Die persönliche Wahrnehmung der damaligen politischen Entwicklung Russlands – nicht aber Russlands an sich – als Schreckbild, wie sie für die politische Kultur der Weimarer Republik in Deutschland so bezeichnend war, ist damit auch für Backe eine bestimmende Kategorie. Dies ist nicht mit einer herkömmlichen Ablehnung Russlands gleichzusetzen und erst recht nicht mit einer Hinwendung zum als dekadent empfundenen westlichen Liberalismus. Im Gegenteil: Backe hatte aus Russland in seinem Gepäck eine gleichzeitige Ablehnung von Bolschewismus und liberalem Kapitalismus mit sich gebracht. Es war diese doppelte Ablehnung, die zeit seines politischen Lebens seine Ordnungsvorstellungen leitete, wie ein neues Deutschland und eine neue Welt zu gestalten seien.

Das von der nationalsozialistischen Ideologie in den Jahren vor der Machtergreifung eingehend bemühte Schreckgespenst der bolschewistischen Revolution war somit für Backe eine eigene Lebenserfahrung, die sein Weltbild, seinen Kampf gegen den Wirtschaftsliberalismus, sein Plädoyer für einen starken, ordnenden Staat und eine Bekämpfung der Kommunisten antrieb. Der frühe Antibolschewismus, der nicht notwendigerweise mit einer Ablehnung Russlands einherging, wie er sich insbesondere bei Max Erwin von Scheubner-Richter, Dietrich Eckart, Alfred Rosenberg und der Aufbau-Vereinigung findet und den die jüngere Forschung als maßgebliche Kraft von Hitlers Weltanschauung identifiziert hat, zeigt sich damit auch bei Backe zu einem sehr frühen Zeitpunkt. Wer sich die Verehrung des jungen Hitler für Scheubner-Richter oder Eckart vergegenwärtigt, ermisst den Einfluss, den diese auf die intellektuelle und weltanschauliche Entwicklung Hitlers ausgeübt haben. Auch in den Biographien dieser Männer, die wie Scheubner-Richter als Berater Hitlers in russischen Fragen fungierten, findet sich – ganz ähnlich wie bei Backe – eine frühe Beschäftigung mit Russland, die biographischer Natur ist und den prägenden Einfluss der politischen

---

66 Backe, Herbert: Volk und Landwirtschaft, BArch NL Backe N 1075/8, Bd. 1.
67 Ebd.

und sozialen Unruhe des ausklingenden Zarenreichs darstellt.[68] Die von Furcht und Faszination geprägte Russlanderfahrung, die – auch darin ist Backe mit Scheubner-Richter und dem frühen Hitler auf gleicher Linie – mit einem ausgeprägten Antikapitalismus einherging, darf durchaus als impulssetzend für den Einsatz für eine Klassenversöhnung und eine Betrachtung der politischen Ereignisse in geopolitischen Kategorien gewertet werden. Eng verbunden mit der Zusammenbruchserfahrung ist bei Backe der Drang nach „Lebensraum im Osten" als Grundmotiv seines Handelns, auch wenn die auf Karl Haushofer zurückgehende Begrifflichkeit bei Backe erst in späteren Jahren auftaucht.

Auch wenn Herbert Backe vor seinem Eintritt ins Reichsernährungsministerium über keine ministerielle Erfahrung, auch nicht über eine irgendwie geartete Erfahrung im Verwaltungsdienst, geschweige denn eine entsprechende Leitungserfahrung verfügte, so gelang es ihm in sehr kurzer Zeit, sich in die ministeriellen Abläufe einzuarbeiten und mit den Besonderheiten des ministeriellen Arbeitens vertraut zu machen, so dass er bald schon, im Herbst 1933, ohne Probleme auf die entscheidende Position des Staatssekretärs im Ministerium aufrücken konnte. Aufstieg und Wertschätzung in der SS, der Backe seit dem 1. Oktober 1933 angehörte, gingen mit der ministeriellen Karriere Hand in Hand. Auf Befehl des Reichsführers SS Himmler wurde SS-Brigadeführer Herbert Backe am 13. April 1935 mit sofortiger Wirksamkeit vom Stab des Rasse- und Siedlungshauptamtes, dem er bis dahin zugeordnet gewesen war, nunmehr im Persönlichen Stab des Reichsführers SS geführt.[69] Mit Wirkung vom 5. September 1935 wurde der SS-Brigadeführer Backe zum Hauptamtsleiter der Reichsleitung der NSDAP im Amt für Agrarpolitik ernannt. Rasch wurden die einzelnen Beförderungsstufen der SS-Ränge vom Sturmbannführer im Jahr 1933 bis zum Obergruppenführer durchlaufen. Mit der Ernennung zum Oberführer war Backe bereits 1934 in den Generalsrang erhoben worden. Schon ein Vierteljahr später war er am 1. Januar 1935 zum Brigadeführer aufgerückt.

Backe stand im Ministerium schnell im Ruf eines akribischen Arbeiters mit ausgeprägter Neigung zum Aktenstudium und rascher Auffassungsgabe.[70] Unter seiner Führung war die Zusammenarbeit zwischen der politischen Leitung und dem Haus eng, die Grundsätze und Gepflogenheiten des ministeriellen Arbeitens blieben dabei stets unangetastet. Leitungsentscheidungen wurden in der Kommunikation mit dem Haus durch Entscheidungsvermerke des jeweiligen Adjutanten effizient weitergege-

---

68 Zu Scheubner-Richters russischem Hintergrund vgl. Weber, Thomas: Wie Adolf Hitler zum Nazi wurde. Vom unpolitischen Soldaten zum Autor von Mein Kampf, Berlin 2016, S. 324–328.
69 Reichsführer SS an das SS-Hauptamt, 13. April 1935, Personalakte Backe, BArch R 9361-III/515106.
70 Vgl. dazu eidesstattliche Erklärung Werner Witt (Syndikus der Landesbauernkammer) vom 14. Dezember 1948, BArch NL Backe N 1075/9, fol. 1: „Herr Backe war ein hervorragender Fachkenner in allen Fragen der Land- und Ernährungswirtschaft, sowohl auf praktischem als auch auf theoretischem Gebiet. Seine überragende Stärke lag in der absoluten Beherrschung der Ernährungsbilanzierung. Er verlangte von allen seinen Untergebenen gründliche und unbedingte zuverlässige Arbeit."

ben.⁷¹ Backe suchte seine Mitarbeiter vorrangig nach fachlichen Gesichtspunkten aus. Bei der Beurteilung der ihm vorgelegten Arbeitsergebnisse unterschied er nach dem Urteil von Ministeriumsangehörigen und Arbeitskollegen weder zwischen alten und jungen Parteigenossen oder Nichtparteigenosse und ging „in der Zusammenarbeit mit anderen Ministerien und den höchsten Parteidienststellen […] rücksichtslos den Weg der Sachlichkeit."⁷² 1942 berief er Fritz-Dietlof Graf von der Schulenburg, der später wegen seiner Beteiligung am 20. Juli 1944 hingerichtet wurde, zum Leiter der Zentralabteilung.⁷³ Schulenburg war auf ausdrücklichen Wunsch der Parteikanzlei in diese Vertrauensstellung berufen worden und wirkte „im Reichsernährungsministerium als großer ‚Reiniger'": Er nutzte diese Aufgabe konsequent zur Beseitigung von „‚Störenfriden' und zur Sicherung der für die eigenen Pläne gebrauchten ‚ordentlichen Leute'".⁷⁴ Die ministerielle Aufgabe war für Schulenburg damit eine ideale Plattform zur Anwerbung von Gleichgesinnten bei der späteren Vorbereitung des Staatsstreichs vom 20. Juli 1944. Wie diese konspirative Tätigkeit eines der ranghöchsten Beamten des Ministeriums mit der nationalsozialistischen Durchdringung des Hauses vereinbar war, mag aus heutiger Perspektive als unbegreiflich erscheinen. Es zeigt indes, wie verschlungen die Wege der Angehörigen des deutschen Widerstands waren, dass aktiver Widerstand, wenn er etwas bewirken wollte, oftmals mit einer hochgefährlichen Exponierung in systemnahen Bereichen und auch nicht selten mit einer bewusst nach außen getragenen Affirmation des Regimes einherging. Schulenburgs Tätigkeit im Reichsernährungsministerium ist damit nur ein – wenn auch sehr prominentes – Beispiel für die Vorbereitungen zum 20. Juli 1944 aus einer „Systemposition" heraus. Sie zeigt zudem, dass sich Angehörige des Reichsernährungsministeriums in der nationalsozialistischen Zeit vollständig in einer Doppelstruktur bewegen konnten und dass auch die ministeriellen Abläufe – das tägliche Verwaltungshandeln und Beziehungsgefüge eines Reichsministeriums – einen hinreichenden Rückzugs- und Schutzraum boten, um unbemerkt mit einer zweiten Agenda zu wirken. Dieser Umstand ist insoweit auch bei der Beurteilung der anderen Angehörigen der höheren Ministerialbürokratie heranzuziehen, als die formale Position und die dienstliche Zuständigkeit nicht notwendigerweise mit einem vollen Einverständnis mit den Zielen des nationalsozialistischen Machtapparats verbunden gewesen sein müssen.

---

71 Vernehmung Ludwig Schuster, 21. September 1946 durch Mr. Beauvais und Mr. Fleischmann, StAN Rep. 502, KV-Anklage, Interrogations, S-174.
72 Eidesstattliche Erklärung Werner Witt (Syndikus der Landesbauernkammer), 14. Dezember 1948, BArch NL Backe N 1075/9, fol. 1.
73 Zur Biographie und politischen Konzeption Schulenburgs vgl. Mommsen, Hans: Fritz-Dietlof Graf von der Schulenburg und die preußische Tradition, in: VfZ 32. Jg. 1984, S. 213–239; Heinemann, Ulrich: Ein konservativer Rebell. Fritz-Dietlof Graf von der Schulenburg und der 20. Juli 1944, München 1990 (*Heinemann, Ein konservativer Rebell*).
74 Goltz, Rüdiger Graf von der: Lebenserinnerungen, unveröffentlichtes Manuskript, Bd. 3, BArch NL von der Goltz N 1548.

3 Startbilanz und Bedeutung des Reichsernährungsministeriums im NS-System

Die herausgehobene Bedeutung des Ernährungsministeriums für das NS-System tritt bereits in dieser frühen Phase unmittelbar nach der Machtergreifung hervor. Sie ergibt sich vorrangig aus zwei Gründen: zum einen auf Grund der Bedeutung der Landwirtschaftspolitik für die nationalsozialistische Revolution, zum anderen aus dem Umstand, dass das Ineinandergreifen der Strukturen von Partei und Staat gerade in der ministeriellen Praxis und in der Personalpolitik des Reichsernährungsministeriums auf besondere Weise deutlich wird. Hitlers Diktum von Anfang Juli 1933 – „Die Partei ist jetzt der Staat geworden. Alle Macht liegt bei der Reichsregierung"[75] – lässt sich in Struktur und Herrschaftspraxis des Reichsernährungsministeriums eingehend studieren. Denn aufgrund der Parteipolitisierung tauchten in der ministeriellen Praxis bald Entscheidungsfragen und Problemstellungen auf, die ganz wesentlich auch auf die Vermischung von Ministerium und Parteidienststellen, auf die Durchdringung mit Personal der Partei und der berufsständischen Interessenvertretungen zurückzuführen waren.

Auch der konservative Staatssekretär von Rohr war nach dem Antritt von Darré bald Episode. Der privatdienstliche Austausch zwischen den beiden Nationalsozialisten Darré und Backe – letzterer agierte jetzt schon mit dem Briefkopf eines Stellvertretenden Staatssekretärs und zeigte damit seine in sehr kurzer Zeit erworbene Machtfülle auch nach außen – belegt, wie sehr die beiden von Rohr, dem sie völliges Unverständnis vorwarfen, durch gegenseitige Kommentierung seiner Briefe ans Messer liefern wollten.[76]

Der Anspruch Darrés und seiner nationalsozialistischen Mitstreiter Backe und Willikens war ganz darauf ausgerichtet, die Beamtenschaft im Verständnis der neuen Zeit an den Zielen und Grundsätzen der nationalsozialistischen Agrarpolitik zu orientieren. Die Umstellung des Ministeriums erfolgte planvoll und verzugslos, sie war weniger mit einer großen Entlassungswelle verbunden als mit dem Versuch, zunächst den Seitenwechsel zu ermuntern und freiwillige Schritte der Beamten zu ermöglichen. Wie die Korrespondenz zwischen Herbert Backe und R. Walther Darré zeigt, ging dies nicht ohne Probleme: „Ich sehe es im täglichen Verkehr, wie unsicher die Unseren hier noch sind und das kann ja uns nicht Wunder nehmen. In einem Jahr wird es schon anders sein. Die Beamten, die auf unserer Seite sind, werden also in einen Konflikt kommen, dem sie nicht gewachsen sein werden. Es wird zu einer Heimlichtuerei und Spitzelei kommen, die für ein Arbeiten unerträglich ist."[77]

---

75 Völkischer Beobachter vom 8. Juli 1933.
76 Brief Backe an Darré, 2. August 1933: „Anbei den Brief des Herrn v. Rohr zurück. Es ist beinahe unfasslich, dass er Ihnen diesen Brief schreibt, da er von einer völligen und nicht zu überbietenden Verständnislosigkeit gegenüber dem Backe-Problem spricht." (BArch NL Darré N 1094 II/20).
77 Ebd.

Aus jenen Zeilen geht freilich der Anspruch Darrés und Backes deutlich hervor, den Personalkörper des Ministeriums auf Parteilinie bringen zu wollen, ohne dabei die Leistungsfähigkeit des Ministeriums, die traditionellen ministeriellen Strukturen, das Arbeiten in ausgeprägten Hierarchien und das von Weisung, Ressortabstimmung und Ministervorlagen geprägte ministerielle Tagesgeschäft aus dem Lot bringen zu wollen. Erfahrene Beamte, wie beispielsweise Ministerialrat Harmening, der über keine parteipolitische Bindungen verfügte und in späteren Jahren mehr oder weniger unumwunden als Gegner der Nationalsozialisten auf den Plan trat, von Backe bei dessen Beauftragung mit der Wahrnehmung der Geschäfte deshalb auch 1942 abgelöst werden sollte, erhielt schon bald nach der nationalsozialistischen Machtübernahme zu dem von ihm verantworteten Entschuldungsreferat auch das Referat Reichserbhofgesetz, weil Darré argumentierte, dass er eine Stelle haben müsse, die mit Preußen Fühlung aufnehmen könne.[78] Es passt in dieses Bild, dass die Frage der NSDAP-Mitgliedschaft für die Angehörigen des Ministeriums zunächst nicht zwingend gewesen ist, auch wenn davon auszugehen ist, dass Darré auf Grund seiner ausgeprägten ideologischen Prägung und der – zu diesem Zeitpunkt noch bestehenden – persönlichen Freundschaft mit dem Reichsführer SS, Heinrich Himmler, im Bestreben, an der Spitze eines nationalsozialistischen Vorzeigeministeriums zu stehen, besonders erpicht war, möglichst viele seiner Beamten in Partei und SS aufgenommen zu sehen. Ludwig Schuster etwa gibt an, dass es trotz seiner ministeriellen Karriere – er war über lange Jahre Referatsleiter und bei Kriegsende Unterabteilungsleiter – durch Standfestigkeit, hartnäckiges Weigern und couragiertes Entgegenhalten dennoch gelingen konnte, um den Eintritt in die Partei einen Bogen zu machen.[79] Und der Landwirtschaftsreferent des SD sollte noch in der Schlussphase des Dritten Reiches eine larmoyante Klage über die – aus der Sicht des strammen NS-Parteigängers so empfundene – „politische Unzuverlässigkeit" des Ministeriums und seiner Beamtenschaft anstimmen, als er an SS-Sturmbannführer Brandt schrieb: „Die Masse des Ministeriums bestehe noch immer aus Katholiken und politisch sehr indifferenten Männern. Die im Ministerium tätigen Adeligen böten in ihrer Haltung im Allgemeinen das Bild typischer Reaktion."[80]

Auch wenn diese Perspektive eine gefärbte Sicht durch die nationalsozialistische Brille darstellt, bei der vor allem Verdruss darüber mitschwingt, dass es in über zehn Jahren nationalsozialistischer Führung versäumt worden sei, die Maßstäbe der Bewegung an den Ministeriumskörper anzulegen, so legen verschiedene Zeugnisse hochrangiger Ministerialbeamter die Schlussfolgerung nahe, dass es durchaus Wege gab, ohne Parteibuch die zwölf braunen Jahre im Ernährungsministerium politisch unbeschadet überstehen zu können. Dies erscheint umso bemerkenswerter, als die Leitung des Ministeriums seit Ende 1933 durchgängig in der Hand von überzeugten

---

78 Brief Backe an Darré, 2. August 1933, ebd.
79 Vernehmung Ludwig Schuster, 21. September 1946, StAN Rep. 502, KV-Anklage, Interrogations, S-174.
80 Backhaus an Brandt, 19. September 1944, BArch NS 19/3122.

Nationalsozialisten gelegen hatte und mit dem Reichsnährstand eine bäuerliche Interessenvertretung in die ministeriellen Strukturen integriert war, deren zumeist junge Mitarbeiter nicht im Verdacht standen, zur politischen Neutralität zu neigen. Schließlich sollte die enge Verzahnung – nicht selten in Personalunion – von einzelnen Abteilungen des Ministeriums mit anderen nationalsozialistischen Einrichtungen, dem Rasse- und Siedlungshauptamt etwa oder dem Reichskommissar für die Festigung deutschen Volkstums, dazu führen, dass Exponenten der SS – so etwa Kurt Kummer oder Ferdinand Hiege – als Abteilungsleiter gerade in späteren Jahren das ministerielle Arbeiten maßgeblich bestimmten.[81]

4 Der Personalkörper des Ministeriums

Bei Beamtenernennungen und der Rekrutierung von neuem Ministeriumspersonal standen – jedenfalls in den Anfangsjahren – auch weiterhin fachliche Gesichtspunkte im Vordergrund, wie aus einem vom Reichs- und Preußischen Innenminister Frick auch im Namen des Reichs- und Preußischen Ernährungsministers Darré verfassten Schreiben an die „außerpreußischen" Landesregierungen hervorgeht, das der Anwerbung von geeigneten Entsandten zur Deckung des in beiden Ministerien offenkundig vorherrschenden Bedarfs an Nachwuchskräften dienen sollte.[82] Das Preußische Ministerium für Landwirtschaft, Domänen und Forsten als eine mit Fachleuten besetzte Fachbehörde verfüge über keinen eigenen Unterbau. Es war deshalb gang und gäbe, bei der Besetzung freigewordener Stellen auf erprobte Beamte der preußischen Landwirtschaftskammern zurückzugreifen.[83]

Zunächst waren mit dem Dienstantritt Darrés als Reichsernährungsminister größere Veränderungen im Personalkörper des Ministeriums ausgeblieben. Das prominenteste „Opfer" – jedenfalls wenn man dessen publizistischer Selbststilisierung folgt – bildete Staatssekretär Hansjoachim von Rohr, der im September durch Herbert Backe, der als Kommissar z.b.V. mit Darré ins Ministerium eingezogen war, ersetzt worden war. Damit endete für Backe jener Übergangszustand, den er bei seiner Ankunft im Ministerium vorfand und der ihn sichtbar irritiert hatte.

Der langjährige Leiter der für Ernährungsfragen und Landwirtschaftspolitik zuständigen Abteilung II, Ministerialdirektor Alfons Moritz, bezeichnete Darré und Backe im Rückblick der Nürnberger Verhöre als „Nebenbuhler" und hegte Zweifel, dass ihnen zum Zeitpunkt der Machtübernahme ein fertiger Organisationsplan vor-

---

81 Vgl. dazu S. 189 ff. und S. 220 dieses Beitrages.
82 Der Reichs- und Preußische Minister des Inneren, Frick, zugleich im Namen des Reichs- und Preußischen Ministers für Ernährung und Landwirtschaft an die Landesregierungen der außerpreußischen Länder, Berlin, den 5. September 1935, BArch NL Darré N 1094 II/20.
83 Aufzeichnung Darré, Bad Harzburg 1. Dezember 1951, BArch NL Darré N 1094 I/4.

gelegen habe.[84] Doch die Kunst der Improvisation, auch die propagandistische Indienstnahme der getroffenen Entscheidungen zu grundsätzlichen und außergewöhnlichen Weichenstellungen war im nationalsozialistischen Herrschaftssystem ausgeprägt. Wenn gleichwohl die im Ernährungsministerium in der kurzen Zeitphase 1933/34 getroffenen Entscheidungen einen agrarpolitischen Kurswechsel eröffneten, ist dies wohl zuerst auch dem Zusammenspiel des Ministers mit seinem designierten Staatssekretär Backe zu verdanken, die zwar beide zum Zeitpunkt des Antritts im Ministerium über keinen „Masterplan", aber doch wohl über ausgefeilte und sich in ihrer Wirksamkeit nachhaltig entfaltende Vorstellungen verfügten.

Was sich nach dem Amtsantritt von Darré zunächst als eine harmonische nationalsozialistische Arbeitsmannschaft im Ministerium präsentierte, zeigte indes bald schon Risse hinter der scheinbar dynamischen Fassade. Die für die Ministeriumsarbeit der späteren Jahre so bezeichnende Entfremdung zwischen Minister und Staatssekretär hatte sehr früh eingesetzt. Sie ist wohl auch auf die persönlichen Prioritäten von Darré zurückzuführen, der sich sehr bald schon vor allem in der Rolle des Theoretikers und Agrarpublizisten gefiel und die ministeriellen Aufgaben nach von ihm selbst gesetzten, sehr eigenwilligen Schwerpunkten erledigte. Backe warf Darré im Rückblick aus der unmittelbaren Nachkriegszeit vor allem vor, nicht hinreichend bei Hitler – wohl aus Furcht, sich bei den Nachfragen nicht kompetent genug äußern zu können – vorstellig geworden zu sein und damit falschen Einflüsterern in der Landwirtschafts- und Ernährungspolitik am Hofe Hitlers Tür und Tor geöffnet zu haben: „Ich fühlte mich in der Lage eines Vorstandsmitgliedes eines großen Betriebes", so schrieb Backe in seinem „Großen Bericht" ernüchtert, „das jahrelang keine Entlastung durch das höchste Aufsichtsorgan findet. [...] Ich fand mich zwischen zwei Mühlsteinen: der mit Recht fordernden Landwirtschaft, die eine Erzeugungsschlacht gemäß meiner Anordnung schlug, und der Unmöglichkeit, dafür Interesse bei Hitler zu wecken, zumal die gigantischen Baupläne, Autobahnen usw. uns Menschen nahmen – wir verloren seit 1933 rund anderthalb Millionen durch Landflucht."[85]

Auch Werner Willikens, der zweite Staatssekretär des Hauses, hatte ein schwieriges persönliches Verhältnis zu Darré, der zwischenzeitlich mehrmals seine Ablösung verlangt hatte, weil er wegen eines ministeriellen Vorgangs mit Willikens in Streit geraten war und es seinem Staatssekretär zudem übel nahm, dass dieser sich als Kriegsfreiwilliger 1940 zum Frankreichfeldzug gemeldet hatte. Als Willikens im Sommer 1940 wieder ins Ministerium zurückstrebte, wollte ihn Darré zunächst nicht zurücknehmen. „Mein persönliches Verhältnis zu Herrn Darré oder seines zu mir als Minister ist sehr schwankend gewesen,"[86] formulierte Werner Willikens im Rückblick aus dem Nürnberger Justizpalast.

---

[84] Vernehmung Alfons Moritz, 26. September 1946 durch Mr. Beauvais und Mr. Fleischmann, StAN Rep. 502, KV-Anklage, Interrogations, M-101, Interrogation 117a.
[85] Herbert Backe, Großer Bericht (wie Fn. 54), S. 20.
[86] Interrogation Willikens, 4. Dezember 1947, StAN Rep. 502, KV-Anklage, Interrogations, W-93. Willikens war von Anfang 1940 bis Spätherbst 1940 Kriegsteilnehmer, zunächst als Oberleutnant, am

Die grundlegenden Veränderungen, denen das RMEL nach 1933 ausgesetzt war – darunter die Eingliederung des Preußischen Ministeriums für landwirtschaftliche Angelegenheiten im Jahr 1935 – und ein Aufgabenzuwachs infolge kriegswirtschaftlicher Aufgaben und erweiterter Kompetenzen führten naturgemäß auch zu einem größeren personellen Aufwuchs, der sich bereits 1933/34 abzeichnete. Auch die Zahl der Abteilungen wuchs; zwischenzeitlich waren es als Höchststand zehn. So kamen etwa durch das Reichserbhofgesetz auf das Ministerium eine Reihe von Aufgaben zu, die in erheblichem Maße Personal banden, allen voran die Mitwirkung an der Entstehung und Fortbildung der Erbhofgesetzgebung. Als Folge des nach 1933 einsetzenden wirtschaftlichen Aufschwungs und im Gefolge der Aufrüstungsbemühungen der Wehrmacht kann eine zunehmende Bedeutung der Pferdezucht konstatiert werden, wie sie mit einer Intensivierung der Betriebe und einer verstärkten Verwendung von Pferden verbunden ist. Für einen signifikanten Zuwachs im nachgeordneten Bereich sorgte die nach 1933 rasch anwachsende Tätigkeit der Versuchs- und Forschungsanstalten, deren unmittelbare Verwaltung, wie diejenige der Biologischen Reichsanstalt für Land- und Forstwirtschaft in Berlin-Dahlem und Landsberg an der Warthe, der Reichsanstalt für Tabakforschung in Forchheim oder der Anstalten für Wein, Obst und Gartenbau in Geisenheim, dem Ministerium unterstand. In den Jahren 1938 und 1939 kam es zudem zu zahlreichen Neugründungen von Versuchs- und Forschungsanstalten.

Diese Entwicklungen brachten es mit sich, dass sich bei einem personellen Gesamtaufwuchs mit den Jahren insbesondere das Verhältnis zwischen dem Personalkörper des Ministeriums und dem nachgeordneten Bereich verschob, wie Übersichten über die Entwicklung der Personalverhältnisse bei den Hauptvereinigungen und Reichsstellen seit dem 1. September 1939 ergeben.[87] Im ministeriellen Aufgabenbereich im engeren Sinne waren damals 731 Personen beschäftigt, die Mehrzahl davon im Beamtenverhältnis. Im Amt des Reichsbauernführers waren 1469 Personen tätig, in den nachgeordneten Reichsstellen für Eier, Fische, Garten- und Weinbau, Getreide, Kartoffelwirtschaft, Milch und Tiere insgesamt weitere 3539 Personen. In den angegliederten oder der Aufsicht unterstehenden Organisationen – dazu zählten u. a. die deutsche Rentenbank, die Reichsland-Zentrale, die Ernährungswissenschaftliche Forschungsstelle und die Siedlungsbank – waren zudem insgesamt weitere 1405

Schluss Hauptmann im Feldartillerieregiment 8/23. Weil nach dem Frankreichfeldzug zu viele Offiziere dagewesen seien und Willikens zudem als verhältnismäßig alt galt, ging er wieder freiwillig zurück ins Ministerium. „Er hat es mir es sehr übelgenommen, dass ich mich, ohne ihn zu fragen, freiwillig gemeldet habe."

87 Die nachfolgenden Angaben orientieren sich an den Vermerken und der statistischen Nachweisung der Personalverhältnisse bei den Reichsvereinigungen und -stellen 1939 und 1944, insbesondere der Aufzeichnung „Entwicklung der Personalverhältnisse bei den Reichsvereinigungen und Reichsstellen seit dem 1. September 1939", wie sie sich in der Sachakte BArch R 3601/3004 „Einberufungen und uk-Stellungen von Angehörigen des Ministeriums, Zugehörigkeit zur SS – Personallisten und Statistiken 1941–1945" findet.

Personen beschäftigt. Die Mitarbeiterzahl der Forschungsanstalten belief sich insgesamt auf 2066 (darunter Klosterneuburg, Geisenheim, Dahlem, Forchheim, Admont). Damit lag der Anteil des ministeriellen Personals (731) bei weniger als 10 Prozent der Gesamtzahl von 10 950 Personen. In Wehrüberwachung befanden sich davon im Jahr 1943 über 80 Prozent.

Betrachtet man die kriegswirtschaftliche Kräftebilanz, so fällt zunächst der hohe Ausschöpfungsgrad im Bestand der Schlüsselkräfte in den land- und ernährungswirtschaftlichen Betrieben auf, der gleichwohl zu immer neuen Begehrlichkeiten des OKW geführt hat, weitere bestehende uk-Stellungen aufzuheben.[88] Während sich die Zahl der im Ministerium im höheren Dienst Beschäftigten – ohne die zum Wehrdienst Eingezogenen, jedoch einschließlich der Arbeitsurlauber – auf 144 belief (Stand 31. Mai 1943), war sie im Folgejahr (Stand 31. Mai 1944) bereits auf 132 gesunken. Davon waren weit über zwei Drittel, nämlich 101 Mitarbeiter, uk-gestellt, und die Zahl der zu jener Zeit Kriegsdienstleistenden – zuzüglich der Gefallenen, im Wehrdienst Verstorbenen, Vermissten oder Kriegsgefangenen – belief sich auf 73. Im gehobenen Dienst war der Anteil der Kriegsdienstleistenden noch geringer als im höheren Dienst. Die Gesamtzahl war auch hier mit über 10 Prozent zwischen dem Bezugsjahr 1943 (Stichtag 31. Mai) und dem Bezugsjahr 1944 (Stichtag 31. Mai) rückläufig. Der Gesamtanteil der uk-Stellungen im gehobenen Dienst (Stand 31. Mai 1944) war mit 65 von 113 im Verhältnis zwar niedriger als in der Vergleichsgruppe im höheren Dienst, doch mit 37 Angehörigen, die sich zu jenem Zeitpunkt im Wehrdienst befanden oder gefallen waren, war auch der Anteil der Kriegsteilnehmer im Verhältnis zum Personalkörper dieser Bezugsgruppe geringer. Mit Stand 12. Mai 1943 belief sich die Zahl der einberufenen Beamten und Angestellten des höheren Dienstes bereits auf 72 und diejenige der Beamten und Angestellten des gehobenen, mittleren und einfachen Dienstes auf 144. Dabei war der überwiegende Teil zur Wehrmacht eingezogen (201 von 216, sowie 65 von 72 bzw. 136 von 144), wohingegen die Gruppe, die beim Wirtschaftsstab Ost kriegsdienstverpflichtet war, mit insgesamt 15 Personen (davon 7 im höheren sowie 8 im gehobenen, mittleren und einfachen Dienst sowie als Arbeiter) nicht nennenswert ins Gewicht fiel.

Wenn man die Gruppe der mit Stand vom 31. Mai 1944 kriegsdienstleistenden oder im Kriegseinsatz gefallenen bzw. kriegsgefangenen Ministeriumsangehörigen weiter aufschlüsselt, so bildet auch hier die Gruppe der Angehörigen des höheren Dienstes mit 73 Personen und einem Anteil von über 60 Prozent die Hauptgruppe. Die Frage der uk-Stellungen mit Blick auf die Beschäftigten im landwirtschaftlichen Bereich hat während des gesamten Kriegsverlaufes immer wieder zu heftigen Diskussionen zwischen dem Ministerium und den anfordernden Dienststellen der Wehrmacht geführt. Es wurde dabei insbesondere auf die im Vergleich mit andern Berufsgruppen hohe

---

88 Vgl. zum folgenden die Übersicht „Gesamtzahl der männlichen Gefolgschaftsmitglieder im REM und den nachgeordneten Dienststellen (Stand: 1.4.1943) sowie die Übersicht „Kriegswirtschaftliche Kräftebilanz", die die beschäftigten Arbeitskräfte nach Beschäftigungsgruppen einteilt und als Vergleichszeiträume den Stand vom 31. Mai 1943 sowie vom 31. Mai 1944 erhoben hat. (Ebd.)

Einberufungsquote der in der Landwirtschaft Beschäftigten verwiesen. Damit kontrastiert der ministerielle Bereich und in einem noch deutlicheren Maße die Entwicklung bei den nachgeordneten Hauptvereinigungen und Reichsstellen. Im Wehrdienst befanden sich (Stand 31. Mai 1943) lediglich 782 „Gefolgschaftsmitglieder" – so der damalige Terminus technicus – der Hauptvereinigungen (im Vergleich dazu belief sich die Gesamtzahl der männlichen und weiblichen „Gefolgschaftsmitglieder" auf 1733 Personen). Nicht viel besser sah es bei den Reichsstellen aus, hier befanden sich im Kriegsdienst (mit Stand 31. Mai 1943) 1438 „Gefolgschaftsmitglieder", wobei sich die Personalzahl der Gesamtgefolgschaft zu jener Zeit noch immer auf 2803 Personen belief und dabei schon gegenüber dem „Friedensstand" vom 1. September 1939 mit 4923 deutlich geschrumpft war.

Wie hoch die Durchdringung des Ministeriums mit Angehörigen von Partei und SS gewesen ist, wird insbesondere auch daraus ersichtlich, dass im Jahr 1943 alle neun Abteilungsleiter NSDAP-Mitglieder waren und zum Teil hohe SS-Ränge bekleideten. Ministerialdirektor Alfons Moritz, der im gesamten Zeitraum 1933 bis 1945 die für ernährungswirtschaftliche Fragen zuständige Abteilung II leitete, firmierte dabei lediglich als förderndes Mitglied der SS, und er war zudem am spätesten, nämlich erst 1938, in die NSDAP eingetreten. Die im Rahmen dieser Studie ausgewerteten Dienstalterskarteien der Ministerialdirektoren, Ministerialdirigenten und Ministerialräte 1938 bis 1944, die Dienstalterskartei der Oberregierungsräte und Regierungsräte des RMEL 1938 bis 1944 und die Karteikarten der ausgeschiedenen und verstorbenen Beamten und Angestellten lassen in ihrer summarischen Bewertung in der Tendenz folgende Aussagen zu: Der Anteil der konfessionell gebundenen Angehörigen des RMEL war über den Gesamtzeitraum 1933–1945 tendenziell rückläufig, ist aber in der Summe immer noch relativ hoch geblieben.[89] Mehr als die Hälfte der höheren Ministerialbeamten waren evangelischer Konfession. Selbst der geschäftsführende Minister, Staatssekretär Backe, ist erst 1942 – als er mit der Wahrnehmung der Aufgaben des Ministers beauftragt wurde – aus der evangelischen Kirche ausgetreten.[90] Der

---

89 Leider ist keine vollständige Liste des Personals des RMEL erhalten geblieben. Für diese Studie wurden alle verfügbaren Akten der Bestandsgruppe R 3601 ausgewertet. Die nachfolgenden Angaben orientieren sich dabei insbesondere an den Akten BArch R 3601/3403 „Stammliste der Angestellten des höheren Dienstes"; R 3601/3405 „Dienstalterliste der Beamten des höheren Dienstes des Preußischen Ministeriums für Landwirtschaft, Domänen und Forsten: 1918–1929"; R 3601/3406 „Dienstalterliste der Beamten des höheren Dienstes des Preußischen Ministeriums für Landwirtschaft, Domänen und Forsten 1925–1936"; R 3601/3407 „Personalkartei des RMEL: Bd. 1: Staatssekretäre, Ministerialdirektoren, -dirigenten und -räte 1938–1944"; R 3601/3410 „Karteikarten der ausgeschieden und verstorbenen Beamten und Angestellten"; R 3601/3413 „Verzeichnis der höheren Beamten: Verschiedene Personalübersichten 1919–1944 (u.a. Gehaltsliste der höheren Beamten, ca. 1939; Urlaubslisten der höheren Beamten, 1943/1944)".
90 Die in der Dienstalterskartei der Ministerialdirektoren, Ministerialdirigenten und Ministerialräte 1938–1944 befindliche und bis ins Jahr 1944 nachgezeichnete Kartei von Minister Herbert Backe gibt als Konfession weiterhin „evangelisch" an. (BArch R 3601/3407) Das Personalstammblatt aus Backes

Anteil der Ministerialräte, ebenso der Oberregierungsräte, die Mitglied der NSDAP waren, beläuft sich auf einen – aufgrund der lückenhaften Überlieferung der Personalakten nur annäherungsweise ermittelten – Wert von über zwei Dritteln. Die Bereitschaft, sich parteipolitisch zu engagieren, ist dabei mit den Jahren der nationalsozialistischen Herrschaft deutlich gestiegen. Im Vergleich dazu betrug der Anteil der Ministeriumsangehörigen im höheren Dienst, die vor 1933 eine Bindung an die demokratischen politischen Parteien angaben, weniger als zehn Prozent, wobei die DVP mit 12 Mitgliedern von 61 politisch gebundenen Beamten im Jahr 1933 den höchsten Einzelanteil verzeichnen kann. Die große Konstanz des Personalkörpers des Ministeriums wird auch daraus ersichtlich, dass die Auswertung der ausgeschiedenen Beamten keine größeren Personalbewegungen ergab. Zu den prominentesten Fällen zählen dabei Staatssekretär Hansjoachim von Rohr, der 1933 abgelöst wurde, und auch Regierungspräsident Fritz-Dietlof Graf von der Schulenburg, der am 15. August 1942 als Zentralabteilungsleiter ins Ministerium gekommen war und bereits am 30. April 1943 wieder ausgeschied.[91]

Das Reichsernährungsministerium war im Jahr 1933 in acht Stammabteilungen aufgeteilt, die durchgängig von 1933 bis Kriegsende Bestand hatten und deren Leitung – je nach Abteilung – unterschiedlich häufig wechselte; später gesellte sich eine neunte Abteilung mit der Zuständigkeit für die „eingegliederten Gebiete" hinzu.[92] Abteilung I mit der Zuständigkeit für „Allgemeine Angelegenheiten, insbesondere Personal-, Haushalts- und allgemeine Verwaltungssachen" wurde von Anfang 1933 bis Ende 1933 von Ministerialdirektor Dr. Köhler geleitet, bevor sie für das erste Halbjahr 1934 Dr. Rudolf Harmening übernahm. Zu den späteren Leitern zählten (Frühjahr 1935 bis Frühjahr 1937) mit Ministerialdirektor Dr. Saure und (von Frühjahr 1938 bis 1941) Ministerialdirektor Dr. Kummer ausgesprochene Exponenten von Partei (Saure) und SS (Kummer). Von 1941 bis zu seinem Ausscheiden aus dem Ministerium 1942 wiederum hatte Ministerialdirektor Rudolf Harmening erneut die Verantwortung für die Abteilung. Ihm folgte mit Regierungspräsident Fritz-Dietlof Graf von der Schulenburg bis Frühjahr 1943 ein ausgesprochener Gegner des NS-Systems, der 1944 wegen seiner Beteiligung am Staatsstreichversuch vom 20. Juli hingerichtet wurde, und schließlich Unterstaatssekretär Anton Reinthaller. Die Abteilung II „Erzeugungs- und Ernährungspolitik" befand sich durchgängig in der Verantwortung von Ministerialdirektor Dr. Alfons Moritz. Die Zuständigkeit für die Abteilung III (Gestütwesen und Pferdezucht) hatte zunächst Dr. Kurt Kummer als Angestellter, dann Oberstallmeister Dr. Seyffert. Abteilung IV („Bauern- und Bodenrecht, Volkswirtschaft und Kreditwesen, Entschuldung") wurde bis Mai 1942 von Rudolf Harmening in Personalunion mit Abteilung I geführt, nach

---

SS-Akte ist hier präziser: Es verzeichnet beim Eintrag „Religion" („ev, ggl. 42") den Zeitpunkt des Kirchenaustritts. (BArch R 9361-III/515106).
91 Vgl. dazu Personalkarteikarte Fritz-Dietlof Graf von der Schulenburg, BArch R 3601/3410: Karteikarten der ausgeschiedenem und verstorbenen Beamten und Angestellten.
92 In der Bezeichnung der Abteilungen wird Emig, Kurt: Das Reichsministerium für Ernährung und Landwirtschaft, Berlin 1939, S. 8 gefolgt.

Harmenings Ablösung u. a. von Ministerialdirektor Dr. Lorenz. Abteilung V („Zoll- und Handelspolitik") unterstand bis 1935 Ministerialdirektor Dr. Köhler, anschließend Ministerialdirektor Dr. Walter. Die Verantwortlichkeiten für die Abteilungen VI „Wasserwirtschaft und Landeskultur (angegliedert: Landesanstalt für Gewässerkunde und Hauptnivellements)", und VII „Reichsverwaltung des staatlichen Grundbesitzes" (Domänen) wechselten häufig. Abteilung VIII für „Neubildung deutschen Bauerntums (angegliedert: Reichsstelle für Umsiedlung sowie Arbeitsgemeinschaft zur Förderung des Landwirtschaftlichen Bauwesens)" wurde zunächst von Ministerialdirektor Dr. Runde, anschließend von Ministerialdirektor Dr. Kummer, und nach dessen Einberufung zur Wehrmacht von Ministerialdirektor Lauenstein bis Frühjahr 1942 geführt. Mit der Beauftragung von Staatssekretär Backe mit der Wahrnehmung des Geschäftsbereichs und der damit verbundenen Beurlaubung Darrés wurde diese Abteilung dem Exponenten der SS, Hiege, der gleichzeitig Abteilungsleiter beim Reichskommissar für die Festigung deutschen Volkstums im Ausland, Heinrich Himmler, war, übertragen. Backe persönlich hatte Lauenstein seine Ablösung mit der Ankündigung, er sei für die Partei untragbar, eröffnet. Abteilung IX „Eingegliederte Gebiete und Protektoratsgebiete" war ursprünglich 1938 zur Koordinierung von Verwaltungsaufgaben in den neu hinzugekommenen Gebieten der „Ostmark" und des Sudetenlandes gebildet worden und hatte bis 1943 Bestand. Rudolf Harmening hatte sie in Personalunion mit der von ihm verantworteten Abteilung I übernommen.

Im Innenverhältnis der beiden Staatssekretäre zueinander war rasch klar, dass die grundsätzlichen, vorrangig politischen Themen bei Backe ressortierten und Willikens – in der Zuspitzung seines Referats- und Unterabteilungsleiters Schuster „eine gehobene Null"[93] – sich mit den Abteilungen zufrieden geben musste, die nicht bei Backe ressortierten. Auch wenn die Zuständigkeiten der beiden Staatssekretäre im Laufe der Jahre wiederholt wechselten, behielt doch Backe immer die „politischeren" Ressorts. Die Zuständigkeit für Abteilung II – Erzeugungs- und Ernährungspolitik – verblieb ohnehin die ganze Zeit des Dritten Reiches in seiner Hand. Bei Willikens als Staatssekretär verblieben grosso modo die Zuständigkeiten für die Abteilungen I (Verwaltung, Personalien, Haushalt), VI (Bauern- und Bodenrecht, Pachtrecht, Erbhofrecht, Grundstücksverkehrsrecht), VII (Domänen) sowie VIII (Siedlung, Landeskultur, Bergbauernhöfe). Backe unterschied sich in seinem Arbeitsstil und seinem methodischen Vorgehen, auch in seinem Verständnis für Politik grundlegend von Willikens, und er war zudem das genaue Gegenteil seines Ministers, nach dem Urteil des Ministeriumsmitarbeiters Schuster ein „kolossaler Arbeitsmensch, der alle Fragen mit einer ungeheuren Intensität angriff, guter Landwirt, er hatte einen eigenen Hof, eine eigene Pachtung, ein Mann, der auf dem landwirtschaftlichen Gebiet etwas konnte, der die Landwirtschaft und diese Fragen verstand."[94] Mit seiner zupackenden

---

[93] Vernehmung Ludwig Schuster, 21. September 1946, StAN Rep. 502, KV-Anklage, Interrogations, S-174.
[94] Ebd.

Art, seinem Sinn fürs Administrieren, seinen klar strukturierten Dienstanweisungen, einer schier unermüdlichen Arbeitswut und der Liebe zum Detail hatte Backe schnell den Ruf erworben, die eigentlich prägende Kraft des Ministeriums zu sein. Insbesondere die frühen Jahre 1933 bis 1935 konnten so aus Sicht des Ministeriums genutzt werden, um politisch und administrativ eine Neuordnung des Agrarsektors auf den Weg zu bringen und Rang und Bedeutung des eigenen Hauses im Gefüge des nationalsozialistischen Herrschaftssystems zu festigen bzw. auszubauen.

Nur nach außen hin indes war das Verhältnis zwischen dem Minister und seinem nationalsozialistischen Weggefährten Backe ungetrübt. Die privatdienstliche Korrespondenz gibt tiefe Einblicke in die Machtgeometrie des Ministeriums zum Zeitpunkt der Übernahme durch Darré. Erst wenige Wochen im Amt und quasi am Ziel seiner Wünsche, reflektierte Darré in einem Schreiben an Backe aus seinem Sommererholungsaufenthalt in Wörishofen, dass für ihn (Darré) „das strategische Bild" sich restlos zu klären beginne, „sowohl was die Einstellung anbetrifft als auch die Stellungen der Gegner". Er sei sich innerlich unsicher geworden, da das strategische Ziel, um das er seit Jahren gekämpft habe, „die Eroberung der Staatsmittel" sei, er aber sich über die weitere Lage nicht im Klaren sei. Ausdrücklich bat er darum, dass Backe ihm nach Wörishofen am Samstag, dem 19. August 1933, entgegenfahren und ihn für seine Rückkehr in den Dienst am 21. August briefen möge. „Betreffend R(ohr) bin ich vollkommen Ihrer Meinung, nur mir noch nicht über den Zeitpunkt im Klaren, wann ich das Torpedo abschießen soll. Er ist bei der Einbringung des Erbhofgesetzes im Reichskabinett eine Rückenstärkung gegenüber der anderen Seite. Wenn er nicht mehr da ist, werden bestimmt alle Widerstände der anderen Seite gegen unsere Seite größer. Es ist also einfach abzuwägen, wo der größere Nachteil liegt. Und für alle Fälle bitte ich Sie, sich klarzumachen, ehe Sie hierherkommen, welche Möglichkeiten ich in der Hand habe, um für die Übergangszeit, bis er fällt, verhindern zu können, dass Unheil geschieht."[95]

5 Grundüberlegungen der Neuaufstellung der nationalsozialistischen Agrarpolitik

Die Neuausrichtung der deutschen Landwirtschaft, die sich im Wesentlichen in den Jahren 1933/34 vollzogen hatte, folgte eng den Grundsätzen des Agrarprogramms der NSDAP, wie es in den parteiamtlichen Kundgebungen über die Stellung der NSDAP zum Landvolk und zur Landwirtschaft vom 6. März 1930 zusammengefasst ist: „Wir erkennen nicht nur die überragende Bedeutung des Nährstandes für unser Volk, sondern sehen im Landvolk den Hauptträger völkischer Erbgesundheit, den Jungbrunnen des Volkes und das Rückgrat unserer Wehrkraft [...] Die Erhaltung einer leistungsfähigen, im Verhältnis zur wachsenden Gesamtvolkzahl auch zahlenmäßi-

---

[95] Darré an Backe, Bad Wörishofen, 5. August 1933, BArch NL Darré N 1094 II/20.

gen entsprechend starken Bauernschaft bilden einen Grundpfeiler der nationalsozialistischen Politik."[96]

Aus der Sicht Darrés stellte sich die Lage bei seinem Amtsantritt wie folgt dar: „Als ich am 29. Juni 1933 das Reichsministerium für Ernährung und Landwirtschaft übernahm, herrschte auf dem ganzen Gebiet der Siedlungspolitik eine große Unübersichtlichkeit, da sowohl die landwirtschaftliche als auch die Stadtrandsiedlung unter dem Begriff ‚Siedlung' verstanden wurden. Um hierin erst einmal meinem Ressort die Zuständigkeit auf allen Gebieten der landwirtschaftlichen Siedlung sicherzustellen und um gegenüber dem Begriff der Stadtrandsiedlung einen einprägsamen Begriff zu schaffen, wurde von mir das Gesetz über die Neubildung deutschen Bauerntums im Kabinett eingebracht, welches in seiner letzten Sitzung vor den Ferien, am 14. Juli 1933, verabschiedet worden ist."[97] Ziel dieser „Neubildung deutschen Bauerntums" war es, folgt man Darré, durch „Aufzüchtung" und „Aufnordung" des Volkskörpers „ein neues Volk zu schaffen". Der Wortlaut dieser Begriffe führte indes zu Missverständnissen, die im Nachhinein wiederholt korrigiert werden mussten.

Auch Backe, wie eine mit roter Tinte verfasste handschriftliche Marginalie zur Notiz von Darré und ein Fragezeichen am Rande zu dessen entsprechenden Ausführungen zeigen, beanspruchte seinerzeit, den Begriff „Neubildung deutschen Bauerntums" vorgeschlagen zu haben.[98] Die gesetzlichen Grundlagen, die eine Neuorganisation der Landwirtschaft nach den Vorstellungen Darrés ermöglichen sollten, wurden durch das 14 Tage nach Darrés Amtsantritt erlassene „Gesetz über die Zuständigkeit des Reiches für die Regelung des ständischen Aufbaus der Landwirtschaft" vom 15. Juli 1933 geschaffen.[99] Dieses Gesetz legte insbesondere fest, dass die öffentlich-rechtlichen und die freien wirtschaftlichen Berufsvertretungen der Landwirtschaft ebenso wie die Verbände landwirtschaftlicher Genossenschaften und die Vertretungen des Landhandels „bei der Durchführung der Vorarbeiten auf Erfordern des Reichsministers für Ernährung und Landwirtschaft Hilfe zu leisten" hätten. Auf dieser Grundlage konnte dann am 13. September 1933 das „Gesetz über den vorläufigen Aufbau des Reichsnährstands und Maßnahmen zur Markt- und Preisregulierung für landwirtschaftliche Erzeugnisse" erlassen werden.[100]

So wie das agrarpolitische nationalsozialistische Gesetzeswerk der Jahre 1933/34 – Gesetz zur Neuordnung des deutschen Bauerntums, Reichserbhofgesetz, Reichsnährstandgesetz – als Einheit zu betrachten ist, so ist der in der Neuordnung von Anfang an angelegte siedlungspolitische Gedanke aufs engste mit dem Wirken des Reichsnährstands verbunden. Das Reichsnährstandgesetz sicherte Darré weitgehende

---

96 Erstes Agrarprogramm der NSDAP vom 6. März 1930.
97 Aufzeichnung Darré vom 17. Juli 1940, BArch NL Backe N 1075/9.
98 Marginalie Backe „Ist von mir vorgeschlagen worden!" zur Notiz Darrés vom 17. Juli 1940, die im Durchdruck „Herrn StS Backe m.d.B. um Kenntnisnahme" zugeleitet worden war. (BArch NL Backe N 1075, Bd. 9.)
99 Reichsgesetzblatt Teil I, 1933, S. 495.
100 Ebd., 1933, S. 626.

Vollmachten zu und schuf die Verbindung des Neuaufbaus einer ständisch gegliederten Interessenvertretung mit ministeriellen Aufgaben.[101] Der Reichsnährstand ist als Einheitsorgan der Beweis dafür, wie rasch und umfassend die Gleichschaltung der land- und ernährungswirtschaftlichen Institutionen nach der Machtergreifung gelungen ist. Die Auflösung der landwirtschaftlichen Organisationen war von Darré und seinen Mitstreitern in bemerkenswert kurzer Zeit vollzogen worden und war durch die schon seit längerem als Kraftfeld wirkenden Einheitsbestrebungen wirksam vorbereitet worden. Gleichwohl ist das Urteil von Horst Gies, dass das Gesetz über den vorläufigen Aufbau des Reichsnährstands und Maßnahmen zur Markt- und Preisregelung vom 13. September 1933 eine „Art legislativen Handstreichverfahren(s)" gewesen ist, zutreffend.[102] Formaljuristisch war der Reichsnährstand eine Selbstverwaltungskörperschaft des öffentlichen Rechts, wie Darrés Mitarbeiter Reischle und Saure schreiben, „die erste öffentlich-rechtliche anerkannte Selbstverwaltungskörperschaft der neuen deutschen Wirtschaft ..., in welcher die ungeheure Vielzahl der bisher vorhandenen Interessenorganisationen zur Ein- und Angliederung gekommen ist."[103] Mit dieser ehrgeizigen Zielsetzung verband sich der Anspruch, den industriellen Interessenvertretungen ein gleichwertiger Partner zu sein. In Paragraph 4 des Gesetzes wurde dem Reichsminister für Ernährung und Landwirtschaft eine „Eingriffs- und Aufsichtsbefugnis" zugestanden, die die Markt- und Preisregelung für alle landwirtschaftlichen Erzeugnisse ermöglichen sollte. Der Umstand, dass die Führung des Reichsministeriums und des Reichnährstands in einer Hand lagen, bedeutete eine

---

101 Eine zeitgenössische Sicht auf den Reichsnährstand bietet: Reischle/Saure, Reichsnährstand; zur Einordnung des Reichsnährstandgesetzes nach wie vor Frank, Claudia: Der „Reichsnährstand" und seine Ursprünge. Struktur, Funktion und ideologische Konzeption, Diss. Hamburg 1988 (*Frank, Reichsnährstand*); sowie grundlegende Aufsätze von Horst Gies: ders., Der Reichsnährstand – Organ berufsständischer Selbstverwaltung oder Instrument staatlicher Wirtschaftslenkung? in: Zeitschrift für Agrargeschichte und Agrarsoziologie, 21. Jahrgang, 1973, S. 216–233 (*Gies, Reichsnährstand*); ders., Revolution oder Kontinuität? Die personelle Struktur des Reichsnährstands, in: Franz, Günther (Hg.): Bauernschaft und Bauernstand 1500–1970, Büdinger Vorträge 1971–72, Limburg/Lahn 1975, S. 323–330; ders., Die Rolle des Reichsnährstands im nationalsozialistischen Herrschaftssystem, in: Hirschfeld, Gerhard/ Kettenacker, Lothar (Hgg.): Der „Führerstaat". Mythos und Realität. Studien zur Struktur und Politik des Dritten Reiches, Stuttgart 1981, S. 270–304 (*Gies, Rolle*); zum Verbleib der Reichsnährstandsangehörigen in der Bundesrepublik aus Ost-Berliner Sicht vgl. Herferth, Wilhelm: Der faschistische „Reichsnährstand" und die Stelle seiner Funktionäre im Bonner Staat, in: Zeitschrift für Geschichtswissenschaft (ZfG), Heft 10, 5. Jg. 1962, S. 1046–1076; der Reichsnährstand wurde erst am 21. Januar 1948 durch Alliierten Kontrollratsbeschluss endgültig aufgelöst; vgl. zur Frage der Gleichstellung der Angehörigen des Reichsnährstands mit den Berufsbeamten und der rechtlichen Bewertung des Reichsnährstands in seinen Auswirkungen auf das Rechtssystem der Bundesrepublik Sauer, Ernst: Funktions- und Rechtsnachfolge nach dem Reichsnährstand, in: Recht der Landwirtschaft (RdL), Zeitschrift für Landwirtschafts- und Agrarumweltrecht, Heft 9, 5. Jg. 1957, S. 117–120.
102 Gies, Rolle, S. 270.
103 Reischle/Saure, Reichsnährstand, S. 21.

weitere Stärkung und zielte auf die „Gleichrichtung von Staatsverwaltung und bäuerlicher Selbstverwaltung".[104]

Dem Charakter nach war der Reichsnährstand eine staatliche Behörde, seine Selbstverwaltungskompetenz durch zahlreiche rechtliche Bindungen und staatliche Funktionen beschnitten. Die von Gies zutreffend zusammengefassten einzelnen Punkte unterstreichen dies: Der Reichsbauernführer war gesetzlicher Vertreter des Reichsnährstands. Die Zugehörigkeit zum Reichsnährstand beruhte auf gesetzlichem Zwang, und er konnte zum Zweck der Markt- und Preisregelung rechtsverbindliche Regelungen auferlegen. Er war damit, so die Schlussfolgerung von Gies, de facto ein Staatsorgan.[105]

Die nationalsozialistische Agrarpolitik nutzte die Krise der Landwirtschaft zu ihrer Legitimierung und verstand es geschickt, den Gedanken der Neuorganisation der Selbstverwaltung mit einer umfassenden, in sich geschlossenen Marktordnung zu verbinden, mit der möglichst feste Preise, unabhängig von Konjunkturschwankungen, eingeführt werden sollten und die dem Ziel einer weitgehenden Reduzierung der nahrungspolitischen Abhängigkeit und Verringerung der ausländischen Einfuhren – „Nahrungsfreiheit" und „Erzeugungsschlacht" lauteten die entsprechenden Stichworte – untergeordnet war. Mit dem Zwangskartellgesetz vom 15. Juli 1933 wurde der Reichsminister für Ernährung und Landwirtschaft ermächtigt, „zum Zwecke der Marktregulierung Unternehmungen zu Syndikaten, Kartellen, Konventionen oder ähnlichen Abmachungen zusammenzuschließen oder an bereits bestehende derartige Zusammenschlüsse von Unternehmungen anzuschließen."[106] Auf dieser Grundlage konnte der Reichsernährungsminister besondere Beauftragte innerhalb der einzelnen Bezirke einsetzen und nicht nur alle Berufsvertretungen der Landwirtschaft, sondern auch alle „freien" wirtschaftspolitischen Organisationen zu Hilfeleistungen einspannen. Mit dem Gesetz vom 13. September 1933 über den vorläufigen Aufbau des Reichsnährstands und Maßnahmen zur Markt- und Preisregulierung für landwirtschaftliche Erzeugnisse wurden nach dem Vorbild des Zwangskartellgesetzes weitreichende Ermächtigungen auf dem Gebiet der Agrarpolitik ermöglicht. Die Preisfestsetzung war damit zunächst auch ohne die Regelung der Erzeugung möglich. Noch nie in der Geschichte war zudem eine Interessenvertretung mit derart weitreichenden Befugnissen ausgestattet gewesen wie der Reichsnährstand. Seine informelle Stärke ergab sich auch und vor allem aus dem Umstand, dass die Verwobenheit mit dem Ministerium von außen praktisch nicht einsehbar war. Das Selbstbewusstsein, das etwa aus dem Traktat Hermann Reischles über „Die Technik der Wirtschaftslenkung

---

104 Häberlein, Ludwig: Verhältnis von Staat und Wirtschaft mit besonderer Hervorhebung der Selbstverwaltung des Reichsnährstandes und der landwirtschaftlichen Marktordnung, 2 Bände, Berlin 1938 (*Häberlein, Verhältnis*), Bd. 2, S. 50.
105 Vgl. Gies, Rolle, S. 274 f.
106 Gesetz über die Einrichtung von Zwangskartellen vom 15. Juli 1933, aufgehoben durch Befehle der Zonenbefehlshaber im Jahr 1945, http://www.verfassungen.de/de33-45/zwangskartelle33.htm.

durch den Reichsnährstand"¹⁰⁷ herauszulesen ist, spricht Bände. Die Einwände, die gegen die dirigistische Marktordnung vorgebracht wurden, wurden in Bausch und Bogen zurückgewiesen und „liberalen Theoretikern und Praktikern" zugeschrieben: „Wir haben uns um diese Einwände nicht gekümmert, sondern die landwirtschaftlichen Märkte nach gesamtwirtschaftlichen Gesichtspunkten aufgebaut, geordnet und gelenkt. Wir hielten uns nicht an die Theorien der Vergangenheit, sondern an den gesunden Menschenverstand und die uns vom Führer gesetzte Aufgabe, das Bauerntum zu retten."¹⁰⁸

Beide grundlegenden Gesetze waren Ordnungsgesetze und schufen damit die Fundamente für eine Marktordnung, die bereits der späteren Kriegsernährungswirtschaft entgegenarbeiten sollte und die zudem von der Herstellung über die Verarbeitung bis zum Handel in syndikatsähnlichen Zusammenschlüssen die Landwirtschaft nach planwirtschaftlichen Grundsätzen organisierte. Zusammen mit dem ideologisch überhöhten nationalsozialistischen Bild vom Bauerntum verbanden sie sich zu einem weltanschaulichen Ganzen, das Darré im Geleitwort zu dem Standwerk seines Mitarbeiters Saure zum Reichserbhofgesetz prägnant ausgedrückt hat: „Wir Nationalsozialisten sehen im deutschen Grund und Boden den Garanten einer ausreichenden Ernährung unseres Volkes, vor allen Dingen aber den gesunden Untergrund zur Erhaltung und Mehrung seines guten Blutes."¹⁰⁹

Was zunächst als eine unmittelbare Fortsetzung der Marktgesetze der Weimarer Republik erscheinen mag, diente in Wirklichkeit der Etablierung einer in sich geschlossenen neuen Marktordnung, die sich konsequent der Instrumente der Hauptvereinigungen bediente und vor dem Hintergrund des grundsätzlichen Ziels einer „Teilautarkie" für die einzelnen Wirtschafts- und Betriebszweige der Ernährungs- und Landwirtschaft Einzelziele formulierte.¹¹⁰ Vor dem Hintergrund des inneren Zusammenhangs zwischen Getreide- und Veredlungswirtschaft kann erklärt werden, dass das erste nationalsozialistische Marktordnungsgesetz das Gesetz zur Sicherung der Getreidepreise vom 26. September 1933 gewesen ist, das mit der dazugehörigen Verordnung vom 29. September 1933 und deren Ergänzung vom 28. Februar 1934 die Mindestpreise für Roggen und Weizen festsetzte.

Wie sehr die nationalsozialistische Wirtschaftsordnung in den Ideen der Plan- und Lenkungswirtschaft mit der Auffassung von der Staatsführung als Regulator des wirtschaftlichen Lebens verankert war, kann der in der Sprache der Zeit verfassten Dissertation von Häberlein entnommen werden, die sich zum Primat der Politik und einer weltanschaulichen Ausrichtung der Volkswirtschaft im autoritären Führerstaat bekannte, so wie sie auch Backe vorgeschwebt hat: Das Wirtschaftsleben wurde als

---

107 Reischle, Hermann: Die Technik der Wirtschaftslenkung durch den Reichsnährstand, Goslar 1937.
108 Ebd., S. 1.
109 Geleitwort R. W. Darrés, in: Saure, Wilhelm: Das Reichserbhofgesetz. Ein Leitfaden und Textausgabe des großdeutschen Reichserbhofrechts mit dem Wortlaut des Reichserbhofgesetzes und aller Verordnungen nebst Verweisungen, 6. neubearb. Aufl., Berlin 1941, S. 9–12, Zitat auf S. 11.
110 S. Haushofer, Heinz: Die deutsche Landwirtschaft im technischen Zeitalter, Stuttgart 1963, S. 259.

Teil der „Volksordnung" begriffen, und die tiefgreifenden strukturellen Maßnahmen wurden mit dem Ziel der Beseitigung der Agrarkrise gerechtfertigt.[111] In dem bereits erwähnten offiziösen Werk zum Reichserbhofgesetz zitierte Darré die zum Leitmotiv erhobenen Hitler-Worte: „Das Deutschland der Zukunft kann nur ein Bauernreich sein oder wird wieder untergehen, wie die Reiche der Hohenstaufen und Hohenzollern untergegangen sind. [....] Alle Schicksalsschläge, alle Krisen sind zu überwinden, wenn ein gesundes, kraftvolles Bauerntum die lebendige Grundlage des Volkes bildet."[112]

Die nationalsozialistische Agrarpolitik war zunächst darauf ausgerichtet, den Bauern ihren Boden als Lebensgrundlage zu erhalten und in der Verbindung von Bauer und Scholle eine unauflösbare Verbindung herzustellen. Entsprechend stand die Formulierung eines neuen Bodenrechts, wie es das Reichserbhofgesetz vom 1. Oktober 1933 auf den Weg brachte, im Zentrum, es wurde als „Grundgesetz des deutschen Bauerntums und zugleich [als] Kernstück unseres Bodenrechts gepriesen."[113] Wiesen das Reichsnährstandgesetz und die erste Marktverordnung zur Getreidewirtschaft vom September 1933 bereits auf die Etablierung des Systems einer totalitären Agrarwirtschaft hin, so wurde mit dem Reichserbhofgesetz vom 29. September 1933 die im damit außer Kraft gesetzten Preußischen Erbhofgesetz vom 15. Mai 1933 enthaltenen Gedanken des Hannoverschen Anerbenrechts radikalisiert, in dem insbesondere die Testierfreiheit des Erblassers als „bürgerliche Freiheit" begrenzt wurde. Als vorrangiges Problem musste deshalb die Verschuldungsfrage, die in der Schlussphase der Weimarer Republik insbesondere im deutschen Osten zu einer tiefgreifenden Agrarkrise geführt hatte, ins Zentrum des gesetzlichen Regelungsbedarfs gerückt werden. Das Gesetz legte fest, was als Erbhof anzusehen war, „land- und forstwirtschaftlicher Besitz in der Größe von mindestens einer Ackernahrung und von höchstens 125 ha, [...] wenn er einer bauernfähigen Person gehört". Erbhöfe waren grundsätzlich unveräußerlich. Nur der Eigentümer eines Erbhofes durfte sich Bauer nennen, die Eigentümer und Besitzer anderen land- oder forstwirtschaftlich genutzten Eigentums hießen Landwirt. Die rassenideologische Diskriminierung, dass nur Bauer sein könne, wer „deutscher Staatsbürger, deutschen oder stammesgleichen Blutes und ehrbar" sei, zeigt, wie zielgerichtet die nationalsozialistische Ideologie auf dem Gebiet der Landwirtschaftspolitik umgesetzt wurde. Ehrbarkeit wurde als „untadeliges und einwandfreies Sinnen und Handeln" definiert. Mit dem Reichserbhofgesetz sollte der Bauernhof den Familien über Generationen hinweg erhalten bleiben.

Das Reichserbhofgesetz ließ die Bildung von Gütergemeinschaft und Ehegattenhöfen nicht zu. Vielfach wurde auch die Abfindung der Erben als zu gering empfunden. Das Reichserbhofgesetz war das erste und folgenreichste Gesetz, mit dem die

---

111 Vgl. dazu Häberlein, Verhältnis.
112 Geleitwort R. Walther Darré, in: Saure, Wilhelm: Das Reichserbhofgesetz. Ein Leitfaden zum Reichserbhofrecht nebst dem Wortlaut des Reichserbhofgesetzes vom 29.9.1932 und den Durchführungsverordnungen vom 19.10.1933, Berlin 3. Aufl. 1934, S. 9.
113 Ebd., S. 13.

nationalsozialistischen Überlegungen in der Agrarpolitik umgesetzt wurden und das vor allem den Eigentumsbegriff berührte. Der Bauer, bislang unumstrittener „Herr und Besitzer auf seiner Scholle", wurde zum Statthalter der Interessen seines Volkes, der sich in die Ahnenkette einreihte. Zwar war das Reichserbhofgesetz für die Erbhofbesitzer eigentumserhaltend und kam in der Summe der mittelständischen Landwirtschaft zugute, doch es hemmte auch die finanzielle Flexibilität, die Fähigkeit, Investitionen zu tätigen und damit die unternehmerische Initiative. In sogenannten „Erzeugungsschlachten" wurden die Bauern dazu getrieben, in die Technisierung und Intensivierung ihrer Höfe zu investieren. 1938 gab es in Deutschland 672 000 Erbhöfe; sie bewirtschafteten 32 Prozent der Anbaufläche. Der relative Erfolg des Reichserbhofgesetzes in der nationalsozialistischen Zeit ist nur vor dem Hintergrund der tiefgreifenden Agrarkrise der frühen 1930er Jahre erklärbar. Die vordergründige Hebung des Bauernstandes, die Darré mit seinen agrarromantischen Visionen und einer pompös verschwurbelten Rhetorik mit großer Geste und Inszenierungskunst präsentierte, mag in der spezifischen Zeitgebundenheit einen Teilerfolg der Ideologie erklären, auch weil vieles das Selbstwertgefühl der Bauern heben konnte, insgesamt jedoch geriet eine auf dem Erbhofgesetz aufbauende Landwirtschaftspolitik schon bald in eine Sackgasse. Hitler hatte, folgt man den Ausführungen Backes, zunächst Bedenken gegen die Vorschläge, die im Reichserbhofgesetz enthalten waren, hatte sich dann aber aufgrund der Erläuterungen nicht zuletzt Backes dazu entschieden, den Vorschlägen zu folgen.[114]

Daniela Münkel hat zutreffend darauf hingewiesen, dass in der Praxis die Bestimmungen des Reichserbhofgesetzes eine Vielzahl von „Grenzfällen" hervorgebracht hätten, die eine Entscheidung der Anerbengerichte notwendig gemacht habe.[115] Die ebenfalls als hinderlich empfundene Alleineigentumsforderung wurde bereits mit einer Durchführungsverordnung am 19. Oktober 1933 modifiziert, so dass sich Höfe im Gemeinschaftsbesitz von Ehegatten als Erbhöfe eintragen ließen. Mit der Erbhofrechtsverordnung und der Erbhofverfahrensordnung vom 21. Dezember 1936 wurde der allerdings unzureichende Versuch unternommen, die Bestimmungen des Reichserbhofgesetzes weiterzuentwickeln, weil in der Praxis eine Reihe von Problemen aufgeworfen worden waren, bei denen gesetzgeberischer Regelungsbedarf bestand.[116]

Vor diesem Hintergrund ist es nicht verwunderlich, dass die Vielzahl der getroffenen Maßnahmen in bäuerlichen Kreisen in der Anfangsphase des NS-Regimes

---

114 Backe, Großer Bericht (wie Fn. 54), S. 17.
115 Vgl. Münkel, Daniela: Bäuerliche Interessen versus NS-Ideologie, in: VfZ, 44. Jg., 1996, hier S. 557; grundlegend auch dies.: Nationalsozialistische Agrarpolitik und Bauernalltag, Frankfurt am Main und New York 1996; für eine zeitgenössische Sicht des Reichserbhofs aus der Feder des Stabsleiters im Stabsamt des Reichsbauernführers vgl. Busse, Martin: Der Erbhof im Aufbau der Volksordnung. Ein Beispiel für das Verhältnis von Gesamtordnung und besonderer Ordnung, Berlin 1936.
116 Vgl. dazu die Abschließende Behandlung der Entwürfe einer Erbhofrechtsverordnung und einer Erbhofverfahrensordnung, 14.–24. November 1936, AdR, Bd. III: 1936, Dok. 175, S. 645.

wiederholt zur Beunruhigung Anlass gaben. Das Jahr 1933 hatte zwar einen großen Schub für die öffentliche Sichtbarkeit bäuerlichen Lebens und Wirkens und allenthalben Zeichen staatlicher Wertschätzung für das Bauerntum gebracht, aber die Vielzahl der gesetzlichen Neuregelungen, die Auflösung der altbekannten Strukturen der bäuerlichen Interessenvertretung durch die Einheitsformation des Reichsnährstands, auch die Ungewissheit darüber, was als nächstes anstand, gaben bei nicht wenigen Anlass zur Sorge. Propagandaminister Goebbels, gewöhnlich mit einer feinfühligen Antenne für die Stimmung des Volkes ausgestattet, notiert in seinen Tagebüchern am 8. November als Gründe für die von ihm wahrgenommene „schlechte Stimmung in weiten Kreisen wegen Prunk, Preiserhöhung, Erbhofgesetz etc."[117] allesamt Phänomene und Gegebenheiten, die auch und gerade mit den Maßnahmen im Agrarbereich verbunden werden können. Der verantwortliche Minister befand sich zu diesem Zeitpunkt – folgt man den Goebbels-Tagebüchern als Quelle – mit seinem Ansehen bei seinen nationalsozialistischen Ministerkollegen im freien Fall. Goebbels' Tagebucheintrag vom 22. November – „Darré macht Blödsinn über Blödsinn"[118] – liegt auf einer Linie mit zahlreichen Bemerkungen über mangelndes Gespür, Wichtigtuerei und die bei seinen Kabinettskollegen besonders wenig geschätzte Neigung Darrés, sich über seine Ressortgrenzen hinaus in die Angelegenheiten anderer Fachministerien einmischen zu wollen. „Darré führt Kampf gegen Ufa. Ein Stänker!", schrieb Goebbels am 10. Dezember 1933 in sein Tagebuch: „Aber ich werde ihm jetzt das Handwerk legen."[119]

6 Darré: Amtsverständnis und persönliches Regiment

Vor allem aus dem Ministerium drangen zu jener Zeit verstärkte Klagen darüber, dass der zum Personenkult und zur Regelungswut neigende Minister Darré sich für die Belange des von ihm geführten Ministeriums nur partiell interessiere und allerlei Steckenpferde reite. Es war eine eigentümliche, für Darré bezeichnende Mischung, dass der „Theoretiker" Darré mit seiner Vorliebe für die Regelungen von Hausanweisungen und Regelungen zum internen Schriftverkehr, der sich zudem gerne mit einem großen persönlichen Stab von Adjutanten und persönlichen Mitarbeitern umgab und sich nie ohne großes Gefolge auf Reisen begab, an den „Brot-und-Butter-Fragen" seines Ministeriums im eigentlichen Sinne gar nicht interessiert zu sein schien. Von der Inbrunst, mit der er sich den scheinbar wegweisenden Fragen der Wiederbelebung des Gedankens des Bauerntums und der Begründung eines Neuadels hingab, war im Tagesgeschäft des Ministeriums wenig zu spüren. Wer wie Darré mit einer Vielzahl von Hüten jonglieren konnte und sich dazu mit einem Heer von Adju-

---

[117] Eintrag vom 8. November 1933, Goebbels Tagebücher, Teil 1, Bd. 2/III, S. 309.
[118] Eintrag vom 22. November 1933, ebd., S. 320.
[119] Eintrag vom 10. Dezember 1933, ebd., S. 333.

tanten umgab, benötigte hinreichenden Regelungsbedarf nach Innen. Es war auch im nationalsozialistischen Deutschland einzigartig, daß ein amtierender Reichsminister für die Zusammenfügung seiner Entourage eine eigene Verwaltungskonstruktion, die „Eigenkanzlei", schuf, und auch diese bedurfte, wie ein am zweiten Tag des Jahres 1937 ausgefertigter Stabsbefehl Darrés zeigte, der inneren Ordnung: „Ich ordne für alle meine Adjutanten und die Angestellten meiner Eigenkanzlei hiermit an, dass ich im inneren Dienstverkehr der Eigenkanzlei nur mit „Reichsbauernführer" angesprochen und angeschrieben zu werden wünsche. […] Im schriftlichen Dienstverkehr mit den Ämtern und nach außen wird der jeweils zuständige Titel verwandt; insbesondere gilt dies für die Fachadjutanten. Wenn ein Zweifel aufkommt, ob man mich im Einzelnen als „Reichsminister" oder als „Reichsbauernführer" titulieren soll, bestimme ich, dass in allen Fällen, wo der Titel nicht aus den Umständen heraus oder infolge der klaren Zuständigkeiten sich eindeutig ergibt, die folgende Kennzeichnung gebraucht wird: 'Reichsbauernführer und Reichs- und Preuss. Minister für Ernährung und Landwirtschaft'!"[120]

Darrés Anspruch war umfassend. So zielte er darauf, auch Zeiterscheinungen wie Entwicklungen der Mode durch die Lektüre von Mode- und Frauenzeitschriften wie der „Dame" oder der „Koralle" zu verfolgen. Offenkundig war er dabei in Rechtfertigungszwang gekommen, das ministerielle Interesse begründen zu müssen. In einem aus dem Jahr 1937 datierenden Vermerk traf er vor diesem Hintergrund eine feinsinnige Unterscheidung zwischen „Illustrierten 1. Grades" und „Illustrierten 2. Grades" wie der „Hamburger Illustrierten", die ihn zwar „auf der Reise durchaus interessieren, aber für den von mir hierbei erfolgten Zweck vordringlich nicht notwendig (seien)"; auch käme es ihm nicht darauf an, „Moden zu betrachten als vielmehr eine bestimmte Geistesrichtung hierbei zu studieren."[121]

Bei so vielen Studiengegenständen war es nachvollziehbar, dass das Interesse des Ministers an den weniger spektakulären Fachfragen schnell erlahmte. Das zwiespältige Urteil über Darré als Minister, der auch bei den Angehörigen seines eigenen Ministeriums in großen Teilen als weltfremd und nicht an den landwirtschaftlichen Fachfragen interessiert galt, ist auch vor diesem Hintergrund zu sehen. So erklärte Ludwig Schuster, der als Experte für forstwirtschaftliche Fragen schon 1920 ins Ernährungsministerium eingetreten war und bei Kriegsende als Unterabteilungsleiter in der Abteilung II unter Ministerialdirektor Alfons Moritz „Fragen der Erzeugung und Ernährung" verantwortete, dass er in seiner ganzen ministeriellen Zeit mit Minister Darré nicht mehr als sechsmal persönlich zusammengetroffen sei, und auch dies nur bei Angelegenheiten von nachrangiger Bedeutung.[122]

Für seine engste Entourage hingegen war Darré als Minister mehr als fordernd. Hans Werner von Aufseß, ein gläubiger Nationalsozialist und aufstrebender junger

---

120 Darré, Stabsbefehl Nr. 2, Bad Tölz, 2. Januar 1937, BArch NL Darré N 1094 II/23.
121 Darré, Niederschrift für die Eigenkanzlei, 14. Oktober 1937, ebd.
122 Vernehmung Ludwig Schuster, 21. September 1946, StAN Rep. 502, KV-Anklage, Interrogations, S-174.

Beamter, den einst Ministerialdirektor Saure rekrutiert hatte, diente Darré für mehrere Jahre als Adjutant, fiel dann aber wegen eines Einzelvorfalls beim Reichsminister und Reichsbauernführer in Ungnade und wurde nach Beendigung des Polenfeldzugs als Referent für Reichserbhoffragen in die Linie versetzt. Über den Grund für sein Zerwürfniss mit Reichsminister Darré befragt, gab Aufseß an: „Das war eine kleine nebensächliche Sache. Es ging meist so, dass man einen kleinen Anlass hatte, dann kam man weg."[123] Auch sein Staatssekretär Willikens fiel vorübergehend in Ungnade und mußte – mindestens einmal – einen von Reichsminister Darré verordneten Zwangsurlaub antreten. Erst auf Vermittlung des preußischen Ministerpräsidenten Hermann Göring gelang es dann, das Verhältnis zwischen Darré und Willikens wieder einzurenken und den dem Zerwürfnis zugrunde gelegten Sachverhalt als Missverständnis einzustufen.[124]

Dieser Neigung zum Zermürbungskrieg gegen die eigenen Reihen entsprach die ausgeprägte Eigenschaft Darrés, sich im Ämterchaos des Nationalsozialismus nach allen Seiten Kriegsschauplätze zu eröffnen und sich mit Inbrunst in Streitigkeiten über Zuständigkeiten zu begeben. Es nimmt deshalb nicht wunder, dass sich bei führenden Stellen in Staat und Partei rasch das Urteil über Darré zu verfestigen begann. Die Einträge der Goebbels-Tagebücher können als Gradmesser für eine durchgängig kritische kollegiale Sicht auf Darré gelten. Bereits Ende August 1933 findet sich in Goebbels' Tagebuch der Eintrag, dass über Darré viel geklagt werde.[125]

Wenn die Darré-Sicht schon zu einem vergleichsweise frühen Zeitpunkt in fundamentale Kritik umgeschlagen war, so konnte er in den Folgejahren zunächst noch scheinbar seine interne Position behaupten. Auch gelang es ihm, weitere Prestigeobjekte voranzutreiben. Theodor Sonnemann, der langjährige Staatssekretär in der Adenauer-Zeit, spricht im Rückblick seiner Memoiren von der „konsequent durchgeführten Parallelschaltung des Ministeriums mit der Einheitsorganisation des Reichnährstandes."[126] Die Machtübernahme der NSDAP habe sich, so Sonnemann, „mit der Naturgewalt eines Erdbebens, begleitet von einem riesigen Bergrutsch, der alle öf-

---

123 Vernehmung Hans Werner von Aufseß, 30. April 1947, StAN Rep. 502, KV-Anklage, Interrogations, A-37.
124 Vgl. dazu „Eine eingehende Nachprüfung der Vorgänge ergab, dass Pg. Willikens damals formal falsch und auch unkorrekt gehandelt hat, was er auch ohne weiteres zugibt und gar nicht bemängelt, dass er es aber nicht tat, um mir in den Rücken zu fallen – wie ich annahm –, sondern auf Grund irriger Voraussetzungen glaubte, so handeln zu müssen, wie er gehandelt hat. In keinem Falle ist er aber dabei in Gedanken oder in der Tat Ihnen gegenüber untreu gewesen. Nachdem dies alles klargestellt war und insbesondere Willikens durch sein Verhalten hinterher bewies, dass er es ehrlich meinte, war der Weg frei, dass wir beide uns wieder als Menschen zusammenfanden. Als dann Pg. Backe zum Generalrat berufen wurde und dadurch eine Entlastung seiner Tätigkeit im Ministerium zwangsläufig akut wurde, war der Augenblick gegeben, Willikens zurückzurufen." (Darré an Hitler, 10. November 1936, BArch NL Darré N 1094 II/24).
125 Eintrag vom 29. August 1933, Goebbels Tagebücher, Teil 1, Bd. 2/III, S. 256.
126 Sonnemann, Gestalten, S. 17.

fentlichen und privaten Bereiche bis in die Familien hinein erfasste", vollzogen.[127] Auch Sonnemann hatte die Auswirkungen der Durchdringung des Agrarpolitischen Apparats von Darré und die Selbstausschaltung der althergebrachten Institutionen unterschätzt. „Es bedurfte nur weniger Monate, um uns erkennen zu lassen, wie gründlich wir uns verrechnet hatten. [...] Bereits im Mai 1933 zeigte es sich, dass die Koalition keinen Bestand haben würde. Die Nationalsozialisten drängten unaufhaltsam weiter nach vorn."[128]

7 Auseinandersetzungen mit anderen Ressorts der Reichsregierung

Darré war ein Meister darin, sich nach allen Seiten Feinde zu schaffen. Eine Klage des Reichsführers des Winterhilfswerks, er stehe dem Winterhilfswerk ablehnend gegenüber und habe verdeckte Sabotage gegen die Sammlungstätigkeit über seine Unterführer ausgeübt, nahm Darré am 17. Januar 1934 zum Anlass, an den Reichskanzler ein grundsätzliches Schreiben zu richten: „Als Reichsminister konnte ich eine derart schwere Beschuldigung nicht auf mir sitzen lassen, sondern muss sie auf dem Dienstwege weitergeben."[129] Unverständlicherweise habe der Reichsminister für Volksaufklärung und Propaganda die Unterredung mit dem Reichsführer des Winterhilfswerks abgebrochen, sodass Darré keine andere Möglichkeit habe, als nun den Reichskanzler selbst einzuschalten. Bald darauf hatte Darré erneut Anlass, sich an Hitler zu wenden, weil ihm bei der Gauleitertagung der Eindruck entstanden sei, dass die Gauleiter nicht mehr hinter der Agrarpolitik seines Ministeriums stünden und es sich dadurch ergeben hatte, dass die Gauleiter unmittelbar in die Angelegenheiten des Reichsnährstands eingriffen.[130]

Auch Darrés Ansinnen, den Reichsnährstand, dem er gerade im ersten Jahr sein besonderes Augenmerk zuwandte, mit anderen staatlichen Dienststellen als öffentliche Behörde gleichzustellen, führte zu einem regen Schriftwechsel mit anderen Ressorts. Der Reichspostminister beispielsweise bat um eine Mitteilung, „ob dem Reichsbauernführer und den übrigen Stellen des Reichsnährstands die Eigenschaft einer öffentlichen Behörde zuerkannt ist", nachdem der Reichsbauernführer beantragt hatte, auf den von ihm und den behördlichen Stellen des Reichsnährstands ausgehenden, nicht freigemachten dienstlichen Briefsendungen den Vermerk „Gebührenpflichtige Dienstsache" anwenden zu dürfen.[131] In einer Auseinandersetzung mit dem Reichsinnenminister aus Anlass der Rahmensatzung des Reichsnährstands

---
127 Ebd., S. 18.
128 Ebd., S. 16.
129 Darré an Hitler, 17. Januar 1934, sowie Aktenvermerk Darré o.D., BArch NL Darré N 1094 II/24-2.
130 Darré an Hitler, 27. Ostermond (April) 1934, ebd.
131 Reichspostminister Ohnesorge an den Reichsminister für Ernährung und Landwirtschaft, 3. August 1934, BArch R 3601/2239.

für Tierzüchtervereinigungen argumentierte Darré, dass man davon auszugehen habe, „dass die Neuordnung des Staats- und Gemeinschaftslebens eine weite, im Sinne der Grundsätze dieser Neuordnung erfolgende Auslegung des überkommenen Rechtes erlaubt und damit zur Pflicht macht."[132]

Zuständigkeitsüberschreitungen und Beschwerden stapelten sich auf dem Schreibtisch des Ernährungsministers: Klagen über anmaßende Kompetenzüberschreitungen, die in der Reichskanzlei Verwunderung hervorriefen, und bei der im Ministerium integrierten Interessenvertretung den Appetit auf die Befassung mit weltanschaulichen oder auch außenpolitischen Themen erkennen ließen und auch so politisch heikle Themen wie die Lage der deutschen Minderheit in den Ostgebieten nicht aussparten.[133]

8 Parallelschaltung des Ministeriums durch den Reichsnährstand und interministerielle Einflusskämpfe

Der Aufbau des Reichsnährstands war bis zum Frühjahr 1934 weitgehend abgeschlossen. Dem Reichsnährstandgesetz folgten eine Reihe von anderen Gesetzen und Verordnungen, darunter die „Erste Verordnung über den vorläufigen Aufbau des Reichsnährstands" vom 8. Dezember 1933. Gemäß dieser ersten Durchführungsverordnung war der Reichsnährstand „Selbstverwaltungskörperschaft des öffentlichen Rechts", ein Status, der im materiellen Gegensatz zum Instrumentalcharakter stand. Der Reichsnährstand war in seiner inneren Organisation nach dem Führerprinzip streng hierarchisch organisiert. Die Frage der Befugnisse des Reichsnährstands war durch den innewohnenden Dualismus, der in der Personalunion zwischen Reichsbauernführer und Reichsernährungsminister gipfelte, vorgezeichnet. Der Reichsbauernführer wurde vom Reichskanzler ernannt, aber der Reichsnährstand als Organisation stand unter der Aufsicht des Reichsernährungsministeriums. Der Reichsnährstand übte eine Ordnungsstrafgewalt aus und konnte zu deren Durchsetzung auf die Polizei zurückgreifen. Vorschriften des Dienststrafrechts und des Besoldungsrechts für Reichsbeamte hatten auch im Reichsnährstand Gültigkeit. Die Zugehörigkeit zum Reichsnährstand beruhte auf gesetzlichem Zwang, die Beiträge wurden durch die Finanzämter erhoben. Der Schlussfolgerung von Gies, dass der Reichsnährstand „zwar formaljuristisch gesehen selbstständig, der Sache nach und faktisch aber Organ des Staates" gewesen sei, ist uneingeschränkt zuzustimmen.[134]

Das für die nationalsozialistische Agrarpolitik so charakteristische Spannungsverhältnis zwischen ernährungswirtschaftlichem Kalkül und rassenideologischem

---

[132] Der Reichsminister für Ernährung und Landwirtschaft an den Preußischen Minister des Inneren, 18. Dezember 1934, BArch R 3601/2239.
[133] Der Staatssekretär und Chef der Reichskanzlei an den Reichs- und Preußischen Minister für Ernährung und Landwirtschaft, 18. September 1935, AdR, Bd. III, 1936/II, Dok. Nr. 225, S. 793.
[134] Gies, Reichsnährstand, S. 273.

Dogma mag der machttechnischen Selbstbehauptung eines das ungeklärte Verhältnis zwischen Partei und Staat im Dritten Reich so geschickt für sich ausnutzenden Instruments, wie es der Reichsnährstand war, noch genutzt haben. Er zeigt zugleich die systemische Anpassungsfähigkeit von ideologiebestimmten Einrichtungen, die, am Beispiel des Reichsbauernführers und Reichsministers R. Walther Darré sichtbar nachvollziehbar, auch die sukzessive Schwächung bzw. Marginalisierung ihres Erfinders und ursprünglichen Protektors überdauert haben. Die von Daniela Münkel herausgearbeitete Erkenntnis, dass die höheren Ebenen des Reichsnährstands bemüht waren, Kontinuität bei der Ämterausübung auf lokaler Ebene zu erreichen, und dass die Einflussmöglichkeiten und Handlungsspielräume einer Kreis- bzw. Ortsbauernschaft größer waren, als bisher in der Forschung angenommen worden war, liegt auf der Linie dieses Befundes. Die Handlungsspielräume waren nicht zuletzt deshalb für den einzelnen Kreisbauernführer größer, weil die Befehlshierarchien im Reichsnährstand nicht konsequent durchgehalten werden konnten.

Die ersten Jahre nach Verabschiedung des Reichsnährstandgesetzes waren durch erbitterte Auseinandersetzungen zwischen den Anhängern und Gegnern von Marktordnung und freier Marktwirtschaft gekennzeichnet. Die für die gesamte Wirtschaftspolitik des Dritten Reiches, aber auch für die nationalsozialistische Außenpolitik so kennzeichnenden Rivalitäten können in der Landwirtschaftspolitik eingehend studiert werden, ebenso wie auch der von Gerhard Schulz geprägte Begriff der „Polykratie" bei der Analyse der Entwicklungen in der Landwirtschafts- und Ernährungspolitik im Dritten Reich in den Jahren unmittelbar nach der Machtergreifung eine zutreffende Beschreibung darstellt. Das Neben- und Gegeneinander von Ämtern, Behörden und Parteidienststellen lässt sich insbesondere im Machtkampf von Reichsnährstand und ministeriellen Strukturen anschaulich nachvollziehen. Dieses Spannungsverhältnis wurde noch dadurch verstärkt, dass in der ministeriellen Spitze, in der Person von R. Walther Darré, die Ressortverantwortung mit dem Amt des Reichsbauernführers gebündelt war und sich bei Darré das Pendel der Priorität mithin zugunsten der Verbandsaufgabe neigte. Diese Einschätzung zieht sich wie ein roter Faden durch alle entsprechenden Äußerungen der Ministeriumsangehörigen in ihren Nürnberger Vernehmungen.[135] Darré habe den Nährstand, das Amt des Reichsbauernführers, geliebt und habe da das Schwergewicht seines Wirkens im Agrar-Sektor hereinlegen wollen und hereingelegt.

Das Ministerium hatte in erster Linie gesetzgeberische Funktion, soweit es dabei um das öffentliche Leben im Landwirtschaftssektor ging, während der Reichsnährstand der echte Träger des Geschehens von heute zu morgen und zu übermorgen gewesen sei. „Da wollte man in der Abteilung I unter dem Gesichtspunkt „der Mensch" sehr viel entwickeln, hatte aber nicht sehr fähige Leute gehabt, das hat sehr ge-

---

135 S. Vernehmung Dr. Alfons Moritz, 26. September 1946 durch Mr. Beauvais und Mr. Fleischmann, StAN Rep. 502, KV-Anklage, Interrogations, M-101.

wechselt."[136] In der Binnenwahrnehmung des Ministeriums ist es von da nicht mehr weit zur Beobachtung einer unterstellten Zweiteilung, bei der zwischen der „guten", klassischen ministeriellen Funktion und der als „übergestülpt" empfundenen politischen Reichsnährstandsaufgabe unterschieden wurde: „Effektiv ist es ja so gewesen, dass in allem, was politischen Einfluss hatte, das Ministerium selbst in einer Abwehrstellung stand. Die politische Seite war ja immer aktiv und wollte etwas von oder gegen oder über das Ministerium, und die alteingesessene Bürokratie wehrte sich instinktiv dagegen."[137]

Das Amt des Reichsbauernführers und der Reichsnährstand waren die ureigene Schöpfung Darrés, während er die Übernahme des Ministeriums als eine zwar unabweisbare, aber ihm letztlich doch auferlegte Aufgabe wahrnam. Es zählt indes zu den Eigentümlichkeiten Darrés, dass er an den Aufbau des Reichsnähstandes mit ministeriellen Methoden heranging: „Als später der Reichsnährstand aufgebaut wurde, erschien es mir in meiner damaligen Eigenschaft als Reichsbauernführer wünschenswert, dafür zu sorgen, dass der Verwaltungsaufbau im gesamten Reichsgebiet nach den erprobten Grundsätzen einer geordneten Verwaltung durchgeführt würde."[138] Das aus diesen Zeilen sprechende Verwaltungsverständnis, dem eine Trennung in staatliche und parteiliche Aufgaben wesensfremd schien, musste in der Regierungspraxis immer wieder zu interministeriellem Klärungsbedarf führen. Schon auf Grund des variierenden Briefkopfes – die Funktionen Reichsminister und Reichsbauernführer wurden oft in einem Briefkopf genannt – war vielfach nicht klar, in welcher Rolle Darré nun gerade tätig wurde.

Ein Beispiel für die enge Verquickung zwischen ministeriellen Aufgaben und Reichsnährstandsaufgaben ist der Fall des Ministerialrats Hallermann aus dem preußischen Landwirtschaftsministerium, der am 8. Januar 1934 von R. Walther Darré mit Briefkopf „Der Reichsminister für Ernährung und Landwirtschaft" den Auftrag bekam, „sämtliche Landesbauernschaften in der Zeit vom 22. Januar bis 31. März 1934 zu besichtigen" und dabei bei jeder Landesbauernschaft insbesondere folgendes zu prüfen und festzustellen: „1. Besitzt der Landesbauernführer einen persönlichen Stab, und ist der Stabsleiter dieses Stabes über seine Aufgaben unterrichtet? 2. Besteht im Verwaltungsamt des Landesbauernführers eine Verwaltungshauptabteilung? Wie heißt der Hauptstabsleiter; ist dieser über seine Aufgabe unterrichtet? 3. Sind die befohlenen Abteilungen der Verwaltungshauptabteilung eingerichtet? Sind diese Abteilungen je mit einem Abteilungsleiter und einem Abteilungsvorstand besetzt und sind diese sich über das Aufgabengebiet ihrer Abteilung im klaren? 4. Sind die Hauptabteilungen I und II ordnungsgemäß eingerichtet unter je einem Hauptabteilungsleiter und mit je einem Stabsleiter und kennen diese ihre Aufgabe? 5. Sind die befohlenen Hauptabteilungen I und II eingerichtet, sind diese Abteilungen je mit ei-

---

136 Ebd.
137 Vernehmung Dr. Hans Werner von Aufseß, 3. Mai 1947 durch Mr. Henry L. Cohen, StAN Rep. 502, KV-Anklage, Interrogations, A-37.
138 Aufzeichnung Darré, Bad Harzburg 1. Dezember 1951, BArch NL Darré N 1094 I/4.

nem Abteilungsleiter und einem Abteilungsvorstand besetzt, und sind diese sich über das Aufgabengebiet ihrer Abteilung im klaren?"[139] Per ministerieller Weisung wurden alle Reichs- und Landesbehörden angewiesen, Ministerialrat Dr. Hallermann bei seinem Visitationsauftrag der Landesbauernschaften zu unterstützen. Immerhin ließ Darré am 11. Oktober 1934 über Dr. Hans Merkel vom Stabsamt mitteilen[140], dass er eine Rückgängigmachung der vom Reichsernährungsministerium vorgesehenen Bestellung Hallermanns als Generalinspekteur wünsche, zu dem er am 4. April durch den Reichsbauernführer bestellt worden war. Die Dienstbezüge Hallermanns wurden gemäß Schreiben des RMEL vom 1. April vom Reichsnährstand beglichen.[141] Ab 31. Oktober 1933 war Hallermann vom preußischen Landwirtschaftsministerium z. b. V. beim Reichsnährstand beurlaubt. Als Begründung fügte Minister Darré hinzu: „Da sich Hallermann sowohl als Beamter der Landwirtschaftskammer wie innerhalb des Ministeriums als Fachmann bewährt hatte, erhielt er von mir den Auftrag, die Geschäfte eines Generalinspekteurs des Reichsnährstands zu übernehmen."[142]

Es blieb nicht aus, dass ein derart breit gefasstes Selbstverständnis einer solchen Organisation, die die landwirtschafts- und ernährungspolitischen Fragen, im weiteren Sinne auch die gesellschaftlichen Belange seiner Mitglieder, vertreten wollte, auf den Widerspruch anderer Gliederungen der Partei – insbesondere der Deutschen Arbeitsfront (DAF) – treffen musste. Regelungs- bzw. Klärungsbedarf ergab sich etwa bei Fragen der Jugendarbeit oder der Betreuung der Frauen, die in einer „Verfügung des Stellvertreters des Führers" vom 9. Januar 1935 in ihrem Verhältnis zwischen Reichsnährstand und NSDAP Gegenstand einer grundsätzlichen Klärung waren.[143] Die Schlussfolgerungen von Gies, dass die Rolle des Reichsnährstands innerhalb des nationalsozialistischen Herrschaftsgefüges als Organisation bäuerlicher Interessenvertretung letztlich an seiner Zwitterstellung im Verhältnis zu Staat und Partei gescheitert sei[144], ist zwar grundsätzlich zutreffend, übersieht jedoch die beinahe bis zum Zusammenbruch und trotz (oder gerade vielleicht wegen) der Eingliederung ins Ministerium behauptete, nach Einschätzung mehrerer Beteiligter in den Kriegsjahren sogar noch gesteigerte Machtposition. Insoweit bekommt Häberleins 1937 formuliertes Postulat, dass der Reichsnährstand und das Bauerntum überhaupt erst „die tragende Grundlage für einen organischen Aufbau der übrigen Wirtschaft und des gesamten Volkswirtschaftskörpers"[145] darstellt, eine andere Bedeutung, so wie Hans Merkel, Stabsleiter im Reichsnährstand und Verteidiger Darrés im Nürnberger Prozess, in

---

139 Vermerk des Reichsministers für Ernährung und Landwirtschaft, 8. Januar 1934, BArch R 3601/2239.
140 Notiz für Herrn Dr. Saure, 11. Oktober 1934, BArch R 3601/2239.
141 Vermerk des „Reichsministers für Ernährung und Landwirtschaft auch als Reichsbauernführer", 7. April 1934, BArch R 3601/2239.
142 Aufzeichnung Darré, Bad Harzburg 1. Dezember 1951, BArch NL Darré N 1094 I/4.
143 Vgl. dazu Gies, Rolle, S. 280 f.
144 Ebd., S. 302 f.
145 Häberlein, Verhältnis, S. 50.

seinem Werk „Über nationalsozialistische Wirtschaftsgestaltung" Volkswirtschaft als wirtschaftliche Lebensäußerung der Volksgemeinschaft begriff.[146]

Sachlich waren die Aufgaben des Reichsnährstands in drei Hauptabteilungen gegliedert, die je nach ihrer Stufe die Bezeichnung Reichs-, Landes- und Kreishauptabteilungen trugen. Die Hauptabteilung I kümmerte sich um die Betreuung der in der Landwirtschaft tätigen Menschen, und darunter wurde insbesondere auch die „Verwirklichung des Staatsgedankens von Blut und Boden" begriffen. Die Hauptabteilung II war für die Förderung der Erzeugung, darüber hinaus die Berufsausbildung, die soziale Betreuung der in der Landwirtschaft tätigen Menschen sowie die Mitwirkung an der Siedlung und Durchführung des Bauern- und Bodenrechts zuständig, und der Hauptabteilung III oblag die zusammenfassende Steuerung der Märkte der Ernährungswirtschaft im Rahmen der Marktordnung. Wie eng die Verzahnung insgesamt und die Übergänge zwischen den einzelnen Bereichen von Reichsnährstand und Ministerium waren, wird auch daraus ersichtlich, dass zwischen dem Verwaltungsamt des Reichsbauernführers und dem Ministerium ein dauernder Personalaustausch bestand.[147] Der innere Aufbau des Reichsnährstands wurde noch dadurch verkompliziert, dass neben dem Stabsamt des Reichsbauernführers – mit seinen Stabsamtsführern und seinen vier Stabsabteilungen A (Ernährungssicherung), B (Volkswirtschaft), C (Zwischenstaatliche Landwirtschafts- und Bauernfragen) und D (Bauerntum) – das Verwaltungsamt des Reichsbauernführers stand, das in seinem inneren Aufbau neben den Reichshauptabteilungen I – III auch noch in die inneren Hauptabteilungen A (Organisation und allgemeine Verwaltung), B (Finanz- und Vermögensverwaltung) und C (Presse, Aufklärung und Propaganda) aufgeteilt war. Das Stabsamt stand damit gleichrangig neben dem Verwaltungsamt des Reichsnährstands und hatte Planungsaufgaben zum Arbeitsgegenstand, ein Euphemismus, mit dem rassenideologische Weltanschauungsfragen bezeichnet wurden. Es entwickelte sich, dem Darré-Mitarbeiter Heinz Haushofer zufolge, bald schon „zu einem Tummelplatz der ‚Blut und Boden-Ideologen', (wie auch der eigentlichen Rassenpolitiker!) und stand infolgedessen bei den Praktikern der Agrarpolitik in keinem allzu guten Ruf."[148] Erst mit Wirkung vom 10. Dezember 1940 wurde das Verwaltungsamt des Reichs-

---

146 Merkel, Hans: Nationalsozialistische Wirtschaftsgestaltung. Einführung in ihre wissenschaftlichen Grundlagen, Stuttgart 1936, S. 7 f.
147 Vergleicht man die durch die Anklagebehörde in Nürnberg unabhängig voneinander durchgeführten Vernehmungen der einzelnen Ministeriumsangehörigen miteinander, dann sind die dort enthaltenen Aussagen zur inneren Struktur, zur Häufigkeit der Kontakte und zur Nähe vs. Ferne zur politischen Leitung, auch zu den internen Entscheidungsabläufen von bemerkenswerter Konsistenz. Am ausführlichsten in den Vernehmungen äußerte sich Ministerialdirektor Harmening zur inneren Struktur des Ministeriums: Rudolf Harmening, 13. Dezember 1946, StAN Rep. 502, KV-Anklage, Interrogations, H-39.
148 Haushofer, Heinz: Mein Leben als Agrarier. Eine Autobiographie 1924–1978, München 1982, S. 56.

bauernführers in das RMEL eingegliedert. Gleichwohl blieb seine Zugehörigkeit zum Reichsnährstand in personeller und haushaltsmäßiger Hinsicht davon unberührt.[149]

9 Fließende Grenzen zwischen Reichsnährstand und Rasse- und Siedlungshauptamt

Wie sehr der Reichsnährstand in seiner inneren Struktur auf die späteren wehrwirtschaftlichen Aufgaben, auf die Kriegsvorbereitung der Landbevölkerung, ausgerichtet war, wird auch aus dem großen Personalaustausch zwischen den Reichsnährstandsangehörigen und dem Personal des Rasse- und Siedlungshauptamtes der SS deutlich. Herbert Backe hatte in seiner Rede vor den Reichs- und Gauleitern am 6. Februar 1943 diesen Zusammenhang unumwunden zugegeben: „Da wir von Anfang an unsere ganze Ernährungswirtschaft darauf abgestellt haben, in einer kriegerischen Auseinandersetzung das deutsche Volk im Wesentlichen aus der deutschen Scholle zu ernähren, sind alle Maßnahmen seit 1934 praktisch als Maßnahmen für den totalen Krieg anzusehen."[150] Im Stabsamt des Reichsnährstandes, das von SS-Gruppenführer und Hauptamtsleiter der NSDAP Hermann Reischle geleitet wurde, wurden alle Fragen der Kriegsvorbereitung politisch und ideologisch auf den Weg gebracht. Die Hauptabteilung A, bei der Siedlungspolitik, Flurbereinigung und Bodenkultur ressortierten, war dem SS-Obergruppenführer Staatssekretär Herbert Backe persönlich unterstellt, SS-Obersturmführer Ferdinand Hiege war später in Personalunion als Abteilungsleiter in der Hauptabteilung A zugleich Abteilungsleiter im Reichsernährungsministerium und Amtschef unter Heinrich Himmler. In der von SS-Standartenführer Dr. Wilhelm Saure geführten Abteilung B wurden Gesetzesvorlagen vorbereitet und der Gesetzgebungsprozess begleitet. Saures Nachfolger wurde jener SS-Untersturmbannführer Dr. Hans Merkel, der später die Verteidigung Darrés im Wilhelmstraßenprozess übernahm und als Anwalt in Augsburg nach dem Krieg verschiedene ehrenamtliche Aufgaben in den Anwaltskammern ausübte. In der Hauptabteilung C, die sich um Fragen der internationalen Agrarpolitik kümmerte, und in der Hauptabteilung D, die für die gesamte landwirtschaftliche Presse verantwortlich war, wirkten Darrés Pressereferent, der spätere Staatssekretär im niedersächsischen Landwirtschaftsministerium, SS-Obersturmführer Hanns Deetjen, sowie der Ministerialrat im Reichsernährungsministerium und persönliche Referent Darrés, Dr. Wolfgang Clauß. Die Hauptabteilung E war für Werbung, Rundfunk und politische Schulung zuständig, die Hauptabteilung F unter Leitung von Wilhelm Kinkelin, der zugleich stellvertretender Präsident des SS-Amtes Ahnenerbe und in späteren Jahren Chef des Führungsstabes Heinrich Himmlers in der Ukraine war. Der Hauptabteilung G schließlich oblag in enger Abstimmung

---

[149] Anordnung der Reichsminister für Ernährung und Landwirtschaft und der Reichsbauernführer, 10. Dezember 1940, BArch R 3601/2354, dazu auch S. 209 dieses Berichts.
[150] StAN Rep. 501, KV-Prozesse, KV-Anklage, Dokument NG-021, S. 141.

mit dem Rassepolitischen Amt der NSDAP und dem SS-Rasse- und Siedlungshauptamt unter Leitung von SS-Oberführer Dr. Horst Rechenbach, der zugleich in Personalunion Chef der Hauptabteilung Rasse im Rasse- und Siedlungshauptamt war, die „Eindeutschung" der polnischen und ukrainischen Bevölkerung. Das Verhältnis des Reichsnährstands zu Staat und Partei lässt sich an der Praxis des Reichsernährungsministeriums sowohl mit Blick auf Sachthemen als auch mit Blick auf die personelle Konstellation besonders gut nachvollziehen. Erst mit dem Inkrafttreten des Reichsnährstandgesetzes und des darauf aufbauenden Durchführungsgesetzes war die gesetzliche Rahmengebung und damit der Abschluss der Gleichschaltung des landwirtschaftlichen Organisationswesens gegeben. Im Rundschreiben Nummer 10 des Reichsobmanns Meinberg vom 16. August 1933 wurde festgehalten, dass die Landwirtschaftskammern nur noch pro forma so lange bestünden wie „der Reichslandstand noch nicht durch das Gesetz anerkannt ist." Die offizielle Bezeichnung Meinbergs in diesem Rundschreiben lautete „Reichsobmann für den Aufbau des deutschen Landstandes" und ist damit mit Blick auf das Postulat der bäuerlichen Selbstverwaltung vielsagend.[151]

10 Abgrenzungsprobleme zwischen Ministerium und Reichsnährstand

Einerseits verstand sich der Reichsnährstand als Selbstverwaltungskörperschaft des öffentlichen Rechts[152], doch in Paragraph 4 des Reichsnährstandgesetzes vom 13. September 1933 verfügte der Reichsminister über eine Eingriffs- und Aufsichtsbefugnis bei allen Maßnahmen und Institutionen des Reichsnährstands, die mit der Markt- und Preisregelung für landwirtschaftliche Erzeugnisse befasst waren.

Das Ministerium war Aufsichtsbehörde für den Reichsnährstand, es konnte den Reichsnährstand anweisen, bestimmte Aufgaben durchzuführen: „Es bestand also ein nicht ganz ausgesprochen scharfes, aber doch – wie soll ich sagen – eine Art Vorgesetztenverhältnis, obwohl das nie so zum Ausdruck gekommen ist, weil ja in der Spitze, im Minister, und dem Vorsitzenden dieselbe Person gegeben war. Der Reichsminister war gleichzeitig der Reichsbauernführer", so resümierte ein leitender Beamter des Ministeriums, Ludwig Schuster, im Nürnberger Prozeß das Binnenverhältnis zwischen Reichsministerium und Reichsnährstand.[153] Schuster geht in seiner Analyse des Verhältnisses von Ministerium und Reichsnährstand so weit zu behaupten, dass der Einfluss des Reichsnährstands im Ministerium auf eine solche Weise dominiert habe, „dass das Ministerium tat, was der Reichsnährstand wollte."

---

151 Vgl. dazu Gies, Reichsnährstand, S. 229.
152 Durchführungsgesetz zum Reichsnährstandgesetz in der Fassung vom 8. Dezember 1933.
153 Dazu und nachfolgende Zitate aus Vernehmung Ludwig Schuster, 21. September 1946, Interrogation 117, StAN Rep 502, KV-Anklage, Interrogations, S-174.

Das Unterstellungsverhältnis zwischen Reichsnährstand und Ministerium bestand damit nur auf dem Papier, denn auch ministerielle Weisungen mussten, bevor sie erlassen wurden, im Detail mit den Vertretern des Reichsnährstands abgestimmt werden. Zur Illustration dieses bemerkenswerten Vorgehens verwies Ludwig Schuster in seiner Vernehmung auf ein Beispiel aus den Kriegsjahren: „Wir waren nach der Besprechung mit den Herren des Reichsnährstands der Überzeugung, es muss im Jahr soundso eine Fläche mit Ölpflanzen bebaut werden. Also ging eine Weisung an den Reichsnährstand, im Jahr X so viele Flächen mit der und der Frucht zu bebauen. In dieser Form hat sich die Weisung etwa vollzogen. Aber wenn die Weisung gegeben wurde – in diesem Fall eine bestimmte Anbaufläche damit anzulegen –, dann gingen sehr ausführliche Besprechungen mit den Herren des Reichsnährstands voraus, sodass das, was dabei herauskam und immer angewiesen wurde, das gemeinsame Finden des Reichsnährstands und des Ministeriums war." Dieses enge Zusammenspiel auf dem Weg zur Weisungsgebung sei überhaupt nur möglich gewesen, weil nach Auffassung Schusters ein reibungsloses Miteinander auf der obersten Etage – Backe/Darré/Behrens – sichergestellt gewesen sei. Die räumliche Trennung der jeweiligen Bereiche wurde durch eine permanente Koordinierung aufgehoben: „Räumlich waren sie getrennt, aber die Herren waren jeden Tag zusammen. Wir haben öfters im Scherz gesagt – obwohl im Scherz eine gewisse Wahrheit liegt –: wir sind ja doch die Kommandierten, weil eben in der Verbindung dieser wenigen Herren alles entschieden wurde."

Bei Kriegsbeginn wurde der Reichsnährstand, d.h. seine Dienststellen, dem Reichsernährungsministerium für die Aufgaben der Kriegswirtschaft zur Verfügung gestellt. Gleichwohl war in den Kriegsjahren nach Beobachtung Schusters das Unterordnungsverhältnis aus der Vorkriegszeit noch schärfer ausgeprägt. Dies ist umso bemerkenswerter, als die Kaltstellung Darrés auch zu einem Zurückweichen seines aufgeblähten Beraterstabs führte: der Abgang Reischles, des ideologischen Hauptmitarbeiters Darrés, ist ein Beispiel dafür. Und das rechtliche Unterstellungsverhältnis des Reichsnährstands war durch die Eingliederung einzelner Abteilungen sogar noch ausgeprägter. Doch der Einfluss des Reichsnährstands konnte sich ungeachtet dessen in der Kriegszeit sogar noch verstärken. „Praktisch hat sich die Sache herumgedreht, theoretisch wurden die eingegliedert."[154] Schuster geht so weit davon zu sprechen, dass man mehr oder weniger ausgeschaltet gewesen sei. Diese individuelle Perspektive darf aber nicht darüber hinwegtäuschen, dass die Verschmelzung letztlich eine weitgehende Integration des Ministeriums und damit Teilhabe am nationalsozialistischen Herrschaftssystem ermöglicht hat.

---

[154] Ebd.

11 Anfänge der Siedlungspolitik

Es entspricht sowohl dem Wesen des Nationalsozialismus als auch dem ideologischen Anspruch Darrés, dass Agrarpolitik in der Zeit der nationalsozialistischen Diktatur von Anfang an mit Siedlungspolitik verbunden war. Eine Beschäftigung mit der Rolle des Ernährungsministeriums erfordert deshalb ganz wesentlich auch eine eingehende Betrachtung jener siedlungspolitischen Weichenstellungen und ihrer Grundlagen, die dann in den Kriegsjahren zu ihren so verhängnisvollen Auswirkungen führen sollten. Auch sie sind untrennbar mit dem Wirken und der Weltanschauung von R. Walther Darré verbunden. Vor dem Hintergrund seiner publizistischen Einlassungen drängt sich der Eindruck auf, dass für Darré in seinem durch Ideologie verquasten, biologistischen Weltbild die „Aufnordungspolitik" durch „Aufzüchtung des Volkskörpers" die vorrangige politische Aufgabe war, auf die seine Programmatik ausgerichtet gewesen ist. Wer die ministerielle Aufgabenvielfalt der Ernährungs- und Landwirtschaftspolitik im Reichsministerium betrachtet, wird indes nicht sogleich die Schlussfolgerung ziehen, dass sich diese Schwerpunktsetzung zunächst im Organigramm des Ministeriums sichtbar niedergeschlagen hätte. Dabei hat Darré – wenn auch am Anfang verdeckt – seine siedlungspolitischen Aktivtäten gerade mit Hilfe des ministeriellen Apparats voranzubringen versucht.

Die Beschäftigung mit den siedlungspolitischen Vorstellungen Darrés muss bei der Betrachtung der persönlichen Freundschaft Darrés mit dem studierten Landwirt und Reichsführer SS, Heinrich Himmler, einsetzen. Diese persönliche Freundschaft, die um die Jahre 1937/38 in Konkurrenz und nach Kriegsbeginn in echte Gegnerschaft umschlug, ist für die Ausgestaltung der nationalsozialistischen Rasse- und Siedlungspolitik von zentraler Bedeutung. Bereits im Laufe des Jahres 1931 hatte Himmler seinem Freund Darré erklärt, „wenn einst Hitler an der Macht wäre, habe er sich gedacht, ob man nicht aus der SS eine Art Zivilorden machen könne."[155] In einer eidesstattlichen Erklärung vom 30. Oktober 1947 rekapitulierte Darré, dass um die Zeit des 18. bis 20. Dezembers 1931 – für ihn überraschend – ihm von Himmler die Absicht eröffnet wurde, für die SS einen Heiratsbefehl zu erlassen.[156] Darré willigte damals ein, stellte im Rückblick ausdrücklich klar, dass der damit verbundene Aufbauauftrag Himmlers an ihn ergangen sei.[157] Bei Himmler drang er dann aber mit seinem Vorschlag, das neu zu begründende Amt anstelle von „Rasseamt" „Sippenamt" zu benennen, nicht durch. Das Motiv, den engen Schulterschluss zu Himmler in den Rasse- und Siedlungsfragen zu suchen, mag auch damit zusammenhängen, dass Darré zutreffend verspürte, dass die Zustimmung zu den Rasse- und Siedlungsfragen auch in

---
155 Vernehmung Darré 9. April 1947, StAN Rep 502, KV-Anklage, Interrogations, D-11.
156 Vgl. dazu und zum folgenden Eidesstattliche Erklärung Darré, Nürnberg 30. Oktober 1947, IfZ Sammlung David Irving ED 110–21–100 ff.
157 „Er (Himmler) sagte mir, er habe sich entschieden, diese Sache auf die Beine zu stellen. Er bat mich, das zu organisieren." (Vernehmung Darré, Nürnberg 9. April 1947, StAN Rep. 502, KV-Anklage, Interrogations, D-11.)

dem sich formierenden NS-System kein Selbstläufer war: „Was mich bewog, zuzustimmen, war insbesondere die mir dadurch zufließende Unterstützung der Bauerntumsidee durch die SS, da bereits damals deutlich wurde, dass die Partei immer widerwilliger meine Tätigkeit beobachtete und auch schon stellenweise zu sabotieren begann."

Siedlungspolitik war nun in den Anfangsjahren des Dritten Reiches zunächst ausschließlich eine Angelegenheit des Reichsernährungsministeriums und der 1935 begründeten Reichsstelle für Raumordnung, zu deren Aufgaben die Aufstellung eines Raum- und Flächenplans für das gesamte Reich gehörte.[158] Im Reichernährungsministerium war den Siedlungsfragen immerhin schon sehr früh eine eigene Abteilung gewidmet. Wenn man den engen Personalaustausch zwischen dem RMEL und dem 1935 geschaffenen Rasse- und Siedlungshauptamt der SS betrachtet, dann ist die Einschätzung nicht ganz von der Hand zu weisen, dass – jedenfalls in seiner Frühphase, als zudem zwischen Heinrich Himmler und R. Walther Darré noch ein enges Freundschaftsverhältnis bestand –, das Rasse- und Siedlungshauptamt quasi vom Ministerium mit geführt wurde. Darré hat das angebliche Durcheinander, das er bei seinem Antritt als Minister auf dem Gebiet der Siedlung vorfand, in einer im Sommer 1940 verfassten Gedächtnisaufzeichnung skizziert und dabei insbesondere moniert, dass seinerzeit „sowohl die landwirtschaftliche als auch die Stadtrandsiedlung unter dem Begriff ‚Siedlung' verstanden wurden." Es sei ihm vor allem daran gelegen gewesen, die landwirtschaftlichen Siedlungen im Gegensatz zur städtischen Siedlung verstanden zu wissen.[159] Auch Himmler hat in einer seiner Geheimreden als Reichsführer SS eingestanden, dass das Rasse- und Siedlungshauptamt in seinem Aufbau als jüngstes Hauptamt auf besonders schwierige Verhältnisse gestoßen sei, weil es in seiner ganzen Anlage etwas völlig Neues dargestellt habe und sein Aufbau nur möglich gewesen sei, „indem der Reichsbauernführer, SS-Obergruppenführer Darré, seine engsten Mitarbeiter vom Reichsnährstand und vom Reichsernährungsministerium in diese Arbeit hineinsteckte, so daß diese Mitarbeiter vom Reichsnährstand und Reichsernährungsministerium die Arbeiten im Rasse- und Siedlungshauptamt versahen und durchführten."[160] Die administrativen einzelnen Schritte in der Organisation der Siedlungspolitik lassen auf ein planvolles Vorgehen Darrés schließen.

Es war eine Entscheidung Darrés, die wiederum Rückschlüsse auf sein Verständnis der ihm in seiner Eigenschaft als Reichsbauernführer und Reichsminister unterstellten Bereiche als kommunizierende Röhren zulässt, bei denen die Bereichsgrenzen sich nicht trennscharf auflösen lassen, dass beim Aufbau des Rasse- und Siedlungshauptamtes ganz wesentlich auf Angehörige des Reichsnährstands zu-

---

158 Pahl-Weber, Elke: Die Reichsstelle für Raumordnung und die Ostplanung, in: Rössler, Mechtild/Schleiermacher, Sabine (Hgg.): Der „Generalplan Ost". Hauptlinien der nationalsozialistischen Planungs- und Vernichtungspolitik, Berlin 1993, S. 148–153.
159 Aufzeichnung Darré, 17. Juli 1940, BArch NL Backe N 1075, Bd. 9.
160 Zit. nach Smith, Bradley F. und Peterson, Agnes F.: Heinrich Himmler – Geheimreden 1933 bis 1945 und andere Ansprachen, Berlin 1974, S. 70.

rückgegriffen wurde. Die Gliederungsskizzen und Tätigkeitsberichte der einzelnen Abteilungen belegen dies ausdrücklich. Einem Schreiben des Hauptabteilungschefs im Rassenamts des Rasse- und Siedlungshauptamt, SS-Untersturmführer Dr. Babel, an den Stabsführer im Rasse- und Siedlungshauptamt ist als Begründung zu entnehmen, dass alle Mitarbeiter dieser Abteilung aus dem Reichsnährstand zu kommen hätten, „weil man die klare Linie der bäuerlichen Grundhaltung nicht nur bewahren, sondern für die SS weiter ausbauen wollte."[161] So gehörte die Stabshauptabteilung G „Blutsfragen des deutschen Bauerntums" im Reichsnährstand des Reichsbauernführers R. Walter Darré zugleich zum Rassenamt der SS, das bis September 1938 ebenso unter Führung von Darré stand, und der SS-Standartenführer Rechenbach als Stabshauptabteilungsleiter war ab 1936 in dieser Eigenschaft zugleich Amtsleiter der Reichsleitung der NSDAP im Reichsamt für Agrarpolitik.

Darrés enger Mitarbeiter und Ghostwriter, SS-Gruppenführer Dr. Hermann Reischle, wurde mit dem Dienstantritt von Darré nicht nur Reichskommissar im Reichsernährungsministerium, sondern war seit 1933 auch Führer im Rasse- und Siedlungshauptamt, wo er von Mitte 1934 bis Mitte 1936 und von Mitte 1937 bis Ende 1938 zugleich Leiter des Rassenamtes war. Reischle wurde am gleichen Tag wie Darré vom Rasse- und Siedlungshauptamt als „Führer im Stab" zum Persönlichen Stab des Reichsführers SS versetzt. Selbst 1938, inmitten seiner entscheidenden Auseinandersetzung mit dem Reichsführer SS Heinrich Himmler, argumentierte Darré in der Begründung seiner Bitte, „v. Lettow-Vorbeck als Verbindungsoffizier des Reichsführers SS – (nicht des Rasse- und Siedlungs-Hauptamtes) – zu meinem Stabe zu kommandieren", damit, dass der Reichsnährstand und das Rasse- und Siedlungshauptamt so ineinander verwoben seien, „dass ein solcher Verbindungsoffizier zur Vermeidung von Misshelligkeiten, Streitigkeiten, Verstimmungen, wenn nicht gar Feindschaften, unumgänglich notwendig ist und noch Jahre hindurch für beide Organisationen von Segen sein wird."[162]

Der Personalaustausch zwischen dem Reichsernährungsministerium und dem Rasse- und Siedlungshauptamt war dabei fließend, und es ist nicht immer zweifelsfrei nachzuvollziehen, ob eine im Ministerium ausgebrachte Planstelle auch tatsächlich für einen Beamten mit ministerieller Tätigkeit vorgesehen oder eben anderen, im groben Sinne parteipolitischen, auch rassepolitisch-ideologischen Aufgaben gewidmet war. Diese unklare Abgrenzung wurde noch dadurch verstärkt, dass die Zuständigkeiten für Abteilungen häufig wechselten. Zu den acht dauerhaften Abteilungen im Ministerium kamen wiederholt neue Abteilungen hinzu; die Bezeichnungen wurden zudem häufig ausgetauscht, und wiederholt kam es zu Doppelunterstellungen, etwa, als Abteilungsleiter in Personalunion die Leitung einer Abteilung im Reichsministerium und zugleich die Leitung einer Abteilung im Stabs(haupt)amt bei Himmler als Reichskommissar für die Festigung deutschen Volkstums erhielten. Diese für das NS-

---

161 Brief vom 13. Mai 1935, BArch NS2/85, Blatt 138–141, zit. nach Heinemann, Isabel: Rasse, Siedlung, deutsches Blut. Das Rasse- und Siedlungshauptamt der SS und die rassenpolitische Neuordnung Europas, Göttingen 2003 (*Heinemann, Rasse*), S. 114.
162 Darré an Himmler, 1. März 1938, BArch NL Darré N 1094/10.

System so bezeichnende Vermischung der Aufgaben und formalen Zuordnung kann auch als Charakteristikum für das Reichsernährungsministerium konstatiert werden. Vor dem Hintergrund der Frage nach der Beurteilung der Verwicklung von einzelnen Angehörigen bzw. des Ministeriums als Ganzen durch seine ministerielle Leitung in Verbrechen, insbesondere im Rahmen der Besatzungspolitik im Osten, sind diese Doppelassignierungen besonders zu berücksichtigen.

Im Ministerium hatte man sich in der nationalsozialistischen Zeit an Doppelunterstellungen gewöhnt. Ministerialrat Karl Vogt erklärte in seiner Nürnberger Vernehmung auf die Frage, wieso er personell im Rasse- und Siedlungshauptamt geführt worden sei: „Ich bin 1936 zum RuSH versetzt worden, und zwar war das im Rahmen des Agrarsektors so üblich, dass die betreffenden Leute dort zum RuSH versetzt wurden. Und zwar wurden sie sogenannte Führer beim Stabe, es war eine Gruppe von SS-Angehörigen, die dort nur personell geführt wurden und keinerlei Dienstgewalt hatten. Ich bin in dieser Kategorie bis zum Schluss verblieben. Diese Leute beim RuSH waren SS-Führer und Unterführer, die keinerlei Dienst taten und keinerlei Dienstgewalt hatten irgendwelcher Art, dass sie eine Einheit führten oder eine SS-Aufgabe zu erledigen hatten. Sie wurden dort personell geführt, zahlten dort ihre Mitgliedsbeiträge und wenn sie an einer Veranstaltung teilnahmen, dann war es nur an einer besonderen Feier oder einer Weihnachtsfeier."[163]

Vogt war zunächst ein Jahr in der Abteilung Siedlung des Ernährungsministeriums tätig gewesen, bevor er seine Aufgabe beim Rasse- und Siedlungshauptamt übernahm. Auf die Frage, ob die Tätigkeit in der Abteilung Siedlung im Ministerium identisch mit der im Siedlungsamt im RuSH gewesen sei, antwortete er aufschlussreich: „Die Siedlungsabteilung im RuSH hat damals gar nichts getan bis Ende 1935. Ich bin dort tätig gewesen als Hilfsreferent in dem Referat Landbeschaffung. Das Referat Landbeschaffung war dasjenige, das geleitet wurde von einem Sachbearbeiter, der die Beschaffung von Siedlungsland für Siedlungsgesellschaften verwaltungsmäßig beaufsichtigte."[164] Vogts nüchterne Ausführungen über die anfängliche Unsichtbarkeit des RuSH können auch als Indiz dafür gewertet werden, wie sehr Darré Siedlungspolitik aus seiner ministeriellen Funktion heraus – immerhin hatte er eigens eine Abteilung seines Ministeriums dafür zur Verfügung – gestalten wollte. „Man hatte offenbar die Absicht, im Rahmen der Aufgabe der SS sich auch mit der SS, wie es damals hieß, ‚Neubildung deutschen Bauerntums' zu befassen und auf die Auswahl dieser Leute einen Einfluss zu haben. Das ist alles, was ich davon mir denken kann. Ich darf wiederholen, dass wir während des Jahres 1935, wo ich im Ernährungsministerium war, nicht viel vom RuSH gemerkt haben."[165]

Die enge personelle Verbindung von Staat und Partei fällt dabei schon sehr früh ins Auge. 1934 wurde eine „Reichsstelle für Siedlerauswahl" eingerichtet, die aus der

---

[163] Vernehmung Dr. Karl Vogt, 15. Juli 1947, StAN Rep. 502, KV-Anklage, Interrogations, V-21.
[164] Ebd.
[165] Ebd.

„Reichsstelle für Siedlerberatung der Gesellschaft für innere Kolonisation (GfK)" hervorgegangen war; sie wurde bereits Ende 1933 dem Reichsnährstand angegliedert.[166] Der Leiter der Abteilung G „Rassefragen" im Stabsamt des Reichsbauernführers, Horst Rechenbach,[167] war Darrés Mann: „Rechenbach war Diplom-Landwirt wie ich und hatte außerdem bei Reche in Leipzig Anthropologie studiert. Mit Rechenbach hatte ich einige Jahre vorher einen Verein zur Bildung eines adeligen deutschen Bauerntums gegründet, welcher Verein aber bei der rapiden wirtschaftlichen Verelendung des deutschen Bauerntums und der damit gekoppelten Verschärfung innenpolitischer Gegensätze aus Zweckmäßigkeitsgründen aufgegeben werden mußte."[168]

Wie sehr sich Darré Rechenbach verbunden wusste, geht aus dem Nürnberger Verhör Darrés hervor: „Rechenbach war damals Lehrer beim Reiterregiment in Erfurt. [...] Rechenbachs Liebe, wenn man so sagen darf, lag aber, wie bei mir, beim Bauerntumsgedanken. Der Gedanke, das was uns mit der Gründung zur Schaffung eines adeligen deutschen Bauerntums nicht gelungen war, veranlasste ihn, seine prinzipielle Zustimmung zu geben."[169] Rechenbach war zu jenem Zeitpunkt noch nicht Mitglied der Partei, was aber Darré nicht davon abhielt, Himmler zu weitgehenden Konzessionen gegenüber Rechenbach zu bewegen und beim Reichswehrministerium eine Beurlaubung Rechenbachs zu erwirken, so dass dieser bereits im Spätfrühjahr 1932, also schon vor der Machtergreifung, seine Arbeit bei Darré aufnehmen konnte. Rechenbach hat in zahlreichen Publikationen die ideologische Begründung für die NS-Rassepolitik geliefert.[170] Er bezeichnete darin die „Auslese der Neubauern" als „völkisch-soziales Werk" und formulierte damit, dass die rassischen Kriterien – also das Vorliegen von Erbkrankheiten, insbesondere die „rassenhygienische Überprüfung" auch der Ehefrau bei der „Neubauernauslese" – zu beachten seien. Schon 1935 wurde die Reichsstelle für Siedlerauswahl als Abteilung F in die Hauptabteilung I des Reichsnährstands übergeleitet. Die Schlussfolgerung von Mai,[171] dass dadurch das RMEL und die traditionelle Verwaltung weitgehend aus der Neubildung deutschen Bauerntums ausgeschaltet worden seien, erscheint gleichwohl überzeichnet, weil der Reichsnährstand in jener Phase aufs engste mit den ministeriellen Strukturen ver-

---

166 Vgl. dazu das Rundschreiben an die Landesbauernführer, 25. November 1933, BArch NS 26/942.
167 Horst Rechenbach, 1895–1968, SS-Oberführer, Offizier und Landwirt, Weltkriegsteilnehmer, Angehöriger verschiedener Freikorps, 1932–1934 Reichswehr, Studium der Landwirtschaft und Anthropologie in Leipzig, 1932 Mitglied der NSDAP und der SS.
168 Vernehmung Darré, Nürnberg 9. April 1947, StAN Rep. 502, KV-Anklage, Interrogations, D-11.
169 Vgl. dazu und zum folgenden Eidesstattliche Erklärung Darré, Nürnberg 30. Oktober 1947, BArch NL Darré N 1094 I/4.
170 Vgl. z.B. Rechenbach, Horst: Neubauernsiedlung und die Auswahl Deutscher Bauernsiedler, in: Wirtschaftspolitischer Dienst. Sonderdienst der nationalsozialistischen Parteikorrespondenz 2/1935, Blatt 1, Folge 10, vom 12.1.1935. Zu den Anfängen des Rasse- und Siedlungshauptamtes grundlegend insbes. Mai, Uwe: „Rasse und Raum". Agrarpolitik, Sozial- und Raumplanung im NS-Staat, Paderborn 2002 (*Mai, Rasse und Raum*), sowie Heinemann, Rasse.
171 Vgl. Mai, Rasse und Raum, S. 60.

woben war und Darré als Minister und Reichsbauernführer in seiner Person mögliche Gegensätze dieser beiden Einrichtungen aufheben konnte. Die Neubildung des deutschen Bauerntums wurde auch weiterhin desungeachtet in der Abteilung VIII des Ministeriums als ministerielle Aufgabe geführt. Die enge Verbundenheit mit Fragen der Partei wird indes auch daraus ersichtlich, dass der mehrjährige Leiter dieser Abteilung, SS-Hauptsturmführer (später Ministerialdirektor) Dr. Kurt Kummer, zugleich stellvertretender Abteilungsleiter der Reichsleitung des Reichsamtes für Agrarpolitik der NSDAP gewesen ist.[172]

Darré selbst sprach im Rückblick davon, dass sich erst im Winter 1934/35 die Aufgabengebiete des SS-Rasse- und Siedlungshauptamtes herauskristallisiert hätten, so dass erst zu diesem Zeitpunkt ein Geschäftsverteilungsplan und eine Geschäftsordnung hätten aufgestellt werden können: „Zum Stabsführer hatte ich mir bei Himmler einen geeigneten SS-Führer, der gleichzeitig Bauer sein müßte, erbeten und fand diesen schließlich in dem Bauern Harm aus Holstein. Damit lief mit dem Frühjahr 1935 die Arbeit des Amtes eigentlich erst an, während sie vorher nur eine mehr oder minder behelfsmäßige Arbeit mit lauter Aushilfen darstellte."[173] Darré verweist ausdrücklich darauf, dass ein genauer Plan, welche Fragen in dem Rasse- und Siedlungshauptamt zu bearbeiten wären, nicht vorgelegen habe: „Aus der praktischen Arbeit entwickelte sich erst die Erfahrung, und aus der Erfahrung entwickelte sich danach langsam die Praxis der Arbeit."[174] Alle Kontrahenten waren in die NSDAP und mit verschiedenen Diensträngen in die SS eingebunden, und in der Zielstellung habe in wesentlichen Fragen grundsätzliche Übereinstimmung geherrscht.

12 Zwischenbetrachtung

Wenn als Zwischenergebnis für die Betrachtung des Reichsministeriums für Ernährung und Landwirtschaft in den Jahren nach der nationalsozialistischen Machtergreifung festgehalten werden kann, dass dieses Ressort auf Grund einer vielfältigen, vorrangig parteipolitischen Aktivität seinen Platz im Machtgefüge des NS-Staates rasch festigen und grundlegende Fragen des gesetzlichen Regelungsbedarfs abschließend lösen konnte, so sind die darauf folgenden „Friedensjahre" 1935–1939 von zahlreichen Auseinandersetzungen um Macht und Einfluss geprägt, die im Resultat für das Ministerium mit einem schleichenden Prestige- und Kompetenzverlust verbunden sind. Diese Entwicklung sollte allerdings vollumfänglich nach außen hin erst zu einem späteren Zeitpunkt – nach Kriegsausbruch – sichtbar werden. Ab Mitte der 1930er Jahre wurde vor allem ein als überbordend empfundener Regelungsanspruch des Reichsernährungsministers und des in das Ressort eingebetteten Reichsnähr-

---

[172] Vgl. dazu die Ausführungen auf Seite 180 ff. in diesem Abschnitt.
[173] Ebd.
[174] Ebd.

stands wahrgenommen. Dieser Gesamtbefund ist gleichwohl nicht mit der Analyse eines Bedeutungsverlustes des Reichsnährstands im nationalsozialistischen System der Agrarpolitik gleichzusetzen. Obwohl sich der Reichsnährstand in der Gesamtperspektive des nationalsozialistischen Machtapparats als zunehmende Belastung für das Ministerium erwies und sein Erfinder und Protektor Darré durch eine Serie von Niederlagen machtpolitisch mehr und mehr marginalisiert wurde, konnte der Reichsnährstand im inneren Gefüge des Ministeriums seine Machtposition weiter ausbauen.

Dieses Ergebnis steht zudem nur scheinbar im Widerspruch zur Aussage, dass der ausschlaggebende Faktor für die Positionierung des Reichsernährungsministeriums im Machtgefüge des Dritten Reiches Ansehen und Gestaltungskraft des Ministers gewesen ist. So sehr sich Darré unmittelbar vor und nach der Machtergreifung auf Grund seiner Nähe zu Adolf Hitler, der Begabung zur Gesamtschau und seiner konzeptionellen Fähigkeiten in der Lage befand, sich in eine gestaltende Stellung zu hieven und der Landwirtschaft zu einem Sprung in der gesamtgesellschaftlichen Wahrnehmung zu verhelfen, so wenig zeigte er sich in den Jahren nach der nationalsozialistischen Machtergreifung im Umgang mit Hitlers anderen Diadochen als gewandt und in der administrativen Führung eines Ministeriums als geeignet, um die gewonnene Machtposition dauerhaft zu halten, geschweige denn auszubauen. Was zum Zeitpunkt der Machtergreifung noch als Stärke Darrés galt – insbesondere seine konzeptionellen Fähigkeiten –, erwies sich in der Führung des Ministeriums bald als Handicap: in dem Maße, in dem er sich seinen „Steckenpferden" – insbesondere den mit der „Neubildung des deutschen Bauerntums" zusammenhängenden Fragen – zuwandte, entglitt ihm die Führung des Ministeriums. Seine Tendenz, sich bei auftretenden Schwierigkeiten durch Abmeldung in den Krankenstand aus dem Spiel zu nehmen und die Führung anderen zu überlassen, sowie die von Anfang an ausgeprägte Neigung zum Besserwissen schwächten seine Autorität entscheidend. In seinem Staatssekretär Backe verfügte er über einen leistungsstarken Mitstreiter, der ihm im Laufe der Jahre zum Gegenspieler erwuchs, ihn nach und nach verdrängte und am Ende völlig ausschalten sollte.

Darré sah sich schon nach wenigen Jahren beinahe von allen Seiten Vorwürfen ausgesetzt und verzettelte sich wiederholt in Kompetenzstreitigkeiten mit anderen Ressorts. Häufig ging es dabei um äußere Insignien und nachgeordnete Fragen. Die Tagebücher von Darrés Widersacher Goebbels verzeichnen seit Ende 1933 im Zusammenhang mit dessen Namensnennung durchweg kritische Wertungen, die die Unbeliebtheit, auch Ungeschicklichkeit des Reichsernährungsministers bezeugen und den allmählichen Kursverfall der „Aktie Darré" dokumentieren. Dieser persönliche Ansehensverlust, der sich zu jenem Zeitpunkt allerdings eben noch nicht in einem Bedeutungsverlust des Ministeriums niederschlug, mag auch erklären, dass Darré nur mit Mühen – und mit Hilfe des zunächst abwartenden, dann sich aber auf die Seite seines Ministers schlagenden Staatssekretärs Backe – eine auf seine Entmachtung zielende Revolte im Reichsnährstand niederschlagen konnte.[175] In der Rückschau datiert Darré die hier skizzierten Phänomene der Entfremdung, Marginalisierung und des Bedeutungsverlusts auf das Jahr 1935.

Darré hatte es in kürzester Zeit verstanden, sich nach allen Seiten hin unbeliebt zu machen. Wie sehr sich auch der Unmut der Gauleiter in der Zwischenzeit auf Ernährungsminister Darré fokussiert hatte, wurde bei einer Besprechung, die Reichsbankpräsident Hjalmar Schacht mit den Reichsstatthaltern, Oberpräsidenten und Leitern der Wirtschaftskammern am 20. August 1936 anberaumt hatte, deutlich: „An der Spitze aller Ausführungen", so heißt es im Protokoll des Treffens, „stand das einmütige Misstrauen gegen den Minister Darré und die Tätigkeit des Reichsnährstands." Alle Teilnehmer seien der Ansicht gewesen, dass sich Darré jeder sachlichen Auseinandersetzung über die Ernährungslage entzöge und die Angaben, die von seinen Stellen gemacht würden, gefärbt oder gefälscht seien. Statthalter Bürckel erklärte, „daß wir keinen Ernährungsminister brauchen, sondern einen Wirtschaftsminister, dem die Ernährung mit zu unterstellen ist." Statthalter Wagner (Schlesien) meinte, dass „die Zweispaltung des Systems der Volkswirtschaft auf die Dauer untragbar ist, da Darré eigene Wirtschaft macht und sich nicht in die gemeinschaftliche Linie hineinfindet."[176]

---

175 Vgl. dazu Frank, Reichsnährstand, S. 229 ff.
176 Besprechung des Reichsbankpräsidenten Schacht mit den Reichsstatthaltern und Oberpräsidenten sowie den Leitern der Wirtschaftskammern vom 20. August 1936, AdR, Bd. III: 1936, Dok. 130, S. 478 ff.

IV Vorbereitungen für einen Angriffskrieg

1 Die Einrichtung des Amtes des Beauftragten für den Vierjahresplan als Zäsur

Aus der Sicht Backes bestand das Hauptproblem, um in der Landwirtschafts- und Ernährungspolitik Entscheidungen in seinem Sinne beeinflussen zu können, vor allem darin, auf den „Führer und Reichskanzler" entsprechend einzuwirken: „Darré selbst mied Hitler", schrieb Backe in seinem großen Erinnerungsbericht unmittelbar nach Kriegsende, „weil er, wie ich immer wieder feststellte, fürchtete, auf sachliche Probleme angesprochen zu werden, die er nicht in den Einzelheiten beherrschte. Unzählige Male habe ich immer wieder von Darré verlangt, zu Hitler zu gehen, weil ich die Gefahr der Isolierung sah, die Gefahr, dass letzterer nunmehr über Agrarpolitik nur von nicht-maßgebender, falsch informierter Seite unterrichtet wurde."[177] Diese Lage veränderte sich für Backe erst wieder, als Göring zum Beauftragten für den Vierjahresplan bestellt wurde und Backe nun wieder über die Möglichkeit verfügte, „nach oben durchzukommen, um die Probleme, die, von der Landwirtschaft gesehen, dringend der Lösung bedurften, anzuschneiden."[178]

Mit der auf dem Nürnberger Reichsparteitag 1936 verkündeten Politik des Vierjahresplans und dem dafür neu geschaffenen Amt wurde der preußische Ministerpräsident Hermann Göring betraut. Die Grundzüge der Organisation des Vierjahresplans waren von Göring in einem ersten Erlass am 22. Oktober 1936 festgelegt worden.[179] Neben dem Ministerrat, dem die Chefs des Reichskriegsministeriums, des Reichsfinanzministeriums, des Reichswirtschafts- und des Reichsernährungsministeriums angehörten, sollten auch der Preußische Finanzminister (Popitz), Reichsminister Kerrl, als Sonderminister mit wirtschaftspolitischen Aufgaben betraut, der Chef der Reichskanzlei, Lammers, und Keppler als Generalsachverständiger für den Aufbau der deutschen Roh- und Werkstoffe sowie Staatssekretär Körner als Vertreter Görings und die Leiter der Geschäftsgruppen des Vierjahresplans an den Sitzungen teilnehmen. Es entsprach dem Kalkül Görings, dass der Ministerrat für den Vierjahresplan lediglich eine repräsentative Funktion wahrnehmen und der eigentlich steuernde Part dem wöchentlich tagenden Generalrat zufallen sollte. Die laufende Arbeit des Vierjahresplans war in sechs Geschäftsgruppen geregelt, von denen Herbert Backe neben den ministeriellen Aufgaben in Personalunion die Geschäftsgruppe „Ernährung und landwirtschaftliche Erzeugung" übernommen hatte und diese Position konsequent zum Ausbau seiner Machtposition innerhalb und außerhalb des Ministeriums nutzen sollte. Backes Handschrift ist bereits im Ergebnisprotokoll der Sitzung des Kleinen

---

[177] Herbert Backe, Großer Bericht (wie Fn. 54), S. 20.
[178] Ebd., S. 21.
[179] Erlass vom 22. Oktober 1936 über die Umbildung des Reichswirtschaftsministeriums und die Weiterführung des Vierjahresplans, StAN Rep. 502, KV-Prozesse, Dok. NID 13629, S. 4 f.

Ministerrats des Vierjahresplans vom 21. Oktober erkennbar, da die hier formulierten Ziele ganz auf der Linie der von Staatssekretär Backe seit Jahren postulierten Neuausrichtung der deutschen Wirtschaft und der deutschen Landwirtschaft liegen: „1. Die deutsche Wirtschaft einschließlich der Landwirtschaft muß in ihrer Leistung so gesteigert werden, daß alle nach dem Stand der heutigen Wissenschaft und Technik in Deutschland erzeugbaren Stoffe auch in Deutschland hergestellt werden. Hierbei muß bis zur äußersten Grenze des technisch Möglichen gegangen werden. (...) 3. Deutschland muß in die Lage versetzt werden, auch im Ernstfall mit allem Nachdruck kämpfen zu können. Es muß alles Menschenmögliche geschehen, um eine künftige Aushungerungsmöglichkeit zu vermeiden. Dazu wird es notwendig sein, auch Anlagen herzustellen, die im Frieden nicht voll ausgenutzt werden können. Auch das muß die deutsche Wirtschaft auf sich nehmen."[180]

Der Vierjahresplan sollte eine kurzfristige Mobilisierung und Leistungssteigerung mit den Methoden einer staatlichen Kommandowirtschaft schaffen und nach Art eines Übergangsprogramms den Weg zur Rohstoffautarkie weisen. Die maßgeblichen Überlegungen hierzu hatte Göring in der ihm eigenen schnoddrigen Direktheit bereits in einer Sitzung am 13. Mai 1936 formuliert: „Wenn wir morgen Krieg haben, müssen wir durch Ersatzstoffe uns helfen. Dann wird Geld keine Rolle spielen. Wenn das so ist, müssen wir auch bereit sein, im Frieden die Voraussetzungen dafür zu schaffen."[181] Allerdings sollte sich der Vierjahresplan nur auf zwar wesentliche, aber bei weitem in der Summe nicht erschöpfende Teilbereiche der wirtschaftlichen Tätigkeit erstrecken: die Erzeugung und Verteilung von Roh- und Werkstoffen, die landwirtschaftliche Produktion, den Arbeitseinsatz, die Preisüberwachung und die Devisenüberwachung. Zuvor hatte Hitler in einer Denkschrift zum Vierjahresplan Grundlinien seiner wirtschaftspolitischen Vorstellungen im Dienste einer nationalsozialistischen Raumpolitik im Rahmen seines politischen Gesamtkonzeptes skizziert und damit einen lange schwelenden Machtkampf zwischen Göring und Wirtschaftsminister Hjalmar Schacht beendet. Hitler hatte unter dem Eindruck der damit verbundenen akuten Krise die neue Generallinie der Wirtschaftspolitik unter Abkehr der Wirtschaftsleitlinien Schachts sowie vor dem Hintergrund der nunmehr deutlich aggressiveren Rüstungspolitik festgelegt und auf diese Weise die Grundrichtung der nationalsozialistischen Wirtschaftspolitik nachhaltig korrigiert.[182] Auch das Ernährungsministerium war auf mehrfache Weise seit längerem in diese Auseinandersetzung mit einbezogen gewesen. Dies geht aus einem Brief des Wirtschaftsministers vom 24. März 1936 hervor, in dem darüber Klage geführt wird, daß die bis zum Jahre 1933 gestiegenen Produktionsleistungen der deutschen Landwirtschaft „in den beiden letzten Jahren sowohl in den

---

[180] Sitzung des Kleinen Ministerrats im Vierjahresplan vom 21. Oktober 1936, 12 Uhr, AdR, Bd. III: 1936, Dok. 157, S. 556.
[181] Vgl. Sitzung vom 12. Mai 1936, AdR, Bd. III: 1936, Dok. 89, S. 320; zum Vierjahresplan vgl. Petzina, Heinz Dietmar: Die deutsche Wirtschaft in der Zwischenkriegszeit, Wiesbaden 1977.
[182] Vgl. dazu Treue, Wilhelm: Hitlers Denkschrift zum Vierjahresplan 1936, in: VfZ 3. Jg., 1955, S. 184 ff.

Ernteerträgen wie in den Viehbeständen und deren Leistungen erheblich zurückgegangen" seien.[183]

Die grundlegende Änderung für Backe, die durch die Einrichtung des Amtes des Beauftragten für den Vierjahresplan geschaffen wurde, bestand darin, dass er nun zum Weisungsgeber für das Reichsernährungsministerium erhoben wurde. Die Zusammenarbeit zwischen dem Reichsernährungsministerium und der Geschäftsgruppe Ernährung und Landwirtschaft im Vierjahresplan war durch diese Konstruktion von Anfang an beschwert. Vor allem der Umstand, dass Backe keine eigene bürokratische Struktur im Amt des Beauftragten für den Vierjahresplan aufbaute, sondern sich bei der Wahrnehmung dieser Aufgabe weiterhin auf die Ministeriumsstruktur abstützte, stärkte seine innerministerielle Stellung im Verhältnis zu Reichsminister Darré, mit dem nun weitere Schwierigkeiten vorgezeichnet waren. Den Beamten des Reichsernährungsministeriums waren die neuen Verhältnisse nicht verborgen geblieben. Ministerialrat Schuster beschrieb in seiner Nürnberger Vernehmung im Rückblick das Zusammenwirken zwischen Ernährungsministerium und Vierjahresplan wie folgt: „Die Zusammenarbeit mit dem Vierjahresplan, wie wir sie gehabt haben, hat sich in der Form abgespielt, dass die entsprechenden Abteilungsleiter des Vierjahresplans die einzelnen Sachen, die die Herren interessiert haben, mit uns besprochen haben. Im Vierjahresplan hat ja Minister Backe die Sache selbst geführt und war gleichzeitig der Vertreter im Vierjahresplan."[184] Schuster räumte ein, dass der Vierjahresplan die eigentlich übergeordnete Einrichtung gewesen sei: „Aber das ist auch insofern nicht in Erscheinung getreten, als ja derselbe Mann die Geschäfte im Vierjahresplan und bei uns im Ernährungsministerium machte."[185]

Trotz der für ihn günstigen Konstellation, die sich für Backe aufgrund der Leitungsaufgabe der Geschäftsgruppe Ernährung und Landwirtschaft im Vierjahresplan ergeben hatte, fiel dessen Gesamtbeurteilung der Rolle Görings negativ aus. Göring hätten „landwirtschaftliche, und insbesondere Bauernprobleme" nicht gelegen, er sei seiner ganzen Natur nach mehr Feudalherr gewesen. Es habe ihm die Kenntnis der erforderlichen wirtschaftspolitischen Vorgänge gefehlt, und er sei zudem nicht an den größeren Zusammenhängen, sondern nur an praktischen Ergebnissen interessiert gewesen, bilanzierte Backe in seinem Großen Bericht.[186]

---

[183] „Am 1. August 1935 waren zu Beginn des neuen Erntejahres nach Ihren eigenen Angaben (Schreiben vom 14.1.1936 – II/4–109) 1,2 Millionen t Getreide über die notwendige Manövriermenge hinaus als Bestand vorhanden. Nur dadurch, dass diese Getreidemengen nicht rechtzeitig mit zur Schweinemast eingesetzt sind, konnte das massenhafte Abschlachten unausgemästeter Tiere im Sommer und Herbst 1935 und der damalige Schweinemangel überhaupt entstehen." (Der Reichs- und Preußische Wirtschaftsminister an den Reichs- und Preußischen Minister für Ernährung und Landwirtschaft, 24. März 1936, AdR, Bd. III: 1936, Dok. 55, S. 208 ff.)
[184] Vernehmung Ludwig Schuster, 21. September 1946, StAN Rep. 502, KV-Anklage, Interrogations, S-174.
[185] Ebd.
[186] Herbert Backe, Großer Bericht (wie Fn. 54), S. 21 f.

Das Kalkül Görings, ausgerechnet Backe mit der Umsetzung der Aufgaben aus dem Vierjahresplan zu betrauen, lässt sich aus einer handschriftlichen Aufzeichnung Herbert Backes über ein Gespräch mit Hermann Göring rekonstruieren, das wohl Ende 1936 nach einer längeren Rekonvaleszenz Backes in Folge einer Myokarditis stattgefunden hat, und es wirft in dem von Backe dargestellten Kalkül, wie es die Gedächtnisskizze wiedergibt, ein bezeichnendes Licht auf beide Seiten.[187] Demzufolge hatte Göring Backe in den Generalrat berufen, „weil er zu seiner Arbeit und zu ihm Vertrauen" gehabt habe. Er habe sich aber auch bei Hitler über seine Person Klarheit verschafft, da er es sich nicht leisten könne, einen Mitarbeiter – wenn er Schwierigkeiten in seiner bisherigen Stellung mit einem Minister bekäme – nach Einarbeitung wieder zu wechseln. Auch der „Führer" habe Vertrauen in die Arbeit Backes, so heißt es in der Gedächtnisskizze, und er sei überzeugt, „daß B. der richtige Mann im Generalrat sei." Daher sei es erstens notwendig, daß Backe seine Gesundheit schnellstens wiederherstelle, – die Aussprache sollte auch dazu beitragen – und daß Backe mit dem nötigen Taktgefühl gegenüber seinem Minister und dem Reichsnährstand seine Aufgaben erledige. Das sei besonders deshalb nötig, weil die Stellung im Generalrat eine so außerordentlich starke sei.[188]

Göring hatte – folgt man der Skizze – Backes Berufung im klaren Kalkül vollzogen, den Einfluss von Darré zurückzudrängen. „B(acke) verwies darauf, daß er jahrelang nur gearbeitet habe und seine Leistungen neidlos dem Minister D(arré) zuschrieb. Es hätte sich jetzt ein Kreis um D(arré) gebildet unter Führung von M(einberg, U.S.), der ihn bekämpfe und ihm das sachliche Arbeiten erschwere, da die Leute von Agrarwirtschaft und -politik nichts verstünden. Leider sehe das D(arré), der wenig Menschenkenntnis habe, nicht. D(arré) lägen auch die Wirtschaftsfragen nicht, er habe dazu kein Verhältnis. Solange er diese Frage B(acke) überließ, war ein Arbeiten leicht." Backe zeichnete in der Gesprächsskizze nicht nur das Bild eines eklektisch operierenden und damit letztlich in seiner Amtsführung überforderten Ministers, der nur durch einen fähigen Staatssekretär, nämlich ihn selbst, im System gehalten würde: Die beidseitige schonungslose Offenheit sollte auch das Fundament begründen, dass Göring sich in der Gewissheit wiegen konnte, dass Backes Loyalität zunächst und ganz ausdrücklich ihm selbst und nicht dem Reichsminister Darré, dem Backe formal im Ministerium unterstand, galt.[189]

Darré muss von Anfang an verspürt haben, wie sehr die Berufung von Backe zum Bereichsleiter der Geschäftsgruppe „Ernährung und landwirtschaftliche Erzeugung" im Amt des Vierjahresplans geeignet war, seine Machtstellung als Reichsernährungsminister zu untergraben. Anders jedenfalls sind die in Darrés Schreiben an Göring vom 31. Juli 1936 enthaltenen Nadelstiche gegen seinen erkrankten Staatsse-

---

[187] Aufzeichnung H(erbert) B(acke) über ein Gespräch mit Göring (3 kleine Notizbuchblätter m. Bleistift, am 22. August 1972 von Ursula Backe in eine maschinenschriftliche Fassung übertragen), BArch NL Backe N 1075, Bd 5.
[188] Ebd.
[189] Ebd.

kretär und die durchscheinenden Bemühungen, seinen (Darrés) Vertrauten Reischle als Vertretung für Backe in die Leitung der Geschäftsgruppe Ernährung des Vierjahresplans einzuführen, nicht zu deuten: „Mein Staatssekretär, Herr Herbert Backe, sieht sich in Folge eines akuten Herzfehlers gezwungen, sich bei mir krank zu melden und einen mindestens vierwöchentlichen Urlaub sofort anzutreten", schrieb Darré an Göring am 31. Juli 1936.[190] Von Seiten seines Ministeriums bestünden weder Bedenken gegen die Erteilung des Urlaubs noch werde die Arbeit dadurch berührt. Er sei also bereit, da der Staatssekretär tatsächlich sofort in ärztliche Behandlung müsse, seinerseits den Urlaub zu gewähren. Der eigentlich von Darré für Göring bestimmte Test bestand indes in dem im zweiten Teil seines Briefes ausformulierten Versuch, Reischle in Ersetzung von Backe in die Arbeit des Vierjahresplans einzuführen: „Nun arbeitet aber Herr Staatssekretär Backe ja auch in dem von Ihnen aufgestellten Gremium, so dass seine Erkrankung gleichzeitig einen Ausfall seiner Mitarbeit in diesem Gremium darstellt. Da ich nun annehme, dass Sie, sehr verehrter Herr Ministerpräsident, an einer formalen Vertretung des Herrn Staatssekretärs Backe in diesem Gremium nicht so sehr interessiert sind als an seiner gleichwertigen Vertretung, so sehe ich mich veranlasst, Ihnen mitzuteilen, dass ich als einzigen gleichwertigen Vertreter für die Fragen, welche dieses Gremium bearbeitet, Ihnen nur den Stabsamtsführer im Reichsnährstand, Herrn Dr. Hermann Reischle, benennen kann. Bei Herrn Dr. Hermann Reischle kann ich die Verantwortung für seine sachliche Geeignetheit auf dem genannten Arbeitsgebiet voll übernehmen."[191]

2 Darrés Machtverfall

Ernährungsminister Darré hatte sich genau zur selben Zeit, als sich mit dem Vierjahresplan die nationalsozialistische Wirtschaftspolitik neu ordnete und Backe für mehrere Wochen infolge seiner Herzmuskelerkrankung ausfiel, selbst mit einer Sportverletzung für längere Zeit schachmatt gesetzt. Am 18. August 1936 – in Berlin waren kurz zuvor die Olympischen Spiele zu Ende gegangen – war Darré bei seinem Versuch, die dritte Bedingung für die Erlangung des Reichssportabzeichens zu erfüllen, beim 400-Meter-Lauf mit einem stechenden Schmerz im linken Fuß zusammengebrochen. Es wurde ein Riss der Achillessehne diagnostiziert. Einer nun erforderlichen komplizierten Operation durch Professor Gebhardt, Himmlers Vertrauensarzt, in der Sportheilstätte Hohenlychen schloss sich eine lange Rekonvaleszenz an.[192]

Der vierte Reichsbauerntag in Goslar im November 1936, die alljährliche landwirtschaftliche Heerschau und von Darré selbstredend „zu den großen Veranstal-

---

[190] Darré an den (preußischen) Ministerpräsidenten, 31. Juli 1936, BArch NL Darré N 1094 II/20.
[191] Ebd.
[192] Mehrere detaillierte Berichte über „Sportunfall und Operation des Reichsbauernführers" aus der Feder seines Chefadjutanten einschließlich der Unterrichtung der Mitglieder des deutschen Reichsbauernrates finden sich in: BArch R 16 I/20–51.

tungen des nationalsozialistischen Deutschlands"[193] erhoben, stand vor diesem Hintergrund unter keinem guten Vorzeichen. Dienten die ersten drei Reichsbauerntage dem Aufbau des Reichsnährstands, so sollte auf dem vierten bereits eine erste Bilanz der nun als abgeschlossen betrachteten organisatorischen Arbeit gezogen werden. Goslar war gerade zur Reichsbauernstadt erklärt worden, und Darré wiederholte in der offiziellen Publikation zur Veranstaltung seine antisemitischen Hetztiraden, indem er als besondere Bedeutung des Ereignisses „die kompromisslose Kampfansage gegen den jüdischen Weltbolschewismus und de(n) unbezwingbar(en) Wille(n) zur Selbstbehauptung zur nationalen Unabhängigkeit im Rahmen der Aufgaben des Vierjahresplans"[194] herausstellte. In seiner länglichen, als zu akademisch empfundenen Rede verfehlte er indes den Ton, und Augenzeugen berichteten, wie der anwesende Ministerpräsident und Generaloberst Hermann Göring, der nach Darré sprechen sollte, während dessen verunglückter Rede immer deutlichere Zeichen von Unruhe erkennen ließ.

Jener vierte Reichsbauerntag bezeichnet damit wohl den Zeitpunkt, als der Stern Darrés anfing, am nationalsozialistischen Himmel zu erlöschen. Görings anschließender emotionaler, von lang anhaltendem Applaus begleiteter Auftritt in Goslar und die Grundaussage, dass keine Macht der Welt den freien deutschen Bauern von seinem Hof vertreiben könne[195], wurden hingegen auch als Klartextansage an Darré gewertet, der mit dem Aufbau des Reichsnährstands seine Schuldigkeit getan zu haben schien. Wie kritisch Göring, der ohnehin nie zu den Freunden Darrés gehört hatte, dessen Auftritt beim Reichbauerntag in Goslar beurteilte, wissen wir aus jener schon zitierten Gedächtnisnotiz Backes über sein Gespräch mit Darré. Denn die dort von Göring überlieferte Äußerung, es seien bei jenem Reichsbauerntag „zu hohe Reden gehalten worden", konnte nur als überdeutliche Kritik interpretiert werden.[196] Backe jedenfalls hat dies getan und in der Aussprache mit Göring jenen als so empfundenen öffentlichen Missgriff mit einer „immer schon vorhanden gewesenen Uninteressiertheit des Ministers Darré an wirtschaftlichen Fragen" in Beziehung gesetzt.

---

193 Einleitung Darrés in: Der 4. Reichsbauerntag in Goslar vom 22.–29. November 1936, Berlin 1936, S. 7.
194 Ebd.
195 Wörtlich heißt es: „Aber Sie dürfen versichert sein: Auf uns können Sie sich verlassen! Ich weiß, dass andere Stunden kommen werden [...] Sie haben jetzt eine der schwersten Aufgaben vom Führer bekommen, die man nur erhalten konnte. [...] Wir wollen Ihnen dadurch helfen, dass wir Ihnen Ihre Sorgen abnehmen." (Hermann Göring, Rede auf dem 4. Reichsbauerntag in Goslar vom 22. bis 29. November 1936, in: ebd., S. 40.)
196 Aufzeichnung Backe (wie Fn. 187).

3 Weitere Streitigkeiten mit anderen Ressorts

Nach den Rückschlägen, niedergeschlagenen Revolten und politischen Grabenkämpfen hatte sich im Frühjahr 1938 das Blatt endgültig zuungunsten von Darré gewendet. Im Rückblick der Nürnberger Gefängniszelle hielt er als Zeitpunkt seines Machtverlustes fest: „Im Verlaufe des Jahres 1937 wird mir völlig klar, daß ich mit meiner Arbeit bei Himmler falsch am Platze bin. Mein Entschluß zum Ausscheiden steht fest. Im Herbst 1937 bietet sich mir endlich auch der gewünschte Anlaß, um mich begründet und unwiderruflich zurückziehen zu können."[197]

In der politischen Praxis und im *Powerplay* der Ministerien war Darré allerdings zu jenem Zeitpunkt noch weit davon entfernt, die weiße Fahne zu hissen. Denn er sollte noch eine Zeitlang als Mitspieler in dem auf Machterhalt und Machtzuwachs zu Lasten anderer Ressorts ausgerichteten Ringen verbleiben. Wie sehr Darré dabei – wie auch schon bei der Durchdringung des ländlichen Deutschlands unmittelbar vor der Machtergreifung mit dem von ihm aufgebauten Agrarpolitischen Apparat, später dann beim Machtausbau durch zielgerichtete Nutzung des Reichsnährstands – insbesondere auch innerhalb des Ministeriums darauf setzte, Allianzen zu schmieden, Vertrauensmänner in strukturell feindliche Umgebungen zu platzieren und dabei eine Mischung aus Unterwanderung, Patronage und Nepotismus zu pflegen, wird mit Blick auf sein Agieren in den Jahren 1937/38 erkennbar. Zugleich zeigten sich nun noch deutlicher die Grenzen dieses Systems, weil mehr und mehr klar wurde, dass Darré nicht mehr vollständig – und zunehmend weniger – auf die Gunst des „Führers und Reichskanzlers" und die Freundschaft des Reichsführers SS zählen konnte. Aus durchsichtigen Motiven etwa hatte Darré mit dem thüringischen Landesbauernführer Rudolf Peuckert einen ihm treuen Gefolgsmann beim Generalbevollmächtigten für den Arbeitseinsatz, Fritz Sauckel, installiert. Peuckert zählte schon seit Jahren zu Sauckels Thüringer Netzwerk und hatte seinen Aufstieg nicht zuletzt auch dem als einen Trumpf kühl kalkulierend eingesetzten freundschaftlichen Verhältnis zu R. Walther Darré zu verdanken.[198] Als 1942 auch für die breitere Öffentlichkeit klar wurde, dass Darré keine aktive Rolle mehr spielte, musste auch Peuckert seine Rolle als Verbindungsmann aufgeben.[199]

Eine Defizitanalyse des Ernährungsministeriums hatte im August 1937 ergeben, dass es sich auf Grund der Erfahrungen der letzten Jahre als dringend notwendig erwiesen hatte, im Reichsarbeitsministerium eine neue Stelle für die Beurteilung und Bearbeitung aller vorkommenden landwirtschaftlichen Fragen zu schaffen. Auch die Landesbauernschaften hätten immer wieder das Fehlen einer solchen Stelle im Reichsarbeitsministerium beklagt. Daher wurde durch ein entsprechendes Schreiben

---

197 Eidesstattliche Erklärung Darré, Nürnberg 30. Oktober 1947, BArch NL Darré N 1094 I/4.
198 Rudolf Peuckert (1908–1946) war der jüngste Staatsrat und Landesbauernführer in ganz Deutschland, vgl. Das Deutsche Führerlexikon, Berlin 1934, S. 352.
199 Vgl. dazu Greve, Swantje: „Das System Sauckel" – der Generalbevollmächtigte für den Arbeitseinsatz und die Arbeitskräftepolitik in der besetzen Ukraine 1942–1945, Göttingen 2019.

auf dem Papierbogen des Reichsnährstands die Schaffung genau einer solchen Stelle gegenüber dem Reichsarbeitsministerium angeregt, „wenn innerhalb seines Geschäftsbereiches ein landwirtschaftlicher Fachmann vorhanden ist, der zugleich auch die genügenden Fachkenntnisse in diesen Aufgabengebieten besitzt. Es handelt sich dabei besonders um Lohn- und Tariffragen, Arbeitsvertragsgestaltung, Sozialversicherung, Arbeitsschutz, Jugendschutz, Arbeitseinsatz usw."[200] Dieser Vorgang zeigt, wie fest und selbstbewusst der Reichsnährstand aus seiner eingebauten Rolle im Ernährungsministerium heraus auch ministerielle Kernaufgaben übernahm und dabei die Grenze zwischen Interessenvertretung und ministerieller Struktur verwischte.

Zur gleichen Zeit flammte ein seit Jahren schwelender Dissens wieder auf, der Ernährungsminister Darré in Stellung gegen Hitlers Mann an der Arbeitsfront, Robert Ley, bringen sollte. Ley, der sich mit seiner gut geölten DAF in seinem immerwährenden Streben nach schrankenloser Kompetenzerweiterung bereits mit einer Reihe von Wirtschaftsverbänden sowie Instanzen von Staat und Partei, allen voran seinerzeit mit Reichswirtschaftsminister Hjalmar Schacht, angelegt hatte, war insoweit ein bezwingbarer Gegner, weil er es in der nationalsozialistischen Führungsriege aufgrund seiner weit ausgreifenden Ambitionen mit Darré sowohl an Unbeliebtheit als auch an der Zahl seiner Gegner aufnehmen konnte.[201] Im Bückeberger Abkommen von 1935 war zudem in den vorausgegangenen Jahren nur provisorisch die Abgrenzung der Zuständigkeiten des Reichsministeriums für Ernährung und Landwirtschaft zur DAF gelungen. Der bei der DAF dort erhobene Anspruch, die Aufgabengebiete beider Organisationen so festzulegen, dass künftig jegliche Doppelarbeit vermieden würde, war jedenfalls verfehlt worden.

Kern des jetzt erneut aufbrechenden Dissenses war Leys Anspruch, auch die Bauern in der Deutschen Arbeitsfront erfassen zu wollen. Das dabei von Ley genutzte Instrumentarium „des organisatorischen Imperialismus"[202] war letzten Endes ein versteckter Griff nach Gleichschaltung und Erfassung der ganzen Gesellschaft. Ein von Robert Ley im Februar 1938 formuliertes Gesetzespaket – das erste „Gesetz über die DAF" mit der Forderung nach Zwangsmitgliedschaft aller berufstätigen Deutschen, ein zweites Gesetz „über die arbeitspolitische Selbstverwaltung" und ein drittes „Wirtschaftskammergesetz" – musste am Einspruch nahezu aller anderen Ressorts scheitern. Es hatte insbesondere den Ingrimm und die Selbstbehauptungskräfte Darrés geweckt. In einem an den „Führer und Reichskanzler" gerichteten Schreiben am 15. Februar 1938 malte Darré in den düstersten Farben aus, dass, sollte Ley seine Vorstellungen verwirklichen, dies „zu eine(r) geradezu panischen Lähmung des Pro-

---

200 „Für die Besetzung der neuen Stelle schlage ich den Reichsabteilungsleiter I B, Pg. Dr. Karl Sachse vor, der seit dem 7. Februar 1934 diese Abteilung in meiner Reichs-Hauptabteilung leitet und alle angeführten Gebiete bearbeitet hat sowie die nötigen Fachkenntnisse besitzt." (Aufzeichnung Darré vom 14. August 1937, BArch R 3601/2134).
201 Zu Robert Ley grundlegend nach wie vor Smelser, Ronald: Robert Ley. Hitlers Mann an der „Arbeitsfront", Paderborn 1989.
202 Ebd. S. 255.

duktionswillens in der Landwirtschaft führen würde."²⁰³ Leys Vorstoß zur Zwangsmitgliedschaft aller Berufstätigen in der DAF markierte zugleich für Darré einen der letzten ministeriellen Siege, da dessen Vorpreschen im Resultat zu einer konzertierten Aktion von Reichsinnenministerium, Reichsernährungsministerium und dem Amt des „Stellvertreters des Führers" in Parteiangelegenheiten geführt hatte, denen es im vereinten Wirken gelang, den Vorstoß Leys zurückzuweisen.

In der Sache argumentierte Darré in seiner Erwiderung auf den Gesetzesentwurf Leys schlüssig und kompromisslos: Die Arbeitsfront und der Reichsnährstand seien nicht miteinander vergleichbare Organisationen, die Arbeitsfront trage nirgends eine produktionssteuernde oder produktionspolitische Verantwortung, während der Reichsnährstand als ein Instrument geschaffen worden sei, „um Millionen landwirtschaftlicher Betriebe Deutschlands produktionsmäßig nach einheitlichem Willen, d.h. nach dem Willen des Staates, zu steuern." Ganz in der militaristisch-martialischen Sprache der Zeit meinte Darré, den Reichsnährstand mit einer Armee vergleichen zu können, „da ja die Organisationsform der Armee auch dazu dient, einen Willen, nämlich den des höchsten Befehlshabers, so zweckmäßig nach unten in die letzte Stelle dieser Organisation weiterzuleiten, daß diese letzte Stelle dem Willen des höchsten Befehlshabers auch tatsächlich gehorcht."²⁰⁴

Kompetenzstreitigkeiten zwischen dem Reichsnährstand und der DAF blieben für den Ernährungsminister in der Zeit bis zum Ausbruch des Zweiten Weltkriegs ein vorrangiges Thema, das er wiederholt zum Gegenstand seiner – allerdings zunehmend ins Leere laufenden – Vorstöße beim „Führer und Reichskanzler" erwählte und in einer Vielzahl von Aufzeichnungen reflektierte. „Der Reichsbauernführer übersendet zur Kenntnisnahme eine Abschrift seines an den Stellvertreter des Führers gerichteten Schreibens vom 20. Mai 1938 betreffend das Verhältnis der Deutschen Arbeitsfront zum Reichsnährstand. Er beklagt sich darin – unter Anführung einer Reihe von Einzelfällen und unter Beifügung von Presseauszügen – über das Verhalten der Deutschen Arbeitsfront", heißt es in einem für Reichsminister Lammers, den Chef der Reichskanzlei, bestimmten Schreiben.²⁰⁵ Sie störe die schwierige und verantwortungsvolle Arbeit des Reichsnährstands, d.h. die Sicherung der Ernährung des gesamten deutschen Volkes, Überwindung der Landflucht, Sicherung des Arbeitsfriedens auf dem Lande, so erheblich, dass die Zustände untragbar geworden seien. Zur Behebung der Missstände werde die Unterstützung der Partei erbeten. Der Reichsnährstand sei ständig bemüht, den Bedarf an Arbeitskräften in der Landwirtschaft sicherzustellen und fördere aus diesem Grunde auch die Maßnahmen zur Besserung der sozialen Verhältnisse mit allen zu Gebote stehenden Mitteln. Diese Bemühungen fänden von Seiten der Deutschen Arbeiterfront weder eine Unterstützung noch eine gerechte Bewertung. Der Erfolg werde im Gegenteil durch das Verhalten von Ange-

---

203 Reichsminister Darré an Hitler und Göring, 15. Februar 1938, AdR, Bd. V: 1938, Dok. 44, S. 148 f.
204 Ebd.
205 Vorlage des Reichskabinettrats Willuhn an Reichsminister Lammers, 30. Mai 1938, AdR, Bd. V: 1938, Dok. 128, S. 422 ff.

hörigen der Deutschen Arbeitsfront und besonders auch durch die Pressetätigkeit der Deutschen Arbeitsfront stärkstens beeinträchtigt, so das Schreiben des Reichskabinettsrats Willuhn. Darré kam jetzt auch wieder häufiger auf eines seiner Lieblingsthemen, das Missverhältnis von Stadt zu Land, als Problem der NSDAP zu sprechen, ein Problem, das seinerzeit Hitler im August 1930 veranlasst hatte, den Agrarpolitischen Apparat aufzustellen, „um in der Landbevölkerung festen Fuß zu fassen."[206] Vor diesem Hintergrund wollte er nicht einsehen, warum man das seit 1930 mühsam Erreichte nunmehr der Arbeitsfront überlassen und dadurch aufs Spiel setzen sollte.

4 Veränderte politische Rahmenbedingungen 1938/1939 und das Verhältnis zur SS

Als der Reichsbauerntag vom 20. bis 27. November 1938 zum sechsten Mal in Goslar stattfand – im Vorjahr war er mit Rücksicht auf die Maul- und Klauenseuche abgesagt und auf eine Rundfunkrede des Reichsbauernführers beschränkt worden – hatte die veränderte außenpolitische Lage auch für siedlungspolitische Aktivitäten neue Horizonte eröffnet. Österreich war „heim ins Reich" zurückgekehrt, und das Sudetenland war inzwischen eingegliedert worden. Darrés Eröffnungsrede am Vorabend der Haupttagung, am 24. November, war bereits von einem leichten Abschiedshauch umweht, auch wenn selbstredend eine Erfolgsbilanz ohnegleichen gezogen werden sollte. Der Reichsnährstand, so Darré, habe sich in den „nationalpolitischen Aufgaben dieses geschichtlichen Jahres" restlos bewährt und als schlagkräftig erwiesen.[207] Im patriotischen Ton der Zeit wurden der Anschluss Österreichs und die Aufnahme des Sudetenlandes als Bestätigung der nationalsozialistischen „Friedenspolitik" gefeiert, und die Ankündigung, dass nunmehr den Bauernführern aus der Ostmark und dem Sudetenland neue Aufgaben bevorstünden, deutete bereits auf die für die Kriegsjahre so bezeichnende und sich verdichtende Verbindung von landwirtschaftspolitischen Fragen und Siedlungspolitik hin.

Bemerkenswert ist vor allem der explizite Antisemitismus, den die im November 1938 gehaltenen Reden des Reichsbauernführers charakterisieren. „Die im März durch den Einmarsch in Österreich entstandenen besonderen Verpflegungsschwierigkeiten", so Darré in seinen Ausführungen beim Reichbauerntag, „konnten ebenso spielend gemeistert werden, wie wir bereits durch die Tatsache unseres Daseins zu verhindern verstanden, dass das Judentum die Großstadt Wien beim Einmarsch der deutschen Truppen einer Verpflegungsschwierigkeit aussetzte [...] Die schwachen Versuche des Judentums, durch passiven Widerstand die Stadt Wien und den Einmarsch der deutschen Truppen durch Verpflegungsschwierigkeiten in eine politische

---
206 Ebd.
207 Rede Darrés „Die Voraussetzungen der ernährungswirtschaftlichen Steigerungen in der Zukunft", in: Reichsnährstand (Hg.), Der 6. Reichsbauerntag in Goslar vom 20. bis 27. November 1938, Archiv des Reichsnährstands, Bd. 5, Berlin 1938, S. 65 ff.

Krise zu bringen, konnten wir durch den Hinweis parieren, dass die Organisation des Reichsnährstands schlagkräftig genug ist, um aus dem Altreich vermittels Autokolonnen die Ernährung Wiens sicherzustellen."[208] Doch der für die Anfangsjahre so bezeichnende Schwung, das falsche Pathos und die emotional rhetorische Überhöhung wollten Darré jetzt schon nicht mehr wirklich gelingen. Es ist aufschlussreich, dass in der im Verlag des Reichsnährstands erschienenen zeitgenössischen Publikation über den Sechsten Reichsbauerntag die als nüchternes Leistungsstakkato und klare Parolenausgabe gehaltene Rede von Staatssekretär Backe im Umfang beinahe mit der Darré-Rede gleichzieht. Backe hatte sich in Goslar dabei darauf beschränkt, die Logik des 1936 in Nürnberg proklamierten Vierjahresplans in seinen Erfordernissen für die Landwirtschaft auszubuchstabieren.[209]

Darré hatte durchgesetzt, dass die meisten der leitenden Beamten des Reichsministeriums für Ernährung und Landwirtschaft zugleich auch einen höheren SS-Ehrenrang bekleideten. Im Reichsernährungsministerium und im Reichsnährstand trugen folglich fast alle leitenden Personen eine Uniform. Es hieß, der Minister wolle sich auf festlichen Veranstaltungen nicht von Zivilisten umgeben sehen. Auf dem Reichsbauerntag in Goslar 1938 waren in diesem Personenkreis nur noch drei Zivilisten zu sehen, nämlich die Ministerialdirektoren Dr. Moritz, Dr. Walter und Harmening. Im Frühjahr 1939 eröffnete Minister Darré den Ministerialdirektoren Walter und Harmening, dass sie aufgrund einer zwischen ihm und Hitler getroffenen Vereinbarung in die SS als Ehrenführer aufgenommen seien, damit auch sie bei festlichen Veranstaltungen in Uniform erscheinen könnten. Irgendwelcher Dienst oder dergleichen komme nicht infrage; es handele sich nur um eine Uniformangelegenheit. (Ministerialdirektor Moritz wurde nicht in die SS aufgenommen, da er schwerbeschädigt war und daher keinen einigermaßen repräsentativen Uniformträger abgab.)[210] Ministerialdirektor Rudolf Harmening, der diese Beobachtung festgehalten hat, hatte sich selbst lange einer Aufnahme in die Partei und dem Eintritt in die SS widersetzt. Harmening war vor dem 30. Januar 1933 als Ministerialrat in das Reichsernährungsministerium versetzt worden, um die landwirtschaftliche Entschuldung und den Wiederaufbau des landwirtschaftlichen Kreditapparats durchzuführen. Schon 1934 konnte er in eine für die Entschuldungsabteilung vorgesehene Ministerialdirektorstelle einrücken und verblieb in verschiedenen Schlüsselstellungen, bis er aus Gründen seiner „politischen Unzuverlässigkeit" im Mai 1942 von Backe in den Ruhestand versetzt wurde.[211]

---

208 Ebd.
209 Rede Backes auf dem Reichsbauerntag in Goslar, in: Der 6. Reichsbauerntag in Goslar vom 20. bis 27. November 1938, hg. vom Reichsnährstand, Archiv des Reichsnährstands, Bd. 5, Berlin 1938, S. 65–84.
210 Aufzeichnung Rudolf Harmening, Bad Homburg 3. September 1948, BArch NL Harmening N 313/1; sowie undatierte Aufzeichnung (Zusammenfassung, vermutlich des Rechtsbeistands von Harmening), ebd.
211 Aufzeichnung Rudolf Harmening, o.D., BArch NL Harmening N 313/1.

4 Veränderte politische Rahmenbedingungen 1938/1939 und das Verhältnis zur SS

Harmenings Werdegang kann als Beispiel dafür herangezogen werden, dass eine einfache Schwarz-Weiß-Betrachtung mit Blick auf die von der nationalsozialistischen Leitung des Reichsernährungsministeriums praktizierte Personalpolitik – auch mit Blick auf herausgehobene Positionen – zu kurz greift. Harmening hatte sich, wie er glaubwürdig nach dem Krieg geschrieben hat, erst auf nachdrückliche Bearbeitung von Minister Darré hin, wie andere hohe Ministerialbeamte auch, im Frühjahr 1939 als Ehrenführer in die SS im Rang eines Obersturmbannführer aufnehmen lassen.[212] Harmening ist gleichwohl nie in die NSDAP eingetreten, und er legte Wert auf die Feststellung, dass er sich in seiner ministeriellen Beförderungspraxis als Abteilungsleiter der Bevorzugung von „Parteibuchbeamten" erfolgreich widersetzt habe.[213]

Trotz der von Darré in den Vorkriegsjahren forcierten Partei- und SS-Eintrittsanforderungen an seine Beamten war es bis weit in die Kriegsjahre hinein durchaus möglich, sich den Parteieintrittsforderungen der politischen Leitung zu entziehen und trotzdem im Ministerium als Fachmann bis zur Ebene des Referatsleiters, in einigen Fällen auch des Unterabteilungsleiters, aufzusteigen. So legte Ministerialrat Schülgen nach dem Krieg dar, im Frühjahr 1941 auf die Ortsgruppe der Partei bestellt worden zu sein: „Dort wurde mir zu meiner Überraschung eröffnet, dass der Reichsleiter Darré meine Aufnahme in die Partei beantragt hätte. Zu diesem Zweck müsse die Ortsgruppe meine Personalien aufnehmen [...] Ich versuchte zunächst, die Angelegenheit dadurch abzuwenden, dass ich sagte, ich hätte keine Zeit, um irgendwelche Ämter oder dergleichen zu übernehmen. Diese Ausrede verfing aber nicht. Dann wurde die Frage nach der Kirchenzugehörigkeit gestellt. Als ich sagte, dass ich der lutherischen Kirche angehöre, wurde mir ein Bormann-Zitat mitgeteilt, dass nur solche Aufnahmeanträge Erfolg hätten, in denen der Antragssteller sich bereit erkläre, aus der Kirche auszutreten."[214]

Es entbehrt nicht einer gewissen Ironie, dass ausgerechnet Ernährungsminister Darré, der sich so vehement dafür eingesetzt hatte, dass möglichst viele seiner Ministerialbeamten mit Ehrenrängen in die SS aufgenommen werden mögen, nach 1939 ostentativ die SS-Uniform nicht mehr trug, sie vielmehr seinem Diener schenkte und Darrés Ehefrau Charlotte sich daraus Kleider schneidern ließ.[215] Auch den Ehrenring der SS habe er abgelehnt und aus seiner Wohnung alle Bilder Himmlers entfernen lassen.[216] Bei den wenigen offiziellen Auftritten, die Darré in den verbleibenden Jahren

---

[212] „Tatsächlich habe ich in der SS nie Dienst getan, kein Amt bekleidet und bin auch nicht vereidigt worden. Die Uniform habe ich höchstens ein- bis zweimal bei Veranstaltungen getragen, bei denen Uniformzwang war. Nach Einführung der Beamtenuniform im Sommer 1939 entfiel die Verpflichtung zum Tragen der SS-Uniform überhaupt, sodass sie seit dieser Zeit unbenutzt im Schrank hing." (Aufzeichnung Harmening, Bad Homburg 3. September 1948, BArch NL Harmening N 313/1).
[213] Aufzeichnung Rudolf Harmening, Bad Homburg 30. März 1948, BArch NL Harmening, N 313/1.
[214] Ebd.
[215] Eidesstattliche Erklärung Charlotte Darré, 10. Juni 1948, IfZ Sammlung David Irving ED 110 – 21 – 100 ff.
[216] Ebd.

wahrnahm, habe er ostentativ lediglich die 1939 eingeführte Beamtenuniform getragen.

Der für dieses Verhalten ausschlaggebende Grund lag darin, dass sich Darré seit 1936 zunehmend von seinem einstmals engen Freund, dem Reichsführer SS Heinrich Himmler, entfremdet hatte. Wiederholt war es zwischen den beiden Nationalsozialisten in den vergangenen Jahren zu Meinungsverschiedenheiten gekommen. Darrés Neigung zu theoretischen Ausführungen und Belehrungen wurde in Parteikreisen seit langem ebenso beklagt wie belächelt, doch erst als Himmler machiavellistisch in die Siedlungspolitik eingriff, die Darré als seine ureigene Domäne betrachtete, eskalierten die Auseinandersetzungen. Eine neue Qualität hatten die Zwistigkeiten im Februar 1938 erreicht, als Himmler die didaktische Aufbereitung der „verschiedenen Epochen deutscher und arischer Weltgeschichte" in einem Schulungsheft des Rasse- und Siedlungshauptamtes als zu „akademisch" kritisierte und den von Darré berufenen Schulungsleiter, Joachim Caesar, abberief, seinem „Freund" mithin das Recht bestritt, überhaupt Schulungsleiter auszuwählen. Darrés Schreiben am 8. Januar 1938 an den „liebe(n) Heini" begann noch freundschaftlich-versöhnlich und war sichtbar vom Wunsch geleitet, eine Einigung zustande zu bringen: „Ebrecht meldet mir, dass Du ihn wegen Caesar hast kommen lassen und den zu starken Intellektualismus Caesars im SS-Unterricht, gewissermaßen das zu hohe feistige (sic) Niveau der Schulungshefte, beanstandet hast, daher auch die Versetzung Caesars zu einer Standarte verfügen willst, damit er erst einmal Front- und Truppenerfahrung bekommt. Zum Inhalt Deiner Beanstandung selbst habe ich nichts einzuwenden, denn auch ich habe diesen Fehler der Schulungshefte stets empfunden und Dir dies auch zugegeben."[217]

Wie sehr Darré um einen Verbleib und die Wiederherstellung des guten Verhältnisses zum Reichsführer SS kämpfte, wird auch daraus ersichtlich, dass er dann darum bat, einen seiner Vertrauensmänner in Himmlers Umgebung, v. Lettow-Vorbeck, als Verbindungsoffizier des Reichsführers SS – (nicht des Rasse- und Siedlungshauptamtes) – zu seinem Stab kommandieren zu dürfen und dafür neben der Verwobenheit von Reichsnährstand und Rasse- und Siedlungshauptamt anführte: „Du und ich brauchen neben unseren persönlichen Beziehungen und unserer Freundschaft eine technische Brücke des Kontaktes, auf welcher alle jene zweitrangigen Fragen hin- und hergetragen werden können, die nun einmal unsere Stellung in der Politik mit sich bringen und die immer mündlich zu besprechen uns beiden praktisch oft die Zeit mangelt."[218]

Darré nutzte die volle Klaviatur der gemeinsamen Erinnerungen an einst Erlebtes, als er Himmler an die Anfänge ihres gemeinsamen siedlungs- und rassenpolitischen Wirkens erinnerte: „Wenn ich mich richtig erinnere, dann hast Du mich im Jahre 1930 in meiner Eigenschaft als Verfasser des ‚Bauerntums' und des ‚Neuadels' gebeten, dereinst einmal das von Dir beabsichtigte Rasseamt der SS einzurichten, zu führen

---

217 Darré an Himmler, 8. Januar 1938, BArch NL Darré N 1094 III/8.
218 Darré an Himmler, 1. März 1938, BArch NL Darré N 1094 I/10.

und die Schulung der SS zu leiten. Du hast mich also nicht wegen sonstiger Eigenschaften – etwa Organisationstalent, Charakter etc. – sondern wegen der von mir in meinen Büchern vertretenen Ideen mit der Schulung der SS beauftragt, d. h. es war R. Walther Darré als Verkünder und Vertreter der Idee von Blut und Boden maßgeblich für Deinen Entschluss, nicht der Mensch R. Walther Darré. (...) Ich habe mich in den sieben Jahren, seit das Rasse- und Siedlungs-Amt der SS von Dir Ende 1931 unter dem Hohn der ganzen Welt einschließlich weiterer Kreise der NSDAP ins Leben gerufen wurde, neben der schweren Arbeitsbürde, die mir der Führer als Reichsbauernführer und Reichsernährungsminister aufgetragen hat, bemüht, die von Dir gestellte Aufgabe einigermaßen zu meistern, obwohl ich das Amt und die Menschen sozusagen aus dem Nichts hervorzaubern musste; denn ich fand Anfang 1932 kaum ein halbes Dutzend Menschen in Deutschland, die überhaupt bereit waren, an dieser für die damalige Zeit ‚ausgefallenen' Idee mitzuarbeiten."[219]

Auf Himmler indes verfehlten die eindringlich und mit Pathos vorgetragenen Argumente Darrés anscheinend ihre Wirkung. Denn unmittelbar darauf gab der Reichsführer SS dem von Darré wohl im Eifer des Gefechts angebotenen Rücktrittsersuchen als Chef des Rasse- und Siedlungshauptamtes statt. Himmler war dabei unverfroren genug, seinen kalten machtpolitischen Coup mit den fürsorglich-wärmenden Worten des angeblich um die Arbeitslast seines Weggefährten Darré besorgten Freundes zu bekleiden: „Die Einwilligung, die ich nach sehr langer, schwerer Überlegung jetzt niedergeschrieben habe, habe ich gegeben, weil ich der Überzeugung bin, dass Du durch die unendlich grosse Arbeitslast in Deiner Stellung als Reichsernährungsminister und als Reichsbauernführer, der verantwortlich ist für die Erzeugungsschlacht und der die wirklich nicht leichten Aufgaben im Bereich der Landwirtschaft unseres Volkes materiell und menschlich zu meistern hat, zeitlich gerade in den kommenden Jahren so beansprucht sein wirst, dass uns die so liebe, früher fast tägliche Aussprache verwehrt sein wird [...] Und nun als Zweites eine Bitte: Lassen wir, nachdem dienstliche Dinge zwischen uns vorüber sind, menschlich niemals etwas zwischen unsere Freundschaft treten."[220]

Wie sehr sich inzwischen der Ton zwischen den beiden einstmals engen ideologischen Bundesgenossen gewandelt hatte, wird aus einem nur zwei Monate später verfassten Schreiben Himmlers an Darré deutlich: „Sie haben mich bereits während Ihres Erholungsurlaubs wegen der ungeheuren Arbeitsüberlastung, die Ihre Stellung als Reichsbauernführer und Reichsernährungsminister mit sich bringt, um Ablösung von Ihrer Stellung als Chef des Rasse- und Siedlungshauptamtes gebeten. Ich habe dem Führer Ihre Bitte vorgetragen, und der Führer hat sie grundsätzlich genehmigt. Der Einmarsch in Österreich sowie der darauffolgende Wahlkampf und die Vorbereitung der Reise des Führers nach Italien und die Reise selbst haben mich zu einer endgültigen befehlsmäßigen Regelung und Neubesetzung noch nicht kommen lassen.

---

219 Darré an Himmler, 8. Februar 1938, ebd.
220 Himmler an Darré, 28. Februar 1938, ebd.

Bis zu dieser endgültigen Regelung beurlaube ich Sie als Chef des Rasse- und Siedlungshauptamtes entsprechend Ihrem Wunsche."[221]

5 Das Reichsprotektorat Böhmen und Mähren und fortgesetzte Spannungen zwischen Himmler und Darré

Das Interesse des Reichsführers SS an Siedlungsfragen bekam im Frühjahr 1939 einen nochmaligen Schub, als das Deutsche Reich immer sichtbarer auf Kriegskurs ging und im Frühjahr 1939 mit der „Zerschlagung der Rest-Tschechei" Siedlungsaktivitäten – wie schon nach dem Anschluss Österreichs – in größerem Stil auf die politische Agenda der Nationalsozialisten kamen. Spannungen waren insbesondere mit Blick auf konkurrierende Aktivitäten von RMEL und Rasse- und Siedlungshauptamt im Reichsprotektorat vorgezeichnet. Zunächst hatte der Reichsprotektor für Böhmen und Mähren die Geschäftsgruppe Ernährung im Vierjahresplan mit der Bearbeitung von Siedlungsfragen beauftragt.[222] Das Ernährungsministerium nutzte seinen Einfluss, um unmittelbar nach der Besetzung von Prag am 16. März 1939 einen Verbindungsstab unter Leitung von SS-Sturmbannführer Kurt Kummer einzusetzen und Einfluss zu nehmen. Kurt Kummer, der Zentralabteilungsleiter des Ministeriums, war dafür bestens geeignet. Sein Karriereweg zeigt, wie eng der Personalaustausch bzw. die gleitenden Übergänge zwischen Ministerialbürokratie und hohen SS-Ämtern gewesen sind.

Kurt Kummer, am 6. September 1894 in Brehna im Kreis Bitterfeld geboren, hatte die landwirtschaftliche Praxis von der Pike auf gelernt und sein Studium der Landwirtschaft in München und Halle 1923 mit Diplom mit der Auszeichnung „sehr gut" abgeschlossen.[223] Danach hatte er als Geschäftsführendes Vorstandsmitglied der Gesellschaft zur Förderung der inneren Kolonisation erste berufliche Erfahrungen gesammelt und sich dabei auf die Bereiche Siedlungspraxis und Verwaltung spezialisiert. 1928 wurde er von der Landwirtschaftlichen Hochschule Berlin in der Abteilung Volkswirtschaftslehre „cum laude" promoviert. Am 28. August 1933, also unmittelbar nach der nationalsozialistischen Machtergreifung, wurde er, zunächst noch im Angestelltenverhältnis, als Leiter der Abteilung III (Gestütwesen) eingestellt und am 1. April 1934 zum Ministerialrat ernannt. In die NSDAP war er am 1. März 1932 mit der Mitgliedsnummer 952 285 eingetreten. Seit Dezember 1931 war er Mitglied der SA, und 1933 trat er in die SS über. Als Ämter in der Partei verzeichnet sein Personalstammblatt die Angaben Gauamtsleiter für Agrarpolitik, Sturmbannführer SS, Beauftragter des

---

[221] Himmler an Darré, 26. April 1938, ebd.
[222] Aufzeichnungen Rudolf Harmening, Bad Homburg 30. März 1948, BArch NL Harmening N 31 3/1.
[223] Zum Lebenslauf Kummers vgl. dessen Personalstammblatt in der Dienstalterskartei der Ministerialdirektoren, Ministerialdirigenten und Ministerialräte, BArch R 3601/3407. Kummer wurde 1941 zur Wehrmacht eingezogen. (BArch NS 26/942 (Handakte Kurt Kummer), Lebenslauf, SS-Mitglieds-Nr. 99 437).

Leiters des RDL Reichsführer SS Himmler sowie Reichsleiter in der Gauleitung Berlin der NSDAP, daneben hatte er noch Zeit, um sich als Beigeordneter der Stadt Berlin als Zeit-Beamter ehrenamtlich in der Gemeindeverwaltung zu engagieren. Darré hatte Kummer schon 1933 zu seinem „Sonderbeauftragten für die Fragen der Neubildung deutschen Bauerntums" ernannt, nachdem Kummer zu diesem Zeitpunkt bereits ein Jahr im Reichsamt für Agrarpolitik bei der Gauleitung Berlin als hauptamtlicher Mitarbeiter der Partei („Gaubeauftragter für Großberlin in Siedlungsfragen") für agrarpolitische Fragen zuständig war. Neben seiner ministeriellen Aufgabe, immerhin als Abteilungsleiter, fand Kummer keinen Interessenkonflikt darin, weiter für die NSDAP zu arbeiten. Seit dem 5. Mai 1933 wirkte er als Leiter der Abteilung „Siedlung" im damaligen Amt für Agrarpolitik, und am 26. März 1935 wurde er zum stellvertretenden Abteilungsleiter G (Siedlung) im Amt für Agrarpolitik der Reichsleitung der NSDAP bestellt. Von 1. Dezember 1935 bis Ende 1937 hatte er Gelegenheit, als Kommissar für die Osthilfe in Stettin als Angehöriger des SS-Rasse- und Siedlungshauptamts weitere praktische Erfahrungen in der Siedlungspolitik zu sammeln. Dieser bisherige Karriereweg befähigte Kummer, noch immer Ministerialrat, im Januar 1938 die Leitung der Zentralabteilung für Personalangelegenheiten im Ministerium zu übernehmen. Am 10. Januar 1938 informierte er das SS-Rasse- und Siedlungshauptamt in Berlin darüber, dass ihn der Herr Reichs- und Preußische Minister für Ernährung und Landwirtschaft „zur anderen Verwendung in seinem Ministerium bestimmt" und ihn von seinen Dienstgeschäften in Stettin freigestellt habe. Seiner Bitte, „in geeigneter Form in Berlin verwendet zu werden"[224], wurde entsprochen. Bereits am 12. Januar 1938 wurde er durch den Stabsführer des Rasse- und Siedlungshauptamt gebeten, sich mit dem Chef des Siedlungsamtes im Rasse- und Siedlungshauptamt, eben jenem berüchtigten SS-Standartenführer von Gottberg, Himmlers künftigem Mann für das Bodenamt in Prag, in Verbindung zu setzen. Nicht einmal vier Wochen später erhielt Kummer die Bestätigung, mit Wirkung zum 1. März 1938 seiner Dienststellung als SS-Führer im Rasse- und Siedlungshauptamt enthoben und – nunmehr in ehrenamtlicher Funktion – zum SS-Führer beim Stab Rasse- und Siedlungshauptamt ernannt zu werden. Weitere Beförderungen und Aufgaben folgten nach, jetzt wieder im ministeriellen Bereich. Anlässlich seiner Berufung in den Reichsbauernrat und zur Sprungbeförderung zum Ministerialdirektor übersandte der Reichsführer SS Heinrich Himmler persönlich „die herzlichsten Glückwünsche" als Telegramm mit dem Zusatz: „Ich habe mich sehr darüber gefreut."[225] Es ist davon auszugehen, dass Himmler in Kummer ein willfähriges U-Boot nach Prag – und dies im Einvernehmen mit Gottberg – geschickt hatte, auch wenn Kummer formal dem Reichsernährungsministerium angehörte.

---

224 Kummer an das SS Rasse- und Siedlungshauptamt, 10. Januar 1938, BArch R 9361-III/538739.
225 Telegramm Deutsche Reichspost Tegernsee, 18. April 1938: Reichsführer SS Himmler an SS-Sturmbannführer Dr. Kummer, Berlin-Friedenau, BArch R 9361-III/538739.

In SS-Obersturmbannführer Henschel hatte Himmler einen weiteren Vertrauensmann in Prag, der die Verbindungsstelle des Rasse- und Siedlungshauptamt leitete und ihm laufend Bericht erstattete. Aus den Akten des Rasse- und Siedlungshauptamts geht zudem hervor, dass weitere spätere Angehörige des Ministeriums nichts ausließen, um den Dissens zwischen Himmler und Darré zu vergrößern. In einem Aktenvermerk vom 8. September 1939 ist festgehalten, dass Direktor Hiege – es handelt sich um den späteren Abteilungsleiter im Reichsernährungsministerium, SS-Sturmbannführer Ferdinand Hiege, seit September 1933 alleiniger Geschäftsführer der deutschen Siedlungsbank und Berater von Rudolf Heß in Siedlungsfragen, zudem wiederholter Redner auf dem Reichsbauerntag in Goslar – darauf hinwies, dass das Reichsernährungsministerium diesmal dem Siedlungsamt zuvorkommen wolle und er Anzeichen dafür habe, dass das Ministerium dabei sei, eine bereits auf 100 Mann angewachsene Ansiedlungskommission für die Ostgebiete einzurichten.[226] Dem späteren Aufstieg im Ernährungsministerium sollte Hieges seinerzeitige Denunziation nicht schaden. Im Frühjahr 1943 wurde ihm in Personalunion zu seiner Aufgabe im Stabsamt beim Reichskommissar für die Festigung deutschen Volkstums die Abteilung VIII (Siedlung) im Reichsministerium für Ernährung und Landwirtschaft übertragen, und zudem wurde er im November 1943 zum SS-Standartenführer befördert.

Für die späteren Siedlungsaktivitäten der SS war die Übernahme des tschechischen Bodenamts nach der deutschen Besetzung Prags entscheidend, um von dort die deutsche Besiedlung des tschechischen Raumes zu organisieren. Zur Leitung der Gruppe Bodenamt hatte Himmler am 17. Mai 1939 als kommissarischen Leiter den Chef des Siedlungsamtes im RuSH, Curt von Gottberg, bestellt. Das Bodenamt, das aus dem tschechischen Landwirtschaftsministerium hervorging und zirka 700 tschechische Mitarbeiter unter seine Kontrolle brachte, mutierte unter Gottbergs Leitung – formal unter dem Deckmantel der tschechischen Selbstverwaltung – zu einer SS-Dienststelle. Darré hatte gegen diese Personalie vergeblich protestiert, er betrachtete Himmlers *fait accompli* als Brüskierung seiner eigenen Pläne, denn einer seiner engsten Mitarbeiter, Hermann Reischle, hatte bereits 1937 eine Arbeitsgruppe zur Besiedlung Böhmens und Mährens aufgestellt. Wie geschwächt Darrés Position in der Siedlungspolitik zu diesem Zeitpunkt schon gewesen sein muss, wird auch daraus ersichtlich, dass die formale Berufung Curt von Gottbergs zum Leiter des Bodenamtes durch den Reichsprotektor für Böhmen und Mähren, Konstantin Freiherr von Neurath, ungeachtet der Proteste noch am selben Tag am 17. Mai 1939 vollzogen wurde.

Darré wurde aus SS-Kreisen vorgehalten, die Siedlungsfrage zu sehr unter bauern- und ernährungspolitischen Gesichtspunkten zu betreiben. Und auch in der Frage der geplanten Umsiedlung der Südtiroler ins Reich konnte Darré für das Ministerium keinen Stich machen. Zu diesem Zweck wurde unter Leitung von Himmlers Mitarbeiter

---

[226] Aktenvermerk des SS-Obersturmbannführers und Abteilungsleiters im Rasse- und Siedlungshauptamt, Kinkelin, 8. September 1939, BArch NS 2/55. Zum Lebenslauf Ferdinand Hieges vgl. dessen Lebenslauf von 1940 (Personaldatenblatt) in der BDC-Akte, o.D., BArch R 9361-III/531061. Hiege wurde 1942 zum SS-Obersturmbannführer und 1943 zum SS-Standartenführer befördert.

Ulrich Greifelt eigens eine Dienststelle geschaffen, die den Nukleus für die Behörde des Reichskommissars für die Festigung deutschen Volkstums bilden sollte.

Dass das Rasse- und Siedlungshauptamt in der nationalsozialistischen Ämterhierarchie keine vorrangige Stellung einnahm, wird auch daraus ersichtlich, dass Himmler 1938 den Vorschlag des Chefs des SS-Verwaltungsamtes Pohl, das Rasse- und Siedlungshauptamt vollständig aufzulösen, immerhin in Erwägung zog, auch wenn er ihn am Ende verwarf. Vorausgegangen war die Ablehnung des Reichsfinanzministeriums, die Zuschüsse für das Rasse- und Siedlungshauptamt zu erhöhen. Die Zuständigkeiten des Rasse- und Siedlungshauptamtes wurden zudem von Himmler am 1. August 1938 weiter beschnitten, indem das Schulungsamt aus dem Zuständigkeitsbereich herausgelöst und dem SS-Hauptamt zugeschlagen wurde. Die Interpretation der Auseinandersetzung zwischen dem Reichsführer SS, Heinrich Himmler, und seinem Apparat sowie dem Reichsminister für Ernährung und Landwirtschaft über die Frage, welche Institution die Siedlungspolitik in Ost- und Mitteleuropa gestalten sollte, entzündete sich nicht von ungefähr zu dem Zeitpunkt, als mit der Einrichtung des Reichsprotektorats für Böhmen und Mähren die Siedlungspolitik nach Österreich vor eine erste Entscheidungsfrage gestellt wurde. Noch einen Monat zuvor hatte Darré vergebens in Erwartung des bevorstehenden Krieges gegen Polen um die Federführung für die bäuerliche Besiedlung dieses Raumes ersucht und seine bisherigen Leistungen in der Siedlungspolitik gepriesen.

Die Entmachtung Darrés auf dem Gebiet der Siedlungspolitik war nun in eine weitere Phase eingetreten. Die Spannungen zu den anderen Ressorts wurden immer größer. Vor allem Reichsbankpräsident Hjalmar Schacht stellte sich wiederholt der als Agrarromantizismus markierten Landwirtschaftspolitik entgegen. Die schleichende Marginalisierung Darrés als Minister, die in die vollständige Kaltstellung nach Kriegsbeginn mündete, aber erst 1942 mit der Beurlaubung als Minister und mit der Beauftragung Backes zur Wahrnehmung der Geschäfte sichtbar wurde, ist auch vor dem Hintergrund des bewussten Einsatzes polykratischer Strukturen und der Konkurrenzlosigkeit der Stellung Hitlers zu sehen. Es kann indes nicht davon die Rede sein, dass Darré freiwillig sein Amt aufgegeben hätte. Er hatte es vielmehr nach einem Zug um Zug verlorenen Machtkampf mit Heinrich Himmler und in der verdeckten Auseinandersetzung mit seinem eigenen Staatssekretär und wichtigsten Mitarbeiter Backe eingebüßt, der sich in der ihm eigenen Mischung aus Kompetenz, Skrupellosigkeit und ideologischer Linientreue vom Gefolgsmann zum Rivalen gemausert hatte.

6 Die Arisierung jüdischen Besitzes

Wenn man die starke Ideologiefixierung Darrés und seinen gestaltenden Anspruch an politische Führung zugrunde legt und die unzweideutigen Zeugnisse eines kompromisslosen Antisemitismus, von dem zahlreiche Einlassungen Darrés zeugen, berücksichtigt, so wäre es naheliegend gewesen, wenn die Frage der Arisierung jüdischen Besitzes auch in der Landwirtschaft zu einem sehr frühen Zeitpunkt schon eine wesentliche Rolle gespielt hätte. Gleichwohl stand die Arisierung des land- und forstwirtschaftlichen Besitzes nicht im Zentrum der Verdrängung der jüdischen Bevölkerung im Deutschen Reich. Sie begann erst Ende 1938, als die deutschen Juden schon weitgehend aus den übrigen Wirtschaftsbereichen vertrieben worden waren.[227] Rechtsgrundlage für die Arisierung des land- und forstwirtschaftlichen Besitzes waren auch hier das Reichserbhofgesetz von 1933 und die Nürnberger Gesetze von 1935, die Verordnung über die Anmeldung des Vermögens von Juden vom 26. April 1938, die Verordnung zur Ausschaltung von Juden aus dem deutschen Wirtschaftsleben vom 12. November 1938 sowie als zentrale Maßnahme die Verordnung über den Einsatz des jüdischen Vermögens vom 3. Dezember 1938. In Absprache mit dem Reichsforstamt erließ das Reichsministerium für Ernährung und Landwirtschaft am 23. Dezember 1938 Richtlinien für die oberen Siedlungsbehörden, wonach der land- und forstwirtschaftliche Besitz von Juden für Umsiedlungszwecke und zur Schaffung oder Stärkung von bäuerlichen Vollerwerbsstellen verwendet werden sollte.

Zwar hatte bereits das Reichserbhofgesetz vom 29. September 1933 eine Diskriminierung der jüdischen Landwirte vorgesehen, doch unterlag bis 1938 der Verkauf von land- und forstwirtschaftlichem Besitz keinen besonderen Genehmigungspflichten für Juden. Wie jedoch die seit 1935 erkennbare „stille Arisierung" – eine Mischung aus Denunziation, Drohung und Benachteiligung – aussehen konnte, läßt sich auch aus den erhalten gebliebenen Akten des Reichsministeriums für Ernährung und Landwirtschaft rekonstruieren. Demnach beschwerten sich wiederholt ausländische Vertretungen in Berlin über die Diskriminierung ihrer jüdischen, im Reich lebenden Staatsbürger, darunter insbesondere die niederländische Gesandtschaft, die u. a. wegen „der Nicht-Körung bei Bullen des niederländischen nicht-arischen Viehhändlers Baruch" 1935/36 mehrmals vorstellig geworden war.[228] Diese Benachteiligung von jüdischen Mitbürgern lag letztlich auch auf der gleichen Linie wie die ministerielle Praxis der Ablehnung von Eingaben von Juden aufgrund besonderer Not oder in Ausnahmesituationen bei der Veräußerung jüdischen Eigentums, etwa durch Erhöhung des Kaufpreises oder Verringerung der Ausgleichsabgabe, einzugreifen, eine Haltung, die von Angela Verse-Herrmann treffend mit „Recht vor Gnade" als minis-

---

[227] Grundlegend dazu und zum folgenden Verse-Herrmann, Angela: Die „Arisierungen" in der Land- und Forstwirtschaft 1938–1942, in: VSWG Beihefte 131, Stuttgart 1997 (*Verse-Herrmann, Arisierung*), die zutreffend davon spricht, dass die Arisierung der Land- und Forstwirtschaft „die letzte Phase der Verdrängung aus dem deutschen Wirtschaftsleben" gewesen sei (S. 145).
[228] Akte „Beschwerden Nichtarier und Beschwerden über Nichtarier, Bd. 1, vom 1.10. 1935 bis 8.7. 1936", BArch R 3601/2225. Die Akte belegt zudem auch, in welchem Umfang Einzelfälle der „stillen Arisierung" der ministeriellen Ebene zur Kenntnis gebracht wurden. Die sparsame Form der Aktenbearbeitung zeigt, dass die Tendenz der Zurückverweisung der entsprechenden Vorgänge auf die Ebene der nachgeordneten Behörden vorherrschend war und dass andererseits keine Neigung aktenkundig dokumentiert ist, aus „humanitären Erwägungen" von ministerieller Seite in die Diskriminierung von Juden einzugreifen. Das Thema Viehhandel war zudem insofern ein Sonderfall, als es kaum „arische" Viehhändler gab und der Viehhandel bei forcierter Arisierung zusammengebrochen wäre. Dies aber hätte den wirtschaftlichen Interessen des NS-Staates widersprochen.

terieller Leitlinie identifiziert wurde.²²⁹ Auf Bitten des Beauftragten für den Vierjahresplan Hermann Göring sowie von Reinhard Heydrich vom 24. Januar bzw. 6. März 1939 fand sich dann das Reichsernährungsministerium schließlich zur beschleunigten Bearbeitung der „Arisierung land- und forstwirtschaftlichen Besitzes" bereit.

7 Vorbereitung eines Angriffskrieges?

Es entsprach Hitlers außenpolitischen Vorstellungen, die auf eine totale Umgestaltung der europäischen Landkarte zielten und mit seinem radikalen Antisemitismus Europa und das europäische Russland als Objekt seiner Lebensraumgedanken nach rassenideologischen Grundsätzen umgestalten wollten, dass das nationalsozialistische Deutschland frühzeitig auf einen expansionistischen Kurs in der Außenpolitik setzte. Die Beauftragung Görings mit dem Vierjahresplan, die Annäherung an Japan, wie sie sich am 25. November 1936 im Abschluss des Antikominternpaktes niederschlug, und die Vertiefung der ebenfalls 1936 erstmalig so genannten „Achse Berlin-Rom" waren Elemente in einer weltanschaulich begründeten Expansionspolitik, die weit über die traditionellen Großmachtphantasien der „wilhelminischen Imperialisten" hinausging und mit den Ordnungsvorstellungen einer sich an traditionellen Maßstäben orientierenden Wirtschaftspolitik Hjalmar Schachts wenig anfangen konnte.

In der unmittelbaren persönlichen Umgebung Darrés zeigte man sich über die sich im Sommer 1939 mehr und mehr abzeichnenden Blitzkriegsabsichten Hitlers gleichwohl überrascht. „Sie wissen doch von Mobilisationsplänen? Sie haben doch selbst einen solchen gesehen?", wurde Hans Werner von Aufseß, Darrés Adjutant, nach dem Krieg von seinen Nürnberger Vernehmungsoffizieren gefragt. Dessen Ausflucht, die Kriegsvorbereitungen als militärische Planspiele zu verharmlosen, mag zwar einem – durchsichtigen – Selbstverteidigungskalkül geschuldet gewesen sein, folgt jedoch in der scheinbaren Naivität der Argumentation einem auch im Ernährungsministerium zur damaligen Zeit weit verbreiteten Deutungsmuster, das Eventualpläne und Mobilmachungsvorbereitungen mit dem (Übungs-)Geist der Zeit zu erklären versuchte und noch nicht als Indiz für Mitwisserschaft einer unterstellten „Verschwörung mit dem Ziel der Vorbereitung eines Angriffskriegs" verstanden wissen wollte.²³⁰ Gerade weil er (Aufseß) ein gläubiger Nationalsozialist gewesen sei, sei er überzeugt davon gewesen, dass Hitler „zu seinem Wort steht, dass er eben nicht angreifen will und dass gerade, dass die Dinge vorher, Österreich zum Beispiel, Sudetenland, ohne einen Krieg zustande gekommen sind" und dass dieses die Darré-Entourage innerlich bestärkt habe, „daß es mit Polen ähnlich ergehen werde."²³¹

---

229 Verse-Herrmann, Arisierungen, S. 116.
230 Vernehmung Dr. Hans Werner von Aufseß durch Mr. Prof. Dr. Kempner, 30. April 1947, StAN Rep. 502, KV-Anklage, Interrogations, A-37.
231 Ebd.

Auch Minister R. Walther Darré hat in verschiedenen Aufzeichnungen und Reden darauf hingewiesen, dass aus seiner Sicht die Vorbereitung eines Angriffskrieges überraschend gekommen sei und er im Herbst 1939 mit dem Kriegsausbruch nicht gerechnet habe.[232] Diese Darstellung von Darré ist wohl vorrangig aus exkulpatorischen Gründen von ihm in Nürnberg präsentiert worden. Aus einer Vielzahl von Reden und programmatischen Äußerungen Darrés geht vielmehr eindeutig hervor, was er unmittelbar nach Kriegsausbruch, November 1939, in einer für Generalfeldmarschall Hermann Göring bestimmten Denkschrift als fanfarenartigen Einleitungssatz und ohne Umschweife einräumte: „Die ganze Arbeit der Agrarpolitik seit der Machtergreifung stand bereits unter dem Zeichen der Vorbereitung für einen eventuellen Krieg. Denn praktisch waren die Erschwerungen, die in einem Kriege [Blockade] eintreten, wenn auch nicht in der Schärfe, so doch durch den steten Mangel an Devisen bereits seit 1934 gegeben."[233]

Darré hatte in dem ihm eigenen systematischen Ansatz zudem wohl aufmerksamer und eingehender gerade die programmatischen Aussagen in Hitlers „Mein Kampf" studiert. Wiederholt hatte er sich 1938/39 in den Clinch mit Hermann Göring begeben, u. a. auch, weil dieser im Zuge der Anlage von Truppenübungsplätzen, z. B. in Bergen-Belsen, landwirtschaftlichen Grundbesitz – sehr zum Missfallen Darrés – in großem Umfang enteignen ließ.[234] Der Umstand, dass die Position des Ernährungsministers – seit Ende 1938 nun auch nach außen immer sichtbarer – im Machtgefüge des NS-Staates weiter nach hinten gerückt war, ließ Darrés ohnehin nicht ausgeprägte Neigung zu Kompromissen und Abstrichen an dem von ihm als „reine Lehre" Erkannten weiter schwinden. Am empfindlichsten traf ihn, dass er beim „Führer und Reichskanzler" nicht mehr vorgelassen wurde. Zu Jahresbeginn 1939 hatte er wieder einmal Gesprächsbedarf wegen der Differenzen zwischen dem Reichsnährstand und der Deutschen Arbeitsfront zur Behandlung der Landarbeiter angemeldet und zudem um die Möglichkeit eines allgemeinen Vortrags zur Landflucht gebeten.[235] Reichsminister Lammers notierte am 17. Februar, dass der Führer sich noch nicht habe entschließen können, „einen Termin für den Vortrag des Reichsernährungsministers festzusetzen."[236] Am 10. April – bis dahin hatte Darré vergeblich gewartet – hieß es aus der Reichskanzlei dann, „der Vortrag werde auch wohl in der nächsten Zeit nicht stattfinden können", und tatsächlich entfiel die erbetene Aussprache schließlich er-

---

232 Eidesstattliche Erklärung Darré, Nürnberg 30. Oktober 1947, BArch NL Darré N 1094 I/4.
233 Denkschrift Reichsminister Darré für Reichsmarschall Göring, 27. November 1939, zum Thema Aufgaben der Produktion in der Landwirtschaft im Kriege, AdR, Bd. VI: 1939, Dok. 203, S. 730 f.
234 Vernehmung Ernst Erbprinz zur Lippe durch Mr. Cohen, 21. Januar 1947, StAN Rep. 502, KV-Anklage, Interrogations, L-62.
235 Bitte des Reichsernährungsministers Darré um einen Vortragstermin über die Lage der Landwirtschaft, insbesondere die Auswirkungen der Landflucht, AdR, Bd. VI: 1939, Eintrag 87*, S. 820.
236 Vermerk Lammers, 17. Februar 1939, AdR, Bd. VI: 1939, Eintrag 86*, S. 820.

satzlos.[237] Das hieß freilich nicht, dass die Ministerialbürokratie des Reichsernährungsministeriums im Ringen um Planstellen und neue Abteilungen bescheidener agiert hätte, im Gegenteil. Einem Rundschreiben des Reichsinnenministers vom 18. Juli 1939 ist zu entnehmen, dass das Reichsernährungsministerium zu jener Zeit hartnäckig eine eigene Abteilung für Wasserwirtschaft gefordert und sich insbesondere der Zuordnung der Wasserwirtschaft zur Bauabteilung widersetzt hatte.[238]

Aus den erhalten Denkschriften des Reichsernährungsministers kann abgeleitet werden, welche Themen den Minister im ersten Halbjahr 1939 vorrangig beschäftigen: die steigenden Ansprüche der Bevölkerung an Nahrungsgüter, das als „bedrohlich" eingestufte Ausmaß der Landflucht und die Belastung der Ernährungslage durch die „Wiedervereinigung der Ostmark und des Sudentenlandes mit dem Altreich."[239] Darré variierte wiederholt sein bekanntes wirtschaftspolitisches Plädoyer „für eine gesunde Ernährung auf der Basis des ‚Vertrauens der Volksgemeinschaft zu ihrer Volksführung'" und seine Gedanken einer Wirtschaftsordnung, die „die Entfesselung und Indienststellung aller produktiven Kräfte der nationalen Leistungsgemeinschaft erzielt und die bestmögliche Harmonie in den Beziehungen von Leistungen und Gegenleistungen von allen am Wirtschaftsprozess Beteiligten sicherstellt." Immer unverhohlener nahm er nun in seinen Denkschriften die Kriegsvorbereitung und die Darstellung der damit einhergehenden Grundsätze zur Kriegswirtschaft ins Visier.[240]

8 Am Vorabend des Zweiten Weltkrieges

Die für den Hitler-Staat so charakteristische Neigung zur Improvisation zeigte sich auch in der Innenpolitik und bei der Kriegsvorbereitung. Denn innenpolitisch war das Dritte Reich im Sommer 1939 militärisch für einen langen Krieg nicht hinreichend gerüstet und zudem wirtschaftlich weiterhin abhängig von den Zufuhren lebenswichtiger Rohstoffe. Als der Nationalsozialismus zur Macht gelangte, sei der Nahrungsbedarf des deutschen Volkes, der unter dem Einfluss der Arbeitslosigkeit stark eingeschränkt war, nur zu 65 vH durch die Erzeugung der deutschen Landwirtschaft selbst gedeckt worden, heißt es in einer Aufzeichnung von Ministerialdirektor Alfons Moritz: „In den ersten fünf Jahren der Erzeugungsschlacht, also bis zum Ausbruch des dem deutschen Volke aufgezwungenen neuen Weltkrieges gelang es der deutschen

---

[237] Der Bearbeiter der Akten der Reichskanzlei fügte hinzu: „Ein Termin für dieses wie für das Anliegen Darré wegen der Differenzen zwischen Reichsnährstand und Deutscher Arbeitsfront über die Betreuung über die Landarbeiter bei Hitler vortragen zu dürfen, wurde nicht mehr angesetzt." (AdR, Bd. VI: 1939, Einträge 86* und 87*, S. 820 f.)
[238] Rundschreiben des Reichsministers des Innern, 18. Juli 1939, AdR, Bd. VI: 1939, Dok. 116, S. 443, Fußnote 8.
[239] Denkschrift des Reichsministers für Ernährung und Landwirtschaft zu Wirtschaftsordnung und zur Lage der Landwirtschaft, 21. Januar 1939, AdR, Bd. VI: 1939, Dok. 11, S. 45.
[240] Ebd., S. 44.

Landwirtschaft, die Deckung des deutschen Nahrungsbedarfes aus der heimischen Scholle von 65 vH auf 83 vH zu steigern", und zwar ungeachtet einer Reihe von Widrigkeiten: Die verfügbare landwirtschaftliche Nutzfläche war trotz umfangreicher Moor- und Ödlandkultivierung durch die Beanspruchung von Boden für die Zwecke der Wehrmacht, den Bau von Reichsautobahnen und wichtige Aufgaben des Vierjahresplanes von 29,3 Millionen ha (1932) auf 28,7 Millionen h (1937) zurückgegangen, die Bevölkerung des Altreiches von 66,03 Millionen im Jahre 1933 auf 69,32 Millionen im Jahre 1939, also um über 3 Millionen, gestiegen und zudem der „Verbrauch je Vollperson von 1932 bis 1937 bei Fleisch um 9 vH, bei Milch um 5 vH, bei Butter um 17 vH, bei Zucker um 15 vH, bei Gemüse um 25 vH" gestiegen. Für die Abhängigkeit der deutschen Nahrungswirtschaft vom Ausland waren insbesondere die Abhängigkeit der deutschen Fettversorgung von Zufuhren aus dem Ausland und die Angewiesenheit der deutschen Viehwirtschaft auf Futtermittellieferungen aus dem Ausland verantwortlich.[241] Damit diese Abhängigkeit, so gut es ging, reduziert werden konnte, wurde die Steigerung der Erträge je Flächeneinheit insbesondere durch Ausdehnung des Hackfrucht-, Futterpflanzen- und Zwischenfruchtanbaus sowie des Ölfruchtanbaus, sodann der Wiesen und Weiden, der Fleisch-, Milch- und Fetterträge durch weitere Anstrengungen der Futtermittelmaßnahmen und der Verbesserung der Konservierungseinrichtungen für die optimale Lagerung der Wintervorräte mit hochwertigem Futter angestrebt.[242]

Die Vorbereitungen der zivilen Reichsressorts für den Kriegsfall beschränkten sich im Sommer 1939 auf traditionelle Mobilisierungspläne und Verteidigungsmaßnahmen.[243] Mit Führererlass vom 30. August 1939 wurde die Bildung eines Ministerrates für die Reichsverteidigung verkündet, der unter Leitung von Generalfeldmarschall Göring stand und der als Generalbevollmächtigter die Reichsminister Frick und Funk sowie Reichsminister Lammers und den „Stellvertreter des Führers" in Parteiangelegenheiten, Heß, versammelte, nicht aber Reichsminister Darré, der dies als schmähliche Zurücksetzung empfand.[244]

Bereits mit dem Geheimen Reichsgesetz vom 21. Mai 1935 war die Einsetzung eines Reichsverteidigungsrates beschlossen worden. Dem dazugehörigen Reichsverteidigungsausschuss wurde die Aufgabe der Vorbereitung der gesamten Mobilmachung sowohl auf militärischem als auch auf wirtschaftlichem Gebiet übertragen. Mit der Einrichtung eines Generalbevollmächtigten für die Wirtschaft ging bereits im Jahr

---

241 Vgl. dazu Corni, Gustavo/Gies, Horst: Brot – Butter – Kanonen. Die Ernährungswirtschaft in Deutschland unter der Diktatur Hitlers, Berlin 1997 (*Corni/Gies, Brot*).
242 Aufzeichnung Alfons Moritz, „Zehn Jahre nationalsozialistische Ernährungspolitik", 23. September 1943, BArch R 16/153a, S. 28 f.
243 Vgl. dazu Rebentisch, Dieter: Führerstaat und Verwaltung im Zweiten Weltkrieg, Verfassungsentwicklung und Verfassungspolitik 1939–1945, Stuttgart 1989 (*Rebentisch, Führerstaat*), S. 117 ff.
244 So die Einschätzung von Dr. Alfons Moritz in der Vernehmung, 21. November 1947 (gemeinsame Vernehmung mit Dr. Kurt Dietrich durch Mr. Henry L. Cohen und Mr. Fleischmann), StAN Rep. 502, KV-Anklage, Interrogations, D-37.

1935, noch zu Zeiten von Reichsminister Hjalmar Schacht, die Zuständigkeit für die wirtschaftliche Mobilmachung auf diesen über, der dafür einen Führungsstab unter Leitung von Ministerialdirektor Helmuth Wohlthat einrichtete. Das dort angesiedelte Referat für Ernährung und Landwirtschaft wurde in Personalunion durch den Reichsverteidigungsreferenten des Ministeriums, Oberregierungsrat Kurt Dietrich, unter Beibehaltung seiner Stellung im Ministerium, übernommen.[245] Dietrich vertrat das Ministerium regelmäßig in den vom Oberkommando der Wehrmacht einberufenen Sitzungen des Reichsverteidigungsausschusses und musste dort insbesondere zu den diesen Kreis besonders interessierenden Fragen der Versorgungslage in einem Kriegsfall vortragen. Bereits 1937 wurden in innerministeriellen Hausbesprechungen Lösungen erörtert, wie der Reichsnährstand im Kriegsfall aufgestellt sein sollte. Bereits damals war auf Weisung von Minister Darré die Entscheidung getroffen worden, die zentralen Hauptabteilungen II und III des Reichsnährstands sowie sämtliche Hauptvereinigungen im Kriegsfall dem Ministerium zu unterstellen und die Landesbauernschaften als Landesernährungsämter Abteilung A in die mittleren Instanzen der allgemeinen Verwaltung und die Kreisbauernschaften als Ernährungsämter Abteilung A in die unteren Instanzen einzugliedern, damit das Ministerium im Kriegsfall über einen durchorganisierten Behördenaufbau zu einer geordneten Bewirtschaftung und Rationierung der Lebensmittel verfügen sollte.

Die Frage der Rationierung und der Gewährleistung einer angemessenen Versorgung der Bevölkerung war das große Trauma aus den letzten Jahren des Ersten Weltkrieges, das die Ernährungswirtschaft in der gesamten nationalsozialistischen Zeit bestimmt hat. Diese Erfahrung gemäß dem Motto „Das soll uns nie wieder passieren" war das bestimmende Motiv für die Ernährungswirtschaft seit Kriegsende 1918.[246] Ministerialdirektor Moritz und Staatssekretär Backe wurden regelmäßig durch den Reichsverteidigungsreferenten Dietrich und Reichskommissar Kriegsheim über die Vorbereitungen im Zusammenhang mit den Mobilmachungsplänen unterrichtet. Beim Stabsamt des Reichsbauernführers sowie bei jedem Landesbauernführer wurde zudem jeweils eine Stelle für Ernährungssicherung eingerichtet, die die Verpflegung der Wehrmacht durch die bereits für den Mobilmachungsfall verlangte Einrichtung von Ersatzverpflegungsmagazinen, die Aushebung von Pferden und Fahrzeugen aller Art sowie die uk-Stellung von in der Land- und Ernährungswirtschaft dringend benötigten wehrpflichtigen Personen vorsehen sollte. Den Reichsnährstandsdienststellen sollte es obliegen, die Versorgung der Truppe zu gewährleisten. Das Reichsernährungsministerium verfügte über keinen eigenen Verwaltungsunterbau. Mit der Lenkung der Landwirtschaftsverwaltung blieb weiterhin der Führungsstab Landwirtschaft und Ernährung beim Beauftragen für den Vierjahresplan zuständig. Die

---

245 Vgl. dazu die Vernehmungen und die eidesstattliche Erklärung von Dr. Kurt Dietrich in Nürnberg, StAN Rep. 502, KV-Anklage, Interrogations, D-37.
246 Vgl. dazu das Kapitel von Gustavo Corni und Francesco Frizzera in diesem Bericht; für die zeitgenössische Sicht: Riecke, Hans-Joachim: Ernährung und Landwirtschaft im Kriege, in: Bilanz des Zweiten Weltkriegs. Erkenntnisse und Verpflichtungen für die Zukunft, Oldenburg 1953, S. 329–346.

Landesernährungsämter griffen bei der Erfüllung ihrer Aufgaben der landwirtschaftlichen Erzeugung sowie der Verteilung der Lebens- und Futtermittel an die Bevölkerung und Tierhalter auf die bei den Landräten und Oberbürgermeistern geschaffenen Ernährungsämter zurück.[247] Es war ein Strukturelement des nationalsozialistischen Herrschaftssystems, dass staatliche Institutionen ständig umgeordnet wurden und dabei die Abgrenzung des Kompetenzbereichs gegenüber älteren staatlichen Organisationen nicht trennscharf erfolgte.

Der Ministerrat als „ständiger Ausschuss des Reichsverteidigungsrates" wurde noch aus der Vorkriegsgesetzgebung abgeleitet. Der Reichsverteidigungsrat war eine „staatsrechtliche Hilfskonstruktion", um den Referentenausschuss für die kontinuierliche Arbeit an den Mobilmachungsvorbereitungen einigermaßen in das Reichsverwaltungssystem einzupassen.[248] Im Krieg ist der Reichsverteidigungsrat nicht mehr zusammengetreten, ohne allerdings formal aufgelöst worden zu sein. Die Einsetzung eines Ministerrates für die Reichsverteidigung geht auf eine Anregung Görings zurück, der ohnehin als Beauftragter für den Vierjahresplan über Weisungsbefugnis gegenüber den Obersten Reichsbehörden verfügte. Für Göring war die Einrichtung eines Ministerrates für die Reichsverteidigung gegenüber dem Reichsverteidigungsrat, wo er nur stellvertretender Vorsitzender war, ein Vorteil.

---

247 Zum Verhältnis von Kriegführung und Verfassungsordnung vgl. insbes. Scheuner, Ulrich: Die deutsche Staatsführung im Kriege, in: Deutsche Rechtswissenschaft. Vierteljahresschrift der Akademie für deutsches Recht, 5, 1940, S. 1–43 (die Ausführungen zu Wirtschaftsverwaltung und Steuerung des Kriegseinsatzes S. 41 ff).
248 Vgl. dazu Rebentisch, Führerstaat, S. 120.

V Das Ministerium im Krieg

1 Kriegsbeginn 1939

Der Abschluss des deutsch-sowjetischen Nichtangriffspaktes am 23. August 1939 entsprach Hitlers Kalkül, sich zunächst mit den Russen verständigen zu wollen, um sich dann gegen den Westen richten zu können: „Alles, was ich unternehme, ist gegen Rußland gerichtet: wenn der Westen zu dumm und zu blind ist, um dies zu begreifen, werde ich gezwungen sein, mich mit den Russen zu verständigen, den Westen zu schlagen und danach mich mit meinen versammelten Kräften gegen die Sowjetunion zu wenden."[249] So sehr Darré siedlungspolitisch den Osten in den Blick nahm und eine Ostkolonisation im Einklang mit seinen ideologiegeleiteten Überlegungen stand, so war er auch realistisch genug, sich die Konsequenzen einer Osten und Westen umfassenden globalen Auseinandersetzung auszumalen. Aus einer Vielzahl von privatdienstlichen Briefen, Vermerken und Aufzeichnungen Darrés ist zu entnehmen, dass der Minister mehr und mehr vom offiziellen Kurs abrückte und eigene außenpolitische Vorstellungen verfolgte. Dies darf allerdings weder als grundsätzliche Abkehr von den Zielen der nationalsozialistischen Außenpolitik, geschweige denn als oppositionelles Verhalten gewertet werden. Es war vielmehr eine punktuelle Divergenz zu Methoden, Zeitplan und Stufenfolge der Ziele der nationalsozialistischen Außenpolitik. Nicht zuletzt war dieser Dissens wohl auch der zunehmenden Marginalisierung und der gekränkten Eitelkeit Darrés geschuldet. Im ministeriellen Handeln hat sich diese abweichende Lagebewertung dennoch so gut wie nicht bemerkbar gemacht.

Bei seinen außenpolitischen Zukunftsprojekten war Darré ganz auf Ostmitteleuropa und die Sowjetunion orientiert. Seine Einschätzung künftiger geopolitischer Entwicklungen war dabei frappierend: „Wenn es wahr wird, dass Russland das Baltikum besetzt – (woran es, nebenbei bemerkt, in diesem Augenblick keine Macht der Erde hindern könnte), – dann ist Deutschlands Rolle an der Ostsee als erste Macht ausgespielt. Die Führung der Ostsee-Anrainerstaaten geht dann auf Russland über. Es lässt sich leicht aus der Geschichte der Ostsee nachweisen, dass stets derjenige Anrainer-Staat der Ostsee die Vorhand hat, der über das größere Hinterland verfügt." Er wusste vor allem, dass die künftige ernährungswirtschaftliche Manövrierfähigkeit des Deutschen Reiches von den weiteren außenpolitischen Entwicklungen abhing: „Ich muss wenigstens wissen, was man erhofft und wohin der Kurs gehen soll, wenn ich nicht einfach blind in den Tag hineinarbeiten will. Schließlich ist die Ernährungsfrage in diesem Kriege keine Fachfrage, sondern eine hervorragend politische Frage. [...]

---

249 Hitlers „allermerkwürdigster Ausspruch": Carl Jacob Burckhardt, Blaues Tagebuchheft, Nachlass Carl Jacob Burckhardt, Universitätsbibliothek Basel; zum Quellenwert der Hitler-Äußerung gegenüber Burckhardt vgl. Schlie, Ulrich: Paul Stauffer – Sechs furchtbare Jahre ... Auf den Spuren Carl J. Burckhardts durch den Zweiten Weltkrieg, Zürich 1998, in: Zuckmayer-Jahrbuch 3, 2000, S. 526 ff; sowie ders., Das Duell. Der Kampf zwischen Habsburg und Preußen um Deutschland, Berlin 2013, S. 325 f.

Entscheidend ist jedenfalls für mich: Durch unser Verhalten in Polen ist uns der Südosten ferner gerückt, als er dies vor dem 1.9.1939 war. Und wenn Russland das Baltikum besetzt, ergibt sich auch ein völlig neues Spiel für die nordischen Länder, die dann in London einen sicheren Schutz vor Russland erblicken und unserem Einfluss entgleiten werden. Schließlich ist für mich auch angesichts einer solchen neugeschaffenen, starken Position Russlands uns gegenüber noch keinesfalls sicher, ob Russland uns ernährungswirtschaftlich wesentlich zu helfen bereit sein wird."[250]

Mit Kriegsbeginn war das Reichsernährungsministerium gefordert, die Zuteilung von Lebensmitteln zu rationieren. Vier Kategorien wurden dabei unterschieden: 1. unrationierte Lebensmittel; 2. Grundrationen für Normalverbraucher; 3. Zusatzrationen für Schwerst- und Nachtarbeiter, Kinder, schwangere Frauen, stillende Mütter, Kranke und Versehrte; 4. Sonderzuteilungen rationierter Lebensmittel. Am 1. Dezember 1939 wies Backe die Landesernährungsämter an, für die Zuteilungsperiode im Zeitraum vom 18. Dezember 1939 bis 14. Januar 1940, also über die Weihnachtsfeiertage und den Jahreswechsel, Juden von Lebensmittelsonderrationen auszuschließen. Dies bedeutete in der Praxis weniger Fleisch, weniger Butter, kein Kakaopulver und keinen Reis. Die entsprechenden Abschnitte der Lebensmittelkarten wurden entwertet. Auch in den folgenden Zuteilungsperioden wurden die Landesernährungsämter angewiesen, jeweils bei Einzelzuteilungen wie Fleisch oder Gemüse zu kürzen.

2 Zwangsarbeit und verstärkte Arisierungen

Der „Anschluss Österreichs" im März 1938 bezeichnet einen Zeitpunkt, zu dem die Zahl der Ausländer, die in den deutschen Arbeitsmarkt hineinströmten, signifikant anwuchs. Davon profitierte insbesondere auch die Landwirtschaft, die schon seit Jahrzehnten aufgrund der anhaltenden Landflucht an einem erheblichen Arbeitskräftemangel litt. Der sich durch die deutschen Aufrüstungsbemühungen seit Mitte der 1930er Jahre verstärkende Bedarf an Arbeitskräften in der Rüstungsindustrie hatte sich zudem nochmals belastend auf den Bedarf an in der Landwirtschaft Tätigen niedergeschlagen. So hatte sich von 1933 bis 1939 die Zahl der in der Land- und Forstwirtschaft Beschäftigten um fast 1,5 Millionen Menschen verringert.[251] Diese Entwicklung wäre noch dramatischer ausgefallen, wenn nicht die Zahl der in der Landwirtschaft tätigen Ausländer seit 1937 sprunghaft gestiegen wäre und bereits dazu geführt hatte, dass 1938/39 43 Prozent aller ausländischen Arbeiter in der Landwirtschaft beschäftigt waren.

Der Zwangsarbeiter-Ausländereinsatz war dann im ersten Kriegsjahr im Wesentlichen zunächst auf den Einsatz von Polen in der Landwirtschaft beschränkt gewesen.

---

[250] Darré an den Herrn Generalfeldmarschall (Göring), 26. September 1939, BArch NL Darré N 1094 II/20.
[251] Vgl. Eichholtz, Dietrich: Geschichte der deutschen Kriegswirtschaft, Bd. II: 1941–1943, Teil 2, Berlin (Ost) 1985, S. 608 ff (*Eichholtz, Kriegswirtschaft*).

Zwischen Mai 1939 und Mai 1940 kamen insgesamt 853 000 Ausländer ins Deutsche Reich, von denen 561 000 in der Landwirtschaft und nur 247 000 in der Industrie zum Arbeitseinsatz herangezogen wurden.[252] Die Landwirtschaft war dabei im ersten Kriegsjahr „eine Art Experimentierfeld der Ausländerbeschäftigung" (Ulrich Herbert). Dies lag zum einen daran, dass in der Landwirtschaft seit jeher Erfahrungen mit der Beschäftigung von Ausländern vorhanden waren und die Industrie erst im Laufe des Jahres 1940 ihre bis dahin noch ausgeprägte Zurückhaltung gegenüber der Beschäftigung von Polen aufgegeben hatte.

Sowohl mit Blick auf den Einsatz von Zwangsarbeitern als auch bei der Frage der Arisierungen zeigte sich der Ausbruch des Zweiten Weltkrieges als großer Beschleuniger. So ist auffällig, dass sich seit Kriegsbeginn das Ernährungsministerium nun in stärkerem Maße mit Judenfragen beschäftigte. Dabei treten seit Kriegsbeginn zunehmend auch die außen- und bündnispolitischen Aspekte bei der Arisierungsproblematik in den Vordergrund, wie es insbesondere aus dem umfassenden interministeriellen Abstimmungsprozess mit dem Auswärtigen Amt zu diesem Thema hervorgeht.

Wiederholt schon hatte es in den Vorkriegsjahren vor allem Klärungsbedarf mit dem Auswärtigen Amt gegeben, denn die sich häufenden Beschwerden ausländischer Staaten über die Judenpolitik des Dritten Reiches waren zu einem echten außenpolitischen Problem für das Deutsche Reich geworden. Bereits 1935 waren in einem Runderlass des Reichs- und Preußischen Ministers des Inneren an die Reichsstatthalter und Landesregierungen vom 18. April 1935 Richtlinien skizziert worden, wie auf die Beschwerden ausländischer Staaten zu reagieren sei.[253] Für Minister Darré, der immer wieder mit antisemitischen Einlassungen hervorgetreten war, war die Beschäftigung von Juden in der Landwirtschaft mit den Auffassungen seiner Blut- und Bodenideologie grundsätzlich unvereinbar. Er zählte seit jeher zu den Befürwortern einer umfassenden Ausreiselösung.[254]

Erneut wurde die „Judenfrage" in einer vom Reichsernährungsministerium anberaumten Ressortbesprechung mit Vertretern des Auswärtigen Amtes am 23. September 1939 in den Räumen von Darrés Dienstsitz in der Wilhelmstraße aufgegriffen. Auf Seiten des Reichsernährungsministeriums nahmen Ministerialdirektor Dr. Kum-

---

252 Vgl. dazu grundlegend Herbert, Ulrich: Fremdarbeiter, Politik und Praxis des „Ausländer-Einsatzes" in der Kriegswirtschaft des Dritten Reiches, Berlin/Bonn 1985, hier S. 88.
253 Runderlass des Reichs- und Preußischen Ministers des Inneren an die Reichsstatthalter und Landesregierungen, 18. April 1935, AdR, Bd. II: 1934–35/I, Dok. 146, S. 542 ff.
254 Entsprechend hatte sich Staatssekretär Dr. Stuckart bei einer Besprechung im Reichsinnenministerium am 29. September 1936 geäußert: „Auf dem Gebiete der Landwirtschaft sei eine gewisse Gewähr für die Auswanderung gegeben, da in Deutschland für einen Juden kaum die Möglichkeit bestehen dürfe, sich dauernd in der Landwirtschaft zu betätigen." Staatssekretärsbesprechung im Reichsinnenministerium vom 29. September 1936, AdR, Bd. III: 1936, Dok. 146, S. 527. Zur Diskussion über das Dritte Reich und die Juden vgl. aus der umfangreichen Literatur zuletzt, den Forschungsstand resümierend: Gerlach, Christian: Der Mord an den europäischen Juden. Ursachen, Ereignisse, Dimensionen, München 2017. Zum „Madagaskarplan" vgl. Brechtken, Magnus: „Madagaskar für die Juden". Antisemitische Idee und politische Praxis, München 1997.

mer, Ministerialdirigent Ziaja und Regierungsdirektor a. D. Wex teil, und von Seiten des Auswärtigen Amtes lediglich der spätere persönliche Referent von Unterstaatssekretär Luther, Dr. Ernst Neuwirth, der wenige Monate zuvor in den Auswärtigen Dienst einberufen worden und als Attaché dem Referat D/ Innerdeutsche Angelegenheiten zugeteilt war. Gegenstand der Besprechung war der „Einsatz des jüdischen Vermögens in Gemäßheit der Verordnung vom 3. Dezember 1938 (RGBl. I S. 1709)."[255] Im Hinblick auf die außenpolitische Lage müsse vermieden werden, dass ein Vorstelligwerden der Vertretungen ausländischer neutraler Staaten unter Berufung auf die bestehenden Staatsverträge wegen ‚Entjudungsmaßnahmen' stattfinde, bei denen Juden fremder Staatsangehörigkeit beteiligt seien. Eine grundsätzliche Aufhebung solcher Maßnahmen sei nicht erforderlich. Es müsse aber in jedem einzelnen Falle nachgeprüft werden, ob es mit Rücksicht auf die außenpolitische Lage angezeigt sei, Arisierungsmaßnahmen in Angelegenheiten von Juden fremder Nationalität weiterzuverfolgen. Neue Verfahren seien auf Grund der bestehenden Vorschriften von der Zustimmung des hiesigen Ministeriums und des Reichswirtschaftsministeriums abhängig. Das Reichsernährungsministerium sagte in der Besprechung zu, auf entsprechenden Bericht der Siedlungsbehörden vor seiner Entscheidung die Stellungnahme des Auswärtigen Amtes einzuholen. Im Anschluss an die Besprechung leitete Ministerialdirektor Dr. Kummer am 23. September eine Abschrift des Vermerks dem Attaché Neuwirth zur Kenntnisnahme zu und führte aus, dass er gleichzeitig die obersten Siedlungsbehörden angewiesen habe, sämtliche Fälle, in denen landwirtschaftliche Grundstücke von Juden, die die Staatsangehörigkeit neutraler Staaten besäßen, veräußert werden sollten, ihm vorzulegen. Er sagte weiterhin zu, dem Auswärtigem Amt die Einzelfälle zur Stellungnahme zuzuleiten.[256] Auch dieses Dokument belegt die Bereitschaft und Initiative des Reichsernährungsministeriums in Fragen, die sich auf jüdischen Besitz bezogen oder die diskriminierende Behandlung von Juden im Sinne der Nürnberger Rassegesetze zum Gegenstand hatten, mit den anderen Behörden des Reiches eng zu kooperieren. In den Kriegsjahren wird zunehmend die Tendenz des Ministeriums, und hier insbesondere einiger herausgehobener, parteipolitisch strammer Akteure wie Ministerialdirektor Kummer, erkennbar, sich zum verlängerten Arm des Rasse- und Siedlungshauptamtes bzw. auch des Reichskommissars für die Festigung deutschen Volkstums zu machen.

Als Anfang 1941 zunächst das von Rudolf Heß geführte Amt des „Stellvertreters des Führers" in Parteiangelegenheiten das Gesuch des amerikanischen Konsuls in Berlin, Roy G.B. Bower, für seinen jüdischen Konsulatsangestellten deutscher Staatsangehörigkeit Paul Drey portierte, „die für deutschstämmige Versorgungsberechtigte geltenden Lebensmittelkarten (ohne den Aufdruck J) auszuhändigen, um es

---

[255] Besprechung im Reichsernährungsministerium vom 23. September 1939 (Verwertung des landwirtschaftlichen Grundbesitzes von Juden neutraler ausländischer Staatsangehörigkeit), AdR, Bd. VI: 1939, Dok. 161, S. 585.
[256] Fußnote 1 im Anschluss an die Besprechung im Reichsernährungsministerium, ebd., Dok. 161, S. 585.

ihm zu ermöglichen, sein Amt ohne Hemmungen auszuüben", war es wiederum das Reichsernährungsministerium, das, wie zuvor schon das Amt von Rudolf Heß, den Antrag einer Ausnahmegenehmigung ablehnte.[257]

Die Beteiligung des Auswärtigen Amtes war bei denjenigen Arisierungsfällen jüdischen Grundbesitzes notwendig, bei denen ausländische Staatsbürger von den Enteignungen betroffen waren, und in der Regel folgte das RMEL dabei den Voten des Auswärtigen Amtes. In einzelnen Fällen konnte sich die Entscheidung über die Arisierung über mehrere Jahre hinziehen. Ein besonders interessanter Fall war die „Zwangsentjudung des Waldgutes Neubistritz", bei der der Eigentümer, der ungarische Staatsangehörige Dr. Béla von Wodianer, über die ungarische Gesandtschaft mehrfach und nachdrücklich gegen die Aufhebung der treuhänderischen Verwaltung und um dringliche Entscheidung bat, weil nach seiner Auffassung die Grundbucheintragungen aufgrund Genehmigungen des Reichswirtschaftsministeriums im September 1938 rechtmäßig erfolgt seien.[258] Dieses Beispiel verdeutlicht zum einen, wie sehr das Reichsernährungsministerium bemüht war, eine einheitliche Linie in der Regierung herzustellen und dabei zumeist die Argumentation des Auswärtigen Amtes übernahm. Zum anderen wird die Abhängigkeit der Positionierung des Reiches in der Arisierungsfrage von bündnispolitischen Erwägungen und Kriegsverlauf besonders deutlich.

Der Besitz Neubistritz in Südmähren, in der Zuständigkeit des Reichsstatthalters Niederdonau gelegen, umfaßte eine Größe von 2569 Hektar, davon 2034 Hektar Wald und 535 Hektar landwirtschaftliche Nutzfläche. Das Waldgut Neubistritz samt Schloss war vor dem Ersten Weltkrieg in den Besitz der jüdischen Familie Leopold Kern in Wien übergegangen. Als dessen Rechtsnachfolger veräußerte eine jüdische Erbengemeinschaft Mitte September 1938 – unmittelbar vor Eingliederung des Sudetenlandes und damit Südmährens – mit mehreren Kaufverträgen Anteile an den ungarischen Staatsbürger Dr. Béla Wodianer de Maglod. Die Kaufverträge wurden vor der nationalsozialistischen Machtübernahme in Österreich nur mit Blick auf die in der Landtafel in Prag eingetragenen Gutsteile grundbuchlich durchgeführt. Hingegen unterblieb die Eigentumsübertragung bei den im Grundbuch eingetragenen Grundstücken. Strittig und beim Reichsforstmeister in Berlin über einen langen Zeitraum anhängig war vor diesem Hintergrund die Frage, ob die Oberste Forstbehörde eine Teilarisierung von 22 Prozent des Besitzes zum Gegenstand nehmen sollte oder ob es sich um eine Gesamtarisierung des Besitzes handeln sollte. Dr. von Wodianer, der in Budapest bestens vernetzt war, forderte wiederholt die Abberufung des treuhänderischen Verwalters und eine endgültige Übertragung des Besitzes. Im Dezember 1942 hatte das Landwirtschaftsministerium in Berlin die Obere Siedlungsbehörde bei dem

---

257 Vgl. Eintrag 27.1.–21.4.1941 RMEL, AdP, Regesten, Teil 1, Bd. 2, Ziffer 25192.
258 Verbalnote der Königlich-Ungarischen Gesandtschaft 6. Februar 1943, BArch R 3701/2213; das erste Aktenstück des Vorgangs aus der umfangreichen Akte stammt vom September 1941, das letzte datiert vom Dezember 1944; die nachfolgende Darstellung des Sachverhalts erfolgt auf der Grundlage des Aktenstandes.

Reichsstatthalter in Niederdonau angewiesen, die Arisierung dieses Besitzes der Oberen Forstbehörde federführend zu überlassen. Die Reichsdomänenverwaltung hatte zu erkennen gegeben, dass sie an einem Ankauf der zum Waldgut gehörenden Teiche stark interessiert sei. Der Generalreferent für forstliche Sonderaufgaben hatte den Vorgang an den Reichsstatthalter in Niederdonau abgegeben. Erst 1943 hatte das Auswärtige Amt seine Bedenken gegen die Arisierung des Wodianerschen Gutsanteils fallengelassen, dann aber, wie aus einem Vermerk des Reichsforstmeisters vom 8. Mai 1943 hervorgeht, festgestellt, dass „mit Rücksicht auf die außenpolitischen Beziehungen zum Königreich Ungarn und der vom deutschen Auswärtigen Amt eingenommenen Stellungnahme die von der Reichsforstverwaltung grundsätzlich für wünschenswert gehaltene Gesamtarisierung nicht möglich sei und dass sich daher die Reichsforstverwaltung damit begnügen müsse, wenn der rustikale Gutsanteil von Neubistritz in Reichsbesitz gelange."[259] Das Auswärtige Amt pochte im Mai 1943 auf eine abschließende Stellungnahme, da in Budapest „schwierige handelspolitische Verhandlungen" anstanden, bei denen auch eine Regelung des Falles Wodianer erfolgen sollte.

Dieser Fall zeigt einmal mehr, wie willkürlich Arisierungsvorgänge administrativ behandelt werden konnten, wenn besondere politische Interessen geltend gemacht wurden. In der Verbalnote des Auswärtigen Amtes an die Königlich-Ungarische Gesandtschaft ist ganz ohne Umschweife davon die Rede, dass die deutsche Regierung „mit Rücksicht auf das besondere Interesse, dass die Königlich-Ungarische Gesandtschaft an der Angelegenheit genommen hat, bereit (sei), von einer Gesamtarisierung des Gutes abzusehen" und vorschlug, dass „entgegenkommenderweise nur die noch in jüdischen Händen befindlichen Gutsteile und die noch nicht grundbuchlich im Eigentum von Herr von Wodianer befindlichen rustikalen Gutsanteile arisiert werden und im Wege einer Realteilung des Gesamtbesitzes von der Reichsforstverwaltung übernommen werden."[260] Trotzdem blieb es bis Kriegsende bei der treuhänderischen Verwaltung, da „sowohl die jüdischen Geschwister Kern als auch Wodianer praktisch von der Bewirtschaftung ausgeschlossen sind und andererseits auch mit der Regelung der Eigentumsfrage und dem formellen Abschlusse dieser Entjudungsangelegenheit ohne sachlichen Nachteil auch noch weiter zugewartet werden kann."[261]

---

[259] Schnellbrief „Der Reichsforstmeister an den Herrn Reichsstatthalter in Niederdonau", 8. Mai 1943, ebd.
[260] Verbalnote des Auswärtigen Amtes an die Königlich-Ungarische Gesandtschaft vom 6. Juni 1943, ebd.
[261] Vermerk des Reichsstatthalters in Niederdonau, Landesforstamt Wien, 11. Oktober 1944, ebd.

3 Die Einrichtung des Amts des Reichskommissars zur Festigung deutschen Volkstums

Für das Reichsernährungsministerium stellte sich nach Kriegsausbruch relativ schnell auf dem Gebiet der Siedlungspolitik im Verhältnis zum Reichsführer SS die kritische Situation einer Machtprobe, die für das Ministerium mit einer folgenschweren Niederlage enden sollte. Der Reichsführer SS Heinrich Himmler, der sich seinem Selbstverständnis nach als Soldat fühlte, hatte offenkundig seinen 1938 geweckten Appetit auf siedlungspolitische Aufgaben noch nicht gestillt. Zuletzt war er unmittelbar vor Kriegsausbruch, im Juni 1939, auf der Grundlage der mit Italien getroffenen Vereinbarung mit der Umsiedlung der deutschen Bevölkerungsteile Südtirols beauftragt worden. Das Abkommen öffnete den deutschsprachigen Bewohnern der Provinz Bozen die Möglichkeit, für die deutsche Staatsangehörigkeit zu „optieren". Die große Mehrheit (mehr als 80 Prozent) der Familienoberhäupter – denn sie sollten für alle Familienangehörigen optieren – entschied sich für „Ja" in der Hoffnung, dass Mussolini dem „Führer" letztendlich das gesamte Land geben würde. Als das nicht geschah, schrumpfte die Zahl derjenigen, die tatsächlich ins Reich umsiedelten, auf weniger als ein Drittel der sogenannten „Optanten". Sie gehörten den ärmsten Schichten der Bevölkerung an, die nichts zu verlieren hatten.

Himmler wurde in seinen weit ausgreifenden Zielsetzungen von einer Phalanx ehrgeiziger Einbläser bestärkt und getrieben, die nicht ohne Hintergedanken den geschwächten Reichsminister Darré und das von ihm geführte Reichsernährungsministerium ins Visier nahmen. So hatte SS-Gruppenführer Hildebrandt durch Zufall, wie er dem Chef des Rasse- und Siedlungshauptamt Panke am 6. September 1939 schrieb, eine Weisung des Reichsministers für Ernährung und Landwirtschaft vom 29. August 1939 ergattert, die unter dem Signum strengster Geheimhaltung der „Vorbereitung einer etwa erforderlich werdenden landwirtschaftlichen Betriebsverwaltung in besetzten Gebieten" gewidmet war.[262] Vor diesem Hintergrund und im Zusammenhang mit dem sich zunehmend verdichtenden Gefühl, das Ernährungsministerium sei aufgrund des Kriegsausbruchs zwar in seiner politischen Bedeutung aufgewertet, aber zugleich von den tatsächlich gestaltenden Aufgaben durch andere Kräfte abgedrängt, ist die Entstehung des Führererlasses zur Festigung deutschen Volkstums zu sehen. Darré hat rückblickend mit der Zeitphase des Polenfeldzugs 1939 auch seinen „offen werdende(n) totale(n) Bruch" datiert, „insbesondere als Hitler hinter meinem Rücken den Erlaß vom 7.X.1939 ausarbeiten ließ, der zur Schaffung des Reichskommissars für die Festigung deutschen Volkstums führte, welcher Erlaß mich auch im deutschen Agrarsektor beschnitt, mich insbesondere aber für die besetzten Gebiete ausschalten sollte. Ich habe durch einen zweiten Brief an Himmler diesem keinen Zweifel darüber gelassen, daß wir beide nichts mehr miteinander zu tun haben."[263] Der Kern des

---
262 Hildebrandt an Panke, 6. September 1939, Abschrift BArch NS 2/55.
263 Eidesstattliche Erklärung Darré, Nürnberg 30. Oktober 1947, BArch NL Darré N 1094 I/4.

Festigungserlasses zielte zweifelsohne ins Zentrum der Zuständigkeit von Ernährungsminister Darré und traf ihn an seinem verwundbarsten Punkt. Denn die Rolle des Reichsernährungsministeriums wurde dort als „Hilfsmagd" begriffen: „Die dem Reichsführer SS übertragenen Aufgaben werden, soweit es sich um die Neubildung deutschen Bauerntums handelt, von dem Reichsminister für Ernährung und Landwirtschaft nach den allgemeinen Anordnungen des Reichsführers SS durchgeführt."[264] Was genau „Durchführung" in der Praxis bedeuten sollte, erwies sich in den kommenden Jahren und brachte nicht nur das Bemühen um eine enge Kooperation, sondern auch die Verstrickung in vom Reichsführer SS angeordnete Verbrechen mit sich.

Darré war darüber hinaus über die klandestine Vorbereitung des Erlasses verbittert. Nun war es in der nationalsozialistischen Verwaltungspraxis nichts Ungewöhnliches, dass immer wieder die Neigung oberster Reichsbehörden durchbrach, andere Ressorts nicht hinreichend zu beteiligen oder auch, dass offensichtliche Zuständigkeiten ignoriert wurden.[265] Doch so einschneidend der Erlass für Darré und sein Ministerium auch gewesen ist, die Formulierung „hinter seinem Rücken" beschreibt die Vorbereitung des Erlasses nicht zutreffend. Denn Darré hat über Ministerialdirektor Harmening und auch persönlich auf den Formulierungsprozess des Erlasses eingewirkt.[266] Harmening bestätigte im Verlauf des Nürnberger Prozesses nicht nur, dass die ihm vorliegende Abschrift des geheimen Erlasses wortgetreu sei, er fügte auch hinzu, dass er an der endgültigen, am 7. Oktober in der Reichskanzlei ausgearbeiteten Formulierung beteiligt gewesen sei, ebenso wie Himmler und Darré selbst.[267] Darré habe bei dieser Besprechung erreichen können, dass er und die ihm unterstellten Siedlungsbehörden für die Neubildung deutschen Bauerntums in den eingegliederten Ostgebieten zuständig sein sollten: „Die diesbezügliche Vorschrift, die im Art. III enthalten ist, wurde dann von mir sofort in der Besprechung formuliert."[268]

Es trifft aber zu, dass Minister Darré und sein Haus erst relativ spät in die Vorbereitung des Erlasses eingebunden worden sind.[269] Darré hatte am 2. Oktober erstmalig von dem Erlaß erfahren und dann unmittelbar danach den Chef der Reichskanzlei, Lammers, angesprochen, als dieser mit anderen Vertretern der Reichsregierung am Anhalter Bahnhof den italienischen Außenminister Graf Ciano verabschiedete. Lammers hatte Darré bei dieser Gelegenheit darum gebeten, ihm den

---

[264] Erlass des Führers und Reichskanzlers zur Festigung deutschen Volkstums vom 7. Oktober 1939, in: Moll, Führer-Erlasse, S. 101.
[265] Vgl. dazu auch Rebentisch, Führerstaat, S. 378 ff.
[266] Eidesstattliche Erklärung Harmening in Nürnberg, 22. April 1947, StAN Rep. 502, KV-Anklage, Interrogations, H-39.
[267] Ebd.
[268] Ebd.
[269] Aufstellung des Führererlasses zur Festigung deutschen Volkstums, 29. September, 4./5./7./ 27. Oktober 1939: vgl. Reichsernährungsminister Darré an Reichsminister Lammers, 4. Oktober 1939, AdR, Bd. VI: 1939, Dok. 165b, S. 594 ff.

Standpunkt seines Ressorts zuzuleiten. Am 4. Oktober 1939 hatte sich Darré dann aufgebracht an Reichsminister Lammers gewandt und geschrieben: „Dem Vernehmen nach soll ein Erlass des Führers vorbereitet werden, wonach dem Reichsführer SS und damit der Schutzstaffel die Neubildung deutschen Bauerntums im neueroberten Ostraum übertragen werden soll. Eine solche Aufgabe ist aber in jedem Falle niemals eine Aufgabe einer Einzelorganisation [,] sondern muss stets eine Aufgabe des Staates sein und bleiben."[270] Die Neubildung deutschen Bauerntums habe in letzter Zeit eine rückläufige Bewegung erfahren, weil die Umsiedlungsaufgaben des Westwalls, militärischer Übungsplätze etc. das siedlungsfähige Land mit weitgehendem Beschlag belegt hätten. Darré forderte zudem klare bodenrechtliche Voraussetzungen und nannte abschließend die Neubildung deutschen Bauerntums „eine höchst reale landwirtschaftliche Frage."[271] Er habe aus den Zeitungen erfahren, so eröffnete er eine neue Angriffslinie, dass der Reichsführer SS und der Reichsjugendführer eine Arbeitsgemeinschaft zur Schaffung von Wehrbauern begründet hätten. Der Begriff des Wehrbauern sei indes unklar. „Sowie aber stabile Grenzverhältnisse hergestellt sind, die im unmittelbaren Verwaltungsbereich eines Reichsressorts liegen, entfallen alle ideenmäßige und praktischen Voraussetzungen dieses Gedankens, und es tritt die sehr nüchterne Aufgabe in den Vordergrund, Bauern zu schaffen *und* Soldaten und nicht ein Zwitterwesen, welches weder echte Soldaten noch echte Bauern hat."[272] Wie sehr sich das persönliche Verhältnis zwischen Himmler und Darré abgekühlt hatte, ist auch daran ersichtlich, dass der Terminkalender Himmlers im Jahr 1940 kein persönliches Treffen mit Darré verzeichnet, obwohl gerade aufgrund der Differenzen über die Regelungen des Festigungserlasses eigentlich erhöhter Abstimmungsbedarf bestanden hätte.[273]

4 Führererlasse und ministerielles Verwaltungshandeln

Der „Festigungserlass" begründete streng genommen lediglich einen Führungsstab, der auf vorhandene Dienststellen von Staat, Partei, öffentlichen Körperschaften und Siedlungsgesellschaften zurückgreifen konnte.[274] Himmler hatte sich nach seinem *fait accompli* eigenmächtig weitere Befugnisse aneigneten, indem er etwa den Titel „Reichskommissar" benutzte, der sich in der Ursprungsfassung des Erlasses nicht

---

[270] Reichsminister Darré an Reichsminister Lammers, 4. Oktober 1939, AdR, Bd. VI: 1939, Dok. 165b, S. 594.
[271] Ebd.
[272] Ebd.
[273] Moos, Markus und Pfeiffer, Moritz (Hgg.): Heinrich Himmlers Taschenkalender 1940. Kommentierte Edition, Paderborn 2013.
[274] Vgl. dazu Buchheim, Hans: Rechtsstellung und Organisation des Reichskommissars für die Festigung deutschen Volkstums, in: Gutachten des Instituts für Zeitgeschichte, München 1968, S. 239 ff.

wiederfindet.²⁷⁵ Zug um Zug weitete er seine Kompetenzen aus, bediente sich zunächst der für die Umsiedlung der Südtiroler vorgesehenen „Leitstelle für Ein- und Rückwanderer", danach weiterer Dienststellen wie der Volksdeutschen Mittelstelle, um schließlich im Juni 1941 einen umfassenden Verwaltungsapparat mit einem SS-Stabshauptamt zu schaffen. Auch an diesem Beispiel zeigt sich, nicht nur anhand der Ausschaltung Darrés und des Innenministeriums, in dem eine eigene Abteilung für Fragen der Pflege des Deutschtums angesiedelt war, die Geschicktheit Himmlers im innerstaatlichen *Powerplay* – sondern auch das für das nationalsozialistische Rechtssystem so bezeichnende Phänomen, für die Regelung weltanschaulicher Fragen auf das Instrument des Führererlasses zurückzukommen. Die Durchsetzung des Führerprinzips galt in der Verfassungspraxis „von oben bis unten und in jedem Atom seiner Existenz."²⁷⁶

Auch mit Blick auf das Verwaltungshandeln im nationalsozialistischen Staat sowie die Zusammenarbeit der Behörden und Einrichtungen aus Staat und Partei ist das Tauziehen zwischen Himmler und Darré um siedlungspolitische Kompetenzen im Zusammenhang mit dem „Festigungserlass" des Jahres 1939 aufschlussreich. Die Folgerung ist zutreffend, dass die Einrichtung dieser zentralen Reichsbehörde wie kaum ein anderer Vorgang demonstriert, „wie weit die Zersetzung des staatlichen Instanzen- und Verwaltungsganges bei Kriegsbeginn bereits fortgeschritten war und wie sich dadurch die radikalen ideologischen Fernziele schrittweise in die Tat umsetzen ließen."²⁷⁷ Die operative Siedlungspolitik, die Himmler genau in dem Moment für sich entdeckte, als das Deutsche Reich auf territorialen Expansionskurs ging, wurde auf der Grundlage dieses Erlasses – zunächst in den eingegliederten Ostgebieten, später auch in anderen besetzten Gebieten – zu einem seiner wichtigsten Tätigkeitsfelder.²⁷⁸ Vor diesem Hintergrund ist zu sehen, dass seit 1939 mehrere Dienststellen des Persönlichen Stabes und des SS-Hauptamtes zu eigenen Hauptämtern erhoben wurden. Neben dem Rasse- und Siedlungshauptamt unterstanden Himmler im Jahr 1942 elf weitere Hauptämter – darunter das SS-Führungshauptamt, das SS-Hauptamt, das SS-Wirtschafts-Verwaltungshauptamt, dem seit März 1942 die Verantwortung für die Konzentrationslager oblag, das Hauptamt „Volksdeutsche Mittelstelle" und das Stabshauptamt des Reichskommissars für die Festigung deutschen Volkstums. Die Ausweitung der Machtbefugnisse der SS gegenüber dem RMEL hatte 1939 mit der siedlungspolitischen Teilkapitulation Darrés gegenüber Himmler eingesetzt. Sie wurde sodann von Staatssekretär Backe Zug um Zug unterstützt. Vor allem aber erfolgte die Stärkung der SS im Ministerium seit der mit der Beurlaubung Darrés einhergehenden Übernahme des Geschäftsbereichs aus dem machttaktischen Kalkül Backes heraus, dass er auf mächtige Verbündete außerhalb des Ministeriums

---

275 Vgl. dazu Rebentisch, Führerstaat, S. 166f.
276 Schmitt, Carl: Staat, Bewegung, Volk. Die Dreigliederung der politischen Einheit. Der deutsche Staat der Gegenwart, Hamburg 1933. S. 33.
277 Thamer, Hans-Ulrich: Verführung und Gewalt, Berlin 1986, S. 362.
278 So Kaienburg, Hermann: Die Wirtschaft der SS, Berlin 2003, S. 277.

zur Stützung seiner Beteiligung an der Vorbereitung des Russland-Feldzugs 1941 angewiesen war, zumal er diese vor dem Minister Darré verheimlicht hatte. Sowohl in seiner Personalpolitik als auch in seiner fachlichen Verantwortung sind von Backe keine nennenswerten Anstrengungen dokumentiert, die eine gegen die Ambitionen Himmlers gerichtete Positionierung des Reichsernährungsministeriums, geschweige denn einen Machtkampf erkennen lassen würden. Wie eng die Zusammenarbeit zwischen dem Ernährungsministerium und dem Rasse- und Siedlungshauptamt gewesen sein muss, wird auch aus dem Befehl betreffend „Nachweis und Einsatz landwirtschaftlicher Fachkräfte in der SS und Polizei"[279] deutlich. Mit dieser Anweisung wurde das „Siedlungsamt im Rasse- und Siedlungshauptamt-SS als Kommandostelle für den zentralen Nachweis landwirtschaftlicher Fachkräfte im Aufgabenbereich der SS und Polizei"[280] eingesetzt und ausdrücklich befugt, „landwirtschaftlich vorgebildete Kräfte aus der Allgemeinen SS, der Waffen-SS und der Polizei" einzusetzen.[281]

Es zählt zu den Eigenheiten der nationalsozialistischen Rechtslehre, dass die bis dahin übliche, überlieferte Unterscheidung von Gesetz und Verordnung aufgehoben wurde. Führererlasse waren demnach „ihrem sachlichen Gehalte nach Grundgesetze des Reiches" und aufgrund ihres „mit der Zugehörigkeit zur völkischen Grundordnung gegebene(n) hochpolitische(n) Charakter(s) [...] Ausdruck des höchstpersönlichen Entschlusses des Führers."[282] Der selbständigen Führerverordnung wurde damit der gleiche Rang und die gleiche Wirksamkeit wie ein Gesetz zugebilligt. Dieter Rebentisch weist zutreffend darauf hin, dass den Führererlassen über ihre jeweilige konkrete materielle Rechtssetzung hinaus bei der Festlegung verfassungsrechtlicher Normen „ersatzweise ein verfassungsgestaltender Charakter" zugemessen werden könne.[283]

5 „Exekutive der Siedlung"

Der Erlass vom 7. Oktober 1939 sah im Rahmen der dem Reichsführer SS übertragenen Aufgaben, soweit es sich um Neubildung deutschen Bauerntums handelte, vor, dass diese vom Reichsernährungsminister nach den allgemeinen Anordnungen des Reichsführers SS durchgeführt werden. Dies bedeutete in der Praxis, dass die Um-

---

279 Einsetzungsbefehl vom 4. März 1941. – Tgb.Nr. A/34/13/41 – über die Aufgaben des Rasse- und Siedlungshauptamtes-SS (Siedlungsamt), BArch NS 2/258.
280 Ebd.
281 Ebd.
282 Huber, Ernst Rudolf: Der Führer als Gesetzgeber, in: Deutsches Recht, hg. von Hans Frank, 9, 1939, S. 275–278, Zitat auf S. 277.
283 Ebd., S. 278 sowie Korte, Heinrich: Führererlass und Führerverordnung als Mittel der Führergewalt, in: Deutsche Verwaltung, 19, 1942, S. 473 ff.

siedlung nicht mehr in die Federführung des Reichsernährungsministers fiel.[284] Dennoch oblag die Versorgung der Neuankömmlinge im Reich weiterhin dem Ernährungsministerium. Was dies bei der im Zuge des deutsch-sowjetischen Grenz- und Freundschaftsvertrages vom 26. September 1939 erfolgenden Umsiedlung der Volksdeutschen aus Bessarabien und der Nord-Bukowina bedeutete, ist einer Weisung zu entnehmen, die Reichsminister Darré für die Provinzialernährungsämter im September 1940 erließ und die sich auf Lebensmittelzuweisungen für Insassen von Quarantänelagern bezog: „Bis auf weiteres werden die Quarantänelager als Erholungsheime im Sinne meines Erlasses vom 6. November 1939 – II C 4–789 – behandelt, d. h. sie erhalten eine Sonderzulage von 20 Prozent aus den der Gesamtheit der Insassen zustehenden Lebensmittelzuteilungen. Sollten in den Lägern eine erhebliche Anzahl von Erkrankungen auftreten, so erhalten die Lagerärzte die Ermächtigung, entsprechend den ärztlichen Richtlinien entweder für Einzelkranke oder für einen größeren Teil der Lagerinsassen die erforderlichen Zulagen anzufordern. Eine Unterteilung der Kinder in die Altersgruppe 0–3 und 3–6 Jahre kommt in Fortfall. Die Portionssätze der Kinder im Alter von 3–6 Jahren sind zu Grunde zu legen. [...] Aus ärztlichen Gründen ist es erwünscht, die heimatübliche Ernährung der Lagerinsassen möglichst zu fördern. Besonderer Wert ist auf die Zuteilung von Frischgemüsen (Kohl, Sauerkraut usw.) zu legen."[285]

Dieses Dokument, so sehr ernährungswirtschaftliche Grundsätze in einen Restbestand auf die Insassen der Quarantänelager und deren Lebensmittelzuteilungen übertragen wurden, zeigt, wie sehr Darré und die seine politische Weisung vorbereitenden Ministerialbeamten der Abteilung II des Ernährungsministeriums bis in die Details der nun von Himmler zu verantwortenden Siedlungspolitik einbezogen waren, ohne allerdings die Grundlinien dafür bestimmen zu können. Welche menschenverachtende, segregierende Philosophie hinter der von Himmler als „Siedlungspolitik" vertretenen Line in den besetzten Gebieten stand, wird aus zahlreichen Durchführungsverordnungen zum Erlass und aus anderen Verwaltungsvorschriften deutlich, die die Unterschrift Himmlers tragen, aber in der Ausformulierung auch mit Beteiligung von Angehörigen des Reichernährungsministeriums entstanden sind.

In einem Rundschreiben des Reichsführers SS als Reichskommissar für die Festigung deutschen Volkstums vom 10. November 1939 an alle obersten Reichsbehörden wurde auf die Konsequenzen der neuen Rechtsgrundlage hingewiesen: „Die Erfassung und Beschlagnahme von landwirtschaftlichen Vermögen (einschließlich landwirtschaftlicher Nebenbetriebe) polnischer oder jüdischer Hand erfolgt ausschließlich durch den Reichsführer SS als Reichskommissar für die Festigung deutschen Volks-

---

[284] Aktenvermerk „betr. Alleinige Zuständigkeit des Reichskommissars zur Festigung deutschen Volkstums für die Umsiedlung der deutschen Rückwanderer", Berlin 12. November 1941, BArch NL Darré N 1094 III/8.
[285] Der Reichsminister für Ernährung und Landwirtschaft an die Provinzialernährungsämter, 14. September 1940, BArch R3601/2354.

tums, erforderlichenfalls im Benehmen mit beteiligten Reichsbehörden."[286] Die „Durchprüfung der polnischen Bevölkerung" und die „Erfassung der zur Eindeutschung in Frage kommenden Schutzangehörigen" erfolgte durch Umwanderungszentralstellen, die ihre Prüfung „nach rassischen, gesundheitlichen und politischen Gesichtspunkten" durchzuführen hatten: „Hierüber erläßt der Reichsführer SS und Reichskommissar für die Festigung deutschen Volkstums nähere Durchführungsrichtlinien."[287]

Diese Beispiele mögen illustrieren, wie sehr Himmler durch die mit dem Erlass erteilten Vollmachten im Bereich der nationalsozialistischen Rasse- und Siedlungspolitik nahezu freies Feld eröffnet wurde und wie nachrangig die dem Reichernährungsministerium zugestandene „Exekutive der Siedlung" in Wirklichkeit gewesen ist. Denn in der Praxis der Siedlungspolitik sollte das Landwirtschaftsministerium von nun an einen nachgeordneten, wenn auch gleichwohl beteiligten Part übernehmen. Und dem Reichsführer SS Heinrich Himmler schrieb Darré am 5. Oktober 1939, dass die Ausschaltung der Siedlung im Osten für ihn „eine der größten Enttäuschungen meines Lebens" sei und er sich „die Vorgänge um die Angelegenheit und um die Person von Gottbergs" gemerkt habe.[288]

Zu den Aufgaben, die dem Reichsernährungsministerium verblieben waren, gehörte die Verwaltung des landwirtschaftlichen Staatsbesitzes in den eingegliederten polnischen Gebieten. Hingegen oblag die Kontrolle über die landwirtschaftlichen Betriebe in den neuen Ostgebieten Himmler in seiner Eigenschaft als Reichskommissar für die Festigung deutschen Volkstums. Darré fand sich – wenn auch widerstrebend – mit der Rolle im zweiten Glied ab. So unterrichtete Darré mit Schreiben vom 29. April 1940 die Regierungspräsidenten in Danzig, Marienwerder, Bromberg, Posen, Hohensalza, Litzmannstadt, Allenstein, Zichenau, Oppeln und Kattowitz, dass er von Generalfeldmarschall Göring als Beauftragter für den Vierjahresplan mit Schreiben vom 27. März 1940 ermächtigt worden sei, die Verwaltung des landwirtschaftlich genutzten Grundbesitzes des ehemaligen polnischen Staates „in die Hand zu nehmen".[289] Bereits mit der Verordnung vom 15. Januar 1940[290] war die Grundlage dafür geschaffen worden, dass der Umfang des ehemaligen polnischen Staatsgrundbesitzes von der reichsdeutschen Domänenverwaltung übernommen werden konnte und dass auch das gesamte Zubehör „ohne Rücksicht auf die Eigentumsverhältnisse" mit zu übernehmen sei. Dazu, so das Schreiben des Ministers an die Regierungspräsidenten in Danzig, Marienwerder und Bromberg vom 5. März 1940, sei „auch der Grundbesitz der Staatsnebenfonds, insbesondere der selbständigen oder unselbständigen staat-

---

[286] Rundschreiben des Reichsführers SS als Reichskommissar für die Festigung deutschen Volkstums, 10. November 1939, AdR, Bd. VI: 1939, Dok. 191, S. 691 f.
[287] Ebd.
[288] Darré an Himmler, 5. Oktober 1939, StAN Rep. 502, KV-Anklage, NG 1759.
[289] Der Reichsminister für Ernährung und Landwirtschaft an die Herren Regierungspräsidenten, 29. April 1940, BArch R 3601/2365.
[290] Reichsgesetzblatt I, S. 174.

lichen Stiftung" zu rechnen.²⁹¹ Alle Regelungen, darauf hatte Göring in seinem Schreiben hingewiesen, erfolgten unbeschadet einer abschließenden endgültigen Regelung nach dem siegreich beendeten Krieg.²⁹² Aus einer von Werner Best unterschriebenen Weisung der Geheimen Staatspolizei an die Reichsminister des Inneren und für Ernährung und Landwirtschaft geht hervor, dass die Beschlagnahmung und Enteignung „des lebenden und toten Inventars derjenigen polnischen Volkstumsangehörigen [...], die a) kurz vor oder nach Ausbruch des deutsch-polnischen Krieges nach Polen geflüchtet sind, b) nach Erlass eines Aufenthaltsverbotes aufgrund des Gesetzes zur Sicherung der Reichsgrenze und über Vergeltungsmaßnahmen Haus und Hof verlassen haben und nach Polen geflüchtet sind" zu erfolgen habe. Daraus wird deutlich, wie unbarmherzig die Reichsbehörden bei den Enteignungen vorgehen sollten. Das Verhalten der geflüchteten polnischen Bauern und Landwirte wurde schlicht als „staatsfeindlich" eingestuft, ihr Grund und Boden sollte „zuverlässigen deutschen Bauern" zugewiesen werden. Best konnte sich in seinem Schreiben dabei auf das Stabsamt des Reichsbauernführers berufen, das in vorauseilendem Gehorsam bereits Zustimmung zum Vorgehen der Geheimen Staatspolizei signalisiert und sich einverstanden erklärt hatte, den örtlichen Regierungspräsidenten die Neubesiedlung der betroffenen Grundstücke zu übertragen.²⁹³

Wie sehr sich die Spannungen zwischen dem Reichsernährungsministerium und Himmlers Amt des Reichskommissars für die Festigung deutschen Volkstums verschärft hatten und immer wieder an Kompetenzstreitigkeiten entzündeten, kann auch daran abgelesen werden, dass ausgerechnet Himmlers Mann im Ministerium, Ministerialdirektor Dr. Kummer, über Siedlungsfragen in die Schusslinie des Reichsführers SS geriet. Kummer hatte, wie der „Völkische Beobachter" in seinem Bericht über eine Aufsichtsratssitzung der Siedlungsgesellschaften im Warthegau schrieb²⁹⁴, den Fehler begangen, den Reichskommissar und Reichsführer SS in seinem mündlichen Bericht unerwähnt zu lassen, er hatte – folgt man den gegen Kummer vorgebrachten Vorwürfen – das Betriebsgrößenproblem einseitig dargestellt und zudem die Begriffe „Erneuerung des Bauerntums" und „Neubildung deutschen Bauerntums" miteinander verwechselt. Lakonisch hieß es: „Ministerialdirektor Dr. Kummer hat keine grundlegenden und für die politische Neugestaltung des Ostens bedeutsamen Ausführungen zu machen, soweit der Reichsführer SS noch keine diesbezüglichen allgemeinen Anordnungen erlassen hat."²⁹⁵ Stein des Anstoßes war zudem ein von

---

291 Der Reichsminister für Ernährung und Landwirtschaft an die Herren Regierungspräsidenten, 29. April 1940, BArch R 3601/2365.
292 Göring an Darré, 27. März 1940, BArch R 3601/2365.
293 Vorgang in der Akte „Polnischer Besitz im Altreich im Gebiet der ehemals Freien Stadt Danzig", BArch R 3601/3318.
294 „Bildung des neuen Bauerntums im Osten. Gauleiter Greiser und Dr. Kummer über die Arbeit der Bauernsiedlung", in: Völkischer Beobachter vom 31. August 1940, BArch R 9361-III/538739.
295 Vermerk der Hauptabteilung Landwirtschaft zum Bericht des Völkischen Beobachters, 31. August 1940, BArch R 9361-III/538739.

Kummer unterzeichneter Erlass des Reichsministeriums vom 28. März 1940, mit dem die Abteilung „Landwirtschaft, Siedlung und Umlegung" beim Reichsstatthalter im Warthegau mit Weisungen „betreffend Einweisung der Wolhyniendeutschen" versorgt wurde. Himmler selbst nahm dies in einem Vermerk vom 13. März zum Anlass, sich darüber zu beklagen, dass ihm der Erlass des Reichsernährungsministeriums erst nachträglich zur Kenntnis gebracht worden sei und er feststellen müsse, „dass durch ein derartiges Verfahren die vom Führer befohlene Gemeinschaftsarbeit aufs schwerste gefährdet wurde."[296] Kummer war erst kurz zuvor von der Leitung der Abteilung I zur Leitung der Abteilung VIII – der Siedlungsabteilung – übergewechselt, und bald darauf musste er als Abteilungsleiter weiterziehen und die Leitung der weniger im politischen Fokus stehenden Abteilung VII – Domänenwesen – übernehmen.

---

296 Schreiben Himmler an Reichsernährungsminister, 13. März 1940, BArch R 9361-III/538739.

VI Ostkrieg, Siedlung und Ernährung

1 Professor Konrad Meyer und der Weg zum Generalplan Ost

Wie ernst Himmler seine Aufgabe nahm und wie zielbewusst sich der Reichsführer SS an die Umsetzung der siedlungspolitischen Vorstellungen machte, wird insbesondere an der Auswahl seines Chefplaners deutlich, Professor Konrad Meyer, eines führenden Agrarwissenschaftlers der Universität Berlin, „alten Bekannten" R. Walther Darrés und in der nationalsozialistischen Wissenschaftslandschaft bestens vernetzten, machtbewussten Vordenkers.[297]

Konrad Meyer, am 15. Mai 1901 im niedersächsischen Salzderhelden geboren, hatte 1921 das Studium der Landwirtschaft an der Universität Göttingen aufgenommen. Er schloss sein Studium 1925 als Diplom-Landwirt ab, war anschließend zunächst in der landwirtschaftlichen Praxis als Gutsbeamter und Versuchsleiter tätig, wurde 1926 mit einer Arbeit auf dem Gebiet des Pflanzenbaus und der Pflanzenzüchtung in Göttingen promoviert, trat 1927 eine Stelle als planmäßiger Assistent am Institut für Acker- und Pflanzenbau der Universität Göttingen an und habilitierte sich im Februar 1930 im Fachgebiet „Landwirtschaftlicher Pflanzenbau". Er trat am 1. Februar 1932 mit der Mitgliedsnummer 908 471 in die NSDAP und am 20. Juni 1933 mit der Mitgliedsnummer 74 695 in die SS ein. Neben seiner erfolgreichen wissenschaftlichen Karriere wurde er 1933 in das Preußische Ministerium für Wissenschaft, Kunst und Volksbildung berufen, von dort am 1. November 1934 in das Reichsministerium für Wissenschaft und Volksbildung als Referent versetzt und im April 1934 auf das Ordinariat für Acker- und Pflanzenbau an der Universität Jena berufen. 1936 wurde er in den Reichsbauernrat „wegen seiner außerordentlich wertvollen Mitarbeit an den Zielen des Reichsbauernführers" kooptiert.[298] Im November 1939 wurde er vom Stab des Rasse- und Siedlungshauptamts zum Persönlichen Stab Reichsführer SS versetzt.[299] Inzwischen war für ihn eine Professur für Ackerbau und Landbaupolitik an der Universität Berlin geschaffen worden, so dass Meyer mit der ihm eigenen enormen Arbeitskraft seine Berliner Verbindungen weiter vertiefen konnte. Sein Verhältnis zu Reichsminister Darré und Staatssekretär Backe war dabei so eng, dass diese ihm bei einer Reform des Landwirtschaftsstudiums freie Hand ließen.[300] Meyers Anspruch war

---

[297] Angaben zur Biographie Konrad Meyers nach seinem selbst verfassten Lebenslauf in der BDC-Akte sowie den Personalstammblättern, BArch R 9361-III/543393.
[298] Beförderungsvorschlag des RuS-Hauptamts für den SS-Untersturmführer Dr. Konrad Meyer (Beförderung zum SS-Obersturmführer), unterschrieben von SS-Brigadeführer Reischle, 27. März 1936, BArch R 9361-III/543393.
[299] Persönlicher Stab des Reichsführers SS an das SS-Personalhauptamt Berlin 16. November 1939. Meyer wurde hier der Dienststelle Vierjahresplan zugewiesen. BArch R 9361-III/543393.
[300] Meyer, Konrad: Über Höhen und Tiefen. Ein Lebensbericht, Privatdruck o.O., S. 72 (*Meyer, Über Höhen*). Der Generalplan Ost ist lange Zeit in der Literatur unterschätzt worden. Dies ist nicht zuletzt auch auf die geschickte Verteidigungsstrategie Meyers im Fall VIII in den Nürnberger Folgeprozessen

es, wie er in seinen unveröffentlichten Lebenserinnerungen schrieb, „die Landwirtschaftswissenschaften aus ihrem Aschenbrödeldasein, ihrer Zersplitterung und geistigen Isolierung herauszuführen und ihr Ansehen zu heben." Er begründete die Reichsarbeitsgemeinschaften der Landwirtschaftswissenschaft, den sogenannten Forschungsdienst, und hatte sich in kürzester Zeit zum führenden Agrarwissenschaftler des Dritten Reiches emporgearbeitet.[301]

Dass Himmlers Wahl bei der Suche nach einer geeigneten Person, die einen Gesamtplan für die Ostsiedlung entwerfen sollte, gerade auf Meyer fiel, war vor diesem Hintergrund kein Zufall. Die in den unveröffentlichten Lebenserinnerungen Meyers beschönigend-verklausuliert beschriebene Aufgabe vom Oktober 1939, die ihm von Himmler übertragen worden war, einen „Gesamtentwicklungsplan" für die Ostsiedlung zu erstellen, konnte in ihrer politischen Tragweite und in der Wirkung auf bevorstehende Auseinandersetzungen nicht hoch genug eingeschätzt werden. Auch war Meyer klar, dass er sich damit den Unwillen Darrés zuziehen würde.

Ende Februar 1940 konnte er bereits seine Planungsgrundlagen vorstellen und den Eindruck erwecken, ein „umfassendes Siedlungsprogramm" entworfen zu haben.[302] Meyer hatte damit die theoretische Grundlage für Vertreibung, Drangsalierung, Enteignung und Ermordung in Osteuropa, im Baltikum und in der Sowjetunion gegeben, deren Ausmaß und Konsequenzen er in seinen Erinnerungen hinter euphemistischen Formulierungen lediglich vorsichtig anklingen ließ.

Wie privilegiert Meyer bei Himmler gewesen ist, lässt sich auch daraus ersehen – wie sich Meyer erinnerte –, dass der Reichsführer SS „nicht einfach die ihm vorgelegten Entwürfe unterschrieb, sondern jedesmal mich ins Hauptquartier befahl und mit mir Satz für Satz den Text durchging." Meyer beschreibt, wie er mit dem Reichs-

---

zurückzuführen, als er den Eindruck erweckte, wie sein Mitarbeiter Walter Christaller schreibt, dass die Überlegungen zum Generalplan Ost Planungsaufgaben gewesen seien, „die keine Tagesaufgaben [waren], die der Gewinnung des Krieges dienten", sondern auf Fernziele gerichtet gewesen seien, „die der Gewinnung und künftigen Erhaltung eines Friedens dienen sollten, eines Friedens, wie man ihn sich damals vorstellte." Walter Christaller ging bei der Verteidigung Meyers in der gleichen Stellungnahme so weit, zu behaupten, dass sich unter den Augen von Professor Meyer ein „aktiv antifaschistischer Club von Agrar- und Planungswissenschaftlern bildete, mit geheimen Zusammenkünften, Abfassung von Programmen, für eine nach dem Zusammenbruch aufzubauende antifaschistische Agrarwissenschaft und Agrarpolitik." Eidesstattliche Versicherung Walter Christaller, StAN Rep 501, KV-Prozesse, Fall VIII, Verteidigungsdokumente Konrad Meyer, Dokument Meyer-Hetling Nr. 18. Zum Generalplan Ost vgl. insbes. Aly, Götz/Heim, Susanne: Vordenker der Vernichtung. Auschwitz und die deutschen Pläne für eine europäische Ordnung, Hamburg 1991; Fritz, Stephen: Ostkrieg. Hitler's War of Extermination in the East, Lexington 2011; Heiber, Helmut: Der Generalplan Ost. In: VfZ 6. Jg. 1958 (*Heiber, Generalplan*), S. 281–335; Müller, Rolf-Dieter: Hitlers Ostkrieg und die deutsche Siedlungspolitik, Frankfurt/M. 1991; Rössler, Mechtild/Schleiermacher, Sabine/Tollmien, Cordula (Hgg.): Der „Generalplan Ost". Hauptlinien der nationalsozialistischen Planungs- und Vernichtungspolitik, Berlin 1993; Wasser, Bruno: Himmlers Raumplanung im Osten. Der Generalplan Ost in Polen 1940–1944, Basel u. a. 1993.

301 Meyer, Über Höhen, S. 80.
302 Ebd., S. 102f.

führer häufig um die richtige Formulierung gerungen habe: „Diese Besuche dauerten oft mehrere Tage, an denen ich meistens erst spät abends zum Vortrag kam und tagsüber das Kommen und Gehen in einem Sonderzug ‚Heinrich' beobachten konnte. Die Ostkolonisation war ein besonderes Anliegen Himmlers. Wenn ich dann in später Nacht bei ihm vorgelassen wurde, war ihm die Aussprache über die zukünftige Gestaltung der Ostgebiete eine Art Erholung von den sich drängenden Tagesaufgaben und -entscheidungen. Ich habe an solchen Abenden, in denen ich mit ihm allein war und er auch gelegentlich eine Flasche Rotwein auftragen ließ, manche sympathischen menschlichen Züge an diesem grundsatzstrengen Mann, über dessen Charakterbild heute die düstersten Schatten lagern, festgestellt. Das ‚Dämonische' in ihm ist mir bei allen meinen persönlichen Begegnungen verborgen geblieben."[303]

2 Neuordnung der Aufgabenverteilung im Ministerium

Auf die neue Situation der schleichenden Entmachtung versuchte Darré – mit der für ihn charakteristischen Neigung zur Neuorganisation von ministeriellen Abläufen – mit der Neuregelung von Zuständigkeiten zu reagieren. Zunächst war die ureigene Domäne seines Ministeriums Gegenstand seines Regelungsbestrebens. Aufgrund seiner offiziellen Ressortverantwortung war dabei zumindest zunächst nicht mit Widerspruch anderer Häuser zu rechnen. Mit Wirkung vom 1. Februar 1940 wurde im Reichsernährungsministerium unter Hinweis auf die „Wichtigkeit der Erhaltung der Bergbauernsiedlungen für das Gesamtvolkstum"[304] die Unterabteilung „Bergland" begründet, die infolge der alliierten Luftangriffe im August 1943 nach Wien ausgelagert werden sollte. Die Berglandabteilung wurde quasi als Ersatz für die österreichische Verwaltung angesehen. Sie war zunächst im Palais Wien in der Bankgasse 2, später in der Florianigasse 8 und schließlich im Gebäude des ehemaligen Hotels Hammerand untergebracht.[305] In ihrer personellen Zusammensetzung und in ihrem Arbeitsgebiet war sie nahezu ausschließlich österreichisch. Ursprünglich hatte Darré beabsichtigt, eine besondere Abteilung für die Behandlung aller „bergländisch-landwirtschaftlichen" Angelegenheiten zu schaffen und den dafür vorgesehenen Abteilungsleiter, den bis zum „Anschluss" amtierenden Landwirtschaftsminister Anton Reinthaller, zum Staatssekretär zu ernennen. Dies war ihm aber von der Reichskanzlei mit dem Hinweis, dass auch der ehemalige österreichische nationalsozialistische Justizminister nur zum Unterstaatssekretär ernannt worden sei, verwehrt worden, so dass auch Reinthaller sich mit dieser Amtsbezeichnung begnügen musste. Die Bergbauern-Thematik war mit dem Beitritt Österreichs zum Reich und

---

303 Ebd., S. 108.
304 Willikens an Oberste Reichsbehörden am 2. Dezember 1939, BArch R 2301/3742.
305 Vgl. dazu grundlegend Siegl, Gerhard: Bergbauern im Nationalsozialismus. Die Berglandwirtschaft zwischen Agrarideologie und Kriegswirtschaft, Innsbruck, Wien, Bozen 2013; Reiter, Margit: Die Ehemaligen. Der Nationalsozialismus und die Anfänge der FPÖ, Göttingen 2019.

seinem Anteil an der gesamten landwirtschaftlich genutzten Fläche akut geworden. Relativ unscharf wurde die „einheitliche Bearbeitung aller Bergland-Probleme" zum Gegenstand der Abteilung erhoben, die insbesondere Fragen der Futtermittelerzeugung und der Viehwirtschaft ins Zentrum ihres Wirkens stellte. Für die deutsche Ernährungswirtschaft war die Angliederung Österreichs insgesamt eine Belastung.

Im Herbst 1940 veranlasste Darré, dass nun auch formal das Verwaltungsamt des Reichsbauernführers (Reichsverwaltungshauptabteilung, Reichshauptabteilung I, II, III) mit Wirkung vom 10. Dezember 1940 in das Reichsministerium für Ernährung und Landwirtschaft eingegliedert wurde. Darré hielt es zudem für notwendig, darauf hinzuweisen, dass durch die Eingliederung die Zugehörigkeit des Verwaltungsamtes zum Reichsnährstand in personeller und haushaltsmäßiger Hinsicht nicht betroffen und die Befugnisse des Reichsbauernführers durch diese Anordnung nicht berührt seien, vielmehr in seiner Person fortbestünden: „Alle vom Reichsbauernführer an Angehörige der Reichsdienststellen des Reichsnährstands erteilten Vollmachten erlöschen mit Wirkung vom 15.1.1941. Ich ermächtige Herrn Ministerialdirektor Harmening, im Einzelfall neue Vollmachten mit Wirkung bis zum 15. Februar 1941 in meinem Namen zur Aufrechterhaltung des Geschäftsbetriebes zu erteilen. Die Befugnisse des Reichsobmanns ruhen mit Wirkung vom 10.12.1940. [...] – Das in das Reichsministerium für Ernährung und Landwirtschaft eingegliederte Verwaltungsamt des Reichsbauernführers wird im Ministerium als Unterabteilung VII C geführt."[306] Nahezu zur gleichen Zeit wurde der Bauer Gustav Behrens mit sofortiger Wirkung zum „Reichsinspekteur für die Selbstverwaltungsfragen des Reichsnährstands, insbesondere für die Ernährungswirtschaft (Erzeugung, Markt einschließlich Nährstandsindustrie und Nährstandskaufleute)" ernannt. Ihm oblag ferner die einheitliche Ausrichtung der Landes- beziehungsweise Provinzialernährungsämter und der Ernährungsämter in ihrem Aufbau und in ihrer Arbeit. Darüber hinaus wurde Behrens die besondere Aufgabe übertragen, die Landesbauernschaften zu beaufsichtigen und dafür zu sorgen, dass der Reichsernährungsminister in ständiger Verbindung mit dem ehrenamtlichen Bauernführerkorps des Reichsnährstands bleiben konnte.[307] Der einstige Agrarpolitische Apparat der NSDAP, der zu jenem Zeitpunkt als „Gau- und Kreisämter für Agrarpolitik" in der Hierarchie der politischen Leitung der NSDAP angesiedelt war, sollte nach dem Willen Darrés ebenfalls organisatorischer Neugliederung und den gleichen gesetzlichen Rahmenvorschriften unterworfen werden, wie sie für alle übrigen Gau- und Kreisämter der NSDAP galten.

Dies war der Hintergrund, vor dem sich Darré dazu entschloss, die Verantwortung für die Agrarpolitik der Partei auf den Stab des „Stellvertreters des Führers" in Parteiangelegenheiten abzugeben.[308] Schließlich musste auch das Stabsamt des Reichsbauernführers auf die neuen kriegswirtschaftlichen Aufgaben hin ausgerichtet wer-

---
306 Anordnung Darrés vom 10. Dezember 1940, BArch R 3601/2354.
307 Vermerk Darrés vom 14. Dezember 1940, BArch R 3601/2354.
308 Vgl. Darré an Rudolf Heß, 2. November 1940, BArch NL Darré N 1094 III/8.

den, wie Darré im November 1940 an Heß schrieb. „Das Stabsamt des Reichsbauernführers wird unbeschadet der Frage, welche friedensmäßigen Aufgaben beim Reichsbauernführer es nach diesem Kriege wieder erfüllen kann, zu einem Stabsamt des Reichsministers für Ernährung und Landwirtschaft und Reichsbauernführers umgestaltet."[309] Staatssekretär Backe wurde im selben Schreiben damit beauftragt, entsprechend dieser neuen Aufgabe eine Neugliederung des Stabsamtes vorzunehmen und einen neuen Geschäftsverteilungsplan zu erstellen.

Mit der Einrichtung einer weiteren neuen Abteilung versuchte Darré nach einem Jahr auch den durch Himmler dem Reichsernährungsministerium auf dem Gebiet der Siedlungspolitik zugefügten Machtverlust abzumildern. Die neu geschaffene Abteilung X des Ministeriums sollte sich Fragen aus dem Bereich der Festigung deutschen Volkstums widmen und damit spiegelbildlich jenen Bereich abbilden, den Himmler zum Gegenstand einer eigenen Organisationsstruktur gemacht hatte. Die entsprechende Anordnung Darrés erging am 7. September 1940: „Ich habe für die Bearbeitung aller Fragen, die den Erlass des Führers und Reichskanzlers zur Festigung deutschen Volkstums vom 7. Oktober betreffen, für den gesamten Zuständigkeitsbereich meines Arbeitsgebietes durch die anliegende Anordnung vom 7. September 1940 mit sofortiger Wirkung die Abteilung X im Ministerium errichtet. Für die Abteilung X wird der anliegende Geschäftsverteilungsplan erlassen. Zum Leiter dieser Abteilung bestimmte ich Min.Dir. Harmening, der in dieser Eigenschaft „in Vertretung" zeichnet. [...] Alle Eingänge, die den Führererlass vom 7. Oktober 1939 betreffen oder mit ihm im Zusammenhang stehen oder die sonstige Zusammenarbeit mit dem Reichskommissar für die Festigung deutschen Volkstums betreffen, sind auf Abteilung X auszuzeichnen und Min.Dir. Harmening vorzulegen."[310]

Als interne Argumentation für die neu begründete Abteilung hatte Darré die Parole ausgegeben, dass das Aufgabengebiet des Reichskommissars für die Festigung deutschen Volkstums in so vielfältiger Weise in den Geschäftsbereich seines Ministeriums eingreife, dass er mit der vorhandenen Geschäftsordnung nicht mehr durchkomme, „um in meinem und des Reichskommissars Sinne alle anfallenden Fragen so bearbeiten zu können, wie es im Sinne des Führererlasses wünschenswert ist." Es ließen sich aber andererseits auch keine gesonderten Geschäftsbereiche für die Aufgabengebiete des Führererlasses vom 7. Oktober 1939 schaffen, „ohne das Gefüge der Geschäftsordnung unseres Ressorts unorganisch zu zerreißen." Darré war sich über das Provisorische seiner Entscheidung im Klaren, und es spricht für das politische Judiz des Ministers, dass er sich die Abteilung direkt unterstellen ließ, wohl auch, um nicht Staatssekretär Backe einen weiteren Machtzuwachs zu ermöglichen:[311] „Alle Fragen, die den Führererlass vom 7. Oktober 1939, seine etwaigen Änderungen

---

309 Ebd.
310 Anordnung Darrés zur Errichtung der Abteilung X im Ministerium vom 17. September 1940, BArch R 3601/2354.
311 Anordnung Darrés vom 7. September 1940, ebd.

oder Erweiterungen betreffen, behalte ich mir im gesamten Zuständigkeitsbereich meines Arbeitsgebietes persönlich vor."³¹²

Die neu begründete Abteilung X bestand aus neun Referenten und Hilfsreferenten sowie fünf Expedienten und war in sechs Referate gegliedert. Referat 1 unter Leitung von Ministerialrat Dr. Weißer kümmerte sich um Grundsatzfragen des Führererlasses selbst, Referat 2 um Erbhoffragen, Referat 3 hatte Volkstumsfragen zum Gegenstand, Referat 4 Fragen der Neubildung deutschen Bauerntums, Referat 5 Fragen der Wasserwirtschaft und Referat 6 Fragen der Umlegung. An die Abteilung waren als Außenstellen angegliedert: ein Referent (van Swinderen), der als „Sonderbeauftragter für die Festigung deutschen Volkstums" als Verbindungsstelle zur „Volksdeutschen Mittelstelle" fungierte, und ein weiterer Referent (Medrow), der als „X-1F" der Abteilung IF der Reichshauptabteilung I des Reichsnährstands zugeordnet war.

Die ganze administrative Begründung für die Neueinteilung der Abteilung X (Festigung deutschen Volkstums) kann als eine Abwehrmaßnahme zur Zurückdrängung des Einflusses von Reichskommissar Himmler verstanden werden, einer Behörde, die nahezu ausschließlich mit SS-Angehörigen besetzt war. Auch der Umstand, dass ausgerechnet der für seine Distanz zum Nationalsozialismus bekannte Rudolf Harmening mit der Leitung der Abteilung (im Nebenamt) betraut wurde, muss als wohl durchdachte, defensive Maßnahme Darrés bewertet werden. Dafür hatte die Überlegung den Ausschlag gegeben, dass es Harmening als erfahrenem Juristen leichter fallen würde, die von der SS dominierten Mitarbeiter des neu begründeten Hauptamtes in Schach zu halten. Dieses Kalkül freilich sollte nicht aufgehen. Denn die Waagschale hatte sich nun eindeutig zugunsten der siedlungspolitischen Kompetenzen des neu geschaffenen Amtes und damit zugunsten des neu bestellten Reichskommissars, Reichsführer SS Heinrich Himmler, geneigt. Zudem verfügte die neubegründete Abteilung X des Ministeriums, die neben dem Abteilungsleiter nur aus einem Referenten der Abteilung IV und einem Referenten der Siedlungsabteilung bestand, weder über eine angemessene Personalausstattung noch über eine originäre Federführung. Harmenings Fazit in Nürnberg über die Erfahrungen mit der Volkstumsabteilung fiel nüchtern aus: Die dann bereits im Winter 1941/42 wieder aufgelöste Abteilung X habe sich als zwecklos erwiesen, so Harmening, und er erklärte dies zutreffend mit dem Umstand, dass Himmler sich gegenüber Darré durchgesetzt habe, Darré bei Hitler nicht mehr in der Gunst stand und auch nicht mehr zum sachlichen Vortrag empfangen wurde.³¹³

---

312 Ebd.
313 Aussage Harmening, 28. Juni 1948, IfZ IMT Prozess, Fall XI, Verteidigungsdokumentenbuch Darré IV, Dok. IA8.

3 Hungerkalkül und Vorbereitungen für den Angriff auf die Sowjetunion

Hitlers Entschluss zum Angriff auf die Sowjetunion als Kernstück seiner „Weltblitzkriegsstrategie" datiert vom Sommer 1940, als sich das Deutsche Reich im Zenit seiner Macht und Europa vom Nordkap bis zum Golf von Biskaya in deutscher Hand befand. Der Feldzug, der ursprünglich für Herbst 1940 vorgesehen war, sollte dann eigentlich im Mai 1941 erfolgen und hatte gemäß Hitlers Ostkriegskonzeption, wie Andreas Hillgruber schreibt, vier miteinander verbundene Ziele: „die Ausrottung der ‚jüdisch-bolschewistischen' Führungsschicht der Sowjetunion", sodann „die Gewinnung von Kolonialraum für deutsche Siedler in den vermeintlich besten Teilen Rußlands", weiterhin, drittens, „die Dezimierung der slawischen Massen und ihre Unterwerfung" und, *last but not least*, die „Autarkie eines blockadefesten ‚Großraums' in Kontinentaleuropa unter deutscher Herrschaft."[314]

Dies ist der Hintergrund für die fieberhafte Vorbereitung der wirtschaftlichen Planungen für das „Unternehmen Barbarossa", die in einer viel zitierten Besprechung zwischen General Thomas, dem Chef des Wirtschafts- und Rüstungsamts im OKW, sowie dem Leiter der Geschäftsgruppe Ernährung und Landwirtschaft im Amt des Vierjahresplans, Staatssekretär Herbert Backe, am 2. Mai 1941 in Berlin stattfand. Damals wurde einleitend konstatiert, dass der Krieg gegen Russland nur weiter zu führen sei, „wenn die gesamte Wehrmacht im dritten Kriegsjahr aus Rußland ernährt wird. Hierbei werden zweifellos zig Millionen Menschen verhungern, wenn das für uns Notwendige aus dem Lande herausgeholt wird."[315] Adam Tooze bezeichnete den Hungerplan als eine „explizite Festlegung auf einen Massenmord" und die „Planung eines sogar noch umfangreicheren Massenmordes, als ihn der Holocaust darstellt", noch bevor der offizielle Plan für die Vernichtung der europäischen Juden durchdacht gewesen sei.[316] Damit tritt auch noch deutlicher der innere Zusammenhang zwischen antisemitischer Politik und Besatzungsherrschaft im Osten hervor, der 1942 zu dem grausamen Höhepunkt der Vernichtung der europäischen Juden geführt hat. Der

---

314 Hillgruber, Andreas: Der Zweite Weltkrieg, 5. Aufl., Stuttgart 1989, S. 65.
315 Der sogenannte „Hungerplan" wurde erstmalig in den Akten des Nürnberger Hauptkriegsverbrecherprozesses 1947 als Dokument 2718-PS veröffentlicht (IMT Prozess, Bd. 31, S. 84.) Adam Tooze hat dieses Dokument als „eines der außergewöhnlichsten Verwaltungsdokumente des ‚Dritten Reiches'" bezeichnet. (Tooze, J. Adam: Ökonomie der Zerstörung. Die Geschichte der Wirtschaft im Nationalsozialismus, dt. Ausgabe München 2007 [*Tooze, Ökonomie*] S. 552); zum Hungerplan Benz, Wigbert: Der Hungerplan im „Unternehmen Barbarossa" 1941, Berlin 2011; Gerlach, Christian: Kalkulierte Morde. Die deutsche Wirtschafts- und Vernichtungspolitik in Weißrussland 1941–1944, Hamburg 1999; Gerhard, Gesine: Food and Genocide. Nazi Agrarian Politics in the Occupied Territories of the Soviet Union, in: Contemporary European History 18, 2009/1, S. 45–65; Kay, Alex J.: Germany's Staatssekretäre. Mass starvation and the meeting of 2 May 1941, in: Journal of Contemporary History 41/4, 2006, S. 685–700; ders.: Exploitation, resettlement, mass murder. Political and economic planning for German occupation policy in the Soviet Union 1940–1941, New York/ Oxford 2006.
316 Tooze, Ökonomie, Zitate auf S. 619 bzw. 620.

Umstand, dass es im Krieg immer mehr „um Arbeitskräfte, Ernährung, Widerstand und Sicherheitsfragen ging"[317], erklärt auch die zunehmende Bedeutung des Ernährungsministeriums, das im Prozess der Kommunikation des Entschlusses zur Ermordung der europäischen Juden zwar nicht eingebunden war, aber für die Ernährung eine Schlüsselrolle spielte. Das kriegsstrategische Ziel der deutschen Besatzungspolitik, die auf die Versorgung mit Rohstoffen und Nahrungsmittellieferungen zur Abwendung einer heimischen Ernährungskrise gerichtet war, verband sich auf diese Weise mit dem Genozid, weil aufgrund des Hungerkalküls insbesondere sowjetische Juden und später Kriegsgefangene betroffen waren. Die von Backe und seinen Mitarbeitern angestellten Überlegungen, einen Großteil aller sowjetischen Juden verhungern zu lassen, zeigen, wie weit die Ministeriumsspitze bereit war, ihr Haus in diese Politik einzubeziehen. Diese Planung wurde allerdings später durch die systematische Ermordung der Juden ersetzt.

Die kriegsstrategischen Planungen für den Ostkrieg haben von Anfang an den vermeintlich unerschöpflichen Reichtum an Rohstoffen und Nahrungsmitteln in den Weiten Russlands und der Ukraine in den Blick genommen, ein Thema, das für Herbert Backe vielfältige biographische Bezüge aufwies, aber auch in der analytischen Durchdringung bereits in seinem wissenschaftlichen Erstling, der von der Universität Göttingen abgelehnten Dissertation, angeklungen war. Wie sehr das „Hungerkalkül" (Johannes Hürter) dabei von Anfang an mit in die Kriegsplanungen einbezogen wurde, geht aus einer Reihe weiterer Dokumente hervor, an deren Abfassung neben Backe selbst auch sein enger Vertrauter, der Chef der Hauptgruppe Landwirtschaft im Wirtschaftsstab Ost, Staatsminister a. D., Ministerialdirektor und SS-Gruppenführer Hans-Joachim Riecke maßgeblich beteiligt war: Die sogenannten „Wirtschaftspolitischen Richtlinien für die Wirtschaftsorganisation Ost der Gruppe Landwirtschaft" vom 23. Mai 1941 buchstabieren die Gedanken der Erzeugungsschlacht und der „Abschöpfung von Überschussgebieten" im Schwarzerdegebiet und im Kaukasus umfassend aus.[318] Sie waren bis zum Kriegsende maßgeblich als „grüne Mappe" gültig, und in ihnen war davon die Rede, dass „viele zehn Millionen Menschen" in diesem Gebiet „überflüssig" seien und „sterben oder nach Sibirien auswandern müssen."[319]

Das kriegswirtschaftliche Kalkül des Hungerplans, das sich mit dem Entschluss und der Bekanntgabe des ideologischen Vorhabens der Ermordung der europäischen Juden nahezu gleichzeitig verbindet – beide Vorhaben sind wesentlich an die Vorbereitung bzw. Realisierung des deutschen Angriffs auf die Sowjetunion am 22. Juni

---

[317] Gerlach, Christian: Die Bedeutung der deutschen Ernährungspolitik für die Beschleunigung des Mordes an den Juden. Das Generalgouvernement und die Westukraine, in ders.: Krieg, Ernährung, Völkermord. Deutsche Vernichtungspolitik im Zweiten Weltkrieg, Zürich 2001, S. 153 ff.
[318] Abgedruckt als Dokument 126-EC, in: IMT Prozess, Bd. 36, 1947, S. 137–157, auch in BArch R 26-IV/33a.
[319] Grüne Mappe: Wirtschaftspolitische Richtlinien für Wirtschaftsorganisation Ost, Gruppe Landwirtschaft, vom 23. Mai 1941, ebd.

1941 gebunden –, erhält vor dem Hintergrund des dadurch verschuldeten millionenfachen Leidens eine moralische Dimension, die geeignet ist, fundamental und dauerhaft über die deutsche Politik im Zweiten Weltkrieg zu urteilen. Aus den erhaltenen Quellenzeugnissen Herbert Backes geht nicht hervor, dass diese im Rückblick so zentrale wie verblüffende Verbindung dem Staatssekretär als maßgeblich handelndem Akteur bewusst gewesen ist.

Vor dem Hintergrund der mäßigen Getreideernte in Deutschland im Jahr 1940 und der Entscheidung des Reichsernährungsministeriums, die Fleischrationen der Deutschen im Juli 1941 um weitere 500 Gramm zu senken, unterstreicht dies nur, dass Backe seine kriegswirtschaftlichen Berechnungen mit spitzem Bleistift verfasst hatte. Als Göring im November 1941 Ostarbeiter zum Arbeitseinsatz ins Reich beorderte, protestierte Backe vehement.[320]

Es entsprach der Verabredung mit Hermann Göring, dass Backe bei seinen entsprechenden Vorbereitungen der „Wirtschaftspolitischen Leitlinien" Reichsminister Darré ebenso wenig einbezogen hatte wie leitende Beamte seines Hauses – weder der für Ernährungsfragen zuständige Leiter der Abteilung II, Ministerialdirektor Alfons Moritz, noch Ministerialdirektor Harmening, der Leiter der Zentralabteilung, oder Ministerialdirektor Walter, der Leiter der Handelsabteilung, wussten Bescheid. Dafür aber waren an den Hierarchien vorbei einzelne Referenten und Referatsleiter aus deren Abteilungen mit der Vorbereitung befasst.[321] Als Darré dessen gewahr wurde, führte er erbittert Klage bei Göring und bezichtigte seinen Staatssekretär der Illoyalität.[322] Besonders erboste ihn, dass die höheren Beamten des Reichsnährstands mehrfach ergebnislos versucht hätten, „bei Herrn Staatssekretär Backe Klarheit darüber zu erhalten, warum er nicht unterrichtet worden sei." Lediglich „aufgrund der außenpolitischen Lage des Grossdeutschen Reiches" hätte er die Vorgänge, „obwohl sie für mich menschlich und dienstlich ausserordentlich schwierig waren", vorläufig stillschweigend zur Kenntnis genommen.[323]

Zuvor bereits hatte sich Darré mit Backe auf heftigste Weise zerstritten. Den Anlass dafür hatte ein scheinbar nachrangiges Thema gegeben – Darré hatte eine Art Befragung zur „biologisch-dynamischen Wirtschaftsweise" in Form eines Rundschreibens an die Mitglieder des Reichsbeirates für Ernährung und Landwirtschaft verfasst, um dann aus den Antworten herauszufinden, dass die biologisch-dynamische Wirtschaftsweise viel unbekannter sei, „als man zunächst vermuten sollte."[324] Für dieses

---

[320] Vgl. Tooze, Ökonomie, S. 620.
[321] Darré an den Parteigenossen Dr. Gritzbach, 22. Juli 1941, BArch NL Darré N 1094 II-20.
[322] Darré an Reichsmarschall Hermann Göring, o.D. Dieses Schreiben ist nur als Entwurf ‚Geheime Reichssache' erhalten, BArch Nachlass Darré N 1094 II-20.
[323] Darré an PG Dr. Gritzbach, 22. Juli 1941, BArch Nachlass Darré N 1094 II-20.
[324] Darré an die Mitglieder des Reichsbeirats für Ernährung und Landwirtschaft, 19. Mai 1941, BArch Nachlass Darré N 1094 II-20.

mit dem Haus unabgestimmte Vorgehen war er von seinem Staatssekretär massiv kritisiert worden, was wiederum eine gesalzene Replik Darrés provozierte.[325]

Offenkundig suchte Darré auch Verbündete im Abwehrkampf gegen die Ausweitung der Machtbefugnisse Backes. Gegenüber Justizminister Kerrl gab Darré zu verstehen, dass als Ausweg aus der gegenwärtigen Entfremdung die Geschäftsgruppe Ernährung im Vierjahresplan unter einen anderen Leiter gestellt werden könne und sich Backe ausschließlich auf seine Staatssekretärstätigkeit beschränken müsse, weil man erklären könne, „Backe müsse seine ganze Kraft dem Staatssekretariat in meinem Ressort widmen."[326]

Backe hingegen schien von dem sich 1941 abzeichnenden Macht- und Aufgabenzuwachs wie beflügelt. Weisungsgemäß agierte er aus Geheimhaltungsgründen – wie er in einem Schreiben an den Hauptstabsleiter des Verwaltungsamts des Reichsbauernführers, Reichsnährstandsrat Canenbley, ausführte – mit mündlichen Anweisungen „im Sinne der Dienstanweisung". Erst nach dem Einmarsch der Wehrmacht in die Sowjetunion am 22. Juni 1941 war er bereit, Canenbley Kenntnis von dem Geheimerlass des Beauftragten für den Vierjahresplan vom 12. April 1941 sowie von der auf Grund dieses Erlasses erteilten Dienstanweisung zu Nachschuborganisationsfragen zu geben und Canenbley weiter zu instruieren, wie er die „Auslese und Zurverfügungstellung von ehrenamtlichen Bauernführern, Bewirtschaftern usw. [...] im engsten Zusammenhang mit den entsprechenden Stellen des Reichsnährstands" zu bewerkstelligen habe. Auf dieser Grundlage sollte die „Bewirtschaftung der russischen Betriebe, Erfassung von nahrungs- und landwirtschaftlichen Rohstoffgütern" erfolgen.[327]

War der deutsche Vormarsch in der Sowjetunion am Anfang noch planmäßigzügig verlaufen, so begann der Vormarsch zu stocken, und frühzeitige Nachschubprobleme zeigten an, dass ein weiterer Blitzsieg unwahrscheinlich war. Gleichwohl ließ Reichspressechef Dietrich vor der versammelten in- und ausländischen Presse am 9. Oktober 1941 verkünden, dass der Feldzug im Osten mit der Zertrümmerung der Heeresgruppe Timoschenko bei Bryansk und Wjasma entschieden sei. Zu dieser Zeit hatte bereits der Massenmord an Kriegsgefangenen und der systematische Vernichtungsfeldzug des SD das Gesicht des Vernichtungskriegskonzepts, einer Kriegführung

---

[325] Zu der in Partei- und SS-Kreisen breit diskutierten Thematik des biologisch-dynamischen Landbaus vgl. Jacobeit, Wolfgang/ Kopke, Christoph: Die biologisch-dynamische Wirtschaftsweise im KZ. Die Güter der „Deutschen Versuchsanstalt für Ernährung und Verpflegung" der SS von 1939 bis 1945, Berlin 1999. Auf Backes Antwort vom 14. Mai 1941 erwiderte Darré schroff-beleidigt: „Eine Kritik meiner Handlungsweise kann ich lediglich demjenigen zubilligen, dessen Vertrauen mich in mein Amt als Reichsminister berufen hat, dem Führer Adolf Hitler. Ihr Schreiben vom 14. Mai 1941 läßt sowohl die einfachsten Voraussetzungen in der Haltung eines Staatssekretärs gegenüber seinem zuständigen Minister vermissen, als es auch im Ton seiner Abfassung den in den Kreisen der Regierungsmitglieder bisher üblichen Stil bei dienstlichen oder persönlichen Meinungsverschiedenheiten nicht einhält." (Darré an Backe, 10. Juni 1941, BArch NL Darré N 1094 II-20.)
[326] Darré an Hanns Kerrl, 25. August 1941, BArch NL Darré N 1094 II-20.
[327] Backe an Darré, 25. Juni 1941, BArch NL Darré N 1094 II-20.

ohne Humanität, erkennen lassen, die zugleich eine entscheidende Motivation für sich nun entfaltende sowjetische Partisanenkriegstätigkeiten war.

An die Stelle einer klassischen militärischen Besatzungsverwaltung trat in den konkurrierenden Zuständigkeitskämpfen zwischen Rosenbergs Ostministerium, Görings Amt des Vierjahresplans, den Stabshauptämtern des Reichsführers SS, dem Sicherheitsdienst, dem Auswärtigen Amt und eben auch dem Reichsernährungsministerium ein für den Zweiten Weltkrieg so bezeichnender Entscheidungswirrwarr, bei dem sich Wehrmacht, SS, Wirtschaft und Zivilverwaltung in herzlicher gegenseitiger Abneigung einen Kompetenzstreit ohnegleichen lieferten, der dafür sorgte, dass die deutsche Besatzungspolitik im Osten mit ihren widerstreitenden Konzeptionen und fortwährenden Differenzen den Eindruck der Uneinheitlichkeit vermittelte. Die Landwirtschaft bildete insoweit eine Ausnahme, als alle anderen Bereiche der Volkswirtschaft unmittelbar mit Beginn der deutschen Besatzungsherrschaft umgestaltet wurden. Das „nicht allzu rosige Bild" der Ernährungslage im Deutschen Reich erforderte – dies blieb Backes Mantra –, dass zügig erhebliche Lieferungen aus den besetzten Gebieten auch die „Abgänge" in Gestalt von Unterstützungsleistungen für Italien, den Balkan und Griechenland kompensieren müssten. Goebbels' Kommentar in seinen Tagebüchern am 23. Oktober 1941, nach einem Vortrag von Backe – „Das hält unsere Decke nicht aus. Wir müssen deshalb zu etwas rigoroseren Maßnahmen den Kriegsgefangen gegenüber greifen."[328] – lässt in seiner schnoddrigen Kaltschnäuzigkeit ahnen, welche menschlichen Dramen sich hinter dem Begriff von den „etwas rigoroseren Maßnahmen" verbargen. Der noch amtierende Reichsminister Darré scheint zum Zeitpunkt der entscheidenden Kriegswende um den Jahreswechsel 1941/1942, als der deutsche Vormarsch vor Moskau in Eis, Schlamm und Schnee stecken blieb, weder mit Blick auf die Querelen der deutschen Besatzungspolitik noch mit Blick auf die ernährungswirtschaftlichen Herausforderungen der Versorgung von Wehrmacht und Heimatfront in die Entscheidungsabläufe involviert gewesen zu sein.

4 Fronde gegen Darré

Wie sehr Darré in Ungnade bei seinen nationalsozialistischen Mitstreitern gefallen war, wird aus einem Vorgang vom Februar 1942 deutlich, der nichts weniger als eine Fronde mit dem Ziel der Absetzung Darrés genannt werden kann. Das Telegramm, das SS-Standartenführer von Eltz an den Reichsführer SS Heinrich Himmler am 8. Februar 1942 sandte, hatte es in sich: „Reichsführer! Zu vorgesehener Dienstbesprechung schlage ich vor, zu bestimmen: Spicken, Rheden, Glödorf, Jeschke – Schlesien; Matthiesen – Westfalen; Riga, Köner – Sachsen; Rowno, Struwe – Holstein; Grönfeld – Oldenburg; Wagner – Hessen; Wirtschaftsstab Ost – Deininger; Engler, Füsslin, Veron – Berlin; Backe, Behrens, Reichshauptabteilungsleiter Dr. Brummenbaum. Alles alte

---

[328] Eintragung vom 23. Oktober 1941, Goebbels Tagebücher, Teil II, Bd. 2, S. 161.

Nationalsozialisten und SS-Führer. Alle der Meinung wie Ihnen vorgetragen. Führer Rationssenkung genehmigt. Bis jetzt noch nicht unterschriebene Denkschrift wird Ihnen unverzüglich zugeleitet."[329] Den Anlass für dieses Schreiben hatte eine erneute Rationskürzung geben, die für den April 1942 vorgesehen war und an der sich die geballte Darré-Kritik entzündet hatte, doch die Gründe für die sich zusammenbrauenden Unbill waren vielfältig und hatten sich im Laufe der Jahre unübersehbar verstärkt.

Als argumentative Schützenhilfe bedienten sich die rebellierenden Landesbauernführer einer Einschätzung des Reichsgesundheitsführers Conti in Vermerkform, die am 10. Februar 1942 an den Leiter der Parteikanzlei, Reichsleiter Martin Bormann, adressiert war und in Kopie dem Reichsführer SS überlassen wurde.[330] In diesem Vermerk wurden die gesundheitlichen Auswirkungen der für April 1942 geplanten Rationskürzungen kritisch betrachtet. Sollten sie umgesetzt werden, würde der Eiweißgehalt in der Ernährung entsprechend den vorgesehenen Sätzen für den Normalverbraucher mit 36,6 Gramm unter das Minimum des Notwendigen sinken, der für Schwer- und Schwerstarbeiter vorgesehene Kaloriensatz würde eine Reihe gravierender gesundheitlicher Folgen (Seuchengefahr, Anfälligkeit gegen Infektionskrankheiten, steigende Krankheitsziffern, ansteigende Sterblichkeit) nach sich ziehen, und zudem würden die neuen Bestimmungen ein Missverhältnis von den rationierten zu den nicht rationierten Lebensmitteln bei den Normalverbrauchern begründen. Contis Ausführungen dienten den Frondeuren dabei als Anlass, um – einer nicht erhaltenen Denkschrift zufolge – lang anhaltende Missstände anzuprangern, die wesentlich auf die Amtsführung, besser gesagt: auf die Vernachlässigung seiner Amtspflichten, durch Minister R. Walther Darré zurückzuführen seien, und bei Hitler offen auf die Ablösung Darrés hinzuwirken. Das ganz offenkundig mit Himmler abgestimmte Vorgehen scheiterte letztlich am Einspruch Martin Bormanns, der in seinem Schreiben an Himmler vom 10. März 1942 das als Rücksprache der Landesbauernführer geplante konspirative Treffen nach reiflicher Überlegung absagte und dafür als Begründung hierarchische Überlegungen angab, aber durchblicken ließ, dass er in der Sache mit den Frondeuren sympathisiere: „Den Inhalt des Eltz-Telegramms habe ich mir gründlich überlegt. Solange Pg. Darré amtierender Reichsminister ist, können wir m. E. seine Untergebenen unmöglich zu einer Besprechung über die Verhältnisse im Arbeitsbereich Darré einberufen. Ich glaube auch nicht, dass der Führer einverstanden sein würde, wenn ich Untergebene Darrés zu mir bäte, damit sie mir über untragbare Verhältnisse im landwirtschaftlichen Sektor berichten."[331]

Bormann war zudem klug genug, die bei den Akten befindliche Abschrift des Eltz-Telegramms einige Tage später über seinen persönlichen Referenten, Dr. Hanssen, an den Reichsführer SS zurücksenden zu lassen.[332] Auch Conti, der seine Ausführungen

---

[329] Telegramm SS-Standartenführer von Eltz an Himmler, 8. Februar 1942, BArch NS 19/2746.
[330] Schreiben Reichsgesundheitsführer Conti an Reichsleiter Bormann, 10. April 1942, ebd.
[331] Bormann an Himmler, 10. März 1942, BArch NS 19/2746.
[332] Schreiben Dr. Hanssen an Dr. Brandt, 26. März 1942, BArch NS 19/2746.

separat an den Reichsführer SS geschickt hatte, bekam am 30. März über den persönlichen Referenten Himmlers den Dank übermittelt, dass er das an den Reichsleiter Bormann gerichtete Schreiben im Durchdruck an den Reichsführer SS übermittelt hatte.[333] Es ist bezeichnend für die Machtverhältnisse im Ministerium, dass sich Staatssekretär Backe offenkundig zu jenem Zeitpunkt stark und politisch getragen genug fühlte, um sich an der Fronde gegen seinen Minister – einem auch im Dritten Reich singulären Vorgang – zu beteiligen. Die zeitliche Nähe von wenigen Wochen zur tatsächlichen Beurlaubung Darrés spricht dafür, dass dieser dann von der Reichskanzlei vollzogene Schritt nicht aus heiterem Himmel kam, sondern vielmehr gezielt von Himmler, Bormann und auch Goebbels vorbereitet worden war. Der Tagebucheintrag des Propagandaministers vom 19. Mai 1942 fasst die in der nationalsozialistischen Führungsriege vorherrschende Auffassung über Darré prägnant zusammen: „Darré ist, wie er das verdient, beim Führer vollkommen in Mißkredit geraten. Er beschäftigt sich in dieser ernsten Zeit damit, Denkschriften und Bücher zu verfassen, anstatt die Ernährungslage, wenn auch nur mit den vorhandenen beschränkten Mitteln, in Ordnung zu bringen. Der Führer verhandelt überhaupt nur noch mit Backe. Darré ist ein großer Versager und den Kriegsaufgaben in keinster Weise gewachsen."[334] Bereits zwei Tage später schrieb Goebbels: „Der Führer hat sich nun endlich entschlossen, Darré auffliegen zu lassen. Sein Nachfolger wird Backe werden. Ich bitte den Führer dringend darum, daraus nicht in der Öffentlichkeit eine Haupt- und Staatsaktion zu machen, weil sonst die Gefahr besteht, dass alle Fehler in der Ernährungspolitik und alle Kürzungen Darré und damit dem nationalsozialistischen Regime in die Schuhe geschoben werden; denn Darré ist ja nun einmal ein nationalsozialistischer Minister. [...] Backe führt seine Aufgabe in vorbildlicher Weise durch. Auf ihn kann man sich verlassen. Er ist kein blasser Theoretiker wie Darré, sondern ein richtiggehender erstklassiger Praktiker. Ich habe ja von Darré nie viel gehalten. Seine Theorien sind reine Literatur; vom praktischen landwirtschaftlichen Leben versteht er nicht viel. Auch seine Parole von Blut und Boden ist durch ihn und seine Hintermänner so totgeritten worden, dass man heute damit kaum noch einen Hund hinter dem Ofen hervorlocken kann."[335] Entsprechend dürr fiel das offizielle Kommuniqué des „Führers und Reichskanzlers" aus, mit dem kurz zuvor die Beauftragung Backes als Leiter des Reichsamtes für Agrarpolitik erfolgte: „Reichsleiter R. Walther Darré hat mich mit Rücksicht auf seinen seit längerer Zeit angegriffenen Gesundheitszustand gebeten, ihn bis auf weiteres von seinem Amt als Leiter des Reichsamtes für Agrarpolitik in der Reichsleitung der NSDAP zu beurlauben. Ich habe dieser Bitte entsprochen und den Reichshauptamtsleiter Pg. Herbert Backe mit der Führung der Geschäfte des Reichsamtes für Agrarpolitik in der Reichsleitung der NSDAP beauftragt."[336]

---

333 Dr. Brandt an Conti 30. März 1942, BArch NS 19/2746.
334 Eintrag vom 19. Mai 1942, Goebbels Tagebücher, Teil II, Bd. 4, S. 316.
335 Eintrag vom 21. Mai, ebd., S. 328.
336 Adolf Hitler, Verfügung V 5/42 vom 16. Mai 1942, in: Moll, Führer-Erlasse, S. 251.

Nach einem sich anschließenden Gespräch mit Backe fiel Goebbels' Urteil über Darré noch härter aus. Er sei wohl etwas verrückt geworden und man könne ihn nicht mehr mit normalen Maßstäben messen, hieß es im Eintrag vom 23. Mai 1942: „Er war neun Monate lang für seinen Staatssekretär nicht zu sprechen; den Verkehr mit ihm hielt er nur auf schriftlichem Wege aufrecht. [...] Darré hat sich mit allen Stellen verkracht und lebte nur noch in der Atmosphäre seines Ministeramtes. Daran ist er am Ende gescheitert."[337]

5 Backe wird „Geschäftsführender Minister"

Die Beauftragung Backes mit der Wahrnehmung der Aufgaben des Geschäftsbereichs des Reichsministeriums für Ernährung und Landwirtschaft kann gleich in mehrfacher Hinsicht als Einschnitt in der ministeriellen Praxis und der Rolle des Reichsernährungsministeriums im Gefüge des nationalsozialistischen Herrschaftssystems gewertet werden. Schon Backes erste Grundsatzrede als „geschäftsführender Minister" war eine Kampfansage an Darré: Die zukünftigen Aufgaben, so ließ sich Backe am 3. Juli 1942 in Hannover ein, könnten „nicht durch verschwommene Romantik gelöst werden, sondern nur durch einen realen Idealismus."[338] Auch seine ersten personalpolitischen Maßnahmen als geschäftsführender Minister – auf die Umstände und die von Backe gegebene Begründung für die Ablösung Rudolf Harmenings wurde bereits verwiesen – zeigen seine Bereitschaft, in vorauseilendem Gehorsam jede Angriffsfläche für einen möglichen Konflikt mit Himmler und Bormann abzuräumen. Dabei hatte der Chef der Reichskanzlei, Reichsminister Lammers, im Zusammenhang mit der vorgesehenen, und dann an den Einwänden Bormanns wegen eines Mangels an nationalsozialistischer Gesinnung gescheiterten Ernennung Ministerialdirektor Harmenings zum Präsidenten des Reichserbhofgerichtes ausdrücklich festgestellt, dass keine „Einwände gegen eine Verwendung Harmenings im Staatsdienst gemäß seiner fachlichen Eignung, und auch nicht gegen seine Ernennung zum Vizepräsidenten des Reichserbhofgerichtes" bestünden.[339]

Wie weit die Leitung des Ministeriums bereit war, zu gehen und sich von den althergebrachten ministeriellen Gepflogenheiten zu entfernen, zeigen die Einzelfälle, bei denen Angehörige anderer Ministerien und Dienststellen mit der Wahrnehmung von Leitungsfunktionen im Reichsernährungsministerium betraut wurden. Ein besonders anschaulicher Fall ist dabei derjenige des SS-Obersturmbannführers und Diplom-Landwirts Ferdinand Hiege. Hiege übernahm 1942 in Personalunion mit seiner dienstlichen Funktion als Leiter der Hauptabteilung IV (Landwirtschaft) beim

---

337 Eintrag vom 24. Mai 1942, Goebbels Tagebücher, Teil II, Bd. 4, S. 353.
338 Zit. nach NS-Landpost vom 3. Juli 1942.
339 Reichsleiter Bormann hatte dabei auf die Forderung Hitlers verwiesen, „die Rechtsprechung stärker an die das staatliche Leben bestimmenden Gesetze heranzuführen." 4.–5.7.1942, Lammers, AdP, Regesten, Teil 1, Bd. 1, Ziffer 15926.

Reichskommissar für die Festigung deutschen Volkstums die für Arisierungsfragen zuständige Abteilung VIII (Siedlungswesen) im Reichsministerium für Ernährung und Landwirtschaft aufgrund einer persönlichen Absprache zwischen dem Reichsführer SS Heinrich Himmler und dem mit der Wahrnehmung der Geschäfte betrauten Staatssekretär Herbert Backe.[340]

Ferdinand Hiege, am 31. Dezember 1897 in Rothenburg an der Fulda geboren, hatte 1923 sein Studium an der Landwirtschaftlichen Hochschule Berlin als Diplom-Landwirt abgeschlossen. Er war für die NSDAP auf dem Gebiet der Agrarpolitik seit 1931 tätig, trat am 1. Februar 1932 mit der Nummer 920 959 in die NSDAP und am 26. November 1940 in die SS ein. Hiege verblieb seit 1942 in seiner ministeriellen Schlüsselstellung als Abteilungsleiter bis zum Kriegsende, ohne dass je eine Versetzung in den Geschäftsbereich des Reichsernährungsministeriums stattgefunden hätte. Sein Personalbogen weist durchgehend als Hauptbeschäftigung die Stelle bei Himmler als Hauptabteilungsleiter im Stabshauptamt des Reichskommissars für die Festigung deutschen Volkstums aus. Mithin hat er seit 1942 die Leitung der ministeriellen Abteilung im Nebenamt versehen.[341] Wo Hieges erste Priorität lag, wird auch noch in den letzten Kriegsmonaten deutlich, als seine ministerielle Abteilung VIII nach Gut Hammersleben, Station Neu-Wegersleben, in Sachsen ausgelagert war. Hiege hingegen hielt sich mit dem Stabshauptamt des Reichskommissars für die Festigung deutschen Volkstums schon seit Herbst 1944 in Schweiklberg bei Vilshofen in Niederbayern auf. Als im Februar 1945 der Wunsch der Verlegung der ministeriellen Abteilung nach Schweiklberg an ihn herangetragen wurde, lehnte er dies indes mit dem Hinweis auf Platzgründe ab.[342]

Wie Backe seine ministerielle Aufgabe als „Gemeinschaftsaufgabe" mit dem Reichsführer SS begriff, hatte er in einer Veröffentlichung im Jahr 1942 deutlich gemacht. Der Grundsatz, den der Nationalsozialismus gelehrt habe, niemals das Trennende, sondern immer nur das Gemeinsame zu sehen, sei ihm auch Richtschnur bei der Organisation der Zusammenarbeit seines Ministeriums mit den Gliederungen der Partei: „Ich begrüße es daher ganz besonders", schrieb Backe 1942 in der Zeitschrift „Der Vierjahresplan", „dass der Reichsführer SS Himmler durch den ihm vom Führer erteilten Auftrag als Reichskommissar zur Festigung deutschen Volkstums bei der großen Aufgabe der Neubesiedlung des deutschen Ostens entscheidend an der Aufgabe des Bauerntums teilnimmt. Ich habe daher als eine der ersten Maßnahmen nicht durch papierene Abkommen, sondern durch die Beauftragung zweier Männer aus

---

340 Die Angaben zu Hiege folgen seiner Personalakte und seinem Personalstammblatt, BArch R 9361-III/531061.
341 Er taucht erstmals 1942 im Geschäftsverteilungsplan als Abteilungsleiter auf.
342 Aufzeichnung der Abteilung VIII vom 19. Februar 1945, BArch R 3601/1664; sowie Schreiben Hiege an UAL Wolff vom 22. Februar 1945, ebd.

dem Reichskommissariat für die Festigung deutschen Volkstums auch in meinem Sektor die Voraussetzungen für eine Zusammenarbeit geschaffen."[343]

Wer auf den tatsächlichen Machtzuwachs Himmlers im Verlauf des Krieges blickt, wird unschwer den eigentlichen Gewinner der „Gemeinschaftsaufgabe" identifizieren, aber auch für Backe hat sich die mit Hilfe des freiwilligen Verzichts auf Kompetenzen begründete „Partnerschaft" nicht nur mit Blick auf seinen weiteren Karriereverlauf, sondern auch punktuell ausgezahlt. Denn es besteht kein Zweifel, dass es vor allem auf Himmlers „herzliches Einvernehmen" mit Backe zurückzuführen ist, dass der Reichsführer SS als Reichskommissar einem sehr weitgehenden Vorschlag des Chefs des SS Wirtschafts-Verwaltungshauptamtes, Pohl, vom Januar 1943 eine Absage erteilte, in dem dieser den Gedanken eines Generalwirtschafters ausbuchstabiert hatte. Himmler begründete seine Absage gegenüber Pohl, dass er damit rechne, „dass der Krieg noch mehr Forderungen auf anderen Gebieten an uns stellen wird, bei denen wir uns bemühen müssen, sie noch erfüllen zu können."[344] Der von Pohl in einem Memorandum detailliert ausgearbeitete Vorschlag zur Einführung eines „Generalwirtschafters" für die Ernährung des deutschen Volkes und des europäischen Raumes hatte unter anderem vorgesehen, unter dem Doppelziel von Bedarfs- und Erzeugungsplanung den Gesamtbedarf des Reiches und Europas zu identifizieren, die einheitliche Interessenvertretung gegenüber der Ernährungswirtschaft sicherzustellen und die Verteilung der vorhandenen Nahrungsgüter zu regeln. Alles in allem wäre der Vorschlag einer völligen Entmachtung des Reichernährungsministers gleichgekommen und zeigt die Hybris und Machtversessenheit der führenden SS-Funktionäre an.

Personalpolitisch sollte die bekräftigte Allianz mit Himmler vom Geschäftsführenden Minister Backe bald schon weitere Zugeständnisse erfordern. Als Backe im Jahr 1943 dem Gesuch des Ministerialdirektors Johann-Dietrich Lauenstein nach Differenzen mit Gauleiter Arthur Greiser auf Entlassung aus der Geschäftsführung der Reichsland stattgab, begründete er dies damit, dass er sich nicht dauerhaft den Unwillen Greisers zuziehen wolle. Backe war dabei konziliant genug, den Organen Himmlers als Reichskommissar für die Festigung deutschen Volkstums ein Mitspracherecht bei der Besetzung der ehemaligen Ostland-Gesellschaft zu gewähren.[345] Lauenstein ging in einem Privatbrief sogar so weit, Backe vorzuwerfen, er habe „sofort nach Amtsantritt seine Dienststelle der Politik anderer kräftiger Dienststellen" geopfert.[346]

---

[343] Backe, Herbert: Gesunde Agrarpolitik – Voraussetzung einer gesunden Ernährungswirtschaft, in: Der Vierjahresplan 6, Juli 1942, S. 314–318, Zitat auf S. 315.
[344] Himmler an Pohl, 16. Januar 1943, BArch NS 19/237.
[345] Eidesstattliche Erklärung Werner Willikens, Nürnberg 18. Juni 1948, BArch NL Lauenstein N 1736, Bd. 5.
[346] Auszugsweise Abschrift aus einem Brief des Ministerialdirektors Johann-Dietrich Lauenstein an seinen Schwiegervater Professor Dietrich Müller 4. Mai. 1944, ebd.

6 Gemeinsame Ostplanung und Siedlungspolitik an Himmlers Seite

Nicht zuletzt ist die am 14. Juli 1942 vollzogene Ernennung Professor Konrad Meyers zum Planungsbeauftragten für die Siedlung innerhalb des Reichsernährungsministeriums vor dem Hintergrund des von Backe kalkulierten Einvernehmens mit dem Reichsführer SS zu sehen und bei kritischer Betrachtungsweise als Totalkapitulation des Ministeriums gegenüber den Himmlerschen Siedlungsplänen zu bewerten.[347] Die in Backes Schreiben an Himmler gegebene offizielle Begründung, „auf dem Planungsgebiet eine fruchtbare und reibungslose Zusammenarbeit (zu) erreichen"[348], kann dafür als Beleg gewertet werden. Denn Konrad Meyer war ohne Zweifel Heinrich Himmlers Mann.[349] Schon dies kann als Indiz für die Handschrift des Reichsführers SS bei der Ausformulierung der von Backe übersandten Vereinbarung für eine gemeinsame Planung der beiden Bereiche gewertet werden. Backe berief sich in seinem Schreiben an Himmler darauf, dass Meyer bereits seine Zusage zur Mitarbeit gegeben habe, und dies wird kaum ohne vorherige Rückversicherung bei Himmler möglich gewesen sein. Aus den erhaltenen Entwürfen geht hervor, wie sehr Himmler in seiner Eigenschaft als Reichskommissar für die Festigung deutschen Volkstums auch in diesem Fall auf Einzelformulierungen Einfluss genommen hat. Grundsätzlich hatte das Stabshauptamt des Reichskommissars für die Festigung deutschen Volkstums Einverständnis mit dem Entwurf Backes signalisiert. In Himmlers Behörde war man indes vor allem bestrebt, den Vorrang des Reichskommissars für die Festigung deutschen Volkstums bei der Planung herauszustellen und hatte noch redaktionelle Änderungen im Entwurf vorgeschlagen. Himmler hatte sich diese, wie sein Antwortschreiben an Backe zeigt, vollumfänglich zu eigen gemacht. Entscheidend sei, wie Himmler dem „lieben Parteigenossen Backe" am 24. Juni 1942 mitteilte, die Einigung auf eine einvernehmliche Aufgabenbeschreibung eines gemeinsamen Planungsbeauftragten, dem es von nun an obliegen sollte: „a) Die Grundsatzplanung aufzustellen, b) die Fachplanungen des Reichsernährungsministeriums, des Reichsbauernführers und des Reichsamtes für Agrarpolitik aufeinander abzustimmen, c) diese Planungen mit der Generalplanung des Reichskommissars für die Festigung deutschen Volkstums in Einklang zu bringen."[350]

Rolf-Dieter Müllers Urteil, dass damit die Landwirtschaftsverwaltung der Steuerung durch den Reichskommissar zur Festigung deutschen Volkstums in Siedlungsfragen ausgeliefert gewesen sei, ist zwar grundsätzlich richtig, doch kann man wohl nicht so weit gehen zu urteilen, dass Backe seinen Aufstieg damit bezahlt habe, dass er Meyer zu seinem Planungsbeauftragten innerhalb des Ministeriums gemacht ha-

---

[347] Anordnung Backes vom 14. Juli 1942, BArch R 113/9.
[348] Backe an Himmler, 6. Juni 1942, BArch NS 19/3418.
[349] Vgl. dazu die Ausführungen auf S. 206 ff..
[350] Himmler an Backe, 24. Juni 1942, BArch NS 19/3418.

be.³⁵¹ Vielmehr entsprach die Auffassung von einer gemeinsame Planung Backes grundsätzlichem Verständnis von nationalsozialistischer Siedlungspolitik. Die Allianz mit Himmler – genauso wohl wie diejenige mit Göring – erfolgte aus Backes Kalkül und im Grundverständnis, dass nur mit und nicht gegen die mächtigen Paladine Hitlers nationalsozialistische Politik gemacht werden könne. In diesem Punkt unterschied sich Backe wesentlich von seinem Vorgänger Darré. Dies ist nicht ohne Auswirkungen auf die Personalpolitik Backes nach 1942 geblieben, wie insbesondere der Fall Harmening unterstreicht. Dieser vorauseilende Gehorsam gegenüber der Partei entsprach Backes Verständnis ministeriellen Handelns, das für ihn nur gemeinsam mit den anderen Institutionen der nationalsozialistischen Agrarpolitik vorstellbar war. Diese besonders seit 1942 sichtbare Linie – die unkomplizierte Erfüllung von personalpolitischen Wünschen von SS und Partei, auch die Vielzahl der Doppelunterstellungen und die gemeinsame Planung von Reichsernährungsministerium und dem Stabsamt des Reichskommissars für die Festigung deutschen Volkstums – steht gleichwohl nicht in grundsätzlichem Gegensatz dazu, dass Backe insbesondere bis zur Ebene der Referatsleiter als um Sachlichkeit und Kompetenz bemühter Verwaltungsfachmann auch in der ministeriellen Verwendung ganz besonders auf Effizienz setzte und es einzelnen Angehörigen gelingen konnte, ohne Parteiaffiliation die nationalsozialistische Zeit zu überstehen. Die Auflösung dieses scheinbaren Widerspruchs wird klarer, wenn man sich den Gegenstand des ministeriellen Handelns vor Augen führt. Neben den „hochpolitischen" Aufgaben – Siedlungspolitik, Ernährungswirtschaft, Aufgaben im Rahmen von Görings Vierjahresplan – gab es eben auch eine ganze Reihe von „fachpolitischen" Themen: Wasserwirtschaft, Domänen und Gestüte, Forst- und Fischereiwesen, allgemeine Verwaltungsangelegenheiten. Viel stärker als Darré begriff sich Backe als Politiker *und* als Verwaltungsfachmann, als Nationalsozialist *und* als Ressortminister.

Backe war machtbewusst genug, um von der neuen Plattform der gefestigten Allianz mit Himmler aus auch für seine eigene Stellung einflusspolitische Vorteile herauszuziehen. Seine sehr konkreten Pläne, etwa bei der Besetzung der Organisation des Reichsamtes für Agrarpolitik, die sich im Gegensatz zu Himmlers personalpolitischen Vorstellungen bewegten, können dafür als Beispiel gelten.³⁵² In der siedlungspolitischen Praxis war damit freilich noch nicht vorgezeichnet, dass unterschiedliche Vorstellungen zu weiteren Kollisionen führen würden, etwa, als Himmler die Zusammenführung der Volksdeutschen in geschlossenen Siedlungen durch konkrete Siedlungsprojekte voranzubringen versuchte.

Das hier beschriebene weitgehende Kooperationsangebot Backes erfolgte zu einem Zeitpunkt, als Konrad Meyer am 28. Mai 1942 dem Reichsführer SS auftragsgemäß

---

351 Vgl. Müller, Ostkrieg, S. 107.
352 Es handelt sich um Backes Absicht, den „Parteigenossen SS-Brigadeführer Friedrich Schmidt" als Stabsleiter in das Reichsamt für Agrarpolitik einzusetzen. Backe verband diese Forderung geschickt in seinem Schreiben an Himmler, indem er die Zustimmung zur Ernennung Meyers als gemeinsamen Planungsbeauftragten mitteilte. Backe an Himmler, 6. Juni 1942, BArch NS 19/3418.

auf der Grundlage „einer weiteren Untersuchung der Grundfragen des Ostaufbaus" eine umfangreiche Denkschrift „Generalplan Ost – Rechtliche, wirtschaftliche und räumliche Grundlagen des Ostaufbaus" als Siedlungsprogramm vorgelegt hatte[353] und damit einmal mehr geholfen hatte, Himmlers Führungsanspruch in der Siedlungs- und Volkstumspolitik zu bekräftigen. Das Ziel dieses Planes war eine möglichst schnelle Germanisierung in den sogenannten „Siedlungsgebieten", darunter dem besetzten Westpolen, und die „Eindeutschung" der sogenannten „Siedlungsmarken" – der Regionen Krim/Cherson, des sogenannten „Gotengaus", des Gebiets um Leningrad, des „Ingermanland" und Westlitauens/Bialystok, des Memel- und Narev-Gebiets – in denen die Eindeutschung etwas langsamer vollzogen werden sollte und für die Eindeutschung von 50 Prozent der ländlichen Regionen und 25 Prozent der allerdings in ihrem Umfang beschnittenen Städte ein Zeitraum von 25 Jahren veranschlagt wurde. Meyer hatte in den Gesprächen mit Backe Zustimmung zu der „neuen Aufgabenteilung" und der damit verbundenen ministeriellen Unterstellung erhalten. Backe hat – gerade vor dem Hintergrund der fortgesetzten Auseinandersetzungen zwischen Darré und Himmler – um alle Aspekte der weit ausgreifenden siedlungspolitischen Vorstellungen Meyers gewusst, und er muss sie auch inhaltlich, das kann implizit aus dem umfassenden Kooperationsangebot abgeleitet werden, grundsätzlich gebilligt haben. Nicht ohne Grund spricht Meyer in seinen Lebenserinnerungen davon, dass bis zu Darrés Abgang als Minister „das Verhältnis meines Planungsamtes zu den Siedlungsabteilungen (sic) seines Hauses gespannt" geblieben sei und das Verhältnis des Forschungsdienstes zum Ministerium und Reichsnährstand „nicht zuletzt durch die wohlwollende Haltung des Staatssekretärs und späteren Ministers Herbert Backe bis zum Kriegsende ungetrübt" gewesen sei.[354] So sah der Generalplan die Vernichtung der Stadt Leningrad vor, und die Verantwortlichen nahmen an, wie aus einem Vermerk von Rosenbergs Siedlungsreferenten Dr. Wetzel im November 1942 zum Entwurf eines von Meyer vorgelegten „Raumordnungsplans für das Ostland" hervorgeht, dass diese Region „nach Ablauf der Kampfhandlung relativ entvölkert sein" werde.[355] Auch der von Meyer einen Tag vor Weihnachten 1942 vorgelegte „Generalsiedlungsplan" fand keine Einwände von Backe. Noch am 12. Januar 1943 – die Kapitulation von Stalingrad stand unmittelbar bevor – ordnete Himmler an, Litauen, Estland, Lettland, Weißruthenien, Ingermanland, die gesamte Krim und Taurien in den Generalsiedlungsplan mit einzubeziehen. Erst danach erfolgte mit dem Erlass zur Einstellung von Planungen im April 1943 das Aus für weitere Planungsarbeiten.

Auch wenn die siedlungspolitischen Überlegungen Meyers, Himmlers und Backes aufgrund des Kriegsverlaufs unverwirklicht geblieben sind, so gehen diese sehr weit ausgreifenden Vorstellungen, deren Ausformulierung und Überarbeitung nahezu

---

353 Von dieser Denkschrift, einer Überarbeitung der früheren Fassungen des Generalplans Ost, ist nur eine Zusammenfassung erhalten, die als Dok. Nr. 26 abgedruckt ist in: Müller, Hitlers Ostkrieg, S. 185–188. Der gesamte Vorgang findet sich in BArch NS 19/1739; vgl. Heiber, Generalplan.
354 Meyer, Über Höhen, S. 104 f.
355 Stellungnahme Wetzel zum Generalplan Ost, in: Heiber, Generalplan, S. 297.

zeitgleich zur Planung und Umsetzung des Mordes an den europäischen Juden im Zeitraum ab Frühjahr 1941 erfolgte, doch über die „Beschränkung auf das Reich der Tagträume"[356] hinaus, denn sie waren, wie Meyer zutreffend schrieb, das „Programm einer ethnographischen Neuordnung im Osten"[357], allerdings auf der Basis eines Rassenwahns und als Ausdruck von Inhumanität und Verbrechen gegen die Menschlichkeit. Meyers Planungen waren, wie Irene Stoehr schreibt, nichts weniger als die Vorstellung einer *tabula rasa*, auf der eine auf dem Reißbrett geplante „rein deutsche Sozial-, Siedlungs- und Landschaftsstruktur neu errichtet werden sollte."[358]

In der Verwaltungspraxis in den besetzten Gebieten war das Zusammenwirken zwischen Reichsernährungsministerium und SS ausgesprochen eng. Im Zuge der Durchführung des Befehls des Reichsführers SS vom 20. März 1942 über den Nachweis und Einsatz landwirtschaftlicher Fachkräfte in der SS und Polizei wurden aufgrund der Krakauer Absprachen vom 1. Juni 1943 zwischen dem Chef des SS-Wirtschafts-Verwaltungshauptamtes und dem Chef des Rasse- und Siedlungshauptamtes-SS Zuständigkeitsabsprachen getroffen. Und für die Sicherstellung der in den besetzten russischen Gebieten eingesetzten SS- und Polizeikräfte wurden zwischen dem Beauftragten für den Vierjahresplan, Geschäftsgruppe Ernährung, und dem Reichsführer SS, Chef des Hauptamtes Verwaltung und Wirtschaft, eine Reihe von Richtlinien vereinbart, die die Versorgung der in den besetzten russischen Gebieten eingerichteten SS- und Polizei-Stützpunkte sicherstellten und ihnen für die „Deckung ihres Bedarfes an leicht verderblichen Nahrungsmitteln, wie Milch, Butter, Eier, Gemüse und Obst landwirtschaftliche Betriebe in der Nähe dieser Stützpunkte" zuweisen und die „Bewirtschaftung und Verwaltung dieser Betriebe auf eigene Rechnung der SS und Polizei ermöglichen sollten." Fachkräfte und sonstiges Personal hierfür wurden von der SS und Polizei selbst gestellt. Für die Bewirtschaftung waren die Bestimmungen und Richtlinien der Abteilung Ernährung und Landwirtschaft bei den Reichskommissaren bzw. Chefgruppen Ia der Wirtschaftsinspektion maßgebend.[359]

Zudem hatten Backe, Pohl und der Leiter der Abteilung Ernährung und Landwirtschaft im Reichsministerium für die besetzten Ostgebiete, Kriegsverwaltungsrat Riecke, am 4. Juni ein Zusatzabkommen über den Einsatz von Angehörigen der SS auf landwirtschaftlichen Betrieben im Gebiet des Reichskommissariates Ukraine und im Gebiet der Wirtschaftsinspektion Südost vereinbart, weil das im Januar geschlossene Abkommen „nicht in allen Punkten für das Gebiet der Ukraine geeignet" erschien. Dieses Abkommen sah folgende Bestimmungen vor: „1.) Der Höhere SS- und Poli-

---

356 Vgl. Heiber, Generalplan, S. 292.
357 Meyer, Über Höhen, S. 112.
358 Stoehr, Irene: Von Max Sering zu Konrad Meyer – ein „machtergreifender" Generationswechsel in der Agrar- und Siedlungswissenschaft, in: Heim, Susanne (Hg.): Autarkie und Ostexpansion. Pflanzenzucht und Agrarforschung im Nationalsozialismus, Göttingen 2002, S. 57–90, hier S. 79.
359 Abkommen zwischen dem Leiter des SS-Wirtschafts- und Verwaltungshauptamtes, Pohl, und dem Leiter der Geschäftsgruppe Ernährung und Landwirtschaft beim Beauftragten für den Vierjahresplan, Backe, 10. Januar 1942, BArch NS 2/258.

zeiführer kommandiert zur Abteilung Ernährung und Landwirtschaft entweder für Staatsgüter oder für Gemeinwirtschaften SS-Männer als Betriebsleiter. 2.) Die SS-Männer werden durch die Landbewirtschaftungsgesellschaft eingestellt. Ihr Einsatz bzw. Abberufung erfolgt im beiderseitigen Einvernehmen."[360]

Wie sehr in der Praxis Schwierigkeiten, insbesondere in der Ukraine, herrschten, wird aus einem Schreiben des Leiters der Reichsgesellschaft für Landbewirtschaftung (Reichsland), Hans-Joachim Riecke, der zugleich Hauptabteilungsleiter Landwirtschaft im Ostministerium war und als Verbindungsmann Backes zu Rosenberg wirkte, deutlich, in dem von zahlreichen Verstößen des Reichskommissars für die Ukraine, Koch, gegen Anweisungen Rosenbergs berichtet wird. Riecke beschwere sich darin, wie sehr Koch gegenüber der Agrarordnung einen ablehnenden Standpunkt vertrete und die Bevölkerung als „Volk zweiten Ranges" behandle. „Seine Einstellung zur Bevölkerung, die er mir gegenüber mehrfach als ‚Heloten' bezeichnet hat, die nur mit ‚Zuckerbrot und Peitsche' zu regieren sind, wird in absehbarer Zeit zur Folge haben, dass die bisher arbeitswillige und zur Mitarbeit bereite ländliche Bevölkerung gegen uns steht und damit die landwirtschaftliche Produktion aufs Höchste gefährdet ist. [...] Mit ‚Zuckerbrot und Peitsche' kann regiert werden, wenn man beides hat; uns fehlen aber zur Zeit im und für den besetzten Ostraum das ‚Zuckerbrot', d.h. Waren aller Art, und die ‚Peitsche', d.h. Sicherungskräfte, die die langen Nachschubwege der Armeen und die landwirtschaftliche Produktion in diesem weiten Raum überwachen. Auf fachlichem Gebiet vorgesehene Maßnahmen, die uns die Mitarbeit der Bevölkerung und den Aufbau der Landwirtschaft zu höchsten Kriegsleistungen sichern sollen, werden aber vom Reichskommissar Ukraine z.T. gegen Ihre Weisungen nicht durchgeführt." Riecke hielt die Verhältnisse für nicht mehr hinnehmbar, auch weil sie geeignet waren, dass die agrarpolitischen Zielvorgaben nicht mehr erreicht werden könnten, und er bat Reichsminister Rosenberg abschließend, sich dafür einzusetzen, „dass in der Ukraine Arbeitsverhältnisse geschaffen werden, die auf meinem Sektor Leistungen sichern, wie sie der Führer für die siegreiche Beendigung des Krieges erwartet."[361]

Die Umsiedlungsmaßnahmen waren dabei geeignet, den landwirtschaftlichen Produktionswillen der einheimische Bevölkerung nachhaltig zu beeinflussen. So ist einem vom Leiter der Hauptabteilung Ernährung und Landwirtschaft des Generalgouvernements, Neumann, stammenden Vermerk zu entnehmen, dass der Reichsführer SS für den Kreis Zamosc die Umsiedlung von weiteren Volksdeutschen in Aussicht gestellt und SS-Obersturmbannführer Lerch erklärte habe, „dass man sich

---

[360] Das von Riecke als Leiter der Chefgruppe Landwirtschaft im Wirtschaftsstab Ost und der Abteilung Ernährung und Landwirtschaft im Reichsministerium für die besetzten Ostgebiete sowie dem Chef des SS-Wirtschafts-Verwaltungshauptamtes, Pohl, gezeichnete Zusatzabkommen über den Einsatz von Angehörigen der SS auf landwirtschaftlichen Betrieben im Gebiet des Reichskommissariats Ukraine und im Gebiet der Wirtschaftsinspektion Süd, 8. Juni 1942, BArch NS 2/258.
[361] Schreiben des Hauptabteilungsleiters Landwirtschaft im Ostministerium, Riecke, an Rosenberg vom 30. März 1943, in: IMT Prozess, Bd. 42, Dokument Rosenberg 19, S. 195 ff.

darauf einrichten müsse, dass in diesem Wirtschaftsjahr der gesamte Kreis Zamosc umgesiedelt würde und im nächsten Wirtschaftsjahr der Kreis Krasnictaw." Vor diesem Hintergrund sei „in Vorbereitung und Durchführung der Erzeugungsschlacht 1943" auf einer von Kriegsverwaltungsrat Riecke durchgeführten landwirtschaftlichen Tagung mit allen Kreis- und Bezirkslandwirten des Generalgouvernements die einhellige Auffassung vertreten worden, wenn nicht sofort mit dem Siedlungsvorhaben Schluss gemacht werde, „aus der Ernte 1943 nicht mehr mit solchen Reichslieferungen des Generalgouvernements zu rechnen (sei)."[362] Der Wunsch indes, alle Maßnahmen zu vermeiden, „die zu einer Lähmung dieses Erzeugungswillens führen", blieb ungehört.[363] Denn es war der Reichsführer SS Heinrich Himmler persönlich, der die ebenso unpopulären wie menschenunwürdigen Umsiedlungsmaßnahmen in den besetzten Ostgebieten – oftmals durch persönliche Intervention – veranlasst hatte.

Riecke sah die Lage inzwischen illusionslos und hielt eine nochmalige Rücksprache mit den beteiligten Stellen des Reichsführers SS als Reichskommissar für die Festigung deutschen Volkstums für zwecklos. Er hatte im Siedlungsausschuss, der vom Reichsminister für die besetzten Ostgebiete im Einvernehmen mit dem Reichsführer SS gegründet wurde und in dem sowohl der Reichskommissar für die Festigung deutschen Volkstums als auch die Hauptabteilungen des Reichsministeriums für die besetzten Ostgebiete vertreten waren, wiederholt darauf hingewiesen, dass die landwirtschaftliche Erzeugung durch die Umsiedlungsmaßnahmen erheblich gestört werde, und darum gebeten, von weiteren Umsiedlungen abzusehen. SS-Oberführer Konrad Meyer als Vorsitzender des Siedlungsausschusses hatte zugesagt, diese Bitte dem Reichsführer SS befürwortend vortragen zu wollen, „was im Resultat dazu geführt habe, daß weitere Umsiedlungsmaßnahmen nun ohne vorherige Fühlungnahme mit dem Siedlungsausschuß durchgeführt und neue Umsiedlungen ausgeplant worden seien."[364]

Trotz der Bindung an Himmler und seine Ämter war das Ernährungsministerium in den Jahren 1942/43 in den Verdacht geraten, „hinsichtlich der im Osten zu befolgenden Politik ‚die weiche Linie' zu verfolgen, – Pazifisten zu sein – oder gar die politische Linie des Führers zu sabotieren."[365] So jedenfalls äußerte sich der amtierende Staatssekretär, Ministerialdirektor Hans-Joachim Riecke, von einem Krankenhausaufenthalt aus an den Staatssekretär der Parteikanzlei, Klopfer – der eigentliche Adressat freilich war dessen Chef, Reichsleiter Martin Bormann. Riecke fühlte sich bemüßigt, den leitenden Grundsatz seines Hauses „beim Aufbau unserer Bodenordnung in Rußland" – „Wie holen wir auf unserem Sektor die höchsten Leistungen für Deutschland heraus?" – zu erläutern, und vor allem der Mutmaßung entgegenzutre-

---

[362] Vermerk Hauptabteilungsleiter Neumann vom 23. Februar 1943, BArch R 26-IV/33.
[363] Der Beauftragte für den Vierjahresplan – Geschäftsgruppe Ernährung – an den Herrn Reichsmarschall des Großdeutschen Reiches Hermann Göring, 13. Januar 1943, BArch R 26-IV/33.
[364] Der Beauftragte für den Vierjahresplan – Geschäftsgruppe Ernährung – an den Herrn Reichsmarschall des Großdeutschen Reiches Hermann Göring, 18. März 1943, BArch R 26-IV/33.
[365] Riecke an Klopfer, 19. Juli 1943, BArch NS 19/3863.

ten, „in irgendeiner Form im russischen Raum dem deutschen Erbhofrecht das Wort reden (zu) wollen."[366] Man könne, so schrieb er an Klopfer, eine einmal erstellte und auf dem Speicher liegende Ernte zwar erfassen, mit Gewalt aber niemals eine neue Ernte schaffen: „Nach dem Krieg kann man durch eine entsprechende Enteignungsgesetzgebung und durch Umsiedlungsmaßnahmen den von uns gewünschten Siedlungsraum stets freimachen." So seien auch vorübergehende Rückschläge in der Erzeugung hinzunehmen, da es ja nur darum gehe, „für die Dauer des Kriegs durch unser System möglichst hohe Leistungen (zu) erzielen. Selbst wenn man so in unserem Agrarsystem einen großangelegten Täuschungsversuch sieht, so muß man diese Täuschung doch so durchführen, dass sie in jeder Hinsicht glaubhaft wirkt."[367]

Das Dilemma der Siedlungspolitik bestand darin, dass sowohl Himmler mit einer rigorosen Umsiedlungspolitik als auch Göring in seinem rücksichtslosen Ausbeutungsbestreben jeden Ansatz einer mit einem werbenden Konzept verbundenen Siedlungspolitik verunmöglichten. In welchem Umfang Göring bei der Durchsetzung seiner Vorstellung von angemessener Versorgung der reichsdeutschen Bevölkerung die besetzen Gebiete zu knebeln und auszusaugen bereit war, geht aus einem Vermerk über eine Sitzung des Reichsmarschalls mit den führenden Männern der besetzten Gebiete hervor, also den Wehrmachtsbefehlshabern und den Polizeiführern aus Holland, dem Generalgouvernement, den Ostgebieten, aus Norwegen und dem Protektorat, am 6. August 1942. In dem Vermerk heißt es, dass der Reichsmarschall einleitend nochmals „in schärfster Form" betont habe, „dass bei den uns heute unterstehenden großen Gebieten des europäischen Kontinents die Frage der Ernährung für das Reich überhaupt keine Frage mehr sein kann. Alle besetzten Gebiete außerhalb des Reiches sind nicht im geringsten ernährungsmäßig so gestellt wie die Reichsgaue selbst. Es ist unmöglich, das deutsche Volk schlechter zu ernähren als es das Leben der anderen Völker in den besetzten Gebieten sieht." Daraus leitete Göring ab, „von den maßgebenden Führern der besetzten Gebiete" verlangen zu können, „dass sie nunmehr seine Befehle restlos durchführen, die notwendig sind, das deutsche Volk so gut zu ernähren, wie es für seine Kriegsarbeit notwendig ist und wie es dies auch als Sieger verdient."[368]

7 Der Geschäftsführende Ernährungsminister Backe als Muster-Nationalsozialist

Herbert Backe wusste um die Kritik an der „Haltung" seines Ministeriums. In seinem Bemühen um Einfachheit, Effizienz, vorbildliche Lebensführung und nationalsozia-

---

366 Ebd.
367 Ebd.
368 Vermerk über die Sitzung beim Reichsmarschall Göring mit den führenden Männern der besetzten Gebiete, also den Wehrmachtsbefehlshabern und den Polizeiführern aus Holland, dem Generalgouvernement, den Ostgebieten, Norwegen, Protektorat am 6. August 1942, BArch NS 19/1639.

listische Linientreue war er bestrebt, sich als Vorbild inszenieren zu lassen. Beispielsweise wollte er sich als besonders unbeugsam erweisen, wenn es darum ging, Sonderzuteilungen von Lebensmitteln der NS-Prominenz zu gewähren. Am 10. Februar 1943 hatte Backe die Streichung zusätzlicher Lebensmittelrationen für führende Persönlichkeiten von Partei und Staat mit Billigung der Parteikanzlei wegen möglicher negativer Auswirkungen auf die Stimmung der Bevölkerung veranlasst.[369] Die Frage der Sonderzuteilungen von Genussmitteln und allen bewirtschafteten Lebensmitteln war seit geraumer Zeit ein Ärgernis, nachdem bereits am 1. Mai 1942 ein vom Reichsernährungsministerium erlassenes Verbot vom Reichsminister für Bewaffnung und Munition, Albert Speer, unterlaufen worden war.[370]

Backes restriktive Haltung führte allerdings dazu, dass der Reichsführer SS Heinrich Himmler in einem Schreiben vom 16. Februar 1943 intervenierend argumentieren musste, dass – wie von Backe ursprünglich angeordnet – die Sonderregelungen für sein Berliner Kasino nicht gänzlich aufzuheben seien, da es immerhin vorkommen könne, dass er sich als Chef der Sicherheitspolizei gezwungen sähe, „einzelne inländische und ausländische Herren zum Essen einzuladen."[371] Auch dieses Vorgehen erfolgte in bewusster Abgrenzung zum Gebaren des beurlaubten Reichsministers Darré, der aufgrund des Bezugs von Belieferungen mit Delikatessen des Berliner Feinkosthändlers Nöthling – wie eine Reihe anderer prominenter Nationalsozialisten auch – in einen aufsehenerregenden Skandal um illegal gewährte Abgaben ohne Marken verwickelt war. Es kam schließlich zum Prozess und der Inhaftierung des Berliner Delikatessenhändlers, der sich in der Haft das Leben nahm.[372]

8 Verwaltungsvereinfachung und Zwangseinsatz von Fremdarbeitern

Nach innen organisierte Backe mit dem Anspruch der „Verwaltungsvereinfachung" und der „Gliederung einer einfachen und klaren Organisation, in der alle verfügbaren

---

[369] Eintrag 10. Februar 1943, Backe, AdP, Regesten, Teil 1, Bd. 1, Ziffer 16578.
[370] Eintrag 9. Dezember 1942 – 3. Februar 1943, AdP, Regesten, Teil 1, Bd. 1, Ziffer 16395.
[371] Himmler an Backe, 20. Februar 1943. Backe zeigte in seinem Dankschreiben am 10. Mai 1943 Verständnis für dessen Anliegen und sagte mit sofortiger Wirkung „die gewünschte bevorzugte Belieferung" zu. BArch NS 19/2758.
[372] Zur Verwicklung Darrés in diesen Fall vgl. Gruchmann, Lothar: Korruption im Dritten Reich, in: VfZ Jg. 42, 1994, S. 586–587. In den Goebbels Tagebüchern findet sich am 17. März 1943 folgender Eintrag: „In diesem Lebensmittelschieberprozeß sind eine ganze Reihe von Prominenten von Staat und Partei verwickelt, u. a. Dr. Frick, Rust, Darré und sogar Hierl, dazu Brauchitsch und Raeder. Das Material ist sehr gravierend und wird wahrscheinlich von mir dem Führer vorgelegt werden müssen. Es ist skandalös, daß sich die Prominenten in Staat, Partei und Wehrmacht so kriegssabotierend benehmen." (Goebbels Tagebücher, Teil II, Bd. 7, S. 572).

Kräfte auf das wesentlichste konzentriert werden konnten"[373], die Zuständigkeiten zwischen dem Ministerium, dem Reichsamt für Agrarpolitik und dem Reichsnährstand neu. Im Institut für Europäische Landbauforschung und Ernährungswirtschaft unter Leitung von Prof. Emil Woermann (Universität Halle) stand seit Ende 1942 für das Ministerium eine Art *think tank* parat, um die nationalsozialistischen Neuordnungspläne auf dem Gebiet der europäischen Landwirtschafts- und Ernährungspolitik voranzubringen.

Im ministeriellen Tagesgeschäft verschoben sich nun die Prioritäten immer weiter zugunsten einer kriegsstrategischen Ernährungswirtschaft, die unter dem drohenden Wegfall des „siedlungspolitischen Raums" in den besetzten Gebieten sowohl in der Lebensmittelbewirtschaftung durch Rationierungsmaßnahmen als auch in der Frage des Fremdarbeitereinsatzes durch eine zunehmende Radikalisierung Zwangsmaßnahmen erließ, die einen eindeutigen Verstoß gegen Völkergewohnheitsrecht darstellten. Trotz des seit 1939 gängigen Einsatzes von Zwangsarbeitern nahm der Ersatzbedarf in der Landwirtschaft auch in den Folgejahren zu und schlug sich unter anderem in dem Programm des Thüringer Generalbevollmächtigten für den Arbeitseinsatz, Fritz Sauckel, vom 20. April 1942 nieder, bei dem „die Hereinnahme fremder Arbeitskräfte [...] für die landwirtschaftlichen Arbeiten im Sektor der deutschen Ernährungswirtschaft" zur dringendsten Notwendigkeit erklärt wurde.[374] Erst mit diesen brutalen Maßnahmen zum Zwangseinsatz gelang 1942 eine Trendumkehr, die dazu führte, dass die Zahl der Gesamtbeschäftigten in der Landwirtschaft von da an bis zum Jahr 1944 sich in etwa leicht über dem Ausgangswert von 1939 einpendelte. Nach der Niederlage bei Stalingrad ging der Zustrom an zivilen und kriegsgefangenen sowjetischen Zwangsarbeitern, die auch nach Deutschland deportiert wurden, von über 2 Millionen (im Vorjahr 1942) auf ca. 545 000 zurück.

Fortgesetzte Diskussionen über uk-Stellungen, die in der Landwirtschaft im Vergleich mit anderen Bereichen der Volkswirtschaft relativ niedrig ausfielen, waren als Problem des Reichsernährungsministeriums seit Kriegsbeginn Thema. Die Landwirtschaft hatte fristgemäßer und umfassender als andere Bereiche die Wehrersatzansprüche erfüllt und war aufgrund des erreichten Ausschöpfungsgrades bei den unentbehrlichen Schlüsselkräften in Land- und Ernährungswirtschaft seit Anfang 1944 in einer derart prekären Lage, dass Reichsminister Backe im Juni 1944 den Reichsführer SS Himmler als Verbündeten zu gewinnen suchte, um gegen die vom OKW auferlegte Einberufungsquote und die damit einhergehende Freigabe von uk-Stellungen zu protestieren. Zwar hatte das OKW die Einberufungsquote für die Monate Oktober 1943 bis März 1944 gesenkt, jedoch hatte dies aus Sicht des Ernährungsministeriums nicht ausgereicht, und ein schriftlicher Vorstoß von Backe bei Generalfeldmarschall Keitel am 2. Mai 1944 war erfolglos geblieben. Es war vor allem der

---

373 Backe, Herbert: Gesunde Agrarpolitik Voraussetzung einer gesunden Ernährungswirtschaft, in: Der Vierjahresplan V, 1942, S. 314.
374 Fritz Sauckels Programm des Arbeitseinsatzes, 20. April 1942, www.germanhistorydocs.ghi-dc. org/pdf/deu/German65.pdf.

Wegfall von Ersatzpersonal aus den besetzten Gebieten, der Reichsminister Backe zu diesem außergewöhnlichen Schritt bewog und immerhin dazu führte, dass der Reichsführer SS das Anliegen Backes in einem Schreiben an Reichsleiter Bormann unterstützte.[375]

---

[375] Himmler an Backe 3. Juli 1944; sowie Backe an Himmler 7. Juni 1944 mit Verweis auf diese Korrespondenz, BArch NS 19/3631.

VII Von der Kriegswende bis zum Zusammenbruch

1 Kriegswende 1943 und die Herausbildung einer neuen Machtgeometrie

Bereits mit dem Scheitern der „improvisierten Weltblitzkriegsstrategie" (Andreas Hillgruber) und des Russlandfeldzugs im Winter 1941/42 verschob sich in Hitlers Strategie mit dem Verzicht auf Politik eine Schwerpunktverlagerung auf den „rassenideologischen Vernichtungskrieg", der ungeachtet des Eingeständnisses, dass Hitler nicht mehr wusste, wie der Krieg zu gewinnen sei, sein „rassenideologisches Kernziel", die systematische Vernichtung aller europäischen Juden, in den Vordergrund rücken ließ. Zugleich gab es mit dem Programm der Ermordung der europäischen Juden, der Verstärkung der polizeilichen Überwachung, der Verleihung der Exekutivbefugnisse an die Höheren SS- und Polizeiführer in den besetzten Gebieten und den bis 1943 weiter forcierten Volksgruppen- und Ostsiedlungsplänen Indikatoren, dass die Machtbefugnisse der SS weiter ausgeweitet wurden. Der innere Zusammenhang von Rassenideologie und Militärstrategie, der auf der illusionären Einschätzung gründete, eine vorgeschobene Position im Osten unter allen Umständen halten zu können, fand indes immer wieder seine Grenzen in der seit Anfang 1943 im Zuge des Rückzuges der Wehrmacht erforderlichen sukzessiven Aufgabe von Frontabschnitten und der Notwendigkeit des Rückzugs auf rückwärtige Linien. Erst mit dem eigenmächtigen Abbruch der Vernichtungsaktion am 2. November 1944 durch Heinrich Himmler wurde ein innerer Zerfall des NS-Systems eingeleitet, der in seiner letzten Phase – seit Mitte 1944 – die Parteikanzlei unter Martin Bormann, seit 1943 mit der Bezeichnung „Sekretär des Führers", im Machtgefüge des Hitler-Staates weiter an Bedeutung zunehmen ließ.

Der deutschen Besatzungspolitik fehlte indes ein werbendes Konzept. Eine echte Zusammenarbeit zwischen den einzelnen Ländern des deutsch besetzten Europas und des nationalsozialistischen Deutschland hatte zu keinem Zeitpunkt bestanden. Der Entwurf eines Europäischen Staatenbundes vom Februar 1943 blieb ebenso Makulatur wie vereinzelte Bemühungen der Verbündeten in der Hitler-Koalition, zu einer Gesamtstrategie zu finden. Wie sehr Hitler kriegsstrategisch in die Defensive gekommen war, wurde sichtbar, als sich im Sommer 1943 das Scheitern der „Operation Zitadelle" abzeichnete und sich die deutschen Kräfte im tief gestaffelten Verteidigungssystem der Roten Armee festgefahren hatten.

Dies ist der Rahmen der kriegsstrategischen Ausgangslage, vor deren Hintergrund die sich mehr und mehr auf Ernährungspolitik konzentrierende Tätigkeit des Reichsministeriums für Ernährung und Landwirtschaft zu sehen ist. Das Ministerium war nun mit immer größeren Schwierigkeiten in der Organisierung der Ernährungswirtschaft konfrontiert, die ständig durch die riesigen Umquartierungen seiner Dienststellen, durch den Rückzug aus den besetzten Gebieten oder durch Bombenangriffe wieder in Unordnung gebracht wurde. Die Ernährungsaussichten waren

1 Kriegswende 1943 und die Herausbildung einer neuen Machtgeometrie — 233

durch die Verluste im Osten sehr geschmälert worden. Trotzdem wurden einem Befehl des „Führers" gemäß die Brotrationen ab 20. Oktober 1943 wieder erhöht. „Backe tut das mit einem lachenden und einem weinenden Auge", schrieb Goebbels am 19. September 1943 in sein Tagebuch. Goebbels wusste, „daß eine Erhöhung der Fleischrationen indes für den mit der Geschäftsführung des Ernährungsministeriums betrauten Staatssekretär auf Grund eines bevorstehenden Engpasses" nicht in Frage kommen würde.[376] Die Kartoffelernte 1943 war nicht ganz so schlecht ausgefallen, die 50-Millionen-Tonnen-Grenze war überschritten, doch überall waren die Spielräume eingeschränkt. Vor allem die Eigenmächtigkeiten des Reichsnährstands gerieten immer wieder ins Fadenkreuz der Kritik.[377]

Backe hatte sich nun noch enger an Goebbels angeschlossen. Die Wertschätzung, die Backe bei Goebbels erfuhr, kontrastierte mit dessen Verachtung für den Noch-Minister-Darré, an dem Goebbels seit 1933 kein gutes Haar gelassen hatte und der mit fortschreitendem Kriegsverlauf in Goebbels' Tagebüchern immer seltener vorkam. Man darf annehmen, dass Goebbels im Hintergrund mit die Strippen zog, damit Backe – endlich – im April 1944 zum Reichsminister ernannt werden konnte.[378] „Backe ist zum Reichsminister ernannt worden", notierte Joseph Goebbels am 8. April 1944 in seinem Tagebuch: „Allerdings bleibt er immer noch nur mit der Führung der Geschäfte des Reichsernährungsministeriums betraut. Auch hier ist nur eine halbe Entscheidung gefällt worden."[379]

Backes Ministerernennung war bei näherer Betrachtung eine in der Tat von außen nur schwer nachvollziehbare, nahezu sybillinische Entscheidung der Reichskanzlei. Er wurde zum Reichsminister ohne Geschäftsbereich ernannt und blieb, wie schon seit 1942, für den beurlaubten Darré weiterhin mit der Wahrnehmung der Geschäfte des Reichsernährungsministers betraut, nur eben nicht mehr als Staatssekretär, sondern im Rang eines Reichsministers. Diese Entscheidung belegt nicht zuletzt, wie schwer sich Hitler tat, sich von alten Weggefährten zu trennen oder diese sichtbar zu brüskieren, auch wenn sie – wie im Falle Darrés – nach übereinstimmendem Urteil in der Führung eines Ministeriums versagt hatten. Einige der in Backes persönlichem Büro eingehenden Schreiben notierten durchaus diese filigrane Unterscheidung, hie und da auch beklagend, grosso modo bestätigten sie die große Wertschätzung, die der als

---

376 Eintrag vom 14. September 1943, Goebbels Tagebücher, Teil II, Bd. 9, S. 507.
377 „Bedrohliche Nachrichten bekomme ich wieder über die Kartoffellage. Der Reichsnährstand ist in der Frage der Ablieferung des Obstes sehr großzügig verfahren, und die Bauern haben dadurch große Mengen von Obst als Tauschware zurückbehalten können. Man befürchtet, daß sie nun auf den Geschmack gekommen sind und auch Kartoffeln in großen Mengen zurückhalten, um sie im Winter im Tausch einzusetzen. Das muß mit allen Mitteln verhindert werden. Backe hat auf einer großen Landvolktagung gesprochen und vor allem die Ablieferungspflicht in den Vordergrund seiner Forderungen gestellt." (Eintrag vom 30. November 1943, Goebbels Tagebücher, Teil II, Bd. 10, S. 389.)
378 Wenige Tage vor der Entscheidung notiert Goebbels: „Backe wird wahrscheinlich in den nächsten Tagen anstelle von Darré zum Reichsminister für Ernährung und Landwirtschaft ernannt. Er hat es sich lange verdient." (Eintrag vom 26. März 1944, Goebbels Tagebücher, Teil II, Bd. 11, S. 559.)
379 Eintrag vom 8. April 1944, Goebbels Tagebücher, Teil II, Bd. 12, S. 73.

unermüdlicher Organisator der „Erzeugungsschlachten" bekannte Nationalsozialist genoss, der sich auch im Stil vom verquasten Darré absetzte: „Bei Ihrem Vorgänger mystisches Halbdunkel, Unklarheit und viele Schlagwörter und Phrasen", schrieb ein evangelischer Pastor und Weggefährte, der Backe aus der gemeinsamen Zeit im Kaukasus kannte: „Bei Ihnen Klarheit über die Wege und Ziele, praktischer Blick mit seinen guten Folgen, Entschlüsse und Taten und *last [but] not least*, hierüber habe ich manchmal herzlich gelacht, ‚der alte Backe', Rücksichtslosigkeit."[380] Selbst im „feindlichen Ausland" hatte man sich ein Bild von der Rolle gemacht, die Backe als Improvisator der Kriegsernährungswirtschaft im fünften Kriegsjahr spielte. Der Exilsender Radio London kommentierte die Ernennung zum Reichsminister ohne Geschäftsbereich dahingehend, dass Backe als Sieger aus einem langen Kampf hinter den Kulissen hervorgegangen und mit mehr Macht, als sie jemals ein Ernährungsdiktator besessen habe, ausgestattet sei: „Aber Backe ist nicht allein. Hinter ihm steht der knochige Geist, der mit der zurückflutenden deutschen Armee vom Osten floh. Sein Name ist ‚Hunger'."[381]

Backe selbst war mit seiner nicht ganz formgemäßen Ernennung durchaus zufrieden. In Antwort auf ein den „Reichsminister ohne Geschäftsbereich" kritisch ansprechendes Glückwunschschreiben erwiderte er: „Sie sind mit der Ernennung zum „Reichsminister ‚ohne Ernährung und Landwirtschaft' nicht ganz einverstanden. Ich denke etwas anders darüber und sehe gerade in dieser Form der Ernennung eine besondere Anerkennung der Arbeit und Leistung im gesamten Agrarsektor. Und schliesslich ist doch die Hauptsache, dass die Leistung erkannt und anerkannt wird. Zudem habe ich auch als Reichsminister, mit der Führung der Geschäfte des Reichsministers für Ernährung und Landwirtschaft beauftragt, die Stellung, die es mir ermöglicht, die Landwirtschaft bei den anderen Sektoren gleichberechtigt zu vertreten. Dies bedeutet für mich und meine Mitarbeiter bei der Lösung der künftig zu lösenden agrarpolitischen Aufgaben eine große Erleichterung gegenüber dem jetzigen Zustand."[382] Nichts bleibe im Augenblick zu wünschen übrig. Dabei war Backe in Berlin selbst völlig ausgebombt, hatte sein ganzes Hab und Gut verloren und war mit einer kleinen Wohnung durch das Ministerium entschädigt worden. In Hornsen erging es seiner Familie, wie er im Mai 1944 schrieb, noch etwas besser. Die dort abgeworfenen Bomben seien großenteils im freien Feld gelandet, „so daß größerer Schaden, abgesehen von einigen Morgen Weizen, nicht eingetreten ist."[383]

Mit seiner ersten und wichtigsten Personalie, der beabsichtigten Ernennung von Ministerialdirektor Riecke zum Staatssekretär, scheiterte der frisch ernannte Reichsminister allerdings an der Reichskanzlei. Reichsminister Lammers verwehrte ihm die beantragte Beförderung seines bewährten Mitstreiters mit dem Hinweis, dass jedem Ministerium nur ein – mit der Vertretung des Ministers beauftragter – Staatssekretär

---

380 Brief Fr. Groneweg (Rittergut Westdorf) an Backe, 16. April 1944, BArch NL Backe N 1075, Bd. 10.
381 Mitschrift Radio London, 17. April 1944, BArch NL Backe N 1075, Bd. 10.
382 Schreiben Backe, 7. Mai 1944, BArch NL Backe N 1075, Bd. 10.
383 Backe an Fr. Groneweg (Rittergut Westdorf), 9. Mai 1944, BArch NL Backe N 1075, Bd. 10.

zuzubilligen sei. Die Anregung, den vorhandenen Staatssekretär Willikens mit einem anderen Posten im Falle einer Ernennung Rieckes abzufinden, weil sonst Schwierigkeiten drohten, war ebenfalls sybillinisch. Selbst der Leiter der Parteikanzlei, Bormann, hatte sich die „wesentlichen Darlegungen" Backes zu eigen gemacht: „W.(illikens) als ursprünglich preußischer Staatssekretär mit den Geschäften des REM so gut wie nicht vertraut und nicht in der Lage, die Ministervertretung auszuüben; Absicht Backes, R.(iecke) in seine bisherige Stellung einrücken zu lassen; sein Einverständnis damit, die Staatssekretärsstelle W.(illikens) als künftig wegfallend zu betrachten."[384] Wegen der Verdienste von Willikens um die Partei – „alter führender Pg aus dem Landvolk" – sei eine positive Entscheidung Hitlers zu erwarten, d.h. die Ernennung Rieckes als faktischer Vertreter Backes zum Staatssekretär sei ohne das Ausscheiden von Willikens aus dem Ministerium zu verlangen. Es wirft zudem auf den inneren Zustand der Ministeriumsleitung ein bezeichnendes Licht, wenn Backe seinem nationalsozialistischen Weggefährten Willikens nach über elf Jahren als Staatssekretär bescheinigt, mit den Geschäften des RMEL „so gut wie nicht" vertraut zu sein. Am 27. Mai 1944, wie eine Information von SS-Obergruppenführer Gottlob Berger für den Reichsführer SS Heinrich Himmler verrät, scheiterte die Beförderung von Ministerialdirektor Riecke zum Staatssekretär im Reichsernährungsministerium durch die Parteikanzlei und die Reichskanzlei, um die Pensionierung von Staatssekretär Willikens zu erreichen. Backe jedoch setzte sich bei Hitler dafür ein, dass Willikens, der „zwar kein großer Arbeiter und als Staatssekretär eine unglückliche Figur" sei, „nach bereits so schlechter Behandlung durch Darré" unmöglich während des Krieges pensioniert werden könne.[385]

Backe hatte, wie er in seinem „Großen Bericht" schrieb, vor allem die Möglichkeit, durch seine Berufung zum Reichsminister bei dem von ihm bis zum Untergang verehrten Hitler direkt vortragen zu dürfen: „Hitler suchte immer den Kern der Dinge, Tabellen und Statistiken bat er behalten zu dürfen und gab sie anschließend an den Vortrag sofort zurück."[386] Und an anderer Stelle heißt es, nun mit Blick auf das nahende Ende schon als eine Art Rückblick und Leistungsbilanz verfasst: „Es sind immer ganz geringe Zeitspannen in der Geschichte, in denen Schöpferisches geleistet werden kann, in denen Fundamente gelegt werden, die dann bestimmend für Jahrzehnte, oft Jahrhunderte sind. Eine solche Zeitspanne waren die Jahre 1933 und 34. Der Agrarsektor hat sie, mindestens 1933 benutzt. Ich wollte noch weiter vorstoßen, wurde daran aber gehindert. Die anderen Sektoren hatten größtenteils jene Zeit verpaßt oder mit Unwesentlichem vertan. Sicherlich wäre es ungerecht, vieles zu verkennen, was in den letzten 10 Jahren auf allen Sektoren getan ist. Ich meine aber, daß Grundsätzliches gestaltet werden muß. Die heutige Zeit scheint mir nun wieder durch die Not und die

---

384 Eintrag 5. April – 2. Mai 1944, AdP, Regesten, Teil 1, Bd. 1, Ziffer 17604.
385 Eintrag 27. Mai 1944, AdP, Regesten, Teil 1, Bd. 1, Ziffer 17695.
386 Herbert Backe, Großer Bericht (wie Fn. 54), S. 43.

Aufwühlung des Volkes dazu angetan zu sein, unbeschadet der Tagesfragen die große Line des Nationalsozialismus aufzuzeigen."[387]

In einem Führer-Erlass vom 30. Mai 1944 waren die Kernaufgaben des neu ernannten Reichsministers zusammengefasst: „Der Reichsminister für Ernährung und Landwirtschaft sorgt für ausreichende Hilfe bei der Ernährung, der Generalkommissar für das Ernährungs- und Gesundheitswesen für zusätzliche ärztliche Betreuung, der Reichsminister der Justiz und der Reichsführer SS und Chef der Deutschen Polizei, ein jeder in seinem Geschäftsbereich, für die Bereitstellung von Gefangenen, der Generalbevollmächtigte für den Arbeitseinsatz für eine sofortige Überweisung der Arbeitskräfte, die aus anderen Zweigen der Wirtschaft, auch in der Rüstung und Kriegsproduktion freigemacht werden."[388] Backe musste als Reichsminister nun vor allem Abwehrkämpfe führen: gegen die Begehrlichkeiten der anderen Ressorts, Sonderwünsche und Ausnahmeregelungen. Die Versorgungslage an der Heimatfront galt den nationalsozialistischen Machthabern als Prestigefrage, die mit rücksichtsloser Auspressung der besetzten Gebiete und mit Sonderlieferungen aus den verbündeten Ländern sowie einer auf Effizienz und Leistungsoptimierung ausgerichteten „Erzeugungsschlacht" vorangetrieben wurde. Mit der vorrückenden Front, dem immer spürbareren Wegfall der besetzten Gebiete und den verzweifelten Rückzugsgefechten der Wehrmacht steigerte sich auch der Druck an der Heimatfront. Als eine Forderung des OKW einging, bis Oktober 1944 75.000 uk-Gestellte aus der Landwirtschaft einzuziehen, unterstützte Himmler Backes dringende Bitte, vor Beendigung der Hackfruchternte keine Einberufungen aus der Landwirtschaft vorzunehmen und danach nur eine erheblich geringere Quote als die geplante, denn anderenfalls würde die Produktionskraft stark geschwächt werden. Auf Hitlers Argument, dass weitere Einberufungen wegen der militärischen Lage notwendig seien, wies Backe nochmals nachdrücklich darauf hin, dass das fehlende Soll aufgrund der mangelnden Erfüllung durch Rüstung, Reichsbahn und Reichspost bisher immer der Landwirtschaft und den übrigen Bedarfsträgern aufgebürdet worden sei.[389]

Die militärische Lage war inzwischen aussichtslos. Seit Frühjahr 1944 hatte eine Reihe von Einzelkatastrophen die militärische Situation des Deutschen Reiches dramatisch verschlechtert. An der Heimatfront war die Lage jedoch im Herbst noch immer nicht so katastrophal, dass der militärisch unausweichliche Zusammenbruch als unmittelbar bevorstehend eingeschätzt wurde. Auch wenn die Versorgungsausfälle im Osten der Reichsregierung schwer zusetzten, wurde – wie Goebbels in seinem Tagebuch am 7. Juli vermerkte – die Lage auf den Feldern in der Erwartung einer Rekordernte bei Getreide und Kartoffeln an und für sich als gut eingeschätzt. Noch war es das Ziel der politischen Führung, die Rationen zu halten und sogar die Ausfälle an

---

387 Ebd.
388 Erlass des Führers über die Bestellung eines Generalkommissars für die Sofortmaßnahmen beim Reichsminister für Rüstung und Kriegsproduktion vom 30. Mai 1944, in: Moll, Führer-Erlasse, S. 415.
389 Vgl. Eintrag 18. Mai – 3. Juli 1944, AdP, Regesten, Teil 1, Bd. 1, Ziffer 17680.

Lieferungen aus dem Osten decken zu können.³⁹⁰ Backe bat Goebbels, sich in einer Rundfunkrede an die deutschen Bauern zu wenden und sie zu strengster Erfüllung der Ablieferungspflicht zu ermahnen.

Als Goebbels am Nachmittag des 29. August in einem anderthalbstündigen Vortrag im Kabinett „über die politisch-militärische Lage und über die bisherigen Leistungen des totalen Krieges" referierte, hatte sich in insgesamt – wie Goebbels schreibt – „sehr aufgelockerter Stimmung" auch der beurlaubte Minister Darré eingefunden.³⁹¹ Zieht man – bei allen bereits dargelegten quellenkritischen Vorbehalten – in diesem Fall das Tagebuch Darrés heran, dürfte es der allerletzte Auftritt des noch immer beurlaubten Reichernährungsministers gewesen sein, der mit seiner Frau Charlotte zurückgezogen in einem Jagdhaus in der Schorfheide lebte und gerade überglücklich darüber war, als Jäger den ersten Bock seines Lebens erlegt zu haben.³⁹²

Backe bedrängte Goebbels nun nachdrücklich, sich bei Hitler dafür zu verwenden, die Bierherstellung einzustellen, weil er die 300 000 t Gerste als Pferdefutter, insbesondere für die Wehrmachtspferde, benötigte, und er warb ebenso dafür, auf die Süßwarenherstellung zu verzichten, weil sonst der Zuckerbedarf der Bevölkerung nicht gedeckt werden könne. Angesichts der anhaltenden Dürre rechnete Backe inzwischen, und anders als noch vor einigen Monaten angenommen, vor allem auf dem Kartoffelsektor mit den größten Schwierigkeiten.³⁹³ Schon einmal hatte sich Goebbels für den – wohl auf Drängen Backes unternommenen – Vorstoß, für die Einstellung der Bier- und Süßwarenproduktion zu werben, bei Hitler eine Abfuhr geholt.³⁹⁴ Er glaube, so argumentierte Hitler gegenüber Goebbels, dass Süßwaren nicht nur für die Heimat, sondern vor allem auch für die Front notwendig seien. Soldaten seien bei Märschen auf Drops angewiesen, und auch die Bolschewisten hätten selbst in ihrer schlimmsten Zeit die Produktion solcher Drops nicht eingestellt. Was das Bier anbelangte, so befürchte er vor allem schwere Rückschläge psychologischer Art in Bayern.

Erstmalig war am 25. September 1944 nun auch davon die Rede, dass Brot rationiert werden müsse. Goebbels notierte in seinem Tagebuch: „Backe gibt mir einen Bericht über die Erntelage. Wir werden wahrscheinlich im Herbst gezwungen sein, die Fett-, Brot- und eventuell auch die Fleischration zu kürzen. Das ist in der Hauptsache darauf zurückzuführen, dass wir so viel an erntetragendem Raum verloren haben. Die außerordentlich lang anhaltende Dürre hat uns auch einen Strich durch unsere Hoffnungen auf eine überreichliche Kartoffelernte gemacht; wir müssen froh sein, wenn die Kartoffelernte mittelmäßig ausfällt. Schwierig ist die Lage auf dem Gebiet

---

390 Eintrag vom 7. Juli 1944, Goebbels Tagebücher, Teil II, Bd. 13, S. 58.
391 Eintrag vom 29. August 1944, Goebbels Tagebücher, Teil II, Bd. 13, S. 354.
392 Aus dem Tagebucheintrag geht hervor, dass Darré an dem Vortrag von Goebbels im Kabinett teilgenommen hatte: „Goebbels sprach gut. ... Wir kämpfen mit dem Rücken zur Wand." Eintrag vom 28. August 1944, Abschrift des Darré Tagebuchs, IfZ Sammlung David Irving, ED 100–259–11, S. 127 (Abschrift S. 4).
393 Eintrag vom 24. August 1944, Goebbels Tagebücher, Teil II, Bd. 13, S. 109.
394 Ebd.

der Futtermittel. Hier hapert es vor allem bei Gerste."[395] Vorausschauend hatte Backe bei Goebbels dafür geworben, die negative Nachricht etwa 14 Tage vor dem Erntedanktag für die deutsche Bevölkerung bekannt zu geben, damit sie nicht mit dem Erntedanktag selbst in Verbindung gebracht werden könne.[396] Auch der Reichsnährstand wurde noch für Großveranstaltungen – wie am 25. September im Theatersaal des Propagandaministeriums für eine Kundgebung – eingespannt, bei der Backe eine von Goebbels viel gerühmt Rede halten konnte und sieben „verdiente" Ministeriumsangehörige mit dem Ritterkreuz zum Kriegsverdienstkreuz ausgezeichnet wurden.[397]

2 Die Kraut-Aktion 1944

Untrennbar verbunden mit der Beschäftigung von Zwangsarbeitern sind die Berichte über menschenunwürdige Zustände und die Rolle von Hunger und Erschöpfung beim massenhaften Tod insbesondere sowjetischer Zwangsarbeiter. Der Zusammenhang zwischen Ernährungspolitik und Zwangsarbeitereinsatz wurde nun Gegenstand von Studien, die der Berater des Reichsministeriums für Ernährung und Landwirtschaft in „Arbeiterernährungsfragen", Professor Heinrich Kraut, seit Mai 1942 anstellte und über die er fortlaufend im Reichsernährungsministerium berichtete.[398] Denn der Ernährungsphysiologe Kraut hatte seit Kriegsbeginn Daten über Gewicht und Ernährung von deutschen Fabrikarbeitern gesammelt, musste aber seine Untersuchungen 1943 nach Protesten des Reichspropagandaministeriums einstellen. Als Berater des Ministeriums berichtete er 1943 wiederholt über Ernährungsversuche an Zwangsarbeitern. Gegenstand seiner Untersuchungen war dabei der Nachweis, dass sich mit einer Schwankung der Kalorienzufuhr bei den Probanden auch die Leistungsfähigkeit veränderte. Eine Steigerung des Kaloriengehalts der Ernährung von 24 Prozent – dies entsprach einer Zulage von 500–600 Kalorien – habe zu 62 Prozent höherer Leistung geführt. Als Gesamtergebnis der Untersuchungen Krauts wurde bestätigt, wie es in der

---

395 Eintrag vom 3. September 1944, Goebbels Tagebücher, Teil II, Bd. 13, S. 395.
396 Eintrag vom 25. September 1944, Goebbels Tagebücher, Teil II, Bd. 13, S. 527.
397 Eintrag vom 1. Oktober 1944, Goebbels Tagebücher, Teil II, Bd. 14, S. 31. Backe selbst, für den im Jahr davor das Ritterkreuz des Kriegsverdienstkreuzes beantragt worden war, hatte auf ausdrückliche Weisung dieses nicht bekommen. (Vgl. Eintrag vom 30. September 1943, Goebbels Tagebücher, Teil II, Bd. 9, S. 630.) Der Umstand, dass Hitler ihm dieses verwehrt hatte, ist weniger als Indiz für mangelnde Wertschätzung zu bewerten – im Gegenteil, Backe stand in der allerhöchsten Gunst des „Führers" –, sondern kann nur so gedeutet werden, dass Hitler es trotz aller Rhetorik um „Erzeugungsschlachten" ablehnte, die „kriegserhaltende Tätigkeit" an der Heimatfront mit dem Wirken der Frontsoldaten gleichzusetzen. Auch wäre mit einer „Öffnung" der Auszeichnung für Nicht-Soldaten den Begehrlichkeiten aus Staat und Partei Tür und Tor geöffnet worden.
398 Vgl. dazu Eichholtz, Dietrich: Die „Krautaktion". Ruhrindustrie, Ernährungswissenschaft und Zwangsarbeit 1944, in: Herbert, Ulrich (Hg.): Europa und der „Reichseinsatz". Ausländische Zivilarbeiter, Kriegsgefangene und KZ-Häftlinge in Deutschland 1938–1945, Essen 1991, S. 270–294.

dürren Wissenschaftssprache des Befunds heißt, „dass die Kost der russischen Kriegsgefangenen und Ostarbeiter in Bezug auf Kalorien, Fett, Eiweiss und Vitamine nicht ausreicht, um ihnen eine so hohe körperliche Arbeitsleistung auf die Dauer zu ermöglichen, wie sie ihrer Konstitution entsprechen würde."[399] Die von Kraut am 22. Mai 1944 vorgelegten Ergebnisse über die geringe Leistungsfähigkeit der russischen Kriegsgefangenen, Ostarbeiter und italienischen Militärinternierten führte dazu, dass am nächsten Tag, dem 23. Mai 1944, unter Vorsitz von Reichsminister Herbert Backe, eine Besprechung über „Gesundheitszustand, Ernährung und Leistung der ausländischen Arbeitskräfte" stattfand.[400]

Die im Nachlass von Heinrich Kraut erhaltenen Aufzeichnungen verdeutlichen in der kalten Sprache des Abschlussberichts, wie sehr die Kriegsgefangenen und Militärinternierten von der nationalsozialistischen Politik als austauschbare Objekte, ihrem individuellen Schicksal gegenüber völlig indifferent, ausschließlich dem übergeordneten Kalkül der ernährungswirtschaftlichen Ziele untergeordnet wurden. Krankheitsfälle, auch Sterblichkeit, wurden dabei nicht nur billigend in Kauf genommen, sondern bewusst kalkuliert. Es waren vor allem die Klagen der Industrie, die wiederum aus der Sorge um Produktionsziffern die Mangelernährung der ausländischen Arbeitskräfte thematisierten, die Krauts Untersuchungen auf den Weg brachten. Die dabei angestellten Beobachtungen waren in ihrer menschenverachtenden Kälte präzise genug, um einen statistischen Zusammenhang zwischen Ernährungszustand, körperlicher Beanspruchung und Höhe des Krankenstandes differenziert nach einzelnen Industrie- und Landwirtschaftszweigen zuzulassen. „So betrug der durchschnittliche Krankenstand der Russen bei Einrechnung der Unfälle in allen von uns untersuchten Werken des Bergbaus, der eisenschaffenden und der eisenverarbeitenden Industrie etwa 15 Prozent, während er bei den wesentlich besser ernährten italienischen Militärinternierten (IMIS) im Durchschnitt bei etwa 10 Prozent lag. [...] Nicht verwunderlich war, dass bei völligem Fehlen von Seife und Handtüchern, einer völlig unzureichenden Zuteilung von Waschmitteln, einer jahrelang nicht gewechselten und nur noch aus Fetzen bestehenden Unterwäsche, bei völligem Fehlen von Strümpfen bei den russischen Kriegsgefangenen die Häufigkeit und die Krankheits-

---

[399] Ebd., S. 276.
[400] Als weitere Teilnehmer neben Professor Heinrich Kraut sind Reichsobmann Behrens, ebenfalls für das Reichsernährungsministerium, die Gauleiter Albert Hoffmann (Gau Westfalen-Süd) und Alfred Meyer (Gau Westfalen-Nord), der Präsident der Kaiser-Wilhelm-Gesellschaft und Vorsitzende des Gau-Führungsrats, Dr. Albert Vögler, sowie Direktor Kurt Schmitz von der Kammer I Sozialwirtschaft genannt. Die Forderungen nach einer Verbesserung der Verpflegungssätze sowie einer grundsätzlichen Änderung des bisherigen Arbeitseinsatzverfahrens führten dazu, dass Kraut zu einem Großversuch ermächtigt wurde, der dazu dienen sollte, die „allgemeine wirtschaftspolitische Auswirkung der vorgeschlagenen Ernährungsänderungen erkennen zu lassen". In der Zeit vom 24. Mai bis 4. Juni 1944 wählte Kraut mit seinem Team die infrage kommenden Konzerne – ausnahmslos der Stahlindustrie im Ruhrgebiet zuzuordnen – aus, bei denen gemäß Plan Ernährungszulagen im Juli und August gewährt wurden (es handelte sich um die Zulage einer warmen Suppe, bei den Bergleuten unter Tage um ein Butterbrot zur Frühstückspause).

dauer der infektiösen Haut- und Weichteilerkrankungen, vor allem Furunkulosen, im Laufe unserer Untersuchungen nicht ab-, sondern zunahmen. Demgegenüber finden wir bei den Italienern nicht nur eine Abnahme der Zahl, sondern auch der Krankheitsdauer der Furunkulosen. Das hat zwei Ursachen: Zunächst eine äußere, denn die Italiener bekamen bei der Überführung in das freie Arbeitsverhältnis nicht nur eigene Zivilkleider, sondern bis auf Strümpfe auch neue Unterwäsche, die regelmäßig gewaschen wurde. […] Verantwortlich für die hohe Ziffer der Infektions- und Erkältungskrankheiten in beiden Gruppen dürfte einmal der bei den Ende 1944 laufenden Alarmierungen notwendige lange Aufenthalt in feuchten, kalten und zugigen Splittergräben sein, bei den Russen außerdem noch eine durch Bombenschaden des Lagers bedingte Überfüllung und der Mangel an Decken. Entgegen unseren Erwartungen wurde durch die Erhöhung der Rationen und die damit verbundene Hebung des körperlichen Zustands die Unfallhäufigkeit und die Unfallschwere nicht gebessert."[401]

Die „Kraut-Aktion", ein vom Reichsernährungsministerium eng begleitetes und in seinen „Ergebnissen" bereitwillig aufgegriffenes Projekt, noch dazu in der Verantwortung eines führenden Wissenschaftlers und maßgeblichen Beraters von Minister Backe und seinem Haus, kann als Beispiel für Menschenbild und Krankheitskalkül, vorgeblich aus dem übergeordneten Ziel, Ernährungssicherheit für die eigene Bevölkerung zu erreichen, herangezogen werden. Eine kritische Auseinandersetzung mit dieser Form der wissenschaftlichen Untersuchung und ihren Ergebnissen sucht man in den erhaltenen Akten des Reichsernährungsministeriums vergeblich.

3 Durchhalteparolen

Im Angesicht der Niederlage wurden die Anstrengungen an allen Enden verdoppelt. Selbst dort, wo einst empfindliche Konkurrenz zwischen den einzelnen Dienststellen geherrscht hatte, kamen nun Fronten in Bewegung. Auf Initiative von Backes persönlichem Referenten Backhaus wurden die Referenten, die in den einzelnen Reichsdienststellen der SS auf die Landvolkpolitik Einfluss hatten, zu einem losen Kreis zusammengefasst, „um regelmäßigen Gedankenaustausch zu pflegen, gegenseitige Anregungen zu geben, Missstände zu klären und dergleichen mehr."[402] Erst in Anbetracht der sich abzeichnenden Niederlage konnten mit einem von Hans-Joachim Riecke in Vertretung des Reichsministers für Ernährung und Landwirtschaft vom 26. Juli 1944 gezeichneten Erlass die sowjetischen Kriegsgefangenen und die Ostarbeiter (Ostarbeiterinnen), die in der Rüstungsindustrie und der gewerblichen Wirtschaft beschäftigt und in Lagern untergebracht waren, „zur Erhaltung und Steigerung ihrer Arbeitsfähigkeit" allen anderen Kriegsgefangenen gleichgestellt werden und

---
401 Ebd., S. 276.
402 Backhaus an SS-Standartenführer Dr. Brandt, 26. August 1944, BArch NS 19/1004, fol. 1–15.

damit künftig die gleichen Verpflegungssätze wie diese erhalten.[403] In den Vernehmungen des Nürnberger Prozesses wurde diese späte Gleichstellung wiederholt aufgegriffen und als Beleg dafür gewertet, wie sehr sich das von Herbert Backe geführte Ministerium im Verlauf des Krieges ideologisch den Vorgaben von SS und Partei unterworfen und sich in seinem von ihm ministeriell zu vertretenden Regelungswerk der Verbrechen einer Kriegführung ohne Humanität und der Beteiligung an der rassenideologischen Vernichtungspolitik schuldig gemacht hatte.[404] Viel zu spät auch hatte man beim Rückzug aus den besetzten Gebieten für die deutsche Landwirtschaft russische Maschinen und Geräte freigegeben, weil ausdrücklich Anweisung bestand, „diese Läger zurückzuhalten und die Maschinen wieder instandzusetzen zum erneuten Einsatz im Falle eines Wiedereinmarsches deutscher Truppen", wie der Chefbeauftragte Landwirtschaft des Wirtschaftsstabs Ost, der Kriegsverwaltungsrat und ehemalige Direktor des Landmaschineninstituts der Universität Berlin, Dr. Ing. Carl Heinrich Dencker, nach dem Krieg im Nürnberger Prozess rekapitulierte.[405]

Die Gesamtstimmungslage verschlechterte sich jetzt zunehmend. Staatssekretär Willikens hatte sich schon im Mai des Vorjahres veranlasst gesehen, zu besonderer Zurückhaltung und Vorsicht bei Unterhaltungen allgemeiner Art zu mahnen und sich vor allem Äußerungen „über die Aussichten des Krieges sowie über die Ernährungs- und Wirtschaftslage" zu enthalten.[406] Herbert Backe nutzte seit seiner Ernennung zum Minister vor diesem Hintergrund konsequent das Instrument der öffentlichen Ansprache. Nahrung wurde zur Waffe umgedeutet, die allein der Erhaltung der Arbeits- und Kampfkraft der Nation zugutekommen sollte.[407] Backes martialische Durchhalteparolen von der Erzeugungsschlacht lagen ganz auf der Linie der Goebbels'schen

---

403 Erlass Riecke vom 26. Juli 1944 betr. Verpflegung der sowjetischen Kriegsgefangenen und der Ostarbeiter (Ostarbeiterinnen), sowie Vermerk Backe betr. Verpflegung der sowjetischen Kriegsgefangenen und der Ostarbeiter, 9. August 1944, sowie Erlass des Reichsministers für Ernährung und Landwirtschaft an die Landesernährungsämter, Abteilung A und B, nachrichtlich an die Regierungspräsidenten und entsprechende Behörden, vom 15. September 1944: StAN Rep. 501, KV-Prozesse, NG-1891, Bl. 421–427. „1. Die sowjetischen Kriegsgefangenen erhalten dieselben Sätze wie die übrigen Kriegsgefangenen (vgl. meine Erlasse vom 6. Oktober 1942 und die hierzu ergangenen Ergänzungserlasse). Alle entgegenstehenden Sonderregelungen werden aufgehoben. Durch diese Regelung ist mit Beginn der 66. Zuteilungsperiode ein einheitlicher Verpflegungsplan für alle Kriegsgefangenen in Lagern festgesetzt. 2. Ostarbeiter und Ostarbeiterinnen erhalten dieselben Verpflegungssätze wie die übrigen Kriegsgefangenen. Damit erhalten von der 66. Zuteilungsperiode an (ab 21. August 1944) alle Kriegsgefangenen und die Ostarbeiter die gleichen Sätze."
404 Vernehmung Julius Marquart Claussen am 1. Juli 1947 durch Mr. Henry L. Cohen, StAN Rep. 502, KV-Anklage, Interrogations, C-11.
405 Eidesstattliche Versicherung Professor Dr. Ing. Carl Heinrich Dencker, 36. März 1946, in: Der Prozess gegen die Hauptkriegsverbrecher vor dem Internationalen Militärgerichtshof, Bd. XV, Nürnberg 1947–1949: Dokument Rosenberg 35, S. 205 ff.
406 Aufzeichnung Willikens „betr. Nachteilige Beeinflussung der Volksstimmung durch Behördenangehörige", 24. Mai 1943, BArch R 16/37.
407 Bericht „10 Jahre deutsche Ernährungspolitik", abgeschlossen am 23. September 1943, BArch R 16/153a, S. 56.

Endsieg-Propaganda vom „totalen Krieg": „Die 6. Kriegserzeugungsschlacht stellt uns vor die bisher schwerste Aufgabe. Es gilt, das deutsche Volk auf engerem Raum zu ernähren und damit die Voraussetzung für den Endsieg zu schaffen. Was nur zur Erreichung dieses Zieles an betriebswirtschaftlichen Maßnahmen auf unseren Betrieben notwendig ist, werde ich in meiner Rede zur 6. Kriegserzeugungsschlacht im Einzelnen ausführen."[408]

Der Verlust der Ostgebiete machte der politischen Leitung des Ernährungsministeriums zunehmend zu schaffen, doch an und für sich standen die Ernteaussichten auch zur Jahresmitte 1944 erstaunlicherweise gar nicht schlecht. Ministerialdirektor Moritz hatte die Versorgungsprognosen in einer Besprechung mit Vertretern des OKW am 29. Juni 1944 in Mönchsberg wie folgt zusammengefasst: „Die erwünschte Reichsreserve (an Getreide) von 1,5 Millionen t neben dem gewöhnlichen Überhang wird nicht verwirklicht, da allein der Kartoffelausfall der Ernte 1943 rd. 500 000 t Roggen kostete, Rumänien in den Lieferungen versagte und die erwarteten Lieferungen aus dem Reich nicht ganz erzielt werden konnten. Die für das 6. Kriegswirtschaftsjahr notwendige Senkung der Brotration wird nur z.T. durch Kartoffeln ausgeglichen werden können, da auch bei der in Aussicht stehenden guten Kartoffelernte die Transportlage einen restlosen Ausgleich nicht zulasse wird." Der Erfolg der Bestellung und der Stand würden angesichts der Lage im 6. Kriegswirtschaftsjahr an ein Wunder grenzen. Der Acker sei gut bestellt.[409]

4 Auflösungserscheinungen und Ende

Die normale Ministeriumsarbeit in der Reichshauptstadt wurde im Herbst 1944 immer schwieriger. Luftangriffe, der zunehmende Zustrom von Flüchtlingen, die Zerstörung der Verkehrsinfrastruktur, auch der Wegfall der Überschussgebiete im Osten, all dies verlangte nach Improvisationen: „Die Verbindung mit unseren Außenstellen hing oft von einer einzigen Telefonleitung ab, die quer über die Dächer und Hausreste von der Post wiederhergestellt wurde, oder von der Existenz eines einzigen Fernschreibers im Rheinland, der noch nicht von der Wehrmacht beschlagnahmt war."[410] Viele Ministeriumsangehörige waren da schon längst zum „Gefechtsstandsbetrieb" übergegangen, d.h. sie übernachteten im Ministerium mit einigen Mitarbeitern, wenn Luftangriffe angekündigt waren, so wie es auch Staatssekretär Riecke nun immer häufiger tat, in eigens dafür aufgestellten Feldbetten in den Büroräumen. Aber auch die Zusammenarbeit zwischen den Ministerien, deren Abteilungen im ganzen Restgebiet des Reiches verteilt waren, gestaltete sich jetzt zunehmend schwierig.

---

408 Der Reichsbauernführer an alle Landesbauernführer betr. 6. Erzeugungsschlacht, 9. November 1944, BArch R 16/37.
409 Vermerk für MVV-Chef Küper, 30. Juni 1944, BArch R 26/IV vol. 13.
410 Erinnerungen Riecke, Teil 2, S. 126, BArch NL Hans-Joachim Riecke N 1774/1.

Backe war in dieser schon von Auflösungserscheinungen geprägten Schlussphase des Krieges ganz im Zentrum der Macht angekommen. Er bemühte sich nun verstärkt um Anschluss an den Kreis der im Zusammenbruch agierenden Reichsminister – Goebbels nennt als Teilnehmer einer abendlichen Zusammenkunft neben Backe Speer, Dönitz, Kaltenbrunner, Funk und Ley.[411] Immer wieder suchte der Reichsernährungsminister auch den dienstlichen Kontakt zum Reichsführer SS Heinrich Himmler, den er nach wie vor als Bundesgenossen benötigte. Zum Jahresende 1944 schickte ihm Backe vertraulich seine für den „Führer und Reichskanzler" bestimmte Aufzeichnung zur Versorgungslage, die Himmler dem „liebe(n) Parteigenosse(n) Backe" bald darauf bestens dankend mit den vielsagenden Sätzen zurückgab: „Ich halte es für ein ausgesprochenes Glück, daß wir in diese Belastungszeit erst im sechsten bzw. dann im siebenten Kriegsjahr kommen. Ich habe nach wie vor die Überzeugung, dass wir am 1. Januar 1945 kalendermäßig wohl in das letzte eigentliche Kriegsjahr eintreten."[412]

Backe beließ es nicht beim Dank für die Rücksendung seiner Denkschrift, sondern verkündete die Absicht, Himmler „in Zukunft stets grundsätzliche Ausführungen oder Denkschriften zuzuleiten." In der Jetztzeit habe sich die Situation in der Landwirtschaft – insbesondere was das Stickstoffaufkommen wie die Verkehrslage anbelangt – wesentlich verschlechtert. Beide Probleme bereiteten ihm und seinen Mitarbeitern „ungeheure Sorgen im Hinblick auf die Erstellung der neuen Ernte", und er plädierte deshalb nachdrücklich dafür, vorrangig die anstehenden Infrastrukturprobleme zu lösen.[413] Backe war nun in der vordersten Reihe des untergehenden Hitler-Staates in einer Schlüsselstellung angekommen. In der Ministerriege war er neben dem „Rüstungs-Wunderkind" Albert Speer und Reichsmarschall Hermann Göring der einzige, der sich am Silvesterabend des Jahres 1944 mit einer Neujahrsansprache ans deutsche Volk wenden durfte, im Ministerium freilich entglitten ihm zunehmend die Fäden, und er musste mit ansehen, wie der von ihm zunächst als Ministerialdirektor eingesetzte, nun als Staatssekretär fungierende Hans-Joachim Riecke mehr und mehr das Heft des Handelns an sich riss.

Hans-Joachim Riecke sprach in seinen Erinnerungen in zugespitzter Form davon, dass Deutschland in jener Zeit der gespenstischen Schlussphase des Dritten Reiches von einer Gruppe von Staatssekretären verwaltet worden sei, die zur Regelung des Notwendigsten – insbesondere der Lenkung der Flüchtlingsströme und der Flüchtlingstransporte – zusammengekommen seien. Als im Frühjahr 1945 diese Gruppe, der Riecke für das RMEL angehörte, den Fehler beging, an Hitler eine Denkschrift zu adressieren, endete dies mit einem Rüffel für die zu selbständig Agierenden und der Ansage, sich künftig nur noch im Rahmen der jeweiligen Ressortzuständigkeit der Problemlösung zu widmen. In der von allgemeinen Auflösungserscheinungen be-

---

411 Eintrag vom 15. November 1944, Goebbels Tagebücher, Teil II, Bd. 14, S. 212.
412 Himmler an Backe, 26. Dezember 1944, BArch NS 19/2043.
413 Backe an Himmler, 11. Januar 1945, ebd.

stimmten Gesamtkonstellation verfielen jedoch auch staatliche und Parteiautorität zunehmend. So umgingen die findigen Staatssekretäre das ihnen auferlegte Versammlungsverbot, indem sie sich nunmehr – vorgeblich zum Studium von Dokumentarfilmen, in Wirklichkeit zur Fortsetzung ihrer Besprechungen – im noch erhaltenen Filmvorführungsraum im Propagandaministerium trafen und dann dort bei abgestelltem Ton ihre Erörterungen aufnahmen, um die von ihnen als notwendig betrachteten Maßnahmen zu vereinbaren. Auch der Staatssekretär der Parteikanzlei, Dr. Klopfer, gehörte diesem Gremium an und half mit Rat und Tat, die Anordnungen seines Chefs, des Leiters der Parteikanzlei, Martin Bormann, zu umgehen.[414]

Riecke war auf diese Weise immer mehr in eine Schlüsselstellung eingerückt, da sich Reichsminister Backe zunehmend dem abendlichen Alkoholkonsum hingab und etwa von Albert Speer mit dem Hinweis auf seinen Alkoholismus nicht in die Aktion der Sabotage von Hitlers Nerobefehl vom 19. März 1945, der nach dem Prinzip der verbrannten Erde die totale Zerstörung Deutschlands anordnete, eingeweiht worden war.[415] Am 26. Februar hatte Riecke seinen letzten Lagevortrag bei Reichskanzler Adolf Hitler, bei dem er über die Ernährungslage und weitere Anordnungen in den westlichen Gebieten, z. B. zur Zurücklassung von politisch unbelasteten Beamten in den Ernährungsämtern, referieren musste.

In seinem „Großen Bericht" widmet Backe der Schlussphase seiner ministeriellen Tätigkeit nur einige wenige Passagen, umso aufschlussreicher sind die dort enthaltenen Sätze über den Dilettantismus, die völlige Unkenntnis militärischer Führungsaufgaben und die fundamentale Kritik an Heinrich Himmler, der 1943 zum Innenminister ernannt worden war, zudem nach dem 20. Juli 1944 den Oberbefehl über das Ersatzheer übernommen hatte und der einst Backe als eine Art Steigbügelhalter bei der Übernahme des Ministeriums gedient hatte.[416] Aus den privaten Briefen an seine Ehefrau Ursula geht hervor, wie der Reichsminister bis zum Schluss als gläubiger Nationalsozialist seine absolute Führertreue bewahrte – ein Abrücken von Hitler sei für ihn unvorstellbar – und den gespenstischen Gedanken ventilierte, seinen vier jugendlichen Kindern das Leben zu nehmen, um ihnen die Existenz in einer nachnationalsozialistischen Zeit zu ersparen.[417]

Zu den Aufgaben des Ernährungsministers zählten nun auch ungewöhnliche Maßnahmen. Aufgrund des Zustroms von Treckpferden aus den Ostgebieten des Reiches und dem durch Ausfall der Futterüberschussgebiete entstandenen Futter-

---

414 Dazu und zum folgenden Erinnerungen Riecke, Teil 2, S. 127 ff, BArch NL Hans-Joachim Riecke N 1774/I.
415 Vgl. ebd., S. 130; Text des Nero-Befehls: Speer-25, abgedruckt in: Der Prozess gegen die Hauptkriegsverbrecher vor dem internationalen Militärgerichtshof, Bd. 41, Nürnberg 1947–1949, S. 430; vgl. dazu auch Eichholtz, Kriegswirtschaft, Bd. 3: 1943–1945, Teil II, S. 663 ff.
416 Herbert Backe, Großer Bericht (wie Fn. 54), insbes. S. 49/50.
417 Siehe dazu den Briefwechsel zwischen Herbert und Ursula Backe 2. August 1943, 23. November 1944, 4. Februar 1945, BArch NL Backe N 1075, Bd. 10; Eintrag Tagebuch Ursula Backe 7. August 1944, NL Backe N 1075, Bd. 27.

mangel wurde Reichsminister Backe für den zivilen Bereich per Erlass beauftragt, den Umfang des Pferdebestandes auf die durch die Futtermittellage gegebenen Erfordernisse zu begrenzen und überzählige Pferde der allgemeinen Fleischversorgung zuzuführen.[418] Schon zuvor war von Seiten der Parteikanzlei Ende Februar 1945 die dringende Forderung nach Reduzierung des in krassem Missverhältnis zum geringen Futteraufkommen stehenden Pferdebestandes aufgekommen. Man war sich bewusst, dass sich dies auf die Stimmung der aus dem Osten geflüchteten Bauern niederschlagen würde, sah aber insbesondere wegen der drohenden Gefahr der Unbeweglichkeit der Wehrmacht keine andere Möglichkeit.[419]

In den letzten Kriegsmonaten erwies sich vor allem die Ernährungslage in den Städten aufgrund der desaströsen Versorgungswege und einer desolaten Infrastruktur als kritische Aufgabe. Backe versuchte im Zusammenwirken mit Speer und dessen Wirtschaftsführer Hans Kehrl ein Notprogramm für die Herstellung von Landwirtschaftsgeräten aufzusetzen und die Versorgung der städtischen Bevölkerung Berlins bis zur nächsten Ernte durch Auffüllung der Kornspeicher sicherzustellen. Große Teile des Ministeriums und nachgeordnete Dienststellen waren zu diesem Zeitpunkt schon ausgelagert. Wegen der vorrückenden Front – am 8. Februar begann eine Offensive der ersten ukrainischen Front aus den Oderbrückenköpfen Steinau und Leubus, kurz darauf nahm die dritte sowjetische Garde-Panzer-Armee Liegnitz, und die 6. Armee rückte von Norden sowie die 6. Gardearmee von Süden her in einer Zangenbewegung auf die Einschließung Breslaus zielend vor – mussten die bislang nach Landsberg an der Warthe ausgelagerten Dienststellen des Reichsernährungsministeriums nun in die Umgebung von Erfurt verlegt werden.[420]

Im Ministerium war zu diesem Zeitpunkt nur noch ein kleiner Stab mit Backe und Riecke zurückgeblieben, alle anderen Beamten und Angestellten, die sich bis dahin noch in Berlin befunden hatten, waren evakuiert worden. In der Nacht vom 20. zum 21. April 1945 wurde schließlich den noch in Berlin ansässigen Mitgliedern der Reichsregierung befohlen, über Nauen in den Nordraum auszuweichen und Anschluss zum Stab von Großadmiral Dönitz zu suchen, der jetzt *de facto* den Oberbefehl über alle Streitkräfte übernommen hatte. Auch Backe begab sich in der Nacht vom 20. zum 21. April 1945 von Berlin nach Eutin, wo sich bereits die Mehrzahl der Reichsminister eingefunden hatte. Staatssekretär Hans-Joachim Riecke nahm, wie er in seinen Erinnerungen schrieb, an diesem nächtlichen Exodus nicht teil, da er nicht wollte, dass die wenigen noch in Berlin verbliebenen Beamten und Angestellten am Morgen seinen Schreibtisch unbesetzt vorfinden würden: „Als gegen 11 Uhr die ersten russischen Granaten in den Garten und in das Dach des Ministeriums schlugen, versammelte ich die letzten erschienenen Männer und Frauen im Keller des Ministeriums

---

418 „Reichsminister Backe trifft seine Maßnahmen im Einvernehmen mit SS-Gruppenführer Fegelein": Führererlass vom 23. März 1945 aus dem Führerhauptquartier, in: Moll, Führer-Erlasse, S. 487.
419 Eintrag 28. Februar 1945 (RMEL), AdP, Regesten, Teil 1, Bd. 1, Ziffer 18330.
420 Eintrag 8. Februar 1945 (RMEL), AdP, Regesten, Teil 1, Bd. 1, Ziffer 18310.

und schloss mit einer kurzen Ansprache den Dienstbetrieb ‚bis auf weiteres'."[421] Mit Hilfe des früheren Landesbauernführers von Sachsen, Hellmut Körner, gelang es Riecke noch im Laufe des 22. und 23. April, einige Lebensmittelzüge mit der Reichsbahn über Nauen nach Berlin bringen zu lassen. Am 23. April indes wurde sein Versuch, mit einem Kübelwagen der Heeresgruppe in Begleitung von zwei Feldgendarmerieoffizieren aus Nauen zurück nach Berlin zu gelangen, durch russisches Artilleriefeuer im Tiergarten beendet. Immerhin aber konnte er mit seinen Begleitern noch bis zur Wilhelmstraße vordringen, wo Riecke in einer allerletzten Besprechung mit dem Regierungspräsidenten vereinbarte, alle Möglichkeiten auszuschöpfen, um die jetzt auf drei Monate vorbestimmten Vorräte zu erhöhen.

5 Nachspiel: In der Geschäftsführenden Regierung Dönitz

Zu Reichsminister Backe, der im Nordraum bei Eutin sein Quartier aufgeschlagen hatte, bestand lediglich Funkverbindung. Auch Riecke begab sich nun dorthin und konnte dem Reichsminister im Ausweichquartier erstmalig am 28. April Bericht erstatten. In Plön erfuhren Backe und Riecke mit dem Ministeriumsreststab die drei Funksprüche, in denen Bormann Großadmiral Dönitz unterrichtete, dass der „Führer" ihn, Dönitz, anstelle Görings zum Nachfolger bestellt habe, das Testament in Kraft und Hitler (Funkspruch vom 1. Mai) am Vortag verschieden sei. Es war für Backe eine Genugtuung, dass er im Politischen Testament Adolf Hitlers als Reichsminister wiederum für die Zuständigkeit für Ernährung und Landwirtschaft vorgesehen war. Als Mitglied der Geschäftsführenden Regierung Dönitz nahm Backe am Nachmittag des 2. Mai an der konstituierenden Sitzung im provisorisch hergerichteten Landratsamt von Eutin teil, wo Dönitz eine Anzahl Mitglieder der bisherigen Reichsregierung versammelt hatte. Riecke, der Backe zu dieser Besprechung begleitete, hielt ein paar Jahre später die surreale Situation des Auftakts jener letzten 23-Tage-Reichsregierung fest: „Dönitz gab zunächst in kurzen Worten die militärische Lage bekannt. Er teilte mit, dass er – als Staatsoberhaupt nach dem Tode des Führers – entschlossen sei, eine Beendigung der Feindseligkeiten herbeizuführen. Um Handlungsfreiheit zu gewinnen, wolle er noch einmal vor dem vordringenden Feind ausweichen, und zwar nach Flensburg bzw. Mürwik. Sein Ziel dabei sei in erster Linie Zeit zu gewinnen, um eine möglichst große Zahl von Menschen – Soldaten und Flüchtlinge – vor dem Zugriff der Russen zu bewahren, das heißt, sie hinter die Linien der westlichen Alliierten zu bringen. [...]. Er bat Backe, die Geschäfte des Ernährungsministers auch weiterhin zu übernehmen. Auf eine Frage von Backe erhielt ich von Dönitz die Weisung, mich für die weitere Arbeit zur Verfügung zu halten und mich nach Flensburg zu begeben."[422]

---

421 Erinnerungen Riecke, Teil 2, S. 137, BArch NL Hans-Joachim Riecke N 1774/I.
422 Eidesstattliche Erklärung Hans-Joachim Riecke, 25. Mai 1948, aus dem Besitz des RA. Fritsch, Augsburg (Verteidiger Fall VII u. XI) IfZ Zeugenschrifttum Riecke, ZS 508.

In der Nacht vom 2./3. Mai setzten sich die Mitglieder der Geschäftsführenden Regierung mit einer kleinen Zahl von Mitarbeitern des OKW, des OKH usw. in den Flensburger Raum ab. Dort wurde unter primitivsten Arbeits- und Unterbringungsbedingungen entsprechend den von Dönitz erteilten Weisungen vor allem an der Vorbereitung der Kapitulationsverhandlungen gearbeitet und eine Reihe von Einzelmaßnahmen verfügt, darunter die Aufhebung des Werwolf-Befehls.[423] Unter dem Vorsitz des mit der Aufgabe des „Leitenden Ministers" betrauten Reichsfinanzministers Schwerin-Krosigk fanden noch regelmäßig – wegen der übersichtlichen Aufgaben auf Vormittage begrenzt – Kabinettssitzungen im Glücksburger Wasserschloss statt.

Es mag aus heutiger Sicht wirklichkeitsfremd erscheinen, dass die dort versammelten Kabinettsmitglieder tatsächlich das Ziel verfolgten, den Alliierten eine arbeitsfähige Zentralverwaltung zu übergeben und gerade auf dem Gebiet der Land- und Ernährungswirtschaft Handlungsbedarf erkannten. Für dieses Ziel zogen sie die im Nordraum befindlichen Angehörigen der Ministerien und anderer Verwaltungsbehörden heran, um die Kerngruppe für eine künftige arbeitsfähige Verwaltung zusammenzubringen. Hans-Joachim Rieckes Bericht spiegelt die weltfremden Erwartungen jenes historischen Moments treffend wider: „Zunächst schien es, als ob auch die zweite Aufgabe, die sich die geschäftsführende Reichsregierung gestellt hatte, erfolgreich gelöst werden könne. Bereits am 8. Mai traf in Flensburg eine amerikanisch-englische Kommission ein – unter Führung des amerikanischen Generals Rooks –, die sofort auf den verschiedensten Gebieten mit der Regierung Dönitz Verbindung aufnahm. Aufgrund verschiedener, von der Kommission gestellter Anfragen wurde in den nächsten Tagen eine Denkschrift ausgearbeitet, die sich mit den zur Zeit wichtigsten Problemen in Deutschland nach der Kapitulation befasste. An erster Stelle standen hierbei naturgemäß die Fragen der Ernährungswirtschaft. Es wurde in dieser Denkschrift erneut der Nachweis geführt, dass nur bei Beibehaltung einer zentralen Verwaltung eine geordnete Versorgung der großen Verbrauchzentren des Westens mit Lebensmitteln möglich sein würde. Es wurde dabei besonders betont, dass es unbedingt notwendig sei, eine gewisse Kontinuität der Verwaltungsarbeit aufrecht zu erhalten, wenn anders nicht große Störungen auftreten sollten. Weiter wurde dargelegt, dass keine Zeit verloren gehen dürfe, um die Vorbereitungen für die Erstellung der Ernte 1946, das heißt zunächst für die Herbstbestellung 1945, zu treffen. Dabei wurde ein Überblick über die Versorgungslage der deutschen Landwirtschaft mit Kunstdünger, Maschinen, Geräten und Saatgut gegeben und gleichzeitig Vorschläge für ein Versorgungsprogramm für diese Betriebsmittel vorgelegt. Noch am 22. Mai forderte General Lewis einen Bericht an über die Lage, die durch eine Anordnung der britischen Besatzungsbehörden entstanden war, durch die die Geltung der Lebensmittelkarten für die laufende Versorgungsperiode um zwei Wochen verlängert wurde.

---

[423] Vgl. dazu grundlegend Lüdde-Neurath, Walter: Regierung Dönitz. Die letzten Tage des Dritten Reiches, Leoni am Starnberger See 1980; zur geschäftsführenden Regierung Dönitz nach wie vor Steinert, Marlis: Die 23 Tage der Regierung Dönitz, Düsseldorf, Wien 1965; Hansen, Reimer: Das Ende des Dritten Reiches. Die deutsche Kapitulation 1945, Stuttgart 1966.

Inzwischen war auch eine russische Kommission eingetroffen, die von sich aus Verhandlungen auf den verschiedensten Gebieten aufnahm."⁴²⁴

Aus den Restbeständen des Ministeriums hatte sich Backe hinreichend mit Schnapsvorräten eingedeckt, die er an seine Kabinettskollegen und in Plön versammelte Mitarbeiterstäbe verteilen ließ. Es ist bezeichnend für jene gespenstische Situation, dass diese Geschäftsführende Regierung, die doch kaum mehr als ein Liquidationsunternehmen in den Händen der Alliierten war, an der Fiktion einer „arbeitsfähigen Zentralregierung" festhielt.

In seinem Großen Bericht erwähnt Backe, dass er in jener Zeit vor allem an einer für General Eisenhower bestimmten Denkschrift gearbeitet habe, in der er die anfallenden Aufgaben künftiger Ernährungspolitik skizziert habe. Jene Denkschrift vom 10. Mai 1945 kann als Beleg dafür gewertet werden, dass Backe sich über den Zusammenbruch hinweg als Ernährungsexperte auch für die Zeit danach den Westalliierten empfehlen wollte. „Solange nicht feststeht, in welchem Ausmaß die agrarischen, ostelbischen Überschussgebiete dem übrigen Deutschland zur Verfügung stehen, muss in den Zuschussgebieten des Westens und Südens mit einer Ernährungskatastrophe gerechnet werden", heißt es dort. „Sie kann nur gemildert werden durch Sofortmaßnahmen, die eine verstärkte agrarische Erzeugung für die Zukunft und eine straffe Bewirtschaftung einschließlich der jetzt vorhandenen Ernährungsgüter gewährleisten."⁴²⁵ Er forderte darin die Freigabe aller Vorräte, insbesondere der Wehrmachtverpflegungslager, auch aller Wehrmachtsgüter, die mittelbar oder unmittelbar der landwirtschaftlichen Erzeugung dienen könnten, der Fischereifahrzeuge und der in der Landwirtschaft und in den ernährungswirtschaftlichen Betrieben tätigen Arbeitskräfte. Seine Überlegungen bezogen insbesondere auch den Bereich der gewerblichen Versorgung, das Geld und Währungsfragen, den Arbeitseinsatz, die Sozialversicherung und die allgemeine Verwaltung mit ein, etwa wenn er die Wiederaufnahme des Schulunterrichts „als wirksamste Maßnahme gegen Verwahrlosung der Jugendlichen" empfahl. Sie verraten den Anspruch Backes, als „effizienter Verwaltungsmann" auch in der Zeit nach Hitler bei den staatlich-politischen Weichenstellungen im Restreich einbezogen zu werden und sollten ihn als „unabkömmlich" für das Management des Übergangs empfehlen. Bemerkenswert erscheint dabei, dass Backe auch in jener ausweglosen Situation die „Aufrechterhaltung der landwirtschaftlichen berufsständischen Organisationen", namentlich des Reichsnährstands, in seiner Zukunftsdenkschrift eine eigene Erwähnung wert gewesen ist. Aus den erhaltenen Notizen für sein Gespräch mit General Eisenhower geht hervor, dass sich Backe in der Unterredung, die es nie geben sollte, auf die Themenbereiche „ernährungswirtschaftliche Gesetzgebung, Organisationsfragen auf der Provinz-, Kreis- und Gemeindeebene und Wiedererrichtung der Zentralstellen der Ernährungswirtschaft"

---

424 Eidesstattliche Erklärung Hans-Joachim Riecke 25. Mai 1948, IfZ Zeugenschrifttum Riecke, ZS 508.
425 Herbert Backe, Aide-Memoire über sofort zu lösende überregionale Fragen, Flensburg-Mürwik 10. Mai 1945, BArch NL Backe N 1075, Bd. 4.

sowie – ganz auf der Linie seiner Flensburger Denkschrift – auf „Vorratsfreigabe, Wiederaufbau der Verkehrswege und umgehende Versorgung der Landwirtschaft sowie Einführung eines einheitlichen Lebensmittelkartensystems (bis auf weiteres)" konzentrieren wollte.[426]

---

[426] Notiz Backes o. D. zur Anmeldung bei Eisenhower, ebd.

VIII Schlussbetrachtung: Schuld und Verantwortung

Als Backe am 15. Mai 1945 um 10.00 Uhr zur Kabinettssitzung der Geschäftsführenden Regierung Dönitz erschien, wurde ihm die Anforderung aus dem Hauptquartier General Eisenhowers in Reims mitgeteilt, sich dorthin zur Besprechung ernährungswirtschaftlicher Fragen für ein bis zwei Tage zu begeben. Als Backe dort mit leichtem Gepäck noch am selben Tag eintraf, wurde er verhaftet. Anstelle des Vortrags folgte lediglich ein Verhör durch subalterne Offiziere. Für Reichsminister Backe begann nun eine längere Odyssee durch mehrere Lager und Gefängnisse, die ihn schließlich in den Nürnberger Justizpalast bringen sollte. Auch dieser letzte Akt, so ephemer und realitätsfremd er dem heutigen Leser erscheinen mag, gehört streng genommen noch zur Nachgeschichte des Reichsministeriums für Ernährung und Landwirtschaft in der Zeit des Nationalsozialismus. Backe hat sich dort in mehreren Verhören und Aufzeichnungen ausführlich zu seiner Rolle in der nationalsozialistischen Zeit geäußert. Ein Schuldeingeständnis, gar eine Kritik an Adolf Hitler und dem Nationalsozialismus sucht man in den erhaltenen, von Backe verfassten Aufzeichnungen und Briefen vergebens. Herbert Backe stand in Nürnberg die Anklage bevor. Noch vor dem Abschluss des Verfahrens erhängte er sich am 6. April 1947 in seiner Nürnberger Zelle. Es mag als Laune der Geschichte ausgelegt werden, dass sein Freitod in genau jener Zelle erfolgte, in der kurz zuvor der ehemalige Reichsmarschall Hermann Göring, mit dem Backe im Vierjahresplan aufs engste kooperiert hatte, sich durch Einnahme von Gift seinem im Hauptkriegsverbrecherprozess als Urteil verkündeten Tod durch den Strang entzogen hatte.

Auch der im gesamten Zeitraum für Ernährungsfragen zuständige Leiter der Abteilung II des Ernährungsministeriums, Ministerialdirektor Alfons Moritz, beging an Heiligabend 1947 Selbstmord, indem er sich von der Nürnberger Burgmauer in den Vestnertorgraben stürzte.[427] In einem von Eugen Kogon überlieferten Brief, der zugleich auch eine persönliche Reflexion von Schuld und Verantwortung von Moritz darstellt, hatte der hohe Ministerialbeamte – Kogon hatte die Quelle anonymisiert – in wenigen Sätzen sein persönliches Dilemma als Beamter des Reichsernährungsministeriums in der nationalsozialistischen Zeit zusammengefasst: „In Ihnen sehe ich den früheren KZ–Häftling, dem ich mit Wirkung für alle KL-Opfer und ihre Angehörigen das Folgende sagen darf: Für Art und Ausmaß des in den Konzentrationslagern Geschehenen gibt es keine menschliche Ausdrucksweise, keine Maßstäbe. Wenn dabei Hunger, Qual und Tod eine große Rolle gespielt haben und dies auch auf Rationierungsvorschriften beruhte, die ich gezeichnet habe, so hat es dabei – ich sage dies angesichts meines nahen Todes – nicht nur am Vorsatz und am Willen, sondern schon am Bewusstsein gefehlt, auch nur einem Menschen weh zu tun oder gar jemanden zu

---

[427] Alfons Moritz verstarb in der Nacht zum ersten Weihnachtstag 1947 im Städtischen Klinikum Nürnberg. Der Verfasser dankt dem Kollegen Andreas Dornheim für diese Information, die auf einer Mitteilung des Stadtarchivs Nürnberg an Andreas Dornheim vom 10. Mai 2017 beruht.

töten. Ich habe mir in der ganzen NS-Zeit (1933–1945) die Anschauungen von Recht und Humanität bewahrt, die *vor* 1933 bei allen Gutgesinnten Geltung hatten. Herkunft und Erziehung, Ausbildung und Beruf hatten hierfür ein Fundament gelegt, das im sechsten Lebensjahrzehnt nicht mehr zerstört werden konnte. Ich habe die Institution der Konzentrationslager verwerflich genannt, jedoch über ihr wirkliches Wesen und Wirken in allen wichtigen Einzelheiten nur so viel gewusst wie die Allgemeinheit. Meine Vorstellungen über sie, die mir niemand genommen hat, waren falsch, – bis zum Juni 1945! Ich nahm an, es gehe schlimmstenfalls um mehrere Tausend Unglückliche in diesen Lagern. Mit den Namen Dachau und Oranienburg erschöpfte sich mein Wissen; Buchenwald und Auschwitz sogar waren mir fremd (…) Meine Seelenqualen und Selbstanklagen sind unmessbar groß. Die Folterung ist umso furchtbarer, als ich keinerlei Erinnerung an die einzelnen Maßnahmen habe."[428]

Der Brief reflektiert die Beschäftigung mit der Frage von Schuld und Verantwortung aus der individuellen Perspektive eines hohen Ministerialbeamten, der innerlich von Anfang an dem Nationalsozialismus ablehnend gegenübergestanden hatte, in seiner dienstlichen Verantwortung für die Ernährungspolitik jedoch maßgeblich zum Funktionieren der Kriegswirtschaft und damit auch – in der Konsequenz – zur Ermöglichung des nationalsozialistischen Vernichtungsapparats beigetragen hatte. Sein Gewissen war in jenen Jahren nie gänzlich ausgeschaltet gewesen, aber doch vom Stakkato der Aufgaben und der Rhetorik der „Erzeugungsschlachten" betäubt.

Die Frage der Schuld und Verantwortung stellt sich mit Blick auf das Reichsministerium für Ernährung und Landwirtschaft in der Zeit des Nationalsozialismus zunächst auf zwei Ebenen. Schon in der unmittelbaren Nachkriegszeit war die Ebene der politischen Verantwortung zum Gegenstand der Nürnberger Prozesse gemacht worden. R. Walther Darré, einer der Angeklagten im Wilhelmstraßenprozess, hat sich ihr durch eine geschickt angelegte Verteidigungsstrategie zu entziehen versucht, obwohl nach Aktenlage kein Zweifel an seiner maßgeblichen Verantwortung für die frühzeitige Ideologisierung und Parteipolitisierung des Ernährungsministeriums und der agrarischen Interessenvertretung besteht. Von Darré sind keine Worte des Bedauerns, geschweige denn ein umfassendes Schuldeingeständnis bekannt.

Die auch in der nationalsozialistischen Zeit übliche Unterscheidung zwischen den sogenannten „politischen Ministerien" – dem Propagandaministerium, dem Auswärtigen Amt und der Reichskanzlei – und den sogenannten Fachministerien verschwimmt vor dem Hintergrund, dass – auf jeweils ganz andere Weise – Darré und Backe nicht nur den Primat der Partei anerkannten, sondern im Verständnis ihrer jeweiligen Aufgabe systemstabilisierend wirkten und damit auch sanktionierten, dass unter Berufung auf die allmächtige Führergewalt sich tradierte Normen und Werte auflösen konnten. Ernährungspolitik, das haben auch Darré und Backe eingeräumt,

---

[428] Kogon, Eugen: Politik der Versöhnung, in: Frankfurter Hefte. Zeitschrift für Kultur und Politik, 3. Jg. 1948, S. 317–324, Zitat auf S. 323; Raul Hilberg ordnet den Brief irrtümlicherweise Backe zu: ders., Vernichtung der europäischen Juden, 3 Bände, durchgesehene und erweiterte Neuauflage, Frankfurt/M. 13. Aufl. 2017, Bd. 3, S. 1147.

war als Aufgabe von Anfang ein eine hochpolitische. Der Aufbau eines Terror- und Vernichtungssystems, insbesondere durch die multiple Ermächtigung des Reichsführers SS Heinrich Himmler, nicht zuletzt in der Siedlungspolitik, ist wesentlich – und in den verschwimmenden Grenzen zwischen Staat und Partei nicht immer zweifelsfrei nachvollziehbar – seit der Übernahme des Ministeramtes durch Darré im Juni 1933 auch aus dem Reichsministerium für Ernährung und Landwirtschaft ermöglicht worden.

Für demokratische ebenso wie für totalitäre Regierungsformen gilt der Grundsatz, dass politisch geführt wird. Die traditionellen Errungenschaften des Berufsbeamtentums, die in Preußen und im Reich gepflegten Traditionen und das damit verbundene Ethos des Beamten haben sich im entscheidenden Moment der ideologischen Durchdringung und der Sphärenvermischung mit einer den Allmachtsanspruch bekräftigenden nationalsozialistischen Partei als nicht stark genug erwiesen, um einen entsprechende *firewall* gegen die unzulässige Durchdringung, gegen den Missbrauch der ministeriellen Aufgaben zu errichten und die dort wirkenden Berufsbeamten so zu imprägnieren, dass sie sich der allmählich immer klarere Korrumpierung, der Außerkraftsetzung von Recht und Anstand hätten entschieden genug entgegenstemmen können. Es ist gerade das in seiner Differenziertheit bemerkenswerte Ergebnis, dass es im Reichsministerium für Ernährung und Landwirtschaft ein Nebeneinander zweier Tendenzen gegeben hat: ein bis 1945 im traditionellen, klassischen Beamtenverständnis, trotz des ideologisch-parteipolitischen Durchdringungsanspruchs, fortgesetztes hochprofessionelles Arbeiten, dass dies aber am Ende im Gesamtbild zurücktritt gegenüber denjenigen Teilen des ministeriellen Arbeitens, die entweder aufgrund des Verstoßes gegen geltendes Recht, gegen Kriegsvölkerrecht, gegen die Gebote der Humanität oder aufgrund der aufgabenfremden Allianz mit verbrecherischen Strukturen oder ihrer Ermöglichung schuldbeladen sind. Dieser Verfehlung sind Schuldeingeständnis und Bitte um Vergebung geschuldet, mit der Alfons Moritz seinen Abschiedsbrief an Eugen Kogon beschlossen hatte: „Verzeiht mir meine Unzulänglichkeit, meinen Mangel an Sorgfalt; Arbeitsüberlastung und Vertrauen in die Richtigkeit des mir vom Verfasser vorgelegten Entwurfes, Nichtbeachtung der Kalorienlehre und Augenkrankheit tragen die Schuld am Geschehen, nicht Vernichtungswille. Ich weiß, dass viele mir nicht verzeihen werden. Das darf mich aber nicht dazu bestimmen, die Bitte um Verzeihung zu unterlassen. Möge Gott mir ein gnädiger Richter sein."[429]

Die Frage nach der Verantwortung der Ministerialbürokratien für die Verbrechen des nationalsozialistischen Deutschlands gegen die Menschlichkeit, die Vorbereitung eines Angriffskrieges, für Kriegsverbrechen und die Ermordung der europäischen Juden bleibt das zentrale Thema der Auseinandersetzung auch mit der Rolle des Reichsernährungsministeriums in der Zeit von 1933 bis 1945. In den bereits vorliegenden Studien zu anderen Ministerien ist diese Frage nicht durchgehend thematisiert

---

429 Kogon (wie Fn. 428), S. 324.

bzw. beantwortet worden.[430] In der Kooperationsbereitschaft in den Ministerialbürokratien, die von so unterschiedlichen Motiven wie Dienstethos, Selbstüberschätzung („mitmachen, um Schlimmeres zu verhüten"), einer folgenreichen Fehleinschätzung der tatsächlichen Natur des Nationalsozialismus bis hin zu absichtsvollem Wegsehen und Nicht-Wissen-Wollen gespeist ist, liegt das eigentliche Skandalon der „Bürokratie der Vernichtung", die, wie Raul Hilberg schreibt, so schwer „in Beschreibungen und Beurteilungen des Nazi-Regimes" zu integrieren ist.[431] Obwohl die verbrecherischen Grundsatzentscheidungen zur Führung von Angriffskriegen, zur ‚Eroberung von Lebensraum im Osten' und dem damit verbundenen antislawischen Rassismus, zum millionenfachen Massenmord an den europäischen Juden, zur Aushungerungspolitik von der politischen Führung um Hitler, Himmler, Göring, Heydrich u. a. getroffen wurden, waren in der nationalsozialistischen Diktatur die Ministerien zwangsläufig in die Strukturen, Ideologie und politischen Ziele des Regimes eingebunden. Dies galt selbstverständlich insbesondere für die politische Führung eines Ministeriums, wie an den Beispielen Darré und Backe gezeigt wurde, partiell auch in den administrativen Sektoren. Die Bereitschaft und das Ausmaß, vorauseilend im vermuteten Sinne des ‚Führers' zu handeln, waren freilich unterschiedlich. Dies verweist je nach Aufgabenbereich sowohl auf individuelle Verantwortlichkeiten als auch auf Spielräume im Verwaltungshandeln.

Für die Reichsministerien spielte die jeweilige Ressortzuständigkeit eine wesentliche Rolle. So war das RMEL bezeichnenderweise zur Wannsee-Konferenz am 20. Januar 1942, der interministeriellen Konferenz mit NS-Funktionären unter Leitung Heydrichs, nicht eingeladen. Aufgabe dieser Konferenz war nicht die längst getroffene Entscheidung, sondern die weitere Organisation und Koordination des bereits seit Sommer 1941 begonnenen systematischen Massenmords an den Juden, der sog. „Endlösung der Judenfrage". Die Ressortzuständigkeit des RMEL betraf also u. a. die Ernährungspolitik, die Siedlungspolitik in den annektierten Gebieten, insbesondere in Polen, in denen die ortsansässige Bevölkerung enteignet, brutal vertrieben – „umgesiedelt" – wurde, wobei es schon früh zu Gewaltexzessen gegen die polnische bzw. auch die jüdische Bevölkerung kam. Im Falle der Ressortzuständigkeit des RMEL, dem Himmler die Federführung für diese Politik entzogen und es auf die Umsetzung

---

[430] Vgl. z. B. Conze, Eckart/ Frei, Norbert/ Hayes, Peter und Zimmermann, Moshe: Das Amt und die Vergangenheit. Deutsche Diplomaten im Dritten Reich und in der Bundesrepublik, München 2010; Görtemaker, Manfred/ Safferling, Christoph: Die Akte Rosenburg. Das Bundesministerium der Justiz und die NS-Zeit, München 2016; Nützenadel, Alexander (Hg): Das Reichsarbeitsministerium im Nationalsozialismus. Verwaltung, Politik, Verbrechen, Göttingen 2017; Bösch, Frank/ Wirsching, Andreas (Hgg.): Hüter der Ordnung. Die Innenministerien in Bonn und Ost-Berlin nach dem Nationalsozialismus, Göttingen 2018; Abelshauser, Werner u. a. (Hgg) Wirtschaftspolitik in Deutschland 1917–1990, 4 Bde, Berlin 2016.
[431] Hilberg, Raul: Die Bürokratie der Vernichtung, in: ders.: Anatomie des Holocaust. Essays und Erinnerungen, Frankfurt/M. 2016, S. 73 (zuerst ersch. u. d. T. La bureaucracie de la solution finale, in: EHESS Paris (Hg.), L'Allemagne nazie et le génocide juif, Paris 1985, S. 219 (*Hilberg, Bürokratie der Vernichtung*).

der getroffenen Maßnahmen konzentrierte, kommen polykratische Herrschafts- und Entscheidungsstrukturen hinzu. Sie verwischten oder überlagerten die klassische Ressortkompetenzen vor allem in den für das NS-Regime zentralen politischen Sektoren, für die konkurrierende Zuständigkeiten beim Reichsnährstand, der Vierjahresplanbehörde oder dem Rasse- und Siedlungshauptamt installiert wurden. Beinahe bis Kriegsende funktionierte aber auch die Maschinerie des Reichsernährungsministeriums, weil die ihr zugrunde gelegte innere Logik des Verwaltungshandelns nicht infrage gestellt worden ist.

Bei der Frage der Beurteilung von Schuld und ministerieller Verantwortung ist auch und zunächst die Rolle der Ideologie heranzuziehen, die im Reichsernährungsministerium seit dem Amtsantritt von R. Walther Darré im Sommer 1933 eine so zentrale Rolle gespielt hat, da erst sie den Boden für eine völkerrechtswidrige Siedlungspolitik und für die auf der Umsetzung eines beispiellosen Rassenwahns beruhende Vernichtungspolitik geliefert hat. Die Folgerung von Adam Tooze, dass Herbert Backe „als nazistischer Ideologe kein bisschen weniger fanatisch als Darré, oder, was das betrifft, Heinrich Himmler"[432] gewesen sei, ist vor diesem Hintergrund ebenso plausibel wie in seinen Konsequenzen für den Anteil der Ministerialbürokratie des Reichsernährungsministeriums an Schuld und Verantwortung fatal. Mit der von Backe als amtierendem Minister intendierten Kapitulation des Hauses gegenüber den Systemen Himmlers und Görings wurde das Reichsministerium für Ernährung und Landwirtschaft endgültig zu einem willfährigen Instrument der nationalsozialistischen Politik degradiert. Die Hausspitze und die sie tragende Ministerialbürokratie handelte nur scheinbar im Einklang mit der damals geltenden Rechtslage, weil die Pervertierung des Rechts durch ein verbrecherisches Regime und eine Kriegführung ohne Humanität nicht erkannt wurde und weil die gesamtpolitischen Konsequenzen des segmentbezogenen Handelns ausgeblendet bzw. negiert wurden. Auch die von Hilberg mit Blick auf die „Bürokratie der Vernichtung" analysierte „äußerste Sorgfalt, Beständigkeit und Effizienz"[433] kann mit Blick auf das Reichsernährungsministerium uneingeschränkt attestiert werden. Die „Prozesshaftigkeit" (Christian Gerlach), wie sie insbesondere bei der Vernichtung von Millionen Menschen durch Unterversorgung analysiert werden kann, zeigt die Beteiligung des damals amtierenden Ministers Herbert Backe und seiner Mitarbeiter an den Planungen für diesen Massenmord.

Für Fritz-Dietlof Graf von der Schulenburg war diese „Prozesshaftigkeit" ausschlaggebend dafür, dass er bereits nach einem halben Jahr seine Tätigkeit im Reichsernährungsministerium wieder beendete, weil er seine Verantwortung als Leiter der Abteilung Personal und Verwaltung „nach bestem Wissen und Gewissen nicht mehr tragen [konnte]: Die Politik von Backe hat sich in politische Abhängigkeiten begeben, die sich mit den Notwendigkeiten, die heute die Stunde fordert, nicht mehr vertragen." Schulenburgs Fazit blieb ambivalent. Er sah das Beamtentum als Ge-

---

432 Tooze, Ökonomie, S. 209.
433 Hilberg, Bürokratie der Vernichtung, S. 72.

meinschaft, als Stand, „nur noch in Resten vorhanden" und für das Gros ohne Tragkraft, räumte aber ein, dass dieses Gros „immer noch im Ganzen von der Sache her denkt und handelt und wahrhaft zäh und unbeirrt daran festhält, und dass Begabung, Können, Fleiss in reichem Maße vorhanden sind." Und doch sei genau jenes „Gros der Beamten zu Knechten geworden [...], [die] ängstlich und vorsichtig nach dem Vorgesetzten schielen."[434]

Mit den strafrechtlichen Kategorien alleine ist in der Tat die Frage nach Schuld und Verantwortung abschließend nicht vollumfänglich zu klären. Die Beschäftigung mit dem Themenkreis Ernährung und Landwirtschaft im Dritten Reich und die Frage nach Mitwisserschaft, Beteiligung, im äußersten Fall auch Veranlassung von rechtswidrigem, auch verbrecherischem Handeln bei der Analyse des Wirkens von einzelnen Ministeriumsangehörigen und der Betrachtung des Ministeriums im Gesamtgefüge des nationalsozialistischen Herrschaftssystems kommt der Verfasser zu einer gegenteiligen Einschätzung als Martin Broszat, der im Zusammenhang mit der juristischen und zeitgeschichtlichen Bewältigung der Vergangenheit ausgeführt hat, dass die historische Entfaltung des Geschehens in seiner ganzen Komplexität und Verflechtung auch zu kritischer Distanz gegenüber dem Problem der individuellen Schuldzumessung führe, wenn der Historiker die Frage des zurechenbaren Unrechtsbewusstseins aus seiner Sicht häufig anders bewerte als der Richter, „der von der Unverletzlichkeit bestimmter Kernbestände des Rechtsbewusstseins ausgeht."[435] Gewiss kann die Frage der individuellen Schuld nicht der letzte Aspekt einer historisch-politischen Analyse sein, doch kann eine Auseinandersetzung mit den überindividuellen Bedingungen ministeriellen Einzelhandelns, die Betrachtung des staatlich-politischen Gesamtgefüges des Dritten Reiches unter Berücksichtigung von politischen, wirtschafts- und sozialgeschichtlichen, verfassungs-, verwaltungs- und völkerrechtlichen Rahmenbedingungen auch bei aller Komplexität und Verflechtung im Resultat dazu führen, dass die moralische Dimension der Verfehlungen – von unbewusstem ebenso wie von kalkuliert-schuldhaftem Handeln – noch deutlicher hervortritt.

Die von Backe und anderen Propagandisten als Ausrede für ihre verbrecherischen Handlungen nach dem Krieg bemühte Erklärung, lediglich um jeden Preis das Ziel der siegreichen Beendigung des Zweiten Weltkriegs verfolgt zu haben, kann vor diesem Hintergrund als durchsichtige Scheinargumentation entlarvt werden. Vielmehr haben Backe und die ministeriellen Verantwortlichen mit ihrer Effizienz und Findigkeit bis zum Schluss die Funktionsfähigkeit des Dritten Reiches aufrecht erhalten und damit erst die Fortsetzung der Verbrechen bis zur letzten Stunde ermöglicht. Schon diese absichtsvolle Mitwirkung verbietet es, Herbert Backe, Albert Speer und andere Täter

---

[434] Fritz-Dietlof von der Schulenburg an seine Frau, 4. April 1943, in: Heinemann, Ein konservativer Rebell, Anhang Nr. 24, S. 246 f.
[435] Broszat, Martin: Juristische und zeitgeschichtliche Bewältigung der Vergangenheit, in: Graml, Hermann/Henke, Klaus Dietmar (Hgg.): Nach Hitler. Der schwierige Umgang mit unserer Geschichte, München 1987, S. 42–39, Zitat S. 48.

als „unpolitische Makler technokratischer Effizienz" (Tooze) zu exkulpieren. Der „totale Krieg" mit all seinen kriegsverlängernden Facetten, mit seiner Inhumanität und seiner militärischen Sinnlosigkeit wäre ohne Herbert Backe und die von ihm ausgerufenen Erzeugungsschlachten, ohne die Effizienz und die Kompetenz des Reichsministeriums für Ernährung und Landwirtschaft nicht möglich gewesen.

Danksagung: Für vielfältige Unterstützung und kritische Kommentierung danke ich allen voran Stephanie Salzmann sowie Ruth Bettina Birn, Johannes Fischbach, Katalin Györy, Stefan Henricks, Jessica Klassen, Sönke Neitzel, Thomas Oeldemann, Gregor Schöllgen, Matthias Uhl und Thomas Weber. Die Archivare und Mitarbeiter der genannten Archive, insbesondere Klaus Lankheit (Institut für Zeitgeschichte München), Gunther Friedrich (Staatsarchiv Nürnberg), Peter Gohle (Bundesarchiv Ludwigsburg), Mirjam Sprau (Bundesarchiv Koblenz) und Helmut Karigl (Österreichisches Staatsarchiv Wien) haben mich bei meinen Forschungen ebenfalls nach Kräften mit Rat und Tat unterstützt. Renate Haushofer und Friedrich Berkner haben mir dankenswerterweise den Zugang zu in Privathand befindlichen Papieren ermöglicht. Die Mitarbeiterinnen und Mitarbeiter der Bibliothek des Bundesministeriums für Ernährung und Landwirtschaft (Berlin/Bonn), des Hauses der Bayerischen Landwirtschaft (Herrsching) sowie des Haus der Wannseekonferenz (Berlin) haben mir äußerst zuvorkommend bei der Beschaffung auch der entlegensten Literatur geholfen. Den Kolleginnen und Kollegen der Kommission, dem Sekretariat und Ulrich Kuhlmann danke ich herzlich für Anregungen zum Manuskript.

Abb. II.1: Quelle: ullstein bild – ullstein bild.

R. Walther Darré (1895–1953), Reichsernährungsminister und Reichsbauernführer ab Juni 1933 (hier bei der Eröffnung der 5. RNSt-Ausstellung in Leipzig 1939) war maßgeblich für die Ideologisierung des Bauerntums verantwortlich. Im Ministerium selbst wurde er bald schon von seinem Staatssekretär Herbert Backe entmachtet.

Abb. II.2: Quelle: Bundesarchiv Bild 152-57-12.

Oben: Alfred Hugenberg (1865–1951), in Personalunion Wirtschafts- und Landwirtschaftsminister bis Juni 1933; im Nazijargon wurde er als „Rübenschwein" diffamiert. Das Bild zeigt ihn (links) bei der Eröffnung der Grünen Woche 1933.
Unten: Herbert Backe (1896–1947, hier bei einer Rede während des 2. Reichsbauerntages in Goslar, November 1934), als Staatssekretär im Mai 1942 mit der Wahrnehmung der Geschäfte des Ernährungsministers betraut, im April 1944 zum Reichsminister ernannt, blieb bis zum Schluss der „starke Mann" des Hauses, Nationalsozialist durch und
durch und effizienter Ernährungsmanager zugleich.

Abb. II.3: Quelle: Bundesarchiv Bild 152-57-12.

Oben: Reichsminister und Reichsbauernführer R. Walther Darré und Reichsführer SS Heinrich Himmler (1900–1945, hier gemeinsam bei einer Tagung 1938) waren ursprünglich enge persönliche Freunde. Über die Frage der Zuständigkeiten in der Siedlungspolitik kam es 1938 zu einem dauerhaften Zerwürfnis.
Unten: Dem Selbstverständnis des Reichsnährstands entsprach es, in großangelegten Inszenierungen die Bedeutung des Bauernstandes herauszustellen. Hier: Eröffnung der 4. RNSt-Ausstellung in München 1937, vorn Darré, links dahinter Backe.

Abb. II.4: Quelle: ullstein bild – ullstein bild.

Abb. II.5: Quelle: ullstein bild – ullstein bild.

Abb. II.6: Quelle: Das deutsche Führerlexikon 1934/35, Berlin Verlagsanstalt Otto Stollberg 1934.

Abb. II.7: Quelle: Das deutsche Führerlexikon 1934/35, Berlin Verlagsanstalt Otto Stollberg 1934.

Oben links: Hans-Jochim Riecke, NSDAP-Mitglied seit 1925, seit 1936 Abteilungsleiter im RMEL, zuletzt Staatssekretär unter Minister Backe, war gleichzeitig seit 1941 in der Vierjahresplanbehörde und als Abteilungsleiter im Reichsministerium für die besetzten Ostgebiete tätig. **Oben rechts:** Kurt Kummer (1894–1966), SS-Obersturmbannführer, 1938 per Sprungbeförderung zum Ministerialdirektor und Zentralabteilungsleiter befördert, verdankte seinen rasanten Aufstieg im Ministerium vor allem seiner treuen Gefolgschaft zum Reichsführer SS. **Unten links:** Alfons Moritz (1887–1947), langjähriger Leiter der Abteilung II für Ernährungswirtschaft, wurde nach Kriegsende so sehr von Gewissensbissen für sein moralisches Versagen geplagt, dass er am Heiligabend 1947 den Freitod wählte. **Unten rechts:** Fritz Dietlof Graf von der Schulenburg (1902–1944), im innersten Kreis um Stauffenberg bei der Vorbereitung von Staatsstreich und Attentat auf Hitler 1944, wurde 1942 Leiter der Zentralabteilung des Ministeriums, schied aber schon 1943 wieder aus. Am 10. August 1944 zum Tode verurteilt und hingerichtet.

Abb. II.8: Quelle: Das deutsche Führerlexikon 1934/35, Berlin Verlagsanstalt Otto Stollberg 1934.

Abb. II.9: Quelle: ullstein bild – ullstein bild.

Insbesondere seit Beginn des Ostkrieges kamen Zwangsarbeiter (hier: Abtransport aus Russland, März 1943) auch in der Landwirtschaft zum Einsatz.

Abb. II.10: Quelle: Bundesarchiv Bild 183-J22099.

―――

Dritter Teil:
Landwirtschaftspolitik unter alliierter Besatzung 1945–1949

Horst Möller, Eberhard Kuhrt

I Ausgangsbedingungen 1945

„Ich habe das Deutschland von 1945 als ein Bild der Unordnung in Erinnerung – eine verbrannte, surrealistische Landschaft, die in ihrem makabren Durcheinander an Fausts Walpurgisnacht auf dem Blocksberg denken ließ. Straßen und Trümmer waren ein und dasselbe [...] Die Industriebarone an der Ruhr herrschten über durcheinandergeratene Haufen von Ziegeln und Mörtel; zunächst einmal waren sie Schrotthändler." So beschrieb George W. Ball, 1944/45 Direktor des Strategic Bombing Survey, im Rückblick die Zerstörungen Deutschlands.[1]

Wer immer die Nachkriegsjahre beurteilen will, verfehlt die Realität, wenn er von anachronistischen, gegenwartsorientierten Abstraktionen ausgeht und das schreckliche Chaos einer materiellen, politischen, administrativen und moralischen Trümmerwüste auf die Frage reduziert: „Wie habt Ihr es damals mit dem Nationalsozialismus gehalten?" Die zentralen Fragen für die Mehrzahl der Deutschen lauteten nach Kriegsende im Mai 1945 vielmehr: „Wie kann ich mich ernähren? Wie bekomme ich ein Dach über dem Kopf? Wo sind meine vermissten Angehörigen, Vater und Brüder, die – vielleicht – in der Kriegsgefangenschaft überlebt hatten?" Das jeweilige Epochenbewusstsein verschiebt sich bei den aufeinanderfolgenden Generationen, die späteren orientieren sich in der Regel nicht an den gleichen Problemen wie die Zeitgenossen, sie setzen unterschiedliche Prioritäten. Dafür spielen individuelle und kollektive, in jedem Fall die eigenen Lebenserfahrungen eine ausschlaggebende Rolle. Selbstverständlich wurde auch die Frage nach der Verantwortung für die ‚deutsche Katastrophe' gestellt, die tatsächlich eine europäische, eine weltgeschichtliche war. Die erste Sorge aber galt der Frage, wie überstehe ich, meine Familie den nächsten Tag? Und das bedeutete auch: Das eigene Leid stand allen vor Augen, nicht das der millionenfachen Opfer der nationalsozialistischen Diktatur.

Natürlich machte es einen gravierenden Unterschied, ob man in vergleichsweise weniger heimgesuchten abgelegenen ländlichen Regionen lebte oder in zerstörten Städten, Industrieregionen oder Landstrichen, ob man enge Familienangehörige verloren, den Krieg als Soldat mitgemacht hatte oder aus seiner Heimat vertrieben war. Für die Frage des Wiederaufbaus indessen spielten die Entscheidungen der alliierten Kriegssieger eine ausschlaggebende Rolle, obwohl auch sie weit oberhalb der alltäglichen Lebenswirklichkeit angesiedelt schienen. Doch war nicht allein die NS-Diktatur untergegangen, sondern jede geordnete Administration öffentlicher Angelegenheiten zerbröselt, die einzigen Autoritäten waren, ob man wollte oder nicht, die Besatzungsbehörden, zunächst also die Militärregierungen.

Die Kriegsniederlage des Großdeutschen Reiches mit dem Ende des Zweiten Weltkriegs in Europa am 7./8. Mai 1945 zählt zu den fundamentalen Diskontinuitäten der deutschen Geschichte im 20. Jahrhundert. Auf den ersten Blick scheint die Si-

---

1 Ball, George W.: Disziplin der Macht. Voraussetzungen für eine neue Weltordnung, Frankfurt/Main 1968, S. 158.

tuation von 1945 mit der Kriegsniederlage des Deutschen Kaiserreichs im Ersten Weltkrieg 1918 vergleichbar zu sein, tatsächlich bestehen jedoch wesentliche Unterschiede. Nach 1919 gab es zwar im Westen Deutschlands zeitweilig besetzte Zonen, doch insgesamt keine Besatzungsherrschaft und keine Teilung. Gebietsverluste im Umfang von ca. 70.000 qkm folgten 1919 aus dem Vertrag von Versailles. Doch bezogen sie sich damals auf ein zuvor erheblich größeres Reichsgebiet, betrafen also einen deutlich geringeren Anteil des deutschen Territoriums, als es nach 1945 der Fall war. Allerdings erfolgte die Abtrennung der Provinzen östlich von Oder und Neiße im Gesamtumfang von etwa 110.000 qkm nicht unmittelbar nach dem Krieg in völkerrechtlich verbindlicher Form. Stattdessen wurden diese ostdeutschen Gebiete im Potsdamer Protokoll vom 2. August 1945 nur unter vorläufige polnische bzw. russische Verwaltung gestellt und die endgültige Grenzziehung einem Friedensvertrag vorbehalten. Machtpolitisch aber handelte es sich um eine Vorentscheidung, die sich als endgültig erwies.

Ebenfalls definitiv war die durch das Gesetz Nr. 46 des Alliierten Kontrollrats am 25. Februar 1947 verfügte formelle Auflösung des bis zur nationalsozialistischen Machtergreifung größten deutschen Einzelstaates, Preußen, das sich auf zwei Drittel des gesamten Reichsterritoriums erstreckt hatte. In der Folge entstanden eine Reihe von Neugründungen deutscher Länder bzw. die Veränderung von Landesgrenzen. Die unter Verwaltung gestellten Ostgebiete gehörten ursprünglich zu Preußen, ebenso Brandenburg und Vorpommern, das nach dem Krieg gegründete Sachsen-Anhalt und das 1945 unter Vier-Mächte-Verwaltung gestellte Berlin. In Westdeutschland entstanden auf dem ehemaligen preußischen Territorium die Länder Schleswig-Holstein, zum Teil Niedersachsen, Nordrhein-Westfalen und Hessen. Neugliederungen im Südwesten zogen sich bis 1952 hin, als aus den 1945 noch drei kleineren Einzelterritorien nach Volksabstimmungen das Land Baden-Württemberg gebildet wurde. Eine eigene Staatskontinuität nach der Unterbrechung durch den Nationalsozialismus, als die Länder formell zwar fortbestanden, aber zu Verwaltungseinheiten herabgestuft wurden, bestand über die Brüche von 1933 bzw. 1945 hinaus nur in Bayern, in den Hansestädten Hamburg und Bremen sowie in der sowjetischen Besatzungszone für die formell bis 1952 bestehenden Länder Sachsen, Thüringen und Mecklenburg, nun vergrößert um Vorpommern, das aber aus politischen Gründen im Landesnamen nicht vorkommen durfte.

Auf gesamtstaatlicher Ebene existierten keine Reichsministerien mehr, also keine autonom handelnden Reichsverwaltungen. Die ursprünglichen Versuche des Alliierten Kontrollrats, zentrale gesamtstaatliche Verwaltungen unter der Leitung deutscher Staatssekretäre zu schaffen, scheiterten nicht allein an den sich rapide verstärkenden Ost-West-Gegensätzen des beginnenden Kalten Kriegs, sondern bereits am Veto Frankreichs vom 1. Oktober 1945.[2] Nach dem Urteil Gilbert Zieburas beschleunigte „die

---

2 Kraus, Elisabeth: Ministerien für ganz Deutschland? Der Alliierte Kontrollrat und die Frage gesamtdeutscher Zentralverwaltungen, München 1990; Mai, Gunther: Der Alliierte Kontrollrat in

französische Deutschlandpolitik zwischen 1945 und 1947 ... die Auseinanderentwicklung der Besatzungszonen; sie durchkreuzte die Ausführung der Beschlüsse der Potsdamer Konferenz und spielte so, teils gewollt, teils ungewollt, der Sowjetunion in die Hände, indem sie deren separates Vorgehen deckte".[3]

Unabhängig von der staats- und völkerrechtlich umstrittenen, später verschiedentlich das Bundesverfassungsgericht beschäftigenden Frage, ob das Deutsche Reich mit der bedingungslosen Kapitulation 1945 untergegangen sei, bleibt festzuhalten: Die das Deutschland in den Grenzen von 1937 (also nicht des Großdeutschen Reiches) in vier Besatzungszonen der Sowjetunion, der USA, Großbritanniens und Frankreichs aufteilende Besatzungsherrschaft und die Abtrennung Ostdeutschlands durch ihre Unterstellung unter die Verwaltungshoheit Polens und der Sowjetunion unterbrachen jede gesamtstaatliche Regierungs- und Territorialkontinuität.

Die im Parlamentarischen Rat, bei der Mehrheit der Staatsrechtslehrer sowie den Verfassungsorganen der Bundesrepublik herrschende Kontinuitätstheorie, der deutsche Staat bestehe auch nach der Kapitulation als Rechtssubjekt fort, er sei nur durch den Wegfall seiner Verfassungsorgane aktuell handlungsunfähig gewesen,[4] widerspricht also keineswegs der Diskontinuität der reichsministeriellen Verwaltungen. Aufgrund dieser fundamentalen politischen und staatsrechtlichen Diskontinuität sind die nach viereinhalbjähriger Unterbrechung 1949 entstehenden Bundesministerien zwar Nachfolgebehörden, stehen aber in keiner rechtlichen, institutionellen oder verwaltungssoziologischen Kontinuität zu den bis 1945 bestehenden Reichsministerien. Das gilt unabhängig von der Frage, in welchem Ausmaß sie Traditionen übernommen und frühere Beamte der Reichsministerien eingestellt haben oder nicht. Diese Feststellung gilt also auch für das spätere Bundesministerium für Ernährung und Landwirtschaft. Gerade diese Fragen bedürfen indes der Klärung.

Bis zur Gründung der Bundesrepublik bzw. der DDR 1949 übten die Besatzungsmächte die staatliche Herrschaft aus, und zwar zunächst nur in ihren Zonen, bevor überzonale Institutionen geschaffen wurden. Deutsche Behörden arbeiteten, soweit sie noch bestanden bzw. eingesetzt wurden, unter alliierter Weisungsbefugnis sowie

---

Deutschland 1945–1948, München 1995. – Insgesamt auch zur unterschiedlichen Politik der Alliierten: Herbst, Ludolf (Hg.): Westdeutschland 1945–1955. Unterwerfung, Kontrolle, Integration, München 1986 (*Herbst, Westdeutschland*).

3 Ziebura, Gilbert: Die deutsch-französischen Beziehungen seit 1945. Überarb. u. aktualisierte Neuausgabe, Stuttgart 1997, S. 429, Anm. 14. Vgl. dazu auch Loth, Wilfried: Die französische Deutschlandpolitik und die Anfänge des Ost-West-Konflikts, in: France-Allemagne 1944–1947, hg. für das Deutsche Historische Institut Paris und das Institut d'Histoire du Temps Présent von Klaus Manfrass und Jean-Pierre Rioux, Paris 1990, S. 83–96; sowie Hudemann, Rainer: Frankreich und der Kontrollrat 1945–1947, ebd. S. 97–118, der die französische Deutschlandpolitik keineswegs als Obstruktionspolitik interpretiert.

4 Vgl. dazu etwa Frowein, Jochen Abraham: Die Rechtslage Deutschlands und der Status Berlins, in: Handbuch des Verfassungsrechts der Bundesrepublik Deutschland, hg. von Ernst Benda, Werner Maihofer, Hans-Jochen Vogel unter Mitwirkung von Konrad Hesse, Berlin-New York 1983; S. 29–58, hier S. 34 ff.

als Verwaltungen der wieder oder neu gegründeten Länder. Sie erhielten zwar ihrerseits immer mehr Befugnisse, doch behielten die jeweiligen Alliierten weiterhin die Oberhoheit. Gesamtstaatlichkeit existierte also zwischen 1945 und 1949 nicht und danach nur in den beiden Teilstaaten. Wesentlich war in den ersten Nachkriegsjahren, dass deutsche Staatlichkeit nur auf föderativer Ebene bzw. anfangs durch die Bürgermeister und Landräte exekutiert werden konnte.

Einem völligen Wandel unterlag auch die Bevölkerungsstruktur, nicht allein aufgrund der hohen Zahl von Kriegsopfern, sondern wegen der millionenfachen Vertreibung und Fluchtbewegungen aus den Ostgebieten, darunter auch der Flucht aus früheren deutschen Siedlungsgebieten außerhalb der Reichsgrenzen sowie solchen, die die NS-Diktatur vor allem während des Krieges annektiert hatte. Am Stichtag 1950 betrug die Zahl der Vertriebenen und Flüchtlinge allein in der neu gegründeten Bundesrepublik Deutschland 11,73 Millionen. Die größten Gruppen kamen aus Schlesien (knapp 3,2 Millionen) und Ostpreußen (knapp 2 Millionen). Ein beträchtlicher Anteil von 29 % der Vertriebenen war zuvor in der Landwirtschaft beschäftigt gewesen,[5] die Vertreibung bzw. Enteignung und Flucht aus der SBZ beendete auch die ursprünglich zum erheblichen Teil adlige ostelbische Großlandwirtschaft. Aufgrund der extrem schwierigen Wohnverhältnisse in den Städten zog ein Großteil der Flüchtlinge in ländliche Gebiete, in Bayern beispielsweise handelte es sich bis Ende 1946 um drei Viertel aller Vertriebenen.[6] Für die Entwicklung der ländlichen Gesellschaft nach dem Zweiten Weltkrieg spielte es eine entscheidende Rolle, in welchem Maße Vertriebene und Flüchtlinge integriert werden mussten oder ob dörfliche Gemeinschaften mehr oder weniger unverändert die Umbrüche überstanden.

In der gewachsenen Bevölkerungszahl waren die Displaced Persons (DPs) enthalten, die in ganz Deutschland bei Kriegsende etwa 8,5 Millionen Menschen umfassten. Es handelte sich bei ihnen zum größeren Teil um ehemalige Zwangsarbeiter, überlebende Kriegsgefangene und KZ-Insassen aus anderen Nationen, die nicht sofort zurückgeführt werden konnten, zum Teil auch nicht wollten, in jedem Fall ebenfalls ernährt werden mussten.

Zwar waren vor allem die großen und größeren deutsche Städte durch die Bombenangriffe zerstört, aber außerdem landwirtschaftliche Nutzgebiete und viele Dörfer von Verheerungen durch Kriegshandlungen betroffen. Neben der Schaffung von Wohnraum in den zerstörten Städten erwies sich die Lösung des Ernährungsproblems in den ersten Nachkriegsjahren als die größte materielle Herausforderung für die Verwaltungen, zumal die von Deutschland abgetrennten Ostgebiete in Ostpreußen und Schlesien beträchtliche landwirtschaftliche Nutzflächen umfassten und ursprünglich die ‚Kornkammer des Reiches' bildeten.

---

[5] Tabelle in: Rytlewski, Ralf und Opp de Hipt, Manfred: Die Bundesrepublik Deutschland in Zahlen 1945/49–1980. Ein sozialgeschichtliches Arbeitsbuch, München 1987, S. 32 *(Bundesrepublik in Zahlen)*.
[6] Bauer, Franz J.: Der Bayerische Bauernverband, die Bodenreform und das Flüchtlingsproblem 1945–1951, in: VfZ 31. Jg. 1983, S. 443–482, hier S. 443f.

In den Westzonen bzw. der späteren Bundesrepublik Deutschland stand folglich für eine erheblich gewachsene Bevölkerungszahl eine deutlich kleinere agrarische Produktionsfläche zur Verfügung: Betrug sie 1937 0,42 ha je Einwohner, so 1949 nur noch 0,28 ha.[7] Vom prinzipiellen Engpass der Nachkriegsjahre und der drohenden Hungerkatastrophe abgesehen, veränderten sich auch die Produktionsformen, da in Ost- und Mitteldeutschland die durchschnittlichen Betriebsgrößen aufgrund vorindustrieller Entwicklungen erheblich umfangreicher waren als in Westdeutschland: „Während in Westdeutschland fast 90 v. H. der landwirtschaftlichen Nutzfläche von Betrieben mit weniger als 50 ha bewirtschaftet wurden, waren es in Mitteldeutschland nur etwa 65 v. H. und in Ostdeutschland sogar nur 60 v. H. Diese Unterschiede waren noch prägnanter in der Gruppe mit weniger als 10 ha. In Westdeutschland wurden etwa 40 v. H. der Nutzfläche von Betrieben mit weniger als 10 ha bewirtschaftet, in Mittel- und Ostdeutschland jeweils etwa 20 v. H. und weniger."[8] Vereinfacht gesagt, handelte es sich im Osten Deutschlands zu einem erheblichen Teil um Großgrundbesitz und in Westdeutschland eher um bäuerliche Mittel- und Kleinbetriebe. Hieraus erwuchsen politische Konsequenzen: Spielte der ehemals gutsherrliche Großgrundbesitz innerhalb der agrarpolitischen Interessenvertretung in der Weimarer Republik noch eine Schlüsselrolle, die in der Endphase durch die Einflussnahme auf Reichspräsident Paul von Hindenburg fatale allgemeinpolitische Wirkung erlangte, so entfiel nach 1945 für eine derartige Interessenpolitik die Voraussetzung.[9]

War im Osten die Getreideproduktion deutlich höher, so im Westen Grünlandwirtschaft und Viehhaltung. Von der ursprünglichen landwirtschaftlichen Nutzfläche des Reiches waren etwa 25 % nicht mehr unter deutscher Verwaltung, in Westdeutschland lag nur 51,4 % der agrarisch genutzten Fläche des Reiches (in den Grenzen von 1937), die nun aber eine durch Vertriebene und Flüchtlinge stark wachsende Bevölkerung ernähren musste. Generell gilt, dass die Nahrungsmittelproduktion in allen vom Krieg heimgesuchten Ländern um mehr als ein Drittel gesunken war. Erst 1949 wurde in Westdeutschland der Produktionsstand der Friedensjahre von 1935 bis 1938 wieder erreicht.[10] Schon vor dem Krieg hatte sich das stark industrialisierte Westdeutschland nicht ohne den Überschuss ost- und mitteldeutscher Getreideproduktion ernähren können.

Aus den genannten Gründen wurde seit Kriegsende 1945 die Ernährungslage besonders prekär. Die Nahrungsmittelproduktion der drei Westzonen reichte nur für

---

7 Bundesrepublik in Zahlen, S. 72.
8 Henning, Friedrich-Wilhelm: Landwirtschaft und ländliche Gesellschaft in Deutschland, Bd. 2: 1750 bis 1976, Paderborn 1978 (*Henning, Landwirtschaft*), S. 254 ff., das Zitat und Tabelle S. 255.
9 Gessner, Dieter: Agrarverbände in der Weimarer Republik, Düsseldorf 1966, S. 265, betont jedoch zutreffend die Heterogenität, zu der das Spannungsverhältnis zwischen antidemokratischen Agrarkonservativen und den mit der Republik kooperationsbereiten Pragmatikern gehörte.
10 Henning, Landwirtschaft Bd. 2, S. 258 f.

50 % des Bedarfs.[11] Da gesicherte Statistiken für diesen Zeitraum fehlen, beruhen die Angaben auf Schätzungen, die mit Hans Schlange-Schöningen von ca. 80 Prozent der früheren Ernteerträge ausgehen, allerdings nach der Hungerkrise des Winters 1946/47 für das Jahr 1947 mit 60 Prozent deutlich darunter liegen. Schon vor Ende des Krieges, besonders aber im Winter 1944/45, wurde in Großbritannien über notwendige Hilfslieferungen nach Deutschland debattiert. Die benötigte Menge bestimmter Lebensmittel schätzte das britische War Office allein für die Monate Februar bis November 1945 auf 1,4 Millionen Tonnen.[12]

Tatsächlich bemühten sich die drei westalliierten Militärregierungen bereits sofort nach der Kapitulation des Deutschen Reiches um die Wiederherstellung bzw. Steigerung der Agrarproduktion, da in den Westzonen im Schnitt nur 900 bis 1000 Kalorien pro Kopf der Bevölkerung verfügbar waren.[13] Die vom amerikanischen Militärgouverneur General Lucius D. Clay am 4. Dezember 1945 zugesicherte ‚Normalration' von 1550 Kalorien pro Tag[14] konnten die Agrarverwaltungen in den Ländern der amerikanischen Zone, so sehr sie sich auch anstrengten, bis 1948 nicht sicherstellen. Bis zur Währungsreform 1948 wurde der „Kampf gegen den Hunger" die zentrale Aufgabe jeglicher Landwirtschaftspolitik, der alle anderen Fragen untergeordnet blieben.[15] Landwirtschaft und Ernährung zählten in den ersten Nachkriegsjahren zweifellos zu den zentralen Politikfeldern. Dieser Kampf wurde auf verschiedenen Ebenen geführt, auf regionaler und Länderebene, durch die Militärregierungen und immer stärker durch zonale bzw. bizonale Institutionen. Und angesichts des Chaos, der zunächst schwer erfassbaren Vorräte und Erträge, des Schwarzmarkts mit seinen Tauschgeschäften konnte das Ziel, alle Bevölkerungsschichten in allen Landesteilen wenigstens mit dem Nötigsten zu versorgen, nur mit Zwangsbewirtschaftung und Lebensmittelkarten erreicht werden. Konrad Adenauer, der die Besatzungspolitik der Alliierten insgesamt kritisch sah, weil sie die gesamte Regierungsgewalt allein übernommen hatten, bemerkte über die Jahre bis zur Währungsreform: „Bis Juni 1948

---

11 Vgl. Rohrbach, Justus (Bearb.): Im Schatten des Hungers. Dokumentarisches zur Ernährungspolitik und Ernährungswirtschaft in den Jahren 1945–1949, hg. von Hans Schlange-Schöningen, Hamburg und Berlin 1955 (*Rohrbach, Im Schatten des Hungers*), S. 25 ff.
12 Farquharson, John E.: Hilfe für den Feind. Die britische Debatte um Nahrungsmittellieferungen an Deutschland 1944/45, in: VfZ 37. Jg. 1989, S. 253–278, hier S. 274.
13 Rolfes, Max: Landwirtschaft 1914–1970, in: Handbuch der deutschen Wirtschafts- und Sozialgeschichte, hg. von Hermann Aubin und Wolfgang Zorn, Bd. 2, Stuttgart 1976 (*Rolfes, Landwirtschaft*), S. 776.
14 Ansprache von General Clay in der Sitzung des Länderrats am 4. Dezember 1945, in: Akten zur Vorgeschichte der Bundesrepublik Deutschland 1945–1949, hg. von Bundesarchiv und Institut für Zeitgeschichte (*Akten zur Vorgeschichte*), Bd. 1, bearb. von Walter Vogel und Christoph Weisz, München Wien 1976, S. 176.
15 Trittel, Günter J.: Hunger und Politik. Die Ernährungskrise in der Bizone (1945–1949), Frankfurt/Main und New York, 1990; Farquharson, John E.: The Western Allies and the Politics of Food, Agrarian Management in Postwar Germany, Leamington Spa 1985.

herrschte fast völlige Zwangswirtschaft, bis zu den Hosenknöpfen hinab. Sogar die sogenannten Pfennigartikel wurden bewirtschaftet."[16]

Um den Hunger zu bekämpfen, bedurfte es der Rekrutierung von Experten, darunter Beamten des früheren Reichsministeriums, aber auch von Mitarbeitern des ehemaligen Reichsnährstandes. Aufgrund der schwer zu lösenden Ernährungsprobleme spielten politische Bedenken der Alliierten zunächst eine nachgeordnete Rolle, auf kommunaler Ebene ließen sie die Ernährungsämter oftmals weiterarbeiten. In den einzelnen Zonen waren die landwirtschaftlichen Voraussetzungen regional unterschiedlich, worauf die Militärverwaltungen Rücksicht nehmen mussten, die Agrarverwaltung entwickelte sich in den einzelnen Besatzungszonen nicht zuletzt deshalb verschieden.

Angesichts des immensen, nur praktisch zu lösenden Problems spielte die Agrarideologie des NS-Regimes für die nun aktuellen Fragen keine Rolle. Zudem hob das Gesetz Nr. 45 des Alliierten Kontrollrats vom 23. Februar 1947 wesentliche Teile der Agrargesetzgebung des NS-Regimes auf. Die Frage nach der Kontinuität von Institutionen, Strukturen und Ideologien in der Landwirtschaft wurden derart massiv von der Ernährungsproblematik überlagert, dass sie sich in prinzipieller Form für das Interregnum 1945 bis 1948 kaum stellte. Prägende Faktoren für diese Phase wurden außerdem die Teilung in Ost-, Mittel- und Westdeutschland sowie die Bevölkerungsverschiebung eines Großteils der östlichen Landbevölkerung und schließlich die enteignende ‚Bodenreform' in der SBZ. Aus all diesen Gründen mündete die Kontinuitätsproblematik in die begrenzte Teilfrage: Mit welchem Personal konnte Landwirtschafts- und Ernährungspolitik betrieben werden? Aber auch diese Frage konzentrierte sich auf die praktischen Aufgaben, nicht aber längerfristige Traditionen oder ideologische Überreste aus der NS-Diktatur. Die Kontinuitäten in Rechtspraxis und Verwaltungsnormen vom Kaiserreich über die Weimarer Republik bis in die Jahre nach dem Zweiten Weltkrieg ergaben sich weniger aus ideologischen Komponenten im engeren Sinne als aus der Kontinuität der Rekrutierungsform, den sozialen Mechanismen sowie der juristischen Argumentationsstruktur der verwaltungsjuristischen Elite und ihrer formalisierten Rechtsanwendungstechniken über die historischen Brüche hinweg.[17]

Allerdings wirken sich solche Traditionen, die beispielsweise in Sentenzen wie ‚Verfassungsrecht vergeht, Verwaltungsrecht besteht'[18] zum Ausdruck kommen, in den jeweiligen politischen Kontexten der Weimarer Republik, der NS-Diktatur, der

---

[16] Adenauer, Konrad: Erinnerungen 1945–1953, Stuttgart 1965, S. 183.
[17] Diestelkamp, Bernhard: Kontinuität und Wandel in der Gesellschafts- und Rechtsordnung vor und nach 1945, in: Ders. u.a. (Hgg.): Zwischen Kontinuität und Fremdbestimmung. Zum Einfluß der Besatzungsmächte auf die deutsche und japanische Rechtsordnung 1945 bis 1950, Tübingen 1996 (*Diestelkamp, Zwischen Kontinuität*), S. 15–35.
[18] So der Staatsrechtslehrer Otto Mayer, Deutsches Verwaltungsrecht, Bd. 1, 3. Aufl. Berlin 1924, Vorwort.

Besatzungsherrschaft und schließlich der Bundesrepublik Deutschland mit ihrer stabilen demokratischen Verfassungsordnung unterschiedlich aus.[19]

Für die Jahre der Besatzungsherrschaft ergab sich insofern eine zusätzliche Differenzierung, als in der Agrarverwaltung wie in allen anderen Sektoren die Siegermächte eine ‚Entnazifizierung' des Beamtenkörpers sowie öffentlicher Körperschaften und Unternehmen beschlossen hatten, in West wie Ost kamen Bodenreformpläne hinzu. Wie weit Beamte übernommen werden konnten, hing von der Entnazifizierung und den sog. Spruchkammerverfahren ab. Hinzu kamen die Gerichtsverfahren gegen NS-Täter, beginnend mit den alliierten Prozessen in Nürnberg vor dem Internationalen Militärtribunal (IMT) gegen 24 Hauptkriegsverbrecher und die insgesamt 12 Nürnberger Nachfolgeprozesse gegen 177 Angeklagte vor US-Militärgerichten, schließlich weitere 256 Prozesse gegen ungefähr 800 Angeklagte vor US-Militärgerichten in Dachau. Die Gesamtzahl der von Militärgerichten in den drei westlichen Besatzungszonen Verurteilten beträgt 5025, von denen 806 zum Tode verurteilt wurden. Unter diesen sowie den von deutschen Gerichten Verurteilten waren auch Verwaltungsbeamte bis hin zu Staatssekretären.

Die 1945 erlassenen Entnazifizierungsdirektiven führten unter anderen Berufsgruppen auch Beamte auf. So hieß es in der amerikanischen Besatzungsdirektive JCS 1067 vom 26. April 1945: „Alle Mitglieder der Nazipartei, die nicht nur nominell in der Partei tätig waren, alle, die den Nazismus oder Militarismus aktiv unterstützt haben, und alle anderen Personen, die den alliierten Zielen feindlich gegenüberstehen, sollen entfernt und ausgeschlossen werden aus öffentlichen Ämtern und aus wichtigen Stellungen in halbamtlichen und privaten Unternehmungen...".[20] Unter den Behörden und Körperschaften wurden auch solche der Landwirtschaft aufgeführt. Im Gesetz Nr. 8 der amerikanischen Militärregierung vom 26. September 1945 wurde ausdrücklich verfügt, dass entlassenen oder suspendierten Personen der Zutritt zu Behörden oder Unternehmen, aus denen sie entlassen worden waren, verweigert werden müsse. Die anderen Besatzungsmächte haben vergleichbare Regelungen erlassen.

Die nicht vollständige Entnazifizierungsstatistik der Westzonen nennt 1949/50 insgesamt 3.660.648 bearbeitete Fälle. 1.667 wurden als Hauptschuldige eingestuft, 23.060 als Schuldige, 150.425 als Minderbelastete. Als Mitläufer wurden 1.005.874 Personen beurteilt, 1.213.873 als entlastet.[21] Die Konsequenzen richteten sich nach dem Grad der Belastung und reichten von der Einleitung von Ermittlungs- bzw. Strafverfahren bis zu zeitweiliger oder dauerhafter Entlassung. Eine Aufstellung der

---

19 Vgl. zum Agrarsektor unter dieser Fragestellung: Kötter, Herbert: Die Landwirtschaft, in: Conze, Werner/Lepsius, Rainer M. (Hgg.): Sozialgeschichte der Bundesrepublik Deutschland. Beiträge zum Kontinuitätsproblem, Stuttgart 1983, S. 115 ff.
20 Text in: Vollnhals, Clemens in Zusammenarbeit mit Schlemmer, Thomas (Hg.): Entnazifizierung. Politische Säuberung und Rehabilitierung in den vier Besatzungszonen 1945–1949, München 1991 (*Vollnhals, Entnazifizierung*), S. 98–100, das Zitat S. 99, sowie S. 13 f., 159, 164 f.
21 Tabelle in: Ruhl, Hans-Jörg (Hg.): Neubeginn und Restauration. Dokumente zur Vorgeschichte der Bundesrepublik Deutschland 1945–1949, München 1982 (*Neubeginn und Restauration*), S. 526 f.

amerikanischen Militärregierung vom 31. März 1946 nennt allein für die eigene Besatzungszone 336.892 aus politischen Gründen entlassene oder nicht wieder eingestellte (von ca. 800.000 überprüften) Angehörige des Öffentlichen Dienstes.

Wenngleich weder die Entnazifizierungsverfahren der Besatzungsmächte noch die deutschen Spruchkammerverfahren lückenlos jeden NS-Belasteten erfassen konnten, andere NS-Gewaltverbrecher untertauchten bzw. ins Ausland flüchteten, wieder andere mit fragwürdig-nachsichtigen Urteilen davonkamen, bleibt doch trotz aller Mängel im Einzelnen ein generell unterschätztes Faktum: Aus diesen Verfahren resultierte eine breite Information und Debatte der Öffentlichkeit sowie zunächst eine massive personelle Diskontinuität im Öffentlichen Dienst, die eine lückenlose flächendeckende Weiterbeschäftigung für Jahre ausschloss, bevor zahlreiche Wiedereinstellungen unter völlig veränderten politischen und rechtlichen Rahmenbedingungen möglich wurden.

Da jedoch die Entnazifizierung ein Verfahren der ersten Nachkriegsjahre war, erhielten viele suspendierte oder entlassene Beamte nach einigen Jahren wieder die Chance zur Wiedereinstellung. Die bloße Parteimitgliedschaft, die für die amerikanische Entlassungspraxis ausgereicht hatte, wurde nach einigen Jahren nicht mehr als gravierend eingestuft, ein mehrjähriges Berufsverbot galt dann als hinreichende Ahndung für bloße Mitgliedschaft in einer NS-Organisation ohne eigene kriminelle Beteiligung. Unmittelbar nach Kriegsende war es auch für einfache Parteimitglieder ohne zusätzliche Funktionen im NS-Regime generell schwerer, in Behörden tätig zu werden als Jahre später, als sich die Einstellungspraxis lockerte. Hinzu trat die Frage: Konnten die 8,5 Millionen Mitglieder der NSDAP generell vom staatlichen, gesellschaftlichen und ökonomischen Wiederaufbau ausgeschlossen werden, konnte man politische Lernfähigkeit von vornherein verneinen, konnte man auf eine derart große Bevölkerungsgruppe verzichten, war sie nicht ihrerseits heterogen? Und zählte nicht prinzipiell Verfassungstreue zur Dienstpflicht aller Angehörigen des Öffentlichen Dienstes?

Doch kann die Personalpolitik auch im Sektor der Landwirtschaftspolitik und der Reorganisation einer leistungsfähigen Verwaltung und agrarischer Interessenpolitik nicht auf diesen Problemkomplex reduziert werden, existieren doch gerade in diesem Feld wichtige Gegenbeispiele besonders einflussreicher Persönlichkeiten. So war es kaum weniger aussagekräftig als die Wiederverwendung NS-belasteter Beamter, dass einer der führenden Agrarpolitiker der 1920er Jahre, der nicht zu den Interessenvertretern ostelbischen Großgrundbesitzes gehörte, nach dem Krieg zum führenden westdeutschen Agrarlobbyisten aufstieg. Auch in seinem beruflichen und politischen Wirken verband sich die bis vor den Ersten Weltkrieg zurückgehende agrarpolitische Prägung in der Weimarer Demokratie mit dem Bruch gegenüber dem NS-Regime: Der aus Köln stammende Andreas Hermes (1876–1964)[22] war promovierter Landwirt und zunächst Mitarbeiter der Deutschen Landwirtschaftlichen Gesellschaft. 1911 wurde er

---

22 Vgl. auch: erster Teil dieses Bandes, insbes. S. 37 ff.

Direktor des Internationalen Landwirtschaftsinstituts in Rom. Während des Ersten Weltkriegs ins Deutsche Reich zurückgekehrt, arbeitete er in der Kriegsernährungswirtschaft und wurde 1920 Minister des damals gegründeten Reichsministeriums für Ernährung und Landwirtschaft, zusätzlich war er Reichsfinanzminister im Kabinett der Männer mit ‚diskontfähiger Unterschrift' des parteilosen Wirtschaftsmanagers Wilhelm Cuno 1922/23. Abgeordneter der Zentrumspartei im Preußischen Landtag seit 1924, wurde er 1928 Mitglied des Deutschen Reichstags und Spitzenfunktionär verschiedener Agrarverbände. Als Verfolgter des NS-Regimes emigrierte er 1936 nach Kolumbien, kehrte jedoch 1939 nach Deutschland zurück und gehörte dem Widerstandskreis um Carl Goerdeler an. Nach dem Attentat vom 20. Juli 1944 verhaftet und zum Tode verurteilt, befreiten ihn alliierte Truppen, die sowjetische Militärregierung ernannte ihn zum Stellvertretenden Oberbürgermeister von Berlin. Andreas Hermes leitete am Fehrbelliner Platz in Berlin seit 13. Mai 1945 das Amt für Ernährungswesen, das er als künftiges Reichsernährungsministerium aufbaute und das bald mehr als 1000 Mitarbeiter hatte.[23] Doch zwang die SMAD den Mitbegründer der CDU in Berlin schon Ende Juli 1945 zum Rücktritt aus dem Magistrat. Von 1948 bis 1954 war Hermes zunächst in den Westzonen, dann der Bundesrepublik Präsident des Deutschen Bauernverbandes und zugleich 1948 bis 1961 des Deutschen Raiffeisenverbandes. 1949 initiierte er die Gründung des Zentralausschusses der Deutschen Landwirtschaft sowie des landwirtschaftlichen Bank- und Versicherungswesens.

Wie einige andere zentrale Persönlichkeiten in der deutschen Landwirtschaftspolitik zählte auch Hermes zu den Exponenten des Neubeginns 1945, verband also die Kontinuität zur Weimarer Demokratie mit der Diskontinuität zur NS-Diktatur.

---

[23] Morsey, Rudolf: Andreas Hermes. Ein christlicher Demokrat in der ersten und zweiten deutschen Demokratie, in: Historisch-Politische Mitteilungen. Im Auftrag der Konrad-Adenauer-Stiftung e.V. hg. von Günter Buchstab und Hans-Otto Kleinmann, 10. Jg. 2003, Köln/Weimar/Wien, S. 129–149, hier S. 137.

II Der Aufbau der länderübergreifenden Agrarverwaltungen in den westlichen Besatzungszonen

1 Institutionelle Zuständigkeiten in den Ländern und in den drei Westzonen[24]

Am 5. Juni 1945 trafen in Berlin die vier Oberbefehlshaber der alliierten Besatzungsmächte USA, Sowjetunion, Großbritannien und Frankreich zusammen und erklärten die Übernahme der obersten Regierungsgewalt in Deutschland. Der von ihnen errichtete Alliierte Kontrollrat in Berlin sollte die Politik der alliierten Besatzungsmächte zonenübergreifend koordinieren, was aber scheiterte. Die Einrichtung zahlreicher Einzelkommissionen – im Winter 1945/46 waren es 175 – erwies sich nicht als praktikabel, die Divergenzen der Siegermächte wuchsen von Tag zu Tag.[25] Die vier Zonen waren künstliche Gliederungen, die die traditionellen Selbstverwaltungseinheiten von Gemeinden und Städten, Provinzen, Regierungsbezirken und Ländern zerschnitten oder übergriffen. Eine politische Beteiligung deutscher Behörden war zunächst nur auf kommunaler oder Kreisebene möglich, die Zonenverwaltungen mussten auf fragmentierte deutsche Behörden ohne politische Leitung zurückgreifen, die ehemaligen Reichsministerien befanden sich, soweit sie nicht zerstört waren, im sowjetischen Sektor Berlins. Ein zielgerichtetes – wenngleich nicht völlig widerspruchsfreies – politisches Konzept der Transformation besaß lediglich die Sowjetregierung, die schon am 30. April 1945 die Gruppe Ulbricht aus dem Moskauer Exil nach Berlin gebracht hatte, um sofort unter der Leitung der Sowjetischen Militäradministration (SMAD) mit dem Aufbau kommunistischer Herrschaftsstrukturen zu beginnen.

In den Westzonen verfolgte zunächst jede Militärregierung eigene Vorstellungen, die aber kaum auf durchdachte Konzepte zurückgingen, sondern beispielsweise wie in der Britischen Zone ihre eigenen Traditionen der Kommunalverfassung umsetzten. In allen Zonen wurden als politisch unbelastet eingestufte Oberbürgermeister, Landräte etc. und bald auch Ministerpräsidenten eingesetzt, die auf vorher erstellten sog. weißen Listen standen. Insgesamt erfolgte der Wiederaufbau deutscher Verwaltungen von ‚unten' über die Gemeinden, Kreise bis zu den Ländern. Zwar konnte im Grundsatz in den Westzonen an einen nur während der NS-Diktatur unterdrückten föderativen Staatsaufbau und föderalistische Traditionen angeknüpft werden, doch waren

---

24 Knappe Übersicht in: Möller, Horst: Wandlungen der Besatzungspolitik in Deutschland 1945–1949, in: Diestelkamp, Zwischen Kontinuität, S. 37–53.
25 Vgl. grundlegend: Schwarz, Hans-Peter: Vom Reich zur Bundesrepublik. Deutschland im Widerstreit der außenpolitischen Konzeptionen in den Jahren der Besatzungsherrschaft 1945–1949, 2. erw. Aufl. Stuttgart 1980.

die Ziele der alliierten Sieger keineswegs einheitlich. Sie reichten von einer anfangs scheinföderalen, aber im Ziel zentralistischen Lösung in der SBZ bis zu einer dezidiert föderalistisch-dezentralen Gestaltung in der Französischen Zone. Die USA setzten auf eine bundesstaatliche Ordnung, die den Gliedstaaten erhebliche Rechte zubilligte. In der Besatzungspolitik verfuhren die Briten zunächst zentralistisch, wenngleich sie langfristig bei der Bildung eines Weststaats ebenfalls zu einer föderalen Struktur neigten. Doch wollten sie dann über die Weimarer Verfassungsordnung hinausgehen und die Länder stärken. Aus diesen im Einzelnen zunächst noch nicht konkretisierten Vorstellungen resultierten in der praktischen Realisierung des Wiederaufbaus die Mitgestaltungsmöglichkeiten der Länder und das Tempo ihrer Verwirklichung.

Die Zulassung politischer Parteien, die Abhaltung von Gemeinde- und bald auch Landtagswahlen erfolgte in den Zonen zu unterschiedlichen Zeitpunkten. Häufig kam es auch zu Konflikten zwischen den eingesetzten deutschen Amtsträgern, so von Oberbürgermeister Konrad Adenauer in Köln mit den Briten und in Bayern von Ministerpräsident Fritz Schäffer mit den Amerikanern. Zuerst ließ die Sowjetische Militäradministration (SMAD) am 10. Juni 1945 politische Parteien und Gewerkschaften zu, die Amerikaner folgten am 13. August 1945 mit der Lizensierung auf Kreisebene, bevor sie im November Parteien in ihrer gesamten Zone erlaubten, die Briten taten dies am 15. September, die Franzosen lizensierten als letzte Besatzungsmacht am 7. November 1945 in ihrer Zone politische Parteien.

Die erwähnte Länderneugliederung wurde 1945/46 zum Teil improvisiert durchgeführt, in der SBZ gründete die Militärregierung die fünf Länder neu bzw. wieder und erließ 1946 Landesverfassungen, die zwar formell bis 1952 in Kraft blieben, aber keine größere politische Bedeutung erlangten. In den Westzonen wurden 1946/47 alle Landtage demokratisch gewählt. Nachdem die USA im Oktober 1946 vorangegangen waren, folgten im April/Mai 1947 Briten und Franzosen. Aufgrund dieser Wahlergebnisse bildeten sich in allen Ländern demokratisch legitimierte Regierungen, die naturgemäß größere Autorität gewannen als die von den Besatzungsbehörden eingesetzten Vorgänger. Diesen Regierungen gehörten zunächst Wirtschafts-, aber nicht immer auch Landwirtschaftsminister an. Im Unterschied zu den Zonenverwaltungen konnten sie – soweit vorhanden und von den Besatzungsbehörden zugestanden – die bestehenden Landesministerien, nicht aber alle Beamten übernehmen. Auf der föderativen Ebene in Ländern, die auch zuvor existierten, bestand also eine partielle institutionelle Kontinuität. Allerdings bedeutete dies auch auf Länderebene keinesfalls absolute Kontinuität. So gaben die Militärregierungen Weisungen für einen Neuaufbau, die eingesetzten Ministerpräsidenten mussten ihre Personalvorschläge zur Genehmigung vorlegen.[26]

Im Falle des in der britischen Zone liegenden, neu zu gründenden Landes Nordrhein-Westfalen wurde zunächst auf der Basis der ehemaligen preußischen

---

[26] Vgl. etwa den Bericht des Bayerischen Ministerpräsidenten Schäffer zum Aufbau einer bayerischen Landesverwaltung vom Juli 1946, in: Neubeginn und Restauration, S. 131–133.

Provinzen begonnen und dem früheren von den Nationalsozialisten seines Amtes enthobenen Regierungspräsidenten von Münster, Rudolf Amelunxen, der Auftrag zum Neuaufbau der Verwaltung der Provinz Westfalen erteilt, in dem es unter anderem hieß: „Kein tätiger Nazi oder Naziparteigänger – d. h. mit den Nazis Sympathisierender – erhält die Erlaubnis, irgendeine beamtete Stellung einzunehmen".[27] Amelunxen selbst wurde 1946/47 erster Ministerpräsident von Nordrhein-Westfalen und danach bis 1958 in verschiedenen Ressorts Landesminister.

In den Besatzungszonen übernahmen unmittelbar nach Kriegsende die Landräte unter Oberaufsicht der zuständigen Offiziere der Militärverwaltungen die Organisation der Ernährungswirtschaft.[28] Die im September 1945 gegründeten Länder der amerikanischen Zone entwickelten sofort eine einheitliche Versorgungspolitik mit übereinstimmenden Lebensmittelrationen.

Wesentliche, insbesondere wirtschaftspolitische Fortschritte wurden durch die Bildung länderübergreifender Zonenorgane erreicht. Das wichtigste Koordinationsgremium in der amerikanischen Zone wurde der Länderrat, der sich am 17. Oktober 1945 in Stuttgart konstituierte.[29] Dem von der amerikanischen Militärregierung eingerichteten Länderrat gehörten die Ministerpräsidenten von Bayern, Württemberg-Baden, Groß-Hessen und – nach dem Wechsel von der britischen in die amerikanische Zone – der Bürgermeister von Bremen an. An den Sitzungen nahmen auch Vertreter der Militärregierung und der Generalsekretär teil. Aufgabe war es, „im Rahmen der politischen Richtlinien der Besatzungsmacht, die über das Gebiet eines Landes hinausgehenden Fragen gemeinschaftlich zu lösen, Schwierigkeiten im Verkehr der Länder zu beseitigen und die wünschenswerte Angleichung der Entwicklung auf den Gebieten des politischen, sozialen, wirtschaftlichen und kulturellen Lebens sicherzustellen".[30] Insofern übernahm der Länderrat, der zwar keine Zonenregierung war, doch die Koordinierung innerhalb politischer Sektoren, die bis 1945 vom Reich wahrgenommen wurden. Dazu zählten die Wirtschaftspolitik, die Ernährungspolitik, Verkehr und Postwesen. Insofern wurde in der amerikanischen Zone nicht allein das Vakuum schnell gefüllt, das in der britischen und französischen Zone noch wegen der sich verzögernden Ländergründung bestand, sondern auch die gesamtzonale Organisation frühzeitig in die Wege geleitet.

Die staatlichen Verwaltungsaufgaben wurden nach dem Grundprinzip aufgeteilt, dass die Länderregierungen alle Bereiche übernahmen, die nicht die Militärregierung selbst regelte. Auf zonaler Ebene erfolgte durch den Länderrat und seine Ausschüsse

---

[27] Text ebd. S. 133–138, das Zitat S. 133.
[28] Vgl. die Übersichtsdarstellung von Winkel, Harald: Land- und Forstwirtschaft (*Winkel, Landwirtschaft*), in: Deutsche Verwaltungsgeschichte, i. A. der Freiherr-vom-Stein-Gesellschaft hg. von Kurt G. A. Jeserich, Hans Pohl, Georg-Christoph von Unruh, Bd. 5: Die Bundesrepublik Deutschland, Stuttgart 1987, S. 760–775.
[29] Protokoll der Sitzung in: Akten zur Vorgeschichte, Bd. 1, S. 125–132.
[30] Text des Organisationsplans des Länderrats vom 6.11.1945, in: Neubeginn und Restauration, S. 150–152, das Zitat S. 150 f.

die länderübergreifende zonale Angleichung im Rahmen der Ermächtigung durch die amerikanische Militärregierung. Die Ministerpräsidenten beschlossen in dieser organisatorischen Struktur gemeinsam Gesetze und Verordnungen, die dann für alle Länder galten. Der Grundsatz der Einstimmigkeit sicherte den Interessenausgleich zwischen den Ländern und die notwendigen Kompromisse. Bei der Vorbereitung der Gesetze wirkten jeweils die Vertreter der Landesministerien und ihre Experten mit, was gemeinsame Sachlösungen erleichterte.

Ein gravierendes Problem entstand nach der Wahl der Landtage und der Bildung demokratisch legitimierter Länderregierungen in der amerikanischen Zone. Da die legislative Kompetenz den Landesparlamenten oblag, die amerikanische Militärregierung jedoch die Zuständigkeiten nicht änderte, entstand für eine Gesetzgebung allein durch die Ministerpräsidenten im Länderrat ein Legitimitätsdefizit. Der Bayerische Ministerpräsident Ehard erklärte aus Anlass der Beratung von Gesetzentwürfen, es gäbe „nur eine Möglichkeit, Gesetze zu verkünden: durch den Landtag ... Der Landtag müsse immer eingeschaltet werden, auch dort, wo die Militärregierung Gesetze gibt", der Landtag dürfe in seinen Rechten nicht geschmälert werden.[31] Daraufhin berief der Länderrat neben Direktorium und Sekretariat ein drittes Gremium, den Parlamentarischen Rat. Er wurde aus 24 Landtagsabgeordneten der nach Aufnahme Bremens in die amerikanische Besatzungszone am 22. Januar 1947 nunmehr vier Länder gebildet. Diesem Zonenorgan mussten alle Gesetzentwürfe zur Anhörung vorgelegt wurden. Zwar handelte es sich nicht i. e. S. um ein Entscheidungsgremium, doch faktisch hielten sich Ministerpräsidenten und Direktorium an seine Zustimmung bzw. Ablehnung.[32]

In der Britischen Zone fand in Bad Nenndorf erstmals am 21. September 1945 eine Konferenz der Chefs der Länder und Provinzen statt, zu der anders als im Falle des Länderrats die beteiligten deutschen Verwaltungschefs selbst die Initiative ergriffen hatten. Eingeladen hatte der Stellvertretende Oberpräsident der Provinz Hannover, Eberhard Hagemann. Diese Initiative war insofern begründbar, als die von der britischen Besatzungsmacht eingesetzten Oberpräsidenten der ehemaligen preußischen Provinzen in ihrem Auftrag und mit ihrer Genehmigung die gleichen Befugnisse ausübten, die vor 1933 bei den Behörden des Reiches bzw. Preußens gelegen hatten. Die Oberpräsidenten waren folglich Vorgesetzte aller Beamten und Angestellten mit Ausnahme der Richter und Justizbeamten. Sie nahmen also in der britischen Zone die Aufgaben der Staatsverwaltung wahr, sofern und in dem Umfang, wie die Militärbehörde ihnen dies gestattete. Die Chefs der Länder und Provinzen wollten den Oberpräsidenten auch das Ernennungsrecht für Beamte bis zur Stufe des Regierungsrats übertragen. Für die „Bereinigung des gesamten öffentlichen und wirtschaftlichen Lebens von politisch nicht tragbaren Personen" hielten die Oberpräsidenten und

---

31 Akten zur Vorgeschichte Bd. 2, S. 178 (Tagung des Länderrats, 4. Februar 1947).
32 Ebd. Einleitung, S. 20.

Länderchefs ein einheitliches Verfahren für notwendig und setzten eine Kommission zur Erarbeitung von Richtlinien ein.[33]

An der ersten Sitzung nahm – abgesehen vom Hamburger Bürgermeister Rudolf Petersen – jedoch kein Regierungschef i. e. S. teil, da in der Britischen Zone außer der Hansestadt sowie dem während der Weimarer Republik noch selbständigen Land Braunschweig nur ehemalige preußische Provinzen lagen. Braunschweig unterstand allerdings während des NS-Regimes gemeinsam mit Anhalt einem ‚Reichsstatthalter', 1945 wurde das Land Braunschweig kurzzeitig ohne die zur SBZ gehörigen Gebiete wiederhergestellt

Am 15. Februar 1946 gründeten die Briten einen Zonenbeirat, der erstmals am 6. März 1946 in Hamburg zusammentrat und sich nach seiner Umbildung am 10. Juni 1947 zu einer quasi-parlamentarischen Vertretung entwickelte. Seit dem 6. Februar 1946 trafen Vertreter des Länderrats und Zonenbeirats zu ersten Besprechungen zusammen. Bald darauf kam es in Bremen am 28. Februar und 1. März 1946 zu einer gemeinsam Konferenz der Regierungschefs der amerikanischen und der britischen Zone. In ihrer Resolution bezogen sie sich ausdrücklich auf die kurz zuvor durchgeführten Besprechungen der Leiter der Behörden für Wirtschaft und Landwirtschaft beider Zonen. Sie übten tatsächlich eine Schrittmacherfunktion für die künftige bizonale Kooperation aus, da die Ernährungsproblematik immer dringlicher wurde und deshalb zu den Schlüsselaufgaben der Besatzungspolitik gehörte, die nur gemeinsam mit deutschen Dienststellen gelöst werden konnten.[34]

In ihrer Zone beabsichtigte die amerikanische Militärregierung nach Kriegsende eine deutsche Notverwaltung unter amerikanischer Aufsicht einzusetzen, die sich von den Kommunalbehörden über die Kreisbehörden bis zur Landesebene erstreckte. Die amerikanischen Militärs sollten die Hauptverantwortung möglichst schnell wieder abgeben, was zunächst eine Übergabe an amerikanische Zivilisten bedeutete. Der amerikanische Militärgouverneur General Lucius D. Clay wollte darüber hinaus so bald wie möglich die deutsche Selbstverwaltung stärken und von unten nach oben neu aufbauen.[35] Nach Einschätzung von Clay funktionierte bereits im November 1945 der deutsche Verwaltungsapparat in Dörfern, Städten, Landkreisen und Ländern, obwohl die deutschen Beamten noch immer von der Besatzungsmacht ernannt wurden. „Die Verwaltung war nur ein Mittel zum Zweck: eine verantwortliche deutsche Regierung zu bilden. Die Niederwerfung des Naziregimes, das Deutschland zwölf

---

33 Akten zur Vorgeschichte Bd. 1, S. 207f. (Sitzung der Länderchefs am 11. 12.1945).
34 Zonenbeirat. Zonal Advisory Council. Protokolle und Anlagen 1946–1948, Teil I: 1–11. Sitzung 1946/47, bearb. von Gabriele Stüber, Düsseldorf 1994 (Quellen zur Geschichte des Parlamentarismus und der politischen Parteien, Reihe 4: Deutschland seit 1945, im Auftrag der Kommission für Geschichte des Parlamentarismus und der politischen Parteien hg. von Karl Dietrich Bracher, Rudolf Morsey, Hans-Peter Schwarz, Band 9).
35 Grundlegend zur amerikanischen Besetzung (nicht der späteren Besatzungspolitik) ist das umfassende Werk von Henke, Klaus-Dietmar: Die amerikanische Besetzung Deutschlands, München 1995, für die Übergangszeit insbesondere S. 997 ff.

Jahre lang beherrscht hatte, ließ einen politischen Hohlraum zurück; er mußte schleunigst mit demokratischer Führung ausgefüllt werden, um, solange wir noch da waren, die Entstehung neuer totalitärer Systeme unter anderm Namen zu verhindern."[36] Das Konzept von Clay ging aber weit über die amerikanische Zone, ja Deutschlands hinaus, es war im Bewusstsein wachsenden sowjetischen Drucks europäisch-atlantisch orientiert, was aber zugleich den Deutschen Handlungsspielräume eröffnete.[37] Ungeachtet des zielgerichteten und durchorganisierten Aufbaus einer effizienten Militärverwaltung, Office of Military Government for Germany, United States (OMGUS), zu der innerhalb der Economics Division auch eine Unterabteilung Ernährung und Landwirtschaft (einschließlich Forstwirtschaft) unter Colonel Hugh B. Hester gehörte,[38] zählte der zügige Aufbau deutscher Behörden mit politisch unbelasteten Beamten zu den Prioritäten der amerikanischen Besatzungspolitik, für die mit dem amerikanischen Politikwissenschaftler James K. Pollock als Sonderberater General Clays ein exzellenter Verwaltungsfachmann und ausgewiesener Deutschlandkenner gewonnen wurde. Pollock hatte u. a. über Wahlen in Deutschland, über das Parteiensystem der Weimarer Republik und über die NS-Diktatur geforscht und publiziert, er vertrat „die Meinung, dass ein neues Deutschland nur mit den Deutschen und durch sie selbst aufgebaut werden könne und daß man mit dem Aufbau der lokalen Verwaltung durch Unbelastete sofort nach der Besetzung anfangen müsse".[39] Als Kenner der deutschen Geschichte wollte er dabei auf positive Traditionen Deutschlands zurückgreifen.

In Bayern wurde auf Vorschlag des von der Militärregierung eingesetzten Ministerpräsidenten Fritz Schäffer im Juli 1945 ein Ministerium für Ernährung und Landwirtschaft gegründet. Erster Chef, zunächst mit der Amtsbezeichnung Staatsrat, wurde der bayerische Gutsbesitzer und Diplom-Landwirt Ernst Rattenhuber (1887–1951), den die Amerikaner bereits am 9. Mai 1945 zum Leiter des Landesamts für Ernährung und Landwirtschaft ernannt hatten. Er kam politisch wie Schäffer aus der Bayerischen Volkspartei der Weimarer Republik und gehörte 1945 zu den Gründungsmitgliedern der CSU und des Bayerischen Bauernverbandes, schon 1945 gelang es Rattenhuber, die genossenschaftliche Milchversorgung Münchens zu organisieren. Obwohl die deutschen Behörden in der amerikanischen Zone größere Freiräume besaßen als in der französischen oder gar der sowjetischen Zone, kam es auch hier anfangs immer wieder zu Reibungen und Querelen, zumal in der Personalpolitik die

---

[36] Clay, Lucius D.: Entscheidung in Deutschland, Frankfurt/Main 1950, S. 106 (am. Original: Decision in Germany, New York 1950) (*Clay, Entscheidung*).
[37] Vgl. insgesamt Krieger, Wolfgang: General Lucius D. Clay und die amerikanische Deutschlandpolitik 1945–1949, Stuttgart 1987; sowie Backer, John H.: Die deutschen Jahre des Generals Clay. Der Weg zur Bundesrepublik 1945–1949, München 1983 (am. Original 1983).
[38] Grundlegend und umfassend: OMGUS-Handbuch. Die amerikanische Militärregierung in Deutschland 1945–1949, hg. von Christoph Weisz, München 1994.
[39] Pollock, James K.: Besatzung und Staatsaufbau nach 1945. Occupation Diary and Privat Correspondence 1945–1948, hg. von Ingrid Krüger-Bulcke, München 1994, Einleitung S. 6.

Militärregierung ausschlaggebend blieb. Neben sachlich angemessenen Entlassungen aufgrund von NS-Belastung kamen auch willkürliche Entlassungen und Eingriffe vor, sogar solche gegenüber ehemaligen NS-Opfern.[40] Auf der anderen Seite erklärten die selbst politisch unbelasteten Minister wie Rattenhuber in Kabinettssitzungen, „dass die Ernährungslage nur durch Fachleute gesichert werden könne; er wäre einverstanden, wenn wenigstens eine längere Entlassungsfrist erwirkt werden könnte"[41].

Ministerpräsident Schäffer geriet über seinen vermeintlich zu nachsichtigen Umgang mit ehemaligen NSDAP-Mitgliedern in ständige Reibungen mit der amerikanischen Militärregierung, schließlich wurde ihm bis 1948 jede politische Betätigung untersagt. Tatsächlich hatte Fritz Schäffer zu den Gegnern des NS-Regimes gehört. Schon 1933 war er deshalb vorübergehend in Haft und wurde nach dem 20. Juli 1944 mehrere Monate im KZ Dachau eingesperrt. Doch hielt er es für ausgeschlossen, die bayerische Verwaltung wiederaufzubauen, wenn Beamte, die nur nominell der NSDAP angehört hatten und nach seiner Einschätzung in sie „hineingepresst" worden waren, von vornherein ausgeschlossen würden. Zwischen diesen beiden Polen eines personalpolitischen Purismus und eines lösungsorientierten Pragmatismus spielten sich die Kontroversen ab – und zwar sowohl interne als auch bilaterale zwischen Besatzungsmächten und deutschen Verwaltungen.

Dennoch kam selbst die amerikanische Militärregierung nicht darum herum, Kriegsgefangenenlager aufzulösen, weil sie deren Ernährung nicht sichern konnte. Sie versuchte dann, wenigstens Generalität und Generalstab sowie Angehörige der Waffen-SS sowie diejenigen Personen weiterhin zu inhaftieren, die im Verdacht standen, Kriegsverbrechen begangen zu haben.[42] Über diese Aktion stürzte der amerikanische Militärgouverneur Patton und dann die von ihm berufene erste bayerische Nachkriegsregierung Fritz Schäffer.[43]

Im Amt für Ernährung und Landwirtschaft beließ die amerikanische Militärregierung im August alle entlassenen Beamten und Angestellten zunächst für weitere 4 Wochen, „soweit sie lediglich zahlende PG's waren. Die Militärregierung habe sogar die örtlichen Militärregierungen angewiesen, dass die Angestellten und Beamten in

---

40 Beispielsweise in Bezug auf den von Schäffer eingesetzten Behördenleiter Hans Schwink, dem lediglich vorgeworfen wurde, dass er im Ersten Weltkrieg Generalstabsoffizier gewesen war. Tatsächlich war Schwink nicht NSDAP-Mitglied gewesen, seine Frau und seine Tochter waren Jüdinnen und wurden von der SS noch im Frühjahr 1945 ermordet, er selbst wurde vom NS-Regime als ‚wehrunwürdig' eingestuft. Im Falle Schwinks handelte es sich um eine der Personalentscheidungen, die die Militärregierung Schäffer vorwarf. (Protokolle des Bayerischen Ministerrats 1945–1954, hg. von der Historischen Kommission bei der Bayerischen Akademie der Wissenschaften und der Generaldirektion der Staatlichen Archive Bayerns. Band 1: Das Kabinett Schäffer 28. Mai bis 28. September 1945, bearb. von Karl-Ulrich Gelberg, München 1995, S. 53.)
41 Ebd. S. 173, Kabinettssitzung vom 6. Juli 1945.
42 Zorn, Wolfgang: Bayerns Geschichte im 20. Jahrhundert. Von der Monarchie zum Bundesland, München 1986, S. 552.
43 Vgl. ebd. S. 561 ff.

den Ernährungsämtern weiter arbeiten dürften", erklärte Staatsrat Rattenhuber in der Kabinettssitzung vom 22. August 1945.[44]

Zwar richtete sich die Entlassungspraxis nach den generellen Richtlinien der Militärregierungen, doch gab es immer wieder Ausnahmen: Ein völlig homogenes Bild ergibt sich in Bezug auf die Weiterbeschäftigung von Beamten besonders im Ernährungssektor nicht. Auf der anderen Seite ist es bemerkenswert, dass gerade in der Landwirtschaftspolitik in der amerikanischen und britischen Zone mehrere ehemalige NS-Gegner zentrale Positionen einnahmen.

Ein weiteres Beispiel ist der Nachfolger Rattenhubers in dem nach der Entlassung Schäffers von der amerikanischen Militärregierung eingesetzten Kabinett des Ministerpräsidenten Wilhelm Hoegner (SPD). Wie Schäffer und Hoegner war auch der nun beauftragte Landwirtschaftsminister Professor Dr. rer. pol. Joseph Baumgartner (1904–1964), Mitgründer der CSU und späterer Vorsitzender der Bayernpartei, Gegner des NS-Regimes. Er hatte unter anderem Geschichte und Nationalökonomie studiert und war von Adolf Weber promoviert worden, war 1929 bis 1933 2. stellvertretender Generalsekretär des Bayerischen Bauernverbandes und Mitglied der Bayerischen Volkspartei. Nach 1933 Angestellter der Allianz-Versicherung, wurde er 1942 wegen Verstoßes gegen das sog. Heimtücke-Gesetz für 8 Wochen in Graz inhaftiert, bevor er 1942 bis zum Kriegsende Soldat wurde. 1945 wurde Baumgartner als Personalreferent beim Bayerischen Landesamt für Ernährung und Landwirtschaft angestellt und schließlich Mitgründer des neuen Bayerischen Bauernverbandes. Seit Oktober 1945 amtierte er in mehreren Kabinetten als Landwirtschaftsminister.

Und auch der 1945 bis 1949 als Staatsrat und Ministerialdirektor tätige Wilhelm Niklas (1887–1957), der später der ersten Bundesregierung Konrad Adenauers 1949 bis 1953 als Landwirtschaftsminister (CSU) angehörte und in der bayerischen Agrarpolitik während der Besatzungsjahre eine Schlüsselrolle einnahm, war ein Gegner des NS-Regimes. Der studierte Agrarwissenschaftler und Tierarzt war in der Weimarer Republik unter anderem seit 1920 Ministerialrat im Reichsministerium für Ernährung und Landwirtschaft gewesen, bevor er nach München zurückkehrte und Ministerialdirigent im Bayerischen Landwirtschaftsministerium wurde. 1935 wurde Niklas vom NS-Regime – auf eigenen Wunsch – aus politischen Gründen entlassen und bewirtschaftete bis Kriegsende den Hof Achatswies bei Fischbachau. Fritz Schäffer setzte ihn im Juni 1945 als Stellvertretenden Leiter des Landesamtes für Ernährung und Landwirtschaft unter Ernst Rattenhuber ein. Im neugegründeten Landwirtschaftsministerium, für dessen Wiederaufbau er eine zentrale Rolle spielte, wurde er dann Staatsrat und seit 1945 ständiger Vertreter des Ministers Baumgartner.[45]

---

44 Bayerischer Ministerrat. Kabinett Schäffer, S. 200.
45 Zu Niklas siehe auch unten vierter Teil dieses Bandes, insbesondere S. 399 f.

2 Amerikanische Besatzungszone: Abteilung für Ernährung und Landwirtschaft im Sekretariat des Länderrates – Sonderbevollmächtigter Hermann Dietrich

In der amerikanischen und der britischen Zone existierten zwischen „1945 und 1947 erhebliche Unterschiede in der Ernährungslage und Ernährungspolitik ... begründet teils in der ernährungswirtschaftlichen Struktur der beiden Zonen, teils in verschiedenen Verwaltungskonzeptionen, die die beiden angelsächsischen Mächte mitbrachten".[46] Die politisch entscheidende Differenz lag im dezidiert föderalistischen Prinzip der amerikanischen Militärregierung und im ebenso dezidiert zentralistischen der britischen. Die schnelle Wiedergründung von Ländern in der US-Zone resultierte zum einen aus diesem föderalistischen Konzept, zum anderen aus dem Ziel, die unbelasteten Deutschen möglichst schnell in diesen Wiederaufbau einzubeziehen. Hier lag die Initialzündung für die Beteiligung der Länder am agrarpolitischen Wiederaufbau. Allerdings betreiben die Amerikaner auch die Gründung einer zonalen Landwirtschaftsbehörde zügiger als die Briten.

Schon am 5. November 1945 setzte der auf Initiative von James K. Pollock gegründete Länderrat der amerikanischen Zone einen ‚Hauptausschuss für Ernährung und Landwirtschaft' ein. Da der Länderrat ein Gremium der Länder in der amerikanischen Zone war, ergab sich daraus schon für diesen Hauptausschuss die starke Beteiligung der Länder und eine föderale Konstruktion für die Lösung des Ernährungsproblems. Nach Ablehnung des Amtes durch Dr. Anton Fehr berief der Länderrat mit Wirkung zum 13. Mai 1946 Dr. Hermann Dietrich zum Leiter des Hauptausschusses und Sonderbevollmächtigen für Ernährung und Landwirtschaft.[47]

Dietrich war von 1928 bis 1932 Reichsminister, darunter 1928 bis 1930 für Ernährung und Landwirtschaft. Er hatte reiche politische und administrative Erfahrung auf kommunaler Ebene als Bürgermeister von Kehl bzw. Oberbürgermeister von Konstanz 1914 bis 1918, als nationalliberaler Abgeordneter im Badischen Landtag 1911 bis 1919, als Landesminister und schließlich als Mitbegründer und Reichstagsabgeordneter der linksliberalen Deutschen Demokratischen Partei (DDP) in der Weimarer Republik. Er war ein entschiedener Gegner des Nationalsozialismus und schied 1933 aus allen öffentlichen Ämtern aus, bis 1945 arbeitete er als Rechtsanwalt und wurde nach 1945 Mitgründer der FDP.[48] 1946 wurde er zunächst Vorsitzender des Koordinierungsausschusses zum Ausgleich der Erzeugung und der Verbrauchslenkung in der französischen Zone in Baden-Baden, ehe er von der amerikanischen Militärregierung nach Stuttgart berufen wurde. In der ersten Phase des Aufbaus der Bizone wurde er 1947

---

46 Rohrbach, Im Schatten des Hungers, S. 21.
47 Zu Dietrich siehe auch erster Teil dieses Bandes, S. 53 f., 65.
48 Vgl. seine Erinnerungen: Auf der Suche nach Deutschland. Probleme zur geistigen, politischen und wirtschaftlichen Erneuerung Deutschlands, Hamburg 1946, sowie v. a. zur Vorgeschichte: von Saldern, Adelheid: Hermann Dietrich. Ein Staatsmann der Weimarer Republik, Boppard 1966.

Vorsitzender des Ernährungs- und Landwirtschaftsrates des Vereinigten Wirtschaftsgebietes und damit zugleich Direktor des Verwaltungsamtes für Ernährung und Landwirtschaft der Bi-Zone.

Mit Hermann Dietrich übernahm ein hochkompetenter und zugleich politisch unbelasteter Politiker eine Schlüsselposition für Ernährungs- und Landwirtschaftspolitik der amerikanischen Besatzungszone und der späteren Bizone, der langjähriges demokratisches Engagement mit Erfahrung verband und zugleich politischen Neubeginn verkörperte. Schon 1946 hatte er einen großen Essay unter dem Titel „Auf der Suche nach Deutschland. Probleme zur geistigen, politischen und wirtschaftlichen Erneuerung Deutschlands" verfasst. Dabei ging er von der historischen Entwicklung seit dem 19. Jahrhundert aus. Er geißelte entschieden die „Tyrannei Hitlers" und die „unvorstellbare Vernichtung von Menschen und Material ... mit der unglaublichsten Missachtung von Religion, Moral und Recht, mit der Zerstörung unersetzlichen Kulturgutes".[49] Dietrich behandelte in der Auseinandersetzung mit der kommunistischen Landwirtschaftspolitik in der Sowjetunion und der SBZ auch die agrarpolitischen Grundorientierungen in den Westzonen. Selbst für diesen liberalen Politiker folgte aus der Notlage nach Ende des Krieges ein Zwang zum Dirigismus: „Die Entwicklung läuft insofern richtig, als das zum Leben unbedingt Nötige der freien Produktion oder wenigstens dem freien Vertrieb in steigendem Maße entzogen wird, während das nicht unbedingt Nötige mehr oder weniger frei bleibt."[50]

Das Statut vom 26. Juli 1946 regelte die Aufgabe des Sonderbevollmächtigten, die in der Aufstellung und Durchführung von Programmen auf dem Gebiet der Ernährung und Landwirtschaft bestand. Die Sicherung der Ernährung zählte zu den zentralen Aufgaben des Länderrats. Angesichts der „damals allen Ländern innewohnenden Tendenz, die eigene Produktion vor allem der eigenen Bevölkerung zugutekommen zu lassen, war es für die Ausführung der Länderratsbeschlüsse durch die Länder von nicht zu unterschätzender Bedeutung, daß die Beschlüsse, soweit wie damals überhaupt möglich, durch das Zusammenwirken der Länderinstanzen selbst zustande kamen."[51] Im Frühjahr 1946 verstärkte sich der Versorgungsengpass aufgrund unzureichender Lebensmittelimporte. Der Länderrat der amerikanischen Zone änderte deshalb die bis dahin auf bloße Koordination gerichtete Arbeitsweise und setzte weitere 16 Unterausschüsse für Ernährung und Landwirtschaft ein. Der Sonderbevollmächtigte erhielt unmittelbare Weisungsbefugnis gegenüber den Länderregierungen.[52] Im Sekretariat des Länderrats korrespondierte dem Ausschuss die ebenfalls von Hermann Dietrich geleitete Abteilung Ernährung und Landwirtschaft, die 20 bis 30 Referenten und Sachbearbeiter umfasste. Insgesamt hatte Dietrich gegen Ende seiner Tätigkeit als Sonderbevollmächtigter etwa 40 Mitarbeiter.[53]

---

49 Dietrich, Auf der Suche nach Deutschland, hier zitiert nach der Lizenzausgabe Stuttgart 1947, S. 6 f.
50 Ebd. S. 87.
51 Rohrbach, Im Schatten des Hungers, S. 58.
52 Akten zur Vorgeschichte, Bd. 1, S. 469
53 Rohrbach, Im Schatten des Hungers, S. 110.

Wollten die Länder den Weisungen nicht folgen, musste der Sonderbevollmächtigte den Länderrat anrufen, notfalls auch eine Genehmigung durch OMGUS erwirken.[54] Die Militärregierung behielt sich zwar Kontrolle und Oberaufsicht vor, überließ aber im Prinzip den Ländern, deren Verwaltungen inzwischen wieder effizient arbeiteten, sowie vor allem dem Sonderbevollmächtigten das operative Geschäft. Die am 30. September 1946 erlassene Direktive der amerikanischen Militärregierung enthielt eine Aufstellung derjenigen Materien, die prinzipiell nicht in die Landeszuständigkeit fielen. Die Landwirtschaft zählte nicht dazu.

Zu den wichtigsten Pflichten Dietrichs zählte neben der Organisation und Koordination der Länderpolitik auf diesem Feld vor allem die ausreichende Lebensmitteleinfuhr. In ständigen Verhandlungen musste er die Militärregierung überzeugen, dass die deutsche Nahrungsproduktion in der amerikanischen Zone zur Versorgung der Bevölkerung keineswegs ausreiche, dass also weiterhin in großem Umfang Nahrungsmittel importiert werden mussten. Darüber hinaus sollte Dietrich die gleichmäßige Verteilung der Nahrungsmittel in den einzelnen Ländern und Regionen der amerikanischen Zone sicherstellen. Da die Länder selbst diese Verteilung steuerten, der Sonderbevollmächtigte jedoch keine eigene Exekutive besaß, war dieses Ziel nur durch ständiges Zusammenwirken mit den Landwirtschaftsministerien der Länder erreichbar.

Die weiteren Aufgaben des Sonderbevollmächtigten Hermann Dietrich waren vielfältig, sie betrafen unter anderem den Erlass von Rechtsvorschriften, auf deren Grundlage die landwirtschaftlichen Produkte überall nach den gleichen Prinzipien abgeliefert und verteilt werden sollten. Er war verantwortlich für die Übernahme der Nahrungsmittel und die Weiterleitung an die Länder, für Tauschgeschäfte mit anderen Zonen, für die Organisation von Produktionsformen, schließlich für Verhandlungen mit der gewerblichen Wirtschaft zur Bereitstellung von Produktionsmitteln und entsprechender Technik, die die Betriebe benötigten. Schließlich war er für Siedlungsfragen und Bodenreform-Pläne zuständig.[55]

Ein besonderes Problem ergab sich aus dem Ziel der amerikanischen Militärregierung sowie der Länder ihrer Zone, das Erbhofgesetz aufzuheben, doch war Dietrich der Ansicht, „eine glatte Aufhebung sei nicht möglich, so sehr die Beseitigung verlangt wird". Auch müsse Klarheit darüber herrschen, was an seine Stelle treten solle.[56] Erbhöfe waren Bauernhöfe von bestimmter Größe, die nach dem preußischen (15. Mai 1933) bzw. Reichserbhofgesetz vom 29. September 1933 zum Schutz gegen Überschuldung bzw. Zersplitterung bestimmten rechtlichen Auflagen unterworfen waren und ungeteilt auf die Anerben übergingen. Dies konnte je nach Region der älteste oder der jüngste Sohn sein. Erbhöfe waren unveräußerlich und unbelastbar. Im schon erwähnten Kontrollratsgesetz Nr. 45 hob der Alliierte Kontrollrat 1947 einen Teil dieser

---

54 Akten zur Vorgeschichte Bd. 1, S. 476, Fn 22.
55 Vgl. Rohrbach, Im Schatten des Hungers, S. 63.
56 Akten zur Vorgeschichte Bd. 1, S. 583.

Regelungen wieder auf, da sie als spezifisch nationalsozialistisch galten. Allerdings beruhten sie partiell auf älteren Rechtstraditionen.[57] Durch die Aufhebung entstand eine bis in die Bundesrepublik nachwirkende Kontinuität der bis 1933 und ab 1947 geltenden Erbregelungen.

Anders als in der sowjetischen, aber zeitweise auch der britischen Zone war die Besatzungsmacht in Fragen der Bodenreform zurückhaltend und folgte vor allem Anstößen, die von der Vier-Mächte-Ebene her erfolgten. Die sowjetzonale Bodenreform war einerseits ein solcher Impuls. Auch auf westalliierter Seite hatte es während des Krieges Überlegungen gegeben, der „reaktionären Junkerklasse" ihre wirtschaftliche Basis und damit auch ihren politischen Einfluss zu entziehen.[58] Andererseits widersprachen der radikale Eingriff in das Eigentumsrecht und die Gewaltsamkeit des Vorgehens in der SBZ allen Grundsätzen demokratischen und rechtsstaatlichen Verwaltungshandelns. Die entsprechenden Planungen in der amerikanischen – und auch in der britischen – Besatzungszone entfernten sich daher zunehmend von dem politischen Ziel einer gesellschaftlichen Umgestaltung Deutschlands und konkretisierten sich als Siedlungsprogramme für aus den Ostgebieten geflohene Bauern. Clay schreibt rückblickend: „Eine Bodenreform sollte in unserer Zone kleine Bauernstellen für Flüchtlinge und Vertriebene schaffen. Es handelte sich aber dabei mehr um ein symbolisches Zeichen unserer Hilfsbereitschaft, weil das amerikanische Besatzungsgebiet im Gegensatz zu Ostpreußen und zu weiten Teilen Ostdeutschlands fast nur kleineren bäuerlichen Besitz aufwies; es gab nur einige hundert Großgrundbesitzer."[59]

Das vom Länderrat im August 1946 beschlossene „Gesetz zur Beschaffung von Siedlungsland und zur Bodenreform" zielte ausdrücklich darauf ab, für landsuchende Bauern, Landarbeiter und Flüchtlinge mit entsprechender Berufserfahrung Existenzgrundlagen oder zusätzliche Einkünfte zu schaffen und mit der Errichtung vieler kleinerer, intensiv arbeitender Betriebe zugleich die Lebensmittelversorgung zu verbessern. Vorgesehen waren für Betriebe mit mehr als 100 ha Nutzfläche – in der amerikanischen Zone gab es 659 Privatbetriebe dieser Größe[60] – nach Betriebsgröße gestaffelte Landabtretungen (10 % bei 100 ha, 50 % bei 500 ha, 75 % für die nächsten in einer Hand befindlichen 500 ha und 90 % für weitere in einer Hand befindliche 500 ha), natürlich gegen Entschädigung und der gerichtlichen Überprüfung unterliegend.

Der Beschluss der Moskauer Außenministerkonferenz zur Durchführung der Bodenreform in allen vier Zonen bis Ende 1947 löste in den Westzonen noch einmal neue

---

57 Haushofer, Heinz: Ideengeschichte der Agrarwirtschaft und Agrarpolitik im deutschen Sprachgebiet, Bd. 2: Vom Ersten Weltkrieg bis zur Gegenwart, München/Bonn/Wien 1958, S. 104 ff.
58 Enders, Ulrich: Die Bodenreform in den westlichen Besatzungszonen Deutschlands 1945–1949 (*Enders, Bodenreform*), in: Bauerkämper, Arnd (Hg.): „Junkerland in Bauernhand"? Durchführung, Auswirkungen und Stellenwert der Bodenreform in der Sowjetischen Besatzungszone, Stuttgart 1996 (*Bauerkämper, Junkerland*), S. 169–180, hier S. 170.
59 Clay, Entscheidung, S. 300 f.
60 In der britischen Zone waren es rund 1400. Enders, Bodenreform, S. 174.

Aktivitäten aus. In der amerikanischen Zone beschloss der Länderrat, von der Militärregierung dazu aufgefordert, am 18. November 1947 ein „Gesetz zur beschleunigten Durchführung der Bodenreform". Seine zentrale Bestimmung sah die „vorläufige Inbesitznahme" abgabepflichtigen Grundbesitzes vor, blieb aber praktisch wirkungslos: Da eine endgültige rechtliche Regelung ausdrücklich vorbehalten blieb, war jede definitive Umschreibung von Besitztiteln ausgeschlossen.

Über Bodenreformpläne waren sich zum Teil auch die deutschen Parteien bzw. Länderregierungen uneins, wobei die Priorität der Ernährungsfrage ohnehin das Ziel anfangs zurücktreten, später aber zunehmend von der politischen Agenda verschwinden ließ.[61]

Die Arbeit der in Bayern seit 1947 tätigen Siedlungsbehörden war umfangreich und kompliziert – Erfassung der Betriebe, Berechnung der abzugebenden Flächen, Festsetzung der Entschädigungssumme, Verhandlungen über das konkret abzugebende Land, wobei für jeden Entscheidungsschritt dem Betroffenen der Rechtsweg ausdrücklich offenstand. Hinzu kam der finanzielle Engpass nach der Währungsreform, der die Entschädigungen erschwerte. Beides führte dazu, dass der Gesamtumfang der Landübertragungen aufgrund des Siedlungsgesetzes gering blieb. 1949 wurde es von Gesetzen des Wirtschaftsrates überholt, die eine Lenkung des Grundstücksmarktes zugunsten der Vertriebenen durch steuerliche Anreize ermöglichten. Darüber hinaus erleichterte der nach 1948 beginnende Wirtschaftsaufschwung die Integration der Flüchtlinge und Vertriebenen in den industriellen Arbeitsmarkt.[62]

Aus der Aufteilung Deutschlands in vier getrennte Besatzungszonen ergab sich ein weiterer Aktionsradius, als es der engeren Aufgabenstellung des Sonderbevollmächtigten entsprach. Wie die amerikanische Militärregierung, sah Hermann Dietrich in der zonalen Grenzziehung ein ernstes Hindernis für den wirtschaftlichen Wiederaufbau und die Versorgung der Bevölkerung. Er betrachtete es als unbedingt notwendig, dem in Potsdam 1945 verkündeten, aber bis dahin nicht realisierten Ziel zu folgen, die wirtschaftliche Einheit Deutschlands wiederherzustellen. Dabei ging man, wie Dietrich in seinem Bericht über eine Interzonenkonferenz vor dem Länderrat am 2. Juli 1946 ausführte, zu diesem Zeitpunkt nur von einem Zusammengehen der amerikanischen und britischen Zone aus.[63]

In dieser Beziehung hatten Hermann Dietrich und sein für die britische Zone zuständiger Kollege Hans Schlange-Schöningen schon verschiedentlich kooperiert. Als sie mit den Ländervertretern und beiden Besatzungsmächten den Entwurf eines Abkommens über die Ernährungspolitik beider Zonen vorbereiteten, vertraten sie zunächst allerdings unterschiedliche Konzeptionen, die sich aus ihren bisherigen institutionellen Erfahrungen speisten. Während Dietrich eine bizonale Zentrale für Ernährungswirtschaft nach dem Vorbild des Länderrats vorschlug – „das lockerste

---

[61] Vgl. Weisz, Christoph: Organisation und Ideologie der Landwirtschaft 1945–1949, in: VfZ, 21. Jg. 1973, S. 192–199 (*Weisz, Organisation*).
[62] Vgl. Enders, Bodenreform, S. 178–180.
[63] Akten zur Vorgeschichte Bd. 1, S. 581 ff.

vom lockeren" –, hielt Schlange-Schöningen eine Zentrale mit Exekutivvollmachten für unbedingt erforderlich.[64] In den Verhandlungen kam es auch zu Spannungen mit den Ländervertretern. Die Szenerie wird durch die Notizen von Schlange-Schöningens Stellvertreter Passarge erhellt: „Die Engländer haben im wesentlichen vor den Amerikanern kapituliert, sie lassen uns im Stich ... wollen das ZEL[65] fallen lassen, um aus der Verantwortung auszusteigen .... Dietrich war wie immer klar und klug und in deutschen Begriffen denkend, der bayerische Landwirtschaftsminister ... konnte aus seinem weißblauen Käfig nicht heraus. Hessen nahm vermittelnde Haltung ein ..." Landwirtschaftsminister Baumgartner habe erklärt: „Der Einführung eines Hungerdiktators stimmen wir Bayern nicht zu, ich habe keine Vollmacht meines Ministerpräsidenten dazu."[66]

Eine Verständigung erzielten die Vertreter der amerikanischen und britischen Zone, als Dietrich, Schlange und die Landesminister, nur begleitet von ihren Referenten und ohne die Vertreter der beiden Militärregierungen, am 20. und 21. August 1946 in Bad Kissingen berieten. Dort lagen drei Entwürfe vor, des ZEL, des Sonderbevollmächtigten Dietrich sowie einer aus Groß-Hessen. Passarge notierte darüber: „Die Atmosphäre hatte sich von Grund auf geändert. Die Süddeutschen waren zu Konzessionen bereit und zeigten für unsere norddeutschen Wünsche mehr Verständnis als wir erwartet hatten." Jedenfalls ging aus diesen Beratungen der spätere Hauptausschuss für Ernährung und Landwirtschaft der Bi-Zone hervor.

Die Dienststelle des Sonderbevollmächtigten bestand nur relativ kurze Zeit und wurde am 24. September 1946 aufgelöst, nachdem die amerikanisch-britische Bi-Zone vereinbart wurde. Allerdings wurden die Aufgaben des Sonderbevollmächtigten Dietrich selbst noch bis zum 31. März 1947 verlängert.

3 Britische Besatzungszone: Zentralamt für Ernährung und Landwirtschaft (ZEL) – Hans Schlange-Schöningen

Auf der erwähnten Konferenz der Chefs der Länder und Provinzen der britisch besetzten Zone am 21. September 1945 wurde mitgeteilt, dass für die Britische Zone eine Stelle für zentrale Planung und Lenkung der Ernährungswirtschaft eingerichtet worden sei, die einheitliche Lebensmittelmarken für das ganze britische Besatzungsgebiet initiiert habe.[67] Schon an der nächsten Sitzung am 19./20. November nahmen mehrere neu berufene Ministerpräsidenten teil. Bei diesem Treffen spielte die Ernährungsfrage eine zentrale Rolle; der Vertreter der Britischen Militärregierung, Generalmajor

---

64 Vgl. ebd. S. 700 ff. (Bericht Dietrichs auf der Außerordentlichen Sitzung des Länderrats am 21. August 1946) Fn 2,3,4. Vgl. auch die enttäuschte Darstellung von Schlange und seinen Bericht an den britischen Beauftragten bei den Verhandlungen, Hughes: Rohrbach, Im Schatten des Hungers, S. 102.
65 Zentralamt für Ernährung und Landwirtschaft.
66 Zit. in Akten zur Vorgeschichte Bd. 1, S. 701, Fn 4; das folgende Zitat Passarges S. 702, Fn 7.
67 Akten zur Vorgeschichte, Bd. 1, S. 122 (TOP III).

3 Britische Besatzungszone: Zentralamt für Ernährung und Landwirtschaft (ZEL) — 289

Templer, bemerkte, selbst in Friedenszeiten habe die Landwirtschaft in der heutigen britischen Zone die dort ansässige Bevölkerung nicht selbst ernähren können. Die britische Militärregierung führe deshalb große Mengen von Lebensmitteln ein – derzeit auf Kosten der britischen Steuerzahler. Für die Versorgung der Bevölkerung gab der General – der auch auf das Problem des Schwarzmarkts einging – einen Richtwert von annähernd 1500 Kalorien pro Tag und Person aus.[68] Insgesamt unterlag der Kalorienwert starken Schwankungen, so betrug er in der amerikanischen Zone in den Monaten Mai bis August 1945 zwischen 860 und 980 Kalorien, der Richtwert wurde annähernd im November/Dezember 1945 erreicht, doch sank die erreichte Kalorienmenge 1946 zeitweilig wieder stark ab, im Juni 1946 auf 1180, bevor sie seit Oktober 1946 immer leicht über dem Richtwert lag. In der britischen Zone gab es zwar ebenfalls Schwankungen, doch fielen sie weniger stark aus, während der Höchststand im November/Dezember 1945 mit 1701 Kalorien erreicht wurde, sackten sie im Monat März 1946 mit 1133 Kalorien auf den niedrigsten Stand. Generell unter den Werten der amerikanischen und britischen Zone lagen die Kalorien in der französischen Zone, im April 1946 wurden lediglich 941 Kalorien pro Tag und Person erreicht. Der höchste Wert betrug im Dezember 1946 1350 Kalorien.[69]

In der britischen Zone unterstanden die Ernährungsämter den Oberpräsidenten der Provinzen, allerdings gab es im Bereich Weser/Ems eine Ausnahme, dort wurden zwei Abteilungen von der Landesbauernschaft geleitet.[70] Doch blieb die Arbeit der Ernährungsämter schon deshalb Stückwerk, weil eine gesamtzonale Koordination noch fehlte. Das am 12. Juli 1945 von der britischen Militärregierung in Obernkirchen (Kreis Grafschaft Schaumburg) gegründete German Interregional Food Allocation Committee (GIFAC)/Zentralstelle für Ernährung und Landwirtschaft bei der britischen Militärregierung war ein deutscher Beraterstab, der zwar keine institutionelle, allerdings erhebliche personelle Kontinuität verkörperte, handelte es sich doch meist um Beamte des ehemaligen Reichsernährungsministeriums, des noch nicht aufgelösten Reichsnährstandes sowie weiterer einschlägiger Behörden, die bis zur Bildung des Gremiums im amerikanischen Lager Lichtenau (Bezirk Kassel, Hessen) interniert worden waren. Bei ihnen lag also zumindest anfangs der Verdacht auf NS-Belastung vor. Aus diesem Grund bestand juristisch die Internierung fort, die Mitarbeiter unterlagen Einschränkungen in Bezug auf ihre Bewegungsfreiheit. Auch die Gehaltseinstufung blieb zunächst offen. Die britische Militärbehörde ordnete für die bisherigen Lagerinsassen aus Lichtenau eine niedrige Einheitsbesoldung ohne Rücksicht auf den früheren Dienstgrad an. Auf die Dauer und bei wachsender Mitarbeiterzahl war dieses pauschale Verfahren aber nicht durchzuhalten, zumal es ohne Prüfung des Einzelfalls erfolgte.

---

[68] Ebd. Dokument 5, S. 151–172, das Zitat S. 155 (Food).
[69] Vgl. die Tabelle in: Neubeginn und Restauration, S. 515. Allerdings enthält die Tabelle nur für die amerikanische Zone lückenlose Werte, für die französische nur für 1945/46.
[70] Akten zur Vorgeschichte, Bd. 1, S. 162 f.

Solange das Beratungsgremium in Obernkirchen blieb, besaß es keine durchorganisierte Struktur und keinen verantwortlichen deutschen Leiter, jedes Schreiben musste vom zuständigen britischen Offizier genehmigt werden, die Befehlskette lief ausschließlich über die britischen Militärbehörden.

Die Unterbringung in einem stark beschädigten ehemaligen Gebäude der NSDAP war äußerst primitiv, die Angestellten mussten sich selbst, soweit möglich, Büroutensilien, aber auch Möbel, zum Teil sogar Fenster und Türen beschaffen. „Aber auch die sachliche Arbeit der GIFAC war im Anfang durch das Fehlen aller Unterlagen, Akten, Verordnungsblätter, Zeitungen und Veröffentlichungen sonstiger Art erschwert. Es war praktisch nichts vorhanden, alles mußte gewissermaßen aus dem Nichts aufgebaut werden. Um diese Schwierigkeiten zu überwinden und auftauchende Fragen gemeinsam aus der Lage der einzelnen Provinzen heraus zu beantworten, traten in der ersten Zeit die Mitglieder der GIFAC jeden Morgen zu einer gemeinsamen Sitzung zusammen. Der Verkehr mit den deutschen Dienststellen, deren Name, Anschrift und Arbeitsweise vielfach ungeklärt waren, gestaltete sich zunächst ebenfalls sehr schwierig, da der Postdienst noch kaum angelaufen war und nur sehr langsam wieder in Gang kam [...] Der einzige ‚Komfort' und das Hauptnachrichtenmittel war der Funk [...] Die deutschen Sachbearbeiter hatten in der ersten Zeit lediglich Fragen zu behandeln, die von der britischen Militärregierung gestellt wurden."[71] Diese Beschreibung des Staatssekretärs Passarge aus dem Jahr 1948 dürfte generell für den Neuaufbau von zonalen Verwaltungsbehörden nach Kriegsende gelten.

Ursprünglich aus nur fünf Vertretern der Provinzen in der Britischen Besatzungszone bestehend, wurde der Beraterstab schon bis zum November auf 65 Mitarbeiter erweitert und behördenmäßig in fünf Sachabteilungen organisiert. Bis zum März 1946, als sich die Versorgungskrise verschärft hatte, wuchs die zonale Arbeitsgruppe auf 113 Mitarbeiter.[72] Unter dem am 1. Februar 1946 von der Food, Agriculture and Forestry Division zum Leiter berufenen Dr. Hans Schlange-Schöningen (1886–1960) gewann die von ihm in ‚Zentralamt für Ernährung und Landwirtschaft' (ZEL) umbenannte Behörde, die faktisch eine Neugründung bedeutete, erhebliche politische Bedeutung, obwohl auch sie anfangs nur Beratungsaufgaben besaß. Die Kompetenzen und Pflichten der neuen Behörde wurden ebenfalls von den Briten festgelegt.[73] Das ZEL entstand nicht als Teil einer sich entwickelnden oder rational geplanten Verwaltungsstruktur, sondern improvisiert als Antwort auf das Verwaltungschaos, in dem die drängenden Ernährungsprobleme nicht gelöst werden

---

71 Passarge, Karl: ZEL. Zentralamt für Ernährung und Landwirtschaft in der britischen Zone 1945–1948. Ein Rückblick, Hamburg 1948, S. 2 (Vervielfältigtes Typoskript, *Passarge, ZEL*).
72 Die Namen finden sich bei Passarge, ZEL, Anlage IV.
73 Vgl. zur Organisation, zum Personal und zur Aufgabenstellung insgesamt die Dokumentation von Passarge, ZEL. Knappere Übersicht über die Geschäftsverteilung bei Vogel, Walter: Westdeutschland 1945–1950. Der Aufbau von Verfassungs- und Verwaltungseinrichtungen über den Ländern der drei westlichen Besatzungszonen, Teil I, Koblenz 1956 (Schriften des Bundesarchivs 2, *Vogel, Westdeutschland*), S. 130–133. Die Akten des ZEL befinden sich im Bundesarchiv Koblenz.

konnten. Durch die Einsicht und den Willen der britischen Besatzungsmacht entwickelte das ZEL eine gesamtzonale Amtszuständigkeit. In Verbindung mit deutschen Fachleuten wurde die ineffektive und ungleichmäßige Zersplitterung der Agrarpolitik in den zeitweilig rekonstruierten Provinzen bzw. den neugegründeten Ländern mit sehr unterschiedlicher landwirtschaftlicher Produktion weitgehend beseitigt.

Wesentlich für diesen Bedeutungsgewinn wurde die Persönlichkeit von Hans Schlange-Schöningen. Er war als Sohn eines pommerschen Großgrundbesitzers in Schöningen bei Stettin geboren und hatte Agrarwissenschaften studiert.[74] Wie Hermann Dietrich besaß Schlange neben der fachlichen Kompetenz eine reiche administrative und politische Erfahrung als preußischer Landtags bzw. Reichstagsabgeordneter und ehemaliger Weimarer Reichsminister. Anders als der Liberale Dietrich kam Schlange ursprünglich aus dem gemäßigten Flügel der Deutschnationalen Volkspartei (DNVP), die er allerdings im scharfen Konflikt mit dem rechtsnationalistischen Parteiführer Alfred Hugenberg verließ. Danach gründete Schlange-Schöningen die Christlich-Nationale Landvolk- und Bauernpartei. In der Reichsregierung Brüning wurde er 1931/32 Reichsminister ohne Geschäftsbereich und Reichskommissar für die Osthilfe. Von diesem Amt trat er im Konflikt mit Reichspräsident von Hindenburg zurück. Schlange-Schöningens Grundprinzip der Osthilfe bestand darin, die lebensfähigen Betriebe zu sanieren und die nicht entschuldungsfähigen Ländereien „aufzusiedeln". Diese Betriebe sollten vom Staat aufgekauft und dann für Siedlungszwecke genutzt werden. Der unter dem Einfluss ostelbischer Großgrundbesitzer stehende Hindenburg akzeptierte dieses Ziel nicht, ihre Interessenvertreter diffamierten Schlange-Schöningen als „Agrarbolschewisten".

Als Gegner des Nationalsozialismus, der seit Herbst 1930 vor der wachsenden Gefahr des Nationalsozialismus gewarnt hatte, lebte er während der NS-Diktatur zurückgezogen auf seinem Gut, das er schon nach dem Ersten Weltkrieg übernommen und zu einem Mustergut ausgebaut hatte. Obwohl er bereits 1930 eine Farm in Brasilien gekauft hatte, lehnte er eine Emigration ab. Er unterhielt Kontakte zu Widerstandskreisen und wurde nach 1945 einer der Mitgründer der CDU. Schlange war trotz ursprünglicher Ablehnung der Weimarer Republik politisch unbelastet sowie als Praktiker und Agrarwissenschaftler ein exzellenter Experte.

Als Vertreter und administrativen Leiter des ZEL mit dem Titel eines Staatssekretärs holte sich Schlange-Schöningen einen seit der Weimarer Zeit eng vertrauten Verwaltungsfachmann und ehemaligen DNVP-Politiker, Karl Passarge (1893–1967). Im Machtkampf mit Hugenberg hatte er sich als damaliger Landesgeschäftsführer der DNVP in Pommern auf die Seite Schlange-Schöningens gestellt, zwischen 1930 und 1933 war Passarge Beamter beim Reichskommissar für Osthilfe, also zeitweilig Mitarbeiter Schlanges. Auch er übte während des NS-Regimes keine öffentlichen Funktionen aus, sondern war zunächst im Werberat der deutschen Wirtschaft und dann als Verlagsleiter für zwei Berliner Wirtschaftsverlage tätig.

---

[74] Zu Schlange-Schöningen siehe auch erster Teil dieses Bandes, S. 88 ff.

Neben der Beratung der britischen Militärregierung bestand die Aufgabe des ZEL vom Februar bis Juli 1946 anfangs in der Kontrolle des Personals und des Haushalts. Die Personalführung durch Schlange-Schöningen sah zunächst vor, dass er der Militärregierung die in seiner Sicht aus politischen oder Kompetenzgründen ungeeigneten Personen benannte, die zu dieser Zeit in Obernkirchen beschäftigt waren. Bei den positiven Vorschlägen war er an die Entnazifizierungsrichtlinien der britischen Militärregierung gebunden, sie sollten sich strikt an seinem Urteil über technische und administrative Kompetenz orientieren und durften keine politischen Präferenzen aufweisen. Seine Vorschläge musste Schlange-Schöningen der Militärregierung unter Angabe der vollständigen Personalien, einschließlich von Informationen über die bisherige Tätigkeit, zur Genehmigung vorlegen. Er erhielt nun auch das Recht, die Gehälter nach den damals üblichen Regeln festzulegen.[75]

Schlange-Schöningen selbst sah keine Alternative, als zum Aufbau der Behörde auf ehemalige fachkundige Mitarbeiter des Reichsnährstandes zurückzugreifen, um hier ein administratives Rückgrat zu erhalten. Als er bei der Sitzung des Zonenbeirats der britischen Zone sein Referat zur Ernährungslage hielt, stellte er fest: „Wir sind uns alle darüber einig, dass auch die letzten Rückstände personeller Art – will ich einmal sagen – des früheren Reichsnährstandes zu verschwinden haben. Sachlich bin ich aber nicht der Meinung, dass eine Form über Bord geworfen werden sollte, die immerhin eine sehr schnelle Erteilung der Anordnungen von oben bis unten ermöglichte."[76] Um die notwendigen Fachleute zu bekommen, stellte Schlange-Schöningen offenbar gelegentlich politische Bedenken zurück. Auf der anderen Seite betonte er immer wieder, die Lösung des Ernährungsproblems sei eine sachlich-überparteiliche Angelegenheit. Auch deshalb suchte er die Zusammenarbeit mit Sozialdemokraten und Gewerkschaften, das Amt des Leiters der Abteilung III Ernährungsfragen besetzte er mit dem Sozialdemokraten Hans Podeyn, der in der Weimarer Zeit Vorsitzender der SPD-Fraktion der Hamburger Bürgerschaft war und – vom NS-Regime unbelastet – nach dem Zweiten Weltkrieg Senatsdirektor im Landwirtschaftsamt der Hansestadt Hamburg geworden war. In der britischen Zone nahm Schlange Kontakt mit dem ehemaligen Innenminister des Reiches bzw. Preußens, Carl Severing, sowie dem SPD-

---

75 Ernennungsschreiben für Dr. Schlange-Schöningen vom 4. März 1946, Passarge, ZEL, Anlage 1.
76 Akten zur Vorgeschichte Bd. 1, S. 364. – Aus demselben Grunde hielt die britische Militärregierung zunächst an der Organisation des Reichsnährstandes fest. In einem Memorandum der britischen Militärregierung vom 5. September 1946 heißt es: „Die gegenwärtige Form der Verwaltung von Ernährung und Landwirtschaft in der britischen Zone beruht auf der Organisationsform, die die Nationalsozialisten mit dem Reichsnährstand einführten. [...] Nach dem Zusammenbruch entschloss sich die Britische Militärregierung dazu, die Organisation des Reichsnährstandes in der ersten Zeit der Not weiter zu benutzen, um einen völligen Zusammenbruch der Ernährungskontrolle zu vermeiden und die Aufrechterhaltung der notwendigen Versorgung zu sichern und eine Hungersnot in den Großstädten zu verhindern. Hierin hatten die Dienststellen der Militärregierung und die Angestellten des Reichsnährstandes Erfolg. Gleichzeitig wurde die RNSt-Organisation in einigen besonders anfechtbaren Punkten abgeändert, das heißt das Führerprinzip wurde ausgeschaltet und die ausgesprochenen Nationalsozialisten aus leitenden Stellen entfernt." Zitiert nach Weisz, Organisation, S. 197.

Vorsitzenden in der britischen Zone, Kurt Schumacher, auf. Beide kannte er noch persönlich aus der gemeinsamen Zeit als Reichstagsabgeordnete, auch wenn sie in gegnerischen politischen Parteien gewesen waren.

Schlange-Schöningens dezidiert zentralistische und wegen der Ernährungslage zwangswirtschaftlich orientierte Landwirtschaftspolitik kam solchen Kooperationen mit der SPD entgegen. Doch verstärkten sie den Unmut vieler Landwirte und ihrer Lobbyisten. Die Länderregierungen lehnten den zentralistischen Kurs Schlanges ab, zumal ihnen in der Bevölkerung oft die Verantwortung für die Versorgungsprobleme zugeschoben wurde, obwohl sie tatsächlich auf die Agrarpolitik keinen Einfluss besaßen. Heftige Kritik provozierte Schlange auch innerhalb der Unionsparteien, obwohl er CDU-Mitglied war.

Im Ernennungsschreiben der britischen Militärbehörde wurde Schlange für das ZEL die Übertragung exekutiver Funktionen einschließlich direkter Weisungs- und Kontrollbefugnis gegenüber den Landesernährungsämtern, Landesbauernschaften, Landschaftsverbänden und angeschlossenen Organisationen in Aussicht gestellt. Vom 1. August 1946 an wurde dem ZEL dann tatsächlich diese Exekutive in allen Sachgebieten übertragen, die bisher von der ‚Food and Agriculture Division' ausgeübt wurde.[77] Allerdings durften die exekutiven Funktionen nur im Rahmen der alliierten und speziell britischen Vorgaben ausgeübt werden. Alle generellen Anweisungen des ZEL bedurften weiterhin der Genehmigung der ‚Food and Agriculture Division'.

Trotz dieser Einbindung in die britische Oberaufsicht bedeutete die Erweiterung der Befugnisse nicht allein einen entscheidenden Schritt in Richtung auf deutsche Selbstverwaltung der Landwirtschaftsangelegenheiten, sondern die Begründung eines De-facto-Ministeriums für die britische Zone – auch wenn die Militärregierung diesen Titel verweigerte –, das die Keimzelle für die Agrarverwaltung der Bi- bzw. der Trizone und schließlich 1949 des Bundesministeriums für Ernährung und Landwirtschaft wurde. Schon ab Sommer 1946 amtierte Hans Schlange-Schöningen faktisch als Minister, sein Stellvertreter Passarge als Staatssekretär, desgleichen wurden die Abteilungsleiter als Ministerialdirektoren bezeichnet. In seinem auch offiziell so bezeichneten Ministerbüro wurden nicht allein die Angelegenheiten behandelt, die die britische Zone und den amtlichen Verkehr mit der Militärregierung betrafen, sondern außerdem interzonale Angelegenheiten, der Wiederaufbau der Landwirtschaft und ihrer Verwaltung sowie Öffentlichkeitsarbeit. Über den damals angeordneten Stand hinaus erhielt die britische Weisung eine weitere Perspektive, weil die britische Militärregierung sich auf die gesamtzonalen Ziele bezog, die im Potsdamer Protokoll am 2. August 1945 vereinbart waren. In dieser Hinsicht erweiterte sich das Aufgabenfeld des ZEL-Direktors in analoger Weise wie beim Sonderbeauftragten Hermann Dietrich. Außerdem wurde Schlange aufgefordert, seine Amtsführung auf eine Zusammenarbeit mit der deutschen Bauernschaft zu richten. Hierbei handelte es sich insofern um eine Reformaufgabe, als angesichts der bevorstehenden Auflösung des Reichsnähr-

---

77 Passarge, ZEL, Anlage 2.

standes neue Formen für die Selbstorganisation und das Verbandswesen in der Landwirtschaft gefunden oder diejenigen von vor 1933 wiederbelebt werden mussten. Erneut verbanden sich Komponenten von einer auf das NS-Regime bezogenen Diskontinuität und einer auf die Zeit der Weimarer Republik bezogenen Kontinuität.

Schlange-Schöningen arbeitete eng mit der britischen Besatzungsmacht, vor allem dem seit März 1946 amtierenden Chef der ‚Food and Agriculture Division'. G. E. Hughes, zusammen und entwickelte unter britischer Zustimmung Organisationsstrukturen und inhaltliche Zielsetzungen. Widerstände gegen den auf unbestreitbarer Kompetenz beruhenden Einfluss des ZEL kamen eher aus den Ländern als von den zuständigen britischen Offizieren, die ihrerseits auf Kooperation mit Schlange setzten. Der ständige Vorwurf, Schlange-Schöningen betreibe gegenüber den Ländern eine zentralistische Politik, traf zwar zu, doch konnte eine gerechte Verteilung der viel zu knappen Lebensmittel in den unterschiedlichen Regionen anders nicht erreicht werden, weshalb sich Schlange auch offen zum ‚Zentralismus' bekannte.

Die zwischenzeitlich etwas umorganisierten fünf Abteilungen bearbeiteten sämtliche einschlägigen Aufgaben. Hans Schlange-Schöningen erließ genaue Ausführungsbestimmungen für die dem ZEL übertragenen Exekutivrechte.[78] In ihnen war nicht allein Planung, Sicherung und Hebung der landwirtschaftlichen Erzeugung und die Zuteilung landwirtschaftlicher Bedarfsstoffe aufgeführt. Vielmehr wurden außerdem der Absatz, die Verteilung sowie die Preisgestaltung geregelt. Doch ging die agrarpolitische Zielsetzung Schlanges deutlich über die Verwaltung des Mangels hinaus, womit er an sein früheres sozialpolitisch akzentuiertes Engagement als Reichskommissar für die Osthilfe anknüpfte: Er erwähnte ausdrücklich die „Neuordnung der landwirtschaftlichen Besitzverhältnisse, die landwirtschaftliche Siedlung einschließlich Landarbeitersiedlung und Landarbeiterwohnungsbau". Da die Priorität Schlanges bei der Versorgung lag, verfocht er eine konsumentenfreundliche Politik, nicht aber eine erzeugerfreundliche. Dies brachte ihm den Ruf eines vergleichsweise ‚Linken' ein.[79] Sein gutes Verhältnis zur britischen Militärregierung verschaffte ihm nicht allein bessere Informationsmöglichkeiten als anderen Akteuren, sondern überdies deutlich weiter reichenden Einfluss. Das spielte für die Bodenreformpläne insofern eine Rolle, als sowohl im Zonenbeirat als auch im ZEL sehr unterschiedliche Positionen vertreten wurden, die von sozialistischen bis zu marktwirtschaftlichen Konzepten reichten. Schlange-Schöningen selbst legte der britischen Militärregierung am 9. August 1946 einen Gesetzentwurf zur Bodenreform vor, in dem er eine Maximalgrenze für Güter von 150 ha begründete. Dieser Entwurf lief darauf hinaus, die Höfe in der vorherrschenden Größenordnung zu erhalten, während die radikalen Gegenentwürfe eine Aufteilung viel kleinerer Höfe auf Flüchtlinge und Vertriebene vorsahen.[80] Ob Schlanges Vorschläge bloß als ‚traditionalistisch' (Trittel,

---

[78] Passarge, ZEL, S. 8.
[79] Vgl. den Sozialdemokratischen Pressedienst, zit. bei Rohrbach, Im Schatten des Hungers, S. 249.
[80] Trittel, Günter: Die Bodenreform in der Britischen Zone 1945–1949, Stuttgart 1975 (Trittel, Bodenreform), S. 48 ff.

Weisz) zu beurteilen sind, wie oft behauptet wird, sei dahingestellt. Dabei wird nicht allein die rechtsstaatliche Problematik von Enteignungen unterschätzt, sondern auch die negativen gesellschaftspolitischen Wirkungen auf die Integration der Vertriebenen bei der einheimischen, enteigneten Bevölkerung.

Tatsächlich enthielt die von der britischen Militärregierung am 4. September 1947, ein halbes Jahr nach dem Beschluss der Moskauer Außenministerkonferenz, erlassene Verordnung Nr. 103 die Grenze von 150 ha. Sie war im Übrigen härter formuliert als das Siedlungsgesetz in der amerikanischen Zone, wobei jedoch auch hier nicht mehr die früheren politischen Ziele einer sozialen Umstrukturierung Deutschlands, sondern die Siedlungspolitik akzentuiert wurde.[81]

Im Zonenbeirat der britischen Zone wurde das Thema ‚Bodenreform' verschiedentlich eingehend diskutiert, beispielsweise aufgrund eines Berichts des Sonderausschusses Agrarreform am 18. bis 20. September 1946. Zwar sprach sich der Ausschuss für eine Maximalgröße der Höfe aus, erzielte jedoch keine Einigkeit, welche Grenze festgelegt werden sollte.[82] Der Zonenbeirat selbst entschied sich nicht für eine Übernahme der Pläne des Sonderausschusses, sondern verwies sie u. a. an das ZEL zur Prüfung und Ausarbeitung. Vor allem aber erinnerte er an die bevorstehende Vereinigung der amerikanischen und britischen Zone. Diese erfordere eine rechtzeitige Abstimmung der Agrarreformen, da die landwirtschaftliche Struktur in den Zonen und den Ländern unterschiedlich sei, müssten deren Interessen berücksichtigt und ein Rahmengesetz erlassen werden, das den Ländern genügend Spielraum lasse. Besonders aufschlussreich war der letzte Satz im Beschluss des Zonenbeirats der britischen Zone: „Da der deutsche Boden der letzte Wert sei, der Deutschland verbleibe, müsse es ein deutsches Gesetz, nicht aber ein Kontrollrats-Gesetz sein."[83]

Wie wichtig für die britische Seite das Thema der Bodenreform war, geht daraus hervor, dass sie sie noch im Juni 1949 zum Gegenstand einer eigenen Verordnung machte. Die Landtage von Schleswig-Holstein und Nordrhein-Westfalen hatten am 8. Februar und 11. Mai 1949 Bodenreformgesetze beschlossen. Für Niedersachsen und Hamburg, wo parlamentarische Einigungen hierüber nicht zustande gekommen waren, erließ die Militärregierung am 17. Juni eine eigene Bodenreformverordnung; praktische Maßnahmen aber kamen in der Zeit der Militärregierung nicht mehr zustande.[84]

Im umfassenden ministeriellen Amtsverständnis Schlange-Schöningens spielte die landwirtschaftliche Selbstverwaltung nicht nur wegen britischer Vorgaben eine wichtige Rolle, sondern ebenso wegen seiner eigenen Herkunft als Gutsbesitzer, zugleich handelte es sich bei der Reorganisation der Selbstverwaltung um ein politisches Anliegen, weil mittelfristig die Strukturen der nationalsozialistischen Agrarpolitik, genauer des Reichsnährstandes, auch in diesem Sektor beseitigt werden mussten.

---

81 Enders, Bodenreform, S. 174.
82 Akten zur Vorgeschichte, Bd. 1, S. 849 ff., der Ausschussbericht ebd. S. 849 f., Fn 89, 90.
83 Akten zur Vorgeschichte, Bd. 1, S. 851.
84 Enders, Bodenreform, S. 177.

Schließlich nahm Schlange-Schöningen energisch die ihm zugestandene Gesetzesinitiative für einschlägige Rechtsmaterien in Anspruch. Schon am 12. Februar 1946 hatte Schlange über seine neue Aufgabe an Passarge geschrieben: „Es ist ... wohl klar, dass ich hier nicht nur Kartoffeln bauen will. Ich finde, alles, was man gerade in landwirtschaftlicher Hinsicht tut, reicht heute eminent weit, ja entscheidend in alle politischen Entwicklungen hinein."[85] Deshalb brachte er mit seinen Mitarbeitern die vielfältigen Aufgaben in eine effiziente ministerielle Verwaltungsstruktur.

Die Abteilung I des ZEL war zuständig für allgemeine Verwaltung und Organisation, Wiederaufbau der landwirtschaftlichen Hoheits- und Selbstverwaltung, Vereinswesen, Bank-, Kredit- und Genossenschaftswesen, Bauern- und Bodenrecht, schließlich für Rechtsangelegenheiten. Abteilung II kümmerte sich unter anderem um landwirtschaftliche Erzeugung, Technik, landwirtschaftliches Bauwesen, Veterinärwesen. Abteilung III widmete sich den Ernährungsfragen einschließlich der Erfassung, Verteilung und Verbrauchsregelung, Abt. IV den Wirtschaftsorganisationen, Abt. V der Boden- und Wasserwirtschaft sowie der Siedlung und Bodenreform. Daneben bestanden noch zahlreiche Restreferate für Einzelgebiete, beispielsweise für Getreide- und Futtermittelwirtschaft, Vieh- und Fleischwirtschaft, Gartenbauerzeugnisse usw.

Der Geschäftsbereich des ZEL war gleichermaßen umfassend, er reichte von der Zuständigkeit für die Landesernährungsämter und Landbauernschaften bis zu Vorrats- und Einfuhrstellen sowie den Forschungsanstalten und einschlägigen Instituten, beispielsweise dem Institut für Fischverarbeitung in Hamburg.[86]

Im März 1946 übersiedelte das ZEL nach Hamburg, der Personalstand wuchs naturgemäß mit der Ausdehnung der Zuständigkeiten schon bis Juli 1946 auf 220, den Höchststand erreichte die Behörde im Herbst 1946 mit 410 Mitarbeitern.[87] Bezeichnend für die Personalpolitik war, dass der größere Teil der Beschäftigten nicht Beamte waren, sondern im Angestelltenverhältnis standen. So zählten im Herbst 1946 zum ZEL 239 Angestellte, 50 Arbeiter, 76 planmäßige und 45 außerplanmäßige Beamte.[88]

Am 30. September 1948 löste die Britische Militärregierung das ZEL auf, da die Aufgaben von bi-, später trizonalen Behörden übernommen wurden. Hans Schlange-Schöningen war schon seit dem 23. Oktober 1947 in vergleichbarer Funktion (zunächst als Stellvertretender Leiter) zum bizonalen Ernährungs- und Landwirtschaftsrat gewechselt, sein Staatssekretär Passarge blieb noch fast ein Jahr für die restlichen, noch beim ZEL verbliebenen Aufgaben zuständig, „insbesondere für die Preisstützung".[89]

---

85 Zitiert bei: Trittel, Günter: Hans Schlange-Schöningen. Ein vergessener Politiker der „ersten Stunde", in: VfZ, 35. Jg., 1987, S. 26–63, hier S. 41.
86 Geschäftsverteilungsplan des ZEL (Stand 15. Juli 1946), Passarge, ZEL, Anlage 3.
87 Die Zahl ist höher als die von dem Verwaltungsabteilungsleiter Tietmann im April 1946 angegebene (s.u. S. 101). Neben den Schwankungen in der Beschäftigtenzahl dürfte dies darauf zurückzuführen sein, dass Passarge in die Höchstzahl offenbar auch die beim ZEL auf Honorarbasis beschäftigten freien Mitarbeiter einrechnete.
88 Passarge, ZEL, S. 14.
89 Passarge, ZEL, Vorwort.

Eine zentrale Aufgabe lag von Beginn an in der Ernährungsproblematik, mussten die deutschen Mitarbeiter doch zunächst eine Übersicht der Nahrungsvorräte sowie der Ernteerträge erstellen, bevor sie dann auch für den Ausgleich der Nahrungsmittelversorgung zwischen den Gebieten mit höherer agrarischer Produktion wie Niedersachsen und Schleswig-Holstein und niedriger wie dem Ruhrgebiet zuständig wurden. Die Ankurbelung der landwirtschaftlichen Produktion in der britischen Zone gehörte ebenfalls zur Zuständigkeit. Dabei waren anfangs die Vorräte lokal und regional ganz unterschiedlich verteilt. Die Lebensmittelkarten besaßen nur regionale Gültigkeit, ihre oben erwähnte Vereinheitlichung mit übereinstimmenden Lebensmittel-Rationen für die gesamte Zone gehörte deshalb zu den vordringlichen Aufgaben. Die Preisgestaltung musste gegen den Schwarzmarkt realisiert werden.[90] Schließlich konnte eine halbwegs gerechte Verteilung und Bewirtschaftung nur auf der Grundlage zutreffender agrarstatistischer Daten erfolgen, weshalb das Statistische Büro des ZEL als erste einschlägige Veröffentlichung die „Landwirtschaftliche Statistik der britischen Zone 1938/1944" vorlegte. Da die britische Zone aber für diesen Zeitraum noch nicht bestand, mussten die Daten aus der Reichsstatistik, der Preußischen Statistik sowie regionalen und lokalen Angaben herausgefiltert werden, um für die erst seit 1945 entstehende britische Zone exakte Vergleichsdaten zu gewinnen.

Weiterhin sollte das landwirtschaftliche Organisationswesen zunächst zwar erhalten bleiben, um das Chaos nicht zu vergrößern, dann aber von unten, d. h. den Mitgliedern her, neu aufgebaut und auf diesem Wege demokratisiert werden. Tatsächlich standen Schlange-Schöningen und das ZEL vor einer Herkulesaufgabe. Ihre partielle Lösung bildete zugleich eine Vorstufe für die seit Sommer 1946 beratene und 1947 realisierte amerikanisch-britische Bizone.

---

90 Die Diskrepanz von offiziellen und Schwarzmarktpreisen – hier in der amerikanischen Besatzungszone – veranschaulicht eine Anekdote, die 1947 im bayerischen „Landwirtschaftlichen Wochenblatt" veröffentlicht wurde: „Eine Bäuerin brachte dem Verfasser einen schlechten Papierknopf und erklärte, dass sie für zehn Knöpfe fünfzig Eier habe geben müssen. Die Knöpfe wurden dem Landrat und dem Preiskommissar vorgelegt, alle entsetzten sich, dass für 10 Knöpfe 50 Eier gegeben werden mussten, sprachen von dummer Bäuerin, von Wucher, von Anzeige, bis den Stellen der Sachverhalt erklärt wurde: Die 10 schlechten Knöpfe kosten 4,– RM, die Bäuerin bekam tags vorher bei der Eierablieferungsstelle für 50 Eier 4,08 RM, also hat sie tatsächlich für diese lumpigen Knöpfe 50 Eier geben müssen, oder auch 50 Pfund Brotgetreide, oder 17 Pfund Weizenmehl, oder 21 Pfund Brot, oder 20 Liter Vollmilch, oder 1050 Gramm Fett, oder 122 Pfund Kartoffeln, oder 16 Pfund Rindfleisch, oder 8 Pfund Kalbfleisch, oder 7 Pfund Schweinefleisch." (Sic!) Zitiert nach Boelcke, Willi A.: Der Schwarzmarkt 1945–1948. Vom Überleben nach dem Kriege, Braunschweig 1986, S. 144.

4 Französische Besatzungszone

Verglichen mit den bald auf Kooperation setzenden amerikanischen und britischen Militärregierungen, spielte die französische relativ lange eine Sonderrolle.[91] Die französische Besatzungspolitik war wesentlich bedingt durch innenpolitische Faktoren, Machtkämpfe und Kontroversen.[92] Über den ganzen Zeitraum wurde im französischen Außenministerium und in den Besatzungsbehörden eingehend analysiert und diskutiert, wie mit Deutschland zu verfahren sei.[93] Dabei verstand es sich für die französische Politik von selbst, dass unter bestimmten Sicherheitsvoraussetzungen nach Erreichung der französischen Kernziele ein dezidiert föderativ strukturiertes Deutschland Autonomie erlangen sollte. Die neuere, sich auf viele Sektoren erstreckende Forschung betont neben der Eigenständigkeit der französischen Besatzungspolitik ihre partielle Widersprüchlichkeit und Veränderungsdynamik. Für zahlreiche Spezialthemen wird anders als früher betont, dass beispielsweise in der Kultur- und Bildungspolitik, der Sozialpolitik, der Bodenreform,[94] aber auch der Entnazifizierungspolitik[95] bemerkenswerte Reformkonzepte verfolgt und partiell auch realisiert wurden.

---

91 Die grundlegenden Dokumente zur französischen Deutschlandpolitik finden sich in: Documents Diplomatiques Français, Série 1944–1954, sous la direction de Georges-Henri Soutou, Bde 2–14 (1945–1949), Paris bzw. Brüssel u.a., 2003ff. (abgek. *DDF*).
92 Vgl. grundsätzlich die einschlägigen Beiträge in: Herbst, Westdeutschland (darin v.a. Rainer Hudemann: Wirkungen französischer Besatzungspolitik, S. 167–182, Wilfried Loth: Die deutsche Frage in französischer Perspektive); Martens, Stefan (Hg.): Vom „Erbfeind" zum „Erneuerer". Aspekte und Motive der französischen Deutschlandpolitik nach dem Zweiten Weltkrieg, Sigmaringen 1993 (*Martens, Vom „Erbfeind"*); Wilkens, Andreas (Hg.): Die deutsch-französischen Wirtschaftsbeziehungen 1945–1960, Sigmaringen 1997; Lattard, Alain: Zielkonflikte französischer Besatzungspolitik 1945–1947, in: VfZ 39. Jg. 1991, S. 1–35 (*Lattard, Zielkonflikte*); sowie grundlegend und umfassend zur Dialektik außen- und innenpolitischer Entscheidungsprozesse Hüser, Dietmar: Frankreichs „doppelte Deutschlandpolitik", Berlin 1996 (*Hüser, Frankreichs „doppelte Deutschlandpolitik"*); L' Allemagne 1945–1955, sous la direction de Gilbert Krebs et Gérard Schneilin, Paris 1996.
93 Vgl. stellvertretend die Dokumente, die zahlreiche Einzelprobleme sowie die großen Linien und die interalliierte Kooperation abhandeln, in allen Jahrgangsbänden der DDF 1945–1949.
94 Vgl. dazu Fäßler, Peter: Der Streit um die Bodenreform (*Fäßler, Streit*), in: Wolfrum, Edgar/ Fäßler, Peter/ Grohnert, Reinhard: Krisenjahre und Aufbruchszeit. Alltag und Politik im französisch besetzten Baden 1945–1949, München 1996 (Nationalsozialismus und Nachkriegszeit in Südwestdeutschland. Hg. von Dieter Langwiesche und Klaus Schönhoven, Bd. 3; *Wolfrum u.a., Krisenjahre*), S. 260–269.
95 Frühere Einschätzungen, die der Dissertation von Henke, Klaus-Dietmar: Politische Säuberung unter französischer Besatzung. Die Entnazifizierung in Württemberg-Hohenzollern, Stuttgart 1981 (*Henke, Politische Säuberung*) folgten, sind durch spätere Forschungen überholt, die seit den 1980er Jahren einen stark erweiterten Quellenzugang besaßen: Vgl. Möhler, Rainer: Entnazifizierung, Demokratisierung, Dezentralisierung – französische Säuberungspolitik im Saarland und in Rheinland-Pfalz, in: Martens, Vom „Erbfeind", S. 157, 173; exemplarisch: Grohnert, Reinhard: Die Entnazifizierung in Baden 1945–1949, Konzeptionen und Praxis der „Epuration" am Beispiel eines Landes der französischen Besatzungszone, Stuttgart 1991.

Einer nicht bloß schematischen, sondern konzeptionell begründeten Maxime folgte bis 1947 die Entnazifizierungspolitik in der französischen Zone, die als zentraler Teil der Demokratisierungs- und Kulturpolitik angelegt war.[96] Wie die Wirtschaftspolitik wurde die ‚politische Säuberung' als Komponente der französischen Sicherheitspolitik gegenüber Deutschland verstanden, ließ jedoch Spielräume für regionale Besonderheiten in der Französischen Zone. Wesentlich für diese Politik waren die Zielsetzungen des Generalverwalters Laffon in Baden-Baden, der allerdings darüber in Konflikt mit dem französischen Oberbefehlshaber in Deutschland, General Koenig, geriet.[97] Für die Agrarpolitik allerdings war die größere personalpolitische Konsequenz in der Französischen Zone kaum wirksam, da die deutschen Verwaltungen dort ohnehin keine der britischen oder amerikanischen Zone vergleichbaren Spielräume erreichten.

Auch bei den Bodenreformplänen blieb die Realisierung hinter den ursprünglichen Intentionen zurück. Das lag weniger an dem relativ spät erlassenen einschlägigen Gesetz, dem eine überzeugende Begründung fehlte, als an der besonderen Situation in der französischen Zone, wo der Klein- und Mittelbesitz dominierte. Nur 4 Prozent der landwirtschaftlichen Nutzfläche wurden dort von Großgrundbesitzern bewirtschaftet. Mit der Durchführung der Bodenreform wurden schließlich die Länderregierungen beauftragt. Im Ergebnis blieben Enteignungen selten, ebenso die Schaffung neuer Bauernstellen für Flüchtlinge und Vertriebene.[98]

Das vorrangige Interesse Frankreichs galt am Ende des Weltkrieges und in den unmittelbaren Nachkriegsjahren der eigenen Sicherheit vor Deutschland, darunter der Frage, welche Rolle die Wirtschafts- und Industriepolitik für diese Prioritätensetzung spielte.[99] Die Maxime lautete: „Sécurité d'abord!". General de Gaulle als Chef der Übergangsregierung in dem erst teilweise befreiten Frankreich erklärte in einer programmatischen Rede am 22. November 1944 vor der Assemblée consultative gar: „... le sort de l'Allemagne est le problème central de l'univers. Il est, en même temps, pour la France, une question de vie ou de mort."[100] Ungeachtet der durch die weltpolitische Entwicklung erfolgenden Wandlungen der französischen Deutschlandkonzeptionen im beginnenden Kalten Krieg blieben deshalb die Sicherheitsfragen, die föderative Struktur mit dem Ziel der Dezentralisierung und Stärkung der Länder, die Verfassung

---

96 Vgl. stellvertretend: Memorandum: Aspects juridiques et moraux de la question allemande (25 février 1947), in: DDF 1947/1, Bruxelles 2007, S. 391–400, hier insbes. S. 392f., 394f.
97 Vgl. das Schreiben des Politischen Beraters des Militärgouverneurs an Außenminister Bidault vom 6. Mai 1947, in: DDF 1947/1, S. 775–777, sowie Lattard, Zielkonflikte.
98 Vgl. insges, Trittel, Bodenreform; Fäßler, Streit.
99 Vgl. etwa die Reden bzw. Memoranden des französischen Außenministers Georges Bidault, in: UuF Bd. XXIV, S. 226 ff. (Rede vor der Verfassunggebenden Versammlung in Paris, 17. Januar 1946, sowie Memorandum an den Rat der Außenminister vom 25. April 1946, ebd. S. 234–239. Vgl. auch die Erörterung des „deutschen Problems" in seinen Memoiren: Bidault, Georges: Noch einmal Rebell, dt. Frankfurt/Main, Berlin 1966 (frz. Original Paris 1965), S. 108–120; 195–205.
100 de Gaulle, Charles: Discours et messages, t.1, Paris 1970, S. 483.

des künftigen Deutschland,[101] die Grenzziehungen und ökonomisch die Industriepolitik mit Akzent auf dem schwerindustriellen Ruhrgebiet und dem Saargebiet die zentralen Themen der französischen Deutschland- und Besatzungspolitik. Die Landwirtschaft und auch die Ernährungsfrage spielten demgegenüber eine deutlich untergeordnete Rolle.

Drei Länder wurden neu gegründet: Württemberg-Hohenzollern, Baden und Rheinland-Pfalz. Das Saarland, dessen mindestens wirtschaftlicher Anschluss an Frankreich der letzte Überrest weiterreichender französischer Pläne war, erhielt, bis zur endgültigen Rückkehr nach Deutschland aufgrund der Volksabstimmung von 1955, einen Sonderstatus mit einem eigenen Militärgouverneur (Gilbert Grandval 1945–1955) und wurde nicht zur französischen Besatzungszone gezählt.[102] Da auch in ihrer vergleichsweisen kleinen Zone bis auf das frühere Land Baden keine föderative Kontinuität bestand bzw. wiederzubeleben war, konnten die Franzosen nicht auf partiell weiterarbeitende Landesbehörden zurückgreifen und organisierten Landwirtschaft und Ernährung zunächst innerhalb des ‚Commandement en Chef Français en Allemagne' (CCFA).

Die Beurteilung der Ernährungspolitik muss berücksichtigen, dass auch im bis 1944/45 von NS-Deutschland besetzten Frankreich zunächst Nahrungsmittel fehlten, ja in manchen Gebieten bzw. Städten Hungersnot herrschte.[103] Deshalb entnahmen die französischen Besatzungsbehörden in den ersten Nachkriegsjahren aus ihrer Zone in großem Umfang Nahrungsmittel und transferierten sie nach Frankreich.[104] Außerdem musste die französische Besatzungsarmee im Südwesten Deutschlands ernährt werden. Diese Voraussetzungen der französischen Politik verschärften die ohnehin schon gravierende Ernährungskrise im Südwesten Deutschlands. Hinzu kam, dass die Länder der Französischen Zone schon vor 1945 nicht ohne Zuführung von Nahrungsmitteln leben konnten, da der Grad der Selbstversorgung nur etwa 75 % betrug. Die Versorgungsprobleme blieben dort dauerhaft prekärer als in der amerikanischen und der britischen Zone. Erst im letzten Besatzungsjahr erfolgte eine Angleichung, als in der gesamten Trizone seit dem 1. Januar 1949 die gleichen Rationen

---

101 Vgl. M. Bidault, Ministre des Affaires Étrangères au Général Koenig, Commandant en Chef en Allemagne, 17 mai 1947, in: DDF 1947/1, S. 828 f.
102 Vgl. Note der Provisorischen Regierung Frankreichs an die Botschafter der Vereinigten Staaten, Großbritanniens und der Sowjetunion vom 12. Februar 1946, in: UuF Bd. XXIV, S. 228–230, sowie: Französisches Memorandum an den Rat der Außenminister vom 25. April 1946, ebd. S. 235–237 (3. Saar), insges. Hudemann, Rainer/ Poidevin, Raymond (Hgg.): Die Saar 1945–1954. Ein Problem der europäischen Geschichte, München 1992.
103 Vgl. Hüser, Frankreichs „doppelte Deutschlandpolitik", S. 78 ff.
104 Zu den Phasen der Entnahmen sowie der industriellen Demontagen vgl. Grohnert, Reinhard/ Wolfrum, Edgar: Demontagen, Kaufmonopol, Nahrungsmittelentnahmen. Französische Richtlinien zur Wirtschaftspolitik, in: Wolfrum u. a., Krisenjahre, S. 230–238.

für die Lebensmittelkarten ausgegeben wurden, bevor diese auch formal am 1. Mai 1949 für die drei westlichen Zonen identisch wurden.[105]

Der Alltag der deutschen Bevölkerung in der französischen Zone wurde – wie in den anderen Westzonen – nicht durch die weltpolitische Entwicklung, sondern das Doppelproblem mangelnder Ernährung und fehlenden Wohnraums geprägt. Die durch die französische Militärregierung festgesetzte tägliche Menge von 1550 Kalorien pro Kopf wurde bei weitem unterschritten, obwohl bereits dieser Richtwert unter der internationalen Norm von 2400 Kalorien blieb. Doch lag der reale Durchschnittswert weit darunter, so betrug er beispielsweise im August und September 1945 in Freiburg zwischen 580 und 600 Kalorien. Der Höhepunkt der Hungerkrise in Baden – dem Land der französischen Zone mit der schlechtesten Ernährungslage – wurde sogar erst im Frühjahr 1947 erreicht. Im Januar 1947 wandte sich eine Kriegerwitwe mit drei Kindern an den badischen Ministerpräsidenten Leo Wohleb: „Seit vier Tagen essen wir Rüben ohne Kartoffeln, weil uns die 60 Pfund Kartoffeln pro Kopf bis heute noch nicht zugeteilt worden sind. Seit zwei Tagen sind wir ohne Brot. Wir essen also mittags und abends Rüben mit etwas Öl geschmälzt, ohne Kartoffeln und ohne Mehl. Frühstück und Vesper fällt aus, da wir auch keine Suppennährmittel haben."[106] Die Situation besserte sich infolge sehr guter Ernte und der Einstellung französischer Entnahmen erst im Herbst 1948. Bis dahin blieb die Bevölkerung auf Tausch- und Schwarzmarkthandel, auf die Geltung der „Zigarettenwährung" und das Hamstern angewiesen, um auf diesen Wegen den Nahrungsmangel abzumildern.

Wie in den anderen Besatzungszonen besaß der „Kampf gegen den Hunger" für alle deutschen Behörden und Organisationen trotz ihrer begrenzten Möglichkeiten höchste Priorität. Und schließlich musste auch die französische Militärregierung reagieren, zumal sie sich durch die Verordnung Nr. 5 vom 4. September 1945 die gesamte Wirtschaft, einschließlich der Landwirtschaft, unterstellt hatte und damit allein die Verantwortung trug.

Schon mit Beginn der Besatzung richtete die Militärregierung insgesamt fünf Landesernährungsämter ein, darunter zuerst am 21. April 1945 in Speyer das Landesernährungsamt Pfalz, am 17. Mai das Landesernährungsamt Baden in dem anfangs noch französisch besetzten Karlsruhe. Diese deutschen Behörden waren den französischen untergeordnet. Die französische Militärregierung betrieb eine dezidiert planwirtschaftliche Landwirtschafts- und Ernährungspolitik, sie regelte die Produktionsmengen einzelner Nahrungsgüter, ihre deutlich zu niedrigen Preise und kontrollierte die Verteilung durch deutsche Stellen. Drohungen und Strafmaßnahmen trafen Landwirte, die sich nicht an die Vorgaben der Militärregierung hielten. Bauern beklagten, bei den Kontrollen seien geradezu „Überfallkommandos" eingesetzt worden, die sie nicht nur diskriminierend behandelten, sondern während der Kontrollen

---

105 Vgl. zum Gesamtproblem am Beispiel Badens: Fäßler, Peter: „Zum Sterben wirklich nicht mehr zu viel", ebd., S. 213–229 (*Fäßler, „Zum Sterben..."*), sowie Grohnert/ Wolfrum, Demontagen.
106 Dieses Zitat und die Kalorienangaben bei Fäßler, „Zum Sterben ...", S. 213.

sogar in ihren Häusern oder Büros einsperrten.[107] Da die zuständigen französischen und deutschen Landesbehörden allein die Ernährungsprobleme nicht in den Griff bekommen konnten, wurden auch kommunale Verwaltungen, Wohlfahrtsverbände, Gewerkschaften und Parteien fallweise beteiligt, was vor Ort zwar effizienter war, doch die in der Realität unübersichtliche Zuständigkeit zusätzlich verwirrte.

Am 15. Februar 1946 zogen die Franzosen organisatorisch mit den Amerikanern und Briten gleich, indem sie in Baden-Baden einen „Zentralausschuss für Ernährung in der französischen Zone" gründeten, dem am 1. Oktober 1946 die Gesamtverantwortung für die Ernährungswirtschaft in ihrer Besatzungszone übertragen wurde.[108] Dieser Ausschuss war untergliedert unter anderem in eine die Beschlüsse ausführende Zentralverwaltung sowie einen Verwaltungsrat, in dem Vertreter aller an Landwirtschaft und Ernährung beteiligten Gruppen mitwirkten, darunter die Produzenten, der Handel und die Verbraucher sowie jeweils ein Mitglied der Versorgungsämter. Nach Gründung der Länder in der französischen Zone gehörten auch die Landesminister für Landwirtschaft und Ernährung dem Verwaltungsrat an. Der Zentralausschuss amtierte bis zum 15. November 1948, als er durch ein gemeinsames Sekretariat der Landesminister für Ernährung und Landwirtschaft ersetzt wurde, das seinerseits bis zum 15. November 1949 fungierte. Eine Sonderrolle spielte seit 1947 die separat in einer Oberkommission organisierte Jagd- und Fischereiwirtschaft.

Wenngleich in diesen Gremien die Deutschen meist seit 1946 beteiligt wurden bzw. ihnen die Organisation der Ernährungswirtschaft übertragen wurde, kam es doch immer wieder zu unmittelbaren Eingriffen der französischen Militärregierung bis hin zu willkürlichen Beschlagnahmen. Vergleichsweise früh, am 4. Dezember 1946, veröffentlichte General Koenig einen Erlass, der den provisorischen Regierungen der drei Länder der französischen Zone bis zum Inkrafttreten der neuen Verfassungen das Recht zugestand, Vorschriften mit Gesetzeskraft zu erlassen. Sie mussten mit den generellen Regelungen des Alliierten Kontrollrats und denen des CCFA in Einklang stehen und den für Württemberg am 9. Dezember 1946 erlassenen Ausführungsverordnungen folgen.[109] Dort und in zahlreichen anderen Dokumenten[110] wurde geregelt, in welchen Sektoren und in welcher Form die administrativen Zuständigkeiten an die Länderbehörden übergehen sollten. Ganz offensichtlich konkretisierten sich die Pläne zur Übertragung von Kompetenzen an deutsche Behörden seit Ende 1946/ Frühjahr

---

107 Vorstehendes nach P. Fäßler, „Zum Sterben...", S. 216 ff., dort auch detailliertere Angaben
108 Vorstehendes nach Winkel, Landwirtschaft, S. 763.
109 Texte in: Ursachen und Folgen. Vom deutschen Zusammenbruch 1918 und 1945 bis zur staatlichen Neuordnung in der Gegenwart. Eine Urkunden- und Dokumentensammlung zur Zeitgeschichte. Hg. und Bearb. Herbert Michaelis und Ernst Schraepler unter Mitwirkung von Günter Scheel, Berlin o.J. (UuF), Bd. XXIV, S. 244 f. und 245 ff. – Vgl. dazu auch das Schreiben von General Koenig an den Unterstaatssekretär im französischen Außenministerium, Schneiter, vom 30. Januar 1947, insbesondere den Anhang, in: DDF 1947 I, S. 237 f. und Annexe S. 238–239.
110 Vgl. etwa das Schreiben des Stv. Premierministers Teitgen an Außenminister Bidault vom 8. April 1947 und den Anhang zur verfassungsmäßigen Rekonstruktion Deutschlands, in: DDF 1947/1, S. 618 und Annexe, S. 619.

1947. Diese Richtlinien waren durchaus konstruktiv, das Problem lag eher in der Praxis: Tatsächlich konnten die französischen Besatzungsbehörden jederzeit eingreifen, was auch immer wieder geschah.

Auch nachdem am 18. Mai 1947 in dem neugebildeten Land Württemberg-Hohenzollern eine Volksabstimmung über die Verfassung und eine Landtagswahl stattgefunden hatte, in der Folge also eine demokratisch legitimierte Landesregierung gebildet worden war, erfüllten sich die Erwartungen auf stärkere deutsche Autonomie oder gar Selbstbestimmung nicht. In der Verordnung Nr. 95 des französischen Oberkommandos unter General Koenig, mit dem angeblich die deutschen Befugnisse erweitert werden sollten, wurde nach den Ausführungsbestimmungen und internen Anordnungen der Militärregierung klar, dass davon keine Rede sein konnte: „So waren sämtliche wirtschaftspolitischen Angelegenheiten der deutschen Gesetzgebungsbefugnis generell entzogen. Aus den übrigen Bereichen der Landesverwaltung mussten nicht nur jeder Gesetzentwurf, sondern sogar einfache ministerielle Verordnungen der Militärregierung zur Genehmigung vorgelegt werden. Die Beamtenernennung war faktisch noch über die ohnehin restriktiven Ausführungsbestimmungen der Ordonnance Nr. 95 eingeschränkt".[111] Sogar die Tagesordnung der Landtagssitzungen musste 24 Stunden vorher dem Militärgouverneur vorgelegt werden.

Für die späteren, nach Gründung der Bundesrepublik wirksamen wirtschafts- und agrarpolitischen Weichenstellungen, die durch den Frankfurter Wirtschaftsrat vorbereitet wurden, spielten schließlich die französischen Besatzungsbehörden keine wesentliche Rolle mehr: „[...] in den Institutionen des Vereinigten Wirtschaftsgebietes blieben die Vertreter der französischen Zone bis 1948/49 mehr Beobachter als Akteur [...]".[112]

Die deutsche Beteiligung wurde dadurch erschwert, dass in der französischen Zone im Sektor der Landwirtschaft und der Ernährung keine vergleichbar starken Persönlichkeiten amtierten wie Hans Schlange-Schöningen in der britischen und Hermann Dietrich in der amerikanischen Zone. Auch im Vergleich der Landwirtschaftspolitik der Länder spielte, unabhängig von der Grundsatzfrage, welchen Spielraum die Besatzungsmächte den Landesbehörden ließen, die Persönlichkeit der Beteiligten eine wesentliche Rolle.

---

[111] Henke, Politische Säuberung, S. 149 ff., das Zitat S. 150.
[112] Hudemann, Rainer: Wirkungen der französischen Besatzungspolitik. Forschungsprobleme und Ansätze zu einer Bilanz, in: Herbst, Westdeutschland, S. 167–181, das Zitat S. 181.

5 Stufen der Kooperation in den westlichen Besatzungszonen: Der Wendepunkt 1947

Das Jahr 1947 erwies sich generell als Wendepunkt zu einer konstruktiven Deutschlandpolitik, die zuerst die USA einleiteten. Bereits am 6. September 1946 wurde diese Wende in einer Rede des amerikanischen Außenministers Byrnes in Stuttgart öffentlich. Er kritisierte, dass das Potsdamer Abkommen in wesentlichen Teilen nicht umgesetzt worden sei. So sei die in Potsdam vereinbarte Schaffung zentraler deutscher Verwaltungskörperschaften nicht realisiert worden. Byrnes trat unter anderem „für die wirtschaftliche Vereinigung Deutschlands" ein und schlug die „Schaffung einer zentralen deutschen Verwaltungsstelle für Industrie und Außenhandel" vor. Schließlich plädierte er „für die baldige Bildung einer vorläufigen deutschen Regierung."

Byrnes hob die „Fortschritte in der Entwicklung der örtlichen Selbstverwaltung und der Landesselbstverwaltung" in der amerikanischen Zone hervor, die auch in den anderen Besatzungszonen möglich sein sollten. In die Zukunft wies die Feststellung des Außenministers: „Die amerikanische Regierung steht auf dem Standpunkt, dass jetzt dem deutschen Volk innerhalb ganz Deutschlands die Hauptverantwortung für die Behandlung der eigenen Angelegenheiten bei geeigneten Sicherungen übertragen werden sollte."[113]

Obwohl Byrnes wusste, dass die Sowjetunion genau diese Absicht nicht hatte und auch Frankreich zögerte, beließ es die amerikanische Regierung in ihrer eigenen Zone keineswegs bei Worten. Vielmehr wurde durch eine Vereinbarung mit der britischen Besatzungsmacht die erste Etappe auf dem Weg zur Wirtschaftseinheit der drei Westzonen bewältigt, indem nach mehrmonatigen Verhandlungen seit Sommer 1946 mit Wirkung ab 1. Januar 1947 das Vereinigte Wirtschaftsgebiet der amerikanischen und britischen Zone, die sog. Bizone, geschaffen wurde. Dieser Schritt war umso bedeutender, als er einen Kontrapunkt zu den gesamtdeutschen Koordinationsbemühungen der deutschen Ministerpräsidenten bildete.

Die einzige Konferenz aller Ministerpräsidenten der deutschen Länder, auch die der zunächst wiedergegründeten mitteldeutschen Länder in der SBZ, fand vom 5. bis zum 8. Juni 1947 in München statt. Aufgrund des eng begrenzten Handlungsspielraums der Regierungschefs aus der sowjetischen, aber auch der französischen Zone blieb das Treffen ergebnislos.

Hingegen wurde in den Westzonen eine Entwicklung eingeleitet, die in drei Stufen – hinsichtlich der Verwaltungsstrukturen auch nach dem Prinzip trial and error – zu einer wirtschaftlichen und politischen Verbindung zunächst der beiden angelsächsischen Besatzungszonen führte. Die erste Phase bestand in der Errichtung von fünf

---

[113] Text der Rede von James F. Byrnes (Auszug) in: UuF, Bd. 25, S. 31–39. Zur deutschlandpolitischen Bedeutung der Rede: Gimbel, John: Byrnes' Stuttgarter Rede und die amerikanische Nachkriegspolitik in Deutschland, in: VfZ 20. Jg. 1972, S. 39–62.

Verwaltungsräten an fünf verschiedenen Orten; mit Rücksicht auf noch nicht ausgeschlossen erscheinende Vier-Mächte-Vereinbarungen sollte jeder Anschein einer prägouvernementalen Struktur vermieden werden. Die zweite Phase war dann die Schaffung eines Wirtschaftsparlaments, des sog. ersten Frankfurter Wirtschaftsrats, gleichzeitig mit der örtlichen Zusammenführung der Verwaltungen in Frankfurt/Main. Dies war institutionell ein Fortschritt und die Voraussetzung für die dritte Stufe, den dann tatsächlich effektiv arbeitenden zweiten Wirtschaftsrat.

Agrar- und Ernährungsfragen bildeten nach wie vor einen prioritären Sektor der Politik, hatte doch Außenminister Byrnes in seiner großen Rede präzis die bestehende Problematik diagnostiziert und damit demonstriert, dass sich die Lage im Herbst 1946 noch nicht grundlegend vom Frühsommer 1945 unterschied: „Deutschland benötigt die ganzen Nahrungsmittel, die es erzeugen kann. Vor dem Kriege konnte es nicht genug Nahrungsmittel für seine Bevölkerung erzeugen. Das Gebiet Deutschlands ist verkleinert worden. Die Bevölkerung Schlesiens zum Beispiel ist in ein verkleinertes Deutschland zurückgedrängt worden. Besatzungsarmeen und Zwangsverschleppte erhöhen den Bedarf, während der Mangel an landwirtschaftlichen Maschinen und Düngemitteln die Versorgungsmöglichkeit herabsetzt. Um die größtmögliche Erzeugung und die zweckmäßige Verwendung und Verteilung der Nahrungsmittel, die erzeugt werden können, sicherzustellen, müsste eine zentrale Verwaltungsstelle für Landwirtschaft geschaffen werden und unverzüglich mit der Arbeit beginnen."[114]

Die amerikanisch-britische Kooperation zur Herstellung der Wirtschaftseinheit der amerikanischen und britischen Zone war am 6. August 1946 durch ein prinzipielles Einverständnis der beiden Militärgouverneure Clay und Robertson in die Wege geleitet und durch eine formelle Vereinbarung am 5. September 1946 begonnen worden. Sie bewirkte unter anderem die organisatorische Übertragung der Zuständigkeiten des Sonderbevollmächtigten der amerikanischen Zone und der Agrarverwaltung in der britischen Zone, ZEL, auf den am 10. September 1946 gebildeten „Ernährungs- und Landwirtschaftsrat des amerikanischen und britischen Besatzungsgebiets" (ELR), dem (ab 1. Januar 1947) ein „Verwaltungsamt für Ernährung und Landwirtschaft" (mit Sitz in Stuttgart) unterstellt war und aus dem dann am 21. August 1947 die bizonale „Verwaltung für Ernährung und Landwirtschaft" (VELF) mit Sitz in Frankfurt/M. hervorging.

Der auf den zonalen Vorgängerinstitutionen aufbauende Ernährungs- und Landwirtschaftsrat, der zu seiner konstituierenden Sitzung am 24. September 1946 in dem ursprünglich als Sitz vorgesehenen Bad Kissingen zusammentrat, wurde bis zu seiner Auflösung am 21. August 1947 durch Reichsminister a. D. Hermann Dietrich geleitet, sein kurz darauf am 4. Oktober berufener Stellvertreter wurde Reichsminister a. D. Dr. Hans Schlange-Schöningen. Auf der Leitungsebene bestand also Kontinuität zu den beiden zonalen Vorgängereinrichtungen. Mitglieder waren drei Landwirtschaftsminister der amerikanischen Zone, sowie drei zunächst von der britischen

---

[114] Byrnes, in: UuF, Band 25, S. 34f.

Militärregierung ernannte Vertreter der britischen Zone, in der die Länderneubildung noch nicht abgeschlossen war. Später traten je ein Vertreter Hamburgs und Bremens hinzu.

Die Aufgabenstellung dieses Verwaltungsrats wurde von den beiden Vorgängerinstitutionen übernommen, in einzelnen Punkten erweitert, unter anderem durch die Aufstellung von Jahres- und Rationierungsplänen, durch die Vorbereitung eines Rahmengesetzes besonders auf dem Gebiet der Siedlung u. a. spezielle Materien.

Das dem Verwaltungsrat zugeordnete Verwaltungsamt für Ernährung und Landwirtschaft des amerikanischen und britischen Besatzungsgebietes stand ebenfalls unter Leitung von Dietrich und Schlange-Schöningen. Dem Verwaltungsamt oblag die administrative Vorbereitung und Durchführung der Beschlüsse des Verwaltungsrats sowie die Sorge für den Vollzug der Beschlüsse durch die Länder und die nachgeordneten Einrichtungen. Es war zunächst in sechs Abteilungen gegliedert: Personal und Verwaltung, Landwirtschaftliche Erzeugung, Ernährungswirtschaft, Agrar- und Ernährungspolitik, Handel und Industrie sowie Statistik, vom 1. Juli 1947 an kam eine Abteilung für Forst- und Holzwirtschaft hinzu.

Ein Motiv der USA und Großbritanniens lag sicher darin, durch den Zusammenschluss der Zonen den eigenen hohen Aufwand zu vermindern.[115] Entsprechend hieß es im amerikanisch-britischen Abkommen zur Errichtung der Bizone vom 2. Dezember 1946: „Die Kosten, die von beiden Regierungen für ihre zwei Zonen vor dem 1. Januar 1947 getragen wurden oder ihnen danach für das Gebiet erwachsen, sollen aus künftigen deutschen Ausfuhren in der allerkürzesten Zeit zurückerstattet werden, soweit es sich mit dem Wiederaufbau der deutschen Wirtschaft in gesundem, einen Angriff ausschließendem Rahmen verträgt."[116] Auf der anderen Seite war den Amerikanern klar, welch immense Hilfe sie für Westdeutschland noch leisten mussten, sollte dieser deutsche Wiederaufbau gelingen. Nach einer vom 4. bis 22. Februar 1947 unternommenen Reise in die Bizone legte der ehemalige Präsident der USA, Herbert Hoover, im Auftrag von Präsident Truman einen Bericht über den Bedarf an Lebensmitteln und Lieferungen für die Landwirtschaft vor, in dem nicht allein die Bevölkerungsgruppen und ihre Ernährungslage, sondern auch die Verteilung einzelner Nahrungsmittel detailliert aufgeführt werden.[117] Hoover hielt in der Bizone eine Hilfe für Nahrungsmittel in Höhe von 567 Millionen Dollar für notwendig, die von beiden Staaten je zur Hälfte getragen werden sollte.[118] Tatsächlich belief sich die mit einem

---

115 Vgl. Gimbel, John: Amerikanische Besatzungspolitik in Deutschland 1945–1949, Frankfurt am Main 1971 (amer. Original Stanford 1968).
116 Text in: UuF Bd. 25, S. 98–103, das Zitat S. 101 (Punkt 6).
117 Hoover hatte sich bereits nach dem Ersten Weltkrieg als Leiter der „American Relief Administration" (ARA) für die Lebensmittelversorgung Europas eingesetzt,
118 Text des Berichts vom 26. Februar 1947 in: UuF Bd. 25, S. 103–116. Die direkten Einfuhren verschiedener Nahrungsmittel in die amerikanische bzw. britische Zone finden sich in: Rohrbach, Im Schatten des Hungers, Anhang 12, Tabellen 1–3 (S. 310–312). Die Berechnungen der gesamten direkten Hilfsleistungen sowie der Besatzungskosten für Westdeutschland bei Buchheim, Christoph: Die Wie-

Löwenanteil der Amerikaner von 1945 bis 1949 geleistete Auslandshilfe auf 3,227 Milliarden US-Dollar[119]. Allerdings wurden Westdeutschland von westalliierter Seite bis 1952 insgesamt etwa 7,6 Mrd. US-Dollar Besatzungskosten auferlegt, die die öffentliche und private Auslandshilfe von ungefähr 4,5 Milliarden US-Dollar in diesem Zeitraum erheblich überstiegen.

Die Schaffung bizonaler Verwaltungsstrukturen war nicht die einzige 1946/47 erfolgende konstruktive amerikanische Initiative. Vielmehr wurde sie ergänzt durch eine über die Ernährungshilfe weit hinausreichende großangelegte Wirtschaftshilfe, die der nun amtierende amerikanische Außenminister Marshall am 5. Juni 1947 ankündigte. Der Marshall-Plan, European Recovery Program,[120] war ursprünglich nicht nur für Deutschland konzipiert, sondern auch für andere vom Krieg heimgesuchte mitteleuropäische Staaten. Doch unterband die Sowjetunion aus politisch-ideologischen und machtpolitischen Gründen in ihrem Herrschaftsbereich die Annahme der amerikanischen Hilfe. Für die Westzonen jedoch erwies sich der Marshall-Plan als segensreiche Wirtschaftshilfe für den Wiederaufbau.

Anfangs blieb die amerikanisch-britische und innerdeutsch-bizonale Kooperation nicht ohne Reibungen. Sie ergaben sich aus unterschiedlichen Strukturen in den Ländern, differierenden politischen Konzeptionen, der fortbestehenden Selbstisolation der französischen Zone, allerdings auch aus gewissen Eifersüchteleien bei der Übertragung von Zuständigkeiten an die neuen bizonalen Einrichtungen. Doch angesichts der objektiven Hindernisse, nach der ersten Wiederaufbauphase 1945/46 so schnell wieder neue Organisationsstrukturen und Rechtsformen zu schaffen, an denen zwei Besatzungsmächte, acht Länderregierungen und Landtage, bestehende Verwaltungsämter und regionale Instanzen beteiligt werden mussten, stellte sich doch bald ein Erfolg ein: Er bestand vor allem darin, diesen Weg der überzonalen Einigung und der nachdrücklichen Stärkung deutscher Mitwirkung überhaupt begonnen zu haben. Vor allem aber wurde schnell deutlich, was an der nun installierten bizonalen Konstruktion verbesserungsnotwendig war. Unter diesem Blickwinkel handelte es sich bei diesen ersten Monaten vorerst um eine Versuchsanordnung verschiedener neuer Institutionen.

Ein Problem für die Übergangsphase lag naturgemäß darin, dass den bisher bestehenden Institutionen Kompetenzen genommen wurden bzw. sie neue Aufsichts- bzw. Entscheidungsorgane akzeptieren mussten. So wurde dem ZEL die Exekutivbefugnis durch die Food and Agriculture Instruction No. 108 vom 10. Juli 1947 just zu

---

dereingliederung Deutschlands in die Weltwirtschaft 1945–1958, München 1990, S. 69–98. Die Zahlen nach den Tabellen S. 72, 91, 95.

[119] Sie bestand etwa zur Hälfte aus GARIOA-Mitteln (Government Appropriations for Relief in Occupied Areas), überwiegend für Lebensmittellieferungen, die andere Hälfte aus ERP-Mitteln, mit einem höheren Anteil an Rohstoffen und Fertigwaren.

[120] Vgl. etwa Borchardt, Knut/Buchheim, Christoph: Die Wirkung der Marshallplan-Hilfe in Schlüsselbranchen der deutschen Wirtschaft, in: VfZ 35. Jg. 1987, S. 317–347; Abelshauser, Werner, Deutsche Wirtschaftsgeschichte. Von 1945 bis zur Gegenwart, 2. überarb. u. erw. Aufl. München 2011, S. 129 ff.

einem Zeitpunkt verliehen – nur wenige Wochen vor Errichtung des bizonalen Ernährungs- und Landwirtschaftsrates –, als das Ende seiner Wirksamkeit absehbar war. Vor der Länderneugliederung in der britischen Zone bestanden dort zahlreiche spezielle Verwaltungen mit unterschiedlichen Kompetenzen und ohne gesamtzonale oder landesweite Koordinierung, wie sie in der amerikanischen Zone auch weiterhin der Länderrat sicherstellte. Mit dem Wegfall des ZEL entstand bei den nun gegründeten bizonalen Behörden in Bezug auf manche seiner bisherigen Zuständigkeiten zunächst ein Vakuum.

Analog zur Ernährungsverwaltung wurde auch in den anderen Sektoren verfahren. Auf der Grundlage der amerikanisch-britischen Vereinbarungen schlossen die zuständigen Landesminister der amerikanischen Zone in Vertretung ihrer Ministerpräsidenten sowie von der britischen Militärregierung eingesetzte Persönlichkeiten im September 1946 vorläufige Abkommen. Durch sie wurden, ebenso wie für die Ernährung, Zweizonen-Verwaltungsräte für Wirtschaft, Verkehr, Finanzen sowie Post- und Fernmeldewesen eingesetzt. Die Vereinbarungen traten zum 1. Oktober 1946 in Kraft.[121] Zentralistische Verwaltungsstrukturen und planwirtschaftliche Konzepte, wie sie den Briten vorschwebten, konnten sich nicht gegen die amerikanische Militärregierung und die süddeutschen Länder durchsetzen, die dezidiert für föderalistisch konzipierte Kollegialorgane eintraten. Sie waren auch deswegen im Vorteil, weil in der nordwestdeutschen britischen Zone noch keine demokratisch legitimierten Verfassungsorgane von Ländern bestanden.

Die Verwaltungsräte waren rechtlich gemeinsame Organe der deutschen Länder mit jeweils sechs Mitgliedern, die nach dem Mehrheitsprinzip entschieden. Jedem Verwaltungsrat war ein Verwaltungsamt zugeordnet, das vom Vorsitzenden des Verwaltungsrats geleitet wurde. Die Verwaltungsämter waren in verschiedenen Städten untergebracht, was Koordinierungsprobleme verursachte. Das Verwaltungsamt für Ernährung und Landwirtschaft erhielt seinen Sitz in Stuttgart. Das Amt des Sonderbeauftragten und das ZEL wurden partiell in dieses Verwaltungsamt integriert, allerdings hatten sie einen sehr unterschiedlichen Personalbestand, was sich aus der zentralistischen Kompetenz und der Abwesenheit von Länderverwaltungen und -zuständigkeiten in der britischen Zone ergab. Verglichen mit dem Sonderbeauftragten Dietrich hatte das ZEL die zehnfache Mitarbeiterzahl. Überdies war das nun entstehende bizonale Verwaltungsamt für Ernährung und Landwirtschaft erheblich kleiner geplant, weil in der föderalistischen Konzeption die Ausführung der Beschlüsse den Ländern oblag. So waren in der Gründungsphase im November 1946 nur 76 Stellen vorgesehen, die allerdings auf etwa 300 erhöht werden sollten.[122] Mit anderen Worten: Selbst beim endgültigen Ausbau der Behörde konnten maximal zwei Drittel der ehemaligen Beschäftigten beider Vorgängerbehörden übernommen werden, anfangs sogar nur ein Sechstel.

---

121 Vgl. insgesamt zum Folgenden: Vogel, Westdeutschland, S. 21 ff.
122 Rohrbach, Im Schatten des Hungers, S. 110 f.

Die Kompetenz der Verwaltungsräte – und damit der Verwaltungsämter – war insofern begrenzt, als sie keine verbindlichen Rechtssetzungen vornehmen konnten. Dies war Aufgabe der Landtage; lehnten sie eine Vorlage ab, entschied ein amerikanisch-britischer Zweimächte-Rat, ob sie für die anderen Länder der Bizone Rechtskraft erhalten sollte. Auch besaß der Zweimächte-Rat die Alternative, eine umstrittene Vorlage als Gesetz der Militärregierungen zu erlassen. Die beiden Alliierten blieben also die letzte Instanz, insbesondere bei Uneinigkeit unter den Ländern, die meist aus zonenunterschiedlichen Bedingungen resultierte, beispielsweise der differierenden Ernährungslage, aber auch Vorgaben der Militärregierungen.

Ein besonderes Problem stellte die voneinander abweichende Handhabung der Entnazifizierungsbedingungen dar, sie waren in der britischen Zone generell erheblich milder als in der amerikanischen. „Im Zentralamt gab es daher einen höheren Prozentsatz ehemaliger Mitglieder der NSDAP als in den Behörden in Süddeutschland, wo man in diesem Punkt eine gewisse Besorgnis nicht unterdrücken konnte."[123] Die süddeutschen Ministerpräsidenten verlangten deshalb eine Angleichung der Entnazifizierungsbestimmungen beider Zonen.

Diese Frage stellte insofern ein zentrales verwaltungspolitisches Problem dar, weil es während der Übernahme und dem Ausbau bizonaler Institutionen bei der Einstellung von Personal immer darum ging, ob und in welcher Weise die Entnazifizierung erfolgt war, hier musste jeder Kandidat individuell beurteilt werden. Aufgrund dieser Voraussetzungen gab es für die Übernahme des Personals des ZEL in das bizonale Ernährungsamt größere Hindernisse, obwohl es sich nach Einschätzung Rohrbachs und in der britischen Zone im Allgemeinen fachlich um qualifizierteres Personal handelte. „Die schärferen Anforderungen der politischen Säuberung hatten in der amerikanischen Zone in allen Ämtern zu einem starken Mangel an qualifizierten Fachkräften geführt. In der britischen Zone waren dagegen noch verhältnismäßig viele geschulte Verwaltungsleute mit Erfahrungen aus der Praxis der Bewirtschaftung tätig, die man jetzt dringend brauchte, um dem erweiterten Aufgabenbereich der Zweizonenbehörde gewachsen zu sein. Nach Lage der Dinge konnten sie in der großen Mehrzahl nur vom Hamburger Zentralamt gestellt werden, das durch seine Funktion als deutsche Spitzeninstanz quasi ministeriellen Charakters auch einen Vorsprung an Verwaltungsroutine gewonnen hatte."[124] Der Zielkonflikt zwischen dem prinzipiellen Ziel der Entnazifizierung und der fachlich begründeten pragmatischen politischen Nachsicht war unübersehbar und er war von relativ langer Dauer.

Die Amerikaner gewannen den Eindruck, dass bei der Entnazifizierung der anfängliche Elan erlahmt war – zum einen aufgrund der Überbeanspruchung der deutschen Spruchkammern durch hunderttausende Entnazifizierungsverfahren, zum anderen durch einen nach ihrer Einschätzung verbreiteten Unwillen, diesen Prozess nach mehr als zwei Jahren mit gleicher Intensität weiterzutreiben. So debattierte der

---

[123] Ebd. S. 111.
[124] Ebd.

Länderrat der amerikanischen Zone auf seiner Sitzung am 4./5. August 1947 die Entnazifizierung: Er bekräftigte zwar die Bereitschaft der Landesregierungen und Landtage, die Entnazifizierung weiterhin durchzuführen, doch stehe dies in der Regel unter dem Vorbehalt, dass sie bis zum 1. Oktober 1948 abgeschlossen sein müsse. General Clay berichtete in der Sitzung, dass die vom Kontrollrat beabsichtigte Gleichbehandlung in den vier Zonen nur sehr langsam voran komme; es sei fraglich, ob man sie überhaupt erreichen könne. Über die amerikanische Zone äußerte sich Clay in der Debatte unmissverständlich: „Was die Unterstützung der politischen Parteien anbelange, so könne er den Herren versichern, dass im Falle des Versagens die Militärregierung die Sache selbst übernehmen werde. Es gebe zwei Wege, die Entnazifizierung durchzuführen. Der erste Weg sei, dass man überhaupt nicht entnazifiziere, der zweite Weg sei die Frage, mit welcher Schnelligkeit die Entnazifizierung zu erreichen sei."

Zunächst habe man die Jugend aus dem Entnazifizierungsgesetz ausgenommen, dann auf deutsche Vorschläge hin zusätzlich die etwa 900 000 Personen umfassende Gruppe kleinerer Pg's, insgesamt seien das inzwischen 1,6 Millionen Personen, die nicht mehr erfasst würden. Nach anfänglichen Fortschritten mit etwa 35 000 vor den Spruchkammern monatlich verhandelten Fällen bis November 1946 gehe es aber nun nicht mehr wirklich voran. Er habe den Eindruck, die deutsche Seite wolle möglichst alle aus dem Verfahren herausnehmen, also praktisch gar nicht mehr entnazifizieren.[125] Die Debatte zeigte, dass auch noch in der Bizone und trotz zahlreicher anderer gravierender Aufgaben die Entnazifizierung gerade im Verwaltungsaufbau ein wichtiges aktuelles Thema blieb, zumal zwischen den Militärregierungen und den deutschen Behörden und Parlamenten.

Ein weiteres Problem für effiziente Politik und Verwaltung in der ersten bizonalen Phase lag darin, dass eine den räumlich getrennten Verwaltungsräten übergeordnete und sie koordinierende deutsche Instanz sowie ein parlamentarisches Kontrollgremium fehlten. Da es trotz amerikanischer Bemühungen weiterhin nicht gelang, durch den Alliierten Kontrollrat zentrale gesamtdeutsche Verwaltungsämter zu schaffen und die Erfahrungen bizonaler Aktivitäten in den ersten Monaten negativ waren, beschlossen die süddeutschen Ministerpräsidenten auf einer Tagung des Länderrats am 26. September 1946 die Schaffung eines parlamentarischen Überwachungsausschusses sowie in den nächsten Wochen weitere Maßnahmen.

Auch von alliierter Seite wurde Handlungsbedarf zur effektiveren Gestaltung der erst seit wenigen Monaten existierenden Bizone gesehen. Erleichtert wurde die Entscheidung zu einer weiteren Festigung der bizonalen Strukturen dadurch, dass die Moskauer Konferenz des alliierten „Außenministerrates" im März und April 1947 keine Fortschritte in Richtung einer gemeinsamen Deutschlandpolitik der Vier Mächte erbracht hatte. Damit sahen sich Briten und Amerikaner weniger zur Rücksicht auf die Sowjetunion verpflichtet. Auf dem Rückflug von Moskau gab Außenminister Marshall am 25. April in Berlin Clay die Weisung, den Ausbau der bizonalen Organisation

---

[125] Akten zur Vorgeschichte, Bd. 3, S. 300 f.

voranzutreiben. Schon am 29. Mai 1947 unterzeichneten die beiden Militärgouverneure ein neues Abkommen zur Umgestaltung der wirtschaftspolitischen Organisation der Bizone.

6 Der Wirtschaftsrat des Vereinigten Wirtschaftsgebietes 1947–1949

Erster Wirtschaftsrat Juni 1947 – Januar 1948

General Clay hatte bereits in der Sitzung des Länderrats am 5./6. Mai 1947 vertraulich über die Pläne berichtet, sie betrafen die Zusammenlegung aller bizonalen Behörden in Frankfurt/Main sowie die Errichtung eines neuen Wirtschaftsrats, in den zwei bis drei Vertreter jedes Landtags entsandt werden sollten. Dieser Wirtschaftsrat solle wirklich Verantwortung übernehmen und Machtbefugnisse erhalten. Allerdings gebe es dagegen noch Bedenken der Briten und eines Teils seiner Mitarbeiter.[126] In der Sitzung des Plenums am 2./3. Juni 1947 teilte er dann die zwischen den Oberbefehlshabern geschlossenen Vereinbarungen mit.[127] Neben den beiden erwähnten Punkten war auch die Bildung eines Exekutivrates beschlossen worden, der die Aufgaben einer Ministerpräsidentenkonferenz haben und gleichzeitig als Lenkungs- und Koordinierungsgremium für die fünf Verwaltungen fungieren sollte. Wesentlich war vor allem, dass der Wirtschaftsrat ein parlamentarisches Gremium mit Fraktionsbildung der Parteien werden sollte und legislative Kompetenz haben würde. Die Konferenz der Ministerpräsidenten der britischen und amerikanischen Besatzungszone beriet am 15. und 16. Juni 1947 in Wiesbaden über das bizonale Abkommen der Alliierten.[128]

Wie Staatssekretär Walter Strauß in seinem Bericht betonte, handelte es sich um ein ohne deutsche Mitwirkung entstandenes, rein amerikanisch-britisches Abkommen, das nun jedoch in deutsches Recht transformiert werde. Im Wesentlichen handelte es sich künftig um drei deutsche Handlungsebenen, die künftig zusammen wirken sollten, den Wirtschaftsrat, den Vollzugsausschuss – später Exekutivausschuss bzw. Exekutivrat genannt – sowie die fünf Verwaltungen. Schließlich wurden Mitwirkungsrechte der Länder impliziert, aber auch Einwirkungen der bizonalen Organe auf die Länder. Dem Wirtschaftsrat sollten ausschließlich Gesetzgebungsbefugnisse zustehen, allerdings immer unter alliiertem Vorbehaltsrecht. Von Bedeutung für die administrative Struktur war darüber hinaus das Recht des Wirtschaftsrats, Zuständigkeiten der Verwaltungsräte aufzuteilen sowie deren Direktoren – auf Vorschlag des Exekutivrates – zu ernennen. Dem Exekutivrat stand die Koordinierung der

---

126 Akten zur Vorgeschichte, Bd. 2, S. 421 ff.
127 Ebd. S. 467 ff.
128 Akten zur Vorgeschichte. Bd. 3, S. 131–150, zur Organisation der Verwaltungsräte S. 142 ff.

bizonalen Angelegenheiten sowie die Ausführung der Gesetze zu, außerdem der Erlass von Durchführungsverordnungen. Doch geriet er durch diese Kompetenzen in eine Zwitterrolle; als föderatives Organ, dem späteren Bundesrat vergleichbar, war er mit der gleichzeitigen Funktion eines exekutiven Steuerungsorgans überfordert

Die Verwaltungen wurden gegenüber den entsprechenden Vorgängerinstitutionen schon insofern verändert, als sie jetzt nicht mehr einem jeweiligen Verwaltungsrat für das betreffende Ressort unterstanden, sondern nur noch den beiden zentralen Gremien, Wirtschaftsrat und Exekutivrat. Dem Wirtschaftsrat gegenüber unterlagen sie einer regelmäßigen Berichtspflicht und mussten von ihm zugewiesene Aufgaben erfüllen. Die Verwaltungen waren also gewissermaßen dem Wirtschaftsrat als parlamentarischem Gremium verantwortlich, partiell aber liefen ihre Beziehungen zu diesem über den Exekutivrat. Das jeweils zuständige Verwaltungsamt nahm die Aufgaben einer Ministerialverwaltung wahr. „Nachfolger der Vorsitzenden der Verwaltungsräte und Träger der eigentlichen Exekutive wurden die Direktoren von fünf monokratisch organisierten Verwaltungen."[129]

Zum Direktor der Verwaltung für Ernährung und Landwirtschaft wählte der Wirtschaftsrat Hans Schlange-Schöningen – gegen das Votum des Exekutivrates, der den bayerischen Landwirtschaftsminister Baumgartner vorgeschlagen hatte. Zunächst einziger Stellvertreter Schlanges wurde Hans Podeyn; nach der Reorganisation des Wirtschaftsrates („zweiter Wirtschaftsrat") trat Wilhelm Niklas zusätzlich in die Behördenleitung ein.

Eine Konferenz der Ministerpräsidenten der britischen und amerikanischen Besatzungszone am 15./16. Juni 1947 in Wiesbaden diskutierte lebhaft, ob und wenn ja, welche Befugnisse die Ministerpräsidenten gegenüber dem Exekutivrat besaßen.[130] Dabei ging es um den parteipolitischen Charakter des Exekutivrats. Der politische Einfluss hatte in seiner vorherigen, nun nicht mehr gültigen Form der Zweizonen-Verwaltungsräte allein schon daraus resultiert, dass unter deren Mitgliedern Landesminister waren, die in Vertretung des Ministerpräsidenten handelten. Diese direkte Einwirkungsmöglichkeit entfiel bei der neuen Zusammensetzung.

Die Mitglieder des Wirtschaftsrats wurden von den Landtagen der Bizone gewählt, die Abgeordnete aus ihrer Mitte gemäß dem Stärkeverhältnis der Parteien nominierten. Der Wirtschaftsrat stellte also durch indirekte Wahl eine demokratisch legitimierte Legislative dar, die für die Besatzungsbehörden in bizonalen Angelegenheiten Hauptansprechpartner wurde, wodurch in den einschlägigen bizonalen Fragen die Landesregierungen marginalisiert wurden. Sie konnten allerdings über die ihnen politisch nahestehenden Fraktionen indirekt Einfluss ausüben. Auf der anderen Seite ermöglichte es dieser Charakter den deutschen Politikern und Behörden, mit weiter-

---

[129] Vogel, Westdeutschland, S. 28.
[130] Akten zur Vorgeschichte Band 3, S. 131 ff. In dieser Diskussion wird das Gremium, das dann unter der Bezeichnung „Vollzugsausschuss", „Exekutivausschuss" oder „Exekutivrat" tätig wurde, noch als „Verwaltungsrat" bezeichnet (siehe S. 137) – nicht zu verwechseln mit dem aus den Direktoren bestehenden Verwaltungsrat nach der Reorganisation Februar 1948.

reichenden Kompetenzen bizonal selbständiger zu agieren, als das für die vorherigen Zonenorgane mit deutscher Beteiligung oder Trägerschaft galt.

Wie schon 1946/47 die Wahl der Landtage es vermochte, besaß nun der Wirtschaftsrat das Potential, sich zum bedeutenden Akteur einer Demokratisierung und Parlamentarisierung politischer Entscheidungsprozesse zu entwickeln. Das galt umso mehr, als der Wirtschaftsrat ein immer stärkeres Selbstbewusstsein als einzige die Zonen übergreifende parlamentarische Vertretung in Deutschland gewann. Demgegenüber konnte der Exekutivrat seine Stellung nicht ausbauen, tatsächlich wurden die fünf Ämter und ihre Direktoren neben dem Wirtschaftsrat zum zweiten politischen Schwergewicht. Dieser Prozess wurde dadurch beschleunigt, dass die Kompetenzen der jeweiligen Organe sogar den Militärregierungen selbst nicht immer klar waren und es deshalb zu unterschiedlichen Adressaten ihrer Anweisungen und Reibungen unter diesen selbst kam. Auf der anderen Seite erwarteten die Alliierten für viele Probleme schnelle Lösungen, was zu übereilten, juristisch anfechtbaren Gesetzen führte. Durch diese Schnellschüsse entwickelten sich Differenzen zwischen Wirtschaftsrat, Exekutivrat und der amerikanischen bzw. britischen Militärregierung, die ihrerseits an den prinzipiell unterschiedlichen Ausgangsbedingungen zentralistischer oder föderalistischer Gestaltung festhielten. Schließlich agierten auch die beiden Militärregierungen nicht im politikfreien internationalen Raum, sondern immer noch in einer alliierten Gemengelage des vom Anspruch her gesamtdeutschen, faktisch aber zonal paralysierten Alliierten Kontrollrats und zum Teil politisch gegensätzlicher Verwaltung in den vier Zonen.

Auch in der zweiten bizonalen Phase des Ersten Wirtschaftsrats war das Zusammenspiel deutscher und bizonaler Instanzen miteinander und untereinander nicht so erfolgreich, wie man es sich bei der Umorganisation versprochen hatte. Nachdem die Londoner Konferenz des Außenministerrates im November/Dezember 1947 und mit ihr jeder Ansatz einer gemeinsamen Vier-Mächte-Deutschlandpolitik definitiv gescheitert war, machten nun die USA und Großbritannien den nächsten Schritt zu einer Umorganisation der bizonalen Struktur in eine prästaatliche Form.

Zweiter Wirtschaftsrat Februar 1948 – September 1949

Die erneute Reorganisation im Februar 1948 leitete die dritte bizonale bzw. dann trizonale Phase ein. Nun wurde der Zweite Wirtschaftsrat gewählt, der eine ertragreiche legislative und verwaltungsorganisatorische Tätigkeit entfaltete, die durch fundamentale Entscheidungen über die Epochenscheide 1949 hinauswies. Zum einen beruhte dieser Fortschritt auf wirtschaftspolitischen Zugeständnissen der Alliierten, die im Abkommen zwischen den beiden Ministern Bevin und Byrnes vom 17. Dezember 1947 niedergelegt wurden und dem deutschen Außenhandel Spielräume eröffneten. Zum anderen erhielten die beiden Militärgouverneure Clay und Robertson freie Hand für Reorganisationen, bei denen deutsche Wünsche berücksichtigt wurden. Zwar waren sie zwischen den beteiligten deutschen Stellen von den Ministerpräsidenten bis zum Wirtschaftsrat und dem Exekutivrat anfangs nicht einheitlich, doch schließlich einigte man sich. Die Alliierten übernahmen einen Großteil der deutschen Vorschläge.

Auf ihrer Konferenz in Frankfurt am 27./28. Januar 1948 verständigten sich die Ministerpräsidenten der Länder der Bizone auf eine Stellungnahme zum Entwurf einer modifizierten Proklamation der beiden Militärgouverneure. Sie wandten sich entschieden gegen eine einseitig durch die Militärregierungen aufgezwungene Lösung und verteidigten unter Führung des Bayerischen Ministerpräsidenten Dr. Ehard die Länderrechte. Sie führten im Einzelnen die Rechte des in seiner Zusammensetzung formal unveränderten zweiten Wirtschaftsrates auf, schlugen eine Reihe von Neufassungen vor, unter anderem die Bildung eines Länderrats. Die Direktoren der Verwaltungen sollten jetzt einen „Verwaltungsrat" bilden, der sowohl dem Wirtschaftsrat als auch dem Länderrat berichts- und auskunftspflichtig sein sollte. Der Länderrat sollte außerdem im Fall eines Minderheitsvotums bei Bestätigung der Direktoren eingeschaltet werden. Die Bestellung eines Vorsitzenden des Verwaltungsrates lehnten die Regierungschefs der Länder einmütig ab.[131]

Am 9. Februar 1948 trat durch Proklamation der Militärregierungen die neue Organisationsstruktur der Bizone in Kraft, nachdem die französische Militärregierung am 24. Januar gegen die Pläne vorsorglich protestiert hatte, weil sie in ihnen eine Vorentscheidung über die künftige Verfassungs- und Verwaltungsordnung der Westzonen befürchtete. Zu den wesentlichen Neuerungen gehörte eine Erweiterung der wirtschaftspolitischen Befugnisse des Wirtschaftsrats, die Verdoppelung seiner Mitgliederzahl von 52 auf 104 Abgeordnete durch neue, von den Landtagen gewählte Mitglieder. Die CDU/CSU und die SPD stellten je 40 Abgeordnete, die FDP 12, die KPD 6, das Zentrum 4, die Wirtschaftliche Wiederaufbauvereinigung 2.

Der Exekutivrat entfiel. Dadurch wurden der Wirtschaftsrat und die Verwaltungsämter gestärkt. Die Länder setzten weitere Forderungen durch: Als Nachfolger des nicht funktionstüchtigen Exekutivrats wurde ein neu konzipierter Länderrat als zweites legislatives Organ geschaffen, in den jedes der acht Länder zwei Vertreter entsandte. Wirtschaftsrat, Länderrat und von den Direktoren gebildeter Verwaltungsrat erhielten legislative Kompetenzen, die sie im Unterschied zu den anfänglichen Regelungen ohne die Mitwirkung der Länder ausüben konnten.

Der Verwaltungsrat, der Kontroll- und Koordinationsaufgaben erhielt, und außerdem Gesetzesvorlagen beim Wirtschaftsrat und beim Länderrat einbringen konnte, bestand aus den fünf vom Wirtschaftsrat gewählten Direktoren und erhielt, anders als es die Länder wünschten, einen Oberdirektor als Vorsitzenden. Er musste allerdings zusätzlich durch den Länderrat bestätigt werden. Die Direktoren waren keine Beamten, sondern politische Funktionsträger. Tatsächlich übten sie auch in der neuen Konstruktion die Aufgaben einer Regierung aus, sie hielten während der Amtsdauer des Verwaltungsrats insgesamt 68 Direktorialsitzungen ab.

---

131 Akten zur Vorgeschichte Bd. 4, 1983, S. 256–270, die einzelnen Vorschläge S. 261–270.

Außer dem Wirtschaftsrat und dem Verwaltungsrat wurden also auch die Länder über die zusätzlichen Kompetenzen des Länderrats durch diese Reorganisation gestärkt. Der Wirtschaftsrat schöpfte vor allem seine legislative Kompetenz aus, die Verwaltungsämter wurden zum Kern künftiger zonenübergreifender Verwaltungsorganisation und bewältigten, wie die seit 21. August 1947 begründete Verwaltung für Ernährung, Landwirtschaft und Forsten des Vereinigten Wirtschaftsgebiets (VELF), zahlreiche einschlägige Aufgaben.

7 Föderativorgane und Hauptverwaltungen: Verwaltung für Ernährung, Landwirtschaft und Forsten des Vereinigten Wirtschaftsgebietes (VELF)

Diese Verwaltung stand in direkter Nachfolge des Verwaltungsamtes des Ernährungs- und Landwirtschaftsrats für die Bizone und bildete das Zwischenglied in der Entwicklung zum Bundesministerium für Ernährung und Landwirtschaft. Die VELF bestand bis zu ihrer formellen Auflösung am 1. April 1950. Nach der Währungsreform in den drei Westzonen am 21. Juni 1948 und der beginnenden Umsetzung der Londoner Empfehlungen der drei Westmächte und der Benelux-Staaten wenige Wochen vorher – am 7. Juni 1948 – schwächte sich auch die Sonderstellung der französischen Zone ab, da die Währungsreform mit Einführung der DM für alle drei Westzonen galt. Außerdem hatten die Delegationen der USA und Großbritanniens mit der französischen Delegation bei der Londoner Sechs-Mächte-Konferenz eine Koordinierung der Wirtschaftspolitik in allen drei Westzonen vereinbart. Der Weg zur nun trizonalen Wirtschaftseinheit war also geebnet, wenngleich ein formeller Zusammenschluss erst erfolgen sollte, wenn entsprechende deutsche Institutionen bestanden. Im Zuge dieser Entwicklung wurde das Errichtungsstatut der VELF am 28. Juli 1948 modifiziert.

Direktor der VELF blieb auch nach der Reorganisation Dr. Hans Schlange-Schöningen. Er amtierte für die gesamte Dauer des Bestehens, wenngleich er es mit zahlreichen politischen Gegnern zu tun bekam, zumal in den eigenen Reihen. Sein erster Stellvertreter wurde nun Staatsrat Prof. Dr. Wilhelm Niklas (CSU) aus Bayern, der allerdings nur eineinhalb Jahre vom 10. März 1948 bis zum 20. September 1949 amtierte. Zusätzlicher Stellvertreter für Ernährungsfragen war Ministerialdirektor Hans Podeyn (SPD), der sein Amt schon während des ersten Wirtschaftsrats innegehabt hatte und es bis zum 30. November 1949 ausübte.

Bei der Neuwahl der Direktoren kam es im (Zweiten) Wirtschaftsrat bereits über die Geschäftsordnung zu Auseinandersetzungen zwischen den Fraktionen von CDU/CSU und SPD, dann über die Kandidaten zwischen der Unionsfraktion und der FDP, die sich zuvor um Abstimmung bemüht hatten. Dem FDP-Vorschlag, Hermann Dietrich zum Oberdirektor zu wählen, stimmte die Union nicht zu, weil sie an ihrem eigenen Kandidaten festhielt und ihn schließlich auch durchsetzte. Es handelte sich um den Oberbürgermeister von Köln und früheren Chef der Reichskanzlei in der Weimarer

Republik (1925–1932), Hermann Pünder. Im Falle des von der FDP vorgeschlagenen damals parteilosen Direktors für Wirtschaft, Ludwig Erhard, gab die Union nach und wählte den späteren Bundeswirtschaftsminister und Bundeskanzler mit.

Da fast die Hälfte der Abgeordneten weiße Stimmzettel abgab, darunter die der SPD, die keine eigenen Kandidaten nominiert hatte, erreichten alle von Union und FDP Vorgeschlagenen nur eine einfache Mehrheit. Erhard erhielt als Direktor für Wirtschaft 48, Schlange-Schöningen als Direktor der VELF 46 Stimmen. Nur im Falle des Oberdirektors gab es zwei Kandidaten, Pünder erhielt 40, Dietrich 8 Stimmen. Der Verwaltungsrat und die einzelnen Direktoren mussten sich also künftig für ihre Arbeit immer Mehrheiten organisieren.[132]

Auch die Aufgabenstellung der VELF entsprach der Vorgängereinrichtung. Doch war der Geschäftsbereich insofern erweitert, als zu den verschiedenen Vorrats-, Einfuhr- und Außenhandelsstellen auch zahlreiche Forschungsanstalten – u. a. für Landwirtschaft in Braunschweig und für Milchwirtschaft in Kiel – sowie weitere Lenkungs- und Zentralstellen als nachgeordnete Behörden hinzutraten. Eine Außenstelle erhielt die Aufgabe, über die agrarpolitische Entwicklung in der SBZ zu berichten, den landwirtschaftlichen Interzonenhandel vorzubereiten und durchzuführen sowie die Versorgung West-Berlins zu übernehmen.[133]

1948/49 wurde die VELF auch zum Haupttreuhänder für die Verwaltung und Abwicklung des Vermögens des Reichsnährstands, nachdem der Wirtschaftsrat ihn mit Gesetz vom 21. Januar 1948 aufgelöst hatte, was alle weiteren auf Zwangsmitgliedschaft beruhenden landwirtschaftlichen Vereinigungen einschloss. Dazu zählten unter anderem die Landes- und Kreisbauernschaften. Die Aufgaben dieser Organisationen übernahmen nun die einschlägigen Behörden der Länder sowie neu- oder wiedergegründete berufsständische Verbände. Soweit die ursprüngliche Zuständigkeit des Reichsnährstandes über die Ländergrenzen hinausging, wurde sie von der VELF ausgeübt.[134]

Als Berichterstatter des zuständigen Ausschusses plädierte der SPD-Abgeordnete Dr. Wohlers für die Annahme des Gesetzentwurfs. Zwar begründete er überwiegend juristische Details des Textes, machte dann aber eine grundsätzliche Bemerkung, die den Bruch mit der Agrarpolitik des NS-Regimes hervorhob: „Der Reichsnährstand war mit seiner das gesamte deutsche Bauerntum mit allen in der Landwirtschaft tätigen Menschen, Einrichtungen und Körperschaften, Vereinen und Verbänden, landwirt-

---

132 Vgl. Wörtliche Berichte und Drucksachen des Wirtschaftsrats des Vereinigten Wirtschaftsgebietes 1947–1949, hg. vom Institut für Zeitgeschichte und vom Deutschen Bundestag, Wissenschaftliche Dienste. Bearbeiter Christoph Weisz und Hans Woller (*Wirtschaftsrat*), Bd. 2, München Wien 1977, S. 322 ff. (12. Vollversammlung); Pünder, Tilman: Das bizonale Interregnum. Die Geschichte des Vereinigten Wirtschaftsgebiets 1946–1949, Waiblingen 1966 (*Pünder, Interregnum*), S. 147 ff.; Die CDU/CSU im Frankfurter Wirtschaftsrat. Protokolle der Unionsfraktion 1947–1949. Bearbeitet von Rainer Salzmann, Düsseldorf 1988 (*CDU/CSU im Wirtschaftsrat*), S. 154 ff., Sitzungen vom 1. und 2. März 1948.
133 Vogel, Westdeutschland, S. 137–142, letzteres siehe Fn 8, S. 141 f.
134 Wirtschaftsrat Bd. 2, S. 269 ff.; Rohrbach, Im Schatten des Hungers, S. 184.

schaftlichen Genossenschaften und Körperschaften des öffentlichen Rechts zur Regelung der Marktordnung umfassenden straff und autoritär geleiteten Organisation eine der tragenden Säulen des nationalsozialistischen Regimes, letzten Endes zur Vorbereitung und Durchführung des Krieges. Er wird mit diesem Gesetz restlos beseitigt, nicht nur mit seinen organisatorischen Resten, sondern hoffentlich auch der Idee nach. An die Stelle des nazistischen Systems der Befehlsübermittlung vom Reichsbauernführer über die Landes- und Kreisbauernführer herunter bis in den letzten Hof hinein muss wieder die demokratische freie Willensbildung treten. Es müssen wieder Zusammenschlüsse auf freier und möglichst genossenschaftlicher Basis geschaffen werden."[135]

An diese Bewertungen schloss sich VELF-Direktor Schlange-Schöningen direkt an.[136] Er sah in dem Gesetz zur Aufhebung des Reichsnährstands die Beseitigung eines Kriegsinstruments und eines Diktaturinstruments sowie ein Bauernbefreiungsgesetz. Mit vielen historischen Rückblicken argumentierend, befasste sich Schlange-Schöningen dann grundsätzlich mit Defiziten im demokratischen Bewusstsein und vor allem der Frage der Neuordnung.

Ein weiterer für die aktuelle Lage wesentlicher Punkt seiner Rede betraf die Frage: „Wie leistet die Landwirtschaft die entscheidende Hilfe, um unser Volk über diese Monate hinwegzubringen?" Danach beschrieb er die Notwendigkeit, dass die landwirtschaftliche Erzeugung Hand in Hand gehen müsse mit den Verbraucherinteressen und deren Organisationen, anders sei der Wirtschaftsfriede nicht herzustellen. Außerdem müssten die Landwirte einsehen, dass sie aufs engste mit den anderen Berufsständen verbunden seien und keine völlig autonome Berufsgruppe bildeten.

Was in dieser Rede etwas abstrakt daher kam, beruhte unter anderem auf den – verglichen mit dem Stand von vor 1945 nahezu unveränderten – Erzeugungsanteilen landwirtschaftlicher Produkte, die dem aktuellen Bedarf nicht entsprachen, sowie dem üppig wuchernden Schwarzmarkt, der den Erzeugern oft höhere Erlöse einbrachte als die reguläre Ablieferung zu den festgesetzten Preisen. Mit seinen dezidierten Stellungnahmen provozierte Schlange-Schöningen immer wieder die Länder sowie die neu entstehende Agrarlobby, die ihm planwirtschaftlich-zentralistisches Agieren vorwarfen, während er tatsächlich von den akuten Ernährungskrisen her urteilte. Dabei saß er buchstäblich zwischen den Alliierten, die höhere Ablieferungsquoten erwarteten, den Ländern, die nach Möglichkeit die erzeugten Produkte für sich behalten wollten, sowie den Erzeugern, die nicht zu den festgesetzten Niedrigpreisen abliefern wollten, gleich zwischen drei Stühlen.

Einen der bekanntesten Streitfälle bildete der sog. Kartoffelkrieg im Herbst 1947, noch in der Zeit des ersten Wirtschaftsrates. Aufgrund des heißen Dürresommers war die Befürchtung groß, dem vorangegangenen Hungerwinter werde ein weiterer folgen. Aus diesem Grund beschloss der Wirtschaftsrat in seiner Sitzung am 29./30. Septem-

---

135 Wirtschaftsrat Bd. 2, S. 270.
136 Ebd. S. 270–274.

ber bei einer Gegenstimme ein von Schlange-Schöningen in aller Eile als ‚Notgesetz' vorbereitetes Gesetz zur Sicherung der Kartoffelversorgung im Wirtschaftsjahr 1947/48, am nächsten Tag ein ähnliches Gesetz zur Sicherung der Fleischversorgung.[137] Der Präsident des Wirtschaftsrats, Erich Köhler, begründete das Schnellverfahren bei der Gesetzesvorbereitung mit der vorhergehenden Ablehnung eines vom Wirtschaftsrat beschlossenen Anweisungsgesetzes an den Exekutivrat durch die Militärregierung. Der Berichterstatter, der Hessische Justizminister Georg August Zinn, verwies gleich eingangs auf die Mängel des Gesetzes – Mängel, die immer dann aufträten, wenn in wenigen Stunden ein Gesetz beschlossen werden müsse, um einen Notstand zu beheben. Aufgrund der Dürre sei die Kartoffelversorgung nicht gewährleistet, auch müssten die Länder Überschüsse abliefern. Eine besondere Peinlichkeit bestand im Hinweis des Berichterstatters, dass der VELF-Direktor hier praktisch nur eine Befugnis zur Beschlagnahme landwirtschaftlicher Erzeugnisse übernehme, die bereits in einem NS-Gesetz vom 27. August 1939 geregelt worden sei.[138] § 1 des Gesetzes lautete denn auch: „Die Kartoffeln der Ernte 1947 sind beschlagnahmt". Die Ablieferungspflicht traf nicht allein die Erzeuger, sondern auch die Besitzer von Kartoffeln. Der VELF-Direktor wurde ermächtigt, Liefermengen festzusetzen und innerhalb der Bizone eine gleichmäßige Versorgung sicherzustellen, also auch zwischen den Ländern ausgleichend zu verteilen.[139]

Gegen das Gesetz erhob sich ein Sturm der Entrüstung, der buchstäblich auf Krawall gestimmte bayerische Landwirtschaftsminister Baumgartner wollte die Frankfurter Prüfer nicht nach Bayern lassen, er „ermächtigte" die „Bauern, sie aus dem Lande zu jagen". Die Schätzungen über die Vorräte durch die Militärregierungen, die Länderminister und die VELF wichen erheblich voneinander ab. Klar wurde lediglich, dass die vorgesehenen Ablieferungen zum Teil weit unter 50 Prozent der vorhandenen Kartoffelmenge lagen: Die Kartoffeln wurden gehortet, auf dem Schwarzen Markt erheblich teurer verkauft, Länderregierungen verweigerten die Ablieferung an andere Länder, in denen, wie beispielsweise im Ruhrgebiet, erheblich weniger erzeugt wurde. Das Chaos zog sich noch mehrere Monate hin, schließlich wurde es mit verschiedenen Kompromissen, im Dezember auch dem Rücktritt Baumgartners, mehr schlecht als recht beendet. Aber kaum war diese Krise überstanden, folgte die nächste.

Wegen der weiterhin bestehenden Versorgungsprobleme bereitete Schlange-Schöningen nach erneuten Interventionen der Militärregierungen einen generellen Gesetzentwurf über Neuordnung und Veranlagung des Ablieferungswesens sowie ein Nothilfegesetz zur Ermittlung, Erfassung und Verteilung von Lebensmitteln vor, die

---

137 Wirtschaftsrat Bd. 2, S. 116–121 sowie S. 122–126. Zusammenfassende Darstellung bei Benz, Wolfgang: Vorform des „Weststaats", die Bizone 1946–1949, in: Eschenburg, Theodor: Jahre der Besatzung 1945–1949, Stuttgart/Wiesbaden 1983, S. 375–420, hier S. 396–399.
138 Wirtschaftsrat Bd. 2, S. 116 ff.
139 Text des Gesetzes in: Wirtschaftsrat Bd. 4: Drucksachen 1–637, hier S. 64 ff. (Drs. Nr. 59).

der Wirtschaftsrat am 23. Januar 1948 verabschiedete.[140] Dabei ging es Schlange nicht allein um Regelung der Ablieferung, sondern überdies um ein gerechteres Erfassungsverfahren, das bis dahin ohne Rücksicht auf die individuellen Erträge rein schematisch angelegt war. Aus diesem Grund wurden nun jeweils Ertragsklassen definiert, aus denen die Betriebe ihre Quoten errechnen konnten. Innerhalb der Planungen Schlanges nahm die Steigerung der notwendigen Nahrungsmittel auf Kosten der Produktion von Futtermitteln einen besonderen Platz ein. Das erforderte „Änderungen in der Produktionsstruktur" und griff insofern in bisherige Prioritäten der Landwirtschaft ein, als beispielsweise bei der Ersetzung des Grünlandes durch Hackfruchtanbau ein erheblich größerer Arbeitsaufwand erforderlich war.[141]

Dieses „unpopulärste aller vom Frankfurter Wirtschaftsrat erlassenen Gesetze war auf schärfsten Druck der Militärregierung erfolgt und war ein Schlag ins Wasser, jedoch war die psychologische Wirkung im Ausland beachtlich", urteilte ein ehemaliger Mitarbeiter der VELF und Ministerialrat des Bundesministeriums für Ernährung und Landwirtschaft.[142] Man kann hinzufügen: Die – negative – Wirkung bei den Landwirten in der Bizone war ebenfalls enorm, weil sie verpflichtet wurden, alle Nahrungsmittelbestände zum Stichtag, dem 20. Februar 1948, zu melden. Und sogar die privaten Haushalte mussten Mehl und Kartoffeln angeben, sofern sie mehr als die rationierten Mengen besaßen, weshalb das Gesetz den Spottnamen „Speisekammergesetz" erhielt. Doch weniger die Alliierten traf die Wut der Betroffenen, vielmehr sahen sie den Direktor der VELF als Verantwortlichen an.

Doch charakteristischer für die Amtsführung Schlange-Schöningens als Direktor der VELF war, dass er seine Arbeit stets in weitere, sowohl historische als auch zukunftsorientierte, Perspektiven einordnete, was in vielen seiner oft langen Reden zum Ausdruck kam. Dennoch betrieb er stets eine auf die praktische Lösung aktueller Herausforderungen zielende Agrarpolitik. Sie verband seine hohe fachliche Expertise mit einem dezidiert sozialen Anliegen.

Schließlich organisierte der Direktor die Verwaltung mit Blick auf ihre Rolle in einem künftigen Weststaat, was insbesondere seit den Weichenstellungen der Londoner Konferenz, der Frankfurter Dokumente und der Währungsreform im Jahre 1948 Konsequenzen hatte. Im Frankfurter Wirtschaftsrat vertrat er seine politischen Ziele mit Verve, so dass er neben Ludwig Erhard als Direktor für Wirtschaft zweifellos zu den wirkungsvollsten Direktoren zählte. Eine auf die Verfassungsordnung der Bundesrepublik Deutschland vorausweisende Konstellation lag nicht zuletzt darin, dass die Verwaltung für Ernährung und Landwirtschaft, wie die anderen Verwaltungen auch, prinzipiell gesamt-bizonal agieren musste. Dafür benötigte Schlange im Wirtschaftsrat als parlamentarischer Körperschaft parteipolitische Unterstützung, musste

---

140 Ebd. S. 289 ff. bzw. 297 ff.
141 Rohrbach, Im Schatten des Hungers, S. 185 ff.
142 Chronik der Agrarpolitik und Agrarwirtschaft in der Bundesrepublik Deutschland von 1945–1967. Bearbeitet von Ministerialrat a. D. Dr. Wilhelm Magura, Hamburg und Berlin 1970, S. 15. – Dort auch eine Aufstellung weiterer wichtiger Gesetze und Verordnungen.

zugleich aber im Länderrat, einer dem späteren Bundesrat formal ähnlichen Institution, gegebenenfalls Kompromisse mit den Länderinteressen finden. Hier lag ein strukturelles Problem für die Ernährungspolitik der VELF: Sie musste zwischen den gegensätzlichen Interessen der Alliierten und den Forderungen der Länder eine Lösung finden. Dies erwies sich, wie nicht nur ‚Speisekammer-Gesetz' und ‚Kartoffelkrieg' demonstrieren, oft als Quadratur des Kreises.

In der CDU/CSU-Fraktion des Frankfurter Wirtschaftsrats kam es wiederholt zur Kritik an der VELF bzw. Schlange-Schöningen selbst. So vermisste Konrad Adenauer in der Sitzung vom 18. Oktober 1948 „politisches Fingerspitzengefühl" und kritisierte das „Durcheinander der Frankfurter Wirtschaftspolitik". Beispielsweise sei es „politisch völlig falsch gewesen", vor den Landtagswahlen in Nordrhein-Westfalen den Brotpreis zu erhöhen. Für die CDU/CSU sei es bei der kommenden trizonalen Wahl „keineswegs gleichgültig, dass die Direktoren innerhalb des Verwaltungsrats verschiedene Wirtschaftspolitik treiben würden. Wenn die Fraktion sich für die Wirtschaftspolitik Prof. Erhards entschlossen habe, dann müsste der Direktor, der mit ihm nicht zusammenarbeite, eben fallen." Wenn Herr Podeyn aber der Verantwortliche sei, „müsse Minister Schlange entweder gegenüber Herrn Podeyn die Konsequenzen ziehen oder selbst gehen."[143]

Nun war zwar auch Schlange-Schöningen von Haus aus Politiker, doch als Direktor des VELF ließ er sich nicht von wahltaktischen Überlegungen leiten, sondern von seinen agrarpolitischen Prinzipien im „Schatten des Hungers". Gefährlich wurde es für ihn, weil die CSU in dieselbe Kerbe schlug wie Adenauer, allerdings aus zum Teil anderen Motiven, manche Abgeordnete sprachen gar von einem „Kleinkrieg zwischen Bayern und Schlange-Schöningen". Er arbeite „absolut zentralistisch und in vielen Fällen diktatorisch", stimme sich nicht mit den Landwirtschaftsministern der Länder ab und bereite Gesetzentwürfe schlecht vor. Hinter den CSU-Attacken stand allerdings auch der politische Druck, den die damals noch starke Bayernpartei und ihr Vorsitzender, der zeitweilige bayerische Landwirtschaftsminister Joseph Baumgartner, ausübten: Die Bayernpartei warf der CSU regelmäßig vor, die ‚zentralistische' Politik im Frankfurter Wirtschaftsrat und insbesondere diejenige Schlange-Schöningens mitzutragen und dadurch bayerische Interessen zu opfern.

Allerdings war auch die Haltung in der CSU gegenüber dem VELF-Direktor nicht einheitlich, vor allem der CSU-Vorsitzende Josef Müller war ein scharfer Gegner, der Schlange zum Rücktritt zwingen wollte. Andere CSU-Politiker wie sein Generalsekretär, der Wirtschaftsratsabgeordnete Franz Josef Strauß, verhielten sich eher ambivalent. Zwar kritisierte auch er Schlange, vermutlich aus Loyalität gegenüber seinem Parteivorsitzenden und politischen Ziehvater, doch hob Strauß auch ausdrücklich die Verdienste Schlange-Schöningens hervor.[144] Paradox war die Polemik der bayerischen

---

143 CDU/CSU im Wirtschaftsrat, S. 284.
144 Vgl. Möller, Horst: Franz Josef Strauß. Herrscher und Rebell, 3. Aufl. München 2016, S. 84 f.

Agrarlobby gegenüber Schlange schon aufgrund seiner sozialen Herkunft, denn in Wirklichkeit verlor er keineswegs die Interessen der Landwirtschaft aus den Augen.

Unmittelbar vor der Währungsreform beschloss der Wirtschaftsrat am 18. Juni 1948 das ‚Gesetz über die wirtschaftspolitischen Leitsätze nach der Geldreform' (sog. Leitsätze-Gesetz), in dem der Kernsatz stand: „Der Freigabe der Preise ist vor der behördlichen Festsetzung der Vorzug zu geben."[145] Und in der Präambel wurde das Ziel formuliert: Die Geldreform solle „die natürliche Beziehung zwischen Leistung und Gegenleistung" wiederherstellen. Aber selbst dieses auf ökonomische Liberalisierung zielende Gesetz sah für eine Übergangszeit Einschränkungen vor. So lautete der erste wirtschaftspolitische Leitsatz: „Die Hauptnahrungsmittel und die Rohstoffe, die wesentliche Grundlagen für die gewerbliche und landwirtschaftliche Gütererzeugung bilden, sind zur Erzielung eines planmäßigen Einsatzes dieser Güter weiterhin zu bewirtschaften." Getreide, Getreideerzeugnisse, Milch und Milcherzeugnisse, Kartoffeln und Fleisch durften, wie Kohle, Eisen und Stahl, nur nach ausdrücklicher Genehmigung durch den Wirtschaftsrat aus der Bewirtschaftung herausgenommen werden.[146]

Mit anderen Worten: Für die Übergangszeit seit der Währungsreform 1948/49 darf der Gegensatz zwischen Marktwirtschaft und Zwangsbewirtschaftung nicht dogmatisiert werden, vielmehr standen sie einstweilen nebeneinander, bevor das Konzept der sozialen Marktwirtschaft endgültig realisiert werden konnte. Insgesamt wurde im Frühsommer 1948 jedoch ein doppelter wirtschaftspolitischer Bruch eingeleitet: Er stellte die letzte Etappe in der Beseitigung der kriegsorientierten, durch Zwangskomponenten charakterisierten Autarkiepolitik des NS-Regimes dar und beendete zugleich die durch die Notlage erforderliche Zwangsbewirtschaftung der Besatzungszeit. Wirtschaftspolitisch ist die Wirkung dieser Diskontinuität nicht zu überschätzen.

Die Währungsreform am 21. Juni 1948 führte in den folgenden Monaten zu erheblichen Turbulenzen, bis seit Dezember 1948 eine Stabilisierung eintrat.[147] Zwar kam es seit der Währungsreform in den meisten Wirtschaftssektoren plötzlich zu einem vergleichsweise üppigen Warenangebot mit niedrigen Preisen, doch schon bald überstieg die Nachfrage das Angebot. Wo die Bewirtschaftung aufgehoben wurde, stiegen die Preise schließlich rasant, es setzte ein wahrer „Preistaumel" (Schlange-Schöningen) ein. Da die gedrosselten Preise für Agrarprodukte nicht mithielten, wurde

---

[145] Wirtschaftsrat Bd. 4 Drucksachen 1–637, S. 559f. hier Nr. 331 (Anhang: Leitsätze II,3).
[146] Ebd.
[147] Vgl. Pünder, Interregnum, S. 307–313; Buchheim, Christoph: Die Währungsreform 1948 in Westdeutschland, in: VfZ 36. Jg. 1988, S. 189–231; Abelshauser, Werner: Deutsche Wirtschaftsgeschichte von 1945 bis zur Gegenwart, 2. Aufl. München 2011, S. 119ff. – Buchheim bietet auch einen knappen Forschungsbericht, in dem er sich kritisch mit Abelshausers Thesen zur Währungsreform befasst. Im Gegensatz zur vorherrschenden Interpretation hatte Abelshauser seit 1975 behauptet, die Währungsreform habe für das Wachstum der Erzeugung – und damit das folgende sog. ‚Wirtschaftswunder' – keine ausschlaggebende Rolle gespielt.

die Preisschere zwischen gewerblichen und agrarischen Erzeugnissen nach der Diagnose des VELF-Direktors für die Landwirtschaft unerträglich. Schließlich begünstigten die zu niedrigen Preise für Nahrungsmittel sowohl ihre Hortung durch die Erzeuger wie den Schwarzmarkt, wo sich angesichts der Knappheit höhere Erlöse erzielen ließen. Für das Folgejahr 1949 befürchtete Schlange-Schöningen deshalb große Engpässe in Erzeugung und Versorgung. Sogar eine ernährungspolitische Katastrophe schien möglich.

Allerdings fiel das von Schlange-Schöningen gemalte Szenario dann doch zu düster aus, da sich die Versorgungslage seit Juli 1948 zum Teil durch Maßnahmen der Besatzungsmächte schlagartig verbesserte, in einigen Bereichen wie bei Obst und Gemüse wurden Preisbindung und Kontrolle aufgehoben. Auch die Schwarzmarktpreise fielen, wenngleich etwa in Hamburg ein Kilo Roggenbrot im Schwarzhandel mit 1,15 DM noch immer das 2,8-fache des festgesetzten Preises kostete.[148]

Die notwendigen Preiserhöhungen für Getreide und Vieh hatten sich bis Oktober 1948 verzögert, weil die Verhandlungen der VELF mit der Militärregierung, den Landwirtschaftsministern der Länder und den Bauernverbänden langwierig waren, außerdem erfolgte die Ernte witterungsbedingt einen Monat später als üblich. Der nicht programmgemäße Zeitpunkt der Erhöhung führte dazu, „dass viele Bauern ihr Getreide in Erwartung höherer Preise zurückhielten." Die abgelieferten Getreidemengen blieben dadurch stark unter dem vorgesehenen Soll.[149] Schlange-Schöningen wollte durchaus die Landwirte vor ungerechtfertigten Angriffen schützen und geißelte die Ungleichbehandlung der Berufsgruppen: Kein Hahn krähe bei Preiserhöhung gewerblicher Produkte, ein Bauer aber könne sogar eingesperrt werden, wenn er nicht alles zu den vorgeschriebenen Preisen abliefere.

Der VELF-Direktor gelangte zu dem deprimierten Schluss: „Die Ernährungsbehörden der Länder standen wieder vor der Alternative, entweder einen hoffnungslosen Kampf um die Einhaltung überholter Bewirtschaftungsvorschriften zu führen, die von Frankfurt auch nicht ohne alliierte Zustimmung beseitigt werden konnten, oder den Handel gewähren zu lassen und sich zum Schaden der Staatsautorität selbst zum Helfershelfer der Auflösung zu machen."[150] Insofern fiel die Erhöhung des Brotpreises, durchaus ungeplant und durch Schlange-Schöningen und Podeyn kaum zu verhindern, in den nordrhein-westfälischen Wahlkampf.

Allerdings betonte Schlange-Schöningen an anderer Stelle, dass die Bereitschaft, sich an die vorgegebenen Ablieferungsquoten zu halten, in der Landwirtschaft insgesamt vorbildlich gewesen sei: Trotz der „lächerlichen Papiermark" als Zahlungsmittel hätten die Landwirte in den drei Jahren bis zur Währungsreform im Durchschnitt Ablieferungsmengen von 80 bis 90 Prozent des Solls erreicht, in der gewerblichen Wirtschaft seien es nur 20 Prozent gewesen.[151]

---

148 Buchheim, Währungsreform, S. 223.
149 Rohrbach, Im Schatten des Hungers, S. 233.
150 Ebd. S. 234.
151 Wirtschaftsrat Bd. 3, S. 1224 f.

Immer wieder wies Schlange-Schöningen darauf hin, dass die Westzonen nach wie vor nur 50 Prozent der benötigten Nahrungsmittel selbst produzierten und nicht allein aus besatzungsrechtlichen Gründen die zonalen und bizonalen deutschen Behörden und die Länder alles versuchen müssten, um sich die Hilfe der Westalliierten zu erhalten. Deshalb sollten die Deutschen alle Anstrengungen im Ernährungssektor unternehmen, um den beiden Alliierten gegenüber glaubwürdig zu bleiben.

Unabhängig von solch spezifischen Ereignissen spielten gewerbliche Wirtschaft und agrarische Produktion aufgrund der Ernährungslage eine so verschiedene Rolle, dass unterschiedliche wirtschaftspolitische Weichenstellungen erforderlich waren. Schlange-Schöningen sah so lange keinen Spielraum für eine generelle Liberalisierung der Land- und Ernährungswirtschaft, wie keine ausreichende Versorgung der Bevölkerung gesichert war. Insofern stand seine Politik in einem zwangsläufigen Widerspruch zur prinzipiell marktwirtschaftlichen Öffnung, die der Wirtschaftsdirektor Ludwig Erhard im Frankfurter Wirtschaftsrat betrieb.[152] Allerdings hielt auch Ludwig Erhard für eine Übergangszeit verbindliche Vorgaben in bestimmten Bereichen für nötig, während Schlange andererseits keineswegs Liberalisierungen grundsätzlich ablehnte. An Konrad Adenauer schrieb er, mit dem Direktor für Wirtschaft, also Erhard, „möchte ich einen verständigen Ausgleich".[153] Doch wollte Schlange-Schöningen Liberalisierungen zunächst auf die Produkte beschränken, in denen der Verwaltungsaufwand im Missverhältnis zum Erfolg stand. Im Mai 1948 legte die VELF dann eine Liste von Produkten vor, bei denen die Preisbindung aufgehoben werden sollte.[154]

Obwohl Schlange-Schöningen regelmäßig detailliert auf einzelne Erzeugnisse von der Getreideproduktion bis zur Viehhaltung einging und die jeweiligen Entscheidungen begründete, reagierte er spitz, wenn dabei das Große und Ganze aus den Augen verloren wurde. So erklärte am 3. Dezember 1948 im Wirtschaftsrat: „Ich lehne es auf das entschiedenste ab, Agrarpolitik etwa aus der Perspektive des Hühnereies zu betrachten. Dazu beschäftigen mich viel wichtigere Dinge."[155]

Außer mit den sachlichen Differenzen und Interessengegensätzen der beteiligten Akteure hatte es Schlange-Schöningen mit persönlich begründeten Animositäten zu tun, die aus der Weimarer Politik herrührten. Seine Kontakte zu führenden Sozialdemokraten, die er schon seit 1946/47 für notwendig hielt, um diese in die Ernährungspolitik einzubeziehen, schadeten ihm in den eigenen Reihen. Doch auch in CDU und CSU nahmen ihn einige Politiker in Schutz und beurteilten seine Gespräche mit SPD-Politikern als sachbezogen und keineswegs als parteipolitisch akzentuiert.

---

152 Vgl. die Grundsatzrede über seine Wirtschaftspolitik bei der 14. Vollversammlung des Wirtschaftsrats am 21./22. April 1948, Wirtschaftsrat Bd. 3, S. 436–445, etwa S. 441 u. ö.
153 Adenauer, Konrad: Briefe 1947–1949. Bearbeitet von Hans-Peter Mensing, Berlin 1984, S. 612, Anm. 1 zu Nr. 993.
154 Wirtschaftsrat Bd. 3, S. 1224 f.
155 Ebd. S. 1225.

Selbst in vergleichsweise unwichtigen Angelegenheiten kam es indes zu Konflikten, was zeigt, wie tief die Ressentiments gegenüber Schlange-Schöningen gingen. Als die CDU/CSU-Fraktion gegen eine USA-Reise seines zweiten Stellvertreters Podeyn opponierte, den sie ohnehin loswerden wollte, folgte Schlange ihr nicht.[156] Er erklärte vielmehr, Podeyn[157] sei stets ein loyaler und anständiger Beamter gewesen. Der Oberdirektor Pünder kommentierte, derartige Entscheidungen könne er nicht untersagen, weil sie in die Zuständigkeit des jeweiligen Direktors fielen.

In der Fraktionssitzung, in der über die Nachfolge Schlange-Schöningens debattiert wurde, verteidigte ihn auch sein bayerischer Stellvertreter Wilhelm Niklas und schloss für sich sogar aus, den jetzigen Direktor als Interimsdirektor zu vertreten. Die „Schlange-Krise" überstand der VELF-Direktor unter anderem, weil kein geeigneter Nachfolger nominiert werden konnte und vor allem wegen seines Rückhalts in einer Minderheit der Unionsfraktion, des Rückhalts bei der Mehrheit der Länder und aufgrund seiner überzeugenden Rede im Wirtschaftsrat am 3. Dezember 1948 – ihm allein fühlte er sich verantwortlich, nicht aber den Parteien und Verbänden.[158] Schlange-Schöningen begründete in seinem Rechenschaftsbericht eingehend die Leitlinien seiner Amtsführung und ihre reale Basis. Auf allen Seiten des Plenums erhielt er „langanhaltenden lebhaften Beifall", wie das Protokoll vermerkt.

Nach einer ausführlichen, temperamentvollen Debatte, in der Schlange-Schöningen zunächst vom SPD-Abgeordneten Kriedemann verteidigt wurde, schließlich zum Teil auch von Franz Josef Strauß und anderen, war klar, dass der VELF-Direktor eine ausreichende parlamentarische Mehrheit im Wirtschaftsrat besaß, um sein Amt weiter auszuüben, obwohl es in der Unionsfraktion weiter rumorte. Allerdings war sie mit ihrer mehrheitlichen Ablehnung Schlange-Schöningens im Wirtschaftsrat nicht zuletzt aufgrund ungeschickten Taktierens deutlich in die Defensive geraten, zumal auch die FDP den VELF-Direktor verteidigte. Sogar einige seiner Kritiker betonten Schlange-Schöningens große Verdienste in der Agrar- und Ernährungspolitik. Sie konnten keine sachlich plausiblen Alternativen zu seiner Politik nennen und mussten schließlich zugeben, dass auch ein Wechsel des VELF-Direktors im Prinzip keine andere Agrar- und Ernährungspolitik ermöglichen würde.[159]

Allerdings blieb Schlange auch nach der von ihm im Prinzip nicht abgelehnten Entscheidung für die soziale Marktwirtschaft in der Ernährungspolitik auf einem an den Verbrauchern orientierten Kurs, der eine völlige Freigabe der Preise nur unter der Voraussetzung als möglich ansah, dass sie allgemein erschwinglich waren. So schrieb er am 29. August 1949 an Konrad Adenauer, der ihm das Landwirtschaftsministerium in der neuen Bundesregierung angeboten hatte. „Ich würde nie geneigt sein, in eine egoistische Landbundpolitik alter Art einzuschwenken, die das Hurra der Bauern und

---

[156] CDU/CSU im Wirtschaftsrat, S. 301 (Sitzung vom 19. November 1948).
[157] Zu Podeyn s. u. S. 333 f., 418.
[158] Wirtschaftsrat Bd. 3, S. 1223 ff.
[159] Ebd. S. 1223 ff., die Debatte S. 1227–1241; Rohrbach, Im Schatten des Hungers, S. 233–250; CDU/CSU im Wirtschaftsrat, S. 308 ff., 317 ff. u. ö.

die Verzweiflung der Verbraucher zur Folge hätte ... Erfolgreiche Agrarpolitik kann nur in erfolgreicher Konsumentenpolitik bestehen."¹⁶⁰

Tatsächlich blieben Rationierungen und Preisbindungen für einige Waren noch in den ersten Monaten der Bundesrepublik erhalten, doch als die Nahrungsmittelknappheit 1949/50 endete, endete auch die Zwangsbewirtschaftung. Hans Schlange-Schöningen nahm das Angebot, Bundesminister für Ernährung und Landwirtschaft zu werden, schließlich doch nicht an, weil die Bauernverbände ihn ablehnten. Sein Werk jedoch, die maßgeblich von ihm aufgebaute VELF mit etwa 530 Mitarbeitern, wurde zum Kern des nun gegründeten Bundesministeriums. Der in den Besatzungsjahren auf deutscher Seite führende Agrarexperte wurde 1949 als CDU-Abgeordneter in den Bundestag gewählt, dann seit 1950 erster Vertreter der Bundesrepublik Deutschland in Großbritannien, zunächst als Generalkonsul, schließlich im Rang eines Botschafters. Das Amt des Bundesministers übernahm Wilhelm Niklas.

Welches Ergebnis hatten am Ende der Besatzungszeit die Bodenreformpläne in den Westzonen, inwiefern bewirkten sie für die Landwirtschaft innerhalb der kommenden sozialen Marktwirtschaft eine Sonderstellung? Tatsächlich ging es um zwei Komponenten, eine politisch-ideologische und eine pragmatische. Die politische Komponente war durch die historische Entwicklung gegenstandslos geworden, obwohl die britische Militärregierung noch 1947 ein entsprechendes Gesetz erließ: Es ging um die Beschneidung des politischen und ökonomischen Einflusses der Großgrundbesitzer, den man als einen Belastungsfaktor für die Weimarer Demokratie bewertete. Da diese soziale Schicht als große Gruppe vor 1945 vornehmlich in Mittel- und Ostdeutschland angesiedelt war und dort bis 1933 vor allem eine politisch einflussreiche Vertretung in der DNVP besaß, existierte das Problem allein schon durch Flucht und Vertreibung nicht mehr, in Westdeutschland hatte es ohnehin keine wesentliche Rolle gespielt.

Der zweite pragmatische Punkt betraf die Ansiedlung von 250 bis 300 000 vertriebenen Bauern. Da die Landreserven in Westdeutschland angesichts der geringen Zahl der Betriebe mit einer dafür vorgesehenen Mindestgröße von über 100 ha gering waren, wurden statt der geplanten Umverteilung von etwa 700 000 ha Land nur etwa 230 000 ha an ungefähr 7000 Bauern mit einem Durchschnitt von 24 ha ausgegeben. Hinzu kamen kleinere Flächen bis zu 3 ha an Nebenerwerbslandwirte sowie für etwa 35 000 Bauern Pacht- oder Kaufverträge. „Die Bodenreform- und Siedlungsmaßnahmen hatten an der Agrarstruktur Westdeutschlands aber keine entscheidende Änderung bewirkt ... Sie erfassten weniger als 5 v. H. der gesamten landwirtschaftlichen Nutzfläche."¹⁶¹ Am Ende der Besatzungszeit umfasste die Landwirtschaft in den drei Westzonen bzw. der Bundesrepublik 1,978 Millionen Betriebe mit einer Mindestgröße von 0,5 ha, die insgesamt eine Nutzfläche von 13,458 Millionen ha bewirtschafteten. Hatte die Fläche 1939 pro Einwohner noch 0,42 ha betragen, so 1950 nur noch 0,28 ha.

---

160 Rohrbach, Im Schatten des Hungers, S. 289.
161 Henning, Landwirtschaft Bd. 2, S. 262, dort auch die Zahlen.

Intensivierung der Landwirtschaft und Einfuhr waren also erforderlich, zugleich verminderte sich der Anteil der im Agrarsektor Beschäftigten an der Gesamtzahl der Erwerbstätigen von 27% auf 23,3%.[162] Der sozioökonomische Strukturwandel war also bereits in diesem kurzen Zeitraum signifikant.[163] Ursachen dieser Entwicklung waren jedoch nicht allein der demographische Wandel und fortschreitende Industrialisierung. Vielmehr beschleunigten der Krieg, der Zustrom und die Integration der Flüchtlinge und Vertriebenen sowie die Zwangsbewirtschaftung mit dem Schwarzmarkt diese Modernisierungsprozesse.[164] Wie gravierend sich gerade das Flüchtlingsproblem in der Landwirtschaft auswirkte, zeigen allein schon die quantitativen Relationen: So waren noch im Mai 1949, nachdem bereits die Binnenwanderung begonnen hatte, also viele Vertriebene bereits wieder die bayerischen Dörfer verlassen hatten, „40% aller landwirtschaftlichen Betriebe Bayerns, in absoluten Zahlen 201 000 Höfe, mit insgesamt 852 000 Flüchtlingen belegt"[165]

8 Landwirtschaftliche Organisationen in den Westzonen

Auch die landwirtschaftlichen Organisationen entstanden zunächst auf Länderebene.[166] Dabei galt es unter anderem, die Trennung zwischen landwirtschaftlicher (Selbst-)Verwaltung und bäuerlicher Interessenvertretung, die der Reichsnährstand beseitigt hatte, wiederherzustellen. Die schon seit Beginn der Besatzungsherrschaft vorgesehene, wenn auch endgültig erst durch den Frankfurter Wirtschaftsrat 1948 vorgenommene Auflösung des Reichsnährstandes begann in Teilbereichen schon 1945. Die amerikanische Militärregierung verfügte die Beseitigung der Zwangsmitgliedschaft bei den Landesbauernschaften und die Einführung der freiwilligen Mitgliedschaft. Öffentliche Aufgaben sollten auf staatliche Stellen übergehen, Selbstverwaltungsorgane, also Landwirtschaftskammern, ließ die amerikanische Militärregierung nicht zu.

---

162 Zahlen bei Rolfes, Landwirtschaft, S. 777.
163 Vgl. dazu den Essay von Ambrosius, Gerold: Agrarstaat oder Industriestaat – Industriegesellschaft oder Dienstleistungsgesellschaft? Zum sektoralen Strukturwandel im 20. Jahrhundert, in: Spree, Reinhard (Hg.): Geschichte der deutschen Wirtschaft im 20. Jahrhundert, München 2001, S. 50–69.
164 Vgl. u. a. Erker, Paul: Revolution des Dorfes? Ländliche Bevölkerung zwischen Flüchtlingszustrom und landwirtschaftlichem Strukturwandel, in: Broszat, Martin/Henke, Klaus-Dietmar/Woller, Hans (Hgg.): Von Stalingrad zur Währungsreform. Zur Sozialgeschichte des Umbruchs in Deutschland, München 1989, S. 367–425, sowie die regionale Fallstudie am Beispiel mehrerer Landkreise von Eichmüller, Andreas: Landwirtschaft und bäuerliche Bevölkerung in Bayern. Ökonomischer und sozialer Wandel 1948–1970, München 1997.
165 Bauer, Bauernverband, S. 444.
166 Das Folgende aufgrund der Übersichten in: Handbuch politischer Institutionen und Organisationen 1945–1949. Bearb. von Heinrich Potthoff in Verbindung mit Rüdiger Wenzel, Düsseldorf 1983, S. 377–396.

In den einzelnen Ländern, sofern sie bereits errichtet waren, erfolgte die Gründung von Interessenverbänden zu unterschiedlichen Zeitpunkten, zuerst in Bayern, wo bereits im Juli 1945 die ersten Initiativen zur Schaffung eines Bayerischen Bauernbundes ergriffen wurden und am 7. September 1945 der Bayerische Bauernverband gegründet wurde.[167] Die notwendigen Genehmigungen durch die amerikanische Militärregierung sowie die Bayerische Staatsregierung folgten im November und Dezember 1945. Es ist aufschlussreich, dass an der Entstehung dieses Interessenverbandes mehrere Agrarpolitiker beteiligt waren, die dann auch auf staatlicher Ebene eine Rolle spielten, zum Teil später als Minister. Darunter befanden sich die schon erwähnten Joseph Baumgartner, Wilhelm Niklas, Ernst Rattenhuber sowie der spätere CSU-Bundestagsabgeordnete Michael Horlacher. Der seit 1945 amtierende Präsident des Bayerischen Bauernverbands, Dr. Alois Schlögl (CSU), wurde 1948 bis 1954 Bayerischer Staatsminister für Ernährung, Landwirtschaft und Forsten.

Amtierte zunächst 1945/46 noch ein vorläufiges Präsidium, so folgten 1946 Wahlen und seit 10./11. Dezember 1946 ein endgültiger Vorstand. Der Bayerische Bauernverband organisierte sich dann ebenfalls zügig, nicht allein auf Landesebene, sondern gründete auch Bezirksverbände in sieben bayerischen Regierungsbezirken sowie eine Reihe von Fachausschüssen. Die Mitgliedschaft wuchs schnell und erreichte bereits im Sommer 1948 die stattliche Zahl von 255 237, ein Jahr später, im Juni 1949, lag sie beträchtlich höher bei 322 830. Noch Ende 1947 untersagte OMGUS jedoch die Rechtsform einer Körperschaft öffentlichen Rechts, worauf sich der Bayerische Bauernverband durch Satzungsänderung als eingetragener Verein konstituierte.

In Hessen wich die Militärregierung insofern von ihrer eigenen Richtlinie ab, als sie es im September/Oktober 1945 zuließ, dass sich die ehemaligen Landesbauernschaften zu Landwirtschaftskammern umwandelten, wobei es aber dann doch zu Einsprüchen kam, sodass eine gesetzliche Regelung des Landes Hessen erst 1953 erfolgte. Demgegenüber wurde der Bauernverband Groß-Hessen, der dann in „Hessischer Bauernverband" umbenannt wurde, bereits am 17. April 1946 als eingetragener Verein gegründet und erreichte im Sommer 1948 einen Mitgliederstand von 53 455. Der Bauernverband von Württemberg-Baden entstand nach einem Vorläufer von 1946 durch Umgründung am 21. Februar 1947 und brachte es in 29 Kreisverbänden im Sommer 1948 auf 52 000 Mitglieder. Wie der Bayerische Bauernverband errichtete er, wenn auch in deutlich geringerer Zahl, Fachausschüsse. Im Stadtstaat Bremen wurde keine bäuerliche Interessenvertretung gegründet, allerdings gab es ab 14. September 1949 eine Landwirtschaftskammer, in der nicht allein Betriebsinhaber, sondern auch mithelfende Familienangehörige sowie hauptberuflich in der Landwirtschaft tätige Arbeitnehmer als Mitglieder aufgenommen werden konnten.

---

167 Vgl. auch mit weiterer Literatur Gelberg, Karl-Ulrich: Vom Kriegsende bis zum Ausgang der Ära Goppel (1945–1978), in: Handbuch der Bayerischen Geschichte Bd. IV 1, neu hg. von Alois Schmid, München 2003, S. 635 ff., hier S. 793–797.

Einen anderen Weg ging die britische Militärregierung, die Landesbauernschaften weiterbestehen sowie Orts-, Kreis- und Landesbauernführer ernennen ließ, was optisch an die Regelungen im Reichsnährstand erinnerte und im Falle der Ernennungen tatsächlich formal auch ähnlich war, weil Ernennung an die Stelle von Wahl trat. Dieses Vorgehen entsprach der zunächst zentralistischen Besatzungspolitik in der britischen Zone, allerdings basierte diese Struktur auf einem Entwurf des ZEL, den die Briten genehmigt hatten. Erst die rechtlich verbindliche Auflösung des Reichsnährstandes bewirkte, dass diese Landesbauernschaften 1948 als öffentlich-rechtliche berufsständische Organisationen anerkannt wurden. In Niedersachsen entstanden seit dem 17. Januar 1949 Landwirtschaftskammern in einigen der früheren preußischen Provinzen, die ihrerseits in Fachausschüsse untergliedert wurden. Nordrhein-Westfalen bildete aufgrund legislativer Vorarbeiten des damaligen Landwirtschaftsministers Heinrich Lübke[168] durch Verordnung vom 7. Juni 1948 Landwirtschaftskammern. Im Rheinland und Westfalen-Lippe entstanden seit 1946/47 auch Landwirtschaftsverbände als bäuerliche Interessenvertretungen, sie erreichten im Sommer einen Mitgliederstand von 50 832 bzw. ca. 80 000.

In Schleswig-Holstein wurde wieder ein anderer Weg beschritten und zunächst ab 1947 eine Landesbauernkammer und ein Bauernverband gegründet, der im Sommer 1948 etwa 40 000 Mitglieder hatte. In der Landesbauernkammer waren neben selbständigen Bauern auch Landarbeiter, Gärtner, Fischer, ländliche Hausfrauen sowie wissenschaftliche Einrichtungen vertreten.

In der französischen Zone genehmigte die Militärregierung am 29. Mai 1946 die Gründung einer vorläufigen Badischen Landwirtschaftskammer, die insgesamt 30 000 Mitglieder aufwies. Schon 1945 hatte die Militärregierung dies für Rheinland-Pfalz zugelassen, wo die Befugnisse des Reichsnährstandes auf vorläufige Landesbehörden übergingen. Für die Pfalz, Rheinhessen und Rheinland-Nassau beschloss der Landtag dann auf Grundlage der Landesverfassung vom 18. Mai 1947 am 15. Juni 1949 ein Gesetz, das die Befugnisse des Reichsnährstandes auf die neuen Organisationen und Institutionen überleitete. Daneben wurden am 24. Juni 1947 Interessenverbände der Pfälzischen Bauern- und Winzerschaft, des Bauernverbandes Rheinhessen sowie des Bauern- und Winzerverbandes Rheinland-Hessen-Nassau gegründet, die Mitgliederzahlen lagen zwischen 10 000 und etwas über 23 000.

Zonenübergreifende Verbände wurden naturgemäß erst nach dem Beschluss zur Bildung der Bizone möglich, zuerst am 29. Oktober 1946 die Arbeitsgemeinschaft der Deutschen Bauernverbände. Sie benannte sich am 17. August 1948 in Deutscher Bauernverband e.V. um und hielt am 1./2. Oktober 1948 in München ihre konstituie-

---

[168] Vgl. zu seiner Amtsführung als nordrhein-westfälischer Landwirtschaftsminister: Morsey, Rudolf: Heinrich Lübke. Eine politische Biographie, Paderborn 1996, S. 152–205. Nach Lübkes Ernennung am 6. Januar 1947 fragte sein älterer Bruder Friedrich Wilhelm, der spätere Ministerpräsident von Schleswig-Holstein, bei ihm an, ob er „von Sinnen wäre, ein solches Amt anzunehmen, bei dem man doch höchstens die Möglichkeit hätte, den Mangel mehr oder weniger gerecht zu verteilen". (Ebd. S. 152f.)

rende Mitgliederversammlung ab. Der erste bundesrepublikanische Deutsche Bauerntag fand schon am 23./24. September 1949 statt. Der Bauernverband wählte weitsichtig Bonn als Sitz seiner Geschäftsstelle, also den optimalen Ort für Interessenvertretungen, obwohl zu diesem Zeitpunkt die Stadt noch nicht Bundeshauptstadt, sondern nur Sitz des Parlamentarischen Rates war. Zum ersten Vorsitzenden wurde Andreas Hermes gewählt, 1. Stellvertreter wurde Michael Horlacher, 2. Stellvertretender Vorsitzender Edmund Rehwinkel, der seit 1949 dann schnell zu einem der führenden landwirtschaftlichen Verbandspolitiker aufstieg. Bei der Umwandlung in den Deutschen Bauernverband blieben Hermes und Rehwinkel auf ihren Posten, Horlacher wurde durch Fridolin Rothermel ersetzt. Der Deutsche Bauernverband richtete eine Reihe von Fachausschüssen ein und assoziierte zahlreiche einschlägige, aber spezifische Verbände, beispielsweise die Arbeitsgemeinschaft der Deutschen Landfrauenverbände, den Bund deutscher Landjugend und die Arbeitsgemeinschaft Deutscher Weinbauverbände.

Nach dem Interessenverband folgte am 28. August 1947 die Arbeitsgemeinschaft der Landwirtschaftskammern in den Westzonen, die aber erst mehr als ein Jahr später durch die Militärregierungen genehmigt wurde und sich deshalb erst am 7. Dezember 1948 definitiv konstituieren konnte.

Auffällig sind die erheblichen organisatorischen Unterschiede nicht allein innerhalb der Zonen, sondern sogar der Länder. Selbst in ihren Zonen regelten die Besatzungsbehörden die landwirtschaftliche Organisation und die Interessenvertretungen nicht einheitlich. In manchen Landwirtschaftskammern wurden explizit sozialpolitische Komponenten realisiert, beispielsweise, wenn ausdrücklich auch Arbeitnehmer sowie die auf Bauernhöfen lebenden Hausfrauen in die Repräsentationsorgane der Landwirtschaftskammern aufgenommen wurden.

Aufgrund der Vorentscheidung der amerikanischen Militärregierung, in ihrer Zone keine Landwirtschaftskammern zu genehmigen, konzentrierte sich in Bayern die landwirtschaftliche Organisation unmittelbar auf die Interessenvertretung. Allerdings nahm der Bayerische Bauernverband auch weitere Funktionen wahr, unter anderem die der bis 1933 existierenden Bauernkammern sowie einige öffentliche Funktionen. Tatsächlich also übte er zusätzlich zur reinen Interessenvertretung auch einige Funktionen aus, die zuvor im Reichsnährstand gebündelt waren. Der Bayerische Bauernverband wurde nicht allein aufgrund seiner Größe – ihm gehörten etwa 60 % aller bayerischen Betriebe an – als mit großem Abstand mitgliederstärkster Verband in den Westzonen zum dort bei weitem einflussreichsten Agrarverband. Dazu trugen seine Mehrfachfunktionen, seine früh ausgebildete, nach Sachproblemen differenzierte organisatorische Struktur und vor allem die von Beginn an intensive Verbindung der Interessenvertretung mit politischen Parteien bei, vor allem mit der CSU, anfangs außerdem mit der Bayernpartei. Diese Kooperation fand personifizierten Ausdruck im häufigen Wechsel führender Agrarexperten zwischen Politik und Lobbyismus. In dieser Personengruppe befand sich niemand, der politisch durch die NS-Zeit belastet gewesen wäre.

Der Bayerische Bauernverband und die Gewerkschaften stellten die größten Sozialgruppen im Bayerischen Senat und wurden auf diese Weise direkt in die Gesetzgebung einbezogen. Beide Interessenverbände arbeiteten zeitweise sogar zusammen, zumal auch im Bayerischen Bauernverband ‚antikapitalistische' Tendenzen verbreitet waren. Der schon vor den Parteizulassungen gegründete Bayerische Bauernverband besaß von Beginn an eine integrierende Funktion, weil er aus dem Zusammenschluss von zwei Konfessionen und drei politischen Richtungen entstand, die in der Weimarer Republik getrennt gewesen waren. Außerdem nahm er auf die Integration der Vertriebenen insofern Einfluss, als er in gewissem Grade auch deren Interessen vertrat. Aus all diesen Gründen verschoben sich in den Westzonen und der frühen Bundesrepublik auch die Inhalte der Verbandsarbeit, die nicht einfach als Fortsetzung der früheren landwirtschaftlichen Interessenpolitik zu verstehen ist.

9 Das Personal

Am Anfang der Arbeit standen die Provisorien. Die Arbeit des „German Interregional Food Allocation Committee" (GIFAC) begann mit fünf Personen, die sich am 13. Juli 1945, einem britischen Funkbefehl an die Provinzialverwaltungen folgend, in Begleitung von je einer Sekretärin samt Schreibmaschine in Obernkirchen (Grafschaft Schaumburg) zusammenfanden. Als die angehende Behörde im Frühjahr 1946 ihren Sitz verlegte, gingen 63 Mitarbeiter mit nach Hamburg. Diese Zahl von Mitarbeitern des Zentralamts für Ernährung und Landwirtschaft hatte sich vervierfacht, als ein Dreivierteljahr später, zur Jahreswende 1946/47, die bizonale Nachfolgebehörde, das Verwaltungsamt des Verwaltungsrates für Ernährung und Landwirtschaft des britischen und amerikanischen Besatzungsgebietes, in Stuttgart ihre Arbeit aufnahm.[169] Um in den Jahren des dramatischen Mangels die Ernährung der Bevölkerung in der Zone zu sichern, musste eine Fülle von Aufgaben gemeistert werden; wollte man sie zentral organisieren, bedurfte es eines geradezu rasanten Personalaufwuchses. Die amerikanische Militärregierung konnte, gemäß ihrem Verfahren, die Wiedererrichtung der deutschen Verwaltung von den Ländern her zu initiieren, in ihrer Besatzungszone die entsprechende Institution kleiner konzipieren. Der Sonderbevollmächtigte für Ernährung und Landwirtschaft beim Länderrat, zugleich Leiter der entsprechenden Abteilung im Sekretariat des Länderrats und Vorsitzender des hierfür zuständigen Länderratsausschusses, verfügte für die Koordinierung der Länderverwaltungen über einen deutlich schlankeren Arbeitsstab, der aber gegen Ende 1946 immerhin auch ca. 60 Mitarbeiter umfasste.[170]

---

[169] BArch Z 6/I 12, Leitungsvorlage Tietmann vom 26.4.1946.
[170] „Arbeitsstelle für Ernährung und Landwirtschaft", Übersicht vom 27.4.1946, Barch N 1004 (Nachlass Dietrich).

Die Personalgewinnung für beide Dienststellen stand von vornherein in der Spannung zwischen dem Bedarf an fach- und verwaltungskundigem und dem Wunsch nach politisch unbelastetem Personal. Beides gleichzeitig war kaum zu erreichen. In der amerikanischen Zone war es infolge einer rigideren Linie und der quantitativen Ausweitung der Entnazifizierungspolitik besonders schwer. Gemäß der Auswertung der Fragebögen in der ersten, noch in amerikanischer Hand liegenden Phase des Entnazifizierungsverfahrens hätten im Frühjahr 1946 knapp ein Drittel aller öffentlich Bediensteten entlassen werden sollen, gegen ein weiteres Viertel bestanden Bedenken. Das Befreiungsgesetz vom 5. März 1946 schwächte die Vorschriften zur obligatorischen Entlassung ab, verrechtlichte das Vorgehen und legte es in die Hände der deutschen Spruchkammern. Doch wurde das Verfahren derart ausgeweitet, dass es kaum mehr angewandt werden konnte, obwohl die Jugendamnestie (August 1946) und die Weihnachtsamnestie (in Kraft getreten Mitte 1947) zur Einstellung des größeren Teils der Fälle (2,8 Millionen) führten.[171]

In der britischen Besatzungszone verfuhr die Militärregierung pragmatischer, nach dem „Grundsatz [...], im Konfliktfall der Effizienz von Verwaltung und Wirtschaft den Vorrang zu geben, um die Besatzungskosten für den britischen Steuerzahler möglichst gering zu halten."[172] Dies galt auch für die Agrarverwaltung und entsprach deren eigenem Interesse. Der personelle Aufbau des ZEL erfolgte unter starkem Rückgriff auf überprüftes, ggf. entnazifiziertes Personal früherer Reichsbehörden, insbesondere des Reichsernährungsministeriums, sowie des Reichsnährstandes. Viele der betreffenden Personen wurden aus dem „Ministerial Collecting Center" rekrutiert, das unter amerikanischer Regie in Hessisch-Lichtenau, mit Nebenstellen, errichtet worden war und auch der britischen Militärregierung zur Verfügung stand.[173]

Der Leiter der Verwaltungsabteilung des ZEL – er hat diese Funktion auch in den bizonalen Nachfolgebehörden ausgeübt – resümierte das Verfahren, wie es im ZEL angewandt worden war:

a) „Bewerber, die der Partei vor dem ersten Mai beitraten, werden nicht eingestellt.
b) Bewerber, die der Partei in der Zeit vom 1. Mai 33 bis 1. April 45 beitraten, werden nur eingestellt, wenn es sich um Spezialisten hohen Grades handelt und der Bedarf anderweitig nicht gedeckt werden kann.
c) Parteimitglieder, die Chargen vom Blockleiter an aufwärts innehatten, werden nicht eingestellt.
d) Desgleichen werden Mitglieder der SS auch dann nicht eingestellt, wenn sie entnazifiziert sind.

---

171 Vollnhals, Entnazifizierung, S. 13 ff.
172 Ebd., S. 29.
173 Das MCC war dazu bestimmt, deutsche Regierungsdokumente und ministerielles Personal aufzunehmen, die für alliierte Zwecke von Nutzen sein konnten. Zeitweise waren dort mehr als 1200 Personen interniert, davon 98 aus dem Bereich Ernährung und Landwirtschaft. Siehe Born, Lester K.: The Ministerial Collecting Center Near Kassel, Germany, in: The American Archivist, Vol. 13, No. 3 (Jul. 1950), pp. 237–258.

e) Hilfskräfte [...] sind, soweit eben möglich, dem Hamburger Arbeitsmarkt zu entnehmen und dürfen nicht der Partei angehört haben.

Im Übrigen gelten die Grundsätze, die für die politische Beurteilung von Beamten und Angestellten durch die Militärregierung herausgegeben sind [...]. Jede Einstellung erfolgt daher vorbehaltlich der politischen Tragbarkeit."[174]

Bei der Errichtung der bizonalen Behörden kündigte das Bipartite Control Office an, dass das Zwei-Mächte-Arbeitsgremium niemanden als Mitarbeiter bestätigen würde, der durch eine deutsche Spruchkammer als mehr als nur nominelles Mitglied der NSDAP eingestuft worden sei. Der Wirtschaftsrat beschloss am 5. September 1947, dass nur solche Personen berufen würden, die eine „Gewähr für den Aufbau einer demokratischen Verwaltung" böten.[175] Dezidiert in diesem Sinne agierte das zunächst dem Exekutivrat, dann, nach der Reform des Wirtschaftsrates, dem Oberdirektor unterstellte Personalamt – es erhielt allerdings entgegen den ursprünglichen Plänen der Alliierten nicht den Status einer eigenen Verwaltung –, das unter der Leitung des Sozialdemokraten Kurt Oppler der Haltung der Bewerber in der NS-Diktatur ausschlaggebendes Gewicht beimaß.[176]

Die Frage, welche Konsequenz die unterschiedliche Entnazifizierungspraxis in beiden Besatzungszonen nach sich ziehen müsse, war bei der Zusammenführung der bizonalen Institutionen eines der schwierigsten Probleme, auch für die Agrarverwaltung. Während die süddeutschen Ministerpräsidenten im August 1946 forderten, dass die Entnazifizierungsgrundsätze in der britischen Zone denen in der amerikanischen angeglichen werden sollten, verlangte Schlange-Schöningen von der britischen Militärregierung eine Intervention bei der amerikanischen, um eben dies zu verhindern und den im ZEL aufgebauten Apparat an Sachverstand nicht zu gefährden.[177] Bei einer Sitzung der US-zonalen Regierungschefs mit Militärgouverneur Clay am 23.2.1947 brachte Ministerpräsident Ehard das Problem auf den Punkt: „In der britischen Zone kann ein Mann Ministerialdirektor werden, den wir nicht einmal als Briefträger einstellen könnten. [...] In der amerikanischen Zone sind die verfügbaren Kräfte jedoch wesentlich geringer als in der britischen Zone. In der britischen Zone werden Leute, wenn sie fachlich geeignet sind, in Stellungen eingesetzt, selbst wenn sie politisch nicht unbelastet sind. Das macht es für uns schwierig, ausreichendes

---

174 BArch Z 6/I 12, Vorlage Tietmann vom 16.4.1947.
175 Morsey, Rudolf: Personal- und Beamtenpolitik im Übergang von der Bizonen- zur Bundesverwaltung (1947–1950), Kontinuität oder Neubeginn? In: Ders.: Von Windthorst bis Adenauer: Ausgewählte Aufsätze zu Politik, Verwaltung und politischem Katholizismus in Deutschland, hg. von Ulrich von Hehl u. a., Paderborn usw. 1997, S. 71–112, hier S. 78.
176 Vgl. Wengst, Udo: Staatsaufbau und Regierungspraxis 1948–1953. Zur Geschichte der Verfassungsorgane der Bundesrepublik Deutschland (Beiträge zur Geschichte des Parlamentarismus und der politischen Parteien, Band 74), Düsseldorf 1984 (*Wengst, Staatsaufbau*), S. 92. sowie Morsey, ebd., S. 80ff.
177 Rohrbach, Im Schatten des Hungers, S. 111f.

Fachpersonal zu finden."[178] Im gleichen Sinn hatte sich Dietrich im September 1946 in einem Schreiben an die drei süddeutschen Ministerpräsidenten beklagt: „Jede Durchführung [der Lebensmittelerfassung] ist dadurch erschwert, daß eine Menge der für die Vollzugsorgane erforderlichen Personen vorerst ausgeschaltet sind und vielfach mit Aushilfen gearbeitet werden muss, die ihrer Aufgabe nicht gewachsen sind. Eine schleunige, im summarischen Verfahren erfolgende Freistellung der Mitläufer der Partei wäre das einzige Mittel, das hier helfen könnte."[179]

Eine summarische Freigabe der als Mitläufer eingestuften Personen für die Einstellung in zonale oder bizonale Behörden fand in der Folgezeit jedoch nicht statt; die Beschäftigung von Personen der Kategorie IV wurde allerdings als ausdrückliche Ausnahme im Bedarfsfall praktiziert.[180]

Im Januar 1947 entschied die amerikanische Militärregierung, dass die Personen, deren politische Überprüfung durch eine Militärregierung oder ein dafür zuständiges deutsches Gericht in der britischen, französischen oder sowjetischen Besatzungszone endgültig abgeschlossen sei, in der US-Zone nicht mehr von den Bestimmungen des Befreiungsgesetzes betroffen seien. Auf die zunächst vorgesehene nochmalige Überprüfung aller an die bizonalen Behörden abzuordnenden Mitarbeiter der Verwaltungen in der britischen Zone durch die Militärregierung wurde daher verzichtet, allerdings mit Ausnahme der Spitzenpositionen bis zum Abteilungsleiter. Für die ZEL-Mitarbeiter auf Arbeitsebene fand eine nochmalige Überprüfung – für viele war es die dritte – durch einen Ausschuss des Personalamtes statt, dem die Unterlagen über einen Beratenden Ausschuss der Fachverwaltung (unter Vorsitz des Referatsleiters Hegewisch) zugeleitet wurden.

Der Leitungsstab der bizonalen Verwaltung für Ernährung, Landwirtschaft und Forsten setzte sich aus führenden Personen beider zonaler Vorgängerinstitutionen sowie neu hinzugewonnenem Personal zusammen.[181] Stellvertreter des Direktors[182]

---

178 Akten zur Vorgeschichte Band 2, S. 229.
179 BArch N 1004-490 (Nachlass Dietrich).
180 Ein Beispiel ist die Einstellung des Saatzuchtexperten Dr. Richard Hiller, die von der Verwaltungsabteilung zunächst abgelehnt wurde, weil der Bewerber in der amerikanischen Zone als Mitläufer eingestuft war und eine Zustimmung des Personalamtes nicht zu erwarten war. Auf Einspruch der Fachabteilung (Podeyn) – der Bewerber sei fachlich unentbehrlich und gegen ihn lägen außer der Parteimitgliedschaft seit 1937 keine Belastungsmomente vor – entschied der Direktor. „Herr Minister ist bereit, ausgesprochene Spezialisten auch dann einzustellen, wenn sie gering belastet sind, d. h. als „Mitläufer" angesprochen werden müssen. Es soll aber von dieser Erleichterung nur in dringlichsten Fällen Gebrauch gemacht werden und immer nur dann, wenn in der Tat kein Ersatz zu finden ist." (Schreiben Tietmann vom 19. 2. 1948, in BArch, Personalakte Hiller, Pers 101/76857.)
181 Angesichts der starken Personalfluktuation in den ersten Jahren wird hier und im Folgenden der Personalstand der VELF von der Jahreswende 1947/48 zugrunde gelegt. Basis sind ein Organigramm vom Jahresende 1947 sowie Personalakten. Die Nachkriegs-Personalakten der Mitarbeiter der zonalen und bizonalen Agrarverwaltungen sind nur zu etwas mehr als der Hälfte überliefert, größtenteils im Bundesarchiv, ergänzend im BMEL, in einzelnen Fällen im AA. Insbesondere fehlen größtenteils die Personalakten derjenigen Mitarbeiter, die beim Übergang von den zonalen zu den bizonalen Behörden

war zunächst Hans Podeyn, der schon am 1. Juni 1946, nach Gesprächen Schlange-Schöningens mit Kurt Schumacher, als Abteilungsleiter in das ZEL eingetreten war.

Geboren am 1.3.1894 in Hamburg, war Podeyn von 1918 bis 1933 als Volksschullehrer in seiner Heimatstadt tätig, seit 1919 Mitglied der SPD, von 1918 bis 1933 Fraktionsvorsitzender in der Bürgerschaft mit Spezialisierung auf agrar-, haushalts- und wirtschaftspolitische Fragen. 1933 aus dem Schuldienst entlassen, wurde er im Kohlengroßhandel, zuletzt in Berlin, tätig. Bei Kriegsende lebte er in der Mark Brandenburg, verließ aber die SBZ aus politischen Gründen. Zurück in Hamburg, wurde er zunächst Leiter des Landeswirtschaftsamtes, ehe er an das ZEL, dann an das Verwaltungsamt beim ELR und als Stellvertretender Direktor in die VELF wechselte. An dem – prononciert auftretenden – sozialdemokratischen Leiter des ernährungswirtschaftlichen Zuges der VELF kristallisierte sich der Interessengegensatz zwischen bayerischer Landes- und Frankfurter Zentralverwaltung. Nach Gründung der Bundesrepublik wurde er für eine leitende Tätigkeit in einem Bundesressort nicht in Betracht gezogen,[183] ging jedoch in den diplomatischen Dienst. Zuletzt war er bis zu seinem altersbedingten Ausscheiden 1959, sechs Jahre vor seinem Tod, Botschafter in Pakistan.[184]

Mit dem Eintritt von Staatsrat Wilhelm Niklas in die VELF als Vertreter des Direktors im März 1948 entsprach Schlange-Schöningen dem anhaltenden Drängen der bayerischen Landesregierung auf maßgebliche Einbeziehung bayerischen Personals. Zugleich vollzog er die Wendung zu einer stärker auf die Mehrheitsfraktionen des Wirtschaftsrates ausgerichteten Personalpolitik mit.[185] Dass er dies mit einem gewissen Zögern tat, ist schon daraus ersichtlich, dass er seinem bisherigen Vertreter Podeyn die unmittelbare Zuständigkeit für die Abteilungen III (Ernährungswirtschaft), V (Außenhandel) und VI (Statistik) beließ.

Auch die Abteilungsleiterebene der VELF – Otto Tietmann (Verwaltung), Friedrich Staab (Ernährungswirtschaft), Otto Schiller (Agrar- und Ernährungspolitik), Hermann Steck (Außenhandel), Kurt Häfner (Statistik) und Karl Assmann (Forst- und Holz-

---

nicht mitgegangen, sondern nach Abwicklung der alten Institutionen in andere Tätigkeiten übergewechselt sind.
182 Schlange-Schöningens Stellvertreter beim ZEL, Karl Passarge, war ursprünglich ebenfalls für eine Verwendung beim Ernährungs- und Landwirtschaftsamt vorgesehen, blieb dann aber als Leiter des Abwicklungsstabes in Hamburg. Ob seine Berufung nach Stuttgart am Widerspruch der Militärregierung scheiterte – wie ein zeitgenössisches Gerücht behauptete (Schreiben eines Vertrauensmannes an Dietrich vom 19.9.46, im Nachlass) – lässt sich nicht überprüfen. Auch der Leiter des Arbeitsstabes Dietrich, Dr. Hugo Besselmann, wurde entgegen vorheriger Planung nicht zum Verwaltungsamt des Ernährungs- und Landwirtschaftsrates übernommen, möglicherweise aus Vorbehalten wegen seiner früheren NSDAP-Mitgliedschaft.
183 Wengst, Staatsaufbau, S. 161.
184 Politisches Archiv des Auswärtigen Amtes, Personalakte Podeyn.
185 Vgl. Morsey, Personalpolitik, S. 196.

wirtschaft) – bestand aus formal wie materiell unbelasteten Personen.[186] Das Gleiche gilt für den dem Leitungspersonal zuzurechnenden Persönlichen Referenten und Büroleiter Schlange-Schöningens, Oskar von John.

Otto Tietmann, geb. 15.11.1893, war nach landwirtschaftlichem Studium und Promotion 1922 in das Preußische Landwirtschaftsministerium eingetreten und arbeitete dort bis 1929 und erneut 1933. Dazwischen lagen u. a. Tätigkeiten im Amt des Osthilfekommissars bei der Reichskanzlei; auf diese Zeit geht sein langjähriges Vertrauensverhältnis zu Schlange-Schöningen zurück. 1936 in den Ruhestand versetzt, engagierte er sich freiberuflich und beim Schutzbereichsamt Köln. Nach dem Krieg wurde er vom Oberpräsidenten der Nordrheinprovinz zum Leiter des Landeskulturamtes in Bonn berufen, ehe er vom 1.4.1946 an Abteilungsleiter beim ZEL, dann beim ELR und schließlich bei der VELF (und weiter im BMEL) wurde.[187]

Friedrich Staab, geb. 19.11.1893, trat nach juristischer Ausbildung und Promotion in den Staatsdienst und 1926 in das Preußische Landwirtschaftsministerium ein. Er lehnte 1933 den Eintritt in die NSDAP ab, wurde mit einem Strafverfahren überzogen, weil er gegen die Verhaftung leitender Personen in Ostpreußen protestiert hatte, und wegen personalpolitischer Auseinandersetzungen mit dem Minister aus dem Ministerium versetzt. Einer Verfolgung bei der Wehrmacht wegen Zersetzung konnte er sich durch Meldung an die Ostfront entziehen; nach Rückkommandierung in den Westen musste er sich nach dem Attentat auf Hitler vor der Gestapo verstecken. 1946 wurde er beim Oberpräsidium in Koblenz stellvertretender und dann ordentlicher Leiter der Abteilung für Ernährung und Landwirtschaft, ehe er an die VELF wechselte.[188]

Hermann Steck, geb. 12.7.1900, absolvierte die Handelsschule und war ab 1926 für acht Jahre als Inhaber einer Maklerfirma für Getreide und dann als Angestellter einer Getreide-Importfirma tätig. 1935–1942 arbeitete er in der Reichsstelle für Getreide, von 1942–1945 in Handels- und Speditionsfirmen. Von August 1945 bis Oktober 1946 war er im Ernährungsministerium Württemberg-Baden beschäftigt, ehe er (November 1946) die Abteilungsleiterstelle beim ELR antrat.[189]

Kurt Häfner, geb. 11.11.1908, studierte 1928–1934 Wirtschafts- und Sozialwissenschaften und erhielt dafür ein Stipendium der Studienstiftung des deutschen Volkes, das ihm 1933 wegen „nationaler Unzuverlässigkeit" entzogen wurde. Das Studium schloss er mit Staatsexamen und Promotion 1931 und 1934 ab. Politisch engagierte er sich in der SPD. 1934–1945 war er wissenschaftlicher Referent an der „Ernährungswissenschaftlichen Forschungsstelle" in Kiel, dann in Berlin. Ab Mai 1945 war er für die amerikanische Militärregierung tätig, ab 1.4.1947 als Abteilungsleiter im Landwirtschafts-Verwaltungsamt beim ELR.[190]

---

186 Die folgenden Daten sind den Personalakten (im Bestand Pers 101 des Bundesarchivs) entnommen. Zu Otto Schiller (geb. 17.9.1901) konnten keine näheren Informationen ermittelt werden.
187 BArch Pers 101/79413
188 BArch Pers 101/79382.
189 BArch Pers 101/78295.
190 BArch Pers 101/78799. Zu Häfner ausführlich Teil IV dieses Bandes, S. 442 ff.

Karl Assmann, geb. 22.10.1883, studierte Forstwissenschaft und trat 1924 in das Preußische Landwirtschaftsministerium ein. Nach Forstverwaltungsstationen wurde er Referent im selben Ministerium, jedoch auf Veranlassung Görings Ende 1933 beurlaubt. 1934 trat er auf eigenen Antrag in den Ruhestand und war von da an in Privatwaldungen beratend tätig. Nach dem Krieg wurde er Leiter des Deutschen Forst- und Holzwirtschaftsrates; von dort wechselte er zur bizonalen Verwaltung.[191]

Oskar von John war langjähriger Mitarbeiter Schlange-Schöningens. Geb. am 10. März 1901, studierte er Jura, Landwirtschaft und Geschichte bis 1926. Ab 1926 wurde er Privatsekretär des Vorsitzenden der DNVP-Reichstagsfraktion Graf Westarp. Nach Übernahme des Parteivorsitzes durch Hugenberg verließ er die DNVP und trat der Volkskonservativen Partei bei. Ab 1929 war er im Ministerium für die besetzten Gebiete, im Reichskommissariat für die Osthilfe und im Reichsernährungsministerium tätig. Nach dem Sturz Reichskanzler Brünings 1932 verließ er den Staatsdienst und wurde selbstständiger landwirtschaftlicher Berater. Nach Rückkehr aus der Kriegsgefangenschaft arbeitete er beim ZEL und begleitete Schlange-Schöningen als Persönlicher Referent und zeitweilig auch Pressereferent weiter an den ELR und die VELF. Nach Schlanges Wechsel in den diplomatischen Dienst ging er mit ihm, vom BMEL abgeordnet, in gleicher Funktion nach London. Er starb 1956.[192]

Anders als bei den Abteilungsleitern war die Lage bei der oberen Arbeitsebene. Hier spiegelt sich einerseits die Linie einer Agrarpolitik „auf breiter politischer Grundlage",[193] wie sie ausdrücklich Schlange-Schöningens Ziel war, andererseits aber auch das quantitative Übergewicht der ZEL-Mitarbeiter gegenüber denen des Arbeitsstabs Dietrich: Aus der Hamburger Behörde der britischen Zone stammten fast viermal so viele Leitungspersonen wie aus dem Länderratssekretariat der amerikanischen. Entsprechend wirkte sich die weniger strenge Entlassungspraxis gegenüber früheren NSDAP-Mitgliedern in der britischen Zone für die Zusammensetzung der bizonalen Behörde aus: Von den 77 Referats- und Unterabteilungsleitern in dem dieser Auswertung zugrunde gelegten Personalstand Ende 1947/Anfang 1948 hatten 33 (42,8 %) der NSDAP angehört.[194] Davon kamen 25 aus dem ZEL, 2 aus dem Länder-

---

191 Lebenslauf in einer im BMEL aufgefundenen Handakte, die wahrscheinlich zum Ministerbüro gehörte, also von Oskar von John angelegt sein dürfte.
192 Politisches Archiv des Auswärtigen Amtes, Personalakte von John.
193 Diese Breite lässt sich an zwei Beispielen veranschaulichen: Lothar Hegewisch, geb. am 12.11. 1909, stammte aus kommunistischem Elternhaus; von der zweiten juristischen Staatsprüfung wurde er wegen antinazistischer Tätigkeit ausgeschlossen. Er war im KZ interniert und wurde 1935 wegen „Vorbereitung zum Hochverrat" zu einer dreijährigen Haftstrafe verurteilt. Danach war er in der Milchwirtschaft tätig. In britischer Kriegsgefangenschaft wurde er mit kulturellen und erzieherischen Aktivitäten beauftragt. (BArch Pers 101/78802). – Artur von Machui, geb. 5.8.1904, aus katholischer schlesischer Grundbesitzerfamilie stammend, ab 1929 und wieder nach 1945 SPD-Mitglied. Aus der Geschäftsleitung der Schlesischen Landgesellschaft 1933 entlassen, wurde er Landwirt; 1938 wurde ihm die Bauernfähigkeit versagt und der Hof entzogen, danach wissenschaftliche Tätigkeit (BArch Pers 101/77845).
194 Einige waren mangels näherer Personalangaben nicht recherchierbar.

ratssekretariat, die übrigen waren nach der Zusammenlegung eingestellt worden.[195] In zwei Fällen wurde die Parteimitgliedschaft verschwiegen,[196] in einem Fall war sie tatsächlich zweifelhaft,[197] in anderen wurde sie durch Parteiaustritt oder -ausschluss[198] beendet. In einem Fall wurde der Betroffene, Wilhelm Ernst, von der Spruchkammer deshalb als entlastet erklärt, weil er als Adjutant eines mit Stauffenberg befreundeten Offiziers an der Ostfront zum weiteren Kreis des militärischen Widerstands gegen Hitler gehört hatte.[199]

Auf der anderen Seite des Spektrums stehen Amtsangehörige, die der Partei bereits 1933 beigetreten waren (10 Personen)[200], die einen, wenn auch niederen, Rang – Blockwart oder Stellvertretender Blockwart – eingenommen hatten (Heinrich Hensen, Parteimitglied seit 1933[201], Friedrich Nonhoff, 1933[202], Heinz Drees, 1937[203]) oder bei denen sich die Parteimitgliedschaft mit einer Lenkungsfunktion in einer angeschlossenen Organisation verband (Rolf Baath, Parteimitglied seit 1937, von 1936 bis 1945 im Stabsamt des Reichsbauernführers tätig[204]).

Von den 91 Leitungspersonen der VELF zum hier gewählten Zeitpunkt waren rund die Hälfte schon im Reichsernährungsministerium (22 Personen), in seinem nachgeordneten Bereich oder im Reichsnährstand (24 Personen) tätig gewesen, mehr als ein Drittel (33 Personen) war schon in der Weimarer Republik in der Land- oder Forstverwaltung tätig.

Eine in der VELF zum Stichdatum 30. April 1949 erstellte „Übersicht über die politische Zusammensetzung der Verwaltungsangehörigen" (ohne Direktor und

---

195 Die schon zitierte Übersicht des Leiters der Organisationsabteilung vom 17. April 1946 nennt als aktuellen Personalbestand des ZEL 214 Personen, davon 45 Ex-NSDAP-Mitglieder (entsprechend 21 %, bezogen auf den Gesamtpersonalbestand), darunter 11 Pg 1933. (BArch Z 6/I-12).
196 Einem Betroffenen, Dr. Edgar Morgenroth, wurde sie in einem Arbeitsgerichtsverfahren nachgewiesen; 1948 wurde in der VELF seine Kündigung vorbereitet. (BArch Z 6/I-14)
197 Otto Jerratsch machte glaubhaft, dass er keinen Aufnahmeantrag gestellt und keinen Mitgliedsausweis erhalten hatte; seine Aufnahme in die Mitgliederkartei könne allenfalls mit einer einmaligen Geldspende zu tun haben, die fälschlich als Mitgliedsbeitrag gedeutet worden sei. Jerratsch war während des Krieges Geschäftsführer der „Bauernsiedlung Westmark" GmbH. Die im Entnazifizierungsverfahren vorgebrachten Zeugenaussagen zu seiner dortigen Tätigkeit sind widersprüchlich, aber nicht mehr überprüfbar (BArch Pers 101/78179).
198 Gerhard Janeba, in die Partei eingetreten 1937, wurde 1944 in Sippenhaft genommen und ins KZ eingewiesen, weil sein in Stalingrad gefangengenommener Bruder in Russland beim Bund der Offiziere aktiv war (BArch Pers 101/74945).
199 BArch Pers 101/78776.
200 Karl Georg Rindermann, in der VELF Leiter der Unterabteilung für gewerbliche Ernährungswirtschaft, war im Mai 1933 in die NSDAP eingetreten und wurde im Mai 1935 ausgeschlossen (BArch Pers 101/79323).
201 Er machte in einer Anlage zu seinem Fragebogen geltend, dass er 1933 Hoffnungen in die Partei gesetzt habe, die sie dann nicht erfüllte. Sechs Jahre später sei ihm wegen abweichender Ansichten ein Parteiausschlussverfahren angedroht worden. (BArch, Pers 101/76855).
202 BArch Pers 101/79303.
203 BArch Pers 101/74616.
204 BArch Pers 101/78745. Siehe auch unten S. 424.

Stellvertreter) – insgesamt 610 Personen – nennt die folgenden Zahlen: Von acht Angehörigen des „Spitzendienstes" (Abteilungsleiter und Unterabteilungsleiter) waren sieben Nichtbetroffene, einer fiel in die Kategorie „Entlastete und Jugendamnestierte". Von den 156 übrigen Angehörigen des höheren Dienstes (Referatsleiter und Referenten) waren 72 Nichtbetroffene. In die Kategorie Entlastete und Jugendamnestierte fielen 65 Mitarbeiter des höheren Dienstes (12 aus der amerikanischen Zone, 53 aus der britischen); 19 gehörten zu der Gruppe der sonstigen Amnestierten und Mitläufer.[205]

Zur Frage der formalen oder materiellen Belastung ist festzustellen, dass der Normalfall in der VELF – nicht überraschend – der des Fachbeamten oder -angestellten war, der sich unter realem oder auch unter Konformitätsdruck anpasste. Zu dieser Zeit waren außerdem noch relativ wenige Personen beschäftigt, die laut Spruchkammerbescheid zwar als entlastet eingestuft waren, bei denen aber gleichwohl die Vermutung begründet ist, dass sie sich mindestens zeitweise, über die formale Parteimitgliedschaft hinaus, aktiv für die NSDAP und ihre Ziele eingesetzt hatten.

Insgesamt ergibt sich für die westdeutschen landwirtschaftlichen Behörden der Besatzungsjahre ein gemischtes Bild mit politisch unbelasteten Leitern und einem relativ hohen Anteil gleichfalls unbelasteter Spitzenbeamter. Letztere stammten wie die Referatsleiter zu einem großen Teil aus dem ehemaligen Reichsernährungsministerium bzw. dem Reichsnährstand. Unterhalb der politischen Leitungsebene war der Anteil ehemaliger NSDAP-Mitglieder deutlich höher, wenngleich bei ihnen in der Regel über diese formale Belastung hinaus nur wenige materiell NS-spezifisch belastet waren. Grundlegendes Einstellungskriterium bildete die Fachkompetenz, wobei aufgrund der alliierten Vorgaben, die bei den Amerikanern deutlich strenger als bei den Briten gehandhabt wurden, im Prinzip eindeutig materiell Belastete ausgeschlossen werden sollten. Mit dem Anwachsen der zu lösenden Probleme und der folgenden Vergrößerung der Behörden gewann die Fachkompetenz Priorität, wie es auch dem Selbstverständnis der Behördenleiter, insbesondere Schlange-Schöningens, entsprach.

---

[205] BArch Z 6-1, 14.

III Die zentrale Agrarverwaltung in der sowjetischen Besatzungszone

Die Zentralverwaltungen in der SBZ sind bisher wenig erforscht, das gilt auch für die Deutsche Verwaltung für Landwirtschaft und Forsten (DVLF) und die Hauptverwaltung für Landwirtschaft und Forsten (HVLF) in der Deutschen Wirtschaftskommission (DWK).[206]

1 Der Aufbau zentraler Verwaltungen – die DVLF / HVLF

Die Revolutionierung der Gesellschaft und die Durchsetzung einer von der KPD/SED kontrollierten, dann dominierten Verwaltung waren die grundlegenden Ziele der Sowjetischen Militäradministration in Deutschland (SMAD) auch in der Agrarpolitik der unmittelbaren Nachkriegsjahre. Dazu kam das Ernährungsproblem. Die Bevölkerung des sowjetisch besetzten Gebietes war gemäß der Volkszählung im Dezember 1945 von 15 Millionen im Jahre 1939 auf nun 16,2 Millionen angewachsen. Sie erhöhte sich durch Flüchtlinge und Vertriebene bis Oktober 1946 auf 18,4 Millionen; im Dezember 1947 machten die 4,4 Millionen „Umsiedler" ein knappes Viertel der SBZ-Bevölkerung aus. Die Landwirtschaft hatte massive Schäden erlitten, unmittelbar durch die schweren Kampfhandlungen in Brandenburg, Mecklenburg und Vorpommern, zusätzlich durch Wegnahmen, Plünderungen und Brandstiftungen durch sowjetische Soldaten. Die Anbaufläche war von 5,05 Millionen ha im Jahre 1938 auf

---

[206] Zu den ZV gibt es neben einer Ost-Berliner Dissertation von 1980 nur vereinzelte Aufsätze: Merker, Wolfgang: Die Deutschen Zentralverwaltungen in der sowjetischen Besatzungszone Deutschlands 1945–1947, Diss. bei der Akademie der Wissenschaften der DDR (*Merker, Zentralverwaltungen*); ders.: Die Anfänge der deutschen Zentralverwaltungen in der sowjetischen Besatzungszone Deutschlands 1945/46, in: Archivmitteilungen, Zeitschrift für Theorie und Praxis des Archivwesens 31 (1981), S. 161–167 (*Merker, Anfänge)*; ders.: Die deutschen Zentralverwaltungen und die Herausbildung der antifaschistisch-demokratischen Staatsmacht (1945 bis 1947), in: Staat und Recht 31 (1982), S. 335–344 (*Merker, Staatsmacht*); Niedbalski, Bernd: Deutsche Zentralverwaltungen und Deutsche Wirtschaftskommission (DWK). Ansätze zur zentralen Wirtschaftsplanung in der SBZ 1945–1948, in: VfZ 33. Jg. 1985, S. 456–477; mehrere Beiträge im SBZ-Handbuch, hg. von Martin Broszat und Hermann Weber, München 1990, dort vor allem Zank, Wolfgang: Wirtschaftliche Zentralverwaltungen und Deutsche Wirtschaftskommission, S. 253–290 (*Zank, Zentralverwaltungen*). Der Band über „Die zentrale Wirtschaftsverwaltung in der SBZ/DDR", hg. von Dierk Hoffmann, Berlin 2016, referiert knapp die Errichtung der DWK, allerdings ohne näheren Bezug zur Agrarpolitik (S. 20–25), und die Bodenreform (S. 138 ff. und 167 ff.). Außerdem: Schöneburg, Karl-Heinz (Leiter eines Autorenkollektivs): Errichtung des Arbeiter- und Bauernstaates der DDR 1945–1949, Berlin (Ost) 1983; Weissleder, Wolfgang: Deutsche Wirtschaftskommission. Kontinuierliche Vorbereitung der zentralen staatlichen Macht der Arbeiterklasse, in: Schöneburg (Leiter eines Autorenkollektivs): Revolutionärer Prozess und Staatsentstehung, Berlin (Ost) 1976, S. 131–154. Einschlägig sind daneben Agrargeschichten und region- und aspektbezogene Studien zur Bodenreform.

4,54 Millionen ha zurückgegangen; allein im Oderbruch konnten 20.000 ha Anbaufläche nicht mehr genutzt werden. Rund 30 % aller landwirtschaftlichen Maschinen waren zerstört oder unbrauchbar. Der Mangel an Kunstdünger betrug 1945 zwischen 75 und 94 %, die Viehbestände waren auf durchschnittlich unter 30 % gesunken.[207] Das Verkehrssystem war fast vollständig zusammengebrochen. Die männliche Bevölkerung betrug im Jahr 1945 600.000 Personen weniger als vor dem Krieg.[208] Auf dieser Ausgangsbasis musste nicht nur die Ernährung der Bevölkerung, sondern auch – und vorrangig – die der Besatzungstruppen sichergestellt werden; außerdem gingen Lebensmittellieferungen in größerem Umfang – vor allem Getreide und Zucker – in die Sowjetunion.[209] Materielle Hilfe von Seiten der sowjetischen Militäradministration wurde nur in Ausnahmefällen gewährt. Dies geschah beispielsweise Anfang 1947 durch Lieferungen von Getreide, Gemüse, Kartoffeln und Ölfrüchten, als die Ernährungslage, auch infolge der Bodenreform, bedrohlich schlecht wurde, und, in geringerem Umfang, 1948 infolge des Dürresommers vom Vorjahr. Die agrarwirtschaftliche Ausgangslage war daher in der Sowjetzone zwar strukturell günstiger als in den Westzonen, tatsächlich aber schlechter infolge unmittelbarer Kriegseinwirkungen und indirekter Kriegsfolgen.

Die politische und gesellschaftliche Umformung wurde zunächst unter dem Rubrum einer „antifaschistisch-demokratischen Umwälzung", einer „Vollendung der 1848er Revolution" vollzogen. Ideologisch wurde dies begründet durch die marxistische Revolutionstheorie, derzufolge der sozialistischen Revolution zunächst die bürgerliche als notwendiger Schritt im gesetzmäßigen historischen Ablauf vorausgehen müsse. Politisch begründet war die Bündnispolitik der deutschen Kommunisten im „Block der antifaschistisch-demokratischen Parteien" vor allem durch das sowjetische Ziel, einen maßgeblichen Einfluss auf die Nachkriegsordnung des gesamten (Vier-Zonen-)Deutschland zu gewinnen und daher die Möglichkeit einer Vier-Mächte-Einigung – ohne Preisgabe der eigenen gesellschaftspolitischen Ziele – so lange wie möglich offen zu halten. Die UdSSR suchte daher in ihrer Zone eine Ordnung zu errichten, die den Weg zu einer gesamtdeutschen Lösung aus ihrer Sicht nicht ausschloss, auch wenn sie durch ihre wirtschaftlich-sozialen Umgestaltungen, insbesondere die Enteignungen in Landwirtschaft und Industrie, den im Potsdamer

---

[207] Piskol, Joachim/Nehrig, Christel/Trixa, Paul: Antifaschistisch-demokratische Umwälzung auf dem Lande 1945–1949, hg. von der Akademie der Landwirtschaftswissenschaften der DDR, Berlin (Ost) 1984, S. 12 ff.; Bauer, Theresia: Blockpartei und Agrarrevolution von oben. Die Demokratische Bauernpartei Deutschlands 1948–1963 (Studien zur Zeitgeschichte Band 64), München 2003 (*Bauer, Agrarrevolution*), S. 31 ff.
[208] Weber, Hermann: Geschichte der DDR, 2. Aufl. München 1986, S. 91.
[209] So wurden 1946 außerplanmäßig 241.000 t Getreide auf Reparationsrechnung in die Sowjetunion geliefert, 75.000 t Getreide gingen 1947 an die sowjetischen Besatzungstruppen und weitere sowjetische Amtspersonen in der SBZ. (Nach einem Rechenschaftsbericht über die Tätigkeit der SMAD im ersten Quartal 1947, 12./13. Mai 1947, in GARF [Staatsarchiv der Russischen Föderation] 7317 stsch/7s/60, Bl. 145; Hinweis von Dr. Jan Foitzik).

Protokoll niedergelegten Grundsatz der Behandlung Deutschlands als wirtschaftliche Einheit, der schon durch die Reparationsregelung ausgehöhlt war, faktisch beseitigte.

Am 27. Juli 1945, noch während der Potsdamer Konferenz, erließ die SMAD den Befehl Nr. 17, mit dem sie die Bildung von elf Zentralverwaltungen anordnete, sie wurden im August und September errichtet. Die ZV waren zuständig für Verkehrswesen, Nachrichtenwesen, Brennstoffindustrie, Landwirtschaft und Forsten, Handel und Versorgung – in der SBZ blieben die Agrar- und die Ernährungsadministration getrennt –, Industrie, Finanzen, Arbeit und Sozialfürsorge, Gesundheitswesen, Volksbildung und Justiz. Viele von ihnen, auch die Landwirtschaftsverwaltung, nahmen sukzessive ihren Sitz in dem früheren Reichsluftfahrtministerium („Haus der Zentralverwaltungen", später „Haus der Ministerien", heute Bundesfinanzministerium). Zwei weitere Verwaltungen (für Umsiedler und Statistik) kamen im Herbst 1945 und nochmals drei (für Sequestrierung und Beschlagnahme, des Innern und für Interzonen- und Außenhandel) in den Jahren 1946 und 1947 hinzu. Über ihre unmittelbare Funktion in der SBZ hinaus waren diese in der ehemaligen Reichshauptstadt angesiedelten Stellen dazu geeignet und auch dazu bestimmt, zum Kern gesamtdeutscher Verwaltungen zu werden, wenn solche, wie auf der Potsdamer Konferenz vereinbart, zu einem späteren Zeitpunkt errichtet werden sollten. Dies geht auch aus der Aussage eines der damaligen drei SPD-Vorsitzenden Grotewohl hervor; der Vorsitzende des Kriegsrates der SMAD habe ihm am 20. Juli gesagt, zur Zeit komme es „lediglich darauf an, ausgesprochene Fachleute aus dem Wirtschaftsleben zu bestimmen, die gleichzeitig möglichst so populär sein sollten, dass ihre Namen überall, auch im westlichen Reichsgebiet bekannt seien und bereits ein gewisses Programm für sich darstellen."[210]

Diesen beiden Zielen – fachliche Unterstützung der Besatzungsmacht und Vorbereitung möglicher gesamtdeutscher Institutionen – entsprach auch die personelle Zusammensetzung des Mitarbeiterstabes, einschließlich der Einstellung „antifaschistischer, aufbauwilliger Mitarbeiter sowie bürgerlicher Spezialisten", wobei auch „Angestellte und Beamte des alten Staatsapparates" in die Zentralverwaltungen kamen."[211]

Auch die Zusammensetzung des Leitungspersonals folgte der bündnispolitischen Linie. Der KPD gehörten sechs Präsidenten und elf Vizepräsidenten an, der SPD vier Präsidenten und elf Vizepräsidenten, der CDU ein Präsident (Verwaltung für Energiepolitik, Ferdinand Friedensburg, bis September 1946) und drei Vizepräsidenten, der LDP ein Präsident (Eugen Schiffer, Justiz, bis August 1948) und ein Vizepräsident; zwei Präsidenten und vier Vizepräsidenten waren parteilos. Dieses Bild änderte sich in den Folgejahren der „Auseinandersetzung mit reaktionären, bourgeoisen und sozialreformistischen Kräften in ihrem [= der Zentralverwaltungen] eigenen Apparat sowie in den Ländern […] Zum Jahresende 1946 hatte sich die Hegemonie der Arbeiterklasse

---

[210] Überliefert im Nachlass Erich Gniffkes, hier zitiert nach Weber (siehe Fn. 208), S. 100.
[211] Merker, Staatsmacht, S. 341.

in den zentralen Verwaltungsorganen durchgesetzt."[212] 1947 waren 13 von 16 Präsidenten und 23 Vizepräsidenten Mitglieder der SED; ein Präsident gehörte der LDP, drei Vizepräsidenten der CDU, zwei Präsidenten (Wilhelm Schröder, Post- und Fernmeldewesen, und Leo Skrzypszynski, Industrie; beide galten als KPD-Sympathisanten) und drei Vizepräsidenten keiner Partei an.[213]

Viele in der künftigen DDR maßgebliche Politiker waren leitende Mitarbeiter in den ZV, so Erich Honecker als Referatsleiter für Jugendfragen in der Deutschen Verwaltung für Volksbildung, Willi Stoph als Leiter der Gruppe Bauwirtschaft in der ZV für Industrie und Hilde Benjamin in der DV der Justiz. Durchgängig in der Hand von KPD-Funktionären waren die Personalverwaltungen.[214]

Auch der quantitative Aufbau ging schnell voran. Die DVLF hatte kurz nach ihrer Errichtung Ende August 1945 285 Mitarbeiter, im April 1946 waren es 350 (von 3655 Mitarbeitern in den Zentralverwaltungen insgesamt). Vom August 1947 bis Jahresende wuchs der Personalbestand sämtlicher Zentralverwaltungen von 5.335 Mitarbeitern auf 6.215 Mitarbeiter; in der DVLF sank er leicht von 351 auf ca. 330.[215] Dieser Personalstand blieb auch nach der Eingliederung der Verwaltung in die Deutsche Wirtschaftskommission bis Herbst 1948 erhalten; aufgrund einer Einsparaktion der DWK ging er dann bis Januar 1949 auf 296 und bis Juni 1949 auf 257 Mitarbeiter zurück.[216]

Zum Leiter der DVLF berief die SMAD Edwin Hoernle.[217] Er gehörte, obgleich bürgerlicher Herkunft, dem KPD-Uradel an. Aus einem schwäbischen Pfarrhaus stammend (geb. am 11. Dezember 1883), löste er sich während des Theologiestudiums und des Vikariats aus seinem bisherigen beruflichen und sozialen Umfeld, schloss sich 1910 der SPD an und wurde Redakteur bei sozialdemokratischen Zeitungen. Er trat dem Spartakusbund bei, gehörte 1919 zu den Mitbegründern der KPD, war 1922/23 eines von zwei KPD-Mitgliedern im Exekutivkomitee der Komintern und 1924–1933 Mitglied des Reichstages. In seiner journalistischen und parlamentarischen Tätigkeit spezialisierte er sich auf bildungs- und erziehungs- sowie agrarpolitische Fragen und

---

212 Merker, Anfänge, S. 166.
213 Merker, Zentralverwaltungen, S. 44 f.
214 Merker, Zentralverwaltungen, S. 49 f.
215 Zank, Zentralverwaltungen, S. 256, 263.
216 Vorlage der Personalabteilung der HVLF an die Hauptabteilung Personalfragen der DWK vom 23. Juni 1949, BArch DK 1-2046, Bl. 31/91.
217 Zu seiner Person: Steinberger, Nathan/Graffunder, Siegfried/Herholz, Kurt: Edwin Hoernle – ein Leben für die Bauernbefreiung. Das Wirken Edwin Hoernles als Agrarpolitiker und eine Auswahl seiner agrarpolitischen Schriften (mit einem Vorwort von Walter Ulbricht), Berlin (Ost) 1965 (*Hoernle, Bauernbefreiung*); Mehnert, Wolfgang: Edwin Hoernle (Lebensbilder großer Pädagogen), Berlin (Ost) 1963; Zum 100. Geburtstag Edwin Hoernles, Kolloquium, hg. vom Zentralinstitut für Berufsbildung der DDR, Berlin (Ost) 1984; Weber, Hermann/Herbst, Andreas: Deutsche Kommunisten, Biographisches Handbuch 1918 bis 1945, Berlin 2004 (*Weber/Herbst, Deutsche Kommunisten*), S. 320–322; Müller-Enbergs, Helmut: Hoernle, Edwin, in: Müller-Enbergs, Helmut/Wielgohs, Jan/Hoffmann, Dieter/Herbst, Andreas (Hgg.): Wer war wer in der DDR? Ein Lexikon ostdeutscher Biographien, Berlin 2006 (*Wer war wer*), S. 428 f.

wurde im ZK der KPD zeitweise Leiter der entsprechenden Abteilungen. Ende 1933 ging er ins Moskauer Exil und arbeitete an verschiedenen wissenschaftlichen Instituten, nach 1942 bei der Komintern und dann an einer Kriegsgefangenenschule; 1944 war er Mitgründer des „Nationalkomitees Freies Deutschland". 1945 mit der „Gruppe Ulbricht" nach Berlin zurückgekehrt, gehörte er zu den Unterzeichnern des KPD-Gründungsaufrufs vom 11. Juni 1945. Noch in Moskau hatte er das „Agrarprogramm des Blocks der kämpferischen Demokratie" verfasst. Im Mai als Stellvertretender Leiter der Ernährungsverwaltung beim Berliner Senat tätig, wurde er Anfang Juli zum Vizepräsidenten in der Mark Brandenburg mit Zuständigkeit für Landwirtschaft berufen, ehe er zur DVLF wechselte. Er gehörte zu den Vertretern der KPD im zentralen Ausschuss des Parteienblocks und wurde Beauftragter des Blocks für die Organisation der Bodenreform.

In seiner Rolle als Leiter der DVLF entfaltete Hoernle eine umfassende Propagandatätigkeit, u. a. durch Aufsätze[218], Rundfunkreden und öffentliche Auftritte sowie in der Zeitschrift „Der freie Bauer", zunächst Presseorgan der DVLF, später des VdgB. Sein dabei immer wieder variiertes Hauptthema war das Bündnis der Arbeiter und Bauern und damit die Politik der Landverteilung, die er auch gegen widerstrebende eigene Genossen vehement verteidigte.

Weniger erfolgreich war er als Behördenleiter und Organisator. In Urteilen aus dem Zentralsekretariat der SED und aus dem Leitungsbereich der DWK werden ihm geringe Teamfähigkeit und Mängel in der Arbeitsorganisation, vor allem die Neigung, sich in Einzelheiten zu verlieren, bescheinigt. Aber auch politisch geriet er in der Zeit des „Klassenkampfes auf dem Lande" durch seine bündnispolitische Linie und nicht zuletzt durch seine „bekannte" „Schwäche für bürgerliche Spezialisten, gleichgültig, ob sie politisch tragbar sind oder nicht"[219] in eine zunehmend isolierte Position. Gegen Ende seiner Amtszeit war seine Stellung im Haus und gegenüber anderen Zentralverwaltungsleitern schwach. Sein Ausscheiden aus dem Amt im Sommer 1949, formell erst am 14. September, und sein Wechsel in Wissenschaft und Pädagogik war eine Trennung in beiderseitigem Einvernehmen. Für die verbleibende kurze Zeit bis zur Gründung der DDR wurde der thüringische DBD-Funktionär Herbert Hoffmann Hauptverwaltungsleiter. Hoernle war bis zu seinem Tod Dekan der Agrarpolitischen Fakultät an der Deutschen Verwaltungsakademie „Walter Ulbricht"; er starb am 21. Juli 1952.

Die zentralen Verwaltungen waren in erster Linie Hilfsorgane der SMAD und deren jeweiligen Fachabteilungen zugeordnet. Sie stellten Informationen zusammen, entwarfen SMAD-Befehle – was auch Möglichkeiten zu eigenen Akzentsetzungen bot – und hatten den Auftrag, deren Umsetzung zu kontrollieren. Dabei gerieten sie notwendigerweise in Konflikt mit den eigentlichen Vollzugsorganen, den Verwaltun-

---

218 Der Nachlass Hoernle in BArch DK 1 enthält mehrere Bände seiner Artikel und Reden.
219 Stellungnahme der DWK-Leitung vom 4. Juli 1949 zu Hoernles Entlassungsgesuch, BArch DY30, Personalakte Hoernle, Blatt 37.

gen der Länder und Provinzen, auch infolge widersprüchlicher Errichtungsbefehle, die zwischen der SMAD und den SMA in den Ländern offenbar unzureichend abgestimmt waren. Dieses Problem verschärfte sich noch nach den Landtagswahlen vom Oktober 1946 – den letzten, wenn auch nicht mehr wirklich freien, Mehrparteienwahlen im SED-Staat –, nach denen die Länderregierungen für sich die höhere demokratische Legitimation gegenüber den ZV in Anspruch nahmen. Zwar erhielt die DVLF mit SMAD-Befehl vom 26. Juli 1946 eine bedingte Weisungsbefugnis gegenüber den Länderregierungen, doch blieb sie darauf angewiesen, Planfestlegungen und weitergehende inhaltliche Fragen zuvor mit diesen abzustimmen. In der Praxis blieb die Zusammenarbeit bis 1948 ein Feld ständiger Friktionen, und häufig setzten sich dabei die von der Sowjetischen Militäradministration im Konfliktfall meist unterstützten Länderverwaltungen durch.

Auch das Verhältnis der zentralen Verwaltungen untereinander war wegen unklarer Zuständigkeitsabgrenzungen schwierig. Das war insbesondere der Fall bei der Landwirtschaftsverwaltung und der Verwaltung für Handel und Versorgung. Während die Versorgungsverwaltung, durchaus im Einklang mit der SMAD, ein möglichst hohes Ablieferungssoll für die Bauern anstrebte – es lag für die großbäuerlichen Betriebe oftmals über den durchschnittlichen Erträgen[220] –, zielte die Landwirtschaftsverwaltung, soweit es die Forderungen der SMAD zuließen, auch auf die Sicherstellung von Saatgut, die Vergrößerung des Viehbestandes und auf die Ermöglichung „freier Spitzen" bei der Produktion, die auf dem Markt für einen bis zum Dreifachen des Ablieferungspreises reichenden Preis verkauft werden konnten. Nicht selten legten die beiden Verwaltungen der SMAD konkurrierende statt abgestimmter Befehlsentwürfe vor.[221]

Seit 1946 wurde auf SMAD-Weisung der Versuch unternommen, die seit 1945 geltenden Quartalspläne durch eine abgestimmte Jahres-Produktionsplanung in Industrie, Verkehrswesen und Landwirtschaft zu ergänzen. Für die Landwirtschaft wurde das Ziel einer maximalen Erhöhung der Produktion vorgegeben, das hieß Höchstausdehnung der Anbaufläche – Beseitigung der Kriegsschäden, aber auch Gewinnung von Neuland aus Ödland, Wald und Weiden – und Vergrößerung des

---

220 Zum Beispiel lag das Ablieferungssoll in Sachsen-Anhalt für Getreide zwischen 7,5 Dezitonnen pro Hektar bei Kleinbetrieben unter 5 ha und 15 dt/ha bei Betrieben über 50 ha. Bei den Normen für die Pflichtablieferung von Tierprodukten in Mecklenburg lag das Soll für Betriebe über 50 ha gegenüber denen bis 5 ha um 30 bis 60 % höher. Dabei wurde das Soll zunächst undifferenziert allein aufgrund der Besitzgröße festgelegt (Piskol, Umwälzung S. 92). Ende 1946 wurden allein in der Altmark 468 Bauern wegen Verfehlens ihres Ablieferungssolls verhaftet, einige zu mehrjährigen Gefängnisstrafen verurteilt, vgl. Kluge, Ulrich/ Halder, Winfried/ Schlenker, Katja (Hgg.): Zwischen Bodenreform und Kollektivierung. Vor- und Frühgeschichte der „sozialistischen Landwirtschaft" in der SBZ/DDR vom Kriegsende bis in die fünfziger Jahre, Beiträge zur Wirtschafts- und Sozialgeschichte, hg. von Jürgen Schneider u. a., Nr. 92, Stuttgart 2001 (*Kluge, Bodenreform*), S. 135.
221 Die Aktenüberlieferung in den DVLF-Beständen zu kontroversen Planabstimmungen mit der DVHV und zu Klagen von Bauern über willkürliche, über die Planung hinausgehende Erhöhungen des Ablieferungssolls ist umfangreich. Siehe auch Piskol, Umwälzung, S. 105.

Viehbestandes. Die zentralen Jahresplanansätze blieben allerdings zunächst Papierkonstrukte, weil die Länder, auf ihre jeweiligen SMA gestützt, daneben eigenen Produktionsplänen folgten und weil die den Jahresplanungen zugrunde gelegten Daten unzuverlässig oder unrealistisch waren.[222] In der Industrie – und damit auch bei der Bereitstellung der notwendigen Düngemittel – wurde die Planung zusätzlich dadurch erschwert, dass die Kapazitätsberechnungen durch Demontagen überholt wurden, über die nicht die SMA, sondern die Moskauer Zentrale die Kontrolle hatte.[223,224]

Bis 1947 vermied es die Sowjetunion ebenso wie die Westmächte, als Erste organisatorische Maßnahmen zu treffen, die als Vorstufe einer zonalen Regierung und damit als Schritte zu einer staatlichen Teilung des Vier-Zonen-Deutschland verstanden werden konnten. Erst nachdem die USA und Großbritannien ihre Besatzungszonen zum Vereinigten Wirtschaftsgebiet verbunden und dessen Neugestaltung (zweite Etappe der Bizone, Errichtung des ersten Wirtschaftsrates) beschlossen hatten, unternahm die UdSSR Schritte zur Zentralisierung: Sie genehmigte im Juni 1947 eine Vereinbarung zwischen den Verwaltungen für Brennstoff und Energie, Handel und Versorgung sowie Industrie und den Länderministern über eine Anleit- und Kontrollfunktion der Zentralverwaltungen, die im Gegenzug die Abstimmung der Zentralpläne mit den Ländern zusagten. Eine entsprechende Vereinbarung zwischen der DVLF und der Länderministerien kam wegen des Widerstands Thüringens und Sachsens – die dortigen Landwirtschaftsminister gehörten der CDU bzw. der LDP an – zunächst nicht zustande. Gleichzeitig befahl die SMAD die Errichtung einer Kommission aus den Präsidenten der Zentralverwaltungen für Industrie, Verkehr, Energie, Landwirtschaft sowie Handel und Versorgung. Die „Deutsche Wirtschaftskommission" (DWK), die am 11. Juni 1947 erstmals zusammentrat, war aber zunächst nur ein

---

222 Auch der von Hoernle forcierte Versuch, die Bauern durch Abfragen von Anbauwünschen an den Anbauplanungen zu beteiligen und dadurch ihre Bereitschaft zur Planerfüllung anzuspornen, blieb in Ansätzen stecken. „Die Einsicht der Bauern in die volkswirtschaftlichen Notwendigkeiten und ihr Verantwortungsgefühl für die gesellschaftlichen Erfordernisse [musste] erst entwickelt werden", heißt es in einer DDR-Darstellung, Piskol, Umwälzung, S. 105.
223 In der SBZ wurden über 2000 Industriebetriebe demontiert; das entsprach etwa 30 % der industriellen Kapazität und übertraf die unmittelbaren Kriegszerstörungen deutlich (zum Vergleich: In den Westzonen lag der entsprechende Kapazitätsverlust bei 5 %). Auch nach dem Rückgang der Demontagen blieb die Reparationslast erheblich: Die überwiegend für die Verwendung in der UdSSR produzierten Güter der „Sowjetischen Aktiengesellschaften" machten noch 1949 etwa 20 % der industriellen Produktion aus. Vgl. Neitmann, Klaus/Laufer, Jochen (Hgg.)/ Anold, Klaus Jochen (Bearb.): Demontagen in der Sowjetischen Besatzungszone und in Berlin 1945 bis 1948, Berlin 2014.
224 In der DDR-Historiographie der 1980er Jahre wird versucht, den Zentralverwaltungen, mit Blick auf den ‚gesetzmäßigen Aufbau der Arbeiter- und Bauernmacht', schon früh eine größere politische Bedeutung zuzuschreiben. So vertritt Merker die These, die ZV seien nicht nur als Hilfsorgane der SMAD, sondern als „Zweigleitungsorgane" anzusehen. Er macht dafür u.a. ihre Weisungsbefugnis gegenüber ihren eigenen nachgeordneten Institutionen – wie im Falle der DVLF der Deutschen Saatzuchtgesellschaft, der Deutschen Düngerzentrale und der Tierzuchtverbände –, aber auch ihre Rolle als Vorbereiter der künftigen DDR-Ministerien geltend. Diese These scheint wegen des Fehlens eigener Entscheidungskompetenzen für die Zeit bis 1948 nicht überzeugend.

Beratungs- und Koordinationsgremium und zu dem Versuch einer zentralen Wirtschaftslenkung noch nicht in der Lage.

Den entscheidenden Schritt zu einer prästaatlichen, zentralistischen Organisationsform machte die SMAD nach der gescheiterten Londoner Vier-Mächte-Konferenz. Am 12. Februar 1948 („Befehl über die Zusammensetzung und Vollmachten der Deutschen Wirtschaftskommission") erhielt die DWK die Befugnis, allen Verwaltungsorganen verbindliche Instruktionen zu erteilen; ausgenommen davon blieben die „Sowjetischen Aktiengesellschaften". Als Leitungsebene wurde ein permanentes Büro (unter Heinrich Rau, SED)[225] errichtet. Bereits drei Wochen später wurde die DWK – nach einer offenbar kurzfristig gefällten Entscheidung, die auch für die ZV-Präsidenten überraschend kam – in eine zentral organisierte Behörde umgewandelt. Das Büro wurde zu einem zehnköpfigen Sekretariat weiterentwickelt (8 SED-Mitglieder, je eines aus der CDU und der LDP), das, ebenso wie das DWK-Plenum, Verordnungsrecht erhielt. Die vormaligen „Deutschen Verwaltungen" oder „Zentralverwaltungen" gingen – entweder als ganze oder, wie die Deutsche Zentralverwaltung der Industrie, in mehrere Sektoren aufgeteilt – in insgesamt 17 Hauptverwaltungen dieser Großbehörde über; die meisten der vormaligen Präsidenten, auch Hoernle, wurden zu Hauptverwaltungsleitern. Sein bisheriger zweiter Vizepräsident Luitpold Steidle (CDU) rückte an ihm vorbei zu einem der fünf Vertreter des DWK-Vorsitzenden auf. Die seit Herbst 1947 aufgebaute „Wirtschaftsabteilung" der DWK wurde als „Hauptverwaltung Wirtschaftsplanung" (mit 70% SED-Mitgliedern) unter Leitung von Bruno Leuschner zum eigentlichen wirtschaftlichen Entscheidungszentrum, dessen Wirtschaftspläne – zunächst der Halbjahresplan 1948, dann der Zweijahrplan 1949/1950 – zonenweit verbindlich wurden.

Im November 1948 erweiterte die SMAD, einem Vorschlag der DWK folgend, das DWK-Plenum von 36 auf 101 Mitglieder, von denen knapp die Hälfte von den Landtagen entsandt wurden; weitere Mitglieder kamen aus den Parteien und Massenorganisationen. Ein in der Behörde errichteter „Ausschuss zur Kontrolle des Volkseigentums", dem Abteilungen in den Ländern zugeordnet waren, wurde zu einem der Vorläufer des Ministeriums für Staatssicherheit. Eine zusätzliche, ebenfalls im Mai 1948 errichtete „Zentrale Kontrollkommission", die dem Vorsitzenden direkt unterstellt war, hatte die Aufgabe, die Einhaltung der Pläne zu überwachen und Schwarzmarkt und Kompensationsgeschäfte zu bekämpfen.

---

[225] Heinrich Rau (1899–1961), KPD-Mitglied seit 1919, war Wirtschafts- und Landwirtschaftspolitiker (u. a. Leiter der Abteilung Land im ZK der KPD und Redakteur der kommunistischen Bauernzeitung von 1923 bis 1933) und dadurch auch in langjährigem Kontakt mit Hoernle. 1945 aus dem KZ nach Berlin zurückgekehrt, wurde er im August als dessen Nachfolger Zweiter Vizepräsident der Provinzialverwaltung Mark Brandenburg, ab 1946 MdL und brandenburgischer Minister für Wirtschaftsplanung, 1948/49 Vorsitzender der DWK. 1949/50 war er Minister für Planung in der Provisorischen Regierung der DDR, ab 1949 Mitglied des Parteivorstands bzw. des ZK der SED, Kandidat, dann Mitglied des Politbüros der SED, 1950–1952 Vorsitzender der Staatlichen Plankommission, es folgten weitere Tätigkeiten als Minister.

Mit der Reorganisation der DWK im Frühjahr 1948 – neben ihr blieben die gesonderten Zentralverwaltungen für Inneres, Volksbildung und Justiz bestehen, die eng mit der Wirtschaftskommission zusammenarbeiten – war de facto der Organisationsstand erreicht, der im Oktober/November 1949 ohne erhebliche Änderungen in die Provisorische Regierung der DDR überführt werden konnte.

2 Zur Bodenreform[226]

Überlegungen zu einer Bodenreform, insbesondere in den ostelbischen Territorien, waren nach dem Kriege nicht auf die KPD beschränkt. Erhebliche strukturelle Ungleichgewichte – in Mecklenburg nahmen Güter mit mehr als 200 ha über ein Drittel der landwirtschaftlichen Nutzfläche ein –, dazu der massenhafte Zustrom von Flüchtlingen aus überwiegend landwirtschaftlichen Gebieten Ostdeutschlands legten ein Siedlungsprogramm unter Rückgriff auf Großgrundbesitz nahe, wie es auch die CDU in ihrem Gründungsaufruf als Ziel verkündete.[227] Unter den Alliierten bestand ein gewisser Konsens darüber, dass die Schicht der „Junker" politisch und gesellschaftlich entmachtet werden müsse, so dass auf russische Initiative ein entsprechender Beschluss auf der Moskauer Außenministerkonferenz im Mai 1947 zustande kam; es war der einzige Punkt, über den dort noch ein Konsens möglich war.

Was der Bodenreform in der SBZ ihren besonderen und revolutionären Charakter verlieh, war ihre Radikalität und ihre gewaltsame Durchsetzung. Dahinter stand das eigentliche politische Programm: die Sicherung der Herrschaft der KPD (SED) auf dem Lande und darüber hinaus. Voraussetzung war die Beseitigung der „Grundbesitzerklasse", die Ansiedlung einer breiten Schicht von Kleinlandwirten – „werktätigen Bauern", die ihr Land selbst bestellten und keine fremden Arbeitskräfte „ausbeuteten" –, die sich der KPD/SED verbunden fühlten, und damit insgesamt die Begründung eines Bündnisses zwischen Arbeiterklasse und Bauernschaft. Das längerfristige Ziel der kommunistischen Agrarpolitik blieb, im Sinne der Leninschen Angleichung von

---

[226] Vgl. Bauerkämper, Junkerland; Hermes, Peter: Die Christlich-Demokratische Union und die Bodenreform in der Sowjetischen Besatzungszone Deutschlands im Jahre 1945, Saarbrücken 1963 (*P. Hermes, CDU*); Kluge, Bodenreform; Piskol, Umwälzung; Scherstjanoi, Elke: SED-Agrarpolitik unter sowjetischer Kontrolle 1949–1953 (Quellen und Darstellungen zur Zeitgeschichte, Band 70), München 2007; Schöne, Jens: Die Landwirtschaft der DDR 1945–1990, 2. Aufl. Erfurt 2015 (*Schöne, Landwirtschaft*); Suckut, Siegfried: Der Konflikt um die Bodenreformpolitik in der Ost-CDU. Versuch einer Neubewertung der ersten Führungskrise der Union, in: Deutschland-Archiv 15 (1982), S. 1080–1095 (*Suckut, Ost-CDU*); Zinke, Olaf: Die Transformation der DDR-Agrarverfassung in der Zeit von 1945 bis 1960/61. Die agrarpolitische Konzeption der SED sowie die ordnungspolitisch-institutionellen und sozialökonomischen Auswirkungen der SED-Agrarpolitik, Berlin 1999.
[227] P. Hermes, CDU, S. 20.

industrieller und landwirtschaftlicher Arbeiterschaft, die Kollektivwirtschaft.[228] Vorrangig aber war die Gewinnung der Bauernschaft als revolutionärer Verbündeter: „Ausschlaggebend ist die Möglichkeit, die Millionen armer Bauern und Pächter zum Sturze des gemeinsamen Hauptfeindes zu gewinnen, der Bourgeoisie. Zu diesem Zweck wird sie [die revolutionäre Partei] weitgehende Konzessionen ökonomischer Natur machen."[229] Diese Linie hat nach 1945 die Parteiführung und mit großem Engagement auch Hoernle persönlich wieder aufgenommen.

Die Bodenreform wurde über die Länderebene initiiert, weil dort ein entsprechender Beschluss des „Blocks der antifaschistisch-demokratischen Parteien" leichter, wenn auch nicht ohne erheblichen Druck, durchzusetzen war als im zentralen Blockausschuss.[230] Die Umverteilung umfasste die restlose Enteignung – samt allen Gebäuden, lebendem und totem Inventar, persönlichem Eigentum – allen Grundbesitzes, der, einschließlich Wald und Ödland, größer als 100 ha war; dies betraf 7160 Betriebe mit 2,5 Millionen ha. Die Besitzer wurden aus ihren Heimatkreisen ausgewiesen, viele von ihnen verhaftet und in Sammellager verbracht. Außerdem wurden 4537 Betriebe unter 100 ha von Personen, die als Kriegsverbrecher, Naziaktivisten und führende Repräsentanten des NS-Regimes eingestuft wurden, enteignet, insgesamt 131 742 ha. Diese Areale wurden, zusammen mit 537 247 ha aus staatlichem, kommunalem und institutionellem Landbesitz, in einen „Bodenfonds" eingebracht, der somit rund 3,3 Mio. ha umfasste. Davon wurden zwei Drittel an 559 089 Privatpersonen verteilt (932 487 ha an 119 121 landlose Bauern und Landarbeiter, 763 596 ha an 91 155 „Umsiedler", 27 848 ha an 82 483 landarme Bauern); das letzte Drittel wurde in staatlichen Besitz übernommen. Die Bodenempfänger mussten für das Land je nach Bodenqualität den Wert einer Jahresernte Roggen – 200 bis 300 RM pro ha –, zahlbar in 10 Jahren für landarme Bauern, 20 Jahren für Landarbeiter, entrichten. Die Maschinenparks der enteigneten Güter wurden an die neugebildeten „Komitees der ge-

---

228 So 1928 Edwin Hoernle, damals agrarpolitischer Experte der KDP-Reichstagsfraktion: Der einzig wirksame Bauernschutz sei die „allmähliche Überführung der individuellen Bauernwirtschaft in die neuen Formen genossenschaftlicher Produktion", abgedruckt in Hoernle, Bauernbefreiung, S. 341.
229 Hoernle 1920, in: Ebd., S. 278.
230 In der DDR-Geschichtsschreibung wurde die These aufgestellt, dass die Bodenreformverordnung, die von der sachsen-anhaltischen Verwaltung am 3. September 1945 und von den anderen Länder- und Provinzialverwaltungen anschließend bis zum 11. September fast gleichlautend herausgegeben wurde, auf einen Entwurf von Hoernle zurückgehe. Demgegenüber legen spätere Forschungen nahe, dass der Entwurfstext, den Wolfgang Leonhard aus dem Russischen übersetzte, von dem damaligen stellvertretenden Politischen Berater des Chefs der Sowjetischen Militäradministration, Semjonow, stammte (Laufer, Jochen: Die UdSSR und die Einleitung der Bodenreform in der Sowjetischen Besatzungszone, in: Bauerkämper, Junkerland, S. 21–35). Hierfür spricht auch, dass Hoernle und Rudolf Reutter (damals Leiter der Landwirtschaftsabteilung im ZK der KPD) noch Mitte August dem ZK ihrerseits einen Bodenreformentwurf vorgelegt hatten, der in wesentlichen Punkten – Möglichkeit der Belassung eines Restgutes von bis zu 50 ha für erwiesen „antifaschistische" Gutsbesitzer, Möglichkeit der Enteignung von Großbauern – von dem kurz darauf tatsächlich verwendeten abwich.

genseitigen Bauernhilfe" übergeben und sollten insbesondere zur Unterstützung der Neubauern verwendet werden.[231]

Die Durchführung der Bodenreform lag bei den Ländern. Die jeweilige Landes-Bodenreformkommission stand unter dem Vorsitz des Ersten Vizepräsidenten, nach der Landtagswahl 1946 des Innenministers (durchgängig Mitglieder der KPD/SED), der auch das Kommando über die Landespolizei führte. Die Entscheidungen über die Verteilung des Bodenfondslandes trafen Orts- und Kreisbodenkommissionen, wobei die Beschlüsse von der jeweils nächsthöheren Kommission bestätigt werden mussten. In den über 9.500 Gemeindebodenkommissionen wirkten insgesamt mehr als 52.000 Mitglieder mit, davon 19.700 Landarbeiter, über 18.500 kleine Bauern und Pächter, mehr als 6.300 „Umsiedler". Zwar waren die Parteilosen in der Mehrzahl (rd. 29.000), doch dominierten die rd. 12.500 Kommunisten; hinzu kamen rd. 9.200 Sozialdemokraten und nur 974 CDU- und LDP-Mitglieder.[232]

Auch bei der Bodenreform bestand die Funktion der DVLF in der Zuarbeit für die SMAD und in der begleitenden Beratung und Kontrolle der Landesbehörden.[233] Eine eigene, etwa von der SMAD unterscheidbare Linie ist dabei nicht zu erkennen – wobei Hoernle gelegentlich beklagte, dass auch in seinem Haus Reste sogenannten bürgerlichen Rechtsempfindens anzutreffen seien. Mängelrügen der Verwaltung gegenüber den Ländern bezogen sich meist auf eine zu zögerliche Durchführung der Reformmaßnahmen, insbesondere der Verteilung des enteigneten Bodens und der Anlegung neuer und Vernichtung alter Grundbücher. Auch die zu frühe Auflösung von Bodenkommissionen und ihre Eingliederung in von bürgerlichen Politikern geführte Landwirtschaftsministerien wurde kritisiert.

Die Probleme der überstürzten und unvorbereiteten Umverteilung zeigten sich markant an der Situation der 210 000 Neubauern. Ihnen fehlten zumeist die notwendigen Lebens- und Arbeitsmittel, von der Wohnung – viele wohnten in den verlassenen Gutsgebäuden oder in Notunterkünften – über Zug- und Nutzvieh, Wirtschaftsgebäude, für Kleinbetriebe geeignete Maschinen und Geräte. Ein von der SMAD im November 1945 befohlener Viehausgleich zwischen den südlichen und nördlichen Gebieten der SBZ, von den zur Abgabe gezwungenen Bauern „Viehraub" genannt, löste das Problem nur teilweise; noch 1950 besaß jede mecklenburgische Neubau-

---

231 Zahlen nach Weber, Adolf: Umgestaltung der Eigentumsverhältnisse und der Produktionsstruktur in der Landwirtschaft der DDR, in: Materialien der Enquete-Kommission „Aufarbeitung von Geschichte und Folgen der SED-Diktatur in Deutschland", hg. vom Deutschen Bundestag, Band II/4, S. 2809–2888, hier: S. 2839–2843.
232 Piskol, Umwälzung, S. 50.
233 In einer Sitzung der Abteilung Bodenordnung am 10. Dezember 1945 wies Hoernle eindringlich darauf hin, dass Vor-Ort-Inspektionen nur nach vorheriger Anmeldung bei der Landes-/Provinzialverwaltung und Vorschläge zur Mängelbeseitigung nur im Zusammenwirken mit den örtlichen Landräten erfolgen dürften; „jeglicher Kommandoton (hat) unbedingt zu unterbleiben." Das Protokoll der Sitzung ging in Kopie dem Zweiten Vizepräsidenten der Provinzialverwaltung der Mark Brandenburg, Heinrich Rau, zu. (BArch DK 1-8128).

ernstelle im Schnitt 0,6 Pferde, 2,5 Rinder, 0,7 Schafe und 3,1 Schweine.[234] Ein „Neubauernprogramm" vom September 1947 ordnete den Neubau von 37.000 Bauernhäusern innerhalb der nächsten 15 Monate an, wobei das notwendige Material auch durch den Abriss von Guts- und Wohngebäuden der aufgelösten Großwirtschaften gewonnen werden sollte. Die DVLF hatte den Befehl ausgearbeitet, Grundlage war ein Vierjahresplan Hoernles, den die SMAD akzeptiert hatte.[235] Die Verwaltung überwachte auf Inspektionsreisen mit Nachdruck die Durchführung und bemühte sich, gegen erhebliche Widerstände in den Orten, aber auch in den Verwaltungen, die uneingeschränkte Realisierung des Abrissprogramms durchzusetzen.[236] Das Ziel des Programms wurde bei weitem nicht erreicht.

Nur etwa 10–12% der Neubauernbetriebe erreichten wirtschaftliche Stabilität – sie gehörten später überwiegend zu den Kollektivierungsgegnern –, nahezu ein Drittel der Betriebe wurden bis 1953 von ihren Besitzern wieder aufgegeben.[237] Die aus der Bodenreform hervorgegangenen nicht rentablen Kleinbauernstellen bildeten die Ausgangsbasis für die Kollektivierung.

Zu den wichtigsten politischen Ergebnissen gehörte, dass es der KPD bzw. SED, gestützt auf die SMAD, gelang, die Bodenreform im Parteienblock durchzusetzen, den Widerstand der bürgerlichen Parteien zu brechen und damit die führende Rolle der Kommunisten zu untermauern. Vor allem die CDU-Zentrale hatte sich, bei grundsätzlicher Bejahung einer Landreform, gegen diese Art der „Bodenreform" gewehrt. Auf einer Kundgebung in Berlin Ende November 1945 erklärte der Parteivorsitzende Andreas Hermes, dass „wir nicht gegen eine Diktatur gekämpft haben, um eine andere dafür einzutauschen."[238] Angesichts taktischer Meinungsunterschiede und Kommunikationsmängeln kam eine gemeinsame festgelegte Position der CDU nicht zustande[239], so dass es der SMAD gelang, die Berliner Parteispitze zu isolieren und am 19. Dezember 1945 abzusetzen.

Mit der Durchsetzung der Bodenreform, auch mit der offiziellen Verkündigung ihres Endes am 1. Juni 1948, war allerdings das politische Ziel der SED, ihre Vorherrschaft auf dem Land abzusichern, bei weitem nicht erreicht. Die Lage der meisten Neubauern blieb prekär. Die Komitees der gegenseitigen Bauernhilfe, die auf Initiative der KPD im Zuge der Bodenreform gegründet worden waren und sich im November 1947 zu einer „Zentralvereinigung", später „VdgB" zusammenschlossen und seit 1946

---

234 Schöne, Landwirtschaft, S. 16
235 Vgl. Schlenke, Katja: Die Abbrüche mecklenburgischer Gutsanlagen zwischen 1947 und 1950, in: Kluge, Bodenreform, S. 91–104.
236 Bericht Busse vom 26.1.1948: „Wir müssen oft einen geistigen Kampf gegen einen Teil unserer eigenen Genossen führen, die nicht begreifen können, dass das Landschaftsbild auch ohne Schlösser und Rittergüter schön sein kann." BArch DK 1/8835, hier zitiert nach Schlenke, Die Abbrüche..., S. 100.
237 Schöne, Landwirtschaft, S. 17 f.
238 P. Hermes, Die CDU, S. 57. Andreas Hermes gab seinen Widerstand auch nicht auf, als die SMAD ihm die vorzeitige Rückkehr seines Sohnes aus sowjetischer Kriegsgefangenschaft in Aussicht stellte, ebd. S. 87.
239 Im einzelnen: Suckut, Ost-CDU.

mit ihren Landtagssitzen die Mehrheit der SED verstärkten, änderten sukzessive ihre soziale Struktur. Während ihre Mitgliedschaft wuchs (von rd. 407 000 im Jahre 1947 auf über 566 000 drei Jahre später), sank der Anteil der Neubauern von mehr als 50 % auf rund ein Drittel und der der SED-Mitglieder von über 40 auf unter 30 %. In der ländlichen Sozialstruktur behielten die Mittel- und Großbauern (mit mehr als 20 bzw. 50 ha. Grund), die politisch eher den bürgerlichen Parteien nahestanden, eine starke Stellung, bis 1949 stellten sie auch mehr als die Hälfte der VdgB-Ortsvorsitzenden.[240] Die SED ging daher zu einer Politik des „Klassenkampfs auf dem Lande" über, die die Belastungen der Großbauern durch höheres Ablieferungssoll, höhere Steuern und Gebühren verstärkte. Die VdgB wurde zur Interessenvertretung der „werktätigen Bauern" erklärt und der Aufsicht der Hauptverwaltung Landwirtschaft und Forsten unterstellt.

Schließlich erhielt die „stagnierende" Blockpolitik – unter anderem lehnte die CDU mit Ausnahme einzelner Politiker die Mitwirkung an der Volkskongress-Bewegung ab[241], die LDP drohte Ende 1947 sogar mit ihrem Austritt aus dem Block – einen neuen Impuls durch die von der SMAD initiierte Gründung zweier neuer Parteien, die in den Block aufgenommen wurden und dort im Ergebnis die Stellung der SED verstärkten. Zu ihnen gehörte die Demokratische Bauernpartei Deutschlands, deren Führungspersonal größtenteils, darunter der erste Parteivorsitzende Ernst Goldenbaum, zuvor der KPD/SED angehört hatte. Sie bemühte sich jetzt darum, zeitweise auch in Konkurrenz zur „Mutterpartei", als Klientelpartei der Bauern diejenigen Teile der ländlichen Bevölkerung zu gewinnen, die für die SED, die sich seit 1949 als marxistische „Partei neuen Typs" verstand und dabei auch die sozialdemokratischen Elemente innerparteilich gezielt zurückdrängte, nicht erreichbar war.

3 Das Personal

Der Personalbestand der DVLF/HVLF unterlag in der Zeit von 1945 bis 1949 einer starken Fluktuation. Dies und die Tatsache, dass die Personalakten der Verwaltung nicht überliefert sind – es gibt lediglich die SED-Kaderakten einiger Hausangehöriger –, macht es unmöglich, eine gleichzeitig umfassende und näher substanziierte Gesamtsicht über das Personal zu gewinnen. Dennoch lassen die vorhandenen Stücke einige signifikante Beobachtungen zu.[242]

Die Schwierigkeit, gleichzeitig fachkundiges und nicht NS-belastetes Personal für die Verwaltung zu finden, wurde in der SBZ dadurch erhöht, dass die Mitarbeiter

---

240 Vgl.: Vereinigung der gegenseitigen Bauernhilfe (VdgB), in: Broszat, Martin/Weber, Hermann (Hgg.): SBZ-Handbuch, München 1990, S. 760 ff.; Schöne, Landwirtschaft, S. 18 ff.
241 Daraufhin wurden die beiden Vorsitzenden Jakob Kaiser und Ernst Lemmer rund zwei Jahre nach ihrem Amtsantritt von der SMAD abgesetzt. Zur Krise der Blockpolitik vgl. Bauer, Agrarrevolution, S. 71 ff.
242 Ein Organigramm der DVLF vom 1. Dezember 1947 ist im Anhang beigefügt.

zusätzlich nach Möglichkeit der KPD/SED angehören, mindestens aber der neuen Ordnung aufgeschlossen gegenüber stehen sollten. Auch hier war es unumgänglich, auf bürgerliches Fachpersonal, einschließlich Angehöriger früherer Verwaltungsbehörden, zurückzugreifen. Die Spannung zwischen den Zielen, fachkompetente und „linientreue" Mitarbeiter zu gewinnen, war das Dauerproblem auch der zentralen Agrarverwaltung in der SBZ.

Die Zusammensetzung der Leitungsebene der DVLF spiegelt die „Bündnispolitik" der „antifaschistisch-demokratischen" Phase bis Ende 1947 wider. Erster Vizepräsident und zuständig für die innere Verwaltung war Reinhard Benecke (SPD/SED)[243] – unter seiner Aufsicht arbeitete auch die Personalabteilung, geleitet von Ulrich Osche (KPD/SED). Benecke konzentrierte sich auf die innere Arbeitsorganisation, ohne politisch hervorzutreten. Bei der Umorganisation 1948 wurde er in den nachgeordneten Bereich als Hauptgeschäftsführer der Deutschen Landwirtschaftsgesellschaft versetzt.

Zweiter Vizepräsident war Luitpold Steidle (CDU)[244], der keine eigene Linie erkennen ließ. Bei der Umorganisation rückte er, an seinem bisherigen Vorgesetzten vorbei, als Stellvertretender Leiter in die Spitze der Deutschen Wirtschaftskommission ein.

Dritter Vizepräsident war der parteilose Landwirtschaftsfachmann Dr. Matthias Kramer.[245] Auf Hoernles Betreiben nahm er nach der Umorganisation die Stelle eines Zweiten Stellvertreters des HVLF-Leiters ein. Im Sommer 1949 wurde er gleichzeitig mit Hoernles Ausscheiden durch das DWK-Sekretariat zuerst von seiner Vertreterfunktion entbunden und dann, mit Dank für seine Mitarbeit, aus der HVLF entlassen. Sein Nachfolger wurde Hans Fuchs (SED, vorher SPD).

Die Leitung der DVLF komplettierte Ernst Busse (SED, vorher KPD), der Anfang 1947 von der Thüringischen Landesverwaltung zur DVLF versetzt und für den der zunächst nicht vorgesehene Posten eines Vierten Vizepräsidenten geschaffen wur-

---

243 Reinhard Benecke (geb. 1902), Abitur 1919, Arbeit als Landwirt, 1919–1925 Studium der Land- und Volkswirtschaft, 1929–1933 Direktor des Wirtschaftsamtes Altona, 1933–1945 Verlagsleiter.
244 Luitpold Steidle (1898–1984) war nach kurzem Studium Landwirt, Guts- und Gestütsinspektor. 1933 Eintritt in die NSDAP, Ausschluss nach einem Jahr. Ab 1934 Versicherungsagent, dann Eintritt in die Reichswehr. 1943 kam er in Stalingrad in sowjetische Gefangenschaft und wurde Mitgründer und Vizepräsident des Bundes Deutscher Offiziere, Frontbeauftragter des NKFD. 1946 trat er der CDU bei. Ab 1949 Mitglied der (zunächst Provisorischen) Volkskammer, 1949/50 Minister für Arbeit und Gesundheitswesen, 1950–1958 Minister für Gesundheitswesen, 1960–1969 Oberbürgermeister von Weimar. Siehe: Müller-Enbergs, Helmut: Steidle, Luitpold, in: Wer war wer in der DDR, S. 971; Weisshuhn, Herbert: Luitpold Steidle, Berlin (Ost) 1986.
245 Matthias Kramer (geb. 1893) studierte Landwirtschaft, war 1929/39 Geschäftsführer der Deutschen Landwirtschaftsgesellschaft, 1931–1945 landwirtschaftlicher Sachverständiger der Deutschen Industriebank. Im Herbst 1949 wechselte er nach Berlin (West), wurde Professor an der TU Berlin und Mitglied des Forschungsbeirats für Fragen der Wiedervereinigung Deutschlands. (Siehe auch Gloe, Markus: Planung für die deutsche Einheit. Der Forschungsbeirat für Fragen der Wiedervereinigung Deutschlands 1952–1975, Wiesbaden 2005, S. 85f.) Er verfasste u.a. wissenschaftliche Informationsschriften über die DDR-Landwirtschaft.

de.²⁴⁶ Er nahm in der Leitung nur eine marginale Rolle ein und wurde nach der Umorganisation im Rahmen der DWK auf den politisch bedeutungslosen Posten des Leiters der Staatsgüterkontrolle versetzt.

Schließlich ist auf der politischen Ebene der SED-Agrarpolitiker Heinke Heinks zu erwähnen.²⁴⁷ Er wurde als Vertrauensmann Paul Merkers, des für Landwirtschaft zuständigen Mitglieds des SED-Zentralsekretariats, im Zuge der Umorganisation 1948 aus der Landwirtschaftsabteilung des SED-ZS an die HVLF als Erster Stellvertreter Hoernles versetzt, offenbar zum Zweck einer strikteren Durchsetzung der SED-Linie. Nach der Einschätzung der DWK-Leitung erwies er sich aber als seiner Aufgabe nicht gewachsen.

Die Zusammensetzung des Mitarbeiterstabes lässt sich, neben Organigrammen und Geschäftsverteilungsplänen, die aber bestenfalls Nachnamen enthalten und daher nur als ergänzende Quelle dienen können, einer Reihe von Listen aus der Personalabteilung entnehmen. Die wichtigste Quelle ist eine Übersicht über das Personal des höheren Dienstes,²⁴⁸ die im Spätherbst 1947 zur Vorlage an die SMAD erstellt wurde und zur Genehmigung bzw. Bestätigung der Mitarbeiter bestimmt war. Sie enthält auf formalisierten und von Hoernle unterschriebenen oder paraphierten Blättern in deutscher und russischer Sprache Auskünfte über Ausbildungsgang und frühere Berufstätigkeit sowie Parteimitgliedschaften vor und nach 1945 zu 106 Mitarbeitern des höheren Dienstes²⁴⁹, davon 71 Angehörigen des Leitungspersonals im Sinne der in dieser Arbeit zugrunde gelegten Definition (Präsident, Vizepräsidenten, Hauptabteilungsleiter und ihre Stellvertreter, Hauptreferenten).²⁵⁰ Ergänzend zu die-

---

246 Ernst Busse (1897–1952), ausgebildet als Schleifer, Jugendfunktionär im Deutschen Metallarbeiter-Verband, 1918 Mitglied des Spartakusbundes, 1921 der KPD. 1932/33 MdR, in der NS-Zeit Zuchthaus und KZ. 1945–1947 1. Vizepräsident der Landesverwaltung Thüringen, dann Innenminister. Mehrere Untersuchungen wegen Verdachts auf Fehlverhalten im KZ Buchenwald. Nach Absetzung in Thüringen 1947–1949 DVLF. 1950 vom NKWD verhaftet, 1951 vom sowj. Militärtribunal wegen „Kriegsverbrechen" zu lebenslanger Haft verurteilt, gest. im Lager Workuta. 1956 von der SED parteiintern rehabilitiert, 1990 nochmals von der PDS. Vgl. Müller-Enbergs, Helmut: Busse, Ernst, in: Wer war wer in der DDR, S. 151 f.; Weber/Herbst, Deutsche Kommunisten, S. 134 f.
247 Heinke Heinks (1895–1968). Ausgebildet und zeitweise tätig als Zimmermann, 1924–1933 hauptamtlich in der KPD tätig, 1933–1939 Angestellter in einem Wirtschaftsbetrieb. Mehrere Verhaftungen. Ab November 1949 war er Hauptabteilungsleiter im Ministerium für Land- und Forstwirtschaft, ab 1951 bei der VdgB, 1955 bis 1957 im Ministerium für Innerdeutschen und Außenhandel.
248 Verwaltungsangehörige vom (Hilfs-)Referenten aufwärts; der Terminus wird, obgleich in der SBZ-Terminologie nicht gebräuchlich, zur kürzeren Verständigung hier beibehalten.
249 BArch DK 1-2129. Die Übersicht umfasst 109 Personen, davon sind offensichtlich drei durch die SMAD nicht bestätigt worden.
250 Dem Leitungspersonal werden hier auch diejenigen Personen zugerechnet, die zum Zeitpunkt der SMAD-Liste noch Referenten waren, aber in der Folgezeit auf Leitungsfunktionen aufrückten. – Die Übersicht ist offensichtlich auf Vollständigkeit angelegt, dennoch sind sieben Personen, die ausweislich späterer Personallisten zu diesem Zeitpunkt schon dem Haus angehörten, in ihr nicht enthalten. Ein Grund dafür ist in den Akten nicht zu erkennen; möglicherweise waren die betreffenden Personen zum Zeitpunkt der SMAD-Ausarbeitung beurlaubt, anderweitig abgeordnet oder zunächst

ser Quelle konnten mehrere weniger ausführliche, meist auf die Funktion und die Parteizugehörigkeiten konzentrierte Personallisten aus dem Jahr 1948 hinzugezogen werden.[251]

Nach der SMAD-Liste waren 29 von 72 Leitungspersonen (also 40,2%) bereits vor 1945 im öffentlichen Dienst (einschließlich Fachverwaltungen, Schule und Hochschule) tätig gewesen, elf davon im Ministeriumsdienst, hiervon sieben im Reichsernährungsministerium bzw. im preußischen Landwirtschaftsministerium. Rechnet man die ehemaligen Reichsnährstandsmitarbeiter hinzu, so erhöht sich der Anteil auf 36 Personen (50%). 31 Personen (43,1%) kamen aus der Wirtschaft oder freien Berufen, vier (5,6%) waren der Arbeiterschicht zuzurechnen, einer (Hoernle) stellt als hauptamtlicher KPD-Mitarbeiter einen Sonderfall dar. Der Befund verschiebt sich geringfügig zugunsten des öffentlichen Dienstes, wenn man die Gesamtzahl der 106 Angehörigen des höheren Dienstes zugrunde legt.

Auch bei den Neueinstellungen, die zwischen Spätherbst 1947 und September 1948 im Leitungspersonal vorgenommen wurden[252], überwiegt eindeutig der öffentliche Dienst. Soweit die Vorbeschäftigungen überliefert sind – in elf von den 15 Fällen ist dies der Fall –, kommen die neu eingestellten Mitarbeiter aus Reichs- und Länderbehörden (einer aus dem REM) sowie (drei) aus dem RNSt.

Nach der SMAD-Aufstellung waren 61% des Leitungspersonals politisch ungebunden – es handelt sich überwiegend um bürgerliche Fachleute –, 24, also ein Drittel, gehörten der SED, sechs der CDU an. Bezogen auf die Gesamtzahl der Mitarbeiter des höheren Dienstes, lag der Anteil der SED-Mitglieder bei ziemlich genau einem Viertel, bezogen auf die Gesamtzahl aller Mitarbeiter lag sie bei einer Personalerfassung im März 1948 bei 91 von 326, also rund 28 Prozent. Ähnlich ist der Befund im September 1948: Von 317 Mitarbeitern insgesamt gehörten 74 (23,3%) der SED an, beim höheren Dienst insgesamt (38 von 118) und beim Leitungspersonal (25 von 74) war es rund ein Drittel. Damit lag der Anteil der SED-Angehörigen an der Gesamtzahl der Mitarbeiter in der DVLF/HVLF unter dem Durchschnitt der Zentralverwaltungen (Ende 1947 rund 44%).[253]

Zur Frage der Entnazifizierung – sie diente in der SBZ nicht nur der Entfernung von Nationalsozialisten aus wichtigen Stellen, sondern in mindestens gleichem Maße

---

nur als „freie Mitarbeiter" eingestellt. In der statistischen Auswertung können diese sieben Personen nur bei der Parteizugehörigkeit, nicht bei den Vorbeschäftigungen berücksichtigt werden.
251 BArch DK 1-2046, passim.
252 Vergleich der SMAD-Liste mit einer Gesamt-Personalübersicht vom 27.9.1948, BArch DK 1-2046, Blatt 275–282.
253 Merker, Zentralverwaltungen, S. 61. – Interessant ist, dass auch Mitte 1947 von rd. 4500 Mitarbeitern der Zentralverwaltungen noch 178 der SPD angehörten; sie waren Mitglieder der in der Vier-Sektoren-Stadt weiterhin bestehenden dortigen Ortsvereine (Ebd., S. 62). In der HVLF waren es im Juni 1947 fünf (nicht im Leitungspersonal). Dieser Befund ist allerdings wenig überraschend, wenn man bedenkt, dass mehr als die Hälfte der Mitarbeiter der DVLF/HVLF ihren Wohnsitz in den Westsektoren hatten.

der personalpolitischen Absicherung der SED-Herrschaft[254] – ist festzustellen, dass bei den Zentralverwaltungen ehemals aktive Mitglieder der NSDAP grundsätzlich nicht eingestellt wurden, nominelle dann, wenn sie aus fachlichen Gründen unentbehrlich waren und die Gewähr einer loyalen und aktiven Mitarbeit an der „antifaschistisch-demokratischen Ordnung" boten.

In den Aufstellungen, in denen die DV/HV die politische Orientierung ihrer Mitarbeiter vor und nach 1945 verzeichnete, werden für die Zeit vor 1945 nicht nur Mitgliedschaften oder Anwartschaften in der NSDAP und der SA, sondern auch Mitgliedschaften in angeschlossenen Organisationen wie z. B. NSV, NS-Rechtswahrerbund, HJ, NS-Frauenschaft, NSFK, NSKOV aufgelistet. In einer Übersicht vom 17.2.1949 betrifft dies noch 23 Personen aller Dienststellungen, davon sieben zum Leitungspersonal gehörige, zwei davon ehemalige NSDAP-Mitglieder.[255] Zum Stichdatum der SMAD-Liste, etwa November 1947, gehörten dem Leitungspersonal sieben Mitarbeiter an, die zeitweise NSDAP-Mitglieder gewesen waren.[256] Die Zahl relativiert sich allerdings bei genauerer Betrachtung. Vizepräsident Steidle trat der NSDAP am 1.5.1933 bei; seine Mitgliedschaft endete aber schon nach knapp einem Jahr, sie wurde in dem Formblatt nicht erwähnt. Einer konnte glaubhaft machen, dass er, zunächst KPD-Mitglied, im Auftrag der Partei der NSDAP als Spitzel beigetreten war.[257] Bei dreien ist die NSDAP-Mitgliedschaft in dem Meldebogen abgeschwächt („Anwärter") oder nicht vermerkt, sie haben offensichtlich der Verwaltung hierzu falsche Angaben gemacht.[258] Von den übrigen Personen ist zu einer (NSDAP-Mitglied seit Mai 1933) dem Formblatt eine ausführliche Begründung beigefügt, in der auf sein distanziertes Verhältnis zum NS-Regime und seine fachliche Unentbehrlichkeit hingewiesen wird; er wurde von der SMAD auch bestätigt.[259] Ein weiterer Mitarbeiter wurde ebenfalls aus fachlichen Gründen, als Hauptreferent für Landeskultur, im Amt belassen. Eine andere Personalfrage allerdings wurde zum Auslöser einer Leitungskrise.[260]

Die Eingliederung in die DWK und die etwa gleichzeitig anlaufende neue Phase der Agrarpolitik hatten die Stellung der nun als HVLF bezeichneten Institution erheblich geändert. Hoernle persönlich machte offenbar die Linie des „Klassenkampfs auf dem Lande" nur zögernd mit und versuchte zunächst, an seiner Politik des „Bündnisses der Arbeiter und Bauern" und hausintern an seiner Personalpolitik einer

---

254 Vgl. Vollnhals, Entnazifizierung, S. 43 ff.
255 BArch DK 1-2046, Blatt 114/199.
256 Grundsätzlich stellte die Entnazifizierung offenbar in den nachgeordneten Fachinstitutionen eine sehr viel schwierigere Aufgabe dar als in der Zentralverwaltung selbst vgl. Merker, Zentralverwaltungen, S. 54.
257 Er wurde 1948 als „fachlich und politisch ungeeignet" aus dem Dienst entlassen.
258 Aufgedeckte falsche Fragebogenangaben führten in mehreren Fällen (nicht aus dem Leitungspersonal) zu Entlassungen. Von den hier genannten Mitarbeitern wurde einer im November 1948 wegen „versuchter Korruption" entlassen, ein anderer schied im März 1949 auf eigenen Wunsch aus.
259 Dr. Kurt Volkmann, im Reichsernährungsministerium Referent für Pferdezucht.
260 Der Vorgang ist in der SED-Kaderakte des Personalabteilungsleiters dokumentiert, BArch DY 30, (Kaderakte Osche).

relativ breiten Einbeziehung bürgerlicher Fachleute festzuhalten. Beispielsweise hatte der Personalchef Ulrich Osche im November 1948 – zweifellos im Sinne Hoernles und im Vertrauen auf dessen Rückendeckung – an die DWK-Spitze die Durchführung von fünf geforderten Entlassungen bürgerlicher Fachleute gemeldet, die tatsächlich nicht stattgefunden hatten; wenige Wochen später tauchten diese Personen in einer internen Liste der Hauptverwaltung nach wie vor als Mitarbeiter auf.

Nachdem es im Laufe des Jahres 1948 bereits wiederholte Rügen der „Zustände im Bereich der HV LuF [Hauptverwaltung Landwirtschaft und Forsten]", insbesondere ihrer Personalpolitik und des Verhaltens ihrer bürgerlichen Mitarbeiter, durch Ulbricht gegeben hatte,[261] löste nun eine Personalentscheidung ein energisches Eingreifen des Zentralsekretariats der Partei aus. Die personalpolitische Abteilung des SED-ZS widersprach der mit ihr nicht abgestimmten Besetzung der vakant gewordenen Stelle des Hauptabteilungsleiters Forst mit einem Bewerber – „ein guter und aktiver Genosse", heißt es in einer Beurteilung der HVLF-Personalabteilung –, der von 1932 bis 1939 NSDAP-Mitglied gewesen war. Man dürfe das Argument „Wir brauchen Fachleute, selbst wenn sie Nazis waren" nicht öffentlich anerkennen. Die SED-Betriebsgruppe der HVLF musste Selbstkritik üben, Hoernle musste auf einer Sitzung der SED-Betriebsgruppenvorstände versprechen, die Personalpolitik des Hauses zu verbessern und auch gegen die Fehlentwicklungen in Genossenschaften und VdgB vorzugehen.[262]

Damit aber war die Sache nicht ausgestanden. Es folgte im Dezember 1946 eine Überprüfung der Personalabteilung durch die DWK und das Zentralsekretariat. Als Ergebnis wurde festgestellt, „dass die an der Spitze der Landwirtschaft stehende HV LuF in der DWK in ihrer heutigen personellen Besetzung keinerlei Gewähr dafür bietet, dass der Zweijahrplan erfüllt wird."[263]. Fünf der elf Hauptabteilungen stellten demnach bürgerliche Zentren dar, „die ihre Arbeit in einer ausgesprochen reaktionären Art und Weise durchführen und im Zusammenhang gesehen eine ernste Gefahr für die Entwicklung unserer Landwirtschaft bedeuten." Genannt werden im Einzelnen die Hauptabteilung Ackerbau unter Leitung von Dr. Kramer, die Hauptabteilung Tierzucht (das Großbauerntum habe als Träger der reaktionären Tierzuchtverbände die hier angestellten Personen eingebaut), die Hauptabteilung Betriebswirtschaft unter Dr. Fauser („einer der verbissensten Gegner einer fortschrittlichen Entwicklung

---

261 Besprechung der SED-Betriebsgruppenvorstände am 30.9.1948, ebd.
262 „Als wichtig erachte ich das Eingeständnis des Genossen Hoernle, „dass es dem ‚Kulackentum' gelungen ist, wichtige Positionen in den Genossenschaften und in der VdgB zu besetzen. Genossenschaften und besonders VdgB unterstehen seiner Oberaufsicht und er erachtet es jetzt an der Zeit, diese Oberaufsicht anzuwenden, d.h. eine Änderung der gegenwärtigen Situation in diesen Massenorganisationen herbeizuführen. Auch wurde zugegeben, dass man bei der Umorganisation der DWK im Frühjahr 1948 auf die personellen Fragen in der Landwirtschaft in Bezug auf die personelle Entwicklung nicht genügend Rücksicht genommen hat." (Vermerk des Vertreters der Personalpolitischen Abteilung der SED-ZS, Hartmann, über die Besprechung am 20.10.1946, ebd.)
263 Untersuchungsbericht der Personalpolitischen Abteilung des ZS vom 26.1.1949, ebd.

der Landwirtschaft")²⁶⁴, sowie die Hauptabteilungen Agrartechnik und Veterinärwesen ("bürgerliches Zentrum schlimmster Art").

Der Bericht war mehr als eine Mängelrüge, er war eine Generalkritik an der Arbeit der HVLF und insbesondere an der aus Sicht der SED-Führung zu wenig klassenbewussten Personal- und auch Sachpolitik. Die meisten der namentlich kritisierten Personen schieden in der Folgezeit aus der HVLF aus. Der Personalchef wurde auf Weisung des SED-Zentralsekretariats (Paul Merker) zunächst „suspensiert", dann entlassen. Hoernle selbst war offenbar durch seine politischen Verdienste und die Tatsache, dass man ihm administrative Überlastung zugutehielt, vor öffentlicher Maßregelung geschützt. Intern allerdings wurde insbesondere seine Unfähigkeit kritisiert, klassenbewusste Nachwuchskräfte an die fachlichen Aufgaben heranzuführen. Sein Ausscheiden aus dem Amt war eine Entmachtung, allerdings eine, die er selbst offenbar mit Erleichterung aufnahm; schon im Frühjahr 1948 hatte er um Entbindung von dieser Aufgabe und Ermöglichung eines Wechsels in die Wissenschaft gebeten. In seiner neuerlichen Bitte im Juni 1948 schrieb er, „dass es Zeit ist, einmal die gesamte Verwaltung Land- und Forstwirtschaft mit neuen Menschen zu besetzen. Dies entspricht, soviel mir bekannt ist, auch der Meinung, die in verschiedenen Beschlüssen des Politbüros im Laufe des letzten halben Jahres zum Ausdruck kam."²⁶⁵

Im Juni 1949 berichtete die Personalabteilung in einem Schreiben an die Hauptabteilung Personalfragen der DWK, dass „wir die Sparaktion mit einer politischen Säuberung verbanden" und dass die Nachwuchsschulung durch weitere Lehrgänge intensiviert worden sei. Sie versicherte, „unser Ziel ist, um unseren Verwaltungsapparat zu verjüngen, im zweiten Halbjahr 1949 diese fortschrittlichen jungen Menschen weiter zu fördern und auf Planstellen zu bringen. Um dieses Ziel zu erreichen, müssen wir den politischen Säuberungsprozeß gegen die uns hemmenden Kräfte in unserer Verwaltung fortsetzen."²⁶⁶

---

264 Immanuel Fauser (geb. 1895) studierte Landwirtschaft, Rechts- und Staatswissenschaft und war, auch in der NS-Zeit, als selbständiger Landwirt und landwirtschaftlicher Sachverständiger tätig. Er wechselte 1951 nach Berlin (West) und arbeitete ebenfalls zeitweise im Forschungsbeirat für Fragen der Wiedervereinigung Deutschlands mit.
265 Schreiben vom 27.6.1949, BArch DY 30, Kaderakte Hoernle.
266 BArch DK 1-2046 Blatt 31/91.

Abb. III.1: Quelle: ullstein bild – ullstein bild.   **Abb. III.2:** Quelle: ullstein bild – ullstein bild.

In der unmittelbaren Nachkriegszeit war die Ernährung der Bevölkerung, insbesondere in den Industrierevieren und den Ballungsräumen, das vordringlichste Problem der alliierten Militäradministrationen und der von Ihnen zunächst beratend herangezogenen, dann mehr und mehr mit Kompetenzen ausgestatteten deutschen Verwaltungsorgane (**oben links:** Hamsterzug von Magdeburg nach Berlin 1946, **oben rechts:** Gemüseanbau am Tiergarten in Berlin). Vielerorts bildeten sich Schwarzmärkte heraus (**unten,** Berlin 1946), deren Unterbindung oder Kontrolle (**nächste Seite oben**) nur ansatzweise gelang.

Abb. III.3: Quelle: Bundesarchiv Bild 183-H26872.

Abb. III.4: Quelle: ullstein bild – ullstein bild.

Unten links: Hans Schlange-Schöningen (1886–1960), von 1931 bis 1932 Minister und Reichskommissar für die Osthilfe, wurde nach dem Krieg zunächst Leiter des Zentralamtes für Ernährung und Landwirtschaft in der britischen Zone, Okt. 1946 / Aug. 1947 Stellvertretender Direktor des Verwaltungsamtes für Ernährung und Landwirtschaft in der Bizone und ab Juli 1947 Direktor der bizonalen VELF. **Unten rechts:** Hermann Dietrich (1879–1954, hier ein Bild von 1930), von 1928–1930 RMEL, im Kabinett Brüning Finanzminister und Vizekanzler. Von der amerikanischen Militärverwaltung 1946 zum Sonderbevollmächtigten für Ernährung und Landwirtschaft berufen, 1946 / 47 Direktor des Verwaltungsamtes für Ernährung und Landwirtschaft, schied dann altersbedingt aus.

Abb. III.5: Quelle: ullstein bild – Tita Binz.    **Abb. III.6:** Quelle: Bundesarchiv, Bild 102-10015.

Abb. III.7: Quelle: ullstein bild – ullstein bild.

Oben: Ernennung der fünf Direktoren des ersten Wirtschaftsrats der Bizone, August 1947 (zweite Phase der bizonalen Organisation). Von links: Johannes Semler (Wirtschaft), Hans Schlange-Schöningen (Ernährung), Alfred Hartmann (Finanzen), Friedrich Edmund Frohne (Verkehr) und Hans Schuberth (Post). Erhöhte Einfuhren, bessere Ernten und die Währungsreform führten 1948 zu einem Wendepunkt auch in der Ernährungspolitik (**Mitte:** Schaufensterauslagen Berlin 20. Juni 1948). Die bizonalen Einrichtungen wurden im Februar 1948 nochmals reformiert und erhielten damit die Struktur, die nach Erarbeitung des Grundgesetzes durch den Parlamentarischen Rat (**unten:** Hinweisschilder in Bonn, September 1948) in die Institutionen der Bundesrepublik Deutschland übergingen.

Abb. III.8: Quelle: Bundesarchiv, B 145 Bild P-029088.

Abb. III.9: Quelle: Bundesarchiv, B 145 Bikd-P099027.

Bauern!

Die Junker haben euch das Land gestohlen, nehmt es euch wieder, führt die Bodenreform durch!

Kommunistische Partei Deutschlands

Abb. III.10: Quelle: Bundesarchiv, Plak 100-034-005.

Abb. III.11: Quelle: ullstein bild – Abraham Pisarek.

Oben: Die Bodenreform ab 1945 war die erste durchgreifende Maßnahme zur wirtschaftlich-gesellschaftlichen Revolutionierung der sowjetischen Besatzungszone. Zu den von der KPD-Führung erhofften und auch propagierten spontanen Enteignungen durch die Bauern kam es nicht.

Mitte: Edwin Hoernle (1883–1952) war ab 1945 Präsident der deutschen Zentralverwaltung für Landwirtschaft und Forsten in der sowjetischen Besatzungszone, ab 1947 Leiter der Hauptverwaltung Landwirtschaft und Forsten in der DWK. Er war ein engagierter Propagandist der Bodenreform. Als Behördenleiter war er überfordert. Der SED-Linie des verschärften „Klassenkampfes auf dem Lande" ab 1948 folgte er zögerlich. Sein Ausscheiden aus der HVLF im Spätsommer 1949 war Entmachtung und Entlastung zugleich.

Unten: Andreas Hermes (1878–1964) gehörte zu den prägenden Gestalten der deutschen Agrarpolitik im 20. Jahrhundert. Von 1920 bis 1922 war er Reichsernährungsminister, zeitweise gleichzeitig (von Oktober 1921 bis August 1923) Finanzminister. Nach dem Staatsstreich gegen Hitler wurde er zum Tode verurteilt; der Vollstreckung entging er. In der Sowjetischen Besatzungszone wurde er wegen seines Widerstandes gegen die entschädigungslose Enteignung von der Besatzungsmacht Ende 1945 von seiner Funktion als Vorsitzender der CDU abgesetzt. In Westdeutschland wurde er Mitglied des Wirtschaftsrates und ab 1948 erster Vorsitzender des Deutschen Bauernverbandes.

Abb. III.12: Quelle: ullstein bild – ullstein bild.

Abb. III.13: Quelle: Bundesarchiv, Bild 183-D0624-0020-001.

Zu den politisch wichtigsten Ergebnissen der Bodenreform gehörte, dass die KPD/SED ihren auf die Besatzungsmacht gestützten Führungsanspruch im „Block der antifaschistisch-demokratischen Parteien" festigte (Bild **oben:** Kundgebung des Blocks im Januar 1946, links Otto Grotewohl/SPD, daneben Wilhelm Pieck/KPD, auf dem Rednerpult Wilhelm Külz/LDPD.) Zwei Jahre nach seinem Vorgänger wurde auch der neue CDU-Vorsitzende Jakob Kaiser (im Bild rechts neben Pieck), vor allem wegen seines Widerstands gegen die „Volkskongress-Bewegung", von der SMAD abgesetzt. (In der Bundesrepublik wurde er nach 1949 für zwei Wahlperioden Bundesminister für gesamtdeutsche Fragen.) Trotz zeitweiliger Ansätze der SMAD, die Blockpolitik 1948 nochmals zu beleben – in diesen Zusammenhang gehörte die Gründung der DBD –, war die Entwicklung deutlich: Die Zukunft war die Ein-Parteien-Herrschaft der SED.

Abb. III.14: Quelle: Bundesarchiv, Plak 100-014-032.

Vierter Teil:
**Landwirtschaftsministerium und Agrarpolitik
in der alten Bundesrepublik**

Friedrich Kießling

I Einführung: Rahmenbedingungen, Strukturen, Akteure*

Die Veränderungen innerhalb der Landwirtschaft während der vier Jahrzehnte der alten Bundesrepublik lassen sich getrost als atemberaubend bezeichnen. Auch andere Epochen der Agrargeschichte im 20. Jahrhundert waren, die vorherigen Teile haben dies gezeigt, von massiven Wandlungsprozessen und vor allem von Krisen geprägt. Doch das, was die zweite Hälfte des 20. Jahrhunderts an Strukturveränderungen brachte, übertraf dies in vielerlei Hinsicht noch einmal. Waren in den Jahren vor Beginn des Zweiten Weltkriegs noch etwa 30 % der deutschen Bevölkerung im Agrarbereich tätig, so fiel diese Quote im Verlauf der ersten Jahrzehnte der Bonner Republik rapide. 1950 arbeiteten in der insgesamt im Vergleich zum Deutschen Reich von vornherein schon weniger landwirtschaftlich geprägten Bundesrepublik immerhin noch etwa 23 % der Beschäftigten in Land-, Forstwirtschaft sowie Fischerei.[1] Zehn Jahre später war die Quote bereits auf 13,7 % gefallen und bis 1970 weiter auf 8,5 %. 1989 sollten dann noch knapp unter 4 % der Beschäftigten im Agrarsektor beschäftigt sein.[2] Parallel dazu nahm die Zahl der Betriebe massiv ab, von etwa 1,65 Mio. landwirtschaftlichen Betrieben 1949 auf weniger als 650.000 am Ende der alten Bundesrepublik, über die Hälfte davon Nebenerwerbsbetriebe.[3]

Aber nicht allein die quantitativen Daten können das Ausmaß des Wandels zeigen, auch qualitativ fand sich die Agrargeschichte wie die Agrarpolitik am Ende der alten Bundesrepublik in einem dramatisch veränderten Umfeld wieder. Die Jahrzehnte nach 1949 waren es, in denen sich (West-)Deutschland zu einer Konsum- und Wohlstandsgesellschaft wandelte. Die Realeinkommen stiegen in den Jahrzehnten der alten Bundesrepublik um etwa 400 %, wobei der Hauptteil des Anstiegs auf die Zeit zwischen Mitte der 50er und Anfang der 70er Jahre fiel. Hatten Mitte der 50er Jahre noch kaum mehr als 5 % der Haushalte ein Auto besessen, so waren es Anfang der 70er Jahre über die Hälfte der Haushalte. Zu Beginn der 70er Jahre war zum ersten Mal über die Hälfte der Bundesbürger in der Lage, sich eine Auslandsreise zu leisten.[4] Die Produktion von Nahrungsmitteln hatte in einer solchen Gesellschaft einen völlig anderen Stellenwert und war mit anderen Vorstellungen verbunden als in einer Gesellschaft, in der noch immer die meisten Menschen einen Großteil ihres Einkommens für Grundnahrungsmittel aufwendeten. Spätestens 1970 war das anders geworden. Im „Ausgabenkorb" der bundesdeutschen Haushalte machten Nahrungsmittel nun noch

---
* Ich danke Christoph Teubner für die Unterstützung bei der Quellen- und Literaturrecherche, insbesondere bei der Auswertung der Personalakten der leitenden Mitarbeiter des BMEL.
1 Statistisches Jahrbuch für die Bundesrepublik Deutschland 1953, S. 27*f.
2 Statistisches Jahrbuch für die Bundesrepublik Deutschland 1990, S. 94.
3 Betriebe ab 1 ha landwirtschaftlich genutzter Fläche, ebd., S. 144.
4 Zahlen: Wolfrum, Edgar: Die Bundesrepublik Deutschland 1949–1990, Stuttgart 2005, S. 313f.

etwa 24 % der Gesamtkosten aus.[5] Zu Beginn der Bonner Republik war der Wert bei ca. 40 % gelegen.[6] Statt der Gefahr von Nahrungsmangel ging es nun um die Nahrungsqualität oder um Essen als Risikofaktor. Aber auch in einer anderen Hinsicht schlugen die allgemeine Einkommensstruktur sowie die Einkommensgewinne einer „Wohlstandgesellschaft" auf die Agrarwirtschaft und die Agrarpolitik zurück. Denn wie ein Wirtschaftszweig wie die Landwirtschaft in dem von Industrie und zunehmend auch dem tertiären Sektor geprägten „Wirtschaftswunder" mithalten konnte, war eine offene Frage. „Parität" der Landwirtschaft im Verhältnis zu den anderen Wirtschaftsfeldern wurde so schnell zum Schlagwort der Landwirtschaftspolitik.

Neben den gesellschaftlichen Grundtatsachen hatte sich auch der geografische Raum verändert, in dem sich die bundesdeutsche Landwirtschaft bzw. die Landwirtschaftspolitik von nun an abspielten. Das begann damit, dass das Territorium des westdeutschen Teilstaats eine deutlich veränderte Agrarstruktur aufwies als das vorherige Deutsche Reich. Aus westdeutscher Sicht war mit der deutschen Teilung und der Abtretung der „Ostgebiete" etwa die Hälfte der landwirtschaftlichen Nutzfläche des Deutschen Reichs von 1937 verlorenen gegangen. Nach der doppelten Staatsgründung von 1949 war mit dieser Struktur erst einmal zu rechnen. Hinzu kam die Veränderung der Betriebsgrößen. Der Schwerpunkt der westdeutschen Betriebe lag nach der Abtrennung der ostdeutschen Großbetriebe im Bereich einer landwirtschaftlichen Nutzfläche von bis zu 10 ha. Nur in Schleswig-Holstein und Teilen Niedersachsens dominierten größere Betriebe. Die Landwirtschaft war nicht nur westlicher, sondern auch südlicher geworden. In gewisser Weise war sie nun auch katholischer und sie war vor allem von Mittel- und Kleinbetrieben geprägt.

Mit dem Rückgang der Zahl der landwirtschaftlichen Betriebe sowie der in der Landwirtschaft Beschäftigten wandelte sich zudem nach und nach die Struktur der bundesdeutschen Dörfer. Der ländliche Raum war immer weniger als zuvor zugleich ein „bäuerlicher Raum". Die Einebnung des Unterschieds zwischen Stadt und Land – heute vielleicht wieder auf dem Rückzug – ist dabei eine der großen sozialen Wandlungen der alten Bundesrepublik, zu der neben agrarstrukturellen Veränderungen auch der Zuzug von Heimatvertriebenen und Flüchtlingen beigetragen hat. Die Bundesrepublik war gerade in ihren ersten Jahrzehnten eine hochmobile Gesellschaft. Das galt auch für den ländlichen Raum. Die Veränderungen betrafen schließlich das politische Umfeld. Neue Themen erschienen auf der Agenda, auf die sich die Politik einstellen musste. Verbraucherschutz war so ein neues Thema oder – um 1970 recht plötzlich und sofort massiv da – der Umweltschutz. Nicht zuletzt gestaltete die beginnende europäische Integration die Landwirtschaft wie kaum einen zweiten Politikbereich früh um. Ob man es wollte oder nicht – und gerade im Landwirtschaftsministerium gab es manche, die dies nicht wollten – Agrarpolitik musste immer mehr

---

[5] Statistisches Bundesamt, Fachserie 18, Reihe 1.5. Volkswirtschaftliche Gesamtrechnungen. Inlandsproduktsberechnung, Lange Reihen ab 1970. Wiesbaden 2016, S. 132.
[6] Statistisches Jahrbuch für die Bundesrepublik Deutschland 1952, S. 447.

von vornherein in enger Abstimmung mit den europäischen Partnern betrieben werden.

In anderer Hinsicht waren die Wandlungen weniger spektakulär. So ließ sich Landwirtschaftspolitik nach 1949 ebenso wenig, wie das vor 1933 der Fall war, ohne die landwirtschaftlichen Interessenvertretungen und Verbände „machen". Insbesondere blieb das Ministerium bald wieder stark mit der Produktionsseite der Landwirtschaft verbunden. Was sich nach 1945 änderte, war allerdings die Struktur der Interessenvertretungen. Während sich das landwirtschaftliche Verbandswesen in Deutschland traditionell durch eine erhebliche Heterogenität ausgezeichnet hatte, gelang es nach dem Zweiten Weltkrieg dem 1948 als Dachorganisation gegründeten Deutschen Bauernverband rasch, zum bei weitem wichtigsten Interessenorgan der Landwirtschaft aufzusteigen. Im Grunde wenig verändert – jedenfalls was die Präferenzen im landwirtschaftlichen Bereich anbelangt – hatten sich die grundsätzlichen Parteikonstellationen. Wenig überraschend waren es auch in der frühen Bundesrepublik die Vertreter des konservativen Parteienspektrums, die sich der Interessen von Landwirten und Bauern besonders annahmen. Vertreter der SPD stellten demgegenüber die Anliegen der Verbraucher deutlich stärker heraus. Kontinuität zumindest mit Blick auf Weimar ergab sich bei der verfassungsrechtlichen Ausgestaltung des Agrarbereichs. In Weimar wie in Bonn waren Zentralstaat und Länder durch die Verfassung zur Zusammenarbeit aufgefordert. Bei aller Internationalität und Europäisierung müssen bei der Betrachtung der Landwirtschaftspolitik bis heute insbesondere auch die regionale sowie die föderale Dimension berücksichtigt werden.

Auf den ersten Blick im Feld von Ernährung und Landwirtschaft vielleicht weniger wichtig ist der Ost-West-Konflikt als Rahmenbedingung der bundesdeutschen Entwicklung. Doch auch dieser Aspekt sollte nicht unterschätzt werden. Zum einen zeichnete sich der Kalte Krieg der Jahrzehnte nach dem Zweiten Weltkrieg dadurch aus, dass er gerade nicht auf die Außenpolitik beschränkt blieb, sondern eben alle Politik- und Gesellschaftsbereiche einbezog. Zum anderen war die Landwirtschaft durchaus ein eigenständiges Thema in den ideologischen Auseinandersetzungen zwischen West und Ost. Die bundesdeutsche Seite richtete sich dabei vor allem gegen die Kollektivierungen in der DDR und stellte diesen den eigenständigen, „freien" bäuerlichen Familienbetrieben entgegen. Wie in anderen Bereichen auch, mochte die Systemauseinandersetzung des Kalten Krieges so zur Stabilisierung traditioneller Vorstellungen und Bilder in der frühen Bundesrepublik beitragen.

Alles in allem waren die strukturellen Veränderungen der Jahrzehnte nach 1945/ 49 so massiv, dass in der Agrargeschichtsschreibung auf der einen Seite längst von einer „Entagrarisierung"[7] von Landwirtschaft und ländlichem Raum die Rede ist und auf der anderen Seite der Wandel von Versorgungsmangel zum Versorgungsüberfluss

---

7 Mosser, Josef: Das Verschwinden der Bauern. Überlegungen zur Sozialgeschichte der „Entagrarisierung" und Modernisierung der Landwirtschaft im 20. Jahrhundert, in Münkel, Daniela (Hg.): Der lange Abschied vom Agrarland. Agrarpolitik, Landwirtschaft und ländliche Gesellschaft zwischen Weimar und Bonn, Göttingen 2000, S. 23–35.

und hin zum „Essen als Risiko"[8] im Rahmen heutiger Gesundheits- und Umweltdebatten beschrieben worden ist. Wie auch immer man die dem zugrundeliegenden Entwicklungen beurteilen mag, es war dieser sich dramatisch ändernde Kontext, auf den sich das Ministerium für „Ernährung, Landwirtschaft und Forsten" mehr und mehr einstellen und auf den es reagieren musste.

---

[8] Kluge, Ulrich: Agrarwirtschaft und ländliche Gesellschaft im 20. Jahrhundert, München 2005, S. 110.

II Die institutionelle Entwicklung

1 Entstehung und frühe institutionelle Entwicklung des Ministeriums

In den Selbstbeschreibungen des Ministeriums wird regelmäßig der 16. September 1949, der Tag, an dem Konrad Adenauer seine Ernennungsurkunde von Bundespräsident Theodor Heuss ausgehändigt bekam und damit sozusagen die Bundesregierung im Amt war, als Gründungsdatum des Bundeslandwirtschaftsministeriums genannt.[9] Tatsächlich kann aber weder am 16. noch am 20. September, als Wilhelm Niklas im Bundestag seinen Amtseid als erster Agrarminister der Bundesrepublik ablegte, davon gesprochen werden, dass so etwas wie ein Bundeslandwirtschaftsministerium auch in der Wirklichkeit existierte. Erster Sitz in Bonn wurde die Rheindorfer Straße (heute Graurheindorfer Straße) im Norden Bonns, wo im Bereich verschiedener Kasernengebäude die meisten der neuen Ministerien eine vorläufige Unterkunft fanden. Das „Ministerium" bestand hier zunächst allerdings nur aus einem Verbindungsbüro in der im Aufbau befindlichen Bundeshauptstadt. Gearbeitet wurde weiterhin von Frankfurt aus, wo die Verwaltung für Ernährung, Landwirtschaft und Forsten in der Gervinusstraße ihren Sitz hatte. Noch am 5. Dezember gab das Ministerium gegenüber einer Anfrage zwar die Adresse Rheindorfer Straße in Bonn als Behördenadresse an, fügte aber hinzu, dass die Geschäfte weiter von der Verwaltung für Ernährung, Landwirtschaft und Forsten in Frankfurt geführt würden, und zwar „bis auf weiteres". Auch einen „Organisationsplan" habe man, so das Schreiben von Anfang Dezember 1949, noch nicht.[10] Der Umzug des Gros der Mitarbeiter zog sich noch Monate hin. Zum endgültigen Dienstsitz wurde am Ende nicht das Gelände entlang der Rheindorfer Straße im Norden Bonns, wo u. a. das Bundesinnenministerium seinen endgültigen Platz in der Bonner Republik fand, sondern der Westen des heutigen Bonn. Dort in der Troilokaserne an der Rochusstraße (damals Bonner Straße im noch selbstständigen Duisdorf) bezog das Ministerium im Frühjahr 1950 seinen bis heute bestehenden Dienstsitz. Den Anfang machten zwei ehemalige Kasernengebäude, wobei man das Gelände mit dem Arbeitsministerium zu teilen hatte. Da in Bonn nicht nur Büroräume knapp (und entsprechend zwischen den im Aufbau befindlichen Ministerien hart umkämpft) waren, sondern vor allem auch Wohnraum fehlte, wurden in den Kasernengebäuden ebenso Wohnungen für die Mitarbeiter hergerichtet. Bei einer Besichtigung der zukünftigen Gebäude im November 1949

---

9 So übereinstimmend: Die Agrarwirtschaft in der Bundesrepublik Deutschland, hg. im Auftrag des Bundesministers für Ernährung Landwirtschaft und Forsten v. Heinz Haushofer, München u. a. 1974 (*Haushofer, Agrarwirtschaft*), S. 149 sowie Niklas, Wilhelm: Sorgen um das tägliche Brot. Von der Regierungserklärung 1949 bis zu den Marktordnungsgesetzen 1951, Hamburg 1951 (*Niklas, Sorgen*), S. 9.
10 BMEL an die Schriftleitung des Bayerischen Jahrbuchs, Dr. Ludwig Raab, 5.12.1949, BArch B 116/14335.

entschied der gerade bestimmte Staatsekretär Theodor Sonnemann entsprechend, dass auch für Referatsleiter angesichts der allgemeinen Raumknappheit „einachsige" Büros genügen mussten.[11]

Im Fluss war zu Beginn der Bundesrepublik aber natürlich nicht nur die zukünftige Unterbringung der Bundesregierung. Auch die konkrete Organisationsstruktur und selbst die genaue Zahl der Ressorts standen keineswegs von Anfang an – und selbst nach der Wahl von Konrad Adenauer zum Bundeskanzler Mitte September 1949 noch nicht – fest.[12] An der Wiedereinrichtung eines Landwirtschaftsministeriums hatte es allerdings während der Beratungen um die institutionelle Ausgestaltung der Bundesregierung keinen Zweifel gegeben.[13] Dies ergab sich nicht nur aus der inzwischen seit 1919 bestehenden Tradition und der nach wie vor angespannten Ernährungslage, auch die Errichtung eines entsprechenden Ressorts in der Verwaltung des Vereinigten Wirtschaftsgebiets hatte die Wiedergründung bereits vorweggenommen. Diskussionen gab es aber sehr wohl um die konkrete administrative und personalpolitische Ausgestaltung. Dabei sind für die Einrichtung und Ausgestaltung des Agrarressorts insbesondere vier Handlungsebenen wichtig geworden. So arbeitete seit Juni der sogenannte Organisationsausschuss der Ministerpräsidentenkonferenz für die Länder Vorschläge für die Gestalt der künftigen Bundesregierung aus und beriet in diesem Rahmen auch über den Zuschnitt des neuen Agrarministeriums. Über die konkrete inhaltliche und personelle Ausgestaltung der Ministerien wurde zweitens nach der ersten Bundestagswahl vom 14. August in den Koalitionsverhandlungen zwischen CDU, CSU, FDP und Deutscher Partei (DP) gerungen. Die Entscheidungen über die Führungspositionen der Ministerien fielen letztendlich hier. Darüber hinaus hatte vor allem die CDU unter Konrad Adenauer früh damit begonnen, sich systematisch Gedanken über die strukturelle und insbesondere die personelle Ausgestaltung der künftigen Bundesverwaltung zu machen. Verschiedene Arbeitsgruppen aus Vertrauten von Konrad Adenauer, zu denen bald auch der spätere Chef des Kanzleramtes Hans Globke gehörte, bereiteten für die Partei, dann auch für die Bundesregierung die Entscheidungen vor.[14] Nicht zu vernachlässigen war schließlich die bestehende Landwirtschaftsverwaltung des Vereinigten Wirtschaftsgebiets. Da es letztendlich um eine Überführung dieser Behörde in die Bundeshoheit ging, bildete

---

11 Wochenbericht für die Zeit vom 21.11. bis 26.11.1949, BArch B 116/1660.
12 Vgl. z. B.: Stenographische Niederschrift über die Sitzung der Bundestagsfraktion der CDU/ CSU, 16.9.1949, in: Quellen zur Geschichte des Parlamentarismus und der politischen Parteien, Reihe IV, Bd. 3. Auftakt zur Ära Adenauer. Koalitionsverhandlungen und Regierungsbildung 1949, bearbeitet von Udo Wengst, Düsseldorf 1985, S. 422–438, hier S. 430–437.
13 Dies gilt, auch wenn während der Beratungen des Grundgesetzes von Länderseite Vorbehalte gegen ein Bundeslandwirtschaftsministerium nicht ausbleiben. Vgl. z. B. Gerhardt, Raphael: Agrarmodernisierung und europäische Integration. Das bayerische Landwirtschaftsministerium als politischer Akteur 1945–1975, München 2019 (*Gerhardt, Agrarmodernisierung*), S. 122–125.
14 Grundlegend: Wengst, Udo: Staatsaufbau und Regierungspraxis. Zur Geschichte der Verfassungsorgane der Bundesrepublik Deutschland, Düsseldorf 1984 (*Wengst, Staatsaufbau*), S. 91–95 u. 138–141.

diese einen nicht zu unterschätzenden Ausgangspunkt aller Überlegungen und war so auch selbst Akteur bei der Aushandlung des künftigen Zuschnitts des Ministeriums.

Der Organisationsausschuss der Ministerpräsidentenkonferenz legte seine Vorschläge über die institutionelle Ausgestaltung der neuen Regierung Ende Juli in einem gut 100seitigen Bericht – den nach dem Tagungsort des Ausschusses so genannten „Schlangenbader Empfehlungen" – vor.[15] Für das Landwirtschaftsministerium empfahl dieser eine deutliche Verkleinerung im Vergleich zur Verwaltung des Vereinigten Wirtschaftsgebiets. Statt der fast 90 Referate, die die Frankfurter Verwaltung laut Geschäftsverteilungsplan Anfang 1949 aufwies, sollte das Ressort mit 45 bis 46 Referaten auskommen. Die Zahl der Abteilungen sollte um eine auf sechs, die der Unterabteilungen insgesamt von sieben auf vier reduziert werden.[16] Der Organisationsausschuss folgte damit seiner allgemeinen Linie, eine möglichst schlanke Bürokratie auf Bundesebene zu schaffen. Das Streben „nach größter Sparsamkeit"[17] gehörte zu den vom Ausschuss ausdrücklich genannten Grundprinzipien seiner Arbeit und beschreibt darüber hinaus ganz gut den politischen Stil, in dem die bundesdeutsche Staatsgründung stattfand. Sieht man sich die Vorschläge konkret an, spielte ebenso die Erwartung einer Normalisierung der Versorgungssituation eine Rolle. So fiel in der Abteilung Ernährung die Unterabteilung „Notbewirtschaftung" komplett weg. In anderen Bereichen, beim Außenhandel oder bei der Erzeugung, verzichtete der Entwurf der Ministerpräsidenten auf Referate, die sich vor allem mit der Wirtschaftslenkung und Bewirtschaftung beschäftigten. Insofern versprach der vom Organisationsausschuss vorgelegte Geschäftsverteilungsplan auch eine stärker liberalisierte Ernährungs- und Landwirtschaftspolitik. Die längst in Gang gekommene Diskussion um die Aufgabenverteilung zwischen Bund und Ländern schlug sich in der Namenswahl der Empfehlungen nieder. Der Bericht des Organisationsausschusses sah als Ressortbezeichnung „Bundesministerium für Ernährung und Landwirtschaft" vor. Die „Forsten" sollten, wegen ihrer – wie es in den Empfehlungen hieß – „verhältnismäßig kleine[n] Rolle im Gesamtministerium" und der wichtigen Zuständigkeiten der Länder auf diesem Gebiet, im Namen fehlen.[18] An anderen Stellen wiederum ging es bereits um die Kompetenzabgrenzung zwischen den Ministerien. So betonten die Empfehlungen die besondere Bedeutung des Referats für Preispolitik – allerdings nur für den Fall, dass das Landwirtschaftsministerium gegenüber dem Wirtschaftsressort in diesem Bereich eine eigene Zuständigkeit erhalten sollte. Bei dem mit dem Innenministerium umstrittenen Veterinärwesen schlug sich der Ausschuss auf die Seite des Innenressorts, bei der Wasserwirtschaft gestand man dem Landwirtschaftsministerium zumindest Zuständigkeiten in einzelnen Fragen zu. Gleiches galt beim Außenhandel

---

15 Empfehlungen des Organisations-Ausschusses der Ministerpräsidenten-Konferenz über den Aufbau der Bundesorgane, Wiesbaden 1949.
16 Vgl. der vom Organisationsausschuss vorgelegte Geschäftsverteilungsplan: Ebd., S. 60 f.
17 Ebd., S. 3.
18 Ebd., S. 58.

sowie der Industriepolitik, soweit sie die Nahrungs- und Genussmittelindustrie betraf.[19]

Das entstehende Landwirtschaftsministerium reagierte Anfang November mit einer eigenen Stellungnahme auf die Schlangenbader Empfehlungen und gleichzeitig auf eine Erklärung, die die Adenauer-Gruppe – der neben Hans Globke auch der spätere Innenstaatssekretär Hans Ritter von Lex sowie Erich Keßler, ab 1949 Unterstaatssekretär im Innenministerium angehörten –, am 1. Oktober vorgelegt hatte und dabei zum Ärger des Ministeriums dem Organisationsausschuss weitgehend gefolgt war.[20] Die insgesamt 17 Seiten umfassende Stellungnahme erhob massive Einwände gegen die Vorschläge des Organisationsausschusses. Konkret beharrte man beim Veterinärwesen, bei der land- und forstwirtschaftlichen Ausbildung, beim Boden- und Siedlungsrecht sowie in der Wasserwirtschaft auf einer Ausweitung der eigenen Zuständigkeiten. Sofortigen Erfolg hatte die Intervention lediglich beim Veterinärwesen.[21] Am 21. Dezember 1949 entschied das Kabinett nach einigem Hin und Her zwischen Innen- und Landwirtschaftsministerium, dass die Zuständigkeit künftig beim Ernährungsressort liegen sollte.[22] Die anderen Fragen wurden zunächst nicht geklärt bzw. es blieb bei geteilten Zuständigkeiten, deren genaue Abgrenzungen sich erst bei der weiteren Regierungspraxis zeigen mussten. Ganz ähnlich entwickelten sich die Zuständigkeiten in der Wirtschaftspolitik sowie bei der Preisgestaltung. Auch hier hatte das Ministerium, obwohl die Schlangenbader Empfehlungen auf diesen Gebieten gar keine klaren Zuweisungen vorgenommen hatten, massiv auf die eigene Kompetenz gepocht. Da eine explizite Abgrenzung der Zuständigkeiten in der Folge unterblieb, kam es auch hier darauf an, wie sich die Praxis entwickeln würde. Die Beispiele sind symptomatisch dafür, wie fluide das Regierungshandeln zu Beginn der Bundesrepublik noch war. Entscheidungsstrukturen wie Zuständigkeiten mussten sich erst einspielen.[23]

Angesichts der Kürzungsvorschläge der Schlangenbader Empfehlungen lässt sich die im Verlaufe des Jahres 1950 herausgebildete erste Organisationsstruktur dann durchaus als Erfolg des Ministeriums begreifen. Nicht nur die „Forsten" waren der Ressortbezeichnung im November 1949 hinzugefügt worden, das Ministerium kam ebenso auf eine erheblich höhere Anzahl an Referaten. Der inzwischen auch durch

---

19 Ebd., S. 59.
20 Stellungnahme zu den Schlangenbader Empfehlungen, 1.10.1949, BArch B 106/45735.
21 Stellungnahme des Bundesministeriums für Ernährung, Landwirtschaft und Forsten zu den Empfehlungen des Organisationsausschusses der Ministerpräsidenten-Konferenz über den Aufbau der Bundesregierung, 4.11.1949, BArch B 116/14320.
22 Die Bundesministerien 1949–1999. Bezeichnungen, amtliche Abkürzungen, Zuständigkeiten, Aufbauorganisation, Leitungspersonen., bearb. v. Heinz Hoffmann, Koblenz 2003, S. 70.
23 Das galt auch für die Frage, wer letztendlich über den Zuschnitt der Geschäftsbereiche entschied. Nach längerem Hin und Her bestimmte die Geschäftsordnung der Bundesregierung vom 11.5.1951, dass die Organisationsgewalt innerhalb der Bundesregierung in den „Grundzügen" beim Kanzler lag. Entsprechend entwickelte sich auch in der Adenauerzeit die Praxis. Vgl. Wengst, Staatsaufbau, S. 247–250.

einen Bundeshaushalt unterlegte Organisationsplan von November 1950 wies 74 Referate aus und lag damit deutlich näher am Umfang der Frankfurter Verwaltung als an dem von dem Organisationsausschuss empfohlenen.[24] Die technische Grundstruktur folgte dann allerdings weitgehend den Schlangenbader Vorschlägen. Wie bei allen anderen Ministerien auch, behielt man die traditionelle Gliederung der deutschen Ministerialbürokratie in Abteilungen, Unterabteilungen und Referate bei. Für das Landwirtschaftsministerium hieß das, dass wie in den Empfehlungen des Organisationsausschusses vorgesehen sechs Abteilungen gebildet wurden. Zudem sollte ein beamteter Staatssekretär als Behördenleiter unterhalb des Ministers fungieren. Auch dies entsprach dem traditionellen Aufbau der Ministerien im Reich. Beim sachlichen Aufbau ähnelte der frühe Organisationsplan dann aber wiederum eher der Bizonalen Verwaltung als den Vorstellungen des Ausschusses der Ministerpräsidentenkonferenz. Zwar wurde die Anzahl der Abteilungen entsprechend den Schlangenbader Empfehlungen von sieben auf sechs reduziert, allerdings blieb die Abteilung „Planung und Statistik" erhalten. Als Ausgleich wurden die Bereiche Ernährung und Außenhandel zu einer Abteilung zusammengeführt, die mit 26 Referaten aber weit mehr Referate umfasste als die 16 bis 17 Referate, die der Organisationsausschuss für beide Bereiche vorgesehen hatte. Erhöht wurde auch die Zahl der Unterabteilungen, von denen das Ministerium sechs statt der vier der Schlangenbader Empfehlungen erhielt.

Die weitere institutionelle Entwicklung bis zum Ende der Ära Adenauer 1963 spiegelte die sich einspielenden Arbeitsschwerpunkte wider. Schon 1952 war als nun siebte Abteilung wieder ein eigener Bereich für Außenhandel entstanden, die der ökonomisch ja besonders schnell voranschreitenden internationalen Einbindung der jungen Republik entsprach. Mit Hans Nelson und ab 1954 Otto Stalmann standen der neuen Abteilung nacheinander zwei Ministerialbeamte vor, die schon vor 1945 im Reichsernährungsministerium mit Fragen des Außenhandels beschäftigt gewesen waren. Auch in der 1952 in „Agrarwesen" umbenannten Abteilung für Agrarpolitik existierte Mitte der 50er Jahre ein Referat für Fragen der europäischen Integration, ehe es in der Außenhandelsabteilung aufging. Das gegen das Innenministerium hart erkämpfte Veterinärwesen bildete 1953 eine eigene Unterabteilung innerhalb der „Landwirtschaftlichen Erzeugung". Die Sicherheitslage der Bundesrepublik bzw. die Ost-West-Auseinandersetzung sorgte nach 1954 für die Errichtung eines Referats für „Sicherheitsfragen" sowie für „Verteidigungsangelegenheiten" auch im Landwirtschaftsministerium. 1958 enthielt der Organisationsplan zum ersten Mal ein Referat, das den „Naturschutz" im Namen führte. Es war in der Unterabteilung V A „Forstwirtschaft" angesiedelt. In den interministeriellen Auseinandersetzungen um die Zuständigkeit bei Natur- und Umweltschutz sollte es in den späten 60er sowie den 70er Jahren dem Landwirtschaftsministerium als Argument dafür dienen, dass entsprechende Fragen schon traditionell im eigenen Ressort verortet waren. Ebenfalls

---

24 Organigramme und Geschäftsverteilungspläne des BMEL bis 1995 finden sich in: BArch B 116/98210-98216; B 116/18126-18132 sowie B 116/20389.

1958 stand zum ersten Mal der Außenhandel mit „Entwicklungsländern" im Organisationsplan des Ministeriums. In diesem neuen Bereich der bundesdeutschen Außenbeziehungen behielt das Ministerium auch nach der Gründung des „Bundesministeriums für wirtschaftliche Zusammenarbeit" 1961 wichtige Zuständigkeiten. Eine ganze Reihe von Umgestaltungen erlebten die ministeriellen Einheiten, die sich mit Siedlung, Flurbereinigung oder ländlichen Sozialfragen beschäftigten. Erst Ende der 50er Jahre war mit „Agrarstruktur" ein Begriff gefunden, der die verschiedenen Arbeitsbereiche auf den Punkt brachte und unter dem fortan eine Unterabteilung innerhalb des „Agrarwesens" firmierte. Alle diese größeren und kleineren Veränderungen sorgten auch für einen allmählichen Aufwuchs der Zahl der Referate. Am Ende der Ära Adenauer sollte das Ministerium 92 statt der anfänglichen 74 Referate umfassen, was immerhin einen Anstieg um gut 24 % bedeutete. Ausgedrückt im Personalstand sorgte dies für einen Anstieg der Zahl der Mitarbeiter und Mitarbeiterinnen von etwa 550 Personen im Jahr 1950 auf etwa 800 Mitarbeiter und Mitarbeiterinnen Mitte der 1960er Jahre.[25] Die Schlangenbader Empfehlungen aus dem Juli 1949 hatten einen Personalbestand von 330 Personen vorgesehen.[26]

Ein Mehrfaches an Mitarbeitern und Mitarbeiterinnen arbeitete bei den vielen nachgeordneten Behörden, die im Geschäftsbereich des Ministeriums 1949 und in den Jahren danach entstanden. Dabei handelte es sich zwar formal meist um Neugründungen, viele gingen aber auf Vorgängerinstitutionen zurück, die bereits in der Verwaltung des Vereinigten Wirtschaftsgebiets oder im Deutschen Reich vor 1945 existierten. Zu ersteren, in der Besatzungszeit entstandenen Behörden gehörte die 1951 als Bundesoberbehörde errichtete „Außenhandelsstelle für Erzeugnisse der Ernährung und Landwirtschaft", die 1965 in „Bundesamt für Ernährung und Forstwirtschaft" umbenannt wurde. 1995 fusionierte sie mit der auf die sogenannten Einfuhr- und Vorratsstellen zurückgehende „Bundesanstalt für landwirtschaftliche Marktordnung" zur heutigen „Bundesanstalt für Landwirtschaft und Ernährung" (BLE). Die Außenhandelsstelle und später das Bundesamt erteilten Einfuhr- und Ausfuhrgenehmigungen, erfüllten Planungsaufgaben oder setzten Fördermaßnahmen um. Da die zugrundeliegenden Gesetzestexte den Aufgabenbereich bewusst offen formuliert hatten, entwickelten sie sich für das Ministerium zur zentralen Stelle für eine Vielzahl von Verwaltungsaufgaben.[27] Über die Personalstruktur des Bundesamtes, wie ebenso

---

25 Zahlen: BArch, B 116/20994: Stellenbesetzungen – Allgemeines (Zahlen für 1950) sowie Nobis, Friedrich: Das Bundesministerium für Ernährung, Landwirtschaft und Forsten, 2., überarb. Aufl., Bonn 1971 (*Nobis, Bundesministerium*), S. 40. (Zahlen für 1965).
26 Schlangenbader Empfehlungen, S. 60, Schaubild. Die Zahlen hier bezogen sich allerdings nur auf Beamte und Angestellte. Beim Höheren Dienst lautete das Verhältnis der Empfehlungen zum Personalbestand 1950 125 zu 159.
27 Siehe Gesetz über die Sicherstellung der Versorgung mit Erzeugnissen der Ernährungs- und Landwirtschaft sowie der Forst- und Holzwirtschaft (Ernährungssicherstellungsgesetz) vom 24.8.1965, BGBL. (1965), S. 938–944 sowie Gesetz über die Außenhandelsstelle für Erzeugnisse der Ernährung und Landwirtschaft vom 17.12.1951, BGBL. 1951, S. 967 f.

der der nachgeordneten Behörden insgesamt, ist wenig bekannt. Sie verdiente eine eigene Untersuchung. Stichproben zeigen, dass in der Außenhandelsstelle zum Beispiel der hoch belastete SS-Obersturmbannführer Ernst Rademacher nach dem Zweiten Weltkrieg unterkam, der 1931 der NSDAP beigetreten war, im Zweiten Weltkrieg für die Partei im Reichstag saß und 1942/43 als Hauptabteilungsleiter Ernährung und Landwirtschaft beim Generalkommissar in Dnipropetrowsk in der besetzten Ukraine fungierte.[28] Auch dem späteren Staatssekretär Walther Florian, der noch als Jugendlicher in die Allgemeine SS eingetreten war und im Zweiten Weltkrieg in verschiedenen Einheiten der Waffen-SS diente, mochte der Weg über die „Einfuhr- und Vorratsstelle für Getreide u. Futtermittel" nach 1945 den Berufseinstieg in der öffentlichen Verwaltung und dann den Eintritt ins Ministerium selbst erleichtert haben.[29] Von diesen „Einfuhr- und Vorratsstellen", die im Gegensatz zum Ministerium keine Beamten, sondern lediglich Angestellte beschäftigten, und bei denen so die für NS-Belastete potentiell kritische Beschäftigungshürde der „Verbeamtung" umgangen werden konnte, wurden Anfang der 50er Jahre insgesamt vier als Anstalten öffentlichen Rechts errichtet. Sie steuerten zu Beginn der Bundesrepublik den Import von verschiedenen landwirtschaftlichen Produkten und waren zudem für deren jeweilige Bevorratung zuständig.

Einen bedeutenden Zweig der nachgeordneten Dienststellen bildeten die zahlreichen Forschungseinrichtungen im Geschäftsbereich des Ministeriums. In der ersten Hälfte der 1960er Jahre existierten insgesamt 15 solcher Forschungsstellen. Hinzu kamen weitere Einrichtungen, die mindestens zu einem erheblichen Teil vom Ministerium finanziert wurden, darunter die „Deutsche Forschungsanstalt für Lebensmittelchemie" in München sowie die „Forschungsanstalt für Landwirtschaft" Braunschweig-Völkenrode, die 1966 in die Zuständigkeit des Bundes überführt wurde und zu den Vorgängerinstitutionen des heutigen Johann Heinrich von Thünen-Instituts im Geschäftsbereich des Ministeriums gehört.[30] Wichtigste nachgeordnete Forschungseinrichtung zu Beginn der Bundesrepublik war die „Biologische Bundesanstalt für Land- und Forstwirtschaft" mit Sitz in Braunschweig und Berlin (heute Teil des Julius-Kühn-Instituts). Sie ging nach 1945 in mehreren Schritten aus der „Biologischen Reichsanstalt für Land- und Forstwirtschaft" hervor, die wiederum auf eine Gründung von 1898 zurückging. Wie nicht anders zu erwarten, gab es auch bei der Biologischen

---

28 Personenbezogene Daten der SS zu Ernst Rademacher, BArch R 9361/III/548948.
29 Zu Florian siehe unten S. 456 ff. Götz Aly und Susanne Heim nennen in ihrer Arbeit „Vordenker der Vernichtung" Fritz Klare, vor 1945 in der Vierjahresplanbehörde beschäftigt, als Beispiel für personelle Kontinuität in einer der Vorratsstellen. Aly, Götz/ Heim, Susanne: Vordenker der Vernichtung. Auschwitz und die deutschen Pläne für eine neue europäische Ordnung, Hamburg 1991, S. 53.
30 Eine Aufstellung der nachgeordneten sowie mit dem BMEL eng verbundenen Forschungseinrichtungen Mitte der 60er Jahre: Nobis, Bundesministerium, S. 40–45. Eine knappe Darstellung der komplizierten institutionellen Geschichte der Bundesanstalt von den Anfängen bis zum Beginn der 2000er Jahre findet sich in: Jaskolla, Dieter: Gründung der „Kaiserlich Biologischen Anstalt für Land- und Forstwirtschaft" als selbstständige Reichsbehörde vor 100 Jahren am Wissenschaftsstandort Berlin-Dahlem, in: Nachrichtenblatt des Deutschen Pflanzenschutzdienstes 57 (2005), S. 110–114.

Bundesanstalt neben institutionellen erhebliche personelle Kontinuitäten. Nachdem der Wiederaufbau der ehemaligen Reichsanstalt nach 1945 in Westdeutschland zunächst unter der Ägide des 1933 aus politischen Gründen als Professor für Botanik der Technischen Hochschule Braunschweig entlassenen und zeitweise in die Türkei emigrierten Gustav Gassner stattfand,[31] amtierte von 1951 bis 1967 der bereits seit den 1920er Jahren bei der Reichsanstalt beschäftigte Harald Richter als Präsident der Bundesanstalt.[32] Leiter des unter dem Dach der Reichsanstalt und später der Bundesanstalt angesiedelten „Instituts für Resistenzforschung" war vor und nach 1945 Herbert Rabien. Er stand dem immer wieder umbenannten Institut fast 25 Jahre von 1934 bis 1959 vor.[33] Die Biologische Reichsanstalt war vor allem im Bereich von Schädlingsbekämpfung bzw. Pflanzenschutz für das NS-Regime von Interesse und betrieb hier während des Zweiten Weltkriegs auch kriegsrelevante Forschung. Nachdem der eigentlich als Präsident designierte Gustav Gassner aus politischen Gründen 1933 nicht mehr in Frage kam,[34] übernahm der „stramme Parteigenosse"[35] Eduard Riehm bis 1945 die Leitung der Reichsanstalt. Riehm war im Oktober 1930 der NSDAP beigetreten,[36] am Ende des Zweiten Weltkriegs bereits 63 Jahre alt, wurde er in den Nachfolgeinstitutionen nicht mehr beschäftigt. Nach 1945 wieder bzw. weiter an der Bundesanstalt tätig war dagegen Walther Trappmann, Leiter der Pflanzenschutzmittelprüfstelle der Reichsanstalt, der als Beiratsmitglied des beim KZ Dachau angesiedelten „Entomologischen Instituts" im SS-Ahnenerbe für die Einbeziehung der Reichsanstalt in die nationalsozialistischen Forschungsaktivitäten stehen kann.[37]

---

31 Zu Gassner: Böhm, Wolfgang: Biographisches Handbuch zur Geschichte des Pflanzenbaus, München 1997, S. 78 f.
32 Jaskolla, Gründung, S. 113. Zu Richter außerdem: Personenbezogene Unterlagen der NSDAP, BArch R 9361/II/1066983.
33 Nachruf Rabien, in: Nachrichtenblatt des Deutschen Pflanzenschutzdienstes 34 (1982), S. 16. Rabien hatte der NSDAP seit 1937 angehört.
34 Mertens, Lothar: „Nur politisch Würdige". Die DFG-Forschungsförderung im Dritten Reich 1933–1937, Berlin 2004, S. 264.
35 Jaskolla, Gründung, S. 112. Riehm war seit dem 1.10.1930 Mitglied der NSDAP, siehe RDB Personenkarteikarte Riehm, BArch R 9361/II/1072593. Zu Riehm außerdem: Böhm, Biographisches Handbuch, S. 256 f.
36 RDB-Personenkarteikarte Riehm, BArch R 9361/II/1072593.
37 Reitzenstein, Julien: Himmlers Forscher. Wehrwissenschaft und Medizinverbrechen im „Ahnenerbe" der SS, Paderborn 2014, S. 91. Einer Anfrage des „Ahnenerbes" zu einer institutionellen Kooperation Anfang 1942 verweigerte sich die Reichsanstalt allerdings. Ebd., S. 74. Relativ bekannt sind die Aktivitäten der Reichsanstalt im Bereich der Abwehr möglicher Kartoffelkäfer-Abwürfe als Mittel der biologischen Kriegsführung. Martin Schwartz, der Leiter der zuständigen Abteilung, die auch Versuche zum eigenen Einsatz von Kartoffelkäfern unternahm, wurde bereits 1946 in der sowjetischen Besatzungszone mit dem Aufbau einer entsprechenden Einrichtung beauftragt. Er ist damit ein Beispiel dafür, wie schnell auch biologische Experten im beginnenden Kalten Krieg ihre Karriere fortsetzen konnten. Herrmann, Bernd: Kartoffel, Tod und Teufel. Wie Kartoffel, Kartoffelfäule und Kartoffelkäfer Umweltgeschichte machten, in: ders. (Hg.): „…mein Acker ist die Zeit" – Aufsätze zur Umweltgeschichte, Göttingen 2011, S. 293–348, hier S. 323.

Ein Kapitel für sich in der agrarpolitischen Institutionengeschichte nach dem Zweiten Weltkrieg bildet die „Nachgeschichte" des Reichsnährstandes in Besatzungszeit und früher Bundesrepublik.[38] Dieses gehört insofern zu einer Geschichte des bundesdeutschen Landwirtschaftsministeriums, als das Ministerium auch nach der formalen Auflösung des Reichsnährstandes im Januar 1948 für die Verwaltung des Vermögens sowie weitere Rechtsfragen, die sich im Zusammenhang mit dem Reichsnährstand stellten, zuständig blieb. Allein im Bestand der Zentralabteilung des Ministeriums verwahrt das Bundesarchiv heute knapp 70 Aktennummern, die sich mit der weiteren Abwicklung des Reichsnährstandes seit 1949 beschäftigen und die bis ins Jahr 2013 reichen. Inhaltlich drehen sich die Bestände um Vermögensfragen, die endgültige Liquidierung weiterhin bestehender Einrichtungen, dienstrechtliche Fragen und die daraus resultierenden Ansprüche bis hin zum Umgang mit den Personalakten des ehemaligen Reichsnährstandes. Auch das von der Bundesregierung lange aufgeschobene Gesetz über die „Abwicklung des Reichsnährstandes und seiner Zusammenschlüsse" vom 23. Februar 1961, das den Umgang mit den noch existierenden Vermögensbeständen sowie mit den Versorgungsansprüchen ehemaliger Angehöriger des Reichsnährstands regelte, wurde unter Federführung des Landwirtschaftsministeriums erarbeitet und im März 1959 vom Bundeskabinett gebilligt.[39] Diese lange Nachgeschichte der zentralen NS-Agrarorganisation steht wie wenig anderes für die Verbindung zwischen bundesdeutscher und nationalsozialistischer Landwirtschaftsverwaltung. Unter den erfassten Mitarbeitern im Bundesministerium nach 1949 hatten nicht nur etwa die Hälfte dem Reichsnährstand angehört (was bei dem Zwangscharakter der Organisation kein Wunder war), etwa ein Viertel waren auch hauptamtlich bei ihm beschäftigt. Im auf Grundlage des Abwicklungsgesetzes von 1961 gebildeten Beirat saßen mit Rudolf Lais und Ernst Sauer zwei Mitglieder, die vor 1945 u. a. im sogenannten Verwaltungsamt und damit in der zentralen Verwaltungsstelle des Reichsnährstandes beschäftigt waren. Rudolf Lais, der neben der NSDAP auch der Allgemeinen SS als Untersturmführer angehört hatte,[40] fungierte zudem als Vorsitzender des Beirats. Hauptamtlich dem Reichsnährstand angehört hatte ebenso der vom Ministerium bestellte Abwickler, der Rechtsanwalt und Notar Hugo Roettgers-Schulte, der vor 1945 als Landwirtschaftrat bei der Landesbauernschaft Westfalen tätig war.[41] Im Ministerium war Ministerialrat Friedrich Nobis, der selbst dem Verwaltungsamt des Reichsnährstands angehört hatte, maßgeblich mit der Abwicklung

---

38 Dazu bereits ausführlich Dornheim, Andreas: Rasse, Raum und Autarkie. Sachverständigengutachten zur Rolle des Reichsministeriums für Ernährung und Landwirtschaft in der NS-Zeit, Bamberg 2011, S. 127–134.
39 Kabinettsprotokolle der Bundesregierung (*Kabinettsprotokolle*), Sitzung vom 25.3.1959; Gesetz über die Abwicklung des Reichsnährstands und seiner Zusammenschlüsse, BGBl. 1961, S. 119–126.
40 Zu Lais: Personenbezogene Unterlagen der SS, BArch R 9361/III/113096 sowie R 9361/III/113096. Auch Ernst Sauer war seit 1.5.1933 NSDAP-Mitglied. Zu seiner Tätigkeit im Reichnährstand: BArch R 16/18634.
41 Zur Position von Roettgers-Schulte im Reichsnährstand: BArch R 16/21673.

befasst.⁴² Dieser aus heutiger Sicht bemerkenswerte Umstand, dass sich der Reichsnährstand aus der Perspektive der beschriebenen personellen Konstellation gewissermaßen selbst abwickelte, sollte allerdings nicht von vornherein als aktive Verhinderung von Aufarbeitung gedeutet werden. Er zeigt ebenso, dass bis in die 1970er Jahre hinein die Abwicklung primär als technische Aufgabe und nicht als eine der inhaltlichen Vergangenheitsbewältigung verstanden wurde. Die Art und Weise, wie das Problem Reichsnährstand nach 1945/49 behandelt wurde, steht insofern für eine bestimmte Phase des Umgangs mit der Vergangenheit im Ministerium und darüber hinaus. Eine Einschränkung ist allerdings zu machen: Was die Berücksichtigung der Dienstzeiten im Reichsnährstand anbelangt, nahm das Ministerium eindeutig Stellung. Diese sollten bei Ansprüchen voll berücksichtigt werden. Rechtliche Zweifel, ob es sich um eine staatliche Organisation im vollen Sinne gehandelt hatte, ließ man nicht gelten.⁴³

Mit der Abwicklung des Reichsnährstands war das Ministerium also noch Jahrzehnte beschäftigt. Und auch die 1949 und in den Folgejahren geschaffene institutionelle Struktur von Ministerium und Geschäftsbereich knüpfte an vieles an, was den handelnden Personen von vor 1945 bekannt war. Als Abteilungsleiter Otto Tietmann im Juli 1950 auf einer Pressekonferenz den abgeschlossenen Umzug nach Bonn verkündete,⁴⁴ ging es für das Ministerium allerdings immer noch vor allem darum, nach der räumlichen Etablierung sowie der Gestaltung der inneren Struktur nun auch seinen Platz im neuen institutionellen Gefüge der jungen Republik zu finden.

2 Das Ministerium im politischen System der Bundesrepublik

Die Stellung des Ministeriums im politischen System der frühen Bundesrepublik ergab sich zum einen aus rechtlichen Vorgaben, zum anderen aus der nach und nach entstehenden Praxis beim Zusammenspiel der verschiedenen politischen Akteure – von den anderen Ministerien und den Ländern bis hin zur Öffentlichkeit oder den agrarpolitischen Verbänden. Was die rechtlichen Vorgaben anbelangt, so gehörte (und gehört) die Agrarpolitik ganz überwiegend der konkurrierenden Gesetzgebung an, bei der Bund und Länder zusammenwirken. Die Zugehörigkeit zur ausschließlichen Gesetzeskompetenz ergibt sich im Agrarbereich vor allem in Bereichen wie Zoll- oder Handelsfragen. Bei der konkurrierenden Gesetzgebung finden sich die einschlägigen Bestimmungen in Artikel 74 des Grundgesetzes. Sie reichen von der „Förderung der land- und forstwirtschaftlichen Erzeugung" über die Fischerei, das Bodenrecht und das Siedlungswesen, Maßnahmen gegen Krankheiten bei Tieren bis hin zum „Schutz

---

42 Dornheim, Rasse, S. 131 f.
43 Zu dieser Position des Ministeriums vgl. BArch B116/627793 sowie auch das entsprechende Vorgehen der Vertretung des Ministeriums in Berlin: Ebd., B 116/14336.
44 Vogt, Helmut: „Der Herr Minister wohnt in einem Dienstwagen auf Gleis 4". Die Anfänge des Bundes in Bonn 1949/50, Bonn 1999, S. 185.

beim Verkehr" mit Futtermitteln, Saat- und Pflanzgut sowie dem Pflanzenschutz. Hinzu kommt noch das in Artikel 75 geregelte Recht des Bundes zu Rahmenvorschriften, das unter anderem das Jagdwesen, „den Naturschutz und die Landschaftspflege" sowie Bodenverteilung und Raumordnung umfasst.[45] Neben den Vorgaben des Grundgesetzes zum Kompetenzbereich wurde das politische Zusammenspiel innerhalb der Bundesregierung sowie im Gesetzgebungsverfahren von der seit Mai 1951 geltenden „Geschäftsordnung der Bundesregierung" sowie seit Januar 1958 durch die „Gemeinsame Geschäftsordnung der Bundesministerien" festgelegt.[46] Darin wurden Fragen der „Zeichnung", „Mitzeichnung" oder der Verantwortungsübernahme innerhalb der Ministerien ebenso geregelt wie Grundsätze der Textgestaltung von internen wie externen Schreiben. Hinzu kamen der Geschäftsverkehr zwischen den Ministerien, zum Parlament und den Ländern, aber auch Grundsätze zur Öffentlichkeitsarbeit oder zum Kontakt mit „amtlich nicht beteiligten Stellen und Personen" innerhalb des Gesetzgebungsverfahrens. Sowohl die Geschäftsordnung der Bundesregierung als auch die Gemeinsame Geschäftsordnung der Bundesministerien fußten auf entsprechenden Vorschriften der Weimarer Reichsregierung aus den Jahren 1924 bzw. 1926.[47] Dabei wurden nicht nur die früheren Bestimmungen in weiten Teilen übernommen, bis zur Verabschiedung der eigenen, bundesdeutschen Geschäftsordnung der Ministerien 1958 wurde die Weimarer Vorläuferin sogar weiter angewandt.[48] Mit dieser Kontinuität beim Verwaltungs- und Regierungshandeln, die in diesem Fall vor allem die Weimarer Republik betraf, ist es zu erklären, dass in einem der ersten Gesetzgebungsverfahren des neuen Bundeslandwirtschaftsministeriums der Verwaltungsgang von Anfang an offenbar routiniert und, soweit es die Akten zeigen, störungsfrei ablief. Bevor das „Gesetz über den Verkehr mit Getreide und Futtermitteln", das sogenannte Getreidegesetz von 1950, vom Bundeskabinett beschlossen und dem Bundestag sowie dem Bundesrat zur Abstimmung weitergeleitet wurde, hatte es nicht nur die interne Abstimmung im Ministerium durchlaufen, es war auch den Ländern vorab zugeleitet worden. Mit den anderen Ministerien war die Ressortabstimmung vom Landwirtschaftsministerium organisiert und koordiniert worden und auch Verbände und weitere Interessenvertreter bezogen die zuständigen Beamten des Ministeriums noch in der Entwurfsphase des Gesetzes

---

[45] Art. 74 und 75 GG.
[46] Beides abgedruckt in: Parlament und Regierung. Textsammlung des Verfassungs-, Verfahrens- und Geschäftsordnungsrechts der obersten Bundesorgane, mit Anmerkungen, Erläuterungen, Hinweisen und Sachregister, hg. von Hans Lechner u. Klaus Hülshoff, 2. Auflage, München und Berlin 1958.
[47] Parlament und Regierung, S. 332 u. 348.
[48] Bösch, Frank/Wirsching, Andreas (Hgg.): Hüter der Ordnung. Die Innenministerien in Bonn und Ost-Berlin nach dem Nationalsozialismus, Göttingen 2018, S. 308 (*Bösch/Wirsching [Hgg.], Hüter*). Dort auch eine ausführliche Darstellung der sich aus den Geschäftsordnungen ergebenden Vorschriften für den Geschäftsgang. Ebd., S. 308–334.

ein. Abgewickelt wurde dies alles zwischen Januar und Mai 1950 und damit in einem Kernzeitraum von nicht einmal fünf Monaten.[49]

An dem bereits beim Getreidegesetz festzustellenden Zusammenspiel mit den anderen Organen hat sich auch in der Folgezeit nichts grundsätzlich geändert. Allerdings waren die in dem Gesetzgebungsverfahren dokumentierten offiziellen Kontakte nicht die einzigen, die zu den anderen Akteuren des politischen Systems gepflegt wurden. Gerade in der Anfangszeit unterhielt Minister Niklas zum Beispiel einen engen Briefkontakt mit seinen Länderkollegen.[50] Bald bildeten sich mit den Ländern regelmäßige Referentenbesprechungen zu bestimmten Teilaspekten der Agrarpolitik heraus, so bei Getreide- und Milchfragen oder bei der Vieh- und Fleischwirtschaft.[51] Besonders früh und intensiv geschah die Koordinierung auf dem Gebiet der Forst- und Holzwirtschaft, wo die Zuständigkeiten der Länder besonders groß waren und der Bund neben der Rahmengesetzgebung insbesondere auch Koordinationsaufgaben übernahm.[52] Hinzu kamen Besprechungen auf Abteilungsleiterebene sowie, wenn auch zunächst offenbar nicht regelmäßig etabliert, der Agrarminister.[53] Gerade in der Anfangszeit spielte darüber hinaus der Agrarausschuss des Bundesrates eine wichtige Rolle bei der Bund-Länder-Koordinierung. In seinen Sitzungen wurden keineswegs nur Gesetzesvorhaben beraten, es ging ebenso um die grundsätzliche Ausrichtung der Agrarpolitik.[54] Alles in allem entstand so rasch ein dichtes Netz an Instrumenten zur Bund-Länder-Koordination, das sich im Laufe der Jahrzehnte noch weiter verdichtete.[55]

Was die Kontakte zu den Verbänden, einer weiteren wichtigen Gruppe von Akteuren in der Agrarpolitik, anbelangt, wäre es natürlich falsch, nur auf den Deutschen Bauernverband zu verweisen. Das Bundesministerium für Ernährung, Landwirtschaft und Forsten stand von Beginn an mit einer Vielzahl von Verbänden und Organisa-

---

49 Siehe die Vorbereitung des Gesetzes in: BArch B 116/226 u. B 116/508.
50 Z.B. BArch B 116/36287 u. B 116/14334.
51 Getreide: BArch B 116/231 u. B 116/8878-8879; Milch: u.a. BArch B 116/8615 u. B 116/14550; Vieh- und Fleischwirtschaft: BArch B 116/7618-7621.
52 Vgl. z.B. die Sammlungen von Lageberichten aus den Ländern und Verbänden zur Lage der Holzwirtschaft (BArch B 116/5683 u. 5685–5589) sowie die koordinierende Rolle des Ministeriums sowie seiner Vorgänger bei der Neuorganisation der Forst- und Holzwirtschaft in den Nachkriegsjahren sowie zu Beginn der Bundesrepublik (BArch B 116/169 oder 210).
53 Solche Besprechungen konnten vor allem ab den 60er Jahren ermittelt werden. BArch B 116/30521.
54 Vgl. z.B. die Sitzung des Agrarausschusses des Bundesrates vom 19.1.1950, BArch B 116/14334, Kurzprotokoll über die 5. Sitzung des Ausschusses für Agrarwesen des Bundesrates, 23.1.1950.
55 Zum Beispiel durch die Föderalismusreform von 1969 und die darauf beruhende Einführung von „Gemeinschaftsaufgaben", die neben den Hochschulen und der regionalen Wirtschaftsstruktur auch die „Verbesserung der Agrarstruktur und des Küstenschutzes" umfasste. Vgl. Lindemann, Gerd: Agrarpolitik und Föderalismus. Aufgabenverteilung von Bund und Ländern im Bereich der Agrarpolitik, in: Härtel, Ines (Hg.): Handbuch Föderalismus – Föderalismus als demokratische Rechtsordnung und Rechtskultur in Deutschland, Europa und der Welt, Bd. III, Entfaltungsbereiche des Föderalismus, Heidelberg u.a. 2012, S. 485–513, hier S. 501ff sowie zum Verhältnis zwischen Bundes- und Länderministerium auch: Gerhardt, Agrarmodernisierung, S. 177–186.

tionen in Verbindung. Dennoch, vergleicht man seinen Einfluss etwa mit den ebenfalls rasch nach 1945 entstehenden Verbraucherverbänden oder selbst den Vertretern der Ernährungswirtschaft oder der Deutschen Landwirtschafts-Gesellschaft (DLG), war der Einfluss des Deutschen Bauernverbands ungleich größer. Dies zeigte sich nicht nur an der noch zu schildernden Möglichkeit des Verbandes, auf die Besetzung der Minister und Staatssekretäre einzuwirken, auch in Sachfragen sah sich das Ministerium von Beginn an massiven Einflussnahmen des 1948 gegründeten Verbandes gegenüber. Berühmt-berüchtigt wurde ein Gespräch zwischen dem ersten Bundeskanzler und den Spitzen des Deutschen Bauernverbandes am 17. Februar 1951 in Rhöndorf, bei dem der Bauernverband eine Liste mit Forderungen vortrug und Adenauer ein grundsätzliches Entgegenkommen zusagte.[56] Das Landwirtschaftsministerium sah sich gezwungen, innerhalb weniger Tage ein umfangreiches Dossier zusammenzustellen und dem Kanzler zuzuleiten, in dem ausführlich dargelegt wurde, wo und wie dem Bauernverband denn entgegengekommen werden könnte.[57] Die Liste der Forderungen des Bauernverbandes reichte von der „Aufklärung des Volkes durch die Regierung über die Notwendigkeit einer positiven Agrarpolitik" über die Forderung bestimmter Mindestpreise bis zu umfangreichen Steuererleichterungen.[58] Nicht viel anders geschah es, als Bauernpräsident Andreas Hermes im Mai 1954, diesmal dem Ministerium, die von seinem Verband erarbeiteten „Richtlinien" für die „Durchführung von Massnahmen zur Verbesserung der Agrarstruktur" zusandte und um eine Besprechung über die „Mitarbeit" des Bauernverbandes bei solchen Maßnahmen bat. Die Abteilung IV „Agrarwesen" machte sich sofort an die Arbeit. Zwei Wochen nach dem Schreiben von Hermes lag der Entwurf eines Antwortschreibens vor, das auf alle zwölf „Richtlinien" des Bauernverbandes einging.[59] Dabei gelang es dem Bauernverband nicht nur, auf diese Weise direkt auf die Arbeit des Ministeriums Einfluss zu nehmen, auch in der Öffentlichkeit erarbeitete er sich das Image, als machtvolle Interessenvertretung für *die* bundesdeutsche Landwirtschaft zu stehen.[60]

Wie ist diese Stellung zu erklären? Ein Grund liegt vermutlich tatsächlich in der relativen Größe sowie der damit – jedenfalls nach außen – bestehenden Einheit-

---

56 Z. B. Blumenwitz, Dieter u. a. (Hgg.): Konrad Adenauer und seine Zeit. Politik und Persönlichkeit des ersten Bundeskanzlers. Beiträge von Weg- und Zeitgenossen, Stuttgart 1976, S. 268 f.
57 Der persönliche Referent des Bundesministers an Gareis, 22. 2.1951, Abschrift, BArch 116/878.
58 Ebd.
59 Hermes an Bundesminister Lübke, 5. 5.1954, BArch B 116/878 u. ebd. Stellungnahme zu den Richtlinien des Deutschen Bauernverbandes für die Durchführung von Maßnahmen zur Verbesserung der Agrarstruktur, Entwurf, 19. 5.1954.
60 Patel, Kiran Klaus: Der Deutsche Bauernverband 1945 bis 1990. Vom Gestus des Unbedingten zur Rettung durch Europa, in: VfZ 58. Jg. 2010, S. 161–179 (*Patel, Bauernverband*), hier S. 165. Zu diesem Image haben nicht zuletzt die eigentlich kritischen Medien, wie der Spiegel, beigetragen, die regelmäßig mit ostentativem Schaudern über die Macht des Verbandes und seiner „Grünen Front" berichtete. Vgl. z. B. die Titelgeschichte in Heft 12, 1954, über den „Bauernführer" Hermes. „Hermes. Der bäuerliche Heroismus", Der Spiegel, 24.03.1954, S. 12–18. Als „Bauernführer" wurde Hermes bereits auf dem Titelblatt, das ihn zeigte, bezeichnet.

lichkeit der bäuerlichen Interessenvertretung. Dem Bauernverband gelang es nicht nur, jahrzehntelang unangefochten seine Quasi-Monopolstellung als Interessenvertretung zu behaupten, er erreichte auch einen Organisationsgrad von über 90 % der landwirtschaftlichen Betriebe.[61] Zwar nahm, wie gesehen, die Zahl der in der Landwirtschaft Beschäftigten in der Bundesrepublik schnell und rapide ab, angesichts dieser Quote aber war der hinter den Forderungen des Verbandes stets liegende Hinweis auf das Wahlverhalten seiner Mitglieder keine leere Drohung. Vermutlich griff diese sogar noch in der späteren Bundesrepublik, da davon auszugehen war bzw. ist, dass der Verband über seine Mitglieder hinaus, „Einfluss auf das Abstimmungsverhalten des gesamten ländlichen Raumes" besaß und besitzt.[62] Ein zweiter Grund ist in den eng geknüpften Netzwerken zu sehen, die den Bauernverband mit anderen Akteuren der Agrarpolitik verband. Wichtige Verbandsvertreter wie die beiden langjährigen Vorsitzenden der Bauernverbände Württemberg-Hohenzollern und Schleswig-Holstein Bernhard Bauknecht und Detlef Struve saßen jahrzehntelang im Bundestag und prägten die Agrarpolitik der besonders mit dem Bauernverband verbundenen CDU. Andere Verbindungen führten in den Raiffeisenverband, die Landwirtschaftskammern oder nicht zuletzt in die Landesministerien sowie das Bundesministerium selbst. Das betraf dabei keineswegs nur die Spitzen der Behörden oder den exklusiven Zugang zu Kanzler Adenauer. Auch einen Beamten wie Friedrich Steding, lange Jahre Leiter des Grundsatzreferats Agrarpolitik im Landwirtschaftsministerium und später auch Unterabteilungsleiter, bat Verbandspräsident Hermes regelmäßig zu Besprechungen zu sich und ließ ihn dabei schon einmal mit seinem 300er Mercedes zu sich chauffieren.[63] Der Bauernverband wurde so zum „wichtigsten Verdichtungspunkt eines breiteren, größtenteils informellen agrarpolitischen Netzwerkes".[64] Eine Rolle spielte sicher ebenso der personale Faktor. Mit dem bereits aus den vorangegangenen Teilen bekannten Andreas Hermes[65] sowie mit Edmund Rehwinkel besaß der Bauernverband gerade in den ersten zwei Jahrzehnten der Bonner Republik zwei wortgewaltige Vertreter mit besten Beziehungen, die über hohe Durchsetzungsfähigkeit – im Falle von Rehwinkel auch eine gehörige Portion Skrupellosigkeit – verfügten[66] und „ihre" Mitglieder zu mobilisieren wussten. Die Bauerntage wurden zu sorgfältig inszenierten Großveranstaltungen, bei denen auch Bundesminister im Zweifelsfall

---

[61] Z. B. Gabriel, Jens-Peter: Grundstrukturen agrarpolitischer Willensbildungsprozesse in der Bundesrepublik 1949–1989, Opladen 1993, S. 80. Die Zahl beruht allerdings auf eigenen Angaben des Verbandes.
[62] Wolf, Dieter: Deutscher Bauernverband: Einfluss und Rechtsbefolgung, in: Zimmer, Annette/Weßels, Bernhard (Hgg.): Verbände und Demokratie in Deutschland, Wiesbaden 2001, S. 183–208, hier S. 189.
[63] Steding, Friedrich: Agrarpolitik zwischen Zwang und Freiheit. Ein Erlebnisbericht, Prien am Chiemsee 1975 (*Steding, Agrarpolitik*), S. 30 f.
[64] Patel, Bauernverband, S. 165.
[65] Siehe S. 37 ff., 362.
[66] Vgl. Dornheim, Andreas: Edmund Rehwinkel. Landwirt und Bauernpräsident, Frankfurt/M. 2017 (*Dornheim, Rehwinkel*).

gnadenlos niedergebrüllt wurden, wie es etwa Josef Ertl 1971 in Kiel passierte. „Die Zeit" wusste anschließend darüber hinaus von Drohanrufen in Ertls Wohnung zu berichten.[67] Vier Jahre zuvor hatte Rehwinkel offen mit der möglichen Hinwendung von Landwirten zur NPD, die damals in verschiedene Landesparlamente eingezogen war, Druck gemacht.[68] Bei all dem darf aber nicht vergessen werden, dass der Bauernverband eine sehr professionelle Lobbyarbeit betrieb, die zum Beispiel die Bedeutung des Gemeinsamen Agrarmarktes für die deutschen Bauern früher als manche Vertreter des Ministeriums erkannte (und Europa gleichzeitig öffentlich bekämpfte)[69] oder die mit dem Bundesministerium in einer Art „Tauschgeschäft" verbunden war. So hat Dieter Wolf den Hauptgrund für den großen Einfluss des Bauernverbandes auch dann noch, als die Bedeutung des primären Sektors längst massiv zurückgegangen war, darin gesehen, dass er in der Lage war, der Politik „eine nahezu vollständige Regelungsbefolgung seiner Mitglieder [zu] garantieren, wenn – und nur wenn – diese die Vorstellungen des Verbandes [...] berücksichtigen."[70] Wie überzeugend dieses Argument auch immer sein mag oder ob es nicht doch eher die engen landwirtschaftlichen Netzwerke waren, die dem Verband den Einfluss sicherten, insgesamt gilt: Selbst wenn das Verhältnis zwischen Behörde und Bauernverband nie konfliktfrei war, das Phänomen von „Multifunktionären" im Agrarbereich längst nicht mehr auf den Bauernverband beschränkt ist und dieser entsprechend inzwischen deutlich größere Konkurrenz hat, bis zum Ende der alten Bundesrepublik kam das Ministerium am Bauernverband schlichtweg nicht vorbei.

Das traf schon wegen des Kabinettsprinzips als einem der Grundlagen der bundesdeutschen Regierungsarbeit ebenso auf die anderen Ministerien zu. Dabei darf man sich die Zusammenarbeit unter den Bundesministerien von Beginn an nicht allzu harmonisch vorstellen. Im Gegenteil, gerade in der Anfangszeit, als die Zuständigkeiten noch besonders im Fluss waren, musste sich das Ernährungsministerium – jedenfalls aus der eigenen Perspektive heraus – gegen Übergriffe der anderen Ressorts wehren. Früher „Hauptrivale" bei der Festlegung von Zuständigkeiten war vor allem das Wirtschaftsressort, mit dem es schnell konzeptionelle Diskussionspunkte gab. Denn wie sollten sich, so lautete die zentrale Frage, Ernährungs- und Agrarwirtschaft in das wirtschaftspolitische Leitbild der „Sozialen Marktwirtschaft" integrieren? Diese, in ihrer frühen Variante noch sehr viel marktliberaler ausgerichtet als heute, traf nun auf eine Land- und Ernährungswirtschaft, die an Lenkung sowie eine rigide staatliche Marktordnung gewohnt war. Der Konflikt beruhte aber keineswegs nur auf inhaltlichen Unterschieden, es ging vielleicht sogar noch mehr um institutionelle Rivalitäten und Empfindlichkeiten. Kaum anders zu erklären ist jedenfalls eine frühe und scharfe Intervention von Wilhelm Niklas auf einen vermeintlichen „Übergriff" des

---

67 Nach den Bauern-Tumulten von Kiel: Machtkampf in der Spitze des Bauernverbandes: Die Feddayin der „grünen Front", Die Zeit, 23. Juli 1971.
68 Dornheim, Rehwinkel, S. 88–91.
69 Patel, Bauernverband, S. 172ff.
70 Ebd., S. 185.

Wirtschaftsministeriums im November 1949. Als ein Gutachten des wissenschaftlichen Beirats des Wirtschaftsministeriums auch mit Stellungnahmen zu Agrarfragen in die Presse gelangte, drohte Niklas Adenauer mit einer öffentlichen Gegendarstellung aus seinem Ministerium gegen diesen „unhaltbare[n] Zustand". Es kam zu einer Aussprache im Kabinett, die zur Zufriedenheit von Niklas verlief, der allerdings zur Sicherheit empfahl, den gesamten Vorgang „zu den Akten" zu nehmen.[71]

Weitere Konfliktpunkte ergaben sich noch 1950 mit dem Arbeitsministerium (über die Frage der Berufsausbildung in der Landwirtschaft), mit dem Bau- sowie dem Vertriebenenministerium (über das Siedlungswesen) und noch einmal mit dem Innenministerium (über die Wasserwirtschaft).[72] Auch der Streit mit dem Wirtschaftsministerium flammte 1950 noch einmal auf. Diesmal ging es um die Ernährungsindustrie, den Ernährungshandel und das Ernährungshandwerk.[73] In keinem dieser Fälle kam es zu einer formellen Entscheidung des Bundeskanzlers oder des Kabinetts. Im Ministerium verfolgte man schließlich die Praxis, Zuständigkeitsfragen nicht weiter theoretisch und in langen schriftlichen Auseinandersetzungen zu bearbeiten, sondern pragmatisch von Fall zu Fall zu klären. Zumindest beim Ernährungsgewerbe fuhr man nach Ansicht des zuständigen Referenten bis Mitte der 50er Jahre mit diesem Vorgehen gut. „Nachdem der theoretische Streit über die Zuständigkeit seit mehr als 3 Jahren nicht mehr schriftlich erörtert worden ist", so dessen zufriedene Bilanz 1954, „[...] glaube ich ohne Übertreibung sagen zu können, daß der De-facto-Zustand sich im Laufe der Zeit – auch ohne schriftliche und theoretische Festlegung – bereits in einen De-jure-Zustand verwandelt hat." Die Zuständigkeit des Landwirtschaftsministeriums sei von allen „beteiligten Fachreferaten und Abteilungen des BMWi anerkannt".[74] Grundsätzlich hatte das Ministerium damit am Ende der frühen Auseinandersetzungen um Zuständigkeiten vor allem in der Wirtschaftspolitik, soweit es die Landwirtschaft sowie die Ernährung betraf, systematische Kompetenzen behaupten können. Ähnliches galt für die Struktur des ländlichen Raums, wo auf dem Gebiet von Siedlung und Bodenrecht die Zuständigkeiten erhalten wurden. Und auch im 1951 gebildeten „Kabinettsausschuss für Wirtschaft" war das Agrarministerium als ständiges Mitglied vertreten und so als eines der „Wirtschaftsministerien" etabliert. Von einer größeren Veränderung der Zuständigkeiten war das Landwirtschaftsministerium erst Anfang der 1960er Jahre mit der Gründung des Bundesministeriums für Gesundheitswesen wieder betroffen. In zwei Organisationserlassen vom November 1961 und Januar 1962

---

[71] Schreiben Niklas an Adenauer, 30.11.1949 mit Vermerk Adenauer sowie Schreiben Niklas an Adenauer, 13.12.1949, BArch B 136/705.
[72] Alle Vorgänge: Siehe BArch B 116/14334.
[73] Recke, BMEL an Göttel, BMWi, 27.11.1950, Abschrift, BArch B 116/14334.
[74] Schreiben Recke an das Referat I A 1 im Haus, 8.1.1954, BArch B 116/14334. Ähnlich endete auch eine Auseinandersetzung mit dem Innenministerium im März 1951: Vermerk Dr. Dietrich über eine Besprechung im Innenministerium, BArch B 116/14334.

wurden diesem die Zuständigkeiten für das Veterinärwesen, für Schlachtvieh und Fleischbeschau sowie auch die für gesundheitliche Ernährungsberatung übertragen.[75]

3 Verwaltungskultur, institutionelles Selbstbild und Arbeitsweisen

Wie sah sich das Ministerium selbst? Wie lassen sich Arbeitsweisen, wie die eigene Politikkonzeption, wie das Selbstverständnis des Hauses beschreiben? Arbeiten, die sich mit solchen, im weiten Sinne verwaltungskulturellen Fragen für die Bundesrepublik beschäftigt haben,[76] verfolgen vor allem zwei Ansätze. Ein Strang setzt bei den einzelnen Behörden an und fragt nach deren konkretem Verwaltungshandeln und der damit verbundenen Vorstellungswelt bzw. dem Selbstbild der jeweiligen Behörde. So hat zum Beispiel Bernhard Löffler für das Wirtschaftsministerium unter Ludwig Erhard gezeigt, dass die dortigen Beamten ihr nicht geringes Selbstbewusstsein aus der Überzeugung bezogen, Teil einer ressortübergreifenden Idee zu sein. Ein „beachtlicher Kern der Ministerialbeamtenschaft" habe sich „weniger als neutrale und auswechselbare Sachwalter mit fachlich eng umschriebenen Aufgaben, sondern […] als ‚Eliteorden'" verstanden, der für „‚seinen Meister durchs Feuer ging', also voll hinter den Ideen Erhards stand und diese im politisch-administrativen Alltag durchzusetzen versuchte."[77] In der Entstehung anders, aber im Ergebnis ähnlich lässt sich der Korpsgeist im Auswärtigen Amt beschreiben, der bei allen Wandlungen doch in die Bundesrepublik fortbestand.[78] Dieser beruhte zum einen auf dem sozialen Prestige der Diplomaten, zum anderen auf der puren Tradition bzw. dem Traditionsbewusstsein des für deutsche Verhältnisse besonders alten „Amtes". Weniger spezifisch scheint dagegen das Selbstbild im Innenministerium der frühen Bundesrepublik gewesen zu sein. Hier dominierten auf der einen Seite allgemeinere Überzeugungen wie Etatismus, Nationalismus oder Antikommunismus. Auf der anderen Seite sahen sich die Beamten, je nach ihrem genauen Fachbereich, als Sicherheits- Gesundheits- oder Raumordnungsexperten.[79] Bei den konkreten Arbeitsweisen stand die hierarchische Schriftlichkeit im Zentrum. Auch wenn es Abweichungen gab und informelle Kommunikationsanlässe natürlich genutzt wurden, dominierte der Grundsatz, dass die

---

75 Bundeskanzleramt bzw. der Bundeskanzler an die Bundesminister u. an das BMEL, 24.11.1961 u. 29.1.1962, BArch B 116/14334.
76 Grundlegend zur Verwaltungskultur z. B: Becker, Peter: Überlegungen zu einer Kulturgeschichte der Verwaltung, in: Jahrbuch für Europäische Verwaltungsgeschichte 15. Jg. 2003, S. 311–336.
77 Löffler, Bernhard: Soziale Marktwirtschaft und administrative Praxis. Das Bundeswirtschaftsministerium unter Ludwig Erhard, Stuttgart 2002 (*Löffler, Marktwirtschaft*).
78 Conze, Eckart: Das Auswärtige Amt. Vom Kaiserreich bis zur Gegenwart, München 2013, z. B. S. 9 f. u. 119. Klassisch für die internationale Diplomatie: Cromwell, Valerie: „A world apart". Gentlemen Amateurs to Professional Generalists, in: Dockrill, Michael/McKercher, Brian (Hg.): Diplomacy and World Power. Studies in British Foreign Policy, 1890–1950, Cambridge 1996, 1–18.
79 Bösch/Wirsching (Hgg.), Hüter, S. 267 f.

Entscheidungsfindung im Ministerium streng nach den bürokratischen Regeln von Zuständigkeit und Abfolge in der Geschäftsordnung lief und überdies in den Akten jeweils nachvollziehbar niedergelegt sein musste.[80]

Ein zweiter relevanter Forschungsstrang beschäftigt sich allgemeiner mit der Geschichte von Politikkonzeptionen in der Bundesrepublik, die dann auch Niederschlag in der Arbeit der Behörden gefunden haben. Diese, im Vergleich zu den auf einzelne Behörden bezogenen Deutungen, etwas ältere Diskussion sieht vor allem in den 1960er sowie den frühen 70er Jahren eine markante Phase solcher Gestaltungskonzeptionen. In ihr gingen bundesdeutsche Politiker mehr als davor und danach von der Steuer- und Planbarkeit der politischen und sozialen Prozesse aus.[81] Diese „Planungseuphorie" war mit einem positiven Modernisierungsbegriff unterlegt und ging mit der Ausarbeitung und Aufstellung von umfassenden Strukturplänen einher, für die der sogenannte Leber-Plan von 1967 zum Straßenausbau in der Bundesrepublik der bekannteste ist. Historisch etwas weiter gefasst und zudem international angelegt sind Interpretationen, die im 20. Jahrhundert bis ca. 1970 eine ideologie- und regimeübergreifende Vorstellung des „social engineering" erkennen, nach der Zukunft als durch Politik und Verwaltung herstellbares Produkt von Rationalität und planerischem Handeln erschien.[82]

Blickt man vor dem Hintergrund solcher Kontexte auf das frühe Bundesernährungsministerium, so lässt sich ein vergleichbarer Korpsgeist, wie er für das Auswärtige Amt oder das Erhardsche Wirtschaftsministerium zu erkennen ist, kaum ausmachen.[83] Die Beamten verstanden sich überwiegend als Forst-, Siedlungs- oder landwirtschaftliche „Erfassungs"-Experten.[84] In den Auseinandersetzungen um Zuständigkeiten wurde entsprechend regelmäßig aus der Perspektive eines „Fachministeriums" argumentiert. Das konnte dann durchaus eigene Ansprüche untermauern. Etwa als im März 1950 generelle Ansprüche des Arbeitsministeriums auf die Berufsausbildung mit dem Argument zurückgewiesen wurden, die jeweiligen Zuständigkeiten ließen sich gerade auf diesem Gebiet nur auf die „Fachressorts" gründen.[85] Die Betonung des Fachlichen bedeutete allerdings nicht, dass man nicht für das eigene Aufgabengebiet zumindest in einer Hinsicht eine konzeptionelle Sonderstellung in Anspruch nahm. In dieser Beziehung ist die Stellungnahme des Ministeriums

---

80 Ebd., S. 312–320.
81 Metzler, Gabriele: Konzeptionen politischen Handelns von Adenauer bis Brandt. Politische Planung in der pluralistischen Gesellschaft, Paderborn u. a. 2005; Nützenadel, Alexander: Stunde der Ökonomen. Wissenschaft, Politik und Expertenkultur in der Bundesrepublik, 1949–1974, Göttingen 2005.
82 Etzemüller, Thomas: Social engineering als Verhaltenslehre des kühlen Kopfes. Eine einleitende Skizze, in: ders. (Hg.), Die Ordnung der Moderne. Social Engineering im 20. Jahrhundert, Bielefeld 2009 (*Etzemüller, Engineering*), S. 11–39.
83 Friedrich Steding führte den auch von ihm beschriebene Mangel an Korpsgeist vor allem auf das geringe Alter der Behörde zurück. Steding, Agrarpolitik, S. 13.
84 In den vorhandenen Ego-Dokumenten hat das Friedrich Steding auch explizit so beschrieben, ebd.
85 Schreiben BMEL an den Bundeskanzler, März 1950, Entwurf, BArch B 116/14334.

zu den Schlangenbader Empfehlungen noch einmal von einigem Aussagewert. Vor allem in den Passagen zur Markt- und Preispolitik zeigte sich eine eigenständige Konzeption, die über bloße Sachfragen hinausging. Das Papier wies eine Stellung des Wirtschaftsressorts als eine „Art von Generalreferenten" der Bundesregierung in Wirtschaftsfragen zurück und betonte dagegen die Eigengesetzlichkeit des Landwirtschafts- und Ernährungswesens. Letztendlich nahm das Papier eine spezifische „Ordnung des Marktes" im eigenen Zuständigkeitsbereich in Anspruch, die sich von dem der anderen Wirtschaftsressorts, und also auch dem des Wirtschaftsministeriums selbst unterschied.[86] Ganz ähnlich führte Ministerialrat Recke in einem Schreiben an das Erhardsche Ressort ein gutes Jahr später die „Einheit" der „Ernährungswirtschaft von der Urproduktion [...] bis zum Tisch der Verbraucher" an, die entsprechend auch „nur einheitlich gesteuert werden" könne.[87] Im Hintergrund stand in beiden Stellungnahmen die Sorge um die „Versorgung mit Ernährungsgütern"[88], die auch nach Aufhebung der Zwangswirtschaft aus Sicht der Troilokaserne eine Sonderstellung des Agrarwesens begründete. Diese Sonderstellung, weniger des Ministeriums als des Aufgabengebiets, für das dieses stand, durchzog viele öffentliche Aussagen des Ministeriums in den 1950er und 60er Jahren. So bekannte sich die unter der Autorschaft von Bundesminister Niklas erschienene Bilanz der frühen Agrarpolitik „Sorgen um das tägliche Brot" zwar grundsätzlich zur Sozialen Marktwirtschaft, reservierte der Agrarpolitik aber dann doch einen Sonderstatus. Das Prinzip der Marktwirtschaft solle nämlich „ohne starren Doktrinarismus" durchgeführt werden und damit könne durch „Einflußnahme" auf Einfuhr, Inlandsangebot und Preise den „besonderen Verhältnissen der Landwirtschaft Rechnung getragen werden."[89]

Was die Politikkonzeption anbelangt, so wurde diese trotz aller dem Ministerium natürlich bewussten notwendigen internationalen Verflechtung (die Bundesrepublik war auf erhebliche Nahrungseinfuhren angewiesen)[90] national gedacht. Es ging bei den Marktordnungsgesetzen der ersten Jahre insbesondere um nationale Ernährungssicherung und den Schutz der einheimischen Landwirtschaft.[91] Dafür war dann Planung und Steuerung erlaubt, auch wenn diese lieber mit dem schönen Wort „Einflußnahme" umschrieben wurde. Für diese Steuerung benötigte man Zahlen. Nicht umsonst wurde 1949 im Übergang zur Bundesrepublik zwar die Außenhandelsabteilung als eigenständige Einheit aufgelöst, nicht aber die Abteilung „Planung

---

[86] Stellungnahme des Bundesministeriums für Ernährung, Landwirtschaft und Forsten zu den Empfehlungen des Organisationsausschusses der Ministerpräsidenten-Konferenz über den Aufbau der Bundesregierung, 4.11.1949, BArch, B 116/14320, Zitate S. 3 u. 6.
[87] Recke an Göttel, 27.11.1950, S. 1., BArch B 116/14334.
[88] Stellungnahme des Bundesministeriums für Ernährung, Landwirtschaft und Forsten zu den Empfehlungen des Organisationsausschusses der Ministerpräsidenten-Konferenz über den Aufbau der Bundesregierung, 4.11.1949, BArch, B 116/14320, S. 6.
[89] Niklas, Sorgen, S. 9.
[90] Ebd., S. 26.
[91] Z. B. Sonnemann, Theodor: Gestalten und Gedanken. Aus einem Leben für Staat und Volk, Stuttgart 1975 (*Sonnemann, Gestalten*), S. 170.

und Statistik". Die Beamten im Agrarministerium taten ihre Arbeit auf der Basis einer Unmenge von statistischen Daten und Erhebungen, die die Landwirtschaft bereits im frühen 20. Jahrhundert zu einem sehr modernen Politikfeld gemacht hatten. Selbst unter den Bedingungen der Endphase des Zweiten Weltkriegs hatten die Agrarbeamten akribisch Mengen- und Strukturdaten erhoben und Ernährungspläne berechnet. Diese administrative Praxis wurde nun fortgesetzt.[92] Der auf dem noch zu skizzierenden Landwirtschaftsgesetz von 1955 basierende „Grüne Bericht" sowie der „Grüne Plan" setzten so gesehen eine für die Politikkonzeption im Agrarbereich im 20. Jahrhundert typische Vorgehensweise fort. Dem Expertenwissen, das etwa durch den Wissenschaftlichen Beirat des Ministeriums zur Verfügung gestellt wurde, mag die Politik am Ende nicht immer gefolgt sein, in die Entwicklung von Gesetzesentwürfen wurde es aber von Anfang an sehr wohl einbezogen. Das zeigte sich etwa im Vorfeld des Landwirtschaftsgesetzes, bei dem nicht nur mit Hilfe der eigenen Statistik-Abteilung intensiv diskutiert wurde, was „Parität" zwischen Landwirtschaft und Industrie bezogen auf die jeweiligen Basisdaten eigentlich hieß (und wie man sie berechnen könnte), sondern bei dem ebenso die Ergebnisse des eigene Beirats, aber auch der vom Bauernverband zur Frage der „Parität" in Auftrag gegebenen Studie des IFO-Instituts in die Positionsformulierung des Ministeriums eingingen.[93]

Trotz dieser bereits länger existierenden Tradition einer ausgeprägten wissensbasierten politischen Praxis lassen sich auch im Landwirtschaftsministerium Momente der „Planungseuphorie" Ende der 1960er und Anfang der 70er Jahre ausmachen. Dazu gehört das 1968 verabschiedete Agrarprogramm der Bundesregierung unter Minister Hermann Höcherl, das nun auch Markt- und ländliche Strukturpolitik in einem Gesamtplan zu integrieren suchte.[94] Nun existierte zudem eine abteilungsübergreifende Planungsgruppe im Ministerium, die beim Staatssekretär angesiedelt war und die die langfristige Planung vorantreiben sollte.[95] Entsprechende Einheiten entstanden in diesen Jahren überall und wurden von der Bundesregierung bzw. dem Bundeskanzleramt unter dem Schlagwort von der „Rationalisierung und Moderni-

---

92 Ein Beispiel für diesen auf statistischer Arbeit basierenden Politikstil auch noch in der zweiten Hälfte des Zweiten Weltkriegs findet sich in einer Handakte von Rolf Baath, der im BMEL zum Abteilungsleiter aufstieg und im Zweiten Weltkrieg u. a. in der Geschäftsgruppe Ernährung der Vierjahresplanbehörde Dienst tat. Selbst noch als sich die deutsche Besatzungsmacht nach dem Ausscheiden Italiens aus dem Krieg und die Besetzung durch die Wehrmacht daran machte, auch die Landwirtschaft Italiens auszuplündern, wurde zunächst einmal eine große Menge an statistischem Material zur Agrarstruktur und den Erzeugungsmengen des Landes erstellt. BArch R 26-IV/22.
93 Siehe die Bestände zur Vorbereitung des Landwirtschaftsgesetzes, insbesondere BArch B 116/880 u. 881. Das Gutachten des IFO-Instituts von 1952 trug den Titel: Die Paritätsforderung für die westdeutsche Landwirtschaft. Vgl. Zündorf, Irmgard: Der Preis der Marktwirtschaft. Staatliche Preispolitik und Lebensstandard in Westdeutschland 1948 bis 1963, München 2006 (*Zündorf, Preis*), S. 179.
94 Bundesministerium für Ernährung, Landwirtschaft und Forsten, Arbeitsprogramm für die Agrarpolitik der Bundesregierung (Agrarprogramm), Hiltrup bei Münster 1968.
95 Nobis, Bundesministerium, S. 55. Steding, Agrarpolitik, S. 19 f.

sierung" des Regierungshandelns vorangetrieben.[96] Eine ziemlich einmalige Erfahrung mit dem, was Anfang der 70er Jahre moderne Planung hieß, machten die Mitarbeiter des Landwirtschaftsministeriums dennoch, als 1971 die Unternehmensberatungsfirma McKinsey im Auftrag der beim Bundesinnenministerium angesiedelten „Projektgruppe Regierungs- und Verwaltungsreform" im Agrarministerium eine Modellstudie über „moderne Prinzipien der ministeriellen Aufbau- und Ablauforganisation" begann.[97] Die 1972 abgeschlossene Vorstudie monierte unter anderem, dass zwar grundsätzlich eine Planung im Ministerium existierte, dass die einzelnen Maßnahmen allerdings zu wenig definiert seien und zudem nicht mit konkreten Zeitplänen verbunden würden.[98] Auch wenn sich im Ministerium bald Widerstand regte[99] und sich die Wirkung der McKinsey-Studie im einzelnen schwer abschätzen lässt, sind in der ersten Hälfte der 1970er Jahre tatsächlich eine deutliche Systematisierung der konzeptionellen Arbeit im Ministerium und damit seit den Jahren um 1970 ein neuer Abschnitt der Verwaltungspraxis zu erkennen. Es dauerte allerdings ebenso nicht lange, bis ministeriumsintern die Steuerungsprobleme modernen Regierungshandelns in komplexen Gesellschaften thematisiert wurden.[100] Geriet damit die verstärkte Planungstätigkeit des Ministeriums bald in den Sog des in der zweiten Hälfte der 1970er und dann in den 80er Jahren vermehrt diagnostizierten „Steuerungsverlusts"[101] von Politik, so weist ein anderer Befund für den Führungsstil im Ministerium eher in die Zeit vor 1945 zurück.

Was die Führungsstile der Minister und Staatssekretäre im Ministerium anbelangt, so gab es natürlich individuelle Unterschiede. Während Wilhelm Niklas sich

---

[96] Im Innenministerium existierte z. B. seit 1967 ein entsprechender Arbeitsstab. Bösch/Wirsching (Hg.), Hüter, S. 313. Allgemein dazu: Süß, Winfried: „Wer aber denkt für das Ganze?" Aufstieg und Fall der ressortübergreifenden Planung im Bundeskanzleramt, in: Frese, Matthias/ Paulus, Julia/ Teppe, Karl (Hg.): Demokratisierung und gesellschaftlicher Aufbruch. Die sechziger Jahre als Wendezeit der Bundesrepublik, Paderborn 2003, S. 349–377.
[97] Z. B. Wochenbericht des Abteilungsleiter I für die Zeit vom 18. bis 24. November 1971, 24.11.1971, BArch B 116/53868.
[98] Siehe z. B. eine Zusammenfassung der Ergebnisse in der Besprechungsvorlage: „Verbesserung der Steuerungskapazität eines Ressorts zur Bewältigung seiner komplexen Aufgaben am Beispiel der Abteilung IV des BML", 9.2.1972, BArch B 116/53868.
[99] So fasste der Referatsleiter IV A 2 am 31.7.1972 seine Einschätzung der Arbeit von McKinsey so zusammen: „Das Gutachten erlaubt nur eine Feststellung, nämlich die, die Gutachter sind und waren für die übertragene (und zu übertragende) Aufgabe nicht qualifiziert." BArch B 116/53868.
[100] Zur Systematisierung der konzeptionellen Arbeit vgl. z. B. ein Papier der Planungsgruppe von 1975: „Konzeption für die Verbraucherpolitik im Ernährungsbereich", BML-Planungsgruppe, 1.8.1975. Thematisierung von Steuerungsproblemen vgl.: „Konzeptionen und Arbeitsschritte zur Intensivierung der Öffentlichkeitsarbeit des BML über sensible agrarpolitische Themen", 15.12.1982, BArch B 116/74790. Auf S. 12f. beschäftigte sich das Papier z. B. mit den „Grenzen wirkungsvoller Informationsübermittlung".
[101] Zur Wahrnehmung von Steuerungsproblemen in der Politik seit Mitte der 70er Jahre u.a.: Leendertz, Ariane/Meteling, Wencke (Hg.): Die neue Wirklichkeit. Semantische Neuvermessungen und Politik seit den 1970er-Jahren, Frankfurt/New York 2016.

offenbar vor allem auf die großen Linien beschränkte, galt der zweite Landwirtschaftsminister Heinrich Lübke als akribischer Arbeiter, der sich auch in Details einmischte (und der sich im Übrigen auch noch als Bundespräsident über einzelne Vorgänge in seinem früheren Haus informieren ließ).[102] Auch über den Einzelfall hinaus interessant ist der Führungsstil von Staatssekretär Theodor Sonnemann, der das Ministerium immerhin über die ersten zwölf Jahre als Staatssekretär prägte. Im Nachhinein hat er seinen Führungsstil ausführlich in seinen autobiographischen Texten dargestellt und dabei in Anlehnung an seine militärischen Erfahrungen beschrieben sowie die Darstellung mit entsprechenden Vokabeln gewürzt.[103] Dabei ging es aber nicht nur um klare Hierarchien und Disziplin, sondern auch um Improvisation, um „Schnelligkeit, Elastizität und Zweckmäßigkeit".[104] Einen solchen Führungsstil unterschied er von der „nur" hierarchisch und streng geregelten Arbeitsweise der „alten königlich preußischen" Verwaltungstradition. So habe er Mitarbeiter unterschiedlicher Hierarchiestufen frühzeitig an seinen Überlegungen beteiligt und in Umgehung der Hierarchie immer wieder auch mit Assessoren oder Hilfsreferenten die jeweiligen Vorhaben durchgesprochen. Auf diese Weise sei er der Verpflichtung des Behördenchefs nachgekommen, aus dem „Beamtenkörper" ein „einheitliches Ganzes […] zu formen" und so dem „letzten Mitarbeiter das Gefühl zu vermitteln, daß auch er berufen ist, an einer großen und bedeutungsvollen Sache mit beteiligt zu sein".[105] Diesen Aspekt verknüpfte Sonnemann ebenfalls mit seiner militärischen Führungserfahrung, bei der er mit seinen Offizieren anstehende Probleme „offen, vertrauensvoll, kameradschaftlich" erörtert habe und damit mit denen, „die sie angehen und die zu ihrer Lösung mit dem Einsatz ihres Lebens beisteuern sollen".[106] Im Ergebnis wirken diese Überlegungen zum Führungsstil wie eine Mischung aus militärischen Disziplinerwartungen und dem, was er während des Krieges in der „dynamisierten"[107] Verwaltungspraxis im NS-Rüstungsamt erlebt haben mag und was er in seinen Memoiren ganz ähnlich als Führungsstil von Albert Speer und Karl Dönitz mit offensichtlicher Bewunderung beschrieben hat.[108] Nur nebenbei sei bemerkt, dass dieser Führungsstil, jedenfalls in der von Sonnemann beschriebenen Form, offenbar stark auf Mündlichkeit beim Umgang mit den Mitarbeitern im Ministerium beruhte.[109]

---

102 Sonnemann, Gestalten, S. 128 f.
103 Vor allem Sonnemann, Gestalten ist voll von Vergleichen der Führungspositionen in einem Ministerium mit „Offizieren", „Oberkommando", „Stabschef" etc., z. B. S. 124.
104 Sonnemann, Gestalten, S. 244.
105 Ebd., S. 243.
106 Ebd., S. 245.
107 Vgl. dazu: Fröhlich, Paul: „Der unterirdische Kampf". Das Wehrwirtschafts- und Rüstungsamt 1924–1943. Paderborn u. a. 2018.
108 Sonnemann, Theodor: Jahrgang 1900. Auf und ab im Strom der Zeit, Würzburg 1980 (*Sonnemann, Jahrgang*), S. 294–298.
109 Insofern setzt sich Sonnemanns Schilderung von dem ab, was u. a. Frieder Günther als betonte Schriftlichkeit im Verwaltungshandeln des Innenministeriums beschrieben hat. Bösch/Wirsching (Hgg.), Hüter, S. 308–320.

Dieser Führungsstil, der in Egodokumenten von Ministeriumsmitarbeitern im Übrigen klar beschrieben worden ist (und keineswegs immer gut ankam),[110] verweist auf einen der wichtigen Erfahrungshintergründe in den Verwaltungen der frühen Bundesrepublik, nämlich die militärische Erfahrung ganz vieler Mitarbeiter. In der Person des ersten Staatssekretärs des Ministeriums jedenfalls ist diese militärische Erfahrung im zivilen Verwaltungshandeln der jungen Bundesrepublik gut zu erkennen. Das hieß aber auch bei Sonnemann nicht, dass ihm der Anspruch von Verbänden und anderen Gruppen auf Mitsprache in politischen Entscheidungsprozessen in demokratischen Systemen nicht klar gewesen wäre. In seiner autobiografischen Schrift „Gestalten und Gedanken" hat er beschrieben, wie er mit den widerstreitenden Interessen in seiner Amtszeit umging und dies auch ausdrücklich mit den Anforderungen einer „demokratischen Gesellschaft" in Zusammenhang gebracht. In dieser seien auch „Bürger mit einer positiven Einstellung zum Staat nicht ohne weiteres bereit", „unbesehen alle staatlichen Strukturen als feststehende Autorität hinzunehmen".[111] Man müsse deshalb über eine „Sachautorität" verfügen, „die an die Stelle der nicht mehr ohne weiteres akzeptierten Staatsautorität tritt oder sie jedenfalls ergänzt."[112] Die administrativen Vorerfahrungen amalgamierten mit den Anforderungen an die Regierungspraxis im demokratischen politischen System.

4 Die institutionelle Entwicklung des Ministeriums bis in die 1980er Jahre

Die Errichtung eines eigenen Gesundheitsministeriums 1961 und die darauf erfolgende Abgabe verschiedener Kompetenzen war sicher ein wichtiger Einschnitt in der institutionellen Entwicklung des Ministeriums. Für die Institutionengeschichte noch bedeutsamer wurden die verschiedenen Stationen der Diskussion um die Zuständigkeit im Natur- und Umweltschutz sowie in der Landschaftspflege. Zum ersten Mal war es in den Jahren 1957 und 1958 zu entsprechenden interministeriellen Debatten gekommen, die aber am Ende zu keiner Veränderung führten. Der Naturschutz blieb beim Landwirtschaftsministerium.[113] Als der Natur- bzw. Umweltschutz dann Ende der 60er Jahre recht plötzlich und mit Macht auf der politischen Agenda erschien,[114]

---

110 Ewald Rosenbrock schrieb, er sei mit Sonnemann gut zurechtgekommen, „da ich bei ihm meinen soldatischen Charakter" betonte. Ms Manuskript: „‚So sah ich es'. Aufzeichnungen des Ministerialdirigenten a. D. Dr. Ewald Rosenbrock 1978–1979. Teil 2: „Jahre des Friedens in Westdeutschland ab 1945", BArch N 1701/2, S. 239. Eine harte Kritik am militärischen Führungsstil Sonnemanns findet sich dagegen bei Steding, Agrarpolitik, S. 121–125.
111 Sonnemann, Gestalten, S. 67.
112 Ebd., S. 68f.
113 Z. B. Interne Schreiben, Abteilung V, 11.11.1957 u. 26.11.1957, BArch B 116/14334.
114 Z. B. Ditt, Karl: Die Anfänge der Umweltpolitik in der Bundesrepublik Deutschland während der 1960er und frühen 1970er Jahre, in: Frese, Matthias u. a. (Hgg.): Demokratisierung und gesellschaftlicher Aufbruch, Paderborn 2003, S. 349–377.

flammte die Diskussion erneut auf. Um die Ansprüche von Innenminister Hans-Dietrich Genscher abzuwehren, der sich auf die Zuständigkeit seines Hauses für die Raumordnung berief, wurde 1973 extra eine „Gruppe" für Umwelt und Naturschutz in Abteilung V, die nun „Entwicklung des ländlichen Raumes, Umwelt- und Naturschutz" hieß, eingerichtet. Ein paar Jahre zuvor hatte es das Ministerium vermutlich aus ähnlichen Gründen zugelassen, dass der im Haus ungeliebte Frankfurter Zoodirektor und prominente Tierfilmer Bernhard Grzimek als „Beauftragter der Bundesregierung für Angelegenheiten des Naturschutzes" mit seinem Büro an das Agrarministerium angegliedert wurde. Als Grzimek 1973 nach drei Jahren unter anderem deswegen hinwarf, weil die Zusammenarbeit insbesondere mit dem Landwirtschaftsministerium „keineswegs erfreulich und erfolgreich" gewesen sei, weinte man ihm im Ministerium keine Träne nach.[115] 1984 wurde die „Gruppe" schließlich zur Unterabteilung „Umwelt und Naturschutz" aufgewertet, die nun aus sechs statt der ursprünglich zwei Referate von 1973 bestand. Bis 1973 war lediglich ein Hilfsreferent ausschließlich mit Fragen der Landschaftspflege beschäftigt. Mit Naturschutzangelegenheiten waren drei Beamte befasst, die allerdings alle noch andere Aufgaben zu erfüllen hatten.[116] Erst 1986 ging dann die gesamte Unterabteilung im neugegründeten Bundesministerium für Umwelt, Naturschutz und Reaktorsicherheit auf. Bis dahin hatte es das Agrarministerium mit zum Teil erheblichem Aufwand also verstanden, seine Zuständigkeiten in diesem Bereich vor allem gegenüber den Ansprüchen des Innenministeriums zu behaupten.

Weitere organisatorische Umgestaltungen betrafen zum Beispiel einmal mehr die Planungsaktivitäten des Ministeriums. So wurden 1973 alle Sachabteilungen mit einheitlichen Referaten zur „Programmplanung" der Gesamtabteilung statt der bisherigen aufgabenbezogenen Grundsatzreferate ausgestattet. Gleichzeitig erhielt die alte Abteilung „Agrarpolitik" neben dem Umweltschutz die Bezeichnung „Entwicklung des ländlichen Raumes", womit die Aufgabe der allgemeinen Strukturpolitik auf dem Land (und eben nicht nur der landwirtschaftlichen Strukturpolitik) institutionell aufgewertet wurde. Deutlich ausgebaut wurden im Laufe der Zeit die Einheiten, die für Verbraucherangelegenheiten zuständig waren. 1965 gründete das Ministerium in diesem Bereich eine erste Unterabteilung. Bis in die zweite Hälfte der 1980er Jahre war sie auf sechs Referate angewachsen und umfasste nun auch einen Bereich wie die „Lebensmittelqualität unter Verbraucheraspekten". Institutionell deutlich aufgestockt wurde schließlich die Europapolitik. Für sie wurde mit der größeren Umorganisation von 1973 in der Zentralabteilung nun ebenfalls eine eigene „Gruppe" EWG geschaffen. Dagegen war interessanterweise die Aufnahme der „Wirtschaftsbeziehungen zu den afrikanischen Ländern" in die Bezeichnung der Unterabteilung VII B in der Außenhandelsabteilung nur eine kurze Erscheinung. 1970 war sie, nachdem die Bezeich-

---

[115] Interne Stellungnahme zum Rücktritt von Prof. Dr. Grzimek, 6.2.1973 BArch B 116/18124, Zitat S. 3.
[116] Internes Schreiben, Abteilungsleiter I, 29.1.1970, BArch B 116/18124, S. 3.

nung zum ersten Mal 1967 im Organisationsplan aufgeführt war, wieder verschwunden.

Die institutionellen Umgestaltungen seit den 1960er Jahren, die selbstverständlich noch viele weitere Details betrafen, lassen die veränderten politischen Anforderungen, mit denen das Landwirtschaftsministerium konfrontiert war, einmal mehr recht gut erkennen. Neben der weiter zunehmenden Bedeutung der Europapolitik betraf dies eben vor allem das weite Feld der Verbraucherangelegenheiten sowie den Umweltschutz, zu dem im Verlaufe der 80er Jahre auch eigene Referate wie „Neuartige Waldschäden" oder „Alternative Flächennutzung, Energie und Rohstoffe" gehörten. Dass mit diesen organisatorischen Neuerungen eine Änderung des politischen Schwerpunkts einherging, der seit 1949 und der folgenden Schaffung der Agrarmarktordnung auf der Förderung und dem Schutz der heimischen Landwirtschaft lag, darf allerdings bezweifelt werden. Bereits in den 50er Jahren hatten Ministerium und Bauernverband allergisch reagiert, als mehrmals Überlegungen aufkamen, ein eigenes Ernährungsministerium zu schaffen, und so die Gefahr bestand, dass Ernährungs- und Verbraucherinteressen gegen die der Landwirtschaft hätten ausgespielt werden können. Ministerium wie Bauernverband intervenierten sofort.[117] Sowohl beim Umwelt- und Tierschutz als auch bei der Verbraucherpolitik des Ministeriums nahm aber auch während der 1970er und 80er Jahre die Rücksicht auf die Interessen der landwirtschaftlichen Betriebe den entscheidenden Stellenwert ein. Als man Anfang der 70er Jahre um die Zuständigkeit für Landschaftspflege, Umwelt- und Tierschutz kämpfte, geschah dies im Ministerium vor allem deswegen, weil Naturschutz, Landschaftspflege sowie Tierschutz als untrennbar von der land- und forstwirtschaftlichen Nutzung gesehen wurden. Eine „geordnete Entwicklung" hielt das Ministerium entsprechend nur dann für gegeben, wenn auch die Belange der letzteren einbezogen würden.[118] Auch die Planungen für eine effektivere Öffentlichkeitsarbeit in der Verbraucherpolitik, die um 1980 unternommen wurden, waren zwar weit von der agrarpolitischen bzw. staatszentrierten „Verbraucheraufklärung" der frühen Bundesrepublik entfernt,[119] am Ende ging es aber doch vor allem darum, existierende „Unsicherheiten" über die Risiken der Ernährung zu beseitigen und so das Bild der bestehenden Landwirtschaft in der Öffentlichkeit zu verbessern.[120] Langfristig „verlor" das Ministerium sowohl die Umweltzuständigkeit als auch weite Teile der Verbraucherpolitik. Die institutionelle Entwicklung seit den 1960er Jahren erscheint so

---

[117] Z. B. Schreiben Bundeskanzleramt an Niklas, 7.11.1950 sowie Telegramm Rehwinkel an Adenauer, 9.1953, BArch B 116/4696.

[118] Internes Schreiben, Abteilungsleiter I, 29.1.1970, Anlage I: „Ressortierung des Naturschutzes und der Landschaftspflege beim Bundesminister für Ernährung, Landwirtschaft und Forsten", BArch B 116/18124, Zitat S. 4.

[119] Vgl. Rick, Kevin: Verbraucherpolitik in der Bundesrepublik Deutschland. Eine Geschichte des westdeutschen Konsumtionsregimes, 1945–1975, Baden-Baden 2018, z.B. S. 124–129.

[120] Vgl. „Konzeptionen und Arbeitsschritte zur Intensivierung der Öffentlichkeitsarbeit des BML über sensible agrar-politische Themen", 15.12.1982, BArch B 116/74790, Zitat S. 2.

trotz allem und trotz des ernsthaften Interesses nicht weniger Mitarbeiter an einer Neuausrichtung überwiegend als eine Geschichte der erzwungenen Anpassungen und der verpassten Chancen, die nicht zu einer tatsächlichen Neuorientierung führte. Kernaufgabe aus Sicht des Ministeriums waren und blieben, bei aller organisatorischen Umgestaltung, die Belange der Landwirtschaft.

III Personen und Personalpolitik

Als Konrad Adenauer 1949 zum ersten Bundeskanzler der Bundesrepublik Deutschland gewählt wurde, war er 73 Jahre alt. Seine politische Sozialisation hatte er im Deutschen Kaiserreich erhalten. 1933 von den Nationalsozialisten sowohl als Kölner Oberbürgermeister als auch als Präsident des preußischen Staatsrats aus seinen Ämtern entfernt, kann Adenauer als unbelastet durch den Nationalsozialismus gelten. Anders verhielt es sich bekanntlich mit seinem langjähriger Vertrauten Hans Globke, 1953 bis 1963 Leiter des Bundeskanzleramtes unter Adenauer. Als Mitarbeiter des Reichsinnenministeriums hatte der 1898 geborene Globke nicht nur an verschiedenen Gesetzen und vielen Verordnungen des NS-Regimes mitgewirkt, zusammen mit Wilhelm Stuckart, Staatssekretär im Reichsinnenministerium, war er auch Verfasser eines 1936 erschienenen Kommentars zu den ein Jahr zuvor beschlossenen antisemitischen „Nürnberger Gesetzen". Die Fälle Konrad Adenauers und Hans Globkes gehören zu den prominentesten Beispielen für personelle Kontinuitäten und Diskontinuitäten zwischen Nationalsozialismus und der frühen Bundesrepublik. Sie geben gleichzeitig einen Einblick in die Bandbreite der möglichen Verbindungen des bundesdeutschen Führungspersonals zum Dritten Reich. Unbelastete Personen standen neben solchen, die nicht nur enge Verbindungen zum Nationalsozialismus gehabt hatten, sondern die in ihren Positionen im Regime mitgearbeitet oder zumindest diesem zugearbeitet hatten. Generationszugehörigkeiten spielten eine Rolle. Diejenigen, die wie Adenauer oder auch der ersten Bundespräsident Theodor Heuss, 1933 schon maßgebende Stationen ihres Berufslebens hinter sich gebracht hatten, standen neben denen, deren entscheidende Berufsjahre beim Antritt der Nationalsozialisten noch bevorstanden. An Globke wiederum lässt sich der wichtige Unterschied zwischen formaler und materieller Belastung zeigen. Adenauer gelang es auch deswegen an Globke festzuhalten, weil dieser nie der NSDAP beigetreten war.[121] Die formale Nicht-Belastung wirkte hier der materiellen Verbindung zum Nationalsozialismus entgegen. In anderen Fällen konnte es sich umgekehrt verhalten. Formal belastete Personen erwiesen sich inhaltlich als unabhängig, ja widerständig gegenüber dem Nationalsozialismus. Adenauer und Globke arbeiteten allen Unterschieden zum Trotz nach 1949 eng zusammen. Auch diese Dimension gehört zur Geschichte von personeller Kontinuität und Diskontinuität in den staatlichen Positionen der frühen Bundesrepublik: Denn wie arbeiteten eigentlich Unbelastete und Belastete nach 1945 zusammen? Oder noch anders gefragt: Spielten die Vergangenheiten im bürokratischen Alltag überhaupt eine Rolle?

Was an Adenauer und Globke für die zentrale Schaltstelle der frühen Bonner Republik, das Bundeskanzleramt, schnell und natürlich skizzenhaft gezeigt werden kann, ist inzwischen für eine ganze Reihe von Bundesministerien sowie andere

---

121 Zur Biographie u. a.: Lommatzsch, Erik: Hans Globke (1898–1973). Beamter im Dritten Reich und Staatssekretär Adenauers, Frankfurt 2009.

Oberste Bundesbehörden beschrieben worden. Im Justizministerium wählten Justizminister Thomas Dehler, der mit einer Jüdin verheiratet war und es im Nationalsozialismus blieb, sowie Staatssekretär Walter Strauß, der selbst jüdischer Herkunft war, nach 1949 einen Stab leitender Mitarbeiter mit zum Teil erheblicher formaler und materieller Belastung aus.[122] Das Auswärtige Amt rekrutierte bald nach seiner Wiedereinrichtung beinahe zwei Drittel seines Führungspersonals aus dem alten Außenministerium.[123] Die Studie zum Bundesinnenministerium wiederum beschrieb eine Generation von besonders belasteten Jahrgängen der in den Jahren nach 1900 Geborenen und fand im Übrigen bei einem erheblichen Anteil der Mitarbeiter nach 1945 ein „Arbeiten" an der eigenen Biographie. Der Übergang von der totalitären Diktatur über die Besatzungszeit in die Bundesrepublik brachte autobiographische (Selbst-)Konstruktionen hervor.[124] Nicht wenige hatten solche Konstruktionen auch schon im Nationalsozialismus betrieben, freilich in einem gegenläufigen Sinne. Über die untersuchten Ministerien hinweg schließlich zeigte sich, dass der Anteil der ehemaligen NSDAP-Mitglieder in den Ministerien im Verlauf der 1950er Jahre sogar anstieg. Im Justizministerium erreichten sie einen Höchststand bei Abteilungs- und Referatsleitern von 76 % im Jahr 1957.[125] Die Zusammenarbeit zwischen belasteten und nicht belasteten Mitarbeitern scheint dabei recht reibungsfrei funktioniert zu haben oder zumindest haben entsprechende Konflikte in den schriftlichen Dokumenten keinen Niederschlag gefunden.[126]

Das Personaltableau des „Bundesministeriums für Ernährung, Landwirtschaft und Forsten" spiegelt in den ersten Jahren seines Bestehens diese und andere Dimensionen der Frage nach den personellen Kontinuitäten und Diskontinuitäten nach 1949 grundsätzlich wider. Alles andere wäre auch eine Überraschung. Das beginnt mit dem engsten Führungspersonal, den Ministern und den Staatssekretären. Während der erste Bundesminister, Wilhelm Niklas, zu den relativ wenigen hohen Beamten gehörte, die unter dem NS-Regime aus dem Staatsdienst ausschieden, zählt sein Nachfolger Heinrich Lübke zu den Repräsentanten der alten Bundesrepublik, die wegen ihrer Vergangenheit umstritten waren. Der erste und fast die gesamte Adenauerzeit hindurch amtierende Staatssekretär Theodor Sonnemann wiederum lässt sich zu denjenigen zählen, deren Verhältnis zum Nationalsozialismus nicht so einfach auf einen Nenner zu bringen ist. Sein Beispiel lehrt, dass in vielen Fällen sehr genau hingesehen werden muss, um das Verhältnis zum Nationalsozialismus angemessen zu beschreiben. Auch in der Gruppe des weiteren Führungspersonals des Ministeriums bis zur Ebene der Referatsleiter zeigen sich viele aus anderen Ministerien und Be-

---

122 Görtemaker, Manfred/ Safferling, Christoph: Die Akte Rosenburg. Das Bundesministerium der Justiz und die NS-Zeit. München 2016 (*Görtemaker/Safferling, Rosenburg*).
123 Conze, Eckart u. a.: Das Amt und die Vergangenheit. Deutsche Diplomaten im Dritten Reich und in der Bundesrepublik, 2. Aufl., München 2010 (*Conze u. a., Amt*), S. 492.
124 Bösch/Wirsching (Hgg.), Hüter, S. 126 ff.
125 Görtemaker/Safferling, Rosenburg, S. 263.
126 Bösch/Wirsching (Hgg.), Hüter, S. 180 f.

hörden bekannte Muster. Das Ministerium weist aber auch einige Besonderheiten auf. Eine betrifft den Erfahrungshintergrund vieler Mitarbeiter. Vor allem ist die Zahl derer groß, die Erfahrungen aus der deutschen Besatzungsverwaltung im Zweiten Weltkrieg mitbrachten. Bemerkenswert ist zudem der vergleichsweise hohe Anteil von Abteilungs- und Unterabteilungsleitern Ende der 1960er und zu Beginn der 1970er Jahre, die der NSDAP, der SA oder auch der SS einschließlich der Waffen-SS angehört hatten. Dieser Befund ist durchaus überraschend und am Ende dieses Kapitels wird noch einmal auf mögliche Erklärungen dafür einzugehen sein.

1 Minister und Staatssekretäre in der Ära Adenauer

Als erster Bundesminister für „Landwirtschaft und Ernährung", wie es zu diesem Zeitpunkt noch hieß, wurde am 20. September 1949 der CSU-Politiker Wilhelm Niklas ernannt und am selben Tag im Bundestag vereidigt.[127] Der 1887 geborene und seit 1948 als stellvertretender Direktor der Verwaltung für Ernährung, Landwirtschaft und Forsten des Vereinigten Wirtschaftsgebietes amtierende Niklas war im Spätsommer 1949 allerdings nicht der einzige Kandidat für den Posten des ersten Landwirtschaftsministers der Bundesrepublik gewesen.[128] Im Gespräch waren auch die beiden wohl prominentesten Agrarpolitiker der Zeit, der Direktor der bizonalen Landwirtschaftsverwaltung Hans Schlange-Schöningen sowie der seit 1948 als Präsident des Deutschen Bauernverbandes amtierende Andreas Hermes, die beide, wie gesehen, bereits in Weimar eine wichtige Rolle gespielt hatten.[129] Auch Heinrich Lübke, als Minister für Ernährung, Landwirtschaft und Forsten in Nordrhein-Westfalen ebenfalls eine logische Wahl, gehörte bereits 1949 zu den Kandidaten. Adenauer selbst favorisierte seinen langjährigen Vertrauten Karl Müller, den er als rheinischen Zentrumspolitiker aus Weimarer Tagen kannte und der 1922 für ein paar Tage Reichsernährungsminister gewesen war. Während gegen Schlange-Schöningen die Vertreter der Bauernverbände wegen dessen aus ihrer Sicht zu verbraucherfreundlichen Politik als Direktor der bizonalen Landwirtschaftsverwaltung Sturm liefen, stieß Müller zusätzlich auf den Widerstand der CDU-Fraktion, die auch in anderen Fällen keineswegs (etwa bei der Besetzung des Innenministeriums mit dem vergleichsweise „linken" Protestanten Gustav Heinemann) den Vorschlägen Adenauers folgte. Gegen Lübke

---

127 Die Umbenennung in die an die Zonenverwaltung angepasste Bezeichnung „Ernährung, Landwirtschaft und Forsten" erfolgte bereits Anfang November 1949. Vgl. Schreiben des Staatssekretärs des Innern im Bundeskanzleramt an die Bundesminister, 7.11.1949, BArch B 116/14335.
128 Darstellungen zur Ernennung des ersten Bundesministers z. B. bei: Kluge, Ulrich: Vierzig Jahre Agrarpolitik in der Bundesrepublik Deutschland: Vorgeschichte (1918–1948). Die Ära Niklas (1949–1953). Die Ära Lübke (1953–1959). Die Ära Schwarz (1959–1965) (*Kluge, Vierzig Jahre*), Bd. 1, Münster 1989, S. 85 f. u. Dornheim, Andreas: Der lange Weg in die Moderne. Agrarische Politik und ländliche Gesellschaft in Deutschland 1918 bis 1960, Erfurt 2000 (*Dornheim, Weg*), S. 739 ff.
129 Siehe erster Teil, S. 37 ff. und 88.

und Hermes wiederum hatte Adenauer selbst Vorbehalte, die im Falle von Hermes u. a. von Rivalitäten um die Führung in der CDU herrührten und bei dem ohnehin dem Adenauer-fernen linken Parteiflügel angehörenden Lübke offenbar auch auf persönliche Abneigungen zurückgingen.[130] Am Ende war der Weg für Wilhelm Niklas frei – einen, wie sein damals noch junger CSU-Fraktionskollege Franz Josef Strauß in seinen Erinnerungen schrieb „allseits anerkannte[n] Fachmann ohne Angriffsflächen".[131]

Auch wenn Strauß in seiner Darstellung der Kabinettsbildung von 1949 die eigene Rolle übertrieben haben mochte, bei seinem Urteil zum ersten bundesdeutschen Agrarminister lag er vermutlich nicht ganz falsch. Mit seiner gleich mehrfach mit dem Agrarbereich verbundenen Biographie konnte Niklas als ein Fachmann gelten, der kaum besser ausgewiesen hätte sein können.[132] Zudem verfügte er über große administrative Erfahrung. Die Führung eines Ministeriums war ihm auch deswegen absolut zuzutrauen. Da er 1935 als Abteilungsleiter aus politischen Gründen in den Ruhestand versetzt worden und überdies nie der NSDAP beigetreten war, war er auch politisch unbelastet. Für seine Ernennung spielte dies allerdings, soweit erkennbar, keine ausdrückliche Rolle. Dennoch gehörte die formale Nicht-Belastung zu den Grundvoraussetzungen einer Ernennung zum Minister im ersten Kabinett Adenauer. Keines der am 20. September 1949 ernannten Kabinettsmitglieder hatte der NSDAP angehört und das hatte entsprechend auch für die anderen Kandidaten für das Amt des ersten Agrarministers gegolten. Erst im zweiten Kabinett Adenauer, das nach der Bundestagswahl vom September 1953 gebildet wurde, fanden sich Minister mit einer Vergangenheit als NSDAP-Mitglied, darunter Vertriebenenminister Theodor Oberländer sowie Innenminister Gerhard Schröder.

Nie Mitglied der NSDAP gewesen zu sein, das galt auch für Theodor Sonnemann, dessen Ernennung zum Staatssekretär im Landwirtschaftsministerium das Bundeskabinett am 25. November 1949 zusammen mit der Ernennung von Staatssekretären in sechs weiteren Ministerien beschloss.[133] Auch Sonnemanns Ernennung verlief im Herbst 1949 nicht völlig glatt. Neben den Regierungsfraktionen versuchten auch verschiedene Verbände Einfluss zu nehmen.[134] Am Ende setzte sich mit Sonnemann ein Kandidat der DP sowie des Bauernverbandes durch. Vor allem Edmund Rehwinkel hatte sich massiv für Sonnemann, Hauptgeschäftsführer beim Verband des niedersächsischen Landvolkes, dessen Präsident Rehwinkel war, eingesetzt. Als am 7. November 1949 in einem weiteren Brandbrief an Niklas auch der Präsident des Bauernverbandes Andreas Hermes höchstpersönlich für Sonnemann intervenierte und eine schnelle Entscheidung forderte, hatte das Kabinett der Personalie grundsätzlich

---

130 Schwarz, Hans-Peter: Adenauer. Bd. 2. Der Staatsmann, München 1994 (*Schwarz, Adenauer*), u. a. S. 112. Auch Adenauer und Lübke kannten sich bereits aus der Zwischenkriegszeit. Sonnemann: Gestalten, S. 123.
131 Strauß, Franz-Josef: Die Erinnerungen, Berlin 2015 (zuerst 1989), S. 115.
132 Siehe die biographischen Angaben im dritten Teil, S. 282.
133 Kabinettsprotokolle der Bundesregierung, 25.11.1949.
134 Wengst, Staatsaufbau, S. 48 f.

aber bereits zugestimmt.[135] Neben dem Einsatz der Verbände sprachen noch andere Umstände für Sonnemann. So wurde mit ihm der auch später so wichtige Regionalproporz zwischen den beiden bedeutendsten Agrarländern Bayern, aus dem Niklas stammte, und Niedersachsen gewahrt. Als Mitglied der „Deutschen Partei" bediente Sonnemann zudem die Ansprüche dieser Regierungspartei, der Adenauer grundsätzlich die Position zugesagt hatte. Und schließlich darf auch die konfessionelle Komponente nicht vergessen werden, bei der nun der Protestant Sonnemann den Katholiken Niklas in der Führung des Ministeriums ergänzte.

Wie der erste Ernährungsminister Niklas konnte auch der erste Staatssekretär im Agrarressort als Fachmann gelten. Theodor Sonnemann wurde am 2. September 1900 in Hildesheim geboren. Nach einem Studium der Geschichte sowie der Nationalökonomie in Göttingen und Rostock, das er in Rostock bei dem Historiker Hans Spangenberg mit einer Promotion zum Thema „H. A. Oppermann und der hannoversche Liberalismus" abschloss, startete er sein Berufsleben Anfang 1923 bei der Industrie- und Handelskammer Hannover.[136] Die Verbindung zur Landwirtschaft begann, als Sonnemann ebenfalls noch 1923 als Geschäftsführer zum Kreisverband Burgdorf des Reichslandbundes, dem wichtigsten Landwirtschaftsverband in der Weimarer Republik, wechselte. Nach der Überführung des Reichslandbundes in den Reichsnährstand 1933 wurde Sonnemann 1935 als Stabsleiter der dortigen Kreisbauernschaft nach Celle versetzt. Ein Jahre später wurde er nach Querelen mit örtlichen NS-Funktionsträgern aus dem Reichsnährstand entlassen.[137] Sonnemann trat in die Reichsmarine ein, bei der er bereits am Ende des Ersten Weltkriegs gedient hatte. Die Jahre bis zum Zweiten Weltkrieg verbrachte er in verschiedenen Verwendungen beim Wehrwirtschafts- und Rüstungsamt, zu dem ihn die Marine abgestellt hatte. So gehörte er von 1936 bis 1938 der Wehrwirtschaftsstelle Dresden an. Die Besetzung der als Folge des Münchner Abkommens an das Deutsche Reich abgetretenen Gebiete der Tschechoslowakei erlebte er als militärischer Begleitoffizier eines sogenannten Technischen Kommandos, das Einrichtungen der Strom- und Wasserversorgung oder wichtige Industriebetriebe möglichst schnell hinter den einrückenden Truppen sichern sollte.[138] Bei Kriegsbeginn 1939 befand sich Sonnemann in der Zentrale des Wehrwirtschafts- und Rüstungsamtes in Berlin, wo er als Referent mit Fragen des Arbeitskräftebedarfs im Kriegsfall beschäftigt war. Es folgten Einsätze als Wehrwirtschaftsoffizier 1940/41 in Norwegen sowie zu Beginn des Krieges gegen die Sowjetunion im Gebiet südlich von Leningrad. Nach einer Verwundung wurde er im Herbst 1941 wieder ins Rüstungsamt sowie dann

---

135 Hermes an Niklas, 7. November 1949, BArch B 116/36278; Kabinettsprotokolle, 2.11.1949.
136 Biographische Angaben: Personalakte Sonnemann BArch B 116/99994 sowie Sonnemann, Jahrgang. Dissertation: Theodor Sonnemann, H. A. Oppermann und der hannoversche Liberalismus. Phil. Diss. Rostock 1922.
137 Sonnemanns Personalakte aus dem BMEL liegt die Reichsnährstandsakte nicht bei. Allerdings befinden sich in der Akte zwei Bescheinigungen aus dem Jahr 1950, die die Entlassung aus dem Reichsnährstand aus politischen Gründen bestätigen, BArch B 116/99994, Bl. 19 f.
138 Sonnemann, Jahrgang, S. 222.

ins „Reichsministerium für Bewaffnung und Munition" versetzt, bevor er im Frühjahr 1943 als Kommandeur einer Landungs-, später einer Artillerieträgerflotille in der Ostsee diente. Sein letzter Dienstgrad war der eines Korvettenkapitäns, was beim Heer einem Major entsprochen hätte. Das Kriegsende erlebte Sonnemann wieder in Celle. Kurz zuvor hatte er erfahren, dass seine Frau und die beiden Kinder bei den Luftangriffen auf Dresden am 13. und 14. Februar ums Leben gekommen waren.[139]

Sonnemann hat seine Tätigkeit während des Nationalsozialismus in seinen Memoiren „Jahrgang 1900" ausführlich beschrieben. Dabei entwarf er das Bild eines Mannes, der von Beginn an den Nationalsozialismus ablehnte und entsprechend immer wieder in Konflikt mit NS-Funktionsträgern geriet. Bei der Schilderung der Besatzungstätigkeit in Norwegen und zu Beginn des Krieges gegen die Sowjetunion etwa hob Sonnemann systematisch das gute Verhältnis der Wehrmachtsangehörigen zu der einheimischen Bevölkerung hervor. Diesem wird die falsche, weil rücksichtslose und gewalttätige sowie damit die anfänglichen Sympathien der Menschen in den besetzten Gebieten zerstörende Haltung von Partei, SS und SD gegenübergestellt.[140] Insgesamt entsteht das bekannte (Zerr-)Bild einer „sauberen Wehrmacht",[141] das mit der brutalen und gewissenlosen Herrschaft der Nationalsozialisten kontrastiert wird. Seine eigene Tätigkeit im Wehrwirtschafts- und Rüstungsamt, in der Besatzungsverwaltung und auch im Fronteinsatz in der Ostsee schildert Sonnemann vor allem unter fachlich-technischen Gesichtspunkten. Politische Wertungen kommen nur dann ins Spiel, wenn der eigene Abstand (oder der seiner jeweiligen Abteilung) zum Nationalsozialismus gezeigt werden soll.

Soweit es die vorhandene Überlieferung zu Sonnemanns administrativer Tätigkeit im Nationalsozialismus erkennen lässt, ist dieses nachträgliche Selbstbild insofern richtig, als die vorhandenen Dokumente Sonnemann nicht als radikalen Nationalsozialisten ausweisen. Eine im Militärarchiv in Freiburg verwahrte Denkschrift über seine Tätigkeit als Wehrwirtschaftsoffizier in Trondheim enthält einige Passagen, die tatsächlich zumindest als implizite Kritik an NS-Stellen interpretiert werden können.[142] Ein von ihm geführtes „Tagebuch" über seinen Einsatz beim Einmarsch in die Sudentengebiete im Oktober 1938 erscheint zwar grundsätzlich linientreu und enthält in einzelnen Passagen deutliche Ressentiments gegenüber der tschechischen Bevölkerung sowie zumindest in einem Fall abfällige Bemerkungen über die Zustände in einem Betrieb mit jüdischem Eigentümer.[143] Aufs Ganze gesehen vermeidet Sonnemann aber nationalsozialistische Begrifflichkeiten oder klare Anleihen an die NS-

---

[139] Ebd., S. 330 ff.
[140] Ebd., z. B. S. 288.
[141] Dazu z. B. Wette, Wolfram: Die Wehrmacht. Feindbilder, Vernichtungskrieg, Legenden. 2. Auflage, Frankfurt 2002, S. 197–244.
[142] BArch Freiburg RW 28/37, v. a. S. 14, wo er „sich vielfach überschneidende Besuche von Sachbearbeitern der verschiedenen Zentralstellen bei hiesigen Betrieben und Dienststellen" als „störend" kritisiert.
[143] BArch Freiburg RW 46/788, S. 59 ff. bzw. S. 32.

Propaganda. Bei den Mitgliedschaften hielt er sich nicht nur von der NSDAP, sondern etwa auch von der Reichsschrifttumskammer fern.[144] Auf der anderen Seite gilt, dass für Sonnemann – selbst wenn er nicht zum Führungspersonal der jeweiligen Institutionen gehörte – als Referent bzw. „Abteilungschef"[145] im Wehrwirtschafts- und Rüstungsamt, im Reichsministerium für Bewaffnung und Munition oder als Wehrwirtschaftsoffizier der Charakter des Regimes sicherlich erkennbar war. Die Memoiren mit ihrer Unterscheidung zwischen „sauberer" Wehrmacht und ihren Verwaltungsstellen sowie NSDAP und deren Organisationen machen dieses Bewusstsein – wenn auch wohl unabsichtlich – im Nachhinein noch einmal deutlich.[146]

Abgesehen von seiner administrativen Tätigkeit hat Sonnemann im Dritten Reich als Wehrwirtschaftsexperte regelmäßig publiziert. 1939 erschien „Die Frau in der Landesverteidigung", 1941 „Die Wirtschaft als Kriegswaffe" und 1944 „Das Gold in der Kriegswirtschaft". Stärker seinen historischen Interessen folgte „Die zweimalige Einkreisung" von 1941, worin er sich mit einem der Lieblingsthemen der deutschen Geschichtswissenschaft seit dem Ersten Weltkrieg, den deutsch-englischen Beziehungen seit 1900, auseinandersetzte.[147] Sonnemanns publizistische Tätigkeit im Nationalsozialismus führte 1961 zu massiven Vorwürfen der von der SED herausgegebenen „Neuen deutschen Bauernzeitung" unter Titeln wie „Es gibt nicht nur *einen* Globke in Bonn" oder „Judenmörder Sonnemann".[148] Mit Hilfe ausführlicher Zitate aus Sonnemanns Schriften wurde der Staatssekretär als „Nazi-Kriegsverbrecher" charakterisiert, der, „durch und durch Faschist", Hitler „tatkräftig" „den zweiten Weltkrieg vorbereiten und führen" half und nun sein Werk in der Bundesrepublik fortsetzte.[149] Im Westen griff der *Spiegel* die Vorwürfe auf und zitierte im April 1961 u.a. eine antisemitisch getränkte Passage aus Sonnemanns England-Buch, in der er der jüdischen Emigration in Großbritannien vorhielt, maßgeblich an den „Greuellügen" gegen

---

144 BArch R 9361/V/33898.
145 Die Bezeichnung „Abteilungschef" ist nicht mit einem „Abteilungsleiter" in der Ministerialbürokratie gleichzusetzen. Das Rüstungsamt enthielt zwischen der Ebene der Abteilungen und der der Referate weitere Hierarchieebenen. Abteilungsleiter von Sonnemann war im Rüstungsministerium zuletzt Oberst Hans Henrici, der die „Amtsgruppe" „Allgemeine Rüstung" leitete. Thomas, Georg: Geschichte der deutschen Wehr- und Rüstungswirtschaft (1918–1943/45). Schriften des Bundesarchivs Bd. 14. Hgg. von Wolfgang Birkenfeld, Boppard 1966, S. 373.
146 Die Weltsichten gerade im Wehrwirtschafts- und Rüstungsamt zwischen (selbstkonstruierter) Distanz und Mobilisierung für das Regime werden gut deutlich in: Fröhlich, Paul: „Der unterirdische Kampf". Das Wehrwirtschafts- und Rüstungsamt 1924–1943, Paderborn 2018 (Krieg in der Geschichte, hg. von Horst Carl u.a., Band 108).
147 Sonnemann: Die Frau in der Landesverteidigung, Oldenburg i.O. u.a. 1939; ders.: Die Wirtschaft als Kriegswaffe, Berlin 1943; ders.: Das Gold in der Kriegswirtschaft, Berlin 1944; ders.: Die zweimalige Einkreisung. Die deutsch-englischen Beziehungen 1900–1935, Berlin 1941 (*Sonnemann, Einkreisung*).
148 Neue deutsche Bauernzeitung 2 Jg. 1961, Nr. 12, S. 7 u. Nr. 17., S. 6. Hervorhebung im Original.
149 So dann auch: Uhlig, Werner: Die Rolle des alten Militaristen Theodor Sonnemann bei der Fortsetzung der faschistischen Reichsnährstandpolitik, in: Wissenschaftliche Zeitschrift der Karl-Marx-Universität Leipzig 12 Jg. 1963, S. 584–587, Zitate S. 585.

Deutschland beteiligt und im Übrigen an ihrem Exil selbst schuld zu sein.[150] Eine solche eindeutig nationalsozialistische Passage ist allerdings die Ausnahme. Sonnemanns wehrwirtschaftliche Schriften entstammen vielmehr dem breiten Spektrum der nationalistisch-geopolitischen und auch bellizistischen bzw. militaristischen Publizistik, die im späten 19. Jahrhundert entstand, sich im und durch den Ersten Weltkrieg weiter radikalisierte und zu der der Nationalsozialismus selbstverständlich eine große Schnittmenge besaß.[151] Er befürwortete einen nationalen Machtstaat und propagierte mit seinen Schriften eine rücksichtslose und möglichst totale Ausnutzung aller Ressourcen im Kriegsfall. Lebensraumideologie als Kernvorstellung des außenpolitischen Denkens des Nationalsozialismus fehlen aber bei Sonnemann genauso wie die durchgehende rassistische Basis, auch wenn seine Schriften in einzelnen Passagen klar antisemitische Aussagen enthalten. Insgesamt ist Sonnemanns Publizistik damit ein Beispiel für die Teilidentität zwischen deutschnationalem und nationalsozialistischem Denken, die bei vielen Funktionsträgern zu einer weitgehend willfährigen Mitarbeit im Dritten Reich führte und, wie bei Sonnemann, ansehnliche Karrieren ermöglichte.[152] Mehr noch als die Ideologie in Sonnemanns Arbeiten, die sich somit im breiten Spektrum des radikalen Nationalismus der Zeit bewegte, fällt bei Sonnemann der ausgestellte militärische Habitus auf, den seine autobiographischen Schriften, aber etwa auch sein Tagebuch von 1938 über den Einmarsch in die sudetendeutschen Gebiete der Tschechoslowakei durchzieht.[153] Sonnemann war offenbar gerne Soldat bzw. Offizier. Im Rüstungsministerium imponierte ihm darüber hinaus Albert Speers Führungsstil, den er offenbar als besonders durchsetzungsstark und effektiv empfand.[154] Diesen militärischen Habitus nahm Sonnemann mit in die Bundesrepublik. Noch in seinem 1975 erschienenen Erinnerungsband „Gestalten und Gedanken" beschrieb er sein Verhältnis zu Minister Niklas so: „Es war das Verhältnis vom Kommandierenden zum Chef des Generalstabes in nahezu idealer Vollendung."[155]

---

150 Sonnemann, Einkreisung, S. 103. Sonnemann. Nicht betroffen, in: Der Spiegel, 12.4.1961, S. 18.
151 Z.B. Neitzel, Sönke: Weltmacht oder Untergang. Die Weltreichslehre im Zeitalter des Imperialismus, Paderborn u.a. 2000 und Breuer, Stefan: Ordnungen der Ungleichheit. Die deutsche Rechte im Widerstreit ihrer Ideen 1871–1945. Darmstadt 2010, v.a. Kap. 3 und 5, S. 77–104 u. 147–194.
152 Diese Einschätzung wird auch durch ein parteiamtliches Gutachten aus dem Jahr 1938 zu Sonnemanns „Frau in der Landesverteidigung" untermauert, in der Schrift zwar bescheinigt wurde, an einigen Stellen der NS-Weltanschauung über die Rolle von Frauen nicht zu entsprechen, trotzdem aber einer Veröffentlichung zugestimmt wurde. BArch NS 11/23a, Gutachten über das Buch von Dr. Theodor Sonnemann: „Die Frau in der Wehrarbeit". 8.11.1938.
153 So endet das „Tagebuch" von 1938 am 16.10.1938 mit folgendem Abschnitt: „Die schöne, klare soldatische Atmosphäre, die bisher über dem Hauptquartier lag, wird von einem Tag zum anderen mehr zurückgedrängt. Man fällt vor lauter Zivilisten und Damen schon beinahe auf, wenn man vom Dienst mit staubigen hohen Stiefeln zum Essen kommt. Vorbei ist der, ich möchte sagen, kriegerische Hauch des Feldlagers. Ob wir ihn jemals wieder erleben werden? Der Frieden ist hoffnungslos ausgebrochen!". BArch Freiburg RW 46/788, S. 75.
154 Sonnemann, Jahrgang, S. 291 u. 294f.
155 Sonnemann, Gestalten, S. 119.

Die erste große Änderung an der Spitze des Ministeriums ergab sich 1953 nach der zweiten Bundestagswahl. Wilhelm Niklas, dessen Amtsführung schon zuvor immer mehr durch Krankheiten eingeschränkt war, stand nicht mehr zur Verfügung. Er wurde nun durch Heinrich Lübke ersetzt, der, wie gesehen, bereits 1949 einer der Kandidaten gewesen war. Von 1953 bis zu seinem Wechsel in das Amt des Bundespräsidenten im September 1959 amtierte er als zweiter Bundeslandwirtschaftsminister. Zwar gab es auch 1953 wieder Vorbehalte gegen Lübke, aber insgesamt verlief die Kandidatensuche weniger kontrovers als 1949 und stand die Spitze des Bauernverbandes klar hinter Lübke.[156] Mit Lübke rückte erneut ein ausgesprochener Landwirtschaftsexperte auf den Chefsessel des Ministeriums. 1894 im sauerländischen Enkhausen geboren, hatte er zunächst Geodäsie, Landwirtschaft und Kulturbautechnik in Bonn studiert und dann nach dem Ersten Weltkrieg sein Studium mit dem Examen als „Vermessungs- und Kulturingenieur" an der Landwirtschaftlichen Hochschule in Berlin abgeschlossen. Noch im Jahr seines Abschlusses 1921 fand er eine erste Anstellung bei der „Siedlungsplanstelle der Provinz Westfalen" in Münster, die er allerdings ein Jahr später schon wieder in Richtung Berlin verließ. Dort wurde Lübke im Verlauf der 1920er und frühen 30er Jahre zu einem wichtigen Verbandsfunktionär im Bereich der Klein- und Mittelbetriebe in der Landwirtschaft. Seine Aktivitäten, zu denen noch Aufsichtsrats- und Vorstandsposten in einer ganzen Reihe von weiteren in der Landwirtschaft tätigen Genossenschaften, Institutionen und auch Banken gehörten – sein Biograph Rudolf Morsey bezeichnete Lübke als „Multifunktionär"[157] – führten ihn schließlich auch in die Politik. 1932 zog Lübke als Abgeordneter für das Zentrum in den Preußischen Landtag ein. Neben seiner Arbeit als Interessenvertreter für die klein- und mittelständische Landwirtschaft gehörte auch die ländliche Siedlungspolitik zu seinen Arbeitsfeldern. Beides brachte ihn regelmäßig in scharfe Auseinandersetzungen mit dem großagrarisch geprägten Reichs-Landbund. Während der Landbund in der Endphase Weimars immer antidemokratischer agierte, gehörte Lübkes „Deutsche Bauernschaft" zu den Unterstützern der Republik. Seine Weimarer Tätigkeiten führten Lübke nach 1945 in den linken Flügel der CDU. Als Landwirtschaftsexperte und insbesondere Experte für das ländliche Siedlungswesen mit deutlichen Sympathien für eine Bodenreform wurde er im Januar 1947 Minister für Ernährung, Landwirtschaft und Forsten in Nordrhein-Westfalen und wenig später bei den ersten Wahlen auch in das Parlament des neugegründeten Landes gewählt.

Als Bundeslandwirtschaftsminister setzte sich Lübke vor allem für Strukturreformen in der Landwirtschaft ein. Durch Modernisierungsmaßnahmen sollten die westdeutschen Betriebe fit für die Konkurrenz mit der west- und nordeuropäischen sowie mit der amerikanischen Konkurrenz werden. Auch sein altes Thema der Siedlungspolitik führte Lübke sehr aktiv fort, sie sollte vor allem Flüchtlingen und Hei-

---

156 Kluge, Vierzig Jahre, S. 168; Morsey, Rudolf: Heinrich Lübke. Eine politische Biographie, Paderborn u. a. 1996, S. 214 f.; Schwarz, Adenauer, Bd. 2, S. 112.
157 Morsey, Lübke, S. 82.

matvertriebenen zugutekommen. Ohne den Weg der Marktregulierung grundsätzlich zu verlassen, setzte er so stärker auf Struktur- und Anpassungshilfen („Hilfe zur Selbsthilfe", wie Lübke nicht müde wurde, zu betonen[158]) bzw. auf die Verbesserung der Produktionsbedingungen als etwa auf eine kurzfristige bauernfreundliche Preispolitik. Entsprechend konfliktreich gestaltete sich das Verhältnis zum Deutschen Bauernverband, dessen Spitze vor allem nach der Bundeswahl von 1957 die Wiederernennung von Lübke vehement zu verhindern suchte. Auch das in Lübkes Amtszeit beschlossene Landwirtschaftsgesetz von 1955 legte mit dem jährlich von der Bundesregierung vorzulegenden „Grünen Bericht" sowie dem „Grünen Plan" den Fokus auf Strukturpolitik.[159] Im Bereich der ländlichen Sozialpolitik fiel in Lübkes Amtszeit die Verabschiedung des „Gesetzes über eine Altershilfe für Landwirte" von 1957, das im Zuge der Rentenreform von 1957 auch ein eigenständiges Altersversicherungssystem für die selbstständigen Landwirte schuf.[160] Europapolitisch war es Lübke, der wichtige Etappen auf dem Weg der gemeinsamen Agrarpolitik für die Bundesrepublik verhandelte, etwa auf der Konferenz von Stresa 1958, wo er im Übrigen auch international auf die besondere Bedeutung von Strukturpolitik und die Verbesserung der Produktionsbedingungen hinwies.[161]

Insgesamt gilt Heinrich Lübke nicht nur als kompetenter, sondern überwiegend auch als erfolgreicher Landwirtschaftsminister, in dessen Zeit der notwendige Strukturwandel durch wichtige Reformmaßnahmen gestaltet wurde, wobei Lübke zugute kam, dass die durch die Aufgabe vieler Betriebe freiwerdenden Arbeitskräfte angesichts der Hochkonjunktur des Wirtschaftswunders meist schnell auf dem allgemeinen Arbeitsmarkt unterkamen.[162] Seine Vergangenheit im Nationalsozialismus spielte, soweit zu sehen ist, bei der Beurteilung seiner Politik während seiner Amtszeit als Landwirtschaftsminister keine Rolle. Das änderte sich erst, als die DDR-Führung einen Tag vor der anstehenden Wiederwahl Lübkes zum Bundespräsidenten 1964 auf einer internationalen Pressekonferenz schwere Vorwürfe erhob. Lübke wurde aufgrund seiner Tätigkeit bei der „Baugruppe Schlempp", die während des Zweiten Weltkrieges zahlreiche Bauvorhaben für die NS-Rüstungsindustrie ausführte, sowie verschiedener Dokumente und Zeugenaussagen als „KZ-Baumeister" tituliert.[163] Ob-

---

158 Vgl. z. B. Heinrich Lübke, Bericht der Bundesregierung über die Lage der Landwirtschaft vom 19. 2. 1959, in: Plenarprotokolle des Deutschen Bundestages (*Plenarprotokolle*), S. 3346–3356, hier S. 3350 B.
159 Kluge, Vierzig Jahre Bd. 1, S. 229.
160 Vgl. z. B. Schmähl, Winfried: Alterssicherungspolitik in Deutschland. Vorgeschichte und Entwicklung von 1945 bis 1998, Tübingen 2018, S. 396–399.
161 Patel, Kiran Klaus: Europäisierung wider Willen. Die Bundesrepublik Deutschland in der Agrarintegration der EWG 1955–1973, München 2009 (*Patel, Europäisierung*), S. 103. Zu Stresa vgl. unten S. 483 und 490 f.
162 Kluge, Vierzig Jahre Bd. 1, S. 250; Morsey, Lübke S. 243–245. Skeptischer über Lübkes Bilanz urteilt Dornheim, Weg, S. 779 f.
163 Die Vorwürfe wurden u. a. gesammelt in der 1969 erschienenen „Dokumentation": Aufstieg und Fall des Heinrich Lübke. Die Geschichte einer Karriere. Hgg. v. d. Nationalen Front des Demokratischen Deutschland. Berlin [Ost] 1969.

wohl die Anschuldigungen im Westen nur teilweise die von der DDR gewünschte Resonanz hatten (und in einem Fall auch auf einem manipulierten Dokument beruhten), sah sich der inzwischen auch gesundheitlich zunehmend angeschlagene Lübke gedrängt, zum 30. Juni 1969 vorzeitig sein Amt als Bundespräsident aufzugeben.[164]

Die Frage, inwieweit die Anschuldigungen gegen Lübke zutreffen, ist seitdem viel diskutiert worden.[165] Die pauschale Bezeichnung als „KZ-Baumeister" ist sicherlich unzutreffend, sehr wohl aber waren auf den Baustellen, die Lübke als Bauleiter in Rüstungsprojekten verantwortete, neben Zwangsarbeitern und Kriegsgefangenen auch KZ-Häftlingen eingesetzt und Lübke war darüber hinaus an dem Bau von Barackenlagern zu deren Unterbringung beteiligt.[166] Für eine Darstellung personeller Kontinuitäten und Diskontinuitäten in Führungspositionen nach dem Zweiten Weltkrieg sind insbesondere folgende Aspekte des „Falles Lübke" von Bedeutung: So galt der zweite Landwirtschaftsminister der Bundesrepublik nach 1945 zunächst als völlig unbelastet bzw. als Gegner des Nationalsozialismus.[167] Lübke, der nach der „Machtergreifung" der Nationalsozialisten nach und nach alle Ämter verlor, als preußischer Zentrumsabgeordneter am 1. April zum ersten Mal verhaftet wurde und von Februar 1934 bis Oktober 1935 ununterbrochen in Untersuchungshaft saß, war der NSDAP nie beigetreten. Was seine von 1939 bis 1945 dauernde Beschäftigung als leitender Mitarbeiter der „Baugruppe Schlempp" anbelangt, konnte Lübke, weil die Baugruppe zum gleichnamigen Ingenieurbüro gehörte, formal zwischen 1939 und 1945 als privatwirtschaftlich beschäftigt gelten, auch wenn er zum Beispiel 1944 im Rahmen seiner Tätigkeit zur Verlegung der Flugzeugproduktion in unterirdische Fertigungsanlagen ein Büro im Reichsluftfahrtministerium erhielt.[168] Dies und seine formale

---
164 Die offizielle Begründung lautete, dass so die Wahl des neuen Bundespräsidenten sowie die ebenfalls anstehende Bundestagswahl zeitlich entzerrt werden könnten. Morsey, Lübke, S. 567.
165 Eine kurze, prägnante Zusammenfassung der verschiedenen historischen Einschätzungen sowie weitere Literaturhinweise finden sich in: Lorenz, Matthias N.: Rücktritt Heinrich Lübkes, in: Fischer, Torben/Lorenz, Matthias N. (Hgg.): Lexikon der „Vergangenheitsbewältigung" in Deutschland. Debatten- und Diskursgeschichte des Nationalsozialismus nach 1945. 3. überarb. und erw. Auflage, Bielefeld 2015, S. 197 ff.
166 Jens-Christian Wagner geht für die Sommermonate 1942/43 jeweils von etwa 4000 Zwangs- und ausländischen ZivilarbeiterInnen in der Heeresversuchsanstalt Peenemünde, einem der wichtigsten Einsatzorte der Baugruppe Schlempp und von Lübke aus. Für das KZ-Außenlager „Peenemünde West", das von Mai 1943 bis Frühjahr 1945 bestand, geht er von durchschnittlich etwa 1000 Häftlingen aus, die zu Arbeiten in Peenemünde eingesetzt wurden. Wagner, Jens-Christian: Zwangsarbeit in Peenemünde (1939–1945). Praxis und Erinnerung, in: Zeitgeschichte regional 4. Jg. 2000, S. 15–21, hier S. 17 u. 19.
167 Vgl. Morsey, Lübke, S. 144 f. Auch eine vom Leiter der Pressestelle des BMEL, Hans Eiche, kurz nach der Wahl von Lübke zum Bundespräsidenten verfasste offiziöse biographische Broschüre enthält den Satz: „Dort [gemeint ist die Baugruppe Schlempp, F. K.] bot sich Lübke Gelegenheit, zahlreiche politisch Verfolgte untertauchen zu lassen und sie vor dem Zugriff der Gestapo zu bewahren." Es ist die einzige wertende Stellungnahme in der sehr kurzen Passage zu Lübkes Tätigkeit im Zweiten Weltkrieg. Eiche, Hans: Heinrich Lübke. Der zweite Präsident der Bundesrepublik Deutschland. Bonn o. J., S. 15.
168 Morsey, Lübke, S. 125.

Nicht-Belastung führten dazu, dass die Entnazifizierung in der Nachkriegszeit für Lübke keine Schwierigkeit darstellte. Bereits im April 1946 ernannte ihn die britische Militärregierung zum Mitglied des „Beratenden westfälischen Provinzialrats", eines ersten quasi-parlamentarischen Gremiums in Westfalen unter Aufsicht der Besatzungsmacht.[169] Lübkes Aufstieg zum Landes-, dann zum Bundesminister ist damit vor allem typisch für den Belastungsbegriff der Nachkriegszeit. In dessen Rahmen stellten Tätigkeiten wie die des späteren Bundespräsidenten kein Problem dar. Eine Diskussion, inwieweit man sich auch außerhalb des NS-Führungszirkels, ohne formale Mitgliedschaften oder auch ohne die direkte Beteiligung an NS-Verbrechen durch die Übernahme von verantwortlichen Positionen für den nationalsozialistischen Staat schuldig gemacht haben konnte, fand im Mainstream der Nachkriegszeit nicht statt.[170] Gerade Tätigkeiten wie die von Lübke blieben als vermeintlich technische Tätigkeiten von Experten lange unter dem Radar der Diskussion um bzw. der Praxis des Umgangs mit der nationalsozialistischen Vergangenheit. Die Debatte um Lübke seit der Mitte der 60er Jahre auch im Westen zeigt so nicht zuletzt die Wandlungen des Belastungsbegriffs in der Bundesrepublik.

Sieht man auf Lübkes Politik als Bundeslandwirtschaftsminister wird schließlich eine weitere Dimension von Kontinuität in der frühen Bundesrepublik deutlich. Als Landwirtschaftsfunktionär der Weimarer Republik hatte sich Lübke vor allem mit der Situation von klein- und mittelgroßen Betrieben sowie mit Siedlungsfragen beschäftigt. Beides griff er nach 1945/49 und dann als Bundesminister wieder auf. Sein Image als „linker" Landwirtschaftspolitiker aus dem konservativen Spektrum stammte ebenso sehr wie aus seiner Zeit als Bodenreformer der Nachkriegszeit aus der Spätphase Weimars. Sieht man auf die agrarpolitischen Akteure, mit denen Lübke nach 1945 zu tun hatte – von Hermes, über Schlange-Schöningen oder Rehwinkel bis zu seinem „Parteifreund" aus dem Zentrum Adenauer – erscheint Landwirtschaftspolitik aus der Perspektive Heinrich Lübkes in nicht wenigen Fällen nicht nur bei sachlichen Fragen, sondern auch bei wichtigen Personen wie eine Wiederaufnahme der Weimarer Republik. Auch die Ernährungs- und Landwirtschaftspolitik der frühen Bundesrepublik kannte „multiple pasts",[171] zu denen der Nationalsozialismus ebenso gehörte wie Weimar, in manchem auch das Kaiserreich. Die Biographie des Landwirtschaftsfunktionärs und -politikers Heinrich Lübkes ist ein Beispiel dafür.

Der letzte in der Reihe der Landwirtschaftsminister in der Ära Adenauer war der schleswig-holsteinische CDU-Bundestagsabgeordnete und Zweite Vorsitzende des

---

169 Ebd., S. 143.
170 Das heißt nicht, dass es solche Stimmen nicht gab. Eine Analyse des Schuldbegriffs des Philosophen Karl Jaspers in der Nachkriegszeit würde selbstverständlich anders ausfallen. Vgl. Kießling, Friedrich: Die undeutschen Deutschen. Eine ideengeschichtliche Archäologie der alten Bundesrepublik 1945–1972, Paderborn 2012 (*Kießling, Deutschen*), S. 130–141.
171 Heineman, Elizabeth: Sexuality in West Germany. Post-Fascist, Post-War, Post-Weimar, or Post-Wilhelmine? In: Kießling, Friedrich/ Rieger, Bernhard (Hgg.): Mit dem Wandel leben. Neuorientierung und Tradition in der Bundesrepublik der 1950er und 60er Jahre, Köln u. a. 2011, S. 229–245, hier S. 234.

Bauernverbandes Schleswig-Holstein Werner Schwarz. Mit dem 1900 geborenen Schwarz kam der erste Landwirtschaftsminister ins Amt, der seine politische bzw. verbandspolitische Karriere erst nach 1945 gestartet hatte. Zum Zuge kam er nicht zuletzt, weil der von Lübke als Nachfolger empfohlene CSU-Agrarexperte Hans-August Lücker am Ende einer abermals recht komplizierten Kandidatensuche ebenso wenig zur Verfügung stand wie Detlef Struve, stellvertretender Vorsitzender der CDU/CSU-Fraktion im Bundestag sowie Vorsitzender des Bauernverbandes in Schleswig-Holstein.[172] Während Lücker als CSU-Abgeordneter nach einiger Diskussion aus Gründen des parteipolitischen Personalproporzes im Kabinett aus dem Kreis der Kandidaten ausschied (die CSU stellte bereits vier Kabinettsmitglieder), scheint Struve, wie Lücker einer der einflussreichsten Parlamentarier im Agrarbereich überhaupt, vor allem selbst nur eingeschränkt interessiert gewesen zu sein und verzichtete schließlich, offiziell aus gesundheitlichen Gründen.[173] Sozusagen als Ersatzmann, der als norddeutscher Protestant und CDU-Mitglied dieselben Proporzanforderungen wie Struve erfüllte, kam Werner Schwarz ins Spiel. Vorgeschlagen wurde er offenbar von Struve selbst. Aber auch Rehwinkel setzte sich für Schwarz ein.[174]

Mit Schwarz, der von seiner Position als Landwirtschaftsminister abgesehen, Zeit seines Lebens kein anderes wichtiges politisches Amt einnahm und sich nach seinem Ausscheiden 1965 wieder in die landwirtschaftliche Praxis zurückzog, kam im Unterschied zu Lübke ein Vertreter der landwirtschaftlichen Großbetriebe ins Ministerium. Schwarz, über den biographisch bisher nur wenig bekannt war, hatte in der ersten Hälfte der 1920er Jahre an den Landwirtschaftshochschulen Hohenheim und München studiert. Seit 1926 bewirtschaftete er Gut Frauenholz bei Bad Oldesloe, das er mit Hilfe seines Vaters, einem Hamburger Kaufmann, erworben hatte und das 150 Hektar umfasste. Für die Zeit des Nationalsozialismus geben die kurzen biographischen Notizen, die über Schwarz vorliegen, eine „ehrenamtliche Tätigkeit" für den Reichsnährstand an.[175] Dabei handelte es sich nach einer eigenen Aussage, die der *Spiegel* 1963 zitierte, um das Amt eines Kreisbauernführers. Auch der Partei sei er, Schwarz, „[d]amals" beigetreten.[176] Die Entnazifizierungsakte von Werner Schwarz bestätigt diese Angaben grundsätzlich.[177] Danach trat Schwarz mit Datum vom 1. Mai 1937 der NSDAP bei. 1934 bis 1937 hatte er der SA angehört, zuletzt als Scharführer,

---

172 Kluge, Vierzig Jahre, S. 259 ff., Patel, Europäisierung, S. 117 f.
173 Zeitgenössisch wurde vermutet, dass Struve als führender Vertreter des Bauernverbandes die auf einen Minister unvermeidlich zukommenden Konflikte mit seinen Standesvertretern fürchtete. Vgl. etwa die Darstellung der Kandidatensuche im *Spiegel*: Lübke-Nachfolge. Schwarz aus Frauenholz, in: Der Spiegel, 26. 8.1959, S. 18 f.
174 Patel, Europäisierung, S. 118 bzw. Rehwinkel an Adenauer, 3. 8.1959, BArch B 136/4696.
175 Werner Schwarz, in: Munzinger-Archiv; Kluge, Vierzig Jahre, S. 258; Biographisches Handbuch der Mitglieder des Deutschen Bundestages 1949–2002, Eintrag Werner Schwarz.
176 Landwirtschaft/Gemeinsamer Markt: Ernte 63, in: Der Spiegel, 20.11.1963, S. 42–60, hier, S. 48.
177 LASH Abt. 460.15 Nr. 348 Schwarz, Werner. Siehe z. B. der von Schwarz unter dem 25. 5.1946 ausgefüllte Militärfragebogen. In der Mitgliederkartei der NSDAP konnte die Parteimitgliedschaft von Schwarz nicht nachgewiesen werden.

und auf SA-Veranstaltungen auch landwirtschaftliche Vorträge gehalten. Für die Zeit bis 1933 gab Schwarz an, DNVP-Mitglied gewesen zu sein und auch dem Stahlhelm angehört zu haben. Vom Gymnasium, der Hansa-Schule in Hamburg-Bergedorf, ging Schwarz mit der mittleren Reife ab, entsprechend schloss er das Studium an den landwirtschaftlichen Hochschulen in Hohenheim und München ohne Examen ab. Bei der „ehrenamtlichen Tätigkeit" im Reichsnährstand handelte es sich laut der Entnazifizierungsakte allerdings nicht um das Amt des Kreisbauernführers, sondern um das des „Bezirksbauernführers" Oldesloe. Bezirksbauernführer waren eine Zwischeninstanz zwischen Kreis- und Ortsbauernführern, deren tatsächliche Bedeutung lokal bzw. regional schwankte und die auch nicht überall vorhanden waren.[178] Auch wenn es sich bei der in den biographischen Skizzen stets zu findenden Bezeichnung „ehrenamtliche Tätigkeit" um eine verschleiernde Aussage handelt (die aber bezeichnenderweise zeitgenössisch nicht hinterfragt wurde), ist sie formal korrekt. Bezirksbauernführer wie auch Kreisbauernführer waren im Rahmen des Reichsnährstands ehrenamtlich tätig. Dass Schwarz als Besitzer eines Gutes, das zu den Großbetrieben zu rechnen ist, diese Position übernahm, ist nicht ungewöhnlich. Über die Art der Ausführung seines Amtes ist damit naturgemäß nichts ausgesagt. Daniela Münkel etwa hat gezeigt, dass die lokalen Funktionsträger ihre Posten sehr unterschiedlich ausführen konnten. Zwar waren sie in die Hierarchie des Reichsnährstandes eingebunden und damit gegenüber den höheren Instanzen strikt weisungsgebunden, dennoch ergaben sich bei der Weitergabe von Informationen oder auch bei den Stellungnahmen, die sie bei Verfahren gegen in ihrem Bereich tätige Landwirte abzugeben hatten, deutliche Spielräume.[179] Im Falle von Schwarz wird durch die Entnazifizierungsakte tatsächlich belegt, dass er in das Verfahren gegen einen Landwirt, dem vorgeworfen wurde, seinen Ablieferungspflichten nicht nachgekommen zu sein, eingebunden war. Ein Vorwurf gegen Schwarz, der sich bei den damaligen Ermittlungen nicht politisch, sondern lediglich zum „Sachstand[es]" geäußert habe, ergab sich daraus für den Entnazifizierungsausschuss nicht.[180] Aus der Akte geht auch hervor, dass auf dem Hof von Schwarz im Verlauf des Krieges „3–4 französische Kriegsgefangene", „4 Polen" und „2 Ukrainer" gearbeitet hatten. Die beiden Ukrainer, so Schwarz im März 1947, seien immer noch bei ihm beschäftigt.[181]

Über das Verhalten von Werner Schwarz im Nationalsozialismus lassen sich keine weiteren Aussagen treffen. Von den britischen Militärbehörden wurde er im Juni 1945 zum Kreisbauernvorsteher im Kreis Stormann bestellt, 1947 nach Abschluss seines

---

178 Blaschke, Anette: Zwischen „Dorfgemeinschaft" und „Volksgemeinschaft". Landbevölkerung und ländliche Lebenswelten im Nationalsozialismus, Paderborn u. a. 2018, S. 86 f. Münkel, Daniela: Nationalsozialistische Agrarpolitik und Bauernalltag, Frankfurt/M. und New York 1996, S. 131. Warum sich Schwarz im *Spiegel* dennoch als Kreisbauernführer bezeichnete, bleibt unklar.
179 Münkel, Nationalsozialistische Agrarpolitik, Z. B. S. 142–191.
180 Undatierter Vermerk „z.d. Akten Werner Schwartz[!]", LASH Abt. 460.15 Nr. 348 Schwarz, Werner.
181 Schreiben Schwarz, 7.3.1947, an den Entnazifizierungs-Bezirks-Ausschuss, Bad Oldesloe. LASH Abt. 460.15 Nr. 348 Schwarz, Werner.

Entnazifizierungsverfahrens, das ihn als Mitläufer einstufte, allerdings für einige Monate seines Amtes enthoben, ehe er nach Abschluss des Berufungsverfahrens, das ihn nun als „entlastet" einstufte, wieder eingesetzt wurde.[182] In seiner Amtsführung als Landwirtschaftsminister orientierte sich Schwarz, der vermeintliche oder tatsächliche Härten für die Bauern gerne nicht systematisch, sondern politisch mit dem Hinweis auf den Kampf zwischen Ost und West im Kalten Krieg begründete und der auch 1961 im Bundestag noch vom „gesunden deutschen Bauerntum[s]" sprach,[183] deutlich stärker als sein Vorgänger an den Verbandsinteressen, was angesichts seiner Herkunft als Vizevorsitzender des schleswig-holsteinischen Bauernverbandes nicht verwundert.[184] An den Präsidiumssitzungen des Deutschen Bauernverbandes nahm er als Bundesminister einfach weiter teil.[185]

In die „Ära Schwarz" fällt auch die erste Änderung im Amt des Staatssekretärs. Theodor Sonnemann, der 1961 auf den Posten des Präsidenten der Raiffeisenbanken wechselte, wurde durch den Kammerdirektor der Landwirtschaftskammer Rheinland, Rudolf Hüttebräuker, ersetzt. Mit Hüttebräuker kam einmal mehr ein Landwirtschaftsexperte in eine der beiden zu vergebenden Spitzenpositionen des Ministeriums. 1904 geboren, war er nach dem Studium an der landwirtschaftlichen Hochschule Berlin in die landwirtschaftliche Praxis gegangen, zuerst als Bewirtschafter des Gutes Berthelsdorf nahe Freiberg in Sachsen, das seiner Schwiegermutter gehörte, dann auf seinem eigenen Betrieb in der Uckermark, bevor er 1941 bis 1945 im Kriegseinsatz war. Nach dem Zweiten Weltkrieg begann seine Karriere noch 1945 als „Hilfssachbearbeiter" in der Kreisbauernschaft Pinneberg, bevor er seit 1946 auf verschiedenen Positionen bei Landwirtschaftskammern in Nordrhein-Westfalen arbeitete, zuletzt, wie erwähnt, als Kammerdirektor Rheinland. 1947/48 war er unter Minister Lübke für einige Zeit am Landwirtschaftsministerium in Nordrhein-Westfalen beschäftigt.[186] Spätestens damit war er angesichts der engen personellen Verbindungen zwischen Düsseldorf und Frankfurt bzw. Bonn auch mit der interzonalen, später der Bundesverwaltung eng vernetzt. Als es nach dem Ausscheiden Sonnemanns zu längeren Beratungen über einen geeigneten Nachfolgekandidaten kam, tauchte entsprechend auch Hüttebräukers Name auf, zumal er als FDP-Mitglied formal ein Kriterium erfüllte, auf das sich die neue christlich-liberale Koalition nach einigen Verhandlungen ge-

---

182 Siehe das Urteil des Deutschen Entnazifizierungsausschusses vom 3.9.1947, das keine Berufsbeschränkungen mehr vorsah. LASH Abt. 460.15 Nr. 348 Schwarz, Werner.
183 Rede Schwarz' im Bundestag auf eine Anfrage der FDP zur EWG-Politik der Bundesregierung und den zu erwartenden Nachteilen für die deutschen Landwirte. Plenarprotokolle, 30.6.1961, 9743–9746, hier S. 9743f. bzw. Rede Schwarz' im Bundestag. Plenarprotokolle, 24.2.1961, S. 8281f. hier S. 8282.
184 Vor allem die Kontinuitäten zur Politik seines Vorgängers betont Kluge, Vierzig Jahre, z. B. S. 262 u. 389.
185 Vgl. z.B.: Knudsen, Ann-Christina L.: Politische Unternehmer in transnationalen Politiknetzwerken. Die Ursprünge der Gemeinsamen Agrarpolitik, in: Gehler, Michael/ Kaiser, Wolfram/Leucht, Brigitte (Hgg.): Netzwerke im europäischen Mehrebenensystem. Von 1945 bis zur Gegenwart, Wien u. a. 2009, S. 105–120, hier, S. 110.
186 Alle Angaben aus: PA Hüttebräuker, BArch Pers 101/74917.

eignet hatte.[187] Seine Reden und Publikationen weisen Hüttebräuker als jemanden aus, der vor allem strukturelle Fragen der Landwirtschaft zum Ausgangspunkt seiner Überlegungen machte.[188] Als Staatssekretär erregte er einiges Aufsehen (und Ärger) bei den Bauernvertretern mit seinen Aussagen zu den landwirtschaftlichen Nebenerwerbsbetrieben, die er auch mal als „Kümmerbetriebe" oder „Kümmerexistenzen" bezeichnete.[189] Insgesamt bescheinigte ihm aber zum Beispiel Kiran Patel in der Europapolitik einen „spürbar weniger dogmatischen und nationalistischen Kurs" als seinem Vorgänger Sonnemann.[190] Die parteipolitische Heimat Hüttebräukers war, wie erwähnt, die FDP, die er allerdings im Mai 1968 kurz nach seinem Ausscheiden als Staatssekretär verließ, weil er den „Linksdrall" der „offiziellen Parteirichtung" nicht länger mittragen wollte.[191]

Was seine Betätigung vor 1945 anbelangt, verbergen sich hinter dem bis heute häufig angegebenen „Kriegsdienst" zwischen 1941 und 1945 verschiedene Verwendungen als Landwirtschaftsoffizier im Bereich des „Wirtschaftsstabes Ost", also der deutschen Besatzungsverwaltung in den besetzten Gebieten der Sowjetunion.[192] Seinen autobiographischen Aufzeichnungen zufolge war er zunächst u. a. als Abteilungsleiter Landwirtschaft für den Bereich einer Armee, später als Abteilungschef Landwirtschaft für die gesamte Heeresgruppe Mitte verantwortlich und erlebte in dieser Position auch deren Zusammenbruch im Sommer 1944. Unterbrochen wurden diese Verwendungen in den rückwärtigen Gebieten der deutschen Front durch Stellungen als Verbindungsoffizier. Von Mitte 1943 bis mindestens Januar 1944 fungierte Hüttebräuker dabei als Verbindungsoffizier der Geschäftsgruppe Ernährung der Vierjahresplanbehörde beim „Chef der Bandenkampfverbände", SS-Obergruppenführer Erich von dem Bach-Zelewski, dem zu diesem Zeitpunkt die „Partisanenbe-

---

187 Kluge, Vierzig Jahre, S. 322 ff. Hüttebräuker selbst hat in seinen unveröffentlichten Memoiren, die in seinem Nachlass im Bundesarchiv als maschinenschriftliches Manuskript liegen, angegeben, dass der mit ihm befreundete Globke Adenauer auf ihn als FDP-Mitglied aufmerksam gemacht habe. BArch N 1510/1 S. 68.
188 Vgl. z. B. Hüttebräuker, Rudolf: Die Agrarstruktur – ein politisches, soziologisches oder ökonomisches Problem? In: Innere Kolonisation. Zeitschrift für Fragen der Ordnung des ländlichen Raumes, Agrarstrukturverbesserung, Flurbereinigung und Siedlung. 12. Jg. 1963, S. 26–30.
189 Hüttebräuker, ebd., S. 28 f. Zur öffentliche Diskussion um diese Begriffe z. B.: Hahn, Susanne: Ländliche Strukturpolitik als Armutspolitik in Südwestdeutschland 1949–1974. Diss. Trier 2015, S. 196.
190 Patel, Kiran Klaus: Integration als Transnationalisierung oder Europäisierung? Die Bundesrepublik in der Agrarintegration der EWG bis Mitte der 1970er Jahre, in: Archiv für Sozialgeschichte 49. Jg. (2009), S. 231–258 (*Patel, Integration*), hier S. 246.
191 Gemeinsame Sitzung von Bundesvorstand und Bundestagsfraktion, FDP, 28.05.1968, S. 3, in: Editionsprogramm „Fraktionen im Deutschen Bundestag", FDP, 5. Wahlperiode, online, https://fraktionsprotokolle.de/handle/1579 (abgerufen am 04.03.2019).
192 Die Angabe Kriegsdienst oder „Soldat" findet sich z. B. im Wikipedia-Eintrag zu Hüttebräuker sowie im Munzinger-Archiv. https://de.wikipedia.org/wiki/Rudolf_Hüttebräuker (Abruf 4.3.2019); Eintrag „Hüttebräuker, Rudolf" in Munzinger Online/Personen – Internationales Biographisches Archiv, URL: http://www.munzinger.de/document/00000009922 (abgerufen von Universitätsbibliothek Eichstätt am 5.3.2019)

kämpfung" in ganz Europa unterstellt war.[193] Hüttebräuker befand sich damit im Zentrum des deutschen Vernichtungskrieges, der als Raub- und Ausbeutungskrieg in der westlichen Sowjetunion nicht zuletzt mit Mitteln der landwirtschaftlichen Ausplünderung geführt wurde.[194] Solche Verbindungsoffiziere dienten dazu, dass im Zuge der sogenannten Partisanenbekämpfung, die in Wahrheit in der besetzten Sowjetunion vielfach großangelegte Mordaktionen im Rahmen von Holocaust sowie Vernichtungs- und Lebensraumkrieg darstellten, in den besetzten Gebieten auch die landwirtschaftlichen Ressourcen möglichst effektiv erfasst und für den deutschen Kriegseinsatz beschlagnahmt bzw. geraubt wurden. Manche Aktionen im Rahmen der Partisanenbekämpfung in der besetzten Sowjetunion scheinen sogar primär dem Zweck der Akquirierung von landwirtschaftlichen Produkten gedient zu haben.[195] Zuvor hatte Hüttebräuker offenbar auch als Erfassungschef der „Hauptabteilung Landwirtschaft" beim Generalkommissariat Westruthenien innerhalb des „Reichskommissariats Ostland" fungiert.[196] Von einer Strafverfolgung Hüttebräukers, der damit als Landwirtschaftsoffizier in Kernregionen und an Schlüsseldienststellen des deutschen Vernichtungskrieges aktiv war, in der Zeit nach 1945 ist nichts bekannt. Nach einem Bericht der „Westdeutschen Allgemeinen Zeitung" vom 11. Dezember 1964 sagte Hüttebräuker allerdings Ende 1964 im Prozess gegen SS-Standartenführer Albert Rapp aus, der 1965 vom Schwurgericht Essen als Führer eines Sonderkommandos der Einsatzgruppe B zu lebenslangem Zuchthaus verurteilt wurde. Dabei gab er an, von den konkreten Erschießungen, die Rapp vorgeworfen wurden, nichts gehört zu haben. In zwei anderen Fällen habe er in Russland aber Erschießungen von Juden „erlebt", einmal „in einem schrecklichen Ausmaße". Die Behauptung von Rapp, wonach Landwirtschaftsführer die Sonderkommandos unterstützt hätten, widersprach Hüttebräuker laut WAZ „[e]nergisch". Im Gegenteil, man habe „ausdrückliche Anweisungen gegeben, sich nicht an derartigen Aktionen zu beteiligen."[197] In der Personalakte Hüttebräukers ist die Verwendung als Abteilungschef Landwirtschaft bei der Heeresgruppe Mitte angegeben. In einem für die Landesbauernschaft Westfalen nach dem Krieg verfassten Lebenslauf erwähnt Hüttebräuker ebenso seinen Einsatz

---

193 Die Datierung ergibt sich zum einen aus der Autobiographie, wonach Hüttebräuker „im Sommer" 1943 in das Hauptquartier Bach-Zelewskis versetzt worden sei (BArch N 1510/1, S. 43), zum anderen aus der Darstellung von Christian Gerlach über die deutsche Besatzungspolitik in Weißrussland, in der zwei Dokumente aus dem Januar 1944 verzeichnet sind, die Hüttebräuker als Verbindungsoffizier bei Bach-Zelewski zuzuordnen sind. Gerlach, Christian: Kalkulierte Morde. Die deutsche Wirtschafts- und Vernichtungspolitik in Weißrussland 1941–1944. 2. Auflage Hamburg 1999 (*Gerlach, Morde*), S. 979 f. Hüttebräuker selbst schreibt nur vage, die Stelle des Verbindungsoffiziers sei „dann auch bald aufgelöst" worden, BArch N 1510/1, S. 44.
194 Vgl. z. B. Gerlach, Morde, v. a. S. 231–371.
195 Ebd., S. 979 f.
196 Ebd., S. 980.
197 Staatssekretär erklärte als Zeuge: „In Klinzy gab es keine Juden mehr". Hüttebräuker wußte nichts von Judenerschießungen des Rapp-Kommandos. Westdeutsche Allgemeine Zeitung, Stadt Essen, 11.12. 1964.

als Verbindungsoffizier, bezieht sich dabei allerdings lediglich auf die Stellung als landwirtschaftlicher Verbindungsoffizier im Großen Hauptquartier, die er laut seiner Autobiographie zeitweise parallel zu der Position beim Chef der Bandenbekämpfungsverbände ausübte.[198]

Betrachtet man das engste Führungspersonal des Bundeslandwirtschaftsministeriums in der Ära Adenauer insgesamt, so ist von einem Personenkreis mit erheblichen materiellen Verbindungen zum NS-Regime zu sprechen, deren Belastungen selbstverständlich unterschiedlich, teilweise aber beträchtlich waren. Dies gilt weniger bzw. kaum in formaler Hinsicht, lediglich Werner Schwarz gehörte offenbar der NSDAP sowie der SA an, weitere Mitgliedschaften in wichtigen NS-Organisationen gab es nicht. Blickt man allerdings auf die eingenommenen Funktionen, ändert sich das Bild. Neben Heinrich Lübkes Tätigkeit in wichtigen Rüstungsprojekten des Dritten Reichs, bei der in seinem Verantwortungsbereich auch in größerer Zahl KZ-Häftlinge eingesetzt wurden, findet sich bei Werner Schwarz die Position eines Bezirksbauernführer in Schleswig-Holstein. Eindeutig schwerer wiegen die Tätigkeiten von Theodor Sonnemann und vor allem von Rudolf Hüttebräuker. Während Sonnemann als Wehrwirtschaftspublizist zu denjenigen gehört, deren Schriften deutlich Schnittmengen zum Nationalsozialismus aufwiesen, befand sich Hüttebräuker mit seinem Einsatz in der Landwirtschaftsverwaltung der deutschen Besatzung in der besetzten Sowjetunion auf einem der Hauptschauplätze des deutschen Vernichtungskrieges. Oder mit Kiran Patel formuliert: Während Theodor Sonnemann „eine Politik ökonomischer Ausbeutung benachbarter Staaten in Schriften propagiert" hatte, beteiligte sich Rudolf Hüttebräuker „als Beamter im besetzten Weißrussland direkt an solchen Kampagnen".[199] Lediglich Wilhelm Niklas wies – typisch für die Minister des ersten Kabinetts Adenauer – weder formale noch materielle Belastungen auf. Gemessen an den heutigen Maßstäben wäre damit aufgrund ihrer Verbindung zum NS-Regime abgesehen von Niklas wohl keiner der Minister und Staatssekretäre der Adenauerzeit eine akzeptable Wahl gewesen. Bezeichnenderweise wurden, so weit zu sehen ist, allerdings in keinem Fall die Belastungen bei Amtsantritt der Minister oder Staatssekretäre thematisiert. Die Vorwürfe gegen Sonnemann und Lübke kamen später, waren durch die DDR sozusagen von außen ausgelöst und erzielten auch nur im – natürlich im Vergleich zu Sonnemann anders gelagerten – Fall Lübkes in dessen Zeit als Bundespräsident Wirkung. Die Berufungen ergaben sich aus Koalitionsarithmetiken oder anderen parteipolitischen Überlegungen, aus Regional- oder Konfessionsproporz und keineswegs zuletzt aus fachlichen Argumenten. Alle Staatssekretäre und Minister der Adenauerzeit im Ernährungs- und Landwirtschaftsministerium waren ausgewiesene Agrarexperten, alle sogar auf mehr als einem Gebiet. Für die westdeutsche Politik der Adenauerzeit bleibt damit einmal mehr festzuhalten, dass Biographien wie die von Lübke und Schwarz, Sonnemann und Hüttebräuker im

---

198 PA Hüttebräuker, BArch Pers 101/74915 sowie N 1510/1, S. 43 ff.
199 Patel, Integration, S. 246.

Rahmen des zeitgenössischen Belastungsbegriffs keinerlei Probleme darstellten. Bei der Frage, inwieweit die Tätigkeiten im Nationalsozialismus im Ministerium und unter Kollegen bekannt waren, sind wir überwiegend auf Vermutungen angewiesen. Expliziten Niederschlag haben die genauen Funktionen in den schriftlichen Überlieferungen häufig nicht gefunden. Formulierungen, wie Hüttebräukers „Kriegsdienst" oder die „ehrenamtliche Tätigkeit" im Reichsnährstand bei Werner Schwarz sind typisch. Sie wurden in den vorliegenden Fällen auch nicht hinterfragt. Bei den engen Vernetzungen innerhalb der in der Landwirtschaftspolitik aktiven Politiker und ministeriellen Funktionsträgern ist es allerdings kaum vorstellbar, dass etwa Werner Schwarz' Funktion als Bezirksbauernführer nicht allgemein bekannt war. Im zweiten deutschen Bundestag, mit dem auch Werner Schwarz zum ersten Mal in das Parlament einzog, waren acht der 15 CDU-Abgeordneten aus Schleswig-Holstein Landwirte oder landwirtschaftlich tätig.[200] Detlef Struve, dessen Vizevorsitzender Schwarz im Bauernverband Schleswig-Holstein war, gehörte ebenfalls von 1949–1972 dem Bundestag an und war gerade in der Ära Adenauer einer der wichtigsten Agrarpolitiker in der CDU/CSU-Fraktion. Natürlich wusste Struve, wer in Schleswig-Holstein entsprechende Funktionen im Reichsnährstand übernommen hatte. Ganz ähnlich ist bei den zahlreichen Ministeriumsangehörigen, die in der deutschen Besatzungsverwaltung im Zweiten Weltkrieg tätig waren, davon auszugehen, dass unter ihnen grundsätzlich bekannt war, wer im Krieg Landwirtschaftsoffizier in den deutschen Besatzungsgebieten gewesen war und was es jeweils bedeutete, im Generalgouvernement, in der Ukraine, in Nordeuropa oder aber in Weißrussland eingesetzt gewesen zu sein. Und in manchen Fällen sind wir dann auch nicht mehr auf Vermutungen angewiesen. Hüttebräuker zum Beispiel richtete eines seiner Schreiben aus dem Hauptquartier des Höheren SS- und Polizeiführers Bach-Zelewski an die Vierjahresplanbehörde 1944 an Dr. Rolf Baath.[201] Als er 1962 ins Bundeslandwirtschaftsministerium kam, trafen die beiden wieder zusammen. Rolf Baath war seit vier Jahren Leiter der Abteilung „Ernährungswirtschaft" im Bonner Ministerium. In seinem Personalbogen findet sich für die Zeit von 1940 bis 1945 der Eintrag „Wehrdienst".[202]

2 Die leitenden Mitarbeiter des Ministeriums: Auswahl, Zusammensetzung, personelle Kontinuitäten und Diskontinuitäten

Ende 1950 hatte sich die Struktur des Ministeriums einigermaßen konsolidiert. Nicht nur war der Umzug nach Bonn geschafft, auch lag mit dem verabschiedeten Bun-

---

200 Vierhaus, Rudolf/ Herbst, Ludolf (Hgg.): Biographisches Handbuch der Mitglieder des Deutschen Bundestages 1949–2002. 2 Bde, München 2002.
201 Gerlach, Morde, S. 979.
202 Personalakte Baath, BArch Pers 101/78746.

deshaushalt für 1949 sowie mit dem Gesetz über die „vorläufige Haushaltsführung" für 1950 seit Juni 1950 eine belastbare finanzielle Grundlage für das Ministerium vor.[203] Der auf dieser Basis beruhende Stellenplan vom November 1950 mit seinen 74 Referaten, sechs Abteilungen und insgesamt ebenfalls sechs Unterabteilungen enthielt viele Namen, die schon in der Verwaltung des Vereinigten Wirtschaftsgebiets zu finden waren. Alles in allem hatten drei der sechs Abteilungsleiter, alle fünf zu diesem Zeitpunkt amtierenden Unterabteilungsleiter sowie mindestens 45 der Referatsleiter bereits in der Frankfurter Behörde Dienst getan.[204] Unter Letzteren befanden sich auch die beiden einzigen Frauen im Leitungspersonal vom November 1950. Es handelte sich um Dr. Aenne Sprengel, die das Referat für „ländllich-hauswirtschaftliche Ausbildung" leitete, sowie um Dr. Anna-Margareta Schüttler vom Referat „Planung und Statistik der Versorgung mit pflanzlichen Erzeugnissen".[205]

Die personelle Kontinuität zwischen Besatzungszeit und früher Bundesrepublik war natürlich kein Zufall. Bereits im Grundgesetz war in den Artikeln 130 und 133 festgelegt worden, dass die neue Bundesregierung die Verwaltung des Vereinigten Wirtschaftsgebiets übernahm und in deren „Rechte und Pflichten" eintrat. Entsprechend erklärten die Hohen Kommissare die Verwaltung in Frankfurt zum 20. September für aufgelöst. Sie unterstand von nun an der Bundesregierung bzw. den entsprechenden Bundesministerien.[206] Für diejenigen Ministerien, die wie das Landwirtschaftsministerium Vorgängerbehörden in Frankfurt besaßen, bedeutete dies, dass zunächst auch das Personal, mit dem die bizonale Verwaltung ja Verträge, also „Pflichten", eingegangen war, übernommen wurde. Da das Grundgesetz in Artikel 132 allerdings ebenso bestimmte, dass Angestellte und selbst Beamte in einer Übergangszeit nach Zusammentritt des ersten Bundestages entlassen bzw. in den Warte- oder Ruhestand versetzt werden konnten, sollte „ihnen die persönliche oder fachliche Eignung für ihr Amt" fehlen, und weil gleichzeitig das neue Beamtenrecht zumindest bis Mitte 1950 noch im Fluss war,[207] besaßen die Ministerien dennoch er-

---

203 Endgültig wurde der Bundeshalt für das Jahr 1950 erst am 13. Juni 1951 verabschiedet. Mit dem erwähnten Gesetz über die „vorläufige Haushaltsführung" konnten grundsätzlich aber auch weitere Planstellen für Beamte errichtet werden. Vgl. Gesetz über die vorläufige Haushaltsführung der Bundesverwaltung im Rechnungsjahr 1950, 23.6.1950. BGBl. 1950, S. 219 f.
204 Die Angaben zu dem Personentableau des Ministeriums beruhen auf der Auswertung von Informationen zu insgesamt 282 Personen der Jahrgänge 1927 und älter. Davon betreffen 272 Personen leitende Mitarbeiter ohne Minister und Staatssekretäre, d. h. Referatsleiter, Unterabteilungsleiter, Abteilungsleiter, die persönlichen Referenten von Ministern und Staatssekretären sowie Verbindungsreferenten. Bei 22 Personen dieser Gruppe konnten keine Personalakten sowie auch keine weiteren belastbaren Informationen ermittelt werden. Prozentangaben zu den leitenden Mitarbeitern beziehen sich entsprechend, wenn nicht anders angegeben, auf die Gruppe der Personen, die durch Personalakten und/oder weitere archivalische Quellen biographisch erfasst werden konnten.
205 Da zu diesem Zeitpunkt nicht alle Referatsleiterstellen besetzt waren bzw. einzelne Personen mehr als ein Referat leiteten, ist der Anteil der bereits in der Frankfurter Verwaltung beschäftigten Personen unter den Referatsleitern höher als es die Zahl 45 (von 74) aussagt.
206 Archiv der Gegenwart. Band 1, S. 174.
207 Vgl. Wengst, Staatsaufbau, S. 135 ff.

heblichen personalpolitischen Spielraum. Die in diesen Bestimmungen liegende Doppelung aus pragmatischer Kontinuitätssicherung und gleichzeitiger Möglichkeit zu personellen Änderungen hatten nicht nur bereits die Schlangenbader Empfehlungen betont,[208] es war auch von der Bundesregierung, in der erhebliche Vorbehalte gegenüber den Frankfurter Verwaltungen bestanden,[209] genau so gewollt. Auf der Kabinettssitzung vom 24. September 1949 brachte Konrad Adenauer die dahinter liegenden Überlegungen, die auf einen deutlichen Bruch mit den Auswahlkriterien der Bizonen-Verwaltung hinausliefen, ziemlich unverblümt zum Ausdruck. „Der Apparat", so der Kanzler, „dürfe nicht so zusammengewürfelt sein, wie das in Frankfurt der Fall war." Man müsse die „Ministerien so wiederaufbauen, daß sie gute und saubere Arbeit leisten." Dies könne aber nur nach den „bewährten früheren Grundsätzen geschehen."[210] Mit anderen Worten, das Kabinett wies bereits in seiner sechsten Sitzung und damit vier Tage, nachdem es zum ersten Mal zusammengetreten war, den Weg zum Wiederaufbau der Ministerialbürokratie nach den traditionellen Prinzipien der deutschen Verwaltungskultur. Die Verwaltung der Besatzungszeit wurde dagegen als historisches Zwischenspiel gekennzeichnet. Die Bundesregierung, so Adenauer, sei „keine Fortsetzung dieser [der Frankfurter, F. K.] Verwaltung. [...] Was man bisher der Frankfurter Verwaltung vorgeschrieben hat, hat damit sein Ende gefunden."[211] Zumindest die letzte Bemerkung enthielt eine implizite Kritik an der Überprüfung von NS-Belastungen, die in der Verwaltung der Besatzungszeit bei der Auswahl der Mitarbeiter eine wichtige Rolle gespielt hatte, bezog sie sich doch auf das sogenannte Personalamt des Vereinigten Wirtschaftsgebiets und seinen Leiter Kurt Oppler. Unter dem SPD-Mitglied Oppler hatte das Personalamt in Abstimmung mit den Alliierten auf die NS-Vergangenheit der Bewerber besonders geachtet und so mit dafür gesorgt, dass in Frankfurt zum Beispiel vergleichsweise wenige NSDAP-Mitglieder in hohe Positionen gelangten.[212] Verkehrsminister Seebohm blies sofort in dasselbe Horn: „Zunächst müssen wir dafür sorgen, daß Herr Oppler sofort verschwindet."[213]

---

208 Schlangenbader Empfehlungen, S. 11 f.
209 Z. B. Bösch/Wirsching (Hgg.), Hüter, S. 61 f.
210 Kabinettsprotokolle, Wortprotokolle, Sitzung vom 24.9.1949.
211 Kabinettsprotokolle, Wortprotokolle, Sitzung vom 24.9.1949.
212 Wengst, Staatsaufbau, S. 92. Die Unterlagen der entsprechenden Überprüfungen finden sich entsprechend auch häufig in den Personalakten der BMEL-Mitarbeiter, die bereits vor 1949 eingestellt wurden.
213 Kabinettsprotokolle, Wortprotokolle, Sitzung vom 24.9.1949. Zwar gelang es erst 1952, Oppler auf den Posten des Gesandten in Island abzuschieben, das formal erst 1953 aufgelöste Personalamt war aber bereits Ende 1949 faktisch entmachtet. Morsey, Rudolf: Personal- und Beamtenpolitik im Übergang von der Bizonen- zur Bundesverwaltung (1947–1950), in: ders. (Hg.), Verwaltungsgeschichte. Aufgaben, Zielsetzungen, Beispiele. Berlin 1977, S. 191–238, hier S. 233 ff.

Wie in anderen Ministerien,[214] führte dieser bewusste (Teil-)Bruch mit den Vorgängerbehörden aus der Besatzungszeit auch im Landwirtschaftsministerium vor allem in den hohen Positionen zu Neubesetzungen. So schieden im Verlauf des Übergangs in den Bundesdienst mit Hermann Steck, Karl Aßmann sowie Hans-Georg Littmann drei Beamte als Abteilungsleiter aus. Hinzu kam als wohl prominentester Name Ministerialdirektor Hans Carl Podeyn, der bis zum Eintritt von Wilhelm Niklas in die Ernährungsverwaltung dort die Stellung des Stellvertretenden Direktors eingenommen hatte und danach ebenfalls als Abteilungsleiter bzw. „Generalreferent" fungierte. Als SPD-Mitglied hatte er die Verbraucher-Orientierung sowie das Festhalten an planerischen Elementen in der Landwirtschaftsverwaltung des Vereinigten Wirtschaftsgebietes repräsentiert, die in Zeiten der konservativen Regierungskoalition ebenso Schlange-Schöningen aus dem Rennen um den Posten des Landwirtschaftsministers geworfen hatten. Nach dem „Wegfall" bzw. der „starke[n] Einschränkung der zwangswirtschaftlichen Aufgaben" hieß es dazu am 26. September 1949 nur notdürftig verklausuliert in einer Besprechung der vom Kabinett eingesetzten Arbeitsgruppe zum Aufbau der Ministerien um Heinemann, Keßler und Globke, sollte an Stelle von Podeyn ein „Staatssekretär gesetzt werden", der es sich zur besonderen Aufgabe mache, den „Rahmen für eine nach Möglichkeit freie Landwirtschaft" zu schaffen.[215] Podeyn wurde im Ministerium ersetzt. Nach verschiedenen Stationen als bundesdeutscher Vertreter in transatlantischen Gremien amtierte er von 1954 bis 1959 schließlich als Botschafter der Bundesrepublik in Pakistan.[216]

Solche Beispiele sollten allerdings nicht dazu führen, in den Neubesetzungen der ersten Jahre ausschließlich eine Wiederherstellung der früheren personellen Struktur zu sehen, die zudem vor allem politischen Orientierungen folgte. Zum einen blieb, wie erwähnt, ein erheblicher Teil der noch zu Zeiten der Frankfurter Verwaltung eingestellten Mitarbeiter im Amt, zum anderen wurden bei den Neueinstellungen wohl tatsächlich weniger parteipolitische Prägungen honoriert als vielmehr das Vorliegen traditioneller Beamtenkarrieren im Reichs- oder Landesdienst (die nach Lage der Dinge in der deutschen Beamtenschaft dann natürlich doch zu einer Dominanz von konservativen politischen Einstellungen führte). Schließlich spielten aber auch Absagen von eigentlich vorgesehenen Kandidaten, aus verschiedenen Richtungen ausgeübte Einflussnahmen, die jeweiligen persönlichen Vernetzungen und nicht zuletzt

---

214 Vgl. z. B. für das Wirtschaftsministerium: Ambrosius, Gerold: Funktionswandel und Strukturveränderung der Bürokratie 1945–1949. Das Beispiel der Wirtschaftsverwaltung, in: Winkler, Heinrich August (Hg.): Politische Weichenstellungen im Nachkriegsdeutschland, Göttingen 1979, S. 167–207.
215 Vermerk über eine Besprechung am 26.9.1949 im Bundesfinanzministerium. BArch B 106/45735. Auch Friedrich Staab, Abteilungsleiter „Ernährungswirtschaft", sowie Ministerdirektor Hans Georg Littmann wurden von der Arbeitsgruppe in derselben Besprechung als Problem erkannt, vermutlich aus ähnlichen Gründen. Beide blieben aber, Littmann allerdings „nur" als Referatsleiter.
216 Vgl. z. B. die Kurzbiographie in: Die Protokolle des Bayerischen Ministerrats 1945–1962 (*Bayerischer Ministerrat*). Das Kabinett Ehard II. Band 1, hg. v. von der Historischen Kommission bei der Bayerischen Akademie der Wissenschaften und der Generaldirektion der Staatlichen Archive Bayerns. München 2003, S. 86.

Zufälle eine Rolle. Auch NS-Belastungen konnten in Einzelfällen zu einem Ausschlusskriterium werden, selbst wenn diesen in der übergroßen Zahl der Fälle keine Bedeutung mehr zukam bzw. die Überprüfung mit dem formalen Vorliegen eines geeigneten Entnazifizierungsbescheids als erledigt galt. Bemerkenswert geringen Einfluss hatte im Falle des Ernährungsministeriums die noch zu erläuternde „131er-Gesetzgebung". Zwar wurde das Vorliegen der entsprechenden Voraussetzung akribisch vermerkt, in der Einstellungspraxis änderte sich aber kaum etwas.

Wie unberechenbar und kompliziert sich die Einstellung in der Anfangszeit gestalten konnte, aber auch wer daran jeweils beteiligt war, zeigt der Fall des von 1950 bis 1959 amtierenden Leiters des Referats „Tierzucht", Anton Rinecker. Der 1895 in Bamberg geborene Rinecker studierte in Jena und München Landwirtschaft, schloss das Studium 1920 mit der Promotion ab und arbeitete von 1920 bis 1945 auf verschiedenen Stellen im Bereich der Tierzucht, zuletzt als Abteilungsleiter und Tierzuchtdirektor der Landwirtschaftskammer für die Grenzmark Posen-Westpreußen, von der aus er seit 1942 nach Oberschlesien abgeordnet worden war. Das Bundeslandwirtschaftsministerium wurde auf ihn durch ein Empfehlungsschreiben aufmerksam, das ein Schwager von Rinecker noch an die Ernährungsverwaltung des Vereinigten Wirtschaftsgebietes verfasst hatte, das aber zunächst zu nichts führte.[217] Im Ministerium erinnerte man sich wieder an die Sache, als Anfang 1950 klar wurde, dass der bisherige Tierzuchtreferent der bizonalen Verwaltung in Zukunft nicht mehr zur Verfügung stehen würde.[218] Rinecker, den sowohl der zuständige Unterabteilungsleiter als auch der Abteilungsleiter persönlich kannten, war aber keineswegs der erste Kandidat. Offenbar wurden zuerst mehrere andere Personen angefragt. Erst als diese absagten bzw. nicht in Frage kamen, griff man auf Rinecker zurück.[219] Zuvor gab es noch den Widerstand der „Arbeitsgemeinschaft Deutscher Tierzüchter" zu überwinden, bei der Abteilungsleiter Maier-Bode vor[!] der Berufung Rineckers nachgefragt hatte und dessen Geschäftsführer wegen der Person, aber auch weil Rinecker nie „in Westdeutschland tätig gewesen ist", Einwände erhob und seinerseits weitere Kandidaten ins Spiel brachte.[220] Letzteres, die regionale Zugehörigkeit, war schon zuvor einmal zur Sprache gekommen, wobei Maier-Bode offenbar darauf verwies, dass Rinecker als gebürtiger Bamberger ja eigentlich aus Bayern komme. Da im Ministerium noch Süddeutsche fehlten, solle von da auch der Vorschlag kommen.[221] Dass die Wahl schließlich doch auf Rinecker fiel, scheint am Ende allerdings vor allem auf die persönlichen Kontakte von Unterabteilungsleiter Friedrich Prasse zurückgegangen zu

---
[217] Personalakte Rinecker, BArch Pers 101/75376.
[218] Es handelte sich um Professor Leopold Krüger, der schon 1947 auf einen Lehrstuhl für Tierzucht und Milchwirtschaft an der Universität Gießen berufen worden war. Von seinem endgültigen Weggang aus dem Ministerium bzw. der VELF hatte bezeichnenderweise auch bereits der Schwager von Rinecker erfahren. BArch Pers 101/75376.
[219] Vgl. Maier-Bode an Niklas, 28.4.1950, BArch Pers 101/75376.
[220] Dr. Winnigstedt, Hannover, an Maier Bode, 24.3.1950. BArch Pers 101/75376.
[221] Georg Keilholz an Prasse, 2.9.1949, BArch Pers 101/75376.

sein, der Rinecker unter den beteiligten Personen aus der Zeit vor 1945 am besten kannte. In dem von Maier-Bode an Niklas gerichteten Besetzungsvorschlag, verwies dieser neben der einschlägigen Berufserfahrung und der „weitgehende[n]" Zustimmung von Ländern und Verbänden entsprechend insbesondere auf die frühere enge Zusammenarbeit zwischen Prasse und Rinecker. Minister Niklas vermerkte „Einverstanden".[222] Am 15. Juni 1950 trat Rinecker seinen Dienst an.

Der Einzelfall von Anton Rinecker ist besonders gut dokumentiert, die weiteren, normalerweise deutlich lückenhafteren Personalbestände des Ministeriums lassen aber den Schluss zu, dass er für den Verlauf von Einstellungen durchaus typisch ist. Die erste Personalauswahl für freiwerdende Stellen lag bei den betroffenen Abteilungen. Der für Personalfragen zuständige Abteilungsleiter I, Staatssekretär und Minister hatten aber auf jeder Stufe des Verfahrens die Möglichkeit zum Eingreifen und taten dies auch immer wieder.[223] Bei den Auswahlkriterien wurde selbstverständlich die fachliche Kompetenz hervorgehoben, daneben spielten aber von Anfang an regionale Überlegungen bzw. der Regionalproporz eine Rolle und auch die frühzeitige Einbeziehung der Verbandsvertreter ist nicht nur bei Rinecker überliefert, sondern zum Beispiel auch bei der Neubesetzung des Abteilungsleiters Forsten.[224] Konkrete Absprachen mit Landesregierungen sind ebenso im Falle der Besetzung des Weinbaureferats Ende 1949, Anfang 1950 überliefert. In diesem Fall bestand Rheinland-Pfalz mit Hinweis auf die große Bedeutung des Landes beim Weinanbau auf entscheidender Mitsprache.[225] Auch mit dem Problem von Absagen hatte das Ministerium nicht nur bei der Besetzung des Tierzucht-Referats zu kämpfen. Bei der Einstellung des späteren Referatsleiters Kurt Offner hatte es 1954 zunächst fünf Absagen gegeben, bevor man sich des CDU-Manns Offner entsann.[226] Netzwerke liefen in der Anfangszeit häufig über Niklas selbst, der auch mit seinen Länderkollegen bis auf Referatsleiterebene über Kandidaten sprach. Aber auch weiteren Einzelpersonen konnte bei der Kandidatensuche und -sichtung eine erhebliche Rolle zukommen. Allein im Falle von Leo Schülgen, einem ehemaligen Ministerialrat im Reichsernährungsministerium und späteren Ministerialdirigenten im Landwirtschaftsministerium Nordrhein-Westfalen sind neun Besetzungsvorgänge auszumachen, bei denen dieser eine Rolle spielte. Auf sieben Empfehlungen bzw. Referenzen brachte es Karl August Wegener, den eine ganz ähnliche Karriere wie Schülgen ins Reichsministerium und dann in das Ernährungs-

---

[222] Maier-Bode an Niklas, 28.4.1950, BArch Pers 101/45735.
[223] Zum Verfahren in der Ministeriumshierarchie z. B. auch die Personalakte von Adolf Nieschulz, BArch Pers 101/77903 oder die Einstellung von Ludwig Pielen, bei der Staatssekretär Sonnemann bereits bei der Auswahl der zu einem persönlichen Gespräch einzuladenden Kandidaten eingriff. Vgl. Schreiben Abteilungsleiter II an Minister über Abteilungsleiter I sowie den Staatssekretär, 3.2.1956, BArch B 116/20996.
[224] Vorschlag der Arbeitsgemeinschaft der deutschen Waldbesitzerverbände für Neubesetzung Leiter der Hauptabteilung Forst und Holz an den Bundesminister (über den Deutschen Bauernverband), 17.11. 1949, BArch B 116/36278.
[225] Z. B. Ministerpräsident Altmeier an Niklas, 8.12.1949, BArch B 116/36290.
[226] Siehe dazu Personalakte Offner, BArch Pers 101/75259.

ministerium in Nordrhein-Westfalen geführt hatte, wo er schließlich Staatssekretär wurde.[227] Die hauptsächlichen institutionellen Netzwerke liefen neben dem Landwirtschaftsministerium Nordrhein-Westfalen, dem allerdings tatsächlich eine erhebliche Rolle zukam, wenig überraschend über das frühere Reichsministerium, oder die Zentrale des Reichsnährstandes mit Stabs- und Verwaltungsamt. Nicht zu unterschätzen ist schließlich die konfessionelle Dimension. Als an der Jahreswende 1949/1950 von protestantischer Seite öffentlich beklagt wurde, dass evangelische Bewerber unter dem Katholiken Adenauer in der entstehenden Bundesverwaltung zu wenig zum Zuge kämen, fragte das Bundeskanzleramt auch im Ernährungsministerium nach. Etwas unangenehm berührt musste man dort allerdings zugeben, dass bislang erheblich mehr evangelische Mitarbeiter in der Behörde beschäftigt waren. Im ministeriellen Antwortschreiben wurde entsprechend vermerkt, dass sich dies angesichts der neuen Lage des Ministeriums in Bonn aber in Zukunft ändern werde.[228] Mit diesen Konfessionsverhältnissen stand das Ministerium aber keineswegs allein, und Adenauer verwendete das Gesamtergebnis in der Folge auch nur intern.[229]

Einen interessanten Fall, weil er einen seltenen Einblick in den Umgang mit NS-Belastungen bei der frühen Personalpolitik des Ministeriums bietet, stellt das Beispiel von Julius Claussen dar. Der 1899 geborene Claussen hatte eine klassische Beamtenkarriere gemacht, die ihn über das preußische Landwirtschaftsministerium ins Reichsministerium geführt hatte, wo er 1940 zum Ministerialdirigenten und Unterabteilungsleiter aufstieg. Nach 1945 arbeitete er zunächst für die Landwirtschaftsverwaltung in der britischen Zone, ging dann aber, offenbar als Geschäftsführer, zum Deutschen Bauernverband.[230] Anfang Oktober 1949 wurde er als möglicher Kandidat für das Ministerium in einer der Besprechungen der Arbeitsgruppe um Heinemann, Keßler und Globke genannt.[231] Die vorgesehene Ernennung zum Unterabteilungsleiter Außenhandel scheiterte in den ersten Monaten 1950 aber ausgerechnet am Einspruch von Konrad Adenauer. Über Globke ließ Adenauer Bundesminister Niklas mitteilen, dass bei ihm „Vorstellungen gegen eine Wiederverwendung" Claussens erhoben worden seien. Diese stützten sich „auf die politische Haltung Dr. Claussens während der nationalsozialistischen Herrschaft" und würden vom Bundeskanzler „für so

---

[227] Vgl. Die Kabinettsprotokolle der Landesregierung von Nordrhein-Westfalen, 5. Kabinettssitzung am 30.9.1946, online Edition: http://www.archive.nrw.de/LAV_NRW/jsp/edition.jsp?expandId=18&id=1&archivNr=185&naviId=2920 (Abruf 9.3.2019).
[228] BMEL an Globke, Bundeskanzleramt, 12.1.1950, BArch B 116/36261.
[229] Wengst, Staatsaufbau, S. 181. Theodor Sonnemann hat im Nachhinein berichtet, dass bei einer ähnlichen Untersuchung unter Lübke, also zwischen 1953 und 1959, die größte Gruppe „gottgläubig" angegeben habe, was dem „gläubigen Katholiken" Lübke den Atem geraubt habe. Sonnemann, der nach eigener Aussage angeordnet hatte, dass ein Eintrag der Konfession in den Personalakten zu unterbleiben habe, wusste auch eine Erklärung: Es waren „die zahlreich im Hause vertretenen früheren Reichsnährstandsangehörigen, die 1933 ihren Gleichschaltungseifer bis zum Kirchenaustritt getrieben hatten." Sonnemann, Gestalten, S. 250.
[230] Angaben aus: BArch Pers 77998 u. 77999 sowie ebd. B 106/45735.
[231] BArch B 106/45735.

schwerwiegend" gehalten, dass er „trotz der fachlichen Qualitäten Dr. Claussens bitte, von einer Verwendung abzusehen."[232] Warum gerade bei Claussen, der später in den Landesdienst in Schleswig-Holstein ging und es dort bis zum Staatssekretär brachte, die NS-Vergangenheit zum Problem wurde, wird aus dem Vorgang zunächst nicht klar. Claussen, der als Unterabteilungsleiter im Reichsministerium im Zweiten Weltkrieg unter anderem mit der Ernährungsplanung im besetzten Europa befasst war,[233] gehörte seit 1933 der NSDAP an und bekleidete in der SA den Rang eines Obersturmführers.[234] Damit verstieß die Berufung zwar gegen eine Kabinettsvereinbarung aus dem August 1950, wonach formal belastete Personen nicht als Abteilungsleiter verwandt werden sollten. Diese blieb allerdings umstritten und in anderen Fällen verhinderte die Vereinbarung die Einstellung keineswegs. Zudem war Claussen, trotz seiner Tätigkeit sowie der erwähnten Mitgliedschaften, im Entnazifizierungsverfahren in der britischen Zone schließlich in Kategorie V eingeordnet worden und damit „entlastet". Erwähnt wurde im Schreiben von Globke, dass die SPD die Ernennung zu einem Angriff auf die Regierung nützen könnte; zu den weiteren Hintergründen der Vorbehalte gegen Claussen kündigte Globke aber lediglich mündliche Informationen an.[235] Ende April 1950 wendete sich das Blatt. Nun informierte Globke das Ministerium, dass Adenauer seine Bedenken fallengelassen habe. Nachforschungen hätten ergeben, dass der Verdacht, Claussen habe in der „Regierung Schwerin-Krosigk an maßgebender Stelle im Ernährungsministerium" gewirkt, unrichtig sei. Zudem hätten „weitere[n] Ermittlungen" ergeben, dass Claussen sich 1933 zwar „in betonter Weise dem Nationalsozialismus" zugewandt habe, „später aber seine Einstellung wieder geändert und sich zurückhaltend verhalten" habe. Schließlich sei auch mit öffentlichen Angriffen gegen eine Berufung nicht mehr zu rechnen.[236] Den Ausgang der Personalie im Ministerium änderte diese neuerliche Wendung allerdings nicht mehr. Nach einigem weiteren Hin und Her wurde Claussen nicht in die vorgesehene Position als Unterabteilungsleiter im Ministerium eingesetzt. Stattdessen amtierte er, bevor er in den schleswig-holsteinischen Landesdienst wechselte, seit Mitte 1950 als Hauptgeschäftsführer der „Vereinigung der deutschen Ernährungsindustrie".[237] Ungeachtet dieses am Ende für Claussen (angesichts seiner weiteren Karriere) persönlich grund-

---

232 Globke an Niklas, Bonn, 9.2.1950, BArch Pers 101/78790 (Personalakte Gareis).
233 So berichtet Alex J. Kay in seiner Arbeit über die Besatzungsplanungen des Deutschen Reichs über ein Treffen zwischen dem Reichsernährungsministerium und dem Rüstungsamt im Mai 1941, an dem Claussen teilnahm und auf dem er über die Möglichkeit sprach, ukrainisches Getreide für die eigene Versorgung heranzuziehen. Kay, Alex J.: Exploitation, Resettlement, Mass Murder. Political and Economic Planning for German Occupation Policy in the Soviet Union, 1940–1941. Ney York/Oxford 2006, S. 128. Gerlach, Morde, S. 823 führt eine Besprechung unter Beteiligung Claussens aus dem November 1941 an, bei der es um Kalorienzahlen sowjetischer Kriegsgefangener ging.
234 Personalakte Claussen, BArch Pers 101/77998 u. 77999.
235 Vgl. das Schreiben Globkes vom 9.2.1950, BArch Pers 101/78790 (Personalakte Gareis).
236 Globke an Niklas, 28.4.1950, BArch B 116/20995.
237 Julius Claussen an den Bundesminister für Ernährung, Landwirtschaft und Forsten, Bonn, 12.7 1950, BArch B 116/20995.

sätzlich günstigen Ausgangs gibt die Diskussion einen Einblick in die Belastungstoleranz zu Beginn der Bundesrepublik. Neben Führungspositionen in der Reichsregierung (die in diesem Fall die nach Hitlers Tod amtierende Regierung Schwerin-Krosigk betrafen), konnte offenbar auch die Einschätzung, jemand habe eine klare nationalsozialistische Haltung eingenommen, losgelöst von der konkreten Funktion als Problem erscheinen. Im vorliegenden Fall kam der Haupteinwand von niemand anderem als Karl Müller, Adenauers Hauptvertrautem in Fragen der Agrarpolitik.[238] Zudem spielten – natürlich – taktische, also vergangenheitspolitische,[239] Aspekte eine Rolle. Wo es zu vermeiden war, sollten dem politischen Gegner durch Ernennungen keine Angriffsflächen geliefert werden. Schließlich ist das Verfahren interessant. Die von Globke in seinem ersten Schreiben nur angedeuteten informellen Informationen an Adenauer sowie der Hinweis auf weitere mündliche Mitteilungen geben einen seltenen Einblick in Kommunikationskanäle, deren Inhalte nicht in die offiziellen Akten gelangten, die aber bei der zeitgenössischen Einschätzung von Belastungen ganz sicher eine wichtige Rolle spielten. Ähnliche Vorgehensweisen sind aus der Einstellungspraxis des Auswärtigen Amtes bekannt, dessen erster Personalchef 1952 einmal meinte: „Wir stellen Pgs ein, aber keine Nazis."[240] Ein anderer Beamter des Außenamts gab vor dem Untersuchungsausschuss zur „(Weiter-)Beschäftigung von ehem. NS-Funktionären im Auswärtigen Amt" von 1951/52 auf die Frage, wie man Belastungen prüfe, zu Protokoll, dass man sich in entsprechenden Fällen „zunächst im Amt umhören" würde.[241] Das auf der Basis solchen „Umhörens" gebildete Urteil bestand dann völlig unabhängig vom Vorliegen formaler Belastung oder auch dessen Fehlen.[242]

Was die Rolle des Landwirtschaftsministeriums anbelangt, so gilt, dass in der ganz überwiegenden Zahl der dokumentierten Fälle, in denen in der Entstehungszeit des Ministeriums bei Einstellungen oder Beförderungen Bedenken wegen einer möglichen NS-Belastung laut wurden, diese Bedenken von außen kamen und damit genau so, wie es bei Julius Claussen gewesen war. Die Zahl der Fälle, in der das geschah, ist allerdings eindrucksvoll – und ebenso eindrucksvoll ist die Hartnäckigkeit, mit der das Landwirtschaftsministerium unabhängig von den jeweiligen Belastungen seine Personalvorschläge verteidigte. Im August 1950 meldete sich zum Beispiel das Bundesinnenministerium bei einem Beförderungsvorschlag zu Wort. Diesem stand

---

[238] Karl Müller an Adenauer, 18.1.1950, BArch B 136/4696.
[239] Vgl. Frei, Norbert: Vergangenheitspolitik. Die Anfänge der Bundesrepublik und die NS-Vergangenheit, München 1996; Wolfrum, Edgar: Geschichtspolitik in der Bundesrepublik Deutschland. Der Weg zur bundesrepublikanischen Erinnerung 1948–1990. Darmstadt 1999.
[240] Zitiert nach: Conze u.a., Das Amt, S. 494.
[241] Zitiert nach: ebd., S. 495.
[242] Gesichert ist zum Beispiel auch, dass sich Sonnemann und Claussen bereits vor 1945 kannten. Nicht nur studierten beide gleichzeitig in Göttingen, Sonnemann hat auch später über ein Treffen mit Claussen im Jahr vor dem Zweiten Weltkrieg berichtet. Dabei pries er Claussen als einen der entscheidenden Planer für die vergleichsweise gute Ernährungssituation während des Zweiten Weltkriegs in Deutschland. Sonnemann, Gestalten, S. 49.

bei allen Ernennungen, die dem Kabinett zur Beschlussfassung zu unterbreiten waren (also ab Besoldungsstufe A 16), das beamtenrechtliche und beamtenpolitische Mitprüfungsrecht zu. Anlässlich der Berufung von Rolf Baath zum Ministerialrat war im Innenressort nun aufgefallen, dass dieser während seiner Tätigkeit beim Reichsnährstand in vergleichsweise jungen Jahren und sehr schnell befördert worden war (ein Verdachtsmuster, das im Übrigen in das spätere 131er-Gesetz aufgenommen wurde). Jetzt vermutete man, dass dies Baaths Aktivitäten in der NSDAP sowie in der SA zu verdanken gewesen sei. Das Landwirtschaftsministerium blieb allerdings bei seinem Ernennungsvorschlag. Es dauerte bis zum November 1951, ehe das Innenministerium nach verschiedenen persönlichen Gesprächen zwischen den beiden Ressorts sowie nach persönlichen Erklärungen von Baath nachgab. Am Ende übernahm das Innenministerium die Argumentation aus der Troilokaserne, wonach in einer „jungen" Institution wie dem Reichsnährstand Beförderungen eben schneller gingen und Baath bereits in sehr jungen Jahren die große juristische Staatsprüfung abgelegt habe, fügte aber auch hinzu, dass inzwischen einviertel Jahre seit dem ersten Antrag ins Land gegangen seien und entsprechend nach dieser weiteren Wartezeit die Ernennung zum Ministerialrat zu rechtfertigen sei.[243]

Noch hartnäckiger zeigte sich das Ernährungsministerium bei Hans Büchner. Wieder erhob das Innenministerium Einspruch, als dieser im Januar 1952 zum Ministerialrat und damit zum Beamten auf Lebenszeit ernannt werden sollte. Diesmal kamen die Einwände gegen Büchner, der seit August 1950 als Angestellter im Ernährungsministerium arbeitete, nicht aus dem Innenressort selbst. Vielmehr hatte es Bedenken von dritter Seite gegeben, die Büchner vorwarfen, bei seiner früheren Tätigkeit im Reichsministerium für kirchliche Angelegenheiten der politische Vertrauensmann des Nationalsozialismus im Ministerium gewesen zu sein.[244] Wieder einmal ging es also weniger um die formalen Positionen als um die vermutete Haltung zum Nationalsozialismus, die zu den Bedenken führte. Doch auch jetzt gab sich das Ministerium unbeeindruckt. Zwar scheute man einen offenen Konflikt im Kabinett, den das Innenministerium androhte, doch unternahm das Ernährungsministerium verschiedene neue Anläufe zur Ernennung, im September 1953 etwa mit dem Argument, Büchner habe sich inzwischen bewährt und man könne ihn als „auch in politischer Hinsicht hinreichend entlastet ansehen".[245] Inzwischen waren längst die Minister und Staatssekretäre eingeschaltet, es hatte Telefonate gegeben und offenbar hatte die Auseinandersetzung den Bundeskanzler erreicht.[246] Erfolg hatte jedoch erst ein dritter Vorstoß im April 1954, mehr als zwei Jahre nach dem ersten Ernennungsvorschlag und jetzt unter Heinrich Lübke als Bundesminister. Bevor das Innenministerium nun, im Übrigen, weil Büchner nach vier Jahren als Angestellter „arbeitsrechtlich" kaum noch zu entlassen war, zustimmte, stimmte man sich noch einmal mit dem Bundeskanz-

---

243 Schreiben BMI vom 14.11.1951, BArch B 106/114587.
244 BMI an BMEL, Entwurf, Nov. 1952, BArch B 106/114588.
245 BMEL an BMI, 10.9.1953, BArch B 106/114588.
246 Vgl. Vermerk BMI, Mai 1954, BArch B 106/11488.

leramt ab und es kam zusätzlich zu einem Gespräch Büchners mit Bundesinnenminister Gerhard Schröder, in dem dieser offenbar einen positiven Eindruck gewann.[247] Bemerkenswert an diesem Vorgang ist nicht nur die Hartnäckigkeit des Bundeslandwirtschaftsministeriums, der Fall Büchner ist ebenso einer der ganz wenigen Fälle, in denen es einen Hinweis gibt, dass es zunächst offenbar auch im Landwirtschaftsministerium Probleme gab und ihm deshalb zunächst ein Angestelltenvertrag gegeben wurde.[248] Büchner, der schon vor 1945 Ministerialrat gewesen war, wäre damit einer derjenigen, die über einen zwischenzeitlichen Angestelltenvertrag nach einiger Zeit und dienstlicher „Bewährung" wieder ihre frühere Beamtenstellung erreichten.

Im Kleinkrieg zwischen Innen- und Landwirtschaftsministerium in den ersten Jahren der Bundesrepublik kann noch eine ganze Reihe von weiteren Fällen genannt werden. So gab es 1950 Schwierigkeiten bei der Ernennung von Heinrich Winkelstern. Wieder griff Sonnemann persönlich zum Telefon. Der Staatssekretär habe, so vermerkte ein internes Schreiben des Innenministeriums, fernmündlich auf die lange Tätigkeit Winkelsterns für die „Reichsstelle für Getreide" im Reichsnährstand verwiesen. Nun sei er, so Sonnemann, der damit bemerkenswert bruchlos über die Zäsur von 1945 hinweg argumentierte, der „Schöpfer" des bundesdeutschen Getreidegesetzes geworden. Auch Minister Niklas „lege grösstes Gewicht darauf, dass dieser überragend tüchtige Mann zum Ministerialrat befördert werde."[249] Da sich die beiden Häuser nicht einigen konnten, wurde die Sache im Dissens dem Kabinett vorgelegt, wo sich das Landwirtschaftsministerium durchsetzte. Im Oktober 1950 gab es schließlich auch bei Sonnemanns persönlichem Referenten Gunter Martens Schwierigkeiten. Bei Martens, der in der zweiten Hälfte der 1930er Jahre eine ganze Reihe von Schriften zum nationalsozialistischen Erbhofrecht vorgelegt hatte, fragte das Innenministerium wegen dessen Mitgliedschaft in der Allgemeinen SS nach.[250] Sonnemann platzte der Kragen. „Martens sei bereits 43 Jahre alt", so zitierte das Innenministerium eine weitere, vermutlich mündliche Intervention des Staatssekretärs, „und könne daher doch wohl zum Oberregierungsrat ernannt werden."[251] So geschah es dann auch.

Bei der beschriebenen Grundhaltung im Landwirtschaftsministerium nimmt es nicht wunder, dass die Zahl der leitenden Mitarbeiter mit einer früheren Mitgliedschaft in der NSDAP im Vergleich zur Besatzungsverwaltung und dann im Verlaufe der 1950er Jahre wie in den anderen Ministerium wuchs. Das Ausmaß ist allerdings auch im Vergleich durchaus bemerkenswert. Bereits Ende 1950 war die Quote der ehemaligen Parteimitglieder unter den Mitarbeitern von den Referatsleitern aufwärts sprunghaft auf 61 % gestiegen. Und es ging noch weiter hoch. 1953 erreichte die Quote

---

247 BMI an das Staatssekretariat des Bundeskanzleramtes, 26.7.1954, BArch B 106/11488.
248 Biographische Angaben zu Büchner z. B. aus Antrag des BMEL zur Ernennung zum Ministerialrat, 10.9.1953, BArch B 106/114588.
249 Undatiertes Schreiben [August 1959] an Abteilungsleiter II, BArch B 106/114586. Das Schreiben trägt auch die Paraphe von Staatssekretär Lex.
250 Schreiben BMI an BMEL, 31.10.1950, BArch B 106/114586.
251 Vermerk BMI, 20.11.1950, BArch B 106/114586.

die Schwelle von 70%, um diese ein Jahr später mit 78% bereits sehr deutlich zu überschreiten. Die Höchstzahl war 1959 mit 80%,[252] also vier Fünftel der erfassten Mitarbeiter, erreicht und sank erst danach allmählich ab. 1961 waren immer noch 72% der leitenden Mitarbeiter in der NSDAP gewesen. Im Vergleich der Ministerien erreicht das Ernährungsressort damit den höchsten bislang erfassten Wert. Unter den bisher untersuchten Ressorts weist lediglich das Justizministerium eine annähernd ähnlich hohe Quote aus. Innenministerium und Auswärtiges Amt, Arbeitsministerium sowie wohl auch das Wirtschaftsministerium lagen darunter.[253] Dieser Befund verschärft sich noch einmal massiv beim Blick auf die Gruppe der Abteilungsleiter. War 1950 einer von fünf amtierenden Abteilungsleitern Parteigenosse gewesen, so drehte sich das Verhältnis bis 1958 glatt um. Nun war einer von den nun sieben amtierenden Abteilungsleitern *nicht* der NSDAP beigetreten und dabei blieb es bis 1970. Dieser rechnerische Wert von 85% lag deutlich über dem Durchschnitt der übrigen Ministerien. Trifft die Aussage von Udo Wengst zu, dass der Anteil der ehemaligen Parteimitgliedern unter den zwischen 1950 und 1953 neu ernannten Abteilungsleitern innerhalb der Bundesregierung bei insgesamt 60% lag,[254] so betrugt er im Bundesernährungsministerium zwischen 1951 und 1958 100%. Bei anderen statistischen Werten sind die Daten des Landwirtschaftsministeriums weniger auffällig. Etwa ein Drittel des Führungspersonals der Jahre zwischen 1953 und Anfang der 60er Jahre hatte vor 1945 der SA angehört. Das war um einiges niedriger, als es die vorliegenden Daten zum Innenministerium sagen, und lag etwa im gleichen Bereich wie im Justizministerium. Ähnliches gilt für SS-Mitgliedschaften, die 1950 7% betrugen und dann bis 1961 zwischen 9 und 10% pendelten. Höhere Dienstränge gab es hier nur wenige. Im Jahr 1954 waren es z. B. drei Personen, die mindestens den Rang eines SS-Sturmführers eingenommen hatten. Weitet man die statistische Erfassung über die Mitgliedschaften hinaus auf die Vorbeschäftigungen aus, so liegen die Zahlen im – allerdings weiten – Rahmen anderer Behörden. Zwischen 20 und 27% des Leitungs-

---

[252] Prozentualer Anteil unter den leitenden Mitarbeitern, zu denen biographische Informationen ermittelt werden konnten. 1959 gelang dies für 93 von 97 Personen.
[253] Die anderen Höchstzahlen lauten: Justizministerium 76%, 1957 (Görtemaker/Safferling, Rosenburg, S. 263), Innenministerium: 67%, 1961/62 (Bösch/Wirsching [Hgg.],Hüter, S. 125), in der Untersuchung zum Wirtschaftsministerium ist von „knapp 59" Prozent in der Gesamtzeit 1949–1963 die Rede (Abelshauser, Werner (Hg.): Das Bundeswirtschaftsministerium in der Ära der Sozialen Marktwirtschaft. Der deutsche Weg der Wirtschaftspolitik, Berlin und Boston 2016 (*Abelshauser, Bundeswirtschaftsministerium*), S. 115, im Arbeitsministerium waren es 70,1% (Münzel, Martin: Neubeginn und Kontinuitäten. Das Spitzenpersonal der zentralen deutschen Arbeitsbehörden 1945–1960, in: Nützenadel, Alexander (Hg.): Das Reichsarbeitsministerium im Nationalsozialismus. Verwaltung, Politik, Verbrechen, Göttingen 2017, S. 494–550, hier S. 525). Die insgesamt niedrigeren Zahlen des Auswärtigen Amts finden sich in: Conze u. a., Das Amt, S. 493–496. Zahlen von etwa 75% wurden auch im BKA ermittelt. Dort war zudem die SS-Belastung besonders hoch: Baumann, Imanuel u. a.: Schatten der Vergangenheit. Das BKA und seine Gründungsgeneration in der frühen Bundesrepublik, Köln 2011, S. 78 u. 136.
[254] Wengst, Staatsaufbau, S. 180.

personals wies bis Anfang der 1960er Jahre eine Vorbeschäftigung im Reichsministerium auf. Dies lag deutlich niedriger als im Auswärtigen Amt, wo die Quote über 60 % betrug, aber nur wenig unter dem Niveau des Justiz- sowie des Wirtschaftsministeriums, bei denen jeweils um die 30 % der Beamten mit „hervorgehobenen Positionen" aus der Vorgängerbehörde stammten.[255] Nimmt man den Reichsnährstand als zentrale Agrarinstitution des Nationalsozialismus hinzu, dann waren im genannten Zeitraum ebenfalls zwischen 21 und 27 % der Beamten ab Referentenebene hauptamtlich dort beschäftigt (wobei es zwischen den beiden Gruppen auch Überschneidungen gab). Auffällig ist dabei die Zahl derjenigen, die im Stabs- bzw. Verwaltungsamt des Reichsnährstands und damit in dessen Zentrale Verwendung fanden. 15 Personen wiesen diese Vorbeschäftigung auf. Als größere Gruppe sind schließlich diejenigen zu erkennen, die in der deutschen Besatzungsverwaltung im Zweiten Weltkrieg Dienst taten. Hier konnten, einschließlich des in das Reich eingegliederten „Warthegaus", insgesamt 31 Personen ausgemacht werden, wobei auch persönliche Bekanntschaften zu vermuten bzw. nachzuweisen sind. Neben dem erwähnten Kontakt von Baath und Hüttebräuker gilt dies für mindestens fünf Personen, die zeitweise in Posen Dienst taten. Darüber hinaus saßen mit Abteilungsleiter Rolf Baath, der in der Vierjahresplanbehörde bzw. der Chefgruppe Landwirtschaft im Wirtschaftsstab Ost Dienst getan hatte, sowie Unterabteilungsleiter Friedrich Prasse, der im Reichsernährungsministerium zeitweise als „Verbindungsreferent zur Zentralstelle für die besetzten Gebiete in Polen" fungierte,[256] zwei Beamte auf Schlüsselpositionen des Bundesministeriums, die im Zweiten Weltkrieg wichtige Kommunikationsstellen der landwirtschaftlichen Besatzungsverwaltung eingenommen hatten. Statistisch bestätigen lässt sich schließlich der Befund, dass sich die Personalstruktur nach Gründung der Bundesrepublik deutlich weg von der Verwaltung aus der Besatzungszeit entwickelte. Der Anteil der dort Beschäftigen sank von 65 % 1950 auf 37 % 1961, wobei der Rückgang weniger auf die absoluten Zahlen als auf die Vergrößerung des Anteils der anderen Gruppen zurückging. Dennoch bestätigen die Zahlen den Befund der Re-Traditionalisierung der Behördenstruktur, der durch die klar greifbaren Netzwerke innerhalb und zwischen den früheren Ministerialbürokratien gefördert wurde.

Wie sind die vergleichsweise hohen, was die Abteilungsleiter anbelangt, auffällig hohen Werte zu erklären? Klammert man die immerhin mögliche, aber nicht zu beweisende Erklärung aus, dass NS-Mitgliedschaften bei Agrarexperten tendenziell stärker verbreitet waren als in anderen Bereichen,[257] kann ein Grund in der an Einzelbeispielen bereits beschriebenen Besetzungspraxis gesehen werden. Dabei ist deutlich geworden, dass selbst im Vergleich zum Innenministerium, das keineswegs

---

255 S. Conze u. a., Amt, S. 492; Görtemaker/Safferling, Rosenburg, S. 264 f.; Löffler, Marktwirtschaft, S. 165 f.
256 Personalakte Prasse, BArch Pers 101/79313.
257 In diese Richtung argumentiert Gerhardt, Agrarmodernisierung, S. 134 f.

besonders strikt vorging,[258] das Landwirtschaftsministerium sehr lax agierte. Die in einer Ressortabsprache unter Leitung des Innenministeriums erfolgte Absprache aus dem Juni 1953, wonach politische Überprüfungen und entsprechende Nachforschungen nur in Einzelfällen erfolgen sollten und ansonsten das Entnazifizierungsergebnis als ausreichend angesehen werden konnte,[259] wurde im Landwirtschaftsministerium ganz einseitig zu Gunsten der rein formalen Prüfung ausgelegt. Begonnen hatte das Ministerium mit dieser Praxis allerdings schon zuvor, und damit ist es zu erklären, dass die Verabschiedung des sogenannten 131er-Gesetzes im Bundestag im April 1951 für das Landwirtschaftsministerium keine besondere Zäsur darstellte. Mit diesem Gesetz, das eine Vorschrift des Artikels 131 des Grundgesetzes ausfüllte, erhielten von nur wenigen Ausnahmen abgesehen alle Beschäftigten des öffentlichen Dienstes, die nach dem 8. Mai 1945 aus anderen als beamten- oder tarifrechtlichen Gründen oder aufgrund der Entnazifizierung ihre Stellung verloren hatten, das Recht auf Wiedereinstellung bzw. auf Wiederherstellung der sich aus ihrer früheren Position ergebenden Rechte. Da dies für praktisch alle Personen galt, die einen Entnazifizierungsbescheid ab der Kategorie III erhalten hatten, bedeutete das Gesetz *de facto* die Rücknahme dessen, „was mit der Kapitulation der Wehrmacht, der Übernahme der obersten Regierungsgewalt durch die Alliierten und den Maßnahmen der Entnazifizierung eingeleitet zu sein schien: der Austausch der Funktionseliten."[260] Für das Landwirtschaftsministerium ist dieser Bruch allerdings so nicht zu erkennen. Hier begann die Reintegration von durch Mitgliedschaften belasteten ehemaligen Beamten schon direkt nach der Gründung. Von 16 im Jahr 1950, also vor der Verabschiedung des 131er-Gesetzes, eingestellten Referatsleitern, Abteilungs- und Unterabteilungsleitern hatten 15 ein Parteibuch gehabt. Bei den meisten von ihnen tauchte dann nachträglich ein Vermerk „131 berechtigt" in der Personalakte auf. Bestehende Beschränkungen suchte man schon vor dem Inkrafttreten der neuen Regelung zu umgehen. Insofern verstärkte die 131er-Gesetzgebung höchstens eine bereits im Ministerium bestehende Praxis. Zu dieser von Anfang an formalen und in nur wenige Ausnahmefällen materiell orientierten Überprüfung der NS-Belastung kommt, dass bei keiner der Leitungspersonen auf Staatssekretärs- und Ministerebene in der Adenauerzeit eine Aufmerksamkeit für NS-Belastungen zu erkennen ist. Ganz im Gegenteil, gerade Sonnemann hat, wie gesehen, regelmäßig bei Problemen im Sinne der Bewerber eingegriffen. Nimmt man manche Passage seiner Memoiren hinzu, in denen er zum Beispiel die Ergebnisse der Nürnberger Kriegsverbrecherprozesse als „Schandurteile"[261] bezeichnete, ist schlicht davon auszugehen, dass er Vergangen-

---

258 Siehe etwa die Position, die von Lex bei der Personalauswahl des Bundesamtes für Verfassungsschutz gegenüber den Alliierten einnahm: Goschler, Constantin/Wala, Michael: „Keine neue Gestapo". Das Bundesamt für Verfassungsschutz und die NS-Vergangenheit, Reinbek 2015 (*Goschler/Wala, Bundesamt*), z. B. S. 90.
259 Bösch/Wirsching (Hgg.), Hüter, S. 87.
260 Görtemaker/Safferling, Rosenburg, S. 160.
261 Sonnemann, Jahrgang 1900, S. 289.

heitsbewältigung selbst in der äußerst milden Form der Adenauerjahre für überflüssig und hinderlich hielt. Damit stand er zeitgenössisch natürlich nicht allein.[262] Wie rigide allerdings das Ministerium gerade bei der Besetzung von Abteilungsleitern vorging, zeigt der Karriereweg von Hermann Martinstetter im Ministerium, der als letztes Beispiel hier nachgezeichnet werden soll. Dieser war deswegen so schwerwiegend, weil der SS-belastete Martinstetter zuletzt zum Abteilungsleiter I befördert wurde und damit für die Personalpolitik zuständig war.

Der 1907 geborene Martinstetter trat 1951 in das Ministerium ein. Einstellungslogisch handelte es sich um die Rekrutierung eines passgenauen Experten. Das Ministerium suchte Referenten für Zollfragen sowie internationalen Zahlungsverkehr. Martinstetter hatte nach Jurastudium und Promotion u. a. das Zollamt Klagenfurt geleitet und war anschließend im Reichsfinanzministerium wiederum mit Zollangelegenheiten sowie zwischenstaatlichen Finanzfragen befasst. Persönliche Referenzen existierten ebenso. Über seinen Duzfreund Wilhelm Niklas setzte sich Hans Rauch, ehemaliger Ministerialbeamter im Reichsfinanzministerium, früherer bayerischer Landtagsabgeordneter für die BVP und jetzt Landestreuhänder für die Erfassung des ehemaligen Reichsnährstandsvermögens in Bayern, für Martinstetter ein. Schon zuvor war die Verbindung über Julius Claussen und den ehemaligen Ministerialdirektor im Reichsfinanzministerium Theodor Wucher hergestellt worden. Es war ein typischer Fall dafür, wie nach 1945 über frühere interministerielle Kontakte nach geeigneten Kandidaten Ausschau gehalten wurde.[263] Eine Belastung wurde von allen Beteiligten zu diesem Zeitpunkt weggewischt. Eine Überprüfung von entsprechenden Anhaltspunkten fand offenbar nicht statt, obwohl die Mitgliedschaften in Partei, SA und SS aus den vorhandenen Unterlagen klar hervorgingen. „Politische Bedenken", so der zuständige Bearbeiter im Personalreferat „brauchen nach Durchsicht der Personalakten nicht zu bestehen."[264] Das sah man im Innenministerium 1952 bei der Ernennung zum Ministerialrat zum ersten Mal anders: „Müssen wir der Ernennung dieses SS-Obersturmführers zum Ministerialrat wirklich zustimmen?", vermerkte Staatssekretär von Lex bei der Mitprüfung zum Antrag des Landwirtschaftsministeriums, um dann letztendlich doch zuzustimmen.[265] Sechs Jahre später, bei der Ernennung zum Ministerialdirigenten, wiederholte sich der Vorgang. Diesmal einigten sich von Lex und Sonnemann zunächst auf eine Zurückstellung des Vorschlags und erst nach einem ähnlichen Präzedenzfall aus dem Verteidigungsministerium sowie einer

---

262 Vgl. im Übrigen auch eine Textstelle der Hüttebräuker-Memoiren zu seiner Personalpolitik als Kammerdirektor, S. 66: „Da ich selber politisch unbelastet war, konnte ich es mir leisten, nach und nach tüchtige Fachkräfte heranzuziehen, auch wenn sie diesen oder jenen braunen Flecken hatten." Für Niklas hat Raphael Gerhardt zumindest für das bayerische Landwirtschaftsministerium zeigen können, dass dieser sich mit dem Argument, die jeweilige Sachexpertise zu benötigen, auch für formal belastete Beamte einsetzte. Gerhardt, Agrarmodernisierung, S. 133 f.
263 Zu den Vorgängen: Personalakte Martinstetter, BArch Pers 101/79285.
264 BArch Pers 101/79285.
265 BArch B 106/114587.

schriftlichen Selbstauskunft von Martinstetter wurde der Vorgang schließlich doch erfolgreich ins Kabinett gegeben. 1963 dann waren direkte Verhandlungen sowohl zwischen Innen- und Ernährungsminister als auch zwischen den Staatssekretären der beiden Häuser notwendig, um die Ernennung zum Ministerialdirektor durchzusetzen. Zusätzlich hielt das Innenministerium seine Missbilligung der Tatsache, dass Martinstetter zum Personalleiter ernannt werden sollte, in einem Vermerk fest und wies die Verantwortung dafür dem Landwirtschaftsministerium zu.[266] Der Widerstand des Innenministeriums war aber nicht der einzige, den Schwarz und Hüttebräuker zu überwinden hatten. Auch das Bundespräsidialamt meldete sich. Heinrich Lübke war auf den Fall hingewiesen worden und intervenierte. In einem Gespräch sicherte Schwarz zu, dass zumindest die Wiedergutmachungsangelegenheiten nicht von Martinstetter bearbeitet würden. Das reichte Lübke, er gab nach, zumal er Martinstetter „wegen seiner menschlichen Lauterkeit und fachlichen Tüchtigkeit" schätze.[267] Damit hatte die Einstellungspraxis im Ernährungsministerium dazu geführt, dass sogar die für Personalfragen zuständige Abteilung I von einem deutlich belasteten Mitarbeiter geführt wurde. Martinstetter war im April 1933 der SA beigetreten. Ein gutes Jahr später wurde er Mitglied der Allgemeinen SS, am 1. Mai 1935 Parteimitglied. Sein letzter Rang in der SS war der eines Obersturmführers. Im Reichsfinanzministerium gehörte er zu einer Kerngruppe von jungen und offenbar besonders engagierten Beamten, die sich um Staatssekretär Fritz Reinhardt bildete. 1941 wurde er dessen persönlicher Referent, 1944 avancierte er zum Vertreter des Reichsfinanzministers in der Parteikanzlei.[268] Nach 1945 hat sich Martinstetter u. a. darauf berufen, dass er 1939 aus der SS ausgeschlossen worden sei und ein Jahr später ohne sein Zutun im Zuge seiner Ernennung zum persönlichen Referenten von Fritz Reinhardt zum SS-Untersturmführer avancierte. Bei seinem Beitritt 1934 sei es ihm wiederum nur um sein Juraexamen gegangen.[269] Die darauf aufbauende und letztlich bei den Ernennungen auch übernommene (Selbst-)Einschätzung, Martinstetter habe im Grunde keine nationalsozialistische Überzeugung gehabt, ist angesichts der durchweg positiven politischen Zeugnisse von SA, SS und Parteistellen in seiner Personalakte und angesichts seiner Karriere im Reichsfinanzministerium wenig glaubwürdig. Die Dokumente aus der Zeit vor 1945 vermitteln vielmehr den Eindruck eines linientreuen, natürlich auch karrierebewussten jungen Beamten, der auch im Habitus den nationalsozialistischen Erwartungen völlig entsprach.[270]

---

266 BArch B 106/114587.
267 Vermerk Einsiedler, Bundespräsidialamt, 16.1.1964, BArch B 122/4983.
268 Banken, Ralf: Hitlers Steuerstaat. Die Steuerpolitik im Dritten Reich, Berlin 2018, S. 65.
269 Schreiben Martinstetter an den Ernährungsminister, 3.2.1959, BArch Pers 101/79285.
270 Jürgen Kilian zählt Martinstetter zu denjenigen im Reichsfinanzministerium, die aufgrund ihrer parteipolitischen Bindung *und* der Nähe zu Fritz Reinhardt ungewöhnlich schnell aufstiegen. Kilian, Krieg auf Kosten anderer, S. 122. Positives politisches Zeugnis z. B. Empfehlung der Kreisleitung Passau, 17.7.1935, beglaubigte Abschrift, BArch Pers 101/79287. Ein Zeugnis aus dem Reichsministerium der

Die Ernennungen von Hermann Martinstetter zeigen damit noch einmal das Muster der Personalpolitik des Ministeriums in der Ära Adenauer, durch die auch aus historischer Sicht klar belastete Personen in Schlüsselpositionen des Hauses rückten. Bemerkenswert ist dabei, wie hier sogar die wiederholten Bedenken anderer Institutionen beiseitegeschoben wurden. Auch für Rolf Baath oder Hans Büchner bedeuteten die gegen regierungsinterne Widerstände erfolgten Ernennungen keineswegs den letzten Karriereschritt. Für das Ministerium spielten bei weiteren Beförderungen frühere Bedenken keinerlei Rolle mehr. Die Gründe für diese Personalpolitik sind nicht explizit formuliert worden. Grundsätzliche Richtlinien dafür, wie mit der NS-Vergangenheit von Bewerbern und Mitarbeitern umzugehen sei, wie es sie etwa im Justizministerium gab, konnten im Landwirtschaftsministerium nicht ermittelt werden.[271] Zwei Hintergründe dieser Personalpolitik seien am Ende dieses Kapitels noch einmal hervorgehoben: Zum einen das Konzept fachlicher Expertise. Dieses meinte nicht nur einschlägige Verwaltungserfahrung, man bemühte sich ebenso um Fachleute in einem engen, aufgabenbezogenen Sinne. Für Zollrechtsfragen suchte man einen Zollexperten, für Getreidefragen einen Getreideexperten. Waren entsprechende Kandidaten gefunden, war man zweitens im Fall von auftauchenden Belastungsmomenten stets bereit, den Selbstauskünften der Betroffenen zu glauben. Im weiteren Verlauf rückte dann das Argument, der Beamte habe sich zwischenzeitlich „politisch bewährt", immer mehr in den Vordergrund. Dahinter stand ein verbreitetes Entschuldungsnarrativ, das auch beim engen Führungspersonal des Ministeriums zu erkennen ist und bei dem sich letztendlich die beiden angeführten Momente verbanden: Der Personalpolitik lag ein Konzept von eng fachlicher Expertise zugrunde. Von dieser Expertise aus wurde dann aber ebenso das Verhalten im Nationalsozialismus gedeutet. Was herauskam, war die Vorstellung des „Fachmanns", der seinen professionellen Standards sogar im Nationalsozialismus und im Zweiten Weltkrieg gefolgt war und sich dadurch vom Tun der NSDAP oder der SS unterschieden hatte, selbst wenn er beiden Organisationen angehörte. Die Frage, wo in dieser Vorstellungswelt die Belastungstoleranz im Landwirtschaftsministerium endete, lässt sich im Übrigen kaum beantworten. Denn obwohl die Einstellungsvorgänge des Ministeriums durchaus zeitgenössische Akzeptanzgrenzen erkennen lassen, betreffen diese stets Dritte. Für das Ministerium selbst bleibt die Frage nach den Grenzen der Belastungstoleranz bei der Personalpolitik offen.

Finanzen vom 8.8.1940 bescheinigte ihm eine „gute[n] Erscheinung" sowie eine „soldatische[n] Haltung". Ebd.
271 Görtemaker/Safferling, Rosenburg, S. 134.

3 Historische Prägungen und Erfahrungsräume der leitenden Beamten

Mit welchen Wissensbeständen, historischen Prägungen oder Wahrnehmungsmustern ging die Beamtenschaft also in die frühe Bundesrepublik? Bisherige Arbeiten haben zur Beantwortung dieser Frage zum einen auf Prägungen durch die konkreten Karriereverläufe und deren Bezüge zum Nationalsozialismus verwiesen, zum anderen auf die Bedeutung allgemeinhistorischer Zusammenhänge. Die daraus gewonnenen Ergebnisse lassen sich selbstverständlich für das Landwirtschaftsministerium nutzen. So ist die für das Auswärtige Amt unter der Überschrift „Die Neuen, die Alten und die ‚Ehemaligen'"[272] getroffene Unterscheidung von „Belastungstypen" zwischen einer – großen – Gruppe unterschiedlich belasteter „Laufbahnbeamter", einer – deutlich kleineren – Gruppe von meist unbelasteten Außenseitern sowie der – wachsenden – Gruppe der Jüngeren und „Neuen" sicher auch in der Troilokaserne zu finden. Ähnliches gilt für die etwas spezifischere Typenbildung für das Innenministerium, bei der neben Generationenzugehörigkeiten auch die Gruppe derjenigen hervorgehoben wurde, deren Belastung unbekannt blieb.[273] Bei den allgemeinhistorischen Prägungen ist ebenso grundsätzlich der Studie zum Innenministerium zuzustimmen, die von einem „fünffachen historischen Erfahrungshorizont" der Beamten ausgeht. Dieser beginnt bei der Kaiserzeit und führt über die Weimarer Republik, den Nationalsozialismus, die Besatzungszeit bis hin zur Aufbauphase der Bundesrepublik selbst.[274] Darüber hinaus sind Bezüge zu der in der allgemeinen Literatur zum Nationalsozialismus beschriebenen generationellen Erfahrungsgruppen, Michael Wildts „Generation des Unbedingten" oder Dirk Moses' Generation der „45er", von Belang.[275] Solche Raster können allerdings nur den allgemeinen Rahmen vorgeben. Zum einen ist in den jeweiligen Handlungsfeldern von je eigenen, domänenspezifischen, historischen Erfahrungen auszugehen. So wäre für den Agrarbereich die Einteilung der prägenden historischen Perioden entlang der politischen Systeme sicherlich durch Ersten und Zweiten Weltkrieg als wichtige eigene Erfahrungsräume zu ergänzen. Zum anderen muss jenseits solcher Raster oder Typenbildungen von erheblichen Überlappungen sowie Uneindeutigkeiten ausgegangen werden. Das gilt gerade in der „nachkatastrophalen"[276] Situation der frühen Bundesrepublik, in der sich viele Biographien gerade durch ihre Brüche auszeichneten und bei denen deswegen klare Zuordnungen

---

[272] Conze u.a., Das Amt, S. 489.
[273] Bösch/Wirsching (Hgg.), Hüter, S. 128.
[274] Ebd., S. 127.
[275] Wildt, Michael: Generation des Unbedingten. Das Führungskorps des Reichssicherheitshauptamtes, Hamburg 2002 (*Wildt, Generation*); Moses, Dirk: Die 45er. Eine Generation zwischen Faschismus und Demokratie, in: Neue Sammlung, 40. Jg. 2000, S. 233–263.
[276] Vgl. Rabinbach, Anson: Introduction: Apocalypse and its Shadows, in: ders., In the Shadow of Catastrophe, Berkeley 1997, S. 1–23.

eben häufig nicht möglich sind.²⁷⁷ Ähnliches gilt für die Frage der historischen Anknüpfungspunkte. Auch bei belasteten Beamten erscheint es natürlich möglich, dass in der frühen Bundesrepublik nicht mehr der Nationalsozialismus, sondern die Erfahrungen aus der ersten Demokratie zum entscheidenden historischen Bezugspunkt wurden.²⁷⁸ Entsprechend ist statt von festen historischen Epochen als historischen Anknüpfungspunkten besser von unterschiedlich weit zurückreichenden Zeitschichten zu sprechen, die sich in der frühen Bundesrepublik je nach Situation und Kontext überlagerten bzw. die als Bezugspunkte relevant werden konnten.²⁷⁹ Vor diesem Hintergrund soll hier von vornherein keine Typenbildung historischer Erfahrungsgruppen unternommen werden. Es geht vielmehr darum, wichtige Erfahrungsräume zu skizzieren, die für die Art und Weise, wie das Leitungspersonal auf seine Gegenwart sah, von Bedeutung waren. Einzelne Personen partizipierten dann zum einen in unterschiedlichem Maße an diesen Erfahrungsräumen. Zum anderen konnten selbstverständlich mehrere solcher Prägungen für sie relevant sein.

Zweifache (Fach-)Experten

Sieht man nun vor dem Hintergrund der Biographien und Karrierewege der leitenden Mitarbeiter des Landwirtschaftsministeriums auf die prägenden Erfahrungsräume, dann bleibt als Erstes festzuhalten, dass die Mehrheit von ihnen tatsächlich einen agrarwirtschaftlichen Hintergrund besaß. Mit anderen Worten: In der frühen Bundesrepublik kann von einem Juristenmonopol im Landwirtschaftsministerium nicht gesprochen werden. Es war ein Ressort, das mehrheitlich mit langjährigen Agrarspezialisten besetzt war. Das begann mit der Führungsspitze, bei der sich die erstaunliche Tatsache findet, dass über mehr als fünf Jahrzehnte hinweg, nämlich bis zum Rücktritt von Karl-Heinz Funke 2001, tatsächlich alle Minister mit nur einer Ausnahme einen beruflichen Hintergrund in der Landwirtschaft hatten. Lediglich der von 1965 bis 1969 amtierende Herrmann Höcherl kam sozusagen „von außen" – war allerdings auf dem Hof seines Großvaters aufgewachsen.²⁸⁰ Und das gilt, wie gesehen, auch für die beiden prägenden Staatssekretäre der Anfangsjahrzehnte Theodor Sonnemann und Rudolf Hüttebräuker. Selbst viele der im Ministerium natürlich auch

---
277 Diesen Punkt macht zu Recht stark: Löffler, Bernhard: Personelle und institutionelle Strukturen des Bundeslandwirtschaftsministeriums 1945/49 bis 1990, in: Abelshauser (Hg.), Bundeswirtschaftsministerium (*Löffler, Strukturen*), hier S. 122.
278 Allgemein zur intellektuell-mentalen Bedeutung von Weimar für die frühe Bundesrepublik: Gallus, Alexander/ Schildt, Axel (Hgg.): Rückblickend in die Zukunft. Politische Öffentlichkeit und intellektuelle Positionen in Deutschland um 1950 und um 1930, Göttingen 2011.
279 Zum Konzept von Zeitschichten: Doering-Manteuffel, Anselm: Konturen von „Ordnung" in den Zeitschichten des 20. Jahrhunderts, in: Etzemüller, Thomas (Hg.): Die Ordnung der Moderne, S. 41–64.
280 Vogel, Reiner: Hermann Höcherl. Annäherung an einen politischen Menschen, Regensburg 1988, S. 51 ff. In die Aufzählung nicht eingeflossen ist Björn Engholm, der 1982 nach dem Ausscheiden der FDP-Mitglieder aus der Regierung Schmidt das Amt für zwei Wochen übernahm.

tätigen Juristen besaßen einen landwirtschaftlichen Hintergrund, sei es dass sie tatsächlich eine Doppelqualifikation hatten[281] oder wie die meisten anderen bereits vor 1945 im Agrarbereich tätig waren. Der erwähnte Rolf Baath etwa begann seine Berufskarriere 1934 sofort nach seinem zweiten juristischen Staatsexamen als Sachbearbeiter in der Zentrale des Reichsnährstandes. Das galt bis 1969 für insgesamt 43 Juristen, die zumindest den größeren Teil ihrer Berufstätigkeit im Agrarbereich verbracht hatten. Unter den im Agrarbereich ausgebildete Beamten überwog die Zahl der Diplomlandwirte. Es waren aber auch Veterinäre, Biologen und selbstverständlich Beamte mit einem Forststudium im Ministerium tätig. Nimmt man das Jahr 1959 als ein Musterjahr der Adenauerzeit, sah die Zusammensetzung wie folgt aus: Etwa 43 Juristen, davon 21 mit einem eng mit der Agrarpolitik verbundenen Lebenslauf, standen ca. 50 im Agrarbereich ausgebildeten Beamte gegenüber, bei denen die 31 Diplomlandwirte die größte Gruppe stellte. Und an diesem Verhältnis änderte sich in der gesamten Adenauerzeit wenig. Nicht zu vernachlässigen ist darüber hinaus die Zahl derjenigen, die an einem Punkt ihrer Biographie tatsächliche Erfahrung in der landwirtschaftlichen Praxis gemacht hatten, die also eine landwirtschaftliche Lehre absolviert hatten oder als Landwirt bzw. Betriebsleiter tätig gewesen waren. In der gesamten Adenauerzeit war dies unter den leitenden Beamten immerhin bei gut 10 % der Fall. Das galt wiederum selbst für die Minister. Sowohl Niklas als auch Schwarz hatten als Landwirt gearbeitet. Gleiches galt für Rudolf Hüttebräuker. Der Vater von Heinrich Lübke war im Nebenerwerb Landwirt gewesen. Demgegenüber war die Zahl derjenigen, die etwa aus der privaten Ernährungswirtschaft kamen oder die vor 1945 in der nicht landwirtschaftlichen Verwaltung tätig waren, relativ gering. Es ist sicherlich richtig, dass unter den Mitarbeitern mit agrarischen Hintergrund ebenso Trennlinien existierten. So hat Frank Uekötter in seiner Wissensgeschichte der deutschen Landwirtschaft auf manche Konflikte zwischen „Praktikern" und einer landwirtschaftlichen oder biologischen Forschung ohne größerem Interesse an der Anwendung verwiesen.[282] Differenzen bestanden grundsätzlich auch zwischen der Perspektive von Klein- und Mittelbetrieben in der Landwirtschaft auf der einen Seite und Großbetrieben auf der anderen, selbst wenn solche Unterschiede in der Bundesrepublik im Vergleich zum Deutschen Reich erheblich gedämpft waren. Rudolf Hüttebräuker, der in den 30er Jahren zwei große Betriebe geleitet hatte, sah genau hier den entscheidenden Unterschied zwischen ihm und Heinrich Lübke, einen Unterschied, den er im Übrigen auch theoretisch fundierte. Während er selbst sich in seinen Überlegungen an dem Agrarökonomen Friedrich Aereboe und dessen betriebswirtschaftlichem Zugang orientiert habe, sei Lübkes „landwirtschaftliches Bild" in der Nachkriegszeit immer

---

281 Das galt etwa für die beiden Referatsleiter Hans Krattenmacher (PA-BML) und Winfried Masberg (BArch Pers 101/75181). Auch bei Hubertus Walter, seit 1953 Leiter der für Personalangelegenheiten zuständigen Unterabteilung I B, war dem Eintritt ins Ministerium als Jurist eine landwirtschaftliche Tätigkeit im Zweiten Weltkrieg vorausgegangen (BArch Pers 101/75659).
282 Uekötter, Frank: Die Wahrheit ist auf dem Feld. Eine Wissensgeschichte der deutschen Landwirtschaft. Göttingen ³2012, z. B. S. 47 f.

noch von den sozial fundierten Bodenreformvorstellungen Adolf Damaschkes geprägt gewesen.[283] Das waren natürlich enorme Unterschiede. Dennoch macht selbst diese Auseinandersetzung deutlich, wie stark die Angehörigen des Ministeriums in den agrarischen Vorstellungswelten der ersten Jahrhunderthälfte wurzelten, selbst wenn daraus gegensätzliche Positionen erwuchsen. Mit anderen Worten: Die grundlegenden politischen und sozialen Probleme der Landwirtschaft in der ersten Hälfte des 20. Jahrhunderts, sei es staatliche Regulierung, der Unterschied zwischen Klein- und Mittelbetrieben auf der einen Seite sowie Großagrariern auf der anderen, die Siedlungsbemühungen der Weimarer Zeit, die Überschuldungsproblematik vieler Höfe und natürlich die Grundlagen der NS-Agrarpolitik sowie die Konflikte darum waren der Beamtenschaft wie der politischen Führung des Ministeriums aus langjähriger eigener Praxis bekannt. Sieht man auf die doch erhebliche Zahl derer, die selbst landwirtschaftlich tätig gewesen waren, kann zudem von einer insgesamt schon deswegen engen Bindung an das bäuerliche Milieu ausgegangen werden.

Der charakteristische Ministerialbeamte im Agrarressort der Anfangszeit der Bundesrepublik hatte also jahrelang, häufig jahrzehntelang Erfahrung im Agrarbereich. Er war aber auch ebenso lange Ministerialbeamter oder zumindest Angehöriger der öffentlichen Verwaltung gewesen. Und hier liegt die zweite Form der Expertise des frühen Leitungspersonals. Nimmt man nur die reichsweiten öffentlichen Verwaltungen zusammen, hatten noch 1959 51% der leitenden Mitarbeiter des Ministeriums eine entsprechende Vorbeschäftigung vor 1945. Inwieweit und vor allem auch wie lange damit im Landwirtschaftsministerium das Selbstbild und der Habitus der traditionellen Beamtenschaft, etwa im Sinne der Gegenüberstellung von klassischer Staatsbürokratie auf der einen Seite und zivilgesellschaftlicher Verwaltung auf der anderen,[284] in der bürgerlich-demokratischen und sich zunehmend pluralisierenden Bundesrepublik weiterlebte, lässt sich nur schwer sagen. Wichtige Ergebnisse anderer Untersuchungen, wie etwa der Befund Constantin Goschlers und Michael Walas, wonach in Teilen des Verfassungsschutzes zunächst eine Ignoranz gegenüber rechtsstaatlichen Prinzipien herrschte, lassen sich nicht übertragen.[285] Auch die Unterscheidung zwischen zivilem und militärischem Charakter der Verwaltung, die Frieder Günther und andere für den Vergleich zwischen bundesdeutschem und DDR-Innenministerium herausgearbeitet haben, führt für das Ernährungsressort – trotz der Bemerkungen zu Sonnemanns Führungsstil – nicht viel weiter.[286] Als gesichert kann demgegenüber gelten, dass das Selbstbild einer über die politischen Brüche hinweg bewährten und vor allem effektiven Beamtenschaft bei den Neueinstellungen der

---

283 Hüttebräuker, Rudolf: Ein Beitrag zur Wiederbegründung der Landwirtschaftskammer Rheinland und der Agrargeschichte 1946–1962. Bonn o. J. [1979], S. 16 f.
284 Zu diesen Verwaltungstypen vgl. z. B. König, Klaus: Zivilgesellschaftliche Verwaltung als Verwaltungstypus, in: Ders./ Kropp, Sabine (Hgg.): Theoretische Aspekte einer zivilgesellschaftlichen Verwaltungskultur. Speyer 2009, S. 1–12, hier S. 4 ff.
285 Goschler/Wala, Bundesamt, z. B. S. 106 ff.
286 Bösch/Wirsching (Hgg.), Hüter, S. 351.

1950er Jahre auch im Landwirtschaftsministerium zur Selbstreproduktion der alten Funktionseliten führte.[287] Was die genannte Gegenüberstellung von klassischer Staatsbürokratie auf der einen Seite und zivilgesellschaftlicher Verwaltung auf der anderen anbelangt, bietet im Bundesministerium für Ernährung, Landwirtschaft und Forsten allerdings die Verbraucherpolitik Hinweise dafür, dass sich am Übergang von den 1960er zu den 70er Jahren tatsächlich Änderungen abzeichneten. Während Verbraucherpolitik in den 1950er und 60er Jahren vor allem als Beratung und Aufklärung der Verbraucher konzipiert wurde, rückte seit den 70er Jahren stärker die Kommunikation *mit* den Verbrauchern in den Vordergrund.[288] Insofern wäre die Verbraucherpolitik ein Hinweis darauf, dass die Staatszentriertheit im Sinne eines klassisch etatistischen Verständnisses von Verwaltung am Übergang in die zweite Hälfte der alten Bundesrepublik abnahm, während zuvor der Umgang mit Verbrauchern „vom Staat her"[289] gedacht und praktiziert wurde. Ähnliches gilt für den Umweltschutz, bei dem das Ministerium etwa die inzwischen körbeweise eintreffende Post aus der Bevölkerung zu Tierschutzfragen seit den 70er Jahren zunehmend ausführlich beantwortete.[290] Solche Beobachtungen lassen sich als Indizien einer Entwicklung hin zu einer neuen, stärker gesellschaftlich orientierten bundesdeutschen Verwaltungskultur seit den 70er Jahren deuten.[291]

Bei den verwaltungskulturellen Erfahrungsräumen der Ministerialbürokratie ist neben der Unterscheidung von etatistischer und (zivil-)gesellschaftlich orientierter Verwaltung schließlich die mögliche Prägung durch eine spezifische NS-Verwaltungskultur von Belang. Diese ist vor allem von Michael Wildt als Modell der „kämpfenden Verwaltung" beschrieben worden, die auf einen Beamtentypus gezielt habe, der, durchpolitisiert, als „Frontkämpfer" des Nationalsozialismus Verwaltungsangelegenheiten im Sinne der nationalsozialistischen Ideologie betrieb.[292] Wildt hat sein Konzept für einen hochpolitischen Apparat wie das Reichssicherheitshauptamt entwickelt. Inwieweit es auf die Ministerialbürokratie oder – und vielleicht

---

287 Dieses Selbstbild ist etwa nachzulesen bei: Steding, Agrarpolitik, S. 13.
288 Siehe etwa Werner Schwarz' weiterhin deutlich staatszentrierte Ansprache auf der 1. Sitzung des neuen Verbraucherausschusses 1965: Niederschrift über die konstituierende Sitzung des Verbraucherausschusses beim Bundesministerium für Ernährung, Landwirtschaft und Forsten am 7.10.1965, BArch B 116/81512. Vgl. dagegen das Konzeptionspapier der Planungsgruppe von 1975, das deutlich die Kommunikation *mit* den Verbrauchern in den Mittelpunkt rückte: Konzeption für die Verbraucherpolitik im Ernährungsbereich, 1.8.1975, BArch B 116/74790.
289 Günther, Frieder: Denken vom Staat her. Die bundesdeutsche Staatsrechtslehre zwischen Dezision und Integration 1949–1970, München 2004.
290 Siehe etwa die vielen Protestbriefe, die das Ministerium um 1980 zum „Robbenmord" in Kanada erreichten, sowie die Beantwortung: BArch B 116/53654.
291 Eine entsprechende Änderung der Verwaltungskultur wird für die frühen 1970er Jahre auch in Görtemaker/Safferling, Die Rosenburg, S. 254–257 angedeutet. Die recht ausführlichen Passagen zur Verwaltungskultur in der Studie zum Innenministerium konzentrieren sich bei der Interpretation stark auf die Kontinuität eines etatistischen Denkens. Andeutungen einer Änderung in den späten 60ern finden sich aber auch hier: Bösch/Wirsching (Hgg.), Hüter, z. B. S. 331 f.
292 Michael Wildt, Generation, S. 203 ff.

tatsächlich eher – auf die Zentrale des Reichsnährstandes übertragen werden kann, ist eine ganz andere Frage. Von einer deutlichen Politisierung des Verwaltungshandelns im Nationalsozialismus, die sich ja auch von Anfang an in der Beamtengesetzgebung des Nationalsozialismus niederschlug,[293] ist allerdings sehr wohl auszugehen. Und neben der Zentrale des Reichsnährstandes mögen auch Kontexte wie die anhand der Biographie von Hermann Martinstetter beschriebenen besonders betroffen gewesen sein: eng mit der ministeriellen Führung verbundene Gruppen von insbesondere jungen, karrierebewussten Beamten. Auf der anderen Seite mag es auch (Teil-)Bürokratien gegeben haben, die das Selbstbild einer erheblichen Distanz zum Nationalsozialismus pflegten und ihr Handeln zumindest im Nachhinein auch so erlebten. Ein entsprechendes Bild hat Theodor Sonnemann in seinen Memoiren vom Wehrwirtschafts- und Rüstungsamt gezeichnet, unabhängig davon, dass die historische Forschung gerade für das Rüstungsamt das „selbstmobilisierende" Verhalten der vermeintlich unpolitischen Experten unter den Bedingungen der nationalsozialistischen Verwaltungspraxis gezeigt hat.[294] Auch eine in der Selbstwahrnehmung an traditionelle Verwaltungspraktiken anknüpfende Behörde wie das Rüstungsamt wurde so von den „‚neustaatlichen' Dynamiken" der NS-Verwaltung erfasst.[295] Die Frage, ob bei den Behörden der Besatzungszeit von einer eigenen Verwaltungskultur gesprochen werden kann, mag dahingestellt sein. In den internen und externen Debatten um den Wiederaufbau des traditionellen Beamtenwesens spielte der Sondercharakter der Frankfurter Verwaltung, wie gesehen, sehr wohl ein Rolle, allerdings vor allem dadurch, dass die Erfahrung der damit verbundenen Erneuerungsversuche der öffentlichen Verwaltung in Deutschland das professionelle Selbstbewusstsein der traditionellen Funktionsträger stärkte.

Generationen

Auch wenn Organisationssoziologen wie an Verwaltungskulturen interessierte Historiker davon ausgehen, dass bestehende Prägungen einer Behörde an neue Mitarbeiter übertragen werden können, es also so etwas wie ein institutionelles Gedächtnis von Verwaltungen gibt,[296] sind die Weltsichten und Deutungsmuster der leitenden Beamten im Ernährungsministerium sicher ebenso von generationellen Erfahrungen

---

[293] Neben dem Gesetz zur „Wiederherstellung des Berufsbeamtentums" aus dem April 1933 ist hier das „Deutsche Beamtengesetz" vom 26.1.1937 zu nennen, das nicht nur das Eintreten für den „nationalen Staat" (wie noch 1933) vorsah, sondern von den Beamten forderte, „jederzeit rückhaltlos für den nationalsozialistischen Staat einzutreten" und für anderes Verhalten Sanktionen androhte. RGBl 1937, S. 39–70.
[294] Fröhlich, „Der unterirdische Kampf", z. B, S. 373–378 u. 446f.
[295] Ebd., S. 447.
[296] Theoretisch z. B. ebd., S. 11. Empirisch ist vielleicht das Auswärtige Amt und der viel beschriebene Korpsgeist dort das beste Beispiel.

beeinflusst worden.²⁹⁷ Dabei zeigt ein Blick auf die Geburtsjahre der Beamten, dass die Generation derjenigen, die ihre Berufstätigkeit noch im Kaiserreich begonnen hatten, in der Aufbauphase des Bundeslandwirtschaftsministeriums zwar nicht fehlte, aber zahlenmäßig doch nicht übermäßig groß war. Der 1887 geborene Johannes Schwartz etwa hatte seine Berufslaufbahn 1905 als Justizinspektor im damals preußischen Schleswig-Holstein begonnen. 1916 ins Kriegsernährungsamt eingetreten, machte er bis zu seiner Pensionierung sämtliche Stationen der obersten deutschen Ernährungsbehörden mit, seitdem diese im Ersten Weltkrieg aus dem Innenamt ausgegliedert worden waren. 1919 ins Reichsministerium übernommen, beschäftigten die britischen Besatzungsbehörden den unbelasteten Schwartz nach Kriegsende sofort wieder im „Regional Food Office". Über das „Zentralamt für Ernährung und Landwirtschaft" führte der Weg weiter in die Verwaltung des Vereinigten Wirtschafsgebietes und dann 1950 ins Bundesministerium.²⁹⁸ Zieht man die gängigen Generationsmodelle zur deutschen Geschichte im 20. Jahrhunderts heran, dann überwogen allerdings zunächst nicht die Jahrgänge, die ihre Berufskarriere noch im Kaiserreich begonnen hatten, sondern eine etwas breitere Generation der vor 1900 Geborenen, die Stefanie Palm und Irina Stange nicht zu Unrecht als eigentliche „Beamte des Wiederaufbaus" bezeichnet haben.²⁹⁹ Diese waren noch im Kaiserreich sozialisiert worden, hatten in vielen Fällen am Ersten Weltkrieg teilgenommen und ihre ersten beruflichen Schritte in der Weimarer Republik getan. Sie waren es auch, die in der Besatzungsverwaltung dominiert hatten. Zu ihrem generationellen Erfahrungshintergrund gehörte – neben dem Scheitern der Weimarer Republik – auch das Verwaltungshandeln in einer parlamentarischen Demokratie. Bereits 1954 hatten dann quantitativ die Jahrgänge zwischen 1900 bis etwa 1910 übernommen. Aus ihren Reihen stammten die von der Forschung als besonders vom Nationalsozialismus ideologisierten Jahrgänge und damit als eigentliche Kerngeneration des Dritten Reichs identifizierte „Kriegskindergeneration" oder auch „Generation des Unbedingten". Meist keine Kriegsteilnehmer am Ersten Weltkrieg mehr, hatten sie sich in einer Art nachholendem Fronterlebnis radikalisiert und einen Habitus des Unbedingten und der Härte ausgebildet. Ihre entscheidenden Berufsjahre fielen in die Zeit nach 1933, in der sich ihnen durch die Umwandlungen der NS-Verwaltung auch besondere Karrierechancen ergaben.³⁰⁰ Im Bundeslandwirtschaftsministerium gehörten Rudolf Hüttebräuker, aber auch Hermann Martinstetter zu den prägenden Persönlichkeiten dieser Generation. Die Mitglieder dieser Jahrgänge hatten, soweit sie ihr Berufsweg in den öffentlichen Dienst geführt hatte, weniger die Verwaltung der Weimarer Republik

---

297 Zu Chancen und Grenzen des Generationenkonzepts z. B.: Weisbrod, Bernd: Generation und Generationalität in der neueren Geschichte, in: Aus Politik und Zeitgeschichte 8/2005, S. 3–9.
298 Personalakte Schwartz, BArch Pers 101/78283.
299 Bösch/Wirsching (Hgg.), Hüter, S. 128.
300 Herbert, Ulrich: Best. Biographische Studien über Radikalismus, Weltanschauung und Vernunft 1903–1989. Ungekürzte Studienausgabe. Bonn 2001 u. Wildt, Generation.

als vielmehr die dynamisierte Verwaltung des nationalsozialistischen Deutschland kennengelernt.

Die Generation der „45er", also die der nach 1920 und bis ca. 1930 Geborenen, rückten seit Mitte der 60er Jahren verstärkt in Leitungspositionen des Ministeriums auf. Am Ende des Jahrzehnts besetzten sie ein knappes Drittel der Führungspositionen von der Ebene der Referatsleiter aufwärts. Die Kernjahre ihrer Sozialisation lagen im Dritten Reich, die Weimarer Republik hatten sie höchstens noch in der Phase ihres Scheiterns kennengelernt. Demokratie war für sie, anders als für die „Beamten des Wiederaufbaus", etwas Neues. Nicht von ungefähr war es deshalb diese Generation, die sich als erste emphatisch mit dem neuen Staat verbunden fühlte und deren Angehörige, darunter viele der wichtigsten Intellektuellen der Bonner Republik, ihre Aufbauarbeit in der Bundesrepublik als völligen historischen Neuanfang interpretierten und teilweise auch so inszenierten.[301] Lange Zeit unbeachtet blieb dabei, dass auch diese wahrscheinlich erfolgreichste Generation der alten Bundesrepublik entscheidende Jahre ihrer Biographie im Nationalsozialismus verbracht hatte, was nicht so recht zur „Neuanfangserzählung" der Bundesrepublik passen mochte und was, wie etwa bei der Waffen-SS-Mitgliedschaft von Günter Grass, zu späten „Skandalen" führen konnte. Im Bundeslandwirtschaftsministerium repräsentierte der 1921 geborene Staatssekretär Walther Florian die ersten Jahrgänge dieser Generation. Das noch genauer zu schildernde Beispiel Walther Florians, der 1984 beamteter Staatssekretär wurde, kann zudem zeigen, wie lange Angehörige von Generationen, die biographisch immer noch erheblich mit dem Nationalsozialismus verbunden waren, die Bundesrepublik und ihre obersten Behörden prägten.

Prekäre Arrangements: Außenseiter, Distanz zum Nationalsozialismus und widerständiges Verhalten

Auch wenn die Mehrzahl der Beamten der Adenauerzeit auf klassische Karrieren im öffentlichen Dienst zurückblickte, gab es dennoch Quereinsteiger, die gemessen an ihren Kollegen unorthodoxe Lebensläufe einbrachten. Da war zum Beispiel Heinrich Bertram, der von 1922 bis 1946 eine Karriere als Schiffsoffizier bei der „Hamburg Südamerikanischen Dampfschifffahrts-Gesellschaft" gemacht hatte. Eine bittere Prominenz erlangte er in der Nachkriegszeit als Kapitän des ehemaligen Luxusliners „Kap Arcona", der im April 1945 mit Tausenden von KZ-Häftlingen an Bord vor der schleswig-holsteinischen Küste bei einem britischen Luftangriff versenkt wurde. Da Bertram sich nachweislich gegen die Anweisungen der SS gewehrt hatte, die Häftlinge an Bord zu nehmen, wurde er von den britischen Entnazifizierungsbehörden entlastet und bald darauf in die Besatzungsverwaltung übernommen. Über die Frankfurter

---

[301] Kießling, Friedrich: Lauter Anfänge? Die alte Bundesrepublik und die Verstrickungen westdeutscher Demokratielehrer, in: Merkur 68. Jg. 2014, S. 491–501.

Verwaltung kam er ins Bundesministerium, wo er das Referat „Große Hochseefischerei" leitete, eine Karriere, von der anzunehmen ist, dass sie ohne die Verwaltungsbrüche nach 1945 nicht gemacht worden wäre.[302] Zu prägenden Personen des Amts wurden Referenten mit einem solchen Profil im Normalfall nicht. Zu einigem Einfluss im Ministerium gelangte demgegenüber in den ersten Jahren Friedrich-Wilhelm Maier-Bode und damit zumindest einer derjenigen, die aus der freien Wirtschaft gewechselt waren. Maier-Bode war 1950 wie eine Reihe von anderen Beamten vom Landwirtschaftsministerium Nordrhein-Westfalen nach Bonn gekommen. Zuvor hatte er über zwanzig Jahre lang als wissenschaftlicher Leiter der Abteilung Pflanzenschutz bei der I.G. Farben in Berlin und Leverkusen gearbeitet. Im Landwirtschaftsministerium übernahm er als Ministerialdirektor die wichtige Abteilung Landwirtschaftliche Erzeugung. Maier-Bode, der mit der Tochter des ehemaligen Nürnberger Oberbürgermeisters und prominenten NS-Gegners Hermann Luppe verheiratet war und außer dem Reichsnährstand keiner anderen NS-Organisation angehört hatte, mag zwar mit seiner Vorbeschäftigung im Ministerium zu einer Minderheit gehört haben, ein Außenseiter war er allerdings nicht. Sein Vater Friedrich Maier-Bode war ein bekannter Landwirtschaftslehrer, der mehrere Landwirtschaftsschulen geleitet hatte und auch als Autor sehr aktiv gewesen war. Neben seiner Position bei I. G. Farben in Berlin und Leverkusen war Maier-Bode so auch in den landwirtschaftlichen Kreisen Bayerns bestens vernetzt.[303] Mit seiner Position als Abteilungsleiter war Maier-Bode aber die Ausnahme. Insgesamt spielten für ein Ministerium, das sich unter anderem als eines der Wirtschaftsministerien verstand oder verstehen wollte, Beamte mit einer Vorbeschäftigung in der Privatwirtschaft eine nur geringe Rolle.[304] Die verwaltungspolitischen Brüche von Kriegsende und Nachkriegszeit stellten in dieser Hinsicht die längeren Kontinuitäten nicht in Frage.

Tatsächliche Widerstandsbiographien oder nachweislich widerständiges Verhalten wiesen nur wenige Lebensläufe des Führungspersonals auf. Neben dem in der Besatzungszeit eingestellten Lothar Hegewisch, bei dem als früherem KPD-Mitglied ausweislich der Personalakte eine offizielle Anerkennung als politisch Verfolgter vorlag,[305] beriefen sich aber immerhin mindestens 14 weitere Personen auf aktive Widerstandshandlungen bzw. Kontakte zu Widerstandsgruppen. Dahinter verbarg sich allerdings ein breites Spektrum von Verhaltensweisen, das von einer nicht weiter belegbaren „Gegnerschaft" zum Nationalsozialismus aus konfessionellen Gründen,

---

[302] Personalakte Bertram BArch Pers 101/77787.
[303] Vgl. etwa die Korrespondenz Maier-Bodes aus dem Landwirtschaftsministerium NRW mit Wilhelm Niklas: Schreiben Maier-Bode an Niklas, 19.7.1948, BArch B 116/36290. Dem Schreiben angehängt ist ein zweiseitiger biographischer Abriss Maier-Bodes über seinen Vater, den Niklas erbeten hatte.
[304] Allerdings sank diese Quote selbst im Wirtschaftsministerium, in den unter allen Mitarbeitern immerhin fast ein Drittel eine Vorbeschäftigung in der Privatwirtschaft hatte, auf der Führungsebene auf knapp 12 %. Insofern ist das beschriebene Phänomen ein allgemeines innerhalb der deutschen Verwaltungsstruktur. Löffler, Strukturen, S. 112 f.
[305] BArch B 106/114588, Teil 3, S. 336.

über die ebenfalls nur schwer überprüfbare Hilfe für politisch Verfolgte bis zu tatsächlichen Inhaftierungen und Verbindungen zum Widerstand reichte.[306] Die einzige Person, bei der neben Hegewisch die Anerkennung als politisch Verfolgter festgestellt werden konnte, war der langjährige Referatsleiter in der Abteilung für Forst- und Holzwirtschaft Wilhelm Ernst, dem unter anderen der mit Graf Stauffenberg befreundete Prinz Ferdinand von der Leyen im Spruchkammerverfahren Verbindungen zum Attentatskreis des 20. Juli bescheinigte.[307] Justus Rohrbach, Sohn des prominenten Kolonialschriftstellers Paul Rohrbach und von Anfang an als Referatsleiter im Ministerium, bestätigte niemand anderes als Theodor Heuss in einem Entlastungsschreiben 1947, Teilnehmer an einem Gesprächskreis gewesen zu sein, der auch Kontakte zu Friedrich Goerdeler und Dietrich Bonhoeffer unterhielt.[308] Eine schillernde Persönlichkeit kam Ende der 1950er Jahre mit Walter Muthmann ins Ministerium. Muthmann, ein nationalrevolutionärer Aktivist, hatte der Weimar-feindlichen Brigade Ehrhardt angehört, unter anderem mit Ernst von Salomon 1929 einen Sprengstoffanschlag auf den Berliner Reichstag unternommen und sich im selben Jahr als „Fahnenträger von Neumünster" führend an den gewalttätigen Bauernprotesten der Landvolkbewegung in Schleswig-Holstein beteiligt. Nach 1933 mutierte er als NSDAP-Mitglied vom revolutionären Nationalbolschewisten zum Gegner des Hitlerregimes. Im Ernährungsministerium unterhielt er Kontakte zu Fritz-Dietlof von der Schulenburg sowie zu Albrecht Haushofer und war dabei offenbar auch direkt in die Staatsstreichpläne des 20. Juli 1944 involviert.[309] Ins Bundesministerium kam er 1958, nachdem er zuvor beim Deutschen Bauernverband gearbeitet hatte.

In einer ähnlichen Größenordnung wie diejenigen, die sich auf Widerstandshandlungen beriefen, bewegte sich die Zahl der Personen, die nationalsozialistischen Repressionen ausgesetzt waren oder angaben, solchen ausgesetzt gewesen zu sein. Während jüdische Mitarbeiter im untersuchten Personenkreis nicht festzustellen waren, hatten mindestens drei Beamte jüdische bzw. von den Nationalsozialisten als „nicht arisch" eingestufte Ehepartnerinnen.[310] Bei den meisten anderen ging es um ausgebliebene Beförderungen oder auch Entlassungen aus politischen Gründen, wobei zu denen, die erfolgreich ein Wiedergutmachungsverfahren betrieben, auch

---

306 Inhaftierung: siehe den schon geschilderte Fall von Gerhard Janeba, BArch Pers 101/74945; z. B. Katholische „Gegnerschaft": Personalakte Padberg, BArch B 116/99977; Hilfe für politisch Verfolgte: Personalakte Wolfgang Schneider, BArch Pers 101/73696.
307 BArch Pers 101/78776.
308 Heuss, Theodor: In der Defensive. Briefe 1933–1945, hg. u. bearb. v. Elke Seefried. München 2009, S. 58 u. 523. Vergleiche auch die Angaben in der Personalakte: BArch Pers 101/79330.
309 So jedenfalls die wesentlich auf Muthmanns eigener Darstellung beruhende Schilderung in Krebs, Albert: Fritz-Dietlof Graf von der Schulenburg. Zwischen Staatsraison und Hochverrat. Hamburg 1964, S. 240 f. An der Einbindung Muthmanns in den Kreis um Schulenburg ist allerdings nicht zu zweifeln. Zur Biografie außerdem: Personalakte Muthmann BArch Pers 101/79295 u. 79294.
310 Es handelte sich um Otto Bauer, Erich Kayser sowie Hans Nelson.

Staatssekretär Theodor Sonnemann gehörte.[311] Einige wenige andere wichen offenbar darüber hinaus, wie Wilhelm Niklas, in den privaten land- oder forstwirtschaftlichen Besitz aus.[312] Bei einer letzten Gruppe, die im Dritten Reich politisch abwich, ist ein prekäres Arrangement mit den Umständen der nationalsozialistischen Herrschaft festzustellen. Neben dem schon in der Besatzungsverwaltung als Ministerialdirektor beschäftigten Friedrich Staab ist Franz Herren ein weiteres Beispiel, der 1954 als Nachfolger des verstorbenen Maier-Bode als Abteilungsleiter für landwirtschaftliche Erzeugung aus dem baden-württembergischen Landesdienst ins Bundesministerium geholt wurde und wegen seiner politischen Nähe zum Zentrum offenbar längere Zeit im Nationalsozialismus unter politischer Beobachtung blieb, ohne allerdings aus dem Dienst auszuscheiden. 1940 trat er schließlich der NSDAP bei. Sieht man sich seine tatsächlich auffällige späte Verbeamtung 1939 an, erscheint in seinem Fall die in den meisten Fällen als Schutzbehauptung anzusehende nachträgliche Angabe, der Parteibeitritt sei auf massiven Druck und aus Sorge um seine berufliche Stellung erfolgt, tatsächlich einmal glaubwürdig.[313]

Der insgesamt interessanteste Fall mit Blick auf solche prekäre Arrangements ist der bereits im vorangegangenen Teil erwähnte Kurt Häfner, der als langjähriger Abteilungsleiter Planung und Wirtschaftsbeobachtung zu den prägendsten Figuren des Ministeriums überhaupt gehörte. Der 1908 geborene Häfner studierte Wirtschafts- und Sozialwissenschaften in Kiel und Wien und wurde 1935 mit einer Arbeit über die Einfuhrregulierung promoviert. Seine Karriere schien allerdings schon zuvor vorbei, als das SPD-Mitglied Häfner 1933 sein Promotionsstipendium der Studienstiftung des deutschen Volkes aus politischen Gründen verlor.[314] Statt einer Karriere im Staatsdienst ging Häfner über seine Kieler Kontakte als wissenschaftlicher Mitarbeiter an die „Ernährungswirtschaftliche Forschungsstelle". Die 1934 zunächst in Kiel gegründete und dann bald in die Reichshauptstadt verlegte Einrichtung war eine privatrechtlich organisierte Forschungsstelle unter der Leitung von Walter Hahn, die offenbar 1934 als eine Art Ausgründung des damaligen Kieler „Institut für Weltwirtschaft und Seeverkehr" (heute „Institut für Weltwirtschaft") entstand und die bald nicht nur weitgehend vom Reichsministerium für Ernährung und Landwirtschaft finanziert wurde, sondern auch mehr oder weniger exklusiv für das Ministerium arbeitete. Die Forschungsstelle legte dabei nicht nur Gutachten vor, sondern erstellte für das Ministerium spätestens ab 1935 auch regelmäßige Ernährungspläne. Hahn und seine Mitarbeiter profilierten

---

311 Wiedergutmachungsbescheid vom 19.10.1951, Durchschlag, Personalakte Sonnemann BArch B 116/99994.
312 Das gab z.B. nach 1945 auch Siegfried Graf von der Recke an, Personalakte Graf von der Recke, BArch Pers 101/75636.
313 Personalakte Herren, BArch Pers 101/78805.
314 Häfner wurde am 22.8.1933 auf einer Sitzung der „zentralen Kommission" der Studienstiftung ausgeschlossen. Ludwig, Thomas: Die Ausschlüsse aus der Studienstiftung 1933. Recherchen in eigener Sache, in: Jahresbericht 2000. Fakten und Analysen, hrsg. von der Studienstiftung des deutschen Volkes, Bonn 2001, S. 119–136, hier: S. 129.

sich dabei bereits vor dem Zweiten Weltkrieg mit Forschungen zur Ernährungssituation in einem möglichen Krieg.[315] 1939 erschien dann als „Gemeinschaftsarbeit" der Forschungsstelle (und unter expliziter Nennung von Häfner) die Broschüre „Der Ernährungskrieg".[316] Auch im Zweiten Weltkrieg verfasste die Ernährungswissenschaftliche Forschungsstelle für das Reichsministerium regelmäßig Gutachten zur Lebensmittelsituation in ganz Europa und stellte Ernährungspläne auf.[317] Namentlich von Häfner gezeichnet wurde im Zweiten Weltkrieg zum Beispiel ein Gutachten, das die Forschungsstelle in Zusammenarbeit mit dem „Verwaltungsamt des Reichsbauernführers" im März 1941 über die Versorgungssituation in den Niederlanden für das Reichsministerium erstellte.[318] Das Gutachten registrierte eine „Überversorgung" mit Fetten im Vergleich zu Deutschland und empfahl eine „Herabsetzung der holländischen Fettkarten-Sätze".[319]

Die Selbstaussagen von Häfner nach dem Zweiten Weltkrieg legen es nahe, dass die Forschungsstelle zumindest teilweise eine Ausweichmöglichkeit für Wissenschaftler darstellte, die nach dem Machtantritt des Nationalsozialismus aus politischen Gründen zunächst keine Anstellung mehr fanden.[320] Auch später trat er außer Organisationen wie NSV und DAF keiner wichtigen NS-Organisation bei.[321] Stattdessen sind u. a. Kontakte zur Widerstandsgruppe um Anton Saefkow in Berlin belegt, für deren Treffen er offenbar auch seine Wohnung bereitstellte.[322] Nach Kriegsende wurde Häfner bereits ab Mai 1945 wieder von den amerikanischen Militärbehörden mit statistischen Arbeiten betraut. Über die weiteren Agrarverwaltungen der Besatzungszeit folgte 1950 die Übernahme ins Ministerium als Ministerialdirigent und Abteilungsleiter „Planung und Statistik". 1973 ging er als dienstältester Abteilungsleiter über-

---

315 Heim, Susanne: Kalorien, Kautschuk, Karrieren. Pflanzenzüchtung und landwirtschaftliche Forschung in Kaiser-Wilhelm-Instituten 1933–1945, Göttingen 2003, S. 108.
316 Hahn, Walter: Der Ernährungskrieg. Grundsätzliches und Geschichtliches, Hamburg 1939.
317 Z.B. Gerlach, Christian: Krieg, Ernährung, Völkermord. Forschungen zur deutschen Vernichtungspolitik im Zweiten Weltkrieg, Hamburg 1998, S. 23.
318 „Die Lebensmittelversorgung Hollands bis zum Ende des 2. Kriegswirtschaftsjahres, im Auftrag des Reichsernährungsministeriums bearbeitet von: H. L. Fensch – Verwaltungsamt des Reichsbauernführers, K. Häfner – Ernährungswirtschaftliche Forschungsstelle, A. Hegemann – Reichsernährungsministerium, Berlin, Anfang März 1941, Nur für den Dienstgebrauch. BArch R 15 V/123.
319 Ebd.
320 In einem 1947 verfassten Lebenslauf gab er an, dass es sich ursprünglich um eine von der „Notgemeinschaft der deutschen Wissenschaft" durch finanzielle Zuschüsse unterstützte „wissenschaftliche[n] ‚Notstandsarbeit' (akademische Arbeitslosenhilfe)" gehandelt habe. PA Häfner, BArch Pers 101/78799. Die Darstellung von Hans-Christian Petersen zum Institut für Weltwirtschaft im Nationalsozialismus erwähnt die Forschungsstelle nicht. Petersen, Hans-Christian: Expertisen für die Praxis. Das Kieler Institut für Weltwirtschaft 1933–1945, in: Cornelißen, Christoph/Mish, Carsten (Hgg.): Wissenschaft an der Grenze. Die Universität Kiel im Nationalsozialismus. Essen 2009, S. 57–79.
321 Allerdings war er laut Personalbogen von 1942–1945 Mitglied der Dresdner „Staatsakademie für Rassen- und Gesundheitspflege". BArch Pers 101/78799.
322 Vgl. Bestätigung Aenne Saefkow, 10.11.1947, BArch NY 4049/17, „Materialien über die Mitglieder der Saefkow-Gruppe", Blatt 163.

haupt in den Ruhestand. Über zwei Jahrzehnte war er zu diesem Zeitpunkt für die statistischen Bestandsaufnahmen und Vorausberechnungen des Ministeriums, nicht zuletzt im „Grünen Bericht" sowie dem „Grünen Plan", verantwortlich gewesen.

Die Biographie Kurt Häfners gibt einen faszinierenden Einblick in ganz verschiedene Aspekte einer Geschichte der Landwirtschaftspolitik im 20. Jahrhundert. *Erstens* zeigt sie die frühe und immense Bedeutung von statistischen Methoden und Kompetenzen in der Ernährungs- und Landwirtschaftspolitik. Häfner war Staatswissenschaftler, Ökonom und vor allem Statistiker. Als solcher wurde er über alle Umbrüche hinweg gebraucht. Die Agrarpolitik erweist sich hier mit ihren Erfassungsmethoden und Vorausberechnungen einmal mehr als ein ungemein modernes Politikfeld auch schon im frühen 20. Jahrhundert. Damit zusammenhängend zeigt die Biographie *zweitens* den aus der Personalpolitik der Nachkriegszeit und frühen Bundesrepublik bekannten Fall der technischen Experten einmal umgekehrt: Bei Häfner geht es nicht darum, dass belastete Fachleute nach 1945 vermeintlich oder tatsächlich wieder gebraucht wurden und damit ihre Integration in den neuen Staat bewerkstelligten. Bei Häfner ist dieser Vorgang unter umgekehrtem Vorzeichen auch schon beim Übergang von der Demokratie in die Diktatur 1933 und in den Folgejahren zu sehen. *Drittens* macht das prekäre Arrangement, das Häfner mit dem Nationalsozialismus einging, die Brüche deutlich, die das Dritte Reich auch in solchen Biographien hinterließ. Häfner hat die Aufgaben, die die Forschungsstelle für das Regime und dessen „Ernährungskrieg" erfüllte, sicherlich erkannt. Die Ernährungswissenschaftliche Forschungsstelle war eng in das Geflecht von Reichsministerium, Vierjahresplanbehörde, Wirtschaftsstab Ost und all den anderen häufig wechselnden Behörden einbezogen, die den nationalsozialistischen Raubkrieg im Bereich von Ernährung und Landwirtschaft organisierten und umsetzten. Dass seine Stellung wegen seiner politischen Vergangenheit dennoch gefährdet war, wird ihm ebenso klar gewesen sein. Noch in seiner 1972 zur Berechnung der Versorgungsbezüge verfassten Darstellung seiner Tätigkeit im Dritten Reich erwähnt er einen Personalfragebogen, der ihm aus dem Reichsministerium einmal zugeschickt worden sei. „Unheil" sei nur dadurch verhütet worden, dass der „nach vielfachen Mahnungen der Personalabteilung ausgefüllte Fragebogen" von einem Mitarbeiter des Reichsministeriums nicht weitergeleitet worden sei. Der entsprechende Beamte war, so Häfner 1972, „MinDirig Dr. Claussen", also ausgerechnet jener Claussen, gegen dessen Einstellung Konrad Adenauer 1950 wegen der NS-Vergangenheit Einspruch einlegte.[323] Der letzte Vorgang macht eine *vierte* Dimension deutlich: Lebensläufe wie die von Häfner bieten möglicherweise eine Erklärung dafür, warum Belastete und Unbelastete auch im Ernährungsministerium nach 1949 offenbar weitgehend konfliktfrei zusammenarbeiten konnten. Diejenigen, die politisch vom Nationalsozialismus klar abwichen und wie Häfner auch formal völlig unbelastet waren, wussten dennoch um die vielen Uneindeutigkeiten der Lebensläufe vor 1945 und im Zweifelsfall ebenso um die Kompro-

---

323 Häfner an das BMEL, 28.4.1972, BArch Pers 101/78799.

misse, die viele und eben auch sie selbst eingegangen waren. Man wüsste dennoch gerne, was die Zuhörer auf der Trauerfeier für Häfner im Oktober 1985 dachten, als ausgerechnet das ehemalige SS-Mitglied Staatssekretär Walther Florian für das Ministerium sprach und bei dieser Gelegenheit hervorhob, dass Häfner, zu „den ganz wenigen Ernährungsfachleuten gehörte, die keinerlei Bindungen zu nationalsozialistischen Organisationen eingegangen waren".[324]

Deutsche Besatzungsverwaltung im Zweiten Weltkrieg

Verschiedene Abstufungen von Verhaltensweisen während des Nationalsozialismus werden ebenso an einem letzten, sehr wichtigen Erfahrungsraum des frühen Führungspersonals des Bundeslandwirtschaftsministeriums erkennbar. Es sind die Erfahrungen aus der deutschen Besatzungsverwaltung des Zweiten Weltkriegs. Wie bereits erwähnt, war die Zahl derjenigen, die zumindest für einige Zeit bei der Kontrolle der von Deutschland im Zweiten Weltkrieg besetzten und beherrschten Teile Europas eingesetzt waren, erheblich. Unter den erfassten Mitarbeitern waren es 1953 15, 1959 24 und damit etwa ein Viertel aller leitenden Mitarbeiter. Dabei waren mögliche Einsatzorte und konkrete Tätigkeiten sehr vielgestaltig. Sie reichten von Theodor Sonnemanns Funktion als Wirtschaftsoffizier in Norwegen über Verwaltungstätigkeiten in Frankreich und dem Balkan, Aufgaben in den Zentralen der im Reich zuständigen Behörden bis zur Landwirtschaftsverwaltung im Generalgouvernement oder der besetzten Sowjetunion. Hinzu kamen Tätigkeiten in den dem Reich angegliederten Territorien, wie im Elsass oder dem „Warthegau", oder auch Missionen bei der (wirtschafts-)politischen Kontrolle formal immer noch unabhängiger Staaten, wie im Falle des seit 1956 wieder im Ministerium arbeitenden Joachim Vorwerk, der im Zweiten Weltkrieg vom Reichsernährungsministerium zum Sonderbeauftragten für Wirtschaftsfragen bei der deutschen Gesandtschaft in Bukarest abgeordnet war und der zeitweise auch für die für die Sicherung des rumänischen Erdöls zuständige Abteilung der Vierjahresplanbehörde arbeitete.[325]

So vielgestaltig wie die Einsatzorte waren die konkreten Aufgaben, die an ihnen jeweils zu erfüllen waren. Auch wenn von der deutschen Besatzungsherrschaft in ganz Europa Verbrechen verübt wurden, war es dennoch ein Unterschied, ob man in Skandinavien, in den Beneluxländern oder in der Sowjetunion tätig war, wo, wie Gustavo Corni einmal schrieb, „die rücksichtslose Ausbeutung der Landwirtschaft" zwar nur einen, aber „vielleicht den wichtigsten" Aspekt der deutschen Besatzungspolitik darstellte[326] und wo Landwirtschaftsverwaltung sowie Raub- und Vernich-

---

324 Entwurf für die Ansprache auf der Trauerfeier von Häfner [Walther Florian], BArch Pers 101/78799.
325 Personalakte Vorwerk, BArch B116/100007.
326 Corni, Gustavo/Gies, Horst: Brot, Butter, Kanonen. Die Ernährungswirtschaft in Deutschland unter der Diktatur Hitlers, Berlin 1997 (*Corni/Gies, Brot*), S. 552.

tungskrieg ineinander übergingen.[327] Weitere Differenzierungen ergaben sich daraus, ob der Einsatz im Bereich von Militär- oder Zivilverwaltungen lag oder auch in den zahlreichen, staatlichen oder halbstaatlichen GmbHs und Gesellschaften, die für die Erfassung und Ausnutzung der Ressourcen in den besetzten Territorien gegründet worden waren. So war Friedrich Steding, 1950–54 Leiter des Referats Agrarkreditwesen und später Unterabteilungsleiter, im Zweiten Weltkrieg unter anderem Vorstand der „Landwirtschaftlichen Zentralstelle", die im Generalgouvernement als zentrale landwirtschaftliche Handelsgesellschaft dafür sorgte, dass der Agrarhandel in deutsche Hände kam und vor allem auch jüdische Kaufleute ausgeschaltet wurden.[328] Otto Jerratsch war Geschäftsführer der „Bauernsiedlung Westmark GmbH",[329] die unter anderem für die Siedlungspolitik im an das Reich verwaltungstechnisch angeschlossenen Lothringen zuständig war und damit am Umsiedlungsprogramm von Gauleiter Josef Bürckel mitwirkte. Soweit zu erkennen, führten solche Tätigkeiten nach 1945 für die betroffenen Beamten zu keinen Konsequenzen beim beruflichen Wiedereinstieg. Sie galten nicht als formale Belastung und lösten offenbar auch keine individuellen Überprüfungen aufgrund eines materiellen Anfangsverdachts aus. Der schnelle Wiedereinstieg gelang allerdings ebenso einem in der staatlichen Besatzungsverwaltung eingesetzten Beamten wie Hanns Gareis, der damit zu den spektakulären Fällen im Bundeslandwirtschaftsministerium gehört. Der Diplomlandwirt und Doktor der Politikwissenschaften Hanns Gareis war von 1939 bis 1944 als Abteilungsleiter Ernährung und Landwirtschaft zu den Distriktverwaltungen Krakau sowie Lemberg im Generalgouvernement abgeordnet. In letzterer Position nahm er am 6. August 1942 an einer Besprechung mit dem zuständigen SS- und Polizeiführer teil, der die Vertreter der deutschen Zivilverwaltung über die weiteren Schritte im Rahmen des deutschen Völkermords an der jüdischen Bevölkerung im Distrikt Galizien informierte.[330] Gareis gehört damit zu den wenigen Beamten des Bonner Landwirt-

---

327 Für die besetzte Sowjetunion: Gerlach, Morde, Kap. I.4.; für das Generalgouvernement: Roth, Markus: Herrenmenschen. Die deutschen Kreishauptleute im besetzten Polen – Karrierewege, Herrschaftspraxis und Nachgeschichte, Göttingen 2009, S. 152–174.
328 Musial, Bogdan: Deutsche Zivilverwaltung und Judenverfolgung im Generalgouvernement. Eine Fallstudie zum Distrikt Lublin 1939–1944, Wiesbaden 1999, S. 150 f. An dieser Stelle verweist Musial auch auf Steding. Zu seiner Einsetzung als Vorstand: Verordnungsblatt des Generalgouverneurs für die Besetzten Polnischen Gebiete = Dziennik Rozporządzeń Generalnego Gubernatora dla Okupowanych Polskich Obszarów. Teil 2, Nr 12 (26 Februar 1940), S. 115. (UMCS Digital Library, Maria-Curie-Skłodowska-Universität Lublin: http://dlibra.umcs.lublin.pl/dlibra/docmetadata?id=8060&from=publication, Abruf 4.2.2019)
329 Personalakte Jerratsch, BArch Pers 101/78179.
330 Geheimer Vermerk des Leiters aus der Präsidialabteilung im Distrikt Galizien über eine Besprechung in Lemberg, 6.8.1942, in: Die Verfolgung und Ermordung der europäischen Juden durch das nationalsozialistische Deutschland 1933–1945. Bd. 9. Polen: Generalgouvernement August 1941–1945, Bearbeitet von Klaus-Peter Friedrich. München 2014, Dok. 113, S. 376. Neben dem Leiter der Präsidialabteilung, SS-Brigadeführer Katzmann sowie Gareis nahmen der Amtschef der Zivilverwaltung sowie ein weiterer Abteilungsleiter teil. Laut Vermerk teilte Katzmann den Vertretern der Zivilverwaltung mit, dass es in einem halben Jahr im Generalgouvernement keine „freien Juden" mehr geben werde. Ein-

schaftsministeriums, bei denen die Kenntnis des Holocaust direkt in den Quellen nachweisbar ist.

Als Gareis Anfang 1950 vom Landwirtschaftsministerium dem Bundeskabinett zum Abteilungsleiter „Agrarpolitik" vorgeschlagen wurde, erwähnte Niklas in seinem Begleitschreiben an Kanzler Adenauer nicht nur Gareis' NSDAP-Mitgliedschaft sowie seinen SA-Rang als „Obersturmführer ohne Amt", sondern auch die Funktionen in Krakau und Lemberg. Adenauer erhob keine Bedenken. Lediglich das Innenministerium wehrte sich gegen eine Verwendung als Abteilungsleiter. Als Konsequenz wurde Gareis zwar zum Ministerialdirigenten ernannt, als Abteilungsleiter fungierte er aber zunächst nur inoffiziell. 1956 erfolgte die Ernennung zum Ministerialdirektor.[331]

Was bedeutete die frühere Tätigkeit in der deutschen Besatzungsverwaltung für die Beamten des Bundesernährungsministeriums, welche Prägungen nahmen sie daraus mit? Grundsätzlich sind die Informationen, die die vorliegenden Quellen hier bieten können, begrenzt. Die meisten offiziellen Dokumente geben nur sehr vereinzelt Einblick in das subjektive Erleben. Die Zahl der vorhandenen Egodokumente ist gering, ihre Aussagekraft angesichts der den Autoren natürlich bewussten Problematik der deutschen Besatzungspolitik sowie der eigenen Rolle darin beschränkt. Die verfügbaren Quellen lassen es dennoch zu, einige systematische Antworten auf die Frage nach den Prägungen durch die Besatzungsverwaltung für die Beamten des Ministeriums zu skizzieren. So ist *erstens* in mindestens zwei Fällen zu erkennen, dass sich Beamte gegen die Versetzung in die deutsche Besatzungsverwaltung im Osten wehrten bzw. recht schnell von dort in Positionen im Reich zurückkehrten.[332] Selbst wenn die Zahl der in den besetzten Gebieten eingesetzten Agrarexperten in die Zehntausende ging, war es offenbar möglich, sich dieser Aufgabe zu entziehen. Andere, darunter Hanns Gareis und Rudolf Hüttebräuker blieben nahezu den gesamten Krieg in entsprechenden Positionen. Gerade Rudolf Hüttebräuker behauptete zwar in seinen Memoiren, so schnell wie möglich die Versetzung aus dem Hauptquartier von Bach-Zelewski betrieben zu haben (in Wahrheit blieb er dort mindestens ein halbes Jahr). Bei seinen anderen Einsätzen in Weißrussland oder der Ukraine ist davon, dass er Aufgaben vermeiden wollte, aber an keiner Stelle die Rede. Man gewinnt vielmehr den Eindruck, dass er die Aufgabe als interessant empfand, sie ihm vielleicht sogar Spaß

---

zelne Juden auf dem Land würden „umgebracht", Juden in Städten „teils liquidiert, teils ausgesiedelt, teils in Arbeitslager zusammengefaßt." Laut Vermerk erhoben die Teilnehmer Bedenken wegen der dann fehlenden Arbeitskräfte. Die dann fehlenden „Handwerker" könnten nicht ersetzt werden. Katzmann wischte die Bedenken vom Tisch. Gareis wird im Vermerk außer als Teilnehmer namentlich nicht genannt.
331 Alle Angaben aus: Personalakte Gareis BArch Pers 101/78790, u. a. Schreiben Niklas an Bundeskanzler Adenauer, 5.1.1950 sowie Schreiben Globke an Niklas, Abschrift, 9.2.1950. Ein Jahr nach seiner Ernennung zum Ministerialdirektor schied Gareis aus. Ein Grund konnte nicht ermittelt werden.
332 Es handelt sich lt. Aussage der jeweiligen Personalakten um Anton Rinecker und Otto Stalmann.

machte. „[A]ufregend, interessant, erfolgreich" nennt er eine Episode aus der Aufbauphase eines Wirtschaftskommandos 1941 in der Ukraine.[333]

Dass der verbrecherische Charakter der deutschen Besatzungsherrschaft, bei der gerade im Ernährungsbereich Besatzung und Vernichtungskrieg in der besetzten Sowjetunion sowie dem Generalgouvernement auch ineinander übergingen, den eingesetzten Beamten klar war, darf – *zweitens* – als sicher angenommen werden. Die Teilnahme von Hanns Gareis an der Besprechung über den Holocaust in der Ukraine wurde schon erwähnt. Werner von Froreich zeichnete im Oktober 1941 einen Bericht über einen Besuch seiner Verwaltungsabteilung in Kiew am 1. Oktober 1941, in dem die Massenmorde von Babi Jar unmittelbar nach dem mehrtägigen Massaker beschrieben wurden.[334] Als „bestialische[s] Vorgehen dieser Horde" und „grausame Strategie" bezeichnete Hüttebräuker in seiner Autobiografie das Vorgehen des „Chefs der Bandenbekämpfungsverbände".[335] Dass er diese Strategie im Hauptquartier von Bach-Zelewski hautnah mitbekam, ist sicher. Dass er sie als Chef der Landwirtschaftsverwaltung im rückwärtigen Gebiet einer gesamten Heeresgruppe mit erheblicher „Partisanentätigkeit" auch in der Umsetzung erlebte, davon ist auszugehen. Und selbstverständlich blieb den eingesetzten Agrarfachleuten und landwirtschaftlichen Praktikern nicht verborgen, was die offiziellen Anweisungen und Richtlinien für die Besatzungsverwaltungen und die konkrete „Erfassung" von Nahrungsmitteln vor Ort für die einheimische Bevölkerung bedeuteten. Das gilt auch für diejenigen, die im fernen Berlin an den Ernährungs- und Erfassungsplänen für das besetzte Europa arbeiteten und die gelegentlich auch Dienstreisen ins Generalgouvernement und anderswohin unternahmen. Zu lesen ist über dieses Wissen in Berichten und späteren Erinnerungen dann in Halbsätzen, wobei der Leser manchmal auch auf Andeutungen von Brutalitäten stößt, die von den Landwirtschaftsoffizieren selbst begangen wurden. Als man sein Einsatzgebiet im Westen der Ukraine geräumt habe, schrieb der ehemalige landwirtschaftliche Sonderführer Hans Britzius in einem für das Tübinger „Institut für Besatzungsfragen" in den 1950er Jahren angefertigten Erlebnisbericht, sei nichts mehr übrig geblieben, „was der Erhaltung des Lebens oder der Landbearbeitung hätte dienen können." Einige Seiten zuvor hatte er die „schweren Ausschreitungen" einzelner Sonderführer gegenüber der Bevölkerung erwähnt.[336] Rudolf Hüttebräuker gab an, dass von ihm und in seinem Aufgabenbereich die offiziellen Anweisungen für die Besatzungsverwaltung, wonach „das Verhungern Hunderttau-

---

333 BArch N 1510/1, Autobiografie, S. 37.
334 Bericht der Abteilung VII [Verwaltungsabteilung] der 454. Sicherungsdivision, 2.10.1941, in: Die Verfolgung und Ermordung der europäischen Juden durch das nationalsozialistische Deutschland 1933–1945. Bd. 7. Sowjetunion mit annektierten Gebieten I. Besetzte sowjetische Gebiete unter deutscher Militärverwaltung, Baltikum und Transnistrien. Bearb. v. Bert Hoppe/Hildrun Glass, München 20111, Dok. 90, S. 305 ff., hier S. 306 f. Die Ermordung von über 33.700 Juden durch Mitglieder der Einsatzgruppe C geschah am 29. und 30. September 1941.
335 BArch N 1510/1, Autobiografie, S. 43.
336 Hans Britzius, Meine Tätigkeit als landw. Sonderführer im Osten, BArch B 120/625, S. 2 u. 9.

sender der Zivilbevölkerung in Kauf" zu nehmen sei, nicht befolgt wurden – und bestätigte damit, dass er natürlich davon wusste.[337] Auch Hanns Gareis berief sich nachträglich darauf, dass im Gegensatz zur Ukraine und „den weiteren Ostgebieten" (wo wiederum Hüttebräuker eingesetzt war) in seinem Zuständigkeitsbereich in Galizien eine „vernünftige[n] Behandlung der einheimischen Bevölkerung" geherrscht habe.[338] Bei Friedrich Steding, Betriebsführer bzw. Vorstand der „Landwirtschaftlichen Zentralstelle" im Generalgouvernement, klang die Rechenschaftsabgabe über seine – inhaltlich gar nicht genannte – Tätigkeit in seinen Memoiren so: „Auch bei kritischer Selbstbeschau konnte ich mich [...] in keine der in der Sowjetzone gefährdeten Kategorien der Parteigenossen, Kriegsverbrecher, Militaristen [...] einstufen."[339]

Angesichts solcher Selbstbilder nimmt ein *dritter* Befund nicht wunder. Für nicht wenige ebnete die Besatzungserfahrung den Weg für die spätere Karriere. Oder anders ausgedrückt: So zynisch es klingen mag, die Beamten des Landwirtschaftsministeriums erwarben in der Besatzungsverwaltung Kompetenzen, die sie später zu nutzen wussten. Das gelang auch deswegen, weil Vorgesetzte sowie Personalverantwortliche auf Mitarbeitersuche umstandslos Besatzungserfahrungen in den normalen beruflichen Werdegang einordneten. „Seit 1941 in der landwirtschaftlichen Verwaltung tätig", hieß es zum Beispiel in einer dienstlichen Beurteilung von Siegfried Palmer, der 1941 landwirtschaftlicher Sonderführer im Bereich der Heeresgruppe Süd geworden war, zuvor als Geschäftsführer von Erziehungsinstituten gearbeitet hatte und bei Kriegsende als persönlicher Referent des Leiters der Chefgruppe Landwirtschaft der Wirtschaftsgruppe Süd, Landesbauernführer und SS-Brigadeführer Hellmut Körner, fungierte. Siegfried Palmer, der in der Nachkriegszeit als Siedlungsexperte reüssierte, legte den Grundstein für seine Karriere als Ministerialbeamter damit in der deutschen Besatzungsverwaltung im Zweiten Weltkrieg.[340] Nicht auf seine besonderen Kenntnisse bei Fragen der Landwirtschaftsstruktur, sondern auf seine internationalen Geschäftskontakte verwies Otto Stalmann gegenüber dem Bundeslandwirtschaftsministerium. Diese stammten aus seiner Zeit im Reichsministerium, wo er zuletzt als Oberregierungsrat mit Fragen der Ein- und Ausfuhr gegenüber dem Protektorat

---

[337] Hüttebräuker, Autobiografie, BArch N 1510/1, S. 42. Die Passage bezieht sich ausdrücklich auf die in der sogenannten Grünen Mappe 1941 zusammengefassten Richtlinien für die „Führung der Wirtschaft" in den in der Sowjetunion besetzten Gebieten. Dies sagte er auch im Essener Prozess von 1964 aus, als er vom Verteidiger des angeklagten ehemaligen SS-Standartenführers Albert Rapp direkt auf den „Grünen Esel" (i. e. Grüne Mappe) angesprochen wurde. Staatssekretär erklärte als Zeuge, WAZ, 11.12.1964.
[338] Gareis an Bundesminister Niklas, Bonn, 10.3.1951, Personalakte Gareis BArch Pers 101/78790.
[339] Steding, Agrarpolitik, S. 1. Die Passage bezieht sich auf eine mögliche Rückkehr nach Teltow, wo Steding ein Haus besaß. Er zog dann allerdings die amerikanische Zone vor.
[340] Personalakte Palmer, BArch Pers 101/52182. Dass Palmer vor 1945 auch mit (Um-)Siedlungsfragen befasst war, ist in den Quellen nicht belegt, angesichts seiner Positionen aber gut möglich, zumal Hellmut Körner in das deutsche Umsiedlungsprogramm involviert war. Vgl. Rohrer, Christian: Landesbauernführer. Landesbauernführer im nationalsozialistischen Ostpreußen. Studien zu Erich Spickschen und zur Landesbauernschaft Ostpreußen. Band 1. Göttingen 2017, S. 103.

Böhmen-Mähren, mit Skandinavien und dem Balkan befasst war. Der Hinweis auf die Vorbeschäftigung hatte Erfolg. Ab 1953 leitete Stalmann die Außenhandelsabteilung.[341] Stalmann, Palmer und andere arbeiteten damit im Bundeslandwirtschaftsministerium in den Bereichen, mit denen sie im Zweiten Weltkrieg im Rahmen der deutschen Besatzungsherrschaft befasst waren.

Für einen *vierten* und letzten Aspekt sei noch einmal die Autobiografie von Rudolf Hüttebräuker herangezogen. Markus Roth hat die Herrschaftspraxis und Erfahrungswelten deutscher Besatzer für die Kreishauptleute im Generalgouvernement beschrieben. Unabhängig von Herkunft und Generationszugehörigkeit wurden diese, so Roths Analyse, fast ausnahmslos „[r]adikale und initiativfreudige Besatzer". In einer Mischung aus Pioniergefühl, Sendungsbewusstsein sowie ideologischer Verachtung für die einheimische Bevölkerung und ausgestattet mit großen Handlungsfreiräumen wurden sie zu „willfährigen Vollstreckern einer radikalen Besatzungspolitik", einschließlich eines „fatalen ‚Herrenmenschen-Gefühls'".[342] Nach 1945 pflegten sie in „scharfer Abgrenzung gegenüber der SS" dann das Bild einer „sauberen und apolitischen Verwaltung". Während sie sich damit als „Besatzer mit Herz'" zu stilisieren suchten,[343] kann es, so Roth, in der historischen Analyse bei Einzelbetrachtungen nur um „Abstufungen der Radikalität" innerhalb der Besatzungsverwaltung gehen. Dieses „Herrenmenschen-Gefühl" lässt sich auch in den Memoiren des Landwirtschaftsoffiziers Rudolf Hüttebräuker nachvollziehen. Im Stile eher eines Abenteuerberichts schildert er, wie er zunächst im Auto, später mit dem Flugzeug rastlos in seinem Zuständigkeitsgebiet unterwegs ist, landwirtschaftliche Güter „erfasst", die einheimische Bevölkerung zum Einbringen der Ernte veranlasst und die ihm unterstellten Landwirtschaftsführer und deren Arbeit inspiziert. Immer wieder betont er die Eigenständigkeit seines Handelns sowie die Größe des Einsatzgebietes, das er schon einmal als sein „Reich" tituliert oder in dem er sich und seine Kollegen als „Alleinherrscher" bezeichnet.[344] Darüber hinaus zeigt der Bericht aber noch etwas: Hüttebräuker bringt sein Tun als Landwirtschaftsoffizier regelmäßig mit seiner Nachkriegskarriere in Verbindung. Dabei geht es nicht nur um die fachlichen Fragen,[345] sondern explizit um die Dimension der Aufgaben. „Nach großen und verantwortungsvollen Aufgaben im Krieg", so das Urteil über seine ersten Tätigkeiten nach Kriegsende, „hatte mich meine subalterne Beschäftigung nicht befriedigt".[346] Hüttebräuker fühlte sich offenbar von nun an zu Höherem berufen. Wie es sich bei Rolf Baath verhielt, der im September 1944 zum Beispiel kurzfristig nach Belgrad fuhr, um den Abtransport von mehreren hunderttausend Tonnen Getreide aus Südosteuropa

---

341 Personalakte Stalmann BArch Pers 101/79390-79393.
342 Roth, Herrenmenschen, S. 428 u. 431.
343 Ebd., S. 435.
344 Hüttebräuker, Autobiografie, BArch N 1510/1, S. 38 bzw. 37.
345 Dies allerdings auch, z. B. ebd., 35 oder 59 f.
346 Ebd., S. 61, vgl. schon S. 60.

nach Deutschland zu organisieren,[347] bei Hanns Gareis, der 1941 die Leitung der Ernährung und Landwirtschaft in einem Gebiet übernahm, dessen landwirtschaftliche Nutzfläche – wie er später schrieb – größer war als die Bayerns,[348] oder wie es bei Siegfried Palmer war, der gegen Ende des Krieges zum persönlichen Referenten eines der wichtigsten nationalsozialistischen Landwirtschaftsfunktionäre im Generalgouvernement geworden war, bleibt Spekulation. Für Rudolf Hüttebräuker lässt sich auf Basis der vorliegenden Quellen argumentativ untermauern, dass er die Machbarkeitsfantasien und Gestaltungsvorstellungen der deutschen Besatzer im Zweiten Weltkrieg mit in die Bundesrepublik nahm, wo er nicht nur rasch als „Erfassungs"-Experte reüssierte, sondern ebenso vehement für eine grundsätzliche Umgestaltung der landwirtschaftlichen Struktur eintrat. Beim Blick auf sein Geburtsjahr 1904 kann man es auch so ausdrücken: Mit Rudolf Hüttebräuker machte sich ein Vertreter der „Generation des Unbedingten" nun in der Bundesrepublik an die Arbeit.

4 Die Personalpolitik bis in die 1980er Jahre

Im Verlaufe der 1960er Jahre rückten, wie bereits erwähnt, verstärkt jüngere Jahrgänge in leitende Positionen des Ministeriums auf. In den engeren Führungspositionen änderte sich allerdings zunächst wenig. Auf der Ebene der Unterabteilungsleiter wurden nicht vor 1972/73 erste Beamte berufen, die 1928 oder später geboren waren. Bei den Abteilungsleitern dauerte es bis 1978, bis der erste Mitarbeiter aus den entsprechenden Jahrgängen ernannt wurde. Dies bedeutete, dass auch noch 1969 etwa 50 % der leitenden Mitarbeiter der NSDAP angehört hatten. Unter den Abteilungsleitern waren es immer noch sechs von sieben. Auch auf der Ebene der Staatssekretäre und Minister bedeuteten die politischen und gesellschaftlichen Umbrüche der Jahre um 1970 nicht, dass nun gänzlich unbelastete Personen in die Führungspositionen aufrückten. So war der nach der Bundestagswahl von 1965 und dann während der Großen Koalition aus CDU/CSU und SPD 1966–1969 amtierende Ernährungsminister und zuvor als Innenminister fungierende Hermann Höcherl von der CSU im Verlauf der 60er Jahre gleich mehrfach wegen seiner NS-Vergangenheit in die Kritik geraten. Zugrunde lag dem, wie das Aufarbeitungsprojekt zum Innenministerium ausführlich dargestellt hat,[349] zum einen seine Tätigkeit als Staatsanwalt vor 1945, zum anderen sein bereits 1931 während seines Jurastudiums erfolgter Beitritt zur NSDAP, der 1965 just zu dem Zeitpunkt im *Spiegel* thematisiert wurde, als in Bonn die Verhandlungen über die neue Regierung liefen.[350] Zum Landwirtschaftsminister wurde er dennoch ernannt. In der politischen Arithmetik war mit Höcherl zum ersten Mal seit Wilhelm Niklas wieder ein Minister aus dem Agrarland Bayern ins Amt gekommen. Gleichzeitig

---

[347] Siehe zu dem Vorgang: BArch R/26/IV-35.
[348] Gareis an Bundesminister Niklas, 10.3.1951, Personalakte Gareis BArch Pers 101/78790.
[349] Bösch/Wirsching (Hgg.), Hüter, S. 107–110.
[350] Ebd., S. 107f.

handelte es sich bei ihm um ein politisches Schwergewicht. Vor seiner Zeit als Innenminister war Höcherl Chef der CSU-Landesgruppe im Bundestag. Die üblichen Probleme mit den Bauernvertretern bekam er dennoch, u. a. als in dem von ihm verantworteten Agrarprogramm im Dezember 1968 niedergelegt wurde, dass das Ziel der Bundesregierung nicht mehr darin liege, „möglichst viele Menschen in der Landwirtschaft zu halten", sondern im Gegenteil, es um eine „weitere Verringerung der Zahl der in der Landwirtschaft Tätigen" gehen müsse.[351] Das war in dieser Form neu.

Koalitionsarithmetik war es wohl auch, die Höcherls Nachfolger, Josef Ertl, 1969 ins Amt brachte. Mit dem FDP-Politiker kam nicht nur wieder ein Bayer ins Landwirtschaftsministerium, sondern auch ein dezidierter Kritiker der politischen Wende seiner Partei hin zur SPD. Mit ihm wurde somit der rechte Parteiflügel der FDP in die sozialliberale Koalition integriert.[352] Darüber hinaus war Ertl aber wieder ein ausgewiesener Fachmann, der überdies eine enge Bindung an das bäuerliche Milieu aufwies. Als Diplomlandwirt, ehemaliger Regierungsrat im bayerischen Landwirtschaftsministerium sowie Leiter des Landwirtschaftsamts Miesbach durfte er sogar als klassischer (Zweifach-)Experte gelten. Ertl stammte als jüngerer Bruder aus einem Bauernhof in Oberschleißheim bei München, seine Frau war die Tochter von Wilhelm Niklas. Mehr Einbindung in das traditionelle Milieu des Landwirtschaftsministeriums ging nicht.[353] Generationell zog mit Ertl zum ersten Mal ein Vertreter der „45er" an der Spitze in das Ministerium ein. 1925 geboren, hatte er 1943–45 Kriegsdienst bei der Luftwaffe geleistet. Wie viele „45er" war er im Zweiten Weltkrieg noch Mitglied der NSDAP geworden. Die Spruchkammer München-Land stellte 1947 aber wegen Jugendamnestie das Entnazifizierungsverfahren ein.[354] Auf dem Posten des beamteten Staatssekretärs kam es mit Ertl zum Wechsel von dem erst 1968 aus dem Wirtschaftsministerium gekommenen Fritz Neef zu Hans Dieter Griesau, der bereits 1952 bis 1954 als Hilfsreferent und 1962/63 als Persönlicher Referent des Staatssekretärs im Landwirtschaftsministerium beschäftigt gewesen war. 1969 kam Griesau vom Hessischen Bauernverband, dessen Hauptgeschäftsführer er gewesen war, ins Ministerium. Nach seinem Abschied 1972 wechselte er als Vorsitzender des Vorstandes zur „Deutschen Siedlungs- und Landesrentenbank".[355] Den Reigen der selbst für das Landwirtschaftsministerium besonders eng mit der agrarischen Lebens- und Verbandswelt verflochtenen Personen an der Ministeriumsspitze jener Jahre vervollständigte der FDP-Abgeordnete Fritz Logemann, mit dem zum ersten Mal ein Parlamentarischer

---

[351] Bundesministerium für Ernährung, Landwirtschaft und Forsten, Arbeitsprogramm für die Agrarpolitik der Bundesregierung (Agrarprogramm), S. 17.
[352] Z. B. Bracher, Karl Dietrich/ Jäger, Wolfgang/ Link, Werner (Hgg.): Republik im Wandel. 1969–1974. Die Ära Brandt, Stuttgart/Mannheim 1986, S. 21; Patel, Europäisierung, S. 412.
[353] Zur Biografie z. B.: Patel, Europäisierung, S. 412, zudem die Personalakten aus dem Bundesministerium sowie dem bayerischen Landwirtschaftsministerium: BArch Pers 101/74673 bzw. 74674.
[354] BArch Pers 101/74674. Der in der Parteikartei der NSDAP belegte Beitritt im Jahr 1943 ist allerdings weder in der Personalakte des Bundes- noch des Landesministeriums vermerkt.
[355] Personalakte Griesau, BArch Pers 101/78797.

Staatssekretär nach Bonn-Duisdorf kam. Logemann war selbstständiger Landwirt in Niedersachsen und dort u. a. auch Ortsvertrauensmann des Niedersächsischen Landvolks gewesen. Als Mitglied des Ernährungsausschusses des Bundestages war er Ende der 60er Jahre auch Vorsitzender des Arbeitskreises „Agrarpolitik" der FDP-Fraktion.[356] Während Neef und Logemann mit den Geburtsjahren 1913 bzw. 1907 der Kriegskindergeneration des Ersten Weltkriegs angehörten, war der 1926 geborene Griesau wiederum ein „45er". Das traf ebenso für den ein Jahr älteren Hans-Jürgen Rohr zu, der als Referatsleiter unter Hermann Höcherl aus dem Finanzministerium gekommen war und der Griesau 1973 als Staatssekretär ersetzte. Wie Ertl war auch Rohr 1943 der NSDAP beigetreten.[357] Nachfolger Logemanns als Parlamentarischer Staatssekretär wurde 1976 Georg Gallus, der als Agraringenieur und Bauernverbandsfunktionär in Württemberg-Baden ebenfalls aus dem Agrarbereich kam und bis 1993 Parlamentarischer Staatssekretär blieb. Der 1927 geborene Gallus war laut Mitgliederkartei der NSDAP 1944 der Partei beigetreten.

Wie zu Beginn des Kapitels angedeutet, hatte sich auf der Ebene der Ministerialbürokratie bis zu den ersten Jahren der sozialliberalen Koalition noch kein grundlegender Wandel im Vergleich zum Beginn der 1960er Jahre ergeben. Zehn Jahre später hatte sich das Bild dann allerdings deutlich gewandelt. Bis zum Jahr 1980 war es nicht nur zu einem weiteren generationellen Bruch gekommen, nun waren von den Referatsleitern aufwärts auch nur noch neun Positionen mit ehemaligen Parteimitgliedern besetzt, darunter zwei Unterabteilungsleiter und ein Abteilungsleiter. Den größten Umbruch hatte es bei Letzteren in den Jahren 1972 bis 1974 gegeben, als mit Hermann Martinstetter, Rolf Baath, Ludwig Pielen sowie Johannes Schleicher (der 1973 kurz vor dem Erreichen der Pensionsgrenze verstarb) vier altgediente Beamte, die alle der NSDAP angehört hatten, als Abteilungsleiter das Ministerium verließen. In den 1970er Jahren war es auch, als mit Gisela von Heydebrand und der Lasa zum ersten Mal eine Frau auf den Posten einer Unterabteilungsleiterin berufen wurde. Heydebrand war zu diesem Zeitpunkt fast zwanzig Jahre im Ministerium beschäftigt. 1960 war die promovierte Diplomlandwirtin in das Ministerium eingetreten. Unter den Leitern und Leiterinnen der Referate hatte es zu diesem Zeitpunkt drei Frauen gegeben. 1978, als Heydebrand Unterabteilungsleiterin für Verbraucherangelegenheiten geworden war, war die Zahl lediglich um eine weitere Referatsleiterin auf nunmehr vier gestiegen. Insgesamt wurden unter der Gesamtzahl der mit biographischen Angaben untersuchten leitenden Mitarbeiter und Mitarbeiterinnen zehn Frauen erfasst. Sieben davon waren im Übrigen promoviert, womit der Anteil hier deutlich über dem ihrer männlichen Kollegen lag.

---

356 Kluge, Vierzig Jahre. Bd. 2, S. 111.
357 Das geht aus der NSDAP-Gaukartei hervor, die „Hans" Rohr unter der Mitgliedsnummer 9612389 führt. Durch das Geburtsdatum, den Geburtsort sowie den angegebenen Wohnort Bautzen lassen sich die Angaben aber Rohr zuordnen. Auch Fritz Neef gehörte der NSDAP an, während bei Hans Dieter Griesau und Fritz Logemann keine Belege für Parteimitgliedschaften vorliegen.

Der Befund eines personellen Bruchs im Verlauf der 1970er Jahre differenziert sich, bezieht man bei den formalen Mitgliedschaften zu NS-Organisationen neben der Zugehörigkeit zur NSDAP weitere Mitgliedschaften ein. So finden sich auf der Ebene der Abteilungs- und Unterabteilungsleiter im Jahrzehnt zwischen 1975 und 1985 immer noch neun Personen, die der NSDAP und/oder der SS, einschließlich der Waffen-SS, angehört hatten. Bei einer Gesamtzahl von 29 Personen ist das immer noch ein erheblicher Anteil, der zum Beispiel auch 1983 noch vier Personen (zwei von sieben Abteilungsleitern und ebenfalls zwei von inzwischen allerdings 15 Unterabteilungsleitern) umfasste. Bemerkenswert ist daran allerdings weniger die absolute Zahl als vielmehr die Tatsache, dass immerhin fünf der seit Mitte der 60er Jahre berufenen Unterabteilungsleiter eine SS-Mitgliedschaft aufwiesen. Drei davon stiegen weiter zu Abteilungsleitern auf, einer schließlich zum Staatssekretär.

Wer in den 1980er Jahren in den Ruhestand ging und abgesehen von Jungvolk oder Hitlerjugend weiteren NS-Gliederungen angehört hatte, war diesen in sehr jungen Jahren beigetreten. Von persönlicher Schuld wird deswegen im Normalfall nicht auszugehen sein. Hinter den genannten Zahlen aus dem Bundeslandwirtschaftsministerium verbergen sich dennoch zumindest zwei bemerkenswerte Tatsachen. Zum einen wird auf diese Weise noch einmal klar, wie lange in der alten Bundesrepublik Personen aus den Jahrgängen 1920 und jünger, die noch im Nationalsozialismus sozialisiert worden waren und deswegen entsprechende Mitgliedschaften aufweisen konnten, gerade in Führungspositionen präsent waren. Im Bundeslandwirtschaftsministerium etwa gingen erst ab 1988 die letzten vier Beamten auf der Ebene der Abteilungs- und Unterabteilungsleiter in den Ruhestand, die Mitglieder der NSDAP bzw. der SS gewesen waren. Dieser Umstand wird beim Blick auf die sogenannte Generation der 45er, die zu den Aufbaugenerationen des demokratischen Deutschland zählt, häufig zu wenig beachtet. Mehr als es vielen von ihnen wahrscheinlich auch selber lieb war, waren die „45er" biographisch mit dem Nationalsozialismus verbunden.[358] Abgesehen von solchen allgemeinen Überlegungen zur Abfolge von Generationen und deren Bedeutung für die Geschichte der Bundesrepublik ist der beschriebene Befund natürlich zum anderen für die weitere Geschichte der Personalpolitik im Landwirtschaftsministerium interessant: Für das Ministerium ergibt sich daraus, dass NS-Vergangenheiten offenbar auch nach der Ära Adenauer keine oder kaum eine Rolle spielten. Dies bedeutet wiederum, dass auch in Zeiten, in

---

358 Allgemein auf die häufig übersehenen – langen – biografischen Verbindungen der 45er verweist auch Assmann, Aleida: Geschichte im Gedächtnis. Von der individuellen Erfahrung zur öffentlichen Inszenierung. München 2007, z. B. S. 40, wo sie die Diskrepanz aus zugeschriebener und eigener Generationskonstruktion sowie biographischen Bezügen, die dann spät als „Skandale" um NS-Mitgliedschaften von „45ern" zu Tage traten, wie folgt fasst: „Ihre Lebensleistung [der 45er, F.K.] und öffentliche Wirkung beruhte nicht zuletzt auf der konsequenten Abspaltung ihrer eigenen Vorgeschichte, die sie nun am Lebensende wieder einholt. Es geht weniger um Schuld oder Unschuld bei diesen (un)freiwilligen Zeugen, als vielmehr um biographische Verleugnung oder Anerkennung von Geschichte."

denen in der öffentlichen Debatte die Sensibilität für NS-Belastungen wuchs, dies keine erkennbaren Auswirkungen auf die Personalentscheidungen hatte. Lerneffekte, wie sie beim Bundesamt für Verfassungsschutz zu beobachten sind, sind nicht festzustellen.[359]

Das bekannte Muster, dass Nachfragen zu NS-Vergangenheiten stets von außen kamen, änderte sich ebenso nicht. So fiel zum Beispiel nicht dem Landwirtschaftsministerium, sondern einmal mehr dem Innenministerium 1964 bei der anstehenden Ernennung von Heinz Georg Schulze zum Regierungsdirektor auf, dass dieser vor 1945 den Rang eines SS-Sturmbannführers eingenommen hatte und 1941–1943 überdies Vorstand der „Grundstücksgesellschaft für den Reichsgau Wartheland m. b. H." in Posen gewesen war. Die vom Innenministerium in diesem Fall sowohl vom *Berlin Document Center* als auch von der Zentralen Stelle der Landesjustizverwaltungen eingeholten Informationen brachten dann allerdings keine weiteren Erkenntnisse und so stimmte das Innenressort der Ernennung schließlich zu, nicht ohne jedoch den Umgang des Landwirtschaftsministeriums mit der Vergangenheit von Schulze in einem Vermerk zu rügen.[360] Ebenso keine Konsequenzen hatten im weiteren Verlauf der 60er Jahre die langen Diskussionen mit dem Innenministerium, die es bereits 1963 bei der Ernennung von Johannes Schleicher zum Oberlandforstmeister gegeben hatte. Schleicher, der zu seiner seit 1933 bestehenden SS-Mitgliedschaft angegeben hatte, dass es sich um eine automatische Überführung aus dem Stahlhelm gehandelt habe (was selbst das Innenministerium nicht glaubte),[361] war auch deswegen auffällig, weil er 1930 in Hann. Münden eine Hochschulgruppe des Nationalsozialistischen Deutschen Studentenbundes gegründet hatte. In einer ausführlichen Begründung an das Innenministerium, die deswegen hier noch einmal angeführt sei, hatte die Personalabteilung 1963 erstens argumentiert, dass es Schleicher nicht nachzuweisen sei, dass er heute nicht (wenn auch fälschlich) von einer automatischen Überführung in die SS ausgehe. Abweichungen bei den Eintrittsdaten und der Gründung der NS-Hochschulgruppe zwischen Schleichers Angaben und den später vom Innenministerium ermittelten erklärte man zweitens für nicht gravierend. Drittens führte man einmal mehr Bescheinigungen aus dem Entnazifizierungsverfahren an, die Schleicher trotz der SS-Mitgliedschaft als keinen überzeugten Nationalsozialisten auswiesen, und viertens betonte man, dass es sich um einen „bewährten und geschätzten" sowie vor allem einen „bekannten" Fachbeamten handele und angesichts dessen Vorwürfe bereits erhoben worden wären – würde sie es denn geben. Die Argumentation wurde mit einer der wenigen grundsätzlichen Stellungnahmen zum Problem von Personalbelastungen abgeschlossen, die zeigte, dass das Ministerium zwar sehr wohl die allgemeine Diskussion um NS-Vergangenheiten wahrnahm, für den eigenen Belas-

---

[359] Beim Verfassungsschutz waren die Kontinuitäten aber auch ganz anders skandalisiert worden. Goschler/Wala, Bundesamt, S. 267–272.
[360] Aktenvermerk, BMI, 17.11.1964, zu Ernennung von Heinz Georg Schulze, BArch B 106/114588.
[361] Schreiben BMI an BMEL zu Ernennung von Dr. Johannes Schleicher, 20.8.1963, BArch B 106/114590.

tungsbegriff allerdings 1963 keine Konsequenzen gezogen hatte: „Wie Ihr Ministerium nach letzten Pressemeldungen zu den Veröffentlichungen über die Beschäftigung von ehemaligen Angehörigen des SD, der SS und der Gestapo im Bundesamt für Verfassungsschutz bekanntgegeben hat", so hieß es da, „geht die Bundesregierung davon aus, dass allein aus der Zugehörigkeit zu bestimmten nationalsozialistischen Organisationen ein Verschulden des einzelnen Angehörigen einer solchen Organisation nicht hergeleitet werden könne, es sei vielmehr in jedem einzelnen Falle zu prüfen, ob der Bewerber sich als Angehöriger einer solchen Organisation strafbar gemacht habe."[362] An diesem Belastungsbegriff änderte sich offenbar auch im weiteren Verlauf der 1960er Jahre nichts, jedenfalls wurde Schleicher 1965 zum Unterabteilungsleiter und 1970 zum Abteilungsleiter ernannt.

Wie wenig sich an der Ernennungspraxis änderte, zeigt abschließend der Fall von Walther Florian. Dieser reicht mit seiner Ernennung zum Abteilungsleiter 1976 sowie zum Staatssekretär 1984 noch weiter in die zweite Hälfte der alten Bundesrepublik hinein. Walther Florian war 1921 im österreichischen Haidenbach im Bezirk Klagenfurt als Sohn des Revierförsters Matthias Florian geboren. Nach einem Studium der Volkswirtschaft in Heidelberg 1948–1951 arbeitete er seit 1952 als angestellter Sachbearbeiter bei der „Einfuhr- und Vorratsstelle für Getreide und Futtermittel" in Frankfurt. 1957 wurde er zunächst als Hilfsreferent im Angestelltenverhältnis ins Landwirtschaftsministerium übernommen und durchlief dort von 1962 bis 1984 alle Beförderungsstufen vom Regierungsrat bis zum Staatssekretär. Der Werdegang von Florian im Nationalsozialismus ist von Andreas Dornheim in seinem 2005 bis 2007 für das Bundesministerium angefertigten Gutachten bereits ausführlich dargestellt worden. Florian trat im Frühjahr 1937 mit 14 Jahren der HJ noch in Österreich bei. Im September 1938, also eine halbes Jahr nach dem deutschen Einmarsch in Hitlers Geburtsland, wurde Florian auf eigenen Antrag Mitglied der Allgemeinen SS. 1940 verpflichtete er sich, immer noch minderjährig, bei der Waffen-SS, wo er im Dezember und Januar 1942/43 u. a. in der „Kampfgruppe" von Hermann Fegelein, der zu den brutalsten SS-Kommandeuren zählte, an der Ostfront eingesetzt wurde. Bei Kriegsende war Florian vom SS-Sturmmann zum SS-Untersturmführer der Reserve aufgestiegen. Von der Spruchkammer Erbach im Odenwald wurde er 1948 in Kategorie IV als Mitläufer eingestuft.[363]

Bei Florian ist von einem überzeugten Nationalsozialisten auszugehen, der sich bereits in auffällig jungen Jahren radikalisierte und der mit dem Eintritt in die Allgemeine SS formal und materiell belastet ist. Einen Hinweis, dass sich seine Haltung bis 1945 in irgendeiner Weise änderte, gibt es in den Beständen des Bundesarchivs zu seiner Mitgliedschaft in SS und Waffen-SS nicht. In unserem Zusammenhang ist darüber hinaus aber vor allem der Umgang des Ministeriums mir Florians Biographie

---

[362] Schreiben BMEL an BMI, 30.8.1963, BArch B 106/114590. Das Schreiben war von Unterabteilungsleiter Walter gezeichnet.
[363] PA Florian, BArch Pers 101/74722 u. 74725 sowie SS-Stammkarte: BArch R/9361/III/288319.

von Interesse. Während ein im Juni 1952 handschriftlich ausgefüllter Personalbogen der Einfuhr- und Vorratsstelle keinen Hinweis auf seine SS-Mitgliedschaft enthält, sondern für die Jahre 1939 bis zur Entlassung aus der Kriegsgefangenschaft lediglich „Kriegsdienstzeit" angibt,[364] liegt für seine Übernahme in den Ministerialdienst 1957 eine Auskunft des *Berlin Document Center* vor, aus dem die Mitgliedschaft von Florian in der Waffen-SS hervorging. In der Personalakte liegt außerdem eine undatierte „dienstliche Erklärung", die Florian ebenso 1957, möglicherweise auch erst 1961, abgegeben hat und die nun auch den Eintritt in die HJ sowie die Allgemeine SS enthält. Die Erklärung trägt den auf den 21. Oktober 1961 datierten Vermerk „Geprüft und für richtig befunden", was sich auf den Vergleich mit der Auskunft des *Document Center* von 1957 bezog, der im Ministerium offenbar 1961 noch einmal vorgenommen wurde. Damit wusste das Ministerium spätestens 1957 bzw. 1961, dass die Angaben Florians für den Personalbogen von 1952 falsch waren und er nicht nur die Zugehörigkeit zur Waffen-SS, sondern auch den frühen Beitritt zur HJ sowie zur Allgemeinen SS verschwiegen hatte. Reaktionen darauf sind in den Beständen des Ministeriums nicht ermittelt worden. Hingegen findet sich auf den Ernennungsunterlagen zum Oberregierungsrat 1964 ein Vermerk, wonach aus dem Bundespräsidialamt per Telefon nachgefragt worden sei, ob aus Florians „Eigenschaft als SS-Sturmführer keine Bedenken gegen seine beabsichtigte Ernennung" herzuleiten seien.[365] Es ist bis zu seiner Berufung zum Staatssekretär der letzte Hinweis darauf, dass sich bei Florians Ernennungen Schwierigkeiten ergeben hätten. Das änderte sich 1984. Nun wurde durch Proteste des Zentralrats der Juden in Deutschland die bundesdeutsche Presse auf die bevorstehende Ernennung aufmerksam. Fast alle großen Zeitungen berichteten über den Fall sowie über die Kritik des Zentralrats.[366] Dieser hatte in einem offenen Brief an Bundeskanzler Kohl seinen Protest eingelegt: „Auch wenn wir unsere Überzeugung beibehalten", hatte es darin u.a. geheißen, „daß die Epoche der Entnazifizierung zu Ende ist, kann damit nicht gemeint sein, daß die politische Vergangenheit des einzelnen, vor allem, wenn damit heute ein verantwortungsvolles öffentliches Amt verbunden ist, bedeutungslos geworden ist." Die jüdische Gemeinde sei enttäuscht, „daß 40 Jahre nach der Hitlertyrannei keine Möglichkeit gegeben sein soll, Spitzenpositionen im politischen Leben mit Leuten zu besetzen, die nicht aktiv waren in irgendeiner Nazi-Organisation."[367] Das Ministerium reagierte mit einer Erklärung, wonach die Waffen-SS-Mitgliedschaft von Florian sowohl Minister Kiechle als auch dem Bundeskanzleramt bekannt gewesen sei und diese Information bereits bei den Ernennungen zum Ministerialdirigenten 1968 sowie zum Ministerialdirektor 1976 vor-

---

364 BArch Pers 101/74725. Auf einem ebenso hier liegenden handschriftlichen Lebenslauf gab Florian seine Kriegszeit wie folgt an: „1940 rückte ich zum RAD ein. Nach halbjähriger Dienstleistung erhielt ich die Einberufung zum Kriegsdienst, den ich bis 1945 versah."
365 Personalakte Florian BArch Pers 101/74722.
366 Z. B.: Juden kritisieren Berufung Florians zum Staatssekretär, Die Welt, 7. November 1984, S. 6.
367 Der Brief ist abgedruckt in: Protest beim Bundeskanzler, Allgemeine Jüdische Wochenzeitung, 9.11.1984, S. 2.

gelegen hätte.[368] Damit scheint die Diskussion aber sowohl medial als auch innerhalb des Ministeriums bzw. der Bundesregierung abgeschlossen gewesen zu sein. Abgesehen von gelegentlichen Hinweisen in der Presse[369] führte Florians Ernennung offenbar zu keiner weiteren Debatte um den politischen Umgang mit NS-Vergangenheiten, wie es etwa ein Jahr später geschah, als Bundeskanzler Kohl und US-Präsident Reagan in Bitburg einen Soldatenfriedhof besuchten, auf dem auch Angehörige der Waffen-SS bestattet waren.[370] An der Entscheidung für Florian änderte sich durch den Protest des Zentralrats und die Berichterstattung nichts. Walther Florian blieb im Amt. Bis Ende Juni 1987 wurde die Amtszeit sogar noch zweimal über die Altersgrenze hinaus durch das Bundeskabinett verlängert.

---

368 Zugehörigkeit Florians zur Waffen-SS war bekannt, FAZ, 6.11.1984, S. 1. Das entspricht auch der Erinnerung von Florians Vorgänger Hans-Jürgen Rohr an Gespräche im Ministerium anlässlich der Entscheidung für Florian als zukünftigen Staatssekretär. Allerdings gab Rohr auch an, bis dahin von der Mitgliedschaft von Florian nichts gewusst zu haben. Gespräch Hans-Jürgen Rohr mit dem Verfasser sowie Ulrich Schlie, 20.2.2018.
369 Siehe z. B. Wirrwarr und große Worte. Bonns Europapolitik gerät immer mehr in Mißkredit, in: Die Zeit, 30.11.1984.
370 Z. B. Jensen, Richard J.: Reagan at Bergen-Belsen and Bitburg, Tamu 2007.

IV Aspekte von Kontinuität und Diskontinuität in der Sachpolitik nach 1949

1 Marktpolitische Grundsatzentscheidungen zwischen Regulierung und Liberalisierung

Es ist im Rahmen dieses Teilkapitels zur Bundesrepublik nicht möglich, die Geschichte der westdeutschen Agrarpolitik umfassend darzustellen. Dies ist auch gar nicht bezweckt. Abschließend seien jedoch zumindest an einigen ausgewählten Aspekten Kontinuitäten und Diskontinuitäten in der inhaltlichen Arbeit des Ministeriums skizziert und in die längeren agrarpolitischen Linien des Bandes eingeordnet. Dabei konzentriert sich die Darstellung mit der Entscheidung zwischen Liberalisierung und Regulierung, der frühen Strukturpolitik sowie der Einbindung in den Kalten Krieg bzw. in die Systemauseinandersetzung zwischen Ost und West auf drei Bereiche, die der Agrarpolitik in der alten Bundesrepublik recht schnell ihre spezifische Prägung gaben und die im Falle der ersten beiden Problemfelder auch über 1989/90 hinauswiesen. Im letzten Abschnitt wird dann der Beginn der ebenfalls sehr wichtigen Internationalisierung und Europäisierung der Agrarpolitik in den Blick genommen.

Die Aufgaben, denen sich das Ministerium nach seiner Gründung gegenübersah, waren von Anfang an vielfältig. Dazu gehörten die Neuordnung der rechtlichen Grundlagen der Agrarwirtschaft oder die Abwicklung der Überreste der NS-Agrarpolitik ebenso wie die Neuregelung der Beziehungen zum Ausland und – gerade in den ersten Jahren keineswegs zuletzt – die weitere Sicherung der Ernährungsgrundlage der westdeutschen Bevölkerung. So erlebte die Bundesrepublik 1950/51 noch einmal eine Versorgungskrise, die vor dem Hintergrund der zurückliegenden Mangeljahre verständlicherweise erhebliche Sorgen hervorrief. Auslöser war der im Juni 1950 beginnende Koreakrieg. Angesichts international reduzierter Transportkapazitäten für zivile Produkte, eines deutlichen Preisanstiegs auf dem weltweiten Nahrungsmittelmarkt, einer verstärkten Reservebildung, die in Anbetracht der politischen Krise überall auf der Welt einsetzte, sowie aufgrund sowieso bestehender Kreditengpässe der jungen Bonner Republik fiel es der Bundesregierung ab Mitte 1950 für einige Monate zunehmend schwer, die als notwendig erachtete Vorratshaltung an wichtigen Agrarprodukten sicherzustellen. In der Presse wurde bereits über einen Getreidemangel im Herbst 1951, neue „Erfassungs"-Methoden und Zwangsmaßnahmen spekuliert.[371] Das Landwirtschaftsministerium sprach von „größten Schwierigkeiten" und kritisierte zumindest implizit ein verändertes Verbraucherverhalten, das etwa zu einem deutlichen Mehrverbrauch von Zucker führte, wo die Versorgungslage sowieso schon besonders prekär war, und demgegenüber „Absatzschwierigkeiten" bei Kar-

---

371 Strothe, Alfred: Die westdeutsche Getreidesituation, Die Zeit, 22.3.1951.

toffeln bewirkte, wo die Versorgungslage günstiger war und vor allem aus eigener Produktion gesichert werden konnte.[372]

Die Krise erinnerte zum einen stark an die Agrarprobleme der ersten Jahrhunderthälfte. Es ging um „Erfassung", um die Perspektive einer neuen Zwangsbewirtschaftung. Im Landwirtschaftsministerium war man genötigt, erneut Erzeugung und Verbrauch für die unterschiedlichen Produktgruppen vorauszuberechnen und entsprechende Ernährungspläne aufzustellen, die vor allem dazu dienten, die Versorgung der Bevölkerung sicherzustellen. Die Einführung eines in der Zusammensetzung wie im Preis staatlich regulierten „Konsumbrotes" weckte zusätzliche Assoziationen zum Nationalsozialismus, der den Begriff ebenfalls für Billigprodukte verwandt hatte.[373] Auf der anderen Seite zeigte sich aber auch, dass diejenigen, die in der Industrie in Lohn und Brot standen, angesichts der dort einsetzenden Lohnsteigerungen mit einer Verteuerung von Nahrungsprodukten umgehen konnten oder dass auch in der Krise die Nachfrage nach teureren „Veredlungsprodukten" statt einfachen Grundnahrungsmitteln nicht nachließ, sondern im Gegenteil weiter zunahm. Nicht zuletzt zeigte die Krise die systematisch so widersprüchliche Diskrepanz zwischen der allgemeinen Wirtschaftsliberalisierung im Zeichen der „Sozialen Marktwirtschaft" und der weiterhin massiven Regulierung im Agrarbereich. Im Grunde machten die agrarpolitischen Konsequenzen der Koreakrise damit in gedrängter Form genau die Problemkonstellation besonders deutlich, die der Ernährungs- und Landwirtschaftspolitik in der frühen Phase der alten Bundesrepublik generell zugrunde lag und auf die die Bundesregierung bereits Mitte 1950 mit dem Beginn der spezifischen Marktordnungsgesetzgebung im Agrarbereich reagiert hatte. Denn wie und vor allem mit welchen Mitteln sollte auf eine ernährungs- und landwirtschaftliche Situation reagiert werden, in der zwar weiterhin viele Aspekte der zurückliegenden Jahrzehnte zu erkennen waren, deren politischer, gesellschaftlicher und ökonomischer Kontext sich aber radikal verändert hatte bzw. deren massiver Wandel sich abzuzeichnen begann?

Die Entscheidung, mit der die bundesdeutsche Politik auf diese Situation reagierte, ist bekannt. In den Jahren 1950 und 1951 verabschiedete der Deutsche Bundestag in schneller Folge insgesamt vier Marktordnungsgesetze zur Regulierung von Landwirtschaft und Ernährungsindustrie. Die auf dieser Gesetzgebung aufbauende Regulierung bestand grundsätzlich aus vier Elementen. Erstens stellte das Bundesministerium in Zusammenarbeit mit den Länderbehörden für jedes Jahr einen Versorgungsplan für die jeweilige Produktgruppe auf und legte damit insbesondere fest, in welcher Größenordnung Importe notwendig waren. Zweitens konnte durch die Bundesregierung die Verwendung und Verarbeitung der jeweiligen Produkte reguliert werden. Zum Beispiel, wie durch das Getreidegesetz ermöglicht, indem das Mischungsverhältnis bei Backwaren festgelegt wurde. Ein dritter Mechanismus bestand in der gesetzlichen Festsetzung von Preisen. Und viertens wurde eine Importsteuerung

---

[372] Siehe die Darstellung in: Niklas, Sorgen, S. 17–24, Zitate S. 19. u. 22.
[373] Zündorf, Preis, S. 121 f., die hier auch auf die Assoziation mit „Kommissbrot" hinweist.

über die sogenannten Einfuhr- und Vorratsstellen fortgeführt. Alle diese Elemente waren bereits in das Getreidegesetz vom 4. November 1950 aufgenommen worden.[374]

Bezogen auf die Frage von Kontinuität und Diskontinuität entschied sich die bundesdeutsche Politik in der Situation von 1950/51 damit für ein deutliches Anknüpfen an bekannte Rezepte und gegen die Liberalisierung im Sinne der Sozialen Marktwirtschaft. Mit der Marktordnung im Agrarbereich wurde, so zum Beispiel Irmgard Zündorf, die „Ausgliederung der Landwirtschaft aus dem Konzept der Sozialen Marktwirtschaft [...] festgelegt."[375] Die Marktordnungsgesetze setzten damit die beiden Großtrends der Agrarpolitik im 20. Jahrhundert zum Protektionismus sowie zur staatlichen Intervention fort und definierten die Landwirtschaft somit einmal mehr als einen ökonomischen Sonderbereich, der den „normalen" Wirtschaftsmechanismen entzogen werden musste.

An welche Vergangenheit damit aber genau angeknüpft wurde und welche Mechanismen dabei wirksam wurden, ist weniger einfach zu beantworten. Alternativen waren zeitgenössisch durchaus denkbar, das machte nicht nur die gewerkschaftliche Kritik oder die von einem Politiker wie Hamburgs Ernährungssenator Friedrich Frank von der SPD an zu starken Regulierungen deutlich,[376] sondern auch die beiden konkurrierenden Gutachten, die der „Ausschuß für landwirtschaftliche Marktordnung" als Vorläufer des Wissenschaftlichen Beirats des Ministeriums Anfang März 1950 nach langen Beratungen der Öffentlichkeit vorgelegte. Das „Gutachten A", das von den Agrarwissenschaftlern im Ausschuss vertreten wurde, sprach sich für eine möglichst schnelle und weitgehende Liberalisierung der Agrarpolitik aus und distanzierte sich ausdrücklich von den Maßnahmen aus der Zeit der Weltwirtschaftskrise sowie des Nationalsozialismus. „Eine Übertragung der Lehren aus den Jahren 1929/32 oder 1933/39 auf die Gegenwart wäre", so das Gutachten, „ein schwerer Fehler." Nur zur Lösung einzelner Aufgaben ließen sich „Erfahrungen aus jenen Jahren nutzbringend verwerten".[377] Ansonsten ging das Gutachten von den positiven Anreizen einer „Wettbewerbsordnung" für landwirtschaftlich Betriebe wie für Verbraucher aus und empfahl eine Wirtschaftspolitik, die deutlich mache, dass regulierende Eingriffe nur „*vorübergehende Notbehelfe*" seien. Dies bedeutete für die Autoren zum Beispiel keineswegs, dass „jeder einzelne Zweig" der westdeutschen Landwirtschaft „Pflege und außenhandelspolitischen Schutz" verdiene. Im Gegenteil, so das Gutachten in

---

[374] „Gesetz über den Verkehr mit Getreide und Futtermitteln (Getreidegesetz)", BGBl, 8.11.1950, S. 721–725.
[375] Zündorf, Preis, S. 129.
[376] Vgl. die Beiträge von Frank auf der Sitzung des Agrarausschusses des Bundesrats vom 19.1.1950. BArch B 116/14334. Ironischerweise sprach sich damit der SPD-Vertreter im Ausschuss für den möglichst freien Markt aus. Zu den ähnlichen Positionen der Gewerkschaften z. B.: Zündorf, Preis, S. 129 f.
[377] Gutachten des Ausschusses für landwirtschaftliche Marktordnung. Bonn, 1.3.1950, in: Der Wissenschaftliche Beirat beim Bundesministerium für Ernährung, Landwirtschaft und Forsten, Sammelband der Gutachten von 1949 bis 1974, hg.v. Bundesministerium für Ernährung, Landwirtschaft und Forsten. Hiltrup bei Münster 1975, S. 46–85, hier S. 52. [Gutachten A]

seiner abschließenden Passage, soweit Marktregelungen „dazu bestimmt sind, den Wettbewerb auszuschalten, widersprechen sie den Grundsätzen der Wettbewerbsordnung."[378]

„Gutachten B" formulierte die Position der Mitglieder des Ausschusses, die staatliche Behörden sowie die Verbände vertraten. Ganz anders als das Konkurrenzgutachten präsentierte es die Agrarregulierungen der Zwischenkriegszeit als positive Erfahrungen, an die nun angeknüpft werden könne. Selbst die nationalsozialistische Agrarpolitik wurde nicht völlig verworfen, man müsse vielmehr zu einer „unvoreingenommenen Beurteilung" der Marktregulierungen der Zwischenkriegszeit kommen. Allerdings wurden diese Erfahrung nicht nur in einen größeren historischen Kontext eingeordnet, sondern zudem internationalisiert. Die direkten Lehren zog das Gutachten nicht aus dem Dritten Reich, sondern aus der Spätphase Weimars sowie insbesondere aus der Agrarpolitik des *New Deal* in den USA.[379] Am Ende wurden Regulierungsmaßnahmen nicht als Notbehelfe, sondern als erprobtes Mittel der Agrarpolitik empfohlen, die auf deren spezifische Problemlagen seit Jahrzehnten so erfolgreich angewandt wurden, dass selbst die „Ernährungswirtschaft im zweiten[!] Weltkriege in den meisten kriegführenden Ländern wesentlich effektvoller und freier von groben Irrtümern war als im ersten[!] Weltkrieg."[380] Bei aller Ablehnung einer strikten Preispolitik, einer Autarkiepolitik im Stile des Nationalsozialismus oder von Zwangsmaßnahmen, die sich in der Stellungnahme auch fand, gipfelte das Gutachten dabei in ganz erstaunlichen Sätzen. Sie machen deutlich, dass die Autoren erstens strikt aus einer landwirtschaftlichen Perspektive heraus dachten (und nicht von einem Zusammenspiel aus Erzeugern und Konsumenten) und zweitens, dass diese Konzeption mit der Sozialen Marktwirtschaft im Sinne Erhards tatsächlich nur sehr wenig zu tun hatte: „Gerade die intensive und vielseitige europäische Landwirtschaft", so hieß es gleich zu Beginn des Gutachtens, „erfordert von dem Landwirt, der auf der Höhe der Technik bleiben und aus dem ihm anvertrauten Boden Höchstleistungen für sich und seine Familie und die Volkswirtschaft herausholen soll, ein so hohes Maß von Fachkenntnis, beruflicher Passion und nie ermüdender Aufmerksamkeit für die Erfordernisse des Betriebes, *daß er von der Sorge für den Absatz seiner Produkte und insbesondere von der ständigen Verfolgung eines unübersichtlichen Marktes möglichst entlastet sein sollte.*"[381] Damit war eine ökonomische Sonderstellung behauptet, die in durchaus ähnlichen Worten immer wieder auch von führenden Nationalsozialisten formuliert worden war, etwa wenn Walther Darré 1933 im Kabinett davon sprach, dass die Bauern, „außerhalb des wirtschaftlichen Kampfes" gestellt werden müssten.[382]

---

378 Ebd., S. 60 u. 65. [Hervorhebungen im Original]
379 Ebd., S. 66–71, Zitat S. 68.
380 Ebd., S. 70.
381 Ebd., S. 66. Hervorhebung von mir.
382 Beratungen zum Entwurf des Reichserbhofgesetz im Kabinett am 26.9.1933, in: Das Familien- und Erbrecht unter dem Nationalsozialismus. Ausgewählte Quellen zu den wichtigsten Gesetzen und

Niklas und seine wichtigsten Mitarbeiter, so hat es Ulrich Kluge formuliert, „favorisierten das Gutachten B von Anfang an."[383] Nach außen verwies das Ministerium zwar regelmäßig darauf, dass es als „Ernährungs- und Landwirtschaftsministerium" einen Ausgleich zwischen den Interessen von Konsumenten und Produzenten herzustellen habe. *De facto* zielte die Marktordnung der ersten Phase der alten Bundesrepublik aber erst einmal auf den Schutz der eigenen Landwirtschaft. Es ging darum, wie Staatssekretär Sonnemann im Rückblick schrieb, einen „Schutzwall" zu schaffen, „hinter dem die deutsche Landwirtschaft sich auf den bevorstehenden Wettbewerb vorbereiten konnte". Das Landwirtschaftsministerium entschied sich unter den zwei Richtungen, die im wissenschaftlichen Beirat aufeinandergeprallt waren, für den Weg von Marktordnungsgesetzen. Dabei verhalf der Kontext der Koreakrise, der die Argumentation von Gutachten B wie Ministerium, wonach sich Agrarpolitik in unsicheren außenpolitischen Zeiten immer auf den Notfall vorbereiten müsse, ebenso zu zusätzlicher Durchschlagskraft wie die Erinnerung an die noch nicht lange zurückliegende Mangelversorgung. „Unsere Lage", so die Gesetzesbegründung der Bundesregierung zum Getreidegesetz, „wird also in jedem Fall auch unter den günstigsten Umständen zumindest noch für einen längeren Zeitraum durch eine kaum noch zu überbietende Unsicherheit gekennzeichnet. Diese Erkenntnis zwingt dazu, dass seitens des Staates die unbedingt notwendigen Massnahmen zur Sicherung des Brotgetreidebedarfs getroffen werden."[384] Den Vorwurf, damit sei die Reichsnährstandspolitik fortgesetzt worden, wies Sonnemann interessanterweise im Nachhinein nicht ganz von der Hand. Das treffe sicher für „gewisse Grundzüge", auch für einige „äußere Formen" zu. Der Unterschied habe aber darin bestanden, „daß unsere Marktordnungen keinerlei Eingriffe in den einzelnen Betrieb vorsahen. Sie enthielten kein Instrumentarium für eine Wirtschaftsplanung und noch weniger für eine Wirtschaftslenkung." Das ist insofern richtig, als ein Instrument wie die im Nationalsozialismus eingeführte Hofkarte nicht existierte. Was Sonnemann hier unterschlug, war aber zumindest, dass in einem frühen Entwurf des Ministeriums zumindest die Möglichkeit einer Ablieferungspflicht noch vorgesehen war.[385] Auch andere Mitarbeiter des Ministeriums äußerten sich nach 1945 nicht völlig ablehnend zur NS-Agrarpolitik. Neben dem weitverbreiteten Topos, dass diese die Ernährungsversorgung im Zweiten Weltkrieg ja immerhin erfolgreich aufrechterhalten habe, äußerte sich etwa Friedrich Steding in seinen Memoiren zwar vorsichtig, aber im Kern positiv über die „Leistung" der NS-Agrarminister.[386]

Projekten aus den Ministerialakten, eingeleitet von Werner Schubert, Paderborn u. a. 1993, S. 1009–1013, hier S. 1010 f.
383 Kluge, Vierzig Jahre, Bd. 1, S. 118.
384 Entwurf eines Gesetzes über den Verkehr mit Getreide und Futtermitteln, 28.4.1950, Anlage: Begründung zum Getreidegesetz, S. 3. BArch B116/508.
385 Undatierter Gesetzentwurf zum Entwurf vom 7.2.1950, S. 1f. BArch B 116/508.
386 Steding, Agrarpolitik, z. B. S. 22f.

Insgesamt erscheint die NS-Agrarpolitik im Umkreis des Getreidegesetzes aus der Perspektive des Ministeriums als extreme Variante einer grundsätzlich in der Zwischenkriegszeit richtigen und erfolgreichen Marktordnungspolitik. Insofern gab es aus ministerieller Sicht keinen Grund, diesen länger bestehenden Pfad zu verlassen. Konkret bedeutete dies, dass auch NS-Regelungen übernommen werden konnten, die aber eben als Teil dieser längeren Entwicklung begriffen und präsentiert wurden. Bei der Entwicklung der eigenen Marktordnung bediente man sich entsprechend aus einem Instrumentenkasten, der im Kern allerdings vor 1933 entwickelt worden war, den aber ebenso der Nationalsozialismus genutzt hatte und für den die Einfuhr- und Vorratsstellen, bei denen Funktionsweisen wie Organisationsbestimmungen aus der späten Weimarer Republik sowie dem Dritten Reich häufig wortgleich übernommen wurden, vermutlich die besten Beispiele sind.[387] Argumentativ bediente sich diese Politik eines Duktus, den Kiran Patel einmal als „Gestus des Unbedingten" bezeichnet hat. Dieser argumentierte allenthalben mit dem nationalen Notfall, für den der Staat gerade im Agrarbereich vorsorgen müsse, und machte, wie die Gesetzesbegründung zum Getreidegesetz, die Nahrungsmittelversorgung zu einer Sache, die im „Leben vieler Völker [...] Aufstieg und Untergang" bedeutet habe.[388]

Was die Kontinuität der Formen und Instrumente anbelangt, wird der Kontinuitätsverlauf innerhalb der Marktordnungsgesetze, wie gerade erwähnt, an den Einfuhr- und Vorratsstellen am deutlichsten. Auch die Vorratsstellen knüpften dabei zunächst an entsprechende Institutionen in der Zonenverwaltung an und hatten in den „ernährungswirtschaftlichen Reichsstellen" zumindest „Funktionsvorgänger"[389] vor 1945. Solche Reichsstellen waren, nach einer Vorgeschichte im Ersten Weltkrieg, ursprünglich in den Jahren ab 1930 eingerichtet worden und dienten der Bewirtschaftung des Außenhandels, zu dem das Reich in Folge der Weltwirtschaftskrise von 1929 auch im Feld der Ernährungswirtschaft zunehmend übergegangen war. Als Instrumente der außen- wie binnenwirtschaftlichen Marktregulierung stellten sie hinsichtlich der institutionellen Ausgestaltung wie der durch sie zur Verfügung gestellten Mechanismen somit einen der wichtigsten Kontinuitätsfaktoren in der deutschen Landwirtschaftspolitik vom Ersten Weltkrieg über die späte Weimarer Republik sowie den Nationalsozialismus bis in die Bundesrepublik dar.[390] Vorratsstellen wie Reichsstellen besaßen einen Verwaltungsrat, in dem die landwirtschaftlichen Interessenvertretungen einen oder mehrere Sitze hatten, sowie einen zuvor vom Reichs-, jetzt

---

387 Zum Teil wortgleiche Passagen, z. B.: Vgl. „Erste Durchführungsverordnung zum Getreidegesetz; Einfuhr- und Vorratsstelle für Getreide und Futtermittel" vom 2.2.1951 mit „Satzung der Einfuhr- und Vorratsstelle für Getreide und Futtermittel." BGBl. 1951, S. 82–86 sowie „Maisgesetz" vom 26.3.1930. RGBL (1930), S. 88 f. mit „Verordnung zur Ausführung des Maisgesetzes" vom 31.3.1930, Ebd., S. 111 ff. sowie „Gesetz über die Umwandlung der Reichsmaisstelle" vom 30.5.1933. RGBl. 1933, S. 313 f.
388 Entwurf eines Gesetzes über den Verkehr mit Getreide und Futtermitteln, 28.4.1950, Anlage: Begründung zum Getreidegesetz, S. 2, BArch B 116/508.
389 Nobis, Bundesministerium, S. 108.
390 Zur Einrichtung und Funktionsweise der Reichsstellen siehe Corni/Gies, Brot, S. 150–154.

vom Bundesministerium bestellten Vorstand, der für die Geschäftsführung zuständig war. Auch die Funktionsweise der Vorratsstellen entsprach in entscheidenden Punkten der der Reichsstellen. Importeure hatten ihre Waren den jeweiligen Stellen zum Kauf „anzudienen". Diese konnten die Produkte übernehmen, musste dies aber nicht. Wurde die Ware übernommen, kaufte sie der Importeur zu einem festgelegten Preis zurück und konnte sie so auf den Markt bringen. Auf diese Weise ließen sich sowohl Preisunterschiede zwischen einheimischer Produktion und dem Weltmarkt ausgleichen als auch die Mengen regulieren. Auch das Instrument der Vorratsbildung hatten bereits die „Reichsstellen" gehabt. Bei allen Anknüpfungspunkten über 1945 hinweg sind allerdings die jeweiligen Funktionen zu beachten. Stand die Errichtung der ersten Reichsstelle in der Weimarer Republik deutlich im Kontext der keineswegs nur in Deutschland vollzogenen Abkehr von einem freien Welthandel im Zuge der Weltwirtschaftskrise, so dienten die schließlich fünf Reichsstellen im Dritten Reich letztendlich der Kontrolle des Agrarmarkts im Sinne der Ziele des Regimes.[391] Demgegenüber standen bei der (Wieder-)Errichtung der „Einfuhr- und Vorratsstellen" nach 1945 zunächst die Versorgungsverbesserung und dann der in der Marktgesetzgebung von 1950/51 etablierte Schutz der eigenen Landwirtschaft vor dem Weltmarkt im Zentrum.

2 Modernisierung und „Parität": Strukturpolitik des ländlichen Raums in der frühen Bundesrepublik

Die vom Bundesministerium vorangetriebenen Marktordnungsgesetze griffen agrarpolitische Formen der Vorkriegszeit sowie der Besatzungsära auf und führten sie weiter. Sie bedeuteten darüber hinaus eine Entscheidung für die landwirtschaftliche Perspektive und damit für die (nationale) Produktionsseite. „Was uns verband", so Theodor Sonnemann über seine Zusammenarbeit mit Wilhelm Niklas, „war vor allem eine von vornherein gegebene Übereinstimmung in Grundbegriffen und Zielen. Was wir wollten, war einfach und klar: Wir wollten eine auch in ökonomischer Linie leistungsfähige Landwirtschaft und ein gesundes, lebensfähiges Bauerntum als wichtigen Bestandteil unserer Gesellschaftsordnung erhalten."[392] Zu diesem Zweck pflegte man von Anfang an engen Kontakt zu den landwirtschaftlichen Interessenvertretungen, was angesichts der im Gegensatz zu Weimar weitgehenden Monopolisierung der Verbandsstrukturen durch den Deutschen Bauernverband den Eindruck, hier werde die Reichsnährstandspolitik fortgesetzt, noch einmal verstärkte.

Die vor diesem Hintergrund etablierte Marktordnung, die vor allem dazu gedacht war, die eigene Landwirtschaft zu schützen, bedeutete allerdings nicht, dass in der frühen Bundesrepublik auf eine aktive Strukturpolitik verzichtet worden wäre. Ganz

---
391 Ebd., S. 154.
392 Sonnemann, Gestalten, S. 118.

im Gegenteil, auch in den ersten beiden Jahrzehnten der Bonner Republik bildete die Frage, wie die Strukturen der Landwirtschaft verbessert werden könnten, einen der bestimmenden Aspekte der Agrarpolitik. Die Diskussion um Strukturmaßnahmen hatte dabei zwei Hauptstränge. Zum einen ging es um die internationale Position. Die bundesdeutsche Landwirtschaft sollte für den Wettbewerb mit der europäischen und nordamerikanischen Konkurrenz fit gemacht werden. Im zweiten und für die innenpolitischen Auseinandersetzungen ungleich wichtigeren Strang drehte sich die Diskussion um die sogenannte Parität. Der – populäre – Kern dieser Debatte bestand in der Beobachtung, dass die Einkommensgewinne in der Industrie seit dem einsetzenden Wirtschaftswunder deutlich höher ausfielen als in Land- und Forstwirtschaft. „Parität" bedeutete also die gerechte Teilhabe des Agrarsektors an der beginnenden bundesdeutschen Wohlstandsgesellschaft. Strukturmaßnahmen kamen ins Spiel, weil allein mit Subventionen dieses Ziel nicht erreichbar schien. Die Betriebe mussten ebenso effektiver und rationeller arbeiten.

Entsprechende Fördermaßnahmen erfolgten in der Agrarpolitik der 50er und 60er Jahre in einer ganzen Reihe von Bereichen. Dazu gehörte die Förderung der Technisierung ebenso wie die der landwirtschaftlichen Forschung, Bildung und Beratung, Kredithilfen oder die Förderung der agrarwirtschaftlichen Infrastruktur, zum Beispiel beim Bau von land- und forstwirtschaftlichen Wegen. Die meisten dieser Maßnahmen wurden sowohl vom Bund als auch von den Ländern finanziell getragen.[393] So wendete der Bund bis 1967 fast 900 Millionen DM für den landwirtschaftlichen Wegebau auf, die Länder gute 500 Millionen. Für die Wasserversorgung in ländlichen Gebieten stellten Bund und Länder bis 1967 fast 2,5 Milliarden DM zur Verfügung, wobei fast 70 % der Summe hier auf die Bundesländer entfiel. Damit erhielten u. a. fast fünf Millionen Menschen in ländlichen Gemeinden eine „geordnete Wasserversorgung"[394] – im Übrigen nur ein Beispiel dafür, welche Modernisierungsdynamiken im ländlichen Raum in der frühen Bundesrepublik stattfanden. Für Kreditverbilligung und Investitionsbeihilfen schüttete der Bund über 1,8 Milliarden DM aus. Ziel war es auch hier, die Modernisierung und Rationalisierung zu fördern. Zu den wohl wichtigsten und vor allem den nach außen sichtbarsten Maßnahmen wurden allerdings die Flurbereinigung sowie das damit eng verbundene landwirtschaftliche Siedlungswesen. Gebündelt bzw. einer systematischen Konzeption unterworfen wurden die Einzelmaßnahmen schließlich durch das Landwirtschaftsgesetz von 1955, das auf Jahrzehnte zu so etwas wie dem Grundgesetz der Agrar(struktur)politik werden sollte.

Auch die Entstehungsgeschichte des Landwirtschaftsgesetzes begann mit dem erwähnten Treffen des Bauernverbandes mit der Bundesregierung am 17. Februar 1951. Die bei dieser Gelegenheit von Adenauer ausgesprochene Anerkennung der Paritätsforderung führte in der Folge zu regelmäßigen Forderungen von Seiten der Bau-

---

[393] Eine Aufstellung der Fördermaßnahmen bis 1967 findet sich in: Chronik der Agrarpolitik und Agrarwirtschaft in der Bundesrepublik Deutschland von 1945–1967. Bearbeitet von Wilhelm Magura. Hamburg/Berlin 1970 (=Berichte über Landwirtschaft 185. Sonderheft), S. 84–89.
[394] Ebd., S. 86.

ernvertreter nach einem „Paritätsgesetz". In Gesprächen zwischen dem Landwirtschaftsministerium und der Spitze des Bauernverbandes vereinbarten beide Seiten im August und September des darauffolgenden Jahres, dass nicht das Ministerium, sondern der Bauernverband ein entsprechendes Gesetz ausarbeiten sollte. Das Ministerium wiederum sagte seinen „sachverständigen Rat" zu.[395] Ende 1953 lag der Entwurf des Verbandes vor, später brachten aber auch die CDU/CSU mit der DP sowie die FDP eigene Anträge ein, so dass insgesamt drei Entwürfe vorlagen. Spätestens Ende 1954 hatte der Begriff „Landwirtschaftsgesetz" den ursprünglichen Namen „Paritätsgesetz" verdrängt. Als das Gesetz am 8. Juli 1955 im Bundestag verabschiedet wurde, geschah dies im Übrigen fast einstimmig, lediglich zwei Abgeordnete stimmten dagegen.[396]

Obwohl der Bauernverband dem Gesetzentwurf zwischenzeitlich seine Zustimmung entzogen hatte,[397] kann das Landwirtschaftsgesetz durchaus als Teilerfolg des Verbandes betrachtet werden. Das Gesetz schrieb einmal mehr die Sonderrolle der Landwirtschaft fest, indem es in § 1 deren „bestehende[n] naturbedingte[n] und wirtschaftliche[n] Nachteile gegenüber anderen Wirtschaftsbereichen" anerkannte.[398] Gleichzeitig war die Bundesregierung aufgerufen, diese Nachteile auszugleichen. Auf der anderen Seite waren die Maßnahmen aber nicht exakt festgelegt, auch was „Ausgleich" genau bedeutete, blieb offen. Das Wort „Parität" fehlte in dem Gesetzestext. Die Bundesregierung blieb verpflichtet, im jährlichen „Grünen Bericht" über das Verhältnis von Ertrag und Aufwand zu berichten und die Situation der Landwirtschaft mit der „vergleichbarer Berufs- und Tarifgruppen" in Beziehung zu setzen. Zudem hatte sie sich dazu zu „äußern", mit welchen Maßnahmen sie das allgemeine Ziel im Sinne von § 1 erreichen wollte („Grüner Plan"). Auch wenn die Ausarbeitung anderen überlassen worden war, konnte das Gesetz damit ebenso aus Sicht des Landwirtschaftsministeriums als Erfolg betrachtet werden. In der entscheidenden Kabinettssitzung setzte sich Lübke mit Hilfe Adenauers gegen die Einwände unter anderem des Wirtschaftsressorts durch, das einmal mehr einen Verstoß gegen den allgemeinen marktwirtschaftlichen Kurs der Bundesregierung befürchtete. Adenauer betonte demgegenüber, „daß man die verschiedenen Wirtschaftszweige kaum miteinander vergleichen könne. Die Landwirtschaft sei besonderen wirtschaftlichen Gesetzen unterworfen."[399] Auf der anderen Seite blieb das Landwirtschaftsministerium bei der Entwicklung der Maßnahmen weitgehend frei, eine „Verpflichtung" oder ein „Automatismus" zu bestimmten Maßnahmen oder einer genauen Förderhöhe entstand aus dem „Grünen Bericht" nicht. Insofern erhielt das Landwirtschaftsmi-

---

[395] BMEL an den Bauernverband, Durchschrift, 4.9.1952, BArch B 116/880, 65 f. u. Internes Schreiben MR Büchner, 19.5.1953, 145 f.
[396] Kluge, Vierzig Jahre Bd. 1, S. 229.
[397] Vgl. z. B. die Erklärung der Mitgliederversammlung des Deutschen Bauernverbandes zur Agrarpolitik vom 5..5.1955. BArch B 116/881, 244.
[398] Text des Landwirtschaftsgesetz vom 5.9.1955: BGBl. 1955, S. 565 f.
[399] Kabinettsprotokolle, 8.6.1955.

nisterium entgegen der Forderung des Bauernverbandes vor allem nach direkten Förderungen über die Preispolitik oder direkte Subventionen die Freiräume für eine Strukturpolitik, deren Notwendigkeit das Ministerium unter Heinrich Lübke regelmäßig betont hatte. Wo die Interessen des Hauses lagen, wurde im Vorfeld des Gesetzgebungsverfahrens aus einer zunächst nur für den Dienstgebrauch bestimmten Denkschrift „Paritätsforderung und Ertragslage der westdeutschen Landwirtschaft" klar, die von den Abteilungen IV und VI „Agrarwesen" sowie „Planung und Wirtschaftsbeobachtung" erstellt worden war und die im Auftrag von Staatssekretär Sonnemann an alle Abteilungsleiter versandt wurde.[400] Darin wurde als „wichtigste[s] Mittel", um die agrarpolitischen Ziele zu erreichen, die „Verbesserung der Agrarstruktur" genannt und anschließend eine Fülle von entsprechenden Maßnahmen beschrieben. Andere Maßnahmen wie steuerliche Erleichterungen oder Preissenkungen kennzeichnete das Papier als nachrangig. Diese seien dennoch zu treffen, da die Schritte „zur Steigerung der Leistungs- und Wettbewerbsfähigkeit der westdeutschen Landwirtschaft [...] sich auf ihre Lage erst in einem längeren Zeitraum in vollem Umfang auswirken" würden.[401]

Bei den als Strukturmaßnahmen genannten Maßnahmen standen die Flurbereinigung sowie die landwirtschaftliche Siedlung an erster Stelle. Tatsächlich hatte das Ministerium, während der Bauernverband an seinem Paritätsgesetz arbeitete und dabei vom Landwirtschaftsministerium freundlich unterstützt wurde,[402] vor allem auch ein neues Flurbereinigungsgesetz vorbereitet.[403] Das im Juli 1953 in Kraft getretene Gesetz ist mit seinen 159 Paragraphen eines der komplexesten Gesetzeswerke der frühen Jahre überhaupt. „Zur Förderung der landwirtschaftlichen und forstwirtschaftlichen Erzeugung und der allgemeinen Landeskultur" könne, so das im Gesetz genannte Ziel „zersplitterter oder unwirtschaftlich geformter ländlicher Grundbesitz nach neuzeitlichen betriebswirtschaftlichen Gesichtspunkten zusammengelegt, wirtschaftlich gestaltet und durch andere landeskulturelle Maßnahmen verbessert werden."[404] Durchgeführt wurde die Flurbereinigung in einem amtlichen Verfahren, wobei die zuständigen Flurbereinigungsbehörden ein Verfahren auch anordnen konnten, „wenn sie die Voraussetzungen für eine Flurbereinigung und das Interesse der Beteiligten für gegeben" hielten. Die Beteiligten der Flurbereinigung, also vor

---

400 „Paritätsforderung und Ertragslage der westdeutschen Landwirtschaft", 17.9.1954, BArch B 116/880, 182–210.
401 Ebd., 198 u. 204.
402 Angesichts der dann doch deutlich abweichenden Ziele von Bauernverband und Ministerium erscheint es nicht ausgeschlossen, dass Sonnemann und Niklas dem Bauernverband die Initiative absichtlich zuschoben. Damit überließ das Ministerium anderen den Widerspruch gegen die harten Paritätsforderungen des Verbandes. Zu dieser bemerkenswerten Vorgeschichte des Gesetzes vgl. ebenso Kluge, Agrarpolitik, S. 227 ff.
403 Die Entstehungsgeschichte des Gesetzes ist dokumentiert in: Weiß, Erich (Hg.): Quellen zur Entstehungsgeschichte des Flurbereinigungsgesetzes der Bundesrepublik Deutschland von 1953. Frankfurt/M. 2000.
404 Flurbereinigungsgesetz, BGBl. 1953, S. 591–614, hier S. 591.

allem die Grundstückseigentümer, bildeten eine Teilnehmergemeinschaft, die allerdings unter Aufsicht der Flurbereinigungsbehörde stand. Letztere stellte ebenso den „Flurbereinigungsplan" auf, mit dem auch gemeinschaftliche Anlagen, Straßen und Wege, Gewässer, Hof- und Gebäudeflächen, Naturschutzgebiete oder selbst Friedhöfe verändert werden konnten. Die Teilnehmer waren zu hören und ihnen stand ebenso ein Beschwerderecht zu. Die Durchführung der Flurbereinigung geschah grundsätzlich durch die Länder, die allerdings durch das Bundesgesetz aufgefordert waren, diese „als eine besonders vordringliche Maßnahme zu betreiben."[405] Für besondere Fälle, unter anderem im Zusammenhang mit großen Infrastrukturmaßnahmen wie Autobahnen oder Siedlungsprojekten sowie bei der Bereitstellung von Land für Unternehmen, waren Sonderregelungen bestimmt. Für weniger komplizierte Verfahren war ein beschleunigtes Vorgehen definiert.

In engem Zusammenhang mit der Flurbereinigung wurde im Ministerium die Siedlungspolitik betrachtet. Die interne Denkschrift zum Paritätsproblem aus dem September 1954 nannte die „Siedlung" als dritte große Maßnahme neben Flurbereinigung und Aufstockung kleinerer Betriebe, um die Agrarstruktur zu verbessern.[406] Gesetze zur Förderung der ländlichen Siedlungspolitik waren in der frühen Bundesrepublik sowohl für die Eingliederung von Heimatvertriebenen und Flüchtlingen geschaffen worden als auch zur allgemeinen Förderung der landwirtschaftlichen Siedlung. So bestimmte das Bundesvertriebenengesetz vom 19. Mai 1953, wie „Vertriebene und Sowjetzonenflüchtlinge, die aus der Landwirtschaft stammen", auch in Westdeutschland in die „Landwirtschaft eingegliedert werden" sollten. Im fast zeitgleich in Kraft getretenen „Gesetz zur Förderung der landwirtschaftlichen Siedlung" wurden dann insbesondere einheimische nachgeborene Bauernsöhne[!], Landarbeiter oder Pächter als förderungswürdige Siedlungsbewerber genannt.[407] Allein im laufenden Jahr, so rechnete die Denkschrift aus dem September 1954 vor, seien aus Haushaltsmitteln des Bundes, der Länder sowie aus Lastenausgleichsmitteln etwa 600 Millionen DM an Darlehen und Beihilfen für über 19.300 Siedlungsstellen vorgesehen. Insgesamt beliefen sich die Mittel zur Förderung der Ländlichen Siedlung von 1945 bis 1967 auf über 7,6 Milliarden DM, die etwa 150.000 Neusiedlerstellen zugutekamen.[408]

Nimmt man die Möglichkeiten zur Gestaltung der Agrarstruktur, die sich aus dem Landwirtschaftsgesetz, der Flurbereinigung sowie der Siedlungsgesetzgebung ergaben, zusammen und fragt nach Aspekten von Kontinuität und Diskontinuität, so partizipierten diese Formen von Strukturpolitik je nach den konkreten Bestimmungen

---

[405] Ebd., S. 591.
[406] „Paritätsforderung und Ertragslage der westdeutschen Landwirtschaft", 17.9.1954, BArch B 116/880, 201.
[407] Gesetz über die Angelegenheiten der Vertriebenen und Flüchtlinge (Bundesvertriebenengesetz), BGBl., 22.5.1953, S. 201–221, Zitat S. 207 u. Gesetz zur Förderung der landwirtschaftlichen Siedlung, BGBl., 22.5.1953, S. 224.
[408] „Paritätsforderung und Ertragslage der westdeutschen Landwirtschaft", 17.9.1954, BArch B 116/880, 201; Chronik Agrarpolitik 1945–1967, S. 85.

an drei Zeitschichten. Das Flurbereinigungsgesetz etwa nahm zum einen Regelungen auf, die so oder so ähnlich in der Reichsumlegungsordnung von 1937 zu lesen waren. Abgesehen davon, dass die Texte von 1953 und 1937 in weiten Teilen wortgleich waren und derselben Systematik folgten,[409] übernahm das bundesdeutsche Gesetz damit grundlegende Bestimmungen, mit denen die NS-Ordnung zusammen mit dem ein Jahr zuvor in Kraft getretenen Reichsumlegungsgesetz der Flurbereinigung in Deutschland zumindest als reichsweite Vorschrift eine neue Richtung gegeben hatte. Insbesondere konnte nun die Flurbereinigung von Amts wegen angeordnet werden, ohne dass dies von einem festgeschriebenen Anteil der Betroffenen hätte verhindert werden können. Eine solche Regelung war zwar in manchen deutschen Ländern ab 1933 schon eingeführt worden, in anderen aber nicht, und auch die amtliche Führung des Verfahrens galt nicht überall, bevor die erste reichsweite Regelung von 1936 dies bestimmte.[410] Fortgeführt wurden auch die besonderen Bestimmungen für größere „Unternehmungen" wie Straßen-, Autobahn- oder Eisenbahnbau. Auch wenn offensichtlich nationalsozialistische Passagen, wie solche zu Erbhöfen oder zur Förderung des „deutschen Bauerntums" herausgenommen waren, wurden hier in wichtigen Aspekten die strukturpolitisch im Vergleich zu den Jahrzehnten zuvor deutlich rigideren Regelungen des Dritten Reichs fortgeführt. Allerdings war nun nicht nur der Föderalismus mit der Anerkennung der Länderautonomie in diesem Bereich hereingenommen, sondern ebenso die Beschwerdemöglichkeiten der „Teilnehmer" erweitert und an den demokratischen Rechtsstaat angepasst (z. B. Flurbereinigungsgesetz, § 60 sowie § 138–148). Es sind solche Regelungen, die die These Kluges von den demokratisierenden Tendenzen in der frühen Bonner Agrarpolitik durch Anerkennung der Interessen aller Beteiligten auch für die Agrarstrukturpolitik anwendbar machen.[411] Sie gehören der spezifischen bundesrepublikanischen Zeitschicht der Agrarstrukturpolitik an. Entsprechende Aspekte waren auch im Landwirtschaftsgesetz zu finden, das etwa ausdrücklich die Freiwilligkeit der Angaben bei den Erhebungen für den „Grünen Bericht" festgelegte.[412] Sie entsprachen im Übrigen ebenso den Forderungen

---

409 Vgl. schon den Aufbau des Bundesgesetzes mit der Reichsumlegungsordnung, RGBl., 18.6.1937, S. 629–648. Was die vielen wortgleichen Übernahmen anbelangt, so hieß es in der Reichsumlegungsordnung etwa in § 18: „Die Teilnehmergemeinschaft steht unter der Aufsicht der Umlegungsbehörde. Durch die Aufsicht ist sicherzustellen, daß die Teilnehmergemeinschaft im Einklang mit den Gesetzen und mit den Zielen dieser Verordnung handelt." Ebd., S. 613. Im Gesetz von 1953 war in § 17 zur Teilnehmergemeinschaft, die wie 16 Jahre zuvor als Körperschaft des öffentlichen Rechts organisiert war, zu lesen: „Die Teilnehmergemeinschaft steht unter der Aufsicht der Flurebereinigungsbehörde. Durch die Aufsicht ist sicherzustellen, daß die Teilnehmergemeinschaft im Einklang mit dem Zweck dieses Gesetzes handelt." Flurbereinigungsgesetz, BGBl., 18.7.1953, S. 593.
410 Einen Überblick über die wichtigsten historischen Bestimmungen der Flurbereinigung in Deutschland bietet: Heinrichs, Wolf-Christian: Die Neuordnung des ländlichen Raumes durch Flurbereinigung. Unter besonderer Berücksichtigung des Verhältnisses der Flurbereinigung zur Bauleitplanung, Münster-Hiltrup 1975, S. 33–49.
411 Kluge, Vierzig Jahre Bd. 1, S. 138.
412 Landwirtschaftsgesetz, BGBl., 6.9.1955, S. 565.

des Bauernverbandes, der in seinen „Richtlinien" von 1954 alle Zwangsmaßnahmen ausdrücklich ablehnte und auf der anderen Seite seine Mitarbeit anbot.[413] Indem sie sich so, wenn auch aus einem sehr konservativen Standesdenken heraus, als eigenständige Akteure in den politischen Willensprozess einbrachten, mochten auch die Bauernverbände zur Demokratisierung im ländlichen Raum beigetragen haben.[414] Eine dritte Zeitschicht schließlich lässt sich insbesondere in der Siedlungspolitik der frühen Bundesrepublik erkennen. Diese wurde zwar vom Landwirtschaftsministerium konzeptionell in die Maßnahmen zur Verbesserung der Agrarstruktur eingeordnet, *de facto* folgte sie aber gerade bei der landwirtschaftlichen Ansiedlung von Vertriebenen und Flüchtlingen großenteils keiner strukturpolitischen, sondern einer sozialpolitischen Idee, wie sie auch vor 1933 existierte. Im Ergebnis wurden in der Siedlungspolitik häufig – aus Sicht mancher gerne in großen Strukturen denkender Beamten wie Hüttebräuker oder Steding viel zu häufig – kleinbäuerliche Betriebe und Nebenerwerbsstellen geschaffen, die dem modernen Leitbild der möglichst großflächigen und maschinengerechten Flur nicht entsprechen konnten.[415]

Die letzte bemerkenswerte Kontinuität ergibt sich in der Strukturpolitik, blickt man auf die für diesen Bereich zuständigen Beamten. Strukturmaßnahmen und Siedlungspolitik wurden in Abteilung IV „Agrarwesen" bearbeitet. In dieser Abteilung saßen nicht nur, wie fast überall, ausgesprochene Fachexperten. Es war auch die Abteilung mit einem besonders hohen Anteil an Mitarbeitern mit Erfahrungen in der deutschen Besatzungsverwaltung. 1953, als wichtige Gesetze in Kraft traten, wurde das für die Siedlungspolitik bedeutsame Referat für Geld- und Kreditwesen von Friedrich Steding, ehemaliger Vorstand der „Landwirtschaftlichen Zentralstelle" im Generalgouvernement, geleitet. Wie gesehen, gehörte er zu den Modernisierern im Ministerium und damit zu denjenigen, denen die Siedlungspolitik zu kleinteilig war. Ebenfalls als Referatsleiter in der Abteilung arbeitete, wie erwähnt, Siegfried Palmer, der als landwirtschaftlicher Sonderführer zuletzt als persönlicher Referent von Hellmuth Körner bei der Heeresgruppe Weichsel tätig war. Als Unterabteilungsleiter fungierte Otto Jerratsch, der als Siedlungsexperte seit den 30er Jahren bei verschiedenen einschlägigen Gesellschaften gearbeitet hatte, zuletzt als Geschäftsführer der auch in Lothringen tätigen Bauernsiedlung „Westmark". Zu den wichtigsten Mitarbeitern im Flurbereinigungsreferat zählte seit 1956 zum Beispiel der 1904 geborene Hans-Gün-

---

[413] Bauernverband an das BMEL, 5.5.1954, Anlage, S. 2. BArch B 116/878.
[414] Das ist u.a. die These von: Gerolimatos, George: Structural Change and Democratization of Schleswig-Holsteins's Agriculture, 1945–1973, Chapel Hill 2014, z. B. 267 ff.
[415] Kluge, Vierzig Jahre Bd. 1, S. 142 ff. Vgl. etwa die massive Kritik an diesem Ergebnis, die er u. a. auf Lübkes Vernetzung mit dem Siedlungsmilieu der Weimarer Republik zurückführt, bei Steding, Agrarpolitik, S. 140–144. Vgl. zu dem Konflikt zwischen sozialpolitischer und rational-agrarökonomischer Sicht auf die Siedlungspolitik in der Bundesrepublik: Dix, Andreas: Ländliche Siedlung als Strukturpolitik. Die Entwicklung in Deutschland im Ost-West-Vergleich von 1945 bis zum Ende der Fünfzigerjahre. In: Langthaler, Ernst/Redl, Josef (Hgg.): Reguliertes Land. Agrarpolitik in Deutschland, Österreich und der Schweiz 1930–1960, Innsbruck 2005 (*Langthaler/Redl (Hg.), Reguliertes Land*), S. 71–97, hier S. 79.

ther Bothe. Dieser hatte vor 1939 ebenfalls bei verschiedenen Kulturämtern gearbeitet. Im Zweiten Weltkrieg war Bothe u. a. in Radom im Generalgouvernement Leiter der dortigen Abteilung für Bodenordnungsfragen und Landarbeit.[416] Sein Vorgesetzter war damit Karl Kuchenbäcker, einer der für die deutsche Strukturpolitik im Generalgouvernement und damit für Umsiedlungen und Deportationen hauptverantwortlichen NS-Funktionäre, der sich auch theoretisch mit der Neuordnung der Agrarstruktur im Generalgouvernement auseinandergesetzt hatte.[417] Bei seiner Einstellung wurde Bothe „20-jährige erfolgreiche Tätigkeit auf dem Gebiet der Landeskulturverwaltung, spezielle Kenntnisse in der Siedlung und Flurbereinigung" bescheinigt.[418] Abteilungsleiter IV war der mehrfach erwähnte Hanns Gareis, der als Chef der Landwirtschaftsverwaltung im Bezirk Galizien an der nationalsozialistischen Umgestaltung der Agrarstruktur im Generalgouvernement mitgewirkt hatte und der nach 1949 als Abteilungsleiter gerade der Neuordnung der Agrarstruktur besondere Aufmerksamkeit widmete.[419] Bemerkenswert ist wiederum, wie bei vielen dieser Beamten die Zeitspanne von den frühen 1930er Jahren bis in die 50er Jahre hinein nicht als Abfolge gegensätzlicher politischer Systeme erscheint bzw. konstruiert wurde, sondern als kontinuierlicher Berufsweg, in den sich die Tätigkeiten in Nationalsozialismus und Zweitem Weltkrieg – hier die NS-Raumplanung im Agrarbereich – logisch einfügten. Wie selbstverständlich die professionellen Argumentationen über die politischen Brüche (und den verbrecherischen Charakter des NS-Regimes) hinweggingen, zeigen Äußerungen von Robert Steuer aus dem Umkreis der Entstehung des von ihm als Referenten verantworteten Flurbereinigungsgesetzes.[420] In einem Vortrag von 1953 entwickelte er das neue Recht ganz selbstverständlich aus einer Geschichte der Flurbereinigung vom 19. Jahrhundert über die Weimarer Zeit bis hin zu den nationalsozialistischen Veränderungen heraus. Die Reichsumlegungsordnung von 1937 und ihre weiteren Ergänzungen bis 1940 bedeuteten, so Steuer, die Entstehung eines „einheitlichen Rechts", das „in seiner Entwicklung auf den Länderrechten fußt und bewährte Einrichtungen des Feld- und Flurbereinigungsrechts süddeutscher Länder in sich aufgenommen hat" und dabei die „Rechtszersplitterung" beseitigt habe. Insofern sei das Gesetz von 1953 der Erkenntnis gefolgt, dass es sich bei der NS-Ordnung „um ein ausgereiftes Gesetzgebungswerk handelte, das in seinem Aufbau den früheren Ländergesetzen, die in ihrer Formulierung und inneren Anordnung durchaus

---

416 Personalakte Bothe, BArch Pers 101/78760.
417 Zu Kuchenbäcker: Aly/Heim, Vordenker der Vernichtung, z. B. S. 245 f. Allgemein zur NS-Raumplanung in der Agrarpolitik: Mai, Uwe: „Rasse und Raum". Agrarpolitik, Sozial- und Raumplanung im NS-Staat. Paderborn u. a. 2002.
418 Personalakte Steuer, BArch Pers 101/79396.
419 Vgl. Schreiben Gareis an Minister Niklas zur Ausstattung des Flurbereinigungsreferats, 14. 4. 1950, in: Weiß (Hg.), Entstehungsgeschichte, S. 133 f. Zu Gareis' Beteiligung an der NS-Agrarstrukturpolitik im Generalgouvernement siehe seine Denkschrift: „Die landwirtschaftlichen Verhältnisse Galiziens unter deutscher Verwaltung v. Juli 1941 bis Juli 1944, z. B. S. 11–19. BArch R 52 VII/ 11.
420 Steuer war Wasserwirtschaftsexperte und ab 1937 im Reichsernährungsministerium, zuletzt als Regierungsrat, Personalakte Steuer, BArch Pers 101/79396.

volkstümlicher gewesen sein mögen, überlegen war."[421] Vor dem Hintergrund solcher Argumentationen lässt sich die häufige Diagnose eines – *de facto* immer nur relativen – Beschweigens der nationalsozialistischen Vergangenheit in den 1950er Jahren für die Sachpolitik des Landwirtschaftsministeriums weiter schärfen: Für viele Agrarpolitiker und Ministeriale war der Nationalsozialismus nicht nur personalpolitisch, sondern auch in Sachfragen zu diesem Zeitpunkt insofern „normalisiert", als das Dritte Reich für sie eine ganz normale Epoche darstellte, auf die man sich in seiner Politikformulierung genauso bezog wie auf die Weimarer Republik, die Nachkriegszeit oder die Anforderungen der eigenen Gegenwart.[422]

3 Agrarpolitik im Kalten Krieg: Ideengeschichtliche Aspekte und Systemauseinandersetzung

> „Die gesamte Wirtschaft des westeuropäischen Raumes befindet sich gegenwärtig in einem kräfteverzehrenden Ringen, um neue Organisationsformen ins Dasein zu rufen. […]
> Von dieser alles mit sich reißenden Umstellung muß folgerichtig auch die gesamte Agrarwirtschaft mit erfaßt werden. Die aufregende neue Zeitepoche verlangt unbedingt, daß die Kräfte der Landwirtschaft aufs Äußerste angestrengt werden. Die hingeworfenen Probleme stürmen mit ihrer ganzen Wucht und Bedeutung auf uns ein und erheischen gebieterisch, daß die Landwirtschaft ihre Produktion steigert und zum Höchststand führt."

Die Sätze, mit denen Albert Panther, stellvertretender Vorsitzender des Deutschen Vereins für Vermessungswesen, seinen Vortrag auf derselben Tagung begann, auf der Rudolf Steuer sein am Ende des letzten Abschnitts zitiertes Referat gehalten hatte, machen deutlich, dass auch 1953 für manche Funktionäre die „Erzeugungsschlacht" des Zweiten Weltkriegs offenbar noch nicht vorbei war. Und auch in vielen anderen Äußerungen aus der frühen Bundesrepublik wird deutlich, wie in Begrifflichkeit, Diktion und bei bestimmten Grundkonzepten Diskurse über Landwirtschaft an den Sprachgebrauch sowie an Ideenbestände der Zeit vor 1945 anknüpften. Die Förderung eines „gesunden Bauerntums" gehörte noch jahrelang nach der Gründung der Bundesrepublik zu den routinemäßig geäußerten Bekenntnissen in der westdeutschen

---

421 Steuer, Robert: Das neue Flurbereinigungsrecht nach dem Bundesgesetz vom 14. Juli 1953, in: Panther, Albert u. a. (Hgg.): Vorträge über Flurbereinigung. Gehalten auf dem 38. Deutschen Geodätentag vom 9.–12. August in Karlsruhe (=Schriftenreihe für Flurbereinigung Heft 5), Stuttgart 1954, S. 21–31, hier S. 22f.
422 Insofern ergeben sich hier wie schon bei den Marktordnungsgesetzen und ihrer Umsetzung durch die Einfuhr- und Vorratsstellen Bezüge zu der von Stefan Creuzberger und Dominik Geppert diagnostizierten Kontinuität in der „praktisch[e] politisch-administrative[n] Arbeit". Creuzberger, Stefan/ Geppert, Dominik: Die Ämter und ihre Vergangenheit. Eine Zwischenbilanz, in: dies. (Hgg.): Die Ämter und ihre Vergangenheit. Ministerien und Behörden im geteilten Deutschland 1949–1972 (*Creuzberger/ Geppert [Hgg.], Ämter*), Paderborn 2018, S. 183–199, hier S. 192–195.

Landwirtschaftspolitik.[423] Werner Schwarz sprach auf einem Vortrag, den er auf der Landwirtschaftlichen Woche in Rendsburg hielt, auch 1962 noch über das „Lebensrecht" der Deutschen Landwirtschaft.[424] Vom „Bauernstand" als „äußerst wichtiges Glied unseres Volkskörpers", sprach Franz Blücher, Bundesminister für wirtschaftliche Zusammenarbeit, am 8. Juni 1955 in der Kabinettsdiskussion über das Bundeslandwirtschaftsgesetz.[425] Dieser Sprachgebrauch, der erst in den 60er Jahren nach und nach zurückging,[426] speiste sich vor allem aus zwei Wurzeln. Zum einen entstammte er jenem bereits erwähnten „Gestus des Unbedingten", den Kiran Patel für den Bauernverband analysiert hat, der aber auch in anderen Kontexten der Nachkriegszeit zu finden ist.[427] Land- und Ernährungswirtschaft wurden als nationale Lebensnotwendigkeiten beschrieben, Agrarkrisen als Existenzkrisen, wobei selbstverständlich die Versorgungskrisen der ersten Jahrhunderthälfte nachhallten. Die zweite Wurzel bestand in dem kulturkritischen und tendenziell technik- und zivilisationsskeptischen Modernediskurs der Adenauerzeit.[428] Land- und Forstwirtschaft erschienen hier als Gegenbild zur modernen, naturfernen Zivilisation, wobei agrarromantische Züge nicht fehlten. Geradezu paradigmatisch kam diese Vorstellungswelt in einer Rede Heinrich Lübkes zur Sprache, mit der Guido Thiemeyer die Verbindung von kulturkritischer Modernedebatte und Agrarideologie in der frühen Bundesrepublik illustriert hat. „Mit der besonderen Bedeutung der Landwirtschaft als Erwerbsquelle für eine große Zahl freier und selbständig wirtschaftender Menschen", so Lübke 1955, „paart sich der Wert der naturverbundenen bäuerlichen Arbeit für die Formung der menschlichen Persönlichkeit." Ein „gesunder Bauernstand", so der Minister, „ist im Leben der europäischen Völker das Gegengewicht zur modernen Industriegesellschaft in den Städten."[429] Dieser ideengeschichtliche Kontext erklärt im Übrigen auch ein Stück weit, warum in der frühen Bundesrepublik der „bäuerliche Familienbetrieb" zum vielbeschworenen Leitbild werden konnte, obwohl gleichzeitig der Rationalisierung und Modernisierung große Aufmerksamkeit gewidmet wurde.[430]

---

423 Vgl. etwa der FDP-Agrarexperte und ehemaliger NRW-Landwirtschaftsminister Josef Effertz im Bundestag 1961: „denn nach unserer Auffassung gehört zur Gesunderhaltung eines Volkes auch ein gesundes Bauerntum". Plenarprotokolle, 22.2.1962, S. 528.
424 Werner Schwarz, Das Lebensrecht der Deutschen Landwirtschaft. Bonn 1962.
425 Kabinettsprotokolle, Kabinettssitzung vom 8.6.1955.
426 So war in Hermann Höcherls agrarpolitischer Publikation von 1969 dieser Sprachgebrauch der Nachkriegszeit deutlich weniger noch vorhanden. Hermann Höcherl, Die Welt zwischen Hunger und Überfluss. Eine agrarpolitische Bilanz im technischen Zeitalter, Stuttgart-Degerloch 1969.
427 Patel, Bauernverband, z. B. S. 169f.
428 Zu dieser „historischen Sprache" z. B.: Kießling, Deutschen, S. 171–185 u. 346–358.
429 Die politische Verantwortung der europäischen Landwirtschaft. Entwurf einer Rede Lübkes bei der Internationalen Agrartagung am 7.5.1955 in Barendorf, BArch B 116/7295. Zitiert nach: Thiemeyer, Guido: Vom „Pool Vert" zur Europäischen Wirtschaftsgemeinschaft. Europäische Integration, Kalter Krieg und die Anfänge der Gemeinsamen Europäischen Agrarpolitik, München 1999 (*Thiemeyer, Pool Vert*), S. 29.
430 Zu solchen Widersprüchen im Konzept des bäuerlichen Familienbetriebs: Jürgens, Karin: Wirtschaftsstile in der Landwirtschaft, in: APuZ 5/6 (2010), S. 18–23 sowie Gerhardt, Agrarmodernisierung,

Die „bäuerliche" Landwirtschaft war bekanntlich ebenso fester Bestandteil der NS-Agrarideologie. Explizite Anleihen an die NS-Ideologie sind aber dennoch im Zusammenhang mit der staatlichen Agrarpolitik und auch bei den Mitarbeitern des Landwirtschaftsministeriums der frühen Bundesrepublik die Ausnahme. Eher sind es allgemeinere agrarpolitische Grundkonzepte, die eine ideengeschichtliche Brücke über die Zäsur von 1945 schlagen. Dazu gehört die schon erwähnte Konzeption der Landwirtschaftspolitik als einer genuin nationalen Aufgabe, die bei den Beamten im Bundesernährungsministerium „das Insistieren auf eine deutsche Landwirtschaft [sic]" mit erklären mag.[431] Klar über den Systembruch von 1945 hinweg weist zudem die Vorstellung, dass die knappe zur Verfügung stehende Fläche ein Hauptproblem der bundesdeutschen Landwirtschaft sei. „Fast die gesamte reichsdeutsche und ein Teil der volksdeutschen Bevölkerung" sei auf dem Gebiet der Bundesrepublik „zusammengedrängt", hieß es in „Sorgen um das tägliche Brot" von 1951. Bei der Darstellung der aktuellen Struktur der Landwirtschaft bemühten die Autoren sogar explizit das Schlagwort vom „Volk ohne Raum".[432]

Anleihen bei der völkischen Lebensraumideologie des Nationalsozialismus lagen auch einer der ganz wenigen eindeutig als nationalsozialistisch zu kennzeichnenden Äußerungen eines Ministeriumsmitarbeiters zugrunde. Hermann Martinstetter, Chef der Personalabteilung von 1963 bis 1972, legte 1952 eine erweiterte Ausgabe seiner zuerst 1939 erschienenen Schrift „Das Recht der Staatsgrenzen" vor. Ausgerechnet die neu hinzugekommenen Passagen enthielten nun eine völkische Lebensraumideologie. „Raummangelgrenzen", schrieb Martinstetter, „sind Grenzforderungen, die darauf abzielen, unerträglich gewordene Überbevölkerung und tödlichen Raummangel dadurch zu überwinden, daß die Grenzen in den Siedlungsraum [...] eines anderen Staatsvolkes vorgeschoben werden, das dieses Gebiet nicht unbedingt braucht." Beweise, dass die geforderten Gebiete für den anderen Staat nicht „lebensnotwendig" seien, erkenne man daran, „daß der fremde Staat das geforderte, oft erheblich untervölkerte Gebiet weder richtig besiedelt, noch wirtschaftlich erschlossen hat." „Raummangelgrenzen" seien also Grenzen, „die ein Volk wegen Übervölkerung im Zuge einer Gebietserweiterung in ein dünner besiedeltes Gebiet fordert."[433] An anderer Stelle enthielt das Buch unverblümte „Blut und Boden"-Vorstellungen. „Die Volkstumsgrenze", schrieb Martinstetter, „beruht auf dem Naturrecht einer Anerkennung der Verbundenheit des Menschen mit dem Boden seiner Heimat, den er wie seine Väter bearbeitet, in dem seine Ahnen begraben liegen." Die „Volkstumsgrenze schafft auf diese Weise auch den Staatszusammenhang zwischen einem Volk." „Neuerdings",

---

S. 246–255, der zudem auf den Widerspruch zwischen dem Konzept des bäuerlichen Familienbetriebs sowie dem des Bauern als Unternehmer hinweist. Auf die Verbindung der Agrarromantik der Nachkriegszeit und dem Leitbild des bäuerlichen Familienbetriebs verweist auch Thiemeyer, Pool Vert, S. 30 und gleichzeitig darauf, dass diese Verbindung ganz ähnlich zum Beispiel in Frankreich existierte.
431 Patel, Europäisierung, S. 121.
432 Niklas, Sorgen, S. 26 bzw. 149.
433 Martinstetter, Hermann: Die Staatsgrenzen, Siegburg u. a. 2. erw. u. verb. Auflage 1952, S. 122 f.

so Martinstetter schließlich in Anspielung auf das Ergebnis des Zweiten Weltkriegs, „hat es den Anschein, als ob man die Schwierigkeiten der Volkstumsgrenzen dadurch lösen möchte, daß man nicht mehr die Grenze ändert, sondern die Menschen verpflanzt. [...] Nach dem letzten Krieg hat man diese Politik bei den Deutschen in gewaltigem Umfang fortgesetzt – ein gefährliches Beginnen."[434]

Die direkte Weiterführung von NS-Ideologie war aber die Ausnahme. Insgesamt waren die aus der ersten Jahrhunderthälfte in die Bundesrepublik hineinreichenden Ideenbestände von expliziter nationalsozialistischer Begrifflichkeit meist gereinigt und erschienen auf diese Weise – wie in anderen konservativen Kontexten auch – „deradikalisiert" und damit zeitgenössisch akzeptabel.[435] Für das fortgeführte Leitbild des bäuerlichen Betriebs griff zudem ein weiterer Mechanismus, der ebenfalls aus anderen Zusammenhängen bekannt ist.

Die bundesdeutsche Agrarpolitik vor allem der 1950er und 60er Jahre war auch Teil der Auseinandersetzung zwischen Ost und West; sie war Teil des Kalten Krieges sowie insbesondere der deutsch-deutschen Systemkonkurrenz. Das Ernährungsministerium legte nicht nur staatliche Vorräte an, es beteiligte sich auch an den umfangreichen Notfallplanungen der Bundesregierung.[436] Wie andere Ministerien auch, unterhielt es eine Vertretung in Westberlin. Diese bemühte sich in Abstimmung mit den Behörden vor Ort um eine ausreichende Vorratshaltung in der Stadt. Sie beobachtete akribisch die land- und forstwirtschaftliche Entwicklung in der DDR und stellte dazu umfangreiches Material zusammen. In regelmäßigen Berichten wurden das Ministerium, aber auch andere Akteure der westdeutschen Agrarpolitik mit entsprechenden Informationen versorgt. Nicht zuletzt fungierte das Büro als Anlaufstelle für aus der DDR geflohene Land- und Forstwirte. In den Monaten vor dem Mauerbau meldeten die Mitarbeiter geradezu einen Ansturm von Flüchtlingen (die man im Übrigen auch als Quelle für die eigenen Berichte über die DDR nutzte) auf die Außenstelle.[437] Auch die Zentrale in Bonn stellte zahlloses statistisches Material zur Situation der landwirtschaftlichen Produktion oder zur Veränderung der Agrarstruktur in der DDR zusammen.[438] Diese Daten waren dann auch Basis für Wiedervereinigungsplanungen, an denen sich das Landwirtschaftsministerium in der frühen Bundesrepublik beteiligte. Anfang der 1950er Jahre etwa ging es darum, wie in einem zukünftigen wiedervereinigten Deutschland mit der Bodenreform in der DDR umgegangen werden sollte. Das Ministerium fand dieses Problem schwierig, da zwar ganz sicher in einem wiedervereinigten Deutschland das Privateigentum geachtet werden musste. Allerdings, so ein Papier, hatten auch die „Neubauern" inzwischen viel Ar-

---

[434] Ebd. S. 94.
[435] Zum Begriff der Deradikalisierung konservativer Haltungen: Muller, Jerry Z.: The Other God That Failed: Hans Freyer and the Deradicalization of German Conservatism. Princeton 1987.
[436] Z. B. BArch B 116/23675.
[437] Siehe insbesondere den Tätigkeitsbericht der Berliner Vertretung für das Jahr 1961 vom 1. März 1962, BArch B 116/4337.
[438] U. a. BArch B 116/ 7315 u. B 116/7316.

beitskraft in ihr Land gesteckt. Auch das musste im Falle des Falles berücksichtigt werden.[439] Was die Konzeptionen der Agrarpolitik anbelangt, so hat die Systemauseinandersetzung ohne Zweifel das Leitbild des bäuerlichen Familienbetriebs stabilisiert. Wie der „Antibolschewismus" ließen sich auch Elemente der Bauernideologie in den antikommunistischen Grundkonsens integrieren.[440] Eng damit zusammenhängend wurde die Systemauseinandersetzung auch zu einem zusätzlichen Argument für die aktive Siedlungspolitik der frühen Jahre. Wenn die landwirtschaftliche Siedlungspolitik auch immer als Sozialpolitik verstanden wurde, dann deswegen, weil die Ansiedlung die gefährliche „Entwurzelung" der Landbevölkerung und Bauern, vor der Bundesminister Schwarz in bester kulturkritischer Manier auch 1962 noch im Bundestag warnte, vermied. Bäuerliches Eigentum musste deswegen erhalten und geschaffen werden.[441] Aber auch an Stellen, an denen das explizite kulturkritische Vokabular fehlte, blieb bis weit in die 1960er Jahre hinein im Ministerium die Grundvorstellung präsent, dass die Förderung der Landwirtschaft und insbesondere des bäuerlichen Familienbetriebs schon deswegen erfolgen müsse, um das westdeutsche Wirtschafts- und Sozialsystem zu stützen. „Die agrarpolitische Aufgabe", hielt ein für die Koalitionsvereinbarung nach der Bundestagswahl vom September 1965 erstelltes Papier fest, bestehe darin, „die bäuerliche Eigentumsordnung als stabilisierendes Element unserer Wirtschaft und Gesellschaft zu erhalten und zu festigen."[442] Und auch agrarromantische Anleihen fehlten hier nicht. Die politischen Maßnahmen, fuhr das Papier fort, müssten so gestaltet werden, dass der „ländliche Lebensraum als stabilisierendes Element" der gesellschaftlichen Ordnung ebenso „als Gegengewicht gegen die Agglomeration im nichtländlichen Bereich eine wesentliche Verstärkung erfährt."[443]

Beispiele für die Verbindung von Kaltem Krieg und Bonner Agrarpolitik finden sich somit an vielen Stellen und auf unterschiedlichen Ebenen. So stellte das Landwirtschaftsministerium das von ihm entwickelte Agrarprogramm vom November 1951 unter den Vorbehalt, dass die finanziellen Mittel „u. U. unter kriegswirtschaftlichen Gesichtspunkten" aufgestockt werden müssten.[444] Ende der 1950er Jahre begann das Landwirtschaftsministerium unter dem Motto „Denke dran, schaff' Vorrat an" mit Hilfe der Münchner Werbegesellschaft Carl Gabler aber auch mehrere Aufklärungskampagnen, mit denen die Verbraucher zur häuslichen Bevorratung angehalten

---

[439] Vermerk betreffend Forschungsbeirat für Fragen der Wiedervereinigung Deutschlands; hier: Thesen über die Bodenreform, 26.9.1952, BArch B 116/7315.
[440] Zum modifizierten Fortbestehen des „Antibolschewismus" in der Bundesrepublik: Waschik, Klaus: Metamorphosen des Bösen. Semiotische Grundlagen deutsch-russischer Feindbilder in der Plakatpropaganda der 1930er bis 1950er Jahre, in: Karl Eimermacher (Hg.), Verführungen der Gewalt. Russen und Deutsche im Ersten und Zweiten Weltkrieg, München 2005, S. 297–339.
[441] Plenarprotokolle, 11.10.1962, S. 1724.
[442] Vermerk Dr. Schorr, IV A 1, 24.9.1965, BArch B 116/13643, S. 1.
[443] Ebd., S. 3.
[444] BMEL an Bundeskanzler Adenauer, 11.1951, BArch B 136/705.

werden sollten. 1962 war das Ministerium mit der Kampagne auf mehreren Nahrungsmittelmessen präsent. In einer begleitenden Bildbroschüre wurden „[N]achdenkliche Leute" aufgerufen, einen „Grundvorrat" für Notfälle wie Unruhen oder Krieg anzulegen: „Wir leben in einer unruhigen und gefahrvollen Zeit! Liegt es da nicht nahe, vorzusorgen?"[445] Die landwirtschaftliche Siedlungspolitik wiederum wurde nicht nur damit begründet, dass damit die Produktion gesteigert oder die Landflucht gestoppt werden könne. Das Landwirtschaftsministerium stellte die Siedlungsbemühungen auch immer wieder ausdrücklich in einen deutsch-deutschen Kontext. Es bleibe die Aufgabe „Westdeutschlands", hieß es in einer Denkschrift des Ministeriums zur Siedlungspolitik aus dem Januar 1951, „eine bäuerliche Besiedlung zu betreiben, die gegenüber den östlichen Tendenzen widerstands- und leistungsfähig bleiben kann." In dieser Beziehung komme es im Übrigen „nicht so sehr auf den zahlenmäßigen Umfang der in Westdeutschland möglichen neuen bäuerlichen Siedlungen an", sondern in erster Linie auf die „Bejahung der individuellen Agrarbesitzstruktur."[446]

Regelrechte Propagandaschlachten lösten die verschiedenen Kollektivierungsschübe in der DDR im Westen aus. An ihnen wird zudem schnell deutlich, wie die deutsch-deutsche Systemauseinandersetzung einen ideologisch aufgeladenen „Bauerntums"-Begriff stabilisierte. Als der Ausschuss für gesamtdeutsche Fragen im Mai 1953 dem Bundestag einen Schriftlichen Bericht über „Zwangsmaßnahmen gegen den Bauernstand in der sowjetischen Besatzungszone" vorlegte, nannte der Bundesminister für gesamtdeutsche Fragen Jakob Kaiser das Vorgehen der DDR einen „Vernichtungskampf gegen das selbständige Bauerntum".[447] Wenige Monate zuvor sprach auch SPD Agrarexperte Merten von dem „erschreckende[n] Substanzverlust des Bauerntums", der aufgehalten werden müsse. Besonders gelte das für vertriebene Bauern, „denn die gewaltsame Trennung von der Heimat bedeutet für sie darüber hinaus noch die Trennung von ihrem Acker, von ihrem Hof und von ihren Tieren, die für den Bauern einen Teil seines Wesens ausmachen."[448] Anfang der 1960er Jahre klang das kaum anders. In der Bundestagsdebatte vom 11. März 1960 sprach der CDU-Abgeordnete Krüger über die „Enteignung des Bauerntums in der Zone" und die Folgen für das „freie Bauerntum" dort.[449] Am selben Tag formulierte Krügers Kollege Fritz Weber von der FDP die landwirtschaftlichen Ziele seiner Fraktion so: „ein gesundes Bauerntum, das auf der Grundlage eines gesunden Familienbetriebs arbeitet."[450] Wenige Wochen später veröffentlichte die Bundesregierung ein Weißbuch zu den „Zwangskollektivierungen in der DDR, in dem einmal mehr von der „Vernichtung

---

[445] Aufklärungsbroschüre: Der König auf dem Hafersack, korrigierter Entwurf [vermutlich 1961], BArch B 116/23746.
[446] Die Weiterführung der ländlichen Siedlung in Westdeutschland, 8.1.1951, BArch B 136/705, S. 5.
[447] Plenarprotokolle, 6.5.1953, S. 12849.
[448] Plenarprotokolle, 25.2.1953, S. 11975.
[449] Plenarprotokolle, 11.3.1960, S. 5797.
[450] Plenarprotokolle, 11.3.1960, S. 5786.

des selbständigen Bauernstandes" durch das SED-Regime die Rede war.[451] Verantwortlich für die Broschüre war das Bundesministerium für gesamtdeutsche Fragen. Das Landwirtschaftsressort hatte aber selbstverständlich mit seinem großen Materialbestand zugearbeitet und in der entscheidenden Kabinettssitzung stimmte Minister Schwarz seinen Kollegen zu, dass man für möglichst breiten Protest in der Bundesrepublik sorgen müsse. „Hierzu", so Schwarz, könne „nicht genug geschehen."[452]

Marktordnungsgesetze, strukturpolitische Maßnahmen sowie die Einbeziehung der Landwirtschaft in die Systemauseinandersetzung des Kalten Krieges weisen damit in den ersten beiden Nachkriegsjahrzehnten in eine ähnliche Richtung: Sie stabilisierten eine an den bäuerlichen Produzenten orientierte Politik des Ministeriums. Alternativen, die in der Nachkriegszeit durchaus als Optionen bestanden, wie eine stärker an den Verbrauchern und also an der Nachfrageseite orientierte Politik, traten demgegenüber in den Hintergrund. Das gilt auch für eine energischere Marktorientierung im Sinne der frühen Erhardschen Sozialen Marktwirtschaft. Die Entscheidung für den Schutz der Produktionsseite lag allerdings in einer längeren Tradition, die – wie insbesondere in Teil 1 gezeigt werden konnte – in den 1920er Jahren zu dominieren begann und deren internationale Dimension sicher noch weiter zu verfolgen wäre.[453] Die an drei Beispielen geschilderten Weichenstellungen der frühen Jahre wurden in der zweiten Hälfte der alten Bundesrepublik vor allem durch den nun verstärkt in den Vordergrund rückenden Verbraucherschutz sowie durch den ebenfalls als Thema an Bedeutung gewinnenden Umweltschutz neu herausgefordert. Zu einer tatsächlichen, tiefgreifenden Umorientierung der Agrarpolitik haben diese Entwicklungen allerdings auch in der späten Bonner Republik, soweit zu sehen, nicht geführt.

4 Das Landwirtschaftsministerium und die Anfänge der europäischen Integration

Anders verhielt es sich bei einer weiteren wichtigen Entwicklung der Agrargeschichte der Jahrzehnte nach 1945: Die europäische Integration krempelte die Landwirtschaftspolitik der beteiligten Länder, und damit selbstverständlich auch die der Bundesregierung, vollkommen um. Aus einem Politikfeld, das nicht nur in Deutschland als nationalstaatliche Kernaufgabe verstanden worden war, wurde binnen weniger Jahre nach Gründung der Europäischen Wirtschaftsgemeinschaft der am stärksten integrierte ökonomische Teilbereich überhaupt. Allein dies wäre schon eine

---

[451] Die Zwangskollektivierungen des selbständigen Bauernstandes in Mitteldeutschland. Im Auftrage der Bundesregierung hg.v. Bundesministerium für Gesamtdeutsche Fragen. Bonn/Berlin 1960, S. 5.
[452] Kabinettsprotokolle, 30.3.1960.
[453] Mit Hilfe des Konzepts einer spezifischen Phase der „Regulation" in der Agrarpolitik zwischen 1930 und 1960 untersucht dies für Deutschland, Österreich und Schweiz: Langthaler/Redl (Hg.), Reguliertes Land.

eingehende Untersuchung wert.⁴⁵⁴ Noch mehr gilt das in unserem Zusammenhang für die Frage, wie die ebenfalls streng nationalstaatlich denkenden Mitarbeiter des Landwirtschaftsministeriums darauf reagierten und welche Rolle hier möglicherweise Prägungen aus der Zeit vor 1945 spielten.⁴⁵⁵

Die Internationalisierung der Agrarmärkte auch über weite Entfernungen hinweg war selbstverständlich kein neues Phänomen. Sie hatte im letzten Drittel des 19. Jahrhunderts einen massiven Schub erlebt, als die Revolutionierung der Transporttechnik zum Beispiel Getreidelieferungen selbst über Kontinente hinweg rentabel machte oder bald auch Kühlschiffe Fleisch und Butter aus Übersee nach Europa bringen konnten. Landwirtschaft und das Zusammenwachsen ihrer Märkte waren damit wichtige Teile der in den Jahrzehnten vor 1914 einsetzenden modernen Globalisierung. Die politischen Reaktionen darauf waren allerdings ganz überwiegend nationale. Die Wahrung der Interessen der eigenen Landwirtschaft bildete einen wesentlichen Hintergrund für die in den 1870er Jahren weltweit einsetzende Schutzzollpolitik. In der Weltwirtschaftskrise der Jahre 1929 ff. setzten sich ebenso nicht etwa die Bestrebungen des Völkerbundes für eine multilaterale Kooperation auch im Agrarbereich durch, sondern die an der Vorstellung von möglichst autarken Großräumen orientierten Bemühungen um exklusive Wirtschaftszonen, die auch die Landwirtschaft umfassen sollten. Großbritannien und Frankreich zielten dabei auf das eigene Kolonialreich, Japan auf eine von ihm beherrschte „großasiatische Wohlstandssphäre", das Deutsche Reich vorwiegend auf bilaterale Abmachungen mit ost-, mittel- und südosteuropäischen Staaten. Das Neue der Jahrzehnte nach dem Zweiten Weltkrieg bestand insofern nicht in der hohen Interdependenz der Agrarmärkte, sondern in den nun ernsthaft von Regierungsseite betriebenen Bemühungen um multilaterale und bald auch supranationale Kooperation auf dem Gebiet der Landwirtschaft.⁴⁵⁶

Entsprechende Ansätze gab es seit den späten 1940er Jahren vor allem auf drei Ebenen. Räumlich am umfassendsten fanden Verhandlungen über eine Abstimmung bzw. eine Liberalisierung der Agrarpolitik im Rahmen des 1947 geschlossenen „Allgemeine Zoll- und Handelsabkommen" (GATT) statt, dem die Bundesrepublik 1951 beigetreten war und in dessen Zuge auch die Absenkung von Zöllen für Agrarprodukte verhandelt wurde. Grundsätzlich alle westlich orientierten Staaten Europas umfassten Abstimmungsbemühungen, die im Rahmen des Marshallplans, der auf ihm beru-

---

454 Am wichtigsten für die frühe Integration der europäischen Agrarwirtschaft: Knudsen, Ann-Christina L.: Farmers on Welfare. The Making of Europe's Common Agricultural Policy, Ithaca/London 2009; Patel, Europäisierung; Thiemeyer, Pool Vert.
455 Ich danke Ulrich Schlie, der mir für dieses Kapitel seine Archivrecherchen zur Haltung des BMEL zur europäischen Integration zur Verfügung gestellt hat.
456 Zu den dennoch vorhandenen Ansätzen von Internationalismus in den Landwirtschaftsbeziehungen in der ersten Hälfte des 20. Jahrhunderts: Graevenitz, Fritz Georg von: Argument Europa. Internationalismus in der globalen Agrarkrise der Zwischenkriegszeit (1927–1937), Frankfurt/New York 2017.

henden „Organisation für wirtschaftliche Zusammenarbeit in Europa" (OEEC) oder unter dem Dach des 1949 gegründeten Europarats stattfanden. Schließlich begannen parallel zum Schuman-Plan sowie der darauf zurückgehenden Gründung der Montanunion (offiziell: „Europäischen Gemeinschaft für Kohle und Stahl", EGKS) Überlegungen, die auf eine Agrarunion zwischen den sechs späteren Gründungsmitgliedern der Europäischen Wirtschaftsgemeinschaft abzielten. Die im Vorfeld und nach der Gründung der Europäischen Wirtschaftsgemeinschaft von 1957 geführten Gespräche über eine gemeinsame Agrarpolitik standen damit keineswegs allein. Und bis in die zweite Hälfte der 1950er Jahre war es alles andere als klar, ob sich dieser Ansatz oder nicht doch die im weiteren Rahmen der OEEC oder des Europarats geführten Verhandlungen über eine Koordination der (west)europäischen Agrarpolitik durchsetzen würden.

Die wichtigsten Anstöße für eine gemeinsame Landwirtschaftspolitik der europäischen Staaten kamen Anfang der 1950er Jahre aus den beiden Agrarexportländern Frankreich und Niederlande. So legte der französische Landwirtschaftsminister Pierre Pflimlin 1950/51 den nach ihm benannten Plan vor. Dieser „Pflimlin-Plan" sah die stufenweise Entwicklung eines gemeinsamen Marktes für bestimmte Agrarprodukte wie Getreide, Zucker oder Wein vor. Bei der institutionellen Ausgestaltung orientierte er sich prinzipiell am kurz zuvor vorgelegten Schuman-Plan zur Vergemeinschaftung von Kohle und Stahl. Wie dieser strebte er eine gemeinsame supranationale Behörde an, öffnete aber deren genaue Ausgestaltung für weitere Verhandlungen. Zudem richtete er sich nicht nur an die sechs Länder der entstehenden Montanunion, sondern bezog ebenso andere Staaten in die Überlegungen mit ein. Insbesondere galt dies für Großbritannien, das für die französischen Waren ein wichtiges Exportland war.[457] Über das Europa der Sechs hinaus ging grundsätzlich auch der fast zeitgleich entwickelte Vorstoß des niederländischen Landwirtschaftsministers Sicco Mansholt, der als langjähriges Mitglied der europäischen Kommission und 1972/73 auch kurzzeitig als Kommissionspräsident der EG über Jahrzehnte einer der einflussreichsten Landwirtschaftspolitiker der europäischen Einigung überhaupt werden sollte. Im Unterschied zum Pflimlin-Plan sah der Mansholt-Plan der beginnenden 1950er Jahre allerdings nicht nur eine sektorale, sondern eine Integration des Agrarmarktes insgesamt vor. Andere Elemente, wie die grundsätzliche Supranationalität, stimmten mit dem Vorschlag Pflimlins wiederum überein.[458]

Die große Adressatengruppe der Vorschläge Mansholts oder Pflimlins, aber auch Unstimmigkeiten innerhalb der EGKS-Länder und namentlich zwischen den französisch-niederländischen Positionen führten dazu, dass in der ersten Hälfte der 1950er Jahre in einem Kreis über eine europäische „Agrarunion" verhandelt wurde, der erheblich über das Europa der Montanunion hinausging. So brachte die französische Regierung im März 1951 ihren Vorschlag einer koordinierten Agrarpolitik vor dem

---

[457] Dazu z. B. Thiemeyer, Pool Vert, S. 38–44.
[458] Ebd., S. 45.

Europarat ein. Als ein gutes Jahr später, im Mai 1952, ein „Vorbereitender Arbeitsausschuss" (die sogenannte Interimskommission) damit begann, mit Hilfe einer agrarwirtschaftlichen Bestandsaufnahme der Situation in den jeweiligen Ländern die Chancen für eine Agrarunion auszuloten, beteiligten sich daran 16 Länder, darunter neben den sechs EGKS-Ländern ebenso Österreich, Dänemark, Großbritannien, die Schweiz, Norwegen oder die Türkei. Die westdeutsche Delegation wurde im Übrigen von Bauernverbandspräsident Andreas Hermes geleitet, womit die Adenauerregierung von vornherein dokumentierte, dass sie gewillt war, den Verbandsvertretern eine gewichtige Stimme zuzubilligen. Die Interimskommission brachte indes vor allem Unterschiede in den Agrarsystemen zum Vorschein, und so überraschte es nicht, dass die Verhandlungen über die Agrarunion oder den *Pool Vert*, wie es zeitgenössisch ebenso hieß, in den Folgejahren nicht recht vorankamen.[459] Neben den unterschiedlichen strukturellen Ausgangslagen und darauf beruhenden divergierenden Interessen bildeten der weiter ungeklärte Teilnehmerkreis, die Frage nach einer supranationalen oder intergouvermentalen Organisation oder die nach einer eher protektionistischen oder freihändlerisch-liberalen Ausrichtung wichtige Streitpunkte der Gespräche. Geführt wurden diese in Fortführung der französischen Initiative im Rahmen der sogenannten europäischen Agrarministerkonferenz und ihrer Kommissionen und Ausschüsse, bevor 1954 die Überführung der Verhandlungen in die OEEC beschlossen wurde. Da parallel dazu nicht nur in der Bundesrepublik, sondern auch in anderen europäischen Staaten nationale Marktordnungen entstanden und sich zunehmend etablierten, sprach Mitte der 1950er Jahre nicht mehr viel für eine schnelle Einigung auf eine europäische Agrarunion.[460]

Die Wende kam, wenn auch nicht sofort sichtbar, mit dem neuerlichen Anlauf der sechs Montanunionstaaten zu einer wirtschaftlichen Integration über den Bereich von Kohle und Stahl hinaus. Die neue Initiative setzte in den Jahren 1955/56 ein und reagierte auf das vorherige Scheitern der Europäischen Verteidigungsgemeinschaft sowie der Europäischen Politischen Gemeinschaft. Statt auf die gleichzeitige Schaffung einer politischen, ökonomischen und militärischen Union setzten die Sechs nun vor allem auf die Bildung eines gemeinsamen Marktes als realistisches Ziel (der dann später freilich als Nukleus einer politischen Einigung dienen sollte). Auf der Konferenz von Messina, auf der sich die Vertreter der Montanunion-Länder Mitte 1955 auf die neue Strategie einigten, spielte die Landwirtschaft allerdings noch kaum eine Rolle. Auch der im April 1956 von einem in Messina eingesetzten Sachverständigenausschuss unter Leitung des Belgiers Paul-Henri Spaak vorgelegte „Spaak-Bericht" wies zwar ein Kapitel zur Landwirtschaft auf. Dieses enthielt aber zahlreiche Formulie-

---

459 Die Interimskommission legte Anfang 1953 ihren Bericht vor. Eine Konferenz der Agrarminister beschloss daraufhin im März 1953 die Einrichtung eines „Interimsausschusses", der nun konkrete Beschlüsse vorbereiten sollte. Vgl. z. B. den Bericht des Landwirtschaftsministeriums über die Arbeiten zur Agrarunion an die Mitglieder des Ernährungsausschusses des Bundestages, vom 5.5.1953, BArch B 116/1874. Auch die Arbeit des Interimsausschusses brachte allerdings keine konkreten Ergebnisse.
460 Vgl. Patel, Europäisierung, S. 63f.

rungen, die auf ein sehr behutsames Vorgehen im Agrarbereich schließen ließen. Nicht nur wurden die „besonderen Probleme" der Landwirtschaft anerkannt. Der Bericht hielt ebenso fest, dass eine „Übergangszeit für den landwirtschaftlichen Sektor besonders notwendig" sei, und konstatierte zudem, dass die „endgültige Regelung [...] nicht für alle landwirtschaftlichen Erzeugnisse gleich sein" werde, was von vornherein Ausnahmeregelungen implizierte.[461] Allerdings sah der Spaak-Bericht auch vor, dass die Kommission innerhalb von zwei Jahren Vorschläge für eine gemeinsame Agrarpolitik und Agrarordnung vorzulegen habe. Diese Formulierung wurde so auch in den Vertrag zur Gründung der Europäischen Wirtschaftsgemeinschaft vom 25. März 1957 übernommen. Und als die Kommission nach dem Inkrafttreten der EWG Anfang 1958 unter ihrem für die Landwirtschaft zuständigen Kommissar Sicco Mansholt keine Zeit verlor und für den Juli desselben Jahres zu einer Landwirtschaftskonferenz im italienischen Stresa einlud, auf der die Kommissionsvorschläge vorbereitet werden sollten, wurde es „ernst mit der Agrarintegration."[462]

Noch nicht einmal eineinhalb Jahre nach Stresa und damit tatsächlich noch vor dem in den Römischen Verträgen vorgesehenen letztmöglichen Zeitpunkt legte die Kommission im November 1959 ihre darauf aufbauenden Vorschläge zur Verwirklichung der gemeinsamen Agrarpolitik vor, denen im Juni 1960 noch einmal eine deutlich erweiterte und nachgebesserte Fassung folgte. Auf schließlich mehreren hundert Seiten schlug die Kommission sowohl Maßnahmen für die Organisation des Binnenmarktes als auch für den Handel nach außen sowie für Strukturverbesserungen vor. Eindeutig im Zentrum stand die Preispolitik. Sogenannte Richt- sowie Interventionspreise sollten nach innen zu einer Vereinheitlichung des Preisniveaus führen und festlegen, wann von Seiten des Staates, etwa durch Aufkäufe, marktstützend eingegriffen werden konnte. Nach außen sollte die Differenz zwischen (meist) niedrigerem Weltmarktpreisen und dem Preis in der Gemeinschaft durch sogenannte Abschöpfungen ausgeglichen werden. Die Finanzierung sollte durch einen gemeinsamen „Ausrichtungs- und Garantiefonds" erfolgen, in den die Mitgliedstaaten einzahlten, aber auch die „Abschöpfungen" sollten zur Finanzierung beitragen. Zeitlich sah der Vorschlag nun eine weitere deutliche Verkürzung der im EWG-Vertrag festgelegten Übergangszeit bis zu den endgültigen Regelungen vor, eine Festlegung, gegen die sich die Deutschen bald verwahrten (und sich damit jedenfalls zunächst durchsetzten).[463] Die zeitliche Perspektive war aber keineswegs der einzige Aspekt des Vorschlags, der umstritten war. Seit Mitte 1960 und über das gesamte Jahr 1961 hinweg verhandelten die EWG-Mitglieder vielmehr fast unentwegt in unterschiedlichen Formaten über den Kommissionsvorschlag, ohne eine endgültige Einigung zu erzielen.

---

[461] Bericht der Delegationsleiter des von der Konferenz von Messina eingesetzten Regierungsausschusses an die Außenminister (Spaak-Bericht), in: Schwarz, Jürgen (Hg.): Der Aufbau Europas. Pläne und Dokumente 1945–1980, Bonn 1980, S. 277–334, hier S. 295 f. u. 298.
[462] Patel, Europäisierung, S. 113.
[463] Eine ausführliche Zusammenfassung der Vorschläge der Kommission findet sich in: Knudsen, Farmers on Welfare, S. 137–148 sowie Bulletin of the European Economic Comunity 5/1960, S. 38–46.

Die Verhandlungen über den Agrarkompromiss gestalteten sich auch deswegen so schwierig, weil sie mit dem Übergang zur zweiten Übergangsstufe gemäß EWG-Vertrag verknüpft wurden. In einem später fast mythisch gewordenen Verhandlungsmarathon der Monate Dezember und Januar 1961/62, in dessen Zuge zum ersten Mal in der europäischen Gemeinschaft „die Uhren angehalten" wurden, einigten sich die Mitgliedsstaaten schließlich auf gemeinsame Marktordnungen für Getreide, Schweinefleisch, Eier, Geflügel, Obst und Gemüse sowie Wein. Weitere Ordnungen sollten bald folgen. Auch für die Finanzierung wurde eine Lösung gefunden. Diese sollte über den „Europäischen Ausrichtungs- und Garantiefonds für die Landwirtschaft" (EAGFL) erfolgen, in den die Mitgliedstaaten entsprechend dem leicht veränderten allgemeinen „Haushaltschlüssel" der EWG einzahlten. Abgeschlossen werden sollte die Integration des Agrarmarktes bis zum 31. Dezember 1969. Der ursprüngliche Vorschlag der Kommission hatte dies schon für Anfang 1966 vorgesehen. Allerdings war vereinbart, dass der Zeitraum noch verkürzt werden konnte. Auf Basis der getroffenen Beschlüsse wiederum stimmte der europäische Ministerrat am 14. Januar 1962 der zweiten Stufe der Marktintegration zu, da mit den Einigungen im Agrarbereich die Ziele der ersten Übergangsphase im Wesentlichen erreicht worden seien. Diese Feststellung war gemäß EWG-Vertrag notwendig, um die nächste Stufe einzuleiten. Die Landwirtschaft war zum Schrittmacher der Integration geworden.[464]

Drei Monate nach der Brüsseler Einigung, im April 1962, wurden die beschlossenen Verordnungen zur Marktregulierung in Kraft gesetzt. Verordnung Nr. 19 regelte die Mechanismen für den gemeinsamen Getreidemarkt und wurde zum Modell der Agrarmarktregulierungen überhaupt.[465] Auch wenn in den Verhandlungen für die weitere Übergangszeit eine ganze Reihe von Öffnungsklauseln vereinbart worden waren, blieb der Preis, wie im Vorschlag der Kommission vorgesehen, das zentrale Mittel. Über Richt-, Interventions- und Schwellenpreise sollte der Markt im Innern nach und nach angeglichen und gleichzeitig die Produzenten nach außen geschützt werden. Die Steuerung über den Preis als Charakteristikum der ersten Phase der Gemeinsamen Agrarpolitik blieb trotz aller Reformbemühungen bis 1992 gültig und sollte bald, weil der meist relativ hohe Preis vor allem Produktionsanreize setzte, für allerhand Probleme der Überproduktion, für Butterberge und Milchseen verantwortlich zeichnen. Gleichzeitig bedeutete diese Art von Marktordnung eine Abschottung nach außen. Die EWG stabilisierte den Preis für die eigenen Produzenten, indem sie im Innern den Preis künstlich hochhielt, billigere Einfuhr von außen behinderte und teilweise zudem den Export aus der EWG heraus subventionierte.[466] In den Folgejahren drehte sich die Diskussion nicht zuletzt darum, wann die vereinbarte allmäh-

---

464 Eine Zusammenfassung der Beschlüsse in den Akten des Bundeskanzleramts findet sich z. B. in: Die Beschlüsse vom 14. Januar 1962. Vorläufige Zusammenfassung, BArch B136/2565, Bl. 250–253.
465 Verordnung Nr. 19 über die schrittweise Errichtung einer gemeinsamen Marktorganisation für Getreide, Bundesgesetzblatt 1962, Teil II, S. 710–717.
466 Zu diesen und weiteren Problemen der Anfang der 1960er Jahre gefundenen Marktordnung: Siehe Teil VI dieses Bandes.

liche Annäherung der Preise innerhalb der EWG abgeschlossen werden konnte und tatsächlich ein gemeinsamer Preis festgelegt werden sollte. Nach einer kaum weniger spektakulären Verhandlungsrunde als der der Jahreswende von 1961/62 beschloss der Rat am 15. Dezember 1964 einen EWG-weit gültigen Getreidepreis.[467] Dieser sollte am 1. Juli 1967 eingeführt werden. Aus der Perspektive der Bundesrepublik, wo der Getreidepreis die Diskussionen stark dominierte, stellte der Dezember 1964 damit eine weitere wichtige Zäsur dar. Mit ihm schien die Gemeinsame Agrarpolitik nach den Entscheidungen des Januar 1962 einen nächsten Abschluss erreicht zu haben.

Dass die Gespräche so hartnäckig geführt wurden und schließlich in den beiden spektakulären Sitzungsrunden vom Dezember und Januar 1961/62 sowie dem Dezember 1964 mündeten, lag natürlich an den massiven Interessengegensätzen der beteiligten Staaten. Schon der Pflimlin-Plan von Anfang der 1950er Jahre hatte ziemlich unverhohlen die Marktintegration gerade für die Produktgruppen vorgeschlagen, in denen die französische Landwirtschaft besonders stark war und sich entsprechend für neue Exportchancen interessierte. Die deutlich wirtschaftsliberaleren Vorstellungen der Belgier und Niederländer (die quantitativ wenig bedeutsame Landwirtschaft Luxemburgs spielte eine untergeordnete Rolle) gründeten in der hohen Wettbewerbsfähigkeit der beiden Länder. Italien, mit seiner zu Beginn noch wenig konkurrenzfähigen Landwirtschaft, zeigte sich in den ersten Jahren vor allem an Regelungen für Obst und Gemüse interessiert.[468]

Die Ausgangslage der Bundesrepublik war von Anfang an kompliziert. Einer Berücksichtigung der landwirtschaftlichen Interessen stand eine starke Industrieorientierung der deutschen Exporte gegenüber, was bei den relativ schnell einsetzenden Erfolgen der westdeutschen Industriegüter im Ausland vor allem die Förderung einer liberalen Weltmarktordnung nahelegte. Insbesondere Wirtschaftsminister Erhard sah deshalb die sich im Agrarbereich abzeichnenden Regulierungen sowie insbesondere den fortschreitenden Protektionismus der EWG nach außen mit Argusaugen.[469] Neben ökonomischen Gesichtspunkten spielten aber ebenso allgemeinpolitische Aspekte eine wichtige Rolle. Gerade in der Anfangszeit war die Bundesregierung an internationalen Zusammenschlüssen auch deswegen besonders interessiert, weil diese für den jungen Staat Anerkennung und Reintegration in die Staatenwelt bedeuteten. An der grundsätzlichen Integrationsbereitschaft der Bundesrepublik ließ gerade Adenauer keinen Zweifel aufkommen.[470] Unumstritten war im Kabinett schließlich, dass

---

[467] Siehe z. B. ausführlich bei: Knudsen, Farmers on Welfare, S. 251–260.
[468] Einen Überblick über die verschiedenen Reaktionen gibt: Thiemeyer, Pool Vert, S. 55–66.
[469] Knudsen, Farmers on Welfare, S. 251 u. 254. Die unterschiedlichen Reaktionen in der Bundesregierung auch bei: Thiemeyer, Pool Vert, S. 59–63. Dier erste Reaktion des Landwirtschaftsministeriums nennt er „vorsichtig protektionistisch[e]." Ebd., S. 60.
[470] Berühmt geworden ist der von Erhard so genannte „Integrationsbefehl" des Kanzlers, in dem er die Kabinettsmitglieder im Januar 1956 unter explizitem Hinweis auf seine Richtlinienkompetenz auf die auf der Konferenz von Messina vereinbarten Ziele zur Schaffung eines gemeinsamen Marktes und

der Bonner Staat auch langfristig auf landwirtschaftliche Importe und schon deswegen auf eine internationale Kooperation im Agrarbereich angewiesen sein würde. Bereits im Marshallplan, also dem von dem amerikanischen Außenminister George C. Marshall im Juni 1947 angekündigten „European Recovery Program", hatte die Landwirtschaft eine häufig unterschätzte Rolle eingenommen. Allein die Bundesrepublik erhielt aus Marshallplanmitteln bis 1953 Agrarfinanzhilfen in Höhe von insgesamt 524 Mio. D-Mark.[471] Diese wurden teils als verlorene Zuschüsse, teils als Kredite für die Wiederaufbauhilfe von zerstörten landwirtschaftlichen Betrieben, die Technisierung oder auch für Forschung und Ausbildung eingesetzt. Hinzu kamen landwirtschaftliche Warenlieferungen in Höhe von insgesamt knapp 577 Mio. Dollar.[472] Bedingung für die Teilnahme am Marshallplan war bekanntlich die Koordination der einzelnen Volkswirtschaften im Rahmen der OEEC, die in der Folge, wie erwähnt, eben auch die weitere Koordination der Landwirtschaftspolitik betrieb.

Sieht man innerhalb der Bundesregierung auf die Haltung des Landwirtschaftsressorts, so lassen sich für die Anfänge der Integrationsbemühungen bis 1962/64 zwei große Phasen unterscheiden. Während die Verhandlungen um die Agrarunion zwar nicht ohne Vorbehalte und Skepsis, letztlich aber doch sachlich-konstruktiv begleitet wurden, änderte sich dies Ende der 50er Jahre. Jetzt, so lässt sich die Haltung kurz und knapp zusammenfassen, bekämpfte das Ministerium die sich abzeichnende weitgehende Agrarintegration der EWG-Länder wo und wie es nur konnte. Dabei kam es zu teilweise ganz erheblichen Unstimmigkeiten zu anderen Ministerien, die dem europäischen Einigungsprozess im Agrarbereich deutlich aufgeschlossener gegenüberstanden. Die Positionsfindung im Haus wiederum zeigte Elemente, die schon bei anderen Politikfeldern zu erkennen war. So bemühte man sich auch bei der Frage der europäischen Agrarintegration um eine möglichst breite Datengrundlage. Entsprechend groß war die Menge an statistischem Material, das von der Abteilung VI für „Wirtschaftsbeobachtung und Planung" auch zu Europa den anderen Abteilungen zur Verfügung gestellt wurde. Von Anfang an einbezogen wurden in die Überlegungen des Hauses zudem die Stellungnahmen des wissenschaftlichen Beirats sowie insbesondere die des Bauernverbandes. Einmal mehr war es vor allem Staatssekretär Sonnemann, der für eine enge Abstimmung mit dem Verband sorgte.[473]

Nachdem die französische Regierung am 29. März 1951 ihren offiziellen Vorstoß zu einer Agrarunion vor dem Europarat eingebracht hatte, dauerte es bis Anfang Juli 1951, ehe das Landwirtschaftsministerium regierungsintern seine erste inhaltliche Stellungnahme vorlegte. Das am 3. Juli an das Auswärtige Amt gerichtete Schreiben be-

---

entsprechender Institutionen festlegte. Text des Schreibens in: Konrad Adenauer, Erinnerungen 1955–1959, Stuttgart ³1982, S. 253–355.
471 Kluge, Vierzig Jahre, Bd. 1, S. 91.
472 Bundesministerium für den Marshallplan: ECA-Lieferungen in das Bundesgebiet und die Westsektoren von Berlin seit Beginn des Marshallplans (3.4.1948–31.3.1953), 1953, S. 52.
473 Für die Korrespondenz zwischen Sonnemann und dem Bauernverband über die Agrarunionpläne siehe z. B. Bauernverband Präsident Hermes an Sonnemann, 8.2.1951, BArch B 116/7292.

gann dabei bezeichnenderweise sowohl mit einem Hinweis auf den wissenschaftlichen Beirat als auch auf die Position des Bauernverbandes.[474] Es unterliege „keinem Zweifel", konstatierte das in der federführenden Abteilung IV „Agrarpolitik" entstandene Schreiben, „daß die Errichtung einer europäischen Agrarunion nicht gegen den landwirtschaftlichen Berufsstand, sondern nur mit seiner Zustimmung und Unterstützung durchgeführt werden kann." Und entsprechend schickte man eine Stellungnahme des Bauernverbandes zur Agrarpolitik gleich mit. Aus dem Gutachten des Wissenschaftlichen Beirats, das ebenfalls beigefügt war, verwies das Papier auf dessen Forderung nach Integration aller Wirtschaftsbereiche, also nicht nur der Land- und Ernährungswirtschaft, sowie nach einem „schrittweisen Vorgehen". Was die Stellungnahme der Bundesregierung insgesamt anbelangte, schlug das Agrarministerium vor, die französische Initiative zu begrüßen und entsprechenden Verhandlungen zuzustimmen. Allerdings solle auf die notwendige Unterstützung durch die Landwirtschaft selbst ebenso hingewiesen werden wie auf das erforderliche „allmähliche Vorgehen". Bei der institutionellen Gestaltung der Agrarunion solle die Bundesregierung darauf achten, dass diese „der besonderen Struktur der Landwirtschaft voll entsprechen" solle. Nicht zuletzt müsse darauf verwiesen werden, dass der durch die Integration der Märkte entstehende Wettbewerb unter den gleichen „Startbedingungen" geschehe.[475]

Bei diesen Positionen ist es bis zur Agrarministerkonferenz vom Juli 1954, die die weiteren Verhandlungen an die OEEC überwies, im Wesentlichen geblieben.[476] Das Ministerium sprach sich für ein schrittweises Vorgehen aus, die Landwirtschaft sollte nicht isoliert von den anderen Wirtschaftsbereichen integriert werden. Dennoch sollten die Besonderheiten des Agrarmarktes berücksichtigt werden. Die Erzeuger müssten mitgenommen werden und schließlich gelte es die Wettbewerbsbedingungen anzugleichen, was übersetzt bedeutete, dass etwa die im Vergleich zu Frankreich oder Italien klimatisch oder bei der Bodenbeschaffenheit schwierigeren bundesdeutschen Verhältnisse, aber auch höhere Lohnkosten oder höhere Preise für Produktionsmittel aus Sicht des Ministeriums zu berücksichtigen waren. Noch nicht in der ersten Stellungnahme enthalten, aber doch bald hinzugefügt wurde das Argument, dass bei der Integration des Agrarmarktes ebenso soziale Gesichtspunkte beachtet werden müssten. Die „in Jahrhunderten gewachsenen Verhältnisse" in der Landwirtschaft ließen sich, so der Entwurf einer Kabinettsvorlage Ende Juli 1951, nicht so leicht verändern wie in anderen ökonomischen Bereichen. Dort sei es „möglich, Arbeitskräfte aus ei-

---

[474] BMEL an das Auswärtige Amt, 29./30. Juni 1951, Entwurf, BArch B 116/7292.
[475] Ebd., Empfehlungen für die Antwort der Bundesregierung S. 3 f. des Schreibens.
[476] Siehe z. B. verschiedene im Ministerium erstellte Übersichten über den Stand der Agrarunion-Verhandlungen und die deutsche Position darin, die im Mai 1953 als Information für den Ernährungsausschuss des Bundestages sowie den Agrarausschuss des Bundesrates erstellt wurde. Bundeslandwirtschaftsministerium an die Mitglieder des Ernährungsausschusses des Bundestages, 5.5.1953, sowie Bundeslandwirtschaftsministerium an den Agrarausschuss des Bundesrates, Entwurf, 8.5.1953, BArch B 116/7293.

nem unter ungünstigen Standortbedingungen arbeitenden Wirtschaftszweig auf andere Wirtschaftszweige und in andere Gebiete umzulenken." Hinsichtlich der „Landwirtschaft und des Bauerntums" bestehe eine solche Möglichkeit nicht oder „jedenfalls nur sehr eingeschränkt und in langen Übergangszeiträumen."[477] Aufgrund der Sonderbedingungen dieses Wirtschaftszweiges und weil es sich kein Staat leisten könne, die eigene Agrarerzeugung sowie den „Bauernstand" zu ruinieren, benötige die Landwirtschaft, so ein weiteres immer wieder angeführtes Argument, ein gewisses Maß an nationalem Schutz, was sich in den Marktordnungen der europäischen Länder im Innern und nach außen niedergeschlagen habe. Diese Regulierungen durften keineswegs vorschnell aufgegeben werden.[478]

Trotz solcher Bedenken, grundsätzlich sperrte sich das Ministerium in dieser Phase nicht gegen die Verhandlungen über eine künftige Agrarunion.[479] Gerade an der Spitze des Ministeriums wurden dennoch einige Unterschiede deutlich. Minister Niklas trug den Integrationskurs der Bundesregierung ausdrücklich mit. Ein einmal mehr in Abteilung IV erstellter Vermerk, der im März 1951 – noch vor der offiziellen Vorstellung der französischen Initiative im Europarat – erste Positionen hausintern formulierte, begann die Ausführungen zu den eigenen Standpunkten mit der Feststellung, dass Niklas „sich grundsätzlich für eine westeuropäische Agrarunion ausgesprochen" habe.[480] Dagegen war vor allem Staatssekretär Sonnemann deutlich weniger enthusiastisch. In dem bereits zitierten Entwurf einer Kabinettsvorlage für die deutsche Antwort auf den Pflimlin-Plan war es Sonnemann, der die Formulierung des Entwurfs für die deutsche Zustimmung zu den französischen Plänen handschriftlich abschwächte, indem er der entscheidenden Passage ein „grundsätzlich" hinzufügte.[481] Auch bei seinem Eröffnungsbeitrag zur Agrarkonferenz Ende März 1952 in Paris betonte er auffällig deutsche Vorbehalte sowie noch einmal die Notwendigkeit für die Bundesrepublik, besonders behutsam vorzugehen.[482] Dagegen bedauerte Niklas' Nachfolger Lübke mit ziemlich deutlichen Worten zwei Jahre später auf der Agrar-

---

477 BMEL an das Auswärtige Amt, Entwurf, 30.7.1951, BArch B 116/7292, S. 5. Ein Hinweis auf den Kalten Krieg, wie er etwa so häufig bei der Diskussion um die Parität vorkam, findet sich hier allerdings nicht.
478 Vgl. z.B. auch ein in Abteilung IV nach der Übertragung der Verhandlungen an die OEEC im Kontext einer weiteren Kabinettsvorlage erstelltes Papier zur Agrarintegration: Die Integration der europäischen Landwirtschaft, 29.10.1954, BArch B 116/7295. Notwendigkeit einer nationalen Landwirtschaft und der daraus abgeleitete Schutz durch Marktordnungen: z.B. S. 4 des Papiers. Dort auch das Zitat.
479 Das gilt auch für das gerade zitierte Papier, das trotz der formulierten Probleme ausführlich Lösungsmöglichkeiten diskutierte sowie die weitere Integration mehrmals ausdrücklich begrüßte. Z.B. S. 17 des Papiers.
480 Vermerk Abteilung IV, 7.3.1951, Entwurf, BArch B 116/7292.
481 BMEL an das Auswärtige Amt, Entwurf, 30.7.1951, BArch B 116/7292, S. 2. Der Entwurf war von Referatsleiter Itschner in der Abteilung IV erstellt worden.
482 Erklärung des Staatssekretärs Dr. Sonnemann auf der vorbereitenden Konferenz für die europäische Organisation der landw. Märkte in Paris, 26.3.1952, BArch B 116/1869.

konferenz in Paris, dass nicht weiter um eine sachliche Annäherung gerungen wurde, sondern die weiteren Beratungen an die OEEC abgegeben worden seien, was *de facto* eine Verschiebung der fachlichen Entscheidungen auf unbestimmte Zeit bedeutete. Er, Lübke, hätte es lieber gesehen, wenn weiter um eine Einigung in konkreten Fragen gerungen worden wäre.[483] Entsprechend bekannte er sich in seinem Schlusswort einmal mehr ausdrücklich zur Schaffung eines gemeinsamen Agrarmarktes.[484] Auch innerhalb des Ministeriums kam es bei abteilungsübergreifenden Besprechungen offenbar immer wieder zu erheblichen Diskussionen um den richtigen Kurs. Hanns Gareis, der Leiter der zu diesem Zeitpunkt federführenden Abteilung, sah sich mehrmals gezwungen, auf den grundsätzlichen Integrationsbeschluss der Bundesregierung zu verweisen. Eine generelle Abwehrhaltung, bedeutete er damit, sei also sinnlos.[485]

Dass es während der Verhandlungen über die Agrarunion dennoch nicht zu größerem Widerstand kam, lag vermutlich nicht zuletzt an den weiter bescheidenen Ergebnissen auf dem Weg zur Agrarunion. So kam Ministerialdirektor Staab im September 1953 in einem Vermerk, der die Eindrücke über den Fortgang der Gespräche über die Europäische Agrarunion zusammenfasste, zu dem Ergebnis, dass bisher nur geringe Fortschritte zu erkennen seien. Entsprechend gehe es aktuell nur um eine „gewisse Koordinierung". Eine „wirkliche Vereinheitlichung der landwirtschaftlichen Märkte Europas" beschrieb er dagegen als „Fernziel", von dem noch nicht klar sei, inwieweit es überhaupt erreicht werden würde.[486] Gerade in den Anfangsjahren der Bundesrepublik mochte darüber hinaus noch ein anderer Aspekt von Bedeutung sein. So ging es Ministerium und Landwirtschaftspolitikern immer noch auch um Versorgungsicherheit mit Grundnahrungsmitteln, die durch die Zusammenarbeit der westeuropäischen Länder weiter erhöht werden mochte. Sogar Theodor Sonnemann argumentierte im März 1952 mit entsprechenden Hinweisen und verwies dabei auf die zurückliegende Koreakrise sowie darauf, dass die USA allein im Krisenfall die Nahrungssicherheit nicht garantieren könnten.[487]

An dieser keineswegs vorbehaltlosen, aber letztendlich nach außen sachlich-neutralen und, vor allem was die beiden ersten Bundesminister anbelangt, konstruktiven Haltung des Ministeriums änderte sich auch nach Abschluss der Römischen Verträge wenig. Auf der Konferenz von Stresa zeichnete sich vor allem Lübke durch

---

483 Zweite Erklärung des Herrn Lübke, Paris, 8. Juli 1954, BArch B 116/1875.
484 Letzte Erklärung des Herrn Lübke, Paris, 10. Juli 1954, BArch B 116/1875.
485 Siehe z. B. Protokoll über die Sitzung am 11.8.1953 zur Erörterung des Arbeitsprogramms für die 3. Sitzung des Getreideausschusses der Konferenz für die Organisation der Europäischen Agrarmärkte, 13.8.1953, BArch B 116/1874, S. 1 u. Protokoll über die Sitzung am 24.8.1953 zur Erörterung des Arbeitsprogramms für die nächste Sitzung des Sachverständigenausschusses „Milcherzeugung" des Interimsausschusses der Konferenz für die Organisation der Europäischen Agrarmärkte, 5.9.1953, BArch B 116/1874, S. 2.
486 Vermerk Abteilungsleiter III, 21.9.1953, BArch B 116/1874, Zitate S. 1 des Vermerkes.
487 Vgl. ein von Sonnemann gezeichnetes Aide mémoire vom 5.3.1952, BArch B 116/1869.

seine betont europafreundlichen Beiträge aus. Auffällig war etwa eine Passage in seinem Eröffnungsstatement, in dem er der Darlegung der offiziellen deutschen Position noch die persönliche Bemerkung hinzufügte, er sehe in einer „schnellen [sic, F. K.] Verwirklichung" des Gemeinsamen Marktes eine Voraussetzung dafür, dass die „europäische Landwirtschaft den kommenden Jahren mit Hoffnung und Vertrauen entgegensehen kann."[488] Gerade mit Mansholt schien sich Lübke in Stresa inhaltlich wie persönlich gut zu verstehen und so erlangte der deutsche Minister auf der Konferenz eine mit entscheidende Position.[489] Auch die im Ministerium für die Konferenz von Stresa erarbeiteten Grundlinien der deutschen Politik enthielten nicht nur viele Verweise auf bevorstehende Schwierigkeiten für die deutsche Landwirtschaft, sondern ebenso eine ganze Reihe von konstruktiven Vorschlägen, wie der gemeinsame Markt dennoch gestaltet werden könnte.[490] Lediglich Sonnemann strich einmal mehr eine aus seiner Sicht wohl zu positive Passage aus dem ersten Entwurf seines Hauses für die deutsche Position für Stresa heraus, was durch Lübkes zitierte persönliche Bemerkung zu Beginn der Konferenz allerdings mehr als konterkariert wurde.[491]

Die Änderung der grundsätzlich konstruktiven Position des Ministeriums wurde im Verlauf des Jahres 1959 erkennbar, und zwar noch bevor die ersten konkreten Vorschläge der Kommission im November dieses Jahres vorlagen. Bezeichnend dafür ist ein Memorandum aus dem September 1959, das zur Unterrichtung des neuen Ministers Schwarz über die „Agrarpolitischen Aufgaben und Grundsätze" des Ministeriums in der nun auch für die Europaverhandlungen federführenden Abteilung VII „Außenhandel" erstellt wurde und laut Anschreiben vom 24. September von Staatssekretär Sonnemann geändert und ergänzt worden war.[492] Von einer grundsätzlichen Bejahung der weiteren Schritte zu einem gemeinsamen Agrarmarkt ist darin keine Rede mehr. Stattdessen wurde die weiter bestehende Gültigkeit der nationalen Re-

---

488 Rede des Bundesministers für Ernährung, Landwirtschaft und Forsten der Bundesrepublik Deutschland, Heinrich Lübke, in: Dokumente der Landwirtschaftskonferenz der Mitgliedstaaten der Europäischen Wirtschaftsgemeinschaft in Stresa vom 3. bis 12. Juli 1958, in: Veröffentlichungsdienst der Europäischen Gemeinschaft, o. O. o. J., S. 43–53, hier S. 53.
489 Patel, Europäisierung, S. 106 f. Vgl. auch der beinahe euphorische Bericht, den Lübke nach der Konferenz an Adenauer sandte und in dem er Stresa als „volle[n] Erfolg" bezeichnete. Lübke an Adenauer, 15. 7. 1958, BArch B 136/2562, Bl. 23 ff, hier Bl. 23.
490 Siehe z. B. ein von Abteilung VII erstellter „Erster Entwurf des deutschen Memorandums für die Stresa-Konferenz", 3. 6. 1958, BArch B 116/19021 sowie ein von Abteilung III erstellter Vermerk zu „Europäische Wirtschaftsgemeinschaft, Problemstellung, anzustrebende Ziele (Preise und Marktorganisation), Lösung der Übergangsschwierigkeiten", 13. 6. 1958, ebd.
491 In der von Sonnemann handschriftlich gestrichenen Passage hieß es u. a., die Bundesrepublik werde ihre Mitverantwortung für den Aufbau des gemeinsamen Marktes „in vollem Umfange [...] bejahen". Überdies solle die gemeinsame Agrarpolitik „in einem möglichst nahen Zeitpunkt erreicht" werden. „Erster Entwurf des deutschen Memorandums für die Stresa-Konferenz", 3. 6. 1958, BArch B 116/19021, S. 40.
492 Entwurf des Anschreibens zur Übersendung eines Memorandums zur Unterrichtung des neuen Bundesministers an die Abteilungsleiter, 24. 9. 1959, BArch B 116/19033. Das Memorandum wurde am 30. 9. versandt.

gelungen betont, was formal stimmte, aber als Beginn des eigentlich der Europäischen Integration gewidmeten Abschnitts des Memorandums natürlich auffiel. Angesichts dessen, so das Memorandum, müsse sich das Ministerium „seine Entscheidungsfreiheit in den Fragen der künftigen gemeinsamen Agrarpolitik" sichern, und zwar ausdrücklich „noch für längere Zeit". Auch sonst fanden sich im Memorandum keine konstruktiven Vorschläge zu einer tatsächlichen Europäisierung der Agrarpolitik. Stattdessen wurde die allmähliche „Koordinierung" zum aktuellen europapolitischen Ziel des Hauses erklärt: Das Ministerium, so das Papier, „bevorzugt daher eine schrittweise Koordinierung der verschiedenen nationalen agrarpolitischen Maßnahmen gegenüber einheitlichen europäischen Regelungen, die zu entsprechenden institutionellen Folgerungen führen." Weitergehende Vorschläge könnten nur im Rahmen der nationalen Regelungen gemacht werden. Dies gelte auch für die „Agrareinfuhrpolitik", die ebenfalls „für längere Zeit noch selbständig geführt werden" müsse, wobei eine „Abstimmung" mit den anderen EWG-Ländern „nicht ausgeschlossen" sei.[493]

Angesichts der hier niedergelegten Haltung waren die Reaktionen des Ministeriums auf die ab November vorgelegten Vorschläge der Kommission wenig überraschend. Eine Stellungnahme aus Abteilung IV, die inzwischen nicht mehr von Hanns Gareis, sondern von Friedrich Nonhoff geführt wurde, vom Januar 1960 unterwarf insbesondere den „zentralistischen" Charakter der Vorschläge, mit dem zu viele Kompetenzen auf die Kommission übertragen würden, einer Fundamentalkritik. Dies widerspreche „dem Wortlaut und dem Geist" des EWG-Vertrages. Da dieser die Souveränität der Mitgliedsstaaten nicht aufhebe, könne „das Weiterbestehen der Mitgliedstaaten auch bei der Gestaltung der gemeinsamen Agrarpolitik nicht in der Weise ignoriert werden, wie es in den Vorschlägen der Kommission geschieht." Durch den Vorschlag entstehe die Gefahr, „daß die Wohlfahrt der Organe der EWG und die Erhöhung ihrer Machtbefugnisse allmählich stillschweigend an die Stelle des Zieles der Wohlfahrt der Volkswirtschaft der Mitgliedstaaten treten".[494] „[B]edenklich" erschien der Stellungnahme aber auch die vorgeschlagene Finanzierung, die Handhabung der Strukturmaßnahmen sowie die vorgesehene Verkürzung der Übergangszeit bis zur Preisvereinheitlichung.[495] Auch ein in Abteilung VII entstandenes Papier bezeichnete gerade die Verkürzung der Übergangszeiten als „nicht durchführbar". Die für den Handelsverkehr mit Drittländern vorgesehenen Maßnahmen bezeichnete es als „nicht geeignet, den Zielen des Vertrages zu entsprechen"; die Organisationsvorschläge für die gemeinsame Marktordnung würden zu einer Stellung der Kommission führen, die „weder mit dem Geist des Vertrages noch mit den Beschlüssen von Stresa vereinbar

---

[493] Agrarpolitische Aufgaben und Grundsätze des BML (Memorandum), 22.9.1959, BArch B 116/19033, alle Zitate S. 10 des Memorandums.
[494] Stellungnahme von Abt. IV A 1 zu den Vorschlägen der Kommission der Europäischen Wirtschaftsgemeinschaft zur Gestaltung und Durchführung der Gemeinsamen Agrarpolitik, 7.1.1960, BArch B 116/5899, Zitate S. 3f. der Stellungnahme.
[495] Ebd., S. 6f. der Stellungnahme.

ist."[496] Angesichts solcher Einschätzungen nimmt es nicht wunder, dass Ministerialdirektor Stalmann eine erste Ressortbesprechung auf Abteilungsleiterebene zu den Kommissionsvorschlägen am 16. Februar 1960 ebenfalls mit der deutlichen Kritik seines Hauses an den Vorschlägen einleitete. Diese betraf wiederum die Verkürzung der Übergangszeiten sowie die vermeintliche Kompetenzanmaßung der Kommission. „Man müsse sich vor Augen führen", so Stalmann, „daß dann künftig nicht mehr der Bundestag und die Bundesregierung agrarpolitische Entscheidung für die Unterstützung der deutschen Landwirtschaft treffen können." Bereits zuvor hatte Stalmann auf eine Zusage Adenauers an Rehwinkel verwiesen, wonach am bundesdeutschen Landwirtschaftsgesetz festgehalten werde. Auch „innerpolitische Gründe" sprächen damit gegen die Verkürzung des Übergangs.[497]

Auch wenn sich bereits auf der Abteilungsleiterkonferenz vom 16. Februar 1960 andeutete, dass die anderen Ressorts keineswegs mit der strikten Haltung des Landwirtschaftsministeriums übereinstimmten,[498] veränderte sich die Haltung des Landwirtschaftsministeriums in den Folgemonaten nicht. In einer den anderen beteiligten Ressorts zugeleiteten Stellungnahme vom 22. August 1960 bezeichnete das Ministerium die Kommissionsvorschläge in fast allen Bereichen als „ungeeignet". In anderen Fällen berief man sich darauf, dass die Vorschläge noch zu unkonkret seien und erst nach weiteren Ausführungen eine gründliche Bewertung möglich sei. Insgesamt beschränkte sich das Papier ganz weitgehend auf die Kritik der Kommissionsideen. Eine geschlossene eigene Konzeption, wie der gemeinsame Markt tatsächlich erreicht werden könne, legte das Ministerium auch acht Monate nach den ersten Vorschlägen der Kommission nicht vor. Statt einer weiteren supranationalen Integration befürwortete die Stellungnahme dagegen eine „bindende Koordination" innerhalb des Europas der Sechs, die die nationalen Kompetenzen einschließlich der einzelstaatlichen Marktordnungen im Agrarbereich erhalten sollte.[499] In Bezug auf den Außenschutz der Landwirtschaft gegenüber Drittländern sprach sich das Ministerium für eine mengenmäßige Kontrolle und damit ebenso für die in der Bundesrepublik bereits national bestehende Lösung aus.[500]

Nach und nach sorgte das Ministerium mit seinem Vorgehen bei den anderen Ressorts für Misstrauen und schließlich für offenen Streit. So deutet ein Vermerk aus

---

496 Gedanken zu den Vorschlägen der EWG-Kommission zu einer gemeinsamen Agrarpolitik, undatierter Durchschlag, BArch B 116/5899, Zitate S. 1 u. 4f. des Papiers.
497 Ergebnisbericht über die Sitzung auf Abteilungsleiterebene im Bundesministerium für Ernährung, Landwirtschaft und Forsten am 16.2.1960 betr. Vorschläge der Europäischen Kommission zu einer gemeinsamen Agrarpolitik, 16.2.1960, BArch B116/5899, S. 1 des Berichts.
498 So erklärte der Vertreter des Bundeskanzleramts, Ministerialdirektor Vialon, laut Bericht, „der Herr Bundeskanzler betrachte die europäische Integration als Sicherung der deutschen nationalen Existenz, ihm liege daran, sie zu beschleunigen." Ebd., S. 3 des Ergebnisberichts.
499 Vorstellungen des Bundesministeriums für Ernährung, Landwirtschaft und Forsten zur gemeinsamen Agrarpolitik in der Europäischen Wirtschaftsgemeinschaft, 22.8.1960, BArch B 136/2364 „ungeeignet", z. B. Bl. 69, „bindende Koordinierung", z. B. Bl. 68.
500 Ebd., Bl. 72.

dem Bundeskanzleramt aus dem März 1960 darauf hin, dass man dort den Daten aus dem Landwirtschaftsministerium nicht unbedingt traute. Eine „kritische Betrachtung eventueller Angaben des BML", hieß es da, sei jedenfalls „geboten", etwa durch einen Vergleich mit Material aus dem Wirtschaftsministerium.[501] Darüber hinaus entstand der Eindruck, das Agrarministerium versuche mit einer Verzögerungstaktik, die Antwort der Bundesregierung auf die Kommissionsvorschläge hinauszuschieben und diese so letztendlich zu konterkarieren bzw. eine eingehende Prüfung durch die anderen Ressorts zu erschweren. Als Reaktion berief das Bundeskanzleramt für den 8. März 1960 eine Besprechung zwischen Finanz- und Wirtschaftsministerium sowie dem Bundeskanzleramt ein, ohne das Landwirtschaftsministerium zu beteiligen. Die beiden anderen Häuser hätten die Unterredung, so hielt man im Bundeskanzleramt fest, „sehr begrüßt".[502] Auf der Besprechung wurde dann nicht nur beklagt, dass das Landwirtschaftsministerium noch kein Konzept vorgelegt habe, die drei Behörden kritisierten auch die unverhältnismäßig starke Rolle der Bauernvertretungen und waren sich darüber hinaus einig, dass der Landwirtschaft durchaus eine deutliche Senkung des Getreidepreises zugemutet werden könne.[503] Der Höhepunkt der Ressortauseinandersetzungen fand im Sommer 1960 statt. Ein Vermerk des Bundeskanzleramtes fasste die Stellungnahme des Agrarministeriums aus dem August kurz, aber durchaus zutreffend wie folgt zusammen: „BML lehnt eine Verkürzung der Übergangszeit, eine Senkung der Getreidepreise – unbefristet – und eine Übertragung von Funktionen auf supranationale Einrichtungen glatt ab." Im Finanz-, Wirtschafts- und Außenministerium habe das Papier entsprechend „ganz erhebliches Aufsehen erregt". Hinzu kam, dass verschiedene öffentliche Äußerungen von Schwarz und Sonnemann von den anderen Häusern als eine „großangelegte[n] Pressekampagne" gedeutet wurden.[504]

Auch wenn interministerielle Besprechungen im September für vorübergehende Entspannung sorgten und auch die etwas elastischere Haltung namentlich von Minister Schwarz im Herbst und Frühjahr 1960/61 anerkannt wurde[505] – grundsätzlich blieb der Konflikt bestehen, zumal andere Ressorts sehr wohl erkannten, dass sich die Politik des Landwirtschaftsministeriums sehr nah an der des Bauernverbandes befand.[506] Darüber hinaus beobachteten die anderen Ministerien, dass sich die Bun-

---

501 Vermerk Referat 6 des Bundeskanzleramtes, 4. März 1960, BArch B 136/2563, Bl. 183.
502 Vermerk Bundeskanzleramt, 4.3.1960, BArch B 136/2563, Bl. 184.
503 Vermerk Referat 6 des Bundeskanzleramtes, 15.3.1960, BArch 136/2563, Bl. 188f.
504 Vermerk Staatssekretär des Bundeskanzleramtes, 24.8.1960, BArch, B 136/2564, Bl. 75. Handschriftliche Hervorhebung im Original. Teilweise auch zitiert in: Patel, Europäisierung, S. 178.
505 Z. B. Referat 6 Bundeskanzleramt an den Bundeskanzler, 12.12.1960, BArch B 136/2564, Bl. 293f.
506 Die inhaltliche Kritik der anderen Ressorts brachte ein internes Schreiben des Bundeskanzleramtes im Dezember 1960, das zu einer flexibleren deutschen Haltung in der Frage des Getreidepreises aufrief, auf den Punkt: „Im übrigen ist eine Diskussion über das Preissystem das Mindeste, was die anderen Mitgliedstaaten von uns erwarten können, nachdem wir uns bei der schrittweisen Entwicklung der gemeinsamen Agrarpolitik im wesentlichen darauf beschränken, die von BML und dem Deutschen Bauernverband herbeigeführten negativen Tabus [...] vorzutragen, die uns auf dem Wege

desrepublik durch die harte Haltung des Landwirtschaftsministeriums nach und nach in eine diplomatisch aussichtslose Position manövrierte. Immer wieder forderte man deshalb das Landwirtschaftsministerium auf, endlich eine konstruktive Gesamtstrategie zu entwickeln, um so aus der Defensive zu kommen bzw. die „vollständige Isolation" innerhalb der Verhandlungen zu vermeiden.[507] Doch den Gefallen tat das Agrarministerium den anderen Ressorts bis zum Abschluss des Sitzungsmarathons am Jahreswechsel 1961/62 nicht. Am Ende stand ein Ergebnis, das trotz des zähen Widerstands aus Duisdorf ziemlich genau den ursprünglichen Vorstellungen der Kommission entsprach und nicht etwa der vagen Idee einer „bindenden Kooperation" mit weitgehendem Fortbestand der nationalen Regelungen. Auch inhaltlich bedeutete die Regulierung durch die nun auf den Weg gebrachten europäischen Marktordnungen einen Systemwechsel, der zwar ebenso die eigene Landwirtschaft nach außen schützte, dies aber mit deutlich modifizierten Mitteln tat. Unter dem regierungsinternen sowie dem externen Druck der anderen Regierungen war das Landwirtschaftsministerium schließlich gezwungen, die meisten seiner grundsätzlich ablehnenden Positionen zu räumen. Der entscheidende Schritt wurde mit einer Kabinettsvorlage des Ministeriums vom 23. November 1961 gemacht, die Adenauer, der lange Verständnis für die Haltung des Ministeriums aufgebracht hatte, nun (die Bundestagswahlen vom September 1961 waren inzwischen vorbei) von Schwarz eingefordert hatte.[508] Die Vorlage schilderte zu Beginn einmal mehr und in teilweise dramatischen Worten die vielen Zumutungen, die die Umsetzung der Kommissionsvorschläge für die deutsche Landwirtschaft bedeuten würden, nur um auf den letzten Seiten dann den Weg für deutsche Konzessionen, allerdings immer noch verklausuliert, freizumachen. Am wichtigsten war, dass die Bundesregierung damit beim Getreide, wenn auch unter Vorbehalten, dem vorgeschlagenen Richtpreissystem zustimmen konnte, was – wie alle wussten – auf eine Senkung des vergleichsweise sehr hohen deutschen Getreidepreises hinauslief.[509] Mit den gegen den Widerstand des Bundeslandwirtschaftsministeriums erfolgten deutschen Zugeständnissen der Jahreswende 1961/62 war der weitere Weg zur Integration des Agrarmarktes im Grunde vorgezeichnet. Der wiederum mit großem öffentlichem Getöse ausgefochtene Streit um die Höhe des gemeinsamen Getreidepreises von 1964 war so gesehen ein Nachhutgefecht. Es zeigt allerdings, dass das Bundeslandwirtschaftsministerium auch jetzt

---

zum gemeinsamen Agrarmarkt um keinen Schritt weiter und den anderen Delegationen in die Enge treiben." Referat V B /4 an Abteilungsleiter V, 30.11.1960, BArch B 136/2564, Blatt 257 f.
507 Z. B. Schreiben Referat 6 des Bundeskanzleramtes an den Bundeskanzler, 13.11.1961, BArch B 136/2565, Blatt 47 ff. Zitat ebd., Bl. 47.
508 Stellungnahme des Bundesministeriums für Ernährung, Landwirtschaft und Forsten zur Entwicklung einer gemeinsamen Außenpolitik innerhalb der Europäischen Wirtschaftsgemeinschaft, 23.11.1961, BArch B 136/2565. Der Hinweis auf Adenauers Intervention findet sich gleich zu Beginn.
509 Die Konzession machte Schwarz dann auch grundsätzlich auf der Ministerratssitzung vom 29.11. bis 1.12.1961, z. B. Aufzeichnung über die Tagung des Ministerrates vom 29.11.-1.12.1961, BArch B 136/2565, 2.12.1961, Bl. 106–109, hier Bl. 106.

noch keine konstruktive Position gegenüber der Europäisierung des Agrarmarktes gefunden hatte, die eine auch für die anderen Regierungen zustimmungsfähige Alternative zu den Kommissionsvorschlägen bedeutet hätte.

Es ist nicht Aufgabe dieses Kapitels, den weiteren Verlauf nachzuzeichnen.[510] Vor dem Hintergrund der geschilderten Entwicklung ist für die erste und entscheidende Phase der europäischen Integration der Diagnose von Kiran Patel, wonach es sich um eine „Europäisierung wider Willen" gehandelt habe, für das Bundeslandwirtschaftsministerium kaum zu widersprechen. Vergleicht man darüber hinaus die ministerielle Haltung gegenüber den Agrarunion-Plänen der ersten Hälfte der 1950er Jahre mit der gegenüber den Kommissionsvorschlägen ab 1959 wird deutlich, dass es sich weniger um eine Änderung der Analyse als vielmehr der daraus zu ziehenden politischen Konsequenzen gehandelt hatte. Auch zwischen 1950 und 1954 oder im Umkreis der Konferenz von Stresa hatte das Ministerium durchaus viele Probleme gesehen, die sich für die bundesdeutsche Landwirtschaft aus den Europäisierungs-Plänen ergaben. Doch während bis zur Konferenz von Stresa das Agrarministerium dennoch produktive Vorschläge entwickelte und sich Niklas und Lübke *expressis verbis* zur weiteren Integration bekannten, ging das Ministerium spätestens 1959 zu einer Verzögerungs- und Verhinderungstaktik über, bei der die Probleme ins Zentrum gestellt wurden, ohne weiterführende eigene Vorschläge zu entwickeln. Damit wurde jetzt deutlich, dass das Ministerium selbst nur so lange bereit war, der Integrationspolitik der Bundesregierung zu folgen, wie die Konsequenzen für die Landwirtschaft überschaubar blieben. Als es „ernst wurde", begann der Widerstand.

Wie ist diese Haltung zu erklären? Eine Ursache lag in der Sache selbst. Anders formuliert: Das Ministerium hatte nicht völlig unrecht, wenn es negative Folgen für deutsche Produzenten befürchtete. Nicht von ungefähr kamen die wichtigen Initiativen aus Ländern, deren Agrarwirtschaft von einer Öffnung der Märkte Vorteile zu erwarten hatte. Die bundesdeutsche Landwirtschaft war – jedenfalls galt das für wichtige Teile dieser – nach zwei Jahrzehnten der Abschottung sowie der immer ineffizient gebliebenen NS-Großraum- und Ausbeutungswirtschaft auf die Liberalisierung nicht ausreichend vorbereitet. Dass zudem gerade die französische Seite im Agrarbereich eine harte Interessenpolitik betrieb, war natürlich bereits zeitgenössisch zu erkennen und wurde gelegentlich auch von Adenauer, der ansonsten bekanntlich einen konsequenten Versöhnungskurs gegenüber dem westlichen Nachbarn verfolgte, gegenüber dem Landwirtschaftsministerium anerkannt.[511] Insofern verfolgte das Ministerium durchaus eine Politik, die der Wahrung bundesdeutscher Interessen galt. Allerdings betraf das eben nur bestimmte Interessen, vor allem die, die auch der Deutsche Bauernverband bei seiner Politik in den Mittelpunkt stellte. Darüber hinaus bleibt aber der eklatante Mangel an eigenen Integrationskonzeptionen bestehen, die über die möglichst lange Wahrung nationaler Kompetenzen im Agrarbereich hin-

---

510 Siehe dazu: sechster Teil der Darstellung.
511 Siehe z. B.: Adenauer an Schwarz, 15.12.1960, BArch B 136/2564, Bl. 307.

ausgegangen wären – ein Mangel, der letztendlich dazu führte, dass die deutsche Europapolitik über Jahre nicht aus der Defensive herausfand.

Neben der engen Verbindung zum Bauernverband ist für die Haltung des Landwirtschaftsministeriums deswegen auch die Personenkonstellation innerhalb des eigenen Hauses wichtig geworden. Als die europäische Integration 1959 in die entscheidende Phase ging, hatte der europafreundliche Lübke sein Amt gerade verlassen. Von dem langjährigen Verbandsvertreter Werner Schwarz war eine ähnliche Politik nicht zu erwarten. Mit dem Wechsel auf dem Ministerposten wuchs zudem dem europaskeptischen Sonnemann in einer entscheidenden Phase zusätzliche Bedeutung zu, die er – sieht man etwa auf die einschlägigen Passagen im zitierten Memorandum für den neuen Minister – sofort nutzte. Sonnemanns Nachfolger Hüttebräuker stand der europäischen Agrarmarktintegration zwar deutlich aufgeschlossener gegenüber, zu einer tatsächlichen Kurskorrektur des Ministeriums kam es aber auch nach seinem Amtsantritt im Frühjahr 1962 zunächst nicht. Dies lag neben dem Einfluss der „Grünen Front" und der grundsätzlichen Reserve von Minister Schwarz auch an der Haltung innerhalb der Ministerialbürokratie.[512] Unter den weiteren Führungspersonen fiel insbesondere Ministerialdirektor Stalmann, dessen Abteilung „Außenhandel" im Ministerium zu diesem Zeitpunkt federführend war, durch eine ausnehmend europafeindliche Haltung auf. Nach einer Sitzung in Brüssel beklagten sich etwa andere Mitglieder der deutschen Delegation im Oktober 1961, dass Stalmann versucht habe, die europakritische Haltung seines Hauses vor dem EWG-Ministerrat als Auffassung der Bundesregierung insgesamt „hinstellen zu wollen." Die Vertreter des Auswärtigen Amtes, des Bundeswirtschaftsministeriums und des Bundeskanzleramtes hätten dem in „mehreren Fällen [...] entgegentreten" müssen.[513] Vor diesem Hintergrund ist wohl auch der insbesondere von Sonnemann unternommene Versuch zu werten, Stalmann als Leiter der deutschen Delegation der im Herbst 1960 beginnenden Verhandlungen über die Kommissionsvorschläge in Brüssel durchzusetzen. Allein, die anderen Mi-

---

[512] Vgl. ebenso die Darstellung bei Hüttebräuker, Streiflichter, BArch N 1510/3, S. 7–18. Auch die Einrichtung einer Hüttebräuker direkt zugeordneten Stelle „Grundsatzfragen der EWG" unter Ministerialrat Tilmann brachte zunächst keine sichtbare Änderung. Zur so auch Anfang 1965 nur wenig veränderten Europapolitik des Hauses siehe einen Vermerk über eine Besprechung zwischen Schwarz und Hüttebräuker mit Rehwinkel sowie den beiden Bundestagsabgeordneten Struve (CDU) und Effertz (FDP) vom 17.2.1965: Vermerk, 19.2.1965, BArch B 116/14007. Hüttebräuker versuchte hier allerdings – wie schon im Vorfeld der deutschen Zustimmung zum gemeinsamen Getreidepreis – eine Politik durchzusetzen, die im Ausgleich für die deutschen Zugeständnisse zumindest Kompensationen in anderen Bereichen einzuhandeln versuchte. Vgl. ebd., S. 1–4 des Vermerks.

[513] Bundesministerium der Finanzen, Bericht über die Agrardebatte im EWG-Ministerrat am 25.10. 1961, 25.10.1961, BArch B 136/2565, hier Bl. 2. Auch Rudolf Hüttebräuker bezeichnete Stalmann im Nachhinein als „offene[r] Gegner der EWG". Den Leitern von Abteilung II und IV, Herren und Nonhoff, bescheinigte er noch jahrelang anhaltendes „Desinteresse". Sie hätten „nichts in Richtung auf eine Verwirklichung der EWG-Agrarpolitik" unternommen. Hüttebräuker, Streiflichter, BArch N 1510/3, S. 7. Minister Schwarz bescheinigte er im Übrigen sich als Delegierter der „Grünen Front" im Kabinett zu fühlen. Zwar habe er im Laufe der Zeit erkannt, dass die deutsche Politik falsch sei, er aber dennoch weiter geglaubt, „die Meinung der Grünen Front vertreten zu müssen". Ebd., S. 6.

nisterien wussten dies mit Hinweis auf die große allgemeinpolitische Bedeutung der Gespräche für den Fortgang der Integration zu verhindern.[514] Verhandlungsführer wurde der spätere Staatssekretär Rolf Lahr aus dem Auswärtigen Amt, bei dem auch die politische Federführung lag. Schließlich fällt bei der ministeriellen Haltung zu Europa einmal mehr die nationalstaatliche Orientierung auf. Wenn ein konzeptionelles Zentrum in der Haltung des Hauses gegenüber der Europäisierung zu erkennen war, dann lag dieses im Festhalten an nationalen Marktordnungen oder im Widerstand gegen Kompetenzzuweisungen an supranationale Institutionen und Gremien. Landwirtschaft und die Ernährungswirtschaft wurde im Ministerium im Kern weiter national gedacht. Die im Januar 1962 auf den Weg gebrachte europäische Marktordnung wurde entsprechend auch keineswegs als Fortsetzung der nationalen Regulierungen auf EWG-Ebene verstanden. Im Gegenteil, für das Ministerium bedeutete diese die Ablösung der eigenen, bundesdeutschen Marktordnungen.

Welche Kontinuitäten lassen sich in dieser Orientierung erkennen? Zunächst sollten nicht überall sofort lange Kontinuitäten über 1945 hinweg vermutet werden. Wie ausgeführt, gab es durchaus in der aktuellen Lage der deutschen Landwirtschaft Gründe, der Europäisierung nicht allzu euphorisch gegenüberzustehen. Die deutsche Landwirtschaft hatte die Konkurrenz zu fürchten und ihre Interessenvertreter wurden nun einmal als ein politischer Faktor eingeschätzt, den es zu berücksichtigen galt. Schließlich entsprang gerade Frankreichs Agrarpolitik häufig einer ziemlich unverhohlenen Interessenpolitik. Es gab also gute Gründe, demgegenüber auf der Hut zu sein. Die Europapolitik des Ministeriums gehörte somit auch einer eigenen bundesdeutschen Zeitschicht an. Dennoch nahm das Ministerium ebenso deutlich eine Position ein, die in der Tradition einer Agrarpolitik stand, die diese als Kernaufgabe des souveränen Nationalstaats verstand.

Dies allein war allerdings kein spezifisches nationalsozialistisches Erbe. Autarkie- oder Großraumvorstellungen spielten darin keine erkennbare Rolle. Es entsprang vielmehr einer breiteren agrarpolitischen Grundströmung in der ersten Hälfte des 20. Jahrhunderts, die in den verschiedenen Teilen dieses Bandes immer wieder deutlich geworden ist: Dem Primat der nationalen Versorgungssicherheit waren die meisten Experten verpflichtet, die seit dem Ersten Weltkrieg und seit der Entstehung einer zentralen deutschen Agrarverwaltung Landwirtschaftspolitik betrieben hatten. Dies zog jedoch, und auch dies änderte sich nicht, die Nähe zu den Produzenteninteressen nach sich. Fragen der Konsumenten spielten, wie auch Kiran Patel festgestellt hat,[515] in den Argumentationen des Ministeriums (wie der Regierung überhaupt) zu Europa zu diesem Zeitpunkt praktisch keine Rolle.

Allerdings, auch das gehört zu der Frage nach Kontinuitäten der ministeriellen Europapolitik, wurde diese an wichtigen Positionen von Beamten betrieben, die im

---

514 Z. B. Staatssekretär Sonnemann an Bundeskanzler Adenauer, 18.8.1960, BArch B 136/2564, Bl. 48 sowie Referat 6 des Bundeskanzleramtes an Bundeskanzler Adenauer, 22.8.1960, BArch B 136/2564, Bl. 56 f.
515 Patel, Europäisierung, S. 164.

Nationalsozialismus in der Agrarhandelspolitik tätig gewesen waren. Das galt nacheinander für die beiden ersten Leiter der Abteilung bzw. Unterabteilung Außenhandel Hans Nelson und Otto Stalmann. Vor allem letzterer war im Reichslandwirtschaftsministerium zwischen 1934 und 1945 unter anderem mit den Agrarbeziehungen zu Skandinavien und dem Balkan sowie mit der Abwicklung der Ein- und Ausfuhren aus dem Protektorat Böhmen und Mähren befasst gewesen und galt entsprechend als erfahrener landwirtschaftlicher Außenhandelsexperte.[516] Dies traf ebenso auf Gustav Tilmann zu, der von 1959 bis 1964 das Referat „Europäische Wirtschaftsgemeinschaft" in der Außenhandelsabteilung leitete und seit 1964 der dem Staatssekretär zugeordneten „Gruppe Grundsatzfragen der EWG" vorstand. Tilmann war im Zweiten Weltkrieg u. a. mehrere Jahre als Agrarexperte an der deutschen Gesandtschaft in Bukarest tätig.[517] Zuvor hatte Tilmann, der seit 1933 der SS angehörte, für die „Reichsstelle für Getreide, Futtermittel und sonstige landwirtschaftliche Erzeugnisse" gearbeitet. Von ihm stammten viele der in Abteilung VII entwickelten Referentenentwürfe zur europäischen Integration. Die Außenhandelserfahrung, die Beamte wie Stalmann oder Tilmann in die Bundesrepublik mitbrachten, bezog sich auf die Sicherung der deutschen Nahrungsmittelversorgung durch die Ausbeutung eines vom Reich beherrschten Großraums. Sie hatten ihre „Auslandserfahrungen" in einem Umfeld deutscher Dominanz gemacht. Das galt nicht viel anders auch für Sonnemann und dessen Tätigkeit als Autor von Büchern zur Kriegswirtschaft oder als Wirtschaftsoffizier in Norwegen. Sonnemanns Denken kreiste, ausweislich seiner Schriften vor und nach 1945, vor allem um die nationale Versorgungssicherheit und das war selbstverständlich auch seine Aufgabe in Norwegen gewesen, wo es insbesondere um die Versorgung der deutschen Truppen gegangen war. Dass Sonnemann, Stalmann oder Tilmann Vorbehalte gegenüber einer supranationalen Europäisierung hatten, die – wie sie sehr gut erkannten – die nationalstaatliche Steuerungskompetenz massiv schwächte, überrascht nicht.[518]

Auch relevante Vorerfahrungen mit der internationalen Kooperation unter gleichberechtigten Partnern, wie sie manche westeuropäische Politiker und hohe Beamte aus den interalliierten Gremien der beiden Weltkriege mitbrachten,[519] fehlten im Landwirtschaftsministerium. Im Gegenteil, ein von Sonnemann offenbar nach dem Abgang von Lübke ausgesprochenes „Fraternisierungsverbot" zwischen Beamten seines Ministeriums und den Mitarbeitern der EWG-Kommission spricht dafür, dass

---

516 Siehe oben, S. 449f.
517 Personalakte Tillmann, BArch Pers 101/79414 u. 79416.
518 Ein Gegenbeispiel wäre allerdings Hanns Gareis, der als eher europafreundlich einzuschätzen ist. Vgl. auch Patel, Europäisierung wider Willen, S. 119.
519 Das bekannteste Beispiel ist mit Jean Monnet einer der wichtigsten französischen Väter der Europäischen Integration. Monnet war im Ersten wie im Zweiten Weltkrieg in den interalliierten Wirtschaftsorganen tätig. In den 20er und 30er Jahren arbeitete er in unterschiedlichen Funktionen für den Völkerbund, 1920–23 auch als dessen stellvertretender Generalsekretär. Patel schreibt solche Erfahrungen auch Rolf Lahr vom Auswärtigen Amt zu: Patel, Europäisierung, S. 171.

der Staatssekretär erhebliches Mistrauen gegenüber internationalen Institutionen und deren Vertreter hegte, die er offenbar als „Landesflüchtige" begriff. Gemäß einem internen Schreiben aus dem Bundeskanzleramt sorgte Sonnemanns Anweisung tatsächlich dafür, dass über Jahre kaum persönliche Kontakte zwischen dem Ministerium und der Brüsseler Behörde bestanden.[520] Die Existenz dieser Direktive Sonnemanns bestätigte im Nachhinein auch dessen Nachfolger Rudolf Hüttebräuker, der nach eigener Aussage bald nach seinem Amtsantritt mit einem Empfang für die deutschen Mitarbeiter bei der Generaldirektion Landwirtschaft innerhalb der Kommission darum bemüht war, die abgebrochenen Arbeitsbeziehungen zur Brüsseler Behörde wieder aufzubauen.[521] Nicht nur die Politikkonzeptionen, auch die politische Praxis bzw. der Verhandlungsstil des Ministeriums war somit gerade in den entscheidenden Jahren um 1960 traditionell nationalstaatlich orientiert. Eine Anpassung an die Notwendigkeiten der multi- und supranationalen Kooperation innerhalb der EWG setzte sich jedenfalls bis in die erste Hälfte der 1960er Jahre im Bundeslandwirtschaftsministerium nicht durch.

Als der mit Agrarfragen befasste Staatssekretär im Auswärtigen Amt Lahr 1966 angesichts neuer Konflikte um die europäische Agrarpolitik in mehreren Aufzeichnungen eine Art Bilanz der westdeutschen Landwirtschaftspolitik seit Beginn der EWG zog, fiel sein Resümee ziemlich vernichtend aus: „Als wir im Jahre 1960 begannen, in Brüssel auf der Grundlage des sogenannten ‚Mansholt-Plans' eine gemeinsame Agrarpolitik zu entwickeln und ich seinerzeit mit der Leitung der deutschen Delegation beauftragt wurde", lautete Lahrs beißende Kritik, „war meine erste Frage, welches die deutsche Konzeption für eine gemeinsame Agrarpolitik sei. Ich habe aber hierauf niemals eine Antwort erhalten. Eine solche Konzeption existierte nicht." Man habe überhaupt schon seit Stresa die Initiative der „Kommission überlassen, insbesondere dem Niederländer Mansholt und dem Franzosen Rabot, der mit seiner Heimatbehörde, dem Landwirtschaftsministerium, in enger Verbindung blieb." Im Ergebnis, so Lahr, sei die Marktregulierung fast ausschließlich auf der Preisregulierung aufgebaut worden und diese Strategie habe vor allem die deutsche Politik in eine Zwangslage getrieben. Auf der einen Seite sah sie sich mit Rücksicht auf die eigene Landwirtschaft stets genötigt, auf möglichst hohen Preisen zu bestehen. Auf der anderen Seite führte gerade dies zu immer höheren Kosten der Marktregulierung, über die man sich dann beklagte und die immer schwerer zu tragen waren. Heute, im Jahr 1966, stehe die deutsche Agrarpolitik gegenüber Brüssel vor einem Dilemma: „zu kostspielige Agrarfinanzierung oder zu niedrige Preise". Man werde, so Lahr „diesen Weg nicht unbegrenzt weitergehen können." Lahrs Diagnose erscheint auch in der historischen Perspektive plausibel. Von Ende 1959, als die Vorschläge der Kommission für die Agrarintegration vorlagen, bis Ende 1964, als der gemeinsame Getreidepreis als

---

520 Internes Schreiben Dr. Prass an den Staatssekretär im Bundeskanzleramt, 27. 3. 1962, BArch B 116/4696. Darin auch die Begriffe „Fraternisierungsverbot" sowie „Landesflüchtige[n]".
521 Hüttebräuker, Streiflichter, BArch N 1510/3, S. 6.

wichtigster Einzelpreis für 1967 zum ersten Mal stand, hatte die Bundesrepublik wenig anderes getan, als Kritik an den Vorschlägen der Kommission zu üben, zu verzögern und dann doch nachgeben zu müssen. Die Bundesrepublik hatte sich mit ihrer überwiegend auf Verhinderung der Brüsseler Vorschläge ausgerichteten Politik nicht nur tendenziell isoliert, sondern auch Gestaltungsmöglichkeiten genommen. Lahr nannte das Landwirtschaftsministerium nicht ausdrücklich, aber es war klar, auf wen die Kritik zielte. Wer hätte auch eine konstruktive Europakonzeption in der Agrarpolitik entwickeln sollen, wenn nicht das fachlich zuständige Ministerium?

Dass es das nicht tat, hatte – so lassen sich die Ergebnisse abschließend zusammenfassen – neben aktuellen Problemlagen mit längeren Kontinuitätslinien zu tun, in denen die Sicherung der Ernährung und die Pflege der eigenen Landwirtschaft als nationale Aufgaben von hohem Rang verstanden worden waren. Nimmt man die Nähe zum Bauernverband, die sich hier ebenso zeigte, die damit verbundene Betonung der Produktionsseite zu Lasten der Konsumenteninteressen sowie die auch in diesem Bereich untergründig wirkende Überzeugung hinzu, dass es sich bei der Landwirtschaft um einen Wirtschaftszweig mit eigenen Regeln handelte, bei dem nicht zuletzt aus sozialen und kulturellen Gründen anderswo geltende ökonomische Überlegungen nur bedingt anzuwenden waren, war auch die Europapolitik des Landwirtschaftsministeriums von jenem Bündel an traditionellen Vorstellungen geprägt, das ebenso in den vorangegangenen Kapiteln zu erkennen war und das in die Zeit vor 1945 zurückreichte.

Die dabei festzustellenden Kontinuitäten waren aber auch im Feld der Europapolitik nicht einfach nationalsozialistische. Sie entstammten einer sehr viel breiteren agrarpolitischen Konzeption bzw. Praxis. Sie waren zudem ideologisch deradikalisiert, führten aber Grundvorstellungen von einem sozial und kulturell wertvollem „Bauernstand" sowie dessen lebenswichtiger Bedeutung für die Nation fort. Bei der konkreten politischen Gestaltung setzte sich in der engen Verzahnung von ministerieller Administration, Verbandsinteressen und politischen Interessenvertretern in Parlament und Regierung der Korporatismus der ersten Jahrhunderthälfte in die Bundesrepublik hinein fort. Da im Vergleich zu Weimar die Verbandsinteressen wie deren politischen Vertretungen aber deutlich monopolisiert waren, erinnert die Einheitlichkeit des agrarpolitischen Milieus in der frühen Bundesrepublik tatsächlich eher an die Fortsetzung eines „Reichsnährstandsdenkens" als an die stärker zerklüftete Konstellation von Weimar. Beim wenig kooperationsbereiten Verhandlungsstil der Beamten des Landwirtschaftsministeriums gegenüber den EWG-Partnern lässt sich sicher zu Recht fragen, inwieweit hier gerade bei den Außenhandelsexperten des Hauses Vorerfahrungen in einem vom nationalsozialistischen Deutschland dominierten Europa hinderlich für die Entwicklung konstruktiver Haltungen waren. Da mit Hanns Gareis und später auch Staatssekretär Rudolf Hüttebräuker, soweit zu erkennen, zwei der Beamten, die persönlich mit am stärksten mit dem NS-Regime verbunden waren, zu den Europa eher aufgeschlossenen Mitarbeitern des Hauses gehörten, sollte dieses Argument aber auch nicht überbetont werden. Insgesamt ist allerdings davon auszugehen, dass angesichts des skizzierten traditionellen Denkens und der entsprechenden Politikformen vielen im Landwirtschaftsministerium nicht nur der Umgang mit den Strukturveränderungen der Jahrzehnte nach 1945 schwerfiel, sondern ebenso die neuen Anforderungen, die sich aus der beginnenden europäischen Integration ergaben, lange verschlossen blieben.

V Schluss: Belastungstoleranz und Traditionsverhalten. Der Umgang des Bundeslandwirtschaftsministeriums mit der NS-Vergangenheit

Mitten im Bundestagswahlkampf 1953 schickte Bundesernährungsminister Wilhelm Niklas Konrad Adenauer drei Broschüren zu. Er gebe, so Niklas, zurzeit an „alle in Betracht kommenden Stellen die drei Anlagen als Material aus meinem Arbeitsgebiete für den Wahlkampf hinaus."[522] Alle drei Broschüren enthielten die Erzählung von dem Mangel direkt nach 1945 und dem Wiederaufstieg der deutschen Land- und Forstwirtschaft danach. Insbesondere das erste Heftchen legte dabei den Schwerpunkt ganz auf die Perspektive der Landwirte. Unter dem Titel „Ging es wirklich aufwärts?" präsentierte es das fiktive Tagebuch eines Bauern, der in den Notzeiten den hungernden Städtern geholfen hatte, der jetzt aber selbst auf die Hilfe der Bundesregierung angewiesen war. „Würde eine andere Regierung", schloss der Text, „ähnliches Verständnis für die Landwirtschaft aufbringen? Würde sie nicht alle Schleusen öffnen und uns der Konkurrenz des Auslandes ausliefern, wo sie es durch Klima und Boden leichter haben als wir? Wir haben jetzt unser Schicksal in der Hand!"[523]

Das Heft drückte ein Selbstverständnis aus, das auch im Bundeslandwirtschaftsministerium in den ersten Jahrzehnten der Bonner Republik vielfach anzutreffen war. Die Agrarwirtschaft als ein unter spezifischen Bedingungen arbeitender Wirtschaftszweig musste geschützt werden und konnte nicht wie andere ökonomische Bereiche der Liberalisierung im Zeichen der Sozialen Marktwirtschaft ausgeliefert werden. Auch der Ausgangspunkt der Mangelerfahrung prägte das agrarpolitische Denken noch längere Zeit. Er stützte Konzeptionen, in denen staatliche Intervention und Protektionismus eine wichtige Orientierung boten. Argumentationen des Ministeriums griffen dabei regelmäßig auf Erfahrungen vor 1945 zurück. Das bedeutete allerdings nicht unbedingt ein direktes Anknüpfen an nationalsozialistische Konzeptionen, vielmehr ist es meist eine breitere und gleichzeitig längere Kontinuität, in die die Agrarpolitik der frühen Bundesrepublik eingebunden war. Bei der Siedlungspolitik, aber auch bei den Marktordnungen sind viele Elemente zu erkennen, die bereits in der Weimarer Agrarpolitik enthalten waren. Bei der Flurbereinigung setzte die frühe Bundesrepublik dagegen eine Richtung fort, die die NS-Regelungen hier eingeschlagen hatten, passte diese allerdings in den Rechtsstaat ein. Überhaupt sind beim konkreten Verwaltungshandeln im Ministerium wenig Schwierigkeiten zu erkennen, sich auf die neuen Bedingungen einzustellen. Auch hier half vermutlich, dass

---

[522] Niklas an Adenauer, 15.7.1953, BArch B 136/4696.
[523] Ging es wirklich aufwärts? Tagebuchbemerkungen eines Bauern. Köln o.J. [1953], BArch B 136/4696.

https://doi.org/10.1515/9783110655308-005

die Erfahrungsräume der jungen Republik nicht nur in das Dritte Reich, sondern ebenso in die Weimarer Republik zurückreichten. Dennoch sind gerade in der administrativen Praxis im Verlaufe der Bundesrepublik weitere Entwicklungen zu erkennen, die vor allem in der Verbraucherpolitik, teilweise auch in der Umweltpolitik angedeutet werden konnten und die insbesondere seit den 1970er Jahren das Verwaltungshandeln im Landwirtschaftsministerium weniger etatistisch und stärker „zivilgesellschaftlich" erscheinen lassen. An der grundsätzlichen inhaltlichen Ausrichtung des Ministeriums an der Produktionsseite von Land- und Forstwirtschaft änderte das aber nichts.

Was die Personalpolitik anbelangt, sind am Beispiel von Staatssekretär Walther Florian noch einmal wichtige Aspekte des ministeriellen Umgangs mit NS-Belastungen deutlich geworden. Abgesehen davon, dass auch die Zugehörigkeit zur Allgemeinen SS keinen Hinderungsgrund für den Eintritt sowie eine steile Karriere im Ministerium darstellten, führten auch Falschangaben im Lebenslauf (bei Florian sogar massive) zu keinen Konsequenzen. Nachfragen zu NS-Vergangenheiten kamen zudem fast immer von außen und wurden, sobald sie aus dem Weg geräumt waren, nicht weiter berücksichtigt. Eine Entwicklung beim Umgang mit NS-Belastungen in der Personalpolitik ist nicht zu erkennen. Das Ministerium verhielt sich bei den vielen Ernennungen von Florian stets in derselben Weise. Da die Ernennung eines Staatssekretärs nicht nur Sache eines Ministeriums war, sondern Angelegenheit der gesamten Bundesregierung, kommen der Ernennung von 1984 und dem trotz der öffentlichen Kritik gezeigten Festhalten daran eine Bedeutung für den bundesdeutschen Umgang mit dem Nationalsozialismus in den 1980er Jahren zu, die über ein einzelnes Ministerium hinausweisen. Zu der hohen und durchgängigen „Belastungstoleranz" des Ministeriums kommt so die Frage, wie sich der Umgang des Ministeriums mit der NS-Vergangenheit in eine allgemeinere Geschichte der bundesdeutschen „Vergangenheitsbewältigung" einordnet.

Der Umgang mit dem Nationalsozialismus in Westdeutschland wird gemeinhin in vier größere Phasen unterteilt.[524] Einer intensiven, nicht ausschließlich, aber stark von den Besatzungsmächten geprägten Debatte in den ersten Jahren nach Kriegsende folgte seit Ende der 1940er Jahre eine Zeit des relativen Beschweigens von Nationalsozialismus und Drittem Reich. Auch jetzt fehlten Debatten (und Skandale) um die NS-Vergangenheit nicht, insgesamt war die öffentliche Aufmerksamkeit für diese aber merklich zurückgegangen, eine umfassende Integrationspolitik stand im Mittelpunkt. Seit Ende der 1950er Jahre verdichtete sich die Diskussion um den Nationalsozialismus wieder. Die Errichtung der „Zentralen Stelle der Landesjustizverwaltungen zur Aufklärung nationalsozialistischer Verbrechen" in Ludwigsburg 1958 sowie der Ulmer Einsatzgruppenprozess von 1957/58 sind wichtige Marksteine am Beginn dieser Phase, zu der dann auch die Aufmerksamkeit für NS-Verbrechen zur Zeit der 68er-Bewegung

---

524 Für ganz viele Arbeiten: Reichel, Peter: Vergangenheitsbewältigung in Deutschland. Die Auseinandersetzung mit der NS-Diktatur von 1945 bis heute, München 2001.

gehört. Ein weiterer Einschnitt wird Mitte der 70er Jahre angenommen. Nun erreichte die „Vergangenheitsbewältigung" stärker auch den privaten, regionalen oder lokalen Bereich. Die Aufmerksamkeit richtete sich nun nicht mehr überwiegend auf Politik und politische Entscheider, sondern auf den Nationalsozialismus im Alltag, bei den vielen und „normalen" Deutschen oder im unmittelbaren lokalen Umfeld. Einer solchen Phaseneinteilung wären systematische Aspekte zuzuordnen. Die juristische Aufarbeitung wäre von der wissenschaftlichen, der kulturellen oder der öffentlichen zu unterscheiden. Hinzu käme nicht zuletzt der bewusste politische Umgang mit dem Dritten Reich, die „Vergangenheitspolitik".[525]

Der Umgang mit dem Nationalsozialismus im Landwirtschaftsministerium steht insofern mit diesem Ablauf in Verbindung, als sich vor allem die ersten beiden Phasen in den vorgestellten Befunden klar abzeichnen. Die Zahl der formal mit dem Nationalsozialismus Belasteten stieg mit Beginn der Bundesrepublik deutlich an. Die Aufmerksamkeit für Belastungen ließ hingegen massiv nach. Dies entsprach ebenso dem vergangenheitspolitischen Interesse in der Adenauerzeit, das den Nationalsozialismus nicht verschwieg, Belastung aber auf wenige Hauptbelastete beschränkte und ansonsten eine Politik der Integration der vielen „Mitläufer" und weniger Belasteten betrieb. Auch wenn die Vergleichszahlen relativ hoch sind, unterschied sich das Landwirtschaftsministerium hier nicht grundsätzlich von anderen Behörden. Auffällig ist der blinde Fleck in den Belastungsbegriffen der frühen Bundesrepublik, der im Agrarressort vor allem bei der Rolle der Mitarbeiter in der deutschen Besatzungsherrschaft lag. Als materielle Belastung kamen solche Tätigkeiten nicht vor, selbst wenn davon auszugehen ist, dass internes Wissen über die Bedeutung des Einsatzes als landwirtschaftlicher Experte im besetzten Europa weit verbreitet war. Ganz im Gegenteil, im Krieg ausgeübte Tätigkeiten ließen sich bald als Kompetenznachweise in den späteren Karrieren nutzen. Die folgenden Phasen westdeutscher Vergangenheitspolitik, dies lässt sich so deutlich sagen, haben im weiteren personalpolitischen Handeln des Landwirtschaftsministeriums keinen Niederschlag gefunden. Die in den 1950er Jahren etablierte Praxis wurde beibehalten. Sie betraf allerdings nun aus generationellen Gründen immer weniger die Einstellung, sondern die weitere Beförderung von Beamten. Dies führte dazu, dass gerade bei den höheren Leitungspositionen bis in die 1970er und 80er Jahre hinein ein substantieller Anteil von ehemaligen NSDAP- sowie auch SS-Mitgliedschaften möglich war. Inwieweit dieser Befund über das Landwirtschaftsministerium hinausweist oder ein Einzelbefund ist, lässt sich angesichts der Tatsache, dass die meisten anderen Aufarbeitungsprojekte lediglich den Zeitraum bis etwa 1970 umfassen, nicht sagen und wäre sicher noch genauer zu untersuchen und in seinen Konsequenzen zu durchdenken.[526]

---

525 Vgl. z. B. Frei, Vergangenheitspolitik.
526 Ein ähnlicher Hinweis findet sich in der Darstellung zum Arbeitsministerium: Münzel, Neubeginn, S. 516 f.

Die hohe Belastung durch NS-Mitgliedschaften in der Verwaltung der frühen Bundesrepublik, die Kontinuität von Funktionseliten über 1945 hinweg, ist nichts Neues. Sie war auch vor den verschiedenen Aufarbeitungsprojekten im Grundsatz bekannt.[527] Die in der Zeit der rot-grünen Regierungskoalition begonnene systematische Untersuchung hat dennoch neben vielen Einzelaspekten auch unsere Kenntnisse über wichtige Mechanismen bei der Personalauswahl oder über die historischen Belastungsvorstellungen erweitert. Interessant sind darüber hinaus die erinnerungskulturellen Aspekte bei der Beschäftigung mit Kontinuitäten und Diskontinuitäten oberster Bundesbehörden.[528] Im Falle des Bundeslandwirtschaftsministeriums ist es zu einer offiziellen Thematisierung des Verhältnisses des eigenen Hauses zum Nationalsozialismus in den Jahrzehnten nach 1945 nicht gekommen. In den Verlautbarungen des Ministeriums, die der eigenen Geschichte gewidmet waren, dominierte stattdessen die Vorstellung eines grundsätzlichen Bruchs bzw. eines Neuanfangs nach 1945. Typisch dafür ist die Darstellung in dem von Heinz Haushofer im Auftrag des Landwirtschaftsministeriums herausgegebene Band „Die Agrarwirtschaft in der Bundesrepublik Deutschland", in dem auch noch 1974 der Übergang vom Nationalsozialismus zur Bonner Republik so abgehandelt wurde:

> „Die neue Agrarpolitik der Bundesrepublik besaß kein Erbe, auf dem aufzubauen gewesen wäre. Die Agrarpolitik der drei letztvergangenen Regime war teils schon geschichtlich versunken, wie die des Kaiserreichs vor 1918, oder obsolet geworden, wie die der Weimarer Republik durch ihr Scheitern in der Weltwirtschaftskrise der Jahre 1929–1932, oder moralisch diskreditiert, wie die des Nationalsozialismus von 1933–1945. 1945 hatten dann die Besatzungsmächte sowohl personell wie institutionell vollkommen reinen Tisch gemacht, so daß ab der ‚Stunde Null' der Wiederaufbau auf einer neuen Grundlage erfolgen konnte."[529]

Die von Friedrich Nobis verfasste offiziöse Darstellung „Das Bundesministerium für Ernährung, Landwirtschaft und Forsten", die zuerst 1966 erschien, beschränkte sich bei ihrem historischen Abriss zur Zeit des Nationalismus auf einige dürre ereignishistorische Daten.[530] Mehr oder weniger völlig ohne Bezüge zur Epoche vor 1945 kam die Broschüre „Sorgen um das tägliche Brot" von 1951 aus. Sehr viel stärker thematisiert wurden in der Schrift dagegen die Hungerjahre nach Kriegsende. Sie sind damit auch hier der zentrale Startpunkt in der administrativen Erinnerung. Die gelungene

---

527 Genannt sei nur Michael Ruck, Kontinuität und Wandel – Westdeutsche Verwaltungseliten unter dem NS-Regime und in der Bundesrepublik, in: Loth, Wilfried/Rusinek, Bernd A. (Hgg.): Verwandlungspolitik. NS-Eliten in der westdeutschen Nachkriegsgesellschaft, Frankfurt/New York 1998, S. 117–142. Vgl. auch die Antwort der Bundesregierung vom 14.12.2011 auf eine Große Anfrage zum „Umgang mit der Vergangenheit", die den damaligen Stand der Erforschung der Vorgängerbehörden der Bundesministerien referiert. Bundestag-Drucksache 17/8134.
528 Vgl. etwa den Hinweis darauf bei Löffler, Personelle und institutionelle Strukturen, in: Abelshauser (Hg.), Bundeswirtschaftsministerium, S. 124.
529 Haushofer (Hg.), Agrarwirtschaft, S. 149.
530 Nobis, Bundesministerium, S. 15f.

Überwindung der Mangelversorgung der ersten Nachkriegszeit wurde zur eigentlichen Anfangserzählung in den Selbstdarstellungen des Ministeriums, die sich bis ins erste Jahrzehnt des 21. Jahrhunderts kaum veränderte.[531] Zu einer vom Ministerium angeregten Beschäftigung mit der nationalsozialistischen Landwirtschaftspolitik kam es dagegen in den Jahren um 1970. Eine systematische Darstellung der Frage, wie Reichs- und Bundesministerium historisch zusammenhingen, fand in diesen Publikationen allerdings ebenfalls nicht statt.[532] Auch die Kampagne der DDR gegen Theodor Sonnemann oder das sogenannte „Braunbuch" der DDR, in dem zahlreiche Vertreter der westdeutschen Eliten mit tatsächlicher oder vermeintlicher NS-Vergangenheit aufgeführt waren und in dessen Auflage von 1968 unter anderem Rolf Baath und Hanns Gareis vorkamen, führten zu keinen erkennbaren Reaktionen des Ministeriums.[533] Das damit skizzierte Traditionsverhalten[534] in den offiziellen und offiziösen Publikationen des Hauses war mit seiner Trennung zwischen bundesdeutscher Tradition auf der einen Seite und der Zeit vor 1945 auf der anderen kein Einzelfall. Noch im April 2005 antwortete das Innenministerium im Bundestag auf eine entsprechende Anfrage, dass die Bundesministerien aufgrund ihrer Gründung in den Jahren ab 1949 über keine „nationalsozialistische Vergangenheit" verfügten, die der „Aufarbeitung" bedürfe.[535]

Es war allerdings ebenfalls das Jahr 2005, in dem das Agrarministerium eine erste Initiative zur Erforschung der eigenen NS-Vergangenheit und deren Nachwirkung in der Bundesrepublik startete. Der Bamberger Historiker Andreas Dornheim, der auch Mitglied dieser Kommission ist, erhielt im Herbst 2005 den Auftrag, ein Gutachten

---

531 Niklas, Sorgen, S. 12 f. Vgl. z. B. auch die Broschüre: Vier Jahre Ernährungs- und Agrarwirtschaft in der Bundesrepublik. Veröffentlicht durch den Bundesminister für Ernährung, Landwirtschaft und Forsten. Bonn 1953. BArch B 136/4696; Haushofer (Hg.), Die Agrarwirtschaft, S. 151; und auch noch in: Bundesministerium für Ernährung, Landwirtschaft und Verbraucherschutz (Hg.), 60 Jahre BMELV. Von der Ernährungssicherung zu multifunktionaler Agrarwirtschaft und Verbraucherschutz, Berlin 2009, o. S. [S. 2 f.].
532 Chronik der Agrarpolitik und Agrarwirtschaft des Deutschen Reiches von 1933–1945. Berichte über Landwirtschaft. 188. Sonderheft. Bearb. v. Werner Tornow. Hamburg/Berlin 1972; Haushofer, Heinz/ Recke, Hans-Joachim: Fünfzig Jahre Reichsernährungsministerium – Bundesernährungsministerium, hgg. vom Bundesministerium für Ernährung, Landwirtschaft und Forsten, Bonn 1969, S. 43–59.
533 Braunbuch. Kriegs- und Naziverbrecher in der Bundesrepublik. Staat, Wirtschaft, Verwaltung, Armee, Justiz, Wissenschaft, hgg. v. Nationalrat der Nationalen Front des Demokratischen Deutschland. Dokumentationszentrum der Staatlichen Archivverwaltung der DDR, Berlin 1968, S. 452 f. u. S. 519.
534 Zum Begriff: Kießling, Friedrich: Goethe und der amerikanische Militärpolizist. „National" und „international" in der intellektuellen Geschichte Westdeutschlands nach 1945, in: Kießling, Friedrich/ Rieger, Bernhard (Hg.): Mit dem Wandel leben. Neuorientierung und Tradition in der Bundesrepublik der 1950er und 60er Jahre, Köln u. a. 2011, S. 129–155, S. 147 f.
535 Frage von Volker Wissing (FDP) und Antwort des Staatssekretärs im Innenministerium Göttrik Wewer, in: Bundestagsdrucksache 15/5434, 6. 5. 2005, S. 13 f. Zitiert nach: Mentel, Christian/Weise, Nils: Die NS-Vergangenheit deutscher Behörden, in: Aus Politik und Zeitgeschichte 14–15, 2017, S. 16–21, hier S. 16.

über Personalkontinuitäten nach 1945 zu erstellen, um auf dieser Basis „Kriterien zur Bewertung der Ehrwürdigkeit von ehemaligen Mitarbeiterinnen und Mitarbeitern des BML/BMVEL und der Dienststellen seines Geschäftsbereichs im Hinblick auf die Zeit des Nationalsozialismus" zu entwickeln.[536] Gleichzeitig wurde an Dornheim der Auftrag zu einem Sachverständigengutachten zu „Rolle und Inhalt der Agrarpolitik und Agrarforschung von Vorgängerinstitutionen des Bundesministeriums" erteilt, das einer „aktiven Auseinandersetzung mit der Vergangenheit des Hauses" von der Weimarer Republik bis zur endgültigen Abwicklung des Reichsnährstandes dienen sollte.[537] Der Zeitpunkt der ersten Auftragserteilung stand im Zusammenhang mit der ähnlich gelagerten Initiative im Auswärtigen Amt, die durch den Streit um einen Nachruf des Auswärtigen Amtes im Jahr 2003 ausgelöst worden war.[538] Im Zuge der dadurch entstehenden Debatte über die NS-Vergangenheit ehemaliger Behördenmitarbeiter vereinbaren Außenminister Joschka Fischer und Landwirtschaftsministerin Renate Künast, die Aufarbeitung dieser Vergangenheit anzugehen.[539] 2006 lag das Dornheim-Gutachten zu Rolle und Inhalt der Agrarpolitik vor. Es kann auf der Internetseite des Bundeslandwirtschaftsministeriums heruntergeladen werden.[540] Das Gutachten zur Ehrwürdigkeit wurde Ende 2007 fertiggestellt, seine historischen Ergebnisse sind immer wieder auch in diese Studie eingeflossen, auch wenn die Frage der Ehrwürdigkeit selbst ausdrücklich nicht Aufgabe der vorliegenden Kommissionsarbeit war.

Allerdings ließ die Auftragsgestaltung gerade des Personalgutachtens ebenso erkennen, wie schwierig sich die Aufarbeitung von NS-Kontinuitäten noch Anfang des 21. Jahrhunderts gestalten konnte. So wurden dem Bearbeiter Andreas Dornheim nur Auszüge aus den Personalakten zur Verfügung gestellt. Der volle Zugang blieb verwehrt, zudem beschränkte sich die Auswahl der analysierten Personen auf einen vom Ministerium definierten Kreis. Darüber hinaus wurde das Gutachten trotz verschiedentlicher, im Bundestag wie in der Öffentlichkeit geäußerter Kritik an diesem Vorgehen vom Ministerium wegen Datenschutzbedenken bzw. aufgrund von Bedenken, die sich aus dem Personalaktengeheimnis ergaben, zunächst nicht veröffentlicht.[541] Nach einem Urteil des Bundesverwaltungsgerichtes vom 29. Juni 2017 musste das Landwirtschaftsministerium einem klagenden Journalisten allerdings Einsicht in die

---

536 Dornheim, Andreas: Entwicklung von Kriterien zur Bewertung der Ehrwürdigkeit von ehemaligen Mitarbeiterinnen und Mitarbeitern des BML/BMVEL und der Dienststellen seines Geschäftsbereichs im Hinblick auf die Zeit des Nationalsozialismus. Schlussbericht, Bonn 2007, S. 5.
537 Dornheim, Rasse, S. 3.
538 Eckart Conze u. a., Das Amt, S. 705 ff.
539 So Renate Künast im Gespräch mit dem Verfasser, 8. 2. 2019.
540 https://www.bmel.de/SharedDocs/Downloads/Ministerium/RolleReichsministeriumNSZeit.pdf; jsessionid=FDA8B2CD9549BF71DA984A6CD08FF380.1_cid288?__blob=publicationFile (letzter Abruf: 10. 4. 2019)
541 Zu der Auseinandersetzung z. B.: Anfrage Friedrich Ostendorff an das Landwirtschaftsministerium, Plenarprotokolle, 29. 6. 2011, S. 13316 f. sowie Tichomirowa, Katja: NS-Studie unter Verschluss, Frankfurter Rundschau, 28. 01. 2011.

personenbezogenen Informationen des Gutachtens gewähren, soweit die betreffenden Bediensteten bereits verstorben waren.[542] Die Auseinandersetzungen um die Veröffentlichung des Gutachtens machte so einmal mehr deutlich, dass die seit 2005 einsetzenden Aufarbeitungsprojekte der Bundesregierung auch 2017 noch Teil der erinnerungskulturellen Auseinandersetzungen waren.

---

542 Urteil vom 29.06.2017, BVerwG 7 C 24.15, https://www.bverwg.de/290617U7C24.15.0 (letzter Abruf: 30.3.2019)

Oben: Wilhelm Niklas (1887–1957), 1916–1925 im Kriegsernährungsamt und im RMEL, 1925–1935 im Bayerischen Staatsdienst, 1948–1949 Stellvertretender Direktor der VELF, 1949–1953 erster Agrarminister im Kabinett Adenauer.
Mitte: Heinrich Lübke (1894–1972), von 1947 bis 1953 Landwirtschaftsminister in Nordrhein-Westfalen, von 1953 bis zu seiner Wahl zum Bundespräsidenten 1959 zweiter BMEL, 1957 im Gespräch mit dem niederländischen Landwirtschaftsminister Sicco Mansholt, der 1958 Vizepräsident der Europäischen Kommission wurde.
Unten: Die Troilo-Kaserne in (Bonn-)Duisdorf, seit 1949 Sitz des Bundeslandwirtschaftsministeriums.

Abb. IV.1: Quelle: Bundesregierung B 145 Bild-00083941.

Abb. IV.2: Quelle: Bundesregierung Bild-00087127.

Abb. IV.3: Quelle: ullstein bild – ullstein bild.

Abb. IV.4 links: Quelle: Bundesarchiv B 145 Bild-F006692-0017. / **IV.5** rechts: Veröffentlichung, 1941.

Oben: Theodor Sonnemann (1900–1987), Staatssekretär von 1949 bis 1961.
Mitte: Rudolf Hüttebräuker (1904–1996), Staatssekretär von 1962 bis 1968.
Unten: Walther Florian (1921–2010), Staatssekretär von 1984 bis 1987.

Abb. IV.6/IV.7: Quellen: Bundesarchiv, N 1510/1 und Bundesarchiv, B 145 Bild-F021775-0010.

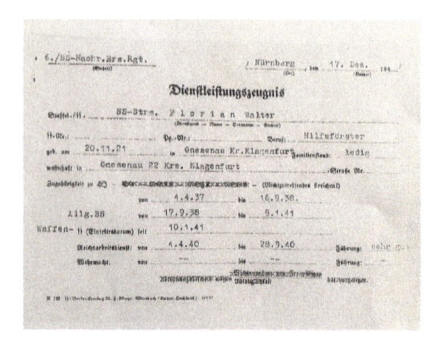

Abb. IV.8 / IV.9: Quellen: BMEL und Bundesarchiv, Personalakte Florian, PERS 101/74917 und SS-Dienstleistungszeugnis mit den Eintrittsdaten in HJ, Allgemeine SS und Waffen-SS; BArch R9361/III/288319.

Abbildungen Teil IV — 511

Abb. IV.10: Quelle: ullstein bild – ullstein bild.

Oben: Bundeskanzler Erhard mit Bundesminister Lübke und dem Leiter der deutschen Vertretung bei der OEEC, Karl Werkmeister, auf der OEEC-Tagung in Paris, Juli 1956.
Unten links: Spiegel 8/1967. Edmund Rehwinkel (1899–1977), 1948 erster Vizepräsident des Deutschen Bauernverbandes, 1954–1959 Mitglied eines dreiköpfigen Präsidentenkollegiums, 1959–1969 Präsident des DBV.
Unten rechts: Werner Schwarz (1900–1982), von 1959 bis 1965 Bundesminister für Ernährung, Landwirtschaft und Forsten.

Abb. IV.11: Quelle: Der Spiegel.

Abb. IV.12: Quelle: Bundesregierung, B 145 Bild-00048195.

Abb. IV.13: Quelle: Bundesarchiv B 136/4969.

Abb. IV.14: Quelle: Bundesarchiv B 116/23746.

Oben links: Darstellung der Paritätsforderung in einer von Wilhelm Niklas im Wahlkampf 1953 benutzten Broschüre: „Ging es wirklich aufwärts? Tagebuchbemerkungen eines Bauern, Köln o.J. (ca. 1953). **Oben rechts:** Abbildung aus einer Aufklärungsbroschüre im Auftrag des BMEL zur Bevorratung, Dezember 1961. **Unten:** Flurbereinigung: Automatisierung und Wegeverbesserung in Schleswig-Holstein.

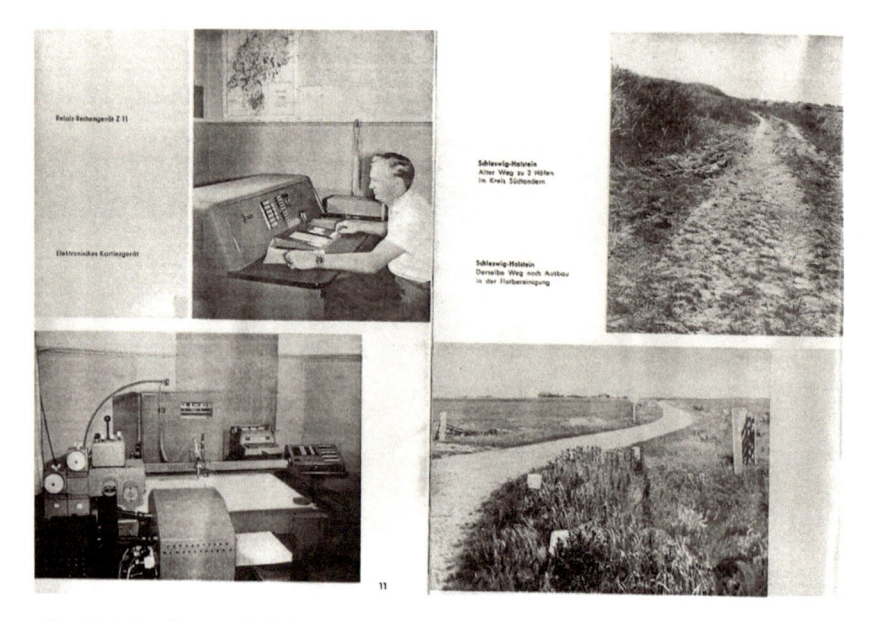

Abb. IV.15: Quelle: Durch Flurbereinigung zur Neuordnung des ländlichen Raums in der Bundesrepublik Deutschland. Ein Bildbericht, hg. vom Bundesministerium für Ernährung, Landwirtschaft und Forsten, Bonn (ca. 1960), S. 11 und 14.

Fünfter Teil:
**Das DDR-Landwirtschaftsministerium –
Politik und Personal**

Daniela Münkel, Ronny Heidenreich

I Einleitung*

Am 26. April 1960 titelte die größte Tageszeitung der DDR, das *Neue Deutschland*: „Oberste Volksvertretung bestätigt vollgenossenschaftliche Entwicklung als Vollendung der Bauernbefreiung."[1] Am Tag zuvor hatte SED-Chef Walter Ulbricht eine Regierungserklärung vor dem DDR-Parlament, der Volkskammer, über die „Entwicklung der landwirtschaftlichen Produktionsgenossenschaften" abgegeben. Darin verkündete er nicht nur den endgültigen Abschluss der Kollektivierung in der Landwirtschaft, sondern führte weiter aus:

> „Die geschichtliche Bedeutung des Übergangs aller Bauern zur genossenschaftlichen Arbeit in den LPG [Landwirtschaftlichen Produktionsgenossenschaften] besteht darin, dass nunmehr auch in der Landwirtschaft die Grundlagen des Sozialismus geschaffen sind. Damit ist in der DDR die Befreiung der Bauern beendet. [...] Damit sind die Voraussetzungen für die völlige Überwindung der Rückständigkeit des Dorfes geschaffen worden. [...] Jetzt ist es möglich, durch die gemeinsame Arbeit aller in der Landwirtschaft Tätigen in der Zeit des Siebenjahresplanes die Erträge in der Landwirtschaft zu erhöhen und die Kosten der landwirtschaftlichen Produktion zu senken, was von großer Bedeutung für die Erhöhung des Wohlstandes der Bevölkerung ist."[2]

Was hier mit einer fragwürdigen wirtschafts- und gesellschaftspolitischen Analyse verkündet wurde, war nicht mehr und nicht weniger als der vollzogene Bruch mit traditionellen ländlichen Besitzstrukturen und Bewirtschaftungsformen auf dem Gebiet der DDR, der bereits in den Nachkriegsjahren begonnen hatte. Der 1960 verkündete Abschluss der Kollektivierung setzte nicht nur einen Schlussstrich unter die privatwirtschaftliche Agrarproduktion. Mit ihr schritt von nun an die Industrialisierung und damit auch die Betriebsgrößenkonzentration voran: Existierten 1960 19.313 Landwirtschaftliche Produktionsgenossenschaften, waren es 1982 nur noch 3.949 bei gleichzeitiger Vergrößerung der bewirtschafteten landwirtschaftlichen Nutzfläche.[3] Die Zahl der Berufstätigen im Agrarsektor sank im Vergleich zur Gesamterwerbsbevölkerung im gleichen Zeitraum von 17,0 auf 10,6 Prozent.[4]

Die grundlegenden Veränderungen der ökonomischen Rahmenbedingungen mussten und sollten auch auf die Bilder vom Bauern sowie die soziale und gesell-

---

* Wir danken Dr. Elke Kimmel, die in den ersten beiden Jahren die Recherchen für das Projekt übernommen hat. Für hilfreiche Anmerkungen danken wir sehr Dr. Jens Schöne und Dr. Roger Engelmann und für den letzten Korrekturgang Dr. Martin Stief. Darüber hinaus geht ein besonderer Dank an das Historische Kolleg in München, das es durch ein Honorary Fellowship Daniela Münkel ermöglichte, einen Teil des Manuskriptes in der anregenden Atmosphäre der Kaulbachvilla in München zu verfassen.
1 Neues Deutschland, 26.4.1960.
2 Regierungserklärung über die Entwicklung der landwirtschaftlichen Produktionsgenossenschaften, ebd.
3 Vgl. Statistisches Jahrbuch der Deutschen Demokratischen Republik 1983, hg. von der Statistischen Zentralverwaltung der DDR, Berlin (Ost) 1983, S. 179.
4 Vgl. ebd.

schaftliche Realität in den Dörfern rückwirken. Nicht mehr soziale Stellung und Besitz entschieden nun über den Status einer Person im Dorf, sondern die Qualifikation und die Position im Betrieb.[5] Leitbild war nicht mehr der „Bauer", sondern der „Werktätige in der Landwirtschaft". Dies war einerseits der wissenschaftlich ausgebildete Agrarfachmann, andererseits der Landarbeiter, der einer möglichst weitgehend industrialisiert organisierten Arbeit nachging.[6] Der staatlich verordnete Strukturbruch sowohl in den Bewirtschaftungsverhältnissen wie auch der sozialen Zusammensetzung des ländlichen Raumes wirkt bis heute in der Agrarstruktur Ostdeutschlands nach.

Die grundlegenden Umwälzungen im Agrarsektor machten die Landwirtschaft bis 1989 zu einem prekären und sensiblen Wirtschaftsbereich. Die Agrarproduktion und mit ihr die Versorgungslage der Bevölkerung blieb eine Dauerbaustelle der sozialistischen Planwirtschaft. Gerade deshalb hatte sie aber für die Herrschaftssicherung der SED nach innen und in der Systemkonkurrenz zur Bundesrepublik bis zum Ende der DDR eine herausgehobene Bedeutung.

Im Zentrum der folgenden Ausführungen steht das DDR-Landwirtschaftsministerium als Akteur der Agrarpolitik mit seinem Personal. Das Ministerium war im Herrschaftsgefüge des SED-Staates nur eine von vielen Stellen, die an der Ausgestaltung der Landwirtschaftspolitik beteiligt waren. Die Studie verortet das Ministerium deshalb zunächst im Institutionengefüge des Staats- und Parteiapparates und fragt zweitens nach der Rolle, welche es bei den agrarpolitischen Umwälzungen in Ostdeutschland spielte. Letzteres wird exemplarisch anhand der beiden Kollektivierungsschübe von 1952 und 1960 untersucht.

Als handelnde Subjekte, die die Agrarpolitik prägten und umsetzten, steht als dritter Schwerpunkt das Personal des Ministeriums im Fokus der Untersuchung. Dabei wird den Logiken der Personalrekrutierung sowie der soziopolitischen Zusammensetzung der höheren Führungsebene besondere Aufmerksamkeit geschenkt. Dies ist vor dem Hintergrund, dass die Kaderpolitik der SED auch auf dem zentralen Agrarsektor als Hebel zur Durchsetzung ihres Vormachtanspruches diente, von entscheidender Bedeutung. Ebenso wird der Frage nach personellen Kontinuitäten aus der NS-Zeit vor dem Hintergrund der antifaschistischen Staatsdoktrin der DDR nachgegangen. Der Grad möglicher beruflicher und politischer NS-Belastungen des Personals und der Umgang mit diesem Erbe werden ausführlich mit Blick auf das Ministerium und ihre Implikationen für die Vergangenheitspolitik in Ost und West behandelt.

An dieser Stelle sei noch kurz ein Wort zur Quellenlage erlaubt. Die Überlieferung zum DDR-Landwirtschaftsministerium ist sehr disparat und weist große Lücken auf.

---

5 Vgl. Heinz, Michael: Von Mähdreschern und Musterdörfern. Industrialisierung der DDR Landwirtschaft und die Wandlung des ländlichen Lebens am Beispiel der Nordbezirke, Berlin 2011, S. 370, (*Heinz, Mähdrescher*).
6 Vgl. dazu Münkel, Daniela: Das Bild vom Bauern im Nationalsozialismus und der DDR – zwischen Herrschaftslegitimation und Identitätsstiftung, in: Münkel, Daniela/Uekoetter, Frank (Hgg.): Das Bild des Bauern. Selbst- und Fremdwahrnehmungen vom Mittelalter bis ins 21. Jahrhundert, Göttingen 2012, S. 131–146 *(Münkel, Bild)*, hier S. 143.

Grundsätzlich steht für die ersten beiden Jahrzehnte der DDR eine dichte Aktenüberlieferung zur Verfügung, die ab den 1970er Jahren deutlich dünner wird. Neben dem für Agrarfragen wichtigen Parteiapparat sowie anderen staatlichen Strukturen, deren Akten im Bundesarchiv (BArch) liegen, wurden zahlreiche Vorgänge aus dem Archiv des Bundesbeauftragten für die Unterlagen des Staatssicherheitsdienstes der ehemaligen Deutschen Demokratischen Republik (BStU) einbezogen. Für die Untersuchung der Personalpolitik standen aus dem Ministerium keine Personalakten zur Verfügung, weshalb auch hier auf Ersatzüberlieferungen aus dem Partei- und Sicherheitsapparat zurückgegriffen werden musste.

Ähnliche Probleme sind auch für die Forschung über die DDR-Landwirtschaft zu konstatieren. Zum DDR-Landwirtschaftsministerium liegen bisher keinerlei substanziellen Untersuchungen vor. Im Hinblick auf die Kollektivierung und die Agrarpolitik kann die Zeit bis zum Mauerbau 1961 als ansatzweise gut erforscht gelten. Dagegen fehlen für die Folgejahre bis auf wenige Ausnahmen instruktive Studien. Auch dreißig Jahre nach dem Ende der DDR gibt es keine Gesamtdarstellung zur Geschichte ihres ländlichen Raumes.

II Das Ministerium

1 Aufbau, Strukturen, Zuständigkeiten

Das Herrschaftssystem der DDR war durch die Vormachtstellung der SED geprägt – sie bestimmte die Richtlinien der Politik. Für jedes Ressort gab es eine verantwortliche Abteilung im Zentralkomitee (ZK) der SED. Gemäß der führenden Rolle der Partei wurden hier – im ZK-Apparat – die wesentlichen Entscheidungen vorbereitet, für deren administrative Umsetzung dann die jeweiligen Ministerien verantwortlich waren. Im staatlichen Lenkungsbereich war darüber hinaus die Staatliche Plankommission (SPK) relevant. Sie gab ab 1950 die übergreifenden Ziele für die landwirtschaftliche Produktion vor.[7] Als Einrichtung des Ministerrates war die SPK für die Ausarbeitung und Kontrolle der Planwirtschaft entsprechend den Beschlüssen der Partei- und Staatsführung verantwortlich. Eine kurzzeitige Episode blieb die im Jahr 1952 unter Leitung des vormaligen Landwirtschaftsministers Paul Scholz nach sowjetischem Vorbild eingerichtete „Koordinierungs- und Kontrollstelle für Landwirtschaft". Sie war für die Planung und Erfassung der landwirtschaftlichen Erzeugnisse zuständig.[8] Die Einführung dieser weiteren Verwaltungsstruktur führte zu Reibungsverlusten und einer Verzögerung der Arbeitsabläufe. Deshalb wurde die Koordinierungsstelle 1953 wieder aufgelöst.

Innerhalb des Parteiapparates war die Abteilung Landwirtschaft beim Zentralkomitee für die Konzeption der Agrarpolitik zuständig, die bis 1951 zeitweilig als Sektor Landwirtschaft in die Abteilung Wirtschaftspolitik eingegliedert war. Die ZK-Abteilung Landwirtschaft existierte mit temporären organisatorischen Veränderungen bis 1989. Ihre Aufgabe war es, die Umsetzung der Parteibeschlüsse auf dem Gebiet der Landwirtschaft zu gewährleisten. Dabei ging es zunächst um die „sozialistische" Umgestaltung der Land- und Forstwirtschaft, den Ausbau und die Verbesserung der Arbeit der Maschinen-Traktoren-Stationen (MTS)[9] sowie der Volkseigenen Güter

---

7 Es ist an dieser Stelle nicht von zentraler Relevanz und würde auch zu weit führen, die Strukturveränderungen der SPK nachzuzeichnen; vgl. Hoffmann, Dierk (Hg.): Die Zentrale Wirtschaftsverwaltung in der SBZ/DDR. Akteure, Strukturen, Verwaltungspraxis, Berlin 2016. (*Hoffmann, Wirtschaftsverwaltung*).
8 Vgl. Hoffmann, Dierk: Lebensstandard und Konsumpolitik, in: ders., Wirtschaftsverwaltung, S. 423–509, hier S. 447 f.
9 Die Maschinen-Traktoren-Stationen wurden 1949 zunächst als Maschinen-Ausleih-Stationen (MAS) in der Sowjetischen Besatzungszone gegründet, nachdem auf Befehl der Sowjetischen Militäradministration (SMAD) bereits ein Jahr zuvor landwirtschaftliche Geräte aus dem Besitz der Großgrundbesitzer durch Enteignung eingezogen und an die Neubauern verteilt wurden. Dieser dezentrale Maschinenpark wurde jedoch den neugegründeten MAS zugeführt und stand damit zentral allen kleinen landwirtschaftlichen Betrieben wieder leihweise zur Verfügung. Ziel war es, die Klein- und Mittelbauern von den Großbauern ökonomisch unabhängig zu machen.

(VEG)[10] und die Sicherstellung der Ernährung der Bevölkerung.[11] Darüber hinaus war die ZK-Abteilung auch für Personalfragen im staatlichen Lenkungsbereich sowie der Agrarforschung mitverantwortlich. Grundsätzlich spiegelte die ZK-Abteilung damit die Aufgaben des Ministeriums, das schon allein deshalb kein eigenständiger Akteur sein konnte und sollte. Dieses Machtgefälle zeigt sich auch daran, dass der Parteiapparat gegenüber dem Landwirtschaftsministerium faktisch weisungsbefugt war, diesem konkrete Anweisungen erteilte und seine Arbeit überwachte.[12]

Eine Besonderheit in dieser Struktur war die 1959 gebildete „Agrar- bzw. Landwirtschaftskommission" beim Politbüro (PB) der SED. Sie sollte unter Einbeziehung von Praktikern die endgültige Kollektivierung der Landwirtschaft forcieren und war als Beratungsgremium für die ZK-Abteilung konzipiert. Die aus 40 Personen bestehende Agrarkommission stand unter der Leitung von Gerhard Grüneberg.[13] Eine weitere wichtige – zeitlich begrenzte – Strukturveränderung erfolgte 1963 nach dem VI. Parteitag der SED, auf dem nicht nur der „umfassende Aufbau des Sozialismus in der DDR", sondern auch nach sowjetischem Vorbild der Umbau des ZK-Apparates nach dem Produktionsprinzip proklamiert wurde:[14] Die Strukturen des Parteiapparates sollten gemäß der Wirtschaftssteuerung organisiert und damit den Erfordernissen der modernen Industriegesellschaft angepasst werden – so die Vorstellung.[15] Die Gesellschaft wurde demzufolge in drei Produktionsbereiche – Industrie/Bauwesen, Ideologie/Agitation und Landwirtschaft – aufgeteilt.[16] Im Zuge der Reform wurden neben dem ZK-Sekretariat und seinen Abteilungen im Parteiapparat diverse Kommissionen und zwei Büros für Industrie und Bauwesen sowie Landwirtschaft beim Politbüro geschaffen. Das Büro für Landwirtschaft sollte für die „Durchführung der Parteibeschlüsse auf dem Gebiet der Landwirtschaft"[17] verantwortlich sein. Ihm unterstand die ZK-Abteilung Landwirtschaft.[18] Es wurde von ZK-Sekretär Gerhard Grüneberg in Personalunion geleitet. Die Büros fielen einem erneuten Kurswechsel in

---

10 Die Volkseigenen Güter (VEG) waren rechtlich Volkseigene Betriebe (VEB). Die VEG entstanden aus bei der Bodenreform nicht aufgeteilten Gütern. Diese „Mustergüter" bewirtschafteten fest angestellte Bauern.
11 Vgl. Amos, Heike: Politik und Organisation der SED-Zentrale 1949–1963. Struktur und Arbeitsweise von Politbüro, Sekretariat, Zentralkomitee und ZK-Apparat, Münster 2003, S. 389 (*Amos, SED-Zentrale*).
12 Vgl. ebd., S. 391.
13 Sie setzte sich aus Wissenschaftlern, Praktikern und Agrarpolitikern zusammen. Vgl. Amos, SED-Zentrale, S. 391. Zu Grüneberg vgl. Heinz, Michael: Gerhard Grüneberg und Georg Ewald – ein ungleiches Führungspaar der SED-Agrarpolitik, in: Brunner, Detlev/Niemann, Mario (Hgg.): Die DDR – eine deutsche Geschichte. Wirkung und Wahrnehmung, Paderborn 2011, S. 219–238. (*Heinz, Grüneberg und Ewald*).
14 Vgl. Bergien, Rüdiger: Im „Generalstab der Partei". Organisationskultur und Herrschaftspraxis in der SED-Zentrale 1946–1989, Berlin 2017, S. 223 f. (*Bergien, Organisationskultur*).
15 Vgl. Amos, SED-Zentrale, S. 602.
16 Vgl. ebd., S. 603.
17 Ebd., S. 606.
18 Vgl. ebd., S. 606 f.

der Ausrichtung der Politik Walter Ulbrichts zum Opfer und wurden Anfang 1966 offiziell aufgelöst.

Die ersten beiden ZK-Sekretäre für Landwirtschaft waren die Agrarexperten Paul Merker und Kurt Vieweg. Im Jahr 1952 übernahm der mächtigste Mann im Staate – Walter Ulbricht – selbst die Verantwortung für das zentrale Ressort. Er übertrug diese Aufgabe dann im Jahr 1953 zwar Erich Mückenberger, mischte sich aber weiter massiv in Fragen der Agrarpolitik ein. Auf Mückenberger folgte im Jahr 1960 Gerhard Grüneberg, der bis zu seinem Tod 1981 der zentrale Weichensteller in der DDR-Agrarpolitik blieb. Von 1981 bis 1988 war Werner Felfe im ZK verantwortlich für Landwirtschaft; sein Nachfolger war bis zum Herbst 1989 Werner Krolikowski.

Ähnlich wie die ZK-Abteilung Landwirtschaft unterlag auch das Landwirtschaftsministerium der DDR mannigfachen Strukturveränderungen.[19] Sie verfolgten mehrere Ziele: Zum einen ging es allgemein um den Umbau der tradierten staatlichen Lenkungsstrukturen in eine sozialistische Verwaltung, welche die Durchsetzung des absoluten Herrschaftsanspruchs der SED sichern sollte. Mit Blick auf die Agrarpolitik wurden damit konkrete Voraussetzungen geschaffen, um die landwirtschaftlichen Besitz- und Bewirtschaftungsstrukturen im Sinne einer sozialistischen Kollektivwirtschaft zu verändern. Diese Aufgabe war für die SED von herausragender Bedeutung. Sie musste die Nahrungsmittelproduktion gewährleisten, um der DDR-Bevölkerung eine gesicherte Ernährungsgrundlage zu bieten, die auch und vor allem mit Blick auf die deutsch-deutsche Systemkonkurrenz bestehen konnte. Angesichts dieser für die innere und äußere Herrschaftsdurchsetzung zentralen Bedeutung stand das Ministerium stark im Fokus des Parteiapparates, aus dessen Sicht die Umsetzung der von ihr beschlossenen agrarpolitischen Maßnahmen stets defizitär blieb. Das Ministerium stand ständig in der Kritik und war bis zum Anfang der 1970er Jahre dauernden Strukturveränderungen unterworfen. Diese gingen in der Regel mit einschneidenden agrarpolitischen Maßnahmen, mit Personalwechseln an der Führungsspitze sowie allgemeinpolitischen Weichenstellungen im Zuge des „Aufbaus des Sozialismus" und der weiteren Etablierung der SED-Herrschaft einher.

Mit Gründung der DDR am 7. Oktober 1949 wurde aus der Hauptverwaltung „Land- und Forstwirtschaft" der Deutschen Wirtschaftskommission das „Ministerium für Land- und Forstwirtschaft" (MLF).[20] Die Struktur des DDR-Landwirtschaftsministeriums in seiner Anfangszeit entsprach zunächst noch weitgehend der traditionellen Gliederung eines solchen Fachressorts. Nach dem Geschäftsverteilungsplan von 1949/50 stand dem Ministerium der Landwirtschaftsminister, gefolgt von einem Staatsse-

---

19 Im Folgenden werden nur die einschneidenden Änderungen der Struktur beschrieben. Darüber hinaus gab es ständig zahlreiche punktuelle Anpassungen, die hier aber der Übersicht halber vernachlässigt werden.
20 Vgl. Lapp, Peter Joachim: Der Ministerrat der DDR. Aufgaben, Arbeitsweise und Struktur der anderen deutschen Regierung, Opladen 1982, S. 184 (*Lapp, Ministerrat*).

kretär vor.[21] Es gliederte sich in sechs Hauptabteilungen: pflanzliche Agrarproduktion (HA I), tierische Agrarproduktion (HA II), Veterinärwesen (HA IIA), Allgemeine Agrarfragen, Agrarwissenschaft und landwirtschaftliches Fachschulwesen (HA III), Forstwirtschaft (HA IV) und Wasserwirtschaft (HA V). Hinzu kamen die Verwaltung der MAS und eine Abteilung VEG. Insgesamt verfügte das Ministerium im Jahr 1950 über 255 Mitarbeiter.

Diese Struktur hatte ungeachtet kleinerer Anpassungen, darunter der Bildung zweier neuer Hauptabteilungen für Kultur und Schulung sowie Planung und Statistik zu Jahresbeginn 1952, gut zwei Jahre Bestand. Entscheidender aber war, dass im Bestreben, den landwirtschaftlichen Sektor stärker zu zentralisieren, dem Ministerium jetzt auch zahlreiche landwirtschaftliche Forschungsinstitute sowie die 1951 gegründete Deutsche Akademie der Landwirtschaftswissenschaften (DAL) als nachgeordnete Dienststellen zugewiesen wurden.[22] Dieser Prozess setzte sich bis Mitte der 1950er Jahre fort und führte zur Eingliederung auch anderer, bislang unabhängiger Bereiche. Das sollte zum einen helfen, Reibungsverluste zu minimieren und Defizite – wenn möglich – auszugleichen. Vor allem aber sollten unabhängige und genossenschaftlich organisierte Institutionen der Kontrolle und damit auch dem Einfluss der SED unterworfen werden. So wurden zum 1. Januar 1953 beispielsweise die Zentralstelle für Tierzucht samt der Verwaltung volkseigener Besamungs- und Deckstationen sowie die Deutsche Saatguthandelszentrale in das Landwirtschaftsministerium integriert.[23] Letzteres erschien notwendig, da es in den vorhandenen Strukturen nicht gelang, die Defizite der Saatgutversorgung, die die dringend erforderlichen Produktionssteigerungen im Ackerbau massiv behinderten, zu beseitigen.[24]

Die erste Kollektivierungswelle ab Sommer 1952 zog für den Zuschnitt und die Aufgaben des Ministeriums einschneidende Veränderungen nach sich. Dabei ging es nicht nur um organisatorische Veränderungen, sondern um eine grundlegende Neuausrichtung der Agrarpolitik und die Etablierung einer anderen Verwaltungskultur.

Zur Umsetzung der Kollektivierungsbestrebungen wurde im Juni 1952 eine eigenständige Hauptabteilung Produktionsgenossenschaften gegründet, die für die neuen agrarpolitischen Ziele der SED von zentraler Bedeutung war.[25] Die herausgehobene Stellung dieser Abteilung zeigt sich schon daran, dass ihr Leiter, Kurt Siegmund (SED), gleichzeitig Staatsekretär und Stellvertreter des Ministers war. Der Auf-

---

21 Vgl. Ministerium für Land- und Forstwirtschaft: Stellen- und Geschäftsverteilungsplan 1949/50, BArch DK 1/9436.
22 Vgl. Strukturplan des Ministerium für Land- und Forstwirtschaft der DDR 1952, BArch DK 1/9436.
23 Vgl. Übersicht vom 13.1.1955 über die in den Jahren 1952–1954 dem Ministerium für Land- und Forstwirtschaft bestätigten Planstellen und über die Besetzung der Dienststellen, die nach dem 1.1. 1953 in das Ministerium eingegliedert wurden, BArch DK 1/1483.
24 Vgl. Schreiben MLF an die ZK-Abteilung Landwirtschaft, 17.9.1952, BArch DK 1/444.
25 Die Einrichtung einer entsprechenden Hauptabteilung wurde in der Politbürositzung vom 3. Juni 1952 beschlossen; vgl. u. a. Schöne, Jens: Frühling auf dem Lande? Die Kollektivierung der DDR-Landwirtschaft, Berlin 2005, S. 95 (*Schöne, Frühling*).

gabenzuwachs, den das Ministerium nach 1952 erhielt, zeigte sich noch auf anderer Ebene. Auf Grundlage des § 7 des „Gesetzes über die Regierung der Deutschen Demokratischen Republik" vom 23. Mai 1952[26] wurde das Ministerium für Landwirtschaft zum 1. Dezember 1953 nochmals in einem entscheidenden Punkt umstrukturiert:[27] Dem Minister wurden ein 1. Stellvertreter und vier weitere Stellvertreter unterstellt. Diese waren für die zentralen Aufgabenbereiche des Ministeriums verantwortlich: der Staatssekretär und 1. Stellvertreter für allgemeine Fragen, die weiteren Stellvertreter für Landwirtschaftliche Propaganda und Agrarökonomik, Maschinen-Traktoren-Stationen und Landwirtschaftliche Produktionsgenossenschaften, Volkseigene Güter und Forstwirtschaft, pflanzliche und tierische Produktion sowie Veterinärwesen. Daneben gab es noch einen Leiter der Hauptverwaltung Wasserwirtschaft.[28] Mit den Umstrukturierungen und Eingliederungen wuchs auch das Personal des Ministeriums stetig an: von 192 Mitarbeitern Ende 1949 auf bereits 500 im Jahr 1952,[29] im Jahr 1954 auf 754 und erreichte im Jahr 1955 mit 856 Planstellen seinen Höchststand.[30] Das war innerhalb von knapp sechs Jahren mehr als eine Verdreifachung des Personals, dieser Trend kehrte sich dann aber in den folgenden Jahren wieder um.

Durch die „Verordnung über die Bildung von Kollegien" vom 17. Februar 1952 wurde in allen Ministerien und Staatssekretariaten der DDR eine neue Führungsstruktur etabliert, die sich grundlegend von den tradierten Entscheidungsprozessen unterschied. Als Aufgaben der Kollegien wurde in § 2 der Verordnung festgelegt:

> „Das Kollegium ist ein beratendes Organ beim Minister oder Staatssekretär, der für die Leitung des Ministeriums oder Staatssekretariats die persönliche Verantwortung trägt. Es berät ihn in allen wichtigen Fragen, insbesondere über die Durchführung gesetzlicher Bestimmungen und der Beschlüsse des Ministerrates, die Durchführung des Volkswirtschaftsplanes, Entwicklungs- und Perspektivpläne, die Einführung von Neuerermethoden, Struktur- und Arbeitsverteilung sowie die Verbesserung der Verwaltungsarbeit der eigenen und nachgeordneten Dienststellen."[31]

Grundsätzlich sollte sich das Kollegium aus dem Minister als Vorsitzendem, „den Staatssekretären, den Leitern der wichtigsten Hauptverwaltungen, Hauptabteilungen und zentralen Abteilungen, besonders qualifizierten Mitarbeitern und in Einzelfällen

---

26 „Die Regierung wird ermächtigt und beauftragt, ihre Struktur den Erfordernissen der Wirtschaftspläne durch eigene Entschließungen anzupassen", Gesetzblatt der DDR, 1952, S. 407.
27 In einigen Bereichen hat es bereits vor diesem Zeitpunkt Veränderungen gegeben, so wurde u. a. im Zuge der Kollektivierungsphase 1952 ein stellvertretender Minister für Produktionsgenossenschaften etabliert.
28 Vgl. Beschluss über die Bildung des Ministeriums für Landwirtschaft zum 1. Dezember 1953, BArch DK 1/9436.
29 Vgl. Struktur- und Stellenplan des Ministeriums für Land- und Forstwirtschaft vom 20. März 1952, BArch DK 1/10590.
30 Vgl. Übersicht vom 13.1.1955 über die in den Jahren 1952–1954 dem Ministerium für Land- und Forstwirtschaft bestätigten Planstellen und über die Besetzung der Dienststellen, die nach dem 1.1. 1953 in das Ministerium eingegliedert wurden, BArch DK 1/1483.
31 Ministerialblatt der DDR vom 23. Juli 1952, Nr. 32/1952, S. 109.

qualifizierten Wissenschaftlern" zusammensetzen.[32] Im Landwirtschaftsministerium gehörten dem Kollegium z. B. seit dem Jahr 1955 an: der Minister, der Staatssekretär, die stellvertretenden Minister, die Leiter der Hauptabteilungen Landwirtschaftliche Produktionsgenossenschaften, Wissenschaft, Hoch- und Fachschulen, Landwirtschaftliche Propaganda, Plankoordinierung und Finanzen sowie ein LPG-Vorsitzender, ein Direktor einer Maschinen-Traktoren-Station und ein Leiter eines Volkseigenen Gutes.[33]

Mit der personellen Zusammensetzung des Kollegiums wird deutlich, dass im Ministerium der Zusammenarbeit mit Praktikern aus der Landwirtschaft eine wichtige Bedeutung zugemessen wurde. Das Kollegium war als Beratungs- und Meinungsbildungsgremium für den Minister und Staatsekretär und nicht als kollektive Entscheidungsinstanz konzipiert. Die für das DDR-Innenministerium konstatierte Funktion des Kollegiums als Entscheidungsgremium kann so für das Landwirtschaftsministerium nicht bestätigt werden.[34] Die Entscheidungsgewalt blieb gemäß dem sogenannten „Einzelleitungsprinzip" beim Minister. Auch wurden die anderen Hierarchien dadurch nicht konterkariert, alle Spitzenfunktionäre behielten ihre Kompetenzen. Durch die Einführung des Kollegiums verlagerte sich allerdings die Entscheidungsfindung des Landwirtschaftsministeriums von den Hauptabteilungsleiter- in die Kollegiumssitzungen. Damit sollte eine auf mündlicher Kommunikation auch unter Einbeziehung von Fachleuten beruhende Praxis der kollektiven Beratung von Leitungsentscheidungen etabliert werden. Gleichzeitig sollten auf diese Art unterschiedliche Arbeitspraktiken in den Schaltstellen des Staates durch eine einheitliche Vorgehensweise ersetzt werden. Die verstärkte Ausrichtung auf eine mündliche Kommunikation wurde auch in einem Papier „zur Verbesserung der Arbeitsmethoden" im Ministerium vom Mai 1953 deutlich.[35] Neben der Forderung, nach klaren Wochenarbeitsplänen zu arbeiten und die Disziplin der Mitarbeiter zu heben, wurden regelmäßige Besprechungen auf allen Ebenen angeordnet. Des Weiteren wurde gemäß den Vorstellungen einer sozialistischen Kaderpolitik öffentliche Kritik und Selbstkritik von allen Mitarbeitern verlangt. Die Arbeit des Kollegiums geriet vor allem wegen mangelnder Effektivität immer wieder in die Kritik und Verbesserungsvorschläge wurden diskutiert. So wurde noch im Frühjahr 1960 von Seiten des Staatssekretärs bemängelt, dass Vorlagen zu spät geliefert wurden, schlecht in ihrer fachlichen Qualität seien und die Mitglieder des Kollegiums keinen Überblick über die Arbeit des Ministeriums hätten.[36] Die Etablierung der neuen Verwaltungskultur, die einen weitgehenden Bruch mit der preußi-

---

32 Ebd.
33 Vgl. Anleitung der Abteilung Landwirtschaft der Räte der Bezirke und Kreise, Anlage 2, BArch DK 1/10590.
34 Vgl. Bösch, Frank/Wirsching, Andreas (Hgg.): Hüter der Ordnung. Die Innenministerien in Bonn und Ost-Berlin nach dem Nationalsozialismus, Göttingen 2018, S. 341 f, (*Bösch/Wirsching (Hgg.), Hüter*).
35 Vgl. Organisationsinstrukteur an den Staatssekretär des MLF, 25. 3. 1953, BArch DK 1/1501.
36 Vgl. Bemerkungen zur Arbeit des Kollegiums, o. D., BArch DK 1/1494.

schen Beamtentradition bedeutete, war ein längerfristiger Prozess und ging – worauf noch ausführlich einzugehen sein wird – einher mit der Bildung eines neuen Personalstamms, ausgebildet nach sozialistischen Prinzipien und mit dem gewünschten politisch-sozialen Hintergrund.

Der Umbau des Ministeriums zu einem Instrument zur Durchsetzung einer sozialistischen Landwirtschaft und zur Produktionssteigerung wurde in den folgenden Jahren vorangetrieben. Darüber hinaus sollte der Einfluss der SED im nominell von der Bauernpartei geführten Landwirtschaftsministerium weiter ausgebaut werden. Aus Sicht des Parteiapparates war die Arbeit des Ministeriums weiterhin unzureichend, weshalb im März 1955 eine erneute Umorganisation erfolgte.

Jetzt bestand das Ministerium aus den Hauptabteilungen: LPG, MTS, Pflanzliche Produktion, Wissenschaft/Hoch- und Fachschulwesen/landwirtschaftliche Propaganda und tierische Produktion/Veterinärwesen sowie den Hauptverwaltungen VEG und Forstwirtschaft.[37] Sowohl diese Entscheidung zur Strukturveränderung wie auch eine neuerliche Reorganisation im Jahr 1957 waren dem Umstand geschuldet, dass die ins Stocken geratene Kollektivierung in starkem Maße der unzureichenden Arbeit des Ministeriums zugeschoben wurde.[38]

Es war deshalb die SED selbst, die auf der 33. ZK-Tagung Mitte Oktober 1957 die weiteren Vorgaben für eine sozialistische Umgestaltung der Landwirtschaft definierte, welche schließlich in der Vollkollektivierung des Jahres 1960 enden sollte.[39] Um dieses Ziel zu erreichen, griff Ulbricht persönlich in die Fragen einer Umstrukturierung des Landwirtschaftsministeriums ein.[40] Im Ergebnis führte dieser Prozess zu einer teilweisen Entmachtung des in der Kritik stehenden Ministeriums. Bereits das „Gesetz über die Vervollkommnung und Vereinfachung der Arbeit des Staatsapparates der DDR" vom 11. Februar 1958 schränkte die Verantwortung des Ministeriums auf „die grundsätzlichen Aufgaben der Planung und Lenkung der Land- und Forstwirtschaft" ein. Dabei sei – wie gewünscht – der Schwerpunkt auf „die weitere sozialistische Umgestaltung der Landwirtschaft und auf die Steigerung der landwirtschaftlichen Brutto- und Marktproduktion" zu legen.[41] Tatsächlich aber wurde am 13. Februar 1958 mit der „Verordnung über die Aufgaben des MLF" ein Teil der Zuständigkeiten in die Bezirke verlagert, das Ministerium erheblich verkleinert und die Zahl der Mitarbeiter auf 418 reduziert.[42] Der Aufgabenkatalog blieb gleichwohl umfassend: Das Ministerium sollte an der Ausarbeitung der Perspektivpläne mitarbeiten, Preisvorschläge für land- und forstwirtschaftliche Produkte ausarbeiten, war in Fragen der Produktion

---

[37] Vgl. BArch, Findbuch Ministerium für Land- und Forstwirtschaft.
[38] Vgl. Bauer, Theresia: Blockpartei und Revolution von oben. Die Demokratische Bauernpartei Deutschlands 1948–1963, München 2003 (*Bauer, Agrarrevolution*), S. 445 f.
[39] Vgl. Schöne, Frühling, S. 181.
[40] Vgl. u. a. Papier zur Organisation der Planung der Landwirtschaft und Erfassung und Aufkauf vom 18.12.1957, BArch DK 1/1490.
[41] Zitiert nach: Lapp, Ministerrat, S. 186.
[42] Vgl. Analyse über die Durchführung des Gesetzes vom 11.2.1958, 18.8.1958, BArch DK 1/1550.

und des Handels mit Saat- und Pflanzgut, Zucht- und Nutzvieh sowie des Holzabsatzes inklusive des Im- und Exports zuständig. Es sollte darüber hinaus für die Verteilung von Futtermitteln und Dünger verantwortlich zeichnen sowie auf die Produktion von landwirtschaftlich-technischen Erzeugnissen Einfluss nehmen.[43] Im Einzelnen wurden die Zuständigkeiten der Abteilungen wie folgt gegliedert: Neben der Verwaltung und der Abteilung Planung und Finanzen gehörten zum Aufgabenbereich des Staatssekretärs die Sektoren Kader, Anleitung der örtlichen Räte, die Agrarpropaganda sowie die Abteilung Ausbildung. Eigenständige Abteilungen bzw. Sektoren wurden für Ökonomik, Mechanisierung und Bau, Pflanzliche Produktion, Tierische Produktion, Veterinärinspektion, Internationale Zusammenarbeit und Forstwirtschaft eingerichtet.[44] Außerdem wurden dem Ministerium Weisungsbefugnisse und die direkte Anleitung der Abteilungen Land- und Forstwirtschaft der Räte der Bezirke eingeräumt.

Doch auch mit dieser Umstrukturierung war die SED-Führung nicht zufrieden, da dem Ministerium – worauf noch einzugehen sein wird – nicht genügend Schlagkraft bei der forcierten Umsetzung der Kollektivierung und der dringend erforderlichen Produktionssteigerung vorgeworfen wurde. Weitere Zentralisierungs- und Umstrukturierungspläne wurden verworfen, bis nach dem offiziell proklamierten Abschluss der Kollektivierung am 15. April 1960 das Staatssekretariat für Erfassung und Aufkauf in das Ministerium eingegliedert wurde.[45] Damit war eine umfassende Zuständigkeit des Ministeriums in allen Fragen der land- und forstwirtschaftlichen Produktion und Planung einschließlich des ländlichen Bauens, der Besitzverhältnisse sowie der Erfassung und des Aufkaufs landwirtschaftlicher Produkte geschaffen worden. Mit der Eingliederung gingen der erneute Anstieg des Personals (Ende 1961: 521)[46] und ein Namenswechsel einher. Das Landwirtschaftsministerium hieß nun „Ministerium für Landwirtschaft, Erfassung und Forstwirtschaft".

Einen Bruch in der Geschichte des Landwirtschaftsministeriums markierte das Jahr 1963. Nach sowjetischem Vorbild beschloss der VI. Parteitag der SED im Januar 1963 die Durchsetzung des „Produktionsprinzips" im Partei- und Staatsapparat. Gleichzeitig versuchte man durch eine Wirtschaftsreform, die bisher unbewältigten Produktionsprobleme in Wirtschaft und Landwirtschaft in den Griff zu bekommen. Auf dem Parteitag von Ulbricht angekündigt und im Juni 1963 vom Ministerrat der DDR verkündet, wurde das „Neue Ökonomische System der Planung und Leitung" (NÖSPL), welches u. a. eine Dezentralisierung der Planungs- und Lenkungskompetenzen sowie die stärkere Einbeziehung von Fachleuten bei der Planung beinhaltete,

---

[43] Vgl. Lapp, Ministerrat, S. 186 f.
[44] Vgl. MLF, Aufgaben und Arbeitsweise der Abteilungen und Sektoren vom 13. 3.1958, BArch DK 1/1491.
[45] Vgl. u. a. Ergänzungen zur Eingliederung vom 28.4.1960, BArch DK 1/1493.
[46] Vgl. Textanalyse zur Jahreskaderstatistik, 3.5.1962, BArch DK 1/1554.

eingeführt.[47] Es ging jedoch nicht nur um eine Professionalisierung, sondern zugleich auch um eine Stärkung des Einflusses der SED. Gemäß dem Staatsratsbeschluss vom 11. Februar 1963 wurde die Umwandlung des Landwirtschaftsministeriums in einen „Landwirtschaftsrat beim Ministerrat der DDR" (LWR) mit einer nachgeordneten Produktionsleitung beschlossen.[48] Damit wurde nicht nur die bisherige ministerielle Struktur beseitigt. Entscheidender war, dass der Landwirtschaftsrat offiziell der SED unterstand und auch die Produktionsleitung klar auf die Exekution der Parteipolitik festgelegt wurde.[49] Während in den vorangegangenen offiziellen Aufgabenbeschreibungen wenigstens auf dem Papier dem Ministerium bei Planung, Lenkung und Kontrolle des Agrarsektors eine eigenständige Rolle zugeschrieben wurde, hieß es nun:

> „[Der] Landwirtschaftsrat beim Ministerrat mit seiner Produktionsleitung [ist] für die Durchführung der Beschlüsse des Zentralkomitees der SED und der Regierung auf dem Gebiet der Landwirtschaft verantwortlich."[50]

Die Umstrukturierung sollte, wie im industriellen Sektor, die „einheitliche Leitung der Landwirtschaft nach dem Produktionsprinzip" gewährleisten.[51] Gleichzeitig wurden Erfassung und Aufkauf wieder ausgegliedert und die Planstellen reduziert.[52] Erstmals in der Geschichte des Ministeriums ging der faktische Ministerposten, offiziell als Vorsitzender des Landwirtschaftsrates und Leiter der Produktionsleitung bezeichnet, an einen SED-Funktionär. Ihm unterstanden sechs Stellvertreter sowie die Hauptverwaltung Forstwirtschaft: Der 1. Stellvertreter war für die Volkeigenen Güter, Wissenschaft, die Hauptsicherheitsinspektion, die Wirtschaftsstatistik, die industriemäßige Produktion sowie den Zivilschutz zuständig. Des Weiteren gab es je einen Bereich pflanzliche und tierische Produktion, Planung, Ökonomik und Finanzen, Ausbildung und Agrarpropaganda sowie internationale Zusammenarbeit.[53] Die Produktionsleitung setzte sich aus dem Vorsitzenden des Landwirtschaftsrates als Produktionsleiter sowie seinen Stellvertretern inklusive der Hauptverwaltung Forstwirtschaft zusammen.[54] Diese Struktur hatte gemäß dem Territorialprinzip ihre Entsprechung auf Bezirks- und Kreisebene, wo ebenfalls Produktionsleitungen eingerichtet wurden.

---

47 Vgl. Amos, SED-Zentrale, S. 601. Zum NÖSPL vgl. Steiner, André: Die DDR-Wirtschaftsreform der sechziger Jahre. Konflikt zwischen Effizienz- und Machtkalkül, Berlin 1999; ders.: Von Plan zu Plan. Eine Wirtschaftsgeschichte der DDR, München 2004, S. 129 ff.
48 Gesetzblatt der DDR, Teil I, 1963, S. 1–4.
49 Vgl. dazu auch Bauer, Agrarrevolution, S. 525.
50 Gesetzblatt der DDR, Teil I, 1963, S. 3.
51 Vgl. u. a. Verordnung über das vorläufige Statut des Landwirtschaftsrates mit Produktionsleitung beim Ministerrat der Deutschen Demokratischen Republik, BArch DK 1/11519.
52 Im Jahr 1965 verfügte das Ministerium über 376 Planstellen, Übersicht mit Stand vom 31.12.1965, BArch DK 1/16075.
53 Vgl. Struktur des Landwirtschaftsrates beim Ministerrat, Stand Juni 1964, BArch DK 1/9442.
54 Vgl. Produktionsleitung des Landwirtschaftsrates Stand Frühjahr 1964, BArch DK 1/9442.

Die Wirtschaftsreformen gerieten innerparteilich zunehmend in die Kritik, der Reformprozess stockte, so dass 1967/68 das NÖSPL durch das „Ökonomische System des Sozialismus" (ÖSS) abgelöst wurde.[55] Nun sollten langfristige Prognosen nach wissenschaftlichen Erkenntnissen die Produktionsplanung bestimmen. Dieses Umlenken wirkte sich auch auf die Organisation des Landwirtschaftsrates aus. Nach dem X. Bauernkongress in der DDR, der vom 13. bis 15. Juni 1968 stattfand, wurden Umstrukturierungen eingeleitet. Ab 1. Januar 1969 wurden die bisher getrennten Bereiche Landwirtschaft, Erfassung und Aufkauf sowie Verarbeitung landwirtschaftlicher Erzeugnisse im „Rat für landwirtschaftliche Produktion und Nahrungsgüterwirtschaft" (RLN) zusammengefasst – die ihre Entsprechung auf Bezirks- und Kreisebene hatten. Damit war ein neues Zentralorgan geschaffen, welches einem Ministerium gleichkam und auch dementsprechend strukturiert war. Der RLN wurde förmlich vom Minister als Vorsitzendem und Produktionsleiter des Rates geleitet; er hatte neben einem 1. Stellvertreter des Produktionsleiters sieben weitere Stellvertreter.[56] Die Stellvertreterbereiche waren wie folgt gegliedert: Planung und Wissenschaft, Betriebs- und Arbeitsökonomik/Finanzen, Internationale Zusammenarbeit, Ausbildung und Agrarpropaganda, Landwirtschaftsbau sowie Tier- und Pflanzenproduktion. Darüber hinaus waren die Vorsitzenden der Staatlichen Komitees für Meliorationen, für Landtechnik und materiell-technische Versorgung der Landwirtschaft sowie der Forstwirtschaft angegliedert.

Mit dem Übergang von Ulbricht zu Honecker ging eine allgemeine Rezentralisierung einher. Auf dem VIII. Parteitag der SED im Juni 1971 wurde der offizielle Bruch mit der Politik Walter Ulbrichts vollzogen und die „Einheit von Wirtschafts- und Sozialpolitik" verkündet. Agrarpolitisch stand nun der forcierte Übergang zu einer industriemäßigen Agrarproduktion im Mittelpunkt. Vor diesem Hintergrund wurde zum 1. Januar 1972 die Produktionsleitung des RLN nun wieder zu einem eigenständigen „Ministerium für Land-, Forst- und Nahrungsgüterwirtschaft" – damit war dann auch die Zeit der ständigen organisatorischen Veränderungen im Landwirtschaftsministerium vorbei.

Die folgenden Jahre sind durch eine weitere Zentralisierung und Aufgabenkonzentration gekennzeichnet. Ziel war die Steigerung der Nahrungsmittelproduktion durch die Schaffung von industriellen Großagrarbetrieben, die strikt in pflanzliche und tierische Produktion getrennt wurden, was erhebliche ökonomische Schwierigkeiten nach sich zog. Was die Organisation betraf, war die Umwidmung in ein Ministerium zunächst nicht mit entscheidenden strukturellen Veränderungen einhergegangen. Allerdings wurde in den nächsten zwei Jahren weiter über eine Optimierung der Struktur des Landwirtschaftsministeriums im Hinblick auf eine rationelle Verwaltungsstruktur beraten, mit dem Ziel,

---

[55] Vgl. Steiner, André: Von Plan zu Plan. Eine Wirtschaftsgeschichte der DDR, Bonn 2007, S. 142f.
[56] Vgl. Anlage 3 zu Vorlage für das ZK der SED vom Vorsitzenden des Landwirtschaftsrates der DDR vom 8. Mai 1968, BArch DK 1/15080.

„ein hohes und stabiles Wachstum der landwirtschaftlichen Produktion und der Erzeugung von Nahrungsgütern zur kontinuierlichen und qualitätsgerechten Versorgung der Bevölkerung sowie der Industrie mit Rohstoffen landwirtschaftlichen Ursprungs zu sichern; dazu die gesamte Art und Weise der landwirtschaftlichen Produktion nach dem Typ der industriellen Großproduktion umzugestalten und [...] planmäßig die Spezialisierung zwischen Pflanzen- und Tierproduktion zu gestalten".[57]

Um eine weitere Konzentration aller für die Land- und Forstwirtschaft relevanten Bereiche zu erreichen, wurden die 1963 gebildeten Staatlichen Komitees für Aufkauf und Verarbeitung, für Landtechnik und materiell-technische Versorgung nun wieder in das Ministerium eingegliedert. Im Jahr 1975 hatte das Ministerium 650 Planstellen.[58] Es bestand aus zehn Stellvertreterbereichen, die sich nur graduell vom bisherigen Zuschnitt unterschieden. Die Bereiche umfassten: Planung/Ökonomie/Finanzen, Produktion/Verarbeitung pflanzlicher Erzeugnisse, Produktion/Verarbeitung tierischer Erzeugnisse, Nahrungsgüterwirtschaft, Mechanisierung, Landbau/Meliorationsbau, Wissenschaft/Bildung, Aus- und Weiterbildung sowie Internationale Zusammenarbeit.[59]

2 Personal und Personalpolitik von der Gründung bis in die 1970er Jahre

Die herausgehobene Bedeutung, die der Landwirtschaftspolitik in der DDR zufiel, wirft die Frage auf, von welchem Personal die grundlegenden Umwälzungen in Agrarpolitik und Verwaltungskultur in den ersten beiden Jahrzehnten nach Staatsgründung gestaltet wurden. Das Ministerium war zwar in diesen Prozessen ein mit Blick auf den SED-Apparat nur nachrangiger Akteur. Umso mehr ist aber von Interesse, inwiefern die fachliche Expertise und politische Loyalität der Ministeriumsmitarbeiter das Kräfteverhältnis zwischen Partei- und Staatsapparat beeinflusste.

Die Personalpolitik in der DDR unterschied sich in einigen wesentlichen Punkten grundsätzlich von der in der Bundesrepublik. Sie war zunächst nach sowjetischem Vorbild mit dem Begriff der „Kaderarbeit" belegt, deren Ziel es war, eine politisch loyale und fachlich qualifizierte Elite heranzuziehen, die als Avantgarde die Beschlüsse der Partei im Staatsapparat durchzusetzen hatte. In der Praxis wurde dem bestimmenden Einfluss der SED in Personalfragen durch das 1952 eingeführte Prinzip der sogenannten Nomenklatur Rechnung getragen. Die Einsetzung und Abberufung

---

57 Vorschläge zur Vervollkommnung der Leitung und Planung durch das Ministerium und zu leitungsmäßig-strukturellen Veränderungen vom 18. Oktober 1974 – laut handschriftlicher Randbemerkung sind die Pläne 1975 realisiert worden, BArch DK 1/18065.
58 Vgl. Kaderpolitische Zusammensetzung Ministerium insgesamt, 1.5.1975, BArch DK 1/21639.
59 Vgl. Vorschläge zur Vervollkommnung der Leitung und Planung durch das Ministerium und zu leitungsmäßig-strukturellen Veränderungen vom 18. Oktober 1974, BArch DK 1/18065 u. BArch Findbuch Landwirtschaftsministerium.

des Leitungspersonals war damit von der Bestätigung durch die Staatspartei abhängig und unterlag einer Kontrolle durch weitere Akteure des Sicherheitsapparates.[60] Hinsichtlich der Leitungsebene lag die eigentliche Entscheidungsgewalt über die Besetzung der Führungsgruppe bis hinunter zu den Abteilungsleitern damit nicht im Ministerium, sondern war dem Nomenklaturprinzip entsprechend von außen bestimmt.[61]

Trotz dieses normativ umfassenden Zugriffs der SED dauerte es bis Mitte der 1960er Jahre, bis das System der Auswahl und Kontrolle vollständig funktionsfähig war.[62] In der ersten Hälfte der 1950er Jahre spielte bei Personalentscheidungen auf der Leitungsebene deshalb neben der SED vor allem zunächst die Sowjetische Kontrollkommission (SKK, ab 1953 Hohe Kommission der UdSSR in Deutschland) eine wichtige Rolle, die erst mit dem Abzug der sowjetischen Berater aus dem Staatsapparat nach 1957 schwand. An der Auswahl und Überprüfung waren zudem das Innenministerium, das Ministerium für Staatssicherheit und in den 1950er Jahren auch die der SED unterstehende „Zentrale Kommission für Staatliche Kontrolle" beteiligt. Unterhalb der Leitungsebene behielt das Ministerium hingegen zunächst noch einen größeren Spielraum für eine eigenständige Personalpolitik, dessen Ausgestaltung gleichfalls Gegenstand der nachfolgenden Ausführungen ist.

Nicht nur aufgrund der besonderen Eingriffsrechte, die der Parteiapparat bei der Besetzung der Leitungsebene des Ministeriums hatte, ist eine differenzierte Betrachtung des Personals notwendig. Zwar geben die Unterlagen der Kaderabteilung des Ministeriums sowie des SED-Apparates Auskunft über allgemeine Zielvorstellungen der Personalpolitik. Allerdings ist aus dem Landwirtschaftsministerium keine einzige Personalakte überliefert, sodass vertiefende Untersuchungen der biografischen, beruflichen und politischen Hintergründe handelnder Personen unterhalb der Lei-

---

60 Vgl. Bauerkämper, Arnd: Kaderdiktatur und Kadergesellschaft. Politische Herrschaft, Milieubindungen und Wertetraditionalismus im Elitenwechsel in der SBZ/DDR von 1945 bis zu den sechziger Jahren, in: Eliten im Sozialismus. Beiträge zur Sozialgeschichte der DDR, hg. von Peter Hübner, Köln 1999, S. 37–65; Wagner, Matthias: Das Kadernomenklatursystem. Ausdruck der führenden Rolle der SED, in: Hornbostel, Stefan (Hg.): Sozialistische Eliten. Horizontale und vertikale Differenzierungsmuster in der DDR, Opladen 1999, S. 45–59 (*Wagner, Kadernomenklatursystem*); Boyer, Christoph: Die Kader entscheiden alles. Kaderpolitik und Kaderentwicklung in der zentralen Staatsverwaltung der SBZ und der frühen DDR (1948–1952), Dresden 1997.
61 1952 bedurften Besetzungen vom Abteilungsleiter aufwärts der Bestätigung durch die SED, 1954 wurde dem Ministerium die Entscheidungsgewalt über die Abteilungsleiterposten rückübertragen, doch spätestens 1960 wieder genommen, vgl. Richtlinien für die Personalpolitik, 28.8.1952, BArch DC-I/3/128; Ministerratsbeschluss, 30.9.1954, BArch DC-I/3/237; Nomenklatur des Ministers, 1954, BArch DK 1/461; Nomenklaturübersicht des Ministeriums, 1960, BArch DK 1/1552.
62 Vgl. Wagner, Kadernomenklatursystem. Die Dysfunktionalität des Nomenklatursystems zeigt sich unter anderem daran, dass noch 1961 von 13 Abteilungsleitern, die der Nomenklatur unterlagen, nur drei bestätigt waren. Selbst bei der Besetzung von subalternen Positionen, die durch den Minister zu ernennen waren, standen 32 unbestätigte Dienstposten ganzen fünf ordnungsgemäßen Verfahren gegenüber. Vgl. Übersicht Besetzung leitender Funktionen, 11.3.1961, BArch DK 1/1553. Die Lage hatte sich 1962 nur unwesentlich verbessert, vgl. Sektor Kader an Skodowski, 24.1.1962, BArch DK 1/1554.

tungsebene nicht möglich sind. Aufgrund der bei der Führungsgruppe durch das Nomenklatursystem gegebenen parallelen Personalverwaltung ließen sich für zahlreiche leitende Funktionäre des Ministeriums Ersatzüberlieferungen ermitteln. Die Heranziehung von Unterlagen des Ministeriums für Staatssicherheit lieferte in diesem Zusammenhang nur in wenigen Fällen Erkenntnisse, weil das MfS mit den Funktionseliten nur offizielle Kontakte unterhalten durfte und hochrangige Funktionäre, namentlich aus den Führungszirkeln des Parteiapparates, nur in Ausnahmefällen als Informanten führte.[63] Wer zu diesem Personenkreis gehörte, musste indes zunächst anhand von Struktur-, Organisations- und Personalübersichten rekonstruiert werden, die für den Untersuchungszeitraum allerdings nur unvollständig vorliegen. Für den Zeitraum zwischen 1950 und 1973 konnten insgesamt 126 Personen identifiziert werden, die als Minister, stellvertretende Minister, Staatssekretäre sowie Hauptabteilungs- bzw. Hauptverwaltungsleiter im Ministerium tätig waren. Ebenfalls zur engeren Führungsriege werden die Leiter selbstständiger Abteilungen, die seit 1959 als Sektoren bezeichnet wurden, gezählt.[64] Aufgrund der disparaten Überlieferung ist davon auszugehen, dass zwar nicht alle, dafür aber doch die überwiegende Mehrheit der leitenden Kader erfasst werden konnten.

Die Gründungsgeneration

Nach Gründung der DDR ging die bisherige Zentral- bzw. Hauptverwaltung im Landwirtschaftsministerium auf. Im Gegensatz zu anderen Ministerien, die zunächst eine weitgehende personelle Kontinuität zu ihren Vorläuferinstitutionen aufwiesen, erfolgte auf der Leitungsebene des Landwirtschaftsministeriums im Verlaufe des Jahres 1950 ein weitgehender Austausch. Dabei ging es der in dieser Zeit noch kaderpolitisch tonangebenden SKK wie auch der SED-Führung darum, die Schlüsselpositionen der staatlichen Lenkungsstruktur mit Parteikadern zu besetzen, die aus ihrem Apparat stammten.[65] Das Rollenmodell, das sie zu erfüllen hatten, war das eines „Parteiarbeiters", der eine proletarische Herkunft aufwies, ideologisch gefestigt und der Partei treu ergeben war. In der engeren Führung des Ministeriums dominierte eben diese Gruppe. Weil die meisten von ihnen aus dem Parteiapparat der Zwischen-

---

63 Vgl. Pethe, Susanne/Booß, Christian: Der Vorgang „Rote Nelke". Geheimakten des MfS zu hohen SED-Funktionären, in: Booß, Christian/Müller-Enbergs, Helmut (Hgg.): Die indiskrete Gesellschaft. Studien zum Denunziationskomplex und zu inoffiziellen Mitarbeitern, Frankfurt am Main 2014, S. 49–69.
64 1959 wurde das System der Hauptabteilungen und Hauptverwaltungen abgeschafft, diese wurden nun als Abteilungen bezeichnet. Die bisherigen Abteilungen wurden als Sektoren bezeichnet. Bei letzteren ist zwischen selbstständigen Sektoren und jenen Struktureinheiten, die den neuen Abteilungen nachgeordnet waren, zu unterscheiden.
65 Vgl. Beschluss des Kleinen Sekretariates der SED, 17.10.1949, Anlage, BArch DY 30/J IV/2/3/57.

kriegszeit stammten, lag das Durchschnittsalter bei knapp 49 Jahren entsprechend hoch, wobei die Geburtsjahrgänge zwischen 1890 und 1910 dominierten.[66]

Im Unterschied zu anderen Regierungsressorts, in denen sich die SED mit den gleichen Mitteln Zugriff zu verschaffen suchte und durch den Einsatz von „Parteiarbeitern" ein Schwergewicht auf die ideologische Zuverlässigkeit legte, besaßen die im Landwirtschaftsministerium an führender Stelle platzierten ehemaligen KPD-Funktionäre überwiegend einschlägige Vorerfahrungen auf dem Gebiet der Agrarpolitik. Sie waren bereits in der Zwischenkriegszeit in verschiedenen Funktionen mit agrarpolitischen Fragen befasst gewesen und wirkten in den Nachkriegsjahren an exponierten Stellen des SED-Partei- und Staatsapparates der SBZ an der beginnenden Umgestaltung mit. Allerdings waren eben diese Expertise und der daraus resultierende Einfluss für den späteren SED-Chef Walter Ulbricht ein Grund, die in das Ministerium delegierten parteiinternen Kontrahenten aus dem Staatsapparat zu verdrängen, um seinen Vormachtanspruch auf dem Gebiet der Landwirtschaftspolitik zu sichern.

Schon die Ernennung des ersten Landwirtschaftsministers, Ernst Goldenbaum, war nicht im Sinne Ulbrichts gewesen. Der 1898 in Parchim als Sohn eines Arbeiters geborene und in bescheidenen Verhältnissen aufgewachsene Goldenbaum war ein altgedienter KPD-Funktionär, der bereits während der Weimarer Republik innerhalb des Parteiapparates Karriere machte und 1932 für die KPD in den Mecklenburgischen Landtag einzog. Nach der Machtübernahme der Nationalsozialisten zog sich Goldenbaum nach mehrfachen Inhaftierungen als Landwirt in seine Geburtsstadt zurück. 1944 wurde er von der Gestapo erneut unter dem Verdacht der Widerstandstätigkeit verhaftet, im KZ Neuengamme inhaftiert und soll als einziges Mitglied der KPD-Gruppe Mecklenburg-Schwerin den Todesmarsch im Frühjahr 1945 überlebt haben. Goldenbaum setzte nach Kriegsende seine politische Karriere innerhalb der KPD fort. Er gehörte zu jenen Parteikadern, die bei der Durchführung der Bodenreform an vorderster Stelle standen und später im Mecklenburgischen Landwirtschaftsministerium in leitender Funktion tätig blieben. Seine Rolle als Landwirtschaftsaktivist war einer der Gründe, warum Goldenbaum 1948 von der damaligen Sowjetischen Militäradministration (SMAD) an die Spitze der Blockpartei Demokratische Bauernpartei Deutschlands (DBD) gesetzt wurde. Die Gründung der Bauernpartei, die aus Sicht der SED ihren Einfluss auf die Landwirtschaft eher störte als förderte, und Goldenbaums Funktion als Parteivorsitzender ließen ihn in den Augen der SED eher als Konkurrenten denn als Gefolgsmann erscheinen.[67] Dafür sprach nicht zuletzt auch seine erneut mit sowjetischer Rückendeckung und auf Betreiben der DBD-Führung durchgesetzte Ernennung zum Minister. Trotz des Widerstandes aus der SED-Führung war die Einsetzung eines DBD-Ministers geeignet, der DDR-Regierung nach außen hin

---

[66] Vgl. Verfahren Georg V., BArch DY 30/26191; MfS, Analyse politisch-operativer Probleme, 20.1.1965, BStU MfS HA XVIII 29485.
[67] Vgl. Bauer, Agrarrevolution, S. 222–232.

einen demokratischen Anstrich zu verleihen. Nach seiner Versetzung in das Ministerium verlor Goldenbaum allerdings innerhalb der Bauernpartei an Einfluss und die Rückendeckung der SMAD, was der SED-Führung um Ulbricht die Möglichkeit eröffnete, seine Ablösung zu betreiben.

Innerhalb des Ministeriums war der Minister Goldenbaum nicht die entscheidende Figur. Der bestimmende Mann war vielmehr sein Staatssekretär, Paul Merker, der 1949 auf Weisung des ZKs in das Ministerium kam.[68] Merker, der im Gegensatz zu Goldenbaum bereits in den 1920er Jahren zum engsten Führungskreis der KPD gehörte und aus dieser Zeit mit Ulbricht bekannt war, emigrierte 1935 nach Frankreich, von wo ihm 1942 die Flucht nach Mexiko gelang. Er entwickelte sich nach Kriegsende zu einem der führenden Landwirtschaftsexperten innerhalb der SED-Spitze und war für Ulbricht, der kaum über landwirtschaftliche Expertise verfügte, auf diesem Gebiet einer der wichtigsten parteiinternen Gegenspieler. Merker fiel 1950 einer politischen Säuberungswelle zum Opfer, die allerdings keinen Bezug zum Landwirtschaftsministerium hatte. Sie stand in einem entfernten Zusammenhang mit Kampagnen gegen ehemalige Sozialdemokraten und oppositionelle Kommunisten, die unter anderem auch zur Ablösung des ersten Personalleiters des Ministeriums, Rudolf Thon, führten.[69] Im Falle Merkers ging es aber vor allem um eine politische Säuberung unter führenden Kommunisten, die in einen großen politischen Schauprozess münden sollte: Er stand wegen seiner Westemigration latent im Verdacht, mit amerikanischen Nachrichtendiensten Kontakt gehabt zu haben.[70]

Auf diese Weise als Parteifeind stigmatisiert, wurde Merker im Sommer 1950 aus der SED ausgeschlossen und gezwungen, auch sein Amt als Staatssekretär niederzulegen. Wie die mit der Enthebung beauftragte „Zentrale Kommission für Staatliche Kontrolle" vermerkte, sei Merker vorzuwerfen, sowohl innerhalb des Ministeriums wie auch im SED-Parteiapparat alle wichtigen Entscheidungen in der Landwirtschafts-

---

68 Vgl. Zentralkomitee an Ministerium, 27.12.1949, BArch DK 1/1408.
69 Der gelernte Zimmermann Rudolf Thon, der ebenfalls aus dem KPD-Apparat stammte und nach Kriegsende den personalpolitischen Umbau der Deutschen Innenverwaltung und dann des Statistischen Zentralamtes mitgestaltet hatte, wurde Anfang 1950 unter dem Vorwurf der Zugehörigkeit zu einer trotzkistischen Widerstandsgruppe aus der SED ausgeschlossen und aus dem Ministerium entfernt. Vgl. Beschluss der ZPKK zu Rudolf Thon, 27.2.1950, BArch DY 30/70891 sowie die Erwähnung in BArch DY 30/70973. Grundlegend zu den Säuberungen vgl. Klein, Thomas: Für die Einheit und die Reinheit der Partei. Die innerparteilichen Kontrollorgane der SED in der Ära Ulbricht, Köln 2002.
70 Merker wurde zunächst die Leitung einer staatlichen Handelsorganisation übertragen. 1952 wurde er verhaftet und aufgrund seiner Bemühungen, in der DDR Entschädigungsleistungen für Holocaust-Opfer durchzusetzen, in eine antisemitische Kampagne hineingezogen, die damals den sowjetischen Machtbereich ergriff. 1955 zu einer achtjährigen Gefängnisstrafe verurteilt, wurde Merker im Zuge der Entstalinisierung 1956 aus der Haft entlassen und das Urteil aufgehoben. Er starb 1969 in Ost-Berlin. Zum Fall Merker siehe Herf, Jeffrey: Antisemitismus in der SED. Geheime Dokumente zum Fall P. M. aus SED- und MfS-Archiven, in: Vierteljahrshefte für Zeitgeschichte Jg. 42, 1994, S. 635–667; Kießling, Wolfgang: Partner im „Narrenparadies". Der Freundeskreis um Noel Field und Paul Merker, Berlin 1994 sowie zur Noel-Field-Affäre und Merker: Der Fall Noel Field. Schlüsselfigur der Schauprozesse in Osteuropa, hg. von Bernd-Rainer Barth und Werner Schweizer, 2 Bände, Berlin 2006.

politik allein getroffen zu haben.⁷¹ In dem gegen ihn geplanten, aber nicht durchgeführten Schauprozess sollte u. a. der Nachweis erbracht werden, dass Merker namentlich in seiner Eigenschaft als Staatssekretär schwerwiegende Missstände in der Landwirtschaft zu verantworten habe.⁷² Ein solcher Vorwurf musste letztlich auch auf den Minister Goldenbaum zurückfallen, der drei Monate nach Merker sein Amt niederlegte und in die DBD-Führung zurückkehrte.⁷³

Mit der Ausschaltung Merkers war es Ulbricht gelungen, innerhalb des SED-Apparates seinen alleinigen Führungsanspruch auf dem Gebiet der Landwirtschaftspolitik durchzusetzen. Mit Blick auf das Ministerium galt es zunächst noch, die übrigen 1949 installierten Kader auszutauschen, die aus dem Umfeld Merkers stammten. So war die Leitung der politisch wichtigen Abteilung Agrarpolitik in die Hände des KPD-Veteranen Heinke Heinks gelegt worden. Heinks war in den 1920er Jahren zunächst in der KPD Bremen und seit 1932 im Zentralkomitee mit Landwirtschaftsfragen befasst gewesen. Nach Kriegsende war er in der KPD-Landesleitung Mecklenburg tätig und wechselte 1946 in die landwirtschaftliche Abteilung des Zentralsekretariates unter Merker. Heinks, der als ein Gefolgsmann des Staatssekretärs galt, wurde offiziell wegen gesundheitlicher Probleme seines Amtes enthoben.⁷⁴ Doch wies die Personalabteilung des Ministeriums auch in seinem Falle darauf hin, dass in Heinks Verantwortungsbereich „in wichtigen Fragen der demokratischen Neuordnung unserer Landwirtschaft [...] nicht unerhebliche wirtschaftliche und politische Schäden entstanden" seien.⁷⁵ Sein Nachfolger, Rudolf Reutter, war 1949 als dritter Funktionär aus dem SED-Zentralsekretariat in das Ministerium gewechselt, wo er zunächst als persönlicher Referent Merkers tätig war. Reutter, der wie Heinks zwischen 1931 und 1933 zur Abteilung Landwirtschaft beim ZK der KPD gehörte und nach dem Krieg mit Merker an führender Stelle im Parteiapparat arbeitete, konnte zwar zunächst im Ministerium bleiben. Einfluss hatte er trotzdem nicht mehr, weil seine personell völlig unterbesetzte Abteilung kaum arbeitsfähig war. Reutter stand deshalb in ständiger Kritik und wurde schließlich vor Beginn der Kollektivierungskampagne im Jahr 1952 endgültig abberufen.⁷⁶

Die Ablösung von Hubertus Buchholz, der zwar nicht zur Gruppe der alten Parteikader gehörte, dafür aber zusammen mit Merker, Heinks und Reutter die Leitung der SED-Betriebsgruppe des Ministeriums bildete, stand insofern in einem Zusammenhang mit Merker, als dem Staatssekretär vorgeworfen wurde, den ehemaligen Polizeiangehörigen und späteren Hauptabteilungsleiter nicht entlassen und auf diese

---

71 Vgl. Bauer, Agrarrevolution, S. 270.
72 Vgl. Scholz, Michael F.: Bauernopfer der deutschen Frage. Der Kommunist Kurt Vieweg im Dschungel der Geheimdienste, Berlin 1997 (*Scholz, Bauernopfer*), S. 114; vgl. auch die Untersuchungsunterlagen in BArch DY 30/71665.
73 Vgl. Bauer, Agrarrevolution, S. 230.
74 Vgl. Beschluss des ZK, 27. 9. 1950, BArch DY 30/89106.
75 Personalabteilung, Beurteilung, 5. 10. 1950, BArch DY 30/89106.
76 Vgl. Siegmund an Baasch, 21. 8. 1952, BArch DK 1/1544.

Weise ein „parteifeindliches Element" geschützt zu haben.[77] Es ist wahrscheinlich, wenn auch nicht zu belegen, dass die im Herbst 1950 beginnende umfassende Untersuchung des Personals durch die „Zentrale Kommission für Staatliche Kontrolle" ebenfalls in Zusammenhang mit der Merker-Affäre stand. Fest steht, dass bis Mitte 1951 sämtliche Hauptabteilungsleiter sowie zahlreiche weitere leitende Funktionäre der mittleren Ebene entlassen oder auf andere Posten versetzt wurden.[78]

Die im Herbst 1950 abgeschlossene Neubesetzung der Leitungsebene entsprach schon eher den Vorstellungen der SED-Führung. Im Dezember 1950 stand mit Paul Scholz zwar wiederum ein DBD-Mitglied an der Spitze des Ministeriums. Doch gehörte er zu jenen SED-Kadern, die bei der Gründung der Bauernpartei den Einfluss der Einheitspartei sicherten. Im Gegensatz zu seinem Vorgänger und parteiinternen Rivalen Goldenbaum wurde Scholz nicht nur vom zweiten SED-Parteivorsitzenden und Ministerpräsidenten Otto Grotewohl als landwirtschaftlicher Berater geschätzt. Auch mit Ulbricht stand er zunächst in enger Verbindung.[79] Für sein neues Amt brachte Scholz insofern einige Vorerfahrungen mit, als der 1902 im schlesischen Braunau geborene Sohn eines Kleinbauern die Landwirtschaftsschule in Cottbus absolviert hatte. Im Jahr 1923 trat er als 21jähriger Landarbeiter in die KPD ein und war bis 1933 vor allem als Parteiarbeiter aktiv. Bereits vor der Machtübernahme der Nationalsozialisten mehrfach inhaftiert, wurde Scholz 1935 zu vier Jahren Gefängnis verurteilt, die er zeitweilig in derselben Haftanstalt wie der KPD-Führer Ernst Thälmann verbrachte. Aus der Haft entlassen, erlebte er das Kriegsende als Angehöriger des berüchtigten Strafbataillons 999.[80] In den kommenden Jahren war Scholz zunächst als Redakteur verschiedener Parteizeitungen und dann des Blattes der „Vereinigung für gegenseitige Bauernhilfe" (VdgB) „Der Freie Bauer" tätig, bevor er 1948 zu jenen SED-Kadern gehörte, die im Parteisekretariat der neu gegründeten DBD installiert wurden.

Die anfänglich guten Beziehungen von Scholz zur SED-Führung veränderten sich während seiner ersten Amtszeit als Minister erheblich. Die Schwierigkeiten in der Landwirtschaft und die aus Sicht der SED völlig unzureichende Arbeit des Ministeriums ließen Scholz im Frühjahr 1952 in das Schussfeld der Parteiführung geraten.[81] Gleichwohl reichte die Kritik noch nicht so weit, dass er ähnlich wie sein Vorgänger kaltgestellt werden konnte. Im Gegenteil: Scholz musste zwar das Ministeramt auf-

---

77 ZKSK, Aktenvermerk, 11.10.1950, BArch DY 30/71165. Buchholz war vor 1945 zunächst im Polizeidienst und dann als Förster tätig gewesen, bevor er zur Wehrmacht einberufen und als Leutnant gedient hatte. Er trat Anfang 1946 der KPD bei und arbeitete seit 1947 als Abteilungsleiter in der DWK. Buchholz, der als besonders zuverlässiger Genosse in die Parteileitung kooptiert worden war, wurde wegen seiner „kleinbürgerlichen Herkunft" abberufen. Beschluss der ZPKK, 1950, BArch DY 30/70981.
78 Dazu gehörten die Hauptabteilungsleiter Tiere, Hans Moldenhauer sowie sein nur kurze Zeit tätiger Nachfolger Hans Fuchs, der Hauptabteilungsleiter Pflanzen, Herbert Hoffmann, und der Hauptabteilungsleiter Saatzucht, Walter Kiel. Der bereits bei Amtsantritt 76jährige Leiter der Veterinärabteilung, Oskar Lindenau, schied vermutlich aus Altersgründen aus.
79 Vgl. Bauer, Agrarrevolution, S. 101–104, 114–115, 230, 233.
80 Vgl. BStU MfS HA XX AP 04387/92.
81 Vgl. die Kontrollberichte in BArch DK 1/723.

geben, erhielt aber mit Unterstützung der SKK einen der im Zuge der Regierungsumbildung neu geschaffenen fünf Stellvertreterbereiche des Ministerpräsidenten und übernahm in Personalunion die Leitung der neu eingerichteten „Koordinierungsstelle für Landwirtschaftsfragen" beim Ministerrat der DDR.[82] Ende Oktober 1953 kehrte Scholz nach Auflösung der Kontrollstelle für zwei Jahre in das Ministeramt zurück, blieb aber weiterhin stellvertretender Ministerpräsident.[83]

Die Bedingungen hatten sich nun aber grundlegend geändert. Inzwischen hatte mit Erich Mückenberger ein neuer starker Mann innerhalb des ZK-Apparates die Funktion des für Landwirtschaft zuständigen Sekretärs übernommen. Das Verhältnis zwischen beiden war gespannt und reichte bis zur persönlichen Aversion. Scholz versuchte, sich für die harschen Auseinandersetzungen bei Grotewohl Rückendeckung zu verschaffen. Mückenberger warf dem Minister vor, dass er sich nicht ausreichend mit dem Politbüro und dem ZK der SED abstimme und, schlimmer noch, bestrebt sei, die verheerenden Zustände in der Landwirtschaft zu vertuschen. Selbst „ernsthafte Hinweise" aus dem Parteiapparat würden nur ungenügend umgesetzt.[84] Der in der Kritik stehende Minister gab sich bereits wenige Monate nach der erneuten Amtsübernahme in einer Unterredung mit Grotewohl ratlos: „es ging ja früher, warum geht es jetzt nicht mehr?"[85] Die Kritik des ZK-Sekretärs an den Leistungen des Ministeriums riss nicht ab. Mückenberger sah in Scholz weiterhin einen der Hauptverantwortlichen für die Probleme der seit 1953 ins Stocken geratenen landwirtschaftlichen Umwälzung und betrieb dessen Ablösung. Währenddessen hatte Scholz auch innerhalb der DBD-Führung an Einfluss verloren. Im Jahr 1955 musste er sein Ministeramt niederlegen, blieb aber zunächst weiterhin als stellvertretender Ministerpräsident und Mitglied des neu gebildeten LPG-Beirates mit Landwirtschaftsfragen befasst.[86] 1962 schied Scholz endgültig aus allen staatlichen Landwirtschaftsgremien aus, zumal er sich auch mit Mückenbergers Nachfolger, Gerhard Grüneberg, überworfen hatte. Bereits 1961 als Botschafter der DDR in Polen im Gespräch, wurde Scholz nun auf außenpolitischem Gebiet tätig und ging 1967 in Rente.[87]

Die aus Sicht der SED eigentliche Schlüsselstellung im Ministerium übernahm während der beiden Amtszeiten von Scholz Kurt Siegmund. Im Jahr 1910 als Sohn eines Steinsetzers im Saalkreis geboren, war Siegmund im Unterschied zu Scholz erst nach Kriegsende als Parteikader mit Fragen der Landwirtschaft befasst. Der gelernte Zeichner arbeitete während der Weimarer Republik nur mit Unterbrechungen in seinem Beruf, engagierte sich aber früh in der Gewerkschaftsbewegung und trat 1927 dem

---

[82] Vgl. Bauer, Agrarrevolution, S. 340; Scherstjanoi, Elke: SED-Agrarpolitik unter sowjetischer Kontrolle 1949–1953, München 2007, S. 372 (*Scherstjanoi, SED-Agrarpolitik*).
[83] Vgl. Personalakte, BArch DC 20/7886.
[84] Niederschrift, Anfang 1954, BArch NY 4090/363.
[85] Notizen, BArch NY 4090/363.
[86] Vgl. Bauer, Agrarrevolution, S. 270 f.
[87] Vgl. Notiz vom 2.3.1961, BStU MfS HA XX AP 04387/92; Bauer, Agrarrevolution, S. 524; Information der HA XVIII/6/1, Berlin, 16.6.1967, BStU MfS HA XVIII 25447.

Kommunistischen Jugendverband (KJVD) bei. Siegmund schlug dort eine Funktionärskarriere ein, die ihn bis 1932 in das Zentralkomitee des KJVD führte. Im selben Jahr wurde er nach Moskau geschickt, wo er zusammen mit dem späteren Staatssicherheitsminister Wilhelm Zaisser eine paramilitärische Ausbildung erhielt. 1933 kehrte Siegmund illegal nach Deutschland zurück, wo er die Widerstandsarbeit der KPD in den sächsischen Bezirken unterstützen sollte.[88] Im Jahr 1935 emigrierte Siegmund zunächst in die Tschechoslowakei. Nach weiteren Stationen in Moskau und Frankreich gelangte er nach Schweden, bevor er 1941 in die deutsch besetzten Niederlande ging. Dort lebte er bis Kriegsende im Untergrund und gehörte einer Widerstandsgruppe der KPD an. Im August 1945 kehrte Siegmund nach Halle zurück, wo er 1947 in die Leitung der VdgB Sachsen-Anhalt berufen wurde und nach 1948 führend am Aufbau der MTS beteiligt war.[89] Vielleicht gerade weil er nicht zum engeren Zirkel der SED-Landwirtschaftsfunktionäre gehörte, sich dafür aber in der Provinz bewährt hatte, kam Siegmund im August 1950 als Nachfolger des abgesetzten Paul Merker ins Gespräch.[90] Für eine Verwendung im Ministerium sprach vor allem seine parteipolitisch richtige „Landwirtschaftspraxis", die Siegmund beim Aufbau der MTS unter Beweis gestellt hatte.[91]

Im November 1950 trat Siegmund sein Amt als Staatssekretär an.[92] Während er mit Scholz nach eigenem Bekunden gut zusammenarbeitete, bereitete es dem Staatssekretär Probleme, sich gegenüber den übrigen leitenden Mitarbeitern durchzusetzen.[93] Siegmund, der eher bescheiden auftrat, setzte auf Überzeugung und Argumente und stellte sich mitunter sogar gegen die ZK-Abteilung, die auf eine härtere Gangart in der Agrarpolitik drängte. In den Augen der Ministeriumsmitarbeiter erschien Siegmund hingegen als harter Parteigänger Ulbrichts, der auch seinen Minister anhalten musste, sich gegenüber den Bauern nicht zu nachgiebig zu zeigen.[94] Siegmunds tragende Rolle und zugleich Bewährungsprobe war die Durchführung der ersten Kollektivierungsphase im Frühjahr 1952. Das Politbüro übertrug ihm die Bildung einer Hauptabteilung, die für die neu gegründeten Landwirtschaftlichen Produktionsgenossenschaften verantwortlich sein sollte, ebenso wie die Aufstellung einer neuen Hauptabteilung Politische Massenarbeit, deren Aufgabe es war, die Parteibeschlüsse durch Propagandamaßnahmen in der Bevölkerung zu popularisieren.[95] Beide Auf-

---

88 Vgl. Scholz, Bauernopfer, S. 22.
89 Vgl. Beurteilung, 15. 2.1958, BArch DY 30/93115.
90 Vgl. Beschluss des Sekretariat, 24. 8.1950, BArch DY 30/93115.
91 Vermerk, Einsatz des Genossen Siegmund, 14. 6.1950, BArch DY 30/93115.
92 Vgl. Lebenslauf, 8. 9.1954, BArch DY 30/93115; Lebenslauf, 25. 4.1952, BArch DK 1/1410.
93 Unter anderem legte Siegmund Ende 1952 fest, dass ein Vertreter der Parteiorganisation regelmäßig an den Sitzungen des Kollegiums teilnahm. Vgl. Anweisung, 11.11.1952, BArch DK 1/444.
94 Vgl. Aussprache mit Genosse Siegmund, 16. 7.1951, BArch DY 30/93115
95 Vgl. Politbürobeschluss, 3. 6.1952, BArch DY 30/IV 2/2/214; Siegmund an ZK, 12. 9.1952, BArch DK 1/1410.

gaben erfüllte der Staatssekretär zur Zufriedenheit des Parteiapparates, wurden ihm doch ausdrücklich „große Verdienste" um die Bildung der LPG zugesprochen.[96]

Gleichwohl blieb auch Siegmund nicht dagegen gefeit, die Kritik des ZK an der Arbeit des Ministeriums auf sich zu ziehen. Spätestens Ende 1954, so scheint es, hatte Siegmund ähnlich wie Scholz das Vertrauen Mückenbergers verloren. Dieser gab ihm zu verstehen, das ZK werde sich angesichts zahlreicher Missstände bei der Arbeitsweise des Ministeriums in eine Überprüfung einschalten und diese Aufgabe nicht dem Staatssekretär überlassen.[97] Bereits im Sommer 1954 hatte Siegmund selbstkritisch einräumen müssen, er könne die Lage im Ministerium nicht mehr zum Besseren wenden, weil „eine Reihe von ernsten Mängeln, die damit in Zusammenhang stehen" auch an seiner „völlig ungenügend[en]" Qualifizierung lägen.[98] Siegmund, der durch seine Kriegserfahrungen gesundheitlich angeschlagen war und damit auch körperlich den Belastungen nicht mehr gewachsen schien, wurde im Frühjahr 1955 aus dem Ministerium abgezogen und zu einem zweijährigen Lehrgang an die SED-Parteihochschule delegiert. Nach seiner Rückkehr übernahm er für zwei Jahre den Posten eines stellvertretenden Ministers, war aber nicht mehr in der Lage, die in ihn gesetzten Erwartungen zu erfüllen.[99] Im Frühjahr 1958 schied Siegmund aus dem Ministerium aus, um für drei Jahre in den Bezirk Neubrandenburg zu gehen, wo er als Vorsitzender des Wirtschaftsrates der SED-Bezirksleitung die Vollkollektivierung umsetzte. 1962 wurde er an die Akademie der Landwirtschaftswissenschaften versetzt und leitete dort, politisch kaltgestellt, bis zu seiner Verrentung 1977 die Dokumentationsstelle.[100]

Die Aufbaugeneration: politische Aktivisten

Mit Blick auf die Gesamtheit der im Ministerium Beschäftigten waren die alten KPD-Veteranen Scholz und Siegmund Mitte der 1950er Jahre in der Minderheit. Das hing zum einen damit zusammen, dass das Ministerium in den ersten fünf Jahren nach seiner Gründung erheblich wuchs – die Zahl der Mitarbeiter hatte sich mehr als verdreifacht.[101] Bei diesem Aufwuchs griff die SED nicht auf alte KPD-Kader zurück, die ohnehin kaum zur Verfügung standen. Sie setzte im Unterschied zur Entwicklung in der Bundesrepublik vielmehr auf die Heranziehung einer jüngeren Generation, wobei der Primat der Personalauswahl zunächst auf politischer Zuverlässigkeit und weniger auf fachlicher Expertise lag.

---

96 SED-Parteiorganisation, Charakteristik, 24.8.1954, BArch DY 30/93115.
97 Vgl. Mückenberger an Siegmund, 7.12.1954, BArch DK 1/1483.
98 Lebenslauf, 8.9.1954, BArch DY 30/93115.
99 Vgl. Personalbogen, BArch DY 30/93115.
100 Vgl. Nachruf, Neues Deutschland vom 19./20.11.1988.
101 Vgl. die Erhebung zu 1949 bei Kuhlemann, Jens: Braune Kader. Ehemalige Nationalsozialisten in der Deutschen Wirtschaftskommission und der DDR-Regierung 1948–1957, Norderstedt 2014 (*Kuhlemann, Braune Kader*) sowie Jahresbericht der Kaderabteilung für 1954, BArch DK 1/674.

In der Praxis bedeutete dies, dass die bei Gründung des Ministeriums noch vorhandenen „bürgerlichen Spezialisten" entlassen bzw. bei Eingliederung bislang selbstständiger Einrichtungen nicht übernommen wurden. Die Personalstatistiken verdeutlichen diesen massiven Ausschluss fachlicher Expertise: Lag der Anteil von Mitarbeitern, die hinsichtlich ihres sozialen Status der Gruppe der Beamten zugerechnet wurden und die damit sowohl über eine entsprechende Qualifikation wie auch Erfahrung in der Verwaltungsarbeit verfügten, Ende Dezember 1949 noch bei knapp 17 Prozent, war diese Gruppe 1954 mit 1,5 Prozent praktisch aus dem Ministerium verschwunden. Weitgehend konstant, bei etwa einem Fünftel, blieb hingegen der Anteil von Angestellten, die tendenziell ebenfalls über eine höhere Schulbildung verfügten und damit den Verlust fachlich qualifizierter Mitarbeiter ein Stück weit ausgleichen konnten.[102] Insgesamt aber halbierte sich der Anteil von Mitarbeitern mit einem Hochschulabschluss zwischen Ende 1949 und 1954 von zwanzig auf knapp zehn Prozent der Belegschaft. Die Hilflosigkeit, mit der die Personalabteilung diesen desaströsen Zustand zu kaschieren suchte, zeigte sich daran, dass sie in ihren Jahresstatistiken anfänglich sogar Abschlüsse von Volks- und Mittelschulen als Qualifikationsmerkmal erfasste.[103]

Die Heranziehung „junger und fortschrittlicher Kräfte", wie von der SED gefordert, führte bereits Anfang 1952 dazu, dass es einen erheblichen Mangel an „hochqualifizierten selbstständig arbeitenden Kräften in den leitenden bzw. höheren Funktionen" gab.[104] So erfreulich es für die SED und die Kaderabteilung sein mochte, dass Ende 1953 durch die Erhöhung des Arbeiteranteils auf über 50 Prozent des Mitarbeiterstammes die „führende Rolle der Arbeiterklasse" erstmals auch im Ministerium durchgesetzt worden sei, so nachteilig waren die Folgen für die fachliche Arbeit, weil die neuen Mitarbeiter kaum über höhere Schuldbildung oder gar akademische Qualifikationen verfügten.[105] Neben den Arbeitern waren im Ministerium jetzt auch Bauern stärker vertreten, wobei die SED klar zwischen werktätigen und später Genossenschaftsbauern sowie den unerwünschten selbstständigen Landwirten unterschied. Das erklärte Ziel, gerade das Landwirtschaftsministerium mit Praktikern zu besetzen, zeitigte allerdings nicht die gewünschten Erfolge. Ihr Anteil blieb stets unter zehn Prozent und stieg erst in den 1970er Jahren langsam an.[106]

Dieser vorwiegend nach ideologischen Gesichtspunkten vorgenommene Umbau traf in Einzelfällen auf den Widerstand der Fachabteilungen, die um die Arbeitsfä-

---

102 Vgl. die Jahresberichte und Statistiken der Kaderabteilung in BArch DK 1/673, 674, 1550, 1544, 1552, 1554, 21369, 21650.
103 Vgl. Jahresbericht 1955, BArch DK 1/674.
104 Scholz an Herbert Warnke (ZK der SED), 7.4.1952, BArch DK 1/670. Bereits Mitte 1951 sank der Anteil der Mitarbeiter, die über 40 Jahre alt und damit vor 1910 geboren waren, während die Gruppe der bis 30jährigen, die fast 40 Prozent der Belegschaft stellten, anstieg. Personalabteilung, Arbeitsbericht, 2.7.1951, BArch DK 1/1544.
105 Bericht Kaderabteilung, 21.12.1953, BArch DK 1/1545.
106 1979 lag er bei knapp 12 Prozent. Vgl. die Statistik in BArch DK 1/21639.

higkeit ihrer Ressorts fürchteten. So gab der Abteilungsleiter Saatzucht, Willi Nuppnau, zu verstehen, dass das Übergewicht politischer Maßstäbe bei der Personalauswahl grundsätzlich falsch sei, weil darunter die inhaltliche Arbeit leide und dem Staatsapparat letztlich mehr geschadet als genützt werde.[107] Solche Beschwerden blieben die Ausnahme und endeten im vorliegenden Fall damit, dass Nuppnau aus dem Ministerium abgezogen wurde.[108]

Der vor allem ideologischen Prämissen folgende personalpolitische Um- und Ausbau war besonders in jenen Bereichen stark ausgeprägt, die aus Sicht der SED eine Schlüsselstellung bei der sozialistischen Umgestaltung der Landwirtschaft einnahmen. In den Hauptabteilungen LPG, VEG und MTS war der Bildungsgrad der Mitarbeiter im Ministeriumsdurchschnitt am geringsten, dafür zeichneten sie sich aber durch Praxisnähe und Parteiloyalität aus, die sich in einem besonders hohen Anteil von SED-Mitgliedern niederschlug. Gleichwohl standen die Mitarbeiter namentlich der Hauptabteilung LPG in der Kritik, da sie für ihre fachlichen Aufgaben äußerst mangelhaft qualifiziert waren.[109] Dies konnte sich beispielsweise durch die Herausgabe fehlerhafter Vorschriften oder Bilanzierungen unmittelbar negativ auf die Arbeit in den einzelnen landwirtschaftlichen Produktionsgenossenschaften auswirken.[110] Aus Sicht des Parteiapparates bestand deshalb dringender Handlungsbedarf. Die Gewinnung von fachlich qualifiziertem und politisch loyalem Personal stellte das Ministerium in der Frühzeit vor erhebliche Probleme, weil es nicht genügend vorgebildete und im Sinne der SED zuverlässige Mitarbeiter gab. Zwar war, wie Walter Ulbricht bereits 1950 betonte, der Einsatz des „Experten-Funktionärs" im Partei- und Staatsapparat das Ziel, doch musste dieser erst herangezogen werden.[111] Angesichts der defizitären Ausgangslage wurden gezielt Kader aus dem Parteiapparat der Länderebene in das Ministerium abgeworben. Wichtiger aber noch war die Gewinnung von Nachwuchskräften, die in den Nachkriegsjahren durch Lehrgänge an der neu gegründeten landwirtschaftlichen Verwaltungsfachschule in Genshagen oder der Deutschen Verwaltungsakademie in Fort Zinna, der späteren Deutschen Akademie für

---

107 Vgl. Bericht Kaderabteilung, 3.7.1953, BArch DK 1/1545.
108 Nuppnau verließ das Ministerium 1953 und wechselte in den Außenhandelsbereich der DDR. Vgl. Baumgartner, Gabriele, Hebig, Dieter (Hg.): Biographisches Handbuch der SBZ/DDR. 1945–1990. Band 2, München 1997, S. 608.
109 Vgl. Stellungnahme zur Überprüfung der HA LPG, 15.4.1956, BArch DK 1/2077. Vgl. auch die Beschwerde aus dem Bezirk Halle über die schlechte Fachkenntnis der HV LPG, RdB Halle, Unterabteilung LPG, Bericht über die Arbeit der HA LPG, 24.2.1955, BStU MfS AU 355/56, Bd. 1.
110 Vgl. die Beschwerde aus dem Bezirk Halle, RdB Halle, Unterabteilung LPG, Bericht über die Arbeit der HV LPG, 24.2.1955, BStU MfS AU 355/56, Bd. 1
111 Zitiert nach Bergien, Rüdiger: Das Schweigen der Kader. Ehemalige Nationalsozialisten im zentralen SED-Parteiapparat – eine Erkundung, in: Kundrus, Birthe/Steinbacher, Sybille (Hgg.): Kontinuitäten und Diskontinuitäten. Der Nationalsozialismus in der Geschichte des 20. Jahrhunderts, Göttingen 2013, S. 134–153, (*Bergien, Schweigen*).

Staats- und Rechtswissenschaft „Walter Ulbricht" (DASR) in Potsdam, auf die Übernahme höherer Aufgaben vorbereitet wurden.[112]

Die Heranziehung dieser Personengruppe veränderte nicht nur die soziale Zusammensetzung des Ministeriums. Sie waren zugleich wie schon die Arbeiter deutlich jünger als die in der Frühzeit eingesetzten Parteiveteranen, so dass sich auch dadurch das Durchschnittalter der im Landwirtschaftsministerium Beschäftigten weiter senkte. Bereits 1953 dominierten in der Belegschaft die Jahrgänge der nach 1917 Geborenen. Auf diese Weise gelang es aber zunächst nur, wie die Klagen der Personalverwaltung zeigen, geringer qualifizierte Mitarbeiter in das Ministerium zu holen. Zudem waren insbesondere die durch Lehrgänge, nicht aber durch ein reguläres Studium vorgebildeten Leitungskader aufgrund des Personalmangels Mehrfachbelastungen ausgesetzt. Zugleich ermöglichte ihnen aber der chronische Mangel an Personal einen schnellen Aufstieg vom Sachbearbeiter über den Referenten bis hin zum Abteilungsleiter. Konterkariert wurde die Personalgewinnung auch dadurch, dass die wenigen Fachleute an andere Stellen innerhalb der Staatsbürokratie abgegeben werden mussten. Ein erster großer Aderlass war die Bildung einer Landwirtschaftsabteilung bei der Staatlichen Plankommission, die im Sommer 1951 den Weggang Dutzender gut qualifizierter Mitarbeiter zur Folge hatte.[113] Paul Scholz nahm für den Aufbau seiner Kontrollstelle, wie die Personalabteilung beklagte, im Frühjahr 1952 die „besten und entwicklungsfähigsten" Mitarbeiter mit.[114] Sowohl die Zahl offener Planstellen wie auch die Fluktuation innerhalb der Belegschaft war in den ersten Jahren enorm hoch und lag noch 1955 bei rund zwanzig Prozent.[115]

Der Zielkonflikt der Personalpolitik zwischen politischer Loyalität und fachlicher Expertise zeigt sich auch im Hinblick auf die engere Führungsgruppe des Ministeriums, die im Frühjahr 1954 nach Einführung von vier Stellvertreterbereichen auf 26 Personen angewachsen war. Mehr als die Hälfte der Hauptabteilungs- und Abteilungsleiter waren nach 1917 geboren und damit deutlich jünger als die noch vier Jahre zuvor dominierenden alten KPD-Funktionäre. Neben Scholz und Siegmund, die an der Spitze des Ministeriums standen, konnte nur noch der 1898 geborene Ernst Frommhold, der im August 1952 den entlassenen Rudolf Reutter abgelöst hatte, auf eine KPD-Vergangenheit zurückblicken.[116] Von den alten Parteiarbeitern, die im Ministerium

---

112 Vgl. exemplarisch den Bericht von Willy J. über dessen Rekrutierung, Vernehmungsprotokoll, 13.10.1955, BStU MfS AU 104/56, Bd. 1.
113 Vgl. Siegmund an ZK, 28.8.1951, BArch DK 1/1544.
114 Bericht Kaderabteilung, 5.10.1952, BArch DK 1/1544.
115 Vgl. Bericht Kaderabteilung, 26.8.1956, BArch DK 1/673.
116 Frommhold, 1898 in Altenburg geboren, war gelernter Schlosser, der sich 1916 der SPD und schließlich der KPD anschloss, für die er seit 1931 als Sekretär für Landwirtschaftsfragen in der thüringischen Bezirksorganisation arbeitete. Nach 1933 wurde Frommhold verhaftet und in das Konzentrationslager Buchenwald eingewiesen, wo er bis zu seiner Entlassung 1940 der illegalen Widerstandsgruppe der KPD angehörte. Nach Kriegsende arbeitete Frommhold in verschiedenen Ministerien und war am Aufbau der MTS in Thüringen führend beteiligt, bevor er als Dozent in die Deutsche

Führungspositionen bekleideten, hielt sich Frommhold am längsten, wurde jedoch 1955 zum Abteilungsleiter zurückgestuft und wechselte 1962 an die Akademie der Landwirtschaftswissenschaften.[117]

Frommhold unterschied sich von Scholz und Siegmund aber insofern, als er nicht über eine einschlägige landwirtschaftliche Berufsausbildung oder Vorerfahrungen verfügte, sondern sich erst durch Schulungskurse in der Nachkriegszeit sowie die Übernahme verantwortlicher Positionen im Staatsapparat nach 1945 für die Arbeit im Ministerium qualifiziert hatte. Solche Karrieren waren mit Blick auf die übrigen Leitungskader typisch. Nur zwei der Hauptabteilungs- bzw. Abteilungsleiter konnten einen für ihr Aufgabengebiet einschlägigen Fach- oder Hochschulabschluss vorweisen. Das betraf zum einen den Leiter der Veterinärinspektion und zum anderen den Leiter der Rechtsstelle.[118] Von den für landwirtschaftliche Fragen zuständigen Ressorts verfügte kein einziger Leitungskader über einen adäquaten Bildungshintergrund. Sie hatten aber, wie Frommhold, nach dem Krieg landwirtschaftliche Kurse absolviert oder, wie der Leiter der Hauptverwaltung LPG, Heinrich Heid, die Akademie in Fort Zinna durchlaufen.[119]

Der fehlenden fachlichen Qualifikation stand indes parteipolitische Loyalität gegenüber. Sämtliche Angehörige der Führungsgruppe waren, abgesehen vom Hauptabteilungsleiter für pflanzliche Produktion, Fritz Weißhaupt, und dem Minister, nach Kriegsende in die SED eingetreten.[120] Sie hatten in fünf Fällen vor ihrem Eintritt in das Ministerium zeitweilig hauptamtlich im Parteiapparat gearbeitet. Darunter war auch der 1953 mit der Leitung der Hauptverwaltung LPG beauftragte Erwin Neu, der über keine landwirtschaftliche Ausbildung verfügte, aber nach seiner Entlassung aus sowjetischer Kriegsgefangenschaft im sachsen-anhaltischen Landwirtschaftsministerium tätig war und der dortigen Parteigruppe angehörte.[121] Zwei andere Hauptabteilungsleiter, Otto Rittich und Herbert Molkenthin, waren direkt aus der ZK-Abteilung Landwirtschaft in das Ministerium versetzt worden.[122] Der Anteil von Absolventen von Parteischulen war deutlich höher und lag, auch wenn in sieben Fällen keine Angaben vorlagen, bei mehr als 50 Prozent.[123]

Die Schattenseiten dieser Personalpolitik zeigten sich unmittelbar auch an der Spitze des Ministeriums. Der Weggang von Scholz in das Amt des stellvertretenden

---

Verwaltungsakademie in Fort Zinna wechselte. Vgl. Lebenslauf, undatiert [1952], BArch DK 1/9580; Siegmund an Baasch, 21.8.1952, BArch DK 1/1544.
117 Vgl. Personalakte, BArch DK 107/10921.
118 Der Leiter der Veterinärabteilung Horst Thamm war promoviert, der Leiter der Finanzabteilung, Werner Hille, verfügte über ein 1951 erworbenes Diplom der Wirtschaftswissenschaften.
119 Vgl. Lebenslauf Heid, 31.3.1952, BArch DK 1/10263.
120 Allerdings gehörte auch Weißhaupt zunächst der SED an und wechselte 1948 in die DBD. Vgl. Bauer, Agrarrevolution, S. 123–124.
121 Vgl. Kurzbiografie, 1980, BArch DC 20/8263.
122 Zu Rittich und Molkenthin vgl. Bergien, Schweigen, sowie die Berufungsvorgänge in BArch DK 1/1546.
123 Vgl. Personalbogen, 1965, BStU MfS BV Pdm AIM 629/87.

Ministerpräsidenten eröffnete der SED im Frühjahr 1952 die Möglichkeit, einen Minister aus ihren Reihen bei der anstehenden ersten Kollektivierungswelle an die Spitze des Ministeriums zu setzen. Ihr Wunschkandidat, Kurt Vieweg, scheiterte allerdings am Veto der Sowjetischen Kontrollkommission, die vor dem Hintergrund der Stalin-Noten darauf bedacht war, durch einen neuerlichen Minister mit bürgerlichem Anstrich der deutschlandpolitischen Initiative der Moskauer Führung Nachdruck zu verleihen, und das Politbüro drängte, den 39jährigen Wilhelm Schröder als Minister zu bestätigen.[124] Schröder war für die Führungsriege des Landwirtschaftsministeriums zu dieser Zeit insofern typisch, als er keinerlei einschlägige Erfahrungen auf dem Gebiet der Landwirtschaft mitbrachte, dafür aber über gute Kontakte zur SED und zu sowjetischen Stellen verfügte. Der gelernte Kraftfahrer arbeitete bis zur seiner Einberufung in die Wehrmacht im Jahr 1940 als Vertreter und nahm zuletzt im Range eines Feldwebels am Feldzug in Frankreich und am Überfall auf die Sowjetunion teil.[125] Noch kurz vor seinem Militärdienst wurde Schröder zum 1. April 1940 in die NSDAP aufgenommen.[126] Bei Kriegsende geriet er in der Tschechoslowakei in sowjetische Kriegsgefangenschaft. Von Juni 1947 bis zu seiner Entlassung im März 1948 war er an der Zentralschule Tailizi bei Moskau.[127]

Unmittelbar nach seiner Rückkehr trat Schröder in die SED ein und wechselte im Oktober 1948 in die DBD, wo er dem thüringischen Landesvorstand angehörte. Nach Gründung der DDR wurde er Landwirtschaftsminister in Thüringen.[128] Schröder räumte später ein, er habe von vornherein starke Bedenken gegen die Übernahme des Ministeramtes gehabt, weil er mehr „Parteiarbeiter" als „Verwaltungsfunktionär" sei, er habe sich jedoch wie zuvor in Thüringen auf die Unterstützung durch die SED und die SKK verlassen. Er versuchte seine fehlende fachliche Expertise durch Parteiloyalität wettzumachen und die in seiner Amtszeit begonnene Kollektivierung, wie er später meinte, „von den politischen Gesichtspunkten" her anzugehen. Seine Hoffnung, so Schröder, die Lösung der inhaltlichen Aufgaben der Arbeitsebene im Ministerium überlassen zu können, habe sich nicht erfüllt, weil die meisten der ihm unterstellten Mitarbeiter ebenfalls eine ausreichende Qualifikation vermissen ließen.[129] Schröder wurden die nach der Kollektivierung eingetretenen Probleme angelastet. Spätestens zum Jahreswechsel 1952/53 hatte er den Rückhalt der SED verloren. Erich Mückenberger, damals 1. Sekretär der SED-Bezirksleitung Erfurt, der Schröder noch 1950 zur Übernahme des Ministeramtes in Thüringen ermuntert hatte, denunzierte den Minister Ende Dezember 1952 wegen angeblicher Beihilfe zur Flucht eines

---

[124] Vgl. Bauer, Agrarrevolution, S. 340 f.
[125] Vgl. Lebenslauf, 10. 8. 1954, BStU MfS BV Erfurt AOP 220/54.
[126] NSDAP Mitgliederkartei, BArch R 9361/IX/Kartei/39740786, Vgl. Personalbogen, 22.12.1953, BStU MfS BV Erfurt AOP 220/54.
[127] Vgl. Treffbericht, 28.12.1953, BStU MfS BV Erfurt AOP 220/54.
[128] Vgl. Bauer, Agrarrevolution, S. 229, FN 73.
[129] Schröders Selbstkritik, BStU MfS BV Erfurt AOP 220/54.

DBD-Funktionärs bei der Staatssicherheit.[130] Auch Paul Scholz äußerte gegenüber Grotewohl, dass Schröder „trotz guten Willens und vieler Bemühungen" nicht zum Minister tauge: Weder er noch Staatssekretär Siegmund hätten den notwendigen Überblick und verlören sich in Einzelfragen.[131] Das Politbüro beschloss Ende April 1953, Schröder von seinem Posten zu entfernen.[132] Er reichte am 11. Mai 1953 sein Rücktrittsgesuch ein.[133] Das Zeugnis, das Grotewohl dem abgedankten Minister für seine Leistungen ausstellte, war vernichtend. Den Passus, Schröder habe mit „großem Eifer" an dem „beginnenden sozialistischen Aufbau in der Landwirtschaft" gearbeitet, strich Grotewohl aus dem Entlassungsschreiben und dankte Schröder nur kühl für seine „Dienste".[134]

Als Nachfolger hatte die SED-Führung Hans Reichelt als Minister ins Auge gefasst, der zum jüngsten Minister in der Geschichte der DDR werden sollte. Da die sowjetische Kontrollkommission in dieser Personalfrage das letzte Wort hatte, ersuchte Walter Ulbricht den Chef der SKK, Wasili Tschuikow, um Genehmigung. Angesichts der schlechten Erfahrungen, die mit dem Nichtfachmann Schröder gemacht worden waren, gab Tschuikow zu bedenken, auch der 28jährige Reichelt verfüge über keinerlei landwirtschaftliche Erfahrungen und dürfte damit „kaum kompetent" sein, um die anstehenden „schwierigsten" Probleme zu meistern. Er legte Ulbricht nahe, die Entscheidung noch einmal zu überdenken, „damit dieses Experiment dem erfolgreichen Aufbau des Sozialismus nicht teuer zu stehen kommt".[135]

Tatsächlich war der 1925 im oberschlesischen Proskau geborene Reichelt kein Landwirtschaftsexperte. Nach dem Besuch der Oberschule wurde er zur Wehrmacht eingezogen und verfügte über keine abgeschlossene Berufsausbildung. Wenige Tage vor Kriegsende wurde er noch zum Offizier befördert und geriet nach der Kapitulation im Range eines Leutnants in der Tschechoslowakei in sowjetische Kriegsgefangenschaft. Reichelt entwickelte sich während der Gefangenschaft zu einem begeisterten Aktivisten. Nach Besuch eines ersten Antifa-Lehrganges im Sommer 1947 wurde er 1948 als Führer eines Unteroffiziersbataillons mit einer besonderen Vertrauensstellung bedacht. Im Frühjahr 1949 wurde Reichelt schließlich auf die Zentralschule Talizi bei Moskau geschickt, die auch Schröder durchlaufen hatte. Nach seiner Entlassung Ende 1949 wurde er dann von Paul Scholz für die DBD geworben und sofort in die Parteileitung berufen. Ebenfalls auf Vermittlung von Scholz kam er im Sommer 1950 mit der Staatssicherheit in Verbindung, die den jungen Funktionär Ende September als inoffiziellen Mitarbeiter (IM) verpflichtete.[136] Reichelt, der bis zu seinem Wechsel

---
130 Vgl. Mückenberger an Gaida, MfS, 22.12.1952; Einstellungsbeschluss, 27.10.1954, BStU MfS BV Erfurt AOP 220/54.
131 Scholz an Grotewohl, 17.2.1953, BArch NY 4090/363.
132 Vgl. Protokoll Politbüro, 21.4.1953, BArch DY 30/J IV 2/2/276.
133 Schröder an Grotewohl, 11.5.1953, BArch NY 4090/363.
134 Entwurf Entlassungsschreiben sowie Entlassungsschreiben, 13.5.1953, BArch NY 4060/363.
135 Tschuikow an Ulbricht, 15.5.1953, BArch DY 30/42251.
136 Vgl. Verpflichtungserklärung, BStU MfS AIM 127/54.

in das Ministerium im DBD-Parteiapparat blieb, versorgte die Staatssicherheit mit Berichten über den abgesetzten Minister Goldenbaum ebenso wie über Parteiinterna. Seine Linientreue auf dem Gebiet der Landwirtschaftspolitik stellte er insofern unter Beweis, als er dem MfS Hinweise auf einzelne widerspenstige Bauern gab.[137]

Da das Schreiben Tschuikows keine Ablehnung des Personalvorschlages enthielt, konnte Reichelt Ende Mai 1953 sein Amt antreten. Die politische Situation in der DDR war zu diesem Zeitpunkt, jenseits der verheerenden Lage auf dem Landwirtschaftssektor, unübersichtlich. Wenige Wochen nach seiner Einsetzung verfügte die Moskauer Führung mit dem „Neuen Kurs" eine weitgehende innenpolitische Liberalisierung, die auch die Lage der Bauern verbessern sollte.[138] Reichelt musste einerseits darauf achten, den von Moskau vorgegebenen Kurs durchzusetzen, andererseits durfte er sich nicht zu weit von der SED und Ulbrichts nur widerwillig modifiziertem Stalinisierungskurs entfernen. Letztlich hinterließ Reichelts erste Amtszeit auch deshalb kaum weitere Spuren, weil er den Ministerposten bereits Ende 1953 wieder Paul Scholz überlassen musste. Ursprünglich sollte Reichelt offenbar neben Siegmund als zweiter Staatssekretär im Ministerium bleiben, wurde aber schließlich als einer der wenigen DBD-Funktionäre für zwei Jahre auf die Parteihochschule des ZK geschickt, was sein besonders enges Verhältnis zur SED nochmals unterstreicht.[139]

Reichelt kehrte im Jahr 1955 in das Ministerium zurück. Im Gegensatz zu seiner ersten Amtszeit brachen für ihn nun schwierige Zeiten an. Zwar erwies sich der Minister im Sinne der SED stets als verlässlicher Partner, auch weil er den selbst innerhalb der Staatspartei umstrittenen Kollektivierungskurs nicht in Frage stellte. Zugleich stand er aber als Minister stets in der Kritik, für die unzureichende Arbeit seines Hauses die Verantwortung zu tragen. Reichelt geriet in seinem Bemühen um Ausgleich immer weiter unter Druck. Die Staatssicherheit begann 1960 vermehrt Berichte abzulegen, in denen von Alleingängen und zunehmender Führungsschwäche die Rede war.[140] Obwohl Reichelt 1959 als erstes Nicht-SED-Mitglied ein Grundsatzreferat vor dem Politbüro halten durfte und er neben Paul Scholz in die Agrarkommission kooptiert worden war, waren seine Tage als Minister aus Sicht der Staatspartei gezählt.[141] Seine Absetzung im Jahr 1963 hing schließlich damit zusammen, dass die SED nach dem Abschluss der Vollkollektivierung nun auch die staatlichen Anleitungsstrukturen vollständig unter ihre Kontrolle brachte und das Ministerium in seiner bisherigen Form auflöste.[142] Folgerichtig sollte der neu gebildeten Produktionsleitung nunmehr auch ein SED-Mitglied vorstehen. Reichelt blieb immerhin einer der vier Stellvertreter. Da er noch immer über keine einschlägige Ausbildung verfügte, wurde er für ein Jahr freigestellt, um ein Diplom als Wirtschaftswissenschaftler nachzuholen.

---

137 Vgl. die Berichte in BStU AIM 127/54.
138 Vgl. dazu Schöne, Frühling, S. 134–153.
139 Vgl. Protokoll der Sitzung des Politbüros, 3.11.1953, BArch DY 30/J IV 2/2/330.
140 Vgl. die Berichte in BStU MfS AIM 8154/62.
141 Vgl. Bauer, Agrarrevolution, S. 466.
142 Vgl. ebd., S. 525.

Nach seiner Rückkehr in die Produktionsleitung im Jahr 1964 zeichnete Reichelt für den Bereich pflanzliche Produktion verantwortlich und wurde 1966 Vorsitzender des dem Landwirtschaftsrat zugeordneten Staatlichen Komitees für Melioration.[143] Wenige Monate nach Wiedergründung des Ministeriums im Jahr 1972 schied Reichelt, nachdem er im Vorjahr noch mit einer Arbeit über Meliorationswesen promoviert hatte, aus der Landwirtschaftspolitik aus und bekleidete bis zum Januar 1990 das Amt des Umweltministers.

Zielkonflikte

Die Kritik, der das Ministerium von Seiten des Parteiapparates ausgesetzt war, und die Einsicht, dass mit politischen Funktionären allein die Landwirtschaftspolitik nicht auszugestalten sei, führte 1952/53 zu einer graduellen Veränderung bei den Kriterien der Personalgewinnung. Zwar blieben die gewünschte soziale Zusammensetzung und politische Loyalität weiterhin zentrale Faktoren, doch gewann die Frage fachlicher Expertise erheblich an Bedeutung.

Zu den Maßnahmen, die an der Spitze des Ministeriums eine Verbesserung der Lage herbeiführen sollten, gehörte die Einführung der stellvertretenden Ministerposten. Hier wurde die fachliche Aufsicht über die nachgeordneten Hauptabteilungen und Hauptverwaltungen in die Hände von Akademikern gelegt. Der 32jährige promovierte Agrarwissenschaftler Erich Rübensam übernahm Ende 1954 die Anleitung des Bereiches pflanzliche Produktion.[144] Die Bereiche tierische Produktion und Veterinärwesen unterstanden dem 35jährigen Tierarzt und Lehrstuhlinhaber der Veterinärmedizinischen Fakultät der Universität Leipzig Lothar Hussel. Beide hatten ihre wissenschaftliche Laufbahn nach 1945 in der sowjetischen Besatzungszone begonnen und galten im Sinne der SED als zuverlässige Parteikader, weil sie auch auf ihren Fachgebieten als ausgewiesene Verfechter „fortschrittlicher Ideen" galten.[145] Mit dem 29jährigen Gerhard Elvert übernahm ein Diplomlandwirt die Aufsicht über die Volkseigenen Güter. Er war zuvor als Dozent an der Akademie für Staat und Recht in Babelsberg tätig gewesen.[146] Die politisch sensiblen Bereiche der Landwirtschaftlichen Produktionsgenossenschaften und Maschinen-Traktoren-Stationen blieben hingegen in den Händen von in der Praxis bewährten Parteiarbeitern. So stieg der von Staatssekretär Siegmund im Sommer 1952 ins Ministerium geholte Landwirt und mit

---

143 Vgl. Kurzbiografie, BArch DK 1/15086.
144 Zu Rübensam vgl. die Personalakten BArch DC 20/8340 sowie BArch DY 30/93093.
145 Gerade Hussel hatte seinen Lehrstuhl der Intervention der SED zu verdanken, die seine Berufung im Zuge der Ernennung zum stellvertretenden Minister gegen Widerstände der Fakultät durchsetzte. Vgl. Kowalczuk, Ilko-Sascha: Geist im Dienste der Macht. Hochschulpolitik in der SBZ/DDR 1945 bis 1961, Berlin 2003, S. 414, (*Kowalczuk, Geist*).
146 Vgl. Mückenberger, Bestätigung der Stellvertretenden Minister, 28.10.1954, BArch DK 1/85, siehe auch Protokoll der Politbürositzung vom 27.10.1954 mit einer Biografie Elverts in BArch DY 30/60506.

der Leitung der Hauptabteilung LPG betraute Erwin Neu zum stellvertretenden Minister auf.[147] Neu wurde allerdings kurze Zeit später zu einem Parteilehrgang delegiert. Seine Vertretung übernahm bis zur Rückkehr der 30jährige Heinz Semrau, der als gelernter Schlosser Ende der 1940er Jahre als Jungaktivist seine Karriere in einer MTS begonnen hatte und als Parteikader in den Nordbezirken fortsetzte.[148]

Ein positiver Effekt für die fachliche Tätigkeit der Hauptabteilungen stellte sich unter Hussel und Rübensam allerdings nicht ein. Beide hoben sich mit ihrem akademischen Hintergrund sowohl innerhalb des Kollegiums als auch gegenüber den Mitarbeitern der Fachabteilungen ab, was persönlichen Animositäten und Anfeindungen Vorschub leistete. Hier schlug die Personalpolitik der vergangenen Jahre zurück, weil sich einige der zuvor protegierten, jungen aber schlecht ausgebildeten Arbeiterkader durch die nun hinzuversetzten Wissenschaftler zurückgesetzt fühlten. Dass „Schlosser, Bäcker und Schuster", die in den vergangenen Jahren den Ton im Ministerium angegeben hätten, nunmehr einen „Fußtritt" erhalten sollten, schien einem Mitarbeiter nicht richtig: Das könne nicht im Interesse der Partei liegen, auch wenn er zugeben musste, dass es noch großer Anstrengungen bedurfte, um die „fachlichen Lücken" zu schließen.[149] Solche Widerstände trugen dazu bei, dass sich Hussel weder gegenüber den Ministern Scholz und Reichelt noch den ihm unterstellten Mitarbeitern durchsetzen konnte.[150] Er verfügte somit auch kaum über Möglichkeiten, durch eigene Vorschläge die gravierenden Probleme bei der Tierhaltung oder auf dem Gebiet des Veterinärwesens zu lösen. Schließlich wurde er zum Sündenbock gemacht und geriet auch von Seiten der ZK-Abteilung Landwirtschaft unter Beschuss. Hussel bat nach drei Jahren desillusioniert um seine Ablösung. Damit konnte er aber ein bereits gegen ihn angestrengtes Parteiverfahren nicht mehr verhindern.[151] Im August 1957 beschloss das Politbüro seine Absetzung. Für Hussel war die Angelegenheit damit nicht ausgestanden.[152] Er wurde 1958 aus der SED ausgeschlossen und von der Universität entfernt. Erst nachdem er „Reue" gezeigt hatte, kehrte er nach Intervention der ZK-Abteilung Wissenschaft in den akademischen Betrieb zurück.[153]

Rübensam hingegen übernahm ein Jahr nach seiner Berufung mit dem neu aufgebauten Bereich Wissenschaft, Forschung und Internationale Zusammenarbeit ein zusätzliches, aber politisch weniger angreifbares Aufgabengebiet, das sich zum ei-

---

147 Vgl. die Personalakte BArch DC 20/8263.
148 Zu Semrau siehe Beschluss des Politbüros vom 10.9.1958, BArch DY 30/60705 sowie zu seiner Einsetzung als Leiter HV MTS und stellvertretender Minister: Siegmund an Kaderabteilung, 13.4.1954, BArch DK 1/1546.
149 Bericht, 24.5.1954, BStU MfS AIM 543/60, P-Akte.
150 Vgl. der Bericht von Otto Schmidt über die Probleme Hussels, Leitung im Hause, 19.4.1956, BStU MfS AOP 143/58.
151 Vgl. Hussel an Mückenberger und Reichelt, 27.7.1957, BArch DK 1/684.
152 Vgl. Politbüroprotokoll 20.8.1957, BArch DY 30/J IV 2/2/555.
153 Vgl. die Vorgänge zur Absetzung Hussels in BArch DK 1/684, DK 1/9725 sowie DY 30/82259.

gentlichen Schwerpunkt seiner Tätigkeit entwickelte.[154] Reichelt hielt auch diesen Stellvertreter für keine gute Besetzung: Dieser sei zwar ein guter Wissenschaftler, für die Arbeit im Ministerium aber völlig ungeeignet.[155] Rübensam selbst fand, wie er in seinen Memoiren einräumte, keinen Gefallen an der bürokratischen Kleinarbeit.[156] Nachdem 1956 ein erster Vorstoß Reichelts, Rübensam aus dem Ministerium zu entfernen, vom Politbüro zurückgewiesen wurde, schlug der Minister der ZK-Abteilung Landwirtschaft Anfang 1959 erneut dessen Abberufung vor.[157] Rübensam wechselte als Stellvertreter des neuen Abteilungsleiters Bruno Kiesler in die Landwirtschaftsabteilung des Zentralkomitees, bevor er 1965 zunächst als Vize- und ab 1968 bis zu seiner Pensionierung 1987 als Präsident die Leitung der Akademie der Landwirtschaftswissenschaften übernahm.[158]

Auch auf der Arbeitsebene wurden nun Maßnahmen getroffen, mit denen die fachliche Qualifikation der Mitarbeiter verbessert werden sollte. Dazu gehörte die 1953 begonnene Aufstellung sogenannter Rahmenqualifikationspläne, die für die einzelnen Dienstposten erstmals formale Anforderungen definierten.[159] Damit war auch die Möglichkeit eröffnet, weniger gut qualifizierte Mitarbeiter zu entlassen oder auf untergeordnete Posten zu versetzen.[160] Parallel wurde die berufsbegleitende Aus- und Weiterbildung erheblich ausgeweitet, die vor allem den „politisch bewährten" Nachwuchskräften das notwendige fachliche Wissen vermitteln sollte. Wegen der ohnehin hohen Arbeitsbelastung erwies sich dieser Weg aber als schwierig, da es den Betreffenden an Zeit fehlte und angesichts des chronischen Personalmangels die Abteilungsleiter wenig Interesse zeigten, ihre Mitarbeiter mit solchen Zusatzaufgaben zu belasten oder sie gar von ihren eigentlichen Obliegenheiten freizustellen.[161] Trotz solcher Widerstände nahmen die Zahl der Fernstudenten und die zeitweiligen Delegierungen an landwirtschaftliche Fachschulen nach 1953 deutlich zu. Wirkung zeitigten diese Maßnahmen jedoch erst mittelfristig.[162] So lag der Anteil von Führungskräften vom Referenten aufwärts mit Hoch- und Fachschulabschlüssen im Jahr 1957

---

154 Vgl. Wilke, Beurteilung Rübensam, 15.2.1958, BArch DY 30/93093.
155 Reichelt an Mückenberger, 16.2.1956, BArch DY 30/93093. Konkret wurde die unzureichende Anleitung der HA Pflanzliche Produktion durch Rübensam kritisiert. Vgl. Überprüfungsbericht HA Pflanzliche Produktion, 1.8.1956, BArch DK 1/9439.
156 Vgl. Rübensam, Erich: Vom Landarbeiter zum Akademiepräsidenten. Erinnerungen an Erlebnisse in acht Jahrzehnten, Berlin 2005, S. 60–62.
157 Vgl. Protokoll der Politbürositzung vom 14.8.1956, BArch DY 30/42464; Reichelt an Mückenberger, 16.2.1959, BArch DY 30/89137.
158 Vgl. Lebenslauf, undatiert, BArch DY 30/93093.
159 Vgl. Beschluss des Kollegiums, 7.11.1953, BArch DK 1/452.
160 Vgl. Bericht Kaderabteilung, 31.12.1953, BArch DK 1/1545.
161 Vgl. die Berichte der Kaderabteilungen 1953, BArch DK 1/1545.
162 Vgl. die Entwicklung von Hoch- und Fachschulfernstudenten in Kaderabteilung, Arbeitsbericht, 5.7.1954, BArch DK 1/1546.

zwar noch unter dreißig Prozent, doch nahmen inzwischen knapp vierzig Prozent von ihnen an berufsbegleitenden Qualifizierungsmaßnahmen teil.[163]

Kurzfristige Abhilfe versprach die Gewinnung von Absolventen der landwirtschaftlichen Fach- und Hochschulen, die nach Vorstellung der Personalabteilung vorangetrieben werden sollte. Voraussetzung dafür waren aber enge Kontakte zwischen den Fachabteilungen des Ministeriums und den Ausbildungseinrichtungen, die noch nicht bestanden und erst aufgebaut werden mussten. Die Schaffung einer solchen Kaderreserve wurde aus Sicht der Kaderabteilung allerdings nicht mit dem notwendigen Nachdruck vorangetrieben, so dass die Einstellung von Hochschulabsolventen in den 1950er Jahren eher die Ausnahme blieb.[164] Hinzu kam, dass gerade die landwirtschaftlichen Fakultäten an den Universitäten bis Ende der 1950er Jahre aus Sicht der SED politisch wenig zuverlässig erschienen, weil sich sowohl der Lehrkörper wie auch die Studenten gegen eine parteipolitische Einflussnahme zu Wehr setzten.[165] Der trotz aller Schwierigkeiten zu verzeichnende leichte Anstieg fachlich besser qualifizierter Mitarbeiter durch die Anstellung von Hochschulabsolventen trug mit dazu bei, dass der Anteil der SED-Mitglieder an der Belegschaft sank und im Jahr 1955 die parteipolitisch Ungebundenen die größte Gruppe im Ministerium stellten.[166] Dennoch war diese Entwicklung nicht allein auf die Einstellung von Hochschulabsolventen zurückzuführen. Vielmehr nutzten die Leiter der Hauptabteilungen und Hauptverwaltungen den Mangel an Fachkräften, um über ihre persönlichen Netzwerke Mitarbeiter zu rekrutieren, deren sozialer und politischer Hintergrund nicht den offiziellen personalpolitischen Vorstellungen entsprach, die aber fachlich geeignet waren. Dass dies in den 1950er Jahren möglich war, lag an der Schwäche der Personalabteilung des Ministeriums. Obwohl es ihre Aufgabe war, den von der SED gewünschten personalpolitischen Umbau des Ministeriums zu überwachen, hatte sie zunächst kaum Einfluss auf die Personalgewinnung. Der bis 1954 amtierende Kaderleiter, Alwin Baasch, erwies sich als zu wenig durchsetzungsfähig, um die Personalentwicklung steuern zu können, und beklagte sich überdies, dass seine Berichte und Hinweise bei der Ministeriumsführung kaum auf Interesse stießen. Im Gegenteil: Minister wie Scholz und Schröder nutzten ihre Hausmacht, um Gefolgsleute in das Ministerium zu holen und ließen sich getroffene Entscheidungen erst nachträglich von der Personalabteilung bestätigen.[167] Namentlich Wilhelm Schröder sah sich später dem Vorwurf ausgesetzt, durch Einstellung von DBD-Kollegen fachlich un-

---

163 Vgl. Bericht Kaderabteilung, 4.1.1957, BArch DK 1/1549. Davon waren 15,2 Prozent Hochschulabschlüsse und 12,4 Prozent Fachschulabschlüsse.
164 Vgl. beispielsweise Bericht Kaderabteilung, 31.12.1953, BArch DK 1/674 sowie Kaderreserve des Ministeriums, 10.6.1959, BArch DK 1/676.
165 Vgl. Kowalczuk, Geist.
166 Vgl. Bericht Kaderabteilung, 26.8.1956, BArch DK 1/673.
167 Vgl. Siegmund an Kaderabteilung, 23.6.1953, BArch DK 1/1545.

qualifizierte Mitarbeiter eingestellt und damit die Arbeit des Ministeriums sabotiert zu haben.[168]

Eine aus Sicht der Personalabteilung hoffnungsvolle Änderung ergab sich aus der Einführung des Nomenklatursystems im Jahr 1952, welches die Verantwortung der inzwischen als Kaderabteilung bezeichneten Personalstellen formal stärkte, innerhalb des Ministeriums Entscheidungsprozesse definierte und durch Mitsprache des Parteiapparates und des Innenministeriums bei Personalüberprüfungen eine gezieltere Steuerung und Einflussnahme ermöglichen sollte.[169] Wie die Klagen der Kaderabteilung zeigen, brachten diese Neuerungen in der Praxis nicht den gewünschten Durchbruch. Zum einen, weil sich das Innenministerium trotz anfänglich enger Abstimmung aus der alltäglichen Arbeit heraushielt. Zum anderen, weil auch die Ministeriumsführung weiterhin an Kaderfragen kein gesteigertes Interesse zeigte. Entsprechend blieb es auch noch 1953 dabei, dass Personalfragen als „Ressortangelegenheit" der einzelnen Fachabteilungen behandelt wurden.[170]

Das bedeutete jedoch nicht, dass sich die Personalgewinnung den politischen Vorgaben völlig entziehen konnte. Im Gegenteil: Die Hauptabteilungs- und Hauptverwaltungsleiter waren gezwungen, die Biografien der von ihnen zur Einstellung oder Beförderung vorgesehenen Mitarbeiter den kaderpolitischen Vorgaben anzupassen. Der ihnen zur Verfügung stehende Handlungsspielraum war bis in die zweite Hälfte der 1950er Jahre aber groß: Die Hauptabteilungen verfügten jeweils über eine eigene Personal- bzw. Kaderabteilung, die unmittelbar ihnen und nicht der zentralen Personalabteilung unterstellt war. Das ermöglichte es ihnen, Beurteilungen und Lebensläufe so anzupassen, dass sie den gewünschten Vorgaben entsprachen. Im Bestreben, fachlich qualifizierte Mitarbeiter heranzuziehen, waren sie bereit, mitunter auch kaderpolitische Makel zu überdecken.[171] Eine systematische Überprüfung der Neueinstellungen war der zentralen Kaderabteilung nicht möglich, auch wenn sie wiederholt darauf aufmerksam machte, dass Unterlagen mitunter bewusst verfälscht worden waren.[172] Das galt selbst für jene als Hauptabteilungsleiter von der SED berufenen Parteiveteranen wie Ernst Frommhold, der sich den Vorwurf gefallen lassen musste, die „schlechte kaderpolitische Zusammensetzung" seiner Abteilung zu dulden.[173] Hinzu kamen Eingriffe des Parteiapparates sowie in den 1950er Jahren sowjetischer Stellen und nicht zuletzt der Ministeriumsleitung selbst, die sowohl den Umbau als auch die Kontrolle des Personals erheblich erschwerten.[174] All diese Ak-

---

168 Vgl. HA III/4, 13.7.1954, BStU MfS BV Erfurt AOP 10/54.
169 Vgl. Berichte der Kaderabteilung 5.7. und 5.10.1952, BArch DK 1/1544.
170 Bericht Kaderabteilung, 31.3.1953, BArch DK 1/1545.
171 Vgl. Überprüfungsbericht des Hauptreferates Kader der HA VEG, 16.7.1954, BArch DK 1/1546.
172 Vgl. ebd., siehe auch Beschluss über die Verbesserung der Arbeitsweise des MLF, 25.11.1953, BArch DK 1/1482.
173 Bericht Kaderabteilung, 21.12.1953, BArch DK 1/1545.
174 Vgl. Bericht über die Situation auf dem Gebiet der Land- und Forstwirtschaft, 1957, BStU MfS HA XVIII 29481.

teure verfolgten unterschiedliche Zielvorstellungen, die Konflikte nach sich zogen. So beschwerte sich Minister Scholz bei seinem Amtsantritt 1954, dass das ZK sämtliche Stellvertreter und einige Hauptabteilungsleiter bereits ernannt hatte.[175] Angesichts solcher – aus seiner Sicht – Eigenmächtigkeiten lehnte es Scholz ab, Verantwortung „für die Kaderarbeit" in seinem Haus zu übernehmen, „weil die P[artei] allein entscheidet ohne mich zu hören".[176]

Der weiterhin relativ niedrige Bildungsstand, das Absinken der Zahl von SED-Mitgliedern unter den Mitarbeitern und die einer nur unzureichenden Kontrolle unterworfene Personalrekrutierung führten dazu, dass das Ministerium und seine Mitarbeiter in den Augen des Partei- und Sicherheitsapparates Mitte der 1950er Jahre alles andere als zuverlässig erschienen. Wie ZK-Sekretär Mückenberger bereits im Jahr 1954 kritisierte, sei die personalpolitische Lage ein Beweis dafür, dass man dem Ministerium auch auf diesem Gebiet keine weitergehenden Kompetenzen zugestehen dürfe.[177]

Für die Staatssicherheit bildete das Ministerium deshalb in den 1950er Jahren einen der Hauptschwerpunkte bei ihren Bemühungen, die Probleme auf dem Gebiet der Landwirtschaft unter Kontrolle zu bringen. Anfang 1955 standen 28 zumeist leitende Mitarbeiter von der Ebene der Referenten aufwärts unter laufender Beobachtung. Das Misstrauen des MfS ging aber noch deutlich darüber hinaus: Abgesehen von diesen konkreten Ermittlungen lagen für jeden Arbeitsbereich des Ministeriums zahlreiche Hinweise auf weiteres zwielichtiges Personal vor.[178] Gleichwohl war auch die Staatssicherheit nicht allmächtig, sondern beklagte, dass solche „feindlichen Elemente" weiterhin beschäftigt und nicht entlassen würden.[179] Als Kriterien für die vermeintliche Unzuverlässigkeit der Mitarbeiter galten zu diesem Zeitpunkt zum einen „Westverbindungen", die sich durch familiäre Bindungen, aber auch durch Kontakte zu geflüchteten Kollegen oder im Rahmen des fachlichen Austausches ergaben, zum anderen aber auch der Verdacht auf die Tätigkeit für westliche Geheimdienste. Eine Rolle spielten ebenfalls Anhaltspunkte für die Verfälschung von Biografien, worunter mögliche NS-Belastungen ebenso fielen wie Verbindungen zur Sozialdemokratie oder zu oppositionellen kommunistischen Splittergruppen. Die meisten Verdachtsmomente wurden allerdings mit „schlechter Arbeit" begründet, die bis zum Vorwurf der Sabotage reichten.[180]

Damit rückte wiederum die mangelhafte fachliche Qualifikation der Mitarbeiterschaft in den Vordergrund. Die Staatssicherheit beschränkte sich in solchen Fällen nicht nur auf eine Überprüfung, sondern nahm auch Verhaftungen einzelner Mitarbeiter vor. Solche exemplarischen Strafmaßnahmen wurden innerhalb der Beleg-

---

175 Vgl. Notiz Grotewohl, BArch NY 4090/363.
176 Notizen, BArch NY 4090/363.
177 Niederschrift Grotewohl, BArch NY 4090/363.
178 Vgl. MfS, Ministerium für Land- und Forstwirtschaft, 20.1.1955, BStU MfS HA XVIII 13467.
179 Bericht über die Situation auf dem Gebiet der Land- und Forstwirtschaft, 1957, BStU MfS HA XVIII 29481.
180 MfS, Ministerium für Land- und Forstwirtschaft, 20.1.1955, BStU MfS HA XVIII 13467.

schaft in Partei- und Betriebsversammlungen „ausgewertet" und sollten disziplinierend wirken. Besonders im Fokus standen in den 1950er Jahren die Arbeitsbereiche LPG, VEG und MTS, die für die sozialistische Umgestaltung der Landwirtschaft wichtig waren. Gerade in diesen Bereichen vermutete die SED-Führung den Einfluss „feindlicher Elemente". Letztlich aber erwies sich die von solchen Aktionen ausgehende Einschüchterungstaktik in mehrfacher Hinsicht als kontraproduktiv: Minister Paul Scholz beschwerte sich Anfang 1954 bei Grotewohl und Mückenberger, dass Verhaftungen nur „viel Unruhe und Diskussionen im Ministerium" verursachten. Anlass seiner Beschwerde war die Festnahme von vier ehemaligen Leitern der Hauptabteilung Volkseigene Güter, von denen einige bereits seit Jahren aus dem Ministerium ausgeschieden waren, nun aber nachträglich für Missstände bei der Schweinezucht zur Verantwortung gezogen werden sollten. Den Betreffenden konnte nach Überzeugung des Ministers kein strafrechtlich relevanter Vorwurf gemacht werden: Die Ursachen für die unbestreitbar vorhandenen Probleme lägen schlicht im Unvermögen der Verhafteten, deren Ablösung er stets gefordert hatte. Der Minister zeigte sich überzeugt, dass die Anschuldigungen deshalb fallen gelassen werden müssten, und bat Mückenberger eindringlich dafür für Sorge zu tragen, dass Festnahmen in nur „wirklich begründeten Fällen" vorgenommen würden.[181]

In anderen Fällen zeigten die Ermittlungen des MfS, dass den Problemen nicht fragwürdige Personalentscheidungen, sondern einfach organisatorisches Chaos und Missmanagement zugrunde lagen. So wurde der ehemalige kommissarische Hauptabteilungsleiter für Saatzucht, Dr. Walter Kiel, mit zwei anderen Mitarbeitern des Ministeriums im Juni 1955 wegen Schwierigkeiten bei der Saatgutverteilung verhaftet. Die Staatssicherheit konnte Kiel nicht wirklich überführen, erwirkte aber, dass ihn das Bezirksgericht Rostock im Frühjahr 1956 zu acht Jahren Zuchthaus wegen Wirtschaftssabotage verurteilte. Der Fall wurde nach Einspruch seines Verteidigers zur Revision an das Oberste Gericht verwiesen, welches das Urteil aufhob und Kiel nach 15 Monaten aus der Untersuchungshaft entließ. Entscheidend war, dass man Kiel nicht für organisatorische Mängel in der Arbeitsweise des Ministeriums haftbar machen konnte.[182]

Die latente Gefahr, von der Staatssicherheit wegen dienstlicher Schwierigkeiten verhaftet zu werden, erschwerte die Gewinnung neuer Mitarbeiter. Für die Angestellten des Ministeriums boten die bis 1961 offenen Grenzen in Berlin eine einfache Möglichkeit, sich drohenden Nachstellungen zu entziehen. Dass ein unmittelbarer Zusammenhang zwischen den Kampagnen von SED und MfS und der Flucht bestand, registrierte die Kaderabteilung nicht ohne Sorge. Sie diagnostizierte 1954 als wesentliches Motiv für die Flucht eines Hauptreferenten eine drohende Disziplinarmaßnahme.[183] Auch die Zahl der aus dem Ministerium geflüchteten Mitarbeiter stieg

---

181 Scholz an Mückenberger, Durchschlag an Grotewohl, 17.8.1954, BArch NY 4090/363.
182 Vgl. DAL an Grotewohl, 25.10.1956, BArch DK 107/5568.
183 Vgl. Abschrift eines Berichts, 20.8.1954, NY 4090/363.

mit Intensivierung der Zugriffe des MfS in den 1950er Jahren kontinuierlich an. Setzten sich 1952 nur zwei Angestellte nach West-Berlin ab, stieg diese Zahl im ersten Quartal 1953 bereits auf vier an. Zwischen Januar und August 1954 flohen weitere fünf Mitarbeiter. Der Höhepunkt wurde 1955 mit zwölf Fluchten erreicht. Ihre Zahl sank im kommenden Jahren auf acht, während 1957 schließlich nur noch drei Fluchten und 1959 erstmals gar keine mehr verzeichnet wurden.[184]

Rein zahlenmäßig scheinen diese Vorfälle, angesichts der Massenflucht aus der DDR und mit Blick auf die Gesamtzahl der im Ministerium Beschäftigten, zunächst gering. Unter den Flüchtlingen stellten nach Schreibkräften und Sekretärinnen, bei denen das MfS oftmals einen Spionagezusammenhang vermutete, leitende Funktionäre von der Referentenebene aufwärts die größte Gruppe, so dass das Ministerium auf diese Weise dringend benötigte Fachkräfte verlor.[185] In den zitierten Statistiken nur zum Teil erfasst sind sieben Hauptabteilungs- und Hauptverwaltungsleiter, die zwischen 1950 und 1961 in den Westen flohen. Bei diesen besser dokumentierten Fällen zeigt sich, dass der Entscheidung zur Flucht eine Mischung aus fachlichen Problemen, politischem Anpassungsdruck und Repressionsdrohung zugrunde lag. Zwei der geflohenen Hauptabteilungsleiter standen dem Bereich tierische Produktion vor, der sich seit dem ersten Kollektivierungsschub ab Sommer 1952 zu einem der größten Problemfelder der Landwirtschaft entwickelte.[186]

Zu den Geflohenen gehörte der 1917 in Weimar geborene Otto Schmidt, der als Halbwaise aufwuchs und dank eines Stipendiums in den 1930er Jahren eine Ausbildung zum Tierzuchtwart absolvieren konnte. Schmidt gehörte zu den wenigen Mitarbeitern des Landwirtschaftsministeriums, die nach 1933 hauptamtlich im nationalsozialistischen Reichsnährstand arbeiteten. Schmidt, der sich weigerte, der NSDAP beizutreten, und nach eigenen Angaben deshalb Schikanen ausgesetzt gewesen sei, bekleidete jedoch nur eine untergeordnete Funktion als Tierzuchtwart der Landesbauernschaften Sachsen-Anhalt und Thüringen.[187] Nach Kriegsende arbeitete er in gleicher Funktion bei verschiedenen kommunalen Ämtern und war 1949 in der thüringischen Landesregierung tätig. Im Jahr 1951 wechselte Schmidt in das Landwirt-

---

184 Vgl. Bericht Kaderabteilung, 31.3.1953, BArch DK 1/1545; Bericht Kaderabteilung, 4.7.1955, BArch DK 1/674, Bericht Kaderabteilung, 4.1.1957, BArch DK 1/1549; Bericht Kaderabteilung, 17.1.1958, BArch DK 1/1550, Bericht Kaderabteilung, 18.1.1960, BArch DK 1/1552.
185 Insgesamt sind dieser Gruppe acht Personen (ab Referent) zuzurechnen.
186 Über die Flucht des Hauptabteilungsleiters Volkseigene Güter, Otto Rittich, ließ sich wenig in Erfahrung bringen. Rittich, der aus dem ZK-Apparat stammte, übernahm im Frühjahr 1954 die Aufsicht über die hoch defizitären Volkseigenen Güter. In welchem Maße seine berufliche Belastung, seine Funktion als Verwalter eines Kirchengutes oder seine verschwiegene und dann aufgedeckte NSDAP-Mitgliedschaft bei der Entscheidung zur Flucht eine Rolle spielten, ließ sich nicht abschließend beurteilen. Zu Rittich vgl. Bergien, Schweigen, sowie Vorgänge in BArch DK 1/1546 und die Erwähnung in Analyse politisch-operativer Probleme, 20.1.1965, BStU MfS HA XVIII 29485.
187 Vgl. Auszug aus dem Lebenslauf, 25.9.1953, BStU MfS AOP 1432/58, P-Akte. Die Angaben von Schmidt ließen sich insoweit bestätigen, als er laut NSDAP-Mitgliederkartei tatsächlich nicht der Partei beigetreten war.

schaftsministerium, wo er innerhalb kurzer Zeit bis zum Abteilungsleiter aufstieg. Im Juli 1955 lag dem MfS eine Information vor, wonach sich in der von Schmidt geleiteten Hauptabteilung unter den leitenden Funktionären Untergangsstimmung breit mache. Außerdem sei Schmidt dabei, sich nach einer anderen Arbeitsstelle umzusehen.[188] Hintergrund waren gravierende Rückstände bei der Tierproduktion, die Schmidt selbst als mutmaßlichen Saboteur in das Visier des MfS geraten ließen. Letztlich konnte ihm die Staatssicherheit nichts nachweisen und verpflichtete ihn im September 1955 als IM.[189] Ende 1956 gelang es Schmidt dann, in das Sekretariat von Paul Scholz, der ihn seinerzeit im Ministerium angestellt und schätzen gelernt hatte, zu wechseln. Schmidt, der sich auch in seiner neuen Arbeitsstelle in einem Gespräch überzeugt gegeben haben soll, dass „unsere Agrarpolitik [...] einer baldigen Katastrophe entgegen" gehe, wurde zunehmend desillusioniert.[190] Über einen befreundeten Kollegen, der in den Westen geflohen war, sei er, nach eigener späterer Aussage, mit einem amerikanischen Geheimdienst in Verbindung gebracht worden, der ihm eine Mitarbeit anbot. Schmidt, der für sich in der DDR keine Zukunft mehr sah, will das Angebot abgelehnt haben und setzte sich wenige Tage später, am 26. Oktober 1957, zu Verwandten nach West-Berlin ab.[191] Am gleichen Tag floh auch sein Nachfolger, Lothar Behr.[192] Auch Behr war ähnlich wie Schmidt innerhalb des Ministeriums schnell aufgestiegen. Er galt als hoffnungsvoller Nachwuchskader, der sich durch Studium und Promotion für höhere Aufgaben empfahl und sogar für eine Verwendung im ZK vorgesehen gewesen sein soll.[193] Da er mit Schmidt gut bekannt war, konstruierte die Staatssicherheit aus den beiden Fluchtfällen eine Verschwörung. Schmidt bestritt allerdings später vehement, von den Plänen seines Freundes gewusst zu haben. Über die Motive der Flucht Behrs ist nichts bekannt, doch vermutete Schmidt, dass er gleichfalls aus einer Mischung von Enttäuschung und Desillusionierung seine Stellung aufgegeben hatte.[194] Möglicherweise hatte Behr aber auch eine Verhaftung zu befürchten, da er der Staatssicherheit bereits im Jahr 1955 als „undurchsichtiger und schmieriger Charakter" erschien.[195]

Das Beispiel des Hauptabteilungsleiters Otto Schmidt zeigt zugleich, dass sich unter den mit der Umsetzung der Landwirtschaftspolitik befassten Funktionären nicht nur Skepsis, sondern angesichts der massiven Probleme auch offene Ablehnung der Agrarpolitik breit machte. So stand er neben weiteren leitenden Mitarbeitern des

---

188 Vgl. Auszug Mitteilung, 29.7.1955, BStU MfS AOP 1432/58, P-Akte.
189 Vgl. Abschlussbericht, 20.3.1958, BStU MfS AOP 1432/58, P-Akte.
190 HA XVIII/6/1, Auskunftsbericht, 29.1.1979, BStU MfS 12150/91, Bd. 1.
191 Vgl. Bericht Schmidt, 4.3.1980 sowie HA XVIII/6/1, Bericht über die Konfrontation, 10.3.1980, BStU MfS 12150/91, Bd. 1.
192 Vgl. Hussel an Staatssekretär, 20.6.1957, BArch DK 1/1489.
193 Vgl. Bericht, 29.2.1955, BStU MfS 12150/91, Bd. 1.
194 Vgl. Bericht Schmidt, 4.3.1980, BStU MfS 12150/91, Bd. 1. Denkbar wäre auch eine Abwerbung oder Anwerbung durch einen westlichen Geheimdienst, doch konnte Schmidt dazu keine Angaben machen.
195 Analyse, 20.1.1955, BStU MfS HA XVIII 13467.

Ministeriums im Verdacht, mit den agrarpolitischen Reformvorschlägen des SED-Funktionärs Kurt Vieweg, die auf eine Liberalisierung des Agrarsektors hinausliefen, nicht nur zu sympathisieren, sondern diese auch zu unterstützen.[196] Aus Sicht der SED waren das Ministerium und seine Mitarbeiter damit nicht nur für die unzureichende Unterstützung bei der Umgestaltung der Landwirtschaft verantwortlich zu machen, sondern potentiell auch geeignet, diese zu hintertreiben. Verstärkt wurden solche Wahrnehmungen innerhalb des Partei- und Sicherheitsapparates durch eine ausgeprägte Denunziationskultur, die unablässig Berichte über vermeintliche politische Gegner und parteifeindliches Verhalten unter den Ministeriumsangestellten produzierte. Dem musste letztlich auch Minister Reichelt beipflichten, der eingestand, dass es in seinem Verantwortungsbereich nicht gelinge, verbreiteten „falschen oder feindlichen Anschauungen abzuhelfen".[197] Damit schien eine Hauptursache für die Probleme der Mitte der 1950er Jahre ins Stocken geratenen Kollektivierung ausgemacht.

Säuberungen und Konsolidierung 1958/1959

Die heftige Kritik an der unzulänglichen Arbeitsweise des Ministeriums, die vermutete Renitenz oder wenigstens Skepsis gegenüber den agrarpolitischen Konzepten der SED-Führung lieferten im Jahr 1957 einen Begründungszusammenhang, um eine grundlegende personalpolitische Säuberung in Angriff zu nehmen. Vorteilhaft waren dabei die bereits an anderer Stelle beschriebenen Umstrukturierungen des Jahres 1958, die eine deutliche Verkleinerung des Ministeriums mit sich brachten.[198]

Die damit einhergehenden Entlassungen boten die Möglichkeit, sich unerwünschter Mitarbeiter zu entledigen. Zu den ersten, bereits 1957 in Angriff genommenen Maßnahmen gehörte die Neubesetzung des Kaderleiterpostens. Zunächst wurde die SED-Funktionärin und ehemalige Widerstandskämpferin Else Herrmann mit der Leitung beauftragt. Doch schien es der Staatssicherheit frühzeitig zweifelhaft, ob Herrmann, die die einzige Frau unter den Führungskadern war, in der Lage sein werde, die „erhebliche Schwäche" der Kaderarbeit zu beseitigen.[199] Sie wurde 1958, auf Anweisung der ZK-Abteilung Landwirtschaft, von Karl-Heinz Lorber abgelöst. Er gehörte im Gegensatz zu seinen Vorgängern nicht zu den Parteiveteranen, sondern zur Generation der nach Kriegsende im Sinne der SED sozialisierten Aufbaufunktionäre. Der 1916 geborene gelernte Tuchmacher stammte aus einem sozialdemokratischen Elternhaus, geriet während des Zweiten Weltkrieges als Stabsgefreiter in sowjetische Kriegsgefangenschaft und absolvierte eine Antifa-Schule. Er trat noch 1948 der SED

---
196 Vgl. Bericht über die Situation auf dem Gebiet der Land- und Forstwirtschaft, 1957, BStU MfS HA XVIII 29481.
197 Bericht Kaderabteilung, 15.6.1955, BArch DK 1/674.
198 Vgl. Sektor Kader, Analyse, 18.8.1958, BArch DK 1/1550.
199 Bericht über die Situation in der Landwirtschaft, Dezember 1957, BStU MfS HA XVIII 29481.

bei und stieg bereits ein Jahr später in die Ortsleitung seiner thüringischen Heimatstadt Neustadt/Orla auf. Im Jahr 1950 wechselte er als Parteisekretär in das Staatssekretariat für Aufkauf und Erfassung. Seine schnelle Parteikarriere war anfänglich von seiner sozialdemokratischen Prägung überschattet, die Lorber gegenüber der Parteikontrollkommission mit seiner Jugend zu entschuldigen und durch ostentative Loyalität gegenüber der SED wettzumachen suchte. Im Jahr 1955 wurde er zu einem dreijährigen Studium an die Parteihochschule delegiert, die er als Gesellschaftswissenschaftler mit Bestnote abschloss.[200] An seine neue Aufgabe ging der als sehr selbstbewusst und durchsetzungsstark beschriebene Kaderleiter voller Elan heran. Dank ihm sei es, wie es später hieß, gelungen, die „Lösung der kaderpolitischen Fragen" des Ministeriums zu einem erfolgreichen Abschluss zu bringen und die Umgestaltung der Landwirtschaft auch „kadermäßig" abzusichern.[201]

Um die Position der bislang nur eingeschränkt handlungsfähigen Kaderabteilung zu stärken, wurden die den Fachabteilungen unterstehenden Kaderreferate an die zentrale Kaderabteilung gebunden und damit die Hoheit der Personalpolitik aus den Fachbereichen herausgeholt.[202] Die bisherigen Personalreferenten, die sich bislang meist den Wünschen ihrer Bereichsleiter und weniger den kaderpolitischen Vorgaben untergeordnet hatten, wurden einer eingehenden Überprüfung unterzogen und zum Teil durch neue, nicht aus dem Ministerium stammende Mitarbeiter ersetzt.[203] Sämtliche Personalfragen wurden von nun an unter Einbeziehung des Staatssekretärs innerhalb der Kaderabteilung beraten, wobei die bislang tonangebenden Hauptabteilungs- und Abteilungsleiter nur noch anlassbezogen hinzugezogen wurden.[204] Außerdem wurde die Suche nach neuen Mitarbeitern von der Kaderabteilung zentral gelenkt und damit die bislang eingestandenermaßen eher „zufällige" und auf den persönlichen Netzwerken der Abteilungsleiter beruhende Rekrutierungspraxis durchbrochen.[205] Auch die dezentrale Verwaltung der Personalakten wurde zentralisiert und so ein Informationsmonopol in der Kaderabteilung geschaffen.[206]

Um die „richtige kaderpolitische Zusammensetzung" des Ministeriums zu erreichen, begann jetzt erstmals eine systematische Überprüfung der Personalakten, die von persönlichen Aussprachen mit jedem einzelnen Mitarbeiter begleitet wurden und über den Verbleib im Ministerium entschieden.[207] Im Hintergrund wurden Einschätzungen des MfS hinzugezogen, das offenbar systematisch mit der Überprüfung der

---

200 Vgl. die Lebensläufe und Beurteilungen, BArch DY 30/93023.
201 Beurteilung, 23.10.1963, BArch DY 30/93023.
202 Vgl. Jahresbericht der Kaderabteilung, 27.1.1958, BArch DK 1/1550.
203 Vgl. Protokolle der Kaderabteilung, BArch DK 1/1551.
204 Vgl. Jahresbericht der Kaderabteilung 1957, BArch DK 1/1550.
205 Protokoll der Arbeitsbesprechung, 12.9.1957, BArch DK 1/1549.
206 Ebenfalls wurde in allen Ministerien Mitte 1959 eine zentrale Kaderkartei angelegt, in welche alle Informationen eingespeist wurden. Vgl. Minister an Skodowski, Einführung Kaderkartei, 6.7.1959, BArch DK 1/1551.
207 Sektor Kader, Analyse, 18.8.1958, BArch DK 1/1550.

einzelnen Abteilungen begann.²⁰⁸ Als Kriterien, mit denen die gewünschte „klassenmäßige Stärkung" und damit „Festigkeit des Staatsapparates" hergestellt werden sollte, standen nun wieder die soziale Herkunft und die politische Zuverlässigkeit an erster Stelle, hinter denen die fachliche Qualifikation zurückstehen sollte.²⁰⁹ Lorber schärfte seinen Mitarbeitern ein, dass bei den Evaluationen „die unbedingte politische Zuverlässigkeit" der Angestellten zu beachten sei und „Versöhnlertum" nicht geduldet werde.²¹⁰ Der Umbau verlief nicht ohne Widerstände, weil einige Abteilungsleiter mit Verweis auf die Expertise ihrer Mitarbeiter Entlassungen zu vermeiden suchten. In solchen Fällen setzte sich nun allerdings meist die Kaderabteilung durch. Auch hier zogen es einige der von Entlassung oder Versetzung und damit in ihrer beruflichen Karriere bedrohten Mitarbeiter vor, in den Westen zu fliehen.²¹¹

Insgesamt wurden, nach Einschätzung der Kaderabteilung, mit diesen Maßnahmen „spürbare Erfolge bei der Entwicklung des sozialistischen Bewußtseins" erzielt. Das ließ sich aus ihrer Sicht schon daran messen, dass nach den Säuberungen die Zahl der SED-Mitglieder erstmals seit Jahren sprunghaft auf 58,6 Prozent anstieg. Gleichzeitig erhöhte sich der Anteil von Arbeitern und Bauern auf zusammen knapp 70 Prozent.²¹² Nach diesen Kriterien wurden auch Neueinstellungen vorgenommen: 94 Prozent der im Jahre 1960 eingestellten Mitarbeiter hatten den gewünschten sozialen Hintergrund, waren zu 88 Prozent Mitglieder der SED und verfügten mehrheitlich über ein Hoch- und Fachschulstudium.²¹³ Ein weiterer, signifikanter Teil der neu gewonnenen Mitarbeiter waren Praktiker, die zuvor in Produktionsgenossenschaften oder landwirtschaftlichen Betrieben tätig gewesen waren. Obwohl sie nicht über die gewünschte Verwaltungserfahrung verfügten, wurden sie mit Schnellkursen auf ihre neue Tätigkeit vorbereitet.²¹⁴ Dem jetzt verstärkt geforderten Praxisbezug der Mitarbeiter lag die Überlegung zugrunde, dass sie sich aus eigener Anschauung besser in die praktischen Probleme vor Ort einfühlen und diese möglicherweise sogar vorausschauend beheben könnten.²¹⁵ Diese Zielvorstellung war nicht grundsätzlich neu. So sollten die Leitungskader des Ministeriums Patenschaften für einzelne LPGen übernehmen und vor Ort bei der Arbeit mithelfen.²¹⁶ Konkret bedeutete dies, dass mitunter ganze Abteilungen zu Arbeitseinsätzen auf das flache Land geschickt wurden. Die Erfolge blieben allerdings überschaubar. So waren die an körperliche Arbeit nicht gewohnten Ministeriumsmitarbeiter von den Ernteeinsätzen oder Baumaßnah-

---

208 Wie umfassend dies erfolgte, ist nicht klar. Einzelne Überprüfungsberichte legen jedoch nahe, dass das gesamte Ministerium erfasst worden sein könnte. Vgl. Überprüfungsbericht der HA Planung und Finanzen, 12.10.1959, BStU MfS HA XVIII 13467.
209 Sektor Kader an Minister, 13.2.1959, BArch DK 1/676.
210 Protokoll der Kaderleitersitzung, 18.9.1959, BArch DK 1/1551.
211 Vgl. Sektor Kader, Analyse, 18.8.1958, BArch DK 1/1550.
212 Jahresbericht 1959, BArch DK 1/673.
213 Vgl. Neueinstellungen im Jahre 1960, 22.12.1960, BArch DK 1/1552.
214 Vgl. Jahresbericht, 18.1.1960, BArch DK 1/1552.
215 Vgl. Sektor Kader, Schlussfolgerungen, 29.9.1958, BArch DK 1/1550.
216 Vgl. ZKSK, Bericht, 26.5.1955, BArch DK 1/167.

men so erschöpft, dass ihnen für die gleichzeitig gewünschte politische Agitation keine Kraft mehr blieb.[217] Vor allem aber entzog sich das Leitungspersonal solchen Einsätzen, so dass sich die auch an der Spitze gewünschte Verbindung zur Basis nicht herstellen ließ. Das sollte sich in den kommenden Jahrzehnten grundlegend ändern: Wurden in der ersten Hälfte der 1950er Jahre Landwirtschaftspraktiker zur Ausbildung an Fach- und Hochschulen geschickt, so wurden nun die Akademiker des Ministeriums umgekehrt zu Praxiseinsätzen delegiert. Ende 1959 gab die Kaderabteilung als Ziel aus, dass jeder leitende Mitarbeiter von Referentenebene aufwärts für mindestens ein Jahr in der Landwirtschaft gearbeitet haben musste.[218]

Der grundlegende Umbau des Ministeriums klammerte auch die Leitungsebene nicht aus. Mit Blick auf die Gesamtheit der Leitungskader des Ministeriums zeigt sich, dass die wesentlichen Ziele des 1958/59 angestoßenen Umbaus erreicht worden waren. Die 1960 nach Umstrukturierungen wieder auf 20 Personen zusammengeschrumpfte Leitungsgruppe setzte sich inzwischen vollständig aus nach 1917 geborenen Kadern zusammen, so dass der Anfang der 1950er Jahre angestoßene Generationswechsel vollzogen war. Mit den 1931 geborenen Abteilungsleitern Dietmar Müller und Reinhard Lemke rückten jetzt sogar erstmals Führungskader nach, die das Kriegsende im Kindesalter erlebt hatten. Auch hinsichtlich der Qualifikation entsprach die Führungsriege den Zielen des Kaderumbaus. Mit Ausnahme des Ministers verfügten inzwischen alle über einen einschlägigen Hochschul- bzw. Fachschulabschluss oder hatten ein entsprechendes berufsbegleitendes Studium aufgenommen.[219]

Wichtiger aber noch war, das Ministerium zu einem aus Sicht der SED politisch zuverlässigen Akteur werden zu lassen. Auch wenn Reichelts Position an der Spitze unangetastet blieb, wurden die übrigen Schlüsselstellungen nach 1958 vollständig neu besetzt. Zu den Veränderungen gehörte die Absetzung des 1955 als Nachfolger von Kurt Siegmund eingesetzten Staatssekretärs Walter Wilke. Wilke, 1915 in Stettin geboren, gehörte zur Gruppe jener Parteifunktionäre, die erst nach Kriegsende den Weg in die KPD fanden. Von Hause aus Berufssoldat, geriet er bei Kriegsende für vier Monate in sowjetische Gefangenschaft, durchlief allerdings keine Antifa-Schule. Als Vertriebener erhielt er eine Neubauernstelle in Bergen auf Rügen und trat 1945 aktiv bei der Bodenreform in Erscheinung, was ihm den Weg in die SED-Kreisleitung Stralsund ebnete. Unmittelbar vor seinem Wechsel in das Ministerium 1955 legte er die Prüfung zum Diplomlandwirt ab. Dies dürfte ein Grund für seine Einstellung gewesen sein, um so dem einschlägig nicht ausgewiesenen Minister Reichelt einen fachlich versierten Staatssekretär zur Seite zu stellen. Ansonsten dürfte der Ernennung des politisch kaum vernetzten Wilke von Seiten der ZK-Abteilung die Überlegung zugrunde gelegen haben, einen schwachen Staatssekretär zu installieren, um besser Einfluss auf das Ministerium zu nehmen. Wilke erwies sich allerdings als Fehlbesetzung. Mit Rücken-

---

217 Vgl. Kaderabteilung, Jahresbericht 1957, 27.1.1958, BArch DK 1/1550.
218 Vgl. Kaderabteilung, Jahresbericht, 18.1.1960, BArch DK 1/1552.
219 Über die Qualifikation des Leiters Allgemeine Verwaltung ließen sich keine Angaben finden.

deckung der ZK-Abteilung strengte die Parteileitung des Ministeriums im Jahr 1957 ein Parteiverfahren gegen ihn an, das schließlich dem Politbüro zur Entscheidung vorgelegt wurde und im Sommer 1958 seine Absetzung besiegelte.[220] Wilke wurde ähnlich wie viele andere entlassene Ministeriumsmitarbeiter in die Provinz versetzt und sollte in der Abteilung Landwirtschaft des Bezirkes Rostock eine neue Verwendung finden.[221] Sein Abstieg war damit nicht beendet: Ein Jahr später wurde er zum Vorsitzenden des Kreises Rügen degradiert und später in den Kreis Strasburg versetzt.[222] Wie es später hieß, hätten ihm einfach die persönlichen Voraussetzungen für das Amt des Staatssekretärs gefehlt.[223]

Wilke wurde im Sommer 1958 durch Bruno Skodowski ersetzt, mit dem die SED erstmals seit 1949 wieder einen Staatssekretär im Ministerium installierte, der unmittelbar aus dem eigenen Apparat kam. Der 1922 bei Neustrelitz geborene Landarbeiter meldete sich 1940 freiwillig zur Wehrmacht und geriet bei Kriegsende kurzzeitig in britische Gefangenschaft. 1945 kehrte er nach Mecklenburg zurück, trat der KPD bei und wurde als Bürgermeister und Gemeinderat eingesetzt. Zugleich stand er der Bodenreformkommission des Kreises Neustrelitz vor und bewirtschaftete eine Neubauernstelle. Für seine Verdienste um die Enteignungen ausgezeichnet, stieg Skodowski 1947 in die SED-Kreisleitung auf und wurde 1950 in die ZK-Abteilung Landwirtschaft berufen.[224] Spätestens 1956 war er dort als Sektorenleiter für den wichtigen Bereich Landwirtschaftliche Produktionsgenossenschaften verantwortlich und stand in dieser Eigenschaft in engem Kontakt zum Ministerium. Sein direkter Ansprechpartner war der stellvertretende Minister Erwin Neu, an dessen Absetzung Skodowski nicht unbeteiligt gewesen sein dürfte.[225] Skodowski, der aufgrund seiner langjährigen Erfahrung und ausgeprägten Parteidisziplin aus Sicht der SED der richtige Mann war, amtierte bis zur Auflösung des Ministeriums 1963 und blieb anschließend einer der Stellvertreter der Produktionsleitung. Im Jahr 1968 war er aus gesundheitlichen Gründen zum Rücktritt gezwungen und wurde wenig später pensioniert.[226]

Die Einsetzung Skodowskis lässt sich zugleich als Hinweis darauf deuten, wie zerrüttet das Verhältnis zwischen dem SED-Apparat und dem Ministerium inzwischen war. Im Zuge der Verkleinerung des Ministeriums im Jahr 1958 beschloss das Politbüro die Streichung der bisherigen Stellvertreterposten. Reichelt versuchte diesen Schritt mit Verweis auf das Arbeitspensum der nur noch aus ihm und seinem Staatssekretär

---

220 Vgl. Protokoll der Parteileitungssitzung, 9.7.1958, BArch DK 1/10266.
221 Vgl. Beschluss, Protokoll Politbürositzung, 5.8.1958, BArch DY 30/J IV 2/2/604.
222 Vgl. Übersicht, BStU MfS BV Rostock AIM 1950/86.
223 Vgl. Einschätzung der HA XVIII/6, 4.2.1969, BStU MfS BV Rostock AIM 1950/86.
224 Später erhielt er die Ehrenadel für besondere Verdienste bei der Durchführung der Bodenreform sowie eine entsprechende Ehrenurkunde. Vgl. Kurzbiografie, BArch DK 1/11517; Anlage zur Politbürositzung vom 5.8.1958, BArch DY 30/J IV 2/2/604.
225 Vgl. Protokoll der SED-Parteileitungssitzung, 23.5.1958, BArch DK 1/10266.
226 Vgl. Kurzbiografie Skodowski, BArch DK 1/11517; Anlage zur Politbürositzung vom 5.8.1958, BArch DY 30/J IV 2/2/604; Protokoll der Politbürositzung, 14.6.1958, BArch DY 30/56568; Vorlage für das ZK der SED mit Anlagen, 7.5.1968, BArch DY 30/61660.

bestehenden engeren Leitung rückgängig zu machen und ersuchte um Genehmigung von wenigstens zwei Stellvertreterposten. Das Politbüro kam dieser Bitte nach, wies allerdings die von Reichelt gewünschte Besetzung mit zwei Hauptabteilungsleitern aus seinem Haus zurück.[227] Die vakanten Stellen besetzte die SED-Führung mit Funktionären, die bislang keinerlei Verbindung zum Ministerium und sich überdies als Parteiarbeiter bewährt hatten. Als erster Stellvertreter wurde noch 1959 der ehemalige Parteisekretär des Staatssekretariates für Aufkauf und Erfassung, Gotthard Heinrich, Reichelt zur Seite gestellt.[228] Der zweite Stellvertreterposten wurde im Frühsommer 1960 mit dem promovierten Agrarwissenschaftler Hans-Joachim Seemann besetzt, der bis dahin an der Universität Rostock lehrte.[229] Einen faktischen dritten Stellvertreter erhielt das Ministerium nach der Eingliederung des Staatssekretariates für Aufkauf und Erfassung im Frühjahr 1960. Der dortige Staatssekretär Helmut Koch wechselte in gleicher Funktion in das Ministerium.[230] Koch, der seit 1955 als IM für das MfS tätig war, fiel nach seiner Arbeitsaufnahme im Ministerium die Aufgabe zu, der Staatssicherheit eingehend über das Verhalten des Ministers, seiner Stellvertreter sowie der Abteilungsleiter zu berichten. Koch nutzte diese Möglichkeit, um namentlich Minister Reichelt, den er zwar für einen „der Partei der Arbeiterklasse treu ergebenen Funktionär" hielt, in Schwierigkeiten zu bringen: Reichelt, so Koch, sei mit der Führung des Ministeriums ebenso überfordert wie mit der Bewältigung der „tausend Probleme" in der „gegenwärtigen Periode der Landwirtschaft".[231] Ein letzter Stellvertreterbereich wurde im Herbst 1962 geschaffen und mit dem ebenfalls aus der ZK-Abteilung Landwirtschaft stammenden Karl-Heinz Bartsch besetzt, der Reichelt wenige Monate später in seinem Amt als Minister beerben sollte.

Im Griff der SED: Personalpolitik in den 1960er Jahren

Mit der Entscheidung der SED-Führung, nach sowjetischem Vorbild das Landwirtschaftsministerium aufzulösen und in eine Produktionsleitung umzuwandeln, wurde der personalpolitische Umbau des staatlichen Lenkungsapparates weiter vorangetrieben. Einerseits stabilisierte sich die Personalsituation an der Spitze des Ministeriums. Erlebte das Ressort in den ersten 13 Jahren seines Bestehens sechs Ministerwechsel und vier Staatssekretäre, wurde die Rotation an der Spitze jetzt deutlich langsamer. Abgesehen von Karl-Heinz Bartsch, dessen Amtszeit nur zwei Tage dauern sollte, amtierten seine Nachfolger Georg Ewald, Heinz Kuhrig und Bruno Lietz im Schnitt zehn Jahre. Zum anderen nahm die Verschränkung zwischen dem Partei- und

---
227 Vgl. Protokoll der Politbürositzung, 23.6.1959, BArch DY 30/J IV 2/2/655.
228 Vgl. Protokoll der Politbürositzung, 4.8.1959, BArch DY 30/42638.
229 Vgl. Vorlage für das ZK der SED, 1960, BArch DK 1/9580.
230 Vgl. Beschluss des Politbüros vom 15.3.1960, BArch DY 30/J IV 2/2/692.
231 Bericht Kochs über die Leitungstätigkeit, 30.10.1961, BStU MfS AIM 16123/63, A-Akte; vgl. auch Vermerk zur Aussprache mit Koch, 11.10.1961; BStU MfS AIM 16123/63, P-Akte;

dem Staatsapparat weiter zu, was sich daran zeigte, dass vermehrt Personal aus der ZK-Landwirtschaftsabteilung in die Produktionsleitung bzw. das Ministerium kam.

Zugleich wuchs die Bedeutung des Ministeriums als Akteur in der Landwirtschaft. Das zeigte sich bereits bei der Ernennung Ewalds, der gleichzeitig in das ZK sowie als Kandidat in das Politbüro aufgenommen wurde. Damit vereinte er selbst im Vergleich zu anderen Ministern eine ungewöhnliche Machtfülle, die darauf hindeutet, dass der Minister künftig eine stärkere Rolle in der Landwirtschaftspolitik erhalten sollte.[232] Der 1926 geborene gelernte Landwirt stammte aus dem Parteiapparat und begann seine Karriere 1946 zunächst in der SED-Kreisleitung Stralsund, wo er bereits während der ersten Kollektivierungswelle 1952 als Vorkämpfer hervortrat. Nach einem Besuch der Parteihochschule wurde Ewald 1956 erster Sekretär der SED-Kreisleitungen Bad Doberan und Rügen. Mit Beginn der Vollkollektivierung im Jahr 1960 stieg er in die SED-Bezirksleitung Neubrandenburg auf.[233] Mit seinem Wechsel nach Berlin brachte er neuen Wind in die Produktionsleitung. Ewald trat deutlich selbstbewusster als seine Vorgänger auf, was ihn besonders in Fragen der umstrittenen Bildung von Großproduktionsgenossenschaften in Konflikt mit ZK-Sekretär Grüneberg brachte.[234]

Heinz Kuhrig, Jahrgang 1929, der nach dem Unfalltod Ewalds 1973 zum Minister aufstieg, trat 1952 im Alter von 23 Jahren nach einem Studium der Agrarwissenschaften in die ZK-Abteilung Landwirtschaft ein, wo er bis zum Sektorenleiter aufstieg.[235] Im Jahr 1961 wurde Kuhrig vom Parteiapparat mit der Leitung des Institutes für Landtechnik in Potsdam-Bornim beauftragt, das er, wie noch ausführlicher zu zeigen sein wird, auf die Parteilinie einzuschwören hatte.[236] Mit Gründung der Produktionsleitung übernahm er den Stellvertreterposten und wurde, nach dem Besuch der Parteihochschule in Moskau im Jahr 1968, als Staatssekretär bestätigt. Im Gegensatz zu seinem Vorgänger Ewald blieb Kuhrig ein eher blasser Minister, der mit seiner Aufnahme in das ZK 1976 spät innerhalb der SED-Parteihierarchie aufstieg und im Gegensatz zu Ewald nicht zur obersten Parteielite gehörte.[237] Seine Amtszeit war durch die fehlgeleitete Spezialisierung der Landwirtschaft gekennzeichnet.[238] Der Wechsel an der Spitze des Ministeriums markierte somit auch eine neuerliche Veränderung der Agrarpolitik.[239]

Kuhrig, dem Anfang November 1982 seine Ablösung als Minister bekannt gegeben wurde und der daraufhin selbst aus gesundheitlichen Gründen um seine Absetzung

---

232 Vgl. Heinz, Grüneberg und Ewald, S. 228.
233 Die biografischen Angaben neben Heinz (ebd.) siehe auch BArch DY 30/IV 2/11/1384.
234 Vgl. Heinz, Grüneberg und Ewald, S. 230.
235 Vgl. Lebenslauf, 3.6.1963, BArch DY 30/93012.
236 Vgl. Beurteilung, 26.1.1963; siehe auch Vorlage für das Sekretariat des ZK, 18.9.1961, BArch DC 20/8190.
237 Kuhrig wurde erst 1971 in das ZK der SED aufgenommen und gehörte im Gegensatz zu Ewald nicht dem Politbüro an. Vgl. Kurzbiografie, undatiert, BArch DY 30/93012.
238 Vgl. Information zur Leitungstätigkeit des Ministeriums für Land-, Forst- und Nahrungsgüterwirtschaft, 16.8.1982, BStU MfS HA XVIII 26342.
239 Vgl. Heinz, Mähdrescher, S. 232.

ersuchte, wurde durch Bruno Lietz ersetzt.[240] Der 1925 geborene gelernte Autoschlosser arbeitete nach Kriegsende als Traktorist und war am Aufbau verschiedener MAS und MTS beteiligt, bevor er zwischen 1952 und 1954 in der Hauptabteilung politische Massenarbeit des Landwirtschaftsministeriums erste Erfahrungen auf höherer Ebene sammelte. Lietz wechselte anschließend in die ZK-Abteilung Landwirtschaft, holte 1957 ein Diplom als Agrarwissenschaftler nach und ging 1961 als Landwirtschaftssekretär in die SED-Bezirksleitung Rostock. Seine Versetzung war kein Zufall, da es Lietz gelang, wie eine Beurteilung hervorhob, in „Schwerpunktkreisen" den Abschluss der Vollkollektivierung voranzutreiben.[241] Seit 1962 gehörte er sowohl dem ZK als auch dem Politbüro der SED an und übte die Funktion eines stellvertretenden Vorsitzenden der Staatlichen Plankommission aus. Lietz, der 1981 zurück in die Landwirtschaftsabteilung des ZK wechselte, wurde ein Jahr später zum Minister ernannt und übte diese Funktion bis zum Herbst 1989 aus.

Die nach 1963 bruchlose Personaldelegierung aus dem zentralen SED-Parteiapparat auf den Ministerposten setzte sich unterhalb der Ministerebene fort. Die 1968 wieder eingeführten Posten der Staatssekretäre wurden ebenfalls mit Mitarbeitern aus dem ZK-Apparat besetzt. An die Stelle von Kuhrig trat 1973 Werner Lindner, der bei seiner Versetzung in das Ministerium als „hervorragender Parteiarbeiter" galt und in den zurückliegenden Jahrzehnten mehrfach im Sinne der SED Einfluss auf einige neuralgische Problembereiche der Landwirtschaft genommen hatte. Dem 1930 in Chemnitz geborenen gelernten technischen Zeichner wurde dank seiner Herkunft aus einfachen Verhältnissen ein Studium der Wirtschaftswissenschaften ermöglicht, das er 1951 abschloss. Anschließend wurde er von der SED als Instrukteur und Büroleiter in das Sekretariat der VdgB berufen. Im Alter von 23 Jahren wechselte er in die Landwirtschaftsabteilung des ZK, wo er für den Sektor VEG verantwortlich zeichnete. In dieser Funktion arbeitete er eng mit dem Ministerium zusammen.[242] Der Aufstieg des ehrgeizigen Nachwuchskaders erregte den Unmut des damaligen ZK-Abteilungsleiters, Franz Mellentin, der Lindner auf einen Parteilehrgang delegieren ließ und ihn anschließend in das Landwirtschaftsministerium abschieben wollte. Nach seiner Rückkehr 1958 blieb Lindner in der inzwischen von Gerhard Grüneberg als Sekretär geführten ZK-Abteilung, wo er zunächst dem Sektor Wissenschaft vorstand und vor allem in der Akademie der Landwirtschaftswissenschaften „die Parteierziehung unter den Wissenschaftlern" zur Zufriedenheit der SED-Führung verbesserte.[243] Zum stellvertretenden Leiter der ZK-Abteilung aufgestiegen, löste Lindner auf Beschluss des Politbüros im Jahr 1967 seinen ehemaligen Vorgesetzten, Franz Mellentin, dem Versagen bei der „Durchsetzung der Parteilinie" vorgeworfen wurde, als Leiter der Abteilung Landwirtschaft in der SED-Bezirksleitung Halle ab.[244] Auch hier gelang es

---
240 Vgl. Kuhrig an Honecker, 4.11.1982; Kuhrig an Honecker, 3.11.1982, BArch DY 30/93012.
241 Beurteilung, 20.10.1961, BArch DY 30/93020.
242 Beurteilung, 28.1.1954, BArch DY 30/93022.
243 Beurteilung, 31.3.1955, BArch DY 30/93022.
244 Vorlage ZK der SED, 20.10.1967, BArch DY 30/93022.

Lindner binnen Jahresfrist, die Entwicklung der Landwirtschaft im Sinne der SED voranzubringen. Nachdem er auch diese Bewährungsprobe erfolgreich bestanden hatte, wurde Lindner 1973 von der ZK-Abteilung Landwirtschaft als Staatssekretär an der Seite Kuhrigs in das Ministerium versetzt.[245] Bereits vor dem Rücktritt Kuhrigs begann der Stern Lindners zu sinken. Der bislang gut beleumundete Staatssekretär nehme, wie das MfS notierte, seit „längerem" seine Dienstgeschäfte nur noch „völlig unzureichend" wahr.[246] Zwar konnte sich Lindner bis zum Herbst 1989 im Amt halten, doch wurde ihm auf Beschluss des Politbüros mit Wilhelm Cesarz ein zweiter Staatssekretär zur Seite gestellt, der von nun an die Funktion des 1. Stellvertreters übernahm.[247] Cesarz, 1925 im oberschlesischen Tarnowitz geboren, absolvierte eine Lehre zum Verwaltungsangestellten und geriet bei Kriegsende im Rang eines Unteroffiziers in sowjetische Kriegsgefangenschaft. Im Jahr 1949 entlassen, schlug er zunächst eine Funktionärskarriere in der FDJ ein, die ihn 1954 bis in das Zentralsekretariat der Jugendorganisation führte. Im Jahr 1954 wechselte Cesarz als Abteilungsleiter für Landwirtschaftliche Produktionsgenossenschaft in die Staatliche Plankommission.[248] Lindner, der über keinerlei landwirtschaftliche Ausbildung verfügte, schloss 1959 ein Fernstudium an der Hochschule für Ökonomie mit dem Diplom-Wirtschaftler ab und promovierte 1967 zu einem agrarwissenschaftlichen Thema.[249] 1962 wurde er an die Parteihochschule in Moskau delegiert und nach seiner Rückkehr als einer der vier Stellvertreter des Produktionsleiters bzw. des Ministers eingesetzt. Cesarz, obwohl nicht direkt aus dem ZK-Apparat stammend, pflegte dennoch ein sehr enges Verhältnis zu Bruno Lietz, der wie Cesarz Mitte der 1950er Jahre zur FDJ-Führung gehörte. Sowohl in der Amtszeit von Ewald als auch unter seinem Nachfolger Kuhrig, zu denen der Staatssekretär ein eher angespanntes Verhältnis hatte, galt Cesarz als Parteigänger des ZK-Apparates.[250] Er amtierte bis zum Herbst 1989.

Mit Blick auf die übrige Leitungsebene vollzog sich nach 1963 ein nahezu vollständiger Personalaustausch. Von den Leitungskadern, die vor der Auflösung als Hauptabteilungsleiter oder stellvertretende Minister tätig gewesen waren, waren 1964 nur vier im Ministerium verblieben und inzwischen als Abteilungs- und Sektorenleiter in die zweite Line getreten.[251] Auch die vor Auflösung des Ministeriums neu eingesetzten stellvertretenden Minister und Staatssekretäre schieden bis zur Wiedergrün-

---

245 Vgl. Vorlage SED-Bezirksleitung Halle, 10.10.1973, Vorlage für ZK, 18.9.1973, BArch DY 30/93022.
246 Information über die Leitungstätigkeit, 16.8.1982, BStU MfS HA XVIII 26342.
247 Vgl. Beschluss des Politbüros sowie Übersicht über die Verantwortungsbereiche im Ministerium, Protokoll Politbüro, 9.11.1982, BArch DY 30/J IV 2/2/1975.
248 Vgl. Beurteilung SPK, Abt. LW, 30.3.1955, BStU MfS AIM 16292/65, P-Akte.
249 Vgl. Kurzbiografie, DK 1/15086; Personalbogen, BStU MfS AIM 16292/65, P-Akte.
250 Vgl. die Einschätzungen der Staatssicherheit, BStU MfS HA XVIII 25448 sowie 33867.
251 So Rudi Schuster, Reinhard Lemke, Horst Heidrich und Heinrich Heid.

dung des Ministeriums 1972 aus.[252] Zwei Ausnahmen bestätigten diese Regel: Zum einen Erwin Neu, der für die Landwirtschaftlichen Produktionsgenossenschaften zuständige ehemalige stellvertretende Minister, der 1958 zunächst in den Rat des Bezirkes Suhl strafversetzt wurde.[253] Ihm gelang der Wiederaufstieg. 1960 wurde Neu als landwirtschaftlicher Berater in den „Rat für gegenseitige Wirtschaftshilfe" (RGW) nach Moskau geschickt und beerbte, dermaßen qualifiziert, 1968 Bruno Skodowski in der Funktion als Stellvertreter für Internationale Zusammenarbeit.[254] Zum zweiten Horst Heidrich, seit 1951 Mitarbeiter der Abteilung Forstwirtschaft, er wurde mit Gründung der Produktionsleitung zum Vorsitzenden des angegliederte Staatlichen Komitees für Forstwirtschaft befördert und übte bis zu seiner Invalidisierung 1975 das Amt eines stellvertretenden Ministers aus.

Vergleichbare Befunde lassen sich auch für die Gesamtheit des Ministeriums feststellen. Ähnlich wie im Jahr 1958 schied zwischen 1961 und 1963 nochmals eine ganze Reihe von Mitarbeitern aus dem Ministerium aus, denen oftmals die Leitung defizitärer Produktionsgenossenschaften übertragen wurde.[255] In der Konsequenz waren diese fortgesetzten Eingriffe noch radikaler als bei der Entlassungswelle 1958/59. Einer Erhebung der Staatssicherheit zufolge waren im Jahr 1964 im Bereich des Landwirtschaftsrates, zu dem auch die Produktionsleitung gehörte, nur noch 67 Mitarbeiter (rund 18 Prozent) einschließlich Sekretärinnen und Kraftfahrer tätig, die schon vor 1958 im Ministerium gearbeitet hatten.[256] Der Anteil der Mitarbeiter, die vor Auflösung des Ministeriums 1963 eingestellt worden waren, lag Mitte der 1970er Jahre bei nur einem Drittel.[257] Der damit notwendig gewordene Neuaufbau des Ministeriums verlief in personalpolitischer Hinsicht ganz im Sinne der SED. Der Leitungsbereich ab Ebene der Referenten setzte sich bereits Mitte der 1960er Jahre zu 85,3 Prozent aus Parteimitgliedern zusammen. Ihr Anteil stieg bis 1973 auf 90,3 Prozent an.[258] Das Ministerium wurde jetzt von Arbeiter- und Bauernkadern dominiert, die ihre berufliche und politische Sozialisation vollständig in der Nachkriegszeit erfahren hatten. Bereits

---

[252] Bruno Skodowski wurde 1968 abgesetzt, Gotthard Heinrich verließ das Ministerium bereits 1961 wieder. Hans-Joachim Seemann wurde 1963 abberufen. Allein Helmut Koch amtierte noch bis 1972 als Stellvertreter der Produktionsleitung.
[253] Neu wurden die Probleme der ins Stocken geratenen Kollektivierung ebenso angelastet, wie er im Verdacht stand, mit den agrarpolitischen Reformkonzepten Viewegs zu sympathisieren. Vgl. BStU MfS AP 1571/89.
[254] Vgl. Angaben nach BArch DC 20/8263.
[255] Vgl. Beschluss der Parteileitung zur Delegierung von Fachkadern in die LPG, 26.11.1962 sowie die Berichte über deren Einsatz in BArch DK 1/1554.
[256] Vgl. Älteste Mitarbeiter im Landwirtschaftsrat, Stand Dezember 1964, BStU MfS HA XVIII 29485.
[257] Vgl. HA XVIII/6, Analyse, 3.11.1975, BStU MfS HA XVIII 13647.
[258] Vgl. Übersicht, Stand 1.12.1979, BArch DK 1/21650. Im Ministeriumsdurchschnitt erhöhte sich der Anteil von SED-Mitgliedern von 63,3 % im Jahre 1962 auf 76,7 % im Jahre 1979. Vgl. BArch DK 1/1554 und BArch DK 1/21650.

1966 waren mehr als 70 Prozent der Mitarbeiter nach 1926 geboren.[259] Angesichts dieses Generationswechsels konnten politische Homogenisierung und berufliche Professionalisierung miteinander einhergehen. In der Leitungsebene des Ministeriums verfügten 1971 fast alle wissenschaftlichen Mitarbeiter über einen Hoch- bzw. Fachschulabschluss.[260] Dieser Professionalisierungsschub war indes nicht allein auf das Ministerium beschränkt, sondern folgte dem allgemeinen starken Anstieg beruflicher Qualifikation in der DDR-Landwirtschaft.[261] Ausschlaggebend für diesen verspäteten Erfolg war, dass die in den 1950er Jahren begonnene Absolventenlenkung von den Universitäten und Fachschulen in das Ministerium jetzt umfassend griff. Im Gegensatz zu den 1950er Jahren, als das Ministerium besonders an der Spitze von einer vergleichsweise jungen Führungsriege verwaltet worden war, kehrte sich dieses Verhältnis nun um. Nunmehr waren es die zwischen 1920 und 1930 geborenen Minister und Staatssekretäre, die etwa zehn Jahre älter waren als der Durchschnitt des Ministeriumspersonals.

Die einzige personalpolitische Maßnahme, die nicht Raum griff, war die Gewinnung von Frauen für Führungspositionen. Zwar gehörte dies spätestens seit 1952 zu den vordringlichen Aufgaben der Personalpolitik des Ministeriums, die seinerzeit damit begründet wurde, dass männliche Angestellte des Ministeriums für den Dienst in der Kasernierten Volkspolizei freigestellt werden sollten.[262] Der Gesamtanteil von Frauen an der Belegschaft wuchs zwar bis 1955 auf knapp dreißig Prozent, doch war zu diesem Zeitpunkt, wie die Kaderabteilung einräumen musste, keine einzige Frau in leitenden Funktionen tätig.[263] Eine gewisse Ausnahme war die 1957 in das Ministerium geholte Kaderleiterin Else Hermann, deren Aufgabe allerdings jenseits der Landwirtschaftspolitik lag und die überdies nur ein gutes Jahr blieb. Ein Wandel zeichnete sich erst in Folge des personalpolitischen Umbaus 1959 ab, als erstmals Absolventinnen der Fach- und Hochschulen in das Ministerium eingestellt werden konnten, die in Einzelfällen bereits auf Referentenposten arbeiteten.[264] Im Jahr 1966 waren immerhin bereits 17 Prozent der politischen, d. h. leitenden Mitarbeiter des Ministeriums weiblich. Bei Wiedergründung des Ministeriums lag der Anteil bereits bei einem Viertel und wuchs bis Ende des Jahrzehnts auf knapp dreißig Prozent.[265] Die Mehrheit von ihnen blieb zwar weiterhin auf der Ebene der Referenten, doch waren 1973 immerhin sechs Frauen zu stellvertretenden Abteilungsleiterinnen und Sektorenleiterinnen aufge-

---

259 Vgl. Übersicht Produktionsleitung insgesamt, 15.9.1966, BArch DK 1/16071. 1969 war der Anteil von politischen Mitarbeitern und Leitungskadern ohne Hochschulabschluss 11,3 %. Vgl. Analyse Kaderbestand Produktionsleitung, 6.3.1969, BArch DK 1/16077.
260 Die Fehlquote lag bei 2,4 %. Vgl. Abt. Kader, Maßnahmen, 17.6.1971, BArch DK 1/16077.
261 Vgl. Heinz, Mähdrescher, S. 368–370.
262 Vgl. Bericht Kaderabteilung, 5.10.1952, BArch DK 1/1544.
263 Vgl. Kaderabteilung, Halbjahresbericht, 4.7.1955, BArch DK 1/1545.
264 Vgl. Einschätzung, 24.1.1961, BArch DK 1/1553.
265 Vgl. Übersicht Produktionsleitung insgesamt, 15.9.1966, BArch DK 1/16071; Kaderspiegel Ministerium insgesamt, 1.5.1975, BArch DK 1/21639; Kaderspiegel Ministerium insgesamt, 31.12.1977, BArch DK 1/21649.

stiegen.²⁶⁶ Der Anstieg weiblicher Beschäftigter im Ministerium verlief dabei mit Blick auf die Zahl der weiblichen Beschäftigten in der landwirtschaftlichen Produktion zunächst genau umgekehrt: Dort sank der Anteil von Frauen seit 1960 kontinuierlich.²⁶⁷ Gleichzeitig ebnete ihnen die gezielte akademische Förderung auch in den Produktionsgenossenschaften den Weg in Leitungspositionen. Insgesamt aber entwickelte sich das Verhältnis zwischen männlichen und weiblichen Leitungskadern sowohl an der Basis als auch im Ministerium in der gleichen Richtung: In beiden Fällen blieb den Frauen der Aufstieg in höchste Positionen verwehrt.

3 Das Ministerium in der Landwirtschaftspolitik

Die Kollektivierung der Landwirtschaft war in der 40jährigen Geschichte der DDR der einschneidendste Eingriff in die bäuerlichen Besitzverhältnisse und Bewirtschaftungsformen sowie in die soziale Gesellschaftsordnung auf dem Lande. Damit wurde ein vollständiger Bruch mit der traditionellen Agrarstruktur Deutschlands vollzogen, der bis heute nachwirkt. Dass ein derartiger Transformationsprozess der landwirtschaftlichen Sozial- und Besitzstruktur beim Aufbau des Sozialismus in der DDR ein wichtiger Baustein sein würde, war durch das Vorbild der Sowjetunion und das Vorgehen in anderen Ländern des Ostblocks wie z. B. Ungarn früh vorgezeichnet.

Zur Legitimation und Identitätsstiftung der DDR als „Arbeiter- und Bauernstaat" gehörte auch, dass die Bauern, die in ihrer überwiegenden Mehrheit nicht zur traditionellen sozialen Trägerschicht der KPD/SED gehörten und erst „gewonnen" werden mussten. Ihren Ursprung hatten derartige Vorstellungen in der marxistischen Theorie. Bereits Marx und Engels hatten formuliert, dass nur im Bündnis zwischen Arbeitern und Bauern die angestrebte Revolution erfolgreich sein könne.²⁶⁸ Konstitutiv für die DDR waren, neben den sozialistischen Klassikern, die Politik und das Gesellschaftsmodell der Sowjetunion. Lenin hatte sich mit Blick auf die Bauern ähnlich wie Marx und Engels geäußert, verstärkte jedoch die Forderung nach einem Bündnis zwischen Bauern und Arbeitern, welches durch eine Umverteilung des Bodens und eine Entmachtung der Großgrundbesitzer und Großbauern erreicht werden sollte. Ziel war die völlige Beseitigung der bestehenden Wirtschafts- und Sozialstruktur auf dem Lande. Neben der politischen „Umerziehung" der Bauern stand der radikale Bruch mit den Besitzverhältnissen im Vordergrund der Überlegungen. Die Enteignung der Großgrundbesitzer stellte jedoch nur den ersten Schritt dieses Prozesses dar. An ihn sollte sich die Kollektivierung aller bäuerlichen Betriebe anschließen; schon Engels favorisierte die Überführung aller Produktionsmittel und des Bodens in Gemeinbesitz

---

266 Vgl. Anlage 1, Stand Mai 1973, BArch DK 1/16077.
267 Vgl. Heinz, Mähdrescher, S. 371–378.
268 Vgl. Bauerkämper, Arnd: Ländliche Gesellschaft in der kommunistischen Diktatur. Zwangsmodernisierung und Tradition in Brandenburg 1945–1963, Köln 2002, S. 52ff. (*Bauerkämper, Ländliche Gesellschaft*).

sowie eine genossenschaftliche Bewirtschaftung unter strikter staatlicher Kontrolle. „Befreit" von eigenem Kapital sollten die Genossenschaftsbauern zu idealen Bündnispartnern der Arbeiter werden.[269]

Nach der ökonomisch letztlich gescheiterten Bodenreform[270] versuchte die SED erstmals im Jahr 1952 die sozialistische Umgestaltung der Landwirtschaft umzusetzen. Auch dieser Prozess musste dann zunächst wegen der mangelnden Produktivität der Landwirtschaftlichen Produktionsgenossenschaften und den Ereignissen im Zusammenhang mit dem Volksaufstand vom 17. Juni 1953 unterbrochen werden. Nach mehrjährigem Hin und Her in der Agrarpolitik wurde dann im April 1960 offiziell die Vollkollektivierung verkündet. Obwohl es noch mehrere Jahre dauern sollte, bis die umfängliche Kollektivierung der Landwirtschaft wirklich realisiert war, war für die SED-Führung mit dem April 1960 eine sozialistische Struktur des Agrarsektors zumindest formal durchgesetzt – bis dann seit den späten 1960er Jahren in einem weiteren Schritt eine Industrialisierung der Landwirtschaft auf der politischen Agenda stand.[271]

Die Kollektivierung der Landwirtschaft in der DDR ist mittlerweile gut erforscht.[272] Allerdings wird dabei der Rolle des Landwirtschaftsministeriums kaum Beachtung geschenkt. Wenn das Thema überhaupt angesprochen wird, erscheint das Ministerium als reines Exekutivorgan der Vorgaben der SED. Um die Frage nach der Rolle des Landwirtschaftsministeriums im Herrschaftsgefüge des SED-Staates und seinen Einfluss auf die DDR-Agrarpolitik näher bestimmen zu können, soll am Beispiel der zwei Kollektivierungsschübe der Jahre 1952/53 und 1960 im Folgenden untersucht werden, wie das Ministerium agierte bzw. agieren konnte. War es ein reines Ausführungsorgan der SED-Agrarpolitik oder konnte es bei der Ausgestaltung und Umsetzung der Vorgaben vom ZK eigene Akzente setzen? Gab es Konfliktfelder, Handlungsspielräume oder Gestaltungsmöglichkeiten?

1952: Erster Kollektivierungsschub

Die Richtlinien der Politik in der DDR bestimmte die SED. Allerdings war sie in ihrer Handlungsfähigkeit von Weisungen aus der Sowjetunion abhängig. Souverän war die DDR nie. Hier muss jedoch zeitlich differenziert werden: So war die Abhängigkeit von Moskau in den 1950er Jahren stärker ausgeprägt als in den folgenden Dekaden. Der Auf- und Umbau der SBZ/DDR als sozialistischer Staat folgte in weiten Teilen dem sowjetischen Vorbild und wurde unter der „Anleitung" Moskaus vollzogen – dies gilt auch für die Agrarpolitik. Dennoch hatte die Sowjetunion Kollektivierungsplänen für die DDR zunächst eine Absage erteilt. Dies erklärt sich aus den deutschlandpoliti-

---

269 Vgl. Schöne, Frühling, S. 50 ff.
270 Vgl. dazu ausführlich: dritter Teil in diesem Band.
271 Vgl. dazu Heinz, Mähdrescher.
272 Vgl. Scherstjanoi, SED-Agrarpolitik; Schöne, Frühling; Bauerkämper, Ländliche Gesellschaft.

schen Überlegungen der Sowjets, die in den ersten Nachkriegsjahren auf ein Offenhalten der Deutschen Frage abzielten.

Die Steigerung der Agrarproduktion und damit die Verbesserung des Lebensstandards der Bevölkerung war für die Existenz der DDR in zweifacher Hinsicht existenziell: zum einen in Bezug auf die Akzeptanz des Regimes und zum anderen im Hinblick auf die Systemkonkurrenz mit der Bundesrepublik. Anfang der 1950er Jahre erreichte die Bruttoproduktion der Landwirtschaft auf dem Gebiet der DDR 87,2 Prozent des Vorkriegsniveaus.[273] Trotz leichter Produktionssteigerungen in den Jahren 1950/51 reichte das aber nicht aus, um eine umfängliche Versorgung der Bevölkerung zu garantieren. Erschwerend hinzu kam der Anstieg von Fluchten von Bauern in den Westen, deren Höfe unbewirtschaftet zurückgelassen wurden. Im Jahr 1952 verließen 2.914 Bauern die DDR.[274]

Kennzeichen dieser Zeitspanne war auch ein Zielkonflikt zwischen dringend notwendigen Produktionssteigerungen im Agrarsektor bei gleichzeitiger Diskriminierung von ertragreichen Groß- und Mittelbauernwirtschaften.[275] Darüber hinaus geriet die Agrarpolitik der SED in die Kritik der Sowjetischen Kontrollkommission. So attestierte man den Genossen in Ost-Berlin Desinteresse in Fragen der Landwirtschaft, ungenügende Durchsetzung bei der Erfüllung von Ablieferungspflichten sowie mangelnden politischen Einfluss auf dem Lande.[276]

Nach Ablehnung der Stalin-Note vom März 1952 durch die Westmächte änderte sich die Deutschlandpolitik der Sowjetunion, indem sie sich nun endgültig von einem wie auch immer gearteten Wiedervereinigungsparadigma verabschiedete.[277] Dieser Kurswechsel hatte unmittelbare Auswirkungen auf den Aufbau des Sozialismus in der DDR und damit auch auf den Agrarsektor. So fiel die Entscheidung über die Einleitung der Kollektivierung in Moskau. Sie wurde von der SKK, bei der im Mai 1952 eigens eine Abteilung für Landwirtschaft unter Führung des Kollektivierungsexperten Alexej Stupow[278] eingerichtet wurde, eng begleitet und angeleitet. Das Politbüro bat am 15. April 1952 die KPdSU darum, dem ZK der SED „in der Frage der landwirtschaftli-

---

273 Vgl. Schöne, Frühling; Scherstjanoi, SED-Agrarpolitik und als Regionalstudie Bauerkämper, Ländliche Gesellschaft.
274 Vgl. Melis, Damian von/Bispinck, Henrik: „Republikflucht". Flucht und Abwanderung aus der SBZ/DDR 1945 bis 1961, München 2006, S. 257 (Anhang, Tab. 3).
275 Vgl. u. a. Werkentin, Falco: Politische Strafjustiz in der Ära Ulbricht. Vom bekennenden Terror zur verdeckten Repression, Berlin 1997 (*Werkentin Strafjustiz*), S. 71 ff.
276 Vgl. Scherstjanoi, SED-Agrarpolitik, S. 346 f. u. 351.
277 Zur Stalinnote vgl. u. a. ausführlich Wettig, Gerhard: Die Note vom 10. März 1952 im Kontext von Stalins Deutschlandpolitik seit dem Zweiten Weltkrieg, in: Zarusky, Jürgen (Hg.): Die Stalin Note vom 10. März 1952. Neue Quellen und Analysen, München 2010, S. 139–198.
278 Alexej D. Stupow war Mitarbeiter im Landwirtschaftsministerium der Sowjetunion gewesen und hatte die Kollektivierung in Bulgarien maßgeblich als Berater umgesetzt. Vgl. Scherstjanoi, SED-Agrarpolitik, S. 361.

chen Produktionsgenossenschaften einen erfahrenen Genossen als Instrukteur zur Verfügung zu stellen".[279]

Am 29. März 1952 reisten Wilhelm Pieck, Otto Grotewohl, Walter Ulbricht und Fred Oelßner nach Moskau, um sich zu Konsultationen vom 1. bis 7. April mit Stalin und Mitgliedern des Politbüros der KPdSU zu treffen. Dabei ging es grundsätzlich um die Konsequenzen, die sich aus der Ablehnung der Stalin-Note durch die Westmächte für die DDR ergaben. Im Mittelpunkt stand zunächst die forcierte Aufrüstung bzw. Militarisierung der DDR u. a. durch die Gründung einer Volksarmee. Außerdem hoffte die SED-Führung, nun endlich aus Moskau die Erlaubnis zum weiteren Umbau von Politik und Wirtschaft nach sowjetischem Vorbild zu bekommen. Der Bereich Landwirtschaft stand dabei überhaupt nicht im Fokus. Dies änderte sich aber im Laufe der Gespräche grundsätzlich. Bereits am ersten Tag der Konsultationen hatte sich Stalin nach der Lage der Landwirtschaft und der Einstellung der Bauern zum SED-Regime erkundigt.[280] In diesem Zusammenhang kam auch die Frage auf, ob es Kolchosen in der DDR gebe. Die DDR-Delegation verneinte letzteres und wies auf den Widerstand der Großbauern hin. Das Thema Landwirtschaft wurde dann erst wieder am letzten Tag der Beratungen aufgegriffen. Stalin schlug die Bildung von Produktionsgenossenschaften unter Ausschluss der Großbauern und auf freiwilliger Basis – nach dem Vorbild Ungarns – vor.[281]

Nach der Rückkehr in die DDR wurde das Thema Kollektivierung von der SED und der SKK umgehend in Angriff genommen. Die SKK informierte sich eingehend über die Situation der Landwirtschaft in der DDR. Am 14. April 1952 gab es eine Besprechung über die Umsetzung der Kollektivierung mit der SKK, Pieck, Grotewohl und Ulbricht. Gegenüber dem Landwirtschaftsministerium erging sich der Abteilungsleiter Landwirtschaft im ZK, Albert Schäfer (SED),[282] zu diesem Zeitpunkt nur in Andeutungen.[283] Am 23. April 1952 wurden die Ersten Kreissekretäre der SED über bevorstehende Veränderungen in der Agrarpolitik in Kenntnis gesetzt, ohne dass schon von Kollektivierung die Rede war.

Da weder SED-Führung noch Landwirtschaftsministerium klare Vorstellungen über die praktische Realisierung hatten, reiste eine Delegation unter Leitung von Walter Ulbricht Ende Mai nach Ungarn, um sich dort über die Kollektivierung zu informieren und aus den ungarischen Erfahrungen Schlüsse für eine mögliche Über-

---

279 Protokoll der PB-Sitzung vom 15.4.1952, BArch DY 30IV/2/2/207.
280 Vgl. dazu ausführlich Scherstjanoi, SED-Agrarpolitik, S.354 ff.
281 Vgl. dazu Badstübner, Rolf/Loth, Wilfried (Hgg.): Wilhelm Pieck – Aufzeichnungen zur Deutschlandpolitik 1945–1953, Berlin 1994, S. 382 ff.
282 Albert Schäfer, geb. am 7.2.1914, seit 1929 Mitglied des KJVD, nach 1933 im Untergrund tätig, zeitweise in Haft, 1945 Einritt in die KPD/SED. Machte schnell Karriere, seit 1948 Referent der Abteilung Organisation des Zentralsekretariats des SED-PV, 1951–1953 Leiter der Abteilung Landwirtschaft des ZK der SED, vgl. Wer war in der DDR, Berlin 2009. Schäfer wurde später zum LPG Vorsitzenden degradiert und wurde zum dezidierten Kritiker der Kollektivierungspolitik der SED, vgl. BArch DY 30/48297.
283 Vgl. u. a. Schöne, Frühling, S. 92.

tragung auf die DDR-Landwirtschaft zu ziehen.[284] An der Reise nahmen auch der amtierende Landwirtschaftsminister Paul Scholz (DBD), sein unmittelbarer Nachfolger Wilhelm Schröder (DBD) sowie der Generalsekretär der DBD Berthold Rose teil. Nach der Reise fanden mehrere Besprechungen im Politbüro und mit der SKK statt, in denen man übereinkam, dass die ungarischen LPG-Typen nicht auf die DDR zu übertragen seien. Am 3. Juni 1952 machte Ulbricht gegenüber Stupow deutlich, dass die Umsetzung und Ausgestaltung der Genossenschaftsgründungen federführend beim Landwirtschaftsministerium liegen würden – wo ein entsprechender Apparat installiert werden würde.[285] In einem Politbürobeschluss vom gleichen Tag wurden die Zuständigkeiten klar benannt.

> „Die Leitung der Arbeit der Schaffung von landwirtschaftlichen Produktionsgenossenschaften liegt in Bezug auf die grundlegenden Fragen in den Händen einer Kommission des Politbüros unter Leitung des Genossen Walter Ulbricht. Für die Durchführung der Maßnahmen ist verantwortlich die Hauptverwaltung für Produktionsgenossenschaften im Apparat des Ministeriums für Land- und Forstwirtschaft. Die Leitung dieser Hauptverwaltung liegt in den Händen des Staatssekretärs Kurt Siegmund."[286]

Das bedeutete zwar, dass die konzeptionelle Federführung der Kollektivierung nicht im Ministerium lag, dennoch war es auch daran beteiligt, indem Staatssekretär Siegmund (SED) in allen Kommissionen zum Thema Mitglied war. Die angekündigte Strukturänderung erfolgte dann umgehend im Zuge der Ablösung von Landwirtschaftsminister Scholz, der wegen der Führung des Ministeriums unter Beschuss des Politbüros geraten war, durch seinen Parteigenossen Wilhelm Schröder. Im Landwirtschaftsministerium wurde – wie bereits ausgeführt – eine neue Abteilung Produktionsgenossenschaften gegründet, die für die Umsetzung der Kollektivierung verantwortlich war. Als Stellvertreter des Ministers und Staatssekretär war Kurt Siegmund (SED) für den gesamten Bereich verantwortlich, der Heinrich Heid (SED) mit dem Aufbau der neuen Hauptabteilung beauftragte.[287] Für das Ministerium war dann auch im Kollektivierungsprozess Kurt Siegmund und nicht der wenig kompetente Minister Schröder die Schlüsselfigur. Siegmund war für die SED der Garant dafür, dass ihre Linie in der Frage der Kollektivierung auch im Ministerium durch- und umgesetzt wurde.[288]

Am 3. Juni 1952 beschloss dann das Politbüro endgültig die „Maßnahmen zur Förderung der Produktionsgenossenschaften in der Landwirtschaft". In einem ersten

---

284 Vgl. Scherstjanoi, SED-Agrarpolitik, S. 365f.
285 Vgl. ebd., S. 369.
286 Protokoll der PB-Sitzung vom 3.6.1952, BArch DY 30/2/2/214.
287 Vgl. HA III/4/K, Rücksprache mit Gen. Schillack, MLF, 6.1.1955, BStU MfS AU 104/56, Bd. 1. Heid amtierte nur kurze Zeit und wurde spätestens 1953 durch Erwin Neu ersetzt, der 1954 als stellvertretender Minister für den Bereich LPG verantwortlich zeichnete. Vgl. Personalakte Erwin Neu, BArch DC 20/ 8263.
288 Vgl. Charakteristik über den Genossen Kurt Siegmund vom 24.8.1954, BArch DY 30/93115.

Schritt sollte nur eine kollektive Bodenbewirtschaftung erfolgen, zu einem späteren Zeitpunkt war dann auch die kollektive Viehwirtschaft vorgesehen. Die Anträge zur Gründung einer LPG mussten über die Kreisräte ans Landwirtschaftsministerium gestellt werden, welches die Zustimmung erteilte.[289] Die Maschinen-Traktoren-Stationen sollten ausgebaut, devastierte Flächen zur Verfügung gestellt werden. Allerdings sollte nach dem Willen Moskaus kein „Wettbewerb für die Schaffung von Produktionsgenossenschaften" stattfinden.[290]

Einen Tag später, am 4. Juni 1952, fand eine Tagung mit den 1. Kreissekretären der SED statt. Dort wurde der Strategiewechsel in der SED-Agrarpolitik inklusive praktischer Handlungsanweisungen verkündet.[291] SED-Funktionäre sollten bei der Werbung für neue Produktionsgenossenschaften zunächst nicht offensiv in Erscheinung treten. Dafür erhielten nach Aussage eines Abteilungsleiters einzelne Mitarbeiter des Ministeriums aus dem ZK-Apparat den Auftrag, sich um die Gründung der LPG zu bemühen, darunter auch Heinrich Heid, der später die Leitung der neuen Hauptabteilung übernehmen sollte.[292] Für den Fortgang der Kollektivierungsanstrengungen war primär die Abteilung Produktionsgenossenschaften des Landwirtschaftsministeriums zuständig. Der offizielle Startschuss zur Kollektivierung war damit gefallen. Die erste landwirtschaftliche Produktionsgenossenschaft konstituierte sich am 8. Juni 1952 in Merxleben/Kreis Mühlhausen. Diese Gründung wurde vom späteren Abteilungsleiter Inspektion, Johannes Schillack (SED), begleitet.[293] Am 11. Juni erließ Kurt Siegmund eine Anweisung, welche die Maschinen-Traktoren-Stationen verpflichtete, die neu gegründeten Produktionsgenossenschaften mit allen Mitteln zu unterstützen und zu bevorzugen.[294] Weitere Vergünstigungen für LPGen folgten: So beschlossen Politbüro und Ministerrat Ende Juli 1952, dass die Produktionsgenossenschaften bei der Vergabe von Krediten, der Belieferung mit Bedarfsgütern sowie der fachlichen Beratung vordringlich zu behandeln seien.[295] Außerdem waren eine zweijährige Befreiung von

---

[289] Vgl. Scherstjanoi, SED-Agrarpolitik, S. 372f.
[290] Protokoll der PB-Sitzung vom 3.6.1952, BArch DY 30/2/2/214.
[291] Vgl. Schöne, Frühling, S. 92f.
[292] Vgl. HA III/4/K, Rücksprache mit Gen. Schillack, MLF, 6.1.1955, BStU MfS AU 106/54, Bd. 1. Dem Bericht zufolge seien leitende Mitarbeiter des Ministeriums an der Gründung der LPGen in Merxleben und Worin beteiligt gewesen, die späterhin als erste die offiziellen Statute annahmen; vgl. Schöne, Frühling, S. 102.
[293] Vgl. HA III/4/K, Rücksprache mit Gen. Schillack, MLF, 6.1.1955, BStU MfS AU 106/54, Bd. 1. Johann Schillack, geboren 1898, trat 1920 in die KPD und war bis 1933 als politischer Mitarbeiter im Ruhrgebiet tätig. Nach 1933 wegen Widerstandsarbeit mehrfach verhaftet und bis 1942 in einem Konzentrationslager inhaftiert, ging Schillack nach Kriegsende nach Thüringen, wo er 1946 trotz vollständig fehlender Fachkenntnisse als Kreisrat für Land- und Forstwirtschaft eingesetzt wurde. 1951 wechselte Schillack in das Landwirtschaftsministerium und wurde 1955 sowie 1958 für seine Verdienste um die Kollektivierung mit dem Vaterländischen Verdienstorden der DDR in Bronze und Silber ausgezeichnet. Vgl. Vorgang Auszeichnung Schillack, 1958, BArch DY 30/60707.
[294] Vgl. u. a. Schöne, Frühling, S. 101.
[295] Vgl. ebd., S. 105f.

betrieblichen Steuern sowie die Herabsetzung des Ablieferungssolls um 25 Prozent vorgesehen.

Die Gründung von LPGen erforderte institutionelle Vorgaben, die in Form von Musterstatuten erarbeitet werden mussten. Es sollten – so der Beschluss des Politbüros vom 3. Juni 1952 – Statuten für drei Typen von Produktionsgenossenschaften erarbeitet werden, die festlegten, welche Produktionsmittel eingebracht und welche Arbeiten in Form einer gemeinschaftlichen Bewirtschaftung erfolgen sollten. Am 1. Juli 1952 beschloss das Politbüro die Musterstatuten für die LPG Typ I – gemeinschaftliche Bewirtschaftung des Bodens – und Typ II – Überführung von Ackerland, Maschinen, Zugtieren und Geräten zur Bodenbearbeitung.[296] Zu diesem Tagesordnungspunkt waren neben dem Berichterstatter, Albert Schäfer in seiner Funktion als Abteilungsleiter der ZK-Abteilung Landwirtschaft, Staatssekretär Siegmund und Paul Scholz geladen. In der Forschung besteht keine Einigkeit, wer bei der Erarbeitung der Statuten die Federführung hatte. Schöne meint, dass alle drei Statuten aus dem Parteiapparat stammten. Scherstjanoi geht davon aus, dass die Statuten unter maßgeblicher Beteiligung der SKK zustande gekommen seien, eine genaue Rekonstruktion sei aber nicht mehr möglich. Bauer betont, dass eine Kommission unter Leitung von Paul Scholz beauftragt worden sei, diese aber letztendlich keinen Einfluss gehabt habe. Die Statuten seien von der SKK, im Besonderen von der sowjetischen Beratergruppe im Landwirtschaftsministerium, erarbeitet worden.[297] Wegen der Zusammensetzung der Kommission ist allerdings davon auszugehen, dass die Musterstatuten in enger Zusammenarbeit von Ministerium und ZK-Apparat entstanden sind, wobei die SKK ihren Einfluss geltend gemacht haben wird.

Der LPG-Typ III, der auch die gemeinschaftliche Tierhaltung beinhaltete, wurde dann erst einige Monate später, nach einem ZK-Beschluss vom 10. Oktober 1952, eingeführt. Alle drei Statuten wurden offiziell am 6. Dezember 1952 auf der ersten Konferenz der Vorsitzenden und Aktivisten der LPGen angenommen und galten so unverändert bis zum Jahr 1959.[298]

Auf der 2. Parteikonferenz der SED, die vom 9. bis 12. Juli 1952 in Ostberlin stattfand, rief Walter Ulbricht nicht nur den „planmäßigen Aufbau des Sozialismus" aus, sondern erklärte die Landwirtschaftlichen Produktionsgenossenschaften zu den „ökonomischen Grundlagen der neuen Ordnung".[299] Zur Forcierung der Kollektivierung wurden Politabteilungen der MTS, die den SED-Kreisleitungen unterstellt waren, zur Speerspitze der sozialistischen Umgestaltung der Dörfer erklärt und als Instrument eingesetzt, um gegen „Gegner" der Kollektivierung vorzugehen.[300] Nach der 2. Parteikonferenz wurden die Länder in der DDR aufgelöst und 14 Bezirke errichtet. Dort

---
296 Vgl. Protokoll der PB-Sitzung vom 1.7.1952, BArch DY 30/2/2/218.
297 Vgl. Schöne Frühling, S. 102; Scherstjanoi, SED-Agrarpolitik, S. 375f.; Bauer, Agrarrevolution, S. 346.
298 Vgl. Schöne, Frühling, S. 102
299 Zitiert nach Scherstjanoi, SED-Agrarpolitik, S. 381.
300 Vgl. ebd., S. 391.

wurden Abteilungen für Landwirtschaft eingerichtet, die ihre Entsprechung auf Kreisebene hatten. Auf beiden Verwaltungsebenen bestand eine eigenständige Unterabteilung für Produktionsgenossenschaften. Das Ministerium war für diese Abteilungen zuständig und es fanden regelmäßige Konsultationen statt, so dass der Einfluss des Ministeriums auf die Umsetzung des Kollektivierungsprozesses vor Ort auch institutionell vorhanden war.

Nicht die ZK-Abteilung Landwirtschaft war bei der weiteren Umsetzung der Kollektivierungsbemühungen federführend, sondern eine Arbeitsgruppe, die Ende Juli 1952 eingerichtet wurde und der Staatssekretär Kurt Siegmund, der Abteilungsleiter der ZK-Abteilung Landwirtschaft Albert Schäfer, Politbüromitglied und Agrarexperte Kurt Vieweg, Bruno Langer, der im ZK für die Agrarpropaganda der Landwirtschaft zuständig war, angehörten. Einziges Nicht-SED-Mitglied war der ehemalige Landwirtschaftsminister und nunmehr stellvertretende Vorsitzende des Ministerrates und Leiter der Koordinierungsstelle für Land-, Forst- und Wasserwirtschaft, Paul Scholz (DBD).[301] Im September 1952 wurde dann eine weitere Kommission zur „Förderung der Produktionsgenossenschaften" ins Leben gerufen, der Mitglieder des ZK-Apparates, des Landwirtschaftsministeriums, in Person von Kurt Siegmund, und der Regierung angehörten,.[302] Die Zusammensetzung der Arbeitsgruppen unterstreicht klar, dass die Umsetzung der Kollektivierung im Zusammenspiel von Parteiapparat, Regierung und Ministerium, angeleitet von der SKK, erfolgte.

In der wichtigen Frage der Kollektivierung wollte die SED nicht allein auf den DBD-Minister Schröder vertrauen und hatte deshalb auch Siegmund als Verantwortlichen für die Produktionsgenossenschaften installiert. Dennoch war sie bei der Umsetzung ihrer Pläne auf die Bauernpartei angewiesen. Diese hatte im Juli 1952 71 Prozent bäuerliche Mitglieder, die SED hingegen nur 4,5 Prozent.[303] Außerdem sahen viele Bauern die Partei als eine Art Interessenvertretung an. Insgesamt hatte die DBD 1952 eher eine indifferente Haltung zur Kollektivierungsfrage. So wies man die Funktionäre vor Ort an, sich nicht nur auf die Kollektivierung zu fokussieren, gleichzeitig betonte man aber die Unterstützung des Aufbaus des Sozialismus in der Landwirtschaft und war sehr aktiv, Hilfe bei LPG-Gründungen zu leisten.[304] Insgesamt geriet die Bauernpartei aber im Kollektivierungsprozess unter Druck, da die SED ihre Verankerung auf dem Lande auf Kosten der DBD vorantreiben wollte.

---

301 Vgl. ebd.
302 Mitglieder waren Hermann Matern (Mitglied des Politbüros), Otto Schön (Mitglied des Sekretariats des ZK), Kurt Vieweg (Mitglied des Sekretariats des ZK und Generalsekretär der VdgB), Paul Scholz (Stellvertreter des Ministerpräsidenten), Albert Schäfer (Leiter der ZK-Abteilung Landwirtschaft), Hermann Streit (Staatssekretär für Erfassung und Aufkauf) und Kurt Siegmund (Staatssekretär im Ministerium für Land- und Forstwirtschaft). Vgl. Protokoll der Politbüro-Sitzung vom 9.9.1952, BArch DY 30/2/2/230.
303 Vgl. Bauer, Agrarrevolution, S. 361.
304 Vgl. ebd., S. 345 f.

Obwohl sich bereits bis zum 14. August 1952 774 Produktionsgenossenschaften, in der Mehrzahl Typ I, gegründet hatten,[305] gab es zusehends Schwierigkeiten bei der Durchsetzung der Kollektivierung. Auf einer Sitzung der Abteilungsleiter Landwirtschaft der neu gegründeten Bezirke am 13. August 1952 mit Landwirtschaftsminister Schröder und Staatssekretär Siegmund kam nicht nur zur Sprache, dass der Aufbau der Verwaltungen nur schleppend voranging und damit eine Durchsetzung der weiteren Kollektivierung erschwert werde, sondern auch, dass das Landwirtschaftsministerium bei der Erstellung der Struktur- und Stellenpläne nicht einbezogen worden war.[306] Dieser Darstellung steht eine Direktive der Hauptabteilung V des Ministeriums vom 10. Juli 1952 entgegen, wo die Erstellung von Strukturplänen und Personalvorschlägen für die Abteilungen Landwirtschaft bei den Bezirksverwaltungen bis 17. Juli 1952 festgelegt wird.[307] Des Weiteren spricht dagegen, dass das Ministerium insgesamt für die Reorganisation der Verwaltung für Land- und Forstwirtschaft nach der Auflösung der Länder verantwortlich zeichnete und diese umzusetzen hatte.[308] Darüber hinaus ist gegen die Behauptung fehlender Einflussmöglichkeiten einzuwenden, dass Siegmund am 2. September eine umgehende Überprüfung des Personals der Landwirtschaftsabteilungen der Kreise, hier besonders in den Kreisen, wo die „landw. Produktionsgenossenschaften noch schlecht sind", angeordnet hatte.[309] Offenbar war der Einfluss des Ministeriums in diesen Fragen durchaus maßgeblich.

Auf der Sitzung wurde auch das Thema Produktionsgenossenschaften aufgerufen. Staatssekretär Siegmund hob dort nochmals hervor, dass die „volle Verantwortung für die Produktionsgenossenschaften, für ihre Gründung und weitere Entwicklung [...] die staatliche Verwaltung"[310] trage. Dabei müssten Bedingungen geschaffen werden, die die Genossenschaften überlebensfähig machten. In diesem Zusammenhang wurde die Verantwortung der Unterabteilungen Produktionsgenossenschaften für die Anleitung vor Ort hervorgehoben. Diese müssten verhindern, dass Großbauern in die LPG aufgenommen würden, und dafür sorgen, dass die Genossenschaften in den Genuss der staatlichen Vergünstigungen kämen. Deshalb sei es dringend notwendig, die Stellen der Unterabteilungen schnellstens mit ausreichend Personal zu bestücken. Hier wurde noch einmal unterstrichen, dass die Verantwortung für die Durchführung, genauso wie für den längerfristigen Erfolg, d. h. die weitere Forcierung von Genossenschaftsgründungen, eine langfristige Existenz der neugegründeten Produktionsgenossenschaften bei gleichzeitiger Sicherung und Erhöhung der landwirtschaftlichen Produktion beim Landwirtschaftsministerium und den lokalen Ab-

---

[305] Vgl. Schöne, Frühling, S. 106.
[306] Vgl. Protokoll der Besprechung vom 13. August 1952, BArch DK 1/9962.
[307] Vgl. Direktive für die Durchführung der Reorganisation der Verwaltung für Land- und Forstwirtschaft, BArch DK 1/1480.
[308] Vgl. Ministerium für Land- und Forstwirtschaft, Direktive für die Durchführung der Reorganisation der Verwaltung für Land- und Forstwirtschaft, undatiert, BArch DK 1/1479.
[309] Staatssekretär Siegmund an Abt. Personal vom 2.9.1952, BArch DK 1/1544.
[310] Protokoll der Besprechung vom 13.8.1952, BArch DK 1/9962.

teilungen lag. Die besondere Verantwortung, die dem Ministerium für die Entwicklung der Produktionsgenossenschaften vor Ort von der Partei zugewiesen war, wird ebenso durch die regelmäßige Entsendung von Instrukteuren unterstrichen, die sowohl die LPGen beraten und überprüfen als auch die landwirtschaftliche Produktion anleiten und kontrollieren sollten.

Vom 20. bis 22. November 1952 fand in Berlin die 10. Tagung des ZK der SED statt. Diese Tagung gilt als nochmalige Verschärfung auf dem Weg zum Sozialismus in der DDR. In Bezug auf die Kollektivierung wurde der „Klassenkampf auf dem Lande" forciert.[311] Die Zahlen der neugegründeten Produktionsgenossenschaften stieg schneller an als zuvor: Am 20. November 1952 existierten 1.409 LPGen, sie schlossen 14.356 Betriebe zusammen und beackerten 119.255,08 ha landwirtschaftliche Nutzfläche.[312] Zum 31. Dezember 1952 waren es bereits 1.815 LPGen, davon 87,5 Prozent vom Typ I, sie bestanden aus 19.016 Betrieben und umfassten 189.753 Hektar landwirtschaftliche Nutzfläche, davon 175.515 Hektar Ackerfläche.[313] Dies entsprach allerdings nur 2,9 Prozent der gesamten landwirtschaftlichen Nutzfläche auf dem Gebiet der DDR. Ob sich zu diesem Zeitpunkt die Umsetzung der weiteren Kollektivierung vom Landwirtschaftsministerium gänzlich in den Parteiapparat verlagerte,[314] muss bezweifelt werden. Zwar hatte die SED bereits einige Monate vor der Konferenz die Verstärkung der politischen Agitation auf dem Land beschlossen und in der Politbürositzung vom 9. September gefordert, dringend die Politabteilungen bei den MTS zu besetzen und sie arbeitsfähig zu machen.[315] Allerdings gab es schon am 22. Juli einen Beschluss im Landwirtschaftsministerium, eine neue Hauptabteilung „Politische Massenarbeit" einzurichten, was aber erst nach einer Beschwerde von Staatssekretär Siegmund bei der ZK-Abteilung Landwirtschaft über die fehlende Bereitstellung von personellen Ressourcen im Oktober 1952 realisiert werden konnte.[316] Anweisungen, die an die Räte der Bezirke gingen, die Anleitung und Kontrolle der LPGen regelmäßig zu überprüfen und darüber zu berichten, kamen aus dem Landwirtschaftsministerium.[317]

Ende November 1952 ließ die „Koordinierungs- und Kontrollstelle für die Arbeit der Verwaltungsorgane der Regierung der DDR" als Organ des Ministerrates einen 34seitigen Bericht über die „Untersuchung der Arbeit der örtlichen Organe der Staatsgewalt zur Bildung und Unterstützung der landwirtschaftlichen Produktions-

---

311 Schöne spricht hier von einer Katalysatorfunktion der 10. ZK-Tagung; vgl. Schöne, Frühling, S. 109 ff.
312 Statistische Auflistung der LPG Stand 30. November 1952, BArch DK 1/5889.
313 Vgl. Schöne, Frühling, S. 115 f.
314 Vgl. ebd., S. 115.
315 Vgl. Protokoll PB-Sitzung vom 9.9.1952, BArch DY 30/2/2/230.
316 Vgl. Schreiben von Kurt Siegmund an ZK-Abteilung Landwirtschaft vom 12.9.1952 u. 9.10.1952, BArch DK 1/1409.
317 Vgl. Schreiben von Kurt Siegmund an alle Räte der Bezirke vom 24.11.1952, BArch DK 1/834.

genossenschaften" erstellen.[318] Die Ergebnisse, die auf Visitationen in ausgesuchten Bezirken, Kreisen und Gemeinden beruhten, waren aus Sicht der SED desaströs. In den Kreisen und Bezirken lasse die Propagierung, Unterstützung und Anleitung der LPGen mehr als zu wünschen übrig – in der Argumentation wurden die klassenkämpferischen Feindbilder bemüht: So hätten Bürgermeister die Gründung der Produktionsgenossenschaften nicht unterstützt, da sie eine „feindliche Einstellung zu den LPG[en] aufgrund ihres sozialen Status, ihrer sozialen Herkunft, ihrer Beziehungen zu Großbauern, mangelnder ideologischer Klarheit und unzureichender fachlicher Qualifikation"[319] hätten. Im Zuge dieser Untersuchung kamen auch die Abteilungen für Landwirtschaft mit ihren Unterabteilungen für Produktionsgenossenschaften, die ja dem Landwirtschaftsministerium unterstanden, in das Blickfeld. Auch hier wurden in einzelnen Gemeinden Missstände – wie mangelnde Betreuung der LPGen – ausgemacht. Für jeden untersuchten Verwaltungs- und Politikbereich wurden am Ende des Berichtes „Hauptaufgaben" definiert. Für die Abteilung Produktionsgenossenschaften bei den Räten der Bezirke waren dies: Unterstützung bei der Gründung von LPGen, Ausfertigung der Gründungsprotokolle, Registrierung, Information an MTS, Abteilung Abgaben und Erfassung sowie die VdgB, Überwachung der Gewährleistung von Vergünstigungen, planmäßige, systematische Anleitung der LPGen, laufende Kontrolle der Einhaltung der Statuten, Überwachung einer ordnungsgemäßen Buchführung und das Abhalten von Lehrgängen zu diesem Thema, einen regelmäßigen Austausch der LPG-Vorsitzenden organisieren, Anleitung und Überwachung des sozialistischen Wettbewerbs zwischen den LPGen sowie die Auswertung der Arbeit der LPGen und Popularisierung guter und schlechter Bespiele.[320] Am 8. Dezember 1952 wurde der Bericht dem Landwirtschaftsministerium, Abteilung Produktionsgenossenschaften, mit einem Anschreiben übermittelt. Darin heißt es:

> „Bitte nach Studium dieses Berichtes die nötigen Schlußfolgerungen für die Arbeit der Abteilung, sowie für die Anleitung der Unterabteilungen und Sachgebiete bei den Räten der Bezirke und Kreise zu ziehen."[321]

Diese Vorgänge sind zum einen von Interesse, weil sie die aggressive Gangart im Zuge der forcierten Kollektivierung genauso unterstreichen wie die Hegemonie der SED, die ihre oberste Aufsicht in der Durchsetzung der Kollektivierung nochmals hervorhebt. Zum anderen erkennt das Schreiben an das Landwirtschaftsministerium in dieser Sache dessen Kompetenzbereich zwar an, macht aber deutlich, dass die Umsetzung der „Vorschläge" gewünscht ist. Trotz dieser Eingriffe seitens des Partei- und Regie-

---

318 Bericht über die „Untersuchung der Arbeit der örtlichen Organe der Staatsgewalt zur Bildung und Unterstützung der landwirtschaftlichen Produktionsgenossenschaften" vom 25.11.1952, BArch DK 1/5892.
319 Ebd.
320 Vgl. ebd.
321 Schreiben der Koordinierungs- und Kontrollstelle der Regierung der DDR für die Verwaltungsorgane an das Landwirtschaftsministerium vom 8.12.1952, BArch DK 1/5892.

rungsapparates wird die fachliche und formale Zuständigkeit des Landwirtschaftsministeriums bei der Umsetzung der Kollektivierung nicht angetastet, seine Gestaltungsmöglichkeiten und Mitspracherechte aber werden stark eingegrenzt. Insofern ist hier ein qualitativer Unterschied zur Zeit vor der 10. Tagung auszumachen.

Die Zahl der Genossenschaftsgründungen wirkt zwar auf den ersten Blick als Erfolg, allerdings bewirtschafteten die Genossenschaften – wie bereits erwähnt – weniger als drei Prozent der landwirtschaftlichen Nutzfläche.[322] Erschwerend kam hinzu, dass viele LPGen unzureichend arbeiteten und nicht wenige Bauern nach kurzer Zeit wieder austraten. Trotz der zahlreichen Vergünstigungen bei der Zuteilung von Produktionsmitteln und der Entlastung bei Steuern und Ablieferungspflichten gelang es nicht, die dringend erforderlichen Planerfüllungen oder gar Produktionssteigerungen zu erzielen. Schlechte Witterungsbedingungen im Herbst 1952 und im Frühjahr 1953 sowie die Diskriminierung der leistungsstarken, einzelbäuerlichen, grundsätzlich schon bei 20 Hektar als Großbauern diffamierten Betriebe verschärften die Situation zusätzlich. Am 19. Februar 1953 wurde die „Verordnung zur Sicherung der landwirtschaftlichen Produktion und der Versorgung der Bevölkerung" erlassen, welche durch massive Eingriffe in privatbäuerliche Betriebe bis hin zu Enteignungen bei nicht „ordnungsgemäßer Bewirtschaftung" die Kollektivierungspolitik radikalisierte.[323] Der sogenannte „Klassenkampf" auf dem Lande wurde weiter verschärft und der Sicherheits- und Repressionsapparat ausgebaut. Die Folge war u. a. ein massiver Anstieg der Fluchten von Bauern, besonders von den drangsalierten und wirtschaftlich potenten sogenannten Großbauern. Laut Angaben des DDR-Innenministeriums flüchteten von Januar bis Juni 1953 insgesamt 185.327 Personen, davon 11.076 Bauern, von denen wiederum 1.875 unter die Kategorie „Mittelbauern" und 5.873 unter „Großbauern" fielen.[324] Deren Land wurde in der Regel auf Grundlage der „Verordnung zur Sicherung von Vermögenswerten" vom 17. Juli 1952 verstaatlicht.[325] Die freigewordenen und verstaatlichten Flächen mussten angesichts der mehr als angespannten Versorgungslage dringend bewirtschaftet werden, so dass weitere LPG-Gründungen überlebenswichtig wurden. Mitte Mai 1953 existierten 4.651 LPGen, und die genossenschaftlich bewirtschaftete Fläche betrug 638.000 Hektar.[326] Die Versorgungslage blieb dramatisch, die erhofften Hilfen aus der Sowjetunion blieben aus. Dadurch verschärfte sich die Unzufriedenheit der Bevölkerung und die politischen

---

322 Vgl. Schöne, Frühling, S. 115 f.
323 Vgl. dazu ausführlich Werkentin, Strafjustiz, S. 76 f.
324 Zitiert nach Scherstjanoi, SED-Agrarpolitik, S. 501. Insgesamt erreichten die Flüchtlingszahlen ein bis dahin ungekanntes Ausmaß. Der Anteil der Bauern unter den Flüchtenden entsprach ihrem Anteil an der Gesamtbevölkerung.
325 Von den 5.873 geflüchteten Großbauern besaßen 13 Prozent über 20 Hektar und ca. ein Drittel 50 ha und mehr. Laut Statistik des Landwirtschaftsministeriums vom 1. April 1953, wurden seit Sommer 1952 4.831 Höfe von geflüchteten Bauern mit 20 Hektar und mehr insgesamt 208.930 Hektar verstaatlicht; vgl. Scherstjanoi, SED-Agrarpolitik, S. 502.
326 Von den 4.651 LPG waren 3.271 LPG Typ I (70 %), 253 Typ II (5,4 %) und 1.127 Typ III (24,2 %); vgl. ebd., S. 518 f.

Spannungen in der DDR wuchsen. Am 9. April beschloss die SED-Führung, nach längerem Zögern, die von Moskau geforderten „Maßnahmen zur Sicherung der Versorgung der Bevölkerung mit den wichtigsten Nahrungsmitteln", die Freiberufler, Hausbesitzer, Groß- und Einzelhändler von der Versorgung mit Lebensmittelkarten ausschloss und Bauernmärkte erlaubte.[327] Die Maßnahmen griffen nicht – im Gegenteil: die Unzufriedenheit heizte sich weiter auf.

In der Forschung heißt es, dass das Landwirtschaftsministerium in der schwierigen Situation des Frühjahrs 1953 fast überhaupt nicht mehr an agrarpolitischen Entscheidungen beteiligt war. Die Vorlagen für Regierungssitzungen seien nun meistens vom Leiter der „Koordinierungs- und Kontrollstelle", Scholz, oder vom Staatssekretär für Erfassung und Aufkauf, Streit, gekommen.[328] Insgesamt geriet der Bereich der Landwirtschaftsadministration in schwieriges Fahrwasser. Am 21. April 1953 wurde der Abteilungsleiter der ZK-Abteilung Landwirtschaft, Albert Schäfer, durch Fritz Hecht ersetzt. Landwirtschaftsminister Schröder sah sich offenbar nicht mehr in der Lage, der Situation Herr zu werden, und reichte angeblich aus Gesundheitsgründen seinen Rücktritt ein. Er wurde am 15. Mai 1953 durch seinen Parteikollegen Hans Reichelt (DBD), einen Statthalter der SED-Politik in der Bauernpartei und Unterstützer der Kollektivierung, ersetzt.[329]

Der Einschätzung, das Landwirtschaftsministerium habe seit Frühjahr 1953 einen völligen Bedeutungsverlust erlitten, ist so nicht zuzustimmen. Zwar ist es richtig, dass Walter Ulbricht mit Billigung der Sowjets sogenannte Bevollmächtigte des ZK der SED zur Unterstützung der landwirtschaftlichen Produktionsgenossenschaften in die Bezirke und Kreise entsandte. Diese sollten aber eng mit den lokalen Institutionen zusammenarbeiten.[330] In diesem Zusammenhang sind die ebenfalls im April 1953 auf Kreisebene per Direktive des ZK eingesetzten Viehwirtschaftskommissionen, die zur Verbesserung der tierischen Produktion und der Sicherung der Futtermittelversorgung eingesetzt wurden, zu sehen.[331] Verantwortlich für die Durchführung der Direktive waren die Räte der Kreise bzw. Bezirke und auf Regierungsebene das Landwirtschaftsministerium. Ebenso mussten zweiwöchentlich zu erstellende Berichte über die Situation der Viehwirtschaft vor Ort nicht nur an die Räte der Bezirke, sondern auch direkt ans Ministerium für Land- und Forstwirtschaft geschickt werden. Von einer umfassenden Entmachtung des Ministeriums im Frühjahr 1953 kann demzufolge nicht die Rede sein. Das Landwirtschaftsministerium blieb ebenso weiter an der Erstellung von Vorlagen beteiligt, auch im schwierigen Jahr 1953. Besonders Staatssekretär Siegmund wurde damit beauftragt, allerdings häufig in Zusammenarbeit mit der

---

[327] Vgl. ebd., S. 528 f.
[328] Vgl. ebd., S. 529; Bauer betont, dass Ulbricht im April 1953 die „Sicherung der Kollektivierung" zur Sache der SED erklärte; vgl. Bauer, Agrarrevolution S. 364.
[329] Vgl. Protokoll der PB-Sitzung vom 21.4.1953, BArch DY 30/2/2/276.
[330] Vgl. Schreiben von Tschuikow an Ulbricht vom 15.5.1953, BArch DY 30/2/2.
[331] Vgl. Schreiben des ZK der SED an die Bezirks- und Kreisleitungen der SED vom 21. April 1953, Direktive über die Entwicklung der Viehwirtschaft, BArch DY 30/2/2/276.

„Koordinierungs- und Kontrollstelle für Landwirtschaft". Auch war er weiter an den wöchentlichen Sitzungen der ZK-Abteilung Landwirtschaft, wo wichtige agrarpolitische Weichenstellungen erfolgten, beteiligt.[332] Darüber hinaus war das Ministerium für die Umsetzung des „Neuen Kurses"[333] verantwortlich.[334]

Angesichts der problematischen Lage nicht nur im Agrarsektor und vor dem Hintergrund einer Kursänderung in der Sowjetunion nach Stalins Tod im März 1953 drängte Moskau die SED-Führung umzusteuern, was diese zunächst ablehnte. Am 4. Juni 1953 kehrten u. a. Grotewohl und Ulbricht von Konsultationen mit der sowjetischen Führung und mit dem Auftrag, ihre Politik des „planmäßigen Aufbaus des Sozialismus" zu korrigieren, nach Ost-Berlin zurück. Das Thema einer agrarpolitischen Wende war breit erörtert und grundsätzliche Eckpunkte waren festgelegt worden: Sie beinhalteten eine erneute Förderung einzelbäuerlicher Betriebe, eine Senkung der Ablieferungspflichten allgemein und für Großbauern im Speziellen, die Rückgabe von Land an aus dem Westen zurückkehrende oder aus dem Gefängnis entlassene Bauern sowie den weiteren Ausbau der Maschinen-Traktoren-Stationen und deren egalitäre Nutzung.[335]

Über den Strategiewechsel wurden der Landwirtschaftsminister Reichelt, die Staatssekretäre Siegmund und Streit sowie der Leiter der Kontroll- und Koordinierungsstelle Scholz vom Leiter der ZK-Abteilung Landwirtschaft am 8. Juni 1953 informiert und zur Mitarbeit an diesen Fragen aufgefordert.[336] Das Landwirtschaftsministerium bekam mehrere Arbeitsaufträge: Die Ablieferungspflichten sollten neu festgesetzt, die Kreditbestimmungen neu justiert, die Rückgabe von verstaatlichten Höfen geregelt, die „Verordnung zur Sicherung der landwirtschaftlichen Produktion" vom 19. Februar 1953 aufgehoben, Futtermittel- und Arbeitskräfteverteilung neu organisiert, die Überprüfung von Wirtschaftsverbrechen von Bauern angeordnet sowie die Maschinen-Traktoren-Stationen und deren Verteilungspolitik verändert werden.[337] Am 9. Juni beschloss das Politbüro ein Kommuniqué, das am 11. Juni veröffentlicht wurde und den „Neuen Kurs" einleitete. Die entsprechenden Vorlagen wurden dann dem Ministerrat vom Landwirtschaftsministerium und der Koordinierungsstelle am 11. Juni 1953 vorgelegt und verabschiedet. Das Landwirtschaftsministerium war demzufolge bei diesen grundsätzlichen Richtungsentscheidungen nicht eingebunden, aber für die Ausgestaltung und Umsetzung der neuen Politik federführend verantwortlich. Die Verordnung vom 19. Februar wurde aufgehoben, einzelbäuerliche

---

332 Vgl. u. a. ZK-Abteilung Landwirtschaft an Paul Scholz Schreiben vom 23.4.1953, BArch DK 1/85.
333 Vgl. dazu ausführlich u. a. Fricke, Karl Wilhelm/Engelmann, Roger: Der „Tag X" und die Staatssicherheit. 17. Juni 1953. Reaktionen und Konsequenzen im DDR-Machtapparat, Bremen 2003, S. 32–39.
334 Vgl. u. a. Albert Schäfer an Kurt Siegmund Schreiben vom 27.3.1953, BArch DK 1/85; Anlage 7 zum Protokoll der PB-Sitzung vom 21.4.1953, BArch DY 30/42251.
335 Vgl. dazu ausführlich Scherstjanoi, SED-Agrarpolitik, S. 552.
336 Vgl. ebd., S. 556.
337 Vgl. ebd., S. 556 f.

Betriebe sollten wieder gefördert, eine Entlastung aller landwirtschaftlichen Betriebe erreicht werden, die Höhe der Ablieferungspflichten wurde gesenkt, enteignete oder verlassene Betriebe wurden zurückgegeben, Kredite zur Wiederbewirtschaftung gewährt, Hausschlachtungen wieder erlaubt sowie Ablieferungsschulden und Verwarnungsgelder gestrichen.[338] Über die Zukunft der LPGen wurde nichts weiter geäußert. Die SED hatte allerdings niemals vor, die Pläne einer Vollkollektivierung aufzugeben. Insofern ist, was nach einem Politikwechsel aussah, keiner gewesen – das gilt nicht nur für den Agrarbereich.[339] Einzig mit der weiteren Propagierung von LPG-Bildungen bzw. des Übergangs bestehender LPGen zu Typ III hielt man sich zurück.[340]

Bereits am 19. Juni 1953 – also nur zwei Tage nach Ausbrechen des Volksaufstandes – sollten laut Anweisung des Landwirtschaftsministeriums an seine nachgeordneten Dienststellen in den Bezirken und Kreisen alle LPGen überprüft werden, um sie weiterzuentwickeln, auch wenn man dort durchaus wusste, dass viele der Produktionsgenossenschaften unwirtschaftlich oder gar nicht überlebensfähig waren.[341] Am 10. Juli 1953 erklärte Paul Scholz bei einer Dienstbesprechung mit den Abteilungsleitern Landwirtschaft der Kreise und Bezirke, dass es „jetzt darauf ankommt, die LPGen wirtschaftlich und gesellschaftlich zu festigen, damit sie als Beispiel für die gesamte Landwirtschaft dienen können".[342] Am 21. August wurden das Thema auf der Kollegiumssitzung des Ministeriums aufgerufen und „weitere Maßnahmen zur Festigung der LPG" beraten.[343]

Da das Landwirtschaftsministerium mit der Umsetzung der weiteren agrarpolitischen Eckpunkte des „Neuen Kurses" betraut war,[344] kam dies auch auf der Dienstbesprechung vom 10. Juli 1953 zur Sprache. Im Mittelpunkt stand die angekündigte Rückgabe von landwirtschaftlichen Betrieben. Das erregte die Gemüter und beschäftigte das Landwirtschaftsministerium in den nächsten Monaten intensiv. Auch hier war das Ministerium mit der Umsetzung und Ausgestaltung beauftragt. Am 31. Juli 1953 wurde eine Instruktion über die Anwendung der Aufhebung der Verordnung vom 19. Februar 1953 vom Landwirtschaftsministerium erstellt und an Ulbricht und Ministerpräsident Otto Grotewohl weitergeleitet.[345]

In den nächsten Monaten geriet das Landwirtschaftsministerium zunehmend in die Kritik der Partei. Das Ministerium wurde für die Fehler, die im Kurs der SED an-

---

338 Vgl. u.a. Schöne, Frühling, S. 166f.
339 Vgl. ebd., S. 167.
340 Protokoll der Politbüro-Sitzung vom 3.6.1953, BArch DY 30/2/2/285.
341 Vgl. Schöne, Frühling, S. 167.
342 Protokoll der Dienstbesprechung vom 10.7.1953, BArch DK 1/9962.
343 Tagesordnung der Kollegiumssitzung vom 21.8.1953, BArch DK 1/444.
344 Vgl. dazu u.a. die Kollegiumssitzungen des Ministeriums seit Juni 1953, BArch DK 1/444.
345 Vgl. Schreiben von Paul Scholz an Otto Grotewohl vom 31.7.1953. Scholz schreibt darin explizit, dass das Ministerium die Instruktion ausgearbeitet habe: „In Zusammenarbeit mit den zuständigen Ministerien hat das Ministerium für Land- und Forstwirtschaft eine Instruktion über die Anwendung der VO vom 11.6.1953 bezüglich der Rückgabe devastierter und verlassenere Betrieb ausgearbeitet"; BArch DK 1/444.

gelegt waren, verantwortlich gemacht, Umstrukturierungen wurden gefordert. In der Politbürositzung am 3. November 1953 wurde abermals Paul Scholz, der maßgeblich an der ersten Kollektivierungsphase beteiligt war, zum Landwirtschaftsminister berufen und Hans Reichelt zum Staatssekretär im Landwirtschaftsministerium degradiert.[346] Der neue/alte Minister ging dann daran, Verbesserungen vorzunehmen. Wie bereits erwähnt, erfolgten Umstrukturierungen. In einem Entwurf über die „Verbesserung der Arbeitsweise des Ministeriums für Land- und Forstwirtschaft" vom 23. Dezember 1953 werden die Verantwortung des Ministeriums für die Misere der DDR-Landwirtschaft hervorgehoben und Optimierungsmaßnahmen angekündigt:

> „Das gegenwärtige Zurückbleiben der Landwirtschaft auf einigen Gebieten steht in engstem Zusammenhang mit Mängeln in der Arbeitsweise des Ministeriums für Land- und Forstwirtschaft. Bei der Einschätzung der Tätigkeit des Ministeriums wird festgestellt, daß die Leitung die Kritik und Selbstkritik im Ministerium ungenügend entwickelt hat. Die Kader werden unzureichend im Interesse des unbedingten Kampfes um die Erfüllung der Pläne in der Landwirtschaft erzogen."[347]

Das Ministerium blieb zwar weiter für die Ausgestaltung und Umsetzung der Vorgaben von ZK und Politbüro federführend – so wurde u. a. Ende November 1953 der Auftrag erteilt, ein „Regierungsdokument über Maßnahmen zur weiteren Entwicklung der Landwirtschaft in der DDR" zu erstellen – gleichzeitig verstummte auch in den nächsten Jahren die Kritik an der fachlichen und politischen Arbeit nicht.[348]

1960: Die Vollkollektivierung

Auch in den folgenden Jahren blieben die Ernährungslage und die Situation der Landwirtschaft eine Dauerbaustelle der sozialistischen Planwirtschaft und spielten weiterhin eine wichtige Rolle in der Systemkonkurrenz. So wurden in der Bundesrepublik die Lebensmittelkarten 1950, in der DDR aber erst 1958 abgeschafft. Die Agrarpolitik in der DDR war im weiteren Verlauf der 1950er Jahre durch einiges Hin und Her, durch härtere und weichere Phasen gekennzeichnet, wobei die SED durchgängig das Problem hatte, dass die mittelbäuerlichen Privatwirtschaften – trotz Diskriminierung bei der Zuteilung von Saatgut und Maschinen – in der Regel produktiver wirtschafteten als die LPGen. Ihren Plan zur vollständigen Kollektivierung der Landwirtschaft hat die SED-Regierung allerdings nie aufgegeben. Die Frage blieb Chefsache – Ulbricht kümmerte sich persönlich darum. Das Ministerium wurde – wie bereits erwähnt – mehrfach umstrukturiert, Personal bis hin zum Minister ersetzt, um es zu einem schlagkräftigen Instrument bei der Umsetzung der Kollektivierung zu

---

346 Vgl. Protokoll der PB-Sitzung vom 3.11.1953, BArch DY 30/2/2/2.
347 Entwurf, Beschluss „über die Verbesserung der Arbeitsweise des Ministeriums f. Land- und Forstwirtschaft" vom 23.12.1953, BArch DK 1/1482–1483.
348 Vgl. Schreiben des Landwirtschaftsministers an Staatssekretär Siegmund vom 24.11.1953, BArch DK 1/1482–1483.

machen. Da dies aus Sicht der SED bis 1960 nicht zufriedenstellend gelungen war, spielte das Ministerium in der Schlussphase der Kollektivierung 1959/60 eine andere Rolle als 1952. Hinzu kam, dass es Differenzen zwischen der SED-Führung und einzelnen Personen im ZK-Apparat sowie von Teilen der Ministerialbürokratie im Hinblick auf die schnelle Vollkollektivierung gab. Die Ideen des in Ungnade gefallen und verurteilten Agrarexperten Kurt Vieweg, der 1956 einen Plan vorgelegt hatte, welcher ein langsameres Tempo bei der Kollektivierung sowie die Koexistenz von LPGen und privatbäuerlichen Wirtschaften vorsah,[349] fanden auch im Landwirtschaftsministerium Anhänger.

So war im Oktober 1959 in der Abteilung Ökonomik im Zuständigkeitsbereich LPG (wirtschaftliche Rechnungsführung/einheitliche Agrarpreise) des Landwirtschaftsministeriums aufgefallen, dass der dortige Mitarbeiter Karl-Heinz L., seit 1948 SED-Mitglied, den Kurs der Partei im Hinblick auf die Kollektivierungsbestrebungen nicht mittrug.[350] L., der Einblick hatte in die ökonomischen Schwierigkeiten, die sich bei der genossenschaftlichen Bewirtschaftung ergaben, kritisierte vor allem das Tempo, mit dem die SED die Kollektivierung vorantrieb, sowie die oft rüden Methoden bei der Durchsetzung. Darüber hinaus hatte er sich, wie viele Reformer in der SED, die sich gegen Walter Ulbricht nicht durchsetzen konnten, einen grundsätzlichen Kurswechsel der Partei im Zuge der Entstalinisierung und des XX. Parteitages der KPdSU erhofft.[351] Nach entsprechenden Äußerungen von L. an seinem Arbeitsplatz traten sofort die SED-Parteiorganisation des Ministeriums und die ZK-Abteilung Landwirtschaft in Person von Abteilungsleiter Kiesler auf den Plan. Auch Mückenberger wurde über diesen Fall ständig auf dem Laufenden gehalten. Parallel dazu informierte Kiesler das Ministerium für Staatssicherheit – ein Indiz dafür, wie ernst man den Fall seitens der Partei nahm. Relativ schnell wurde deutlich, dass L. mit seiner Meinung nicht alleine stand. Die genaue Zahl derjenigen, die die Ansichten von L. teilten, lässt sich aus den Akten nicht rekonstruieren, die SED war jedoch alarmiert. In der folgenden Untersuchung unter der Oberaufsicht der ZK-Abteilung Landwirtschaft, die mit den obligaten „Aussprachen" am 3. Oktober 1959 begannen, räumte L. ein, dass er

> „mit der Grundlinie der Partei, mit dem Aufbau des Sozialismus, einverstanden [sei], aber nicht mit den Wegen und Methoden, die durch die Parteiführung dazu beschlossen werden. Dazu kämen dann noch die Überspitzungen durch die örtlichen Organe, wie z. B. in der Politik gegenüber den werktätigen Einzelbauern".[352]

Trotz mehrfachen Insistierens gab L. nicht preis, mit wem er sich im Ministerium über seine Ansichten ausgetauscht hatte. Nach dem Prinzip von Kritik und Selbstkritik

---

349 Vgl. dazu ausführlich, Schöne, Frühling, S. 178 ff.
350 Zum Fall L. vgl. BArch DY 30/93968; DY 30/81838; BStU MfS HA XVIII/29485.
351 Vgl. dazu ausführlich u. a. Herzberg, Guntolf: Anpassung und Aufbegehren. Die Intelligenz in der DDR in den Krisenjahren 1956/58, Berlin 2006, S. 306 ff.
352 Vermerk über die Aussprache mit Genossen L. am 3.10.1959; BArch DY 30/81838.

bekannte er seine „Fehler" in einem eigens verfassten politischen Lebenslauf sowie auf einer Parteiversammlung und gelobte Besserung, was ihm die SED-Parteileitung aber nicht abnahm. Am 14. Oktober 1959 erging dann ein Beschluss der Zentralen Parteileitung. Nach allgemeinen Ausführungen über die Aufgaben des Landwirtschaftsministeriums und die Verortung im Lager der „Revisionisten", der bereits weitgehend ausgeschalteten innerparteilichen Opposition, wurde auf die Auswirkungen seiner Einstellungen in Bezug auf die Kollektivierung eingegangen:

> „Die falschen Auffassungen des Gen. L. haben sich in seinem Verhalten und in seiner Arbeit widergespiegelt. Das ist umso schädlicher, da er als Agrarökonom im zentralen Staatsapparat für die rasche erfolgreiche sozialistische Umgestaltung der Landwirtschaft eine besonders grosse Verantwortung trägt. Dieser konnte er mit seinen falschen Anschauungen nicht gerecht werden. Wichtige Beschlüsse der Partei zur raschen Entwicklung der LPG wurden schleppend bearbeitet und bei der Ausarbeitung der wirtschaftlichen Grundlagen hat er sich unverantwortlich gleichgültig gezeigt."[353]

Weiter wurde festgestellt, dass die ideologische Festigkeit in allen Abteilungen des Ministeriums Mängel aufweise und eine breite Diskussion stattfinden müsse. Außerdem suchte man weiterhin nach Gesinnungsgenossen von L. Am 9. November 1959 wurde in der Mitgliederversammlung der Parteiorganisation Ökonomik ein Parteiverfahren gegen L. eröffnet und gleich abgeschlossen. Er wurde für ein Jahr auf den Kandidatenstatus zurückgestuft, musste das Ministerium – nicht als Einziger[354] – verlassen und zukünftig als Hauptbuchhalter in einer LPG arbeiten. Im weiteren Verlauf wurde auch Walter Ulbricht über die Vorgänge informiert, da SED und ZK-Abteilung feststellten, dass L. „im Ministerium für Land- und Forstwirtschaft eine Basis" habe. Daraus schloss man, dass das Ministerium insgesamt nicht „auf der Höhe der Aufgaben [...] stehe".[355] An diesem Beispiel lässt sich einiges über die Rolle des Landwirtschaftsministeriums im Herrschaftsgefüge sowie die Situation im Ministerium ablesen. Obwohl im Oktober 1959 vom Referenten aufwärts bereits 76 Prozent der Mitarbeiter Mitglied der SED waren – ein im Vergleich zu anderen Ministerien geringer Wert[356] –, war es der SED nicht gelungen, ihren Herrschaftsanspruch im Landwirtschaftsministerium durchzusetzen – dies galt sowohl für den agrarpolitischen Kurs als auch für allgemeinpolitische Fragen. Die Konflikte, die innerhalb der SED ausgetragen wurden, spiegelten sich eben auch auf der Ebene des Ministeriums wider. Aber auch bei agrarpolitischen Fragen duldete die SED keinen Widerspruch aus dem Fachmi-

---

353 Beschluss der zentralen Parteileitung zur weiteren Auseinandersetzung mit den schädlichen Auffassungen des Gen. L. und zur Auswertung der Auseinandersetzung in der gesamten Parteiorganisation des gesamten Ministeriums vom 14.10.1959; BArch DY 30/81838.
354 Die genaue Zahl der Personen lässt sich nicht rekonstruieren. Es ist aber belegt, dass mehrere Personen das Ministerium verlassen mussten, vgl. dazu ausführlich Kap. 1.2.
355 Vermerk, 7.11.1959, BArch DY 30/93968.
356 9,4% waren in der DBD, 0,4% in der CDU, 0,4% in der LDPD, 1,6% in der NDPD und 12,2% parteilos; Vorlage für das Politbüro, 5.10.1959, BArch DK 1/1494.

nisterium, wie die Reaktionen auf diesen Fall zeigen: Kontroverse fachliche Debatten waren nicht nur nicht erwünscht, sondern wurden zur Machtfrage erklärt und mit allen Mitteln unterdrückt, wie die Entfernung mehrerer Personen in diesem Zusammenhang zeigt. Die Rolle des Landwirtschaftsministeriums war es eben nicht, von der SED-Linie abweichende agrarpolitische Konzepte zu entwickeln, sondern die von der SED-Führung gesetzten Vorgaben umzusetzen und fachlich zu konkretisieren.

Wie schon ausgeführt, wurden auf der 33. ZK-Tagung im Oktober 1957 die Weichen für die künftige Agrarpolitik gestellt und eine erneute Propagandaoffensive auf dem Lande für den Eintritt in die LPG gestartet.[357] Die Erfolge blieben weit hinter den Erwartungen zurück, und die Versorgung mit landwirtschaftlichen Produkten wurde – verstärkt durch die Aufhebung der Zuteilung durch Lebensmittelkarten – zu einer erneuten existenziellen Krise für das SED-Regime. Daraufhin beschloss die SED auf ihrer 4. ZK-Tagung im Januar 1959, die „Wirtschaftlichkeit aller Produktionsgenossenschaften" und die Ausdehnung der Kollektivierung innerhalb von zwölf Monaten zu erreichen.[358] Dieses Vorhaben war von vornherein zum Scheitern verurteilt, da die strukturellen Hindernisse nicht aus dem Weg geräumt werden konnten: Die LPGen waren nicht in der Lage, die Pläne zu erfüllen, und die Zahl der Neueintritte war im Jahr 1959 rückläufig. Im ersten Halbjahr 1958 gab es 71.900 Neueintritte, in den ersten neun Monaten des Jahres 1959 nur 66.900.[359] Der damit einhergehende Zuwachs an landwirtschaftlicher Nutzfläche sank im gleichen Zeitraum von 11,8 auf 1,6 Prozent. Am Ende des dritten Quartals 1959 wurden ca. 42 Prozent der landwirtschaftlichen Fläche genossenschaftlich bewirtschaftet, 230 Dörfer konnten als vollgenossenschaftlich bezeichnet werden, und in 1.115 Gemeinden gab es überhaupt keine LPG.

Das Landwirtschaftsministerium befasste sich zu dieser Zeit mit dem Thema der LPG vor allem im Hinblick auf die Stabilisierung der Genossenschaften, die Steigerung ihrer Produktivität durch eine bessere technische Ausstattung und die Versorgung mit dringend benötigten Produktionsmitteln aller Art bis hin zum Einsatz von Strafgefangenen als Arbeitskräften.[360] Auch die Frage, wie man die wirtschaftlich potenten Mittel- und Großbauern zum Eintritt in die LPG bewegen könne, war Gegenstand von Debatten und Papieren.[361] Dabei stand neben den politisch-ideologisch überformten Argumenten vor allem die mangelnde Wirtschaftlichkeit der LPGen im Vordergrund, die einen Eintritt für diese Gruppe nicht lukrativ genug erscheinen ließen. Ein Ansatzpunkt in diesem Zusammenhang war die Zusammenlegung bereits bestehender LPGen zu spezialisierten Groß-LPGen bis zu 2.000 ha und mehr, was als Zukunfts-

---

357 Vgl. Schöne, Frühling, S 188.
358 Vgl. ebd., S. 190.
359 Diese und die folgenden Zahlenangaben zitiert nach ebd., S. 191 f.
360 Vgl. u. a. Schreiben von Skodowksi an Mückenberger, 10.3.1959, BArch DK 1/9578.
361 Vgl. u. a. Auftreten von Problemen bei der weiteren sozialistischen Umgestaltung, insbesondere bei der Werbung von reichen Mittelbauern, 14.10.1959, BArch DK 1/13.

konzept zur Lösung der Produktionsprobleme im Agrarbereich angesehen wurde.[362] Bestehende Groß-LPGen wurden evaluiert, Verbesserungskonzepte entworfen und die Förderung dieser Produktionsform beschlossen.[363] Hier wurden die Grundlagen für die Industrialisierung der Landwirtschaft seit den späten 1960er Jahren gelegt.

Zur Jahreswende 1959/60 riss die SED-Führung das Steuer herum. Auf der 7. ZK-Tagung vom 10. bis 13. Dezember 1959 konstatierte sie Rückstände in der landwirtschaftlichen Produktion; das Politbüro wurde mit der Erarbeitung eines Papiers zur vollständigen Kollektivierung der Landwirtschaft beauftragt. Der Hauptredner, Landwirtschaftsminister Reichelt (DBD), kein Gegner des Kollektivierungskurses der SED, bekannte sich hier nochmals zur kollektiven Bewirtschaftungsform als bester Lösung aller agrarökonomischen Probleme. Gleichzeitig wurden in der ZK-Abteilung Landwirtschaft personelle Umstrukturierungen vorgenommen. Der amtierende ZK-Sekretär, Erich Mückenberger, ein Skeptiker einer zu schnellen Vollkollektivierung, wurde durch den nachdrücklichen Befürworter eines solchen Kurses, Gerhard Grüneberg, ersetzt. Dieser Schritt erfolgte, nachdem der Versuch, Mückenberger seit April 1959 durch die Einsetzung eines neuen Abteilungsleiters und Befürworters einer forcierten Vollkollektivierung, Bruno Kiesler, einzuhegen, offenbar nicht aufgegangen war.[364] Dass zu diesem Zeitpunkt die rasante Entwicklung der nächsten Monate bereits geplant war, muss nach derzeitigem Forschungsstand verneint werden.[365] Das Ziel war klar, der Zeithorizont war dagegen nicht genau festgelegt. Dies wird auch durch die internen Besprechungen und Papiere im Landwirtschaftsministerium untermauert. Bei einer Arbeitsberatung am 29. Dezember 1959 mit den Abteilungsleitern für Land- und Forstwirtschaft der Räte der Bezirke über die Auswertung des 7. Plenums kam das Thema einer forcierten Kollektivierung gar nicht zur Sprache.[366] Gleiches gilt für die Kollegiumssitzungen unmittelbar nach dem 7. Plenum.[367] Im Ministerium hat man sich zu diesem Zeitpunkt vordringlich damit befasst, die Frühjahrsbestellung zu sichern. Darüber hinaus hat man sich vor allem mit sich selbst beschäftigt. Dabei standen Fragen der Umstrukturierungen und der Verbesserung der Arbeitsorganisation im Mittelpunkt.[368]

Mitte Januar 1960 gab die SED dann den Startschuss zur baldigen Vollkollektivierung der Landwirtschaft.[369] Was genau die Initialzündung zu diesem Zeitpunkt war, das Vorpreschen von lokalen Parteigrößen wie dem Rostocker SED-Bezirkschef

---

362 Von Anfang März bis Ende August 1959 hatten sich 395 LPGen zu 192 neuen LPGen zusammengeschlossen. 70 davon waren 500 bis 1.000 Hektar groß, 39 LPGen 1.000 bis 2.000 Hektar und 2 über 2.000 Hektar. Die Übrigen blieben unter 500 Hektar; vgl. Materialien zur Ausnutzung der Vorzüge der sozialistischen Großproduktion, undatiert, BArch DK 1/13.
363 Vgl. u. a. Protokoll der Kollegiumssitzung, 23.10.1959, BArch DK 1/10474.
364 Vgl. dazu ausführlich u. a. Bauer, Agrarrevolution, S. 450 ff.
365 Vgl. Bauer, Agrarrevolution, S. 458 f.; Schöne, Frühling, S. 195 f.
366 Vgl. Konzeption für die Arbeitsberatung vom 29.12.1959, BArch DK 1/1493.
367 Vgl. u. a. Protokoll der Kollegiumssitzung vom 14.12.1959, BArch DK 1/10474.
368 Vgl. u. a. Vorlage fürs Politbüro, BArch DK 1/1494.
369 Vgl. Schöne, Frühling, S. 198 ff u. Bauer, Agrarrevolution, S. 457 ff.

Karl Mewis oder anderes – ist nicht mehr genau zu rekonstruieren. Am 15. Januar 1960 wurde ein Brief an alle SED-Grundorganisationen in den Dörfern der DDR geschickt, in dem u. a. die „systematische Gewinnung noch einzeln wirtschaftender Bauern für die LPG" eingefordert wurde.[370] „Von der demokratischen Bodenreform zum sozialistischen Dorf" war jetzt die Devise. In den folgenden Wochen und Monaten hat der Kollektivierungsprozess aufgrund eines Wettbewerbs der mittleren und unteren Funktionärsebene eine überraschende Dynamik angenommen. Für die Realisierung der schnellen Vollkollektivierung waren 1960 im Gegensatz zu 1952 vor allem die lokalen Parteigliederungen und nicht Angehörige des Ministeriums oder der Landwirtschaftsabteilungen verantwortlich. Dies ist ein wichtiger Hinweis darauf, dass das Landwirtschaftsministerium in der finalen Phase der Kollektivierung eine untergeordnete Rolle gespielt hat. Um möglichst schnell die gewünschte Vollkollektivierung von Dörfern und Bezirken nach Berlin melden zu können, gingen die Werber vor Ort nicht gerade zimperlich vor. Drohungen und Einschüchterungen waren an der Tagesordnung. Das Vorgehen der lokalen Parteiaktivisten nahmen die Bauern aber nicht widerspruchslos hin. Einige beschwerten sich mit Nachdruck und wandten sich mit ihrem Anliegen nicht selten direkt an das Landwirtschaftsministerium, welches auch öffentliche Sprechstunden abhielt. Dies zeigt zum einen, dass das Ministerium durchaus als eine Art Interessenvertretung angesehen wurde. Zum anderen wird in den Vermerken, die diese Beschwerden dokumentieren und sowohl dem Minister als auch Staatssekretär Skodowski zur Kenntnis gebracht wurden, deutlich, dass nicht wenige – auch höherrangige Mitarbeiter – im Ministerium am Prinzip der Freiwilligkeit des Eintritts in die LPG festhalten wollten und das Vorgehen der Parteifunktionäre vor Ort als unangemessen kritisierten.

> „Die von ihnen [den Bauern] geschilderten Aussprüche der Staatsfunktionäre bei der Werbung werden von uns abgelehnt. Wir erklärten den Bauern, daß wir gegen jegliche Art von direktem und indirektem Zwang bei der Werbung zum Eintritt in die LPG sind",[371]

hieß es Anfang März 1960. Der Leiter der Pressestelle des Landwirtschaftsministeriums nahm im Februar 1960 auf Einladung der SED-Kreisleitung Spremberg im Bezirk Cottbus an einem so genannten Bauernforum teil. Auch er monierte das Vorgehen der lokalen Amtsträger:

> „Es heißt jetzt, beharrlich und geduldig die Überzeugungsarbeit mit besseren Methoden als bisher fortzusetzen. Man muß sich im Bezirk Cottbus nicht länger an einigen Erfolgen berauschen, sondern die Methoden zur Gewinnung der Einzelbauern grundlegend ändern. Es ist auch nicht länger zu dulden, daß der Rat des Bezirkes so einer Arbeitsweise zustimmt, daß Bauern auf gesetzlicher Grundlage gezwungen werden, vor dem Rat der Gemeinde zu erscheinen, um die Fragen

---
370 Schöne, Frühling, S. 204.
371 Bericht über Beschwerden aus der Bevölkerung bezüglich der Werbung zum Eintritt in die LPG, 7. 3. 1960; BArch DK 1/1493.

der Marktproduktion als Druckmittel zu benutzten, um sie für den Eintritt in die LPG zu gewinnen."[372]

Aus anderen Bezirken wurde ähnliches berichtet und kritisiert.[373] Wie der Fortgang der Kollektivierung in den nächsten Wochen bis zur offiziell verkündeten Vollkollektivierung im April zeigt, blieben die Bedenken und die Forderungen aus dem Ministerium nach einem Umlenken ohne Auswirkungen.

Das Ministerium flankierte die schnelle Vollkollektivierung auf mehreren Ebenen, um die Frühjahrsbestellung nicht zu gefährden: Es wurde eine Gruppe im Landwirtschaftsministerium sowie auf Bezirks- und Kreisebene gebildet, die „sich täglich mit der Auswertung der Ergebnisse der Frühjahrsbestellung beschäftigt und auftretende Probleme unmittelbar zu lösen hat".[374] Eine schnelle Problemlösung war allerdings kaum möglich, wie man auch im Ministerium erkannte. Die Problemfelder, die nicht neu waren, wurden identifiziert und Lösungsmöglichkeiten entwickelt, die allerdings angesichts der allgemeinen Mangelwirtschaft nicht zum gewünschten Erfolg führten: Saatgut- und Düngemittelmangel, das Fehlen von funktionsfähigen Maschinen, die mangelnde Qualifikation von Arbeitskräften sowie Rückstände im ländlichen Bauwesen waren die neuralgischen Punkte, die die landwirtschaftliche Produktion bedrohten und sich durch die Vollkollektivierung nochmals verschärften. Die Probleme sprach Minister Reichelt auch gegenüber Politbüro und ZK offen an. Eine schnelle Lösung sah der Minister aber nicht, denn „die Mittel, die wir zusätzlich bekommen, reichen keinesfalls aus",[375] so Reichelt Ende März 1960.

Wie kritisch die Situation aus Sicht des Landwirtschaftsministeriums war, wird dadurch unterstrichen, dass sich der Landwirtschaftsminister Unterstützung aus Moskau erbat. Am 2. Februar 1960 hatte angesichts der angespannten Versorgungslage eine Agrarkonferenz aller Ostblockstaaten in Moskau stattgefunden, wo zwar Hilfen zugesagt, aber auch die Erhöhung der landwirtschaftlichen Produktion in den Einzelstaaten gefordert wurde. Im Nachgang zur Konferenz nahm Reichelt Kontakt zum Botschaftsrat der sowjetischen Botschaft in Ost-Berlin auf, um mit ihm die Möglichkeiten einer Unterstützung zu erörtern.[376] Dieser riet, dass Grotewohl sich direkt an Chruschtschow wenden sollte. Einen entsprechenden Brief, datiert auf den 15. März 1960, ließ Reichelt über Grüneberg übermitteln. Darin wird auf Möglichkeiten der Übernahme sowjetischer Methoden und Technologien rekurriert:

---

[372] Pressestelle es Ministeriums für Land- und Forstwirtschaft: Bericht über den operativen Einsatz im Bezirk Cottbus, 23.2.1960 [Gen. Schilling z. K.]; BArch DK 1/1493.
[373] Vgl. u. a. Vermerk über den Bezirk Neubrandenburg, 4.3.1960, BArch DK 1/1493.
[374] Schlussfolgerungen des Ministeriums für Land- und Forstwirtschaft, die sich aus der Analyse der Entwicklung der LPG im Jahr 1959 und der Entwicklung der vollgenossenschaftlichen Dörfer, Kreis und Bezirke in den letzten Wochen und Monaten ergeben, 29.3.1960, BArch DK 1/104.
[375] Protokoll der gemeinsamen Sitzung der Landwirtschaftskommission und Wirtschaftskommission, 25.3.1960, BArch DK 1/70727.
[376] Vgl. Schreiben von Reichelt an Grüneberg vom 15.3.1960, BArch DK 1/98.

„Es handelt sich dabei vor allem um den Einsatz neuer Maschinen in der Feld- und Innenwirtschaft, um Veränderungen der Technologie in der Schweine-, Rinder- und Geflügelhaltung zur Steigerung der Arbeitsproduktivität und um neue Erkenntnisse auf dem Gebiet der Tier- und Pflanzenzucht."[377]

Man bat zur Unterstützung um die Entsendung von Fachleuten aus der Sowjetunion in die DDR und die Möglichkeit, eigene Leute in die UdSSR „zum Studium neuer Erfahrungen" schicken zu dürfen. Darüber hinaus sollten Prototypen von Korn- und Drillmaschinen sowie des Traktors „T 90" der DDR zu Testzwecken zur Verfügung gestellt werden – im Gegenzug bot man neu entwickelte Maschinen aus der DDR an.

Neben der Zuständigkeit für die Sicherung der landwirtschaftlichen Produktion wurde im Zuge der Beschlüsse des 7. Plenums und der beschleunigten Kollektivierung im Landwirtschaftsministerium im Februar 1960 eine zentrale „Kommission für Agrarpropaganda" gebildet, der auch Mitglieder aus anderen Ministerien sowie aus Rundfunk, Fernsehen, Printmedien und Verlagswesen angehörten.[378] Die Agrarpropaganda des Landwirtschaftsministeriums sollte die Kollektivierung durch die Herausstellung von Musterbeispielen befördern.[379] Sie sollte aber auch neue Arbeits-, Anbau- und Viehhaltungsmethoden popularisieren. Eine weitere Aufgabe des Ministeriums während der forcierten Kollektivierung war es darüber hinaus, durch Bevollmächtigte vor Ort Probleme in vollgenossenschaftlichen Dörfern zu erkennen und einzugreifen. Auf lokalen Konferenzen sollten „offene Fragen" der Bauern durch Vertreter des Ministeriums beantwortet werden.[380] Eine solche Maßnahme war dazu gedacht, die Akzeptanz bei den Bauern zu erhöhen, da den Vertretern des Ministeriums seitens der Landbevölkerung mehr fachliche Kompetenz zugetraut wurde als Agitatoren des Parteiapparates.

Der starke Mann im Ministerium in Bezug auf die Kollektivierung war Staatssekretär Bruno Skodowski, der 1958 Kurt Siegmund abgelöst hatte. Skodowski, der ganz auf der agrarpolitischen Parteilinie war, war für die SED ein wichtiger Garant für die reibungslose Durchsetzung ihrer Linie im Ministerium. Dennoch gerieten Landwirtschaftsministerium und Minister Reichelt während der Kollektivierung und vor allem in den Monaten danach noch stärker als bisher unter Beschuss von ZK-Abteilung und Ministerrat. Dem Ministerium und seinem Minister wurden nicht nur Unfähigkeit sowohl in Bezug auf die fachlichen und ideologischen Belange der Landwirtschaft und die Führung des Hauses vorgeworfen, sondern letztlich auch die Verantwortung für die Misere in der Landwirtschaft und für die Probleme in den neuen und alten LPGen zugeschoben. Analysiert man den Briefwechsel zwischen der ZK-Abteilung

---

377 Vgl. Schreiben Grotewohls an Chruschtschow vom 15.3.1960, BArch DK 1/98.
378 Offenbar wusste man im Ministerium anfangs nicht genau, wie diese Kommission agieren sollte. Landwirtschaftsminister Reichelt wandte sich in dieser Frage an ZK-Agitationschef Albert Norden mit Bitte um Unterstützung; vgl. Schreiben Reichelt an Norden vom 21.3.1960, BArch DK 1/98.
379 Vgl. u. a. Protokoll der Kollegiumssitzung vom 18.3.1960, BArch DK 1/10475.
380 Vgl. Protokoll der Kollegiumssitzung vom 21.3.1960, BArch DK 1/10475.

Landwirtschaft und Landwirtschaftsminister Reichelt einschließlich der ersten Hälfte des Jahres 1960, wird mehr als deutlich, wie die Machtverhältnisse aufgeteilt waren. Die ZK-Abteilung erteilte die Aufträge, die das Ministerium zu erfüllen hatte.[381] In nicht wenigen Fällen kommunizierte quasi als Zwischeninstanz Abteilungsleiter Kiesler mit Staatssekretär Skodowski: „Ich möchte mich mit einigen Problemen an Dich wenden, die unserer Auffassung nach in der nächsten Zeit durch das Ministerium gelöst werden müssten,"[382] schrieb Kiesler beispielsweise am 11. Februar 1960. In diesem Fall wurde gefordert, Material über besonders produktiv arbeitende LPGen zusammenzustellen und daraus Schlüsse für die gesamte genossenschaftlich bewirtschaftete Landwirtschaft zu ziehen sowie die Lösungen für den Arbeitskräftemangel zu präsentieren. Darüber hinaus wird grundsätzlich nicht mit Kritik an Unzulänglichkeiten in der Arbeitsorganisation und an fachlichen Defiziten gespart und Abhilfe gefordert. Am 28. März 1960 schrieb Kiesler in dieser Sache, dass die vorgelegten Entwürfe zu einer Verbesserung „der staatlichen Leitung" des Ministeriums unzureichend seien und dringend geändert werden müssten – wie, das lieferte Kiesler gleich mit.[383] Der vorläufige Höhepunkt der Desavouierung des Ministeriums im Zuge des Abschlusses der Kollektivierung war die Ablehnung eines Arbeitsplanes für die zukünftigen Monate zur Festigung der LPGen und zur Produktionssteigerung durch den Ministerrat vom 21. April 1960.[384] Nach einer kritischen Analyse des Zustandes vieler neugegründeter LPGen und der mangelnden Produktionssteigerungen entfaltete Minister Reichelt ein umfassendes Programm von Lösungsvorschlägen. Als kritische Punkte benannte er u. a. die mangelnde Anleitung durch die Bezirke, die Qualifizierung der Kader, den Düngemittelmangel, die Mechanisierung, das Bauwesen und die Viehzucht. Daraufhin ergoss sich eine regelrechte Beleidigungstirade der anwesenden Ministerratsmitglieder, die den Plan als unzureichend und an den Notwendigkeiten vorbei geißelten. Das Ganze gipfelte in der Bemerkung von Außenhandelsminister Heinrich Rau, der Grotewohl als Ministerpräsidenten vertrat, „Reichelt, Sie haben nichts verstanden."[385] Hauptkritikpunkte waren, dass die politisch-ideologische Massenarbeit nicht genug berücksichtigt sei und die Vorschläge untauglich seien, die LPGen wirtschaftlicher zu machen und die landwirtschaftliche Produktion zu steigern.

Im April 1960 wurde dann das offizielle Ende der Kampagne verkündet. In der Zeit vom 1. Dezember 1959 bis 31. Mai 1960 wurden 524.083 Neueintritte von Bauern in eine

---

381 Vgl. u. a. BArch DK 1/9578 bis 9580 passim.
382 Schreiben Kiesler an Skodowski vom 11. 2.1960, BArch DK 1/9580.
383 Kiesler forderte, dass die Aufgaben des Ministeriums „straff gegliedert" werden müssten. Als zentrale Fragen benannte er: Planung und Entwicklung der sozialistischen Landwirtschaft, Koordinierung von Wissenschaft und Forschung sowie Übertragung der Ergebnisse in die Praxis, Kaderqualifizierung, Einsatz einer wirkungsvollen Agrarpropaganda, Anleitung der Bezirke, Organisierung von Leistungsvergleichen sowie die Mechanisierung der Landwirtschaft; Schreiben Kiesler an Skodowski vom 28. 3.1960, BArch DK1/9580.
384 Vgl. Protokoll/Dokumente Sitzung des Ministerrates vom 21.4.1960, BArch DC 20/323.
385 Ebd.

LPG verzeichnet, die meisten von ihnen traten dem Typ LPG I bei, bei dem lediglich der Boden in die Genossenschaft eingebracht werden musste. In nur drei Monaten – von März bis Mai 1960 – wurden 2/3 der LPGen Typ I gegründet.[386] Im Jahr 1961 waren neun Zehntel des Bodens auf dem Gebiet der DDR in LPGen zusammengeschlossen.[387] Was auf den ersten Blick als enormer Erfolg für den SED-Staat und das Ziel einer „sozialistischen Umgestaltung" von Wirtschaft und Gesellschaft erscheint, ist bei näherer Betrachtung zunächst nur ein sehr oberflächlicher Sieg. Wie nicht zuletzt aus der Berichterstattung der Staatssicherheit hervorgeht, waren zahlreiche LPGen nur rein formal gegründet worden, ohne dass es zu einer gemeinschaftlichen Bewirtschaftung des Bodens kam. Einige Gründungen wurden überhaupt nicht vollzogen, weil kein Statut verabschiedet oder kein Vorstand gewählt wurde. Teilweise traten die Bauern nach einigen Wochen oder Monaten wieder aus und es musste abermals Druck angewandt werden, um sie wieder in die Genossenschaft zu zwingen. Hinzu kamen Fluchten in den Westen, vielfältige Protest- und Verweigerungsformen sowie ökonomische Probleme, die mit dem Umstellungsprozess zusammenhingen.[388] Das Landwirtschaftsministerium reagierte auf diese katastrophale Entwicklung auch insofern, als 1962 zahlreiche leitende Mitarbeiter auf Zeit in defizitäre LPGen vor allem in Mecklenburg und Nordbrandenburg abgeordnet wurden. Ziel war es, durch fachliche Anleitung, aber auch politischen Druck die Lage in den einzelnen Betrieben zu verbessern, was den Rückmeldungen zufolge, die im Ministerium eingingen, auch erreicht werden konnte.[389]

Mit den ökonomischen und sozialen Folgen der überstürzten Kollektivierungswelle hatte das Ministerium in den nächsten Monaten und Jahren zu kämpfen. Die Erhöhung der landwirtschaftlichen Produktion, die wirkliche Realisierung einer ökonomischen und sozialen Umgestaltung von Landwirtschaft und ländlicher Gesellschaft blieben weiter oberstes Ziel der SED-Agrarpolitik.[390]

Die Rolle des Ministeriums während der Kollektivierungsphasen 1952/53 und 1960 unterscheidet sich in wesentlichen Punkten: Lag die Federführung der Umsetzung der Kollektivierung vor Ort 1952 beim Ministerium, so war es 1960 vor allem die SED, die sie durchsetzte. Auch scheinen 1952 die Einflussmöglichkeiten hinsichtlich Konzepte und Vorgehen größer gewesen zu sein als 1960. Über die Umsetzung hinaus und anders als bisher angenommen, hatte das Ministerium 1952 durchaus Möglichkeiten, die Ausgestaltung der Kollektivierung mitzubestimmen. Die Hegemonie der SED in Fragen

---

[386] Vgl. BStU MfS BdL 5157, Schreiben vom 3.3.1961.
[387] Vgl. Ebd.
[388] Vgl. dazu ausführlich Münkel, Daniela: Staatssicherheit im „sozialistischen Frühling" 1960. Der Abschluss der Vollkollektivierung im Spiegel der MfS-Berichte an die SED-Führung, in: Deutschlandarchiv 43 (2010), S. 470–479.
[389] Vgl. die Berichte in BArch DK 1/1554.
[390] Zur Implementierung eines damit einhergehenden anderen Leitbildes von „Bauer" und „Bäuerin" sowie der landwirtschaftlichen Arbeit an dem auch die Abteilung Agrarpropaganda des Landwirtschaftsministerium maßgeblich beteiligt war, vgl. Münkel, Bild.

der Agrarpolitik war jedoch zu keinem Zeitpunkt in Frage gestellt, und den Handlungsspielräumen des Ministeriums waren enge Grenzen gesteckt. Es war trotz zahlreicher personeller Säuberungen, dem Austausch des Personals bis 1960 sowie der Etablierung einer neuen „sozialistischen Verwaltungskultur" nicht gelungen, das Landwirtschaftsministerium so umzugestalten, dass es reibungslos im Sinne der SED funktionierte. Differenzen in Sachfragen sowie die ständige Kritik an der Arbeit des Ministeriums unterstreichen das. Dennoch war es der SED im ersten Jahrzehnt gelungen, ihren absoluten Machtanspruch auszuweiten. Das Landwirtschaftsministerium wurde vornehmlich zu einem reinen Exekutivorgan der SED-Agrarpolitik.

III Schatten der Vergangenheit

Der Antifaschismus gehörte nicht nur zum Gründungsmythos der DDR, er diente bis zu ihrem Ende auch der Staatslegitimation. Im Systemwettstreit gerierte sich der SED-Staat als das „bessere" Deutschland, als antifaschistischer Staat.[391] Die Bundesrepublik wurde dagegen zum „Staat der Täter" gestempelt und ihr damit letztlich die historische Verantwortung für die Verbrechen des Nationalsozialismus zugeschoben. Vergangenheitspolitik war in der deutsch-deutschen Systemkonkurrenz ein zentraler Aspekt.

Jenseits des offiziellen Selbstbildes war die DDR ebenso wie die Bundesrepublik eine Gesellschaft, die vom Erbe des Nationalsozialismus geprägt war. Es gehörte daher zur politischen Realität, dass schon vor der Staatsgründung die Integration zahlreicher nomineller NSDAP-Mitglieder erfolgte. Ihnen wurde das Angebot gemacht, sich aktiv beim Aufbau des Sozialismus einzubringen, was auch einen Eintritt in die SED einschloss, und damit ihre Schuld quasi zu kompensieren. Eine sowjetische Kriegsgefangenschaft, am besten kombiniert mit der Teilnahme an einer Antifa-Schulung, konnte den Makel einer NSDAP-Mitgliedschaft ebenfalls ausgleichen.[392] Unter den 1.256.002 Mitgliedern der Staatspartei befanden sich 1950 106.377 ehemalige NSDAP-Mitglieder[393] und selbst innerhalb der obersten Parteiführung waren ehemalige Nationalsozialisten anzutreffen, die allerdings ihre Vergangenheit, von wenigen Ausnahmen abgesehen, verschwiegen.[394]

Flankiert wurde die gesellschaftliche Eingliederung durch die „Gleichberechtigungsgesetze" von 1949 und 1952.[395] Die Integration ehemaliger NSDAP-Mitglieder war letztlich eine gesellschaftliche Notwendigkeit, deren Bedeutung aus Sicht der SED auch deshalb so groß war, weil die nötigen Fachkräfte zum Aufbau des Sozialismus nicht allein aus ehemaligen KPD-Kadern und Unbelasteten rekrutiert werden konnten. Durch Integrationsangebote wurden aber nicht nur die einfachen ehemaligen Parteigenossen (Pg.s) wieder eingegliedert. Auch einigen schwerer belasteten NS-Verbrechern gelang es, wie die Forschung immer wieder nachgewiesen hat, in der Regel ohne Wissen der SED-Führung in der DDR-Gesellschaft unterzutauchen und in manchen Fällen sogar Karriere zu machen. Allerdings muss hier berücksichtigt wer-

---

[391] Vgl. dazu u. a. Leide, Henry: NS-Verbrecher und Staatssicherheit. Die geheime Vergangenheitspolitik der SED, Göttingen 2006, S. 13.
[392] Vgl. Kuhlemann, Braune Kader, S. 355.
[393] Vgl. Bergien, Schweigen, S. 135.
[394] Vgl. Bergien, Schweigen, S. 141 ff.
[395] Vgl. u. a. Danyel, Jürgen: Zwischen Repression und Toleranz: Die Politik der SED zur politischen Integration der ehemaligen NSDAP-Mitglieder in der SBZ/DDR, in: Reif-Spirek, Peter/Ritscher, Bodo (Hgg.): Speziallager in der SBZ. Gedenkstätten mit doppelter Vergangenheit, Berlin 1999, S. 222–238, hier S. 227.

den, dass sich viele schwerstbelastete NS-Verbrecher aus Angst vor den drakonischen Strafen in der SBZ/DDR in die Bundesrepublik absetzten.[396]

Gleichwohl fand in der SBZ/DDR – nicht zuletzt als Begleiterscheinung der Diktaturdurchsetzung – ein viel ausgeprägterer Elitenaustausch statt, als dies in Westdeutschland der Fall war. Ziel war es, die „bürgerlichen Fachleute" – unabhängig von ihrer jeweiligen NS-Belastung – durch eine neue, jüngere Generation von sozialistischen Kadern zu ersetzen. Dies war allerdings ein längerfristiger Prozess, der sich bis in die 1960er Jahre hinzog.

1 „Nazis" im Ministerium

Ausweislich der offiziellen Personalstatistiken des Landwirtschaftsministeriums spielten NS-Belastungen dort keine herausgehobene Rolle. Bereits bei Gründung des Ministeriums Ende 1949 lag der Anteil ehemaliger NSDAP-Mitglieder bei gerade einmal 5,1 Prozent.[397] Bis Ende 1954 fiel er auf 3,7 Prozent, um bis 1957 wieder geringfügig auf 4,2 Prozent anzusteigen.[398] Trotz dieser augenscheinlich vernachlässigbaren Größenordnung war ein wesentliches Ziel des 1958 einsetzenden personalpolitischen Umbaus des Ministeriums die Ausschaltung solcher „negativer Konzentrationen", zu denen neben ehemaligen Mitgliedern der NSDAP und anderer NS-Organisationen auch Offiziere der Wehrmacht zählten. Ihrer Verdrängung maß die Kaderabteilung große Bedeutung bei und betonte 1959, erstmals habe auf Neueinstellungen aus diesem Personenkreis verzichtet werden können.[399] Seitdem weisen die Statistiken des Ministeriums eine vormalige Zugehörigkeit zur NSDAP nicht mehr aus. Das legt den Schluss nahe, dass die Säuberungen nach Einschätzung der Kaderabteilung das gewünschte Resultat gezeigt hatten. Dies scheinen auch spätere Erhebungen der Staatssicherheit zu bestätigen. Das MfS wusste 1977 noch um ganze drei ehemalige NSDAP-Mitglieder im Landwirtschaftsministerium. Handlungsbedarf bestand aus Sicht der Staatssicherheit aber nicht. Zwei Mitarbeiter waren als Schreibkraft bzw. Kraftfahrer an der Peripherie eingesetzt. Verantwortliche Aufgaben übernahm nur ein Justitiar der zentralen Rechtsabteilung, dessen Verrentung kurz bevorstand.[400]

Auch wenn die niedrigen prozentualen Anteile von NSDAP-Mitgliedern weitgehend stabil blieben, stiegen die absoluten Zahlen angesichts des Aufwuchses des Ministeriums deutlich an. Entsprach der 1949 erhobene Anteil noch elf Mitarbeitern, hatte sich ihre Zahl bis Ende 1955 auf rechnerisch 23 mehr als verdoppelt und lag 1957 in etwa auf gleicher Höhe. Damit gelangten Mitte der 1950er Jahre verstärkt, wenn

---

396 Vgl. Weinke, Annette: Die Verfolgung von NS-Tätern im geteilten Deutschland. Vergangenheitsbewältigungen 1949–1969, Paderborn 2002, S. 333.
397 Vgl. Kuhlemann, Braune Kader, Anlage Statistik vom 1.12.1949.
398 Vgl. Bericht Kaderabteilung, 4.7.1955, BArch DK 1/674.
399 Vgl. Bericht Kaderabteilung, 15.1.1958, BArch DK 1/1550.
400 Vgl. BStU MfS HA XVIII 28166.

auch quantitativ weiterhin randständig, Personen in das Ministerium, die sich vor 1945 politisch im Sinne des Nationalsozialismus betätigt hatten.

Der Anstieg war eine Folge des Bemühens um die Gewinnung fachlich qualifizierter Kader, die in Ausnahmefällen eine Anstellung auch ehemaliger NSDAP-Mitglieder erlaubte. Allerdings waren die Grenzen für solche Karrieren im Landwirtschaftsministerium sehr eng gesteckt. Wie die Untersuchung der Personalpolitik gezeigt hat, bemühte sich die SED, bei der Umgestaltung des Agrarsektors auf Ministeriumsebene möglichst ohne Rückgriff auf bürgerliche Spezialisten auszukommen. Das galt insbesondere für Personen, die ihre berufliche Karriere vor 1945 mit einem Eintritt in die NSDAP verbunden hatten. So verweigerte der Kaderleiter Alwin Baasch die Einstellung eines promovierten Agrarwissenschaftlers 1952 mit der Begründung, dass dieser der NSDAP angehörte habe.[401] Im Falle eines ehemaligen Hauptverwaltungsleiters der DWK, der wegen seiner NSDAP-Mitgliedschaft zunächst aus dem Ministerium entlassen wurde, aber vorübergehend seine Wiedereinstellung erreichte, setzte die Kaderabteilung schließlich die endgültige Entlassung durch.[402]

Solche Zurücksetzungen ehemaliger Parteigenossen standen eigentlich im Widerspruch zur offiziellen Gleichbehandlung nomineller NSDAP-Mitglieder und riefen in einigen Fällen Protest hervor. So lehnte die Personalabteilung die Aufnahme eines ehemaligen Pg., der bei Walter Ulbricht persönlich seine Wiederverwendung im Landwirtschaftsministerium betrieben hatte, ab, obwohl die Expertise des promovierten Juristen durchaus gefragt gewesen wäre.[403] Diese Fälle zeigen einerseits, dass die Kaderauswahl im Landwirtschaftsministerium Anfang der 1950er Jahre besonders rigide gehandhabt wurde. Die Kaderleitung konnte sich zwar, wie die offiziellen Statistiken zeigen, nicht völlig der Einstellung ehemaliger Pg.s entziehen, achtete aber sehr darauf, dass es sich bei solchen Entscheidungen um Einzelfälle handelte.[404] Anderseits verdeutlichte diese rigide Praxis den ehemaligen NSDAP-Mitgliedern, dass allen offiziellen Beteuerungen zum Trotz selbst eine einfache Parteimitgliedschaft ein Karrierehemmnis sein konnte. Für die ehemaligen Pgs bedeutete dies, im Zweifelsfall die eigene Vergangenheit besser zu verschweigen. Prägend wirkten hier auch Erfahrungen aus der unmittelbaren Nachkriegszeit, als auch einfache Parteimitglieder von den sowjetischen Behörden interniert wurden. Solche Erlebnisse hätten, so der ehemalige stellvertretende Minister Willy Boenigk, damals seine Entscheidung befördert, Stillschweigen über seine Vergangenheit zu bewahren. In seinem Fall scheint dieser Entschluss keine einsame Entscheidung gewesen zu sein. Vielmehr hatte sich Boenigk damals nach eigener Darstellung von einem KPD-Funktionär überzeugen lassen, seine NSDAP-Mitgliedschaft nicht anzugeben.[405] Diese Episode ist bezeichnend, zeigt sie

---

[401] Vgl. Reutter an Siegmund, 25.7.1952, BArch DK 1/1544.
[402] Dazu der Fall des ehemaligen Hauptverwaltungsleiters Ferdinand Beer bei Kuhlemann, Braune Kader.
[403] Vgl. Vorgang Max Z., 1951, BArch DK 1/146.
[404] Vgl. Bericht Kaderabteilung, 31.3.1953, BArch DK 1/1545.
[405] Vgl. Lebenslauf Boenigk, 1965, BStU MfS AP 1867/89.

doch, dass selbst innerhalb des Parteiapparates ein Bewusstsein dafür vorhanden war, wie sehr die offizielle Antifaschismusdoktrin im Widerspruch zu den gesellschaftlichen Gegebenheiten stand. Zugleich weist sie darauf hin, dass es selbst innerhalb der SED Räume gab, in denen NS-Vergangenheiten geduldet und kollektiv beschwiegen wurden.

Auch aus diesem Grund geben die Erhebungen der Personalabteilung keinen zuverlässigen Einblick in den tatsächlichen Anteil von NS-Biografien der Ministeriumsmitarbeiter. Zudem verlief, wie gezeigt, die Rekrutierung unterhalb der Leitungsebene in den 1950er Jahren noch ohne eine systematische Kontrolle durch die Kaderabteilung, die aber stets betonte, dass es wichtig sei, über „die Vergangenheit eines jeden Mitarbeiters genauestens unterrichtet" zu sein.[406] Dem stand die unzureichende Führung der Personalakten ebenso entgegen[407] wie das Bestreben der Fachressorts, im Zweifelsfall kaderpolitische Makel ihrer Mitarbeiter zu kaschieren.[408] Eine Überprüfung der Selbstauskünfte war mit Blick auf eine Zugehörigkeit zur NSDAP oder NS-Organisationen in der DDR auch deshalb deutlich erschwert, weil die Behörden im Gegensatz zur Bundesrepublik über nicht annähernd so gute Belege verfügten, wie sie die Amerikaner im Berlin Document Center (BDC) für die Überprüfung ehemaliger Nationalsozialisten in Westdeutschland zusammengetragen hatten.

Der aus den offiziellen Personalstatistiken ersichtliche absolute Anstieg ehemaliger NSDAP-Mitglieder im Ministerium war – wie ausgeführt – zunächst eine Folge des allgemeinen Aufwuchses der Ministeriumsbelegschaft, der angesichts der großen Zahl ehemaliger Pg.s in der ostdeutschen Nachkriegsgesellschaft nahezu zwangsläufig war. Auch wenn die Kaderabteilung eingestandenermaßen keinen annähernd vollständigen Überblick über die Vergangenheit der Mitarbeiter hatte, so bot die Heranziehung junger Nachwuchskader die besten Möglichkeiten, auf die Beschäftigung alter Nationalsozialisten mittelfristig zu verzichten. Gleichwohl kam mit der Generation der nach 1917 Geborenen eine Alterskohorte in das Landwirtschaftsministerium, die insgesamt zu jung war, um während der NS-Zeit beruflich Karriere gemacht zu haben. Gleichwohl war es ihnen durchaus möglich, sich politisch zu exponieren, da ihre Ordnungsvorstellungen und Weltbilder vom Nationalsozialismus geprägt worden waren.[409] Im Gegensatz zu den KPD-Veteranen und Widerstandskämpfern waren sie in der Regel in NS-Organisationen eingebunden gewesen und hatten während des Krieges oft gegen die Sowjetunion gekämpft. Die Heranziehung dieser Gruppen bestärkte das Misstrauen alter Parteiveteranen wie Minister Paul Scholz, der sich gegenüber Ministerpräsident Grotewohl beschwerte, dass ihm mit dem Veterinärmediziner Heinz Theile ein ehemaliger SA-Angehöriger als Stellvertreter an die Seite gestellt wurde, der noch immer mit seinem Reitersportabzeichen prah-

---

406 Bericht Kaderabteilung, 31.12.1953, BArch DK 1/1545.
407 Vgl. Staatssekretariat Innere Angelegenheiten an Reichelt, 2.11.1953, BArch DK 1/670.
408 Exemplarisch Überprüfungsbericht HA VEG, 16.7.1954, BArch DK 1/1546.
409 Vgl. Bergien, Schweigen.

le.⁴¹⁰ Dass Theile, der zwar aus dem Ministerium abgezogen wurde, aber seine Karriere in der Akademie der Landwirtschaftswissenschaften fortsetzen konnte, zum 1. Mai 1937 in die NSDAP aufgenommen worden war, erwähnte Scholz nicht. Das dürfte daran gelegen haben, dass Theile diesen Punkt seiner Vergangenheit nach 1945 verschwieg.⁴¹¹

Diese Strategie lässt sich auch mit Blick auf die untersuchten Führungskader des Ministeriums bestätigen. Von den 126 Personen, die zwischen 1949 und 1973 Leitungsfunktionen bekleideten, waren 100 vor 1927 geboren und hatten damit bis Kriegsende die Möglichkeit, Mitglieder der NSDAP zu werden.⁴¹² Eine Überprüfung in den Beständen des BDC ergab, dass 28 von ihnen tatsächlich der NSDAP und in einigen Fällen überdies der SA angehört hatten. Hinweise auf eine Mitgliedschaft in der SS ergaben sich nur im Falle des späteren Ministers Karl-Heinz Bartsch. Damit lässt sich hinsichtlich der Leitungsebene für den gesamten Untersuchungszeitraum ein Anteil ehemaliger Pg.s von 22 Prozent feststellen, der weit über dem offiziellen Durchschnitt der Gesamtbelegschaft des Ministeriums lag. Ein Hort alter Nazis war das Landwirtschaftsministerium trotzdem nicht.

Ein genauerer Blick zeigt, dass die NSDAP-Mitglieder zu 60 Prozent der Alterskohorte der nach 1917 Geborenen zuzurechnen sind und damit kaum über Möglichkeiten verfügt hatten, während des Dritten Reiches herausgehobene Funktionen zu übernehmen. Auch mit Blick auf die übrigen ehemaligen Pg.s ließen sich über die Feststellung einer einfachen Mitgliedschaft in der NSDAP hinaus keine weiteren Anhaltspunkte für eine Beteiligung an Unrechtshandlungen oder Kriegsverbrechen finden. Sofern mit Blick auf diese Gruppe überhaupt von einer NS-Belastung gesprochen werden kann, beschränkte sie sich nach Aktenlage auf eine einfache Parteimitgliedschaft.

Das früheste Eintrittsdatum mit dem 1. April 1933 weist der aus dem ZK-Apparat stammende Hauptabteilungsleiter Tierische Produktion, Herbert Molkenthin, auf.⁴¹³ Zwei weitere Leitungskader wurden ebenfalls im Jahr der Machtübernahme aufgenommen. Vierzehn Leitungskader traten der NSDAP bis 1941 bei, die übrigen zehn zwischen 1942 und 1944. Diese letzte Gruppe gehörte damit zu jenen Jungerwachse-

---

410 Vgl. Notizen über Unterredung mit Grotewohl, 1954, BArch NY 4090/363.
411 Vgl. Personalbogen, 4.1.1950, BStU MfS AIM 543/60, P-Akte sowie NSDAP-Mitgliederkartei, BArch R 9361-IX/Kartei/4436099.
412 14 Personen waren nach 1928 geboren, in zwölf Fällen ließ sich kein gesichertes Geburtsdatum ermitteln.
413 Der Landwirt Herbert Molkenthin, geboren 1913, diente während des Zweiten Weltkriegs als Unteroffiziersanwärter in der Wehrmacht, trat 1946 der KPD und wurde 1954 als „Sonderbeauftragter" in die ZK-Abteilung Landwirtschaft eingestellt, von wo er in das Ministerium als Hauptabteilungsleiter geschickt wurde. Noch im gleichen Jahr verließ Molkenthin diesen Posten wieder. Über seinen weiteren Werdegang ist nichts bekannt. Für die biografischen Hinweise danken wir Rüdiger Bergien.

nen, die in den letzten Kriegsjahren aus der Hitlerjugend in die NSDAP eintraten.[414] Eine hier anzunehmende jugendliche Begeisterung für den Nationalsozialismus ist auch der Mehrheit der übrigen ehemaligen Pg's zu unterstellen: Die Hälfte der NSDAP-Mitglieder trat der Partei mit 18 oder 19 Jahren bei, weitere fünf waren unter 25 Jahre alt, das älteste Parteimitglied war zum Zeitpunkt der Aufnahme 39 Jahre.

Die Einstellungsdaten dieser Gruppe in das Ministerium bestätigen die allgemeine Entwicklung: 22 der 28 ehemaligen Pg.s gelangten zwischen 1952 und 1958 in ihre Funktionen und damit in der Zeit des stärksten personellen Aufwuchses. In fünf Fällen wurden sie später eingestellt, wobei die Ernennung von Bruno Lietz als Minister im Jahr 1982 (NSDAP-Eintritt 1942) und des Abteilungsleiters Werner Münch im Jahr 1974 (NSDAP-Eintritt 1944) als Ausnahmen anzusehen sind.

Dass diesen Funktionären der Aufstieg bis in höchste Ämter gelang, war wesentlich darauf zurückzuführen, dass sie ihre NSDAP-Mitgliedschaft nach 1945 verschwiegen. Damit handelten sie nicht anders als die überwiegende Mehrheit der deutschen Nachkriegsgesellschaft. In 23 Fällen liegen Lebensläufe, Personalbögen oder Biografien vor, die Auskunft über den Umgang mit dieser Belastung geben. Nur in zwei Fällen ist eine wenigstens teilweise Offenbarung erkennbar. Das betraf zum einen Minister Hans Reichelt, der nach seiner Entlassung aus sowjetischer Kriegsgefangenschaft seine anfängliche Begeisterung für die Hitlerjugend ebenso einräumte, wie den Umstand, dass er in die NSDAP übernommen werden sollte.[415] Reichelt war während seiner Schulzeit in die Hitlerjugend eingetreten, wo er bis zum Jungscharführer aufstieg, was seinen eigenen späteren Einlassungen zufolge auch der Grund dafür gewesen sei, weshalb er 1943 zwangsläufig einen Aufnahmeantrag für die NSDAP habe stellen müssen.[416] Gleichwohl betonte Reichelt nach Kriegsende stets, dass er nie vollwertiges Parteimitglied gewesen sei.[417] Ausweislich der NSDAP-Mitgliederkartei hatte Reichelt bereits wenige Monate vor seinem 18. Geburtstag Ende 1942 einen solchen Antrag gestellt und wurde zum 20. April 1943 unter der Mitgliedsnummer 9454165 registriert.[418] Ob der zu diesem Zeitpunkt bereits in die Wehrmacht eingezogene Reichelt davon wusste, lässt sich nicht mehr beantworten. Durch Offenbarung seiner Vergangenheit nach Kriegsende konnte sie ihm nicht mehr zum Vorwurf gemacht werden. Das schützte ihn auch vor Anwürfen aus der westlichen Presse, die seit 1960 in Propagandakampagnen gerade den Landwirtschafts-

---

414 Vgl. Nolzen, Armin: Vom Jugendgenossen zum Parteigenossen. Die Aufnahme von Angehörigen der Hitler-Jugend in die NSDAP, in: Benz, Wolfgang (Hg.): Wie wurde man Parteigenosse? Die NSDAP und ihre Mitglieder, Frankfurt/Main 2009, S. 123–150.
415 Vgl. Notiz zu Reichelt in BStU MfS HA XX 5751, Teil 2, Blatt 408 sowie den Lebenslauf von 1950 in BStU MfS AIM 127/54.
416 Vgl. Lebenslauf, BStU MfS AIM 127/54, Bl. 9.
417 Kurzbiografie, 1960, BArch DC 20-I/3/33 vgl. Reichelt, Hans: Blockflöten, oder was? Zur Geschichte der DBD 1948–1990, Berlin 1997, Vorblatt (Reichelt, Blockflöten), wo er sich selbst weiterhin als NSDAP-Anwärter bezeichnet.
418 Vgl. NSDAP Mitgliederkartei, BArch R 9361/IX/Kartei/34090633.

minister als Beweis anführte, dass auch in der DDR ehemalige Nationalsozialisten in höchste Regierungsämter aufsteigen konnten.[419] Die Bezeichnung „Nazi-Minister", die von der Bild-Zeitung 1963 für ihn verwendet wurde, muss indes mit Blick auf den damals 18jährigen Soldaten und die ganz anderen Belastungen verschiedener bundesdeutscher Spitzenpolitiker als billige Propaganda angesehen werden.[420]

Der zweite Fall betrifft den ebenfalls aus der DBD stammenden Hauptabteilungsleiter Fritz Weißhaupt, der zum 1. Mai 1933 der NSDAP beigetreten, aber auf Beschluss des Gaugerichtes Sachsen bereits 1936 wieder ausgeschlossen worden war.[421] Spätestens als Weißhaupt im Sommer 1950 die Leitung des sächsischen Landwirtschaftsministeriums übernahm, war seine NSDAP-Zugehörigkeit aktenkundig.[422] Vermutlich dürfte sein früher Parteiausschluss, über dessen Hintergrund nichts bekannt ist, geholfen haben, dass dieser Makel in den kommenden Jahren keine Rolle mehr spielte. Weder erwähnte Weißhaupt seine NSDAP-Mitgliedschaft in später verfassten Lebensläufen, noch tauchte der Umstand in offiziellen Biografien auf.[423]

Das Verschweigen der NSDAP-Mitgliedschaft bedeutet indes nicht, dass die Betreffenden den Anschein erweckten, während des Nationalsozialismus neutral oder gar im Widerstand gewesen zu sein. Fast alle räumten immerhin ein, den NS-Jugendorganisationen angehört und dort mitunter auch Funktionen übernommen zu haben. In drei Fällen wurde auch eine Zugehörigkeit zur SA oder NS-Untergliederungen wie dem Nationalsozialistischen Studentenbund (einmal) oder dem Nationalsozialistischen Kraftfahrerkorps (einmal) eingestanden. Damit war klar, dass diese Personen keineswegs im Sinne der SED völlig unbelastet waren. Vielmehr waren sie gezwungen, ihren Bruch mit dem Nationalsozialismus überzeugend darzustellen. Wie bereits erwähnt, galt als entlastendes Moment, manchmal sogar geradezu als Empfehlung eine sowjetische Kriegsgefangenschaft, wenn sie mit Schulungskursen in Antifa-Lagern einhergegangen war. Insgesamt 19 leitende Kader des Ministeriums konnten auf eine solche Vergangenheit zurückblicken, darunter zehn der ehemaligen NSDAP-Mitglieder. Landwirtschaftsminister Wilhelm Schröder, der 1940 der NSDAP beigetreten war, machte beispielsweise geltend, er habe während der Kriegsgefangenschaft mit dem Nationalsozialismus gebrochen und sein „politisches Wissen" als Wiedergutmachung „dem deutschen Volk und darüber hinaus dem Sowjetvolk und allen fortschrittlichen demokratischen Kräften" zur Verfügung gestellt.[424] Eine ähn-

---

419 Vgl. beispielsweise Fricke, Karl Wilhelm: Von Hitler zu Ulbricht, in: Rheinischer Merkur, 27.5. 1960; ders: Drei Zonen-Minister waren NSDAP-Mitglieder, in: Tagesspiegel, 2.2.1963.
420 Pankow: Ein Nazi-Minister weniger, in: Bild Berlin, 9.2.1963.
421 Vgl. NSDAP-Mitgliederkartei BArch R 9361-IX/Kartei/47751322.
422 Vgl. Sächsisches Ministerium für Landwirtschaft, Charakteristik, um 1950, BStU MfS BV Dresden AP 82/58.
423 Vgl. Lebenslauf Weißhaupt, 15.12.1951, BStU MfS BV Dresden AP 82/58 sowie Kurzbiografie, 1959, BArch DK 1/8603.
424 Abschrift Lebenslauf, BStU MfS BV Erfurt AOP 10/54; NSDAP-Mitgliederkartei, BArch R 9361-IX/ Kartei/39740786.

liche Selbststilisierung findet sich auch beim stellvertretenden Minister Heinz Theile, der 1943 in Stalingrad in sowjetische Kriegsgefangenschaft geriet und später mehrere Antifa-Schulen durchlief. Außerdem machte Theile geltend, seine SA-Mitgliedschaft sei taktischer Natur gewesen. Er stamme aus einem sozialdemokratischen Elternhaus und habe vor 1933, als er Tiermedizin studierte, dem sozialistischen Studentenbund angehört. Weil der Vater wegen seiner SPD-Zugehörigkeit nach 1933 seine Arbeit verloren habe und Theile an der Universität Repressalien zu erwarten gehabt hätte, sei er zu seinem eigenen Schutz als „einfaches zahlendes Mitglied" der SA beigetreten.[425]

In beiden Fällen blieb die verschwiegene NSDAP-Mitgliedschaft unentdeckt. Eine spätere Aufdeckung war bei den untersuchten 28 ehemaligen Führungskadern die Ausnahme, was letztlich erstaunlich ist, weil gerade diese Gruppe einer besonders intensiven Überprüfung durch den Partei- und Sicherheitsapparat unterlag. Unter den ehemaligen Pg.s sind vier Fälle dokumentiert, in denen die Parteimitgliedschaft später bekannt wurde. Ein solcher Vorgang war in der DDR keine Bagatelle, sondern wurde gerade SED-Mitgliedern als schwerer Vertrauensbruch angelastet. Dennoch spielten bei der Entscheidung über die Tragweite der Konsequenzen Fragen von Vertrauen, Reue und Bewährung eine sehr viel entscheidendere Rolle als die Zugehörigkeit zur NSDAP selbst.

Abgesehen von Karl-Heinz Bartsch, über den an anderer Stelle noch ausführlicher zu sprechen sein wird, hatte die Offenlegung einer NS-Vergangenheit für die Betreffenden keine unmittelbaren schweren Konsequenzen. Im Falle des stellvertretenden Ministers Gerhard Elvert fielen die Offenbarung seiner NSDAP-Mitgliedschaft und seine Abberufung aus dem Ministerium zwar in einen zeitlichen, aber nur scheinbar kausalen Zusammenhang. Elvert, 1920 im oberschlesischen Dambrau geboren, wuchs in einer dem Nationalsozialismus eng verbundenen Familie auf und verschwieg nach 1945 seine „braune" Vergangenheit zunächst vollständig. Erst als das SED-Mitglied 1951 einer parteiinternen Überprüfung unterzogen wurde, rückte er von seiner bisherigen Darstellung ab und räumte ein, den NS-Jugendorganisationen angehört zu haben.[426] Als Elvert 1954 vom ZK in seinem Ministeramt bestätigt wurde, galt er lediglich als Jungzugführer des Deutschen Jungvolkes (DJ), der später einfaches Mitglied der HJ gewesen sei.[427] Tatsächlich hatte Elvert nur seinen niedrigsten Dienstrang im DJ angegeben und seine Beförderung zum Jungbannführer ebenso verschwiegen wie seine Tätigkeit als Fähnleinführer in der Hitlerjugend.[428] Ebenfalls unerwähnt blieb, dass Elvert im Juni 1944 im Alter von 17 Jahren einen eigenhändigen Aufnahmeantrag ausgefüllt hatte und seit dem 1. August der NSDAP angehörte.[429] Das wurde erst im

---

425 Lebenslauf, undatiert, BStU MfS AIM 543/60, P-Akte.
426 Vgl. Elvert, Gerhard: Ein oft verrückter Lebensweg. Ein Landwirt und Wissenschaftler erinnert sich, Rostock 2004, S. 23–25, 51–53, 71–78, bes. 76.
427 Vgl. Kurzbiografie, 23.10.1954, BArch DY 30/60506.
428 Vgl. Dienstbescheinigung, 16.6.1944, BArch R 9361-II/207192.
429 Vgl. Aufnahmeantrag, 22.6.1944, BArch R 9361-II/207192 sowie NSDAP-Mitgliederkartei, BArch R 9361-IX/Kartei/7740377.

Herbst 1959 bekannt, als Elverts Vergangenheit in der Bundesrepublik offengelegt wurde.[430] Diese Enthüllungen dürften auf seine ohnehin wegen fachlicher Unfähigkeit beschlossene Absetzung kaum mehr Einfluss gehabt haben.[431] Auch deshalb, weil Elvert die Anschuldigungen bestritt, was man ihm offenbar auch glaubte. Fachlich zwar für sein Amt ungeeignet, dafür aber politisch weiterhin als zuverlässig angesehen, wurde ihm jetzt die Leitung des Institutes für Agrarökonomie und angesichts der dort vermuteten oppositionellen Kräfte eine besondere Vertrauensstellung übertragen. Erst als er auch in seiner neuen Aufgabe nicht die gewünschten Erfolge verzeichnen konnte und 1962 zur Strafe mit der Leitung eines höchst defizitären Volkseigenen Gutes in Mecklenburg betraut wurde, wurden die im Raum stehenden Verdachtsmomente gegen ihn verwendet. Nunmehr galt die noch immer unbewiesene NSDAP-Mitgliedschaft der Staatssicherheit als Indiz, dass der im „faschistischen Sinne" erzogene ehemalige stellvertretende Minister ein potentieller Feind, wenigstens aber ein unzuverlässiger Kader sei.[432] Eine Aufklärung der Frage, ob Elvert nun der NSDAP angehört hatte oder nicht, unterblieb hingegen. Noch 1978 fragte sich die zuständige MfS-Kreisdienststelle Prenzlau, die Elvert inzwischen überwachte, was es mit den Anschuldigungen auf sich habe.[433]

Neben Elvert sah sich mit Erich Rübensam ein weiterer Stellvertreter des Landwirtschaftsministers 1959 in der Westpresse Vorwürfen ausgesetzt, ein ehemaliges NSDAP-Mitglied gewesen zu sein. Auch diese Anwürfe lassen sich in der Mitgliederkartei bestätigen: Rübensam war zum 1. September 1940 unter der Mitgliedsnummer 7848858 in die NSDAP aufgenommen worden.[434] Bislang hatte er, wie Elvert, lediglich eingeräumt, dem DJ und später der HJ immerhin als Scharführer angehört zu haben.[435] Da Rübensam zugleich Mitglied des ZK war, zog seine Enttarnung weitere Kreise. Er wurde zu einer Aussprache in die Parteikontrollkommission zitiert, bestritt aber alle Anschuldigungen. Ihm wurde der Vorschlag unterbreitet, öffentlich gegen diese „Verleumdung" vorzugehen, was aus unbekannten, aber für Rübensam sicher guten Gründen unterblieb. In einer nachträglich verfassten Erklärung versicherte er nochmals, „nach bestem Wissen und Gewissen" der Partei alles über seine Vergangenheit gesagt zu haben, und bekräftigte sogar, „selbstverständlich" würde er auch eine Mitgliedschaft in der NSDAP nicht verschweigen.[436] Für den Parteiapparat, der Rübensam im Mai 1960 ohne weitere erkennbare Überprüfungen hauptamtlich in die ZK-Abteilung Landwirtschaft einstellte, war die Angelegenheit damit erledigt. Erst 1963 wurde er im Zuge der Affäre um Karl-Heinz Bartsch und angesichts neuerlicher Veröffentlichungen in der Westpresse zu einer Stellungnahme aufgefordert. Da Rüben-

---

430 Vgl. Nationalsozialisten in Pankows Diensten, Bonn 1959.
431 Vgl. Bericht, Dezember 1959, BStU MfS HA XVIII 29481.
432 MfS, Analyse, 20.1.1965, BStU MfS HA XVIII 29485.
433 Vgl. BV Nbg, KD Prenzlau an die HA IX/11, 11.8.1978, BStU MfS HA IX/11 AK 3946/78.
434 Vgl. NSDAP-Mitgliederkartei, BArch R 9361-IX/Kartei/35901208.
435 Vgl. Abteilung Kaderfragen, Aktennotiz, 2.5.1959, BArch DY 30/93093.
436 Abschrift Erklärung Rübensam, 4.5.1959, BArch DY 30/93093.

sam auch jetzt bestritt, jemals in der NSDAP gewesen zu sein, war die Angelegenheit, wie die Kaderabteilung des ZK notierte, „erledigt." Allerdings enthielt der Abschlussvermerk auch eine Drohung: Sollte sich die Mitgliedschaft doch noch beweisen lassen, habe Rübensam mit Konsequenzen zu rechnen.[437] Von einer weiteren Aufklärung der Anwürfe sah die Kaderabteilung allerdings auch jetzt ab und verließ sich auf die Selbstaussagen des inzwischen an die Akademie der Landwirtschaftswissenschaften versetzten Parteikaders.

Während die überwiegende Mehrheit der ermittelten NSDAP-Mitglieder unter den Leitungskadern des Ministeriums unentdeckt blieb, aber im Zuge des personellen Umbaus bis Ende der 1960er Jahre ausgeschieden war und sich das Problem des Umgangs mit diesem Personenkreis auf diese Weise löste, stieg mit Horst Heidrich ein ehemaliges NSDAP-Mitglied erst 1963 in Führungspositionen auf. Heidrich, 1920 in Satzung im Erzgebirge geboren, stammte aus einer streng konservativen Familie, deren Mitglieder sich Zeitzeugenberichten zufolge nach 1933 als aktive Nazis hervortaten. Heidrich selbst trat in die HJ ein, sei angeblich mit dem goldenen HJ-Abzeichen ausgezeichnet worden und wurde 1939 im Alter von 18 Jahren in die NSDAP aufgenommen.[438] Nach dem Schulbesuch absolvierte er eine Lehre zum Waldarbeiter, wurde 1940 zur Wehrmacht eingezogen und erlebte das Kriegsende als Unteroffizier. Heidrich kehrte nicht in seinen Heimatort zurück und brach nach außen hin mit seiner Vergangenheit. Noch 1945 trat er in die SPD ein und ging nach Tharandt, wo er zum Förster ausgebildet wurde. 1951 wurde Heidrich im Landwirtschaftsministerium eingestellt, stieg innerhalb von fünf Jahren zum Abteilungsleiter auf und wurde nach einem Besuch der Parteihochschule 1963 zum Vorsitzenden des Staatlichen Komitees für Fortwirtschaft ernannt.[439]

Hinsichtlich seiner Vergangenheit hatte Heidrich lediglich seine Mitgliedschaft in der HJ eingeräumt.[440] Zweifel an dieser Darstellung kamen wenige Wochen vor seiner Ernennung zum Generalforstmeister aus dem MfS. Ein Mitarbeiter, der für die offiziellen Kontakte zum Landwirtschaftsministerium zuständig war und die Familie Heidrichs kannte, gab zu Protokoll, dessen Angehörige seien in seiner Heimat als „aktive Nazis" bekannt und Heidrich selbst ein gefürchteter HJ-Funktionär gewesen.[441] Obwohl er noch andere Zeugen benannte, die diese Aussagen bestätigen konnten, unterblieben weitere Nachforschungen. Die Hauptverwaltung A (HV A), der Auslandsgeheimdienst des MfS, erklärte sich für Heidrich zuständig und veranlasste die Diensteinheit, von weiteren Erkundigungen Abstand zu nehmen.[442]

---

[437] Aktennotiz, 29.4.1963, BArch DY 30/93093.
[438] Vgl. NSDAP-Mitgliederkartei, BArch R 9361-IX/Kartei/14211685.
[439] Vgl. Kurzbiografie, 1966, BArch DK 1/11516.
[440] Vgl. Kurzbiografie, 1960, BArch DC 20-I/3/33.
[441] So seien der Vater Ortsbauernführer und ein Bruder in der SS gewesen. Bericht, 7.1.1963, BStU MfS HA XVIII 28809.
[442] Vgl. HA XVIII/6, Bericht, 11.3.1975; HA XVIII/6, Bericht, 25.7.1977, BStU MfS HA XVIII 28809. Bruno Kiesler gab 1975 an, die Kaderunterlagen Heidrichs enthielten nicht einmal Hinweise auf dessen HJ-

Für einige Bewohner in Heidrichs Heimatgemeinde war es hingegen unverständlich, wieso der inzwischen zu einer Person des öffentlichen Lebens gewordene, ehemalige überzeugte Nationalsozialist bis in höchste Staatsämter aufsteigen konnte. Anfang 1974 lag Minister Kuhrig eine Beschwerde vor, in welcher erneut schwere Anschuldigungen gegen Heidrich erhoben wurden. Doch nicht Heidrich, sondern der Verfasser des Briefes musste sich im August 1974 vor einem Justitiar des Landwirtschaftsministeriums und Vertretern des örtlichen Parteiapparates sowie der Gemeindeverwaltung erklären. Er ließ sich von der Kommission nicht beeindrucken, sondern beharrte darauf, dass mit Heidrich ein echter Nazi im Landwirtschaftsministerium arbeite. Aus Sicht des Ministeriums schien es geraten, solchen „verleumderischen Äußerungen" gegen führende SED-Genossen entschieden entgegenzutreten und den Briefeschreiber „mit aller Konsequenz zur Verantwortung" zu ziehen.[443]

Das war Aufgabe des MfS, dem der Vorgang zur Kenntnis gegeben wurde. Angesichts der seinerzeit nicht ausgeräumten Vorwürfe gegen Heidrich wurde die Aufklärung der Anschuldigungen nunmehr vorangetrieben, was auch deshalb vordringlich erschien, weil ein Sohn Heidrichs inzwischen hauptamtlich für die Staatssicherheit arbeitete.[444] Zudem war Heidrichs NSDAP-Mitgliedschaft inzwischen auch in der Bundesrepublik publik geworden, so dass auch außenpolitisch ein Imageschaden zu befürchten war. Hatte die HV A Heidrich vor mehr als zehn Jahren noch geschützt, stellte sie sich nun nicht mehr gegen die Ermittlungen. Da sich die Vorwürfe gegen einen hohen Repräsentanten der DDR richteten, der zudem Mitglied der SED war, zog die ZK-Abteilung Landwirtschaft die Angelegenheit an sich. Im Auftrag der Kaderabteilung angestellte Ermittlungen in Heidrichs Heimat bestätigten die Beschuldigungen. Er wurde daraufhin zu einer Aussprache in das ZK bestellt, wo er den Nachfragen zunächst auszuweichen versuchte. Erst als der Leiter der ZK-Abteilung Landwirtschaft Bruno Kiesler vorschlug, den Denunzianten tatsächlich gerichtlich zur Verantwortung zu ziehen und in der Bundesrepublik Klage gegen eine Illustrierte, die Heidrichs Parteimitgliedschaft offengelegt hatte, erheben zu lassen, räumte Heidrich ein, sowohl HJ-Funktionär als auch NSDAP-Mitglied gewesen zu sein. Zur Bereinigung der Affäre bot Kiesler eine gesichtswahrende Lösung an, die jegliches öffentliche Aufsehen vermeiden sollte. Heidrich, der gesundheitlich angeschlagen war und wegen dienstlicher Verfehlungen in der Kritik stand, sollte sich in den Vorruhestand versetzen lassen. Auf diese Weise ließen sich sowohl ein unausweichliches Parteiverfahren wie auch eine mögliche Entlassung vermeiden.[445] Heidrich stimmte dem

---

Mitgliedschaft, was von Seiten des MfS zu Spekulationen führte, ob die Personalakte nach der Affäre 1963 bereinigt worden sein könnte. Dafür spricht, dass eine 1968 entstandene offizielle Kurzbiografie Heidrichs im Gegensatz zu früheren Lebensläufen die HJ-Zugehörigkeit tatsächlich nicht erwähnt. Kurzbiografie, 1968, BArch DK 1/15086.
443 Vermerk über die Aussprache vom 22.8.1974, BStU MfS HA XVIII 28809.
444 Vgl. HA XVIII/6, Bericht, 11.3.1975, BStU MfS HA XVIII 28809.
445 Vgl. HA XVIII, Bericht, 7.5.1975, BStU MfS HA XVIII 28809.

Vorschlag zu, legte alle seine Staatsämter nieder und ließ sich mit 55 Jahren offiziell invalidisieren.

2 Kontinuität der Experten

Wie in allen anderen Ministerien der DDR auch, kam auch das Landwirtschaftsministerium nicht umhin, in beschränktem Umfang Spezialisten heranzuziehen, deren politische und berufliche Sozialisation vor 1945 begonnen hatte. Die Fortsetzung solcher Berufsbiografien blieb aber, wie gezeigt, insgesamt gesehen eine Ausnahme und war überdies auf Bereiche beschränkt, die aus Sicht der SED politisch weniger relevant erschienen. Dazu gehörten einerseits eher technische Abteilungen wie die Bereiche Finanzen, Statistik und Planung. Andere Ressorts, wie das nachfolgend behandelte Veterinärwesen, rückten erst verzögert in den Fokus, erlebten dann zwar einen verspäteten, aber durchgreifenden personellen Umbau.

Zu den vermeintlich unpolitischen Bereichen des Ministeriums zählten in den 1950er Jahren die Abteilungen für Finanzen und Planung, deren Aufgabe die Bilanzierung und statistische Erfassung von Produktionsergebnissen war. Die zunächst nachgeordnete Bedeutung zeigte sich auch daran, dass sie nicht den Status einer Hauptabteilung oder Hauptverwaltung hatten. Gleichwohl waren auch diese Bereiche nicht völlig vom personalpolitischen Einfluss der SED ausgenommen. Die Leitung der Abteilungen hatten auch hier ideologisch zuverlässige, fachlich dafür aber schlecht qualifizierte Parteikader inne. Weil diese aber nicht in der Lage waren, ihre Aufgaben zu erfüllen, herrschte auf Leitungsebene eine hohe Fluktuation: So hatte die Abteilung Planung und Statistik in den neun Jahren nach Gründung des Ministeriums fünf verschiedene Leiter.[446] Im Jahr 1959 wurde durch die Zusammenlegung mit der Abteilung Finanzen eine gemeinsame Hauptabteilung geschaffen, die nun zu einem Schwerpunkt des personalpolitischen Umbaus werden sollte. Der seit 1954 amtierende Leiter, Fritz Lindner, der als gelernter Buchdrucker in das Ministerium kam, stand bereits ein Jahr nach seiner Amtsübernahme beim MfS im Verdacht, in seinem Bereich „negative Kräfte" zu schützen. Anlass für diese Feststellung waren eine Häufung vermuteter Spionagekontakte und der hohe Anteil parteiloser Leitungsfunktionäre in seinem Bereich.[447] Weitergehende Eingriffe unterblieben aber zunächst. Dies änderte sich erst im Zuge der allgemeinen Personalüberprüfungen der Jahre 1958/1959, als die Kaderabteilung, das MfS und die SED-Parteigruppe die Entlassung eines Großteils der Mitarbeiter durchsetzten und neben Lindner auch sämtliche Sektorenleiter ihre Posten räumen mussten.[448] Bei den Entlassungen spielten bislang geduldete bzw. erst jetzt aufgedeckte NS-Belastungen eine wichtige Rolle. Die Hauptabteilung Planung

---

446 Vgl. Analyse der Hauptabteilung Planung und Statistik, 12.10.1959, BStU MfS HA XVIII 13467.
447 Vgl. Analyse des Ministeriums, 20.1.1955, BStU MfS HA XVIII 13647.
448 Vgl. Analyse der Hauptabteilung Planung und Statistik, 12.10.1959, BStU MfS HA XVIII 13467.

und Finanzen bildete noch im Frühjahr 1960 bei den noch anstehenden Personalveränderungen den Schwerpunkt des gesamten Ministeriums. Unter den zur Entlassung vorgesehenen Angestellten befanden sich drei Mitarbeiter, die der NSDAP angehört hatten, sowie eine Sachbearbeiterin, die offenbar vor 1945 für die Deutsche Arbeitsfront tätig gewesen war.[449] Eine solche Konzentration von NS-Biografien war zu diesem Zeitpunkt die höchste in einer Abteilung des Ministeriums. Auf die SED-Betriebsgruppe, welche die Überprüfung maßgeblich vorangetrieben hatte, fiel diese nun selbst zurück. Zwei der zu entlassenden Mitarbeiter hatten der Parteileitung der Abteilung angehört und mussten wegen ihrer nun festgestellten NSDAP-Mitgliedschaft ihre Ämter niederlegen.[450] Tatsächlich schied mit dem Sektorenleiter Gerhard Heerbach mindestens ein weiteres NSDAP-Mitglied aus, das seine Parteizugehörigkeit erfolgreich verschweigen konnte.[451]

Einen weiteren relativen Schwerpunkt mit NS-Belastungen im Landwirtschaftsministerium bildete der Bereich Veterinärwesen,[452] dessen Leiter der Führungsgruppe des Ministeriums angehörte. Die Hauptabteilung bzw. Abteilung weist insofern eine Besonderheit auf, als bis auf zwei Ausnahmen sämtliche Leiter bis zur Wiedergründung des Ministeriums 1972 Mitglieder der NSDAP gewesen waren. Einige von ihnen hatten zudem der SA angehört und waren während des Krieges Offiziere der Wehrmacht gewesen. Auch wenn der Umstand der NSDAP-Mitgliedschaft, soweit aus den vorhandenen Personalunterlagen ersichtlich ist, nur in Ausnahmefällen bekannt war, so waren sich sowohl die Kaderabteilung des Ministeriums wie der Parteiapparat als auch die Staatssicherheit darüber im Klaren, dass die Veterinäre zu einer Berufsgruppe gehörten, bei welcher man derartige Vorbelastungen zu erwarten hatte und in Kauf nehmen musste.

Der Berufsstand der Tiermediziner war, wie neuere Forschungen nachgewiesen haben, aufgrund seiner traditionell national-konservativen Prägung ideologisch für den Nationalsozialismus anfällig, was sich im Vergleich zu anderen Medizinern und Naturwissenschaftlern in einem hohen Anteil von NSDAP-Mitgliedern niederschlug.[453] Zudem war das Veterinärwesen seit 1934 dem Reichsinnenministerium bzw. den In-

---

[449] Vgl. Personalaufstellungen, 9.2.1960, BArch DK 1/1552.
[450] Vgl. Analyse der Hauptabteilung Planung und Statistik, 12.10.1959, BStU MfS HA XVIII 13467.
[451] Vgl. NSDAP-Mitgliederkartei, BArch R 9361-IX/Kartei/14071854. Vgl. auch die Stellungnahme der Parteiorganisation des Ministeriums, die wenige Wochen vor seiner Ablösung davon ausging, dass sich Heerbach vor 1945 politisch nicht betätigt habe (APO, Einschätzung, 29.9.1959, BStU MfS AP 4810/60). In seinem Falle waren es deshalb wahrscheinlich auch eher parteipolitische Motive, die der Ablösung des 1956 aus dem Parteivorstand der DBD ins Ministerium gewechselten Sektorenleiters zugrunde lagen. Heerbach kehrte an seine alte Wirkungsstätte zurück und wurde 1961 wegen seiner Westkontakte entlassen. Vorgang zu Heerbach in: BStU MfS AP 4810/60
[452] Die Bezeichnungen wechselten im Laufe der 1950er und 1960er Jahre mehrfach. Ungeachtet der Umbenennungen wird im Folgenden einheitlich der Begriff Veterinärwesen verwendet.
[453] Vortrag von Schimanski, Michael: „Die überwiegende Mehrheit stand von jeher rechts" – Tierärzte in der NSDAP, auf der Tagung Veterinärmedizin und Nationalsozialismus in Europa, 10./11.11.2017.

nenministerien der Länder zugeordnet, deren Mitarbeiter gleichfalls eine hohe Affinität zum NS-Regime aufwiesen und an der Durchsetzung der nationalsozialistischen Diskriminierungs- und Verfolgungspolitik maßgeblich beteiligt waren.[454] Nicht zuletzt war die Ausbildung von Tiermedizinern seit Mitte der 1930er Jahre Teil der Wiederaufrüstung, was sich durch Neugründung bzw. Umwandlung von Tiermedizinischen Hochschulen in Heeresveterinärakademien in Hannover und Berlin zeigte. Der hohe Bedarf an Tiermedizinern im Militär führte dazu, dass ein Großteil der Tierärzte während des Zweiten Weltkrieges in die Veterinärkorps von Wehrmacht und SS einberufen wurden und dort aufgrund ihrer Ausbildung in der Regel eine Offizierslaufbahn einschlugen.[455]

Eine Ablehnung oder auch nur Distanz zum NS-Regime war unter den Veterinärmedizinern eine Ausnahme.[456] Zu den wenigen Veterinären, die eine solch reservierte Haltung an den Tag legten, gehörte der seit 1949 amtierende und spätere erste Leiter der Veterinärabteilung des Landwirtschaftsministeriums, Dr. Oskar Lindenau.[457] 1874 im westpreußischen Elbing geboren, trat er nach einem Studium der Tiermedizin und Promotion 1924 in das Reichslandwirtschaftsministerium ein und wurde 1934 im Range eines Ministerialrates in das Reichsinnenministerium überführt.[458] Im Falle Lindenaus, der nach Aktenlage nie der NSDAP angehörte, könnten politische Motive ausschlaggebend gewesen sein, warum der 61jährige Ministerialrat 1938 in den vorzeitigen Ruhestand versetzt wurde.[459] Er bewarb sich nach Beginn des Zweiten Weltkrieges um Wiederverwendung, war aber 1942 nur als Polizeitierarzt in Berlin tätig.[460] Seine Distanz zum Nationalsozialismus könnte dazu beigetragen haben, dass Lindenau seine Berufskarriere nach Kriegsende fortsetzen konnte und, inzwischen 77jährig, erst im Jahr 1951 pensioniert wurde.

Seine Nachfolger wiesen für den Berufsstand schon eher typische Biografien auf. Der bereits mehrfach erwähnte Heinz Theile sowie Hans Kumm,[461] Horst Thamm,[462]

---

454 Zur Rolle des Reichsinnenministeriums in der NS-Zeit Bösch/Wirsching (Hgg.), Hüter der Ordnung sowie vgl. Neliba, Günter: Wilhelm Frick. Der Legalist des Unrechtsstaates. Eine politische Biographie, Paderborn 1992; Jasch, Hans-Christian: Staatssekretär Wilhelm Stuckart und die Judenpolitik. Der Mythos von der sauberen Verwaltung, München 2002; Lehnstaedt, Stephan: Das Reichsministerium des Innern unter Heinrich Himmler 1943–1945, in: Vierteljahrshefte für Zeitgeschichte 54. Jg. 2006, S. 639–672.
455 Vgl. Schimanski, Michael: Die Tierärztliche Hochschule Hannover im Nationalsozialismus, Dissertationsschrift an der Tierärztlichen Hochschule Hannover, Hannover 1997.
456 Vgl. dazu die Studie Möllers, Georg: Jüdische Tierärzte im Deutschen Reich in der Zeit von 1918 bis 1945, Dissertationsschrift an der Tierärztlichen Hochschule Hannover, Hannover 2002.
457 Sein Vorgänger, Clemens Giese, war Ende 1948 in den Westen geflohen.
458 Vgl. die Personalakte BArch R 1501/208661.
459 Vgl. Abschrift, 28.8.1937, BArch R 1501/208661.
460 Vgl. Antrag Lindenau, 6.9.1939; RMI, Verleihung von Kriegsverdienstkreuzen, 6.8.1942, BArch R 1501/208661.
461 Hans Kumm, geboren 1900 in Berlin, Studium der Tiermedizin in Hannover, zum 1. März 1933 Aufnahme in die NSDAP, 1944 als Oberveterinär in sowjetische Kriegsgefangenschaft. 1948 Entlassung und Tätigkeit als Tierarzt, 1951 Einstellung in die Akademie der Landwirtschaftswissenschaften, 1952–

Joachim Salomon[463] und Wilhelm Heine[464] waren mit Geburtsjahrgängen zwischen 1900 und 1915 deutlich jünger als Lindenau. Sie stammten auch nicht aus der preußischen Innenverwaltung, sondern hatten nach ihrem Studium zum Teil in der kommunalen Veterinärverwaltung gearbeitet und während des Krieges als Veterinäroffiziere in der Wehrmacht gedient. Sie alle verbanden ihre Berufsbiografien nach 1933 mit einem Eintritt in die NSDAP.

Mit Blick auf das gesamte Leitungspersonal stellten die Veterinärmediziner damit die größte Gruppe ehemaliger NSDAP-Mitglieder. Auch die frühen Eintrittsdaten zwischen 1933 und 1941 hoben sich von den übrigen Leitungskadern ab. Nur die zwei der nach 1960 eingesetzten Leiter der Veterinärabteilung, Dietrich Schulze[465] und Wilfried Heinicke,[466] die 1924 bzw. 1923 geboren waren, gehörten zur Generation jener Jugendlichen, deren politische Sozialisation durch den Nationalsozialismus geprägt worden war. Hinweise auf eine politische Affinität zum NS-Regime liegen bei Schulze nicht vor. Im Gegensatz zu Heinicke, der 1941 im Alter von 18 Jahren in die Partei eintrat, gehörte er nie der NSDAP an.[467] Gleichzeitig zeigt ein Blick auf die Biografien aber auch, dass ihr kaderpolitisch unerwünschtes Vorleben, abgesehen von Heinicke, der bei Kriegsende von britischen Truppen in Gewahrsam genommen worden war, durch eine sowjetische Kriegsgefangenschaft kompensiert werden konnte. Da sie in

---

1953 Leiter der HA Veterinärwesen, dann Direktor der Fachschule für Tiermedizin Rostock. Er verstarb 1958.
462 Horst Thamm, geboren 1915 in Dresden, Studium an der Heeresakademie in Hannover, 1939 Aufnahmeantrag NSDAP, als Stabsveterinär in sowjetische Kriegsgefangenschaft, 1949 Mitglied der SED, 1953–1956 Leiter der Veterinärabteilung, nach 1956 am Tiergesundheitsamt Halle tätig.
463 Joachim Salomon, geboren 1914 in Lučenec (Slowakei), Studium der Tiermedizin in Leipzig, zum 1. Januar 1940 Aufnahme in die NSDAP, sowjetische Kriegsgefangenschaft, nach der Entlassung Eintritt in die NDPD und für diese im Bezirkstag Frankfurt/Oder, zugleich Leiter des dortigen Schlachthofes, zum 1.3.1957 Einstellung in die Veterinärabteilung, ab 1958 bis zu seinem Tod im März 1959 Leiter der Hauptabteilung Veterinärwesen.
464 Wilhelm Heine, geboren 1905, Studium der Tiermedizin und anschließend Veterinärassistent und praktizierender Tierarzt, 1936 bei der Lebensmittelüberwachungsstelle Berlin, 1939 Eintritt in die NSDAP, 1940 Wehrdienst als Stabsveterinär an der Ostfront, 1945–1947 sowjetische Kriegsgefangenschaft, dann Tierarzt und Leiter der Schlachthöfe in Torgau und Cottbus, Mitglied der LDPD, 1951 Einstellung in die Veterinärabteilung, 1959–1960 kommissarischer Leiter, 1963 Entlassung aus dem Ministerium.
465 Dietrich Schulze, geboren 1924 in Merseburg, 1942 Abitur und anschließend Wehrdienst, 1945–1950 sowjetische Gefangenschaft, 1951–1956 Studium in Leipzig, 1957–1960 Fleischbeschauarzt und Leiter einer staatlichen Tierarztpraxis, 1960–1966 Leiter der Veterinärabteilung, anschließend verschiedene Verwendungen u. a. langjährig im Impfstoffwerk Dessau.
466 Wilfried Heinicke, geboren 1923 in Wildenfels, nach dem Abitur Wehrdienst und gleichzeitig Ausbildung an der Heeresveterinärakademie Hannover, Aufnahme in die NSDAP zum 1.9.1941, bei Kriegsende in britische Gefangenschaft, Abschluss des Studiums 1946 in Hannover, 1948–1959 Tierseuchenstelle Jena, 1960 Einstellung in die Veterinärabteilung, 1966–1973 Leiter derselben, 1969 Habilitation, 1973–1981 Direktor des Impfstoffwerkes Dessau.
467 Vgl. NSDAP-Mitgliederkartei, BArch R 9361-IX Kartei/14361231.

den meisten Fällen auch Antifa-Schulungen absolviert hatten, waren sie grundsätzlich für die Übernahme von Führungsfunktionen in der DDR prädestiniert.

Tatsächlich blieben aber auch diese Veterinäre weiterhin auf Distanz zum Sozialismus. Das Beispiel Heinz Theile zeigt, dass seiner unter den Tiermedizinern in den 1950er Jahren seltenen SED-Mitgliedschaft eher taktische Motive zugrunde lagen. In der Veterinärabteilung des Landwirtschaftsministeriums erschien Theile dadurch aber besonders förderungswürdig. Er hatte nicht nur Antifa-Schulungen durchlaufen, sondern sich überdies als einer der wenigen Veterinäroffiziere der Wehrmacht sogar dem „Nationalkomitee Freies Deutschland" angeschlossen. Nach seiner Rückkehr aus sowjetischer Gefangenschaft 1949 wurde er in die Veterinärabteilung der damaligen DWK eingestellt und stellte einen Antrag zur Aufnahme in die SED. Theile betrieb seine Aufnahme in die Staatspartei allerdings nicht mit Nachdruck und blieb im Kandidatenstatus. Da er aber der einzige Mitarbeiter der Veterinärabteilung war, der wenigstens eine Nähe zur SED aufwies, wurde er mit der Nachfolge von Lindenau betraut. In Theile setzte die Betriebsparteigruppe große Erwartungen, weil sie hoffte, dass er auf seine Kollegen im Sinne der SED einen politisch positiven Einfluss ausüben könne und überdies vor Veterinärmedizinern der Humboldt-Universität als Agitator aufträte.[468] Doch bereits Ende 1951 zeichnete sich ab, dass Theile dem „negativen Einfluss" seiner unpolitischen Kollegen erlegen war. Im Jahr 1952 verließ er das Ministerium auf eigenen Wunsch, um in der neu gegründeten Sektion Veterinärwesen der Akademie der Landwirtschaftswissenschaften zu arbeiten. Da er auch dort einer der wenigen Veterinäre mit Parteibuch war, wurde Theile Anfang 1954 vom MfS als inoffizieller Mitarbeiter mit dem Ziel geworben, die „negativen Elemente" seines Fachbereiches unter Kontrolle zu bekommen. Tatsächlich entzog sich Theile einer Mitarbeit beim MfS. Im Jahr 1955 wurde der Kontakt dann endgültig abgebrochen.[469]

Sein Nachfolger, Hans Kumm, war zwar ordentliches SED-Mitglied, schied aber bereits nach wenigen Monaten wieder aus dem Ministerium aus, um in die Wissenschaft zu gehen und übernahm bis zu seinem Tod im Jahr 1958 die Leitung der Fachschule für Veterinärmedizin Rostock.[470] Hatte die Veterinärabteilung damit innerhalb von zwei Jahren drei Wechsel erlebt, sollte Horst Thamm bis 1956 amtieren. Der 1915 geborene Thamm hatte wie sein Vorgänger in den 1930er Jahren an der Heeresveterinärakademie Hannover Tiermedizin studiert und war als Stabsveterinär in sowjetische Kriegsgefangenschaft geraten.[471] Thamm trat nach seiner Rückkehr zwar in die SED ein, war aber wie seine Vorgänger alles andere als ein Parteigänger des

---

[468] Vgl. Personalabteilung, Beurteilung, 3.7.1951, BStU MfS AIM 543/60, P-Akte.
[469] Dabei half, dass Theile kurze Zeit später als Stellvertretender Minister wieder in das Ministerium berufen wurde und das MfS deshalb nur offiziellen Kontakt halten konnte. Doch auch in dieser Funktion habe Theile kaum Brauchbares geliefert. Abschlussbericht, 5.3.1955, BStU MfS AIM 543/60, P-Akte.
[470] Vgl. Dr. Kumm, 15.8.1953, DC 20/8319; Dyhrenfurth an Scholz, 14.11.1953, DK 107/262.
[471] Vgl. HA III/3/H, Auszüge zu Dr. Thamm, 21.10.1963, BStU MfS HA XVIII 29486, Bl. 14; Personalakt, undatiert [1939], R 9361-III/, Blatt 2200–2202, RdB Halle an DBD, Einschätzung, 29.11.1953, DK 1/670.

Sozialismus. Auch er agierte opportunistisch, indem er seine Kollegen zu überreden suchte, pro forma der SED oder wenigstens einer der Blockparteien beizutreten. Damit wollte er sie aus der „Schusslinie" bekommen. Ansonsten sorgte er aber – laut MfS – dafür, dass die Tiermediziner dem Zugriff der SED entzogen wurden und „einen Staat im Staate" bildeten.[472] Thamm, der deshalb als untragbar galt, musste das Ministerium verlassen und wurde in das Veterinärgesundheitsamt nach Halle versetzt.[473]

Das eigentliche Problem lag aus Sicht der SED weniger darin, dass man auf dem Gebiet des Veterinärwesens auf formal belastetes Personal zurückgreifen musste, sondern, dass sich dieser Berufsstand ihrem Einfluss entzog und damit die Umgestaltung des Agrarsektors zu behindern drohte.

War das Veterinärwesen in den ersten Nachkriegsjahren von eher randständiger Bedeutung gewesen, rückten Fragen der Tiergesundheit und Seuchenprophylaxe seit 1952 in den Fokus der Agrarpolitik. Ursache war der erste Kollektivierungsschub, der mit der Zusammenlegung größerer Viehbestände einherging, deren veterinärmedizinische Überwachung kaum gewährleistet war und in den Jahren 1953/54 einen Anstieg von Tierseuchen zur Folge hatte.[474] Der daraus resultierende wirtschaftliche Schaden war erheblich. Auch deshalb sollten sich die Tiermediziner nach Vorstellung der SED nicht mehr nur mit Fragen des Gesundheitsschutzes beschäftigen, sondern auch einen Beitrag zur Steigerung der Tierproduktion in den Genossenschaften leisten. Damit wurden sie wichtige Akteure bei der agrarpolitischen Umwälzung und die ihnen zugedachte Rolle ging weit über ein fachliches Expertentum hinaus. Die Veterinäre sollten, wie es der SED-Agrarexperte Edwin Hoernle[475] bereits 1949 formuliert hatte, als akademische Vorhut auf dem Lande die SED-Agrarpolitik mit durchsetzen. Dass dies mit der überwiegend vor 1945 sozialisierten Tierärzteschaft gelingen könnte, schien allerdings bereits zum damaligen Zeitpunkt wenig aussichtsreich. Das erklärte Ziel war deshalb, die Tierärzteschaft, die traditionell über ein hohes Ansehen in den Dörfern verfügte, durch „zuverlässigere proletarische und kleinbäuerliche Elemente mit einflussreicher Funktion" zu ersetzen.[476] Die Voraussetzungen hierfür standen bei Kriegsende indes sehr schlecht, weil sich die Zahl der Tierärzte im Vergleich zu den Vorkriegsjahren auf dem Territorium der späteren DDR halbiert hatte.[477] Dieser Mangel an medizinisch geschultem Personal war umso bedrohlicher, weil damit die Gesunderhaltung der Viehbestände gefährdet schien.

---

472 HA III/3/H, Auszüge zu Dr. Thamm, 21.10.1963, BStU MfS HA XVIII 29486.
473 Vgl. Begründung für Einzelverträge, 1957, BArch DK 1/1492.
474 Vgl. beispielsweise HA Veterinärwesen an Haberland, 6.10.1952, BArch DK 1/1109; HA Veterinär an Siegmund, 10.2.1954, DK 1/1755 sowie auch die Besprechung zwischen Minister Scholz und der SKK über Probleme bei der Tierseuchenbekämpfung 1953/54, in BArch DK 1/9966.
475 Zu Hoernle siehe dritter Teil dieses Bandes.
476 Hoernle an Reutter, 10.1.1949, BArch DY 30/IV/2/471.
477 Vgl. Azar, Julian: Die Steuerung des Veterinärwesens in der SBZ (Sowjetische Besatzungszone) und DDR 1945–1965, Berlin 2001, S. 46, (*Azar, Veterinärwesen*).

Die bedenkliche Lage im Bereich der Tierproduktion, besonders in den LPGen und den Volkseigenen Gütern, führte im Jahr 1954 dazu, dass das Veterinärwesen in der DDR eine neue, dem Ministerium unterstellte, zentralisierte Struktur erhielt, um so die tiermedizinische Versorgung DDR-weit sicherstellen zu können.[478] Der Aufbau eines staatlichen Versorgungssystems wurde auf der Ebene des Ministeriums von Veterinärmedizinern durchgesetzt, die wie Kurt Reinhardt[479] aus der Veterinärabteilung der Vorkriegszeit stammten und alles andere als „geborene oder gestandenen Sozialisten" waren.[480] Kurzfristig ermöglichte die Heranziehung dieser alten und innerhalb der Tierärztezunft angesehenen Mitarbeiter jedoch die Durchsetzung von Reformen auf der fachlichen Ebene. Um sie überhaupt für eine Arbeit im Ministerium zu gewinnen, wurden sie in den 1950er Jahren mit hoch dotierten Einzelverträgen vergütet.[481] Dass eine solche finanzielle Privilegierung beispielsweise im Fall des Leiters der Zentralstelle zur Bekämpfung der Rindertuberkulose, Horst Reimer,[482] eines ehemaligen Wehrmachtsoffiziers, der nicht einmal der SED angehörte, zugutekommen sollte, erregte Widerspruch. Doch setzte die Kaderabteilung durch, dass Reimer als „fortschrittlicher Intelligenzler" die gewünschte Vergütung erhielt, um „schweren Schaden" auf dem Gebiet des Veterinärwesens abzuwenden.[483]

Das Ziel, das Veterinärwesen auch politisch auf den gewünschten Kurs zu bringen, wurde durch die Heranziehung dieser unpolitischen Spezialisten indes erschwert. Die Forderung der SED, die Tierärzte sollten aktiv an der Umgestaltung des landwirtschaftlichen Sektors arbeiten, stieß sowohl innerhalb der Veterinärabteilung des Ministeriums wie auch an der Basis und vor allem in den Forschungseinrichtungen auf heftigen Widerstand.[484] Wie wenig sich eine parteipolitische Einflussnahme auf die Tierärzteschaft in den vergangenen Jahren hatte herstellen lassen, zeigte sich auch mit Blick auf die leitenden Tierärzte: Unter den Bezirkstierärzten war kein Mitglied der SED, bei den Kreistierärzten lag der Anteil bei gerade einmal

---

478 Vgl. HA Veterinärwesen an Siegmund, 10.2.1954, BArch DK 1/1755; Allgemeine Einschätzung auf dem Gebiet des Veterinärwesens, 21.11.1953, BArch DK 1/1113.
479 Zu Kurt Reinhardt ließen sich keine weiteren biografischen Details ermitteln. Vgl. auch die Erwähnungen in Azar, Veterinärwesen.
480 Bericht Dietrich Schulze in Azar, Veterinärwesen, S. 386.
481 Vgl. u. a. Begründung für Einzelverträge, 1957, BArch DK 1/1492.
482 Horst Reimer, geboren 1916 in Graudenz, Februar 1935 Eintritt in die NSDAP, 1936–1939 Studium an der Heeresveterinärakademie Hannover, anschließend Berufssoldat, 1941 Promotion, Juni 1944 als Stabsveterinär in sowjetische Kriegsgefangenschaft, 1948 Entlassung und zunächst an der Universität Leipzig, dann als selbstständiger Tierarzt tätig, 1952 Einstellung in das Ministerium und Aufbau der Zentralstelle zur Bekämpfung der Rindertuberkulose (seit 1959: und Brucellose), 1962 Absetzung und Entlassung aus dem Ministerium.
483 Bericht Kaderabteilung, 3.7.1953, BArch DK 1/1545.
484 So wurde unter anderem dem stellvertretenden Minister Lothar Hussel vorgeworfen, diesen Kurswechsel nicht mittragen zu wollen, und dies als Argument für seine Ablösung herangezogen. Auch der kurzzeitig mit der Leitung der Veterinärabteilung beauftragte Tiermediziner Rudolf von der Aa protestierte gegen diese Forderung und ging zurück in den Hochschulbetrieb. Vgl. BArch DK 1/9588.

7,8 Prozent.[485] Eine Mitschuld an dieser Lage trug aus Sicht der ZK-Abteilung Landwirtschaft die Veterinärabteilung des Landwirtschaftsministeriums, die für diese Personalbesetzungen verantwortlich gewesen war. Das Bestreben, die Tierärzteschaft dem Einfluss der SED zu entziehen, zeigte sich aus Sicht des Parteiapparates auch daran, dass nicht nur die Besetzung der Leitungsfunktionen falschen personalpolitischen Vorstellungen folgte.[486] Auch die Vergabe staatlicher Auszeichnungen durch die Veterinärabteilung des Ministeriums an nicht parteigebundene Tierärzte deutete angeblich darauf hin, dass SED-Mitglieder bewusst ausgeschlossen worden waren.[487] Seit 1956 begann deshalb ein grundlegender personeller Umbau an der Spitze des Veterinärwesens. Nunmehr galt die Veterinärabteilung als ein unerwünschter Hort der „Neutralität", in dem zu stark zwischen der „ideologisch-politischen" und der „fachlichen Arbeit" unterschieden werde.[488]

Es kam deshalb jetzt darauf an, solche im ersten Nachkriegsjahrzehnt noch weitgehend unangetastet gebliebenen Netzwerke zu zerschlagen. Tatsächlich wurden zwischen 1956 und 1959 nahezu alle Mitarbeiter der Veterinärabteilung des Ministeriums ausgetauscht. Die Neubesetzung der vakanten Posten bereitete aber immense Probleme. Im Jahr 1959 waren von den sieben Stellen der Veterinärinspektion nur vier besetzt, kein einziger dieser Mitarbeiter war ausgebildeter Tierarzt.[489]

Die Rekrutierung bereitete auch deshalb so große Probleme, weil selbst die Heranziehung von Nachwuchswissenschaftlern nicht die gewünschten Resultate zeitigte. Die veterinärmedizinische Forschung war in der DDR-Hochschullandschaft in der zweiten Hälfte der 1950er Jahre ein Bereich, der sich gegen politische Einflussnahmen wehrte, was sich in Streiks und Protestaktionen der Studenten an den Hoch- und Fachschulen in Rostock, Berlin und Leipzig artikulierte.[490] So musste selbst bei den wenigen Absolventen, die einer Verwendung im Ministerium zustimmten, die Einstellung parteiloser Mitarbeiter in Kauf genommen werden. Die kommissarische Leitung der Veterinärabteilung übernahm deshalb 1959 mit dem ehemaligen preußischen Veterinärrat Wilhelm Heine notgedrungen wiederum ein altgedienter Tiermediziner, der sich vermutlich auch dank seiner engen Kontakte zum Volkskammerpräsidenten

---

485 Vgl. die Vorgänge in BArch DK 1/1759.
486 So wurde unter anderen Heine vorgeworfen, einen ihn persönlich bekannten Polizeitierarzt und ehemaliges NSDAP-Mitglied im Rat des Bezirkes Frankfurt/Oder eingestellt zu haben, obwohl ein aus Sicht der ZK-Abteilung qualifizierter SED-Genosse zur Verfügung stand. Vgl. Bericht über die kaderpolitische Lage, 17.4.1959, BArch DK 1/1758.
487 Vgl. die Vorgänge in BArch DK 1/1735.
488 So der damalige Hauptabteilungsleiter Willy Boenigk, BArch DK 1/10168. Siehe auch die Einschätzung über die Durchführung politischer Schulungen, die im Bereich des Veterinärwesens die wenigsten Teilnehmer aufwies. HA Tierische Produktion an Staatssekretär, 16.7.1956, BArch DK 1/1548.
489 Vgl. Sektor Kader, Besetzung und kaderpolitische Veränderungen, 20.7.1959, BArch DK 1/1758.
490 Vgl. Kolwaczuk, Geist, sowie ders.: Die Niederschlagung der Opposition an der Veterinärmedizinischen Fakultät der Humboldt-Universität zu Berlin in der Krise 1956/57. Dokumentation einer Pressekonferenz des Ministeriums für Staatssicherheit im Mai 1957, Berlin ³2006. Zur Lage in Rostock siehe auch BArch DK 1/9025.

Johannes Dieckmann noch im Amt halten konnte.[491] Erst 1960 gelang mit der Gewinnung des ein Jahr zuvor in Leipzig promovierten Dietrich Schulze die Besetzung des Postens mit einem SED-Mitglied. Doch gehörte Schulze ähnlich wie die übrigen neuen Mitarbeiter zu einer Nachwuchsgeneration, der es zunächst an Reputation und damit Einfluss auf die ältere Tierärzteschaft fehlte.[492]

Angesichts der offenkundigen Schwäche und des Unvermögens der Veterinärabteilung des Ministeriums wurde in der ZK-Abteilung Landwirtschaft erstmals auch ein Veterinärbereich geschaffen, der parallel Einfluss auf das Veterinärwesen nehmen sollte.[493]

Das zugrunde liegende Problem einer politisch wenig loyalen und der Kollektivierung skeptisch gegenüberstehenden Tierärzteschaft ließ sich dadurch nicht bereinigen. Verschärfend kam hinzu, dass sich viele der nun unter erhöhtem politischem Anpassungsdruck stehenden Veterinäre zur Flucht in den Westen entschieden. Die Lage war so dramatisch, dass sich das Landwirtschaftsministerium sogar bemühte, geflohene Tiermediziner zur Rückkehr in die DDR zu bewegen.[494] Die SED reagierte darauf mit einer Mischung aus Überzeugungsarbeit, schuf vor allem aber materielle Anreize, um die Tiermediziner für sich zu gewinnen. Da kurzfristig kein grundlegender personeller Austausch möglich war, führte die 1958 intensivierte Bildung staatlicher Tierarztpraxen dazu, dass nunmehr kaderpolitisch unerwünschtes Personal, das vor 1945 der NSDAP angehört und Offiziersdienstgrade in der Wehrmacht bekleidet hatte, in großer Zahl in den Staatsapparat integriert werden musste. Das wegen vermeintlich falscher Personalpolitik in der Kritik stehende Landwirtschaftsministerium verwies darauf, dass dieser Zustand hingenommen werden müsse, weil es kein anderes Personal gebe. Um die offiziellen Statistiken nicht zu belasten, schlug das Ministerium vor, die Tierärzte in den Kaderübersichten der Bezirke und Kreise nicht zu erfassen.[495]

Die mit der Vollkollektivierung einhergehende erneute Zusammenlegung großer Viehbestände war damit nur unzureichend durch das Veterinärwesen abgesichert.[496] Es ist umstritten, in welchem Maße der überraschende landesweite Ausbruch von Tierseuchen in den Jahren 1962/63 eine Folge davon war.[497] Deutlich wird aber, dass das Veterinärwesen auch nach dem Mauerbau aus Sicht der SED und des MfS eine personalpolitische Baustelle blieb. Die Grenzschließung schuf allerdings jetzt die Voraussetzung, um den Anpassungsdruck auf allen Ebenen zu erhöhen. Die Staats-

---

491 Vgl. Bericht Dietrich Schulze in Azar, Veterinärwesen, S. 391.
492 Vgl. Reimer, Betrachtung zur Situation des Veterinärwesens, Frühjahr 1961, BArch DK 1/1761.
493 Vgl. auch Amos, Parteizentrale, S. 390.
494 Vgl. HA III/3/H, Bericht, 17.5.1961, BStU MfS BV Schwerin AP 846/66; siehe auch den Bericht von Wilfried Heinicke in Azar, Veterinärwesen, S. 417.
495 Vgl. Abteilung Kader, Vermerk 11.6.1959; Staatssekretär an Kaderabteilung, 20.7.1959, BArch DK 1/1551.
496 Ursächlich für den starken Anstieg von Viehseuchen und Tierverendungen war aber auch der mangelhafte Qualifikationsstand der Mitarbeiter der LPGen und VEG. Vgl. Analyse der Tierverluste im Bezirk Potsdam, 23.2.1961, BArch DK 1/1761.
497 Vgl. MfS, Die Arbeit des Veterinärwesens, 6.3.1963, BStU MfS HA XVIII 29484.

sicherheit begann nun durch systematische Gewinnung von Zuträgern und Personalüberprüfungen Einfluss auf die Kaderpolitik zu nehmen.[498] Galt die Veterinärabteilung des Ministeriums noch 1962 in den Augen der Parteiorganisation als Problemfall, weil es praktisch weder SED-Mitglieder noch ein Parteileben gab, änderte sich diese Situation bis Ende der 1960er Jahre grundlegend.[499] Vor allem schieden nunmehr auch die letzten altgedienten Mitarbeiter wie Wilhelm Heine und Horst Reimer, die ihre berufliche Karriere noch vor 1945 begonnen hatten, aus dem Ministerium aus.[500] Für die Fortsetzung der Berufskarrieren wurde nun ein Eintritt in die SED notwendig, dem sich selbst langjährige Mitarbeiter wie Wilfried Heinicke nicht mehr entziehen konnten.[501] Auch wenn mit ihm bis 1973 letztmalig ein ehemaliges NSDAP-Mitglied die Leitung der Veterinärabteilung übernahm, so änderte sich das Personal auf der Arbeitsebene im Vergleich zu den 1950er Jahren grundlegend. Die bisherigen alten Veterinärmediziner waren bis 1968 vollständig durch junge Tierärzte ersetzt worden, die ihre Ausbildung nach Kriegsende und mit Ausnahme von Heinicke, der 1947 in Hannover sein Studium abschloss, in der SBZ und DDR erhalten hatten. Der grundlegende Bruch zeigte sich auch auf anderer Ebene: War die Veterinärabteilung in den 1950er Jahren eine Männerdomäne gewesen, waren nunmehr die Referenten- und Hauptsachbearbeiterstellen überwiegend mit Frauen besetzt.[502]

3 Akademie der Landwirtschaftswissenschaften

Die 1951 nach sowjetischem Vorbild gegründete Akademie der Landwirtschaftswissenschaften (AdL) sollte die in der Nachkriegszeit an einzelnen Universitäten und Forschungseinrichtungen zersplitterte Agrarforschung der DDR zentralisieren und in den Dienst der SED stellen. Bereits der Regierungsbeschluss zur Akademiegründung hielt dieses Ziel fest. Demnach sollte die Agrarwissenschaft „sofort der landwirtschaftlichen Praxis dienstbar" gemacht und zum „Nutzen der Landwirtschaft und damit der gesamten Volkswirtschaft" eingesetzt werden.[503] Die SED stand dabei vor dem Problem, sowohl für den Wiederaufbau der universitären Forschung wie auch für die Besetzung der Akademie namhafte Wissenschaftler zu gewinnen, die bereit waren, sich in den Dienst des Sozialismus zu stellen.

---

498 Vgl. MfS, Maßnahmen auf dem Gebiet des Veterinärwesens", 22.1.1963, BStU MfS HA XVIII 29484.
499 Vgl. Bericht über Stand der Parteiarbeit in der APO II, 15.11.1962, BArch DK 1/1554.
500 Vgl. HA III/3/H, Material Dr. Schr., 12.12.1963, BStU MfS HA XVIII 29841; Vgl. Schriftwechsel Reimer und Reichelt, 1962, BArch DC 1/4099, Teil 2.
501 Vgl. Bericht Wilfried Heinicke in Azar, Veterinärwesen, S. 407.
502 Vgl. Stellenplan Produktionsleitung, 1968, DK 1/16071.
503 Regierungsbeschluss, zitiert nach Wagemann, Hans (Hg): Von der Deutschen Akademie der Landwirtschaftswissenschaften zu Berlin zur Akademie der Landwirtschaftswissenschaften der DDR. Ein Beitrag zur Geschichte 1951–1991, 3 Bände, Berlin 2006, hier Bd. 1, S. 25, (*Wagemann [Hg.], Akademie*).

Auch wenn eine genauere Untersuchung der Personalpolitik der Landwirtschaftsakademie anderen Studien vorbehalten bleiben muss, so zeichnet sich doch deutlich ab, dass im Gegensatz zum Landwirtschaftsministerium die Hemmschwelle für die Weiterbeschäftigung akademisch ausgewiesener Agrarexperten auch mit Wissen um deren politische und berufliche Karriere vor 1945 deutlich niedriger lag. Bereits die von Walter Ulbricht persönlich abgesegnete Zusammensetzung des ersten Präsidiums zeigt, dass die SED bereit war, politische Vorbelastungen in Kauf zu nehmen. An der Spitze standen mit Hans Stubbe und Gustav Becker zwar Agrarwissenschaftler, die während der NS-Zeit zeitweilig Repressalien ausgesetzt waren, aber gleichwohl ihre Forschungen fortsetzen konnten.[504] Mit Carl Arthur Scheunert war der zweite Vizepräsident ein Agrarwissenschaftler, der sich vor 1945 nicht nur klar zum Nationalsozialismus bekannt hatte. Er war zudem, wie innerhalb des Staats- und des Sicherheitsapparates bekannt war, auch an Menschenversuchen unter den Häftlingen des Gefängnisses Waldheim beteiligt. Dies und seine Vorkriegskarriere wurden bis zum Tod Scheunerts 1957 öffentlich beschwiegen.[505]

Der agrarwissenschaftliche Forschungsbereich entwickelte sich damit zu einem Reservoir für andernorts politisch unerwünschte Experten. Von diesem zunächst besonders geschützten Raum machte auch die Kaderabteilung des Landwirtschaftsministeriums im Zweifelsfall Gebrauch. So verweigerte der Kaderleiter Baasch die Einstellung eines promovierten Agrarwissenschaftlers 1952 mit der Begründung, dass dieser alter Pg. sei, doch spräche nichts gegen eine Verwendung im Bereich der Akademie der Landwirtschaftswissenschaften.[506] Auch im Fall des Abteilungsleiters Saatzucht, Dr. Walter Kiel, der nach 1945 seine Vergangenheit systematisch verschwiegen hatte und wegen vermeintlicher Schädlingstätigkeit vom MfS verhaftet wurde, fungierte die Akademie als Auffangbecken. Obwohl die Staatssicherheit bei Hausdurchsuchungen Unterlagen sicherstellte, die bewiesen, dass Kiel Mitglied der NSDAP und der SA gewesen war, und ihn der Fragebogenfälschung überführten, wurde an dem ausgewiesenen Agrarexperten festgehalten.[507] Auf Intervention von

---

504 Stubbe wurde zwar zusammen mit anderen Agrarwissenschaftlern nach 1933 verfolgt, konnte aber seine Forschungen wieder aufnehmen. Vgl. Heim, Susanne (Hg.): Autarkie und Ostexpansion. Pflanzenzucht und Agrarforschung im Nationalsozialismus, Göttingen 2002.
505 Vgl. Thimme, Roland: Carl Arthur Scheunert. Ein Naturwissenschaftler im nationalsozialistischen und im real-sozialistischen Herrschaftssystem, in: Zeitschrift für Geschichtswissenschaft, 59 (2012), S. 5–27; Thoms, Ulrike: Einbruch, Aufbruch, Durchbruch? Strukturen und Netzwerke der deutschen Ernährungsforschung vor und nach 1945, in: vom Bruch, Rüdiger/Gerhardt, Uta (Hgg.): Kontinuitäten und Diskontinuitäten in der Wissenschaftsgeschichte, Stuttgart 2006, S. 111–130; vgl. auch die Personalakte Scheunerts, die keine Hinweise auf seine NSDAP-Mitgliedschaft enthält: BArch DK 107/16278.
506 Vgl. Reutter an Siegmund, 25.7.1952, BArch DK 1/1544.
507 Vgl. Analyse, 1965, BStU MfS HA XVIII 29845. Walter Kiel, geboren 1907, studierte nach dem Besuch der Oberschule in Münster Agrarwissenschaften und promovierte 1934 mit einer Arbeit über Saatzucht. 1933 trat er der SA und zum 1. Mai 1937 der NSDAP bei. Kiel arbeitete ab 1935 als Hilfsberater an der Landwirtschaftsschule in Genthin und diente im Krieg als Leutnant in der Wehrmacht. Vgl.

Minister Scholz bei Ministerpräsident Grotewohl wurde nicht nur seine Haftentlassung erreicht. Auch sollte, um eine Flucht Kiels in den Westen zu verhindern, diesem eine angemessene Stellung in einem Forschungsinstitut angeboten werden.[508] Dem Vorschlag der Landwirtschaftsakademie folgend, wurde Kiel an der Biologischen Zentralanstalt in Kleinmachnow als wissenschaftlicher Mitarbeiter angestellt, wo er mindestens bis Ende 1961 als Arbeitsgruppenleiter tätig blieb.[509]

Der Einfluss der frühen Agrarforschung sowohl auf die allgemeine Landwirtschaftspolitik wie auch auf die Arbeit des Ministeriums war in den 1950er Jahren gering. Obwohl die Akademie dem Landwirtschaftsministerium nachgeordnet war, hatte diese Unterstellung kaum Relevanz. Zwar nahmen aus den einzelnen Hauptabteilungen des Ministeriums Mitarbeiter an den Sitzungen und Fachkonferenzen der Akademiesektionen teil, doch spielte die Akademie im Arbeitsalltag des Landwirtschaftsministeriums kaum eine Rolle. Das hing auch damit zusammen, dass die zu den Sitzungen abgestellten Ministeriumsmitarbeiter den akademischen Diskussionen nicht gewachsen waren und von sich aus einen intensiveren Austausch nicht anstrebten.[510] Was an Forschungsvorhaben in den einzelnen Instituten entwickelt wurde, folgte zwar in einigen Fällen den Wünschen des Ministeriums, die entscheidenden Vorgaben kamen jedoch aus dem Parteiapparat.[511] Die Akademie bestimmte weitgehend selbst, in welche Richtung die Forschung voranzutreiben sei, und blieb bis 1961 weitgehend ein Refugium traditionell bürgerlicher Wissenschaft.[512] So ist auffällig, dass selbst führende Wissenschaftler wie Hans Stubbe, die als Kritiker der sowjetischen Agrarwissenschaft auftraten, sich mit solchen Auffassungen gegenüber der SED durchsetzen konnten und damit die Adaption sowjetischer Vorbilder im Agrarbereich bis in die zweite Hälfte der 1950er Jahre insgesamt begrenzt blieb.[513]

Die politische Zurückhaltung gegenüber dem Wissenschaftsbetrieb hatte nicht zuletzt auch damit zu tun, dass die SED um die Gunst der Agrarexperten buhlen musste. Bereits bei der Gewinnung von Wissenschaftlern für die Akademie zeigte sich, dass nicht alle in Aussicht genommenen Agrarwissenschaftler bereit waren, sich in den Dienst der SED zu stellen.[514] Um diese zu gewinnen, wurde nicht nur eine staatlicherseits großzügige finanzielle Alimentierung in Aussicht gestellt. Auch nahm die

---

Personalakte Walter Kiel, BArch R 16/10531 sowie NSDAP-Mitgliederkartei, BArch R 9361-IX/Kartei/20030790.
508 Vgl. Aktenvermerk, 28.11.1956, BArch DK 107/5568.
509 Vgl. Kaderspiegel Biologische Zentralanstalt Kleinmachnow, 4.11.1961, BArch DK 1/1554.
510 Vgl. Niederschrift über die Aussprache, 1960, DY 30/81809.
511 Vgl. DAL an Reichelt, 16.12.1955, BArch DK 1/87.
512 Vgl. Wagemann (Hg.), Akademie, Bd. 1, S. 49; Kowalczuk, Geist, S. 211–217.
513 Vgl. Bauerkämper, Arnd: Sozialismus auf dem Lande. Die Politik der SED 1948/49 und die Reaktionen im dörflich-agrarischen Milieus, in: Hoffmann, Dierk/Wentker, Hermann (Hgg.): Das letzte Jahr der SBZ. Politische Weichenstellungen und Kontinuitäten im Prozess der Gründung der DDR, München 2000, S. 245–268, hier S. 260.
514 Vgl. Kowalczuk, Geist, S. 415–417.

SED zunächst in Kauf, dass sich die Wissenschaftler weitgehend dem politischen Anpassungsdruck entzogen.

Trotz oder gerade wegen dieser Freiräume, welche die Agrarwissenschaft in den 1950er Jahren noch genoss, entwickelte sich der Forschungssektor aus mehreren Gründen zu einem Problem für die SED: zum einen, weil aus dem Bereich der Agrarforschung Widerspruch bis hin zur offenen Ablehnung des Kollektivierungskurses laut wurde. Deutlich wurde dies bei der Affäre um den SED-Agrarexperten Kurt Vieweg 1956/57, dessen reformerische und auf eine Abmilderung des Kollektivierungskurses hinauslaufende Ideen nicht nur unter dem Dach der Akademie entwickelt worden waren, sondern auch die ausdrückliche Unterstützung einer Mehrheit der Wissenschaftler fand. Die Akademie weigerte sich, den von der SED beschlossenen Ausschluss Viewegs zu exekutieren. Zwar stellte sich ZK-Sekretär Mückenberger noch 1957 vor die Akademie und betonte, man dürfe die Agrarwissenschaft nicht pauschal der Illoyalität verdächtigen, doch wurde der Anpassungsdruck auf die führenden Köpfe und den akademischen Mittelbau in den kommenden Jahren deutlich erhöht.[515] Zum anderen stellte sich die Heranziehung einer im Sinne des Sozialismus geprägten Generation von Nachwuchswissenschaftlern nicht ein. Im Gegenteil zeichnete sich ab, dass die alten Agrarwissenschaftler sich nicht nur dem Einfluss der SED entzogen, sondern auch ihre Mitarbeiter und Studenten davon abhielten, sich im Sinne der Staatspartei zu entwickeln.

In das Bemühen der SED, die Akademie auf den politisch gewünschten Kurs zu bringen, wurde nun auch das Landwirtschaftsministerium eingeschaltet. Bereits Ende 1957 nach der Vieweg-Affäre wurden zwischen der Ministeriumsleitung und der ZK-Abteilung Landwirtschaft offenbar Pläne diskutiert, umfassende Personalüberprüfungen im Bereich der Akademie vorzunehmen. Diese wurden jedoch aus nicht erkennbaren Gründen zurückgestellt.[516] Auch das MfS war der Ansicht, dass stärker gegen die „bürgerlichen Professoren" in der Agrarforschung vorzugehen sei, da einige von ihnen offen die „Richtigkeit der durch unsere Agrarpolitik bestimmten Maßnahmen anzweifeln".[517] Von einer Säuberungswelle sah die SED-Führung allerdings zunächst ab. Sie beauftragte Anfang 1958 die Kaderabteilung des Ministeriums lediglich, die Überprüfung einzelner Institute vorzubereiten.[518] Der Wendepunkt kam im Sommer 1958, als nicht mehr nur die politische Renitenz einiger Agrarwissenschaftler besorgniserregend erschien, sondern auch die Zahl der Fluchten unter den Forschern bedenkliche Ausmaße angenommen hatte. Waren im Jahr 1957 noch 17 wissenschaftliche Mitarbeiter und weitere 60 technische Angestellte in den Westen gegangen, so flüchteten allein in den ersten neun Monaten des Jahres 1958 22 Wissen-

---

515 Vgl. Scholz, Bauernopfer, S. 199–202.
516 Vgl. Wilke an Kaderabteilung, 12.12.1957 sowie Notiz, 27.12.1957, BArch DK 1/1550.
517 MfS, Lage auf dem Gebiet der Landwirtschaft, Dezember 1957, BStU MfS HA XVIII 29841.
518 Vgl. die Vorlage für das Politbüro Verbesserung der agrarökonomischen Forschungsarbeit, 1958, BArch DY 30/J IV 2/2/601.

schaftler und 60 technische Angestellte.[519] Wie Akademiechef Stubbe im Kollegenkreis zu verstehen gab, seien der Druck, der auf den Wissenschaftlern laste, und die erkennbaren Versuche der Staatssicherheit, einige Mitarbeiter zu disziplinieren, für die Fluchten und die schlechte Stimmung in der Akademie verantwortlich.[520]

Ein Hebel zur Verbesserung der Lage war die Personalpolitik. Jetzt wurde die Kaderabteilung beauftragt, mit der systematischen Überprüfung der der AdL unterstellten Einrichtungen zu beginnen und die Kontrolle innerhalb der Akademie „systematisch zu verstärken".[521] Ende 1958 wurde die Personalhoheit der Akademie aufgebrochen und die Besetzung sämtlicher Leitungskader der Forschungseinrichtungen in die Zuständigkeit des Ministeriums genommen.[522]

Die verstärkte Einflussnahme des Ministeriums, die sich im Einsatz der Prüfkommissionen sowie in vermehrten Berichtspflichten der Akademie niederschlug, belastete das gegenseitige Verhältnis sehr.[523] Der im September 1959 von der Kaderabteilung des Ministeriums abgeschlossene und entgegen sonstigen Gepflogenheiten als „streng vertraulich" gestempelte Überprüfungsbericht der Akademie fiel alles andere als beruhigend aus. Von den 743 wissenschaftlichen Mitarbeitern der Akademie waren nur 19,5 Prozent in der SED. Auch der Anteil der Mitarbeiter, die aus der Arbeiter- und Bauernschaft stammten, lag bei nur einem Drittel. Darüber hinaus standen nach den Erhebungen der Kaderabteilung den insgesamt 145 Genossen 125 ehemalige NSDAP-Mitglieder gegenüber und 71 Mitarbeiter hatten vor Kriegsende als Offiziere oder Feldwebel in der Wehrmacht gedient.[524] Obwohl damit der Anteil von ehemaligen NSDAP-Mitgliedern im Bereich der Akademie viermal so hoch war wie nach den offiziellen Erhebungen im Landwirtschaftsministerium, benannte die Kaderabteilung diesen Umstand nicht als Problem. Viel wichtiger war die im Rahmen der Inspektionen gewonnene Erkenntnis, dass sich die führenden Agrarwissenschaftler ungeachtet individueller NS-Vergangenheiten einer Einflussnahme durch die SED verschlossen und die „Entwicklung" von Nachwuchswissenschaftlern im Sinne der SED hemmten. Um hier Abhilfe zu schaffen, schlug das Ministerium einen Austausch der Kaderleiter an der Akademie und in den Instituten sowie die konsequente Förderung von SED-gebundenen Nachwuchswissenschaftlern vor. Dies sollte perspektivisch einen grundlegenden Wandel in der Agrarwissenschaft herbeiführen.[525] Kurzfristige personelle Konsequenzen an der Spitze erwähnt der Bericht hingegen nicht. Die Fundamentalkritik an der Akademie war angesichts der besonderen Protektion,

---

519 MLF, Lage in der Landwirtschaft, 29.9.1958, BStU MfS HA XVIII 29841.
520 Vgl. die Berichte in BStU MfS AOP 2414/63.
521 Protokoll Ministerbesprechung, 22.11.1958, BArch DK 1/1550.
522 Vgl. Sektor Kader, Nomenklatur des Ministeriums, 20.10.1958, BArch DK 1/1550.
523 Vgl. MLF, Lage in der Landwirtschaft, 28.9.1958, BStU MfS HA XVIII 29841.
524 Der geringe Anteil von SED-Mitgliedern war auch in anderen Akademien anzutreffen. 1961 waren nur 16,5 % der Mitarbeiter der Akademie der Wissenschaften der DDR in der SED. Vgl. Kowalczuk, Geist, S. 214.
525 Vgl. Überprüfungsbericht, 30.10.1959, BArch DK 1/7189.

die die Wissenschaftler genossen, ein politisches Problem, für das der Parteiapparat zuständig war. Der ZK-Apparat zögerte indes, offen gegen die Akademie vorzugehen. Eine anberaumte Aussprache zwischen dem Präsidium und dem zuständigen ZK-Sekretär, Werner Lindner, Anfang 1960 wurde aus nicht ersichtlichen Gründen wieder abgesagt.[526]

Es steht zu vermuten, dass die Zurückhaltung in Zusammenhang mit der beginnenden Vollkollektivierung stand. Für deren Umsetzung, vor allem aber für die Entwicklung neuer Produktionsmethoden in einer vollgenossenschaftlichen Landwirtschaft war die Kooperation mit der Agrarwissenschaft gefragt, wie sich u. a. an der Berufung Stubbes in die Landwirtschaftskommission des Politbüros Anfang 1960 zeigte. Die Akademievertreter vertraten auch hier hinsichtlich der Übernahme sowjetischer Agrarmodelle einen kritischen Standpunkt.[527] Entscheidender als solche Detailfragen war jedoch, dass die Agrarforschung künftig grundsätzlich stärker an den Erfordernissen der sozialistischen Landwirtschaft ausgerichtet sein sollte. Dazu gehörte nicht nur die Entwicklung einschlägiger und auf die Bedürfnisse der DDR-Landwirtschaft zugeschnittener Forschungsvorhaben, die in den kommenden Jahrzehnten einer zentralen Steuerung durch das Ministerium unterworfen wurden,[528] sondern auch die Ablösung einiger führender Agrarwissenschaftler.

Die in den Überprüfungsberichten der Kaderabteilung des Ministeriums kritisierte politische Vergangenheit einiger führender Agrarforscher spielte in diesen Diskussionen allerdings keine Rolle. Entscheidend war die Bereitschaft der Wissenschaftler, sich im Sinne der SED zu betätigen. Die Exempel, welche der ZK-Apparat mit Unterstützung der Kaderabteilung des Ministeriums Ende 1961 an einigen führenden Agrarwissenschaftlern statuierte, betrafen zwar durchweg ehemalige NSDAP-Mitglieder, doch war deren Vorkriegsbiografie weder entscheidend, noch war sie vollständig bekannt.

Auf dem Novemberplenum der Akademie im Jahr 1961 wurden drei führende Agrarwissenschaftler aus der Akademie verdrängt: der Tierzuchtforscher Wilhelm Stahl, der Pflanzenzüchter Franz Vettel sowie der Leiter des Institutes für Landtechnik in Potsdam-Bornim, Sylvester Rosegger. Sie alle hatten nach dem 13. August 1961 offen gegen den Mauerbau protestiert. Außerdem, so hatte die Untersuchung ihrer Institute durch die Kaderabteilung des Ministeriums gezeigt, versuchten sie sich einer Einflussnahme durch die SED zu entziehen. Ähnlich wie im Falle Viewegs war der Widerstand gegen die geplanten Repressalien innerhalb der Akademie allerdings so groß, dass die ZK-Abteilung ihren Plan, die Wissenschaftler durch einen Beschluss der Akademie aus ihren Ämtern zu verdrängen, fallen lassen musste. Vielmehr wurden Vettel, Stahl und Rosegger gedrängt, ihren Rückzug selbst zu betreiben.[529]

---

526 Skodowski an Lorber, 16.1.1960, Vermerk 3.2.1960, BArch DK 1/1552.
527 Vgl. den Bericht über kritische Stimmen in der DAL, Skodowski an Ulbricht, 25.3.1960, BArch DK 1/9850.
528 Vgl. Wagemann (Hg.), Akademie, Bd. 1, S. 55–58.
529 Vgl. Information über die Aussprache mit Plachy, 14.11.1961, BArch DY 30/IV 2/7/563.

Der 1894 geborene Franz Vettel arbeitete seit 1921 an der Forschungsstelle Hadmersleben, deren Leitung er bereits 1926 übernommen hatte. Vettel trat 1933 der NSDAP bei und wurde bei Kriegsende von den sowjetischen Behörden bis 1948 in einem Speziallager interniert. Er blieb nach seiner Entlassung in der SBZ und erhielt den Auftrag, die in ein staatliches Institut umgewandelte Forschungsstelle für Getreidezüchtung aufzubauen. Vettel beschäftigte unter den wissenschaftlichen Mitarbeiter seines Institutes noch 1961 mehrere alte Kollegen, von denen mindestens zwei der NSDAP angehört hatten, ein Abteilungsleiter war Mitglied der SS gewesen. Vettel, der aufgrund seiner Verdienste bei der Getreideforschung internationale Anerkennung genoss, wurde von der SED zunächst gefördert. Allerdings verschloss sich der streng gläubige Katholik einer Einflussnahme durch die Partei. Wie die Kaderabteilung des Ministeriums kritisierte, war nur ein einziger Wissenschaftler der Forschungsstelle bis 1961 der SED beigetreten. Vettel selbst sorgte dafür, dass sich seine Mitarbeiter politisch nicht betätigten.[530]

Ähnliche Ergebnisse förderte auch die Untersuchung des von Wilhelm Stahl geleiteten Forschungsinstitutes in Dummerstorf zutage. Wie Vettel war auch der 1900 geborene Stahl 1933 der NSDAP beigetreten und hatte außerdem der SA angehört.[531] Bei Kriegsende wurde Stahl zunächst in den Speziallagern Bautzen und Fünfeichen interniert und 1947 in die Sowjetunion verschleppt, von wo er 1949 in die DDR zurückkehrte.[532] Sowohl die personelle Zusammensetzung wie auch die politische Zuverlässigkeit innerhalb des Institutes boten aus Sicht der Kaderabteilung Anlass für Bedenken: Der Anteil von SED-Mitgliedern unter den wissenschaftlichen Kadern lag gerade einmal bei 16,8 Prozent (15 Mitarbeiter). Dem gegenüber standen acht ehemalige NSDAP-Angehörige sowie ein vormaliges SS-Mitglied, die überwiegend als Abteilungsleiter eingesetzt waren und zum Teil bereits vor 1945 mit Stahl zusammengearbeitet hatten. Stahl setzte sich für eine Trennung zwischen fachlicher und politischer Arbeit ein. Er bezeichnete sich selbst als „Nur-Wissenschaftler", was nach Einschätzung der Kaderabteilung auch für die übrigen ehemaligen NSDAP-Mitglieder unter den Leitungskadern des Institutes galt. Jegliche „Unterstützung" durch die SED würde in Dummerstorf als „Bevormundung" interpretiert.[533] Stahl gehörte bereits 1957 aus Sicht des MfS zu jenen Agrarwissenschaftlern, die sich gegen den von Akademiechef Stubbe betriebenen Ausgleich mit der SED stellten.[534] Unter den Tierzüchtern galt er als vehementer Kritiker sowjetischer Ideen.[535]

---

530 Vgl. Überprüfungsbericht Forschungsstelle Getreidezucht Hadmersleben, 21.11.1961, BArch DK 1/1554.
531 Vgl. NSDAP-Mitgliederkartei BArch R 9361/IX-Kartei/42341636; Personalakte R 3601/51.
532 Zu Stahl vgl. Wagemann (Hg.), Akademie, Bd. 2, S. 515–519; Personalakte Stahl, BArch DK 107/16289.
533 Überprüfungsbericht Dummerstorf, 6.11.1961, BArch DK 1/1554.
534 Vgl. Analyse, 1958, BStU MfS HA XVIIII 29481.

Galten Vettel und Stahl als typische Vertreter der „unpolitischen Wissenschaftler", denen die SED in den Nachkriegsjahren die Fortsetzung ihrer beruflichen Karriere ermöglicht hatte, gehörte der 1912 geborene Sylvester Rosegger zu einer jüngeren Generation von Agrarexperten, die ihre Karriere erst nach 1945 mit Unterstützung des Parteiapparates begonnen hatten. Rosegger, der an der Humboldt-Universität promovierte, erhielt 1953 den Auftrag, das Institut für Landtechnik in Potsdam-Bornim aufzubauen. Die Bedeutung des Institutes für den Agrarsektor war zentral, weil Roseggers Forschungen die Mechanisierung der Landwirtschaft voranbringen sollten. Er war auf seinem Fachgebiet eine anerkannte Autorität und unterhielt enge Kontakte zu westdeutschen Kollegen, was die SED zunächst in der Erwartung hinnahm, die DDR könne auf dem Gebiet der Landtechnik auch in Westdeutschland reüssieren. Rosegger, der 1948 der SED beitrat, genoss deshalb auch die besondere Förderung der ZK-Abteilung Landwirtschaft, die sich trotz vernehmbarer Kritik an den unzureichenden Forschungsergebnissen vor das Institut stellte.[536] So beklagte das MfS bereits 1957, dass die Leistungen des von Rosegger geführten Institutes „in keiner Weise dem Aufwand" der Investitionen entsprächen.[537] Die gleiche Meinung vertrat auch das Ministerium, das in Roseggers Leitungstätigkeit eine der Hauptursachen für den technologischen Rückstand sah und Anfang 1959 seine Absetzung in Erwägung zog.[538] Diese Auffassung setzte sich Ende des Jahres auch innerhalb des Parteiapparats durch: Trotz zunehmender internationaler Anerkennung des Institutes fiel die Agrartechnik in der DDR gegenüber der westdeutschen Forschung zurück, wofür nun die „fachlichen und politischen Schwächen" Roseggers verantwortlich gemacht wurden.[539] Denunziationen aus den Reihen der Institutsmitarbeiter, die über Misswirtschaft, heimliche Westverbindungen und angebliche Korruption, vor allem aber die verstärkte Flucht namhafter Wissenschaftler in den Westen berichteten, führten Ende 1960 in der ZK-Abteilung zu der Entscheidung, eine umfassende Untersuchung des Institutes vorzunehmen. Während sich die Akademie vor Rosegger stellte und die Schwierigkeiten bei der Umsetzung des Forschungsprogrammes durch Lieferengpässe zu begründen suchte, betonte Minister Reichelt, dass eine Untersuchung erforderlich sei.[540]

Den Anlass für seine Absetzung lieferte Rosegger selbst. Im Gegensatz zu anderen Agrarwissenschaftlern weigerte er sich am 13. August 1961, eine geforderte affirmative Stellungnahme zur Grenzschließung abzugeben. Erst nachdem eine ZK-Kommission unter Leitung des späteren Ministers Heinz Kuhrig wenige Tage später in Bornim

---

535 Vgl. Einschätzung verschiedener Mitarbeiter auf dem Gebiet der Viehwirtschaft, 29.7.1958, BStU MfS HA XVIIII 29481; Höxtermann, Ekkehard: Lysenkoism in East Germany. An Outline, in: Annals of the History and Philosophy of Biology, 17 (2012), S. 292–302.
536 Vgl. Lietz, Bericht, 1957, BArch DY 30/IV 2/7/563.
537 Bericht über die Situation in der Landwirtschaft, Dezember 1957, BStU MfS HA XVIII 29841.
538 Vgl. Stellungnahme zur Arbeit in Bornim, 7.3.1959, BArch DY 30/IV 2/7/563.
539 Kuhrig, 18.12.1959, BArch DY 30/IV 2/7/563.
540 Vgl. Reichelt an ZKK, 7.11.1960, Plachy an Reichelt, 7.11.1960, BArch DC 7/4099, Teil 2.

eintraf, fertigte er das gewünschte Schreiben an. Allerdings nicht ohne darauf hinzuweisen, dass die gegenwärtige Lage auf Dauer nicht zu ertragen sei. Eine Woche später informierte die ZK-Abteilung SED-Chef Walter Ulbricht persönlich über das Verhalten Roseggers, dessen Absetzung daraufhin in die Wege geleitet wurde.[541] Am 6. September 1961 verfassten Kuhrig und Lietz eine Vorlage für das Politbüro, in welcher die Entfernung Roseggers und die Neubesetzung der Institutsleitung festgelegt wurden.[542] Eine Woche später wurde er offiziell durch die Parteigruppe des Institutes als „Karrierist, politischer Doppelzüngler und als Parteifeind" gebrandmarkt und aus der SED ausgeschlossen.[543] Nachfolger wurde auf Beschluss des ZK Heinz Kuhrig, der bis 1963 die Leitung des Institutes übernahm und dem es gelang, „Erfolge bei der Herstellung der Einheit von politischer-ideologischer [sic!] Erziehungsarbeit und fachlicher Qualifizierung der Mitarbeiter des Instituts" zu erzielen.[544] Der letzte Akt war der Ausschluss Roseggers aus der Akademie, die im November 1961 auch die Rücktritte von Stahl und Vettel zur Kenntnis nahm. Der geschasste ehemalige Institutsleiter arbeitete zunächst als Hilfsarbeiter im VEB Elektrogerätewerk Teltow. Im Jahr 1964 gelang ihm über Warschau die Flucht nach Westdeutschland, wo er 1966 die Leitung eines Institutes an der späteren Bundesforschungsanstalt für Landwirtschaft in Braunschweig übernahm.

Dass Rosegger nach 1945 eine zunächst steile Karriere einschlagen konnte, war auch darauf zurückzuführen, dass er über seine Vergangenheit systematisch Stillschweigen bewahrt hatte und sich als „Nur-Wissenschaftler" präsentierte.[545] Als die Kaderabteilung des Ministeriums im August 1961 in seinem Institut eine Personalüberprüfung vornahm, konnte sie nur drei ehemalige NSDAP-Mitglieder ermitteln. Rosegger sei, so die Kaderabteilung, nach den vorliegenden Unterlagen vor 1945 politisch nicht aktiv gewesen. Tatsächlich aber hatte sich der ehemalige Institutsleiter bereits seit frühester Jugend in der österreichischen national-völkischen Bewegung engagiert. Spätestens 1930 war Rosegger Mitglied der rechtsradikalen Heimwehr „Steirisch Hasch" und gehörte dort zu jenem Flügel, der sich 1933 der NSDAP anschloss.[546] Nach deren Verbot in Österreich betätigte sich Rosegger nach eigenen Angaben in der Illegalität „als Werber und Propagandist" und nahm 1934 auf Seiten der Nationalsozialisten am Juliputsch gegen die bürgerliche Regierung in Wien teil. Von den österreichischen Behörden verhaftet, wurde Rosegger 1935 entlassen und mit

---

541 Vgl. Götz an Ulbricht und Honecker, 26.8.1961, BArch DY 30/IV 2/7/563.
542 Vgl. Entwurf Vorlage Politbüro, 6.9.1961, BArch DY 30/IV 2/7/563.
543 Stellungnahme der Grundorganisation Potsdam-Bornim, undatiert, BArch DY 30/IV 2/7/563.
544 Beurteilung, 1.6.1963, BArch DC 20/ 8190
545 Vgl. die Lebensläufe in BArch DK 107/16270.
546 Deshalb galt Rosegger erst ab 1933 als NSDAP-Mitglied, weil die Parteiführung entschieden hatte, dass frühere Zugehörigkeiten zum „Steirischen Hasch" nicht angerechnet würden. Vgl. Moll, Martin: Konfrontation – Kooperation – Fusion. Das Aufgehen des Steirischen Heimatschutzes in der österreichischen NSDAP, in: Schmidt, Daniel/Sturm, Michael/Livi, Massimiliano (Hgg.): Wegbereiter des Nationalsozialismus. Personen, Organisationen und Netzwerke der extremen Rechten zwischen 1918 und 1933, Essen 2015.

Berufsverbot belegt. Mit Unterstützung des NSDAP-Flüchtlingshilfswerkes siedelte er nach Deutschland über, wo er 1937 auf dem damaligen Versuchsgut Potsdam-Bornim eine Anstellung fand. Im Jahr 1938 nahm er ein Landwirtschaftsstudium in Berlin auf, das er 1941 mit einem Diplom abschloss. Er betätigte sich auch publizistisch und erhielt 1938 die Zulassung als Schriftleiter bei der Reichsnährstandspresse.[547] Während des Zweiten Weltkrieges gehörte Rosegger zu einer Propagandaabteilung in der Ukraine. Im Jahr 1943 bewarb er sich um eine Anstellung im Reichspropagandaministerium, wo er in der Ostabteilung unter dem NS-Propagandisten und späteren Mitbegründer des antikommunistischen „Volksbundes für Frieden und Freiheit", Eberhard Taubert, tätig wurde. Rosegger war zunächst in Potsdam bei der Propaganda-Ausbildungsabteilung für die Ausbildung und weltanschauliche Schulung der Wehrmachtspropagandisten verantwortlich.[548] Im Spätsommer 1944 kam Rosegger im Range eines Leutnants erneut zum Fronteinsatz und gehörte im Januar 1945 zum Stab der aus Kriegsgefangenen und Kollaborateuren innerhalb der Wehrmacht aufgestellten „Georgischen Legion"[549] Über seine Rolle in den letzten Kriegstagen ist nichts bekannt. Während die „Georgische Legion" in Dänemark in britische Gefangenschaft geriet und dessen Angehörige an die Sowjetunion ausgeliefert wurden, ging Rosegger nach Thüringen. Noch 1945 wurde er von den sowjetischen Besatzungstruppen als Verwalter eines Versorgungsgutes eingesetzt, absolvierte anschließend seine Ausbildung zum Neulehrer und übernahm bis zu seinem Wechsel nach Berlin 1952 die Leitung der landwirtschaftlichen Fachschule in Wernigerode.

Es muss offen bleiben, inwiefern seine Vergangenheit der anschließenden steilen Karriere in der DDR entgegengestanden hätte. Die vergleichsweise konziliante Haltung der SED gegenüber vorbelasteten Agrarexperten spricht aber dafür, dass Roseggers Lebensweg nicht wesentlich beeinträchtigt worden wäre. Gleichwohl zeigen diese Beispiele, dass im Gegensatz zum Ministerium, dessen Mitarbeiter eine meist nur formelle Belastung aufwiesen, der Anteil auch materiell belasteter Agrarexperten im Forschungsbereich deutlich höher lag. Entscheidend beim Umgang mit den Agrarwissenschaftlern war aber auch hier weniger ihre politische Vergangenheit als vielmehr die Bereitschaft, ihre Forschung in den Dienst der Partei zu stellen. Ebenfalls im Gegensatz zum Landwirtschaftsministerium wurde im Forschungsbereich selbst in den 1960er Jahren die Weiterbeschäftigung einschlägig vorbelasteter Wissenschaftler geduldet, die im Falle des Forstwissenschaftlers und ehemaligen SA- und NSDAP-Mitglieds Ernst Ehwald sogar in die Führung der Akademie aufstiegen.[550]

---

547 Vgl. Personlakte, BArch R 55/23173.
548 Vgl. Uziel, Daniel: Propaganda, Kriegsberichterstattung und die Wehrmacht. Stellenwert und Funktion der Propagandatruppen im NS-Staat, in: Rother, Rainer/Prokasky, Judith (Hgg.), Die Kamera als Waffe. Propagandabilder des Zweiten Weltkrieges, München 2010, S. 13–36.
549 Vgl. Rosegger an RMVP, 13.1.1945, R 55/23173.
550 Das zeigt unter anderem das Beispiel des Veterinärmediziners Heinz Röhrer, der bereits 1931 der NSDAP beigetreten war, sich ähnlich wie Rosegger zunächst dem Einfluss der SED zu entziehen versuchte, dem seit 1960 verstärkten Anpassungsdruck aber nachgab und deshalb im Amt bleiben

Gleichwohl begann auch im Forschungsbereich in der zweiten Hälfte der 1960er Jahre ein Generationswechsel. Der Wechsel in der Akademieführung von Hans Stubbe zu Erich Rübensam 1968 markierte eine Zäsur, die mit dem Ausscheiden der älteren und noch unter dem NS-Regime sozialisierten Forschergruppe einherging. Parallel wuchs auch der Einfluss der Agrarforschung auf die Entwicklung der Landwirtschaft, die sich erst in den 1970er Jahren zu einem ernstzunehmenden Akteur der Landwirtschaftspolitik entwickeln konnte, deren Inhalte aber inzwischen von einer neuen Generation von Agrarwissenschaftlern geprägt wurden.[551]

4 Besondere Fälle

Wie gezeigt, war die NS-Belastung unter Mitarbeitern des Ministeriums in der Regel auf eine nominelle NSDAP-Mitgliedschaft beschränkt. Die absolute Ausnahme waren Fälle, in denen eine Beteiligung an Unrechtshandlungen und Kriegsverbrechen nachweisbar ist. Zwei solcher Beispiele werden im Folgenden erörtert. Diese Vorgänge sind jenseits des Umganges mit solchen Vergangenheiten in der DDR auch vor dem Hintergrund der deutsch-deutschen Systemauseinandersetzung von besonderem Interesse. Die DDR hatte die Bundesrepublik unter Leitung von Chefagitator Albert Norden seit 1957 mit Kampagnen überzogen, die die hohe Durchsetzung insbesondere von Regierungsapparat und Justiz mit ehemaligen NS-Funktionsträgern thematisierten. Ziel solcher Kampagnen war vor allem die Delegitimierung der Bundesrepublik als demokratischer Staat. Darüber hinaus konnte sich die DDR auf dieser Folie einmal mehr als das bessere, das antifaschistische Deutschland inszenieren. Vor diesem Hintergrund war es für die DDR besonders beunruhigend, wenn Fälle von NS-Verstrickungen höherer Funktionäre des SED-Staates ans Licht kamen. Besonders bedrohlich wurde es aus Sicht der SED, wenn derartige NS-Verstrickungen in der Bundesrepublik aufgedeckt und veröffentlicht wurden. In den späten 1950er und beginnenden 1960er Jahren geriet die DDR durch mehrere Publikationen und Presseveröffentlichungen über „braune Kader" in Bedrängnis. Derartige Veröffentlichungen waren geeignet, den antifaschistischen Gründungsmythos im Innern und nach außen zu beschädigen. Die Strategien der SED-Führung im Umgang mit derartigen Vorwürfen aus dem Westen waren in der Regel Schadensminimierung bei gleichzeitiger Abwehrhaltung.[552] Die Verschleierungstaktik ging manchmal so weit,

---

konnte. Vgl. die Vorgänge in BArch DK 1/1554 sowie BStU MfS HA XVIII 29486.
Ernst Ehwald, geboren 1913, NSDAP-Eintritt 1937, Angehöriger der SA seit 1933, studierte Forstwissenschaften, diente während des Zweiten Weltkrieges als Unteroffizier, trat 1945 in die KPD ein und leitete das Institut für Bodenkunde an der Forstwirtschaftlichen Fakultät (später Hochschule) Eberswalde. 1952 zur Akademie gehörig, wurde Ehwald 1961 zum Vizepräsidenten ernannt. Vgl. Personalakte, BArch DK 107/16211 sowie BArch R 9361-II/219542.
551 Vgl. Heinz, Grüneberg und Ewald; Wagemann (Hgg.), Akademie, Bd. 1, S. 60–65.
552 Vgl. Bergien, Schweigen, S. 148.

dass NS-Täter nicht vor Gericht gestellt wurden oder in Geheimprozessen abgeurteilt wurden, damit man deren Existenz in der DDR nicht zugeben musste.[553] Ein solches Vorgehen war jedoch nicht immer möglich. In besonders prominenten Fällen wie den nachfolgenden, in denen es nichts mehr zu verschleiern gab, sah sich die DDR-Führung gezwungen, schnell zu handeln und damit ihrem antifaschistischen Anspruch zumindest nach außen gerecht zu werden. Die Betroffenen wurden auf die eine oder andere Weise schnell aus ihren Ämtern entfernt und sanktioniert.

Der Zweitageminister Karl-Heinz Bartsch

Die verschwiegene NS-Vergangenheit des Landwirtschaftsministers und SED-Spitzenfunktionärs Karl-Heinz Bartsch war für die offizielle Antifaschismusdoktrin in mehrfacher Hinsicht ein Desaster. Sie offenbarte nicht nur, dass selbst stark belasteten Personen der Aufstieg bis in höchste Staats- und Parteiämter gelingen konnte. Schwerer noch wog, dass die Aufdeckung der Vergangenheit von Bartsch nicht durch den eigenen Apparat, sondern nach Enthüllungen in der Bundesrepublik ans Tageslicht kam. Damit war der Vorgang geeignet, nicht nur das Selbstbild des antifaschistischen Staates zu beschädigen, er unterminierte zugleich die Glaubwürdigkeit der seit 1957 gegen alte Nazis in Westdeutschland von Ost-Berlin aus geführten Propagandakampagnen. Nicht zuletzt brachte die mediale Skandalisierung des Falles die SED auch gegenüber der eigenen Bevölkerung in Erklärungsnöte.

Bis zu den Enthüllungen in West-Berliner und westdeutschen Zeitungen am 9. Februar 1963 war Bartsch aus Sicht der SED ein Hoffnungsträger sowohl im Bereich der Agrarpolitik als auch der Agrarwissenschaft. 1923 in Löblau bei Danzig als Sohn eines Bauern geboren, ging Bartsch nach seiner Entlassung aus amerikanischer Kriegsgefangenschaft 1946 zur Familie seiner Frau nach Halle, wo er ein Studium der Agrarwissenschaften aufnahm.[554] Bartsch schloss sich 1948 der FDJ an und trat ein Jahr später, kurz vor Beendigung seines Studiums, der SED bei. Dort galt er als begabter Nachwuchskader, der nach einem Parteilehrgang sofort in die Parteileitung der Universität Halle gewählt wurde. Im Jahr 1951 wechselte Bartsch als Assistent des renommierten Agrikulturchemikers Kurt Nehring an die Universität Rostock, von dem er im gleichen Jahr promoviert wurde. Zum 1. Januar 1952 übernahm er mit 29 Jahren die Leitung der im thüringischen Clausberg neu gegründeten Zweigstelle des von Wilhelm Stahl, einem bekannten Tierzuchtforscher, geleiteten Forschungsinstitutes Dummerstorf.[555] Bartschs schnelle akademische Karriere wurde von einem parallelen Aufstieg im Parteiapparat begleitet. Über die SED-Kreisleitung Eisenach kam er 1954

---

553 Vgl. dazu ausführlich Leide, Henry: Auschwitz und Staatssicherheit. Strafverfolgung, Propaganda und Geheimhaltung in der DDR, Berlin 2019, S. 269 f.
554 Vgl. Kurzbiografie, BArch DY 30/60787; Befragung, 23.2.1963, BArch DY 30/71176 sowie Wagemann (Hg.): Akademie, Bd. 2, S. 24.
555 Zu Clausberg vgl. Wagemann (Hg.), Akademie, Bd. 2, sowie zu Stahl siehe S. 100.

in die Bezirksleitung Erfurt. Seine Verdienste um die Durchsetzung des umstrittenen Offenstallprogrammes und sein persönlicher Einsatz in landwirtschaftlichen Produktionsgenossenschaften ließen ihn in den Augen der SED als einen der wenigen Wissenschaftler auf seinem Gebiet erscheinen, die sich „bewusst für den Aufbau des Sozialismus" einsetzten und sich genau deshalb einer Förderung erfreuten.[556]

Eben diese Protektion durch den Parteiapparat führte aber dazu, dass Bartsch trotz seiner wissenschaftlichen Verdienste auf dem Gebiet der Rinderzucht von den übrigen führenden Wissenschaftlern, namentlich Wilhelm Stahl und seinem Doktorvater Kurt Nehring, „stark gedrückt" wurde.[557] Ein erster Versuch, Bartsch als politisch erwünschten Nachwuchswissenschaftler in der Akademie der Landwirtschaftswissenschaften zu platzieren, scheiterte am Einspruch seiner Kollegen.[558] Gleichwohl verstand es Bartsch, seine Kontakte in der SED zu nutzen, um sich gegen solche Zurücksetzungen zur Wehr zu setzen. Er beschwerte sich 1957 beim ZK-Sekretär Erich Mückenberger persönlich über die aus seiner Sicht mangelnde Anerkennung und Förderung durch Stahl, der daraufhin angewiesen wurde, sich stärker um Bartsch zu bemühen.[559] Der Aufstieg von Bartsch im Partei- und Wissenschaftsapparat beschleunigte sich nach dem Wechsel von Erich Mückenberger zu Gerhard Grüneberg erheblich. Grüneberg förderte den inzwischen mit dem Nationalpreis ausgezeichneten Agrarwissenschaftler, der Anfang 1960 im Beisein von Walter Ulbricht die DDR auf der Landwirtschaftskonferenz in Moskau vertrat und in die Landwirtschaftskommission des Politbüros berufen wurde.[560] Seinen ersten großen öffentlichen Auftritt hatte Bartsch auf dem 8. Plenum des ZK der SED Anfang 1960. Im April wurde er auf Vorschlag von Grüneberg als stellvertretender Leiter der Landwirtschaftsabteilung im ZK eingestellt. Seine Aufnahme in den zentralen Parteiapparat hatte das Ziel, nicht nur einen ausgewiesenen Experten für die Lösung der Probleme auf dem Gebiet der Viehzucht zu gewinnen. Bartsch sollte zugleich dafür sorgen, dass die Agrarpolitik der SED in den „wissenschaftlichen Einrichtungen" stärker durchgesetzt würde.[561]

Das von ihm geleitete Institut wurde jetzt zu einer eigenständigen Forschungseinrichtung erhoben und sein ehemaliger Chef Stahl 1961 zum Rücktritt gezwungen. Welche Rolle Bartsch dabei spielte, ist nicht eindeutig zu belegen, doch dürfte er in seiner Funktion als ZK-Funktionär an der Absetzung von Stahl nicht unbeteiligt gewesen sein, zumal er im Kollegenkreis als dessen Nachfolger gehandelt wurde.[562] Zudem erhielt Bartsch jetzt auch die ersehnten höchsten akademischen Würden: Er

---

[556] Beurteilung SED Bezirksleitung Erfurt, 1959, BArch DY 30/60787.
[557] Bericht IM Nelke, 29.7.1958, BStU MfS HA XVIII 29481.
[558] Vgl. den Vorgang in BArch DK 107/262.
[559] Vgl. Korrespondenz Mückenberger und Plachy, 1957, BArch DK 107/5568.
[560] Vgl. Politbüroprotokoll, 12.1.1960, BArch DY 30/J IV 2/2/683, Politbüroprotokoll, 16.2.1960, BArch DY 30/J IV 2/2/688.
[561] Begründung Berufung Bartsch, 28.3.1960, BArch DY 30/60787.
[562] Vgl. Vermerk über eine Aussprache in Dummerstorf, 14.2.1963, BArch DY 30/60787; Brief Karin R., 20.2.1963, BArch DY 30/71776.

übernahm als Professor das Institut für Tierzucht und Genetik an der Humboldt-Universität zu Berlin und wurde nun auch als ordentliches Mitglied in die Akademie aufgenommen.[563] Ein weiterer Schritt auf seiner Karriereleiter war die Übernahme des Amtes als Stellvertretender Landwirtschaftsminister zum 1. November 1962, die Bartsch zufolge nach einer persönlichen Unterredung mit Ulbricht beschlossen worden sei.[564]

Auch wenn Bartsch später bestritt, bereits zu diesem Zeitpunkt Aussicht auf die Übernahme des Postens als Landwirtschaftsminister gehabt zu haben, sollte er kaum vier Monate später Hans Reichelt in diesem Amt beerben.[565] Bartsch wurde während des SED-Parteitages Mitte Januar 1963 zunächst in das ZK gewählt und will anschließend von Grüneberg darüber informiert worden sein, dass er auch dem Politbüro und damit dem engsten Parteizirkel angehören sollte. Von der Absicht, dass er auch den Vorsitz der Produktionsleitung übernehmen sollte, erfuhr Bartsch nach eigener Darstellung am Rande des Parteitages wiederum von Ulbricht persönlich.[566] Nachdem der Aufstieg Bartschs im Parteiapparat bereits Ende Januar öffentlich bekannt gegeben wurde, meldeten die Tageszeitungen der DDR am 8. Februar seine Ernennung zum Landwirtschaftsminister.[567]

Noch am selben Tag war in der Abendausgabe einer West-Berliner Zeitung die Überschrift „Ulbricht ruft SS-Mann in seine Regierung" zu lesen.[568] Die Nachricht, dass mit Bartsch ein Minister ernannt worden war, der je nach Informationsstand der westlichen Presse Mitglied der Allgemeinen SS bzw. der Waffen-SS gewesen sei, wurde in den kommenden Tagen von zahlreichen großen Tageszeitungen aufgegriffen.[569] Bartsch selbst, so seine spätere Aussage, sei von dieser Kampagne überrascht worden, obwohl ihm bewusst gewesen sei, dass seine bislang verschwiegene Vergangenheit mit dem Aufstieg in höchste Partei- und Regierungsämter ein Problem werden könne.[570]

Aus Sicht der SED-Führung bestand für Misstrauen kein Anlass. Im Gegenteil: Bartsch hatte nach Kriegsende den Anschein erweckt, letztlich sogar ein Opfer des Nationalsozialismus gewesen zu sein. So gab er 1951 an, aus einem sozialdemokra-

---

563 Vgl. Wagemann (Hg.), Akademie, Bd. 3, S. 25.
564 Vgl. Befragung 12.3.1963, BArch DY 30/71146; Lebenslauf, 1964, BStU MfS BV Neubrandenburg AOP 957/67.
565 Vielleicht war Bartsch nicht der einzige Kandidat, da das Politbüro sich noch zwei Wochen vor seiner Ernennung nicht auf einen Nachfolger festlegen wollte. Vgl. Politbüroprotokoll, 10.1.1963, BArch DY 30/J IV 2/2/864.
566 Vgl. Befragung, 12.3.1963, BArch DY 30/71176.
567 Vgl. Neues Deutschland, 22.1.1963, Ministerrat beschloss erste Maßnahmen, in: Neues Deutschland, 8.2.1963.
568 Ulbricht ruft SS-Mann in seine Regierung, in: Der Abend, 8.2.1963.
569 Vgl. Peinlich für Pankow!, in: Bild-Zeitung, 11.2.1963; Skandal um Zonenminister, in: Telegraf, 12.2.1963; Minister nach drei Tagen abgesetzt, in: Der Tagesspiegel, 12.2.1963; Pankows oberster Landwirtschaftsminister war nur drei Tage im Amt, in: Der Kurier, 11.2.1963.
570 Vgl. Befragung, 12.3.1963, BArch DY 30/71176.

tischen Elternhaus zu stammen, selbst zwar Mitglied der HJ gewesen zu sein – weil sein Vater angeblich sowjetischen Kriegsgefangenen zur Flucht verholfen und deshalb von der Gestapo inhaftiert worden sei –, sich jedoch nicht weiter im Sinne des Nationalsozialismus betätigt zu haben. Hinsichtlich seiner Militärkarriere gab er an, als Wehrmachtsangehöriger an der Westfront eingesetzt gewesen zu sein. Nachdem er im Jahr 1953 noch einmal ausdrücklich versichert hatte, dass weder er noch seine Angehörigen Mitglieder der NSDAP gewesen seien, modifizierte er 1958 diese Aussagen dahingehend, dass sein Vater 1936 aus vorgeblich wirtschaftlichen Gründen gezwungen gewesen sei, in die NSDAP einzutreten. Grundsätzlich stellte diese Offenbarung seine bisherige Argumentation nicht in Frage, weil der Vater wegen einer nun unter dem Vorwurf der Wehrkraftzersetzung erfolgten Inhaftierung 1942 wieder ausgeschlossen worden sei. Hinsichtlich seiner Militärkarriere ergänzte Bartsch nun, kurzzeitig auch an der Ostfront gewesen zu sein.[571] Trotz dieser offensichtlichen Widersprüche, die bei der Einstellung von Bartsch in den ZK-Apparat nicht aufgefallen waren, waren diese Angaben insgesamt so weit unverdächtig, dass sie seinem Aufstieg nicht entgegenstanden.

Nach den Enthüllungen in der Westpresse, in denen Bartsch nicht nur seine Zugehörigkeit zur SS, sondern auch eine Funktionärskarriere in der HJ und die Verleihung eines Ordens für altgediente Parteigenossen in Danzig angelastet wurden, musste er sich noch am Abend des 8. Februar vor dem Politbüro erklären. Im Gegensatz zu anderen enttarnten SED-Funktionären leugnete Bartsch die Anwürfe nicht vollständig, sondern gab zu, tatsächlich der Waffen-SS angehört zu haben. Gleichwohl bestritt er vehement HJ-Funktionär oder gar Träger des „Kreuzes von Danzig" gewesen zu sein. Seine eingestandene Mitgliedschaft in der Waffen-SS war allerdings ausreichend, um ihn zum Rücktritt aus allen Staats- und Parteiämtern zu zwingen. Das Politbüro beschloss am 9. Februar 1963 die Entfernung von Bartsch aus allen Parteiämtern. Seine Enthebung als Vorsitzender der Produktionsleitung war demgegenüber nur eine Formsache, die am gleichen Tag vom Ministerrat bestätigt wurde.[572] Die Absetzung von Bartsch wurde in den Wochenendausgaben der DDR-Tageszeitungen bekannt gegeben und eine weitere Untersuchung des Falles durch die Parteikontrollkommission angekündigt. Bartsch selbst hatte noch am 8. Februar eine Erklärung abfassen müssen, die in gekürzter Form ebenfalls abgedruckt wurde. Darin wurde eingeräumt, dass er in seiner Jugend dem Nationalsozialismus angehangen habe und Angehöriger der Waffen-SS gewesen sei. Doch sollte die Verlautbarung den Eindruck erwecken, dass Bartsch bereits während des Krieges geläutert worden sei und weiter „durch ehrliche Arbeit unserem Arbeiter- und Bauern-Staat" dienen werde.[573]

---

[571] Vgl. Bericht über die Angelegenheit Bartsch, DY 30/45061; Widersprüche in den Unterlagen, BArch DY 30/71176.
[572] Vgl. Politbüroprotokoll vom 5.4.1963, darin die am 9.2.1963 im Umlauf bestätigte Absetzung, BArch DY 30/J IV 2/2/866; Beschluss des Ministerrates, 9.2.1963, BArch DC 20-I/3/347.
[573] Erklärung, in: Neues Deutschland, 9.2.1963.

Die nun einsetzenden Ermittlungen erfolgten in alleiniger Zuständigkeit des Parteiapparates, wo Bartsch in mehreren Sitzungen eingehend von der Parteikontrollkommission befragt wurde. Seine tatsächliche Vergangenheit kam dabei nur zum Teil ans Tageslicht. Befeuert wurden die Ermittlungen durch Zuschriften ehemaliger Nachbarn, die Bartsch aus seiner Jugendzeit kannten und bestätigten, dass die gesamte Familie als „eingefleischte Nazis" bekannt gewesen sei und Angehörige an der Misshandlung und in einem Fall auch an der Ermordung von KPD-Mitgliedern beteiligt gewesen waren.[574] Angesichts solcher belastenden Aussagen räumte Bartsch nach und nach ein, dass seine bislang abgegebenen Lebensläufe in weiten Teilen frei erfunden waren. Tatsächlich war sein Vater nie Sozialdemokrat gewesen, sondern bereits zum 1. November 1931 der NSDAP beigetreten. Bartsch, der in einem stark vom Nationalsozialismus geprägten Umfeld aufwuchs, trat im Alter von neun Jahren 1932 in die Deutsche Jugend ein und übernahm auf lokaler Ebene hauptamtliche Führungsfunktionen. Vor diesem Hintergrund scheint es plausibel, dass die in seiner SS-Akte dokumentierte Verleihung des „Kreuzes von Danzig" trotz seines jungen Alters von 16 Jahren tatsächlich erfolgt war. Eine mögliche Erklärung für diese Auszeichnung wäre eine Beteiligung an der aus NSDAP- und SS-Mitgliedern kurz vor der Besetzung Danzigs aufgestellten „Heimwehr", die auch an Kriegsverbrechen beteiligt gewesen war.[575] Bartsch selbst bestritt die Verleihung vehement und wollte sich nicht daran erinnern, welche Rollen er und seine Familie bei Kriegsbeginn gespielt hatten.[576]

Bartsch leugnete ebenfalls, wie einige westliche Zeitungen berichteten, Angehöriger der SS gewesen zu sein. Er gab an, lediglich an Reitkursen der SS teilgenommen zu haben, mit denen er auf seine spätere Verwendung bei der Waffen-SS vorbereitet worden sei.[577] Tatsächlich wurde Bartsch im Sommer 1940 noch vor seinem Abitur in Danzig als Angehöriger der allgemeinen SS registriert und meldete sich im April 1941 freiwillig zur Waffen-SS.[578] Bartsch versuchte zunächst seinen Eintritt in die 3. SS-Totenkopfdivision auf 1942 zu datieren, was wahrscheinlich vom Verdacht einer Beteiligung an Kriegsverbrechen, an denen diese Einheit während des Vormarsches in der Sowjetunion beteiligt gewesen war, ablenken sollte.[579] Bartsch bestritt auch, während seines Einsatzes an der Ostfront von solchen Vorgängen Kenntnis gehabt zu haben. Gleichzeitig räumte er ein, dass seine Einheit den Befehl hatte, „keine Gefangenen zu machen", was darauf hindeutet, dass er sehr wohl Kenntnis vom

---

574 Vgl. Brief Gerhard A., 12.2.1963 sowie auch Brief Siegfried D., 16.2.1963; Brief Bruno L., 18.2.1963, BArch DY 30/71176.
575 Vgl. Schenk, Dieter: Danzig 1930–1945. Das Ende einer Freien Stadt, Berlin 2013.
576 Vgl. SS-Stammkarte Karl-Heinz Bartsch, BArch R 9361-III/244016. Hier ist auch die Verleihung des Kreuzes von Danzig vermerkt. Vgl. die Angaben zu seinem Vater, Friedrich Bartsch BArch R 9361-VIII/Kartei/890865.
577 Vgl. die unterschiedlichen Angaben in den Befragungen, BArch DY 30/71176.
578 Vgl. SS-Stammkarte Karl-Heinz Bartsch, BArch R 9361-III/244016.
579 Sydnor, Charles W.: Soldaten des Todes. Die 3. SS-Division „Totenkopf" 1933–1945, Paderborn ⁴2001.

„Kommissarbefehl" hatte, demzufolge sowjetische Politoffiziere trotz Gefangennahme zu erschießen waren.[580] Nach einer Verwundung im August 1943 wurde Bartsch an der Westfront eingesetzt und der Waffen-SS Division „Götz von Berlichingen" zugeteilt. Trotz Abitur, seines nationalsozialistischen Elternhauses und mehrerer Auszeichnungen bestritt Bartsch, eine Offizierslaufbahn eingeschlagen zu haben, und gab an, bis Kriegsende nur Unterscharführer geblieben zu sein. Nach seiner Darstellung sei ihm wegen einer Disziplinarmaßnahme während der Grundausbildung die Offizierslaufbahn versperrt gewesen, wie später auch die Inhaftierung seines Vaters eine Beförderung verhindert habe.[581]

Die Parteikontrollkommission glaubte ihm das nicht, konnte Bartsch aber auch nicht das Gegenteil beweisen. Am Ende der sechs Wochen dauernden Untersuchungen konstatierte der Abschlussbericht, Bartsch habe sich bei der Aufklärung seiner Vergangenheit wenig kooperativ gezeigt und überdies in Widersprüche verwickelt. Trotz dieses Verhaltens und der zutage geförderten erheblichen Belastung plädierte der Vorsitzende der Parteikontrollkommission Hermann Matern dafür, Milde walten zu lassen. Entscheidend war, dass Bartsch nach 1945 anerkennenswerte „positive Leistungen für unsere sozialistische Gesellschaft" erbracht habe. Er sollte weiterhin der SED angehören und für das Verschweigen seiner Vergangenheit mit einer „strengen Rüge" bestraft werden. Als weitergehende Sanktion schienen Matern eine Aberkennung des Professorentitels und sämtlicher staatlicher Auszeichnungen ausreichend. Ansonsten müsse dem verdienstvollen Bartsch Gelegenheit gegeben werden, sich zu rehabilitieren.[582]

Das Politbüro, das am 2. April 1963 über den Fall zu beschließen hatte, folgte diesen Empfehlungen nicht, sondern statuierte an Bartsch ein Exempel. Das dürfte einerseits damit zusammenhängen, dass sich die SED-Führung im Fall Bartsch in der Westpresse dem Vorwurf ausgesetzt sah, wissentlich nicht nur NS-Verbrecher in ihren eigenen Reihen zu dulden, sondern diese auch „ungeschoren" zu lassen, wie der in West-Berlin erscheinende „Kurier" schrieb.[583] Als Beleg verwiesen einige Westmedien auf den ehemaligen Mitarbeiter der ZK-Landwirtschaftsabteilung Ernst Grossmann, der 1958 wegen angeblicher Zugehörigkeit zur Wachmannschaft des KZ Sachsenhausen abgesetzt, aber nicht einmal aus der SED ausgeschlossen worden war.[584] Schwerer aber noch wog, dass die Parteiführung empörte Zuschriften aus der DDR-Bevölkerung erreichten, in denen Unverständnis über die offenbar laxe Überprüfung von Parteikadern geäußert wie auch eine harte Bestrafung von Bartsch gefordert

---

580 Befragung, 23.2.1963, BArch DY 30/71176.
581 Vgl. Bericht über die Angelegenheit Bartsch, BArch DY 30/45061; Befragung, 23.2.1963, BArch DY 30/71176.
582 Beschluss-Vorlage, gezeichnet Matern, undatiert, BArch DY 30/45061.
583 Pankows oberster Landwirtschaftschef war nur drei Tage im Amt, in: Der Kurier, 11.2.1963; ähnlich auch Minister nach drei Tagen abgesetzt, in: Der Tagesspiegel, 12.2.1963, König für zwei Tage, in: Telegraf, 12.2.1963.
584 Zum Fall Grossmann vgl. Bergien, Schweigen, sowie Leide, NS-Verbrecher, S. 51–53.

wurden.⁵⁸⁵ Angesichts dieser Ausgangslage beschloss das Politbüro, dass Bartsch sein Parteibuch abzugeben und aus der Akademie der Landwirtschaftswissenschaften auszuscheiden hatte. Allein seinen Professorentitel durfte Bartsch weiter tragen.⁵⁸⁶

Die Schockwirkung, die der Fall innerhalb der SED-Führung auslöste, zeigt sich auch daran, dass nun erstmals und nach gegenwärtigem Forschungsstand auch zum letzten Mal ein Versuch der systematischen Überprüfung der NS-Vergangenheiten führender Parteikader vorgenommen wurde.⁵⁸⁷ Angestrebt war indes keine umfassende Durchleuchtung des gesamten Apparates, sondern nur jener Spitzenfunktionäre, deren NS-Verstrickungen durch westliche Publikationen ans Tageslicht gekommen waren. In Reaktion auf die 1957 begonnene publizistische und mediale Skandalisierung der NS-Verstrickung von Funktionsträgern in der Bundesrepublik wurden seit 1959 umgekehrt in Westdeutschland Broschüren veröffentlicht, die nachweisen sollten, dass auch in der DDR ehemalige Nazis bis in höchste Funktionen gelangten. Die Neuauflage einer Broschüre des „Untersuchungsausschusses Freiheitlicher Juristen" war schließlich in den ersten Februartagen 1963 Anlass, um in westdeutschen Tageszeitungen wieder einmal die Aufmerksamkeit auf belastete Minister und andere Funktionäre in der DDR zu lenken.⁵⁸⁸ Insofern kam die Affäre Bartsch letztlich nicht völlig unvermittelt, unterstrich aber für die SED-Führung angesichts des nun tatsächlich eingetretenen Reputationsverlustes die Notwendigkeit, sich nunmehr über die Vergangenheit ihrer Spitzenfunktionäre Klarheit zu verschaffen. Zu diesem Zweck verabschiedete das Politbüro am 2. April 1963 eine Erklärung, die auf einer anstehenden Tagung des Zentralkomitees verlesen werden sollte. Von einer breiteren Verteilung sah die SED-Führung vielleicht auch deshalb ab, um nicht den Anschein zu erwecken, der Fall Bartsch rühre an grundsätzlicheren Problemen beim Umgang mit NS-Belastungen in den eigenen Reihen. So hob das Papier hervor, man werde auch weiterhin mit einer „faschistischen Vergangenheit belasteten Parteimitgliedern nicht mit Misstrauen" begegnen, doch dürfe es kein „Verschweigen" und keine „unklaren Verhältnisse" mehr geben.⁵⁸⁹

Die Strategie mit der die Parteikontrollkommission die anstehenden Untersuchungen vornahm, war indes wenig geeignet, dieses Ziel zu erreichen. Allein der Umstand, dass von den 53 untersuchten SED-Spitzenkadern nur elf ihre NSDAP-Mitgliedschaft offengelegt hatten, zeigt, dass ein Verschweigen eher die Regel denn die Ausnahme gewesen war. Bei den Aussprachen, die mit den übrigen geführt wurden, verließ sich die Parteikontrollkommission auf die Selbstaussagen der Betroffenen, die wie Erich Rübensam mehrheitlich bestritten, der NSDAP angehört zu haben. Für die

---

585 Vgl. Brief Werner R., 19. 2. 1963, Aussprache mit Meta P., 23. 2. 1963, BArch DY 30/71176.
586 Vgl. Politbüroprotokoll, 2. 4. 1963, BArch DY 30/45061.
587 Vgl. Bergien, Schweigen.
588 Vgl. Drei Zonen-Minister waren Nazis, in: Bild-Zeitung, 1. 2. 1963; Drei Zonen-Minister gehörten der NSDAP an, in: Berliner Morgenpost, 1. 2. 1963; Drei Zonenminister waren NSDAP-Mitglieder, in: Der Tagesspiegel, 1. 2. 1963.
589 Stellungnahme des Politbüros, 6. 4. 1963, BArch DY 30/J IV 2/2/874.

SED war diese Angelegenheit damit erledigt: Alle neuerlichen Anwürfe wurden als Diffamierungskampagne abgetan.[590] Eine tiefgründige Untersuchung der im Raum stehenden Vorwürfe unterblieb.

Bartsch war inzwischen Tierzuchtwart in einem Betrieb im Kreis Waren, übernahm aber bereits 1965 die Leitung des Volkseigenen Gutes in Woldegk und bekam damit knapp zwei Jahre nach seiner Demission wieder einen Leitungsposten. Im gleichen Jahr nahm die Staatssicherheit die Beobachtung von Bartsch auf, allerdings nicht wegen seiner noch immer unklaren Vergangenheit, sondern vielmehr aus der Befürchtung heraus, der geschasste Funktionär, der noch immer enge Kontakte zu ehemaligen Kollegen im In- und Ausland hielt, könne aus Verärgerung fliehen oder gar Kontakt zu westlichen Geheimdiensten suchen.[591] Im Zuge dieser Ermittlungen lagen im Sommer 1966 Hinweise vor, wonach Bartsch entgegen seinen früheren Angaben doch Offizier der Waffen-SS gewesen und angeblich im Range eines Hauptsturmführers auch an Kriegsverbrechen beteiligt gewesen sei. Die Nachforschungen der Staatssicherheit förderten indes keine Beweise zutage: Obwohl Bartsch gegenüber der Parteikontrollkommission genaue Angaben über seine Einheiten und Einsatzorte gemacht hatte, lagen diese Informationen dem MfS nicht vor. Deshalb konnten angesichts des ohnehin damals noch defizitären Kenntnisstandes über die Kriegsverbrechen der Waffen-SS keine Anhaltspunkte für eine individuelle Belastung ermittelt werden.[592] Das MfS stellte die Ermittlungen ein und warb Bartsch selbst als IM an, welcher der Staatssicherheit vor allem Berichte über seine Forscherkollegen im westlichen Ausland lieferte.[593]

Die neuerlichen Nachforschungen der Staatssicherheit wurden auch deshalb nicht mit größerem Nachdruck vorangetrieben, weil Bartsch in den Augen der örtlichen Parteiorgane trotz seiner Vergangenheit und seines Parteiausschlusses als weiterhin guter Sozialist galt, der es geschafft hatte, die ihm unterstellten vormals defizitären Betriebe wieder rentabel zu machen. Bartsch selbst konnte sich wenigstens in Teilen rehabilitiert fühlen, da er bereits 1964 wieder für Forschungsaufträge der Akademie herangezogen wurde und selbstbewusst verkündete, in die Wissenschaft zurückkehren zu wollen.[594]

Als Erich Mückenberger Hermann Matern an der Spitze der Parteikontrollkommission ablöste, ersuchte Bartsch Ende 1972 seinen alten Förderer schließlich offiziell um Wiederaufnahme in die Partei und Rückkehr in die Agrarwissenschaft.[595] Auch der inzwischen als 1. Sekretär der zuständigen SED-Kreisleitung Strasburg tätige ehe-

---

590 Vgl. Bergien, Schweigen.
591 Vgl. Abt. XVIII/2, Sachstandsbericht, 22.12.1965, BStU MfS AOP 957/67, Bd. 1.
592 Außerdem versuchte das MfS erfolglos IM im Umfeld von Bartsch zu platzieren, die ebenfalls der Waffen-SS angehört hatten, deshalb sein Vertrauen gewinnen und weitere Einzelheiten herausfinden sollten. Vgl. Abschlussbericht, 2.10.1967, BStU MfS AOP 957/67, Bd. 1.
593 Vgl. die IM-Akte BStU MfS BV Neubrandenburg AIM 616/67.
594 Vgl. Lebenslauf, 1964, BStU MfS AOP 957/67, Bd. 1.
595 Vgl. Bartsch an Mückenberger, 3.12.1972, BArch DY 30/71176.

malige Staatssekretär Walter Wilke befürwortete eine Aufhebung der Sanktionen, da Bartsch in anderer Funktion „höhere Leistungen bei der Durchsetzung der sozialistischen Landwirtschaft" bringen könne.[596] Ähnlich argumentierte der Bezirksvorsitzende und Nachfolger von Minister Ewald, Johannes Chemnitzer, der sich sicher zeigte, dass Bartsch „der Partei und dem Staat mehr geben" könnte, wenn man ihm höhere Aufgaben übertrage.[597] Trotz der offensichtlichen Bereitschaft Mückenbergers, das Anliegen von Bartsch zu unterstützen, stellte sich der Leiter der ZK-Abteilung Bruno Kiesler klar gegen eine Rehabilitierung. Kiesler, der noch 1960 die Einstellung von Bartsch in die ZK-Abteilung befürwortet hatte, argumentierte, es sei „unzweckmäßig" ein ehemaliges SS-Mitglied, das zudem die Partei belogen hatte, wieder aufzunehmen. Zudem seien Versuche von Bartsch, auf eigene Faust eine Anstellung in Dummerstorf zu erhalten und bei dieser Gelegenheit auch umfassende Privilegien zu fordern, ein Beweis dafür, dass Bartsch noch nicht die „richtigen Lehren" gezogen habe.[598] Das letzte Wort hatte dann Gerhard Grüneberg, den Mückenberger angesichts der widersprechenden Auffassungen um Stellungnahme bat. Grüneberg, der maßgeblich die Karriere von Bartsch gefördert hatte und nach dessen Enttarnung heftiger Kritik ausgesetzt gewesen sei,[599] notierte ähnlich wie Kiesler „Wozu brauchen wir einen SS-Mann in unserer Partei, der uns belogen hat?" und fuhr fort, man werde „selbstverständlich" auf eine Weiterverwendung auch im Wissenschaftsbetrieb verzichten.[600] Grüneberg ergänzte, für die anstehenden Aufgaben stehe inzwischen eine mindestens ebenso so gut qualifizierte neue Generation von Agrarwissenschaftlern zur Verfügung, so dass man auf Experten vom Schlage Bartsch inzwischen verzichten könne. Entsprechend knapp fiel der Bescheid aus, den Bartsch Anfang März 1973 erhielt: Es lägen keine Gründe vor, die getroffene Entscheidung zu revidieren.[601]

Der Fall Kurt Goercke

Die Verfolgung von NS-Verbrechern in der DDR hatte vor allem zwei Ziele: Die demonstrative Ahndung solcher Verbrechen diente der Bekräftigung des offiziellen Antifaschismus und ermöglichte gleichzeitig, in der deutsch-deutschen Systemkonkurrenz durch strafrechtliche Konsequenz zu punkten. Beides spielte auch im Fall des ehemaligen Hauptreferenten des DDR-Landwirtschaftsministeriums Kurt Goercke eine Rolle.

Der 1907 im lettischen Baldone geborene Kurt Goercke stammte aus einer deutschstämmigen Familie. Er nahm nach dem Abitur am deutschen Gymnasium in

---

596 Wilke an Mückenberger, 3.1.1973, BArch DY 30/71176.
597 Chemnitzer, Einschätzung, undatiert [1973], BArch DY 30/71176.
598 Aktennotiz, Februar 1973, BArch DY 30/71776.
599 Vgl. Bericht, 22.5.1963, BStU MfS HA XX, AP 661/92, Bd 1.
600 Grüneberg an Mückenberger, 28.2.1973, BArch DY 30//71776.
601 Vgl. Mückenberger an Bartsch, 2.3.1973, BArch DY 30/71776.

Riga zunächst ein Studium der Chemie auf, das er wegen finanzieller Schwierigkeiten abbrechen musste. Auch eine begonnene Landwirtschaftslehre konnte er wegen seiner Einberufung zum Wehrdienst in Lettland nicht beenden. Goercke, der sich früh in der deutschbaltischen nationalsozialistischen Bewegung Lettlands um den späteren SS-Oberführer Erhard Kroeger engagierte,[602] konnte seine Landwirtschaftsausbildung schließlich 1933 in Deutschland abschließen, wo er für drei Jahre als Gutinspektor arbeitete. Im Jahr 1936 ging Goercke zurück nach Lettland und war dort als landwirtschaftlicher Berater der „Deutsch-Baltischen Volksgemeinschaft" tätig. Nach Abschluss des Hitler-Stalin-Paktes im Jahr 1939 und der anschließenden Aussiedlung der deutschstämmigen Bevölkerung aus dem Baltikum wurde Goercke von Kroeger, der inzwischen für die Volksdeutschen Mittelstelle der SS arbeitete, bei der Organisation der Umsiedlung herangezogen. Ende 1939 verließ auch Goercke seine Heimat und wurde als Verwalter eines polnischen Gutes im Warthegau eingesetzt. Unmittelbar nach der Übersiedlung erneuerte er seine seit 1933 bestehende Mitgliedschaft in der NSDAP und trat der allgemeinen SS bei.[603] Wiederum auf Vermittlung von Kroeger, der im Frühjahr 1941 mit der Aufstellung der Einsatzgruppe C beauftragt worden war, kam Goercke wenige Wochen vor Beginn des Überfalls auf die Sowjetunion zum Einsatzkommando IVb. Nach eigenen Aussagen als Dolmetscher eingesetzt, war Goercke an zahlreichen Mordaktionen in der Ukraine beteiligt. Obwohl er später einräumte, zunächst von der Notwendigkeit dieser Gräueltaten überzeugt gewesen zu sein, seien sie ihm Ende 1941 „ein bisschen zu viel" geworden.[604] Wie er gegenüber dem MfS angab, habe er im Frühsommer 1942 seine Entlassung aus dem Einsatzkommando erreicht und sich für wehruntauglich erklären lassen.[605] In den kommenden Jahren war er erneut als Verwalter von SS-Gütern im Generalgouvernement eingesetzt. Mit dem Vorrücken der sowjetischen Truppen kam Goercke Anfang 1945 nach Babelsberg und wurde noch im März trotz seiner Invalidisierung zur Waffen-SS einberufen. Bei Kriegsende geriet er in amerikanische Gefangenschaft.

Nach seiner Entlassung im Sommer 1946 siedelte Goercke nach Thüringen über, wo er aufgrund seiner russischen Sprachkenntnisse bis 1948 als Dolmetscher für verschiedene sowjetische Kommandanturen arbeitete. Goercke verschwieg seine SS-Zugehörigkeit nach 1945 konsequent und gab sich als ehemaliger Wehrmachtsangehöriger aus. Außerdem behauptete er, an der Universität in Riga ein Diplom als Landwirt abgelegt zu haben, was ihn als Agrarexperten auswies und ihm den Weg in Leitungspositionen ebnete. Ende 1948 der SED beigetreten, wurde Goercke mit dem

---
602 Vgl. Schröder, Matthias: Die deutschbaltische nationalsozialistische Bewegung in Lettland unter Erhard Kroeger, in: Garleff, Michael (Hg.): Deutschbalten, Weimarer Republik und Drittes Reich, Band 2, Köln 2008, S. 121–150. Zu Kroeger siehe auch: Schröder, Matthias: Deutschbaltische SS-Führer und Andrej Vlasov 1942–1945. „Rußland kann nur von Russen besiegt werden". Erhard Kroeger, Friedrich Buchardt und die „Russische Befreiungsarmee", Paderborn 2001.
603 Vgl. die Vorgänge in BArch R 9361-II/302913.
604 Protokoll der Verhandlung, 20.2.1961, BStU MfS HA IX/11 ZUV 6, Bd. 7.
605 Vgl. die Vernehmungsprotokolle in BStU MfS HA IX/11 ZUV 6, Bd. 1.

Aufbau der Landwirtschaftsschule in Schleiz beauftragt und wechselte anschließend als Dozent an die MAS-Zentralschule in Ferch bei Potsdam. Im Jahr 1949 ging Goercke als Oberreferent in die damalige Zentralverwaltung. Als einer der wenigen alten Mitarbeiter aus den Nachkriegsjahren blieb Goercke im Landwirtschaftsministerium, wo er bis zum Hauptreferenten aufstieg.[606] Goercke, der sich stets als loyaler Parteikader gebärdete, galt als hoffnungsvolle Nachwuchskraft, die ähnlich wie Bartsch für höhere Aufgaben prädestiniert schien.[607] Im Jahr 1955 wurde er auf eigenen Wunsch aus dem Ministerium an das Institut für Agrarökonomie delegiert, wo er promovieren sollte.[608] Goercke, der über keine adäquate Ausbildung verfügte, war mit dieser Aufgabe allerdings überfordert. Nach Plagiatsvorwürfen bat er, von seinen Funktionen entbunden zu werden, und wollte als Praktiker in die Landwirtschaft zurückkehren.[609]

Anfang 1959 übernahm Goercke die Leitung der LPG im uckermärkischen Brüssow. Kaum ein Jahr später wurde er aufgrund der enormen wirtschaftlichen Schwierigkeiten des Betriebes von der Staatssicherheit unter dem Vorwurf der „Schädlingstätigkeit" in Haft genommen.[610] Goercke bekräftigte in den Vernehmungen, sich nach Kräften, aber letztlich erfolglos um die Beseitigung der Missstände bemüht zu haben. Noch größere Sorgen bereitete ihm allerdings seine Vergangenheit. Nach sechs Wochen Untersuchungshaft notierte ein als Zuträger des MfS in seiner Zelle platzierter Mitgefangener, Goercke interessiere sich auffällig für die Möglichkeiten der Staatssicherheit, Erkundigungen über seine Vergangenheit einzuholen und vermutete, möglicherweise sei Goercke Mitglied der NSDAP gewesen.[611] Letztlich brachte Goerckes Redseligkeit gegenüber seinem Zellengenossen die Staatssicherheit auf die entscheidende Spur. Eine Woche nach diesem Bericht gab der Zelleninformator zu Protokoll, Goercke treibe die Sorge um, ob das MfS Unterlagen über seine Kriegsgefangenschaft beschaffen könne. Das bestätigte ihm der Zuträger insofern, als die Staatssicherheit über „weitreichende Verbindungen" verfüge.[612] In der darauffolgenden Vernehmung hielt Goercke dem Druck nicht mehr stand und berichtete ausführlich über seine Tätigkeit im Einsatzkommando und seine Beteiligung an Kriegsverbrechen.[613]

Nach diesem Geständnis trieb die Staatssicherheit die Ermittlungen in diese Richtung weiter. Mitte April 1960 wurde das KGB um Amtshilfe ersucht, das in den kommenden Wochen mehrere Zeitzeugen an Goerckes ehemaligen Einsatzorten in der Ukraine vernahm. Einige der Befragten erkannten ihn wieder und konnten bezeugen,

---

606 Vgl. Dienstleitungsbericht, 18.10.1952, BStU MfS HA IX/11 ZUV 6, Bd. 13.
607 Vgl. die Beurteilungen in BStU MfS HA IX/11 ZUV 6, Bd. 13.
608 Vgl. Abschlussbeurteilung, 5.4.1955, BStU MfS HA IX/11 ZUV 6, Bd. 13.
609 Vgl. Institut für Agrarökonomie, Beurteilung, 3.2.1959; Kaderabteilung an DAL, 20.1.1959, BStU MfS HA IX/11 ZUV 6, Bd. 13.
610 Abteilung I an Kreisgericht Neustrelitz, 23.2.1960, BStU MfS HA IX/11 ZUV 6, Bd. 1.
611 Vgl. Bericht, 24.3.1960, BStU MfS HA IX/11 ZUV 6, Bd. 2.
612 Bericht, 30.3.1960, BStU MfS HA IX/11 ZUV 6, Bd. 2.
613 Vgl. die Vernehmungsberichte im April und Mai 1960, BStU MfS HA IX/11 ZUV 6, Bd. 4.

dass er an Misshandlungen beteiligt gewesen war.[614] Goercke selbst räumte in den Vernehmungen ein, in mindestens 130 Fällen persönlich an Erschießungen teilgenommen zu haben und bei weiteren Mordaktionen, unter anderem der Tötung von Insassen einer psychiatrischen Anstalt oder bei der Erprobung von Gaswagen für die Absicherung verantwortlich gewesen zu sein. Goercke zeigte sich umfassend geständig und leugnete auch nicht, aus ideologischer Überzeugung gehandelt zu haben. Selbst einen Befehlsnotstand verneinte er ausdrücklich.[615]

Trotz an den Tag gelegter Reue und umfassender Kooperationsbereitschaft plädierte die Staatssicherheit in ihrem Mitte August vorgelegten Abschlussbericht, Goercke mit aller Härte zur Verantwortung zu ziehen. Zugleich sollte seine nun aufgedeckte NS-Vergangenheit in einen Zusammenhang mit den wirtschaftlichen Problemen der ihm unterstellten LPG gestellt und damit der Nachweis geführt werden, dass Goercke als unverbesserlicher Faschist der DDR Schaden habe zufügen wollen.[616] In diesem Punkt konnte sich die Staatssicherheit nicht durchsetzen. Bereits die internen Ermittlungen hatten erwiesen, dass die Goercke vorgeworfenen Missstände zum Teil gar nicht existierten, und die zuständigen MfS-Mitarbeiter wurden von der Zentrale in Berlin für die schlampige Untersuchungsführung gerügt.[617] Auch der Versuch, Goerckes gescheiterte Wissenschaftskarriere als Beweis für dessen „Schädlingstätigkeit" heranzuziehen, verfing nicht. Die Akademie der Landwirtschaftswissenschaften bescheinigte zwar, dass Goercke unfähig sei, er aber im Rahmen seiner Möglichkeiten versucht habe, den „sozialistischen Aufbau" zu unterstützen.[618] Angesichts dieser Ausgangslage plädierte die Staatsanwaltschaft dafür, diesen Punkt der Anklage fallen zu lassen. Weniger Goercke als vielmehr das Desinteresse der LPG-Mitglieder an ihrer Arbeit sei für die desaströse Lage ursächlich.[619]

In der Ende Oktober 1960 von der Bezirksstaatsanwaltschaft fertiggestellten Anklageschrift wurde Goerckes glückloser Einsatz als LPG-Vorsitzender zwar noch erwähnt, doch sollte er ausschließlich wegen seiner Kriegsverbrechen und Verbrechen gegen die Menschlichkeit verurteilt werden. Der Entwurf wies eine in der DDR nicht unübliche Einbettung des Falles in größere politische Kontexte auf. Goercke, der während der Vernehmungen stets Reue gezeigt hatte, wurde in die Rolle eines unverbesserlichen fanatischen Nationalsozialisten gedrängt. Dieser Vorwurf zielte letztlich auch weniger auf ihn selbst. Er hatte eine erkennbare propagandistische Stoßrichtung, die sich gegen alte Nazis in Westdeutschland richtete, die, wie es hieß,

---

614 Vgl. die Befragungsprotokolle des KGB in BStU MfS HA IX/11 ZUV 6, Bd. 4.
615 Vgl. die Befragungsprotokolle, BStU MfS HA IX/11 ZUV 6, Bd. 7 sowie Anklageschrift, 22.10.1960, BStU MfS HA IX/11 ZUV 6, Bd. 7.
616 Vgl. MfS, Abschlussbericht, 17.8.1960, BStU MfS HA IX/11 ZUV 6, Bd. 2.
617 Vgl. Einschätzungsbericht Untersuchungsvorgang, BStU MfS HA IX/11 ZUV 6, Bd. 3.
618 Vgl. Institut für Agrarökonomik, Gutachten, 29.8.1960, BStU MFS HA IX/11 ZUV 6, Bd. 7.
619 Vgl. Vermerk, 6.2.1961, BStU MfS Ast Ia 168/60, Bd. 1.

noch heute „im Adenauer-Staat mit Unterstützung der Monopole und der CDU-CSU-Führung ihr Unwesen" trieben.[620]

Trotz der abgeschlossenen Untersuchung wies die Staatsanwaltschaft das zuständige Bezirksgericht Neubrandenburg am 24. Oktober 1960 darauf hin, dass die Hauptverhandlung zunächst nicht stattfinden könne, da noch Rücksprache „mit den zentralen Justizorganen" in Berlin gehalten werden müsse.[621] Das entsprach bei möglichen Todesurteilen zunächst dem gängigen Prozedere, weil sich die SED-Führung in solchen Fällen die letzte Entscheidung vorbehielt. Der inzwischen bei der Generalstaatsanwaltschaft liegende Vorgang wurde Mitte November 1960 an das Zentralkomitee und anschließend dem Politbüro zur Entscheidung übergeben.[622] Die oberste Parteiführung bestätigte zwar am 29. November 1960 den Strafvorschlag. Zugleich legte das Politbüro fest, dass eine öffentliche Auswertung des Falles Goercke anzustreben und mit Propagandachef Albert Norden abzustimmen sei. Das erklärte Ziel war, den Nachweis zu erbringen, dass in der DDR „Kriegs- und Menschlichkeitsverbrecher" abgeurteilt würden, während „sie in Westdeutschland in den höchsten Ämtern sitzen und bereits neue Verbrechen vorbereiten".[623] Wie spätere Aktennotizen der Generalstaatsanwaltschaft andeuten, war zu diesem Zeitpunkt offenbar ein Schauprozess gegen Goercke geplant.[624] Diese Entscheidung wurde zwar in den ersten Dezembertagen auf Geheiß des ZK rückgängig gemacht und eine Aburteilung Goerckes unter Ausschluss der Öffentlichkeit angeordnet.[625] Der bereits anberaumte Termin Anfang Januar 1961 musste aber Mitte Dezember plötzlich wieder abgesagt werden. Wie Generalstaatsanwalt Josef Streit mitteilte, sei die Verhandlung nun doch öffentlich, vor allem gleichzeitig mit der Hauptverhandlung gegen Adolf Eichmann in Jerusalem zu eröffnen.[626]

Der Fall Goercke erhielt damit plötzlich eine völlig neue Dimension. Wie bereits die Politbürovorlage Ende November 1960 andeutete, wollte die SED-Führung aus dem Fall Goercke politisches Kapital gegen die Bundesrepublik schlagen. Der bevorstehende Prozess gegen Adolf Eichmann bot dazu einen geeigneten Rahmen. Das eigentliche Ziel war weniger Eichmann als vielmehr Hans Globke, der bereits seit Jahresmitte im Zentrum von Kampagnen der SED-Führung stand. Die von Albert Norden konzertierten Aktionen sollten den Nachweis erbringen, dass Globke eine Mitverantwortung für den Holocaust trug. Das war geeignet, der Bundesregierung

---

620 Anklageschrift, 22.10.1960, BStU MfS HA IX/11 ZUV 6, Bd. 2.
621 Staatsanwalt Neubrandenburg an Bezirksgericht, 24.10.1960, BStU MfS HA XI/11 ZUV 6, Bd. 7.
622 Vgl. Generalstaatsanwaltschaft an ZK, Abt. Staat und Recht, 11.11.1960, BStU MfS Ast Ia 168/60, Bd. 1.
623 Anlage 3 und Protokoll zur Sitzung des Politbüro vom 29.11.1960, BArch DY 30/42712.
624 Vgl. Generalstaatsanwaltschaft an Staatsanwaltschaft Neubrandenburg, 3.12.1960, BStU MfS Ast Ia 168/60, Bd. 1.
625 Vgl. Generalstaatsanwaltschaft an Staatsanwaltschaft Neubrandenburg, 3.12.1960, BStU MfS Ast Ia 168/60, Bd. 1.
626 Vgl. Abteilung I, Vermerk, 18.12.1960, BStU MfS ASt Ia 168/60, Bd. 1.

nicht nur politisch schweren Schaden zuzufügen, sondern auch der DDR internationale Anerkennung zu verschaffen.[627] Die Lage für eine neuerliche Kampagne gegen Globke war aus Sicht der SED-Führung Ende 1960 auch deshalb besonders günstig, weil in Westdeutschland der hessische Generalstaatsanwalt Fritz Bauer Vorermittlungen gegen den Staatssekretär aufgenommen hatte, die allerdings nach Intervention des Kanzleramtes Anfang 1961 niedergeschlagen wurden.[628] Trotzdem bemühte sich die SED-Führung weiter nach Kräften, Globke in der Öffentlichkeit in Zusammenhang mit Eichmann zu stellen. Ein Prozess gegen Goercke war damit geeignet, die eigene Entschlossenheit bei der Verfolgung von NS-Tätern unter Beweis zu stellen, und bot gleichzeitig die Gelegenheit, um auch das Thema Globke in der Öffentlichkeit zu halten.

Der Termin für den geplanten Prozess wurde indes immer wieder verschoben.[629] Am 2. Februar 1961 fiel plötzlich die Entscheidung, das Verfahren nur „im kleinsten Rahmen" durchzuführen und eine weitere „Popularisierung" des Falles zu unterlassen.[630] Was genau den Sinneswandel herbeiführte, lässt sich nicht mit abschließender Sicherheit sagen. Sehr wahrscheinlich stand die Entscheidung aber in Zusammenhang mit der vorangegangenen Sitzung des Politbüros, das Ende Januar über das Todesurteil gegen einen weiteren Kriegsverbrecher zu befinden hatte. Es handelt sich um den SS-Hauptscharführer Wilhelm Schäfer, der wie Goercke als Angehöriger einer Einsatzgruppe an Mordaktionen in der Sowjetunion und Polen und zuvor im KZ Buchenwald an Hinrichtungen beteiligt gewesen war. Im Gegensatz zu Goercke sollte Schäfer allerdings einer Empfehlung von Staatssicherheitsminister Erich Mielke und Justizministerin Hilde Benjamin folgend, unter Ausschluss der Öffentlichkeit zum Tode verurteilt und nur auf lokaler Ebene über den Fall berichtet werden. Und dies, obwohl die Vereinigung der Verfolgten des Naziregimes sich ausdrücklich für die Durchführung einer öffentlichen Verhandlung eingesetzt hatte. Das Politbüro entschied sich gegen den eingebrachten Vorschlag: Angesichts der „Größe der Verbrechen" sollte der Fall vor das Oberste Gericht gebracht und „politisch aufgemacht" werden.[631]

Es spricht einiges dafür, dass jetzt Schäfer die eigentlich Goercke zugedachte Rolle zu übernehmen hatte. Dafür könnte aus Sicht der SED gesprochen haben, dass Schäfer aufgrund seiner Tätigkeit im KZ Buchenwald und seiner Beteiligung an Kriegsverbrechen in der Sowjetunion sehr viel stärker belastet war. Daraus ließ sich auch der

---

[627] Zu den Hintergründen in der DDR vgl. Lemke, Michael: Instrumentalisierter Antifaschismus und SED-Kampagnenpolitik 1960–1968, in: Danyel, Jürgen (Hg.): Die geteilte Vergangenheit. Zum Umgang mit Nationalsozialismus und Widerstand in beiden deutschen Staaten, Berlin 1995, S. 61–86, bes. S. 70–75.
[628] Vgl. Bevers, Jürgen: Der Mann hinter Adenauer: Hans Globkes Aufstieg vom NS-Juristen zur Grauen Eminenz der Bonner Republik, Berlin 2009, S. 168 ff.
[629] Vgl. Aktenvermerk, undatiert [nach 29.12.1960], BStU MfS ASt Ia 168/60, Bd. 2.
[630] Aktenvermerk, 3.2.1961, BStU MfS ASt Ia 168/60, Bd. 2.
[631] Protokoll Politbüro, 24.1.1961, BArch DY 30/44905.

gewünschte Zusammenhang mit Globke konstruieren, welcher in der Presse nach Prozessbeginn als „geistiger Urheber" der Schäfer zur Last gelegten Verbrechen bezeichnet wurde.[632] Wilhelm Schäfer wurde am 20. Mai 1961 nach einem mehrtägigen Schauprozess vom Obersten Gericht der DDR zum Tode verurteilt.

Auf den Tag genau zwei Monate zuvor war die Verhandlung gegen Goercke vor dem Bezirksgericht Neubrandenburg eröffnet worden. Sie fand auf Weisung der Generalstaatsanwaltschaft im kleinsten Raum des Gebäudes statt, so dass nur wenige Zuschauer Platz fanden. Goercke fügte sich in seine Rolle und präsentierte sich als geständiger und reumütiger Angeklagter. Versuche seines Verteidigers angesichts des Bemühens seines Mandanten, seine Taten nach Kriegsende wiedergutzumachen, konnten an der bereits beschlossenen Todesstrafe nichts mehr ändern. Goercke wurde am 22. Februar 1961 unter anderem wegen Mordes und Beihilfe zum Mord zur Höchststrafe verurteilt.[633] Drei Tage später wurde in der Lokalpresse in einer kurzen Notiz die Verurteilung des „SS-Mörders" bekanntgegeben.[634]

Wie die zuständige MfS-Kreisdienststelle berichtete, stieß die Entscheidung des Gerichtes in der Bevölkerung nicht nur auf Zustimmung. Namentlich unter Goerckes ehemaligen Kollegen in der LPG Brüssow regte sich Unverständnis. Zum einen weil Goerckes Vergangenheit jahrelang unerkannt geblieben war. Zum anderen, weil das Oberste Gericht der DDR im Falle des Schauprozesses gegen den Bundesminister Theodor Oberländer wegen angeblich begangener ähnlicher Kriegsverbrechen auf eine lebenslange Freiheitsstrafe erkannt hatte und das Strafmaß Goerckes deshalb überzogen schien.[635] Offenbar war die Stimmung so schlecht, dass sich die SED gezwungen sah, noch einmal öffentlich Stellung zu beziehen. Eine anberaumte Parteiversammlung verlief offenbar ohne größere Zwischenfälle.[636] Dagegen hatte es der eigens nach Brüssow angereiste Direktor des Bezirksgerichtes, der durch den Bezirksstaatsanwalt und einen Vertreter der MfS-Zentrale in Berlin unterstützt wurde, gegenüber der Belegschaft der LPG schwerer, Verständnis für das Urteil zu wecken. Letztlich aber hätten sich alle Anwesenden bei der für den 20. März 1963 anberaumten ganztägigen Aussprache in einem Ausflugslokal mit der Todesstrafe einverstanden erklärt.[637]

---

[632] SS-Bestie Schäfer vor dem Obersten Gericht. Urheber des Verbrechens in Globke, in: Berliner Zeitung, 14. 5. 1961.
[633] Vgl. Protokoll der Verhandlung, datiert 20. 2. 1962, BStU MfS HA IX/11 ZUV 6, Bd. 7.
[634] SS-Mörder zum Tode verurteilt, in: Freie Erde, 25. 2. 1961.
[635] Vgl. KD Pasewalk an BV Neubrandenburg, 3. 3. 1961; BV Neubrandenburg an MfS Berlin, 10. 3. 1961, BStU MfS HA IX/11, ZUV 6, Bd. 9. Siehe auch die Zuschrift eines Einwohners, der sich grundsätzlich gegen die Verhängung der Todesstrafe in der DDR aussprach: Staatsanwalt an SED-Kreisleitung Pasewalk, 10. 3. 1961, BStU MfS ASt Ia 168/60, Bd. 2. Die Rolle und Beteiligung Oberländers an Kriegsverbrechen ist bis heute wissenschaftlich nicht vollständig geklärt. Vgl. Wachs, Philipp-Christian: Der Fall Oberländer (1905–1998). Ein Lehrstück deutscher Geschichte, Frankfurt am Main 2000.
[636] Vgl. Versammlungsbericht, BStU MfS ASt Ia 168/60, Bd. 2.
[637] Vgl. Versammlungsbericht, BStU MfS ASt Ia 168/60, Bd. 2.

Die Aburteilung Goerckes wurde auch in der Bundesrepublik bekannt gegeben, wenn auch in vergleichbar kleinem Rahmen. Die in Frankfurt/Main erscheinende Zeitung der Vereinigung der Verfolgten des Naziregimes (VVN) brachte am 4. März 1961 eine kurze Notiz, wonach der zum „SS-Führer" stilisierte Goercke aufgrund der „Wachsamkeit der Bevölkerung" – dies war unzutreffend; die Enttarnung war tatsächlich ein Zufall gewesen – als Angehöriger einer Einsatzgruppe und Kriegsverbrecher enttarnt und zum Tode verurteilt worden sei.[638] Sowohl die angebliche Enttarnung, die tatsächlich ein Zufall gewesen war, als auch die harte Ahndung seiner Taten waren geeignet, den konsequenten Antifaschismus in der DDR herauszustreichen. Die Zentrale Ermittlungsstelle in Ludwigsburg nahm den Artikel zum Anlass, um im Rahmen laufender Vorermittlungen gegen weitere Angehörige des Einsatzkommandos IVb in der Bundesrepublik die Generalstaatsanwaltschaft der DDR um Hilfe zu bitten.[639] Goercke wurde aufgrund der vorgelegten Namenslisten Ende Mai und Anfang Juni eingehend befragt und konnte in einigen Fällen bezeugen, dass einige der erwähnten Personen den Einsatzgruppen angehört hatten und an Mordaktionen beteiligt gewesen waren.[640] Noch während Goercke von der Staatssicherheit befragt wurde, bestätigte Walter Ulbricht am 1. Juni 1961 die Ablehnung des von den Angehörigen Goerckes angestrengten Gnadenverfahrens.[641] Kurt Goercke wurde am 16. Juni 1961 hingerichtet. Am gleichen Tag starb auch Wilhelm Schäfer in Leipzig unter dem Fallbeil.

---

[638] SS-Führer in der DDR zum Tode verurteilt, in: Die Tat, 4.3.1961.
[639] Vgl. Zentrale Stelle Ludwigsburg an Generalstaatsanwaltschaft, 6.3.1961, BStU MfS ASt Ia 160/68, Bd. 1.
[640] Vgl. Stadtbezirksgericht Berlin-Mitte, Ermittlungssache, 2.6.1961, BStU MfS ASt Ia 160/68, Bd. 1.
[641] Vgl. Abschrift, Entscheidung, 1.6.1961, BStU MfS HA IX/11 ZUV 6, Bd. 7; Gnadengesuch, 5.5.1961, BStU MfS HA IX/11 ZUV 6, Bd. 1.

IV Schlussbemerkungen

Die Geschichte des Landwirtschaftsministerium und der Agrarpolitik in der DDR ist durch starke Diskontinuitäten im Vergleich zu der Zeit vor 1945 gekennzeichnet. Letztere ging mit einem bis dahin nicht gekannten Bruch der sozio-ökonomischen Verhältnisse in der Landwirtschaft einher. Der Umbau des Landwirtschaftsministeriums zu einem aus Sicht der SED funktionsfähigen Staatsorgan war ein längerfristiger Prozess, der sich bis Ende der 1960er Jahre hinzog. Er beinhaltete den strukturellen Umbau, die Etablierung einer sozialistischen Verwaltungskultur, die Schaffung eines Personalbestandes, der den politischen, sozialen und fachlichen Anforderungen der Staatspartei entsprach sowie die endgültige, allumfassende Durchsetzung einer genossenschaftlichen Bewirtschaftungsform in der Landwirtschaft. Dennoch gelang es während der gesamten Existenz der DDR nicht, eine Nahrungsmittelproduktion zu gewährleisten, die den Ansprüchen der Bevölkerung genügte und mit der Bundesrepublik auf gleicher Ebene stand. Die Landwirtschaft blieb eine, wenn auch bei weitem nicht die einzige, Achillesferse des DDR-Sozialismus.

Besonders in den 1950er und 1960er Jahren war das Ministerium ständigen organisatorischen Veränderungen unterworfen, die dem Ziel dienten, den absoluten Machtanspruch der SED durchzusetzen und einen schlagkräftigen Apparat zu schaffen, der eine reibungslose Um- und Durchsetzung der angestrebten Umgestaltung der Landwirtschaft bei gleichzeitiger Produktionssteigerung gewährleisten sollte. Die ständigen politischen Kursänderungen der SED, häufig bedingt durch Vorgaben aus der Sowjetunion, hatten dabei Rückwirkungen auf die Struktur und die Aufgaben des Ministeriums sowie die Ausrichtung der Agrarpolitik. Damit war das Landwirtschaftsministerium in der DDR kein Sonderfall. Derartige Veränderungen erfassten fast alle Bereiche des Staats- und Parteiapparates: Ständige organisatorische Umstrukturierungen waren in den 1950er Jahren auch in anderen DDR-Ministerien wie dem Innenministerium oder der Wirtschaftsverwaltung an der Tagesordnung.

Wie in anderen Ministerien und Verwaltungen auch, beispielsweise im Innenministerium oder der Staatlichen Plankommission,[642] wurde mit der Tradition des preußischen Beamtentums gebrochen und versucht, eine neue „sozialistische" Verwaltungskultur und den Typ eines „sozialistischen Staatsdieners" zu etablieren. Diese Veränderungen gingen nicht nur mit einem Elitenwechsel, sondern auch mit einem umfassenden Personalaustausch einher. Der Aufbau eines neuen, sozialistischen Personalbestandes mit ausreichender fachlicher Qualifikation dauerte im Landwirtschaftsministerium weit über zehn Jahre und damit länger als beispielsweise im Innenministerium, wo dieser Prozess bereits einige Jahre vorher abgeschlossen war.[643]

---

642 Vgl. Bösch/Wirsching (Hgg.), Hüter, S. 334 ff. und Hoffmann, Dierk: Lasten der Vergangenheit? Zur Personalrekrutierung und zu Karriereverläufen in der zentralen Wirtschaftsverwaltung der SBZ/DDR, in: Creuzberger/Geppert (Hgg.), Ämter, S. 109–122, bes. S. 111 (*Hoffmann, Lasten*).
643 Vgl. Bösch/Wirsching (Hgg.), Hüter, S. 25.

Ein anderes Spezifikum im Landwirtschaftsministerium war das Ziel, den instrumentellen Einfluss der Blockpartei DBD, der im ersten Nachkriegsjahrzehnt im Hinblick auf die Akzeptanz des SED-Staates und seiner Agrarpolitik unter den Bauern gebraucht wurde, zugunsten der SED endgültig zu beseitigen.

Die Personalpolitik in der ersten Dekade nach Gründung des Ministeriums war von einem Zielkonflikt zwischen politisch-sozialen und fachlichen Anforderungen gekennzeichnet. Ersteren wurde dabei lange Zeit der Vorrang eingeräumt, was insgesamt zu einer Deprofessionalisierung der Mitarbeiterschaft führte. Der eklatante Mangel an Fachpersonal sollte durch die Ausbildung neuer, junger und im Sinne des Sozialismus erzogener Agrarexperten kompensiert werden. Um den gewünschten Zustand zu erreichen, erfassten das Ministerium mehrere Säuberungswellen, bis Anfang der 1960er Jahre ein Personalbestand vorhanden war, der sowohl bezüglich der sozialen und politischen Zusammensetzung als auch der fachlichen Expertise aus Sicht der SED zufriedenstellend war.

Bis dahin stand das Landwirtschaftsministerium unter Dauerbeschuss der ZK-Abteilung Landwirtschaft und der SED-Führung. Angriffspunkte waren die Arbeitsweise und die mangelhafte Umsetzung der agrarpolitischen Vorgaben, die auch auf den Verzicht von einschlägig vorgebildeten Agrarexperten im Ministerium zurückzuführen waren. Dies hatte unmittelbare Rückwirkungen auf die Rolle des Ministeriums in der Agrarpolitik der DDR, wie anhand der beiden Kollektivierungsschübe von 1952 und 1960 gezeigt werden konnte. Zwar spielte das Ministerium in beiden Fällen in den Entscheidungsfindungsprozessen keine Rolle, weil grundlegende politische Weichenstellungen durch die Sowjetunion bzw. die SED-Führung erfolgten. Doch kam dem Ministerium stets, wenn auch in unterschiedlichem Maße, bei der Exekution der Agrarpolitik eine besondere Bedeutung zu. Spielte das Ministerium bei der Ausgestaltung und Umsetzung der Kollektivierungspolitik 1952 noch eine wesentliche Rolle, da es an der Durchsetzung des gefassten Kollektivierungsentschlusses in den Bezirken und Kreisen beteiligt war und mitunter unmittelbaren Einfluss auf die Entwicklung einzelner Produktionsgenossenschaften nahm, blieb das Ministerium 1960 im Hintergrund. Nun waren es die Parteigliederungen auf lokaler Ebene, die die Vollkollektivierung durchsetzten – das Ministerium flankierte diesen Prozess jetzt vor allem mit praktischer Anleitung und fachlicher Unterstützung der neuen LPGen. Mit der fortschreitenden sozialistischen Umgestaltung des Landwirtschaftsministeriums und dem Ausbau des SED-Einflusses ging ein von der Staatspartei intendierter Verlust an Handlungsspielräumen und Gestaltungsmöglichkeiten des staatlichen Lenkungsapparates in den 1950er Jahren einher. Dazu trug auch bei, dass einzelne Mitarbeiter angesichts der massiven Probleme des Kollektivierungskurses abweichende agrarpolitische Ideen vertraten, die durch die SED und den Sicherheitsapparat massiv bekämpft wurden und das Ministerium zu einem Exekutivorgan der Agrarpolitik degradierten, was der Herrschaftskonzeption des SED-Staates entsprach.

Bezüglich des Umgangs mit der NS-Vergangenheit von Mitarbeitern im Partei- und Staatsapparat der DDR ergibt sich folgender Befund:[644] Weil die SED im Agrarsektor anders als in der Bundesrepublik auf die Heranziehung bürgerlicher Spezialisten, die ihre berufliche und politische Sozialisation vor 1945 erfahren hatten, verzichtete, waren die Voraussetzungen für personelle Kontinuitäten nach der Staatsgründung 1949 kaum gegeben. Bereits die politischen Säuberungen in der SBZ Ende der 1940er Jahre waren so durchgreifend, dass das Landwirtschaftsministerium bei seiner Gründung kaum noch auf erfahrenes Personal zurückgreifen konnte. Gewisse Ausnahmen sind, ähnlich wie in anderen Regierungsressorts auch, bei einigen Fachabteilungen festzustellen, die zeitweilig eine Konzentration von ehemaligen NSDAP-Mitgliedern aufweisen, deren Tätigkeit jedoch als vermeintlich unpolitisch galt, wobei die berufsspezifischen Ausprägungen bei den Veterinären als Sonderfall gelten können.

Voraussetzungen für nennenswerte personelle und damit auch agrarpolitische Kontinuitäten zum nationalsozialistischen Reichsernährungsministerium waren angesichts der konsequenten Personalpolitik des Ministeriums weder quantitativ noch qualitativ gegeben. Damit bestätigt die Untersuchung im Hinblick auf die Zahl ehemaliger NSDAP-Mitglieder wie auch mit Blick auf die Strategien der Betroffenen und des Apparates im Umgang mit diesem Personenkreis die Ergebnisse der wenigen anderen bereits untersuchten Ressorts der DDR-Regierung. Ein Sonderfall war der dem Ministerium formal nachgeordnete, aber bis in die 1960er Jahre vergleichsweise unabhängige Agrarforschungsbereich. Hier zeichnen sich im Gegensatz zum Ministerium starke personelle Kontinuitäten zu der Zeit vor 1945 ab, die wie gezeigt auch mit erheblichen materiellen Belastungen einhergehen konnten. Vorläufig bleibt aber festzuhalten, dass die Agrarwissenschaft bis in die 1960er Jahre als Akteur der Landwirtschaftspolitik keine wesentliche Rolle spielte.

Gleichwohl sind im Vergleich zur Bundesrepublik kategoriale Unterschiede festzustellen. Trotz formal bestehender Gleichberechtigungsgesetze wie dem 131er Gesetz,[645] die in Westdeutschland gerade im Agrarbereich in den 1950er Jahren die Integration NS-belasteten Personals ermöglichte, blieb in der DDR selbst eine einfache NSDAP-Mitgliedschaft ein personalpolitischer Makel, der ein Karrierehemmnis darstellen konnte. Anerkannte Kompensationen für individuelle NS-Vergangenheiten, die im Einklang mit der Wiedereingliederungspolitik der SED standen, waren wie im übrigen Staats- und Parteiapparat auch, eine sowjetische Kriegsgefangenschaft, Antifa-Schulungen, vor allem aber die in den Nachkriegsjahren bewiesene politische Loyalität gegenüber dem SED-Regime. Gleichwohl setzte die Personalabteilung 1958/59 die Entlassung der noch im Ministerium verbliebenen ehemaligen einfachen

---

[644] Hier muss allerdings eingeschränkt werden, dass valide Untersuchungen über andere Ministerien in der DDR bezüglich der Zahlen nur für das Ministerium des Inneren vorliegen, vgl. Bösch, Wirsching, Hüter der Ordnung. Die Zahlen, die für die SPK vorliegen sind den offiziellen Statistiken entnommen und damit nicht der Realität entsprechend.

[645] Vgl. dazu ausführlich den vierten Teil dieses Bandes.

NSDAP-Mitglieder durch. Personelle Kontinuitäten zu der Zeit vor 1945 gab es in der Selbstwahrnehmung des Ministeriums spätestens seit diesem Zeitpunkt nicht mehr.

Die zuvor in den offiziellen Personalstatistiken aufgeführten Anteile ehemaliger NSDAP-Mitglieder blieben stets verschwindend gering. Sie hatten bei Gründung des Ministeriums Ende 1949 mit knapp fünf Prozent ihren Höchststand erreicht und sanken in den kommenden Jahren kontinuierlich ab. Gleichwohl konnte gezeigt werden, dass diese offiziellen Erhebungen wenig über den tatsächlichen Anteil ehemaliger NSDAP-Mitglieder aussagen. Bemerkenswert ist, dass es sich mit höchster Wahrscheinlichkeit, wie die Untersuchung gezeigt hat, nicht um Fälschungen handelte. Das wirkliche Ausmaß der NS-Belastungen innerhalb der Mitarbeiterschaft war der Kaderabteilung nicht bekannt. Das hing in starkem Maße damit zusammen, dass die Mitarbeiter über ihre Vergangenheit Stillschweigen bewahrten und sich in dieser Beziehung kaum anders verhielten als ihre Kollegen in Westdeutschland. Gleichwohl war in der DDR angesichts des politischen Anpassungsdrucks und der offiziellen Antifaschismusdoktrin die Neigung zur Verschleierung der eigenen Vorkriegskarriere größer. Dazu trug nicht zuletzt auch die Personalpolitik im Ministerium selbst bei. Selbst fachliche Expertise war in einigen Fällen kein Grund, die Anstellung von ehemaligen NSDAP-Mitgliedern in jedem Fall zu tolerieren. Im Gegenteil: Die Kaderabteilung versuchte auf die Heranziehung aus ihrer Sicht bereits durch eine einfache Parteimitgliedschaft kontaminierte Mitarbeiter zu verzichten. Das ist besonders in jenen Bereichen zu beobachten, die für die sozialistische Umgestaltung der Landwirtschaft eine zentrale Rolle spielten, und hing sicherlich auch damit zusammen, dass in diesem Prozess Vorprägungen des Personals durch andere agrarpolitische Konzepte – jenseits der Sowjetunion und der marxistischen Theorie – keine Rolle spielten und spielen sollten.

Dem widerspricht auch nicht die genauere Untersuchung des Leitungspersonals des Landwirtschaftsministeriums. Zwar ergab hier eine Überprüfung, dass der Anteil ehemaliger NS-Parteigenossen unter den bis 1973 amtierenden Leitungskadern bei 22 Prozent und damit deutlich über den offiziellen Werten lag. Allerdings handelte es sich erstens bis auf ganz wenige Ausnahmen nur um nominelle ehemalige NSDAP-Mitglieder. In der Mehrzahl waren es Jugendliche und Jungerwachsene, die nach 1917 geboren waren und sich während der NS-Zeit kaum politisch exponieren konnten. Zweitens konnte in keinem einzigen Fall eine einschlägige berufliche Kontinuität zu der Zeit vor 1945 festgestellt werden, so dass sowohl hinsichtlich der Expertise als auch der politischen Belastung der insgesamt zu konstatierende radikale Bruch selbst unter den ermittelten ehemaligen NSDAP-Mitgliedern der Leitungsebene vollzogen worden war. Außerdem korrespondiert diese Größenordnung grundsätzlich mit ähnlichen Erhebungen, die für das DDR-Innenministerium vorgenommen wurden und dort einen quantitativen Anteil ehemaliger NSDAP-Mitglieder im zivil-wissenschaftlichen Bereich mit 30 Prozent nachgewiesen haben.[646] Nicht zuletzt ist dieser Wert in

---

646 Vgl. Kuschel, Franziska/Maeke, Lutz: Konsolidierung und Wandel: Die Personalpolitik des MdI

deutsch-deutscher Perspektive im Vergleich zu den personellen Kontinuitäten des Bundeslandwirtschaftsministeriums sehr gering.

Gleichwohl zeigt sich am Beispiel der Leitungskader auch ein instrumentelles Verhältnis der SED beim Umgang mit diesen Vergangenheiten. In nur zwei Fällen aus dieser Gruppe war die NSDAP-Zugehörigkeit bei Einstellung in das Ministerium aktenkundig. In der vergangenheitspolitischen Auseinandersetzung mit der Bundesrepublik wurde deshalb auch weniger die NSDAP-Mitgliedschaft als vielmehr ihr Verschweigen für die SED ein Problem. Die Skandalisierung ehemaliger Parteigenossen im DDR-Staats- und Parteiapparat wurde im deutsch-deutschen Systemkonflikt von westdeutscher Seite genutzt, um die offizielle Antifaschismusdoktrin der SED zu unterminieren. Das DDR-Landwirtschaftsministerium spielte in diesen Auseinandersetzungen eine herausgehobene Rolle. Es ist erstaunlich, dass von den sieben zwischen 1949 und 1989 amtierenden Ministern mit Wilhelm Schröder, Hans Reichelt, Karl-Heinz Bartsch und Bruno Lietz vier ehemalige NSDAP-Parteimitglieder waren und bis in höchste Staatsämter aufsteigen konnten. In keinem anderen Regierungsressort der DDR konnte eine solche Konzentration bislang ermittelt werden.[647] Gleichwohl stellt auch dieser Befund die bisherige Sichtweise auf den Bruch des SED-Staates mit dem NS-Regime nicht grundsätzlich in Frage. Sie alle gehörten zur Aufbaugeneration der DDR, deren frühe politische Sozialisation zwar unter dem NS-Regime erfolgt war, die sich aber nach Kriegsende ganz in den Dienst des Sozialismus gestellt hatten.

Eine Ausnahme war der Zweitageminister Karl-Heinz Bartsch, dessen in Westdeutschland enthüllte Zugehörigkeit zur Allgemeinen und zur Waffen-SS die SED zu seiner Ablösung zwang. An Bartsch, der alle seine Staats- und Parteiämter verlor und bis zum Ende der DDR keine Rehabilitierung erfuhr, statuierte die Parteiführung ein Exempel. Dabei spielte seine tatsächlich erhebliche Belastung letztlich nur eine Nebenrolle. Entscheidend war, dass sich die SED durch verschwiegene NS-Vergangenheiten angreifbar gemacht hatte. Sein Fall veranlasste die Parteiführung deshalb erstmals zur Überprüfung weiterer Spitzenfunktionäre, die zwar Anhaltspunkte für weitere NS-Belastungen lieferte, jedoch keine vergleichbaren Sanktionen nach sich zog. Letztlich waren in der politischen Praxis Loyalität zum SED-Staat, machtpolitische Erwägungen und fachliche Kompetenz relevanter als der ständig bemühte Antifaschismus.

---

bis 1969, in: Bösch/Wirsching (Hgg.), Hüter, S. 251. Im Innenministerium wurde der Sicherheitsbereich, wie Polizei, vom zivilen, wissenschaftlichen Bereich unterschieden. Im hochsensiblen Sicherheitsbereich war man im Hinblick auf die NS-Vergangenheit wesentlich konsequenter, aufmerksamer und rigoroser. Hier lag der Anteil der ehemaliger NSDAP-Mitglieder vom Abteilungsleiter aufwärts signifikant unter 30 Prozent: 1950: 6 Prozent, 1955: 11 Prozent und 1960: 7,5 Prozent.

647 Unter den DDR-Ministern, die vor 1945 der NSDAP angehört hatten, sind bislang nur der Kulturminister Hans Bentzien (NSDAP-Eintritt 1944), der Minister für Leichtindustrie Wilhelm Feldmann (NSDAP-Eintritt 1937), der Finanzminister Werner Schmieder (NSDAP-Eintritt 1944) und der Minister für chemische Industrie Werner Winkler (NSDAP-Eintritt 1931) bekannt.

Abbildungen Teil V —— 643

Abb. V.1: Quelle: ullstein bild – ullstein bild.

Oben: Das in der NS-Zeit erbaute Luftfahrtministerium war nach 1945 als „Haus der Zentralverwaltungen" auch Sitz der DVLF, dann der Deutschen Wirtschaftskommission. In der DDR wurde es „Haus der Ministerien", auch das Ministerium für Landwirtschaft und Forsten hatte dort über Jahre seinen Sitz. **Unten:** Das ehemalige St. Antonius-Hospital in Berlin-Karlshorst war von 1964 bis 1990 Amtssitz des Ministeriums. (Die Fotografie aus dem Jahr 2018 zeigt eine aktuelle Ansicht des Hauses).

Abb. V.2: Quelle: Landesdenkmalamt Berlin, Foto Wolfgang Bittner.

Abb. V.3: Quelle: ullstein bild – ullstein bild.

Abb. V.4: Quelle: ullstein bild – ullstein bild.

Seit Beginn der 1950er Jahre setzte die Kollektivierung ein (Bild **oben links**), sie wurde 1959/60 mit allen Druckmitteln abgeschlossen (**oben rechts**: Aufsteller in Marxwalde [Neu Hardenberg], Januar 1960). Das Propagandafoto vom Besuch Ulbrichts bei einer LPG 1960 (**links**) täuscht eine Zustimmung vor, die in der Breite nicht vorhanden war. Auch der „Klassenkampf auf dem Lande" und die Kollektivierung gehörten zu den Ursachen der Fluchtbewegung (**nächste Seite oben** ein Bild von 1950), die am Ende der 1950er Jahre für die DDR bedrohliche Ausmaße erreichte.

Abb. V.5: Quelle: Bundesarchiv, Bild 183-70137-0003.

Abb. V.6: Quelle: ullstein bild – ullstein bild.

Unten links: Ernst Goldenbaum (1898–1990), seit 1919 Mitglied der KPD, ab 1945 leitend bei der Bodenreform in Mecklenburg tätig. 1948 Mitgründer und bis 1982 Vorsitzender der DBD, Minister 1949–1950.
Unten rechts: Paul Scholz (1902–1995): 1925 KPD, in der NS-Zeit mehrmals inhaftiert, 1946 SED, im Zentralvorstand der VdgB, Mitbegründer, dann Hauptgeschäftsführer und Generalsekretär der DBD, Minister 1950–1952 und 1953–1955, dazwischen Leiter der „Koordinierungsstelle für Landwirtschaftsfragen" beim Ministerrat.

Abb. V.7: Quelle: SLUB Dresden / Deutsche Fotothek / Abraham Pisarek.

Abb. V.8: Quelle: SLUB Dresden / Deutsche Fotothek / Renate und Roger Rössing.

Abb. V.9: Quelle: SLUB Dresden / Deutsche Fotothek / Abraham Pisarek.

Oben: Wilhelm Schröder (1913–1967). Nach Kriegsdienst, sowj. Kriegsgefangenschaft und Antifaschule 1948 Mitgründer der DBD in Thüringen. Landwirtschaftsminister 1952/1953, danach leitende Tätigkeiten in regionalen Funktionen.
Mitte: Der „Zweitage-Minister" Karl-Heinz Bartsch (1960) verlor nach Aufdeckung seiner SS-Mitgliedschaft durch die westdeutsche Presse seine Staats- und Parteiämter.
Unten: Der Vollkollektivierung schloss sich seit Mitte der 60er Jahre ein Prozess der Konzentration (die Zahl der LPGen sank bis 1970 um mehr als die Hälfte auf rund 9000, bis 1982 auf unter 4000), der Spezialisierung (in Pflanzen- und Tierproduktion) und der Technisierung an (Bild: Getreideernte 1970). Dabei entstanden so riesige Arbeitseinheiten, dass in den 80er Jahren wieder gegengesteuert werden musste.

Abb. V.10/V.11: Quellen: BArch DY30/90622 und „Der Abend", 8. Februar 1963.

Abb. V.12: Quelle: Bundesarchiv, Bild 183-J0731-1003-001.

Abb. V.13: Quelle: Bundesarchiv, Bild 183-21013-0001.

Abb. V.14: Quelle: ullstein bild – Sven Simon.

Oben links: Hans Reichelt (geb. 1925), Kriegsdienst, sowj. Kriegsgefangenschaft, Antifa-Schule. Seit 1950 MdVK (DBD), Minister 1953 und 1955–1963, bis 1971 Stv. Vorsitzender des Landwirtschaftsrates, 1971/72 Stv. MLF. 1972–1989 Minister für Umweltschutz und Wasserwirtschaft.
Oben rechts: Georg Ewald (1926–1973), 1946 SED, Parteikarriere, ab 1963 Mitglied des ZK der SED, Vorsitzender des Landwirtschaftsrates, Minister 1971–1973.
Unten links: Heinz Kuhrig (1929–2001), 1946 SED, 1963–1971 1. Stv. Minister, Mitglied des Landwirtschaftsrates, 1973–1981 Minister, ab 1976 Mitglied des ZK.
Unten rechts: Bruno Lietz (1925–2005), 1949 SED, ab 1952 im MLF, 1981/82 Leiter der Abteilung Landwirtschaft im ZK, ab 1982 Mitglied des ZK und Minister.

Abb. V.15: Quelle: ullstein bild – ADN-Bildarchiv.

Abb. V.16: Quelle: ullstein bild – Probst.

―

Sechster Teil:
**Sechzig Jahre Europäisierung der Agrarpolitik –
Interessen, Konflikte, Weichenstellungen
Eine historisch-politische Betrachtung**

Joachim Bitterlich mit Simon Reiser

I Einführung: Kontinuität und Reformen, Brüche und Widersprüche – eine „unendliche Geschichte"?

1 Gegenstand der Betrachtung

Dieser Beitrag beleuchtet – überwiegend in Form eines politischen Essays und notwendigerweise auf die entscheidenden Weichenstellungen und politischen Akteure konzentriert – eine nicht abgeschlossenen Phase der jüngsten Geschichte und Entwicklung der deutschen Agrarpolitik im Rahmen der europäischen Integration und die Rolle ihres federführenden Ministeriums in der Bundesregierung. Die behandelten Entwicklungen und Weichenstellungen reichen in ihren Auswirkungen zumindest bis in die jüngste Vergangenheit und können nicht als abgeschlossen angesehen werden. Ihre wesentlichen Elemente gehören zum Kern der Debatten über die Zukunft der europäischen wie nationalen deutschen Agrarpolitik wie der Europapolitik insgesamt. Es geht in diesem Beitrag also im Kern darum, im Lichte der Politik und der Rolle des BML[1] im Gefüge der Bundesregierung, die „roten Fäden" der Europäisierung der Landwirtschaftspolitik im 20. Jahrhundert herauszuarbeiten, die uns zur heutigen Lage geführt haben.[2]

Der Verfasser war über lange Jahre nicht nur ein Beobachter der Entwicklung der europäischen Agrarpolitik, sondern über zwei Jahrzehnte Mitwirkender des agrarpolitischen Geschehens und Beteiligter an wichtigen Verhandlungen, zunächst in Brüssel in der Ständigen Vertretung bei den Europäischen Gemeinschaften, dann im Auswärtigen Amt und vor allem über ein Jahrzehnt im Bundeskanzleramt. Er hat daher – über die Nutzung der einschlägigen wissenschaftlichen Fachliteratur[3] und der

---
1 BML wird als Kürzel in der gesamten Untersuchung für das Bundeslandwirtschaftsministerium in seinen verschiedenen offiziellen Bezeichnungen verwendet.
2 „Heute" bezieht sich in diesem Beitrag, soweit statistische Angaben verwendet werden, in der Regel auf Angaben aus dem Jahr 2017; andere Jahresangaben sind besonders angegeben. Alle Zahlenangaben beruhen auf offiziellen Angaben der Bundesregierung, der französischen Regierung und der Europäischen Kommission (EuroStat). Während der Vorarbeiten hat sich mehrfach herausgestellt, dass die Zahlenangaben der verschiedenen europäischen Akteure nicht immer miteinander übereinstimmen bzw. nicht immer kompatibel sind.
3 Siehe z.B. zuletzt Patel, Kiran Klaus: Projekt Europa. Eine kritische Geschichte. München 2018 (*Patel, Projekt*); ders.: Integration als Transnationalisierung oder Europäisierung – die Bundesrepublik in der Agrarintegration der EWG bis Mitte der 1970er Jahre, in Archiv für Sozialgeschichte 49/2009, S. 231 ff. (*Patel, Integration*); ders.: Europäisierung wider Willen. Die Bundesrepublik Deutschland in der Agrarintegration der EWG 1955–1973, München 2009 (*Patel, Europäisierung*); Herbst, Ludolf/Bührer, Werner und Sowade, Hanno (Hgg): Vom Marshallplan zur EWG. Die Eingliederung der Bundesrepublik Deutschland in die westliche Welt (Quellen und Darstellungen zur Zeitgeschichte, Band 30), München 1990; Gaddum, Eckart: Die deutsche Europapolitik in den 80er Jahren. Interessen, Konflikte und Entscheidungen der Regierung Kohl, Paderborn 1994 (*Gaddum, Europapolitik*); König, Mareike/Schulz, Matthias (Hgg.): Die Bundesrepublik Deutschland und die europäische Einigung,

Aktenüberlieferung⁴ sowie gelegentlich der journalistischen Publizistik hinaus seine Erfahrungen, aber vor allem auch die Gespräche mit einer Vielzahl von Akteuren der Agrarpolitik in Deutschland wie in Europa in diese Arbeit eingebracht.⁵

2 Grundlagen und Ausgangspunkte der Europäisierung⁶

Bereits in einem frühen Stadium nach dem Ende des 2. Weltkrieges wurde die politische Entwicklung in West-Europa durch intensive Bemühungen um eine Neuorientierung Europas – mit der Zielsetzung der Sicherung von Frieden, demokratischer und wirtschaftlicher Entwicklung – mitgeprägt. Trotzdem sollte es nach dem ersten Schritt, der Gründung der Europäischen Gemeinschaft für Kohle und Stahl im Jahre 1951/1952 noch gut ein halbes Jahrzehnt dauern, bis man sich über die Schaffung eines Gemeinsamen Marktes, den allmählichen Wegfall von Zoll- und Handelsschranken unter den sechs Gründerstaaten der EWG verständigte. Die junge Bundesrepublik Deutschland erstrebte von Anfang an politisch ihre Re-Integration in den heranwachsenden europäischen Staatenverbund und suchte dabei zugleich wirtschaftlich ihre industrielle Stärke zur Geltung zu bringen. Frankreich dagegen zielte auf die Absicherung seiner Landwirtschaft durch die europäische Integration; für seine Agrarprodukte war Deutschland, dessen Produktionsbedingungen sich in der Landwirtschaft ungünstiger darstellten als für den westlichen Nachbarn, das wichtigste europäische Exportland. Für die deutsche Landwirtschaft stellte sich damit schon in den ersten Beratungen auf europäischer Ebene die grundsätzliche Frage, wieweit ein marktwirtschaftlicher Ansatz überhaupt für sie gelten konnte bzw. welche Ausgleichs- oder Kompensationsmaßnahmen gegebenenfalls zu ihrem Schutz ergriffen werden mussten (sog. „Kompensationsprinzip"). Diese Problematik hat die Haltung der deutschen Landwirtschaftspolitik gegenüber dem Projekt der europäischen Einigung von Anfang an maßgeblich beeinflusst und im Ergebnis dazu beigetragen, dass die bis dahin auf den deutschen Markt ausgerichtete deutsche Agrarpolitik den Weg zu einer politischen und wirtschaftlichen Gemeinschaft bisweilen retardierend und über weite Strecken eher defensiv als mit eigenen konstruktiven Vorschlägen begleitet hat.

Zum Hintergrund dieser Entwicklung gehörten die grundlegenden Veränderungen, denen die Landwirtschaft in den letzten sieben Jahrzehnten unterworfen war; nur einige der wesentlichen Parameter seien beispielhaft genannt: 1949 ernährte ein

---

1949–2000. Politische Akteure, gesellschaftliche Kräfte und internationale Erfahrungen, Wiesbaden 2004.
4 Insbes. Bundesarchiv, Archiv EG-Kommission, Protokolle Bundeskabinett und Bundestag.
5 Dem Verfasser ist dabei der unvermeidlich subjektive Charakter von Zeitzeugenaussagen und Wiedergaben in den Medien bewusst, dennoch stellen sie notwendige Ergänzungen der oftmals ebenfalls lückenhaften oder subjektiven aktenmäßigen Überlieferung dar.
6 Zur ersten Phase der Gemeinsamen Agrarpolitik, die hier nur summarisch resümiert wird, siehe im Einzelnen das entsprechende Kapitel im vierten Teil dieses Bandes.

Landwirt 10 Menschen, 1980 waren es bereits 47, 2017 sind es 160 Menschen. Im wiedervereinigten Deutschland gibt es heute noch 276.000 Betriebe. In Frankreich sind es noch 456.000, EU-weit 10,5 Mio. Betriebe. In Deutschland stehen 490.000 Beschäftigte für eine landwirtschaftliche Produktion über 52,9 Mrd €, in Frankreich 646.000 für rund 70 Mrd €. Die Durchschnittsgröße der Betriebe in Deutschland beläuft sich ähnlich wie in Frankreich auf gut 60 ha, EU-weit sind dies nur 16 ha.

Trotz aller Zweifel und Bedenken – aus der Politik, der gesamten Agrarszene, dem BML wie den Verbänden – wurde die Agrarpolitik zum Vorreiter, ja zum Schrittmacher der europäischen Integration; man könnte auch sagen, sie wurde als Vehikel genutzt, um die Integration Europas voranzubringen. Die europäische Agrarpolitik der Bundesregierungen in der ersten Phase der EWG wurde daher in der zeitgenössischen und wird bis heute in der rückblickenden Literatur kontrovers beurteilt. Kritische Stimmen stellen fest, die Bundesrepublik habe damals wie in der Folgezeit „ihre Agrarinteressen für Frankreich geopfert, um dafür im Gegenzug Zugang zu einem großen industriellen Markt zu erlangen"[7]. Martin Wille, Staatssekretär des BML unter den Bundesministern Funke und Künast um die Jahrtausendwende, spricht durchaus mit Berechtigung von den ersten drei Jahrzehnten der Gemeinsamen Agrarpolitik als der „protektionistischen Periode", bestimmt von den Interessen und dem ökonomisch-politischen Denken Frankreichs.[8] Demgegenüber wird in neueren Veröffentlichungen betont, Deutschland sei mitnichten „über den Tisch gezogen" worden, sondern habe durchaus Einfluss auf die grundlegenden ersten Weichenstellungen genommen.[9]

Man muss die damaligen Entscheidungen der Bundesregierung naturgemäß im politischen Gesamtzusammenhang der Integration der jungen Bundesrepublik Deutschland in das entstehende westeuropäische Staatengefüge sehen. Für die Regierung Adenauer mussten die politische Re-Integration in den Staatenverbund und die wirtschaftliche Gesamtentwicklung Vorrang vor den Interessen der Landwirtschaft haben. Bundeskanzler Konrad Adenauer und mit ihm sein Landwirtschaftsminister Heinrich Lübke standen – anders als Wirtschaftsminister Erhard oder, aus ganz anderen Gründen, das BML – zur grundlegenden Orientierung in Richtung auf einen gemeinsamen Agrarmarkt. Ihnen war bewusst, dass dies für die deutsche Landwirtschaft schwierig sein und gewisse Opfer erfordern werde, die man auf andere Weise ausgleichen müsse.

---

[7] So referiert zusammenfassend Patel, Integration, 2009, S. 247; siehe auch Kloss, Hans Dieter: Illusion und Wirklichkeit. Ein Vierteljahrhundert Wirtschaft im ländlichen Raum mit Theodor Sonnemann, Neuwied 1973 (*Kloss, Illusion*), S. 116 ff.
[8] Wille, Martin: Wie geht es weiter mit der Gemeinsamen Agrarpolitik? Warum die GAP ist, wie sie ist, und nicht, wie sie sein sollte – Anmerkungen zu einem alten Thema. Manuskript des Vortrages bei der Herbsttagung der Agrarsozialen Gesellschaft in Göttingen, 9./10.11. 2016.
[9] So Patel, Europäisierung, S. 88 ff.

Auf der Grundlage der Beratungen der von der Europäischen Kommission im Juli 1958 einberufenen Landwirtschafts-Konferenz im norditalienischen Stresa[10] und der dort verabschiedeten Weichenstellungen begann Anfang der 60er Jahre des letzten Jahrhunderts eine erstaunliche Entwicklung. Die Agrarpolitik wurde zu einem besonderen Bereich der europäischen Politik mit einem eigenen Spannungsbogen unter permanenter Anpassung und Reformdruck, mit „eigenen Gesetzen", Verfahren und Methoden. Sie war und ist wesentlicher Bestandteil der europäischen Integration, ihre Entwicklung ist aber mit der generellen europäischen Integrationsgeschichte und -entwicklung kaum vergleichbar. Der inzwischen fast sechs Jahrzehnte währende Weg von der Ernährungs- und Einkommenssicherung durch Preispolitik über die Reformen der 90er Jahre bis hin zu einer Agrarpolitik, die die Entwicklung des ländlichen Raumes in den Mittelpunkt stellt und den ökologischen Anforderungen wachsendes Gewicht einräumt, war freilich weder geradlinig noch unkompliziert.

Zunächst wurde die gemeinsame Agrarpolitik zum „Opfer" ihres eigenen Erfolges. Das von Deutschland maßgeblich beeinflusste hohe Preisniveau trug binnen recht kurzer Zeit zur Produktion von Überschüssen und damit zu wachsenden Haushaltsrisiken bei. Es begann in gewisser Weise eine „unendliche Geschichte": Notwendige Reformen wurden nicht oder zu spät eingeleitet, es wurde an Symptomen gewerkelt, die Ausgaben gerieten außer Kontrolle, und erst die drohende Zahlungsunfähigkeit der Europäischen Gemeinschaften veranlasste ein Umsteuern und führte zu ersten echten, noch zaghaften Reformschritten. Es war dann in erster Linie internationaler Druck vor allem seitens der USA im Rahmen der sog. Uruguay-Runde des „Allgemeinen Zoll- und Handelsabkommens" (GATT[11]), der die Europäische Union Anfang der 90er Jahre zu grundlegenden Reformen ihrer Agrarpolitik zwang. Trotzdem blieb die Agrarpolitik bis heute krisenanfällig, wie z. B. bis in die jüngste Zeit die Diskussionen um den Milchpreis 2018/19 oder der Streit um Umweltauflagen 2019 unterstreichen.

3 Die Weichenstellungen der Anfangszeit

Die Konferenz von Stresa hatte die Weichen der politischen Orientierung und zugleich damit die Agenda der kommenden Jahre festgeschrieben. Die Marschroute lautete „Steuerung durch Markt- und Preispolitik". Die Strukturpolitik blieb vornehmlich in

---

[10] Ergebnisse der Konferenz von Stresa (einschl. der wichtigsten Erklärungen des Präsidenten der Kommission, Prof. Walter Hallstein, und der zuständigen Minister der sechs Gründer-Mitgliedstaaten siehe Archiv EG-Kommission (in deutscher Sprache) 2116/1/59/5; zum Hintergrund und zur Bewertung von Stresa s. o. S. 482 ff.

[11] GATT – General Agreement on Tariffs and Trade; die Entwicklung des GATT erfolgte seit ihrer Gründung 1947 durch „Verhandlungs-Zyklen" (für diese Analyse von Belang: „Kennedy-Runde", Mai 1963-Juni 1966; „Tokio-Runde", September 1973-November 1979; „Uruguay-Runde", September 1986-Dezember 1993, „Doha-Runde" November 2001-Juni 2006).

den Händen der Mitgliedstaaten. Warnungen des zuständigen EWG-Kommissars Mansholt vor der Gefahr, dass bei zentraler Fixierung der Preise Produzenten und Verbraucher die Verbindung zu den Kräften des Marktes verlieren könnten[12], wurden schlicht überhört.

Sicco Mansholt, zuvor Landwirtschaftsminister in sechs niederländischen Kabinetten, wurde als EWG-Kommissar und stellvertretender Kommissionsvorsitzender seit 1958 zum Architekten und zur beherrschenden Persönlichkeit der Gemeinsamen EWG-Agrarpolitik. Er baute die Kommission mit ihren agrarpolitischen Diensten und juristischen „Werkzeugen" auf – mit seinen niederländischen Mitarbeitern und einer Generaldirektion Landwirtschaft, die über Jahrzehnte durch ihre französischen Generaldirektoren geprägt wurde. Tatsächlich zielte er von Anfang an auf eine „andere" Agrarpolitik, weg vom bäuerlichen Familienbetrieb hin zu modernen wirtschaftlichen Produktionseinheiten mittels einer forcierten Agrarstrukturpolitik mit Elementen, die erst in den 80er Jahren wieder auf der Tagesordnung der europäischen Agrarpolitik landen sollten. Gleichwohl akzeptierte er über lange Jahre den Kompromiss mit den Mitgliedstaaten, die darauf bestanden, die Agrarpolitik weiter zu kontrollieren und selbst die Zuständigkeit für strukturpolitische Maßnahmen zu behalten. Über kurz oder lang musste dieser Gegensatz aber zum Konflikt mit Frankreich und Deutschland führen; er hat Mansholts Stellung in Paris und Bonn und zuletzt selbst in der Kommission geschwächt. Als sein engster Mitarbeiter Berend Heringa bei Adenauer sondierte, ob Mansholt nicht Nachfolger Hallsteins werden könne, erhielt er die typisch Adenauersche Antwort „Ein Bauer und Sozialist ist des Guten zuviel."[13] Am Ende seiner Laufbahn aber durfte Mansholt, in Anerkennung seiner Verdienste, noch für neun Monate (März 1972 bis Januar 1973) das Amt des Kommissionspräsidenten bekleiden.

Eine „führende Rolle" auf der Konferenz von Stresa neben Mansholt nahm Bundeslandwirtschaftsminister (1953–1959) Heinrich Lübke ein,[14] einer der bedeutenden Agrarpolitiker der Bundesrepublik, dessen öffentliche Wahrnehmung allerdings mehr durch seine Tätigkeit als Bundespräsident, insbesondere durch die zuletzt von Krankheit überschattete zweite Amtszeit, geprägt wurde. Lübke war nicht nur einer der Väter des Landwirtschaftsgesetzes von 1955, sondern auch und vor allem – in Umsetzung der Orientierungen von Bundeskanzler Adenauer – Befürworter der Schaffung der Gemeinsamen Agrarpolitik und stand damit auch im Gegensatz zu führenden Beamten seines Hauses. Er hatte eine durchaus realistische, ja kritische Haltung zur Lage der deutschen Landwirtschaft und war überzeugt, über die europäische Schiene die notwendigen Anpassungen zu erreichen. Dies begründete auch

---

12 Zitiert nach van der Harst, Jan: Sicco Mansholt. Mut und Überzeugung, in: Europäische Kommission 1958–1972. Geschichte und Erinnerung einer Institution, Europäische Union, Bd. 1, 2014, S. 182 ff.
13 Zitiert nach ebd., S. 178.
14 Morsey, Rudolf: Heinrich Lübke. Eine politische Biographie, Paderborn u.a. 1996, S. 237–241. Zur Frage von Lübkes NS-Belastung s.o. S. 406 ff.

sein enges, wenngleich nicht unkritisches Verhältnis zu Mansholt,[15] mit dem er auch nach seiner Wahl zum Bundespräsidenten 1959 verbunden blieb. Wiederholt engagierte er sich noch von der Villa Hammerschmidt aus in Belangen seines früheren Ressorts; bei der Festlegung der Getreidepreise 1964 unterbreitete er dem französischen Landwirtschaftsminister Pisani Kompromissvorschläge, denen Bundeskanzler Erhard letztlich gegen die Haltung von Lübkes Amtsnachfolger Werner Schwarz folgte.

Nach der Konferenz von Stresa ging es zügig voran, in nur sieben Jahren stand das Gefüge der Gemeinsamen Agrarpolitik, die einzelnen Marktorganisationen wurden konsequent verabschiedet (1962 zunächst für Wein, Getreide, Schweinefleisch, Eier und Geflügel, dann 1964 für Rindfleisch, Milch und Milcherzeugnisse; 1966/67 sollten Olivenöl, Ölsaaten und Zucker folgen.)[16] Die drei zentralen Grundsätze der Gemeinsamen Agrarpolitik lauten: Erstens Sicherung der Einheit des Marktes durch gemeinsame Preise, zweitens Schutz nach außen durch die „Gemeinschaftspräferenz", die Erzeugnissen aus der Gemeinschaft gegenüber Produkten aus Drittländern einen Preisvorteil einräumt, und drittens finanzielle Solidarität durch ein gemeinsames Tragen der Lasten der Agrarpolitik durch den „Europäischen Ausrichtungs- und Garantiefonds für die Landwirtschaft" (EAGFL).

---

15 Morsey, a.a.O.
16 Die Marktorganisationen sind in der Folge mehrfach, zum Teil wesentlich überarbeitet und verändert worden. Sie sind seit 2013 in der Verordnung (EU) Nr. 1308/2013 des Europäischen Parlaments und des Rates vom 17. Dezember 2013 über eine gemeinsame Marktorganisation für landwirtschaftliche Erzeugnisse zusammengeführt worden.

II Die sechziger Jahre

1 Getreidepreis und Gemeinsamer Markt

Schlüssel, vor allem auch aus deutscher Sicht, für die künftige Entwicklung der Gemeinsamen Agrarpolitik (GAP)[17] war von Anfang an der Garantiepreis für Getreide. Adenauer erklärte in einer Kabinettssitzung 1960, „daß es nicht vertretbar sei, durch solche Verhandlungen [über die Herabsetzung des deutschen Getreidepreises] in der Kommission und im Ministerrat der EWG im gegenwärtigen Augenblick Beunruhigung in der bäuerlichen Bevölkerung hervorzurufen. Diese Frage könnte nicht vor der nächsten Bundestagswahl diskutiert werden" – d. h. nicht vor September 1961 – und stellte fest, „daß das Kabinett sofort offizielle Schritte einleiten will, damit die für 1961 geplante Herabsetzung der Getreidepreise nicht weiter verfolgt wird".[18] Bundeskanzler und Landwirtschaftsminister hatten von Anfang an das Störpotential der Bauernschaft bei Bundestags- wie bei Landtagswahlen im Auge. Sie sahen, dass die Nachteile der deutschen Landwirtschaft mit Hilfe der jährlichen Preisfestsetzungen auf europäischer Ebene nur beschränkt reduziert werden konnten und es in Wahrheit nationaler Ausgleichsmaßnahmen und strukturpolitischer Hilfen bedurfte, um die Wettbewerbsfähigkeit der deutschen Landwirtschaft zu sichern.

Der Deutsche Bauernverband (DBV) protestierte erwartungsgemäß heftig gegen die drohende Absenkung des Preisniveaus, die auch von einem durch EWG und BML eingesetzten Expertengremium befürwortet worden war.[19] Auch Landwirtschaftsminister Schwarz distanzierte sich – anders als das Auswärtige Amt und das Bundeskanzleramt – öffentlich von dem „Professorengutachten".[20] Bei der Verabschiedung des einheitlichen Agrarpreisniveaus 1964 führte die Absenkung der Preise dazu, dass dieses Niveau zwar unter den deutschen Forderungen lag, allerdings auch deutlich über dem französischen. Konsequenz war, dass Frankreich rasch seine Produktion steigerte und die deutsche Landwirtschaft quasi ihre eigene Konkurrenz geschaffen hatte. Die deutschen Erzeugerpreise mussten schlussendlich eingefroren werden und Bundeslandwirtschaftsminister Schwarz wurde für seine Verhandlungen in Brüssel

---

17 Im Beitrag werden parallel die volle Bezeichnung „Gemeinsame Agrarpolitik" und das Kürzel „GAP" verwendet.
18 Protokoll der 112. Kabinettssitzung vom 29.06.1960 (A.), www.bundesarchiv.de. Laut Patel wurde diese Festlegung „binnen kurzem zur Heiligen Kuh der deutschen EWG-Agrarpolitik" (Patel, Integration, S. 238 ff.).
19 Das Gutachten „Wirkung einer Senkung der Agrarpreise im Rahmen einer gemeinsamen Agrarpolitik der EWG auf die Einkommensverhältnisse der Landwirtschaft in der Bundesrepublik Deutschland", vom Juni 1962, veröffentlicht unter Nr. 19 im Sammelband der Gutachten des Wissenschaftlichen Beirats beim BML, Bonn 1975, war von einem gemeinsam besetzten Ausschuss aus Mitgliedern des Wissenschaftlichen Beirats beim Ministerium und wissenschaftlichen Beratern der EWG-Kommission erarbeitet worden.
20 Siehe Patel, Europäisierung, S. 217.

vom DBV scharf kritisiert, er habe vor dem Verhandlungsgeschick Mansholts und dessen Plänen kapituliert.[21] Mit der Verständigung auf die gesenkten neuen Garantiepreise ab 1. Juli 1967[22] wurde der gemeinsame Agrarmarkt von diesem Zeitpunkt an verwirklicht, drei Jahre vor dem an sich vorgesehenen Termin; zugleich verabschiedete der Agrarrat eine auf drei Jahre befristete Verordnung zur Finanzierung der Agrarpolitik.

Aus Sicht von Mansholt war die Einigung von wesentlicher Bedeutung für die gesamte Gemeinsame Agrarpolitik. Vor allem die dominierende Rolle der Kommission wurde bestätigt. Seither ist es die Praxis, dass die Kommission zu gegebener Zeit Kompromissvorschläge unterbreitet, um endlose Verhandlungen abzukürzen. Der damalige BML-Staatssekretär Hüttebräuker bezeichnete hingegen die Einigung rückblickend als den „Offenbarungseid der deutschen Getreidepreispolitik": Durch eine Vorfeldbereinigung mit dem Deutschen Bauernverband durch Bundeskanzler Ludwig Erhard habe alle Welt gewusst, dass die Bundesregierung die „Einigung um jeden Preis wollte" – und Mansholt wie die Franzosen nutzten diese Schwäche der Deutschen aus. Bundesregierung und BML mussten eine herbe Niederlage einstecken, das taktische Vorgehen, das kaum als „Strategie" angesehen werden kann, wurde selbst in der Wirtschaft heftiger Kritik unterzogen. Man kann auch in der Rückschau auf die Entwicklung jener Zeit mit Kießling feststellen, dass der Streit um den Getreidepreis in Wahrheit ein „Nachhutgefecht" der Bundesregierung und des BML dargestellt hat.[23] Der Wahrheit halber muss man auch hinzufügen, dass es den Europäern damals im Rahmen der „Kennedy-Runde" noch gelang, die Agrarprodukte von den Zollsenkungen und vom freien Marktzugang auszunehmen.

Patel stellt in diesem Zusammenhang die grundsätzliche Frage, „warum die Bundesrepublik als größtes Mitgliedsland der EWG die Entwicklung der GAP nicht stärker beeinflussen konnte".[24] Er führt dies vor allem darauf zurück, dass sich die deutsche „Entscheidungselite nur unzureichend auf die neuen Formen des Regierens (in Europa) einstellte": die Bundesregierung habe „nur sehr sehr selten ernst zu nehmende Alternativen angeboten und sich kaum auf Verhandlungen eingelassen. Kompromisslosigkeit habe insbesondere den Verhandlungsstil des BML geprägt". Zudem „erklärten sich die Defizite aus dem institutionellen Arrangement auf deutscher Seite": „Bonn sprach in Brüssel oft mit vielen Stimmen, da es keine schlag-

---

21 Gabriel, Jens-Peter: Grundstrukturen agrarpolitischer Willensbildungsprozesse in der Bundesrepublik Deutschland 1949–1989, Zur politischen Konsens- und Konfliktregelung (Sozialwissenschaftliche Studien, 27), Wiesbaden Opladen 1993, (*Gabriel, Grundstrukturen*) S. 151 ff.
22 Hierzu ausführlich Europäische Kommission 1, S. 356 ff. und Rudolf Hüttebräuker, Deutsche Agrarpolitik in den Jahren 1962–68, Heft 1, Streiflichter auf besondere Ereignisse (Nachlass Rudolf Hüttebräuker, BArch N 1510/3/10).
23 Vgl. den vierten Teil dieses Bandes, S. 494.
24 Vgl. Patel, Integration, S. 241 ff.

2 Frankreichs „Politik des „leeren Stuhls" und der „Luxemburger Kompromiss"[26]

Mitte der 60er Jahre traten innerhalb der GAP zunehmend vor allem zwei Probleme auf. Zum einen wurde deutlich, dass ihre grundlegende Ausrichtung auf garantierte Preise nicht ausreichte, um die unterschiedlichen strukturellen Probleme der Landwirtschaft entscheidend zu lösen.[27] Das zweite Problem ergab sich aus der Frage nach der institutionellen Ausgestaltung der Gemeinschaft und den Abstimmungsmodalitäten. Auch hier entwickelte sich ein Gegensatz zwischen Frankreich und Deutschland, der seine Kulmination in der Krise um die „Politik des leeren Stuhls" fand. Der Ursprung dieser Krise lag in den Beratungen über die Vorschläge der Kommission vom 31. März 1965 zur neuen Finanzierung der GAP und zur zukünftigen institutionellen Ausgestaltung der EWG.

Der Präsident der EG-Kommission Walter Hallstein und seine Kollegen waren durch den Beschluss des Rates vom 16.12.1964 beauftragt worden, Vorschläge zur Finanzierung der GAP und zur Verwaltung der Einnahmen der Gemeinschaft zu unterbreiten. Hierdurch sahen sie sich ermutigt, damit Vorschläge zur Stärkung der Organe der Gemeinschaft und insbesondere der Kommission selbst zu verbinden. Hallstein sah die Chance, die Abneigung Präsident de Gaulles gegen eine Erweiterung der Kompetenzen der Gemeinschaft zu unterlaufen – und zwar mit der Hilfe Deutschlands. De Gaulle könne sich aufgrund der Interessen Frankreichs nicht erlauben, die Entwicklung aufzuhalten. Hinzu kam, dass in Frankreich für Dezember 1965 Präsidentschaftswahlen anstanden.[28] Hallstein suchte daher offen die Kraftprobe mit Frankreich, unterschätzte aber wohl den Widerstandswillen und die Überzeugungen de Gaulles.

Die Vorschläge der Kommission vom 31. März 1965 umfassten fünf Punkte:
- die Anwendung des Systems der Garantiepreise und Subventionen ab 1. Juli 1967 auch auf Produkte, für die noch keine Marktordnung beschlossen war (Milch, Reis, Rindfleisch, Zucker), zugleich Übernahme aller Agrarausgaben durch die Kommission,

---

25 Vgl. ebd., S. 242f.
26 Vgl. Germond, Carine/Türk, Henning: Der Staatssekretärsausschuss für Europafragen und die Gestaltung der deutschen Europapolitik 1963–1969, In: Zeitschrift für Staats- und Europawissenschaften 1/2004, Baden-Baden, Seite 56 ff. (*Germond/Türk, Staatssekretärsausschuss*).
27 Vgl. Recknagel, Silke: Analyse der Willensbildung in der europäischen Förderpolitik bei nachwachsenden Rohstoffen – Fallbeispiel Flachs, Gießen 2003 (*Recknagel, Analyse*), S. 36.
28 Vgl. Loth, Wilfried: Die Krise aufgrund der „Politik des leeren Stuhls", In: Europäische Kommission, Bd. 1, 2014, S. 99 ff. (*Loth, Krise*).

- das Vorziehen des Inkrafttretens der Zollunion auf den 1. Juli 1967,
- als Einnahmen der Gemeinschaft sollten die Agrar-Abschöpfungen zuzüglich der Einnahmen aus den Außenzöllen angesehen werden, d. h. die GAP sollte künftig – bei schrittweiser Umstellung auf das neue System innerhalb sieben Jahren – voll aus eigenen Mitteln der Gemeinschaft finanziert werden,
- ein weitgehendes Mitspracherecht des Europäischen Parlaments,
- und die schrittweise Übernahme des Agrarfonds durch die Gemeinschaft.[29]

Die beiden französischen Mitglieder der EG-Kommission, die Kommissare Robert Marjolin und Henri Rochereau, hatten bei den internen Beratungen der Kommission dagegen votiert.[30] Nicht nur die vorzeitige Bekanntgabe der Vorschläge, sondern vor allem die Tatsache, dass Hallstein sie vor Verabschiedung in der Kommission – „ausgerechnet", aus Sicht von Präsident de Gaulle – im Europäischen Parlament erläuterte, ohne sie zuvor im Ministerrat einzuführen, lösten in Paris offene Entrüstung aus.

Die Verhandlungen darüber im Rat wurden am 30. Juni 1965 ergebnislos abgebrochen. Die Uneinigkeit galt der Frage der Agrarfinanzierung – sie war durch starke Interessengegensätze geprägt – und den Grundsatzfragen der zukünftigen Rollen und Kompetenzen von Europäischem Parlament und Kommission sowie vor allem der Änderung des Abstimmungsmodus im Rat hin zu Mehrheitsabstimmungen. Frankreich kündigte an, nicht mehr an den Sitzungen des Rates und der Gremien teilzunehmen. De Gaulle hielt an seiner Haltung fest und bekräftige im Juli, dann in einer Pressekonferenz am 9. September 1965, seine Entschlossenheit, Mehrheitsentscheidungen zu verhindern. Er forderte den Rücktritt von Hallstein und Mansholt und attackierte öffentlich den „technokratischen, vaterlandslosen und verantwortungslosen Areopag" in Brüssel; Hallstein tue so, als ob er Chef einer supranationalen Regierung wäre, die die Strukturen Deutschlands auf Brüssel übertragen wolle.[31]

Da nahezu jeder Mitgliedstaat gewisse Vorbehalte gegen die Kommissionsvorschläge hatte, unterschiedliche ökonomische Interessen berücksichtigt werden mussten und überhaupt sehr unterschiedliche Ansichten über die zukünftige Entwicklung der EWG vorherrschten, musste ein Kompromiss gefunden werden.[32] Die Verhandlungen unter den Regierungen – auf deutscher Seite vor allem unter Führung von Außenminister Gerhard Schröder – zogen sich bis in den Januar 1966 hin. Erst am 30. Januar 1966 erklärte sich Frankreichs Außenminister Couve de Murville zur Wiederaufnahme der Mitarbeit im Rat bereit. Dies erfolgte auf der Grundlage einer von Schröder formulierten „Absichtserklärung", die im Kreise der vier Europa-Staatsse-

---

29 Finanzierung der Gemeinsamen Agrarpolitik – Eigene Einnahmen der Gemeinschaft Stärkung der Befugnisse des EP (Vorschläge der Kommission an den Rat), KOM (65) 150 vom 31.03.1965.
30 Sonderprotokoll 311 der EWG-Kommission, 22.03.1965, S. 8 ff.
31 Pressekonferenz Charles de Gaulle, zitiert nach Loth, Krise, S. 108.
32 Vgl. Krug, Simone: Die Finanzierung der GAP im Kontext des Finanzverfassungssystems der EU, Baden-Baden 2008 (*Krug, Finanzierung*), S. 57 ff.

kretäre unter Federführung des Auswärtigen Amtes (AA) – also nicht vom BML – in Bonn erarbeitet und im Bundeskabinett gebilligt worden war. Sie lautete:

1) „Die Mitgliedsstaaten werden in Fällen, in denen ein lebenswichtiges Interesse eines oder mehrerer Partner auf dem Spiel steht, im Geiste gegenseitiger Rücksichtnahme Lösungen finden, die diesem Interesse in angemessener Weise Rechnung tragen. Dies gilt insbesondere für Fragen von grundsätzlicher Bedeutung, die in der Vergangenheit Gegenstand eines einstimmigen Beschlusses gewesen sind.
2) Diejenigen Agrarfragen, die nach dem seinerzeit in der EWG vorgesehenen Zeitplan noch im Jahre 1965 hätten verabschiedet werden sollen, sind noch einstimmig zu verabschieden.
3) Die französische Forderung nach alleiniger Verabschiedung der Agrarfinanzierung ist aus Gründen der gleichgewichtigen Entwicklung innerhalb der Gemeinschaft abzulehnen."[33]

Dieser im Januar 1966 verabschiedete „Luxemburger Kompromiss" kam also den französischen Forderungen weit entgegen, indem er im Falle des Vorliegens vitaler Interessen eines oder mehrerer Mitgliedsstaaten den Verzicht auf die Durchsetzung von Mehrheitsentscheidungen vorsah[34] – in den Augen der europäischen „Föderalisten"[35] eine der grundlegenden politischen „Sünden" der Gründerjahre.[36] Zugleich hatte sich aber auch die deutsche Delegation insoweit abgesichert, als über die 1965 noch offenen Fragen noch einstimmig entschieden werden sollte. Die von Hallstein gesuchte institutionelle Stärkung der Gemeinschaft – der EG-Kommission wie des Europäischen Parlaments – wurde aufgeschoben. Hallstein und Mansholt erreichten die Einführung von Garantiepreisen für Milch und die anderen Bereiche ein Jahr später als vorgeschlagen, d.h. zum 1. Juli 1968; das Gleiche galt für die Zollunion. Hallsteins Amtszeit wurde, entgegen dem nachdrücklichen Wunsch de Gaulles, nach langem Hin und Her nochmals um zwei Jahre verlängert.

De Gaulle hatte sich also nur teilweise durchsetzen können,[37] immerhin aber wurde der Luxemburger Kompromiss auf Dauer im Entscheidungsprozess der Gemeinschaft verankert. Er verzögerte eine tiefergehende Integration, vor allem in Bezug auf die Beteiligungsrechte des Europäischen Parlaments, konnte aber letztlich die zunehmende zentrale Rolle der EG-Kommission im Gemeinschaftsgeschehen nur kurzfristig bremsen, jedoch nicht aufhalten!

---

33 Vgl. Bundesregierung, 12. Kabinettssitzung TOP A, 26.01.1966.
34 Vgl. ausführlich Loth, Krise, S. 115 und Germond/Türk, Staatssekretärsausschuss, S. 65 ff.
35 Als „Föderalisten" bezeichnet der Verfasser diejenigen, die eine institutionelle Struktur auf europäischer Ebene anstreben, die der eines föderalen europäischen Bundesstaates entspricht. Diese Ausrichtung wird aktiv von der 1946 gegründeten „Union der Europäischen Föderalisten" vertreten. Zu den „Föderalisten" werden im europäischen Sprachgebrauch auch diejenigen hinzugerechnet, die die europäische Integration mittels eines gemeinschaftlichen Ansatzes (mit Kernkompetenzen für die Kommission und das Europäische Parlament) und nicht mittels eines „intergouvernementalen" Ansatzes anstreben.
36 Vgl. Krug, Finanzierung, S. 57 ff.
37 Vgl. Judt, Tony: Geschichte Europas von 1945 bis zur Gegenwart, München/Wien 2006 (englische Originalausgabe 2005), hier Taschenbuchausgabe, 4. Aufl. Frankfurt/M 2012 (*Judt, Geschichte*), S. 344 f.

Die deutsche Position gegenüber de Gaulle in jener Zeit war von Kompromissbereitschaft unter Wahrung der eigenen Interessen gekennzeichnet – ein britischer Historiker hat sie als „flexible response" bezeichnet.[38] Der Historiker Tony Judt drückte die politische Gemengelage jener Zeit ungleich schärfer aus: „Die EWG war ein deutsch-französisches Kondominium, das von Bonn finanziert und von Paris gesteuert wurde. Der Wunsch der Westdeutschen, zur europäischen Gemeinschaft zu gehören, war insofern teuer erkauft, aber Adenauer und seine Nachfolger entrichteten jahrelang klaglos diesen Preis und hielten, zur großen Überraschung der Briten, treu am Bündnis mit Paris fest.".[39]

Aufschlussreich in der damaligen Diskussion um die Finanzierung der Agrarpolitik war, dass schon ab Mitte der 60er Jahre die Frage des deutschen Finanzbeitrages eine zunehmende politische Rolle einnahm. Sie hat die deutsche Politik über Jahrzehnte, letztlich bis heute regelrecht verfolgt: War dieser Finanzbeitrag „gerecht" oder war Deutschland dabei, der „Zahlmeister Europas" zu werden?[40] Gemeint war damit die Berechnung, dass Deutschland mehr in die gemeinsame europäische Kasse einzahlt(e) als es aus diesem Haushalt als Unterstützungszahlung erhält.[41] Zwar ist die Berechnung selbst richtig, dennoch ist sie verkürzend und dadurch irreführend, weil sie die Vorteile für die deutsche Wirtschaft aus dem europäischen Binnenmarkt außer Betracht lässt.

Für die deutsche Politik ergab sich jedenfalls die Folge, dass sich ein natürliches Spannungsverhältnis zwischen den übergeordneten politischen Zielen der Europapolitik und, wohl stärker als bei den anderen tragenden Akteuren der europäischen Politik, dem Festhalten an einem traditionellen agrarpolitischen Verständnis herausbildete und letztlich bestimmend spätestens in den 80er Jahren wurde.

Kern der Koordinierung der Haltung der Bundesregierung in der Europapolitik bildete im Übrigen ab Februar 1963 der von Adenauer geschaffene Staatssekretärsausschuss für Europafragen.[42] Adenauer versuchte auf diese Weise, ein zu starkes Gewicht des Bundeswirtschaftsministeriums – und damit Ludwig Erhards – in der Europapolitik zu verhindern. Zugleich hatte sich die gespaltene Federführung in der Europapolitikzwischen Auswärtigem Amt (AA) und BMWi als unzureichend erwiesen.

---

38 Sietzy, Konstantin: „Flexible Response": German Ambivalence in face of Charles de Gaulle's Vision, 1963–1967, 2013.
39 Judt, Geschichte, S. 344.
40 Siehe die beiden aufschlussreichen, in der Sache nüchternen Vorlagen des BML vom 14.02.1966 zur Vorbereitung der Kabinettsbefassung und den (ihr wohl beigefügten?) BFM-Vermerk vom gleichen Tage (BA116/13861 (BML EWG 8902, Bd 1).
41 Am Beispiel des EU-Haushalts 2018, der insgesamt Zahlungsermächtigungen in Höhe von 145 Mrd. € enthält, bedeutet dies: Deutschland zahlt an die EU einen Haushaltsbeitrag von 25,27 Mrd. € und erhält dafür Leistungen aus dem EU-Haushalt in Höhe von 12,05 Mrd. €. Damit ist Deutschland sog. „Netto-Zahler" in Höhe von 13,22 Mrd. €; im Falle Frankreich sind dies 6,19 Mrd. €. Umgekehrt ist z.B. Polen der größte „Netto-Empfänger" in Höhe von 12,34 Mrd. € (Berechnungen in allen Einzelheiten bei „statista.com" in Übereinstimmung mit den Veröffentlichungen der Dienststellen der Kommission).
42 Vgl. eingehend Germond/Türk, Staatssekretärsausschuss, S. 56 ff.

Fragen, die mehrere Ressorts betreffen, hatten erheblich zugenommen, und es bedurfte einer echten Koordinierung, zumindest unter den Kernressorts. „Gründungsmitglieder" waren das Auswärtige Amt (Staatssekretär Rolf Lahr), das Bundeswirtschaftsministerium (Alfred Müller-Armack, dann Fritz Neef), das Bundeslandwirtschaftsministerium (Rudolf Hüttebräuker) und das Bundesfinanzministerium (Walter Grund). Soweit möglich nahm auch der deutsche Ständige Vertreter in Brüssel (Botschafter Günther Harkort) an den Sitzungen teil, die im zweiwöchentlichen Rhythmus in einem der vier Häuser stattfanden. Das Bundeskanzleramt kam erst ein Jahr später als „Beobachter" hinzu und wurde erst 1969 reguläres Mitglied (Staatsministerin Katharina Focke). Und in dieser kleinen vertrauten Runde – die Gruppe nannte sich intern die „vier Musketiere" – wurde auch die deutsche Haltung in wichtigen Agrarfragen erarbeitet, wie z. B. in der Frage der Überwindung der Krise um den „leeren Stuhl" Frankreichs oder der Vorbereitung des Gipfels von Den Haag 1969. Für das BML, für die Artikulation und Absicherung seiner Haltung innerhalb der Bundesregierung wurden die Europa-Staatssekretäre neben dem Kabinett, den Kontakten auf Ministerebene und dem Bundeskanzler, zu mehr als einer „Clearing-Stelle", nämlich zu dem wesentlichen Forum, in dem es vor allem in Bezug auf sein traditionell gespanntes Verhältnis zum BMWi Verständnis finden bzw. absehbar strittige Themen vorbereiten und entschärfen konnte.[43] Diese Kernstruktur zur Koordinierung der Europapolitik hat sich auch in den Fällen bewährt, in denen wie oft die Agrarpolitik zugleich eine politische Querschnittsfrage ausmachte und das BML daher nicht der Sprecher der Bundesregierung in den Brüsseler Verhandlungen war und diese Rolle dem AA oder dem Bundeskanzler selbst überlassen musste[44].

3 Die Führung der deutschen Agrarpolitik in den 60er Jahren

Lübkes Nachfolger Werner Schwarz (CDU, 1959–65) war nicht als Wunschkandidat Adenauers Landwirtschaftsminister geworden, sondern als Kompromisskandidat letztlich „dritte Wahl"[45] Anders als Lübke stand er dem Bauernverband als Zweiter Landesvorsitzender von Schlewig-Holstein und Mitglied des Präsidiums sehr nahe. Trotz seiner Vorbehalte gegen die Entwicklung der GAP versuchte er aber loyal, die Bonner Politik und das von ihm geführte BML besser „auf Brüssel" einzustellen und

---

43 Anderer Auffassung ist Patel, Integration, S. 243; für ihn hat der Ausschuss nie eine dem Koordinierungsgremium der französischen Regierung, dem (damaligen) SGCI – Sécrétariat général du Comité interministériel pour la coopération économique européenne – vergleichbare hervorgehobene Stellung eingenommen.
44 Weitergehend Doerr, Rainer: Agrarpolitische Willensbildung in Deutschland, in der Europäischen Union und auf internationaler Ebene, Diss., Bonn 2010 (*Doerr, Willensbildung*), S.36 (er spricht von einer „dominierenden Stellung" des BML in der deutschen Ressortabstimmung).
45 Eingehend zu Schwarz siehe vierter Teil dieses Bandes, S. 408 ff.

entsprechend auch personell und strukturell umzuorientieren[46]. Bald nach den Bundestagswahlen 1961 galt er als amtsmüde und kündigte frühzeitig seinen Rückzug aus der Politik an. Dazu könnte nicht zuletzt auch die Verlagerung entscheidender innerdeutscher Verhandlungen zur Unterstützung der Landwirtschaft in das Kanzleramt unter Bundeskanzler Ludwig Erhard beigetragen haben. Erhard, der ein erklärter Gegner des Konzepts einer Gemeinsamen Agrarpolitik gewesen war, suchte zur Absicherung seiner Politik den direkten Kontakt zum Bauernverband und zu seinem Präsidenten Rehwinkel.

Rudolf Hüttebräuker (1962–68) war nicht der Kandidat von Landwirtschaftsminister Schwarz, sondern wurde zunächst gegen dessen Widerstand Staatssekretär des BML, gefördert von Lübke und Adenauer. Der Chef des Bundeskanzleramts, Hans Globke, hatte Hüttebräuker in einem der Bonner informellen Kreise, dem Rotary-Club, „entdeckt", Adenauer auf ihn als Mann der FDP aufmerksam gemacht und ihn in das Landwirtschaftsministerium geholt, ihn dem Minister im Grunde „aufgezwungen". Aber in der Folge erwarb sich Hüttebräuker zunehmend auch das Vertrauen des resignierenden Ministers, der ihm ab 1963 weitgehend das Brüsseler Geschäft überließ. Nach dem Rücktritt von Schwarz blieb Hüttebräuker Staatssekretär auch unter Bundesminister Höcherl bis zu seiner Pensionierung im Jahre 1968.[47] In einem Beitrag in der „Zeit" vom Juli 1965 wird Hüttebräuker – anscheinend ohne Kenntnis des Verfassers von seiner NS-Vergangenheit – als „ganz der Typ eines preußischen Beamten" beschrieben. „Er will der deutschen Landwirtschaft dienen, aber er weigert sich hartnäckig, ein willenloses Werkzeug der ‚grünen Front' zu werden. Die Vertreter der grünen Front können ihm nichts vormachen, er verfügt über ein gründliches Vorwissen."[48]

Als Minister nach Schwarz folgte wieder ein Mann der CSU, Hermann Höcherl (1965–1969), zuvor Bundesinnenminister (1961–1965). Er war Erhards Wahl, da er nicht als Mann des Bauernverbandes galt und der Kanzler ihm aufgrund seiner Erfahrung zutraute, den Franzosen Paroli zu bieten. Er blieb auch in der sich anschließenden Großen Koalition Landwirtschaftsminister und interessierte sich weitaus stärker als sein Vorgänger für die europäischen Angelegenheiten. Patel hebt in diesem Zusammenhang den „neuen Stil" der Bonner Agrarpolitik unter dem „ebenso gewieften wie eloquenten" Höcherl hervor, mit ihm habe „die Bundesrepublik tatsächlich ihren deutschen Pisani" gefunden.[49] Höcherl ist in gewisser Weise eine Umorientierung der Ausrichtung der Landwirtschaftspolitik zu verdanken – die

---

46 Vgl. Eckart, Jörg: Das Bundesministerium für Ernährung, Landwirtschaft und Forsten – Zwischen den Mühlsteinen, Die Zeit 44/1964.
47 Siehe Hüttebräuker, Streiflichter (BArch, N1510); zu seiner Person im Einzelnen s. o. S. 411 ff.
48 Kurt Simon in der „Zeit" vom 2. Juli 1965. Ähnlich positiv die Beurteilung bei Patel, Integration, S. 246.
49 Vgl. Patel, Integration, S. 246; Edgard Pisani, geboren 1918 in Tunis, verstorben 2016, war von 1961 bis 1966 französischer Landwirtschaftsminister, er wurde 1981 bis 1985 Kommissar für Entwicklungspolitik in der von Gaston Thorn geleiteten EG-Kommission.

Bundesregierung musste einsehen, „mit der Agrarpolitik könne nicht (mehr – d. Verf.) das Ziel verfolgt werden, möglichst viele Menschen in der Landwirtschaft zu beschäftigen und ihnen auch noch Einkommen wie in anderen Wirtschaftszweigen zu sichern. Als Ziel der Agrarpolitik wurde es jetzt bezeichnet, einen „politisch tragbaren Kompromiss zwischen den unterschiedlichen agrarwirtschaftlichen und gesamtwirtschaftlichen Erfordernissen" anzusteuern[50]. Höcherl stand den Vorstellungen Mansholts letztlich nahe, setzte dabei aber auf strukturpolitische Maßnahmen auf nationaler – und nicht auf europäischer, von Brüssel kontrollierter – Ebene.

---

50 Vgl. Kloss, Illusion, S. 157.

III Die Agrarpolitik der 70er Jahre – Erste Korrekturen und Reformbemühungen

Die Krise spitzte sich Ende der 60er Jahre langsam weiter zu: Die Kosten für die Gemeinsame Agrarpolitik schienen außer Kontrolle, die Überproduktion von Milch und Fleisch stieß auf Ohnmacht und zunehmend scharfe Kritik. Die steigenden Marktordnungsausgaben waren immer weniger vermittelbar; es wurden „Kurskorrektur(en) eines Flaggschiffs der EG" notwendig.[51]

1 Schreckgespenst Überschüsse – Butterberge, Milchseen

Europa schien aber in der ersten Phase seine internen Probleme eher verwalten zu wollen, man suchte Initiativen in neuen Bereichen wie zum Beispiel der Energie-Politik. Bezeichnend hierfür waren 1967 die Gespräche zur Fusion der drei Gemeinschaften – EGKS, EWG und Euratom: Bundesaußenminister Willy Brandt gab im April 1967 eine eingehende Erklärung zur künftigen Orientierung der europäischen Politik ab, in der das Wort Agrarpolitik nicht enthalten war,[52] und allein der Vertreter Frankreichs nahm ausdrücklich Bezug auf deren Bedeutung für die EG.[53]

Die sechs Mitgliedsstaaten steckten Ende der 60er Jahre tief in der Krise und suchten einen Neubeginn und eine Wiederbelebung der europäischen Integration einschließlich der Agrarpolitik. Am Vorabend des Gipfeltreffens in Den Haag am 1./2. Dezember 1969 sprach der „Spiegel" in einer Titelgeschichte von einem „Verfallsprozess" und malte die Lage in düsteren Farben.[54]

Und doch, allen Bedenkenträgern und Zweiflern zum Trotz: Bundeskanzler Brandt, Präsident Pompidou und ihre Kollegen schafften es, gleichsam den Kreis zu

---

[51] Seidel, Katja: Umstrittene Politikfelder. Gemeinsame Agrarpolitik und Gemeinsame Fischereipolitik. In: Die Europäische Kommission – Geschichte und Erinnerungen einer Institution, Band 2, 2014 (*Seidel, Politikfelder*), S. 327.
[52] Erklärung des Bundesministers des Auswärtigen im Ministerrat der EWG am 10. April 1967 – EWG Rat 467/67 – BArch 116/13861 BML EWG 8902 zu EWG-8902–45/67.
[53] Drahtbericht StV Brüssel Nr. 576 vom 10.04.1967 (in BArch 116/13861–8902).
[54] Zur Überproduktion: „…fünf Millionen Tonnen Getreide, eine Menge, die ausreicht, sämtliche Autobahnen der Bundesrepublik mit einer zehn Zentimeter hohen Schicht zu bedecken; …1,2 Millionen Tonnen Zucker, die zusammengepresst einen Würfel von 110 Metern Kantenlänge ergäben…" In Westeuropa herrsche „ein Kampf um die Hegemonie, der an düsterste Perioden in der Geschichte unseres Kontinents erinnert… „Vollendung, Vertiefung und Erweiterung" des Gemeinsamen Marktes heißen die Programm-Punkte für den Gipfel. Doch die Franzosen wollen zuerst „Vollendung", das heißt Fortführung des für sie profitablen Agrarmarkts, die Deutschen wollen alles gleichzeitig, die Holländer nennen zuerst die „Erweiterung" und hoffen, den Gipfel auf einen Termin für den Beginn von Beitrittsverhandlungen mit England festlegen zu können." (Der Spiegel, 24. November 1969).

quadrieren und die europäische Integration wieder auf ein vernünftiges Gleis zu setzen. Sie einigten sich in Den Haag auf ein umfassendes Paket:
- Eröffnung der Beitrittsverhandlungen mit dem Vereinigten Königreich sowie mit Irland, Dänemark und Norwegen;
- Überprüfung der Finanzierungsregelung der Gemeinsamen Agrarpolitik;
- Prüfung eines Systems eigener Einnahmen der Gemeinschaft(en) anstelle bisheriger nationaler Beiträge;
- Übergang zu einer gemeinsamen Außenhandelspolitik;
- „Zukunftsaufgaben: Wirtschafts- und Währungsunion (Werner-Plan), Koordinierung wesentlicher Fragen der Außenpolitik.

Die Linie der Bundesregierung zu den Agrarfragen war im Ausschuss der Europa-Staatssekretäre auf der Grundlage eines Optionen-Papiers des AA-Staatssekretärs, Günther Harkort, erarbeitet worden.[55] Sie fand ihren Niederschlag in den Ergebnissen des Gipfels und leitete die ersten Bemühungen zur Reform der Gemeinsamen Agrarpolitik ein, die gleichsam „Opfer ihres eigenen Erfolges" wider alle Skeptiker in den eigenen Reihen geworden war. Die Gemeinsame Agrarpolitik brauchte jedenfalls mehr Zeit, um Reformen nach vorn zu bringen[56].

2 „Währungsausgleichbeiträge" – Zankapfel zwischen Deutschland und Frankreich

Ende der 60er Jahre traten zunächst neue Schwierigkeiten für die gemeinsame Agrarpolitik durch die schwindende Stabilität der Wechselkurse der Währungen der sechs EG-Mitgliedstaaten auf.

Voraussetzung und zugleich Grundlage gemeinsamer Preise im Raum der Sechs waren stabile Wechselkursparitäten. Die gemeinsamen Preise wurden in Europäischen Rechnungseinheiten (später ECU) fixiert und in die nationalen Währungen umgerechnet. Und diese Grundlage wurde von 1969 an auf eine ernste Probe gestellt. Im Frühjahr/Sommer 1969 standen die Währungszeichen auf Sturm, die D-Mark war unter Aufwertungsdruck. Bundeswirtschaftsminister Prof. Karl Schiller und die „Fünf Weisen" plädierten für eine Aufwertung, die Christdemokraten waren dagegen. Die Frage wurde erst durch den Wechsel der Regierungskoalition nach der Bundestagswahl 1969 entschieden; eine der ersten Amtshandlungen des neuen SPD-FDP- Kabinetts bestand in der Aufwertung der D-Mark. Folge war auf der anderen Seite die Abwertung des französischen Franken.[57] Da sich die Wertparität von Franc und D-

---

55 Vgl. ausführlich Germond/Türk, Staatssekretärsausschuss, S. 75 ff.
56 Zur historischen Entwicklung der GAP und ihrer Reformen siehe anschaulich auch Weingarten, Peter: Hintergrund: Historische Entwicklung der GAP, Thünen-Institut für ländliche Räume, 14.12.2016.
57 Vgl. eingehend Gaddum, Europapolitik), S. 95 ff.; Kloss, Illusion, S. 176 ff.; Seidel, Politikfelder, S. 335.

Mark veränderte, entstand ein Handelsgefälle, denn Frankreich setzte seine Agrarstützpreise weiterhin anhand des früheren Wechselkurses fest. Dies führte dazu, dass die Agrarpreise innerhalb der EWG höher waren als in Frankreich; in Frankreichs wurden die Agrarerzeugnisse billiger, in Deutschland teurer. Um dieses Missverhältnis auszugleichen, wurden Währungsausgleichsbeiträge eingeführt, die diesen Handelsvorteil unterbinden sollten. Um die Unterschiede auszugleichen, führte die Gemeinschaft Abgaben auf Ausfuhren aus Frankreich und Subventionen für Einfuhren nach Frankreich ein, für Deutschland bedeutete dies Einfuhrabgaben bzw. Exportsubventionen. Der Zusammenbruch des Bretton-Woods-Systems Anfang der 70er Jahre[58] und die folgenden währungspolitischen Turbulenzen machten diesen Ausnahmevorgang zur Regel. Der zunächst fakultativ eingeführte Grenzausgleich wurde 1972 obligatorisch festgeschrieben[59] – Stichwort „grüne Paritäten". In einer Art „Währungsschleuse" verteuerten klassische Abwertungsländer wie Frankreich dabei ihren Agrarexport und verbilligten ihren Agrarimport (negativer Ausgleich). Bei Aufwertungsländern wie Deutschland wurde umgekehrt verfahren (positiver Ausgleich).

Einer der bekannten publizistischen Kritiker der Agrarpolitik verzeichnete dieses System als „den letzten Schritt zur Herauslösung der Landwirtschaft aus der Gesamtwirtschaft".[60] Kein Wunder, dass für Frankreich dieses System von Anfang an einen Stein des Anstoßes bildete. Die französische Landwirtschaft fühlte sich bestraft. Und die französische Regierung versuchte immer wieder, den Deutschen diesen „Wettbewerbsvorteil" zu nehmen, während er für die deutsche Seite eine willkommene zusätzliche Unterstützung der Landwirtschaft bildete. Am Anfang gelang es noch, einen Kompromiss mit dem Nachbarn herbeizuführen. Frankreich musste seine Preise innerhalb von zwei Jahren anpassen, während den Landwirten in Deutschland als Ausgleich für die sofortige Senkung auf Parität eine erhöhte Mehrwertsteuer- und Vorsteuerpauschale zugesagt wurde.[61] Dies bedeutete alles in allem eine Unterstützung von damals ungefähr 1,7 Mrd. DM.

Allerdings konnten mit zunehmender Zeit nur noch wenige Spezialisten das Thema und seine Techniken überhaupt überblicken, geschweige denn anwenden. Das Thema landete schließlich 1978/79 wieder auf der Tagesordnung der Staats- und Regierungschefs im Rahmen der Schaffung des EWS, des Europäischen Währungssys-

---

58 1944 war in Bretton Woods, New Hampshire, USA, von den Finanzministern und Notenbankgouverneuren der 42 späteren Siegermächte des Zweiten Weltkrieges die internationale Währungsordnung der Nachkriegszeit mit Wechselkursbandbreiten geschaffen worden, die vom US-Dollar als Ankerwährung bestimmt war. Das Abkommen wurde nach einer Reihe von Währungsturbulenzen im Frühjahr 1973 außer Kraft gesetzt. Die durch das System geschaffenen Institutionen Weltbank und Internationaler Währungsfonds (IWF) blieben indes bestehen.
59 Vgl. Recknagel, Analyse, S. 37.
60 Priebe, Vom Getreidezoll bis zur grünen Währung, FAZ vom 20.01.1979.
61 Die Vorsteuerpauschale war 1968 eingeführt und später zum Ausgleich für die Nachteile aus den Preissenkungen erhöht worden. (Sie wird von der Kommission und den anderen Mitgliedstaaten als Element unzulässiger Wettbewerbsverzerrung angesehen – die Kommission hat 2018 ein Vertragsverletzungsverfahren gegen Deutschland eingeleitet).

tems, also des ersten Schritts in Richtung auf eine gemeinsame europäische Währung. Bundeskanzler Helmut Schmidt gab den Franzosen nach – und zwar wohl ohne Absprache mit seinem Landwirtschaftsminister. Es bedurfte aber indes noch Jahre – bis 1984 bzw. 1992 –, um diesen deutsch-französischen Streitfall endgültig aus der Welt zu schaffen.

3 Erste Bemühungen zur Eindämmung der Überproduktion

Und zu dem Neuanfang musste auch die Beherrschung der ausufernden Agrarausgaben gehören. Angesichts wachsender Überproduktion sah sich Mansholt in seiner Vorstellung, die er bereits ohne Erfolg in Stresa durchzusetzen versucht hatte, bestärkt, dass tiefgreifende strukturelle Reformen unbedingt notwendig waren. Er sah die Grenzen der Politik, die er selbst mitverantwortet hatte, und warnte ausdrücklich vor einer Überversorgung und wachsenden Kosten. In seinem „Memorandum zur Reform der Landwirtschaft in der EWG"[62] im Dezember 1968[63] hatte er festgestellt, dass die Landwirtschaft in ihren bisherigen Strukturen immer stärker von der übrigen Wirtschaft abgehängt werde und die bäuerlichen Familien weder beim Einkommen noch bei Freizeit und Lebensqualität am steigenden Wohlstand der Industriegesellschaft teilhätten. Er schlug daher vor, die Stützpreise zu senken und mittels einer gemeinsamen Agrarstrukturpolitik den Strukturwandel weiter zu forcieren, um zu einem Bestand an großen, rationell organisierten landwirtschaftlichen Unternehmen zu kommen.[64]

Dieses Memorandum stellte in mehrfacher Hinsicht einen Paukenschlag dar, auch wenn diese Prozesse längst im Gange waren und die Prognosen von der tatsächlichen Entwicklung übertroffen wurden. Zum einen suchte die Kommission damit den Abschied von dem Leitbild des bäuerlichen Familienbetriebes einzuläuten. Zum andern stellte der Vorstoß der EG-Kommission einen Affront gegenüber den Mitgliedstaaten dar, die die Agrarstrukturpolitik in nationaler Verantwortung halten wollten. Der Vorstoß musste zugleich wie ein „Nachtreten" seitens der Kommission wirken, nachdem sie in Stresa zehn Jahr zuvor diese Schlacht gegen die „letzte Bastion" der Regierungen schon einmal gegen die sechs Mitgliedstaaten verloren hatte. Gerade in Deutschland mussten Mansholts Vorstellungen auf Ablehnung stoßen.

Die Richtlinien, auf die sich die Gemeinschaft schließlich 1972 nach langen Debatten einigte,[65] bedeuteten den Einstieg der EG und der Kommission in eine ge-

---

62 KOM (1968) 1000.
63 Der Beschlussfassung in der Kommission waren grundlegende Debatten mit den Kommissaren aus den vor allem betroffenen Ländern vorausgegangen, so z.B. eine interne kritische Debatte um den deutschen Kommissar von der Groeben am 27.09.1968 (ACDP 01–659–030/2).
64 Vgl. Recknagel, Analyse, S. 36.
65 Es handelt sich um drei Richtlinien über die Modernisierung der landwirtschaftlichen Betriebe 572/159/EWG), die Einstellung der landwirtschaftlichen Erwerbstätigkeit 572/160/EWG) und die Verbesse-

meinschaftliche Agrarstrukturpolitik. Sie waren zwar an den Mansholt-Plan angelehnt, aber im Endeffekt wesentlich weniger weitreichend. Mansholt aber bezeichnete die Einigung als Sieg der Kommission, er habe es so gewollt. Der Kompromiss sollte die Grundlage für die europäische Agrarpolitik der 1970er Jahre bilden,[66] auch wenn die Notwendigkeit einer grundlegenderen Kurskorrektur schon Ende der 60er Jahre beim Gipfel in Den Haag erkannt worden war.

Garantierte – hoch angesetzte – Erzeugerpreise förderten Überproduktion und strapazierten mit ihren zunehmenden, immensen Kosten den EG-Haushalt bis auf das Äußerste. Ein Beispiel hierfür ist die Einführung der EWG-Richtpreise für Trinkmilch 1970. In der Bundesrepublik galt seit 1963 für das „Volksnahrungsmittel" Milch ein bestimmtes Festpreissystem, verbunden mit der Zahlung von Förderprämien an die Landwirte. Die EWG-Mitglieder waren in solchen Fällen verpflichtet, nationale Vorschriften dem gemeinsamen Markt anzupassen, Subventionen abzubauen und einen gerechten Binnenmarktwettbewerb zu gewährleisten. Der Bundeslandwirtschaftsminister Josef Ertl und Bundeswirtschaftsminister Karl Schiller lehnten dennoch die völlige Aufgabe des Festpreissystems ab. Sie befürchteten, die Milchbauern könnten zur Sicherung ihrer Einkommen die Produktion auf Butter und Magermilch verlagern, weil die EWG für diese Erzeugnisse Absatzgarantien eingeführt hatte. Deshalb schlugen sie stattdessen die Einführung von Mindestpreisen für Trinkmilch vor, die entgegen den Erwartungen letztlich zu einer Erhöhung der Verbraucherpreise führten.[67]

Ähnlich wie Bundeskanzler Willy Brandt kritisierte auch sein Nachfolger Helmut Schmidt zunehmend die Entwicklung der Agrarpolitik, jetzt unterstützt durch AA wie BMWi und BMF. Finanzminister Matthöfer erklärte, „er sei nicht länger bereit, mit dem deutschen Füllhorn die landwirtschaftliche Misswirtschaft in Brüssel zu finanzieren."[68] Ende der 60er Jahre wurde der politische Spielraum für das BML in Brüssel wie in Bonn enger, es suchte daher folgerichtig stärker die Absicherung der Landwirtschaft durch nationale Maßnahmen. Im Vordergrund stand die Erhaltung des bäuerlichen Familienbetriebes als Leitbild der deutschen Landwirtschaft durch begleitende nationale Politik bzw. Ausgleichsmaßnahmen. Hierzu gehörte insbesondere das „Einzelbetriebliche Förderungs- und Soziale Ergänzungsprogramm" von 1970. Damit wurde „erstmals ein umfassendes strukturpolitisches Konzept vorgelegt, das allen sozioökonomischen Gruppen der Landwirtschaft spezifische Hilfen bietet".[69] Es war in Wahrheit ein Programm in prinzipiell gleicher Stoßrichtung, aber nicht in der Radikalität wie das von Mansholt. Zu den Fördermaßnahmen gehörte aber auch und vor

---

rung der beruflichen Qualifikation und der Information der in der Landwirtschaft tätigen Personen (72/161/EWG) – zitiert nach Seidel, Politikfelder, S. 332.

66 Vgl. Recknagel Analyse, S. 36.
67 Vgl. Kabinettsprotokolle 1970, Einleitung.
68 Zitiert nach Gaddum, Europapolitik, S. 104.
69 Im Einzelnen siehe Antwort der Bundesregierung auf die Kleine Anfrage der Fraktion der CDU/CSU – Drucksache 8/817 vom 15.08.1977.

allem die verfassungsrechtliche Absicherung des strukturpolitischen Instrumentariums, umgesetzt ab 1973 in Form einer Gemeinschaftsaufgabe zur Verbesserung der Agrarstruktur und des Küstenschutzes. Die Große Koalition hatte diesen Bereich Ende der 60er Jahre im Rahmen der sog. „Gemeinschaftsaufgaben" in den Bereichen regionale Wirtschaftsstruktur, Hochschulen, Agrarstruktur und Küstenschutz durch Änderung des Grundgesetzes auf den Weg gebracht.[70] Der Bund hat damit seither verfassungsrechtlich die Kompetenz, auch im Bereich der Agrarstrukturpolitik, die an sich Ländersache ist, mit erheblichen finanziellen Mitteln bei der Erfüllung der Aufgaben der Länder mitzuwirken, „wenn diese Aufgaben für die Gesamtheit bedeutsam sind und die Mitwirkung des Bundes zur Verbesserung der Lebensverhältnisse erforderlich ist" (Art. 91a Abs. 1 GG).

Gleichzeitig wurden auch auf europäischer Ebene Ausgleichsmaßnahmen beschlossen, um den bäuerlichen Familienbetrieb zu erhalten. 1970 wurde ein Garantiefonds für die Landwirtschaft eingeführt, dessen Finanzierung folgendermaßen geregelt wurde: Künftig sollten Abschöpfungen, die bei der Einfuhr von Agrarerzeugnissen aus Drittlandstaaten erhoben wurden, und Einnahmen durch die Erhebung eines gemeinsamen Außenzolls in den Fonds fließen. Diese Einnahmen waren zuvor in den nationalen Haushalten verwaltet worden.[71] Die Politik der Kommission in den 70er Jahren bestand aber insgesamt, „zwangsläufig eher darin, sich darum zu bemühen, die Symptome der Agrarüberschüsse zu kurieren, als dem Problem auf den Grund zu gehen".[72]

Gaddum fasst in seiner eingehenden Untersuchung der Europapolitik der Bundesregierung der 80er Jahre folgerichtig zusammen, dass in den 70er Jahren der Kurs der Bundesregierung bestimmt wurde durch die Kombination einerseits der Dominanz der Agrarpolitik durch die weitgehend in nationalen Denkstrukturen verharrenden Kräfte und andererseits der sich zunehmend belastend auswirkenden Folgen von Integrationsdefiziten in anderen Politikbereichen.[73] Die Konsequenz war die Konzentration auf vornehmlich nationale Maßnahmen zur Begleitung und Absicherung der deutschen Landwirtschaft, auch wenn klar war, dass die politisch-juristische Marge für nationale Maßnahmen recht eng schien und diese letztlich des Einvernehmens mit der Kommission bedurften.[74]

Minister Ertl stellte dazu nüchtern, aber mit gewisser Verbitterung, fest: „Es war ein großer Irrtum der Anfangsphase dieser Gemeinschaft zu glauben, aus der vorge-

---

[70] Gesetz über die Gemeinschaftsaufgabe „Verbesserung der Agrarstruktur und des Küstenschutzes" (GAK-Gesetz – GAKG) vom 03.09.1969.
[71] Vgl. Kabinettsprotokolle 1970, Einleitung.
[72] So Seidel, Politikfelder, S.327.
[73] Vgl. eingehend Gaddum, Europapolitik, S. 98–104.
[74] Siehe hierzu Anforderung Ministerbüro BML vom 17.02.1971 und Vermerk III A 2–3610.7 – vom 11.03.1971 (BArch 116/32686 – BML 415 _ 3610.1).

zogenen Integration des Agrarsektors würde sich eine automatische Integration der übrigen politischen Bereiche ergeben."[75]

4 Die Führung der deutschen Agrarpolitik in den Jahren der sozialliberalen Koalition

In der sozialliberalen Koalition von 1969 an wurde Josef Ertl, FDP (1969–1982), Schwiegersohn des ersten Landwirtschaftsministers der Nachkriegszeit, Wilhelm Niklas, Bundeslandwirtschaftsminister und damit Counterpart der Kommission. Seine Bestellung war eine späte Anerkennung der Tatsache, dass die FDP neben der CDU in den 50er und 60er Jahren in der Bauernschaft stark repräsentiert war. In seine Zeit fallen die ersten Jahre des haushaltsmäßigen Krisenmanagements der EG; die entscheidenden Verhandlungen in Bonn und Brüssel wurden aber eher auf Ebene des Außenministers und Bundeskanzlers geführt. Ertl wurde in der Koalition mit der SPD eine gewisse „Narrenfreiheit" im Verhältnis zu Bundeskanzler Schmidt nachgesagt, nicht zuletzt aufgrund eines besonderen Verhältnisses zu Herbert Wehner.

Ertl, von seiner persönlichen Vita und auch aus persönlicher Neigung der Landwirtschaft besonders nahestehend, setzte die Politik seines Vorgängers Höcherl fort. Besonders hervorzuheben sind die auch auf Vorschlag von Staatssekretär Neef[76] zurückgehenden Weichenstellungen zu nationalen Begleit- und Ausgleichsmaßnahmen wie der Begründung des Einzelbetrieblichen Förderungs- und Sozialen Ergänzungsprogramms für die Landwirtschaft oder zur Schaffung der CMA (Centrale Marketing-Gesellschaft der deutschen Agrarwirtschaft).[77]

In den ersten vier Jahren des neuen Ministers war Hans Dieter Griesau (FDP, 1969–1972) Staatssekretär des BML. Auch Griesau war von seiner Ausbildung her ein Fachmann dank Landwirtschaftslehre, Studium der Landwirtschaft, Jahren im BML, dann in führender Stellung im Bauernverband in Bayern und Hessen. Vorgehalten wurde ihm 1972 sein Wechsel zum Vorsitzenden des Vorstandes der Deutschen Siedlungs- und Landesrentenbank.[78]

Sein Nachfolger, Staatssekretär Hans-Jürgen Rohr (1973–84), galt als ausgesprochener Fachmann und vor allem als Europa-Experte. Er kam aus dem BMF, war dann im BML aufgestiegen, nach innen und außen ideal als Ausgleich und Ergänzung zu Minister Ertl. Seine Stärke war ein oft in der Bonner Szene unterschätztes Werkzeug,

---

75 Zitiert nach Gaddum, Europapolitik., S. 100.
76 Fritz Neef, Staatssekretär des BML 1968–69, war nach Hüttebräukers Pensionierung kurzfristig vom BMWi in das BML gewechselt. Er wurde 1969 Hauptgeschäftsführer des BDI.
77 Die CMA wurde 1970 in der Rechtsform einer privatrechtlichen GmbH gegründet. Ihre Gesellschafter waren 41 Spitzenverbände der deutschen Landwirtschaft und Lebensmittelindustrie. Sie wurde 2009 in Folge des BVerfG- Urteils zum Absatzfonds vom 3. Februar 2009 liquidiert, da ihre Finanzierung durch die damit wegfallenden Zwangsabgaben nicht mehr gegeben war.
78 Siehe Der Spiegel Nr. 49/1973 „Süßer Abgang".

die Koordinierung mit den kleinen Mitgliedstaaten, um mit deren Hilfe Mehrheiten zu suchen oder Sperrminoritäten im Rat gegen andere aufzubauen. Er blieb 1983 nach dem Wechsel der Regierungskoalition bis zum Milchquoten-Streit des Jahres 1984 auch Staatssekretär unter Minister Kiechle.

IV Die achtziger Jahre

1 Nächste Reformschritte: Von der Haushaltskrise 1981 zur Milchquote 1984

Zu Beginn der 80er Jahre hatte sich die Haushaltskrise der Gemeinschaft so verschärft, dass eine drastische Reduzierung der Kosten erfolgen musste, um die Landwirtschaft überhaupt weiterhin stützen zu können.[79]

Die Kosten der GAP explodierten geradezu; die Mitgliedstaaten waren immer weniger bereit, die notwendigen Mittel bereitzustellen. Zugleich lief die den Briten zugestandene Deckelung ihres Haushaltsbeitrages aus, es bedurfte einer Abschlussregelung. Und die Briten verhandelten zäh um eine Entlastung des aus ihrer Sicht unverhältnismäßig hohen Beitrages – der legendäre Spruch von Premierministerin Margaret Thatcher „I want my money back" machte die Runde.[80]

Darüber hinaus versuchte die griechische Regierung unter Andreas Papandreou den 1979 gerade erfolgten Beitritt seines Landes nachzuverhandeln. Sie legte den Staats- und Regierungschefs der EG im Frühjahr 1982 ein „Memorandum" mit erheblichen finanziellen Forderungen zur Reduzierung der strukturellen Nachteile der griechischen Landwirtschaft vor.[81] Papandreou drohte offen damit, die Haushaltsberatungen auf der Ebene des Europäischen Rates, aber auch die Fortführung und den Abschluss der Beitrittsverhandlungen mit Spanien und Portugal zu blockieren. Nach dem Ende der Diktaturen hatten Portugal im März 1977, Spanien im Juli 1977 den Beitritt zur EG beantragt, die Verhandlungen wurden im Oktober 1978 bzw. September 1979 aufgenommen. Und in beiden Fällen war das Agrarkapitel das am meisten gefürchtete, in Sachen Portugal aufgrund des Rückstandes des Landes, in Bezug auf Spanien angesichts der Sorge der Franzosen und Italiener vor der spanischen Konkurrenz bei Obst, Gemüse und Wein. Damit mussten die „südlichen" Agrarerzeugnisse, aber auch die Entwicklungsrückstände des Südens stärker in das Blickfeld der Kommission und des Rates rücken. Erste Bemühungen unter dänischer Präsidentschaft im Dezember 1982 zur Lösung der aufgestauten Probleme waren ergebnislos geblieben. Das meistgebrauchte Stichwort für die Beschreibung des Zustandes der EG in jener Zeit war „Eurosklerose", die Verbindung Europas mit einer schrecklichen Krankheit.

Im ersten Halbjahr 1983 hatte die Bundesrepublik Deutschland turnusmäßig die EG-Präsidentschaft inne. Die Politik der neuen Bundesregierung unter Helmut Kohl

---

79 Vgl. Seidel, Politikfelder, S. 328.
80 Vgl. zur britischen Position eingehend Young, Hugo: This blessed plot – Britain and Europe from Churchill to Blair, London 1998, S. 311 ff.
81 Vgl. Bulletin der EG Nr. 3/1982, S. 100–104; Schlussfolgerungen des Vorsitzes des Europäischen Rats vom 29./30. 3.1982, sowie diesbezügliche Mitteilung der Kommission, Archives Historiques de la Commission, Vol. 1983/0039, KOM(1983)134.

und Hans-Dietrich Genscher war darauf ausgerichtet, Europa wieder in Gang zu bringen. Beide suchten einen „politischen Neuanfang für die Gemeinschaft".[82] Gaddum verweist zu Recht darauf, dass die Agrarpolitik keine prioritäre Rolle in den grundsätzlich politisch angestrebten Weichenstellungen – Lösung der Finanzprobleme, Herstellung der Entscheidungsfähigkeit, Vertiefung der Integration und EG-Erweiterung, Stärkung der demokratischen Verankerung, EG-Außenbeziehungen – spielte. Deren Realisierung hing aber auch und vor allem von einer Beherrschung und Überwindung des Störfaktors Agrarkrise ab.[83] In der politischen Debatte machte der – in der Sache unhaltbare – Vorwurf, Deutschland sei der „Zahlmeister" der EG und profitiere nicht hinreichend von den EG-Politiken, weiter die Runde.[84]

Trotz einiger Fortschritte konnten Helmut Kohl und Hans-Dietrich Genscher die finanzpolitischen Probleme bei der Tagung des Europäischen Rats in Stuttgart im Juni 1983 noch nicht lösen, erreichten aber ein grundsätzliches „Ja" zu Integrationsfortschritten durch die Verabschiedung der Feierlichen Deklaration zur Europäischen Union – und damit die Einleitung des Weges hin zur Einheitlichen Europäischen Akte –, zur Erhöhung des EG-Haushalts und zum Beitritt der Länder der iberischen Halbinsel.[85] Endgültig wurden die finanzrelevanten Fragen und insbesondere das „britische Problem" erst ein Jahr später unter französischem Vorsitz beim Europäischen Rat in Fontainebleau gelöst. Aber damit war die EG noch lange nicht am Ende der Kette grundlegender Debatten und Entscheidungen mit Bedeutung und Auswirkungen für die Agrarpolitik.

Ein erster, gewichtiger Schritt zur Reform der Agrarpolitik erfolgte im März 1984 mit der Beschränkung der Abnahmegarantie für Milch auf eine festgelegte Menge, die in nationale, regionale oder einzelbetriebliche Quoten aufgeteilt war. Bei Überschreitung dieser Milchquoten erfolgte keine Intervention.[86] Dieser Entscheidung waren langwierige Debatten im Agrarrat seit Vorlage der Vorschläge seitens der Kommission im Juli 1983 vorausgegangen. Dem Vorschlag der Kommission, die Milchquote einzuführen, waren Versuche vorausgegangen, die Milch-Produktion einzudämmen. 1977 hatte die EG auf Vorschlag der Kommission eine „Mitverantwortungsabgabe" für Milch eingeführt,[87] der Erfolg blieb jedoch begrenzt.[88]

Die Gemeinschaft geriet durch steigende EAGFL-Ausgaben Anfang der 80er Jahre weiter unter Druck, sie schnellten binnen drei Jahren von 1982 bis 1984 von 12,4 auf 18,4 Mrd ECU hoch. Die Regierungen mussten diese Entwicklung auch im Zusam-

---

82 Ausdruck nach Gaddum, Europapolitik, S. 111.
83 Siehe eingehend ebd. und Folgeseiten.
84 Siehe Nass, Klaus: Der „Zahlmeister" als „Schrittmacher", in: Europa-Archiv 10/1976, S. 325 ff.
85 Europäischer Rat, Sammlung der Schlussfolgerungen: Schlussfolgerungen ER Stuttgart vom 17–19.06.1983.
86 Vgl. CM2/1984–00016/001; BAC COM (51983) 500.
87 Verordnungen 1078/77 und 1079/77 vom 17.05.1977. (Die Preise für Milch wurden indirekt gesenkt durch eine Abgabe auf den Preis der an die Molkereien gelieferten Milch.)
88 Vgl: Seidel, Politikfelder, S. 337/338.

menhang mit der finanziellen Lage der EG, der notwendigen Regelung des britischen Finanzbeitrages und der abzusehenden Süderweiterung der EG in Richtung Spanien und Portugal sehen. In der Kommission wurden damals zwei Alternativen diskutiert, entweder eine radikale Senkung der Preise um 12 % oder aber die Einführung einer „Milchquote" als eine Zusatzabgabe auf über die Garantieschwelle hinaus erzeugte Milch. Die Kommission entschied sich für die Milchquote, sie schien ihr leichter durchsetzbar als eine radikale Preissenkung. Sie legte ihre entsprechenden Vorschläge am 28. Juli 1983 dem Rat vor.

Die Milchquote war naturgemäß auch in Deutschland umstritten. Die Begrenzung der Überproduktion durch gezielte Mengensteuerung war ein agrarpolitisches Ziel der Bundesregierung,[89] hinter dem Bundesminister Kiechle bereits in seiner Zeit als Abgeordneter stand. Der Bauernverband hingegen lehnte die Milchquote ab. Das BML hatte Bedenken und begründete diese intern mit zwei Risiken: Einerseits könne ein Ausgleich zwischen Angebot und Nachfrage am besten über den Preis erreicht werden. Kiechle hielt dem seine Befürchtung entgegen, die Festlegung des Preises könne insbesondere für kleinere Betriebe existentielle Auswirkungen haben, und lehnte einen solchen Weg ab. Andererseits wies das BML seinen neuen Minister darauf hin, dass die Einführung von Quoten strukturkonservierend wirken werde. Um dies zu vermeiden, müssten Quoten handelbar sein, was allerdings für erweiterungswillige Betriebe zu höheren Kosten für den Erwerb zusätzlicher Quoten führen werde.

Minister Kiechle war sich schon vor seinem Amtsantritt der kritischen Lage bewusst, zugleich erkannte er die Notwendigkeit von Reformen zur Sicherung des künftigen Finanzrahmens. Das Quotensystem gab ihm, auch mittels der Handelbarkeit, gewisse Margen in der Ausführung und stellte für ihn letztlich ein geringeres Übel und eine größere Marge gegenüber einer sofortigen radikalen Preissenkung dar. Vor dem Bundestag stellte er daher am 29. März 1984 fest, er sei lieber bereit, Konzessionen bei der Menge als beim Preis zu machen[90] Hinter der Diskussion um die Quote stand auch die Einsicht, dass eine bloße Erweiterung des europäischen Finanzrahmens durch die erwartbaren Mehrkosten im Zuge der EG-Erweiterung nicht erfolgversprechend und genauso wenig sinnvoll erschien. Es blieb letztlich keine andere Möglichkeit, als die Milchproduktion durch gezielte Mengensteuerung mittels Quote zu senken, was die auf tierische Erzeugnisse orientierte bundesdeutsche Agrarproduktion dennoch nicht unerheblich traf.[91] Bundeskanzler Kohl sagte hierzu vor dem Bundestag:

> „Ich bin mir bewußt [...], daß mit diesem Ergebnis im Einzelfall Härten gerade auch für die betroffenen deutschen Bauern und Landwirte verbunden sind. Angesichts des rasanten Kostenanstiegs und als Folge einer bisher unbegrenzten Preisgarantie und erheblicher Rationalisie-

---

[89] Vgl. Gaddum Europapolitik, S. 117.
[90] Vgl. ebd., S. 142 ff; Bundesminister Kiechle vor dem Bundestag am 29.03.1984.
[91] Vgl. ebd., S. 121.

rungsfortschritte [...] gibt es – und darüber waren wir uns in Brüssel einig – keinen anderen Ausweg. [...]."[92]

Betroffen von den folgenden Einkommenseinbußen waren vor allem Betriebe in Süddeutschland, da dort die Betriebe kleiner und Alternativen zur Milchproduktion kaum vorhanden waren. Von daher war der Ruf nach existenzsichernden Maßnahmen, der als Ausgleich für die Milchquote eine stärkere Beihilfen-Politik des Bundes forderte, in Bayern und Baden-Württemberg besonders laut. Rundheraus abgelehnt wurden die Produktionseinschränkungen durch den Bundesrat.[93]

Nach langwierigen, schwierigen Beratungen hatten sich die Landwirtschaftsminister am 13. März 1984 auf die Einführung der Milchquote für die nächsten fünf Jahre geeinigt, die Staats- und Regierungschefs gaben eine Woche später ihr Plazet, die endgültige Einigung im Agrarrat erfolgte am 31. März.

Der leidige Währungsausgleich, vor allem im Verhältnis zu Frankreich, wurde beim Europäischen Rat in Fontainebleau im Juni 1984 von der Bundesregierung dem europapolitischem Neuanfang untergeordnet. Der Ausgleich für die Nachteile des Abbaus musste auf nationaler Ebene erfolgen. Fontainebleau brachte vor allem auch den Durchbruch zur Lösung des britischen Haushaltsproblems und Einvernehmen bei der Erhöhung der EG-Eigenmittel auf einen Höchstsatz von 1,4 % für die Abführung der Mehrwertsteuer ab 1. Januar 1986, ab 1. Januar 1988 auf 1,6 %. Als Ausgleich für den Abbau der positiven Währungsausgleichsbeiträge erreichte Deutschland die Genehmigung, die aus Mitteln des Bundeshaushalts finanzierte MWSt-Ermäßigung für die deutsche Landwirtschaft von 3 % auf 6 % anzuheben. Die Staats- und Regierungschefs forderten die Kommission zur Vorlage entsprechender Vorschläge zur Genehmigung durch den Agrarrat auf.[94]

Zugleich forderte der Europäische Rat den Abschluss der Beitrittsverhandlungen mit Spanien und Portugal bis Ende September 1984, vor allem mit Blick auf das Kapitel Landwirtschaft. Trotzdem musste sich der Europäische Rat nochmals mit einer beitrittsrelevanten Frage befassen: Er billigte am 3./4. Dezember 1984 in Dublin nach einer grundsätzlichen Einigung beim EG-Agrarrat noch die Reform der Marktorganisation für Tafelwein, auch aufgrund ihrer Implikationen für den griechischen Weinbau.[95] Die Blockade des Abschlusses der Erweiterungsverhandlungen seitens Griechenlands seit der eigenen Präsidentschaft im 2. Halbjahr 1983 ging jedoch weiter und wurde zeitweise gestützt durch Italien und Frankreich, die Hilfen für den Mezzogiorno bzw. für die Region Languedoc-Roussillon durchsetzten.

---

92 28.3.1984, In: Plenarprotokolle des Deutschen Bundestages.
93 Vgl. Gaddum, Europapolitik, S. 124 f.
94 Europäischer Rat, Sammlung der Schlussfolgerungen, Schlussfolgerungen ER Fontainebleau vom 25/26.06.84 – SN/1446/1/84.
95 Europäischer Rat, Sammlung der Schlussfolgerungen: Schlussfolgerungen ER Dublin vom 03./04.12.84 – SN/3574/84.

Erst im Frühjahr 1984 gelang der politische Durchbruch. Grundlage bildete damals ein im kleinen Kreis der zuständigen Arbeitsgruppe des Rates erarbeiteter Stufenplan für den Kernbereich „ Obst und Gemüse „, der vor allem auch den Sorgen der Franzosen und Italiener Rechnung tragen sollte: die graduelle Öffnung des europäischen Marktes über einen Zeitraum von sieben bis zu zehn Jahren – d. h. bis 1996 – wurde durch Kontrollmechanismen begleitet. Diese waren dem nach Meinung von Experten der Kommission wohl am besten funktionierenden System der Importkontrolle in Europa entliehen: dem schweizerischen Kontrollsystem! Wer die Verhältnisse kannte, wusste um die hohe Sensibilität und um die peniblen Kontrollen in der Schweiz, die weit entfernt waren von jeglichem Hang zum Freihandel – böse Brüsseler Zungen behaupteten, die Schweizer zählten zu bestimmten Jahreszeiten jeden einzelnen Apfel, der importiert werden sollte! Die „Freihandelsfreunde" im Bonner Wirtschaftsministerium wie im AA waren entsetzt, allein die Kollegen aus dem BML verstanden, dass dies der einzige Weg war, den Widerstand der Franzosen auszuhebeln. Und die politische Bonner Führung ließ dem Verfasser, damals deutscher Unterhändler in der zuständigen Arbeitsgruppe des EG-Rats, freie Hand – ihr kam es darauf an, endlich die Verhandlungen erfolgreich abzuschließen. In Paris war die Lage damals weitaus zugespitzter. Der zuständige Generaldirektor Landwirtschaft in der EG-Kommission, der Franzose Guy Legras, war wie seine Pariser Fachkollegen kein Freund der Erweiterung in Richtung Iberische Halbinsel. Es war der damalige Agrarminister Michel Rocard, der im Grunde auf eigene Faust gegen die Auffassung seines eigenen Hauses und der Pariser Europa-Koordinierung die Brüsseler Kompromisse absegnete.[96] Ende März 1985 verabschiedete der Europäische Rat in Brüssel die Integrierten Mittelmeer-Programme (IMP).[97] Sie umfassten für sieben Jahre einen Betrag von insgesamt 6,6 Mrd. ECU (heute Euro) zur „Verbesserung der Wirtschaftsstrukturen", im Einzelnen handelte es sich um 2,5 Mrd. seitens der drei Strukturfonds, 1,6 Mrd. zusätzliche Haushaltsmittel sowie 2,5 Mrd. an Darlehen seitens der Europäischen Investitionsbank (EIB) und des neuen Gemeinschaftsinstruments. Aus den beiden ersten Quellen erhielt allein Griechenland als Hauptnutznießer 2 Mrd.; Frankreich und Italien wurden vornehmlich auf die Inanspruchnahme von Darlehen verwiesen. Die Verwendung galt überwiegend der Landwirtschaft, aber auch der Förderung der regionalen Wirtschaft zur Abfederung des absehbaren Beitritts der Iberischen Halbinsel. Im Juni 1985 wurde der Beitrittsvertrag mit Spanien und Portugal abgeschlossen.[98]

---

96 So ausdrücklich Michel Rocard in früheren Gesprächen mit dem Verfasser und bestätigt durch den damaligen französischen Sprecher in der Arbeitsgruppe des Rates, Jean de Gliniasty, gegenüber dem Verfasser am 7. Juli 2019.
97 Europäischer Rat, Sammlung der Schlussfolgerungen: Schlussfolgerungen ER Brüssel vom 29/ 30.03.85 – SN/1381/2/85, S. 11 ff.; vgl. auch Mitteilung der Europäischen Kommission – Integrierte Mittelmeerprogramme – vom 20.02.1985, Bulletin der Europäischen Gemeinschaften, Nr. 2, 1985.
98 Abgedruckt EUR-LEX, 11985/TXT.

Auch nach der Einführung der Milchquote setzte die Kommission ihre Politik mit dem Hebel des Preisdrucks fort. Grund waren die unverändert steigenden Ausgaben für die Agrarpolitik und besonders eine Rekordernte für Getreide 1984. Die Kommission folgte damit einer Orientierung, die die Bundesregierung entschieden ablehnte. Im Juni 1985 kam es zum Eklat. Der italienische Vorsitz im Agrarrat legte einen Kompromissvorschlag vor, der eine Preissenkung für Getreide und Raps von 1,8 % vorsah; die Kommission hatte ursprünglich eine Preissenkung um 3,6 % gefordert. Bundesminister Kiechle sah darin eine Verletzung vitaler Interessen Deutschlands – die Preissenkung hätte aus seiner Sicht im Ergebnis zu einem Rückgang der Erzeugerpreise um 7–8 % geführt. Dieses Veto hatte einerseits eine innenpolitische Signalfunktion im Zusammenhang mit den Brüsseler Beschlüssen von 1984. Andererseits war es taktischer Natur, um der neuen Kommission unter Präsident Delors ihre Grenzen aufzuzeigen. Daran änderte auch die Tatsache nichts, dass die Kommission die Preise verwaltungsmäßig entsprechend festlegte, nachdem der Rat sich nicht rechtzeitig bis zum Beginn des neuen Wirtschaftsjahres auf die künftig geltenden Preise verständigen konnte. Der Konflikt zwischen der Regierung Kohl und der Kommission Delors hatte sich rasch zugespitzt. Die Bundesregierung agierte in dieser Zeit unverändert aus der Defensive und suchte die nachteiligen Konsequenzen für die deutsche Landwirtschaft aus der Brüsseler Politik einzudämmen.

2 Das Grünbuch der Kommission im Juli 1985

Der neue EG-Agrarkommissar Frans Andriessen setzte nach. Er sondierte im Juli 1985 mit Hilfe eines „Grünbuchs" seine Reformvorstellungen über die „Perspektiven der Gemeinsamen Agrarpolitik" bei den Mitgliedstaaten und den Bauernverbänden[99]. Im Lichte der Anhörungen folgten am 18. Dezember 1985 die konkreten Orientierungen zur Kontrolle und Reduzierung der Agrarausgaben.[100] Damit begann im Grunde die eigentliche Reform der Agrarpolitik, die dann von seinem Nachfolger MacSharry vollendet wurde[101]. Die Agrarpolitik war trotz aller Bemühungen zum kostspieligsten, zugleich am stärksten administrativ regulierten – und am meisten kritisierten – Politikbereich der EG geworden. In jener Zeit wuchs der Druck auf Deutschland seitens Frankreichs und der Kommission. Die Bundesregierung ihrerseits wollte die Bauern nicht im Stich lassen, aber zugleich die EG voranbringen.

Auch in Deutschland wurden die Debatten um die Zukunft der Agrarpolitik wieder heftiger. Mitte der 80er Jahre zirkulierten in Bonn Diskussionspapiere der Parteien der

---

[99] Siehe die Einführung des Grünbuchs, abgedruckt unter dem Titel „Diversifizierung der Instrumente der Gemeinsamen Agrarpolitik" bei Seidel, Politikfelder, S. 341.
[100] KOM (85) 750 vom 18.12.1985 – Eine Zukunft für die europäische Landwirtschaft – Orientierungen der Kommission.
[101] So auch ausdrücklich Carlo Trojan, damaliger Kabinettchef von Kommissar Andriessen, abgedruckt bei Seidel, Politikfelder, S. 340.

Koalition, aus der CDU das „Albrecht"-Papier,[102] aus der FDP, auch als Gegengewicht, das „Gallus"-Papier.[103] Die Reorientierung der Agrarpolitik war letztlich durch eine Veränderung der Prioritäten der Bonner Politik unter Federführung von Bundeskanzleramt und Auswärtigem Amt ab 1983 eingeleitet worden: Vorrang hatte die Wiederbelebung der Integration bis hin im Kern zu den Vorschlägen Delors zur Vollendung des Europäischen Binnenmarktes im Jahre 1985. Dafür sollte unter Wahrung nationaler Interessen agrarpolitischer „Ballast" abgeworfen werden. Dies galt zunächst im Verhältnis zu Frankreich durch Verzicht auf den Währungsausgleich, dann zur Kommission durch Hinnahme von Agrarpreis-Senkungen. Beide Nachteile sollten über nationale Ausgleichsleistungen, insbesondere Flächenstilllegung und Vorruhestandsregelungen, ausgeglichen werden.[104]

Es blieb notwendig, auf europäischer Ebene die künftige Finanzierung, vor allem auch aufgrund der Ausgaben-Strukturen sicherzustellen. Nach der Vorstellung der „Binnenmarkt"-Pläne seitens des Präsidenten der Kommission Jacques Delors im Juni 1985 in Mailand durch das entsprechende Weißbuch der Kommission und ihrer Verabschiedung 1987 musste der Europäische Rat insoweit erneut die notwendigen Entscheidungen treffen. Nach dem Scheitern im ersten Anlauf unter der dänischen Präsidentschaft berief Bundeskanzler Helmut Kohl als amtierender Vorsitzender des Europäischen Rats für den 11./12. Februar 1988 eine Sondertagung der Staats- und Regierungschefs der EG in Brüssel ein. Der Durchbruch gelang – bei einer zögernden Kommission – erst mit Hilfe eines erstmals im Europäischen Rat durchgeführten „Beichtstuhlverfahrens" nach dem Vorbild der Praxis des Agrarrats durch Einzelgespräche des Bundeskanzlers mit seinen Kollegen. Diese hatten zum Teil einen stürmischen Charakter, zum Beispiel zwischen dem holländischen Premierminister Ruud Lubbers und seinem französischen Kollegen Jacques Chirac. Der französische Premierminister drohte seinem holländischen Kollegen offen mit einer Schließung der Grenzen, wenn er der Generallinie Kohls nicht folge. Angesichts des Widerstandes seitens der Briten, die nur durch die Niederländer unterstützt wurden, griff der Bundeskanzler als Vorsitzender des Europäischen Rats als letztes Mittel zur einer ungewöhnlichen Lösung. Er las einen Entwurf von Schlussfolgerungen vor, wonach die Finanzierung der EG künftig durch nationale Beiträge sicherzustellen sei. Es war letztlich diese eng mit Frankreich und seinem Premierminister Jacques Chirac abge-

---

[102] Benannt nach dem damaligen Ministerpräsidenten des Landes Niedersachsen Ernst Albrecht.
[103] Benannt nach Georg Gallus, dem parlamentarischen Staatssekretär im BML.
[104] Siehe eingehend Gaddum, Europapolitik, S. 182ff. In diesem Zusammenhang ist auch die Diskussion um die Forderung des CSU-Vorsitzenden F. J. Strauß im April 1987 nach einem „Jahrhundertvertrag für die deutsche Landwirtschaft" zu erwähnen. Im Lichte der Ergebnisse des Europäischen Rats vom 11./12. Februar 1988 führte diese Debatte im Sommer 1989 zum „Strukturgesetz 1989", dem Gesetz zur Förderung der bäuerlichen Landwirtschaft vom 12. Juli 1989 (BGBl I 1989, S. 1435), das die Bedingungen von Ausgleichsmaßnahmen festlegte (siehe hierzu auch Gabriel, Grundstrukturen, S. 200ff).

stimmte politische „Drohung", der zehn Mitgliedstaaten ohne Zögern zustimmten, die das Vereinigte Königreich und die Niederlande letztlich einlenken ließ.[105]

Das „Delors-Paket" suchte politisch die Agrarausgaben längerfristig auf einer soliden finanziellen Grundlage zu führen und sie zugleich stärker in den Gesamtkontext der EG-Politiken zu stellen. Daher umfasste es einerseits, aufbauend auf einer Erhöhung und teilweisen Neuordnung der EG-Einnahmen, die Verdopplung der drei EG-Strukturfonds – Fonds für regionale Entwicklung, Sozialfonds und der Abteilung Ausrichtung des Europäischen Ausrichtungs- und Garantiefonds für die Landwirtschaft, des EAGFL. Die EG setzte ihre Schwerpunkte auf die Förderung benachteiligter oder vom industriellen Niedergang betroffener Regionen, auf den Kampf gegen die Arbeitslosigkeit und gerade auf die Beschleunigung der Anpassung der Agrarstrukturen sowie die Förderung ländlicher Gebiete. Andererseits bauten die konkreten Schritte zur Reform der Gemeinsamen Agrarpolitik auf einer Verständigung des Europäischen Rats über eine „Agrarleitlinie" auf, d. h. die jährliche Steigerungsrate der Agrarausgaben durfte 74% des Steigerungsrate des EG-Bruttosozialprodukts nicht überschreiten[106]. Zugleich enthielt das Paket „Haushalts-Stabilisatoren", die eine Senkung der Preise bei Überschreitung bestimmter Mengenschwellen für wichtige Agrarprodukte (Getreide, Ölsaaten, Eiweißpflanzen) vorsahen, ferner das Ziel einer Einschränkung der Produktion mit Hilfe freiwilliger Flächenstilllegungen sowie eine Einladung zur Aufgabe von Betrieben mittels Vorruhestandsprogrammen.[107] Und doch, auch diese Schritte führten zu keiner grundlegenden Reduzierung der Agrarausgaben und deren Angriffsfläche auf internationaler Ebene. Die Reformen des Jahres 1988 reichten nur für eine Atempause.

3 Die Führung der deutschen Agrarpolitik in der Ära Kohl

Die 80er Jahre mit den ersten Reformen – von der Milchquote bis hin zu den frühen 90er Jahren, der MacSharry-Reform – wurden durch Ignaz Kiechle (CSU, 1983–1993) geprägt, der das Amt des Landwirtschaftsministers in der neuen Regierung von Josef Ertl übernommen hatte.

In den 70er Jahren im Bundestag war Kiechle als Obmann in der CDU/CSU-Arbeitsgruppe „Ernährung, Landwirtschaft und Forsten" einer der deutlichen Kritiker Ertls gewesen. Auch er selbst sah Brüssel nicht unkritisch, ja skeptisch – er wandte sich jedoch offen gegen eine Re-Nationalisierung der Agrarpolitik und gegen eine radikale Wende in der Agrarpolitik. Die grundsätzliche Interessenlage Kiechles war bestimmt durch die Lage des Agrarsektors einerseits unter dem Einfluss von politi-

---

[105] Persönliche Erinnerungen des Verfassers.
[106] Im einzelnen siehe Europäischer Rat, Sammlung der Schlussfolgerungen: Schlussfolgerungen des ER vom 19.02.1988 – SN/461/1/88.
[107] Siehe ausführlich Gaddum, Europapolitik, S. 164 ff. und Weidenfeld, Werner: Europas Seele suchen – eine Bilanz der europäischen Integration, Baden-Baden 2017, S. 150–152.

schen Defiziten der Integration insgesamt und andererseits seiner Abhängigkeit von den gesamtwirtschaftlichen Rahmenbedingungen. Daher war Kiechle an integrationspolitischen Fortschritten interessiert, aus seiner Sicht war der Handlungsspielraum für die Fortführung der bisherigen Preispolitik angesichts von Überschussproduktion und Kostenexplosion gleich Null geworden. Daher sah er auch sehr realistisch die Notwendigkeit einer Verbesserung der sozialen und wirtschaftlichen Rahmenbedingungen, der „sozialen Abfederung" des strukturellen Anpassungsprozesses als vorrangige Aufgabe[108]. In diesem Sinne war er auch früh für eine Mengensteuerung eingetreten, insbesondere bei Milch. Er sah die Milchquote als einzige Chance und Manövriermasse, um aus der völlig verfahrenen Lage herauszufinden[109]

Ignaz Kiechle hatte das Amt auf Wunsch von Bundeskanzler Dr. Helmut Kohl, nicht aber seines Parteivorsitzenden Franz Josef Strauß übernommen. Er kannte „seine" Agrardossiers, setzte gegen alle Bedenken und Zurückhaltung die Milchquote durch und stützte sich auf eine enge, vertrauensvolle Zusammenarbeit mit dem Bundeskanzler gegen mögliche Widerstände aus dem BMWi, AA oder BMF.[110] Es ist daher kaum verwunderlich, dass Bundeskanzler Kohl in seinen Erinnerungen Ignaz Kiechle als „einen der herausragendsten Landwirtschaftsminister" beschrieb, „die unsere Republik je hatte".[111] Zu Hilfe kam Kiechle das besondere Interesse Helmut Kohls an der Agrarpolitik und ihren Weichenstellungen – Folge war die zunehmende Beachtung seitens des Bundeskanzleramts und vor allem von Franz Josef Feiter, der bis 1993 im Kanzleramt die Agrarpolitik betreute. Die 80er Jahre mit ihrer krisenhaften Zuspitzung unter Minister Kiechle wurden im BML vornehmlich im Grunde unauffällig begleitet durch die Staatssekretäre Hans-Jürgen Rohr, Walther Florian und Walter Kittel. Darüber hinaus sollten die Parlamentarischen Staatssekretäre jener Zeit, Georg Gallus und Wolfgang von Geldern, auf Grund ihrer besonderen Rolle nicht unerwähnt bleiben.

Minister Kiechle behielt den erfahrenen Staatssekretär Hans-Jürgen Rohr zunächst an seiner Seite, der Milchquoten-Streit führte allerdings zur Entfremdung und zum Ausscheiden Rohrs, nach eigenen Angaben war es aber er selbst, der Florian als Nachfolger vorgeschlagen hat, dessen NS-Vergangenheit im Hause wie auch im Bundeskanzleramt bekannt war, „man" ging aber darüber hinweg.[112] Walther Florian übernahm das Amt 1984 in einer für das Haus schwierigen Zeit, er war seit 1957 im BML, zuletzt Abteilungsleiter „Marktpolitik", er ging – 1921 geboren – 1987 in den Ruhestand.[113]

---

108 Vgl. Gabriel, Grundstrukturen, S. 36.
109 Vgl. Gaddum, Europapolitik, S. 114/115.
110 Vgl. Gaddum, Europapolitik, S. 116.
111 Vgl. Kohl, Helmut: Erinnerungen 1982–1990, München 2005, S. 588.
112 So ausdrücklich Franz-Josef Feiter im Gespräch mit dem Verfasser; eingehend Kießling, vierter Teil dieses Bandes, S. 456 ff.
113 Zu seiner NS-Vergangenheit ebd.

Walter Kittel (1987–1993) war – wie Neef, dessen Persönlicher Referent er gewesen war – ein Beamter des BMWi. Seine Stärke war die Europapolitik, sie bildete seine Kernkompetenz. Er war lange Jahre (1976–1987) stellvertretender deutscher Ständiger Vertreter bei den Europäischen Gemeinschaften in Brüssel und kannte wie kaum ein anderer das Räderwerk der europäischen Maschinerie und damit auch die Mechanismen der europäischen Agrarpolitik. Kiechle holte ihn aus Brüssel in das Haus, um besseren fachlichen Rat im komplexer werdenden Brüsseler Geschäft zu haben. Kittel wurden später besondere Verdienste um die Integration der Agrarwirtschaft der neuen Bundesländer in die EU zugeordnet. Er bremste – in Übereinstimmung mit dem Bundeskanzleramt – in der Zeit der Wiedervereinigung aber auch Überlegungen von Minister Kiechle in Richtung der Bildung einer „Grünen Grenze" oder der Zerschlagung aller Genossenschaften in den neuen Bundesländern.[114]

In allen jenen Jahren stand dem BML im Bundeskanzleramt Franz-Josef Feiter zur Seite. Feiter hatte in der Bonner „Agrarwelt" eine gewisse Sonderstellung. Er war 1971 unter dem Chef des Bundeskanzleramts Herbert Ehrenberg aus dem BML in das Kanzleramt geholt worden, schrieb dort – als Mann der CDU – loyal auch an SPD-Partei- und Regierungsprogrammen zur Reform der Agrarpolitik mit. Ab 1983 wurde er praktisch einer der wesentlichen „Informanten" und Stützen von Bundeskanzler Helmut Kohl in Sachen Agrarpolitik, er hielt ihn auf dem Laufenden und unterbreitete, wenn notwendig, Anregungen zur Überwindung von Hemmnissen. Wesentlich war seine Rolle nicht zuletzt bei den Reformbemühungen der 80er und frühen 90er Jahre, vor allem auch bei der Sondertagung des Europäischen Rats in Brüssel im Februar 1988, wie bei anderen Tagungen des Europäischen Rates, in denen Fragen der Landwirtschaft auf dem Tisch der Chefs landeten. Dies galt auch im deutsch-französischen Rahmen: Seine persönlichen Kenntnisse der Strukturprobleme der französischen Landwirtschaft trugen entscheidend zur Verständigung mit und zur Zustimmung von Präsident Mitterrand zur Einführung von Flächenstilllegungen und damit zur Annahme der MacSharry-Reform bei.[115] Franz-Josef Feiter wurde 1993 Staatssekretär des BML unter Bundesminister Jochen Borchert, wechselte nach seiner Zeit als Staatssekretär nach Brüssel und wurde dort für die Jahre 2003–2007 Generalsekretär der COPA[116], unumstritten über die langen Jahre eine der bestfunktionierenden Lobbys in der Brüsseler Szene. „Absicherer" von Minister Borchert und Staatssekretär Feiter in Richtung Bayern war in jenen Jahren als Parlamentarischer Staatssekretär Wolfgang Gröbl (1993–1998).

Während des gesamten Zeitraums von Minister Kiechle gab es einen Parlamentarischen Staatssekretär mit einer besonderen Rolle, Georg Gallus, FDP (1976–93), er war eine der unterschätzten, in Wahrheit eine der Schlüssel-Persönlichkeiten der Bonner Agrarszene. Georg Gallus war ausgebildeter Agraringenieur, als selbststän-

---

114 Zeitzeugengespräch mit Franz Josef Feiter am 6. September 2017.
115 Zeitzeugengespräch mit Franz Josef Feiter am 6. September 2017.
116 COPA, französisch „Comité des organisations professionnelles agricoles" (Zusammenschluss der europäischen Bauernverbände).

diger Landwirt tätig und Vizepräsident des Landesbauernverbandes in Baden-Württemberg, ein Amt, das er 1976 mit Einzug in den Bundestag aufgab. Bekannt wurde er vor allem Mitte der 80er Jahre, als er seine Bedenken gegen die Agrarpolitik Kiechles öffentlich machte und sie Gegenstand eines vom FDP-Vorstand nachträglich gebilligten Konzepts „Perspektiven der Agrarpolitik" wurden. Darin hielt Gallus ein Eintreten für weitere Agrarpreiserhöhungen für nicht mehr vertretbar – „Begrenzte oder sogar nominale Agrarpreissenkungen zur Lösung der europäischen Landwirtschaftsmisere dürften nicht mehr von vorneherein ausgeschlossen werden". Er gab sein Amt 1993 mit dem Wechsel zum neuen Landwirtschaftsminister Jochen Borchert auf.[117] Zu nennen in jenen Jahren ist auch der andere Parlamentarischer Staatssekretär, Wolfgang von Geldern, CDU (1983–1991). Er wurde von vielen im Bundestag und auch in Brüssel als deutscher „Fischerei-Minister" angesehen, ein Thema, das er engagiert in Deutschland wie in Brüssel vertrat.

---

117 Siehe eingehend Die Zeit vom 22.01.1993.

V Die 90er Jahre: erste grundlegende Reformen und „Brüche" mit der Konzeption

1 Deutsche Wiedervereinigung – die „Task Force" der Kommission

Die Herstellung der deutschen Einheit stellte auch in Sachen Landwirtschaft die Bundesregierung und das in ihr federführende Ressort BML vor eine zusätzliche, neue Herausforderung von weitaus größerer Tragweite als etwa die Agrarkrise selbst. Der Osten Deutschlands stand auch in der Landwirtschaft vor einem radikalen Strukturwandel.

Der Umgang mit den Herausforderungen der deutschen Einheit gehört ohne jeden Zweifel zu den Sternstunden europäischen Verwaltungshandelns. Politische Grundlage war das grundlegende Verständnis und die Unterstützung der Bundesregierung in ihrer Politik der deutschen Einheit seitens des Präsidenten der EU-Kommission Jacques Delors. Er hatte sich neben dem spanischen Ministerpräsidenten Felipe Gonzalez bereits in der Frühphase des Prozesses zur deutschen Einheit beim Straßburger EG-Gipfeltreffen im Dezember 1989 ostentativ an die Seite der Bundesregierung gestellt.

Die herausragende verwaltungsmäßige Umsetzung der politischen Orientierung ist das Ergebnis der Arbeit der von Delors Anfang Mai 1990 eingesetzten „Task Force" unter der Leitung des damaligen stellvertretenden Generalsekretärs der Kommission, des Niederländers Carlo Trojan. Ihre Aufgabe bestand in der Koordinierung der Arbeit der verschiedenen Fachbereiche der Kommission zur Bewertung der Lage und der besonderen Probleme der DDR sowie vor allem in der Erarbeitung der entsprechenden Vorschläge für Übergangsmaßnahmen. Besetzt war die Task Force mit hochrangigen Beamten aller damaligen 23 Generaldirektionen der Europäischen Kommission. Zu Beginn ihrer Arbeit ging man noch davon aus, dass die deutsche Wiedervereinigung Zeit brauche und nicht vor 1991 vollzogen werden würde. Bald zeigte sich aber, dass sich der Zeitraum bis zur Beendigung ihrer Arbeit verkürzen würde. In einem regelrechten Kraftakt legte die Task Force in weniger als 4 Monaten ein dreibändiges Dokument vor. Darin wurden die Folgen der deutschen Einheit für die EG umfassend analysiert und ein vollständiges Maßnahmenpaket zur Übertragung aller Aspekte europäischen Rechts auf das Gebiet der ehemaligen DDR vorgelegt. Das schloss auch Vorschläge für Übergangsregelungen in allen Bereichen des EG-Binnenmarktes und insbesondere der Agrarmarktordnung und der Gemeinsamen Handelspolitik mit ein.[118] Folge war die zügige und nahezu reibungslose Integration der neuen Bundesländer in die Europäische Gemeinschaft.

---

118 Vgl. Kommission der Europäischen Gemeinschaften: Die Gemeinschaft und die deutsche Verei-

Der Transformationsprozess von einem sozialistischen, planwirtschaftlichen System zu einer Marktwirtschaft in einer westlichen Demokratie wurde finanziell durch EG-Mittel begleitet, rechtlich flankiert und durch teilweise großzügige Ausnahmen und Übergangsregelungen befördert. Die eigentliche Finanzierung der Transformation geschah aber über innerdeutsche Transfers. Dies hatte politische wie auch Haushaltsgründe. Die EG konnte weder quantitativ von ihrem haushaltspolitischen Spielraum her noch politisch betrachtet eine Riesenaufgabe wie die Finanzierung der deutschen Einheit schultern. Noch wichtiger als das finanzielle Argument wog die Tatsache, dass es unter den anderen EG-Mitgliedern kein Verständnis für eine Umverteilung der ohnehin knappen EG-Mittel zugunsten der ehemaligen DDR gegeben hätte.

Wesentlich für die Bundesregierung war daher die Vollziehung der Einheit ohne Erhöhung der finanziellen Mittel der EG und ohne Schmälerung der eingeplanten Mittel für Griechenland, Italien, Portugal, aber auch für andere Mitgliedstaaten. Dem Bundeskanzler war bewusst, dass eine Mehrheit der EG-Mitgliedsländer der deutschen Wiedervereinigung nicht unkritisch gegenüberstand, er wollte daher unter allen Umständen eine diesbezügliche Debatte im Rahmen der EG vermeiden; Kommissionspräsident Delors verstand diese Bedenken nur allzu gut.[119] Obwohl sich die finanzielle Hilfe der EG für Ostdeutschland in Grenzen hielt, waren die neuen Bundesländer dennoch in einer vergleichsweise privilegierten Position. Kein anderes Transformationsland aus Mittel- und Osteuropa hatte einen „großen Bruder" wie die alte Bundesrepublik an seiner Seite, der bereit und in der Lage war, den Umbau mittels massiver innerstaatlicher Transfers zu finanzieren. Die Bundesregierung hatte in Brüssel erfolgreich Übergangsfristen und Ausnahmeregeln ausgehandelt, die öffentliche Subventionen in Unternehmen und Branchen erlaubten; ohne diese Sonderregeln hätten diese nicht in Einklang mit dem restriktiven EG-Wettbewerbsrecht gestanden.

Bundeskanzler Helmut Kohl sprach sich in seiner ersten Regierungserklärung nach Wiederherstellung der deutschen Einheit am 30. Januar 1991 für eine „vielseitige Struktur" der Landwirtschaft auch in den neuen Bundesländern, und eine Weiterentwicklung der europäischen Agrarpolitik aus:

> „Die Bedeutung der Landwirtschaft für unser Land geht weit über den Anteil am Bruttosozialprodukt hinaus. Sie liefert einen unverzichtbaren Beitrag zur kulturellen Vielfalt des Landes und zur wirtschaftlichen Entwicklung des ländlichen Raumes. Eine vielseitige Struktur wird dieser Gesamtaufgabe der Landwirtschaft am ehesten gerecht. Auch in den neuen Bundesländern

---

nigung, KOM (90) 400 endg. v. 21.08.1990, Vol. I-III, Brüssel 1990. Zur Landwirtschaft im Einzelnen siehe Bulletin der EG Beilage 4/90, S. 87 ff.
119 Vgl. den Schriftwechsel zwischen Bundeskanzler Kohl und Kommissionspräsident Delors vom 20. Juli/1. August 1990 in: Deutsche Einheit; Sonderedition aus den Akten des Bundeskanzleramtes, hg. vom Bundesministerium des Innern unter Mitwirkung des Bundesarchivs, bearb. von Hanns Jürgen Küsters und Daniel Hofmann (Dokumente zur Deutschlandpolitik), München 1998, Nr. 362 (S. 1402) und 376 (S. 1448 f.) sowie beider Telefongespräch am 20. August 1990, Nr. 388 (S. 1479).

müssen deshalb eine leistungsfähige Landwirtschaft und konkurrenzfähige Handels- und Verarbeitungsbetriebe aufgebaut werden. Alte sozialistische Strukturen müssen aufgebrochen werden. Wir werden gemeinsam mit den Bundesländern wirksame Hilfen zur Neugründung von selbständigen landwirtschaftlichen Betrieben sowie zur Umstrukturierung und Entflechtung von früheren Produktionsgenossenschaften anbieten. [...]

Wir wollen die europäische Agrarpolitik so weiterentwickeln, daß sie eine erfolgreiche Marktentlastung ermöglicht und stärker die Belange des Natur- und Umweltschutzes berücksichtigt. Wir messen auch dem Anbau nachwachsender Rohstoffe große Bedeutung bei, und zwar sowohl unter umweltpolitischen Gesichtspunkten als auch aus Gründen der Marktentlastung und Einkommensstabilisierung.]

Die Bundesregierung wird sich nachdrücklich dafür einsetzen, daß zur Sicherung der Einkommen die bisherigen Ausgleichsmaßnahmen in ihrer Größenordnung erhalten und in GATT- bzw. EG-konformer Weise fortgeführt werden können. Einkommensminderungen, die sich in Folge von GATT-Beschlüssen ergeben, müssen ausgeglichen werden. Wir erwarten von der EG das zugesagte Entlastungsprogramm. Es ist uns aber klar, daß dieses Programm auch aus nationalen Mitteln in einer angemessenen Weise unterstützt werden muß."[120]

Trotz der europäischen und nationalen Hilfen sollte die Landwirtschaft in den neuen Bundesländern einige Jahre brauchen, um sich zu erholen und nun neue Stärke zu entwickeln. Dies umso mehr, als die europäische Landwirtschaft mit der MacSharry-Reform in den 90er Jahren in einem tiefgreifenden Umbruch steckte, zugleich die Auswirkungen der Erweiterungen der Europäischen Gemeinschaften in den 80er Jahren spürte, die „kleine" Erweiterung der 90er Jahre um die skandinavischen Länder und Österreich anstand und man schon an die bevorstehende Ost-Erweiterung denken musste.

Die Tragweite der Herausforderung – ob in Sachen Landwirtschaft, Umwelt, Wirtschaft, Ausbildung – wurde auch uns in den zentralen Schaltstellen der Bundesregierung erst zunehmend bewusster und klarer. Brüssel war dank Delors Engagement eine wichtige Hilfe, dennoch gab es in den 90er Jahren immer wieder – im Grunde naturgemäß angesichts der enormen Herausforderung – Anlässe für Divergenzen, die Notwendigkeit von Nachverhandlungen, von kurzfristigen Entscheidungen. Oft genug wurde der zuständige Abteilungsleiter im Bundeskanzleramt, Johannes Ludewig, oder der für die Landwirtschaft zuständige Kollege Franz-Josef Feiter oder auch ergänzend der Verfasser kurzfristig als „Feuerwehr" zur Erörterung und Bereinigung von Problemfällen nach Brüssel zum Gespräch mit dem jeweils zuständigen Kommissar entsandt. Wichtig für die Bundesregierung war es in der Folge, dass entsprechend den Vorschlägen der EU-Kommission zur EU-Finanzplanung auf Grundlage der Beschlüsse des Europäischen Rats von Edinburgh am 11/12. Dezember 1992 die neuen Bundesländer in die Liste der sogenannten Ziel 1-Gebiete (Regionen mit Entwicklungsrückstand) mit der Folge höchstmöglicher Förderung aus den EU-Strukturfonds neben nationalen Fördermaßnahmen aufgenommen wurden.

Eine Zwischenbilanz zog der Jahresbericht der Bundesregierung 1999 zum Stand der deutschen Einheit: Aus den 5100 genossenschaftlich und staatlich bewirtschaf-

---

[120] Deutscher Bundestag, Protokoll der 5. Sitzung vom 30. Januar 1991, S. 77.

teten Großbetrieben der DDR waren rd. 32.000 Betriebe mit 1 und mehr ha Nutzfläche entstanden. Die Zahl der in der Landwirtschaft und ihren nichtlandwirtschaftlichen Nebenbetrieben Tätigen war von 850 000 auf 145 000 Personen reduziert worden, davon rund zwei Drittel in kooperativen Betriebsformen. Für die Gemeinschaftsaufgabe „Verbesserung der Agrarstruktur und des Küstenschutzes hatte allein der Bund 8,3 Mrd. zur Verfügung gestellt; aus EG-Fördermitteln für Ziel-1-Gebiete waren rd. 6 Mrd. DM in Landwirtschaft, Verarbeitung ihrer Produkte und ländliche Entwicklung geflossen.[121]

Eine vertiefte Prüfung der wesentlichen Problemstellungen und Maßnahmen zur Integration der Landwirtschaft der neuen Bundesländer in den 90er Jahren würde den Rahmen dieser Betrachtung sprengen. Grundlegende Probleme waren z.B. in der Anwendung des noch von der DDR-Volkskammer sehr kurzfristig verabschiedeten Landwirtschaftsanpassungsgesetzes vom 29.06.1990, das in der Folge mehrfach geändert worden ist, festzustellen[122]. Umstritten ist auch die Praxis der Bodenverwertungs- und Verwaltungs-GmbH (BVVG), die seit 1992 ehemalige volkseigene land- und forstwirtschaftliche Flächen – rund 1 Mio ha Acker- und Grünland sowie 770.000 ha Wald – verkauft, davon ist heute rund ein Zehntel noch nicht verwertet.[123] Untersuchungen haben aber auch unterstrichen, dass die Landwirtschaft im Osten Deutschlands zunächst unter den üblichen Problemen der Planwirtschaft und der notwendigen Umstrukturierung litt, sich aber dann zu einem Erfolgsmodell entwickelt hat, das bessere Ergebnisse als im Westen erwirtschaftete.[124,125]

---

121 Deutscher Bundestag, Drucksache 14/1825, Jahresbericht 1999 der Bundesregierung zum Stand der Deutschen Einheit, S. 31 f. Zur Privatisierung land- und forstwirtschaftlicher Flächen heißt es in dem Bericht: „Mit der Durchführung der Privatisierung der land- und forstwirtschaftlich genutzten ehemals volkseigenen Flächen ist die Bodenverwertungs- und -verwaltungs-GmbH des Bundes (BVVG) beauftragt. […]. Bis Ende 1998 (Verkaufsstopp) wurden 42 314 ha landwirtschaftliche Flächen und rd. 184 567 ha Wald zu den Bedingungen des EALG verkauft. Mit ihrer Entscheidung vom 20. Januar 1999 hat die Europäische Kommission das beihilferechtliche Hauptprüfverfahren gegen den Flächenerwerb nach dem EALG abgeschlossen und entschieden, dass tragende Elemente des vergünstigten Flächenerwerbs nicht mit dem Gemeinsamen Markt vereinbar sind. Im Wesentlichen beanstandet sie, dass die Berechtigung zur Teilnahme am Flächenerwerb von der Ortsansässigkeit am 3. Oktober 1990 abhängt (Verstoß gegen das Diskriminierungsverbot) und dass der Preis beim Kauf landwirtschaftlicher Flächen teilweise die EG-rechtlichen Beihilfegrenzen überschreitet." (Ebd.)
122 Als Beispiel aus der umfangreichen, vor allem juristischen Literatur sei nur genannt: Böhme, Klaus: Ein besonderes Gesetz und seine weitreichenden Wirkungen, in: Briefe zum Agrarrecht, Heft 7/ 2010, S. 258.
123 Siehe z. B. die Berichte des Tagesspiegels vom 10.12.2019, S. 15 („Landwirte ohne Land") oder in der Spiegel Nr. 42 vom 12.10.2019, S. 80 ff („Der macht alles platt").
124 So Martens, Bernd: Landwirtschaft in Ostdeutschland: der späte Erfolg der DDR, Bundeszentrale für politische Bildung 2010; siehe hierzu z. B. auch Jaster, Karl und Filler, Günther: Umgestaltung der Landwirtschaft in Ostdeutschland, Working Paper HU Berlin 2003; Ralf Clasen, Die Transformation der Landwirtschaft in Ost-Deutschland und ihre Folgen für die Argrarpolitik und die berufständische Interessenvertretung, in: PROKLA, Zeitschrift für kritische Sozialwissenschaft, Heft 108, 27. Jg 1997, Nr. 3, S. 407–432.

2 Die MacSharry-Reform

Das BML stand Anfang der 90er Jahre nicht nur vor der immensen Herausforderung der Integration der Landwirtschaft der neuen Bundesländer in das komplexe bestehende „westdeutsche" System mit seinen nationalen und europäischen Elementen, sondern zugleich vor der nicht minder komplexen und schwierigen Aufgabe der Reform der EG-Agrarpolitik.

Aufbauend auf einem Grundsatzpapier vom Februar 1991 unterbreitete Landwirtschaftskommissar Ray MacSharry Vorschläge für eine grundlegende Reform der GAP. Diese sahen eine drastische Senkung der Garantiepreise und dafür direkte finanzielle Hilfe der EG für die Landwirte vor, d. h. die Umstellung der GAP von der Marktsubvention zur Erzeugersubvention, die Senkung der Preisstützung und ihre Ersetzung durch Direktbeihilfen („Entkoppelung" der Prämien vom erzeugten Produkt). Diese neue Ausrichtung der europäischen Agrarpolitik sollte durch flankierende Maßnahmen wie Flächenstilllegungen und Vorruhestand, aber auch durch die Förderung von umweltverträglichen und den ländlichen Raum schützenden Produktionsverfahren begleitet werden.

Die 1992 verabschiedete Reform sollte sich als wichtiger Schritt für die laufenden Verhandlungen der Uruguay-Runde im GATT, aber auch für die Überprüfung der Abkommen der EG mit der Gruppe der afrikanischen, karibischen und pazifischen Staaten (AKP-Länder) erweisen.

Die EG kam nicht umhin, die bis dahin noch erreichte, aber zunehmend fragiler werdende Sonderstellung der Landwirtschaft im internationalen Kontext aufzugeben. In der Kennedy- und Tokio-Runde des GATT (1964–1967 und 1973–1979) hatte Europa die Ausnahmestellung der Landwirtschaft noch halten können, die Sonderstellung

---

125 Es ist zu begrüßen, dass die Geschichte der Treuhandanstalt, die für das Verständnis der Geschichte und der Folgen der deutschen Wiedervereinigung von zentraler Bedeutung ist, seit 2019 in enem wissenschaftlichen Großprojekt beim Institut für Zeitgeschichte bearbeitet wird. In meinen Gesprächen mit Zeitzeugen bin ich immer wieder auf diese Aspekte und ihre Konsequenzen hingewiesen worden, besonders für das Selbstverständnis und die politische Entwicklung im Osten Deutschlands. Birgit Breuel, die von 1991 bis 1994 die Treuhandanstalt führte, hat jüngst in einem eingehenden Interview diesen Wunsch bekräftigt: „Wir brauchen in Deutschland eine breite gesellschaftliche Debatte über die Mühen der Einheit." („Die Westdeutschen hätten das nicht durchgehalten" – ein Interview von Inge Kloepfer, FAZ Net 21.07.2019; siehe hierzu auch Goschler, Böick, Studie zur Wahrnehmung und Bewertung der Arbeit der Treuhandanstalt im Auftrag des Bundesministeriums für Wirtschaft und Energie, Bochum 2017). Man könnte auch Norbert Pötzl anführen, der in einem Kommentar zu seinem jüngst erschienenen Buch „Der Treuhand-Komplex" unterstrich, „die Treuhand gilt als Ursache aller Probleme im Osten Deutschlands. Ein Blick in die Archive reicht, dies als Mär zu entlarven." (Norbert F. Pötzl, Der Treuhand-Komplex" Herbst 2019 und sein Kommentar „Ende Legende" in Der Spiegel Nr. 37/2019, 70/71.) Es ist zu wünschen, dass sich die Wirtschafts- und Sozialgeschichte umfassend und vor allem interdisziplinär dieses politisch hoch sensiblen Themenkomplexes annimmt und die Politik diesen Prozess fördernd begleitet.

der Landwirtschaftsprodukte wurde anerkannt.[126] In der entscheidenden Uruguay-Runde 1986–1993 stand Europa wachsendem Druck seitens der sog. Cairns-Gruppe[127] und der USA gegenüber. Noch 1986 hatte das Auswärtige Amt die Ergebnisse der 41. Tagung des GATT auf Ministerebene in Punta del Este mit gewissem Stolz bewertet, die Gemeinschaft habe „die Zerreißprobe bestanden und sich nicht auseinanderdividieren lassen."[128] 1991 scheiterten die Schlussverhandlungen im ersten Anlauf mangels Zugeständnissen der EU, der Durchbruch zwischen EU und den USA wurde im November 1992 erreicht.[129] Nach siebenjährigen Verhandlungen konnte die Uruguay-Runde im GATT schließlich 1993 erfolgreich abgeschlossen werden, sie konnte zum 1. Juli 1995 in Kraft treten.

Ihre wesentlichen Bestandteile und Orientierungen trafen die EU und ihre Agrarpolitik hart, jedoch weniger hart, als dies ohne die MacSharry-Reformen der Fall gewesen wäre. Trotzdem musste sich die Schlussakte für die deutsche und europäische Landwirtschaft wie ein „Horror-Katalog" negativer Maßnahmen für die kommende Zeit lesen: Die Landwirtschaft ist in das GATT-Abkommen integriert. Der Marktzugang soll durch Maßnahmen verbessert werden wie Umwandlung der Außenschutzmaßnahmen in Zölle, die anschließend schrittweise zwischen 1995 und 2000 um 36 % zu senken sind, Verpflichtung eines „Mindestzugangs" für Produkte, die keiner Tarifierung unterliegen, Beibehaltung von Zollzugeständnissen für Einfuhren auf Grundlage des „üblichen Zugangs". Die internen Stützungsmaßnahmen sind ebenfalls zu verringern. Sie werden je nach Sensibilität verschiedenen „Boxen" mit unterschiedlicher Behandlung zugeordnet. Die Ausfuhrsubventionen sind ebenfalls in Bezug auf Höhe der Haushaltsmittel wie Menge zu reduzieren.[130]

Die EU schien trotzdem mit einem blauen Auge davon gekommen, das Ergebnis war in der Landwirtschaft erwartet worden, letztlich sogar hilfreich für die europäische Politik gegenüber den Entwicklungsländern. Zu Anfang der Abkommen mit dem

---

126 Das BML war sich der zunehmende Probleme des Schutzes der Landwirtschaft im Rahmen des GATT von Anfang bewusst – bereits weitaus früher erfolgten hierzu interne BML-Debatten, siehe z. B. bereits 1959 den Vermerk der Abt. II vom 12.02.1959 (BA 116/2983); Zum Hintergrund siehe auch Judt, Geschichte, S. 362 ff.
127 Cairns ist eine Küstenstadt im Nordosten Australiens nahe dem Barrier Riff an der Pazifik-Küste. Nach ihr ist die Interessen-Gruppe von 19 agrarexportierenden Ländern benannt, die kurz vor dem Beginn der Uruguay-Runde begründet worden ist. Diese Länder – vor allem Kanada, Neuseeland, Australien, Argentinien, Brasilien, Chile, Südafrika – repräsentieren ein Drittel der weltweiten Agrarexporte.
128 Akten zur Auswärtigen Politik der Bundesrepublik Deutschland, 1986, Berlin 2017, S.1404 ff.
129 Im „Blairhouse-Abkommen", benannt nach dem Gästehaus der amerikanischen Regierung, wo die wesentlichen Gespräche zwischen EU-Kommission und US-Regierung stattfanden, wurde eine Obergrenze für die Produktion von Nebenerzeugnissen beim Anbau nachwachsender Rohstoffe auf Stilllegungsflächen vereinbart.
130 Siehe im Einzelnen die Überblicksdarstellung in den Kurzdarstellungen zur Europäischen Union, hg. vom Europäischen Parlament – „WTO-Übereinkommen über die Landwirtschaft (www.Europarl.europa.eu).

afrikanischen Raum[131] hatte sich die EG noch mit Kontingenten zugunsten der AKP-Länder beholfen, dann, seit Lomé III (Dezember 1984), galt für 96 % der Produkte die abgabenfreie Einfuhr.

3 Schritte und Konsequenzen der Erweiterungen bis zur Jahrhundertwende – neue Herausforderungen

Darüber hinaus stand die Agrarpolitik der 90er Jahren vor der nicht minder zu unterschätzenden Herausforderung der Verarbeitung der EG- bzw. EU-Erweiterungen, zunächst Richtung Süden – Griechenland, Spanien und Portugal[132] –, dann Richtung Skandinavien (Schweden, Finnland) wie Österreich und anschließend der abzusehenden Ost-Erweiterung.

Ende Februar 1994 steckten die Verhandlungen über den Beitritt Österreichs und der skandinavischen Staaten in einer Sackgasse, nichts ging mehr voran. Kern waren die Wünsche der Kandidatenländer nach Ausnahmen vom gemeinschaftlichen Besitzstand, dem sog. Acquis communautaire. Dazu gehörte naturgemäß die Landwirtschaft, und die damalige EU-Kommission gedachte nicht, Abstriche vom Acquis und insbesondere vom MacSharry-Paket in der Landwirtschaft, hinzunehmen. Die Stimmung in der EU war damals nicht für den Beitritt, sondern kritisch-zurückhaltend, zugleich galt, positiv ausgedrückt, das Motto: „Die Deutschen wollen das so, sie sagen, das ist in Ordnung und daher ziehen wir mit, verkaufen uns aber so teuer wie möglich". Delors, nahe dem Ende seines zweiten Mandats, ließ die Kommission laufen, dies bedeutete, sie war nicht besonders hilfreich; einige Mitgliedstaaten versteckten sich hinter der Kommission, andere stellten letztlich kaum erfüllbare Forderungen. Auf Seiten der Kommission wurden die Brüsseler Verhandlungen von Hans van den Broek geführt, der seinen niederländischen Landsmann Frans Andriessen als Kommissar für Außenbeziehungen abgelöst hatte. Den Vorsitz im Rat hatte Griechenland inne – Außenminister Theodore Pangalos, mit dem viele seiner Kollegen einige Probleme hatten, führte den Allgemeinen Rat, der für diese Fragen zuständig war.[133.]

Brüssel stand am Anfang einer harten Woche mit Tag- und Nacht-Verhandlungen. Die erste Nacht hatte die Sackgassen bestätigt. Die Kandidaten waren ihrerseits auch wenig konzessionsbereit; man konnte sich schon zuweilen fragen, wer wem beitritt!

---

131 Das erste Abkommen der EWG mit Afrika war zunächst 1964 das sog. Jaunde-Abkommen, abgeschlossen in der Hauptstadt Kameruns. Es folgten die Abkommen Jaunde II und Arusha, dann ab 1975 die Abkommen Lomé I – IV, zuletzt das in der Hauptstadt von Benin, Cotonou, unterzeichnete Abkommen mit den AKP-Staaten; es läuft 2020 aus.
132 Siehe oben S. 678 und 686.
133 Urff, Winfried von: Agrarmarkt und Struktur des ländlichen Raumes in Europa (*Urff, Agrarmarkt*), In: Weidenfeld, Werner (Hrsg.): Europa-Handbuch, Gütersloh 1999, S.453 f.

In dieser Lage hatte Bundeskanzler Kohl den Verfasser zur Verstärkung des deutschen Verhandlungsteams um Bundesaußenminister Klaus Kinkel nach Brüssel geschickt, um ostentativ den Druck auf die Kommission und die zögernde Mehrheit zu erhöhen. Es gab in den jeweiligen Delegationen aber auch Gesprächspartner, die die Lage und die Risiken begriffen hatten und mit vollem Risiko interne Positionen aufgaben und aktiv das Einvernehmen mit der EU suchten – so zum Beispiel Franz Fischler, später österreichischer Kommissar für Landwirtschaft in Brüssel, oder Brigitte Ederer, damalige EU-Staatssekretärin im Wiener Bundeskanzleramt – beiden hat Österreich letztlich den Durchbruch zu verdanken. Problem Österreichs war eine ansonsten nicht besonders mutige Koalition in Wien, ein leider schwer kranker Verhandlungsführer – Außenminister Alois Mock – und der „Reflex" einiger Wiener, die meinten, alle Wege nach Brüssel führten über Paris, und Paris würde helfen! Leider reagierte Paris nicht auf die Wiener Initiativen. Dazu kamen zwei innenpolitisch hoch gefährliche Themen – Landwirtschaft und die für Österreich hoch sensible Transit-Frage, in erster Linie für den LKW-Verkehr Richtung Italien wie nach Norden in Richtung Deutschland. Schweden seinerseits hatte Probleme aufgrund seiner bestehenden Monopole, unter anderem auf Alkohol, allesamt kaum oder nicht vereinbar mit EU-Recht. Finnland machte sich Sorgen um die Zukunft der nordischen Landwirtschaft – im Rat schien dagegen die Stimmung darauf hinzudeuten, als stünde Europa knapp vor einer drohenden Überschwemmung mit Rentierfleisch, so kopfschüttelnd der Bundeskanzler damals gegenüber dem Verfasser! Nicht besser erging es Norwegen – wo Briten, Spanier und auch Franzosen nichts taten, um diesem Land die Annäherung an die EU in Sachen Fischerei und Landwirtschaft zu erleichtern. Die Verhandlungsteams schafften nach zwei Nächten schließlich den Durchbruch mit allen Ländern. Ohne deutsche Beharrlichkeit – und ohne die Autorität und den Druck seitens des Bundeskanzlers – hätte man mindestens einige Monate länger gebraucht oder gar ein Scheitern im ersten Anlauf riskiert.

Leider lehnte die norwegische Bevölkerung, schon zum zweiten Male, in einem Referendum das Ergebnis als unzureichend ab. Vielleicht haben die Europäer die gerade für dieses Land wichtigen Kapitel Fischerei und Landwirtschaft nicht sensibel genug verhandelt, auch wenn man dabei an die Grenzen des damals in der EU Möglichen gegangen ist. Ich meine damit vor allem die Idee, das norwegische Fischereischutz-Regime in die EU zu übernehmen.

Hatte die Mehrheit der EU-Mitgliedsstaaten sich schon mit der deutschen Wiedervereinigung und der „kleinen" Erweiterung schwergetan, so war dies erst recht der Fall mit der Perspektive einer Erweiterung der EU und ihrer Politiken nach Osten. Die Westeuropäer brauchten in der ersten Phase seit den grundlegenden Veränderungen Ende der 80er Jahre allein drei Jahre, bis zum Europäischen Rat im Juni 1993 in Kopenhagen, um ein politisch schlüssiges, aber sehr konditioniertes Angebot in Richtung Mittel- und Osteuropa zu formulieren und zu verabschieden.[134] Die Landwirt-

---

[134] Schlussfolgerungen ER Kopenhagen vom 21/22. Juni 1993, SN 180/1/93.

schaft aus diesen Ländern schien ernsthaft auf Sicht keine Konkurrenz zur gewachsenen Landwirtschaft des Westens darzustellen, aber diese Länder wollten genau wie ihre Kollegen aus dem Westen endlich von der Hilfe der Strukturpolitiken der EU profitieren. Es war die Größenordnung, die eine abschreckende Wirkung auslöste: Die landwirtschaftlich genutzte Fläche in der EU sollte sich durch die Aufnahme der acht neuen Mitgliedstaaten um 44%, die Ackerflächen um 55% erhöhen – und 9,5 Mio. Arbeitskräfte, d.h. mehr als eine Verdopplung der Zahl der Arbeitskräfte in der Landwirtschaft, sollten hinzukommen. Die Kommission legte dazu – auch im Lichte des Beitritts Österreichs und der skandinavischen Länder im Dezember 1995 – erste Vorschläge vor. Deren Ziel war es, die Reformen des Jahres 1992 durch einen mittleren Weg weiter zu entwickeln und auch im Sinne der Fischler'schen Philosophie einerseits die Wettbewerbsfähigkeit durch Preissenkungen weiter zu stärken, einen deutlicheren Akzent auf eine integrierte Entwicklungspolitik des ländlichen Raums zu setzen und die Mitgliedstaaten fester in die Verantwortung einzubinden. Die mittelfristigen Festlegungen für den Finanzrahmen von Agrar- und Strukturpolitik unter Einbeziehung der Ost-Erweiterung erfolgten dann im Rahmen der durch den Europäischen Rat im März 1999 verabschiedeten „Agenda 2000".[135] Indem die Stützpreise für Rindfleisch, Getreide und Milch gesenkt und der Einkommensverlust zumindest teilweise durch Direktzahlungen ausgeglichen wurde, die allerdings ihrerseits an Umwelt- und Tierschutzauflagen gebunden waren, wurde ein weiterer wesentlicher Reformschritt unternommen. Mit der grundlegenden Reform des Jahres 2003 durch das sog. Luxemburger Übereinkommen wurden die Beihilfen weitgehend von der Produktion abgekoppelt und durch eine „Betriebsprämie" ersetzt. Zugleich wurde die Entwicklung des ländlichen Raumes als zweite Säule aufgewertet.[136] Vorausgegangen war schon im November 1996 die „Erklärung von Cork", in der die nachhaltige Entwicklung des ländlichen Raums und die Verwirklichung der Umweltziele zu einem Hauptanliegen der EU erklärt wurden.[137] EU-Kommissar Franz Fischler fixierte 1998, im Grunde in Übereinstimmung mit der Bundesregierung, das Leitbild eines Landwirtes, „der seine Chancen auf dem Markt sucht, der nachfrageorientiert handelt, seine Kosten im Griff hat und zukunftsorientiert wirtschaftet. [...] Die Eckpfeiler einer

---

135 Mitteilung der Europäische Kommission vom 16.07.1997, Agenda 2000, KOM(97)2000. Vgl. auch Urff, Agrarmarkt, S. 454; Deutsche Bundesbank, Die EU – Grundlagen und Politikbereiche außerhalb der Wirtschafts- und Währungsunion, Frankfurt 2005, S. 122 ff.
136 Vgl. Kirschke/Weber, Die Luxemburger Beschlüsse zur Reform der Agrarpolitik in der EU, BMF, Monatsbericht 10/2003. Siehe auch den Überblick in: Deutsche Bundesbank, Die EU-Grundlagen und Politikbereiche außerhalb der Wirtschafts- und Währungsunion, S. 116 ff; Teasdale, Anthony: Common Agricultural Policy, in: The Penguin Companion to the European Union, London 2016, S. 4 ff sowie den anschaulichen Überblick der Reformen von 1992–2013 in den vom Europäischen Parlament veröffentlichten Kurzdarstellungen zur EU-Agrarpolitik (www.europarl.europa.eu/factsheets/de) oder bei Rohwer, Anja: Die Gemeinsame Agrarpolitik der EU – Fluch oder Segen?, in IFO Schnelldienst 3/2010, S. 27 ff.
137 Erklärung von Cork 09.11.1996, www.agrar.de.

neuen gemeinsamen Agrarpolitik heißen Wettbewerbsfähigkeit, Qualität, Umwelt und Erhaltung der landwirtschaftlichen Einkommen."[138]

Trotzdem muss erstaunen, dass die Strukturpolitik trotz Aufwertung durch die Agenda 2000 und die Luxemburger Beschlüsse von 2003 – heute „nur" ein Viertel der EG-Ausgaben ausmacht und in ihrem Kern weitgehend in nationaler Hand geblieben ist. Sie blieb „die letzte Bastion" der nationalen Agrarpolitik gegen Brüssel. Neuere Entwicklungen in vielen Mitgliedstaaten im Verhältnis „Stadt-Land" machen neue Akzente und Vorstellungen dringender denn je.

---

[138] Fischler, Franz: Das Land neu bestellen, in: Austria – Zur ersten EU-Präsidentschaft Österreichs 1998, Wien 1998, S. 110.

VI Bilanz nach vierzig Jahren GAP

1 Das BML und das Verhältnis zu Frankreich und den Partnerstaaten

In der Rückschau drängt sich der Eindruck auf, das Handeln des BML sei von Anfang an vor allem bestimmt worden durch die permanente Sorge der deutschen Landwirtschaft, auf dem europäischen Altar zugunsten der Industrie und gewerblichen Wirtschaft als den deutschen Kerninteressen in und an Europa „geopfert" zu werden. Daher zunächst die Distanz, ja die Ablehnung der werdenden Gemeinsamen Agrarpolitik, dann in der Folge eine im Grunde defensive Haltung, die erst allmählich selbstbewusster wird. Für einen großen Mitgliedstaat scheint es atypisch, dass das BML z. B. kaum durch Entsendung oder Förderung von Spitzenbeamten direkten Einfluss innerhalb der Kommission und ihren Diensten auszuüben suchte, sondern seinen Einfluss, abgesehen von der institutionellen Schiene im Rat und seinen Gremien, durch bilaterale Kontakte mit anderen Mitgliedstaaten geltend machte. Für das BML schien in der längerfristigen Sicht das europäisches Netzwerk, d. h. direkte gute Kontakte zu anderen Mitgliedstaaten, im Grunde wichtiger als die Vorabstimmung und der Interessenausgleich mit dem schwierigen Nachbarn Frankreich und als direkte Integration innerhalb der Brüsseler Strukturen. Latent dahinter schien vornehmlich ein erhebliches Maß an Misstrauen gegenüber Frankreich und einer von ihm und seinen Interessen dominierten Agrarpolitik zu stehen.

Dem steht die Erfahrung gegenüber, dass es immer wieder Phasen fruchtbarer Zusammenarbeit auch auf der Ebene der Landwirtschaftsminister gegeben hat[139] –, nicht zuletzt aufgrund politischer Vorgaben des Bundeskanzlers, aber auch dank guter persönlicher Beziehungen. Dies galt z. B. ab 1986 in der Zeit der ersten „Kohabitation" in Paris mit Premierminister, später Staatspräsident Chirac, für den die Landwirtschaft eines seiner Kerninteressen bildete und der bei aller Verteidigung der Interessen Frankreichs die Abstimmung mit Deutschland suchte.

Bundesminister Hans-Dietrich Genscher, der zum Erstaunen der Beamtenschaft des Auswärtigen Amtes für die Landwirtschaft viel Verständnis aufbrachte, entzog sich auch insoweit nicht der Diskussion mit den Franzosen. Er wies Chirac bei einer seiner Begegnungen darauf hin, dass die „Interessen Deutschlands und Frankreichs angesichts ähnlicher Agrarstrukturen gar nicht so entgegengesetzt (seien), wie manche glauben machen."[140] Der Verfasser wurde in seiner Zeit als Mitarbeiter im Büro des Ministers Genscher des Öfteren „zur Beobachtung" in Ausschüsse des Bundestages

---

139 Vgl. Doerr, Willensbildung. Er sieht im BML „unter den Bundesressorts zunächst ungewollt, dann aber verstärkt uneingestanden und verdeckt gewollt ein(en) politischen Bundesgenossen Frankreichs" (S. 36).
140 Gespräch Genscher – Premierminister Chirac am 17.04.86, Akten zur Auswärtigen Politik der Bundesrepublik Deutschland 1986, Berlin 2017, Seite 575.

wie in Beratungsgremien der FDP zu Themen europäischer Agrarpolitik entsandt und der Minister nahm sich regelmäßig die Zeit, die Berichte mündlich entgegenzunehmen und auch in der Sache zu besprechen.

Von der Sonderstellung Franz-Josef Feiters in seiner Zeit im Kanzleramt unter Bundeskanzler Kohl ebenso wie als Staatssekretär unter Landwirtschaftsminister Jochen Borchert im Verhältnis zu Frankreich war schon weiter oben die Rede. Er wurde vom Bundeskanzler, wenn es darauf ankam, auch nach Paris entsandt, um der französischen Spitze bestimmte Fragen und die deutsche Haltung zu erläutern. Die Zustimmung des französischen Staatspräsidenten Mitterrand zur Flächenstilllegung, im Fachjargon „set-aside" genannt, verdanken wir wohl letztlich einem Gespräch mit ihm.

Ein zweiter „roter Faden" zog sich durch viele meiner Gespräche mit deutschen und europäischen Beobachtern und Akteuren, die ich wiedergebe, ohne sie bewerten zu wollen: Nicht nur in der Kommunikation nach außen, sondern auch in seinem Leitbild der Landwirtschaft sei die Haltung des BML im Grunde defensiver Natur, also rückwärtsgewandt, mit einer gewissen Distanz zur realen und gesellschaftlichen Entwicklung erschienen. Das BML schien dem Bild des traditionellen „bäuerlichen Familienbetriebes" verhaftet, unterstützte aber in der Sache in erster Linie die größeren Betriebe, dies habe sich vor allem in der beherrschenden Rolle der Getreidewirtschaft gezeigt. Man verstehe, dass angesichts der deutschen Agrarstruktur die Politik durchaus oft einen „Spagat" machen müsse, nur gewirkt habe dies nach dem Motto „wachse oder weiche".

Wichtig war in jedem Falle das Netzwerk der Agrarreferenten in den deutschen Botschaften, die als ausgewiesene Fachleute dem Mutterhause, aber auch direkt den an den Brüsseler Verhandlungen Beteiligten kontinuierlich über die Entwicklung der Landwirtschaft in den Gastgeberländern und mögliche Konfliktfelder berichteten. Der Verzicht auf diese permanenten Beobachter aus haushaltsmäßigen Gründen und deren Verlagerung in Länder mit Exportpotential für die deutsche Landwirtschaft erscheint auf den ersten Blick logisch und verständlich, aber doch den Interessen Deutschlands in wichtigen europäischen Partnerländern nicht förderlich. Das gilt insbesondere für die ortsnahe Beobachtung der Partnerländer wie auch die Verteidigung der Interessen Deutschlands vor Ort[141] – eine oft unterschätzte Bedeutung der deutschen Auslandsvertretungen innerhalb der EU.

---

141 Als Botschafter in Madrid konnte ich mich besonders auf die Expertise und die Kontakte des Landwirtschaftsreferenten stützen. Seine Bedeutung als Mitglied der Führung ging weit über den Bereich der Landwirtschaft hinaus.

2 Das BML im Verhältnis zu Brüssel – Strategien der Einflussnahme

Die Agrarpolitik der Europäischen Gemeinschaften wurde im Grunde in der Kommission und ihrer „Generaldirektion Landwirtschaft", kurz „GD VI" erarbeitet und umgesetzt. Sicco Mansholt hatte die Politik der Kommission bis zu seinem Ausscheiden im Jahre 1973 bestimmt und geformt. Seine Nachfolger – der Niederländer Pierre Lardinois (1973–76), die beiden Dänen Finn Olav Gundelach (1977–81) und Poul Dalsager (1981–84), galten mehr als Verwalter eines angesichts der Überschüsse und Finanzprobleme schwierig gewordenen Ressorts. Erst Frans Andriessen (1985–89) suchte unter Jacques Delors das Profil der Kommission in der Agrarpolitik durch Reformbemühungen wieder stärker zu schärfen. Der jeweilige Kommissar konnte sich auf eine starke GD VI stützen – in vier Jahrzehnten mit drei französischen Generaldirektoren an der Spitze (Georges Rabiot von Anfang an bis 1978, Claude Villain bis 1985 und Guy Legras bis 1999). Sie machten, lange Zeit unter Ägide von Mansholt, die GD VI zu einem schlagkräftigen Instrument des am stärksten integrierten europäischen Politikbereichs, „ein reibungslos funktionierendes Räderwerk".[142] Naturgemäß musste die Kommission dann versuchen, ihre politische Linie und Vorschläge im EG-Rat (Landwirtschaft) durchzusetzen, angesichts der Finanzprobleme zunehmend auch unter Befassung der Außen- und Finanzminister wie der Staats- und Regierungschefs selbst. Die ersten Deutschen im Aufbauteam der Kommission für Landwirtschaft, d. h. in der „Umgebung" von Mansholt, vor allem Helmut von Verschuer, wurden aus Bonn mit Respekt, aber nicht ohne Misstrauen betrachtet.

Ausfluss der Ablehnung der EWG-Agrarpolitik unter Staatssekretär Sonnemann bildete das von ihm nach der Wahl von Heinrich Lübke zum Bundespräsidenten verhängte „Fraternisierungsverbot" gegenüber den deutschen Beamten in der GD VI: Sonnemann hatte „jeden persönlichen Verkehr mit den ‚Landesflüchtigen' als unerwünscht bezeichnet."[143] Gemeint waren damit von Verschuer, aber auch Meyer-Burghardt (später Leiter der Handelspolitischen Abteilung in der GD VI, früher MDg im BML), Dr. Kron (Marktbilanzen), Dr. Steiger (Justiziar von Mansholt), Dr. Marmulla (Referent bei Meyer-Burghardt). Selbst der Bauernverband und sein Präsident Rehwinkel übten offene Kritik an der mangelnden Personalpolitik des BML unter Sonnemann, der Brüssel nicht ernst genug nehme und nur niederrangige Beamte nach Brüssel entsende.[144] Durch Einflussnahme von Minister Schwarz hat sich Anfang der 60er Jahre die Lage geändert, aber, wie es in der o. a. Vorlage an den Chef des Bundeskanzleramts zu Recht heißt, „es wird noch einer längeren Zeit bedürfen, um das zerschlagene Porzellan wieder zu kitten". Anders als das BML verhielten sich von Anfang an die beiden gegenüber Brüssel federführenden Ressorts, AA und BMWi.

---
142 Seidel, Politikfelder, S. 328.
143 Bundesarchiv B 116/4696 (StS-Vorlage CHBK Referat 6 vom 27. März 1962), siehe auch oben S. 499.
144 Dornheim, Andreas: Edmund Rehwinkel: Landwirt und Bauernpräsident, Frankfurt 2017, S. 69.

Dennoch gab es in den ersten Jahren keine deutsche Personalpolitik in Brüssel, vor allem nicht in Bezug auf die GD VI, während Frankreich darauf abzielte, durch Abstellung fähiger Spitzenbeamter in aus französischer Sicht politisch sensiblen Bereichen die Kommission womöglich zu kontrollieren, mindestens aber ihre Arbeit im französischen Sinne aktiv zu beeinflussen.

Das BML konzentrierte sich stattdessen „vor Ort" auf die permanente Beobachtung und Interessenvertretung einerseits durch die Ständige Vertretung bei den Europäischen Gemeinschaften mit einem eigenen Referat für Landwirtschaft sowie auf die Vertretung im Sonderausschuss Landwirtschaft – in der Regel der stellvertretende Leiter der Abteilung 7 des BML. In der Ständigen Vertretung hatte und hat das Landwirtschaftsreferat eine weitgehend autonome Stellung im Vergleich zu den anderen Fachreferaten. Das bedeutete aber in keiner Weise eine Abschottung gegenüber den anderen Fachreferaten und vertretenen Ministerien, im Gegenteil, das Landwirtschaftsreferat konnte als eine Art Frühwarnsystem innerhalb der Bundesregierung die Kollegen/innen über Entwicklungen ins Bild setzen[145]. Der Sonderausschuss Landwirtschaft ist eine der Besonderheiten der Agrarpolitik im Brüsseler Gefüge für den Agrarsektor. Er übernimmt – als Ausnahme gegenüber den anderen Kompetenzbereichen der EG – insoweit überwiegend die Aufgaben des Ausschusses der Ständigen Vertreter (AStV)[146]. Er bildet damit zusammen mit den von den Diensten der Kommission geführten Verwaltungsausschüssen das Herz der Entscheidungsstrukturen für die Landwirtschaft in Brüssel.

Trotzdem muss man insgesamt feststellen – und der Verfasser hat dies in eigener Anschauung in Brüssel über lange Jahre unmittelbar verfolgen können –, dass die „Nahbeobachtung" des Brüsseler Geschehens, der EG-Kommission und ihrer Dienste wie auch der europäischen Verbände, durch die Ständige Vertretung und besonders den „Mann des BML" nicht nur nicht unterschätzt werden darf, sondern in Wahrheit als besonders intensiv und recht effizient anzusehen ist.

3 Die Stellung des BML innerhalb der Bundesregierung

Die spontane Antwort auf meine Frage an mehrere frühere Landwirtschaftsminister und leitende Beamte aus europäischen Partnerländern wie den europäischen Institutionen,[147] was ihnen besonders aus der Zusammenarbeit mit den deutschen Kollegen in Erinnerung geblieben sei, lautete übereinstimmend: Wir waren erstaunt über

---

145 Doerr, Willensbildung, S.68 spricht in diesem Zusammenhang „wegen des Umfangs und besonders der fachlichen Kompliziertheit seines Politikfeldes" von „einer gewissen „beaufsichtigten Freiheit" des Landwirtschaftsreferats im Rahmen der Gesamtverantwortung der Ständigen Vertretung".
146 Vgl. ausführlich im einzelnen Doerr, Willensbildung, S. 77–84 (Doerr erläutert auch Verständnis des AStV, der den SAL im Prinzip als „der Kompetenz des AStV unterstellt" erachtet).
147 Diese Gesprächspartner haben mich zur Wahrung der Vertraulichkeit ihrer Bewertung gebeten, keine Hinweise auf ihren Namen, Funktion und Herkunftsland zu geben.

deren Unabhängigkeit und den Freiraum innerhalb der Regierung – gemeint war damit vor allem im Verhältnis zum Regierungschef. Die Organisationsprinzipien der Bundesregierung waren bei manchen europäischen Gesprächspartnern, insbesondere aus Ländern mit hoch hierarchisch geführten Regierungen wie Frankreich, wenig bekannt oder befremdlich. Die „relative Freiheit" hatte etwas zu tun mit der grundsätzlichen selbstverantwortlichen Führung des jeweiligen Ressorts durch seinen Minister („Ressortprinzip"), eingeschränkt naturgemäß durch die „Richtlinienkompetenz" des Bundeskanzlers und im Regelfall durch Vereinbarungen innerhalb der jeweiligen Koalition. Was dem BML dennoch in vielen Regierungen der deutschen Nachkriegszeit ein besonderes Verhältnis zum Kanzleramt verlieh, war der Wunsch der meisten Bundeskanzler, „Ruhe bei den Bauern" zu haben, besonders im zeitlichen Umfeld von Bundestags- und Landtagswahlen, daneben bei manchen Kanzlern – wie z. B. bei Helmut Kohl, anders als bei Helmut Schmidt– auch ein besonderes Verständnis für die Landwirtschaft.

Naturgemäß gespannt war immer das Verhältnis des BML zum BMWi. Das Bundeswirtschaftsministerium stand für Freihandel und die Entwicklung deutscher Handelsinteressen in Europa und auf internationaler Ebene, auch im GATT-Rahmen. Es sah im BML tendenziell einen Störenfried mit protektionistischer Ausrichtung. Nuancierter war und ist hingegen das Verhältnis zum Finanzministerium wie zum Auswärtigen Amt. Zu letzterem oft ambivalent, aber über lange Jahre mit einem Minister – Hans-Dietrich Genscher[148] –, der viel Verständnis für die Landwirtschaft hatte und oft genug darauf achtete, dass das von der FDP – Graf Lambsdorff, Martin Bangemann – geführte Wirtschaftsministerium – in seinen Spitzen gegen das BML nicht zu weit ging. Auch die Finanzminister – wie Strauß, Stoltenberg oder Waigel – erwiesen sich trotz regelmäßiger finanzieller Forderungen aus dem Bauernverband wie dem BML, ob auf nationaler oder europäischer Ebene, entgegen der Sicht des eigenen Hauses in der Regel letztlich verständnisvoll für die Belange des BML.

4 Verhältnis zu Bundesländern und Verbänden

Die permanente Zusammenarbeit, Abstimmung und Diskussion mit den Bundesländern, ob direkt vornehmlich von der Landwirtschaft stärker betroffenen Ländern oder im Rahmen des Bundesrats, war für das BML „tägliches Brot" oder „Pein". Zwangsläufig musste das BML erster Ansprechpartner und, wenn notwendig, Sündenbock aus Sicht der Länder sein. Das gleiche gilt für die Verbände und in erster Linie für den Deutschen Bauernverband.

„Die Landwirtschaftslobby bestimmt die Politik wie eh und je" – BML „überfordert?"- „die Landwirtschaftsministerin eine Getriebene der Agrarlobby" lauteten

---

[148] Siehe z. B. die Gespräche Genschers mit dem damaligen französischen Premierminister Jacques Chirac, Akten zur Auswärtigen Politik der Bundesrepublik Deutschland 1986, Berlin 2017, S. 573 ff., 792.

Schlagzeilen des Spiegel aus jüngster Zeit[149] – eine Bewertung, die übereinstimmend in den Medien in den vergangenen 60 Jahren die Stellung des BML in den verschiedensten Bereichen beschrieb. War das BML wirklich nur „Sprachrohr" des Deutschen Bauernverbandes oder tut diese Beschreibung dem Ministerium in Wahrheit unrecht?[150] Unstreitig galt der DBV über Jahrzehnte als einer der schlagkräftigsten Interessenverbände in Deutschland. Unstreitig war das BML über Jahrzehnte eng mit dem DBV verbunden, ein Verteidiger der Interessen der Landwirtschaft. Aber auch im Verhältnis zu den Verbänden gab es Zeiten enger, im Grunde sich ergänzender Zusammenarbeit, aber auch Zeiten erheblicher Spannungen. Zum Beispiel teilte Rehwinkel nicht die Zielsetzungen Lübkes, sondern wollte – so Dornheim – „eher ein Europäer der kleinen Schritte sein und ein langsames Hineinwachsen Deutschlands" in den europäischen Agrarmarkt. Rehwinkel kritisierte offen, wie schon erwähnt, die mangelnde direkte Einflussnahme auf die Kommission und umging einige Jahre das BML durch direkte Verhandlungen mit Bundeskanzler Erhard, womit er gewollt-ungewollt den zuständigen Ressortminister schwächte. Umgekehrt entwickelte sich z. B. zwischen Hermann Höcherl, der gerade nicht als Mann des Bauernverbandes galt, und Rehwinkel ein durchaus vertrauensvolles Verhältnis, wozu beigetragen haben mag, dass sich Höcherl von Rehwinkels Drohgebärden wenig beeindrucken ließ. Beim Bauerntag 1971 in Kiel wurde Minister Ertl ausgepfiffen und daran gehindert, seine Rede zu halten. Der völlige Eklat wurde damals von Rehwinkels Nachfolger in der Führung des Bauernverbandes, Constantin Freiherr Heereman von Zuydtwyck, verhindert, der eine sachlich geführte Auseinandersetzung und den Dialog mit der Bundesregierung suchte.[151] 1985 lud der DBV Bundesminister Kiechle vom Bauerntag in Aachen aus; 2001 wurde Ministerin Künast in Münster mit einem Pfeifkonzert empfangen. Kurz: Die Beziehungen zwischen der Interessenvertretung der Bauern und „ihrem" Ministerium waren immer solche „besonderer Art".

Die Veränderungen der Agrarpolitik mussten auch die Verbände selbst unter Druck setzen, wie das Beispiel des Raiffeisenverbandes zeigt. Sonnemanns Credo war es, den Raiffeisenverband langfristig mit Blick auf die Veränderung des agrarpolitischen Umfeldes neu aufzustellen, für seine Zukunft ein wirtschaftspolitisches Konzept zu entwerfen: Er wollte, dass der Landwirt „nicht nur ein Hersteller von Rohprodukten bleibt und nicht auf den Erzeugerpreis angewiesen ist", sondern „auf die nachfolgenden Stufen des Handels und der Verarbeitung einen eigenen Einfluss ausübt."[152] Dieser Vorstellung entspricht das 1969 vom Bundestag verabschiedete Marktstrukturgesetz. Wichtig vor allem war auch die von ihm betriebene Zusammenführung der gewerblichen und ländlichen Genossenschaften, Deutscher Genossenschafts- und

---

149 Der Spiegel 3/2019, S. 68 ff.
150 Rieger, Elmar: Bauernverbände, Agrarische Interessenpolitik, institutionelle Ordnung und politischer Wettbewerb, in: von Winter/Willems, Interessenverbände in Deutschland, Wiesbaden 2007, S. 294; siehe auch Gaddum, Europapolitik, S. 88–90; Kießling, vierter Teil dieses Bandes, S. 382 ff.
151 Vgl. Kloss, Illusion, S. 181.
152 Ebd., S. 168.

Raiffeisenverband e.V. Anfang der 70er Jahre zu einem in seiner Vorstellung neuen Mittelstand.

VII Zukunft und Ausblick[153]

Die erste grundlegende Veränderung der Gemeinsamen Agrarpolitik 1992/93 musste wie ein Beschleuniger für weitere Reformen wirken: Die neuen Arbeitsthemen der Landwirtschaft, das internationale Umfeld und der daraus erwachsende zunehmend stärker werdende Druck wie auch die aufeinander folgenden Erweiterungen der EU seit Mitte der 80er Jahren bis hin zur großen Ost-Erweiterung, deren Abschlussverhandlungen seit 1997 im Gange waren, forderten neue, weitreichende Anpassungen, die hier kurz skizziert werden konnten.

Und die Agrarpolitik konnte und kann auch da nicht stehen bleiben. Mit den von Kommissar Hogan im Frühsommer 2018 in die Diskussion eingeführten Vorschlägen zur Zukunft der Agrarpolitik[154] geht es weitaus stärker als in der Vergangenheit um die neuen Querschnittsthemen wie Gesundheit, Umwelt, Naturschutz, ländliche Entwicklung und Nachhaltigkeit, aber auch um das Dilemma – Direktzahlungen als „Sicherheitsnetz" versus Konzentration auf Agrarstrukturpolitik, ja um von der Kommission gesuchte Tendenzen zur Rückverlagerung der Verantwortung auf die Mitgliedstaaten, die von manchen ganz direkt als Renationalisierung bezeichnet wird. Dies gilt auch für die Frage, ob künftig kleinere Betriebe von der Agrarpolitik entschiedener als die Großbetriebe unterstützt werden sollten.[155]

Die Debatte über die künftige Agrarpolitik steht zudem in direktem Zusammenhang mit der künftigen siebenjährigen Finanzplanung der EU, und damit auch mit dem Ende der britischen EU-Mitgliedschaft und den daraus folgenden finanziellen Konsequenzen. Auch wenn die Landwirtschaftspolitik in dem Strategiepapier der Kommission anlässlich des informellen Treffens der Staats- und Regierungschefs der EU-27 am 9. Mai 2019 in Sibiu (Rumänien) nur in einem Satz fast beiläufig erwähnt wird – „Eine modernisierte gemeinsame Agrarpolitik sollte diesen integrierten Ansatz für Nachhaltigkeit unterstützen"[156], so bedeutet dies nicht, dass die Agrarpolitik ihren Stellenwert in der Politik wie im Haushalt der EU verloren hätte. Der Kommission ist die politische Sensibilität und Tragweite der Agrarpolitik bewusst. Nicht zuletzt angesichts des Wechsels der Kommission Ende 2019 nach fünfjähriger Amtszeit und des Blicks auf die mitentscheidende Frage des künftigen europäischen Haushalts sind die Verhandlungen äußerst zäh angelaufen.

Weder die EU-Kommission noch die Mitgliedstaaten werden so weit gehen wollen, die Agrarpolitik nicht mehr als eine der europäischen Prioritäten ansehen zu wollen

---

153 Der Ausblick geht vom Sach- und Kenntnisstand des Jahresbeginns 2020 aus.
154 Zusammenfassung der Vorschläge in Pressemitteilung EU-Kommission vom 01.06.2018; siehe auch Interview Hogan FAZ Nr. 44 vom 21.02.2019, S. 16.
155 Vgl. z. B. eingehend Hogan FAZ Nr. 44 vom 21.02.2019, S. 16.
156 Europäische Kommission, Strategiepapier „Europa im Mai 2019 – Vorbereitungen für eine enger vereinte, stärkere und demokratischere Union in einer zunehmend unsicheren Welt", Brüssel 2019, S. 34.

und sie damit wieder in die Hände der Mitgliedstaaten zurück zu verlagern.[157] Die Gemeinsame Agrarpolitik der EU ist und bleibt in den Augen vieler Mitgliedstaaten, vor allem Frankreichs, ein grundlegendes Element der Absicherung der Einkommen der Landwirte. Daher sind Hogans Vorschläge von der französischen Politik auch kritisch, ja ablehnend aufgenommen worden.[158] Die deutsche Seite sieht die Vorschläge trotz mancher positiver Elemente ähnlich kritisch, behält sich aber, auch taktisch bestimmt, eine abgestimmte, vollständige Stellungnahme noch vor.[159]

Dass die Entscheidungen über die zukünftige Orientierung der EU-Agrarpolitik im Zusammenhang mit den Weichenstellungen für den künftigen siebenjährigen Finanzrahmen der EU stehen und diese Entscheidungen entsprechend der Erfahrungen der Vergangenheit erst unter deutscher EU-Präsidentschaft im 2. Halbjahr 2020 getroffen werden, erleichtert die Herausforderung für die Bundesregierung und insbesondere das BML in keiner Weise. Der Ruf nach Einsparungen, insbesondere im Bereich der Agrarpolitik, nicht zuletzt angesichts der neuen politischen Herausforderungen der EU insgesamt wie besonders auch im Lichte des Ausscheidens des Vereinigten Königreichs aus der EU, dem „Brexit", wird einen wesentlichen Teil der europäischen Debatten vor und hinter den Kulissen bilden.

Thema ist zudem mehr denn je zugleich die Herausforderung, die Agrarpolitik als eine Querschnittsaufgabe mit Außenwirkung wahrzunehmen, als Teil internationalen Handelns in der Außenwirtschafts-, ja der Außen- und Sicherheitspolitik, insbesondere auch der Entwicklungspolitik, und ihren Zusammenhang mit den „neuen" Prioritäten der EU-Politik (Migration, Sicherheit, Innovation-Forschung). Dabei stellt sich die Frage, ob wir nach 50 Jahren Gemeinsamer Agrarpolitik nicht längst in einer grundlegend veränderten Auffassung von Landwirtschaft und Landwirtschaftspolitik angekommen sind. Die seit Mitte der 80er Jahre aufkommenden Querschnittsthemen der Nachhaltigkeit, des Umwelt- und Gesundheitsschutzes, der gesunden Ernährung wie auch die europäische und internationale Vernetzung haben die Parameter der Agrarpolitik wesentlich verändert.

Dies hat die neue Präsidentin der EU-Kommission, Ursula von der Leyen, in ihrem politischen Leitfaden für die kommende EU-Kommission in den Mittelpunkt ihrer Betrachtungen zur Orientierung der Landwirtschaftspolitik gestellt. Sie fordert den Abschluss eines „europäischen grünen Vertrages"[160], der eine „gemeinsame Betrachtungsweise", das „Zusammenspiel" von Klimawandel, Biodiversität, Lebens-

---

157 So aber jüngst der Präsident des angesehenen Pariser Think Tanks, Institut Montaigne, Henri de Castries (Interview Le Figaro vom 06.07.2019), S. 16.
158 So zuletzt der französische Präsident Emmanuel Macron in einem Interview mit französischen Regionalzeitungen am 21. Mai 2019.(Pressedienst des Amtes des französischen Präsidenten).
159 Siehe z. B. Agrar-online vom 18.03.2019; zu den wesentlichen Prioritäten zur EU-Agrarreform seitens der Bundeslandwirtschaftsministerin Julia Klöckner siehe Agrar-online vom 21.05.2019.
160 In der englischen Übersetzung als „deal" bezeichnet.

mittelsicherheit, nachhaltiger Nahrungsmittelproduktion, Entwaldung und Landverbrauch unterstreichen müsse.[161]

Brüssel war bisher immer ein idealer Sündenbock für alle Probleme der Agrarpolitik, ob auf regionaler, nationaler oder europäischer Ebene – es ist auch daher nur verständlich, dass die EU-Kommission darauf abzielt, die Verantwortung zumindest zum Teil auf die Hauptstädte „zurückzuverlagern". Weder die Brüsseler Agrarkommissare noch ihre Kollegen in den Regierungen der Mitgliedstaaten sind um ihre Aufgaben und Herausforderungen zu beneiden. Sie standen oft genug vor Lagen, die in gewisser Weise eine „mission impossible" darstellten. Sie waren immer, jeder für sich, ein bequemer Sündenbock für Entscheidungen und vor allem Kompromisse, die keinen Beifall fanden oder sich im nachhinein als Schritt in die falsche Richtung erwiesen haben.

Und die Frage nach der Stellung der Agrarpolitik in den Prioritäten des Handelns auf europäischer Ebene wird von verschiedenen Mitgliedsländern entsprechend ihrer unterschiedlichen nationalen Agrarstruktur und -bedeutung unterschiedlich beantwortet werden. Zweifellos wird bei den anstehenden Weichenstellungen der Focus wieder stärker auf das Spannungsfeld zwischen integrierter Politik und nationalem souveränen Handeln gerichtet sein.

Die Geschichte der Reformen der Agrarpolitik scheint eine Geschichte ohne Ende zu sein. Sie ist jedenfalls eine Geschichte eines besonderen, hochsensiblen Bereiches europäischer Politik, dessen Veränderungen und Anpassungen oft notgedrungen erfolgten. Es war und ist eine Politik, die permanent unter Druck stand, die mit Verzögerungen, Fehlern, Problemen zu leben hatte. Man ist geneigt, sich die zugespitzte Formulierung von Anja Rohwer „Die gemeinsame Agrarpolitik der EU – Fluch oder Segen?"[162] zu eigen zu machen – Und doch hat sie in den vergangenen 60 Jahren letztlich erstaunliche, auch und gerade positive Entwicklungen erlaubt. Und auch dazu haben das BML, seine Minister und Staatssekretäre, seine Mitarbeiterinnen und Mitarbeiter trotz oft widriger, komplexer Umstände wesentlich beigetragen.

---

161 von der Leyen, Ursula: Meine Agenda für Europa, politischer Leitfaden für die nächste EU-Kommission 2019–2024, Brüssel 2019, S. 5.
162 So der Titel des Beitrags von Anja Rohwer im IFO-Schnelldienst 3/2010, S. 27 ff.

Abb. VI.1:
Quelle:
ullstein bild
– dpa.

Oben: Konstituierende Sitzung der Europäischen Wirtschaftskommission, Brüssel, 16. Januar 1958. Stehend Kommissionspräsident Walter Hallstein, neben ihm die beiden Vizepräsidenten Piero Malvestiti und Sicco Mansholt.
Unten: Elfter G7-Gipfel in Bonn 1985. Von links EWG-Kommissionspräsident Jacques Delors, Ministerpräsident Bettino Craxi (Italien), Präsident François Mitterrand (Frankreich), Premierministerin Margret Thatcher (Großbritannien), Bundeskanzler Helmut Kohl, Präsident Ronald Reagan (USA), Ministerpräsident Yasuhiro Nakasone (Japan) und Premierminister Brian Mulroney (Kanada).

Abb. VI.2:
Quelle:
ullstein bild
– Poly-Press.

Abb. VI.3: Quelle: Bundesregierung, B 145 Bild-00161742, Foto: Engelbert Reineke.

Die von der EG 1999 beschlossene Agenda 2000 bedeutete eine tiefgreifende Reform der gemeinsamen Agrarpolitik. **Oben:** Demonstration in Bonn März 1999. **Unten:** Sondergipfel des Europäischen Rates in Königswinter 1999.

Abb. VI.4: Quelle: Bundesregierung, B 145 Bild-00014392, Foto: Engelbert Reineke.

Horst Möller

Schlussbemerkungen

I

Die Leitfrage der vorstehenden Beiträge lautet, in welchem Maße das 1949 gegründete Bundesministerium für Ernährung und Landwirtschaft und seine Vorgängerinstitutionen seit dem Ersten Weltkrieg durch sachliche und personelle Kontinuität über die Umbrüche der deutschen Geschichte im 20. Jahrhundert hinweg charakterisiert sind bzw. welche Diskontinuitäten wirksam waren. Selbstverständlich besteht die grundlegende Kontinuität in der Zuständigkeit für Ernährung und Agrarpolitik, wenngleich sich die Geschäftsverteilung zwischen Ministerien für Teilbereiche ändern kann, beispielsweise für Forstwirtschaft oder in unseren Tagen für Verbraucherschutz. Kurzzeitig wurde allerdings das Landwirtschaftsministerium mit dem Wirtschaftsministerium zusammengelegt bzw. gemeinsam geleitet, 1919/20 sowie in anderem politischen Kontext 1933 unter Alfred Hugenberg, als auch noch die Leitung des Preußischen Landwirtschaftsministeriums damit verbunden wurde. Doch schon die territoriale Grundlage ist weder nach 1918, nach 1939, nach 1945, nach 1949 noch nach 1990 identisch gewesen. Die sich seit den 1950er und 1960er Jahren rasant entwickelnde Europäisierung der Agrarpolitik schließlich veränderte zwar nicht die zwischenstaatlichen Grenzen, verminderte indes in Westeuropa ihre agrarpolitische Bedeutung. Daraus folgte für das BMEL eine in dieser Form bis dahin unbekannte Mitbeteiligung an der Außenwirtschaftspolitik. Der rasante Wandel in der Landwirtschaft, vor allem ihrer sozialen, technischen, biologischen und Umweltbedingungen, Veränderungen im Ernährungsverhalten und andere fundamentale Entwicklungen, wie die sich beschleunigt fortsetzende starke Verminderung der Zahl der landwirtschaftlichen Betriebe, bilden neue massive Herausforderungen für die Landwirtschafts- und Ernährungspolitik des BMEL.

Die hundertjährige Geschichte und Vorgeschichte des heutigen Bundesministeriums für Ernährung und Landwirtschaft konnte schon deshalb kein einfaches Kontinuum bilden, weil die deutsche Geschichte dieses Zeitraums es nicht war. Vielmehr spiegeln sich in der Institutionengeschichte des Ministeriums alle Brüche, Neuanfänge, Fortschritte und Rückschritte des gesamten 20. Jahrhunderts, d. h. die Geschichte zweier Demokratien, zweier ideologisch gegensätzlicher Diktaturen und des besetzten Deutschland nach 1945. Allein schon aus den unterschiedlichen Systemen ergibt sich eine Grundspannung zwischen staatlich gelenkter Wirtschaft und marktwirtschaftlicher Orientierung, die sich in den einzelnen Epochen differenziert ausprägte.

II

Schon die Gründung der deutschen Landwirtschaftsministerien auf Reichs- bzw. Bundesebene folgte nicht einer generellen politischen Logik, sondern als Antwort auf Katastrophen, deren Folgen bewältigt werden mussten. Sowohl die Gründung des Reichslandwirtschaftsministerium 1919 als auch die Einrichtung von Zonen- bzw. Länderbehörden nach 1945 und schließlich des Bundesministeriums für Ernährung, Landwirtschaft und Forsten 1949 waren Resultat der katastrophalen Kriegsniederlagen, die Hungersnöte zur Folge hatten.

Auf den ersten Blick überrascht es, dass nach Gründung des Deutschen Reiches durch Otto von Bismarck 1871 fast ein halbes Jahrhundert bis zur Etablierung des mehrfach umbenannten Reichsernährungsministeriums (REM, seit 30. März 1920 Reichsministerium für Ernährung und Landwirtschaft, RMEL) verging. Schließlich waren unter Bismarck eine Reihe Oberster Reichsverwaltungen[1] etabliert worden, doch entstand eine Vorform des REM erst während des Weltkrieges im Jahr 1916, das Kriegsernährungsamt. Ursächlich dafür war, wie Gustavo Corni und Francesco Frizzera darstellen, die katastrophale Ernährungslage der deutschen Bevölkerung: Die Ernährungswirtschaft wurde zur Zwangswirtschaft, die nur reichsweit realisierbar war. Entscheidend für die bisherige Landwirtschafts- und Ernährungspolitik waren die Kompetenzen der Einzelstaaten, die in dem aus einem Fürstenbund hervorgegangenen Kaiserreich viel umfangreichere Zuständigkeiten besaßen als die Länder der Weimarer Republik oder die heutigen Bundesländer. Und in dieser staatsrechtlichen Struktur liegt eine der dominierenden Kontinuitäten: Mit Ausnahme der nationalsozialistischen Diktatur, die faktisch ein Einheitsstaat war, und der DDR seit 1952 ist die deutsche Geschichte durch den Föderalismus charakterisiert, was sich bis heute auf die Agrar- und Ernährungspolitik auswirkt.

Mit der Errichtung des Reichsernährungsministeriums 1919 war indes keine dauerhafte Zwangswirtschaft verbunden, wenngleich die Hyperinflation 1922/1923 und die mit ihr verbundene Ernährungskrise erneut in diese Richtung wiesen. Erst seit 1923/24, nachdem es unter den einzelnen Reichsministern zu unterschiedlichen Akzentsetzungen gekommen war, standen neue Themen auf der Tagesordnung, darunter Rationalisierungen und Mechanisierungen in der Landwirtschaft, die Zoll- und Handelspolitik für den Agrarsektor und schließlich die Umschuldung für die überschuldeten großen Güter, vornehmlich in den Ostgebieten des Deutschen Reiches. Dieser Sanierungsversuch zählte zu den zentralen agrarpolitischen Aufgaben der letzten Jahre der Weimarer Republik und führte zur sog. Osthilfe sowie der Einrichtung einer eigenen Reichsbehörde mit einem Reichskommissar an der Spitze.

Die seit dem „Schwarzen Freitag" an der New Yorker Börse am 25. Oktober 1929 ausbrechende Weltwirtschaftskrise löste in Deutschland eine fundamentale Gesellschafts-, Staats- und Systemkrise aus. Zwar wirkte sie sich ökonomisch primär auf den

---

[1] Morsey, Rudolf: Die Oberste Reichsverwaltung unter Bismarck 1867–1890, Münster 1957.

industriell-gewerblichen und den Finanzsektor aus und verursachte eine verheerende Erwerbslosigkeit der deutschen Bevölkerung – im Februar 1932 betrug sie bei über 6 Millionen Arbeitslosen fast 30 Prozent –, verschärfte jedoch zugleich die strukturell begründete Agrarkrise der 1920er Jahre, die zu Revolten bei der Landbevölkerung führte. Die NSDAP, die propagandistisch geschickt auch große Teile vor allem der protestantischen Landbevölkerung einschließlich der Landarbeiter ansprach, konnte sich diese massive Unzufriedenheit zunutze machen, was erheblich zu ihren Wahlerfolgen seit dem 14. September 1930 beitrug.[2]

Wie die agrarpolitische Entwicklung verlief, wie die Präsidialregierungen 1930 bis 1932 in diesem Feld agierten und neue Marktordnungen einführten, wird im Beitrag von Gustavo Corni und Francesco Frizzera deutlich. Auch für Landwirtschaft und Ernährung endete die Weimarer Republik wie sie begonnen hatte: in einer schweren Krise, die das REM wiederum mit staatlichen Zwangsmaßnahmen beantwortete. Auf Grund unerfüllter Ankündigungen der Reichsregierungen entwickelte sich eine „Radikalisierung des Landvolks". Der Einfluss des Reichslandbundes auf die einschlägigen Verordnungen wuchs, die Lobbyarbeit wurde zu Zeiten des Reichskanzlers Heinrich Brüning 1930 bis 1932 bei manchen Akteuren zur Wühlarbeit, die dazu beitrug, das Vertrauen des Reichspräsidenten gegenüber dem Kanzler zu untergraben. Die Präsidialregierungen Franz von Papen und Kurt von Schleicher, die 1932 ausschließlich ohne Reichstagsmehrheiten mit Notverordnungen des Reichspräsidenten von Hindenburg regierten, versuchten mit Importstopps, die faktisch der Ankündigung eines Handelskrieges gleichkamen, sowie einem radikalen Siedlungsprogramm der Regierung des Generals von Schleicher, der verfahrenen Lage Herr zu werden. Dabei waren die personalpolitischen Übergänge in der Endphase der Weimarer Republik fließend. Der die Verwaltung massiv dominierende Bruch auf der politischen Ebene setzte im Frühjahr 1933 ein, die Personalschübe bzw. ihre politische Gleichschaltung auf der höheren Beamtenebene erfolgten nicht schlagartig, sondern seit der ‚deutschnationalen Wende' 1932 prozessual.

III

Ein durchgängiges Kriterium in der Personalpolitik über die Epochengrenzen hinweg lag in der Präferenz des Ministeriums bzw. der entsprechenden Behörden für Fachkompetenz. Das schloss parteipolitische Orientierungen der Beamten nicht aus; in den diktatorischen Systemen war sie vielmehr erwünscht, teilweise sogar gefordert.

Nach der Revolution von 1918/19 taten sich viele Beamte schwer, aus ihrer monarchischen Gesinnung und Sozialisation im Kaiserreich zu republikanischer Verfassungstreue zu finden. Auf Reichsebene fehlte es aufgrund ständiger Regierungs- und

---

[2] Vgl. zur politischen Entwicklung insgesamt Möller, Horst: Die Weimarer Republik. Demokratie in der Krise, 12. erw. Aufl. München 2018.

Ministerwechsel – anders als im größten Land Preußen – an einer konsequenten Politik der Demokratisierung und Republikanisierung des Verwaltungsapparats. Während der nur wenige Monate dauernden Amtszeit des Reichskanzlers Franz von Papen wurde bereits eine große Zahl verfassungstreuer Beamter verdrängt – nach dem Staatsstreich gegen das demokratische Preußen am 20. Juli 1932 auch dort. Die Übergangszeit zur NS-Diktatur 1932/33 stärkte zunächst den deutschnationalen, nichtverfassungstreuen Anteil vor allem bei politischen Beamten, bevor das NS-Regime von Beginn an und verstärkt seit der Reichstagswahl vom 5. März 1933 eine Politisierung der Verwaltungen betrieb.

Der erste alle Beamten umfassende Personalschub des NS-Regimes erfolgte bereits auf der Grundlage des Gesetzes zur Wiederherstellung des Berufsbeamtentums (des sog. Berufsbeamtengesetzes) vom 7. April 1933, mit dessen Hilfe sowohl Beamte jüdischer Herkunft als auch politisch als oppositionell eingestufte, insbesondere Sozialdemokraten, entlassen oder zumindest erheblich benachteiligt wurden. Zu den Folgen zählten Anpassungsdruck und Opportunismus, der in den verschiedenen Wellen des Parteibeitritts zur NSDAP, insbesondere seit der Reichstagswahl vom 5. März 1933 („Märzgefallene") sowie nach Aufhebung der kurz darauf erlassenen zeitweiligen Aufnahmesperre[3] seit 1937 abzulesen ist. Regelungen dieser Art betrafen sämtliche Sektoren des öffentlichen Lebens. Für das RMEL kann Ulrich Schlie zeigen, dass der Staatssekretär und spätere geschäftsführende Reichsminister Backe ungeachtet seiner nationalsozialistischen Haltung und seiner verhängnisvollen Rolle in der rassistischen Siedlungspolitik – in Kooperation mit Himmler – dezidiert auf Fachkompetenz und traditionelles ministerielles Arbeiten setzte, ja sogar noch 1942 Fritz-Dietlof Graf von der Schulenburg als Leiter der Zentralabteilung des RMEL einsetzte – Schulenburg, der nach dem Attentat auf Hitler vom 20. Juli 1944 als Beteiligter hingerichtet wurde.

Verfassungstreue, das im Selbstverständnis des klassischen Beamtentums verankerte Kriterium der Überparteilichkeit sowie das naturgemäß in den Verwaltungen vorherrschende etatistische Denken müssen also im je spezifischen Spannungsverhältnis zur wechselnden Staats- und Verfassungsordnung analysiert werden. Die Beamten stellen aufgrund ihres Dienst- und Treueverhältnisses zum Staat prinzipiell eine soziale Sondergruppe dar, was bei diktatorischen Staaten in höchstem Maße problematische Konsequenzen hat.

Im RMEL und seinen Nachfolgern galt in geringerem Maße das im höheren Dienst der meisten Ministerialverwaltungen übliche Juristenmonopol, genauer: die Juristendominanz, vielmehr existierte die ausgeprägte Zielsetzung, die höheren Beamten nach ihrer agrarwissenschaftlichen Expertise zu rekrutieren. Dieses Kriterium gilt für die Weimarer Republik – wo allerdings der Juristenanteil deutlich höher war als nach

---

[3] Da die NSDAP zwischen 30. Januar 1933 und April 1933 (zum erheblichen Teil nach der gewonnenen Reichstagswahl vom 5. März) einen extremen Zuwachs von 1,6 Millionen neuen Mitgliedern verzeichnete, erließ die Partei (bei einem damaligen Mitgliedsstand von 2,5 Millionen) am 1. Mai 1933 eine Aufnahmesperre, die vier Jahre beibehalten wurde.

1949 im BMEL – für das NS-Regime, für die Besatzungszeit, schließlich die Bundesrepublik Deutschland. Daraus folgt: Im Zweifelsfall neigten die Behördenleitungen nach 1945 bzw. nach 1949 dazu, bei Vorliegen zweifelsfreier agrarwissenschaftlicher oder agrarpolitischer Sachkompetenz eine etwaige NS-Belastung zumindest dann gering zu bewerten, wenn sie nach den einleitend dargestellten Kriterien[4] nur formeller Natur oder in materieller Hinsicht geringfügig gewesen war. Allerdings ist eine zeitliche Differenzierung erforderlich: Die in den ersten Nachkriegsjahren nachdrücklich geführte Debatte über NS-Belastungen schwächte sich zu Beginn der 1950er Jahre wieder ab. Gegen Ende der 1950er Jahre begann eine neue Phase der öffentlichen Diskussion über die nationalsozialistischen Verbrechen nach dem Ulmer Einsatzgruppen-Prozess 1958, der daraufhin erfolgenden Gründung der Zentralen Stelle der Landesjustizverwaltungen zur Aufklärung nationalsozialistischer Verbrechen in Ludwigsburg 1958 sowie dem Auschwitz-Prozess in Frankfurt 1963 bis 1966. Diese Auseinandersetzung mit der NS-Vergangenheit gewann zwar keine unmittelbare Auswirkung auf die Frage nach der NS-Belastungen von Beamten, doch bildete sie die Ausgangsbasis dafür, das seit Mitte der 1960er Jahre – beginnend mit den Professoren – in den folgenden Jahrzehnten nach und nach viele Berufsgruppen, Organisationen, Unternehmen und schließlich die Bundesministerien erforscht wurden und noch werden.

Nach 1945 gerieten die von Deutschen geleiteten Behörden der Besatzungszeit, die im Auftrag der Alliierten agierten, oftmals mit diesen in Konflikt, wenn es um die Einstellung von Mitarbeitern ging, die als NS-belastet interniert waren. Dabei ist bemerkenswert, dass die deutschen Spitzenbeamten in den ersten Nachkriegsjahren meist vom NS-Regime unbelastete Agrarexperten waren und sogar zu dessen dezidierten Gegnern zählten. Trotzdem gewichteten diese Leistungen normalerweise die agrarpolitische Kompetenz höher als die Frage der Belastung. Hans Schlange-Schöningen etwa, der Direktor für Ernährung und Landwirtschaft beim Frankfurter Wirtschaftsrat und zuvor beim Zentralamt für Ernährung und Landwirtschaft in der britischen Zone, äußerte sich sogar dezidiert in diesem Sinne: Ohne Experten sei der Kampf gegen den Hunger nicht zu gewinnen (Horst Möller/ Eberhard Kuhrt).

Wenngleich die Besatzungszeit die kürzeste Phase dieser Institutionengeschichte bildet, zählt sie doch zu den kompliziertesten. Bei Kriegsende dominierte zwar (neben dem Wohnungsproblem in den kriegszerstörten Städten) vor allem ein Thema, der Kampf gegen den Hunger, und folglich die Maßnahmen, mit denen überhaupt eine Chance bestand, ihn zu gewinnen. Einigkeit bestand darin, dass er aufgrund des blühenden Schwarzhandels nur mittels strenger Organisation und Zwangswirtschaft geführt werden konnte, bevor seit 1948/49 zunehmend unter dem Einfluss des Direktors für Wirtschaft beim Frankfurter Wirtschaftsrat, Ludwig Erhard, sich marktwirtschaftliche Prinzipien als Zukunftsmodell durchsetzten. Doch so klar die Aufgabenstellung war, so verworren waren die Zuständigkeiten. Neben vier Militärregierungen, bzw. zum

---

4 S.o. Einführung.

Teil unübersichtlich gegliederten und zuständigen Besatzungsbehörden kamen nach und nach auch deutsche Behörden ins Spiel – kommunale, Länderregierungen, Landtage, Zonenbehörden und schließlich zonenübergreifende Behörden. Doch unterlagen alle deutschen Behörden bzw. auch das deutsche Leitungspersonal in den nach 1945 neu gegründeten zonalen Organisationen der Weisungsbefugnis der Militärbehörden, die ihrerseits nicht immer auf der Linie ihrer eigenen Regierungen handelten und in denen es deutschlandpolitische Kontroversen bzw. unterschiedliche Konzeptionen gab.

Auch der Neuaufbau agrar- und ernährungspolitischer Verwaltungen wurde durch die Differenzen der alliierten Kriegssieger untereinander erschwert. Sie wirkten sich nicht allein innerhalb der wachsenden Ost-West-Spannung des Kalten Krieges zwischen den westlichen Demokratien und der Sowjetunion aus, sondern in den ersten Jahren auch unter den westlichen Alliierten. Allerdings ließen diese schon ab 1946 gemäß dem Vorbild der Amerikaner nach den zunächst von ihnen eingesetzten Länderregierungen und Bürgermeistern demokratische Parteien und Wahlen zu, was auch in der Agrarpolitik zur sukzessiven Mitbeteiligung der Deutschen führte. Diese Entwicklung spielte sich in einem vergleichsweise kurzen Zeitraum als außerordentlich dynamischer Prozess mit vielen – zum Teil kurzlebigen – organisatorischen Neugründungen ab. Die zunehmende Harmonisierung in der amerikanisch-britischen Bizone, der sich die französische Zone schließlich partiell anschloss, bereitete den Weg zur Weststaatsgründung, der durch die Londoner Empfehlungen der Sechs-Mächte-Konferenz vom 7. Juni 1948 und die Währungsreform vom 21. Juni 1948 unumkehrbar wurde.

Innerhalb weniger Jahre wurde in einem komplizierten Wechselverhältnis von übergeordneter alliierter Leitung und zunehmenden deutschen Entscheidungsmöglichkeiten sowie amerikanischer und britischer Nahrungsmittelhilfe der Kampf gegen den Hunger gewonnen. Insbesondere die von Hans Schlange-Schöningen geleitete Verwaltung für Ernährung, Landwirtschaft und Forsten des Vereinigten Wirtschaftsgebiets (VELF) zählte zu den Schlüsselressorts des Frankfurter Wirtschaftsrats. Diese überzonale deutsche Behörde, ihre Organisationstruktur und personelle Ausstattung mit etwa 500 Mitarbeitern wurde 1949 Kern des Bundesministeriums für Landwirtschaft (Horst Möller/Eberhard Kuhrt).

Die wesentlichen Elemente dieser unmittelbaren Nachkriegsentwicklung blieben zu Beginn der 1950er Jahre erhalten, darunter die politisch unbelastete Leitung durch den ersten Bundesminister für Landwirtschaft, Wilhelm Niklas (CSU), sowie die Präferenz für fachspezifisch ausgewiesene Beamte. Allerdings erhielten trotz der weiterhin quantitativ dominierenden Agrarexperten in der früheren Bundesrepublik auch sog. Quereinsteiger Chancen (Friedrich Kießling).

Bei aller Unvollkommenheit spielten in den ersten Besatzungsjahren die alliierte ‚Entnazifizierung' und die Spruchkammerverfahren vor deutschen Gerichten noch eine wesentliche Rolle. Sie zeigten, obwohl sie in großen Teilen der deutschen Bevölkerung auf erhebliche Ablehnung stießen, dass die Unterstützung oder Mitwirkung im NS-Regime zumindest im weiteren Sinn auch dessen Massenverbrechen diente.

Besonders in der amerikanischen Besatzungszone wurden viele hunderttausend Beamte entlassen, die zum größten Teil einfache Parteimitglieder ohne politische Funktionen gewesen waren, die also nicht strafrechtlich, sondern nur formell ‚belastet' waren und die die Entnazifizierungsbehörden als Mitläufer eingestuft hatten.

Seit Beginn der 1950er Jahre hingegen ließ die Überprüfung der politischen Vergangenheit und ggf. ihre Ahndung deutlich nach. Dafür waren mehrere Gründe maßgebend, zum einen das erwähnte Expertenprinzip in der Personalpolitik, zum anderen die Einschätzung, mehr als fünf Jahre nach dem Krieg sollten ‚Belastungen', die nicht eindeutig krimineller Natur oder ideologisch-politisch besonders schwerwiegend waren, keine Rolle mehr spielen. Diese Entwicklung verstärkte sich derart, dass der Anteil ehemaliger NSDAP-Mitglieder unter den höheren Beamten im BMEL am Ende der 1950er Jahre und zu Beginn der 1960er deutlich höher war als in den eineinhalb Jahrzehnten zuvor (Friedrich Kießling). Die Differenzierung nach dem Belastungsgrad belegt indes, dass die überwiegende Zahl dieser Beamten lediglich formell durch einfache Parteimitgliedschaft belastet war. Insofern unterschied sich das BMEL in dieser Hinsicht kaum von den anderen gesellschaftlichen und administrativen Sektoren in der Bundesrepublik.

Generell kann man die politische ‚Resozialisierung' und Reintegration ehemaliger Nationalsozialisten als einen Prozess ansehen, der etwa 10 bis 15 Jahre nach Ende des NS-Regimes üblich wurde, der allerdings im BMEL tendenziell früher begann als in anderen Ministerien und der insgesamt im interministeriellen Vergleich auch zu einer besonders hohen Zahl an ehemaligen Parteimitgliedern führte.

Darüber hinaus gab es im BMEL unter den höheren bzw. höchsten Beamten einige durchaus problematische Einzelfälle, bei denen es sich ebenfalls um ausgewiesene Agrarexperten handelte, die jedoch teilweise – wie einige für Strukturpolitik zuständige Referats- oder Unterabteilungsleiter – erheblich in die deutsche Kriegs- und Besatzungspolitik involviert waren (Friedrich Kießling). Dies überrascht insofern, als unter den Bundeslandwirtschaftsministern selbst keine gravierenden NS-Belastungen, sondern höchstens formelle, vorlagen. Die problematischen Fälle waren die Staatssekretäre bzw. Ministerialdirektoren Hermann Martinstetter, Rudolf Hüttebräuker, Walter Florian und partiell Theodor Sonnemann. Bei ihnen muss unterschieden werden, ob sie ideologisch unveränderte Positionen vertraten, wie das in geradezu erstaunlicher Weise für den bis 1972 amtierenden Chef der Abteilung I Martinstetter gilt, bei dem Kießling Äußerungen nachweist, die 1952 in der Neuausgabe einer Schrift von 1939 „eindeutig als nationalsozialistisch" einzustufen sind und die mit der Lebensraumideologie des NS-Regimes übereinstimmten. Nationalsozialistische Texte dieser Art bildeten im BMEL aber offensichtlich eine Ausnahme. Trotzdem bleibt es bemerkenswert, dass sie nicht nur nicht sanktioniert wurden, sondern offenbar keinerlei Hinderungsgrund für den Aufstieg bis zum für die Personalpolitik zuständigen Abteilungsleiter darstellten. Einen traditionellen Führungsstil sowie traditionelle agrarpolitische Positionen pflegte der ebenfalls NS-belastete Staatssekretär Sonnemann. Und schließlich gab es Beamte, die trotz ihrer nationalsozialistischen Vorgeschichte eindeutig im Sinne der demokratischen Verfassungsordnung handelten. Bei einem auch im materiellen Sinne NS-belasteten Staatssekretär wie Florian, der seinen Lebenslauf gravierend gefälscht hatte, wurde in früheren NS- bzw. SS-Aktivitäten sogar bis in die 1970er und 80er Jahre hinein kein Hindernis für Beförderungen und schließlich die Ernennung zum Staatssekretär gesehen. Als er dann selbst über die Beförderung von Beamten entschied, sah er in NS-Belastungen ebenfalls keinen Ablehnungsgrund: Friedrich Kießling gelangt zu dem Ergebnis, dass im BMEL durchgängig eine hohe „Belastungstoleranz" vorlag und von einer aktiven Debatte im Ministerium über NS-Belastungen von Beamten – abgesehen von einigen Vorläufern um 1970 – bis 2005 keine Rede sein konnte.

Trotz solcher personeller Kontinuitäten bleibt die Differenzierung zwischen formeller und materieller Belastung zentral. Pauschalurteile werden deshalb der historischen Realität der ersten Nachkriegsjahrzehnte nicht gerecht.

IV

Die tatsächlich entscheidende Frage lautet demgegenüber: Agierten diese Beamten unter den fundamental veränderten Bedingungen des demokratischen Rechtsstaats und der parteienstaatlichen parlamentarischen Demokratie weiterhin nach den gleichen agrarpolitischen Prinzipien wie vor 1945 bzw. nach den vor 1933 gültigen? Und selbst, wenn dies der Fall war, handelte es sich um nationalsozialistische Ziele oder waren es sachpolitische Zwänge, die selbst die Agrarpolitik der NS-Diktatur nicht aufgab bzw. aufgeben konnte?

Hier sind verschiedene Sektoren zu unterscheiden: solche, die zum ideologischen Kern des Nationalsozialismus gehörten, und solche Kontinuitäten, die epochenübergreifend bestanden bzw. in spezifischen politischen Konstellationen immer wieder auftauchten, gleich, welches Regierungssystem bestand. So zählen die permanente Auseinandersetzung zwischen Zwangsbewirtschaftung und Marktwirtschaft sowie Protektionismus und Freihandel, zwischen staatlicher Unterstützung und Marktprinzip zu den seit dem Ersten Weltkrieg stets strittigen Alternativen. Allerdings bestanden in der Agrarpolitik über die Epochengrenzen hinweg immer wieder spezifische ernährungspolitische Zwänge, die ihrerseits mit kürzeren Unterbrechungen zu den fundamentalen Kontinuitäten der Agrarpolitik und damit der Handlungsfelder des Ministeriums bzw. der einschlägigen Behörden zählten. Sowohl am Ende des Ersten Weltkriegs wie in den ersten Nachkriegsjahren mussten die Regierungen massive Ernährungsprobleme lösen und sahen sich zeitweilig mit Hungerkrisen konfrontiert: In den letzten Jahren des Ersten Weltkriegs, zu Beginn und am Ende der Weimarer Republik sahen die Regierungen keinen anderen Ausweg als den der Zwangsbewirtschaftung für die wichtigsten Nahrungsmittel. Eine ähnliche Situation wiederholte sich während der Besatzungsjahre 1945 bis 1949 und für einzelne Produkte sogar noch in der frühen Bundesrepublik (Gustavo Corni bzw. Horst Möller).

V

Das NS-Regime nutzte seine Indienstnahme der gesamten Wirtschaft und die Autarkiepolitik für seine ideologischen und kriegerischen Ziele. Nach Gründung der großangelegten Vier-Jahresplan-Behörde unter der Leitung Hermann Görings 1936 wurden die kriegswirtschaftlichen Absichten offensichtlich. Die Politik dieser neuen Obersten Reichsbehörde griff insbesondere durch die brutale Besatzungspolitik in Polen mit seiner Zwangsumsiedlung der ansässigen Landbevölkerung bzw. der staatlich gelenkten Ansiedlung im sog. Warthegau schon seit 1939 auch in die Landwirtschaftspolitik ein. Siedlungspolitik, so urteilt Ulrich Schlie am Beispiel des Reichsbauernführers und Reichsernährungsministers Darré, war von Beginn an Teil der nationalsozialistischen Agrarideologie, indem sie sich mit der rassistisch akzentuierten Forderung nach „Lebensraum" im Osten verband und insofern Teil des „rassenideologischen Vernichtungskrieges" (Andreas Hillgruber) wurde. Die Vierjahresplan-Behörde zählte zu den zentralen Organisationen des Regimes zur Kriegsvorbereitung und zu ihren Repressionsinstrumenten.

Die Spezifika der nationalsozialistischen Agrarpolitik, für die es weder vor 1933 noch nach 1945 Anknüpfungspunkte gab, liegen zunächst in agrarideologischen Zielen, die Ulrich Schlie unter anderem am Beispiel der beiden wichtigsten Protagonisten, des Reichsministers und Reichsbauernführers Walther Richard Darré sowie seines Konkurrenten und seit 1936 zunehmend faktischen Nachfolgers als Reichsernährungsminister (ab 1942 geschäftsführender Minister, ab 1944 auch formell Reichsminister) Herbert Backe darstellt. Die NS-Agrarpolitik nahm zwar partiell traditionelle Elemente auf, was ihr Anhänger verschaffte, formte sie aber systemspezifisch um. Das gilt beispielsweise in der auf nationale Autarkie zielenden Ernährungspolitik mit Marktordnungen, beim sog. Reichserbhofgesetz vom 29. September 1933, das weit über das traditionelle Anerbenprinzip hinausging (und Juden vom Besitz landwirtschaftlicher Betriebe ausschloss), in der sog. ‚Blut- und Boden'- Propaganda, oder der auf ihr basierenden Agrarromantik. Doch selbst letztere war nicht so spezifisch, wie es scheint. Tatsächlich existiert agrarromantisches Denken seit Rousseaus Schlachtruf „Zurück zur Natur" vom 18. Jahrhundert bis in unsere Tage in Form des Antiurbanismus, des Antiindustrialismus oder auch in Form spezifischer agrarpolitscher Forderungen in der aktuellen Debatte.

Die prinzipielle Änderung der administrativen, gesellschaftlichen und politischen Strukturen infolge der Begründung des Reichsnährstandes (RN) kennt jedoch weder in der Vor- noch in der Nachgeschichte der NS-Diktatur Analogien. Der Reichsnährstand war u. a. ein Instrument der Gleichschaltung gesellschaftlicher Selbstorganisationen in der Landwirtschaft und begründete auch in diesem Sektor eine für die polykratische Struktur des NS-Regimes charakteristische ‚Doppelstaatlichkeit' (Ernst Fraenkel, Martin Broszat, Hans Mommsen). Diese der politischen Zielsetzung entsprechende administrative Struktur höhlte die Zuständigkeit des REM partiell aus. Weitere Gründungen, z. B. die des Rasse- und Siedlungshauptamtes, die ständigen Kompetenzüberschneidungen von Parteistellen mit staatlichen sowie öffentlich-rechtlichen Institutionen komplizierten die Entscheidungsstrukturen. Diese dynamischen Verflechtungen, Überschneidungen, Konkurrenzen analysiert Ulrich Schlie ebenso wie die politisch und personell zwischen REM, RN, Vierjahresplan-Behörde und Reichsministerium für die besetzten Ostgebiete fluktuierenden Beziehungen in den einzelnen Phasen des NS-Regimes von der Grundlegung 1933 bis zu der Entwicklung während des Weltkrieges seit 1939 und sieht darin eine erstaunlich stringente Kontinuität der NS-Agrarpolitik.

Sie führte, wie Ulrich Schlie erstmals in diesem Ausmaß herausarbeitet, zur Beteiligung von REM, RN sowie Rasse- und Siedlungshauptamt an der brutalen Besatzungs- und Vertreibungspolitik in den annektierten Gebieten Polens, also den damit verbundenen Enteignungen. Sie führten die schon zuvor im Reich vorangetriebenen sog. Arisierungen des Besitzes jüdischer Deutscher, und andere Verbrechen fort. Hier liegt zweifellos eine NS-spezifische Singularität der Politik des REM.

Für weitere zentrale Ziele der Agrarpolitik nach 1933 gilt demgegenüber, dass sie vom NS-Regime nicht erfunden, sondern ideologisch umgeformt oder instrumentalisiert wurden. Weder der Protektionismus noch die Steuerung der Ernährungspolitik noch die Ansiedelung von Bauern waren neue agrarpolitische Instrumente, sondern zählen insgesamt zu den epochenübergreifenden Kontinuitäten. Allerdings wirkten sie sich jeweils auf die gesamte Agrarpolitik unterschiedlich aus, insofern änderte sich systembedingt ihr Charakter nach 1919, nach 1933, nach 1939 bzw. nach 1945 und 1949. Zwar griff die frühe Agrarpolitik der Bundesrepublik – etwa beim Flurbereinigungsgesetz von 1953 – durchaus nationalsozialistische Regelungen der Reichsumlegungsordnung von 1937 auf, doch gingen die Ursprünge dieses Gesetzes sogar bis ins 19. Jahrhundert zurück. Und auch die Systemauseinandersetzung mit der DDR ließ im Kalten Krieg gerade im Agrarbereich manche Anknüpfungspunkte an die NS-Ideologie erkennen. Vordergründige Analogien zur NS-Politik führen dennoch in die Irre. Auch wenn in Einzelfällen NS-Prägungen zu erkennen sind, wäre die Schlussfolgerung, nach 1949 habe es in der Bundesrepublik in zentralen Bereichen agrarpolitische Kontinuitäten zur NS-Diktatur gegeben, ein Fehlurteil.

VI

Wie verhielt es sich mit anderen agrarpolitischen Anknüpfungspunkten in der Bundesrepublik? Friedrich Kießling betont zu Recht, dass der Erfahrungsraum der bundesrepublikanischen Landwirtschaftspolitik bis in die Weimarer Republik zurückreicht und das Anknüpfen an ältere Zielsetzungen von vor 1945 nicht als direkte Fortsetzung nationalsozialistischer Ziele interpretiert werden kann. Vielmehr seien in Bezug auf die Marktordnungspolitik und die Siedlungspolitik Weimarer Problemstellungen erkennbar, die Gustavo Corni eingängig untersucht.

Die „Mangelerfahrung… prägte das agrarpolitische Denken noch längere Zeit", so Kießling. Die Landwirtschaft galt demzufolge als ein Wirtschaftszweig, der unter „spezifischen Bedingungen" arbeitete und demensprechend geschützt werden müsse und „nicht wie andere ökonomische Bereiche der Liberalisierung im Zeichen der „Sozialen Marktwirtschaft" ausgeliefert werden" konnte. Diese zu schützende Sonderstellung der bundesdeutschen Landwirtschaft spielte, wie Joachim Bitterlich an verschiedenen Wendepunkten demonstriert, immer wieder eine Rolle in den europäischen Agrarverhandlungen und der Politik des BMEL im Zusammenspiel, aber auch im Gegeneinander mit anderen beteiligten Ministerien vom Bundeskanzleramt bis zum Wirtschaftsministerium, das unter Ludwig Erhard der Hort der zwar auch sozialen, aber prinzipiell liberalen Marktwirtschaft war. Von Interesse ist auch, wie unter den verschiedenen Landwirtschaftsministern, Staatssekretären und Abteilungsleitern diese Position festgehalten oder zum Teil unter Druck modifiziert wurde.

Tatsächlich antwortete über mehr als die erste Hälfte des 20. Jahrhunderts hinweg ein nicht unerheblicher und zeitweilig dominierender Teil der Politik der Ministerialverwaltung auf Ernährungskrisen oder Krisen der deutschen Landwirtschaft, bevor sie sich nach dem Wirtschaftsaufschwung bzw. im Kontext europäischer Agrarpolitik mit Fragen der Überproduktion befassen musste. Gleich wie man diese Politik im Einzelnen beurteilt, ihre Prinzipien waren nicht primär parteipolitischer oder systemimmanenter Art.

Allerdings gewann die Agrarpolitik naturgemäß in einer parteienstaatlichen Demokratie wie der bundesrepublikanischen seit Ende der 1940er Jahre zusätzlich eine parteipolitische Dimension, wenn die Parteien unter den Einfluss von Interessenverbänden gerieten oder selbst zu Lobbyisten wurden: So versuchten die Bauernverbände naturgemäß die Erzeugerinteressen zu vertreten, wozu ein einträglicher Preis für ihre Produkte gehörte, während beispielsweise die SPD die Verbraucherinteressen schützen wollte, sich also in der Regel für gedrosselte Preise einsetzte. Am Ende der Besatzungszeit versuchte Hans Schlange-Schöningen beiden Aspekten gerecht zu werden, doch legte er sich dabei zusehends mit der Agrarlobby und auch seiner eigenen Partei, der CDU, bzw. der CSU an. Generell aber mussten die Ministerialverwaltungen bzw. die Behörden der Besatzungsjahre versuchen, Erzeugerinteressen mit Verbraucherinteressen zu verbinden und den Schwarzmarkt einzudämmen.

Auch der Protektionismus ist älter als die hier behandelten zeitgeschichtlichen Perioden. Sieht man von frühneuzeitlichen Vorformen wie Merkantilismus und Autarkiepolitik ab, so verschärften sich protektionistische Strömungen nicht nur in der Landwirtschaft, sondern ebenso in Industrie und Gewerbe seit der ersten Wirtschaftskrise des neugegründeten Deutschen Reiches 1873. Die Auseinandersetzung zwischen Liberalen, die sich für den Freihandel einsetzen, sowie plan- bzw. staatswirtschaftlich orientierten Sozialisten und Konservativen, die die eigene nationale Volkswirtschaft schützen oder bevorzugen wollen, zieht sich durch das Jahrhundert. Sie wird auch im permanenten Hang zum Staatsinterventionismus während der 1920er Jahre manifest und ist, wie heutige ‚Zollkriege' zeigen, keineswegs beendet. Dieses Beispiel belegt bei aller Epochendifferenzierung durchgängige Problemlagen über ein Jahrhundert hinweg. Tatsächlich existieren sowohl in den administrativen Strukturen wie in den Problemen und Methoden ihrer Bewältigung sog. Pfadabhängigkeiten. Sie zwingen dazu, nicht jede Maßnahme innerhalb des NS-Regimes als systemspezifisch zu betrachten und nicht jede vordergründige Analogie im agrarpolitischen Handeln der Bundesrepublik als Überbleibsel der NS-Agrarpolitik zu bewerten. Nicht wenige Kontinuitäten, die auf die Jahrzehnte vor 1945 zurückweisen und nach 1949 fortwirken, folgen aus langfristigen strukturellen Problemen, die oft traditionelle bzw. analoge und nicht systemspezifische Lösungen provozieren.

Im Frankfurter Wirtschaftsrat gelang es schließlich dem Direktor für Wirtschaft, Ludwig Erhard, nach heftigen Auseinandersetzungen die Soziale Marktwirtschaft durchzusetzen. Obwohl dies nicht ohne nachdrückliche Unterstützung der CDU/CSU und der FDP möglich gewesen wäre, gab es damals auch CDU-Politiker, die die Zeit für eine derartige Liberalisierung in der Ernährungswirtschaft noch nicht für gekommen hielten. Ihr Wortführer war Hans Schlange-Schöningen. Der spätere Streit in der europäischen Agrarpolitik um die Milchquote betraf zwar keine vergleichbare Grundsatzfrage und stand in einem gänzlich anderen Kontext, doch bedeutete auch diese Entscheidung einen Rückgriff auf alte ordnungspolitische Rezepte.

Friedrich Kießling gelangt zu dem Ergebnis, das Bundeslandwirtschaftsministerium habe sich nach 1949 grundsätzlich schnell in die neue Verfassungsordnung eingefügt und eine entsprechende Verwaltungskultur entwickelt, was zweifellos auf die agrarpolitische Professionalität und die längerfristige, bis in die Weimarer Republik reichende Berufserfahrung zurückzuführen ist. Ab den 1960er Jahren sind dann auch im BMEL neue Verwaltungstrends, wie die Planungseuphorie seit der Großen Koalition 1966 bis 1969 sowie verstärkt der sozialliberalen seit 1969, zu erkennen. In den 1970er Jahren kam die Forderung nach Transparenz der Verwaltung hinzu, der auch im Landwirtschaftsministerium durchaus Rechnung getragen wurde. Moderne Mittel zur Sachstandsanalyse, beispielsweise statistische Erhebungen, gehörten ohnehin seit langem zum Repertoire des in dieser Hinsicht schon seit der Weimarer Republik sehr „modernen" Ministeriums.

In anderen Bereichen, so Joachim Bitterlichs und Simon Reisers Urteil, sei das BMEL allerdings lange traditionellen Vorstellungen gefolgt, habe sich stets bemüht, der Agrarlobby gerecht zu werden und habe am bäuerlichen Familienbetrieb als Leitbild festgehalten. Im Hinblick auf die Europapolitik habe sich das BMEL schwer getan und habe eine spezifische Rolle zwischen Kanzleramt und Wirtschaftsministerium gespielt. Natürlich kann man diese Spezifik auch als die ureigenste Aufgabe ansehen, deutsche Agrarinteressen zu vertreten. Bitterlich zufolge sind die Interessen der deutschen Landwirtschaft durch die dezidiert europäisch orientierte Politik der Bundeskanzler von Konrad Adenauer bis zu Helmut Kohl keineswegs auf dem ‚europäischen Altar' geopfert worden, obwohl gerade die Agrarpolitik zum ersten integrierten Sektor der europäischen Politik geworden ist. Die europäische Agrarpolitik des BMEL war nach Meinung Joachim Bitterlichs eher defensiv und reaktiv, anstatt offensiv eigene Konzepte zu entwickeln. Dabei hatte, wie Bitterlich konstatiert, das BMEL einen Hauptgegner, das Bundeswirtschaftsministerium, und suchte immer wieder mit Erfolg im Bundeskanzleramt einen Verbündeten. Seit der klaren Prioritätensetzung Konrad Adenauers gelang es in der Regel, die europapolitische Zielsetzung durch Maßnahmen zu kompensieren, die die bundesdeutsche Landwirtschaft unterstützten. Hierfür spielte im Übrigen der Einfluss des Deutschen Bauernverbandes eine Rolle. Nicht allein aus traditioneller nationalstaatlicher Orientierung lag seine Priorität nicht in der europapolitischen Perspektive. Mindestens ebenso wirksam war das Ziel, die materiellen Interessen der deutschen Landwirte gegen internationale Konkurrenz zu vertreten. Die nationale Interessenwahrung spielte auch bei den anderen europäischen Partnern eine wesentliche Rolle. Ein instruktives Exempel bildet die von Staatspräsident Charles de Gaulle zeitweilig gegen den Kommissionspräsidenten Walter Hallstein und den Agrarkommissar Sicco Mansholt verfolgte Politik des ‚leeren Stuhls'. Insgesamt kann die Darstellung der Europäisierung weitere Forschungen anstoßen, die die europäische Agrarpolitik des BMEL weiter klärt. Die Bewertung der europapolitischen Verortungen, und damit der Modernisierungsleistungen der einzelnen Bundesminister, die Joachim Bitterlich vornimmt, wird sicherlich weitere fruchtbare Diskussionen anstoßen.

Handelte es sich bei den genannten, die Agrar- und Ernährungspolitik des NS-Regimes dominierenden Besonderheiten um Sektoren, für die es nach 1945 keine Kontinuität geben konnte, so nicht für die mit einiger Verzögerung einsetzenden erwähnten personellen Kontinuitäten. Für sie bietet die Verbindung der Beiträge von Ulrich Schlie und Friedrich Kießling erstmals eine empirische Grundlage. Demgegenüber verlief auch die personalpolitische Entwicklung der Besatzungszeit (Horst Möller/Eberhard Kuhrt) durchaus als mehrfacher historischer Bruch, wenngleich rudimentär für eine gewisse Übergangszeit Elemente des Reichsnährstands erhalten blieben, da sie im Verwaltungschaos nach 1945 organisatorisch benötigt wurden.

VII

Die durch Daniela Münkel und Ronny Heidenreich dargestellte, von vornherein seit der sozialistischen „Bodenreform" prinzipiell als Konkurrenzmodell auftretende DDR-Agrarpolitik seit 1949 weist in den politischen Inhalten keine und in den Personalia wenig Kontinuitäten auf, wenngleich die SBZ bzw. die DDR natürlich die gleiche Vorgeschichte hatte wie Westdeutschland und nach 1945 ebenfalls unter Besatzungsregime stand und mit einem Ernährungsproblem zu kämpfen hatte.

Allerdings zeigte sich in der DDR zwischen 1949 und 1990 der umgekehrte Weg: Die Parteipolitisierung des Verwaltungsapparats wiederholte sich in der SED-Diktatur mit anderem Vorzeichen. Das zeigte sich schon in der Übergangsphase 1945 bis 1949, als zwar ein deutlich geringerer Anteil ehemaliger Nationalsozialisten übernommen bzw. später wieder eingestellt wurde, statt dessen aber kommunistische Linientreue zur SED zum Grundprinzip wurde und nicht wie in Westdeutschland Fachkompetenz. Wenngleich die SED- bzw. DDR-Führung trotz zur Schau getragenem „Antifaschismus" deutlich mehr ehemalige Nationalsozialisten beschäftigte als offiziell zugegeben, gab es doch Vergleichbarkeiten: Weder im Osten noch im Westen waren die NS-bezogenen Aktivitäten immer bekannt, nach Quantität und Belastungsgrad waren sie in den einzelnen Sektoren der Landwirtschaftspolitik unterschiedlich, beispielsweise höher im

Agrarforschungsbereich, der dem Landwirtschaftsministerium der DDR nachgeordnet war. Insgesamt lag nach Daniela Münkel und Ronny Heidenreich der Anteil ehemaliger Nationalsozialisten unter den bis 1973 amtierenden kommunistischen Leitungskadern bei 22%. Allerdings handelte es sich wie im Westen auch in der DDR, von Einzelfällen abgesehen, um lediglich formal belastete Parteimitglieder, darunter immerhin vier Minister. Gravierender belastet war allerdings der kurzzeitige Minister für Landwirtschaft, Erfassung und Forstwirtschaft Karl-Heinz Bartsch – ein ausgewiesener Experte mit einer Fülle weiterer agrarwissenschaftlicher und politischer Funktionen, darunter der Mitgliedschaft im ZK der SED. 1963 wurde Bartsch aus der SED ausgeschlossen, weil er u. a. seine Mitgliedschaft in der Waffen-SS (1941–1945) verschwiegen hatte. Da der Fall in der Bundesrepublik publik wurde, löste die DDR-Führung Bartsch sofort ab, um einen Skandal zu vermeiden. Um jedoch ihrerseits Skandale auszulösen, bediente sich die SED mehrfach konstruierter NS-Belastungen, also Fälschungen, u. a. mit der Verleumdung Heinrich Lübkes als „KZ-Baumeister", die allerdings nicht während seiner Amtszeit als Landwirtschaftsminister, sondern in der zweiten Amtsperiode als Bundespräsident seit 1965 begann[5].

Im West/Ostkonflikt spielten spät ans Licht kommende Einzelfälle jeweils eine propagandistische Rolle für die ideologische Auseinandersetzung, wie überhaupt der Kalte Krieg auch die Politik der Landwirtschaftsministerien beeinflusste. Dazu trug naturgemäß die Einbeziehung der Bundesrepublik und der DDR in unterschiedliche europäische Wirtschaftsräume und ihre Organisationsformen bei.

Insgesamt erfolgte der massive Bruch in der Landwirtschaft und der ländlichen Sozialstruktur in der SBZ bzw. der DDR zunächst ohne Rückgriff auf frühere Beamte, sondern mit kommunistischen Funktionären, die die agrar- und gesellschaftspolitischen Ziele der SED durchsetzten, wobei das Landwirtschaftsministerium in der Anfangszeit eine deutlich stärkere Rolle spielte als bisher angenommen. Die Parole „Junkerland in Bauernhand", die Enteignung von Landwirten und die Etablierung einer kollektivierten Großlandwirtschaft war nicht die Sache von Experten, sondern Ideologen. Kontinuitäten zu vorherigen Epochen der deutschen Geschichte, nicht nur zum NS-Regime, konnte es daher in inhaltlicher Hinsicht nicht geben.

VIII

In der öffentlichen Wahrnehmung hat sich seit einigen Jahren, zumal nach der Veröffentlichung zahlreicher Forschungen zur Geschichte von Bundesministerien[6], Unternehmen, Berufsverbänden, anderer Organisationen und Berufsgruppen der medial verstärkte Eindruck entwickelt, die Bundesrepublik Deutschland sei – im Unterschied

---

5 Vgl. dazu Morsey, Rudolf: Heinrich Lübke, S. 508–563.
6 Vgl. die Übersicht in Creuzberger, Stefan/ Geppert, Dominik (Hgg.), Die Ämter und ihre Vergangenheit. Ministerien und Behörden im geteilten Deutschland 1949–1972, Münster 2018 (Rhöndorfer Gespräche Bd. 28).

zur DDR – in den ersten drei Jahrzehnten überwiegend von ‚Altnazis' geprägt worden, ja geradezu eine ‚braune' Republik gewesen[7], in der die Vergangenheit systematisch verdrängt worden sei[8]. Solche pauschalen Einschätzungen sind aus einer Reihe von Gründen wenig sinnvoll.

Natürlich ist die Feststellung banal, dass es in Deutschland nach 1945 zahlreiche ehemalige Nationalsozialisten gab, schließlich hatte die NSDAP bei Kriegsende etwa 8,5 Millionen Mitglieder, die sich nicht einfach in Luft aufgelöst haben. Eine ‚Stunde Null' i. e. S. kann es also in der Geschichte nicht geben, wenngleich die Oberherrschaft der Sowjetunion zunächst in der SBZ, ab 1949 über die DDR tatsächlich innen-, außen-, wirtschafts- und agrarpolitisch einen Weg einleitete, der einen vollständigen Bruch mit deutschen Traditionen bedeutete. Allerdings konnte auch sie sich, trotz aller Repression und ‚Umerziehung' kein ‚neues Volk' aussuchen.

In jedem Fall macht es einen entscheidenden Unterschied, in welchem Maße die Betreffenden NS-belastet waren. Schon die alliierten Entnazifizierungsverfahren und die deutschen Spruchkammern nach der Niederlage der nationalsozialistischen Diktatur haben diese Differenzierung vorgenommen. Handelte es sich um überzeugte Nationalsozialisten, um Parteifunktionäre oder Angehörige verbrecherischer NS-Organisationen, um Kriegsverbrecher oder in anderer Hinsicht strafrechtlich zu verurteilende Täter? Oder aber um Parteimitglieder, die keinerlei sonstige NS-spezifische Aktivitäten oder gar systemspezifische kriminelle Handlungen begangen haben? In diesem Fall handelte es sich wiederum um unterschiedliche Gruppen, also um Karrieristen, Opportunisten, an den Zeitgeist Angepasste, um solche, die ihre Stelle nicht verlieren wollten, um Eingeschüchterte. Tatsächlich war auch die riesige Mitgliedschaft der NSDAP nicht homogen, sondern heterogen.

Der von Friedrich Kießling erarbeitete Befund von zeitweilig bis zu 80 % ehemaligen NSDAP-Mitgliedern ist auf den ersten Blick erschreckend. Dennoch waren unter diesen Beamten nur ganz wenige, die in materiellem oder strafrechtlichem Sinn belastet waren. Nicht allein wegen der spezifischen fachlichen Kompetenz der Betreffenden musste also zu einem bestimmten Zeitpunkt die politische Resozialisierung möglich sein[9]: Bei einigen dauerte das kurze Zeit, bei vielen aber auch mehrere Jahre.

---

[7] Veröffentlichungen zu diesem Themenkomplex sind inzwischen zahlreich, oft auch redundant. Viele schon vor zwanzig Jahren instruktive Beiträge enthält: Loth, Wilfried/ Rusinek, Bernd-A. (Hgg.): Verwandlungspolitik. NS-Eliten in der westdeutschen Nachkriegsgesellschaft, Frankfurt a. Main /New York 1998.

[8] Vgl. gegen diesen Trend sowie zu den Phasen und den Sektoren der Auseinandersetzung mit der NS-Vergangenheit: Möller, Horst: Unser letzter Stolz, in: Frankfurter Allgemeine Zeitung, 9. Juni 2012 (Rubrik: Die Gegenwart).

[9] Im weiteren Sinne befasste sich der Philosoph und ehemalige sozialdemokratische Staatssekretär Hermann Lübbe in seinem Schlussvortrag „Der Nationalsozialismus im politischen Bewußtsein der Gegenwart" bei einer großen Konferenz 1983 mit der Frage der Wiedereingliederung NS-Belasteter in die deutsche Nachtkriegsgesellschaft, die er für unumgänglich hält. Die These, in Deutschland sei die NS-Vergangenheit verdrängt worden, beurteilt Lübbe als falsch. In: Deutschlands Weg in die Diktatur. Internationale Konferenz zur nationalsozialistischen Machtübernahme im Reichstagsgebäude zu

Im Übrigen konnte auch bei ehemaligen NSDAP-Mitgliedern, die keine weitere Belastung aufwiesen, ein Lernprozess stattfinden. Nach der Katastrophe, die der Nationalsozialismus in Deutschland und ganz Europa herbeigeführt hat und den mehr und mehr bekannt werdenden grauenhaften Massenverbrechen mit millionenfachen Morden dieses Regimes und der großen Zahl der an ihnen Beteiligten, hat es ganz offensichtlich sehr viel schneller als nach dem Ersten Weltkrieg eine Debatte über die Ursachen dieses „Zivilisationsbruchs" und seine Konsequenzen und damit zweifellos auch persönliche Einsichten gegeben. Jedenfalls wäre es unrealistisch, sie prinzipiell auszuschließen.

Die entscheidende Frage lautet aber: Warum kam es in Westdeutschland bzw. der Bundesrepublik so schnell zur Entwicklung eines demokratischen Rechtsstaats und einer stabilen parlamentarischen Demokratie? Wäre das möglich gewesen mit einer Mehrzahl unbelehrbarer ‚Altnazis'? Warum waren die rechtsnationalistischen und neonazistischen Parteien wie die Deutsche Reichspartei (DRP) und die Sozialistische Reichspartei (SRP), die 1952 als verfassungswidrig verboten wurde, Splittergruppen geblieben? Und warum galt dies genauso für die 1956 verbotene KPD? Ganz offensichtlich war das Potential für extremistische antidemokratische Parteien in der Bundesrepublik außerordentlich gering.

Trotz brauner Belastungen bei einigen Spitzenbeamten kann nicht davon die Rede sein, dass im BMEL eine auch nur annähernd nationalsozialistische Agrarpolitik gemacht worden wäre. Mit anderen Worten: Die Inhalte und Ziele der Politik des BMEL passen sich zwar zum Teil in langfristige Problemlagen und Kontinuitäten deutscher Agrarpolitik ein. Doch insgesamt haben diese ehemaligen Parteimitglieder keine NS-Politik betrieben, sondern die Politik eines demokratischen Staates und einer Gesellschaft, deren überwältigende Mehrheit sich nach den Diktatur- und Kriegserfahrungen vom Nationalsozialismus abgewandt und demokratischen Parteien zugewandt hat. Dazu hat der damalige antitotalitäre Konsens in der großen Mehrheit der bundesdeutschen Gesellschaft beigetragen. Auch die Geschichte des BMEL muss unter seinen Entstehungsbedingungen und historischen Entwicklungen beurteilt werden und nicht nach anachronistisch drei Generationen zurückverlegten Maßstäben. Sinnvoll ist der vergleichende Blick auf andere postdiktatorische Staaten und Gesellschaften an Stelle nationaler Engführung. Ob es sich nun um die Jahre nach 1945 oder in Osteuropa nach 1989/91 handelt, in jedem Fall ähneln sich die sozialen und politischen Abstoßungs- und Integrationsprozesse in Transformationsgesellschaften, die sich demokratisierten. Die Bundesrepublik bildet in diesem Vergleich aufgrund der singulären deutschen Massenverbrechen im Zweiten Weltkrieg mit guten Gründen sogar eine rigorose Variante der Auseinandersetzung mit ihrer nationalsozialistischen Vorgeschichte.

Berlin, hg. von Martin Broszat, Ulrich Dübber, Walther Hofer, Horst Möller, Heinrich Oberreuter, Jürgen Schmädeke, Wolfgang Treue, Berlin 1983, S. 329–349; sowie die anschließende Podiumsdiskussion ebd. S. 350–378.

Die Beamten des BMEL haben im Wesentlichen und zum allergrößten Teil so agiert, wie es eine demokratische und rechtsstaatliche Verfassungsordnung, also das Grundgesetz, verlangt. Die Tatsache, dass das REM nicht einfach fortbestand, sondern das Bundeslandwirtschaftsministerium auf der Grundlage der Agrarverwaltung des Frankfurter Wirtschaftsrats 1949 eine Neugründung war, erleichterte diesen Prozess. Für die Geschichte auch der ersten dreißig Jahre der Bundesrepublik Deutschland also gilt, dass in ihnen der zügige Aufbau eines demokratischen Staatswesens gelang. Daran hatte auch das BMEL seinen konstruktiven großen Anteil. Hinzu kommt, dass die Agrarpolitik wie andere politische Sektoren neben lang andauernden Aufgaben immer wieder vor neuen, zum Teil fundamentalen Herausforderungen stand, die wie das politische System vollständig andere Rahmenbedingungen für politisches Handeln geschaffen haben als sie vor 1945 bestanden – und das nicht allein in der Europäisierung der Agrarpolitik.

Anhang

Schaubilder

- Organisationsplan des Reichsministeriums für Ernährung und Landwirtschaft (1932)
- Geschäftsverteilungsplan des Reichsministeriums für Ernährung und Landwirtschaft (1942) — Auszug
- Organisationsplan der Zweizonen-Verwaltung für Ernährung, Landwirtschaft und Forsten (1947)
- Organisationsplan der Deutschen Verwaltung für Landwirtschaft und Forsten (Sowjetische Besatzungszone) (1947)
- Organisationsplan des Bundesministeriums für Ernährung, Landwirtschaft und Forsten (1950)

Organisationsplan des Reichsministeriums für Ernährung und Landwirtschaft (1932)[1]

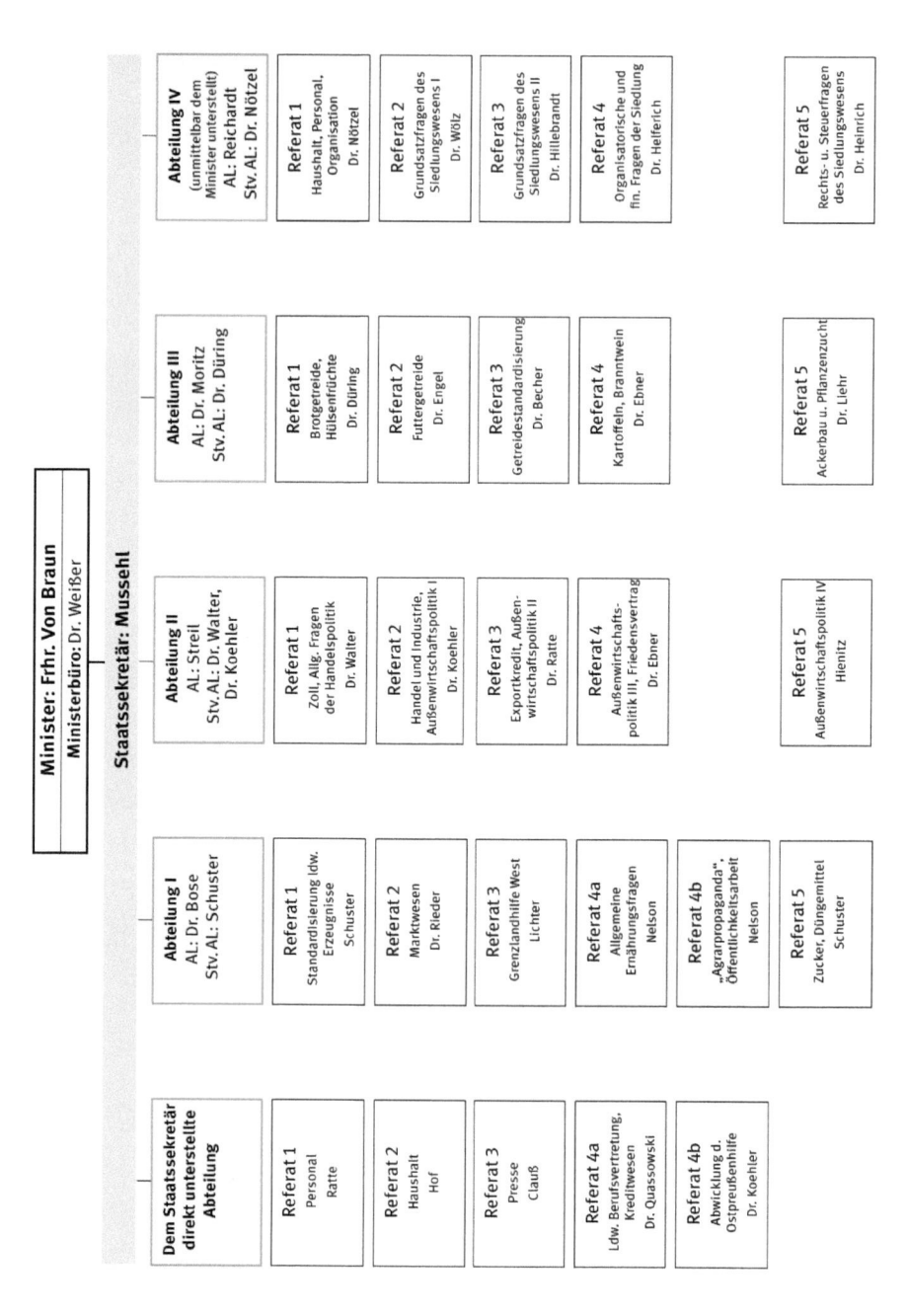

Minister: Frhr. Von Braun
Ministerbüro: Dr. Weißer
Staatssekretär: Mussehl

Dem Staatssekretär direkt unterstellte Abteilung

- **Referat 1** – Personal – Ratte
- **Referat 2** – Haushalt – Hof
- **Referat 3** – Presse – Clauß
- **Referat 4a** – Ldw. Berufsvertretung, Kreditwesen – Dr. Quassowski
- **Referat 4b** – Abwicklung d. Ostpreußenhilfe – Dr. Koehler

Abteilung I
AL: Dr. Bose
Stv. AL: Schuster

- **Referat 1** – Standardisierung ldw. Erzeugnisse – Schuster
- **Referat 2** – Marktwesen – Dr. Rieder
- **Referat 3** – Grenzlandhilfe West – Lichter
- **Referat 4a** – Allgemeine Ernährungsfragen – Nelson
- **Referat 4b** – „Agrarpropaganda", Öffentlichkeitsarbeit – Nelson
- **Referat 5** – Zucker, Düngemittel – Schuster

Abteilung II
AL: Streit
Stv. AL: Dr. Walter, Dr. Koehler

- **Referat 1** – Zoll, Allg. Fragen der Handelspolitik – Dr. Walter
- **Referat 2** – Handel und Industrie, Außenwirtschaftspolitik I – Dr. Koehler
- **Referat 3** – Exportkredit, Außenwirtschaftspolitik II – Dr. Ratte
- **Referat 4** – Außenwirtschaftspolitik III, Friedensvertrag – Dr. Ebner
- **Referat 5** – Außenwirtschaftspolitik IV – Hienitz

Abteilung III
AL: Dr. Moritz
Stv. AL: Dr. Düring

- **Referat 1** – Brotgetreide, Hülsenfrüchte – Dr. Düring
- **Referat 2** – Futtergetreide – Dr. Engel
- **Referat 3** – Getreidestandardisierung – Dr. Becher
- **Referat 4** – Kartoffeln, Branntwein – Dr. Ebner
- **Referat 5** – Ackerbau u. Pflanzenzucht – Dr. Liehr

Abteilung IV
(unmittelbar dem Minister unterstellt)
AL: Reichardt
Stv. AL: Dr. Nötzel

- **Referat 1** – Haushalt, Personal, Organisation – Dr. Nötzel
- **Referat 2** – Grundsatzfragen des Siedlungswesens I – Dr. Wölz
- **Referat 3** – Grundsatzfragen des Siedlungswesens II – Dr. Hillebrandt
- **Referat 4** – Organisatorische und fin. Fragen der Siedlung – Dr. Helferich
- **Referat 5** – Rechts- u. Steuerfragen des Siedlungswesens – Dr. Heinrich

Referat 6	Referat 7							
Durchführung der Richtlinien f.d. ldw. Siedlung	Siedlerschulung und -betreuung							
Dr. Sager	Franken							

Referat 6	Referat 7	Referat 8						
Futtermittel, Ldw. Forschungswesen	Wirtschaftsberatung, Ldw. Berufsausbildung	Ldw. Betriebsumstellung						
Dr. Liehr	Weber	Dr. Engel						

Referat 6	Referat 7	Referat 8	Referat 9a	Referat 9b	Referat 10	Referat 11	Referat 12
Außenwirtschaftspolitik V	Verkehr	Ldw. Betriebswirtschaft	Tierzucht, Veterinärwesen	Bienenzucht, Pelztiere	Fischerei	Wein, Obst u. Gemüse, Tabak, Ldw. Maschinen	Pflanzenschutz, Vogelschutz, Schädlingsbekämpfung
Dr. Müller	Dr. Engel	Weber	Kürschner	Lichter	Dr. Eichelbaum	Dr. Müller	Schuster

Referat 6	Referat 7	Referat 8	Referat 9	Referat 10
Milch, Fette	Bodenkultur, Bodenrecht, Flurbereinigung	Forst- und Holzwirtschaft	Sozialversicherung, Landarbeiter	Parlamentsdienst, Justitiariat
Dr. Wegener	Dr. Hillebrandt	Dr. Strohmeyer	Faaß	Heinitz

1 Der Geschäftsverteilungsplan von 1932 bezeichnet die Abteilungen und Arbeitseinheiten nur mit Nummern, aber nicht mit inhaltlichen Benennungen. Die hier gewählten Kurzbezeichnungen sind anhand der Aufgabenbeschreibung redaktionell erstellt.

Geschäftsverteilungsplan des Reichsministeriums für Ernährung und Landwirtschaft (1942) — Auszug

```
Reichsminister:                    R. Walther  D a r r é

Ministerbüro:                      Landwirtschaftsrat Glamann

Mit der Führung der Ge-
schäfte beauftragt:                Staatssekretär Herbert  B a c k e
    Persönlicher Referent:         Oberregierungsrat Dr. Vogt

Staatssekretär W:                  Werner  W i l l i k e n s
    Persönlicher Referent:         Oberregierungsrat Dr. Mengedoht

Staatsminister a.D.                Hans-Joachim  R i e c k e
    Persönlicher Referent:         Oberregierungsrat Dr. Richter

Reichsobmann                       Gustav  B e h r e n s
    Persönlicher Referent:         Landwirtschaftsrat Wiehr

            - - - - - - -

                    Abteilungen

1. Staatssekretär  W i l l i k e n s  sind unterstellt
        die Abteilungen: I, VI, VII, VIII und IX

2. Staatsminister a.D.  R i e c k e  sind unterstellt
        die Abteilungen: II, III, IV und V

3. Reichsobmann  B e h r e n s  ist unterstellt:
        der Reichsnährstand

4. Staatssekretär  B a c k e  ist unmittelbar unterstellt:
        die Reichsgesellschaft für Landbewirtschaftung
        (Leiter: Ministerialdirektor Lauenstein).
```

Abteilung I:	Allgemeine Verwaltungs-, Personal-, Haushalts- und Rechtsangelegenheiten
Leiter:	
Abteilung II:	Erzeugungs- und Ernährungspolitik
Leiter:	Ministerialdirektor Dr. M o r i t z
Abteilung III:	Gestütwesen und Pferdezucht (Reichsgestütverwaltung)
Leiter:	Oberlandstallmeister Dr. S e y f f e r t
Abteilung IV:	Volkswirtschaft
Leiter:	Ministerialrat Dr. L o r e n z
Abteilung V:	Zoll- und Handelspolitik
Leiter:	Ministerialdirektor Dr. W a l t e r
Abteilung VI:	Bauern- und Bodenrecht
Leiter:	Ministerialrat Dr. Frhr. von M a n t e u f f e l
Abteilung VII:	Verwaltung der Reichs- und Staatsgüter
Leiter:	Ministerialdirektor Dr. K u m m e r
Abteilung VIII:	Ländliche Besiedlung der neuerworbenen Gebiete, Neubildung deutschen Bauerntums im Altreich
Leiter:	Diplomlandwirt H i e g e, Amtschef im Stabshauptamt des Reichskommissars für die Festigung deutschen Volkstums
Abteilung IX:	Dorfaufrüstung, Bergland, Umlegung und Landeskultur
Leiter:	Unterstaatssekretär Ing. R e i n t h a l l e r

Abteilung VIII
(Ländliche Besiedlung der neuerworbenen Gebiete,
Neubildung deutschen Bauerntums im Altreich)

Leiter: H i e g e,   Dipl.Landwirt, Amtschef im Stabshauptamt des Reichskommissars für die Festigung deutschen Volkstums.

Vertreter: J u n k e r,   Ministerialrat

Der Abteilung VIII sind angegliedert:
A. Reichsstelle für Umsiedlung

Leiter: H i e g e,   Dipl.Landwirt (siehe oben)
Stellv.Leiter: N o n h o f f,   Ministerialrat

B. Arbeitsgemeinschaft zur Förderung des landwirtschaftlichen Bauwesens

Vorsitzender: H i e g e, Dipl.Landwirt (siehe oben)
Stellv.Vorsitzender: G r e b e, RegRat
Geschäftsführer: "   ,   "

	Referent Hilfsreferent	Expedient	Registrator
Referat 1 Allgemeine Angelegenheiten der Abteilung VIII	Junker Fleischer	Letzien	Schubert
Referat 2 a) Verbindung zum Reichskommissar für die Festigung deutschen Volkstums in allen grundsätzlichen Fragen in den neuerworbenen Gebieten	Witt Fiedler	Bunese	Marks
b) Verbindung zum Ostministerium in Fragen der ländlichen Besiedlung	Witt Fiedler	"	"
Referat 3 Allgemeine und grundsätzliche Angelegenheiten, Verwaltungsanordnungen und Richtlinien für			
a) die ländliche Besiedlung der neuerworbenen Gebiete	Junker Langer Fiedler	Schmidt	Glöckner
b) die Neubildung deutschen Bauerntums im Altreich	Junker Langer	"	Schubert

	Referent Hilfsreferent	Expedient	Registr...
Referat 4 Organisation für die Durchführung der ländlichen Besiedlung und der Neubildung deutschen Bauerntums a) Organisation und Personalien der Siedlungsbehörden im Einvernehmen mit den federführenden Referaten IX C/1, 5 u. 6.	Langer Fiedler	Fleischer	Schubert
b) Siedlungsunternehmen (Zulassung, Neugründung, Stammkapital, Allgem. Betriebskredite, Personal- und Besoldungsangelegenheiten; bei den für das gesamte Reichsgebiet zugelassenen Siedlungsunternehmen, auch alle sonstigen sie betreffenden Angelegenheiten allgemeiner Art; im übrigen s. Ref.17)	Junker Schmanns	Schmanns	Glöckner
c) Finanzierungsinstitute: Deutsche Siedlungsbank Deutsche Landesrentenbank	Langer Schmanns	Schmanns	Glöckner
Referat 5 Grundsätzliche Angelegenheiten der Mitwirkung des Reichsnährstandes bei der ländlichen Siedlung	Modrow Witt	Schmidt	Schubert
Referat 6 Fachplanung bei der ländlichen Besiedlung und der Neubildung deutschen Bauerntums	Junker Grebe	Reinemann	Schuber

	Referent Hilfsreferent	Expedient	Registrator
Referat 16 ...ndere Angelegenheiten ...ltsiedlerhilfe ...rderung wissen- schaftlicher Arbei- ten im Arbeitsgebiet der Abt.VIII, Denk- schriften	Nennhaus Schrebler	Stein Fleischer	v.Wildemann "
Verwaltungsangelegen- heiten bei Lehrhöfen	Schmidt	Reinemann	Wengel
Restarbeiten der frü- heren Ansiedlungskom- mission	Fleischer	"	Schubert
Besitzfestigungsange- legenheiten	Schmanns	"	"
Treuhänderische Be- wirtschaftung ehemals tschechischen Grundbe- sitzes	Krüger Witt	Stein	Wengel
Abruf und Besiedlung der kult.Moor- und Ödländereien	(das jeweili- ge Bez.Ref. vgl.17)		
Referat 17 ...mtliche Angelegenheiten ...r ländlichen Besiedlung ...n den neuerworbenen Gebie- ...n sowie der Neubildung ...eutschen Bauerntums und ...r in den Bezirken zuge- ...ssenen Siedlungsunterneh- ...n – s.hierzu Ref.4b – un- ...r Ausschluß der Fragen von ...undsätzlicher Bedeutung			
Ostpreußen Danzig-Westpreußen Pommern Wien Kärnten Niederdonau Oberdonau Steiermark	Junker	Reinemann " " Schmanns " " " "	Brandt " " Wengel " " " "

Organisationsplan der Zweizonen-Verwaltung für Ernährung, Landwirtschaft und Forsten (1947)

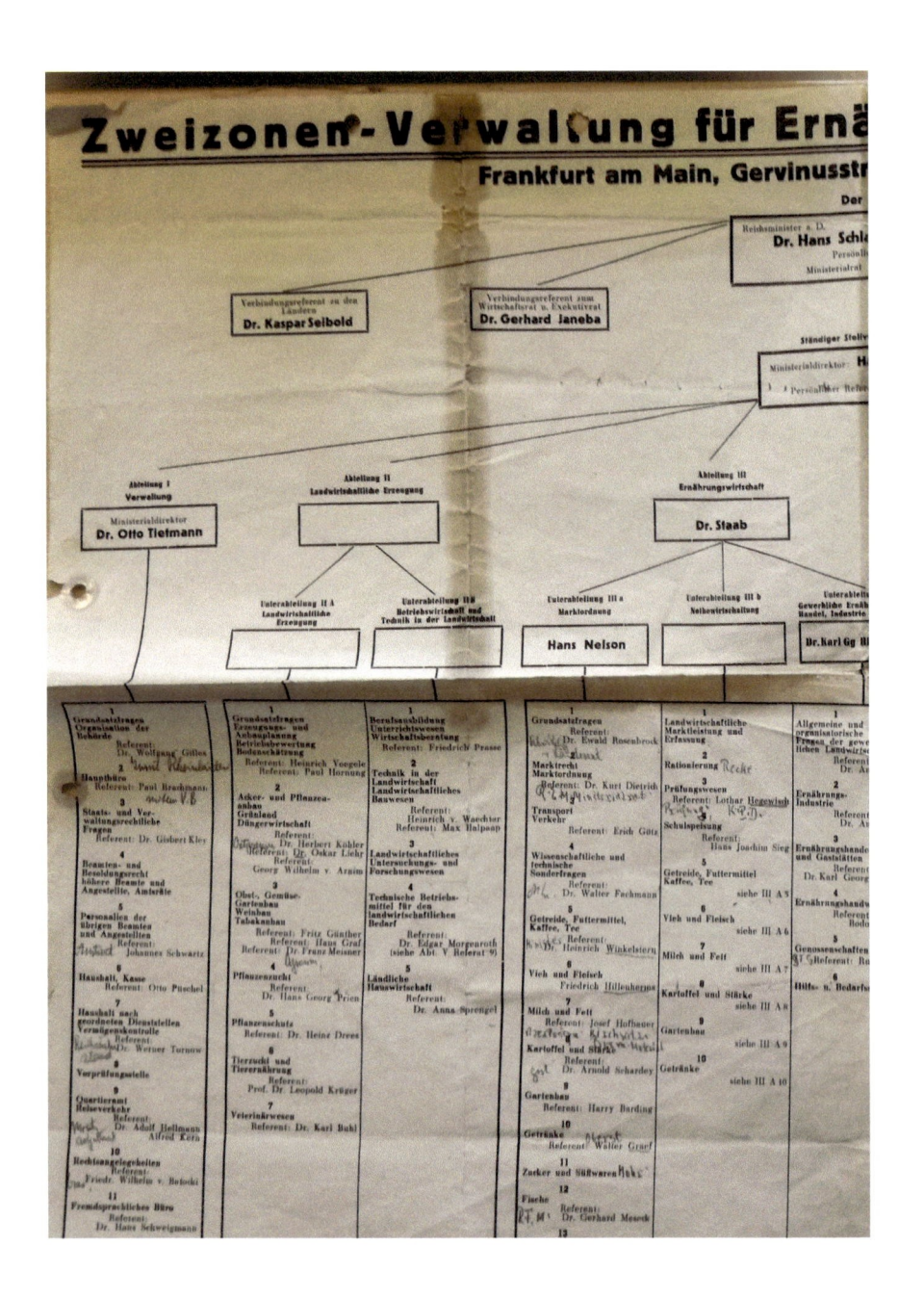

hrung, Landwirtschaft und Forsten

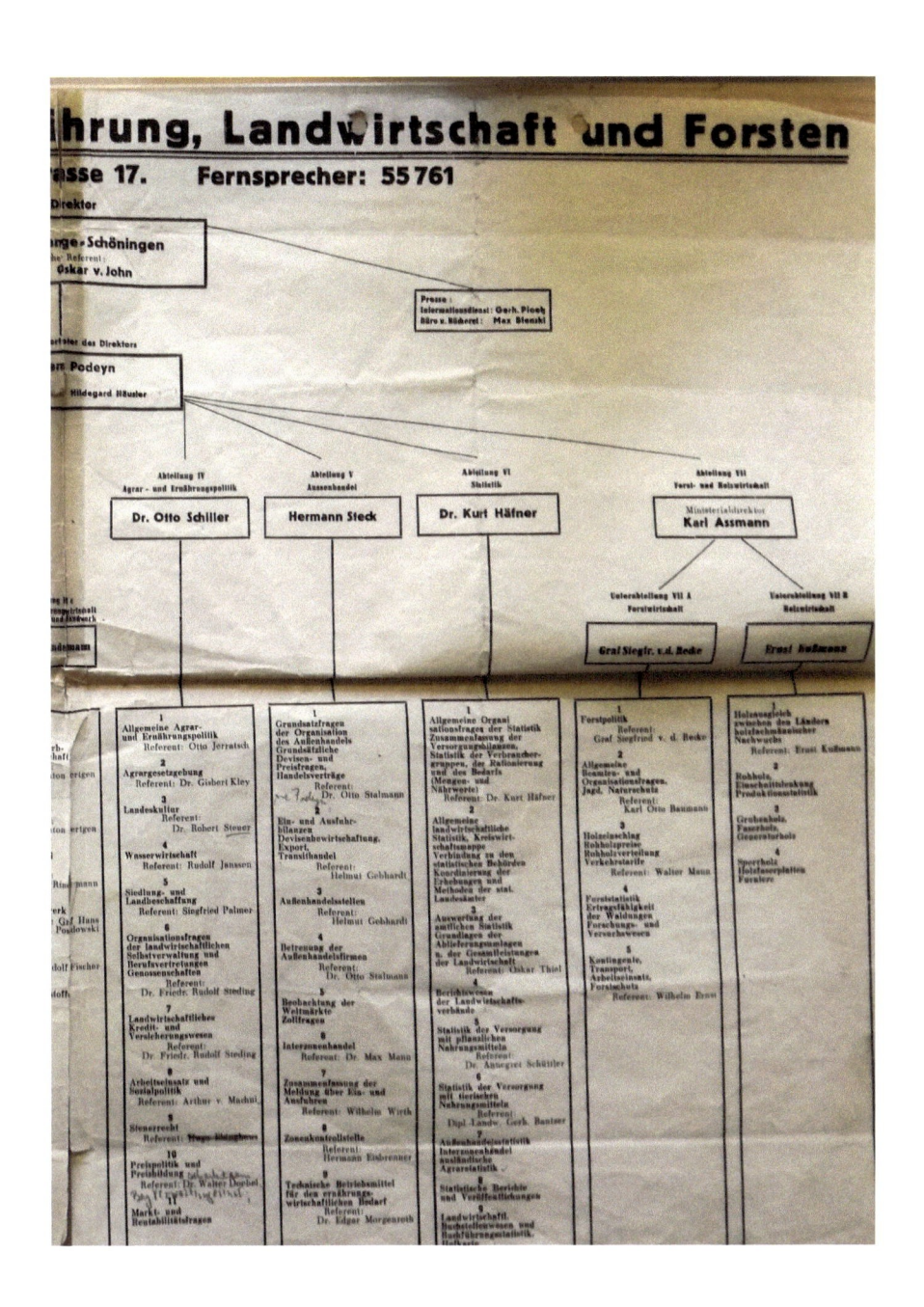

asse 17.   Fernsprecher: 55761

Direktor

...ge-Schöningen
Referent:
Oskar v. John

Presse:
Internationsdienst: Gerh. Plosh
Büro u. Näherei: Max Bienski

...er des Direktors
Hildegard Häusler

Abteilung IV Agrar- und Ernährungspolitik	Abteilung V Außenhandel	Abteilung VI Statistik	Abteilung VII Forst- und Holzwirtschaft
Dr. Otto Schiller	Hermann Steck	Dr. Kurt Häfner	Ministerialdirektor Karl Assmann

Unterabteilung VII A
Forstwirtschaft
Graf Siegfr. v.d. Recke

Unterabteilung VII B
Holzwirtschaft
Ernst Kußmann

Abt. IV – Agrar- und Ernährungspolitik

1. Allgemeine Agrar- und Ernährungspolitik
   Referent: Otto Jerratsch
2. Agrargesetzgebung
   Referent: Dr. Gisbert Kley
3. Landeskultur
   Referent: Dr. Robert Steuer
4. Wasserwirtschaft
   Referent: Rudolf Janssen
5. Siedlung- und Landbeschaffung
   Referent: Siegfried Palmer
6. Organisationsfragen der landwirtschaftlichen Selbstverwaltung und Berufsvertretungen Genossenschaften
   Referent: Dr. Friedr. Rudolf Steding
7. Landwirtschaftliches Kredit- und Versicherungswesen
   Referent: Dr. Friedr. Rudolf Steding
8. Arbeitseinsatz und Sozialpolitik
   Referent: Arthur v. Machui
9. Steuerrecht
   Referent: Hugo Klinghaus
10. Preispolitik und Preisbildung
    Referent: Dr. Walter Dorbel
11. Markt- und Rentabilitätsfragen

Abt. V – Außenhandel

1. Grundsatzfragen der Organisation des Außenhandels, Grundsätzliche Devisen- und Preisfragen, Handelsverträge
   Referent: Dr. Otto Stalmann
2. Ein- und Ausfuhrbilanzen Devisenbewirtschaftung, Export, Transithandel
   Referent: Helmut Gebhardt
3. Außenhandelsstellen
   Referent: Helmut Gebhardt
4. Betreuung der Außenhandelsfirmen
   Referent: Dr. Otto Stalmann
5. Beobachtung der Weltmärkte Zollfragen
6. Interzonenhandel
   Referent: Dr. Max Mann
7. Zusammenfassung der Meldung über Ein- und Ausfuhren
   Referent: Wilhelm Wirth
8. Zonenkontrollstelle
   Referent: Hermann Eisbrenner
9. Technische Betriebsmittel für den ernährungswirtschaftlichen Bedarf
   Referent: Dr. Edgar Morgenroth

Abt. VI – Statistik

1. Allgemeine Organisationsfragen der Statistik Zusammenfassung der Versorgungsbilanzen, Statistik der Verbrauchergruppen, der Rationierung und des Bedarfs (Mengen- und Nährwerte)
   Referent: Dr. Kurt Häfner
2. Allgemeine landwirtschaftliche Statistik, Kreiswirtschaftsmappe Verbindung zu den statistischen Behörden Koordinierung der Erhebungen und Methoden der stat. Landesämter
3. Auswertung der amtlichen Statistik Abteilungsvorlagen u. der Gesamtleistungen der Landwirtschaft
   Referent: Oskar Thiel
4. Berichtswesen der landwirtschaftlichen Verbände
5. Statistik der Versorgung mit pflanzlichen Nahrungsmitteln
   Referent: Dr. Annegret Schüttler
6. Statistik der Versorgung mit tierischen Nahrungsmitteln
   Referent: Dipl.-Landw. Gerh. Bantzer
7. Außenhandelsstatistik Interzonenhandel ausländische Agrarstatistik
8. Statistische Berichte und Veröffentlichungen
9. Landwirtschaftl. Buchstellenwesen und Buchführungsstatistik

Abt. VII A – Forstwirtschaft

1. Forstpolitik
   Referent: Graf Siegfried v. d. Recke
2. Allgemeine Beamten- und Organisationsfragen, Jagd, Naturschutz
   Referent: Karl Otto Baumann
3. Holzeinschlag Rohholzpreise Rohholzverteilung Verkehrstarife
   Referent: Walter Mann
4. Forstliche Ertragsfähigkeit der Waldungen Forschungs- und Versuchswesen
5. Kontingente, Transport, Arbeitseinsatz, Forstschutz
   Referent: Wilhelm Ernst

Abt. VII B – Holzwirtschaft

1. Holzausgleich zwischen den Ländern holztechnischer Nachwuchs
   Referent: Ernst Kußmann
2. Rohholz, Einschnittlenkung Produktionsstatistik
3. Grubenholz, Faserholz, Generatorholz
4. Sperrholz Holzfaserplatten Furniere

Organisationsplan der Deutschen Verwaltung für Landwirtschaft und Forsten (Sowjetische Besatzungszone) (1947)

Präsidialkanzlei Leiter Osche			**Präsident**
Abteilung P1 Hauptbüro Leiter Osche	P 2 Personalabteilung Leiter Osche	P 3 Presse- und Informationsab. Leiter Sauheitl	

Erster Vizepräsident: Benecke [Gruppenleitung der Hauptabteilungen I und VIII]			Dritter Vizepräsident: Dr. Kramer [Hauptabteilungen III, IV und V]		
Hauptabteilung I Allgemeine Verwaltung Leiter Erster VP Benecke	**Hauptabteilung II** Planung Leiter Vierter VP Busse Stv. Leiter Listemann	**Hauptabteilung III** Ackerbau und Landeskultur Leiter Dritter VP Dr. Kramer Stv. Leiter Dr. Berninghaus	**Hauptabteilung IV** Betriebswirtschaft Leiter Dr. Fauser Stv. Leiter Dr. Struck	**Hauptabteilung V** Technik in der Landwirtschaft Leiter Prof. Dr. Lichtenberger Stv. Leiter Schulze	**Hauptabteilung VI** Tierzucht Leiter Zweiter VP Steidle
I 1 Büro des Ersten VP Leiter Krüger	II 1 Planung und Statistik Leiter Listemann	III 1 Ackerbau und Bodenbearbeitung Leiter 3 VP Dr. Kramer		V 1 Transport Leiter Gohlke	VI 1 Großtierzucht Leiter Zweiter VP Steidle
I 2 Rechtsabteilung Leiter Schünemann	II 2 Kontrolle Leiter Vierter VP Busse	III 2 Landeskultur Leiter Larenz		V 2 Maschinen und Geräte Leiter Schulze	VI 2 Schafzucht, Kleintierzucht Leiter Prof. Dr. Gerriets
I 3 Wirtschaftsabteilung Leiter Demuth				V 3 Landwirtschaftliches Bauen Leiter Dr. Krüger	VI 3 Wasser- und Gewässernutzung, Natur- und Tierschutz Leiter Prof. Dr. Lehmann
I 4 Haushaltsabteilung Leiter Harder					
I 5 Bibliothek u. Archiv Leiter Dr. Asten					

Organisationsplan der Deutschen Verwaltung (Sowjetische Besatzungszone) (1947)

Hoernle

teilung

Zweiter Vizepräsident: Steidle
[Hauptabteilungen VI, VII und XI]

Vierter Vizepräsident: Busse
[Hauptabteilungen II und X]

Hauptabteilung VII	Hauptabteilung VIII	Hauptabteilung IX	Hauptabteilung X	Hauptabteilung XI	Generalinspektion
Veterinärwesen Leiter Dr. Giese Stv. Leiter Dr. Lindenau	Forstwirtschaft (Zentralforstamt) Leiter Pfalzgraf Stv. Leiter Damme	Landwirtschaftliche Forschung und Berufsbildung Leiter (komm.) Prof. Dr. Lehmann	Bodenordnung Leiter Dölling Stv. Leiter Schulz	Bäuerliche Organisation und Berufsvertretung Leiter (komm.) Grünewald	**Wasserwirtschaft** Direktor Dr. Herbst Vizedirektor Dipl. Ing. Stadermann

IX 1	X 1
Wissenschaft und Forschung Leiter Prof. Dr. Lehmann	Bodenreform und Agrarpolitik Leiter Dölling

IX 2	X 2
Wirtschaftsverwaltung der Institute Leiter Dr. Oldenburg	Zentralamt für Vermessungswesen Leiter Schulz

IX 3	X 3
Berufs- und Fachausbildung Leiter Lutz	Landarbeiterfragen Leiter Hotze

Organisationsplan des Bundesministeriums für Ernährung, Landwirtschaft und Forsten (1950)

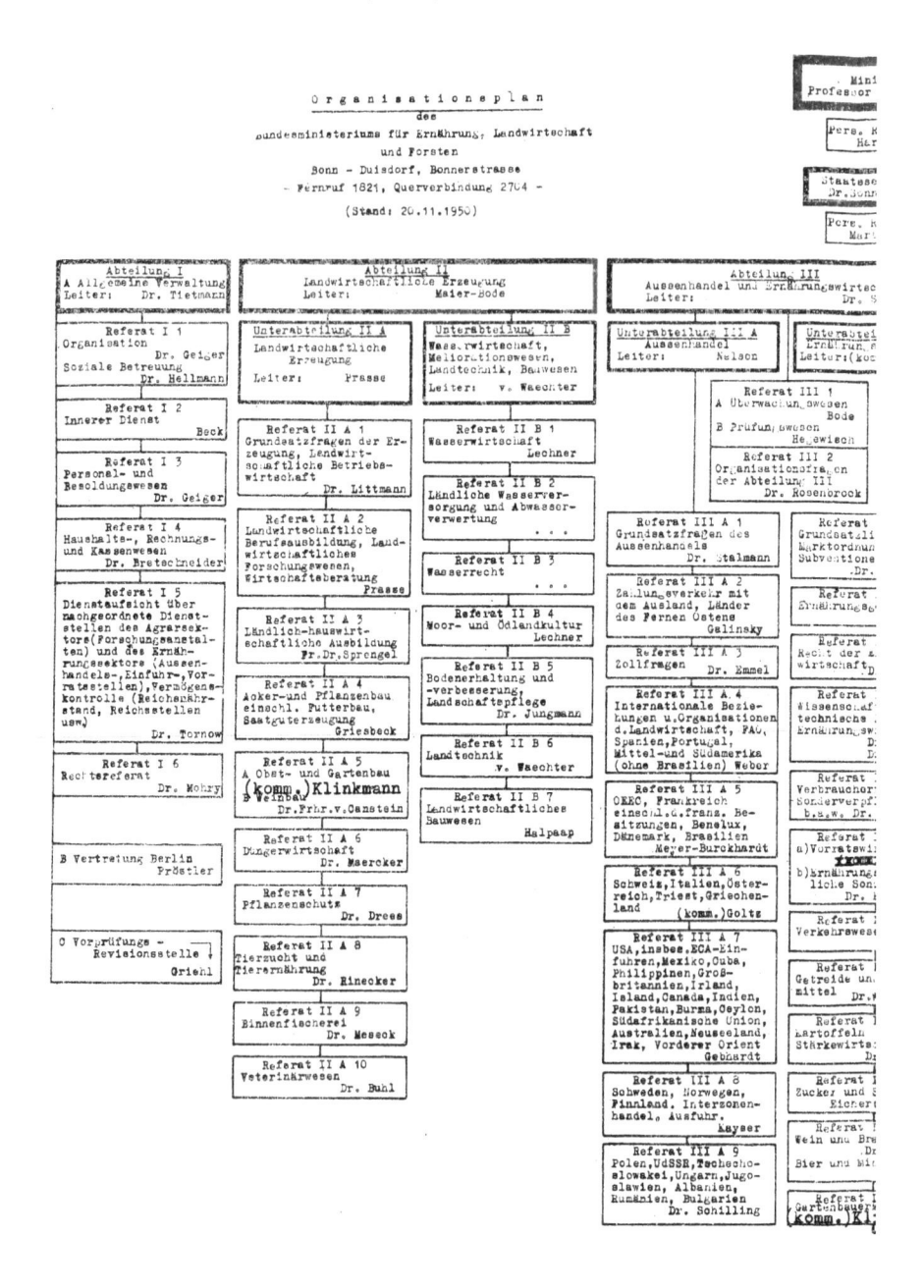

Organisationsplan
des
Bundesministeriums für Ernährung, Landwirtschaft
und Forsten
Bonn - Duisdorf, Bonnerstrasse
- Fernruf 1821, Querverbindung 2704 -
(Stand: 20.11.1950)

Abteilung I
A Allgemeine Verwaltung
Leiter: Dr. Tietmann

- Referat I 1: Organisation — Dr. Geiger; Soziale Betreuung — Dr. Hellmann
- Referat I 2: Innerer Dienst — Beck
- Referat I 3: Personal- und Besoldungswesen — Dr. Geiger
- Referat I 4: Haushalts-, Rechnungs- und Kassenwesen — Dr. Bretschneider
- Referat I 5: Dienstaufsicht über nachgeordnete Dienststellen des Agrarsektors (Forschungsanstalten) und des Ernährungssektors (Aussenhandels-, Einfuhr-, Vorratestellen), Vermögenskontrolle (Reichsnährstand, Reichsstellen usw.) — Dr. Tornow
- Referat I 6: Rechtsreferat — Dr. Mohry

B Vertretung Berlin — Pröstler

C Vorprüfungs- Revisionsstelle — Griehl

Abteilung II
Landwirtschaftliche Erzeugung
Leiter: Maier-Bode

Unterabteilung II A
Landwirtschaftliche Erzeugung
Leiter: Prasse

- Referat II A 1: Grundsatzfragen der Erzeugung, Landwirtschaftliche Betriebswirtschaft — Dr. Littmann
- Referat II A 2: Landwirtschaftliche Berufsausbildung, Landwirtschaftliches Forschungswesen, Wirtschaftsberatung — Prasse
- Referat II A 3: Ländlich-hauswirtschaftliche Ausbildung — Fr. Dr. Sprengel
- Referat II A 4: Acker- und Pflanzenbau einschl. Futterbau, Saatguterzeugung — Griesbeck
- Referat II A 5: A Obst- und Gartenbau (komm.) Klinkmann; B Weinbau — Dr. Frhr. v. Canstein
- Referat II A 6: Düngerwirtschaft — Dr. Maercker
- Referat II A 7: Pflanzenschutz — Dr. Drees
- Referat II A 8: Tierzucht und Tierernährung — Dr. Rinecker
- Referat II A 9: Binnenfischerei — Dr. Meseck
- Referat II A 10: Veterinärwesen — Dr. Buhl

Unterabteilung II B
Wass.wirtschaft, Meliorationswesen, Landtechnik, Bauwesen
Leiter: v. Waechter

- Referat II B 1: Wasserwirtschaft — Lechner
- Referat II B 2: Ländliche Wasserversorgung und Abwasserverwertung
- Referat II B 3: Wasserrecht
- Referat II B 4: Moor- und Ödlandkultur — Lechner
- Referat II B 5: Bodenerhaltung und -verbesserung, Landschaftspflege — Dr. Jungmann
- Referat II B 6: Landtechnik — v. Waechter
- Referat II B 7: Landwirtschaftliches Bauwesen — Halpaap

Abteilung III
Aussenhandel und Ernährungswirtschaft
Leiter: Dr. S.

Unterabteilung III A
Aussenhandel
Leiter: Nelson

- Referat III 1: A Überwachungswesen — Bode; B Prüfungswesen — Hegewisch
- Referat III 2: Organisationsfragen der Abteilung III — Dr. Rosenbrock
- Referat III A 1: Grundsatzfragen des Aussenhandels — Dr. Stalmann
- Referat III A 2: Zahlungsverkehr mit dem Ausland, Länder des Fernen Ostens — Galinsky
- Referat III A 3: Zollfragen — Dr. Emmel
- Referat III A 4: Internationale Beziehungen u. Organisationen d. Landwirtschaft, FAO, Spanien, Portugal, Mittel- und Südamerika (ohne Brasilien) — Weber
- Referat III A 5: OEEC, Frankreich einschl. d. Frans. Besitzungen, Benelux, Dänemark, Brasilien — Meyer-Burckhardt
- Referat III A 6: Schweiz, Italien, Österreich, Triest, Griechenland — (komm.) Goltz
- Referat III A 7: USA, insbes. ECA-Einfuhren, Mexiko, Cuba, Philippinen, Grossbritannien, Irland, Island, Canada, Indien, Pakistan, Burma, Ceylon, Südafrikanische Union, Australien, Neuseeland, Irak, Vorderer Orient — Gebhardt
- Referat III A 8: Schweden, Norwegen, Finnland, Interzonenhandel, Ausfuhr — Kayser
- Referat III A 9: Polen, UdSSR, Tschechoslowakei, Ungarn, Jugoslawien, Albanien, Rumänien, Bulgarien — Dr. Schilling

Unterabteilung III B
Ernährung
Leiter: (komm.)

- Referat: Grundsätzliches, Marktordnung, Subventionen
- Referat: Ernährungs...
- Referat: Recht der Wirtschaft
- Referat: Wissenschaftl.-technische Ernährungsw.
- Referat: Verbrauchernorm, Sonderversorg., b.z.w. Dr.
- Referat: a) Vorratswirtschaft; b) Ernährungsliche Son... Dr.
- Referat: Verkehrswesen
- Referat: Getreide und ... mittel — Dr.
- Referat: Kartoffeln, Stärkewirtschaft — Dr.
- Referat: Zucker und Eichert
- Referat: Wein und Br... Dr.
- Referat: Bier und Mi...
- Referat: Gartenbauerz. (komm.) Kl.

Organisationsplan des Bundesministeriums (1950)

(Organisationsplan – Strukturdiagramm)

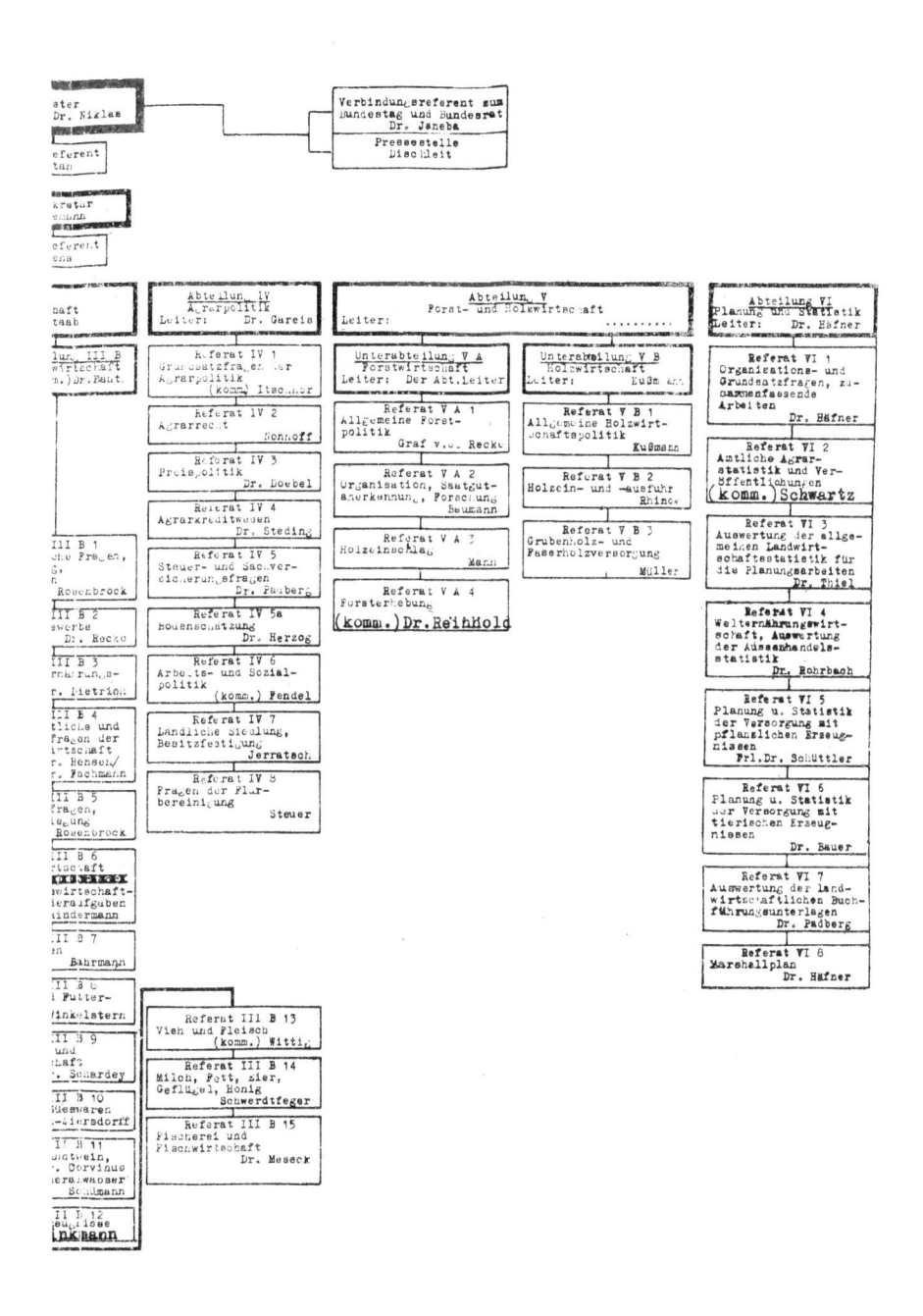

Oberste Leitung (Ausschnitt)
- ...ster Dr. Niklas
- ...eferent ...tan
- ...kretär ...mann
- ...eferent ...ens
- Verbindungsreferent zum Bundestag und Bundesrat: Dr. Janeba
- Pressestelle: Dischleit

Abteilung III (Ausschnitt, linke Spalte)
- ...naft ...taab
- ...lun. III B ...wirtschaft ...m.)Dr. Paut.
- III B 1 ...che Fragen, ..., ..., Rosenbrock
- III B 2 ...werbe, Dr. Recke
- III B 3 ...rnährungs-, ...r. Dietrich
- III B 4 ...tliche und Fragen der ...rtschaft, r. Hensen / ...r. Fachmann
- III B 5 ...fragen, ...igung, Rosenbrock
- III B 6 ...rtschaft ...wirtschafts...eraufgaben, ...indermann
- III B 7 ...en, Bahrmann
- III B 8 ...i Futter..., ...inkelstern
- III B 9 ...und ...haft ...Schardey
- III B 10 ...iesswaren ...iersdorff
- III B 11 ...ntwein, ..., Corvinus ...erxwasser, Schüßmann
- III B 12 ...eugnisse, ...nkmann
- Referat III B 13 Vieh und Fleisch (komm.) Wittig
- Referat III B 14 Milch, Fett, Eier, Geflügel, Honig – Schwerdtfeger
- Referat III B 15 Fischerei und Fischwirtschaft – Dr. Meseck

Abteilung IV – Agrarpolitik
Leiter: Dr. Gareis
- Referat IV 1 Grundsatzfragen der Agrarpolitik (komm.) Itschner
- Referat IV 2 Agrarrecht – Sonnhoff
- Referat IV 3 Preispolitik – Dr. Doebel
- Referat IV 4 Agrarkreditwesen – Dr. Steding
- Referat IV 5 Steuer- und Sachversicherungsfragen – Dr. Padberg
- Referat IV 5a Bodenschätzung – Dr. Herzog
- Referat IV 6 Arbeits- und Sozialpolitik (komm.) Fendel
- Referat IV 7 Ländliche Siedlung, Besitzfestigung – Jerratsch
- Referat IV 8 Fragen der Flurbereinigung – Steuer

Abteilung V – Forst- und Holzwirtschaft
Leiter: ....

Unterabteilung V A – Forstwirtschaft
Leiter: Der Abt.Leiter
- Referat V A 1 Allgemeine Forstpolitik – Graf v.d. Recke
- Referat V A 2 Organisation, Saatgutanerkennung, Forschung – Beumann
- Referat V A 3 Holzeinschlag – Mann
- Referat V A 4 Forsterhebung (komm.) Dr. Reinhold

Unterabteilung V B – Holzwirtschaft
Leiter: Kußmann
- Referat V B 1 Allgemeine Holzwirtschaftspolitik – Kußmann
- Referat V B 2 Holzein- und -ausfuhr – Rhinow
- Referat V B 3 Grubenholz- und Faserholzversorgung – Müller

Abteilung VI – Planung und Statistik
Leiter: Dr. Häfner
- Referat VI 1 Organisations- und Grundsatzfragen, zusammenfassende Arbeiten – Dr. Häfner
- Referat VI 2 Amtliche Agrarstatistik und Veröffentlichungen (komm.) Schwartz
- Referat VI 3 Auswertung der allgemeinen Landwirtschaftsstatistik für die Planungsarbeiten – Dr. Thiel
- Referat VI 4 Welternährungswirtschaft, Auswertung der Aussenhandelsstatistik – Dr. Rohrbach
- Referat VI 5 Planung u. Statistik der Versorgung mit pflanzlichen Erzeugnissen – Frl. Dr. Schüttler
- Referat VI 6 Planung u. Statistik der Versorgung mit tierischen Erzeugnissen – Dr. Bauer
- Referat VI 7 Auswertung der landwirtschaftlichen Buchführungsunterlagen – Dr. Padberg
- Referat VI 8 Marshallplan – Dr. Häfner

Strukturplan des Ministeriums für Land und Forstwirtschaft der DDR (1952)

Minister

Staatssekretär

Sekt. d. Ministers
Org.-Instrukteur
Rechtsangelegenheiten
Verschlußsachen
Presse
Dolmetscher

Sekt. d. Staatssekretärs
I.B.-Schulung

Abt. Personal
Pers. d. Ministeriums
Pers. d. Forstwirtsch.
Pers. d. Institute
Pers. d. Schulen
Personal-Statistik

Abt. Haushalt
Allg.-Haushalt
Ministerium
Institute
Schulen
Zenralbuchhaltung
Lohnbuchhaltung
Revision

HA I
Agrarprodukt. pflanzlich
Abt. Saatzucht
Abt. Ackerbau
Hauptref. Landeskultur
Hauptref. Obst, Gemüse, Gartenbau
Abt. Pflanzenschutz

HA II
Agrarprodukt. tierisch
Abt. Tierzucht
Abt. Zucht- und Nutzviehlenkung
(Staatl. Handelskontore)

HA IIA
Veterinärwesen
Abt. Org.-u. Verwaltung
Abt. Vet. Hygiene
Abt. Tiergesundheitsdienst

HA III
Agrarökonomie
Abt. Bodenordnung, Bodenref., Ländl. Bauwesen, Betr.-Wirtschaft
Abt. Agrarwissenschaft- und Forschung, Popularisierung Schauleitg.

HA IV
Forstwirtschaft
Abt. Planung- und Forsteinrichtung, Rohholz-Schnittholz
Abt. Finanzen
Abt. Produktion, Waldbau, Nutzung, Arbeitskraft
Oberref. Privatwald

INSTITUTE UND NACHGEORDNETE

Deutsche Saatzucht-Handelszentrale

Staatl. Handelskontore für Zucht und Nutzvieh

Zentr. Kontr.-Institut f. vet. med. Impfstoffe

Dt. Akademie d. Landwirtsch.-wissenschaften Institute lt. Aufstellung

Staatl. Forstbetriebe

Sortenamt Nossen

Vet. Sanitätsdienst b. d. Reichsbahn

Institut für Bodenkartierung

DHZ Rohholz-Schnittholz

Abt. Verwaltung	Abt. Landwirtsch. Wasserwirtschaft	Hauptreferat Binnenfischerei
Allg. Verwaltung Poststelle Botendienst Fahrdienst	Meliorationen Einzelwasserversorgung Abwasserverwertung	Binnenfischerei Teichwirtschaft

HA V	HA VI	HA VII	HA VIII
MAS	VEG	Kultur und Schulung	Planung und Statistik
Abt. Planung Abt. Produktion Abt. Landwirtschaft, Technik, Arbeitsorganis. Abt. Finanzen	Oberref. Arbeitskr. Oberref. Bau- und Technik Oberref. Freie Flächen, Grundstückswesen Abt. Planung, Abt. Produktion, Saatzucht, Tierzucht, Finanzen	Abt. Kultur Abt. Schulung Hauptref. Berufsbildung	Oberref. Prod.-Planung Hauptref. Fin.-Invest-Kreditplanung Abt. Mat.-Planung und Kreiskontore Oberref. Agrartechnik Oberref. Statistik und Berichtswesen

DIENSTSTELLEN

Verwaltungen d. MAS i. d. Ländern	Verwaltung d. VEG i. d. Ländern	Landw. Fach- u. Zentralschulen	Kreiskontore f. ldw. Bedarf
MAS	VEG		
Spezialwerkstätten	Saatzuchthauptgüter		
Motoreninstandsetzungswerke	Tierzuchthauptgüter		

Verzeichnis der politischen Leitungen der zentralen deutschen Regierungsbehörden für Landwirtschaft

Reichsministerium für Ernährung und Landwirtschaft 1919–1933

Minister		Staatssekretäre	
Emanuel Wurm (SPD/USPD) Staatssekretär des Reichsernährungsamtes	1918–1919	Robert Schmidt Unterstaatssekretär im Reichsernährungsamt	1918–1919
		Friedrich Edler von Braun Unterstaatssekretär im Reichsernährungsamt	1918–1919
Robert Schmidt (SPD) Reichsernährungsminister, dann Reichswirtschaftsminister mit Einbeziehung der Ernährung und Landwirtschaft	1919–1920		
Andreas Hermes (Zentrum)	1920–1922	Ludwig Huber	1920–1922
Anton Fehr (BVP)	1922 (Mz.–Nov.)		
Karl Müller (Zentrum)	1922 (Nov.)	Carl Heinrici	1920–1923
Hans Luther (parteilos)	1922–1923		
Gerhard Graf von Kanitz (parteilos)	1923–1925	Fred Hagedorn	1923–1926
Heinrich Haslinde (Zentrum)	1925–1926	Erich Hoffmann	1926–1929
Martin Schiele (DNVP)	1927–1928		
Hermann Dietrich (DDP)	1928–1930	Hermann Heukamp	1929–1932
Martin Schiele (CNBL[1])	1930–1932	Friedrich Mussehl	1932–1933
Magnus Frhr. von Braun (DNVP)	1932–1933 (Jan.)		

---

[1] Christlich-nationale Bauern- und Landvolkpartei

Reichsministerium für Ernährung und Landwirtschaft 1933–1945

Minister		Staatssekretäre	
Alfred Hugenberg (DNVP) Reichsminister für Wirtschaft, Landwirtschaft und Ernährung	1933 (Jan.–Juni)	Hansjoachim von Rohr	1933 (Jan.–Sept.)
Richard Walther Darré (NSDAP (seit 1942 beurlaubt)	1933–1944	Herbert Backe	1933–1942
Herbert Backe (NSDAP) (1942 mit der Wahrnehmung der Geschäfte beauftragt; 1944 Reichsminister)	(1942/) 1944–1945	Hans-Joachim Riecke	1943–1945
		Gustav Behrens (Reichsobmann des Reichsnährstandes, seit 1942 im Ministerium)	1942–1945
		Werner Willikens (zunächst Staatssekretär im Preußischen Landwirtschaftsministerium)	1933–1945

Verwaltungsamt/Verwaltung für Ernährung und Landwirtschaft im Vereinigten Wirtschaftsgebiet („Bizone" / „Trizone")

Direktoren		Stellv. Direktoren	
Hermann Dietrich (DVP) Direktor des Verwaltungsamtes für Ernährung und Landwirtschaft, Stuttgart	1946 (Sept.)– 1947 (August)	Hans Schlange-Schöningen	1946–1947
Hans Schlange-Schöningen (CDU) Direktor der Verwaltung für Ernährung, Landwirtschaft und Forsten, Frankfurt/M.	1947 (Juli)– 1950 (April)	Wilhelm Niklas (Stv. Direktor)	1948–1949
		Hans Carl Podeyn (Stellvertreter, ab 1948 mit Teilzuständigkeit)	1947–1949

Deutsche Verwaltung / Hauptverwaltung für Landwirtschaft und Forsten in der Sowjetischen Besatzungszone

Präsident / Leiter		Vizepräsident / Leiter	
Edwin Hoernle (KPD/SED) Präsident der Deutschen Verwaltung für Landwirtschaft	1945–1948	1. Reinhard Benecke	1945–1948
		2. Luitpold Steidle	1945–1948
		3. Matthias Kramer	1945–1948
		4. Ernst Busse	1947–1948
Edwin Hoernle (SED) Leiter der Hauptverwaltung Landwirtschaft in der Deutschen Wirtschaftskommission (Vors. Heinrich Rau; vier Stv. Vorsitzende, darunter Luitpold Steidle, CDU)	1948–1949 (Sept.)	Heinke Heinks	1948–1949
		Matthias Kramer	1948–1949
Herbert Hoffmann (DBD)	1949 (Sept.–Okt.)		

Bundeslandwirtschaftsministerium der Bundesrepublik Deutschland

Minister		Staatssekretäre		Parl. Staatssekretäre		EWG/EG/EU-Kommissare	
Wilhelm Niklas (CDU)	1949–1953	Theodor Sonnemann	1949–1962				
Heinrich Lübke (CDU)	1953–1959						
Werner Schwarz (CDU)	1959–1965	Rudolf Hüttebräuker	1962–1968			Sico Mansholt (NL, Soz.)	1958–1972
Hermann Höcherl (CSU)	1965–1969	Reinhold Mercker	1967–1968				
		Fritz Neef	1968–1969				
Josef Ertl (FDP)	1969–1982	Hans Griesau	1969–1973	Fritz Logemann (SPD)	1969–1976	Carlo Scarascia-Mugnozza (ITA, EVP)	1972–1973
		Hans-Jürgen Rohr	1973–1984	Georg Gallus (FDP)	1976–1993	Pierre Lardinois (NL, EVP)	1973–1977
						Finn Olav Gundelach (DK, parteilos)	1977–1981
						Poul Dalsager (DK, Soz.)	1981–1985
Ignaz Kiechle (CSU)	1983–1993	Walther Florian	1984–1987	Wolfgang von Geldern (CDU)	1983–1991	Frans Andriessen (NL, EVP)	1985–1989
		Kurt Eisenkrämer	1988–1991				
		Walter Kittel	1987–1993	Gottfried Haschke (CDU)	1991–1993	Ray MacSharry (IRL, Lib.)	1989–1993
		Helmut Scholz	1991–1993				
Jochen Borchert (CDU)	1993–1998	Franz-Josef Feiter	1993–1998	Wolfgang Gröbl (CSU)	1993–1998	René Steichen (LUX, EVP)	1993–1995
				Ernst Hinsken (CSU)	1998	Franz Fischler (Österr., EVP)	1995–2004
Karl-Heinz Funke (SPD)	1998–2001	Martin Wille	1998–2002	Gerald Thalheim (SPD)	1998–2005		

Fortsetzung

Minister		Staatssekretäre		Parl. Staatssekretäre		EWG/EG/EU-Kommissare	
Renate Künast (Grüne)	2001–2005	Alexander Müller	2001–2005	Matthias Berninger (Grüne)	2001–2005	Mariann Fischer Boel (DK)	2004–2010
Horst Seehofer (CSU)	2005–2008	Gert Lindemann	2005–2010	Peter Paziorek Gerd Müller (CSU) Ursula Heinen (CDU)	2005–2007 2005–2013 2007–2009		
Ilse Aigner (CSU)	2008–2013	Robert Kloos	2010–2016	Julia Klöckner (CDU)	2009–2011	Dacian Cioloș (RUM, EVP)	2010–2014
Hans-Peter Friedrich (CSU)	2013–2014			Peter Bleser (CDU)	2011–2018		
Christian Schmidt (CSU)	2014–2018	Hermann Onko Aeikens	2016–2019	Maria Flachsbarth (CDU)	2013–2018	Phil Hogan (IRL)	seit 2014
Julia Klöckner (CDU)	seit 2018	Beate Kasch	seit 2020	Michael Stübgen (CDU) Hans-Joachim Fuchtel (CDU)	2018–2019 seit 2018		

Landwirtschaftsministerium der DDR

Minister		Staatssekretär		Sekretäre für Landwirtschaft im ZK der SED		Leiter der ZK-Abteilung Landwirtschaft	
Ernst Goldenbaum (DBD, vorher SED)	1949–1950	Paul Merker	1949–1950	Paul Merker	1945–1950	Rudolf Reutter	
Paul Scholz (DBD, vorher SED)	1950–1952 und 1953–1955	Kurt Siegmund	1950–1953	Kurt Vieweg	1950 1950–1951	Ernst Hansch Walter Krebaum	
Wilhelm Schröder (DBD)	1952–1953	Hans Reichelt	1954–1955	Erich Mückenberger	1951–1953	Albert Schäfer	
Hans Reichelt (DBD)	1953 und 1955–1963	Walter Wilke Bruno Skodowski	1955–1958	Friedrich Hecht	1953–1954		
			1958–1963	Gerhard Grüneberg	1954–1958 1958–1959 1959	Franz Mellentin Wolfgang Parske Karl Götz	
Georg Ewald (SED) 1963–1971 Vorsitzender des Landwirtschaftsrates, 1971–1973 Minister	1963–1973	Heinz Kuhrig	1968–1973		1959–1981	Bruno Kiesler	
Heinz Kuhrig (SED)	1973–1981	Werner Lindner	1973–1989	Werner Felfe	1981–1988	Bruno Lietz	1981–1982
Bruno Lietz (SED)	1982–1989	Wilhelm Cesarz	1982–1989	Werner Krolikowski	1988–1989	Helmut Semmelmann	1982–1989

Quellen- und Literaturverzeichnis

Unveröffentlichte Quellen

Archiv für christlich-demokratische Politik, St. Augustin

Nachlass Hans von der Groeben
Nachlass Walter Hallstein
Nachlass Andreas Hermes
Nachlass Wilhelm Niklas

Bayerisches Hauptstaatsarchiv, München

Nachlass Anton Fehr

Der Bundesbeauftragte für die Unterlagen des Staatsicherheitsdienstes der ehemaligen DDR, Berlin

Vorgänge der HA XVIII (Landwirtschaft)
Personenbezogene Vorgänge

Bundesarchiv Freiburg

RW 28   Wehrwirtschaftsdienststellen in Norwegen
RW 46   Nachgeordnete Dienststellen des Wehrwirtschafts- und Rüstungsamtes bei Stäben des Heeres und für besondere Aufgaben

Bundesarchiv Koblenz

B 106	Bundesministerium des Innern
B 116	Bundesministerium für Ernährung, Landwirtschaft und Forsten
B 120	Institut für Besatzungsfragen
B 122	Bundespräsidialamt
B 136	Bundeskanzleramt
N 42	Nachlass Kurt von Schleicher
N 1004	Nachlass Hermann Dietrich
N 1070	Nachlass Karl Passarge
N 1071	Nachlass Hans Schlange-Schöningen
N 1075	Nachlass Herbert Backe
N 1094	Nachlass Richard Walther Darré (Teile I, II, III)
N 1126	Nachlass Heinrich Himmler
N 1198	Nachlass Heinrich Albrecht Kraut
N 1231	Nachlass Alfred Hugenberg
N 1313	Nachlass Rudolf Harmening

N 1468 Nachlass Robert Ley
N 1510 Nachlass Rudolf Hüttebräuker
N 1548 Nachlass Rüdiger Graf von der Goltz
N 1582 Nachlass Fritz Sauckel
N 1652 Nachlass Hansjoachim von Rohr
N 1701 Nachlass Ewald Rosenbrock
N 1736 Nachlass Johann-Dietrich Lauenstein
N 1774 Nachlass Hans Joachim Riecke
Pers 101 Personalakten von Beschäftigten des öffentlichen Dienstes
(Vereinigtes Wirtschaftsgebiet und Bundesrepublik Deutschland)
Z 1 Länderrat des amerikanischen Besatzungsgebietes
Z 2 Zonenbeirat (britische Besatzungszone)
Z 3 Wirtschaftsrat des Vereinigten Wirtschaftsgebietes
Z 6 Zentralamt für Ernährung und Landwirtschaft (britische Besatzungszone)
Z 6 Verwaltung für Ernährung, Landwirtschaft und Forsten (Vereinigtes Wirtschaftsgebiet)

Bundesarchiv Berlin

DC 1 Zentrale Kommission für staatliche Kontrolle (DDR)
DC 7 Koordinierungs- und Kontrollstelle für Land-, Forst- und Wasserwirtschaft und Erfassung und Aufkauf
DC 15 Deutsche Wirtschaftskommission
DC 20 Ministerrat der DDR
DK 1 Deutsche Verwaltung für Landwirtschaft und Forsten – Landwirtschaftsministerium der DDR
DK 107 Akademie der Landwirtschaftswissenschaften der DDR
DY 30 SED (Zentralsekretariat; Abteilung Kaderfragen; Büro und Sekretariat Paul Merker, Protokolle und Vorlagen der Sitzungen des ZK und des Politbüros, Parteikontrollkommission)
DY 30 SED Kaderakte Heinke Heinks
DY 30 SED Kaderakte Edwin Hoernle
DY 30 SED Kaderakte Ulrich Osche
N 2519 Nachlass Edwin Hoernle
NS 2 Rasse- und Siedlungshauptamt der SS
NS 10 Persönliche Adjutantur des Führers und Reichskanzlers
NS 11 Parteiamtliche Prüfungskommission zum Schutze des NS-Schrifttums
NS 19 Persönlicher Stab Reichsführer SS
NS 20 Kleine Erwerbungen NSDAP
NS 26 Hauptarchiv der NSDAP
NY 4090 Nachlass Otto Grotewohl
NY 4049 Nachlass Anton und Äenne Saefkow
R 2 Reichsfinanzministerium
R 15-V Reichsstelle für Milcherzeugnisse, Öle und Fette
R 16 Reichsnährstand
R 26-IV Beauftragter für den Vierjahresplan
R 43 Reichskanzlei
R 52-VII Regierung des Generalgouvernements – Hauptabteilung Ernährung und Landwirtschaft
R 94 Reichskommissar für die Ukraine
R 401 Vorläufiger Reichswirtschaftsrat

R 3601   Reichsministerium für Ernährung und Landwirtschaft
R 3701   Reichsforstamt
R 9361-II   Sammlung Berlin Document Center (BDC): Personenbezogene Unterlagen der NSDAP/Parteikorrespondenz
R 9361-III   BDC: Personenbezogene Unterlagen der SS und SA
R 9361-V   BDC: Personenbezogene Unterlagen der Reichskulturkammer (RKK)
R 9361-VIII   BDC: KARTEI Personenbezogene Unterlagen der NSDAP – Mitgliederkartei Zentralkartei
R 9361-IX   BDC: KARTEI Personenbezogene Unterlagen der NSDAP – Mitgliederkartei Gaukartei

Bundesarchiv Außenstelle Ludwigsburg

B 162   Zentrale Stelle der Landesjustizverwaltungen zur Aufklärung nationalsozialistischer Verbrechen

Bundesministerium für Ernährung, Landwirtschaft und Forsten, Bonn

Handakten aus dem „Ministerbüro" Schlange-Schöningen
Personalakten verstorbener Mitarbeiter

Geheimes Staatsarchiv Preußischer Kulturbesitz, Berlin

R 197 A   Preußischer Staatskommissar für Volksernährung

Institut für Zeitgeschichte, München

ED 100   Sammlung David Irving
ED 110   Nachlass Richard Walther Darré
ED 916   Nachlass Alma Darré
ES 132   Nachlass Joseph Baumgartner
OMGUS-Akten (POLAD 747, 730)
Zeugenschrifttum ZS 508: Riecke, Hans-Joachim
    (online einsehbar unter www.ifz-muenchen.de/archiv/zs/zs-0508.pdf)

Staatsarchiv Kiew

Bestand 3206   Reichskommissar für die Ukraine
    http://err.tsdavo.gov.ua/1/stocks/61540088/61540137/, hier: Akte Nr. 15, S. 33–104

Landesarchiv Schleswig-Holstein, Kiel

Abt. 460   Entnazifizierungsakten

Max-Planck-Gesellschaft, Berlin

Nachlass Heinrich August Kraut

Oberösterreichisches Landesarchiv Linz

Nachlass Anton Reinthaller

Österreichisches Staatsarchiv (Archiv der Republik), Wien

Bestand der Unterabteilung B der Abteilung VII (Bergland)

Politisches Archiv des Auswärtigen Amtes, Berlin

Personalakte Oskar von John
Personalakte Hans Carl Podeyn
Personalakte Hans Schlange-Schöningen

Sonderarchiv Moskau

700 (1–2) 337 Beauftragter für den Vierjahresplan

Staatsarchiv Nürnberg

Rep. 501, KV-Prozesse, Fall VIII: Prozess Rasse- und Siedlungshauptamt der SS
Rep. 501, KV-Prozesse, Fall XI,
Abt. F, Verteidigungsdokumente Darré
Rep. 501, KV-Prozesse, Fall XI Abt. B 140 – B 148, B 265, Anklagedokumente Darré
Rep. 501, KV-Prozesse, Fall XI Abt. ZB 18, Ergänzende Dokumente
Rep. 501, KV-Prozesse, Geplante Verfahren Nr. XII: The United States of America against Paul Pleiger, Paul Körner, R. Walter Darré, Max Timm, Hubert Hildebrandt, Ernst Letsch, Fritz Schmelter, Hans Riecke, Alfons Moritz, Max Winkler, Wilhelm Voss, Wilhelm Meinberg, Wilhelm Arotzke, Hans Malzacher, Paul Rheinländer, Hans Delius
Rep. 502, KV-Anklage, StAN KV-Prozesse, Interrogations, A-37, Aufsess, Hans Werner von
Rep. 502, KV-Anklage, KV-Prozesse, Interrogations, B-4, Backe, Herbert
Rep. 502, KV-Anklage, KV-Prozesse, Interrogations, B-51, Below, Nikolaus von
Rep. 502, KV-Anklage, KV-Prozesse, Interrogations, C-11, K/Claussen, Julius Marquart
Rep. 502, KV-Anklage, KV-Prozesse, Interrogations, D-10, Darré, Erich Adolf Albert (Bruder)
Rep. 502, KV-Anklage, KV-Prozesse, Interrogations, D-11, Darré, Richard Walther
Rep. 502, KV-Anklage, KV-Prozesse, Interrogations, D-37, Dietrich, Kurt
Rep. 502, KV-Anklage, KV-Prozesse, Interrogations, H-39, Harmening, Rudolf
Rep. 502, KV-Anklage, KV-Prozesse, Interrogations, H-169, Hofmann, Hans
Rep. 502, KV-Anklage, KV-Prozesse, Interrogations, L-21, Lauenstein, Johann Dietrich
Rep. 502, KV-Anklage, KV-Prozesse, Interrogations, M-101, Moritz, Alfons Dr. jur.

Rep. 502, KV-Anklage, KV-Prozesse, Interrogations, R-65, Reinthaller, Anton
Rep. 502, KV-Anklage, KV-Prozesse, Interrogations, R-94, Riecke, Hans Joachim
Rep. 502, KV-Anklage, KV-Prozesse, Interrogations, S-41, Schefold, Wilhelm
Rep. 502, KV-Anklage, KV-Prozesse, Interrogations, S-96, Schmidt, Dr. Paul Karl
Rep. 502, KV-Anklage, KV-Prozesse, Interrogations, S-174, Schuster, Ludwig
Rep. 502, KV-Anklage, KV-Prozesse, Interrogations, V-21, Vogt, Karl Dr.
Rep. 502, KV-Anklage, KV-Prozesse, Interrogations, W-93, Willikens, Werner

Quellen aus Privathand

Nachlassteil Heinz Haushofer, Hartschimmelhof, Pähl/Obb.
Sammlung Konrad Meyer, Privatbesitz Fritz Berkner

Veröffentlichte Quellen, Editionen

Akten zur Auswärtigen Politik der Bundesrepublik Deutschland 1986, im Auftrag des Auswärtigen Amtes hg. vom Institut für Zeitgeschichte, bearbeitet von Mattthias Peter und Daniela Taschler, Berlin 2017.
Akten der Partei-Kanzlei der NSDAP. Rekonstruktion eines verlorengegangenen Bestandes. Sammlung der in anderen Provenienzen überlieferten Korrespondenzen, Niederschriften von Besprechungen usw. mit dem Stellvertreter des Führers und seinem Stab bzw. der Partei-Kanzlei, ihren Ämtern, usw., hg. vom Institut für Zeitgeschichte, München 1983 ff.
Akten der Reichskanzlei, Weimarer Republik, hg. von der Historischen Kommission bei der Bayerischen Akademie der Wissenschaften und dem Bundesarchiv.
  Das Kabinett Scheidemann 13. Februar bis 20. Juni 1919, bearbeitet von Hagen Schulze, Boppard am Rhein 1971 (*ARK, Scheidemann*).
  Das Kabinett Bauer, 21. Juni 1919 bis 27. März 1920, bearbeitet von Anton Golecki, Boppard am Rhein 1980 (*ARK, Bauer*).
  Das Kabinett Müller I (1920), bearbeitet von Martin Vogt, Boppard am Rhein 1971 (*ARK, Müller*).
  Das Kabinett Fehrenbach (1920/21), bearbeitet von Peter Wulf, Boppard am Rhein 1972 (*ARK, Fehrenbach*).
  Die Kabinette Marx I und II (1923–1925), bearbeitet von Günter Abramowski, Boppard am Rhein 1973 (*ARK, Marx I-II*).
  Die Kabinette Marx III und IV (1926–1928), bearbeitet von Günter Abramowski, Boppard am Rhein 1988 (*ARK, Marx III-IV*).
  Das Kabinett Müller II (1928–1930), bearbeitet von Martin Vogt, Boppard am Rhein 1970 (*ARK, Müller II*).
  Die Kabinette Brüning I und II (1930–1932), bearbeitet von Tilman Koops, Boppard am Rhein 1982–1990 (*ARK, Brüning*).
  Das Kabinett von Papen (1932), bearbeitet von Karl-Heinz Minuth, Boppard am Rhein 1989 (*ARK, von Papen*).
  Das Kabinett von Schleicher (1932/33), bearbeitet von Anton Golecki, Boppard am Rhein 1986 (*ARK, von Schleicher*).
Akten der Reichskanzlei. Die Regierung Hitler, hg. von der Historischen Kommission bei der Bayerischen Akademie der Wissenschaften und dem Bundesarchiv, Boppard am Rhein bzw. Berlin/Boston, 1983–2020. Band I (1933/1934) bis Band VIII (1941) bearb. von Friedrich

Hartmannsgruber, Band IX (1942) bis Band X (1943) bearb. von Peter Keller und Hauke Marahrens mit Vorarbeiten von Friedrich Hartmannsgruber.

Akten zur Vorgeschichte der Bundesrepublik Deutschland 1945–1949. Hg. von Bundesarchiv und Institut für Zeitgeschichte (*Akten zur Vorgeschichte*).

    Bd. 1: September 1945 – Dezember 1946, bearb. von Walter Vogel und Christoph Weisz, München/Wien 1976.

    Bd. 2: Januar – Juni 1947, bearb. von Wolfram Werner, München/Wien 1979.

    Bd. 3: Juni – Dezember 1947, bearb. von Günter Plum, München/Wien 1982.

    Bd. 4: Januar – Dezember 1948, bearb. von Christoph Weisz, Hans-Dieter Kreikamp und Bernd Steger, München/Wien 1983.

    Bd. 5: Januar – September 1949, bearb. von Hans-Dieter Kreikamp, München/Wien 1981.

Bundesgesetzblatt, BGBl, Jahrgänge 1950–1965.

Die CDU/CSU im Frankfurter Wirtschaftsrat. Protokolle der Unionsfraktion 1947–1949. Bearbeitet von Rainer Salzmann, Düsseldorf 1988 (*CDU/CSU im Wirtschaftsrat*).

Deutsche Einheit. Sonderedition aus den Akten des Bundeskanzleramtes 1989/90, hg. vom Bundesministerium des Innern unter Mitwirkung des Bundesarchivs, bearbeitet von Hanns Jürgen Küsters und Daniel Hofmann (Dokumente zur Deutschlandpolitik), München 1998.

Deutschlands Wirtschaftslage unter den Nachwirkungen des Weltkrieges. Unter Verwendung von amtlichem Material zusammengestellt im Statistischen Reichsamt, Berlin 1923.

Documents Diplomatiques Français, Série 1944–1954, sous la direction de Georges-Henri Soutou, Bde 2–14 (1945–1949), Paris bzw. Brüssel u. a., 2003 ff. (*DDF*).

Europäischer Rat, Sammlung der Schlussfolgerungen, 1983–1999.

Jahresbericht 1999 der Bundesregierung zum Stand der Deutschen Einheit, Deutscher Bundestag, Drucksache 14/1825.

Die Kabinettsprotokolle der Bundesregierung (Kabinettsprotokolle).

    Band 1 (1949), hg. für das Bundesarchiv von Hans Booms, bearb. von Ulrich Enders und Konrad Reiser, Boppard a. R. 1982.

    Band 8 (1955), hg. für das Bundesarchiv von Hans Booms, bearb. von Michael Hollmann, Boppard a. R. 1997.

    Band 12 (1959), hg. für das Bundesarchiv von Hartmut Weber, bearb. von Josef Henke und Uta Rössel, München 2002.

    Band 19 (1966), hg. für das Bundesarchiv von Hartmut Weber, bearb. von Christine Fabian und Uta Rössel unter Mitwirkung von Ralf Behrendt und Christoph Seemann, München 2009.

    Band 21 (1968), hg. für das Bundesarchiv von Michael Hollmann, bearb. von Christine Fabian und Uta Rössel, München 2011.

    Band 23 (1970), hg. für das Bundesarchiv von Michael Hollmann, bearbeitet von Christine Fabian und Uta Rössel unter Mitwirkung von Walter Naasner und Christoph Seemann, München 2015.

Matthäus, Jürgen/Bajohr, Frank (Hgg.): Alfred Rosenberg. Die Tagebücher von 1934–1944, Frankfurt/M. 2018.

Moll, Martin (Hg.): Führer-Erlasse 1939–1945. Edition sämtlicher überlieferter, nicht im Reichsgesetzblatt abgedruckter, von Hitler während des Zweiten Weltkriegs schriftlich erteilter Direktiven aus den Bereichen Staat, Partei, Wirtschaft, Besatzungspolitik und Militärverwaltung, Hamburg 2011 (1. Aufl. 1997) (*Moll, Führererlasse*).

Picker, Henry (Hg.): Hitlers Tischgespräche im Führerhauptquartier, mit einer Einleitung von Percy Ernst Schramm, Stuttgart 1963.

Präg, Werner/Jacobmeyer, Wolfgang (Hgg.): Das Diensttagebuch des deutschen Generalgouverneurs in Polen 1939–1945, Stuttgart 1975.

Protokolle des Bayerischen Ministerrats 1945–1954. Hg. von der Historischen Kommission bei der

Bayerischen Akademie der Wissenschaften und der Generaldirektion der Staatlichen Archive Bayerns (*Bayerischer Ministerrat*).
    Band 1: Das Kabinett Schäffer 28. Mai bis 28. September 1945. Bearb. von Karl-Ulrich Gelberg, München 1995.
    Band 4: Das Kabinett Ehard II 24. September 1947 bis 22. Dezember 1948. 3 Teilbände, bearb. von Karl-Ulrich Gelberg (4,1 und 4,2) und Oliver Braun (4,3), München 2003/2005/2010.
Der Prozess gegen die Hauptkriegsverbrecher vor dem internationalen Militärgerichtshof, Bde. 1–42, Nürnberg 1947–1949.
Quellen zur Entstehungsgeschichte des Flurbereinigungsgesetzes der Bundesrepublik Deutschland von 1953, hg. von Erich Weiß, Frankfurt am Main u. a. 2000 (Travaux scientifiques de la Faculté Européenne des Sciences du Foncier, Strasbourg, Band 22).
Quellen zur Geschichte des Parlamentarismus und der politischen Parteien.
    Reihe I, Bd. 6: Die Regierung der Volksbeauftragten 1918/19. Mt einer Einleitung von Erich Matthias, bearb. von Susanne Miller unter Mitwirkung von Heinrich Potthoff, 2 Teilbände, Düsseldorf 1969.
    Reihe IV, Bd. 3: Auftakt zur Ära Adenauer. Koalitionsverhandlungen und Regierungsbildung 1949, bearbeitet von Udo Wengst, Düsseldorf 1985.
    Reihe IV, Bd. 9: Zonenbeirat. Zonal Advisory Council, Protokolle und Anlagen 1946–1948, bearb. von Gabriele Stüber, Düsseldorf 1994.
Der 2. Reichsbauerntag in Goslar vom 11. bis 18. Neblung (November) 1934, Archiv des Reichsnährstands, Bd. 2, herausgegeben vom Reichsnährstand, Berlin 1934.
Der 3. Reichsbauerntag in Goslar vom 10. bis 17. November 1935, Archiv des Reichsnährstands, Bd. 3, Berlin 1935.
Der 4. Reichsbauerntag in Goslar vom 23. bis 29. November 1936, Archiv des Reichsnährstands, Bd. 4, Berlin 1936.
Der 6. Reichsbauerntag in Goslar vom 20. bis 27. November 1938, Archiv des Reichsnährstands, Bd. 5, Berlin 1938.
Reichsgesetzblatt, RGBl., Jahrgänge 1930–1937.
Ruhl, Hans-Jörg (Hg.): Neubeginn und Restauration. Dokumente zur Vorgeschichte der Bundesrepublik Deutschland 1945–1949, München 1982 (*Neubeginn und Restauration*).
Saure, Wilhelm (Hg.): Das Reichserbhofgesetz. Ein Leitfaden zum Reichserbhofrecht nebst dem Wortlaut des Reichserbhofgesetzes vom 29.9.33 und den Durchführungsverordnungen vom 19.10.33, Berlin 3. Aufl. 1934.
Schwarz, Jürgen (Hg.)/Kunz, Hildegard/Buttlar, Madeleine von (Mitarb.): Der Aufbau Europas. Pläne und Dokumente. 1945–1980, Bonn 1980.
Smith, Bradley F./Peterson, Agnes F. (Hgg.): Heinrich Himmler – Geheimreden 1933 bis 1945 und andere Ansprachen, Berlin 1974.
Die Tagebücher von Joseph Goebbels. Im Auftrag des Instituts für Zeitgeschichte und mit Unterstützung des Staatlichen Archivdienstes Russlands hg. von Elke Fröhlich (*Goebbels Tagebücher*).
    Teil I, Aufzeichnungen 1923–1941, 10 Bände in 14 Teilbänden, München 1998–2006.
    Teil II, Diktate 1941–1945, 15 Bände, München 1993–1996.
    Teil III, Register, 3 Bände, München 2008.
Ursachen und Folgen. Vom deutschen Zusammenbruch 1918 und 1945 bis zur staatlichen Neuordnung in der Gegenwart. Eine Urkunden- und Dokumentensammlung zur Zeitgeschichte. Hg. und Bearb. Herbert Michaelis und Ernst Schraepler unter Mitwirkung von Günter Scheel, Bd. XXIV, XXV und XXVI, Berlin o. J. (1975–1978) (*UuF*).
Urteile des Bundesverwaltungsgerichts, BVerwG, Jahrgang 2017.
Die Verfolgung und Ermordung der europäischen Juden durch das nationalsozialistische Deutschland 1933–1945, hg. im Auftrag des Bundesarchivs, des Instituts für Zeitgeschichte

und des Lehrstuhls für Neuere und Neueste Geschichte an der Albert-Ludwig-Universität Freiburg (*Verfolgung*).
Band 3: Deutsches Reich und Protektorat September 1939–September 1941, hg. von Susanne Heim u. a., bearbeitet von Andrea Löw, München 2012.
Band 4: Polen September 1939–Juli 1941, hg. von Susanne Heim u. a., bearbeitet von Andrea Löw, München 2011.
Band 6: Deutsches Reich und Protektorat Oktober 1941–März 1943, hg. von Susanne Heim u. a., bearbeitet von Susanne Heim unter Mitarbeit von Maria Wilke, Berlin/Boston 2019.
Band 7: Sowjetunion mit annektierten Gebieten I. Besetzte sowjetische Gebiete unter deutscher Militärverwaltung, Baltikum und Transnistrien, hg. von Susanne Heim u. a., bearbeitet von Bert Hoppe und Hildrun Glass, München 2011.
Band 8: Sowjetunion mit annektierten Gebieten II. Generalkommissariat Weißruthenien und Reichskommissariat Ukraine, hg. von Susanne Heim u. a., bearbeitet von Bert Hoppe, Berlin/Boston 2016.
Band 9: Polen, Generalgouvernement August 1941–1945, hg. von Susanne Heim u. a., bearbeitet von Klaus-Peter Friedrich, München 2014.
Band 11: Deutsches Reich und Protektorat Böhmen und Mähren April 1943–1945, hg. von Susanne Heim u. a., bearbeitet von Lisa Hauff unter Mitarbeit von Andrea Löw, Berlin/Boston 2020.
Verhandlungen des Deutschen Bundestages. Stenographische Berichte, 1959 (Dritte Wahlperiode), 1984 (10. Wahlperiode), 1991 (12. Wahlperiode) (*Plenarprotokolle*).
Verhandlungen des Reichstages. Stenographische Berichte, 1. 1920/24–9. 1933, Berlin 1921–1934.
Verhandlungen der Verfassunggebenden Deutschen Nationalversammlung. Stenographische Berichte, Berlin 1919/20, Band 326–333, Sitzung 1–180.
Verordnungsblatt des Generalgouverneurs für die Besetzten Polnischen Gebiete = Dziennik Rozporządzeń Generalnego Gubernatora dla Okupowanych Polskich Obszarów. Teil 2, Nr 12 (26 Februar 1940), in UMCS Digital Library, Maria-Curie-Skłodowska-Universität Lublin (eingesehen am 04.02.2019 unter: http://dlibra.umcs.lublin.pl/dlibra/docmetadata?id=8060& from= publication).
Weiß, Erich (Hg.): Quellen zur Entstehungsgeschichte des Flurbereinigungsgesetzes der Bundesrepublik Deutschland von 1953, Frankfurt/M. 2000.
Der Wissenschaftliche Beirat beim Bundesministerium für Ernährung, Landwirtschaft und Forsten: Sammelband der Gutachten von 1949 bis 1974, hg. vom Bundesministerium für Ernährung, Landwirtschaft und Forsten, Hiltrup bei Münster 1975.
Wörtliche Berichte und Drucksachen des Wirtschaftsrats des Vereinigten Wirtschaftsgebietes 1947–1949. Hg. vom Institut für Zeitgeschichte und vom Deutschen Bundestag, Wissenschaftliche Dienste. Bearbeiter Christoph Weisz und Hans Woller, Band 1–6, München 1977 (*Wirtschaftsrat*).

Zeitgenössische Literatur, Memoiren

Adenauer, Konrad: Briefe 1945–1947 und 1947–1949, bearbeitet von Hans Peter Mensing (Rhöndorfer Ausgabe, hg. von Hans-Peter Schwarz und Rudolf Morsey), Berlin 1983/1984.
Adenauer, Konrad: Erinnerungen 1945–1953, Stuttgart 1965.
Aereboe, Friedrich: Der Einfluss des Krieges auf die landwirtschaftliche Produktion in Deutschland. Wirtschafts- und Sozialgeschichte des Weltkrieges,. Stuttgart u. a. 1927.
Arbeitsprogramm für die Agrarpolitik der Bundesregierung (Agrarprogramm), hg. vom Bundesministerium für Ernährung, Landwirtschaft und Forsten, Hiltrup bei Münster 1968 (Landwirtschaft – angewandte Wissenschaft, hg. vom Bundesministerium für Ernährung,

Landwirtschaft und Forsten und dem Land- und Hauswirtschaftlicher Auswertungs- und Informationsdienst, Band 134).
Bach, Fritz W.: Untersuchungen über die Lebensmittelrationierung im Kriege und ihre physiologisch-hygienische Bedeutung, aufgrund der Lebensmittelversorgung in Bonn während der Zeit vom 1. Juli 1916 bis 18. September 1918, München 1919.
Backe, Herbert: Das Ende des Liberalismus in der Wirtschaft, Berlin 1938.
Backe, Herbert: Um die Nahrungsfreiheit Europas: Weltwirtschaft oder Großraum, Leipzig 1942.
Backe, Herbert: Die russische Getreidewirtschaft als Grundlage der Land- und Volkswirtschaft Rußlands, als MS gedruckt (ca. 1942).
Backe, Herbert: Gesunde Agrarpolitik: Voraussetzung einer gesunden Ernährungswirtschaft, in: Der Vierjahresplan V, 1942, S. 314–318.
Barber, Oswald: Einrichtung und Aufgaben Der Zentral-Einkaufsgesellschaft, Berlin 1917. (*Barber, Einrichtung*)
Bidault, Georges: Noch einmal Rebell, dt. Frankfurt/Main, Berlin 1966 (frz. Original Paris 1965).
Braunbuch. Kriegs- und Naziverbrecher in der Bundesrepublik und in Westberlin. Staat, Wirtschaft, Verwaltung, Armee, Justiz, Wissenschaft, hg. vom Nationalrat der Nationalen Front des Demokratischen Deutschland, Dokumentationszentrum der Staatlichen Archivverwaltung der DDR, 3., überarb. und erw. Aufl., Berlin 1968.
Busse, Martin, Der Erbhof im Aufbau der Volksordnung: Ein Beispiel für das Verhältnis von Gesamtordnung und besonderer Ordnung, Habilitationsschrift, Berlin 1936.
Chronik der Agrarpolitik und Agrarwirtschaft des Deutschen Reiches von 1933–1945, bearbeitet von Werner Tornow, Hamburg und Berlin 1972 (Berichte über Landwirtschaft, hg. vom Bundesministerium für Ernährung und Landwirtschaft, Band 188, Sonderheft).
Chronik der Agrarpolitik und Agrarwirtschaft in der Bundesrepublik Deutschland von 1945–1967. Mit 7 Tabellen, bearbeitet von Wilhelm Magura, Hamburg und Berlin 1970 (Berichte über Landwirtschaft, hg. vom Bundesministerium für Ernährung und Landwirtschaft, Band 185, Sonderheft).
Clay, Lucius D.: Entscheidung in Deutschland, Frankfurt/Main 1950 (amerikanisches. Original: Decision in Germany, New York 1950) (*Clay, Entscheidung*).
Corte, Heinz: Führererlass und Führerverordnung als Mittel der Führergewalt, in: Deutsche Verwaltung 19, 1942, S. 473 ff.
Darré, Richard Walther: Das Bauerntum als Lebensquell der Nordischen Rasse, München 1929.
Darré, Richard Walther: Neuadel aus Blut und Boden, München 1930.
Darré, Richard Walther: Das Schwein als Kriterium für nordische Völker und Semiten, Berlin 1933.
Darré, Richard Walther: Erkenntnisse und Werden. Aufsätze aus der Zeit vor der Machtergreifung, hg. von Marie-Adelheid Prinzessin Reuß zur Lippe, Goslar 1940.
Decken, S. Eberhard von der: Die Front gegen den Hunger, Berlin 1944.
Dietrich, Hermann: Ein Jahr Agrarpolitik, Berlin 1929.
Dietrich, Hermann: Auf der Suche nach Deutschland. Probleme zur geistigen, politischen und wirtschaftlichen Erneuerung Deutschlands, Hamburg 1946.
Eckart, Jörg: Das Bundesministerium für Ernährung, Landwirtschaft und Forsten – Zwischen den Mühlsteinen, Die Zeit Nr. 44/1964.
Elvert, Gerhard: Ein oft verrücktes Leben. Ein Landwirt und Wissenschaftler erinnert sich, Rostock 2004.
Emig, Kurt, Das Reichsministerium für Ernährung und Landwirtschaft, Berlin 1939.
Ertl, Josef: Agrarpolitik ohne Illusionen, Politische und persönliche Erfahrungen, Frankfurt/M. 1985.
Friedensburg, Ferdinand: Es ging um Deutschlands Einheit. Rückschau eines Berliners auf die Jahre nach 1945, Berlin 1971.

Häberlein, Ludwig: Das Verhältnis von Staat und Wirtschaft mit besonderer Hervorhebung der Selbstverwaltung des Reichsnährstandes und der landwirtschaftlichen Marktordnung, Band 1: Staat und Wirtschaft, Berlin 1938 (*Häberlein, Verhältnis*).
Hahn, Walter: Der Ernährungskrieg. Grundsätzliches und Geschichtliches, Hamburg 1939 (Schriften zur kriegswirtschaftlichen Forschung und Schulung).
Haushofer, Heinz: Das agrarpolitische Weltbild, Leipzig, Berlin 1939.
Haushofer, Heinz: Mein Leben als Agrarier. Eine Autobiographie 1924–1978. München 1982.
Heinrichs, Wolf-Christian: Die Neuordnung des ländlichen Raumes durch Flurbereinigung. Unter besonderer Berücksichtigung des Verhältnisses der Flurbereinigung zur Bauleitplanung, Münster-Hiltrup 1975 (Schriftenreihe für Flurbereinigung, hg. vom Bundesministerium für Ernährung, Landwirtschaft und Forsten, Sonderheft).
Heuss, Theodor: In der Defensive. Briefe 1933–1945, hg. und bearb. von Elke Seefried, München 2009 (Stuttgarter Ausgabe, hg. von der Stiftung Bundespräsident-Theodor-Heuss-Haus, Band 3).
Höcherl, Hermann: Die Welt zwischen Hunger und Überfluss. Eine agrarpolitische Bilanz im technischen Zeitalter, Stuttgart-Degerloch 1969.
Hoernle, Edwin: Die Bodenreform – ein Weg zu Demokratie und Frieden, Berlin (Ost) 1946.
Hoernle, Edwin: Die demokratische Bodenreform in der Bewährungsprobe, Berlin (Ost) 1947.
Huber, Ernst-Rudolf, Der Führer als Gesetzgeber, in: Deutsches Recht 9, 1939, S. 275ff.
Hüttebräuker, Rudolf: Die Agrarstruktur – ein politisches, soziologisches oder ökonomisches Problem? In: Innere Kolonisation. Zeitschrift für Fragen der Ordnung des ländlichen Raumes, Agrarstrukturverbesserung, Flurbereinigung und Siedlung. 12 (1963).
Hüttebräuker, Rudolf: Ein Beitrag zur Wiederbegründung der Landwirtschaftskammer Rheinland und der Agrargeschichte 1946–1962, Bonn o.J. (1979).
Jenkins, Roy: European Diary, London, 1989.
Kiechle, Ignaz: …. und grün bleibt unsere Zukunft, Stuttgart/Herford, 1985.
Kohl, Helmut: Erinnerungen 1982–1990, München 2005.
Kramer, Matthias: Die Landwirtschaft in der sowjetischen Besatzungszone. Die Entwicklung in den Jahren 1945–1955, Bonn 1957.
Kriegsernährungsamt/Nachrichtenabteilung (Hg.): Ist die behördliche Ernährungsregelung notwendig? Berlin 1917.
Lechner, Hans, Hülshoff, Klaus (Hg.): Parlament und Regierung. Textsammlung des Verfassungs-, Verfahrens- und Geschäftsordnungsrechts der obersten Bundesorgane, mit Anmerkungen, Erläuterungen, Hinweisen und Sachregister. 2. Aufl., München u. a. 1958.
Leers, Johann von: Der deutschen Bauern 1000jähriger Kampf um deutsche Art und deutsches Recht, Goslar 1935.
Leers, Johann von: Die bäuerliche Grundverfassung in der deutschen Geschichte, Berlin 1936.
Lösner, Bernhard: Als Rassereferent im Reichsministerium des Inneren (1950), in: VfZ 9. Jg. 1961, S. 264–313.
Löwe, Adolf: Die ausführende Gewalt in der Ernährungspolitik, in: Europäische Staats- und Wirtschaftszeitung, Nr. 2, Berlin 1917, S. 542–6.
Luther, Hans: Politiker ohne Partei. Erinnerungen. Stuttgart 1960. (*Luther, Politiker*).
Martinstetter, Hermann: Die Staatsgrenzen, 2. erw. und verb. Aufl., Siegburg u. a. 1952 (Bücherei des Steuerrechts, Band 10).
Meissner, Otto: Ebert,, Hindenburg, Hitler. Erinnerungen eines Staatssekretärs 1918–1945, Esslingen/München 1991.
Merkel, Hans: Der Reichsnährstand und die Marktordnung, Berlin 1936.
Merkel, Hans: Nationalsozialistische Wirtschaftsgestaltung. Einführung in ihre wissenschaftlichen Grundlagen, Stuttgart 1936.
Merkel, Hans: Vierjahresplan und Wirtschaftslenkung, in: Odal, 1. HJ, 1937, S. 622–636.

Merkel, Hans: Agrarpolitik, 3. durchges. u. erg. Aufl., Leipzig 1945.
Meyer, Konrad (Hg.): Gefüge und Ordnung der deutschen Landwirtschaft, als Gemeinschaftsarbeit des Forschungsdienstes, hrsg. und bearb. v. Konrad Meyer, Berlin 1939.
Meyer, Konrad: Die Reichsarbeitsgemeinschaft für Raumforschung 1935–1945, in: Raumordnung und Landesplanung im 20. Jahrhundert. Historische Raumforschung 10. Forschungsberichte des Ausschusses „Historische Raumforschung" der Akademie für Raumforschung und Landesplanung (Veröffentlichung der Akademie für Raumforschung und Landesplanung, Forschungs- und Sitzungsberichte, Bd. 63), Hannover 1971, S. 103–116.
Michaelis, Georg: Für Staat und Volk. Eine Lebensgeschichte, Tübingen/Stuttgart 1922 (*Michaelis, Für Staat*).
Müller, Josef: Bauer in Gefahr, Freiburg 1950.
Niklas, Wilhelm: Sorgen um das tägliche Brot. Von der Regierungserklärung 1949 bis zu den Marktordnungsgesetzen 1951. Hamburg 1951 (*Niklas, Sorgen*).
Nobis, Friedrich: Das Bundesministerium für Ernährung, Landwirtschaft und Forsten, 2., überarb. Aufl., Bonn 1971 (Ämter und Organisationen der Bundesrepublik Deutschland, Band 5) (*Nobis, Bundesministerium*).
Passarge, Karl: ZEL. Zentralamt für Ernährung und Landwirtschaft in der britischen Zone 1945–1948. Ein Rückblick, Hamburg 1948 (Vervielfältigtes Typoskript, *Passarge, ZEL*).
Petersen, Peter: Bauerntum. Darstellung der Agrarpolitik des Dritten Reiches, besonders des Reichserbhof- und Reichsnährstandsgesetzes für die deutschen Lehrer und Erzieher, Breslau, 1936.
Pollock, James K.: Besatzung und Staatsaufbau nach 1945. Occupation Diary and Privat Correspondence 1945–1948. Hg. von Ingrid Krüger-Bulcke, München 1994.
Pünder, Hermann: Von Preußen nach Europa. Lebenserinnerungen, Stuttgart 1968.
Reischle, Hermann (Hg.): Deutsche Agrarpolitik, Berlin 1934.
Reischle, Hermann: Die Technik der Wirtschaftslenkung durch den Reichsnährstand, Goslar 1937.
Reischle, Hermann: und Wilhelm Saure: Der Reichsnährstand. Aufbau, Aufgaben und Bedeutung, 3. Aufl., Berlin 1940 (*Reischel/Saure, Reichsnährstand*).
Rohr, Hansjoachim von: Beitrag zur Agrarpolitik, Demmin o. J., ca. 1934.
Rohrbach, Justus (Bearb.): Im Schatten des Hungers. Dokumentarisches zur Ernährungspolitik und Ernährungswirtschaft in den Jahren 1945–1949, hg. von Hans Schlange-Schöningen, Hamburg und Berlin 1955 (*Rohrbach, Im Schatten des Hungers*).
Rosenberg, Alfred: Letzte Aufzeichnungen. Nürnberg 1945/46, Uelzen 1996 (Lizenz der Erstausgabe von 1955).
Rübensam, Erich: Vom Landarbeiter zum Akademiepräsidenten: Erinnerungen an Erlebnisse in acht Jahrzehnten, Berlin 2005.
Sauer, Ernst: Funktions- und Rechtsnachfolge nach dem Reichsnährstand, in: Recht der Landwirtschaft: RdL, Zeitschrift für Landwirtschafts- und Agrarumweltrecht, Heft 9, 5/1957, S. 117–120.
Sauer, Ernst: Reichsnährstands-Abwicklung und Gesetz zu Art. 131 des Grundgesetzes, in: Recht der Landwirtschaft: RdL, Zeitschrift für Landwirtschafts- und Agrarumweltrecht, Heft 16, 11/1964, S. 281–287.
Saure, Wilhelm: Das Reichserbhofgesetz: Ein Leitfaden und Textausgabe des großdeutschen Reichserbhofrechts mit dem Wortlaut des Reichserbhofgesetzes und aller Verordnungen nebst Verweisungen, 6. neubearb. Aufl., Berlin 1941.
Schiele, Martin: Die Agrarpolitik der Deutschnationalen Volkspartei in den Jahren 1925/1928, Berlin 1928 (*Schiele, Agrarpolitik*).
Scheuner, Ulrich: Die Organisation der Verwaltung und ihr Aufgabenbereich auf den einzelnen Lebensgebieten, in: Reichsverwaltungsblatt 1939, S. 262–268.

Scheuner, Ulrich, Die Deutsche Staatsführung im Kriege, in: Deutsche Rechtswissenschaft 1940, S. 1ff.
Schlange-Schöningen, Hans: Am Tage danach, Hamburg 1946.
Schlange-Schöningen, Hans: Die Politik des Möglichen, Frankfurt am Main 1948 [Redeabdruck].
Schlange-Schöningen, Hans: Möglichkeiten landwirtschaftlicher Erzeugungssteigerung. Denkschrift der Verwaltung für Ernährung, Landwirtschaft und Forsten des Vereinigten Wirtschaftsgebietes, Frankfurt am Main 1947.
Schlick, Heinrich, Das Verhältnis von Staat und Wirtschaft im Lichte der neueren Wirtschaftsgesetzgebung, vornehmlich gezeigt am Gesetz zur Errichtung von Zwangskartellen vom 15. 7.1933 sowie am Gesetz über den vorläufigen Aufbau des Reichsnährstandes vom 13. 9. 1933, Univ. Diss., Heidelberg 1937.
Schürmann, Artur: Deutsche Agrarpolitik. Deutscher Landbau, Lehrbuchreihe des Forschungsdienstes, Reichsarbeitsgemeinschaften der Landwirtschaftswissenschaft, Neudamm 1941.
Schulthess' Europäischer Geschichtskalender, 62 (1921), Bd. 1.
Schwarz, Werner: Das Lebensrecht der deutschen Landwirtschaft. Vortrag geh. im Rahmen der landwirtschaftlichen Woche d. Bauernverbandes Schleswig-Holstein am 7. Sept. 1962, Bonn 1962.
Schwerin-Löwitz, Hans von: Die deutsche Landwirtschaft, in: Körte, Siegfried/Loebell, Friedrich Wilhelm von u. a.: Deutschland unter Kaiser Wilhelm II, Bd. 2, Berlin 1914.
60 Jahre BMELV. Von der Ernährungssicherung zu multifunktionaler Agrarwirtschaft und Verbraucherschutz, hg. vom Bundesministerium für Ernährung, Landwirtschaft und Verbraucherschutz, Berlin 2009.
Skalweit, August: Die deutsche Kriegsernährungswirtschaft, Stuttgart 1927 (*Skalweit, Kriegsernährungswirtschaft*).
Sonnemann, Theodor: Die Frau in der Landesverteidigung: ihr Einsatz in der Industrie. Oldenburg 1939.
Sonnemann, Theodor: Die zweimalige Einkreisung. Die deutsch-englischen Beziehungen 1900–1935. Berlin 1941.
Sonnemann, Theodor: Die Wirtschaft als Kriegswaffe. Berlin 1943.
Sonnemann, Theodor: Das Gold in der Kriegswirtschaft. Berlin 1944.
Sonnemann, Theodor: Gestalten und Gedanken. Aus einem Leben für Staat und Volk, Stuttgart 1975 (*Sonnemann, Gestalten*).
Sonnemann, Theodor: Jahrgang 1900. Auf und ab im Strom der Zeit, Würzburg 1980 (*Sonnemann, Jahrgang*).
Späthling, Carl: Die rechtliche Organisation des deutschen Bauernstandes vom Weltkrieg bis zur Schaffung des Reichsnährstandes, Diss. Erlangen 1937, Hof (Saale) 1937.
Speer, Albert: Erinnerungen, Frankfurt/M. 1968.
Speer, Albert: Spandauer Tagebücher, Frankfurt/M. 1975.
Statistisches Jahrbuch für das Deutsche Reich 1922, hg. vom Statistischen Reichsamt, Berlin 1922.
Statistisches Jahrbuch für die Bundesrepublik Deutschland, hg. vom Statistischen Bundesamt, Wiesbaden (*Statistisches Jahrbuch*), 1952, 1953, 1990, 2016.
Statistisches Jahrbuch der Deutschen Demokratischen Republik 1983, hg. von der Statistischen Zentralverwaltung der DDR, Berlin (Ost) 1983.
Steding, Friedrich: Agrarpolitik zwischen Zwang und Freiheit. Ein Erlebnisbericht, Prien am Chiemsee 1975 (*Steding, Agrarpolitik*).
Steiner, Elisabeth: Agrarwirtschaft und Agrarpolitik. Innere Zusammenhänge in der Agrarwirtschaft und ihre Tragweite für die Agrarpolitik, Univ. Diss. München 1939, Jena 1939.
Steuer, Rudolf: Das neue Flurbereinigungsrecht nach dem Bundesgesetz vom 14. Juli 1953, in Panther, Albert u. a. (Hgg.): Vorträge über die Flurbereinigung. Gehalten auf dem 38.

Deutschen Geodätentag vom 9.–12. August 1953 in Karlsruhe, Stuttgart 1954 (Schriftenreihe für Flurbereinigung, hg. vom Bundesministerium für Ernährung, Landwirtschaft und Forsten, Heft 5), S. 21–31.
Topf, E.: Die grüne Front Der Kampf um den deutschen Acker, Berlin 1933.
Vogel, Reiner: Hermann Höcherl. Annäherung an einen politischen Menschen, Regensburg 1988.
Volz, Robert: Hagedorn, Fred, in: Reichshandbuch der deutschen Gesellschaft. Das Handbuch der Persönlichkeiten in Wort und Bild, Bd. 1, Berlin 1930, S. 634–635.
Wald, Renate: Mein Vater Robert Ley. Meine Erinnerungen und Vaters Geschichte, Nümbrecht 2004.
Willikens, Werner: Nationalsozialistische Agrarpolitik, München 1931.
Wurm, Emanuel: Die Teuerung. Ihre Ursachen und Bekämpfung, Berlin 1917.
Zehn Jahre Preußisches Landwirtschafts-Ministerium 1919–1928. Denkschrift des Preußischen Ministers für Landwirtschaft, Domänen und Forsten, Berlin Juli 1929.
Die Zwangskollektivierungen des selbständigen Bauernstandes in Mitteldeutschland, im Auftrage der Bundesregierung hg. vom Bundesministerium für Gesamtdeutsche Fragen, Bonn und Berlin 1960.

Zeitungen und Zeitschriften

Berliner Tageblatt, Jahrgang 1916.
Blut und Boden. Monatsschrift für wurzelstarkes Bauerntum, deutsche Wesensart und nationale Freiheit, 1929–1934.
Deutsche Agrarpolitik, Jahrgang 1932.
Deutsche Tageszeitung, Jahrgang 1922.
Frankfurter Allgemeine Zeitung, Jahrgang 1984.
Frankfurter Rundschau, Jahrgang 2011.
Kölnische Volkszeitung, Jahrgang 1922.
Münchener Post, Jahrgang 1922.
Nationalsozialistische Landpost, Jahrgänge 1932–1942.
NS-Jahrbücher.
Odal. Monatsschrift für Blut und Boden, Goslar 1933–1942.
Der Spiegel, Jahrgänge 1954, 1959, 1963.
Volk und Rasse. Illustrierte Monatsschrift für deutsches Volkstum, Rassenkunde, Rassenpflege, München 1926–1944.
Volk und Scholle. Heimatblätter für beide Hessen, Nassau und Frankfurt, Darnstadt 1922 ff.
Völkischer Beobachter, Jahrgänge 1931–1940.
Völkische Zeitung, Jahrgang 1922.
Vorwärts, Jahrgang 1919.
Die Welt, Jahrgang 1984.
Die Zeit, Jahrgänge 1951–1984.

Sekundärliteratur

Abelshauser, Werner: Deutsche Wirtschaftsgeschichte. Von 1945 bis zur Gegenwart, 2. überarb. und erw. Aufl. München 2011.
Abelshauser, Werner u. a. (Hgg.): Wirtschaftspolitik in Deutschland 1917–1990, 4 Bände, Berlin und Boston 2016 (*Abelshauser [Hg.], Wirtschaftspolitik*).

Abelshauser, Werner (Hg.): Das Bundeswirtschaftsministerium in der Ära der Sozialen Marktwirtschaft. Der deutsche Weg der Wirtschaftspolitik (Abelshauser [Hg.], Wirtschaftspolitik Band 4), Berlin und Boston 2016 (*Abelshauser [Hg.], Bundeswirtschaftsministerium*).

L' Allemagne 1945–1955, sous la direction de Gilbert Krebs et Gérard Schneilin, Paris 1996.

Alleweldt, Berthold, Herbert Backe: Eine politische Biographie, Berlin 2011.

Aly, Götz: „Endlösung". Völkerverschiebung und der Mord an den europäischen Juden, Frankfurt/M. 1995.

Aly, Götz und Heim, Susanne: Deutsche Herrschaft „im Osten": Bevölkerungspolitik und Völkermord, in: Jahn, Peter und Rürup, Reinhard (Hgg.): Erobern und Vernichten. Der Krieg gegen die Sowjetunion 1941–1945, Berlin 1991, S. 84–105.

Aly, Götz, Hitlers Volksstaat. Raub, Rassekrieg und nationaler Sozialismus, Frankfurt/M. 2005.

Aly, Götz und Heim, Susanne: Vordenker der Vernichtung. Auschwitz und die deutschen Pläne für eine neue europäische Ordnung, überarb. Neuauflage Frankfurt/M. 2013.

Ambrosius, Gerold: Agrarstaat oder Industriestaat – Industriegesellschaft oder Dienstleistungsgesellschaft? Zum sektoralen Strukturwandel im 20. Jahrhundert, in: Reinhard Spree (Hg.): Geschichte der deutschen Wirtschaft im 20. Jahrhundert, München 2001, S. 50–69.

Amos, Heike: Politik und Organisation der SED-Zentrale 1949–1963. Struktur und Arbeitsweise von Politbüro, Sekretariat, Zentralkomitee und ZK-Apparat, Münster 2003 (*Amos, SED-Zentrale*).

Andrian-Werburg, Klaus Freiherr: Fehr, Anton, in: Neue Deutsche Biographie, 5 (1961), S. 49.

Angrick, Andrej, Besatzungspolitik und Massenmord. Die Einsatzgruppe D in der südlichen Sowjetunion 1941–1943, Hamburg 2003.

Assmann, Aleida: Geschichte im Gedächtnis. Von der individuellen Erfahrung zur öffentlichen Inszenierung, München 2007 (Krupp-Vorlesungen zu Politik und Geschichte am Kulturwissenschaftlichen Institut im Wissenschaftszentrum Nordrhein-Westfalen, hg. vom Kulturwissenschaftlichen Institut Essen, Band 6).

Backer, John H.: Die deutschen Jahre des Generals Clay. Der Weg zur Bundesrepublik 1945–1949, München 1983 (am. Original 1983).

Backes, Uwe/Jesse, Eckhard/Zitelmann, Rainer (Hgg.): Die Schatten der Vergangenheit. Impulse zur Historisierung des Nationalsozialismus, Berlin 1990.

Badstübner, Rolf/Wilfried Loth (Hg.): Wilhelm Pieck – Aufzeichnungen zur Deutschlandpolitik 1945–1953, Berlin 1994.

Ball, George W.: Disziplin der Macht. Voraussetzungen für eine neue Weltordnung, Frankfurt/Main 1968.

Banken, Ralf: Hitlers Steuerstaat. Die Steuerpolitik im Dritten Reich, Berlin und Boston 2018 (Das Reichsfinanzministerium im Nationalsozialismus, hg. von Jane Caplan u. a., Band 2).

Barmeyer, Heide: Andreas Hermes und die Organisation der deutschen Landwirtschaft. Christliche Bauernvereine, Reichslandbund, Grüne Front, Reichsnährstand 1928–1933, Stuttgart 1971.

Barth, Bernd-Rainer/Schweizer, Werner (Hgg.): Der Fall Noel Field. Schlüsselfigur der Schauprozesse in Osteuropa, 2 Bände, Berlin 2006.

Bauer, Franz J.: Der Bayerische Bauernverband, die Bodenreform und das Flüchtlingsproblem 1945–1951, in: VfZ 31. Jg. 1983, S. 443–482 (*Bauer, Bauernverband*).

Bauer, Theresia: Blockpartei und Agrarrevolution von oben, Die Demokratische Bauernpartei Deutschlands 1948–1963 (Studien zur Zeitgeschichte Band 64), München 2003 (*Bauer, Agrarrevolution*).

Bauer, Theresia: Nationalsozialistische Agrarpolitik und bäuerliches Verhalten im Zweiten Weltkrieg. Eine Regionalstudie zur ländlichen Geschichte in Bayern, Frankfurt/M. u. a. 1996.

Bauerkämper, Arnd (Hg.): „Junkerland in Bauernhand"? Durchführung, Auswirkungen und Stellenwert der Bodenreform in der Sowjetischen Besatzungszone, Stuttgart 1996 (*Bauerkämper, Junkerland*).

Bauerkämper, Arnd: Kaderdiktatur und Kadergesellschaft. Politische Herrschaft, Milieubindungen und Wertetraditionalismus im Elitenwechsel in der SBZ/DDR von 1945 bis zu den sechziger Jahren, in: Eliten im Sozialismus. Beiträge zur Sozialgeschichte der DDR, hg. von Peter Hübner, Köln 1999, S. 37–65.

Bauerkämper, Arnd: Ländliche Gesellschaft in der kommunistischen Diktatur. Zwangsmodernisierung und Tradition in Brandenburg 1945–1963, Köln 2002 (*Bauerkämper, Ländliche Gesellschaft*).

Bauerkämper, Arnd: Sozialismus auf dem Lande. Die Politik der SED 1948/49 und die Reaktionen im dörflich-agrarischen Milieus, in: Hoffmann, Dierk/Wentker, Hermann: Das letzte Jahr der SBZ: Politische Weichenstellungen und Kontinuitäten im Prozess der Gründung der DDR, München 2000, S. 245–268.

Bauerkämper, Arnd: Umbruch und Kontinuität. Agrarpolitik in der SBZ und frühen DDR, in: Langthaler, Ernst/Redl, Josef (Hgg.): Reguliertes Land. Agrarpolitik in Deutschland, Österreich und der Schweiz 1930–1960, Innsbruck 2005, S. 83–97.

Baumann, Imanuel u. a. (Hgg.): Schatten der Vergangenheit. Das BKA und seine Gründungsgeneration in der frühen Bundesrepublik, Köln 2011 (Sonderband der Reihe Polizei + Forschung, hg. vom Bundeskriminalamt, Kriminalistisches Institut).

Baumgartner, Gabriele/Hebig, Dieter (Hgg.): Biographisches Handbuch der SBZ/DDR. 1945–1990. Band 2, München 1997.

Becker, Heinrich: Handlungsräume der Agrarpolitik in der Weimarer Republik zwischen 1923 und 1929, Stuttgart 1990. (*Becker, Handlungsräume*)

Becker, Peter: Überlegungen zu einer Kulturgeschichte der Verwaltung. In: Jahrbuch für Europäische Verwaltungsgeschichte 15 (2003).

Beckmann, Fritz (Hg.): Deutsche Agrarpolitik im Rahmen der inneren und äußeren Wirtschaftspolitik, Teil 1: Die Lage der deutschen Landwirtschaft und die Gestaltung der agrarpolitischen Einzelmaßnahmen. Im Auftrage des Vorstandes der Friedrich List-Gesellschaft e. V. herausgegeben, Veröffentlichung Nr. 5, Berlin 1932.

Benz, Wigbert: Der Hungerplan im 'Unternehmen Barbarossa' 1941, Berlin 2011.

Benz, Wigbert: Hans-Joachim Riecke, NS-Staatssekretär: Vom Hungerplaner vor zum „Welternährer" nach 1945, Berlin 2014.

Benz, Wolfgang: Vom freiwillige Arbeitsdienst zur Arbeitspflicht, in: VfZ 16. Jg. 1968, S. 517–54.

Benz, Wolfgang: Vorform des „Weststaats": die Bizone 1946–1949, in: Eschenburg, Theodor: Jahre der Besatzung (Geschichte der Bundesrepublik Deutschland in fünf Bänden, hg. von Karl Dietrich Bracher, Theodor Eschenburg, Joachim C. Fest und Eberhard Jäckel), Bd. 1, Stuttgart/Wiesbaden 1983.

Benz, Wolfgang: Auftrag Demokratie. Die Gründungsgeschichte der Bundesrepublik und die Entstehung der DDR, Berlin 2009.

Bergien, Rüdiger: Das Schweigen der Kader. Ehemalige Nationalsozialisten im zentralen SED-Parteiapparat – eine Erkundung, in: Kundrus, Birthe/Steinbacher, Sybille (Hgg.): Kontinuitäten und Diskontinuitäten. Der Nationalsozialismus in der Geschichte des 20. Jahrhunderts, Göttingen 2013, S. 134–153 (*Bergien, Schweigen*).

Bergien, Rüdiger: Im „Generalstab der Partei". Organisationskultur und Herrschaftspraxis in der SED-Zentrale 1946–1989, Berlin 2017 (*Bergien, Organisationskultur*).

Bergmann, Jürgen/Megerle, Klaus: Protest und Aufruhr in der Landwirtschaft in der Weimarer Republik, in: Bergmann, Jürgen (Hrsg.), Regionen in historischen Vergleich. Studien zu Deutschland im 19. und 20. Jahrhundert, Opladen 1989, S. 200–287 (*Bergmann/Megerle, Protest und Aufruhr*).

Bevers, Jürgen: Der Mann hinter Adenauer: Hans Globkes Aufstieg vom NS-Juristen zur Grauen Eminenz der Bonner Republik, Berlin 2009.

Birn, Ruth-Bettina: Die höheren SS- und Polizeiführer. Himmlers Vertreter im Reich und in den besetzten Gebieten, Düsseldorf 1986.

Blaschke, Anette: Zwischen „Dorfgemeinschaft" und „Volksgemeinschaft". Landbevölkerung und ländliche Lebenswelten im Nationalsozialismus. Paderborn u. a. 2018.

Blumenwitz, Dieter u. a. (Hgg.): Konrad Adenauer und seine Zeit: Politik und Persönlichkeit des ersten Bundeskanzlers; Beiträge von Weg- und Zeitgenossen. Stuttgart, 2. Aufl. 1976.

Boelcke, Willi A.: Wandlungen der deutschen Agrarwirtschaft in der Folge des Ersten Weltkrieges, in: Francia. Forschungen zur westeuropäischer Geschichte, Bd. 3, 1975–1976, S. 498–532 (Boelcke, Wandlungen).

Borchardt, Knut/Buchheim, Christoph: Die Wirkung der Marshallplan-Hilfe in Schlüsselbranchen der deutschen Wirtschaft, in: VfZ 35. Jg. 1987, S. 317–347.

Borchmeyer, Joseph (Hg.): Hugenbergs Ringen in deutschen Schicksalsstunden. Tatsachen und Entscheidungen in den Verfahren zu Detmold und Düsseldorf, 1949/50, Düsseldorf 1951.

Borchmeyer, Joseph: Hans-Joachim Riecke, NS-Staatssekretär. Vom Hungerplaner vor, zum „Welternährer" nach 1945, Berlin 2014.

Borkin, Joseph: Die unheilige Allianz der I.G. Farben. Eine Interessengemeinschaft im Dritten Reich, Frankfurt a. M./New York 1979.

Born, Karl E.: Luther, Hans, in: Neue Deutsche Biographie, 15 (1987), S. 544–547.

Born, Lester K.: The Ministerial Collecting Center Near Kassel, Germany, in: The American Archivist, Vol. 13, No. 3 (Jul. 1950), pp. 237–258.

Bösch, Frank/Wirsching, Andreas (Hgg.): Hüter der Ordnung. Die Innenministerien in Bonn und Ost-Berlin nach dem Nationalsozialismus, Göttingen 2018 (Veröffentlichungen zur Geschichte der deutschen Innenministerien nach 1945, Band 1) (*Bösch/Wirsching (Hgg.), Hüter*).

Boyer, Christoph: Die Kader entscheiden alles. Kaderpolitik und Kaderentwicklung in der zentralen Staatsverwaltung der SBZ und der frühen DDR (1948–1952), Dresden 1997.

Bracher, Karl Dietrich: Dietrich, Hermann, in: Neue Deutsche Biographie, 3 (1957), S. 698.

Bracher, Karl Dietrich: Die deutsche Diktatur. Entstehung, Struktur, Folgen des Nationalsozialismus, Köln 1. Aufl. 1969.

Bracher, Karl Dietrich/Schulz, Gerhard/Sauer, Wolfgang: Die nationalsozialistische Machtergreifung. Studien zur Errichtung des totalitären Herrschaftssystems in Deutschland, Berlin u. a. 1960. Als Taschenbuch drei Bände, Band 1: Bracher, Karl Dietrich: Stufen der Machtergreifung, Berlin 1974 u. ö.

Bracher, Karl Dietrich/Jäger, Wolfgang/Link, Werner (Hgg.): Republik im Wandel. 1969–1974. Die Ära Brandt, Stuttgart 1986 (Geschichte der Bundesrepublik Deutschland, in fünf Bänden, Band 5,1).

Bracher, Karl Dietrich: Revolutionen einst und jetzt, in: Ders., Die totalitäre Erfahrung, München, Zürich 1987, S. 40–49.

Bramwell, Anna: Blood and Soil. Richard Walther Darré and Hitler's Green Party, Bournend 1985.

Brechtken, Magnus: „Madagaskar für die Juden". Antisemitische Idee und politische Praxis 1885–1945, Berlin 2009.

Brechtken, Magnus: Albert Speer: Eine deutsche Karriere, München 2017.

Breuer, Stefan: Ordnungen der Ungleichheit. Die deutsche Rechte im Widerstreit ihrer Ideen 1871–1945. Darmstadt 2010.

Broszat, Martin: Der Staat Hitlers. Grundlegung und Entwicklung seiner inneren Verfassung, München 1969 (und zahlreiche unveränderte Neuauflagen).

Broszat, Martin: Soziale Motivation und Führer-Bindung des Nationalsozialismus, in: VfZ 18. Jg. 1970, S. 392–409.

Broszat, Martin/Fröhlich, Elke/Grossmann, Anton (Hgg.): Bayern in der NS-Zeit: Bd. IV.: Herrschaft und Gesellschaft im Konflikt, München, Wien 1981.

Broszat, Martin: Juristische und zeitgeschichtliche Bewältigung der Vergangenheit, in: Graml, Hermann/Henke, Klaus Dietmar (Hgg.): Nach Hitler. Der schwierige Umgang mit unserer Geschichte. Beiträge von Martin Broszat, München 1987, S. 42–39.

Broszat, Martin/Henke, Klaus Dietmar/Woller, Hans (Hgg.): Von Stalingrad zur Währungsreform. Zur Sozialgeschichte des Umbruchs in Deutschland, München 1990.

Browning, Christopher: Die Entfesselung der „Endlösung". Nationalsozialistische Judenpolitik 1939–1942, Berlin 2003.

Brückner, Ulrich: Die Rolle der Europäischen Gemeinschaft im Prozess der deutschen Wiedervereinigung, in: FU Berlin, Tongilbu-Projekt der Koreastudien, Band 21: EU und deutsche Wiedervereinigung, 2010 (geschkult.fu-berlin.de, Zugriff am 13.04.2019).

Buchheim, Christoph: Die Währungsreform 1948 in Westdeutschland, in: VfZ 36. Jg. 1988, S. 189–231.

Buchheim, Christoph: Die Wiedereingliederung Deutschlands in die Weltwirtschaft 1945–1958 (Quellen und Darstellungen zur Zeitgeschichte, Band 31), München 1990.

Caspers, Hermann: Unser Herr Reichsminister. Ein Lebensbild des Reichsminister Andreas Hermes, in: Caspers, Hermann (Hrsg.): Festschrift für Andreas Hermes zum 80. Geburtstag, Neuwied/Rhein 1958, S. 13–40.

Chiari, Bernhard: Deutsche Zivilverwaltung in Weißrussland. Die lokale Perspektive der Besatzungsgeschichte, in: MGM 52 1993, S. 67–89.

Childers, Thomas: The Nazi Voter. The Social Foundations of Fascism in Germany 1919–1933, Chapel Hill 1983.

Conze, Eckart: Adel unter dem Totenkopf. Die Idee eines Neuadels in den Gesellschaftsvorstellungen der SS, in: ders./Wienfort, Monika (Hgg.): Adel und Moderne. Deutschland im europäischen Vergleich im 19. und 20. Jahrhundert, Köln u. a. 2004, S. 151–176.

Conze, Eckart u. a. (Hgg.): Das Amt und die Vergangenheit. Deutsche Diplomaten im Dritten Reich und in der Bundesrepublik, 2. Aufl., München 2010 (*Conze u. a., Amt*).

Conze, Eckart: Das Auswärtige Amt. Vom Kaiserreich bis zur Gegenwart. München 2013.

Conze, Werner/Lepsius, Rainer M. (Hgg.), Sozialgeschichte der Bundesrepublik Deutschland. Beiträge zum Kontinuitätsproblem, Stuttgart 1983.

Corni, Gustavo: Alfred Hugenberg as Minister for Agriculture: Interlude or Continuity, in: German History 7/1989, S. 204–225.

Corni, Gustavo/Gies, Horst: Brot – Butter – Kanonen. Die Ernährungswirtschaft in Deutschland unter der Diktatur Hitlers, Berlin 1997 (*Corni/Gies, Brot*).

Corni, Gustavo: La politica agraria del nazionalsocialismo 1930–1939, Milano 1989.

Corni, Gustavo/Gies, Horst: Blut und Boden. Rassenideologie und Agrarpolitik im Staat Hitlers, Idstein 1994. (*Corni/Gies, Blut und Boden*)

Cramer, Nils, Erbhof und Reichsnährstand: Landwirtschaft in Schleswig-Holstein 1933–1945, Husum 2013.

Creuzberger, Stefan/Dominik Geppert (Hgg.): Die Ämter und ihre Vergangenheit. Ministerien und Behörden im geteilten Deutschland 1949–1972, Paderborn 2018 (*Creuzberger/Geppert [Hgg.], Ämter*).

Cromwell, Valerie: „A world apart". Gentlemen Amateurs to Professional Generalist. In: Dockrill, Michael/McKercher, Brian (Hg.), Diplomacy and World Power. Studies in British Foreign Policy, 1890–1950. Cambridge 1996.

Dahrendorf, Ralf: Gesellschaft und Demokratie in Deutschland, München 1965.

Danyel, Jürgen: Zwischen Repression und Toleranz: Die Politik der SED zur politischen Integration der ehemaligen NSDAP-Mitglieder in der SBZ/DDR, in: Reif-Spirek, Peter/Ritscher, Bodo (Hgg.): Speziallager in der SBZ. Gedenkstätten mit doppelter Vergangenheit, Berlin 1999.

Das Deutsche Reich und der Zweite Weltkrieg, 10 Bde, hg. vom Militärgeschichtlichen Forschungsamt, 1979–2008.

Dickmann, Christoph: Die deutsche Besatzungspolitik in Litauen 1941–1944, Göttingen 2011.

Die EU – Grundlagen und Politikbereiche außerhalb der Wirtschafts- und Währungsunion, Sonderveröffentlichung der Deutschen Bundesbank, Frankfurt/M. 2005.

Die Europäische Kommission – Geschichte und Erinnerungen einer Institution, Europäische Union Band 1: 1958–1972, Band 2: 1973–1986, hg. von der Europäischen Kommission, 2014.

Diehl-Thiele, Peter: Partei und Staat im Dritten Reich. Untersuchungen zum Verhältnis von NSDAP und allgemeiner innerer Staatsverwaltung 1933–1945, München 1969.

Diestelkamp, Bernhard: Kontinuität und Wandel in der Gesellschafts- und Rechtsordnung vor und nach 1945, in: Diestelkamp, Bernhard u. a. (Hgg.): Zwischen Kontinuität und Fremdbestimmung. Zum Einfluß der Besatzungsmächte auf die deutsche und japanische Rechtsordnung 1945 bis 1950, Tübingen 1996 (*Diestelkamp, Zwischen Kontinuität*), S. 15–35.

Dietze, Constantin von: Grundzüge der Agrarpolitik, Hamburg, Berlin 1967.

Dillwitz, Sigrid: Die Struktur der Bauernschaft von 1871 bis 1914, dargestellt auf der Grundlage der Deutschen Grundstatistik, in: Jahrbuch für Geschichte, Bd. 9, 1973, S. 47–127.

Ditt, Karl: Die Anfänge der Umweltpolitik in der Bundesrepublik Deutschland während der 1960er und frühen 1970er Jahre. In: Frese, Matthias/Paulus, Julia/Teppe, Karl (Hgg.): Demokratisierung und gesellschaftlicher Aufbruch. Die sechziger Jahre als Wendezeit der Bundesrepublik. Paderborn, 2003.

Doering-Manteuffel, Anselm: Konturen von ‚Ordnung' in den Zeitschichten des 20. Jahrhunderts, in: Etzemüller, Thomas (Hg.): Die Ordnung der Moderne. Social Engineering im 20. Jahrhundert, Bielefeld 2009 (Histoire, Band 9), S. 41–64.

Doerr, Rainer: Agrarpolitische Willensbildung in Deutschland, in der Europäischen Union und auf internationaler Ebene, Diss. Agr., Bonn 2010.

Dornheim, Andreas: Der lange Weg in die Moderne. Agrarische Politik und ländliche Gesellschaft in Deutschland 1918 bis 1960, Habilitationsschrift, Erfurt 2000.

Dornheim, Andreas: Edmund Rehwinkel. Landwirt und Bauernpräsident. Frankfurt/M. 2017 (*Dornheim, Rehwinkel*).

Dornheim, Andreas: Entwicklung von Kriterien zur Bewertung der Ehrwürdigkeit von ehemaligen Mitarbeiterinnen und Mitarbeitern des BML/BMVEL und der Dienststellen seines Geschäftsbereichs im Hinblick auf die Zeit des Nationalsozialismus. Schlussbericht, Bonn 2007.

Dornheim, Andreas: Rasse, Raum und Autarkie. Sachverständigengutachten zur Rolle des Reichsministeriums für Ernährung und Landwirtschaft in der NS-Zeit, Bamberg 2011 (https://www.bmel.de/SharedDocs/Downloads/Ministerium/RolleReichsministeriumNSZeit.pdf;jsessionid=FDA8B2CD9549BF71DA984A6CD08FF380.1_cid288?__blob=publicationFile) (*Dornheim, Rasse*).

Effenberg, Herwig: Wandlungen von grundsätzlicher Bedeutung in der deutschen Agrarpolitik von 1930 bis 1938, Univ. Diss. Bern 1939, Breslau 1939.

Eichholtz, Dietrich: Geschichte der deutschen Kriegswirtschaft 1939–1945, Bde I-III, Berlin (Akademie-Verlag) 1969–1996 (*Eichholtz, Kriegswirtschaft*).

Eichholtz, Dietrich: Die „Krautaktion". Ruhrindustrie, Ernährungswissenschaft und Zwangsarbeit 1944, in: Herbert, Ulrich (Hg.): Europa und der „Reichseinsatz". ausländische Zivilarbeiter, Kriegsgefangene und KZ-Häftlinge in Deutschland 1938–1945, Essen 1991, S. 270–294.

Eichmüller, Andreas: Landwirtschaft und bäuerliche Bevölkerung in Bayern. Ökonomischer und sozialer Wandel 1948–1970, München 1997.

Eidenbenz, Mathias, Blut und Boden, Bern 1993.

Eley, Geoff: Reshaping the German Right, New-Haven/London 1980.

Enders, Ulrich: Die Bodenreform in den westlichen Besatzungszonen Deutschlands 1945–1949, in: Bauerkämper, Junkerland, S. 169–180 (*Enders, Bodenreform*).

Enders, Ulrich: Die Bodenreform in der amerikanischen Besatzungszone 1945–1949, unter besonderer Berücksichtigung Bayerns, Ostfildern 1982.

Erker, Paul: Revolution des Dorfes? Ländliche Bevölkerung zwischen Flüchtlingszustrom und landwirtschaftlichem Strukturwandel, in: Broszat, Martin/Henke, Klaus-Dietmar/Woller, Hans (Hgg.): Von Stalingrad zur Währungsreform. Zur Sozialgeschichte des Umbruchs in Deutschland, München 1989, S. 367–425.

Eschenburg, Theodor: Jahre der Besatzung 1945–1949 (Geschichte der Bundesrepublik Deutschland in fünf Bänden, Band 1), Stuttgart/Wiesbaden 1983.

Etzemüller, Thomas: Social engineering als Verhaltenslehre des kühlen Kopfes. Eine einleitende Skizze. In: Etzemüller, Thomas (Hg.): Die Ordnung der Moderne, Bielefeld 2009 (*Etzemüller, Engineering*).

Fahlbusch, Michael/Haar, Ingo/Pinwinkler, Alexander (Hgg.): Handbuch der völkischen Wissenschaften, Berlin, Boston 2. Aufl. 2017.

Falter, Jürgen W.: Hitlers Wähler, München 1991 (*Falter, Hitlers Wähler*).

Farquharson, John E.: Hilfe für den Feind. Die britische Debatte um Nahrungsmittellieferungen an Deutschland 1944/45, in: VfZ 37. Jg. 1989, S. 253–278.

Farquharson, John E.: The Western Allies and the Politics of Food. Agrarian Management in Postwar Germany, Leamington Spa 1985.

Fäßler, Peter: „Zum Sterben wirklich nicht mehr zu viel" (*Fäßler, „Zum Sterben..."*), in: Wolfrum u. a., Krisenjahre, S. 213–229.

Fäßler, Peter: Der Streit um die Bodenreform (*Fäßler, Streit*), in: Wolfrum u. a., Krisenjahre. S. 260–269.

Fay, Wilhelm: Die Marktschiedsgerichtsbarkeit des Reichsnährstandes, Frankfurt am Main 1938.

Felder, Björn: Lettland im Zweiten Weltkrieg. Zwischen sowjetischen und deutschen Besatzern, 1940–1946, Paderborn 2009.

Feldman, Gerald D.: Army, Industry, Labor in Germany 1914–1918, Princeton 1966 (*Feldman, Army, Industry*).

Feldman, Gerald D.: The Great Disorder. Politics, Economics, and Society in the German Inflation. 1914–1924. New York/Oxford 1993.

Fest, Joachim: Hitler. Eine Biographie, Berlin 1973 (und zahlreiche unveränderte Neuauflagen).

Finkenberger, Martin: Johann von Leers und die faschistische Internationale, in: Zeitschrift für Geschichtswissenschaft 59, 2011, S. 522–543.

Fischer, Torben/Lorenz, Matthias, N. (Hgg.): Lexikon der „Vergangenheitsbewältigung" in Deutschland. Debatten- und Diskursgeschichte des Nationalsozialismus nach 1945, 3. Aufl. Bielefeld 2015.

Flemming, Jens: Landwirtschaftliche Interessen und Demokratie. Ländliche Gesellschaft, Agrarverbände und Staat 1890–1925, Bonn 1978 (*Flemming, Landwirtschaftliche Interessen*).

Förster, Jürgen: Das nationalsozialistische Herrschaftssystem und der Krieg gegen die Sowjetunion, in Jahn, Peter/Rürup, Reinhard (Hgg.): Erobern und Vernichten. Der Krieg gegen die Sowjetunion 1941–1945, Berlin 1991, S. 28–46.

Fraenkel, Ernst: Der Doppelstaat. Recht und Justiz im „Dritten Reich", Frankfurt am Main 1974 (amerikanisches Original: The Dual State. A Contribution to the Theory of Dictatorship, New York, London, Toronto 1941).

François, Etienne/Konczal, Kornelia/Traba, Robert und Troebst, Stefan (Hgg.): Geschichtspolitik in Europa seit 1989. Deutschland, Frankreich und Polen im internationalen Vergleich, Göttingen 2013.

Frank, Claudia: Der „Reichsnährstand" und seine Ursprünge. Struktur, Funktion und ideologische Konzeption, Diss. Hamburg 1988 (*Frank, Reichsnährstand*).

Franz, Günther: Die Geschichte der Landtechnik im 20. Jahrhundert, Frankfurt am Main 1969 (*Franz, Landtechnik*).
Frei, Norbert: Vergangenheitspolitik. Die Anfänge der Bundesrepublik und die NS-Vergangenheit, München 1996, Neuausgabe 2012.
Fricke, Karl Wilhelm/Engelmann, Roger: Der „Tag X" und die Staatssicherheit. 17. Juni 1953 Reaktionen und Konsequenzen im DDR-Machtapparat, Bremen 2003.
Friedländer, Saul: Nachdenken über den Holocaust, München 2007.
Friedländer, Saul: Das Dritte Reich und die Juden, 2 Bde, deutsch München 1998/2000.
Fröhlich, Paul: „Der unterirdische Kampf". Das Wehrwirtschafts- und Rüstungsamt 1924–1943, Paderborn 2018 (Krieg in der Geschichte, hg. von Horst Carl u. a., Band 108).
Frowein, Jochen Abraham: Die Rechtslage Deutschlands und der Status Berlins, in: Handbuch des Verfassungsrechts der Bundesrepublik Deutschland, hg. von Ernst Benda, Werner Maihofer, Hans-Jochen Vogel unter Mitwirkung von Konrad Hesse, Berlin-New York 1983; S.29–58.
Gabriel, Jens-Peter: Grundstrukturen agrarpolitischer Willensbildungsprozesse in der Bundesrepublik Deutschland 1949–1989. Zur politischen Konsens- und Konfliktregelung (Sozialwissenschaftliche Studien, Heft 27) Wiesbaden 1993 (*Gabriel, Grundstrukturen*).
Gaddum, Eckart: Die deutsche Europapolitik in den 80er Jahren. Interessen, Konflikte und Entscheidungen der Regierung Kohl, Paderborn 1994.
Gall, Philipp von: Tierschutz als Agrarpolitik. Wie das deutsche Tierschutzgesetz der industriellen Tierhaltung den Weg bereitete. Bielefeld 2016.
Gallus, Alexander, Schildt, Axel (Hgg.): Rückblickend in die Zukunft. Politische Öffentlichkeit und intellektuelle Positionen in Deutschland um 1950 und um 1930, Göttingen 2011 (Hamburger Beiträge zur Sozial- und Zeitgeschichte, hg. von der Forschungsstelle für Zeitgeschichte in Hamburg, Band 48).
Geiger, Tim: Koalitionsverhandlungen und Koalitionsmanagement in der Kanzlerschaft Ludwig Erhards 1963–1966. In: Gassert, Philipp/Hennecke, Hans Jörg (Hgg.): Koalitionen in der Bundesrepublik. Bildung, Management und Krisen von Adenauer bis Merkel. Paderborn 2017.
Gelberg, Karl-Ulrich: Vom Kriegsende bis zum Ausgang der Ära Goppel (1945–1978), in: Handbuch der Bayerischen Geschichte Vierter Bd.: Das neue Bayern. Von 1800 bis zur Gegenwart, Erster Teilband: Staat und Politik. Begr. Von Max Spindler, neu hg. von Alois Schmid, 2., völlig neu bearb. Aufl. München 2003.
Gelderblom, Bernhard: Die NS-Erntedankfeste auf dem Bückeberg 1933–1937. Aufmarsch der Volksgemeinschaft und Massenpropaganda, Holzminden 2018.
Gerhard, Gesine: Nazi Hunger Politics: A History of Food in the Third Reich, London 2015.
Gerhard, Gesine: Agrarian Politics in the Occupied Territories of the Soviet Union, in: Contemporary European History 18, 1, 2009, S. 45–65.
Gerhardt, Raphael: Agrarmodernisierung und europäische Integration. Das bayerische Landwirtschaftsministerium als politischer Akteur 1945–1975, München 2019 (*Gerhardt, Agrarmodernisierung*).
Gerlach, Christian: Kalkulierte Morde. Die deutsche Wirtschafts- und Vernichtungspolitik in Weißrussland 1941–1944, 2. Aufl., Hamburg 1999 (*Gerlach, Morde*).
Gerlach, Christian: Krieg, Ernährung, Völkermord. Forschungen zur deutschen Vernichtungspolitik im Zweiten Weltkrieg, Hamburg 1998.
Gerlach, Christian: Der Mord an den europäischen Juden. Ursachen, Ereignisse, Dimensionen. München 2017.
Germond, Carine/Türk, Henning: Der Staatssekretärsausschuss für Europafragen und die Gestaltung der deutschen Europapolitik 1963–1969, in: Zeitschrift für Staats- und Europawissenschaften 1/2004, Nomos Baden-Baden (*Germond/Türk, Staatssekretärsausschuss*).
Gerolimatos, George: Structural Change and Democratization of Schleswig-Holstein's Agriculture. 1945–1973, Chapel Hill 2014.

Gessner, Dieter: Agrardepression und Präsidialregierungen in Deutschland 1930 bis 1933, Düsseldorf 1977 (*Gessner, Agrardepression*).

Gessner, Dieter: Agrarverbände in der Weimarer Republik. Wirtschaftliche und soziale Voraussetzungen agrarkonservativer Politik vor 1933, Düsseldorf 1966.

Geyer, Martin H.: Teuerungsprotest und Teuerungsunruhen 1914–1923. Selbsthilfegesellschaft und Geldentwertung, in: Gailus, Manfred/Volkmann, Heinrich (Hrsg.), Der Kampf um das tägliche Brot. Nahrungsmangel, Versorgungspolitik und Protest 1770–1990, Opladen 1994, S. 319–345.

Gies, Horst: Der Reichsnährstand – Organ berufsständischer Selbstverwaltung oder Instrument staatlicher Wirtschaftslenkung?, in: Zeitschrift für Agrargeschichte und Agrarsoziologie, 21. Jahrgang, 1973, S. 216–233 (*Gies, Reichsnährstand*).

Gies, Horst: Revolution oder Kontinuität? Die personelle Struktur des Reichsnährstandes, in: Franz, Günther (Hg.), Bauernschaft und Bauernstand 1500–1970, Büdinger Vorträge 1971–72, Limburg/Lahn 1975, S. 323–330.

Gies, Horst: Landbevölkerung und Nationalsozialismus. Der Weg in den Reichsnährstand, in: Zeitgeschichte, Heft 13, 4/1986, S. 123–141.

Gies, Horst: Zur Entstehung des Rasse-und Siedlungshauptamtes der SS, in: Paul Kluke zum 60. Geburtstag. Dargebracht von Frankfurter Schülern und Mitarbeitern, Frankfurt/M. 1968.

Gies, Horst: NSDAP und landwirtschaftliche Organisationen in der Endphase der Weimarer Republik, in: VfZ 15. Jg. 1967, S. 342–376.

Gies, Horst: Die Rolle des Reichsnährstands im nationalsozialistischen Herrschaftssystem, in: Hirschfeld, Gerhard/Kettenacker, Lothar (Hgg.): Der „Führerstaat". Studien zur Struktur und Politik des Dritten Reiches (Veröffentlichungen des Deutschen Historischen Instituts London, Band 8), Stuttgart 1981, S. 270–303 (*Gies, Rolle*).

Gies, Horst: Richard Walter Darré. Der „Reichsbauernführer", die nationalsozialistische „Blut und Boden"-Ideologie und Hitlers Machteroberung, Köln 2019 (*Gies, Darré*).

Gies, Horst: Die Rolle des Reichsnährstandes im nationalsozialistischen Herrschaftssystem, in: Gerhard Hirschfeld und Lothar Kettenacker (Hgg.), Der „Führerstaat". Mythos und Realität. Studien zur Struktur und Politik des Dritten Reiches, Stuttgart 1981, S. 270–304 (*Gies, Rolle*).

Gimbel, John: Amerikanische Besatzungspolitik in Deutschland 1945–1949, Frankfurt am Main 1971 (amer. Original Stanford 1968).

Gimbel, John: Byrnes' Stuttgarter Rede und die amerikanische Nachkriegspolitik in Deutschland, in: VfZ 20. Jg. 1972, S. 39–62.

Globig, Marta: Wurm, Emanuel, in: Geschichte der deutschen Arbeiterbewegung. Biographisches Lexikon, Berlin 1970, S. 492–493.

Goltz, Theodor Freiherr von der: Geschichte der deutschen Landwirtschaft, Bd. 2: Das 19. Jahrhundert, ND Aalen 1963 (1. Aufl. Stuttgart 1903).

Görtemaker, Manfred/Safferling, Christoph (Hgg.): Die Akte Rosenburg. Das Bundesministerium der Justiz und die NS-Zeit, München 2016 (*Görtemaker/Safferling, Rosenburg*).

Goschler, Constantin/Wala, Michael: „Keine neue Gestapo". Das Bundesamt für Verfassungsschutz und die NS-Vergangenheit, Reinbek bei Hamburg 2015 (*Goschler/Wala, Bundesamt*).

Gotto, Klaus (Hg.): Der Staatssekretär Adenauers. Persönlichkeit und politisches Wirken Hans Globkes, Stuttgart 1980.

Graml, Hermann: Probleme einer Hitlerbiographie. Kritische Bemerkungen zu Joachim Fest, in: VfZ 22. Jg. 1974, S. 76–92.

Grant, Olivia: Agriculture and economic development in Germany, 1870–1938, in: Lains, Pedro/Pinilla, Vincente (Hrsg.), Agriculture and Economic Development in Europe Since 1870. London/New York 2009, S. 178–209 (*Grant, Agriculture*).

Greve, Swantje: Das „System Sauckel". Der Generalbevollmächtigte für den Arbeitseinsatz und die Arbeitskräftepolitik in der besetzten Ukraine 1942–1945, Göttingen 2018.

Grohnert, Reinhard: Die Entnazifizierung in Baden 1945–1949, Konzeptionen und Praxis der „Epuration" am Beispiel eines Landes der französischen Besatzungszone, Stuttgart 1991.

Grübler, Michael: Die Spitzenverbände der Wirtschaft und das erste Kabinett Brüning. Vom Ende der Großen Koalition 1929/30 bis zum Vorabend der Bankenkrise 1931. Eine Quellenstudie, Düsseldorf 1982.

Gruchmann, Lothar: Korruption im Dritten Reich. Zur „Lebensmittelversorgung" der NS-Führerschaft, in: VfZ, 42. Jg. 1994, S. 571–593.

Grundmann, Friedrich: Agrarpolitik im „Dritten Reich". Anspruch und Wirklichkeit des Reichserbhofgesetzes, Hamburg 1979.

Gündell, Gisela: Die Organisation der deutschen Ernährungswirtschaft im Weltkriege, Lepizig 1939.

Günter, Frieder u. a.: Kommunikation und Hierarchie. Verwaltungskulturen im BMI und MdI, in: Bösch/Wirsching (Hgg.): Hüter der Ordnung, S. 307–354.

Günter, Frieder: Denken vom Staat her. Die bundesdeutsche Staatsrechtslehre zwischen Dezision und Integration 1949–1970, München 2004 (Ordnungssysteme. Studien zur Ideengeschichte der Neuzeit, hg. von Jörg Baberowski, Anselm Doering-Manteuffel, Lutz Raphael, Band 15).

Haenlein, Albrecht: Braun, Friedrich Edler von, in: Neue Deutsche Biographie, 2 (1955), S. 549 f.

Hahn, Susanne: Ländliche Strukturpolitik als Armutspolitik in Südwestdeutschland 1949–1974. Trier 2015.

Hanau, Arthur: Der Mechanismus der agrarpolitischen Willensbildung dargestellt am Beispiel der Getreidepreisangleichung in der EWG. In: Schlotter, H.-G.: Die Willensbildung in der Agrarpolitik. Schriften der Gesellschaft für Wirtschafts- und Sozialwissenschaften des Landbaues e.V., Band 8, Münster-Hiltrup 1971.

Handbuch politischer Institutionen und Organisationen 1945–1949. Bearb. von Heinrich Potthoff in Verbindung mit Rüdiger Wenzel (Handbücher zur Geschichte des Parlamentarismus und der politischen Parteien), Düsseldorf 1983.

Hansen, Reimer: Das Ende des Dritten Reiches. Die deutsche Kapitulation 1945, Stuttgart 1966.

Hardach, Gerd: Der Erste Weltkrieg 1914–1918, München 1973.

Harst, Jan van der: Sicco Mansholt. Mut und Überzeugung, in: Die Europäische Kommission – Geschichte und Erinnerungen einer Institution, Europäische Union 2014, Band 1.

Hartmann, Christian/Hürter, Johannes/Lieb, Peter und Pohl, Dieter (Hgg.): Der deutsche Krieg im Osten 1941–1945. Facetten einer Grenzüberschreitung, München 2009.

Haunfelder, Bernd: Die münsterischen Regierungspräsidenten des 20. Jahrhunderts, Münster 2006, S. 23–26.

Haushofer, Heinz: Ideengeschichte der Agrarwirtschaft und Agrarpolitik im deutschen Sprachgebiet, Bd. 2: Vom ersten Weltkrieg bis zur Gegenwart, München 1958.

Haushofer, Heinz: Die deutsche Landwirtschaft im technischen Zeitalter, Stuttgart 1963 (*Haushofer, Landwirtschaft*).

Haushofer, Heinz/Recke, Hans-Joachim: Fünfzig Jahre Reichsernährungsministerium – Bundesernährungsministerium, hg. vom Bundesministerium für Ernährung, Landwirtschaft und Forsten, Bonn 1969.

Haushofer, Heinz (Hg.): Die Agrarwirtschaft in der Bundesrepublik Deutschland, hg. im Auftrag des Bundesministeriums für Ernährung, Landwirtschaft und Forsten, München 1974. (*Haushofer, Agrarwirtschaft*).

Heberle, Rudolf: Landbevölkerung und Nationalsozialismus, Stuttgart 1963. (Heberle, Landvolkbevölkerung)

Heiber, Helmut: Der Generalplan Ost, in: VfZ 6. Jg. 1958, S. 281–335 (*Heiber, Generalplan*).

Heim, Susanne (Hg.): Autarkie und Ostexpansion. Pflanzenzucht und Agrarforschung im Nationalsozialismus, Göttingen 2002.

Heim, Susanne: Kalorien, Kautschuk, Karrieren. Pflanzenzüchtung und landwirtschaftliche Forschung in Kaiser-Wilhelm-Instituten 1933–1945, Göttingen 2003 (Geschichte der

Kaiser-Wilhelm-Gesellschaft im Nationalsozialismus, hg. von Reinhard Rürup und Wolfgang Schieder, Band 5).

Heinemann Isabel: „Deutsches Blut". Die Rasseexperten der SS und die Volksdeutschen, in: Kochanowski, Jerzy/Sach, Maike (Hgg.): Die „Volksdeutschen" in Polen, Frankreich, Ungarn und der Tschechoslowakei. Mythos und Realität, Osnabrück 2006, S. 163–182.

Heinemann Isabel: Rasse, Siedlung, deutsches Blut. Das Rasse- und Siedlungshauptamt der SS und die rassenpolitische Neuordnung Europas, Göttingen 2003 (*Heinemann, Rasse*).

Heinemann, Ulrich: Ein konservativer Rebell. Fritz-Dietlof Graf von der Schulenburg und der 20. Juli, München 1994 (*Heinemann, Ein konservativer Rebell*).

Heinrich, Werner Lothar: Richard Walther Darré und der Hegehofgedanke, Diss. Univ. Mainz 1980.

Heinz, Michael: Gerhard Grüneberg und Georg Ewald – ein ungleiches Führungspaar der SED-Agrarpolitik, in: Brunner, Detlef/Niemann, Mario (Hgg.): Die DDR – eine deutsche Geschichte. Wirkung und Wahrnehmung, Paderborn u. a. 2011, S. 219–238 (*Heinz, Grünberg und Ewald*).

Heinz, Michael: Von Mähdreschern und Musterdörfern. Industrialisierung der DDR-Landwirtschaft und die Wandlung des ländlichen Lebens am Beispiel der Nordbezirke, Berlin 2011 (*Heinz, Mähdrescher*).

Hendel, Joachim: Den Krieg ernähren. Kriegsgerichtete Agrar- und Ernährungspolitik in sechs NS-Gauen des „Innerreiches" 1933 bis 1945, Hamburg 2015.

Henke, Klaus-Dietmar: Die amerikanische Besetzung Deutschlands (Quellen und Darstellungen zur Zeitgeschichte, Band 27), München 1995.

Henke, Klaus-Dietmar: Politische Säuberung unter französischer Besatzung. Die Entnazifizierung in Württemberg-Hohenzollern (Schriftenreihe der Vierteljahrshefte für Zeitgeschichte) Stuttgart 1981 (*Henke, Politische Säuberung*).

Henning, Friedrich-Wilhelm: Landwirtschaft und ländliche Gesellschaft in Deutschland, Bd. 2: 1750 bis 1976, Paderborn 1978, 2. Aufl. 1985 (*Henning, Landwirtschaft*).

Herbert, Ulrich: Zwangsarbeit in Deutschland: Sowjetische Zivilarbeiter und Kriegsgefangene 1941–1945, in: Jahn, Peter/Rürup, Reinhard (Hgg.): Erobern und Vernichten. Der Krieg gegen die Sowjetunion 1941–1945, Berlin 1991, S. 106–130.

Herbert, Ulrich: Fremdarbeiter. Politik und Praxis des „Ausländer-Einsatzes" in der Kriegswirtschaft des Dritten Reiches, Berlin, Bonn 1985.

Herbert, Ulrich: Best. Biographische Studien über Radikalismus, Weltanschauung und Vernunft. 1903–1989. Ungekürzte Studienausgabe, Bonn 2001.

Herbert, Ulrich: Geschichte Deutschlands im 20. Jahrhundert, München 2014.

Herbst, Ludolf (Hg.): Westdeutschland 1945–1955. Unterwerfung, Kontrolle, Integration (Schriftenreihe der Vierteljahrshefte für Zeitgeschichte, Sondernummer), München 1986 (*Herbst, Westdeutschland*).

Herbst, Ludolf/Bührer, Werner/Sowade, Hanno (Hgg): Vom Marshallplan zur EWG. Die Eingliederung der Bundesrepublik in die westliche Welt (Quellen und Darstellungen zur Zeitgeschichte, Bd. 30), München 1990.

Herf, Jeffrey: Antisemitismus in der SED. Geheime Dokumente zum Fall P. M. aus SED- und MfS-Archiven, in: VfZ, 42. Jg. 1994, S. 635–667.

Herferth, Wilhelm: Der faschistische „Reichsnährstand" und die Stelle seiner Funktionäre im Bonner Staat, in: Zeitschrift für Geschichtswissenschaft 5, 1962, S. 1046–1076.

Hermes, Peter: Die Christlich-Demokratische Union und die Bodenreform in der Sowjetischen Besatzungszone Deutschlands im Jahre 1945, Saarbrücken 1963.

Herrmann, Bernd: Kartoffel, Tod und Teufel. Wie Kartoffel, Kartoffelfäule und Kartoffelkäfer Umweltgeschichte machten. In: Herrmann, Bernd: „…mein Acker ist die Zeit" – Aufsätze zur Umweltgeschichte. Göttingen 2011.

Hertz-Eichenrode, Dietrich: Politik und Landwirtschaft in Ostpreußen, Köln/Opladen 1969 (*Hertz-Eichenrode, Politik*).

Herzberg, Gundolf: Anpassung und Aufbegehren. Die Intelligenz in der DDR in den Krisenjahren 1956/58, Berlin 2006.

Hilberg, Raul: Die Vernichtung der europäischen Juden, 3 Bde., durchgesehene und erweiterte Neuauflage Frankfurt/M. 1990.

Hilberg, Raul: Anatomie des Holocaust. Essays und Erinnerungen, hg. von Walter H. Pehle und René Schlott, Frankfurt/M. 2016 (*Hilberg, Anatomie*).

Hilberg, Raul: Die Bürokratie der Vernichtung, in: Ders.: Anatomie, zuerst ersch. unter dem Titel: La bureaucracie de la solution finale, in: EHESS Paris (Hg.): L'Allemagne nazie et le génocide juif, Paris 1985 (*Hilberg, Bürokratie der Vernichtung*).

Hildebrandt, Horst (Hg.): Die deutschen Verfassungen des 19. und 20. Jahrhunderts. 14. Auflage. Paderborn u. a. 1992.

Hoffmann, Dierk (Hg.): Die Zentrale Wirtschaftsverwaltung in der SBZ/DDR. Akteure, Strukturen, Verwaltungspraxis, Berlin 2016 (*Hoffmann, Wirtschaftsverwaltung*).

Hoffmann, Dierk: Lasten der Vergangenheit? Zur Personalrekrutierung und zu Karriereverläufen in der zentralen Wirtschaftsverwaltung der SBZ/DDR, in: Creuzberger/Geppert (Hgg.), Ämter, S. 109–122 (Hoffmann, Lasten).

Hoffmann, Dierk: Lebensstandard und Konsumpolitik, in: ders.: Wirtschaftsverwaltung, S. 423–509.

Hoffmann, Heinz (Bearb.): Die Bundesministerien 1949–1999: Bezeichnungen, amtliche Abkürzungen, Zuständigkeiten, Aufbauorganisation, Leitungspersonen. Materialien aus dem Bundesarchiv, Bremerhaven 2003.

Howard, Nick P.: The Social and Economic Consequences of the Allied Food Blockade of Germany 1918–1919, in: German History, Vol. 11, 1993, S. 161–188 (*Howard, Consequences*).

Höxtermann, Ekkehard: Lysenkoism in East Germany. An Outline, in: Annals of the History and Philosophy of Biology, 17 (2012), S. 292–302.

Hudemann, Rainer/Poidevin, Raymond (Hgg.): Die Saar 1945–1954. Ein Problem der europäischen Geschichte, München 1992.

Hudemann, Rainer: Frankreich und der Kontrollrat 1945–1947., in: France-Allemagne 1944–1947, hg. für das Deutsche Historische Institut Paris und das Institut d'Histoire du Temps Présent von Klaus Manfrass und Jean-Pierre Rioux, Paris 1990, S. 97–118.

Hue de Grais, Robert/Peters, Hans (Hgg.): Handbuch der Verfassung und Verwaltung in Preußen und dem Deutschen Reiche, 25. Auflage, Berlin 1930.

Hüser, Dietmar: Frankreichs „doppelte Deutschlandpolitik", Berlin 1996 (*Hüser, Frankreichs „doppelte Deutschlandpolitik"*).

Ingrao, Christian: Hitlers Elite. Die Wegbereiter des nationalsozialistischen Massenmords, Bonn 2012.

Jacobeit, Wolfgang/Kopke, Christoph: Die biologisch-dynamische Wirtschaftsweise im KZ. Die Güter der „Deutschen Versuchsanstalt für Ernährung und Verpflegung" der SS von 1939 bis 1945, Berlin 1999.

Jahn, Peter und Rürup, Reinhard (Hgg.): Erobern und Vernichten. Der Krieg gegen die Sowjetunion 1941–1945, Berlin 1991.

Jahn, Peter/Wieler, Florian/Ziemer, Daniel (Hgg.): Der deutsche Krieg um „Lebensraum im Osten" 1939–1945. Ereignisse und Erinnerung, Berlin o. J. (ca. 2017).

Jasch, Hans-Christian: Staatssekretär Wilhelm Stuckart und die Judenpolitik. Der Mythos von der sauberen Verwaltung, München 2002.

Jaskolla, Dieter: Gründung der „Kaiserlich Biologischen Anstalt für Land- und Forstwirtschaft" als selbstständige Reichsbehörde vor 100 Jahren am Wissenschaftsstandort Berlin-Dahlem. In: Nachrichtenblatt des Deutschen Pflanzenschutzdienstes 57 (2005) (*Jaskolla, Gründung*).

Jensen, Richard J.: Reagan at Bergen-Belsen and Bitburg, College Station 2007 (Library of presidential rhetoric).
John, Antonius: 75 Jahre Politik für „Land und Leute". Vom Reichsministerium für Ernährung und Landwirtschaft zum Bundesministerium für Ernährung, Landwirtschaft und Forsten, hg. vom Bundesministerium für Ernährung, Landwirtschaft und Forsten, Bonn 1995.
Judt, Tony: Geschichte Europas von 1945 bis zur Gegenwart, München/Wien 2006, 4. Aufl., Frankfurt/M. 2012 (Originalausgabe: Postwar. A History of Europe since 1945, 2005) (*Judt, Geschichte*).
Jüngerkes, Sven: Deutsche Besatzungsverwaltung in Lettland 1941–1945. Eine Kommunikations- und Kulturgeschichte nationalsozialistischer Organisationen, Konstanz 2010.
Jürgens, Karin: Wirtschaftsstile in der Landwirtschaft, in: Aus Politik und Zeitgeschichte 5–6 (2010), S. 18–23.
Kaden, Eric: Richard Walther Darré. Eine biographische Studie des Reichsministers für Ernährung und Landwirtschaft 1933–1945, Dresden 2018.
Kaienburg, Hermann, Die Wirtschaft der SS, Berlin 2003.
Kay, Alex J.: Exploitation, Resettlement, Mass Murder. Political and Economic Planning for German Occupation Policy in the Soviet Union 1940–1941, New York/Oxford 2006.
Kay, Alex J.: Germany's Staatssekretäre. Mass Starvation and the Meeting of 2 May 1941, in: Journal of Contemporary History 41, 4, 2006, S. 685–700.
Kegler, Karl R.: Deutsche Raumplanung. Das Modell der „Zentralen Orte" zwischen NS-Staat und Bundesrepublik, Paderborn 2015.
Kellerhoff, Svern Felix: Die NSDAP. Eine Partei und ihre Mitglieder, Stuttgart 2017.
Kershaw, Ian: Hitler, 2 Bde, München 1998–2001.
Kettenacker, Lothar: Die alliierte Kontrolle Deutschlands als Exempel britischer Herrschaftsausübung, in: Herbst, Westdeutschland, S. 51–64.
Kießling, Friedrich: Die undeutschen Deutschen. Eine ideengeschichtliche Archäologie der alten Bundesrepublik 1945–1972, Paderborn u. a. 2012 (*Kießling, Deutschen*).
Kießling, Friedrich: Goethe und der amerikanische Militärpolizist. „National" und „international" in der intellektuellen Geschichte Westdeutschlands nach 1945, in Kießling, Friedrich/Rieger, Bernhard (Hgg.): Mit dem Wandel leben. Neuorientierung und Tradition in der Bundesrepublik der 1950er und 60er Jahre, Köln u. a. 2011, S. 129–155.
Kießling, Friedrich: Lauter Anfänge? Die alte Bundesrepublik und die Verstrickungen westdeutscher Demokratielehrer, in: Merkur. Deutsche Zeitschrift für europäisches Denken 68 (2014), S. 491–501.
Kießling, Wolfgang: Partner im „Narrenparadies". Der Freundeskreis um Noel Field und Paul Merker, Berlin 1994.
Kießling, Wolfgang: Wehrmacht und Besatzungsherrschaft im Russischen Nordwesten 1941–1944. Praxis und Alltag im Militärverwaltungsgebiet der Heeresgruppe Nord, Paderborn 2012.
Kilian, Jürgen: Krieg auf Kosten anderer. Das Reichsministerium der Finanzen und die wirtschaftliche Mobilisierung Europas für Hitlers Krieg, Berlin und Boston 2017 (Das Reichsfinanzministerium im Nationalsozialismus, hg. von Jane Caplan u. a., Band 3).
Kirchinger, Johann: Michael Horlacher. Ein Agrarfunktionär in der Weimarer Republik, Düsseldorf 2011 (zugl. Diss. Univ. Regensburg 2008).
Kittel, Manfred: Die Legende von der „Zweiten Schuld". Vergangenheitsbewältigung in der Ära Adenauer, Berlin/Frankfurt a. M. 1993.
Kittel, Manfred: Schiele, Martin, in: Neue Deutsche Biographie, 22 (2005), S. 741.
Klein, Thomas: Für die Einheit und die Reinheit der Partei. Die innerparteilichen Kontrollorgane der SED in der Ära Ulbricht, Köln 2002.
Kloss, Hans Dieter: Illusion und Wirklichkeit. Ein Vierteljahrhundert Wirtschaft im ländlichen Raum mit Theodor Sonnemann, Neuwied 1973 (*Kloss, Illusion*).

Kluge, Ulrich: Vierzig Jahre Agrarpolitik in der Bundesrepublik Deutschland. Band 1–2, Hamburg u. a. 1989 (Berichte über Landwirtschaft, hg. vom Bundesministerium für Ernährung und Landwirtschaft, Band 202,1 und 202,2) (*Kluge, Vierzig Jahre*).

Kluge, Ulrich/Halder, Winfried/Schlenker, Katja (Hgg.): Zwischen Bodenreform und Kollektivierung. Vor- und Frühgeschichte der „sozialistischen Landwirtschaft" in der SBZ/DDR vom Kriegsende bis in die fünfziger Jahre (Beiträge zur Wirtschafts- und Sozialgeschichte, hg. von Jürgen Schneider u. a., Nr. 92, Stuttgart 2001 (*Kluge, Bodenreform*)

Kluge, Ulrich: Agrarwirtschaft und ländliche Gesellschaft im 20. Jahrhundert (Enzyklopädie deutscher Geschichte, Band 73), München 2005.

Knudsen, Ann-Christina L.: Farmers on Welfare. The Making of Europe's Common Agricultural Policy, Ithaca/London 2009 (*Knudsen, Farmers on Welfare*).

Knudsen, Ann-Christina L.: Politische Unternehmer in transnationalen Politiknetzwerken. Die Ursprünge der Gemeinsamen Agrarpolitik. In: Gehler, Michael/Kaiser, Wolfram/Leucht, Brigitte (Hgg.): Netzwerke im europäischen Mehrebenensystem. Von 1945 bis zur Gegenwart. Wien 2009 (*Knudsen, Unternehmer*).

Kocka, Jürgen: Klassengesellschaft im Krieg. Deutsche Sozialgeschichte 1914–1918, Göttingen 1978.

Kogon, Eugen: Politik der Versöhnung, in: Frankfurter Hefte. Zeitschrift für Kultur und Politik, 3. Jg. 1984, Heft 4, S. 317–324.

König, Klaus: Zivilgesellschaftliche Verwaltung als Verwaltungstypus, in ders. /Kropp, Sabine (Hgg.): Theoretische Aspekte einer zivilgesellschaftlichen Verwaltungskultur, Speyer 2009 (Speyerer Forschungsberichte, hg. vom Forschungsinstitut für Öffentliche Verwaltung bei der Hochschule für Verwaltungswissenschaften Speyer, Band 263), S. 1–12.

König, Mareike/Schulz, Matthias (Hgg): Die Bundesrepublik Deutschland und die europäische Einigung 1949–2000. Politische Akteure, gesellschaftliche Kräfte und internationale Erfahrungen, Wiesbaden 2004.

Kötter, Herbert: Die Landwirtschaft, in: Conze, Werner/Lepsius, Rainer M. (Hgg.): Sozialgeschichte der Bundesrepublik Deutschland. Beiträge zum Kontinuitätsproblem, Stuttgart 1983, S. 115 ff.

Kowalczuk, Ilko-Sascha: Geist im Dienste der Macht: Hochschulpolitik in der SBZ/DDR 1945 bis 1961, Berlin 2003 (*Kowalzcuk, Geist*).

Kraus, Elisabeth: Ministerien für ganz Deutschland? Der Alliierte Kontrollrat und die Frage gesamtdeutscher Zentralverwaltungen (Studien zur Zeitgeschichte, Band 37), München 1990.

Krebs, Albert: Fritz Dietlof Graf von der Schulenburg. Zwischen Staatsraison und Hochverrat, Hamburg 1964 (Hamburger Beiträge zur Zeitgeschichte, hg. in Verbindung mit der Forschungsstelle für die Geschichte des Nationalsozialismus in Hamburg, Band 2).

Krebs, Christian: Der Weg zur industriemäßigen Organisation der Agrarproduktion in der DDR. Die Agrarpolitik der SED 1945–1960, Bonn 1989.

Krieger, Wolfgang: General Lucius D. Clay und die amerikanische Deutschlandpolitik 1945–1949, Stuttgart 1987.

Kroll, Frank-Lothar: Utopie als Ideologie. Geschichtsdenken und politisches Handeln im Dritten Reich, Paderborn 1998.

Krug, Simone: Die Finanzierung der GAP im Kontext des Finanzverfassungssystems der EU, Baden-Baden 2008 (*Krug, Finanzierung*).

Krumeich, Gerd: Die unbewältigte Niederlage. Das Trauma des Ersten Weltkrieges und die Weimarer Republik, Freiburg 2018.

Krzymowski, Richard: Geschichte der deutschen Landwirtschaft: bis zum Ausbruch des Weltkrieges 1914. Unter besonderer Berücksichtigung der technischen Entwicklung der Landwirtschaft, Stuttgart 1939.

Kuhlemann, Jens: Braune Kader. Ehemalige Nationalsozialisten in der Deutschen Wirtschaftskommission und der DDR-Regierung 1948–1957, Norderstedt 2014 (*Kuhlemann, Braune Kader*).

Kühnau, Joachim: Professor Heinrich Kraut 70 Jahre, in: Zeitschrift für Lebensmitteluntersuchung und -Forschung A, Heft 125, 1963, S. 103–106.

Kuschel, Franziska/Dominik Rigoll: Broschürenkrieg statt Bürgerkrieg. BMI und MdI im deutsch-deutschen Systemkonflikt, in: Bösch/Wirsching, (Hgg.), Hüter der Ordnung, S. 355–380.

Kuschel, Franziska/Maeke, Lutz: Ein Neubeginn. Das Innenministerium der DDR und sein Führungspersonal, in: Bösch/Wirsching (Hg.), Hüter der Ordnung, S. 182–266.

Kuschel, Franziska/Rigoll, Dominik: Saubere Verwaltung, sicherer Staat. Personalpolitik als Sicherheitspolitik im BMI und MdI, in: Bösch/Wirsching (Hgg.), Hüter der Ordnung, S. 286–306.

Langthaler, Ernst: Schlachtfelder. Alltägliches Wirtschaften in der nationalsozialistischen Agrargesellschaft 1938–1945, Wien, Köln, Weimar 2016.

Langthaler, Ernst/Redl, Josef (Hgg.): Reguliertes Land. Agrarpolitik in Deutschland, Österreich und der Schweiz 1930–1960, Innsbruck 2005 (*Langthaler/Redl (Hgg.), Reguliertes Land*).

Lapp, Peter Joachim: Der Ministerrat der DDR. Aufgaben, Arbeitsweise und Struktur der anderen deutschen Regierung, Opladen 1982 (*Lapp, Ministerrat*).

Lattard, Alain: Zielkonflikte französischer Besatzungspolitik 1945–1947, in: VfZ 39. Jg. 1991, S. 1–35 (*Lattard, Zielkonflikte*).

Laufer, Heinz/Arens, Uwe: Die kontinuierliche Ausweitung der EG-Kompetenzen, in: Reform der Europäischen Union, hg. von Werner Weidenfeld, Bertelsmann Stiftung, Gütersloh, 1995.

Laufer, Jochen: Die UdSSR und die Einleitung der Bodenreform in der Sowjetischen Besatzungszone, in: Bauerkämper, Junkerland, S. 21–35.

Le Coutre, Walter: Die Grundgedanken der deutschen Preispolitik im Weltkriege 1914–1918, staatswiss. Dissertation, Greifswald 1919.

Leendertz, Ariane/Meteling, Wencke (Hgg.): Die neue Wirklichkeit. Semantische Neuvermessungen und Politik seit den 1970er-Jahren. Frankfurt/New York 2016.

Lehmann, Joachim: Faschistische Agrarpolitik im Zweiten Weltkrieg. Zur Konzeption von Herbert Backe, in: ZfG 28, 1980, H. 10, S. 948–956.

Lehmann, Joachim: Verantwortung für Überleben, Hunger und Tod. Zur Stellung von Staatssekretär Herbert Backe im Entscheidungsgefüge von Ernährungs- und Landwirtschaft, Agrar- und Aggressionspolitik in Deutschland während des Zweiten Weltkriegs sowie deren Voraussetzungen, in: Studien zur ostelbischen Gesellschaftsgeschichte. Festschrift für Gerhard Heitz zum 75. Geburtstag, hg. v. Ernst Münch, Rostock 2000.

Lehmann, Sebastian, Robert Bohn und Uwe Danker (Hgg.): Reichskommissariat Ostland. Tatort und Erinnerungsobjekt, Paderborn 2012.

Lehnstaedt, Stephan: Das Reichsministerium des Innern unter Heinrich Himmler 1943–1945, VfZ 54, Jg. 2006, S. 639–672.

Lehnstaedt, Stephan/Böhler, Jochen (Hgg.): Die Berichte der Einsatzgruppen aus Polen 1939, Berlin 2013.

Leide, Henry. NS-Verbrecher und Staatssicherheit. Die geheime Vergangenheitspolitik der SED, Göttingen 2006.

Leide, Henry: Auschwitz und Staatssicherheit. Strafverfolgung, Propaganda und Geheimhaltung in der DDR, Berlin 2019.

Lemke, Michael: Instrumentalisierter Antifaschismus und SED-Kampagnenpolitik 1960–1968, in: Danyel, Jürgen (Hg.): Die geteilte Vergangenheit. Zum Umgang mit Nationalsozialismus und Widerstand in beiden deutschen Staaten, Berlin 1995, S. 61–86.

Leniger, Markus: Nationalsozialistische „Volkstumsarbeit" und Umsiedlungspolitik 1933–1945. Von der Minderheitenbetreuung zur Siedlerauslese, Berlin 2006.

Lichter, Jörg: Zwangslagen der nationalsozialistischen Agrarpolitik von 1933 bis 1939, in: von der Landwirtschaft zur Industrie. Festschrift für Friedrich Wilhelm Hennig zum 65. Geburtstag, hg. von Günther Schulz, Paderborn 1996, S. 295–318.

Lindemann, Gerd: Agrarpolitik und Föderalismus. Aufgabenverteilung von Bund und Ländern im Bereich der Agrarpolitik. In: Härtel, Ines (Hg.): Handbuch Föderalismus – Föderalismus als demokratische Rechtsordnung und Rechtskultur in Deutschland, Europa und der Welt. Bd. III: Entfaltungsbereiche des Föderalismus. Heidelberg u. a. 2012.

Loeber, Dietrich A. (Hg.): Diktierte Option. Die Umsiedlung der Deutsch-Balten aus Estland und Lettland, Neumünster 1972.

Löffler, Bernhard: Personelle und institutionelle Strukturen des Bundeswirtschaftsministeriums 1945/49 bis 1990, in Abelshauser, Werner (Hg.): Das Bundeswirtschaftsministerium in der Ära der Sozialen Marktwirtschaft. Der deutsche Weg der Wirtschaftspolitik, Berlin und Boston 2016 (Wirtschaftspolitik in Deutschland 1917–1990, hg. von Werner Abelshauser u. a., Band 4), S. 95–192 (*Löffler, Strukturen*).

Löffler, Bernhard: Soziale Marktwirtschaft und administrative Praxis. Das Bundeswirtschaftsministerium unter Ludwig Erhard, Stuttgart 2002 (Vierteljahrschrift für Sozial- und Wirtschaftsgeschichte, hg. von Mark Spoerer u. a., Beihefte, Band 162) (*Löffler, Marktwirtschaft*).

Lommatzsch, Erik: Hans Globke (1898–1973). Beamter im Dritten Reich und Staatssekretär Adenauers, Frankfurt/Main 2009.

Longerich, Peter: Heinrich Himmler. Biographie, 2. Aufl. München 2010.

Lorenz, Matthias N.: Rücktritt Heinrich Lübkes. In: Fischer, Torben/Lorenz, Matthias N. (Hgg.): Lexikon der „Vergangenheitsbewältigung" in Deutschland. Debatten- und Diskursgeschichte des Nationalsozialismus nach 1945. 3. Überarbeitete und erweiterte Aufl. Bielefeld 2015.

Loth, Wilfried: Die französische Deutschlandpolitik und die Anfänge des Ost-West-Konflikts, in: France-Allemagne 1944–1947, hg. für das Deutsche Historische Institut Paris und das Institut d'Histoire du Temps Présent von Klaus Manfrass und Jean-Pierre Rioux, Paris 1990, S. 83–96.

Loth, Wilfried: Die Krise aufgrund der „Politik des leeren Stuhls", in: Die Europäische Kommission – Geschichte und Erinnerungen einer Institution, Europäische Union Band 1, 2014 (*Loth, Krise*).

Lüdde-Neurath, Walter: Regierung Dönitz. Die letzten Tage des Dritten Reiches, Leoni am Starnberger See 1980.

Ludlow, Peter: The Making of CAP. Towards a Historical Analysis of EU's First Major Policy – Contemporary European History, Bd. 14, 2005.

Ludwig, Thomas: Die Ausschlüsse aus der Studienstiftung 1933. Recherchen in eigener Sache, in: Studienstiftung des deutschen Volkes (Hg.): Jahresbericht 2000. Fakten und Analysen, Bonn 2001, S. 119–136.

Luib, Oskar: Der Reichsnährstand als Selbstverwaltungskörper des öffentlichen Rechts und seine rechtspolitische Bedeutung für die Zukunft, Univ. Diss. Tübingen 1938, Tübingen 1939.

Mai, Gunther: Der Alliierte Kontrollrat in Deutschland 1945–1948: Alliierte Einheit – deutsche Teilung? (Quellen und Darstellungen zur Zeitgeschichte, Band 37) München 1995.

Mai, Uwe: „Rasse und Raum". Agrarpolitik, Sozial- und Raumplanung im NS-Staat, Paderborn 2002 (*Mai, Rasse und Raum*).

Malycha, Andreas: Die Staatliche Plankommission und ihre Vorläufer 1945 bis 19990, in: Dierk Hoffmann (Hg.): Die Zentrale Wirtschaftsverwaltung in der SBZ/DDR. Akteure, Strukturen, Verwaltungspraxis, Berlin 2016, S. 17–132.

Mannes, Astrid L.: Heinrich Brüning. Leben, Wirken, Schicksal. München 1999 (*Mannes, Brüning*).

Martens, Holger: „Gleichschaltung" und „Arisierung". Die Raiffeisen-Organisationen nach 1933, in: Zeitschrift für das gesamte Genossenschaftswesen (ZfgG) 68, 2018, S. 85–100.

Martens, Holger: Die Raiffeisen-Organisationen und die Aneignung jüdischen Eigentums unter dem NS-Regime, 2017 http://historikergenossenschaft.de/wp-content/uploads/2017/11/Raiffeisen_und_Aneignung_jüdisches_Eigentums.pdf.

Martens, Stefan (Hg.): Vom „Erbfeind" zum „Erneuerer". Aspekte und Motive der französischen Deutschlandpolitik nach dem Zweiten Weltkrieg, Sigmaringen 1993 (*Martens, Vom „Erbfeind"*).

Mathews, William C.: The Continuity of Social Democratic Economic Policy 1919–1920. The Bauer-Schmidt Policy, in: Feldman, Gerald D./Holtfrerich, Carl-Ludwig/Ritter, Gerhard A./Witt, Peter-Christian (Hgg.), Die Anpassung an die Inflation, Berlin 1986, S. 485–512.

Mehnert, Wolfgang: Edwin Hoernle (Lebensbilder großer Pädagogen), Berlin (Ost) 1963.

Meinhold, Willy: Die landwirtschaftlichen Erzeugungsbedingungen im Kriege, Jena 1941.

Melis, Damian von/Bispinck, Henrik: „Republikflucht". Flucht und Abwanderung aus der SBZ/DDR 1945 bis 1961, München 2006.

Melis, Guido: Due modelli di amministrazione tra liberalismo e fascismo. Burocrazie tradizionali e nuovi apparati, Roma 1988.

Mentel, Christian/Weise, Niels: Die NS-Vergangenheit deutscher Behörden, in: Aus Politik und Zeitgeschichte 14–15 (2017), S. 16–21.

Merkenich, Stephanie: Grüne Front gegen Weimar. Reichs-Landbund und agrarischer Lobbyismus 1918–1933. Beiträge zur Geschichte des Parlamentarismus und der politischen Parteien, Band 113, hrsg. von der Kommission für Geschichte des Parlamentarismus und der Politischen Parteien, Düsseldorf 1998 (*Merkenich, Grüne Front*).

Merker, Wolfgang: Die Anfänge der deutschen Zentralverwaltungen in der sowjetischen Besatzungszone Deutschlands 1945/46, in: Archivmitteilungen, Zeitschrift für Theorie und Praxis des Archivwesens 31 (1981), S. 161–167 (*Merker, Anfänge*).

Merker, Wolfgang: Die Deutschen Zentralverwaltungen in der sowjetischen Besatzungszone Deutschlands 1945–1947, Diss. bei der Akademie der Wissenschaften der DDR 1980 (*Merker, Zentralverwaltungen*).

Merker, Wolfgang: Die deutschen Zentralverwaltungen und die Herausbildung der antifaschistisch-demokratischen Staatsmacht (1945 bis 1947), in: Staat und Recht 31 (1982), S. 335–344 (*Merker, Staatsmacht*).

Mertens, Lothar: „Nur politisch Würdige". Die DFG-Forschungsförderung im Dritten Reich 1933–1937, Berlin 2004.

Metzler, Gabriele: Konzeptionen politischen Handelns von Adenauer bis Brandt. Politische Planung in der pluralistischen Gesellschaft. Paderborn u. a. 2005.

Meyer, Bettina: SS-Nr. 74695. Eine biografische Annäherung an Konrad Meyer, der 1947 im 8. Nürnberger Nachfolgeprozess als Hauptverantwortlicher des sogenannten „Generalplans Ost" angeklagt wurde, Starnberg 2014.

Meyer, Lothar: Die deutsche Landwirtschaft während der Inflation und zu Beginn der Deflation, Tübingen 1924.

Moeller, Robert G.: German Peasants and Agrarian Politics, 1914–1924: The Rhineland and Westphalia, Chapel Hill 1986. (*Moeller, Peasants*)

Moeller, Robert G.: Winners and Losers in the German Inflation. Peasant Protest over the Controlled Economy 1920–1923, in: Feldman, Gerald D./Holtfrerich, Carl Ludwig/Ritter, Gerhard A./Witt, Peter Christian: Die deutsche Inflation. Eine Zwischenbilanz/The German Inflation Reconsidered, Berlin/New York 1982, S. 255–288.

Moll, Martin: Konfrontation – Kooperation – Fusion Das Aufgehen des Steirischen Heimatschutzes in der österreichischen NSDAP, in: Schmidt, Daniel/Sturm, Michael und Livi, Massimiliano (Hgg.): Wegbereiter des Nationalsozialismus. Personen, Organisationen und Netzwerke der extremen Rechten zwischen 1918 und 1933, Essen 2015.

Möller, Horst: Die nationalsozialistische Machtergreifung. Konterrevolution oder Revolution? in VfZ, 31. Jg. 1983, S. 25–51.

Möller, Horst: Parlamentarismus in Preußen 1919–1932, Düsseldorf 1985.
Möller, Horst: Wandlungen der Besatzungspolitik in Deutschland 1945–1949, in: Diestelkamp, Zwischen Kontinuität, S. 37–53.
Möller, Horst: Franz Josef Strauß. Herrscher und Rebell, 3. Aufl. München 2016.
Möller, Horst: Die Weimarer Republik. Demokratie in der Krise. 12., überarbeitete Auflage München 2018.
Möllers, Georg: Jüdische Tierärzte im Deutschen Reich in der Zeit von 1918 bis 1945, Dissertationsschrift an der Tierärtzlichen Hochschule Hannover, Hannover 2002.
Mommsen, Hans: Beamtentum im Dritten Reich. Mit ausgewählten Quellen zur nationalsozialistischen Beamtenpolitik (Schriftenreihe der Vierteljahrshefte für Zeitgeschichte, Nr. 13), Stuttgart 1966.
Mommsen, Hans: Fritz-Dietlof Graf von der Schulenburg und die preußische Tradition, in: VfZ 32. Jg. 1984, S. 213–239.
Morsey, Rudolf: Der Weg zur Bundesrepublik Deutschland, in: Jeserich, Kurt G.A./Pohl, Hans/Unruh, Georg-Christoph von: Deutsche Verwaltungsgeschichte, Band 5, Stuttgart 1987, S. 87–99.
Morsey, Rudolf: Heinrich Lübke. Eine politische Biographie. Paderborn u. a. 1996 (*Morsey, Lübke*).
Morsey, Rudolf: Personal- und Beamtenpolitik im Übergang von der Bizonen- zur Bundesverwaltung (1947–1950), Kontinuität oder Neubeginn? In: Ders.: Von Windthorst bis Adenauer. Ausgewählte Aufsätze zu Politik, Verwaltung und politischem Katholizismus im 19. und 20. Jahrhundert, hg. von Ulrich von Hehl, Hans Günter Hockerts, Horst Möller und Martin Schumacher, Paderborn u. a. 1997, S. 71–112 (*Morsey, Personalpolitik*).
Morsey, Rudolf: Neuaufbau und Wandel des öffentlichen Dienstes nach 1945, in ders. (Hg.): Von Windthorst bis Adenauer ...., S. 61–71.
Morsey, Rudolf: Andreas Hermes. Ein christlicher Demokrat in der ersten und zweiten deutschen Demokratie, in: Historisch-Politische Mitteilungen. Im Auftrag der Konrad-Adenauer-Stiftung e.V. h. von Günter Buchstab und Hans-Otto Kleinmann, 10. Jg. 2003, Köln Weimar Wien, S. 129–149.
Moses, Dirk: Die 45er. Eine Generation zwischen Faschismus und Demokratie, in: Neue Sammlung. Vierteljahres-Zeitschrift für Erziehung und Gesellschaft 40 (2000), S. 233–263.
Mosser, Josef: Das Verschwinden der Bauern. Überlegungen zur Sozialgeschichte der „Entagrarisierung" und Modernisierung der Landwirtschaft im 20. Jahrhundert. In: Münkel, Daniela (Hg.): Der lange Abschied vom Agrarland. Agrarpolitik, Landwirtschaft und ländliche Gesellschaft zwischen Weimar und Bonn, Göttingen 2000.
Mües-Baron, Klaus: Heinrich Himmler: Aufstieg des Reichsführers SS (1900–1933), Göttingen 2011.
Müller, Andreas: „Fällt der Bauer, stürzt der Staat". Deutschnationale Agrarpolitik 1928–1933, München 2003. (*Müller, Fällt der Bauer*)
Muller, Jerry Z.: The Other God That Failed. Hans Freyer and the Deradicalization of German Conservatism, Princeton 1987.
Müller, Klaus-Peter: Politik und Gesellschaft im Krieg. Der Legitimitätsverlust des badischen Staates 1914–1918, Stuttgart 1988.
Müller, Rolf-Dieter: Hitlers Ostkrieg und die deutsche Siedlungspolitik. Die Zusammenarbeit von Wehrmacht, Wirtschaft und SS, Frankfurt/M. 1991 (*Müller, Ostkrieg*).
Müller, Rolf-Dieter und Ueberschär, Gerd R.: Hitlers Krieg im Osten 1941–1945. Ein Forschungsbericht, Darmstadt 2000.
Müller-Enbergs, Helmut/Wielgohs, Jan/Hoffmann, Dieter/Herbst, Andreas (Hgg.) unter Mitarbeit von Olaf W. Reimann: Wer war wer in der DDR. Ein Lexikon ostdeutscher Biographien, 1. Aufl. der 4. Ausgabe, Berlin 2006 (*Wer war wer*).
Münkel, Daniela: Bäuerliche Interessen vs. NS-Ideologie. Das Reichserbhofgesetz in der Praxis in: VfZ 44. Jg. 1996, S. 549–579.

Münkel, Daniela: Nationalsozialistische Agrarpolitik und Bauernalltag, Frankfurt am Main und New York 1996.
Münkel, Daniela (Hg.): Der lange Abschied vom Agrarland: Agrarpolitik, Landwirtschaft und ländliche Gesellschaft zwischen Weimar und Bonn, Göttingen 2000.
Münkel, Daniela: Staatsicherheit im „sozialistischen Frühling" 1960. Der Abschluss der der Vollkollektivierung im Spiegel der MfS-Berichte an die SED-Führung, in: Deutschlandarchiv 43 (2010), S. 470–479.
Münkel, Daniela: Das Bild vom Bauern im Nationalsozialismus und der DDR – zwischen Herrschaftslegitimation und Identitätsstiftung, in: Münkel, Daniela/Uekoetter, Frank (Hg.): Das Bild des Bauern. Selbst- und Fremdwahrnehmungen vom Mittelalter bis ins 21. Jahrhundert, Göttingen 2012, S. 131–146 (*Münkel, Bild*).
Münzel, Martin: Neubeginn und Kontinuitäten. Das Spitzenpersonal der zentralen deutschen Arbeitsbehörden 1945–1960, in: Nützenadel, Alexander (Hg.): Das Reichsarbeitsministerium im Nationalsozialismus. Verwaltung, Politik, Verbrechen, Göttingen 2017 (Geschichte des Reichsarbeitsministeriums im Nationalsozialismus, hg. von der Unabhängigen Historikerkommission zur Geschichte des Reichsarbeitsministeriums 1933–1945, Band 1), S. 494–550 (*Münzel, Neubeginn*).
Musiał, Bogdan: Deutsche Zivilverwaltung und Judenverfolgung im Generalgouvernement. Eine Fallstudie zum Distrikt Lublin 1939–1944, Wiesbaden 1999 (Quellen und Studien, hg. vom Deutschen Historischen Institut Warschau, Band 10).
Naasner, Walter: SS-Wirtschaft und SS-Verwaltung. „Das SS-Wirtschafts-Verwaltungshauptamt und die unter seiner Dienstaufsicht stehenden wirtschaftlichen Unternehmungen" und weitere Dokumente, Düsseldorf 1998.
Nachrichtenblatt des Deutschen Pflanzenschutzdienstes 34 (1982).
Nationalrat der Nationalen Front des Demokratischen Deutschland (Hg.): Aufstieg und Fall des Heinrich Lübke: die Geschichte einer Karriere. Berlin (Ost) 1969.
Neitzel, Sönke: Weltmacht oder Untergang. Die Weltreichslehre im Zeitalter des Imperialismus. Paderborn u. a. 2000.
Neliba, Günter: Wilhelm Frick. Der Legalist des Unrechtsstaates. Eine politische Biographie, Paderborn 1992.
Niedbalski, Bernd: Deutsche Zentralverwaltungen und Deutsche Wirtschaftskommission (DWK). Ansätze zur zentralen Wirtschaftsplanung in der SBZ 1945–1948, in: VfZ Jg. 33, 1985, S. 456–477.
Nobis, Friedrich, Das Bundesministerium für Ernährung, Landwirtschaft und Forsten, Frankfurt am Main (u. a.) 1966.
Nolte, Ernst, Der Faschismus in seiner Epoche. Action française, Italienischer Faschismus, Nationalsozialismus, München/Zürich 1963.
Nolzen, Armin: Vom Jugendgenossen zum Parteigenossen. Die Aufnahme von Angehörigen der Hitler-Jugend in die NSDAP, in: Benz, Wolfgang (Hg.): Wie wurde man Parteigenosse? Die NSDAP und ihre Mitglieder, Frankfurt/Main 2009, S. 123–150.
Die NS-Vergangenheit späterer niedersächsischer Landtagsabgeordneter. Abschlussbericht zu einem Projekt der Historischen Kommission für Niedersachsen und Bremen im Auftrag des niedersächsischen Landtags, hg. vom Präsidenten des niedersächsischen Landtags, Hannover 2012.
Nützenadel, Alexander (Hg.), Das Reichsarbeitsministerium im Nationalsozialismus. Verwaltung, Politik, Verbrechen, Göttingen 2017.
Nützenadel, Alexander: Stunde der Ökonomen. Wissenschaft, Politik und Expertenkultur in der Bundesrepublik, 1949–1974. Göttingen 2005.
Oberkrome, Willi: „Gesundes Land – gesundes Volk." Deutsche Landschaftsgestaltung und Heimatideologie in der ersten Hälfte des 20. Jahrhunderts, in: ZAA 53/2005 S. 26–38.

Offer, Avner: The First World War. An Agrarian Interpretation, Oxford 1989.
OMGUS-Handbuch. Die amerikanische Militärregierung in Deutschland 1945–1949, hg. von Christoph Weisz (Quellen und Darstellungen zur Zeitgeschichte, Band 35), München 1994.
D'Onofrio, Andrea, Rassenzucht und Lebensraum: zwei Grundlagen im Blut- und Boden-Gedanken von Richard Walther Darré, in: ZfG 49, 2001, S. 141–157.
Osterloh, Jörg (Hg.): NS-Prozesse und deutsche Öffentlichkeit, Paderborn 2011.
Overy, Richard/Otto, Gerhard/Houwink ten Cate, Johannes (Hgg.), Die „Neuordnung" Europas: NS-Wirtschaftspolitik in den besetzten Gebieten, Berlin 1997.
Pahl-Weber, Elke: Die Reichsstelle für Raumordnung und die Ostplanung, in: Rössler, Mechtild/Schleiermacher, Sabine (Hgg.), Der „Generalplan Ost": Hauptlinien der nationalsozialistischen Planungs- und Vernichtungspolitik, Berlin 1993, S. 148–153.
Patel, Kiran Klaus: Integration als Transnationalisierung oder Europäisierung? Die Bundesrepublik in der Agrarintegration der EWG bis Mitte der 1970er Jahre. In: Archiv für Sozialgeschichte 49 (2009) (*Patel, Integration*).
Patel, Kiran Klaus: Der Deutsche Bauernverband 1945 bis 1990. Vom Gestus des Unbedingten zur Rettung durch Europa, in VfZ, 58. Jg. 2010, S. 161–179 (*Patel, Bauernverband*).
Patel, Kiran Klaus: Europäisierung wider Willen. Die Bundesrepublik Deutschland in der Agrarintegration der EWG 1955–1973, München 2009 (Studien zur Internationalen Geschichte, hg. von Eckart Conze u. a., Band 23) (*Patel, Europäisierung*).
Patel, Kiran Klaus: Projekt Europa. Eine kritische Geschichte. München 2018 (*Patel, Projekt*).
Petersen, Hans-Christian: Expertisen für die Praxis. Das Kieler Institut für Weltwirtschaft 1933–1945, in Cornelißen, Christoph/Mish, Carsten (Hgg.): Wissenschaft an der Grenze. Die Universität Kiel im Nationalsozialismus, Essen 2009 (Mitteilungen der Gesellschaft für Kieler Stadtgeschichte, Band 86), S. 57–79.
Pethe, Susanne/Booß, Christian: Der Vorgang „Rote Nelke". Geheimakten des MfS zu hohen SED-Funktionären, in: Booß, Christian/Müller-Enbergs, Helmut (Hgg.): Die indiskrete Gesellschaft. Studien zum Denunziationskomplex und zu inoffiziellen Mitarbeitern, Frankfurt am Main 2014, S. 49–69.
Petzina, Dietmar: Die Deutsche Wirtschaft in der Zwischenkriegszeit. Wiesbaden 1977.
Petzina, Dietmar: Staatliche Ausgaben und deren Umverteilungswirkungen. Das Beispiel der Industrie- und Agrarsubventionen in der Weimarer Republik, in: Blaich, Fritz (Hg.), Staatliche Umverteilungspolitik in historischer Perspektive. Beiträge zur Entwicklung der Staatsinterventionismus in Deutschland und Österreich, Berlin 1980, S. 59–105.
Petzold, Joachim: Großgrundbesitzer – Bauern – NSDAP. Zur ideologischen Auseinandersetzung um die Agrarpolitik der faschistischen Partei 1932, in: ZfG 29/1981, S. 1128–1139.
Pinn, Irmgard: Die „Verwissenschaftlichung" völkischen und rassistischen Gedankenguts am Beispiel der Zeitschrift „Volk und Rasse" in Zeitschrift für Sozialgeschichte des 20. und 21. Jahrhunderts 2/1987, S. 80–95.
Piskol, Joachim/Nehrig, Christel/Trixa, Paul: Antifaschistisch-demokratische Umwälzung auf dem Lande 1945–1949, hg. von der Akademie der Landwirtschaftswissenschaften der DDR, Berlin (Ost) 1984.
Pomp, Rainer: Bauern und Großgrundbesitzer auf ihrem Weg ins Dritte Reich. Der Brandenburgische Landbund 1919–1933, Berlin 2011.
Pötzl, Nobert F.: Der Treuhand-Komplex, Kursbuch-Edition 2019.
Pünder, Tilman: Das Bizonale Interregnum. Die Geschichte des Vereinigten Wirtschaftsgebiets 1946–1949, Waiblingen 1966 (*Pünder, Interregnum*).
Pyta, Wolfram: Dorfgemeinschaft und Parteipolitik 1918–1933. Die Verschränkung von Milieu und Parteien in den protestantischen Landgebieten Deutschlands in der Weimarer Republik, Düsseldorf 1996.

Pyta, Wolfram: „Menschenökonomie". Das Ineinandergreifen von ländlicher Sozialraumgestaltung und rassenbiologischer Bevölkerungspolitik im NS-Staat, in: HZ 273, 2001, S. 31–94.

Pyta, Wolfram: Hindenburg. Herrschaft zwischen Hohenzollern und Hitler, München 2007 (*Pyta, Hindenburg*).

Quinkert, Babette und Morré, Jörg (Hgg.): Deutsche Besatzung in der Sowjetunion 1941–1944. Vernichtungskrieg, Reaktionen, Erinnerung, Paderborn 2014.

Rabinbach, Anson: Introduction. Apocalypse and Its Shadows, in ders.: In the shadow of catastrophe. German intellectuals between apocalypse and enlightenment, Berkeley u. a. 1997 (Weimar and now. German cultural criticism, hg. von University of California Press, Band 14), S. 1–23.

Raidt, Susanne, Der Fall Walther Rauff, in: Zeitschrift für Genozidforschung 11, 2010, S. 76–108.

Rebentisch, Dieter: Führerstaat und Verwaltung im Zweiten Weltkrieg. Verfassungsentwicklung und Verfassungspolitik 1939–1945, Stuttgart 1989 (*Rebentisch, Führerstaat*).

Recker, Marie-Luise: Nationalsozialistische Sozialpolitik im Zweiten Weltkrieg, München 1985.

Recknagel, Silke: Analyse der Willensbildung in der europäischen Förderpolitik bei nachwachsenden Rohstoffen – Fallbeispiel Flachs, Gießen 2003.

Reichel, Peter: Vergangenheitsbewältigung in Deutschland. Die Auseinandersetzung mit der NS-Diktatur von 1945 bis heute, München 2001 (Beck'sche Reihe, Band 1416).

Reichelt, Hans: Blockflöten, oder was? Zur Geschichte der DBD 1948–1990, Berlin 1997.

Reiter, Margit: Anton Reinthaller und die Anfänge der Freiheitlichen Partei Österreichs, in: VfZ 66. Jg. 2018, S. 539–575.

Reiter, Margit: Die Ehemaligen. Der Nationalsozialismus und die Anfänge der FPÖ, Göttingen 2019.

Reitzenstein, Julien: Himmlers Forscher. Wehrwissenschaft und Medizinverbrechen im „Ahnenerbe" der SS. Paderborn 2014.

Rieger, Dietrich: Nach vorne denken: Der Weg der Deutschen Landwirtschafts-Gesellschaft ins 21. Jahrhundert, Frankfurt am Main 2011.

Rieger, Elmar: Bauernverbände, Agrarische Interessenpolitik, institutionelle Ordnung und politischer Wettbewerb, in: Winter, Thomas von/Willems, Ulrich (Hgg): Interessenverbände in Deutschland, Wiesbaden 2007, S. 294–315.

Rohr, Hans Christoph von: Ein konservativer Kämpfer. Der NS-Gegner und Agrarpolitiker Hansjoachim von Rohr, Stuttgart 2010.

Rohrer, Christian (Hg.): Landesbauernführer. Bd. 1: Landesbauernführer im nationalsozialistischen Ostpreußen. Studien zu Erich Spickschen und zur Landesbauernschaft Ostpreußen, Göttingen 2017.

Rohrer, Christian (Hg.): Landesbauernführer. Bd. 2: Die Landesbauernführer des Reichsnährstandes (1933–1945), Göttingen 2017.

Roidl, Angelika: Die „Osthilfe" unter der Regierung der Reichskanzler Müller und Brüning, Regensburg 1994 (*Roidl, Osthilfe*).

Rolfes, Max: Landwirtschaft 1914–1970, in: Handbuch der deutschen Wirtschafts- und Sozialgeschichte. Hg. von Hermann Aubin und Wolfgang Zorn, Bd. 2, Stuttgart 1976, S. 741–795 (*Rolfes, Landwirtschaft*).

Rosenberg, Hans: Große Depression und Bismarckzeit, Berlin 1967.

Rössler, Mechtild: „Wissenschaft und Lebensraum". Geographische Ostforschung im Nationalsozialismus. Ein Beitrag zur Disziplingeschichte der Geographie, Berlin, Hamburg 1990.

Rössler, Mechtild und Schleiermacher, Sabine (Hgg.): Der „Generalplan Ost". Hauptlinien der nationalsozialistischen Planungs- und Vernichtungspolitik, Berlin 1993.

Roth, Markus: Herrenmenschen. Die deutschen Kreishauptleute im besetzten Polen. Karrierewege, Herrschaftspraxis und Nachgeschichte, Göttingen 2009 (Beiträge zur Geschichte des 20. Jahrhunderts, Band 9) (*Roth, Herrenmenschen*).

Rothenberger, Karl-Heinz: Die Hungerjahre nach dem Zweiten Weltkrieg. Ernährungs- und Landwirtschaft in Rheinland-Pfalz 1945 1950. Boppard 1980.

Ruck, Michael: Kontinuität und Wandel – Westdeutsche Verwaltungseliten unter dem NS-Regime und in der Bundesrepublik, in: Loth, Wilfried/Rusinek, Bernd-A. (Hgg.): Verwandlungspolitik. NS-Eliten in der westdeutschen Nachkriegsgesellschaft, Frankfurt am Main und New York 1998, S. 117–142.

Rudloff, Wilfried: Die Wohlfahrtstadt. Kommunale Ernährungs-, Fürsorge- und Wohnungspolitik am Beispiel München 1910–1933, Göttingen 1998. (*Rudloff, Wohlfahrtstadt*)

Rytlewski, Ralf und Opp de Hipt, Manfred: Die Bundesrepublik Deutschland in Zahlen 1945/49– 1980. Ein sozialgeschichtliches Arbeitsbuch, München 1987 (*Bundesrepublik in Zahlen*).

Saldern, Adelheid von: Hermann Dietrich: Ein Staatsmann der Weimarer Republik, Boppard am Rhein 1966 (*Saldern, Dietrich*).

Schäfer, Wolfgang: NSDAP. Entwicklung und Struktur der Staatspartei des Dritten Reiches, Hannover 1956.

Schenk, Daniel: Danzig 1930–1945. Das Ende einer Freien Stadt, Berlin 2013.

Scherner, Jonas: Der deutsche Importboom während des 2. Weltkriegs. Neue Ergebnisse zur Struktur der Ausbeutung des besetzten Europas auf der Grundlage einer Neueinschätzung der deutschen Handelsbilanz, in: HZ, 2012, S. 79–113.

Scherstjanoi, Elke: SED-Agrarpolitik unter sowjetischer Kontrolle 1949–1953 (Quellen und Darstellungen zur Zeitgeschichte, Band 70), München 2007 (*Scherstjanoi, SED-Agrarpolitik*).

Schimanski, Michael: Die Tierärztliche Hochschule im Nationalsozialismus, Dissertation Tierärztliche Hochschule Hannover 1997.

Schlenke, Katja: Die Abbrüche mecklenburgischer Gutsanlagen zwischen 1947 und 1950, in: Kluge, Bodenreform, S. 91–104.

Schlie, Ulrich: Paul Stauffer – Sechs furchtbare Jahre... Auf den Spuren Carl J. Burckhardts durch den Zweiten Weltkrieg, Zürich 1998, in: Zuckmayer-Jahrbuch 3, 2000, S. 526 ff.

Schlie, Ulrich: Albert Speer (1905–1981). Ein biographisches Portrait, in: Speer, Albert: Die Kransberg-Protokolle. Seine ersten Aussagen und Aufzeichnungen Juni bis September 1945, München 2003, S 11–60.

Schlie, Ulrich: Das Duell. Der Kampf zwischen Habsburg und Preußen um Deutschland, Berlin 2013.

Schlosser, Franz: Ländliche Entwicklung im Wandel der Zeit: Zielsetzungen und Wirkungen, Univ. Diss. München 1998, Schriftenreihe Materialien zur Ländlichen Entwicklung 36, Bayerisches Staatsministerium für Ernährung, Landwirtschaft und Forsten, München 1999.

Schmähl, Winfried: Alterssicherungspolitik in Deutschland. Vorgeschichte und Entwicklung von 1945 bis 1998. Tübingen 2018.

Schmidt, Matthias: Albert Speer. Das Ende eines Mythos, Bern/München 1982.

Schoenbaum, David, Die braune Revolution. Eine Sozialgeschichte des Dritten Reiches, München 1980.

Scholz, Michael F.: Bauernopfer der deutschen Frage. Der Kommunist Kurt Vieweg im Dschungel der Geheimdienste, Berlin 1997 (*Scholz, Bauernopfer*).

Schöne, Jens: Die Landwirtschaft der DDR 1945–1990, 2. Aufl. Erfurt 2015 (*Schöne, Landwirtschaft*).

Schöne, Jens: Frühling auf dem Lande? Die Kollektivierung der DDR-Landwirtschaft, Berlin 2005 (*Schöne, Frühling*).

Schöneburg, Karl-Heinz (Leiter eines Autorenkollektivs): Errichtung des Arbeiter- und Bauernstaates der DDR 1945–1949, Berlin (Ost) 1983.

Schröder, Matthias: Deutschbaltische SS-Führer und Andrej Vlasov 1942–1945. Erhard Kroeger, Friedrich Buchardt und die „Russische Befreiungsarmee, Paderborn 2001.

Schröder, Matthias: Die deutschbaltische nationalsozialistische Bewegung in Lettland unter Erhard Kroeger, in: Garleff, Michael: Deutschbalten, Weimarer Republik und Drittes Reich, Band 2, Köln 2008, S. 121–150.

Schulte, Jan Erik: Zwangsarbeit und Vernichtung. Das Wirtschaftsimperium der SS, Oswald Pohl und das SS-Wirtschafts-Verwaltungshauptamt 1933–1945, Paderborn u. a. 2001.

Schulz, Günther (Hg.): Von der Landwirtschaft zur Industrie. Wirtschaftlicher und gesellschaftlicher Wandel im 19. und 20. Jahrhundert. Festschrift für Friedrich-Wilhelm Henning zum 65. Geburtstag, Paderborn (u. a.) 1996.

Schulze, Hagen: Otto Braun oder Preußens demokratische Sendung. Eine Biographie, Frankfurt/Berlin/Wien 1977 (*Schulze, Braun*).

Schumacher, Martin: Land und Politik. Eine Untersuchung über politische Parteien und agrarische Interessen, 1914–1923, Düsseldorf 1978 (*Schumacher, Land und Politik*).

Schumacher, Martin: Thesen zur Lage und Entwicklung der deutschen Landwirtschaft in der Inflationszeit (1919–1923), in: Büsch, Otto/Feldman, Gerald D. (Hgg.): Historische Prozesse der deutschen Inflation 1914 bis 1924, Berlin 1978, S. 215–221.

Schwarz, Hans-Peter: Adenauer / 2. Der Staatsmann, 1952–1967. München 1994.

Schwarz, Hans-Peter: Vom Reich zur Bundesrepublik. Deutschland im Widerstreit der außenpolitischen Konzeptionen in den Jahren der Besatzungsherrschaft 1945–1949, 2.erw. Aufl. Stuttgart 1980.

Schwendimann, Johannes: Der Bauernstand im Wandel der Jahrtausende, Einsiedeln u. a. 1945.

Seidel, Katja: Umstrittene Politikfelder – Gemeinsame Agrarpolitik und Gemeinsame Fischereipolitik, In: Die Europäische Kommission – Geschichte und Erinnerungen einer Institution, Europäische Union, Band 2, 2014 (*Seidel, Politikfelder*).

Seidl, Alois: Deutsche Agrargeschichte, Weihenstephan 1995.

Sering, Max: Deutsche Agrarpolitik auf geschichtlicher und landeskundlicher Grundlage. Unter Mitarbeit von Heinrich Niehaus und Friedrich Schlömer. Bericht des Deutschen Forschungsinstituts für Agrar- und Siedlungswesen an die Internationale Konferenz für Agrarwissenschaft: Herbst 1934, Leipzig 1934.

Siegl, Gerhard: Bergbauern im Nationalsozialismus Die Berglandwirtschaft zwischen Agrarideologie und Kriegswirtschaft, Innsbruck, Wien, Bozen 2013.

Smelser, Ronald: Hitlers Mann an der „Arbeitsfront": Robert Ley. Eine Biographie, Paderborn 1989.

Stegmann, Dirk: Deutsche Zoll- und Handelspolitik 1924/25–1929 unter besonderer Berücksichtigung agrarischer und industrieller Interessen, in: Mommsen, Hans/Petzina, Dietmar/Weisbrod, Bernd (Hrsg.), Industrielles System und politische Entwicklung in der Weimarer Republik, Düsseldorf 1974, S. 499–513.

Steinberger, Nathan/Graffunder, Siegfried/Herholz, Kurt: Edwin Hoernle – ein Leben für die Bauernbefreiung. Das Wirken Edwin Hoernles als Agrarpolitiker und eine Auswahl seiner agrarpolitischen Schriften (mit einem Vorwort von Walter Ulbricht), Berlin (Ost) 1965 (*Hoernle, Bauernbefreiung*).

Steiner, André: Die DDR-Wirtschaftsreform der sechziger Jahre. Konflikt zwischen Effizienz- und Machtkalkül, Berlin 1999.

Steiner, André: Von Plan zu Plan. Eine Wirtschaftsgeschichte der DDR, (München 2004) Bonn 2007.

Steinert, Marlis: Die 23 Tage der Regierung Dönitz, Düsseldorf, Wien 1965.

Stoehr, Irene: Von Max Sering zu Konrad Meyer – ein „machtergreifender" Generationswechsel in der Agrar- und Siedlungswissenschaft, in: Susanne Heim (Hg.), Autarkie und Ostexpansion. Pflanzenzucht und Agrarforschung im Nationalsozialismus, Göttingen 2002, S. 57–90.

Stoltenberg, Gerhard: Politische Strömungen im schleswig-holsteinischen Landvolk 1918–1933, Düsseldorf 1962.

Streit, Christian: Keine Kameraden. Die Wehrmacht und die sowjetischen Kriegsgefangenen (Studien zur Zeitgeschichte Bd. 13) München 1978, Neuauflage Bonn 1997.

Suckut, Siegfried: Der Konflikt um die Bodenreformpolitik in der Ost-CDU. Versuch einer Neubewertung der ersten Führungskrise der Union, in: Deutschland-Archiv 15 (1982), S. 1080–1095 (*Suckut, Ost-CDU*).

Süß, Winfried: „Wer aber denkt für das Ganze?". Aufstieg und Fall der ressortübergreifenden Planung im Bundeskanzleramt. In: Frese, Matthias, Paulus, Julia, Teppe, Karl (Hgg.): Demokratisierung und gesellschaftlicher Aufbruch. Die sechziger Jahre als Wendezeit der Bundesrepublik. Paderborn, 2003.

Sydnor, Charles W.: Soldaten des Todes. Die 3. SS-Division „Totenkopf" 1933–1945, Paderborn 42001.

Thamer, Hans-Ulrich: Verführung und Gewalt. Deutschland 1933–1945, Berlin 1986.

Thiemeyer, Guido: Vom „Pool vert" zur Europäischen Wirtschaftsgemeinschaft. Europäische Integration, Kalter Krieg und die Anfänge der gemeinsamen europäischen Agrarpolitik 1950–1957, München 1999 (Studien zur Internationalen Geschichte, hg. von Eckart Conze u. a., Band 6) (*Thiemeyer, Pool Vert*).

Thimme, Roland: Carl Arthur Scheunert. Ein Naturwissenschaftler im nationalsozialistischen und im real-sozialistischen Herrschaftssystem, in: Zeitschrift für Geschichtswissenschaft, 59 (2012), S. 5–27.

Thomas, Georg: Geschichte der deutschen Wehr- und Rüstungswirtschaft (1918–1943/45), hg. von Wolfgang Birkenfeld (Schriften des Bundesarchivs Bd. 14), Boppard am Rhein 1966.

Thoms, Ulrike: Einbruch, Aufbruch, Durchbruch? Strukturen und Netzwerke der deutschen Ernährungsforschung vor und nach 1945, in: vom Bruch, Rüdiger/Gerhardt, Uta (Hgg.): Kontinuitäten und Diskontinuitäten in der Wissenschaftsgeschichte, Stuttgart 2006, S. 111–130.

Tooze, Adam: Ökonomie der Zerstörung. Die Geschichte der Wirtschaft im Nationalsozialismus, München 2007 (*Tooze, Ökonomie*).

Torp, Claudius: Konsum und Politik in der Weimarer Republik, Göttingen 2011.

Trittel, Günter: Die Bodenreform in der Britischen Zone 1945–1949, Stuttgart 1975 (Schriftenreihe der Vierteljahrsjefte für Zeitgeschichte Nr. 31, *Trittel, Bodenreform*).

Trittel, Günter: Hans Schlange-Schöningen. Ein vergessener Politiker der „ersten Stunde", in VfZ, 35. Jg. 1987, S. 26–63.

Trittel, Günter: Hunger und Politik. Die Ernährungskrise in der Bizone (1945–1949), Frankfurt/Main und New York, 1990.

Ueberschär, Gerd R.und Bezymenskij, Lev A. (Hgg.): Der deutsche Angriff auf die Sowjetunion 1941. Die Kontroverse um die Präventivkriegsthese, Darmstadt 1998.

Uekötter, Frank: Die Wahrheit ist auf dem Feld. Eine Wissensgeschichte der deutschen Landwirtschaft, 3. Aufl., Göttingen 2012 (Umwelt und Gesellschaft, Band 1).

Uhlig, Werner: Die Rolle des alten Militaristen Theodor Sonnemann bei der Fortsetzung der faschistischen Reichsnährstandpolitik. In: Wissenschaftliche Zeitschrift der Karl-Marx-Universität Leipzig 12 (1963).

Urff, Winfried von: Agrarmarkt und Struktur des ländlichen Raumes in Europa, In: Weidenfeld, Werner:(Hg.), Europa-Handbuch, Gütersloh 1999 (*Urff, Agrarmarkt*).

Uziel, Daniel: Propaganda, Kriegsberichterstattung und die Wehrmacht. Stellenwert und Funktion der Propagandatruppen im NS-Staat, in: in: Rother, Rainer/Prokasky, Judith (Hgg.), Die Kamera als Waffe. Propagandabilder des Zweiten Weltkrieges, München 2010, S. 13–36.

Verse-Herrmann, Angela: Die „Arisierungen" in der Land- und Forstwirtschaft 1938–1942, VSWG Beihefte 131, Stuttgart 1997 (*Verse-Herrmann, Arisierungen*).

Vierhaus, Rudolf/Herbst, Ludolf (Hgg.): Biographisches Handbuch der Mitglieder des Deutschen Bundestages: 1949–2002. München 2002.

Vogel, Walter: Westdeutschland 1945–1950. Der Aufbau von Verfassungs- und Verwaltungseinrichtungen über den Ländern der drei westlichen Besatzungszonen. Teil I: Geschichtlicher Überblick, oberste beratende Stellen und Einrichtungen für Gesetzgebung, Verwaltung und Rechtsprechung, einzelne Verwaltungszweige: Ernährung, Landwirtschaft und Forsten, Koblenz 1956 (Schriften des Bundesarchivs 2, *Vogel, Westdeutschland*).

Vogt, Helmut: „Der Herr Minister wohnt in einem Dienstwagen auf Gleis 4". Die Anfänge des Bundes in Bonn 1949/50, Bonn 1999.
Volckart, Oliver: Polykratische Wirtschaftspolitik. Zu den Beziehungen zwischen Wirtschaftsministerium, Arbeitsministerium, DAF und Reichsnährstand, 1933–1939, in: VSWG, Vierteljahrschrift für Sozial- und Wirtschaftsgeschichte, Heft 90, 2/2003, S. 174–193.
Volkmann, Heinrich: Deutsche Agrareliten auf Revisions- und Expansionskurs, in: Broszat, Martin/Schwabe, Klaus (Hgg.): Die deutschen Eliten und der Weg in den Zweiten Weltkrieg, München 1989, S. 334–388.
Volkmann, Heinrich: Ökonomie und Expansion. Grundzüge der NS-Wirtschaftspolitik, hg. von Bernhard Chiari, München 2003.
Volkmann, Heinrich: Landwirtschaft und Ernährung in Hitlers Europa, in: MGM 35/1984, S. 9–74.
Vollnhals, Clemens in Zusammenarbeit mit Schlemmer, Thomas (Hg.): Entnazifizierung. Politische Säuberung und Rehabilitierung in den vier Besatzungszonen 1945–1949, München 1991 (*Vollnhals, Entnazifizierung*).
Wachs, Philipp-Christian: Der Fall Oberländer (1905–1998). Ein Lehrstück deutscher Geschichte, Frankfurt am Main 2000.
Wagemann, Hans (Hg.): Von der Deutschen Akademie der Landwirtschaftswissenschaften zu Berlin zur Akademie der Landwirtschaftswissenschaften der DDR. Ein Beitrag zur Geschichte 1951–1991, 3 Bände, Berlin 2012 (*Wagemann [Hg.], Akademie*).
Wagner, Jens-Christian: Zwangsarbeit in Peenemünde (1939–1945): Praxis und Erinnerung. In: Zeitgeschichte regional 4 (2000).
Wagner, Matthias: Das Kadernomenklatursystem Ausdruck der führenden Rolle der SED, in: Hornbostel, Stefan (Hg.): Sozialistische Eliten. Horizontale und vertikale Differenzierungsmuster in der DDR, Opladen 1999, S. 45–59 (*Wagner, Kadernomenklatursystem*).
Walz, Dieter: Die Agrarpolitik der Regierung Brüning, phil. Diss., Erlangen 1971. (*Walz, Agrarpolitik*)
Waschik, Klaus: Metamorphosen des Bösen. Semiotische Grundlagen deutsch-russischer Feindbilder in der Plakatpropaganda der 1930er bis 1950er Jahre, in Eimermacher, Karl, Volpert, Astrid (Hgg.): Verführungen der Gewalt. Russen und Deutsche im Ersten und Zweiten Weltkrieg, München 2005 (West-östliche Spiegelungen Neue Folge, hg. von Karl Eimermacher, Band 1), S. 297–339.
Wasser, Bruno: Himmlers Raumplanung im Osten. Der Generalplan Ost in Polen 1940–1944, Basel 1993.
Weber, Adolf: Umgestaltung der Eigentumsverhältnisse und der Produktionsstruktur in der Landwirtschaft der DDR, in: Materialien der Enquete-Kommission „Aufarbeitung von Geschichte und Folgen der SED-Diktatur in Deutschland", hg. vom Deutschen Bundestag, Band II/4, S. 2809–2888.
Weber, Hermann: Geschichte der DDR, 2. Aufl. München 1986.
Weber, Hermann/Herbst, Andreas: Deutsche Kommunisten, Biographisches Handbuch 1918 bis 1945, Berlin 2004 (*Weber/Herbst, Deutsche Kommunisten*).
Weber, Thomas: Wie Adolf Hitler zum Nazi wurde. Vom unpolitischen Soldaten zum Autor von *Mein Kampf*, Berlin 2016.
Wehler, Hans-Ulrich: Das deutsche Kaiserreich 1871–1918, Göttingen 1973.
Wehler, Hans-Ulrich: Deutsche Gesellschaftsgeschichte, Bd. 4, Vom Beginn des Ersten Weltkriegs bis zur Gründung der beiden deutschen Staaten 1914–1949, München 1987.
Weidenfeld, Werner: Europas Seele suchen – eine Bilanz der europäischen Integration, Baden-Baden 2017.
Weinke, Annette: Die Verfolgung von NS-Tätern im geteilten Deutschland. Vergangenheitsbewältigungen 1949–1969, Paderborn 2002.

Weisbrod, Bernd: Generation und Generationalität in der Neueren Geschichte, in: Aus Politik und Zeitgeschichte 8 (2005), S. 3–9.

Weisshuhn, Herbert: Luitpold Steidle, Berlin (Ost) 1986.

Weissleder, Wolfgang: Deutsche Wirtschaftskommission: Kontinuierliche Vorbereitung der zentralen staatlichen Macht der Arbeiterklasse, in: Schöneburg. (Leiter eines Autorenkollektivs): Revolutionärer Prozess und Staatsentstehung, Berlin (Ost) 1976, S. 131–154.

Weisz, Christoph: Organisation und Ideologie der Landwirtschaft 1945–1949, in: VfZ 21. Jg. 1973, S. 192–199 (*Weisz, Organisation*).

Weisz, Christoph: Versuch zur Standortbestimmung der Landwirtschaft, in Herbst, Westdeutschland, S. 117–126.

Wengst, Udo: Staatsaufbau und Regierungspraxis 1948–1953. Zur Geschichte der Verfassungsorgane der Bundesrepublik Deutschland, Düsseldorf 1984 (Beiträge zur Geschichte des Parlamentarismus und der politischen Parteien, Band 74) (*Wengst, Staatsaufbau*).

Wengst, Udo: Beamtentum zwischen Reform und Tradition. Beamtengesetzgebung in der Gründungsphase der Bundesrepublik Deutschland, 1948–1953 (Beiträge zur Geschichte des Parlamentarismus und der politischen Parteien, Band 84), Düsseldorf 1988.

Werkentin, Falco: Politische Strafjustiz in der Ära Ulbricht. Vom bekennenden Terror zur verdeckten Repression, Berlin 1997 (*Werkentin, Strafjustiz*).

Wette, Wolfram: Die Wehrmacht. Feindbilder, Vernichtungskrieg, Legenden. Frankfurt 2002.

Wettig, Gerhard: Die Note vom 10. März 1952 im Kontext von Stalins Deutschlandpolitik seit dem Zweiten Weltkrieg, in: Zarusky, Jürgen (Hg.): Die Stalin-Note vom 10. März 1952. Neue Quellen und Analysen, München 2010, S. 139–198.

Wildt, Michael: Generation des Unbedingten. Das Führungskorps des Reichssicherheitshauptamtes, Hamburg 2002 (*Wildt, Generation*).

Wilkens, Andreas (Hg.): Die deutsch-französischen Wirtschaftsbeziehungen 1945–1960, Sigmaringen 1997.

Winkel, Harald: Land- und Forstwirtschaft, in: Deutsche Verwaltungsgeschichte, i.A. der Freiherr-vom-Stein-Gesellschaft hg. von Kurt G. A. Jeserich, Hans Pohl, Georg-Christoph von Unruh, Bd. 5: Die Bundesrepublik Deutschland, Stuttgart 1987, S. 760–775 (*Winkel, Landwirtschaft*).

Winkler, Heinrich A.: Mittelstand, Demokratie und Nationalsozialismus. Die politische Entwicklung von Handwerk und Kleinhandel in der Weimarer Republik, Köln 1972.

Winkler, Heinrich A.: „Wie konnte es zum 30. Januar 1933 kommen?", In: APuZ B 4–5/1983, 29.1.1983, S. 3–15.

Winkler, Heinrich A.: Weimar 1918–1933. Die Geschichte der ersten deutschen Demokratie, München 1993.

Wittman, Robert K./Kinney, David: Die Rosenberg-Papiere. Die Suche nach den verschollenen Tagebüchern von Hitlers Chefideologen, München 2016.

Wolf, Dieter: Deutscher Bauernverband: Einfluss und Rechtsbefolgung. In: Zimmer, Annette/Weßels, Bernhard (Hgg.): Verbände und Demokratie in Deutschland. Wiesbaden 2001.

Wolf, Gerhard: Die deutschen Minderheiten in Polen als Instrument der expansiven Außenpolitik Berlins, in: Kochanowski, Jerzy und Sach, Maike (Hgg.): Die „Volksdeutschen" in Polen, Frankreich, Ungarn und der Tschechoslowakei. Mythos und Realität, Osnabrück 2006, S. 41–78.

Wolfrum, Edgar/Fäßler, Peter/Grohnert, Reinhard: Krisenjahre und Aufbruchszeit. Alltag und Politik im französisch besetzten Baden 1945–1949, München 1996 (Nationalsozialismus und Nachkriegszeit in Südwestdeutschland. Hg. von Dieter Langwiesche und Klaus Schönhoven, Bd. 3; *Wolfrum* u. a., *Krisenjahre*).

Wolfrum, Edgar: Die Bundesrepublik Deutschland: 1949–1990. (Gebhardt. Handbuch der deutschen Geschichte, 10. völlig neu bearbeitete Auflage, Bd. 23), Stuttgart 2005.

Young, Hugo: This blessed plot – Britain and Europe from Churchill to Blair, London 1998.
Zank, Wolfgang: Wirtschaftliche Zentralverwaltungen und Deutsche Wirtschaftskommission, in: Broszat, Martin/Weber, Hermann (Hgg.): SBZ-Handbuch, München 1990, S. 253–290 (*Zank, Zentralverwaltungen*).
Ziebura, Gilbert: Die deutsch-französischen Beziehungen seit 1945. Überarbeitete und aktualisierte Neuausgabe, Stuttgart 1997.
Ziemann, Benjamin: Front und Heimat. Ländliche Kriegserfahrungen im südlichen Bayern 1914–1923, Essen 1997.
Zimmermann, Clemens (Hg.): Dorf und Stadt. Ihre Beziehungen vom Mittelalter bis zur Gegenwart, Frankfurt/M. 2001.
Zinke, Olaf: Die Transformation der DDR-Agrarverfassung in der Zeit von 1945 bis 1960/61. Die agrarpolitische Konzeption der SED sowie die ordnungspolitisch-institutionellen und sozialökonomischen Auswirkungen der SED-Agrarpolitik, Berlin 1999.
Zitelmann, Rainer: Hitler. Selbstverständnis eines Revolutionärs, 4. Aufl. München 1998.
Zorn, Wolfgang: Bayerns Geschichte im 20. Jahrhundert. Von der Monarchie zum Bundesland, München 1986.
Zum 100. Geburtstag Edwin Hoernles, Kolloquium, hg. vom Zentralinstitut für Berufsbildung der DDR, Berlin (Ost) 1984.
Zündorf, Irmgard: Der Preis der Marktwirtschaft. Staatliche Preispolitik und Lebensstandard in Westdeutschland 1948 bis 1963, Stuttgart 2006 (Vierteljahrschrift für Sozial- und Wirtschaftsgeschichte, hg. von Mark Spoerer u. a., Beihefte, Band 186) (*Zündorf, Preis*).

Abkürzungsverzeichnis

AA	Auswärtiges Amt
Abt.	Abteilung
ACDP	Archiv der christlich-demokratischen Politik
ADGB	Allgemeiner Deutscher Gewerkschaftsbund
AdP	Akten der Parteikanzlei
AdR	Akten der Reichskanzlei
AG	Arbeitsgemeinschaft
ApA	Agrarpolitischer Apparat (NSDAP)
APO	Abteilungsparteiorganisation (SED)
APuZ	Aus Politik und Zeitgeschichte, Beilage zur Wochenzeitung „Das Parlament"
ARK	Akten der Reichskanzlei
Art.	Artikel
BArch	Bundesarchiv
BayHStA	Bayerisches Hauptstaatsarchiv
BDC	Berlin Document Center
BGBl.	Bundesgesetzblatt
BdL	Bund der Landwirte (Weimarer Republik)
BdL	Büro der Leitung
BK	Bundeskanzler(amt)
Bl.	Blatt
BMEL	Bundesministerium für Ernährung und Landwirtschaft
BMF	Bundesministerium der Finanzen
BMI	Bundesministerium des Innern
BMWi	Bundesministerium für Wirtschaft
BStU	Bundesbeauftragte(r) für die Unterlagen des Staatssicherheitsdienstes der ehemaligen DDR
BV	Bezirksverwaltung
BVP	Bayerische Volkspartei
CDU	Christlich Demokratische Union Deutschlands
CSU	Christlich Soziale Union Deutschlands
CNBLP	Christlich-Nationale Bauern- und Landvolkpartei
DAF	Deutsche Arbeitsfront
DAL	Deutsche Akademie der Landwirtschaftswissenschaften
DASR	Deutsche Akademie für Staats- und Rechtswissenschaft
DBD	Demokratische Bauernpartei Deutschlands
DBV	Deutscher Bauernverband
DDP	Deutsche Demokratische Partei
DGHG	Deutsche Getreidehandelsgesellschaft
DJ	Deutsches Jungvolk
DLG	Deutsche Landwirtschaftsgesellschaft
DLR	Deutscher Landwirtschaftsrat
DNVP	Deutschnationale Volkspartei
DVHV	Deutsche Verwaltung für Handel und Versorgung (SBZ)
DVLF	Deutsche Verwaltung für Landwirtschaft und Forsten (SBZ)
DVP	Deutsche Volkspartei (vor 1933)
	Demokratische Volkspartei (nach 1945)
DWK	Deutsche Wirtschaftskommission (SBZ)

Dz	Doppelzentner
EAGFL	Europäischer Ausrichtungs- und Garantiefonds für die Landwirtschaft
ECU	European Currency Unit, Europäische Währungseinheit
EG	Europäische Gemeinschaft
EGKS	Europäische Gemeinschaft für Kohle und Stahl
EIB	Europäische Investitionsbank
ER	Europäischer Rat
ELR	Ernährungs- und Landwirtschaftsrat des amerikanischen und britischen Besatzungsgebietes
ERP	European Recovery Program
EU	Europäische Union
EWG	Europäische Wirtschaftsgemeinschaft
EWS	Europäisches Währungssystem
FDJ	Freie Deutsche Jugend
FDP	Freie Demokratische Partei
GAP	Gemeinsame Agrarpolitik (der EWG/EG/EU)
GARIOA	Government Appropriations for Relief in Occupied Areas
GATT	General Agreement on Tariffs and Trade, Allgemeines Zoll- und Handelsabkommen
GBl	Gesetzblatt
GD	Generaldirektion (der Europäischen Kommission)
GIFAC	German Interregional Food Allocation Committee (britische Besatzungszone)
GStA	Geheimes Staatsarchiv Preußischer Kulturbesitz
HA	Hauptabteilung
HA III	Hauptabteilung III (MfS) – Volkswirtschaft bis 1964, ab 1971 Funkaufklärung und Funkabwehr
HA IX	Hauptabteilung IX (MfS) – Strafrechtliche Ermittlungen (Untersuchungsorgan)
HA XIII	Hauptabteilung XIII (MfS) – Verkehrswesen
HA XVIII	Hauptabteilung XVIII (MfS) – Volkswirtschafft
HA XX	Hauptabteilung XX (MfS) – Staat, Kirche, Untergrund, Parteien
HJ	Hitlerjugend
HV	Hauptverwaltung
HV A	Hauptverwaltung Aufklärung (MfS)
HVLF, HVLuF	Hauptverwaltung für Landwirtschaft und Forsten (DWK)
HZ	Historische Zeitschrift
IM	Inoffizieller Mitarbeiter
IMT	Internationales Militärtribunal
KD	Kreisdienststelle
KEA	Kriegsernährungsamt
KGB	Komitet Gossudarstwennoj Besopasnosti (pri Sowjete Ministrow SSSR) – Komitee für Staatssicherheit (beim Ministerrat der UdSSR)
KGG	Kriegsgetreidegesellschaft
KPD	Kommunistische Partei Deutschlands
KPdSU	Kommunistische Partei der Sowjetunion
KJVD	Kommunistischer Jugendverband Deutschlands
KV	Kriegsverbrecherprozess
KV	Kommunalverband
KZ	Konzentrationslager
LDPD	Liberaldemokratische Partei Deutschlands
LPG	Landwirtschaftliche Produktionsgenossenschaft
LR	Länderrat (amerikanische Besatzungszone)

LWR	Landwirtschaftsrat beim Ministerrat der DDR
M	Mark
MAS	Maschinen-Ausleih-Station
MfHG	Preußischer Minister für Handel und Gewerbe
MfS	Ministerium für Staatssicherheit
MD, MinDir	Ministerialdirektor
MDgt, MinDirig	Ministerialdirigent
MLF	Ministerium für Land- und Forstwirtschaft
MR, MinRat	Ministerialrat
MPräs	Ministerpräsident
MTS	Maschinen-Traktoren-Station
NDPD	Nationaldemokratische Partei Deutschlands
NL	Nachlass
NSDAP	Nationalsozialistische Deutsche Arbeiterpartei
NSFK	Nationalsozialistisches Fliegerkorps
NSKK	Nationalsozialistisches Kraftfahrkorps
NSKOV	Nationalsozialistische Kriegsopferversorgung
NSV	Nationalsozialistische Volkswohlfahrt
OB	Oberbürgermeister
OEEC	Organization for European Economic Cooperation, Organisation für europäische wirtschaftliche Zusammenarbeit
OMGUS	Office of Military Government für Germany, United States
OPräs	Oberpräsident
ORR	Oberregierungsrat
ÖSS	Ökonomisches System des Sozialismus
PA	Personalakte
PB	Politbüro
Pg	Parteigenosse
PMLDF	Preußisches Ministerium für Landwirtschaft, Domänen und Forsten
PO	Parteiorganisation
PSKV	Preußischer Staatskommissar für Volksernährung
RAG	Reichsarbeitsgemeinschaft für Raumforschung
RAInneren	Reichsamt des Inneren
RAM	Reichsarbeitsministerium
RdB	Rat des Bezirks
RDI	Reichsverband der deutschen Industrie
RDL	Reichsbund der deutschen Landwirte
REA	Reichsernährungsamt
REM	Reichsernährungsminister/ium
RFM	Reichsfinanzminister/ium
RGBl.	Reichsgesetzblatt
RGG	Reichsgetreidegesellschaft
RGS	Reichsgetreidestelle
RGW	Rat für gegenseitige Wirtschaftshilfe
RH	Rechnungshof
RJM	Reichsjustizminister/ium
RK	Reichskanzler
RKA	Rentenkreditanstalt
RKFDV	Reichskommissar für die Festigung Deutschen Volkstums
RKlei	Reichskanzlei

RLB	Reichs-Landbund
RLN	Rat für landwirtschaftliche Produktion und Nahrungsgüterwirtschaft
RM	Reichsmark
RMEL	Reichsminister/ium für Ernährung und Landwirtschaft
RMI	Reichsminister/ium des Innern
RN, RNSt	Reichsnährstand
RPräs	Reichspräsident
RR, RegRat	Regierungsrat
RuSH	Rasse- und Siedlungshauptamt der SS
RWiAmt	Reichswirtschaftsamt
RWM	Reichswirtschaftsminister/ium
SA	Sturmabteilung(en)
SBZ	Sowjetische Besatzungszone
SD	Sicherheitsdienst (des Reichsführers SS)
SED	Sozialistische Einheitspartei Deutschlands
SKK	Sowjetische Kontrollkommission
SMAD	Sowjetische Militäradministration in Deutschland
SPK	Staatliche Plankommission
SPD	Sozialdemokratische Partei Deutschlands
SS	Schutzstaffel
StAN	Staatsarchiv Nürnberg
StS	Staatsekretär
uk	Unabkömlich
UStS	Unterstaatssekretär
VdgB	Vereinigung der gegenseitigen Bauernhilfe
VEB	Volkseigener Betrieb
VEG	Volkseigenes Gut
VELF	Verwaltung für Ernährung, Landwirtschaft und Forsten (Bizone)
VfZ	Vierteljahrshefte für Zeitgeschichte
VO	Verordnung
VSWG	Vierteljahrschrift für Sozial- und Wirtschaftsgeschichte
VVN	Vereinigung der Verfolgten des Naziregimes
ZEG	Zentraleinkaufsgesellschaft
ZEL	Zentralamt für Ernährung und Landwirtschaft (britische Besatzungszone)
ZfG	Zeitschrift für Geschichtswissenschaft
ZS	Zentralsekretariat
ZK	Zentralkomitee
ZKSK	Zentrale Kommission für Staatliche Kontrolle beim Ministerrat der DDR
ZPKK	Zentrale Parteikontrollkommission (SED)
ZV	Zentralverwaltung
Ztr.	Zentner

Die Autorin und Autoren dieses Bandes

Joachim Bitterlich, Botschafter a. D., Honorarprofessor Ecole Supérieure de Commerce de Paris (ESCP) Europe Paris, geb. 1948 in Saarbrücken. Reserveoffizier; Studium Recht, Volkswirtschaft und Politik in Saarbrücken, dort auch wissenschaftl. Assistent, 1. und 2. jur. Staatsexamen; zudem ENA Paris. 1976 – 2002 Diplomatie und Politik – Algier, StV bei der EU in Brüssel; Büro Bundesminister Genscher; zunächst europapolitischer Berater von Bundeskanzler Dr. Helmut Kohl, dann für Europa-, Außen-, Sicherheits- und Entwicklungspolitik; Botschafter bei der NATO und in Madrid. Ab 2003 in der Wirtschaft (Executive VP Veolia Environnement Paris, später zudem Chairman für Deutschland). Private wie öffentliche Aufsichtsrats- und Beratungsmandate in Frankreich, Deutschland und anderen Ländern. Mitglied in deutschen, europäischen und internationalen Institutionen. Regelmäßige Veröffentlichungen zur europäischen und internationalen Politik.

Prof. Dr. Gustavo Corni, geb. 1952 in Modena, Studium der Geschichte und Politikwissenschaft in Bologna 1970 – 1974. Nach Lehraufenthalten in Venedig, Chieti und Triest von 1997 bis November 2018 Professor für Zeitgeschichte in Trient, seit 2001 als Ordinarius. Stipendiat des Instituts für Europäische Geschichte in Mainz (1977 – 1979), Fellow der Humboldt-Stiftung in Berlin 1992, 1995 und 2018 und im Freiburg Institute for Advanced Studies 2008 – 2009. Spezialist für Themen der deutschen Politik- und Agrargeschichte des 18. und 20. Jahrhunderts, Forschungen zur vergleichenden Diktaturgeschichte im 20. Jahrhundert sowie Studien über die soziale und wirtschaftliche Geschichte der beiden Weltkriege. Autor von 15 Monografien und Herausgeber bzw. Mitherausgeber von 14 Sammelbänden. Zu den neuesten Veröffentlichungen: Storia della Germania. Da Bismarck a Merkel, Mailand 2017, Breve storia del nazismo 1920 – 1945, Bologna 2015 (Spanisch: Madrid 2017), People on the move: forced population movements in the second world war and its aftermath, Oxford 2009, I ghetti di Hitler. Voci da una società sotto assedio (1939 – 1944), Bologna 2001 (Englisch: London 2002. Niederländisch: Laren 2008).

Dr. Francesco Frizzera, geb. 1985 in Trient (Italien). 2004 – 2009 Studium an der Universität Trento und in Genua (Zeitgeschichte). Promotion 2016 mit einer Dissertation über Kriegsflüchtlinge während des Ersten Weltkrieges in Österreich-Ungarn und Italien an der Universität Trento, veröffentlicht unter dem Titel: Cittadini dimezzati. I profughi trentini in Austria- Ungheria e in Italia (1914 – 1919), Bologna 2018. Seit November 2016 wissenschaftlicher Mitarbeiter an der KU Eichstätt-Ingolstadt im Rahmen des Forschungsprojekts zur Geschichte des Bundesministeriums für Ernährung und Landwirtschaft. 2018 – 2019 Forschungspartner des Projekts „Hunger Draws the Map: Blockade and Food Shortages in Europe, 1914 – 1922" (University of Oxford) und des Projekts „Technologietransformationen und ihre Folgen in Alpenraum im 19. und 20. Jahrhundert" (Universität Trento, Bozen, Innsbruck). Seit Januar 2019 Dir. des Italienischen Historischen Kriegsmuseums in Rovereto (Italien).

Dr. Ronny Heidenreich, geb. 1980 in Bautzen, wissenschaftlicher Mitarbeiter des Beauftragten zur Aufarbeitung der SED-Diktatur, Berlin. Studium der Geschichte, Politikwissenschaften und Osteuropastudien in Leipzig und Berlin, Forschungen zur DDR- und osteuropäischen Zeitgeschichte, des Kalten Krieges und der Geheimdienste. Veröffentlichungen u.a.: Die DDR-Spionage des Bundesnachrichtendienstes. Von den Anfängen bis zum Mauerbau, Berlin 2019; zusammen mit Daniela Münkel und Elke Stadelmann-Wenz: Geheimdienstkrieg in Deutschland. Die Konfrontation von DDR-Staatssicherheit und Organisation 1953, Berlin 2016; Organisation Gehlen und der Volksaufstand vom 17. Juni 1953, Marburg 2013; Aufruhr hinter Gittern. Das „Gelbe Elend" im Herbst 1989, Leipzig 2009.

Eberhard Kuhrt, geb. 1946 in Eberswalde/Mark Brandenburg. Studium der Geschichte und Germanistik in Mannheim und Göttingen. 1974 bis 1986 wiss. Mitarbeiter an der Universität Mannheim und im Forschungsinstitut der Konrad-Adenauer-Stiftung. In den Bundesministerien für innerdeutsche Beziehungen (bis 1991) und des Innern (bis 2013) Referatsleiter für Deutschlandforschung. Veröffentlichungen über Friedensbewegung und Kirche in der DDR, Erbaneignung und Traditionspflege in der DDR, deutsche Frage, Herausgeber der Buchreihe „Am Ende des realen Sozialismus. Beiträge zu einer Bestandsaufnahme der DDR-Wirklichkeit in den 80er Jahren."

Prof. Dr. Friedrich Kießling, geb. 1970 in Erlangen. 1991–1996 Studium der Neueren und Neuesten Geschichte, Neueren deutschen Literaturgeschichte und Philosophie; 2000 Promotion mit einer Arbeit zur europäischen Entspannungspolitik vor 1914; 2007 Habilitation über die Ideen- und Intellektuellengeschichte der Bundesrepublik; 1996–1999 Promotionsstipendiat der Studienstiftung des deutschen Volkes; Forschungs- und Lehraufenthalte u. a. in London, Wien, Dresden und Passau; seit 2014 Inhaber des Lehrstuhls für Neuere und Neueste Geschichte an der Katholischen Universität Eichstätt-Ingolstadt. Buchveröffentlichungen u.a.: Die undeutschen Deutschen. Eine ideengeschichtliche Archäologie der alten Bundesrepublik, 1945–1972. Paderborn u. a. 2012; Mit dem Wandel leben. Neuorientierung und Tradition in der Bundesrepublik der 1950er und 60er Jahre, Köln u. a. 2011 (Hg., zusammen mit Bernhard Rieger).

Professor em. Dr. Dr. h. c. mult. Horst Möller, geb. 1943 in Breslau. 1963–1969 Studium in Göttingen und an der FU Berlin (Geschichte, Philosophie u. Germanistik). Staatsexamen 1969, Promotion 1972, Habilitation 1978. 1969–1977 Wiss. Ass. FU Berlin, danach Mitarbeiter von Bundespräsident Scheel in Bonn, 1979–1982 Stv. Dir. des Instituts für Zeitgeschichte (IfZ) sowie Priv.Doz. in Berlin, dann in München. 1982–1989 Ordinarius für Neuere u. Neueste Gesch. in Erlangen. 1989–1992 Direktor des Deutschen Historischen Instituts (DHI) in Paris, 1992–2011 Dir. des IfZ München-Berlin, zugleich Ordinarius in Regensburg bis 1996, 1996–2011 in München. 2013–2014 Kommissar. Dir. des DHI Warschau. Gastprofessuren St. Antony's College Oxford sowie in Paris (Sciences Po; Sorbonne). Zahlreiche Buchveröffentlichungen zur dt. u. europ. Geschichte des 17. bis 20. Jhs., zuletzt: Regionalbanken im Dritten Reich (2015); Franz Josef Strauß, 2015, 3. Aufl. 2016; Die Weimarer Republik. Demokratie in der Krise, 12. Aufl. 2018.

Prof. Dr. Daniela Münkel, geb. 1962 in Hannover, Projektleiterin in der Forschungsabteilung des Bundesbeauftragten für die Unterlagen des Staatssicherheitsdienstes der ehemaligen DDR, apl. Professorin für Neuere und Neueste Geschichte an der Leibniz-Universität Hannover. Forschungsschwerpunkte in der NS-Zeit, der Geschichte der Bundesrepublik und der DDR, im Mittelpunkt dabei politik-, sozial, wirtschafts- und mediengeschichtliche Aspekte sowie Fragen der vergleichenden Geheimdienstforschung. Herausgeberin der Editionsreihe „Die DDR im Blick der Stasi. Die geheimen Berichte an die SED-Führung 1953–1989", Göttingen 2009 ff.; Veröffentlichungen zur Agrarpolitik u. a.: Nationalsozialistische Agrarpolitik und Bauernalltag, Frankfurt a. M./New York 1996; Der lange Abschied vom Agrarland. Agrarpolitik, Landwirtschaft und ländliche Gesellschaft zwischen Weimar und Bonn, Göttingen 2000 (Hg.); Das Bild des Bauern. Selbst- und Fremdwahrnehmungen vom Mittelalter bis ins 21. Jahrhundert, Göttingen 2012 (Hg. zusammen mit Frank Uekötter).

Simon Reiser, geb. 1984 in Marktoberdorf. 2014–2016 Studium der Internationalen Beziehungen an der Katholischen Universität Eichstätt-Ingolstadt, Masterarbeit bei Prof. Dr. Kießling mit dem Titel „Bismarck und der Beginn der deutschen Kolonialpolitik", aktuell Arbeit an einer Dissertation zum Thema „Krisenmanagement im Europa der Bismarckzeit – Kontinuität des Europäischen Konzerts in der zweiten Hälfte des 19. Jahrhunderts?". August 2017 bis Juli 2019 wissenschaftlicher Mitarbeiter an der KU Eichstätt-Ingolstadt für das Projekt zur Geschichte des BMEL und seiner Vorgänger. Derzeit tätig bei der Bundesagentur für Arbeit.

Prof. Dr. Ulrich Schlie, geb. 1965 in Nürnberg, 1985–1991 Studium in Erlangen-Nürnberg, Bonn, Köln und London LSE (Geschichte, Politikwissenschaft, Volkswirtschaft, Romanistik), M.A. 1991, Promotion 1992, Habilitation 2020. 1991–1992 Wissenschaftlicher Mitarbeiter Stiftung Wissenschaft und Politik, Ebenhausen/Isar; 1993 Eintritt in den Auswärtigen Dienst; 2005–2012 Leiter Planungsstab im Bundesministerium der Verteidigung; 2012–2014 Politischer Direktor im Bundesministerium der Verteidigung; 2014–2015 Fellow Harvard University; 2015–2020 Inhaber des Lehrstuhls für Diplomatie II an der Andrássy Universität Budapest; seit April 2020 Henry-Kissinger-Professor für Sicherheits- und Strategieforschung an der Universität Bonn; Gastprofessuren u. a. Institut d'Etudes Politiques de Paris (Sciences Po), Professor of Practice Tufts University Medford/MA, USA; zahlreiche Veröffentlichungen zur deutschen und europäischen Geschichte seit dem 18. Jahrhundert sowie zur Strategie und Sicherheitspolitik, zuletzt: Claus Schenk Graf von Stauffenberg. Biographie. Erweiterte und überarbeitete Neuauflage von „Es lebe das Heilige Deutschland", Freiburg: Herder 2018; (Hg.), Modernes Regierungshandeln in Zeiten der Globalisierung, Baden-Baden: Nomos 2019 (= Reihe der Andrássy-Studien).

Personenregister

Aa, Rudolf von der 608
Adenauer, Konrad 148, 270 f., 276, 282, 320, 323 f., 371 f., 383 f., 386, 397, 399–401, 408, 412, 417, 421–423, 444, 447, 466 f., 485, 492, 494 f., 502, 653, 655, 657, 662–664, 718
Aereboe, Friedrich 434
Albrecht, Ernst 680
Amelunxen, Rudolf 277
Andriessen, Frans 679, 691, 697
Assmann, Karl 334, 336
Aufseß, Hans Werner von 111, 147 f., 152, 185

Baasch, Alwin 533, 541, 548, 593, 612
Baath, Rolf 337, 390, 415, 424, 427, 431, 434, 450, 453, 506
Babel, Adolf 160
Bach-Zelewski, Erich von dem 412 f., 415, 447 f.
Backe, Herbert 108, 116, 118, 120, 122–133, 136, 138–140, 143, 145, 148, 155, 157, 164, 166–171, 176, 183, 189, 192, 200 f., 206, 210, 212–216, 218–226, 228–231, 233–246, 248–251, 253–256, 258 f., 710, 715
Backe, Ursula 169, 244
Backhaus, Karl-Heinz 131, 240
Ball, George W. 265
Bangemann, Martin 699
Bartsch, Karl-Heinz 559, 595, 598 f., 622–630, 632, 642, 646, 720
Batocki-Friebe, Adolf von 19 f.
Bauer, Fritz 635
Bauer, Gustav 34
Bauknecht, Bernhard 384
Baumgartner, Joseph 282, 288, 312, 318, 320, 327
Becker, Gustav 612
Beer, Ferdinand 593
Behr, Lothar 553
Behrens, Gustav 157, 209, 216, 239
Benecke, Reinhard 352
Benjamin, Hilde 27, 342, 635
Bertram, Heinrich 439 f.
Besselmann, Hugo 334
Best, Werner 204
Bevin, Ernest 313
Bidault, Georges 299 f., 302

Blücher, Franz 474
Boenigk, Willy 593, 609
Borchert, Jochen 683 f., 696
Bothe, Hans-Günther 472
Bower, Roy G.B. 194
Brandt, Rudolf 131, 217 f.
Brandt, Willy 666, 670
Braun, Friedrich Edler von 20, 32
Braun, Magnus Freiherr von 92–94
Braun, Otto 30, 35 f., 66, 87 f.
Brentano, Lujo 13
Britzius, Hans 448
Broszat, Martin 255, 715
Brüning, Heinrich 53 f., 72 f., 80 f., 83 f., 86–90, 709
Buchholz, Hubertus 533 f.
Büchner, Hans 424 f., 431
Busse, Ernst 350, 352 f.
Byrnes, James F. 304 f., 313

Caesar, Joachim 178
Canenbley, Wilhelm 215
Cesarz, Wilhelm 562
Chemnitzer, Johannes 630
Chirac, Jacques 680, 695, 699
Chruschtschow, Nikita 586
Ciano, Galeazzo 198
Ciolos, Dakan 757
Clauß, Wolfgang 155
Claussen, Julius 241, 421–423, 429, 444
Clay, Lucius D. 270, 279 f., 286, 305, 310 f., 313, 332
Conti, Leonardo 217 f.
Corni, Gustavo 445, 708 f.
Couve de Murville, Maurice 660
Cuno, Wilhelm Carl Josef 48 f., 67, 274

Dalsager, Poul 697
Damaschke, Adolf 435
Darré, Charlotte 177, 237
Darré, Richard Walther 75–77, 79 f., 105 f., 109–113, 115–123, 126, 130–133, 138–141, 143–155, 157–166, 168–183, 185–189, 191–193, 197–204, 206–211, 214–219, 223 f., 229, 233–235, 237, 251–254, 257, 259, 462, 715
Deetjen, Hans 155

Dehler, Thomas 398
Delors, Jacques 679–681, 685–687, 691, 697
Dencker, Carl Heinrich 241
Dernburg, Bernhard 33
Dieckmann, Johannes 610
Dietrich, Hermann 53f., 56, 58–60, 65f., 70–74, 81f., 89–91, 94, 283–285, 287f., 291, 293, 303, 305f., 308, 315, 333f., 360
Dietrich, Kurt 188f.
Dietrich, Otto 215
Dönitz, Karl 243, 245–247, 250, 392
Dornheim, Andreas 456, 506f., 700
Drees, Heinz 337
Drey, Paul 194

Ebert, Friedrich 34f., 48
Ebrecht, George 178
Eckart, Dietrich 127
Ederer, Brigitte 692
Effertz, Josef 474, 496
Ehard, Hans 278, 314, 332
Ehrenberg, Herbert 683
Ehwald, Ernst 620f.
Eichmann, Adolf 634f.
Eisenhower, Dwight D. 248, 250
Eisenkrämer, Kurt 756
Eltz-Rübenach, Kuno Freiherr von und zu 216f.
Elvert, Gerhard 545, 598f.
Engels, Friedrich 565
Erhard, Ludwig 316, 319f., 323, 387, 462, 485, 511, 653, 656, 658, 662, 664, 700, 717f.
Ernst, Wilhelm 337, 441
Ertl, Josef 385, 452f., 670–672, 681, 700
Ewald, Georg 519, 559f., 562, 621, 630, 647

Fauser, Immanuel 356f.
Feder, Gottfried 118
Fegelein, Hermann 245, 456
Fehr, Anton 44–47, 68, 99, 283
Feiter, Franz-Josef 682f., 687, 696
Feldman, Gerald 21
Felfe, Werner 520
Fischer, Joseph 507
Fischler, Franz 692–694, 756
Florian, Matthias 456
Florian, Walther 377, 439, 445, 456–458, 503, 510, 682, 713f., 756
Focke, Katharina 663
Fraenkel, Ernst 105, 715

Frank, Friedrich 461
Frick, Wilhelm 132, 188, 229
Friedensburg, Ferdinand 341
Frommhold, Ernst 540f., 549
Froreich, Werner von 448
Fuchs, Hans 352, 534
Funk, Walther 115f., 188, 243
Funke, Karl-Heinz 433

Gallus, Georg 453, 680, 682–684
Gareis, Hanns 383, 422, 446–449, 451, 472, 489, 491, 498, 500, 506
Gassner, Gustav 378
de Gaulle, Charles 299, 659–662, 719
Gebhardt, Heinrich 170
Geldern, Wolfgang von 682, 684
Genscher, Hans-Dietrich 394, 675, 695, 699
Gies, Horst 141f., 150, 153
Globke, Hans 372, 374, 397, 403, 412, 418, 421–423, 634–636, 664
Gniffke, Erich 341
Goebbels, Joseph 112, 115, 122, 146, 148, 164, 216, 218f., 229, 233, 236–238, 241, 243
Goercke, Kurt 630–637
Goldenbaum, Ernst 351, 531–534, 544, 645
Goltz, Rüdiger Graf von der 129, 760
Göring, Hermann 107, 112, 119, 122, 148, 166–171, 185f., 188, 190, 203f., 214, 216, 223, 228, 243, 246, 250, 253f., 336, 715
Goschler, Constantin 435
Gottberg, Curt von 181f., 203
Grandval, Gilbert 300
Grass, Günter 439
Greifelt, Ulrich 182
Greiser, Arthur 204, 221
Griesau, Hans Dieter 452f., 672
Gröbl, Wolfgang 683
Groener, Wilhelm 16, 20, 24, 27
Grossmann, Ernst 627
Grotewohl, Otto 341, 363, 534f., 543, 550f., 568, 578f., 586–588, 594f., 613
Grund, Walter 663
Grüneberg, Gerhard 519f., 535, 560f., 584, 586, 623f., 630
Grzimek, Bernhard 394
Gundelach, Finn-Olav 697
Günther, Frieder 392, 435

Häberlein, Ludwig 143
Häfner, Kurt 334f., 442–445

Hagedorn, Fred Hermann   44, 57
Hagemann, Eberhard   278
Hahn, Walter   442
Hallermann, August   152 f.
Hallstein, Walter   654 f., 659–661, 705, 719
Hamm, Eduard   55
Hanssen, Curt-Walter   217
Harkort, Günther   663, 667
Harm, Hermann   163
Harmening, Rudolf   131, 137 f., 154, 176 f., 180, 198, 209–211, 214, 219, 223
Hartmann, Alfred   356
Haslinde, Heinrich   56 f., 62, 69, 101
Haushofer, Albrecht   441
Haushofer, Heinz   154, 505
Haushofer, Karl   128
Hecht, Fritz   577
Heerbach, Gerhard   603
Heereman von Zuydtwyck, Constantin Freiherr von   700
Hegewisch, Lothar   333, 336, 440 f.
Heid, Heinrich   541, 562, 569 f.
Heidrich, Horst   562 f., 600 f.
Heine, Wilhelm   605, 609, 611
Heinemann, Gustav   399, 418, 421
Heinicke, Wilfried   605, 610 f.
Heinks, Heinke   353, 533, 755, 760
Heinrich, Gotthard   559, 563
Heinrici, Carl   44–46, 49, 57
Henrici, Hans   403
Henschel, Theodor   181
Hensen, Heinrich   337
Hermes, Andreas   35, 37–45, 58, 63, 72, 84, 113, 273 f., 329, 350, 362, 383 f., 399–401, 408, 482, 486
Herren, Franz   442
Herrmann, Else   554
Heß, Rudolf   182, 188, 194 f., 209
Heukamp, Hermann   70, 92
Heuss, Theodor   371, 397, 441
Heydebrand, Gisela von   453
Heydrich, Reinhard   185, 253
Hiege, Ferdinand   132, 138, 155, 182, 219 f.
Hildebrandt, Richard   197
Hilferding, Rudolf   59
Hiller, Richard   333
Hillgruber, Andreas   107, 232, 715
Himmler, Heinrich   77, 79, 107, 122, 128, 131, 138, 155, 158–160, 162 f., 170, 172, 177–183, 197–208, 210 f., 216–224, 227–232, 235 f., 243 f., 252–254, 259, 710
Hindenburg, Paul von   58, 65 f., 80, 85, 89, 92, 95, 112, 114, 118 f., 269, 291, 709
Hirtsiefer, Heinrich   87
Hitler, Adolf   47, 76 f., 88, 92–95, 107, 110, 112–114, 116–119, 121–123, 125–128, 130, 133, 144 f., 149, 158, 164, 166 f., 169, 173–176, 183, 185–187, 191, 197, 211 f., 217–219, 223, 232 f., 235–238, 243 f., 246, 248, 250, 253
Höcherl, Hermann   390, 433, 451–453, 474, 664 f., 672, 700
Hoegner, Wilhelm   282
Hoernle, Edwin   342 f., 345 f., 348–350, 352–357, 362, 607, 755, 760
Höfer, Ernst   83
Hoffmann, Erich   57
Hoffmann, Herbert   343, 534
Hogan, Philip   702 f.
Honecker, Erich   342, 527, 561, 619
Hoover, Herbert   306
Horlacher, Michael   327, 329
Huber, Ludwig   38
Hugenberg, Alfred   112–121, 258, 291, 336, 707
Hughes, Guy Erskine   294
Hussel, Lothar   545 f., 553, 608
Hüttebräuker, Rudolf   411–415, 427, 429 f., 433–435, 438, 447–451, 471, 496, 499 f., 510, 658, 663 f., 713

Janeba, Gerhard   337, 441
Jerratsch, Otto   337, 446, 471
John, Oskar von   270, 280, 304, 306, 335 f.

Kaiser, Jakob   351, 363, 478
Kalckreuth, Eberhard Graf von   81, 93, 95
Kanitz, Gerhard Graf von   50, 55 f., 61, 68 f.
Kastl, Ludwig   90
Katzmann, Fritz   446 f.
Kehrl, Hans   245
Keppler, Wilhelm   166
Kern, Leopold   195
Kerrl, Hans   118, 120 f., 166, 215
Keßler, Erich   374, 418, 421
Kiechle, Ignaz   457, 673, 676, 679, 681–684, 700
Kiel, Walter   534, 551, 612 f.

Kiesler, Bruno 547, 581, 584, 588, 600 f., 630, 758
Kinkel, Klaus 692
Kinkelin, Wilhelm 155, 182
Kittel, Walter 682 f.
Klöckner, Julia 703
Klopfer, Gerhard 227 f., 244
Kluge, Ulrich 463, 470
Koch, Erich 226
Koch, Helmut 37, 226, 559, 563
Kocka, Jürgen 28
Koenig, Marie Pierre 299 f., 302 f.
Kohl, Helmut 457 f., 674–676, 680, 682 f., 686 f., 692, 696, 699, 705, 718, 799
Köhler, Erich 318
Köhler, Heinrich 56, 64
Körner, Hellmut 245, 449, 471
Körner, Paul 166
Kramer, Matthias 352, 356
Krattenmacher, Hans 434
Kraut, Heinrich 238–240
Kriegsheim, Arno 189
Kroeger, Erhard 631
Krolikowski, Werner 520
Krüger, Leopold 419
Kuhrig, Heinz 559–562, 601, 618 f., 647
Kumm, Hans 604, 606
Kummer, Kurt 132, 137 f., 163, 180 f., 194, 204 f., 260
Künast, Renate 507, 653, 700

Laffon, Emile 299
Lahr, Rolf 497–500, 663
Lais, Rudolf 379
Lambsdorff, Otto Graf 699
Lammers, Hans 114–116, 166, 174, 186, 188, 198 f., 219, 234
Langer, Bruno 572
Lardinois, Pierre 697
Lauenstein Johann-Dietrich 138, 221
Leber, Georg 388
Legras, Guy 678, 697
Lehmann, Julius 76
Lenin, Wladimir 565
Lettow-Vorbeck, Hans von 160, 178
Lewis, Henry 247
Lex, Hans Ritter von 374, 428 f.
Ley, Robert 173 f., 243
Leyen, Ferdinand von der 441
Leyen, Ursula von der 703 f.

Lietz, Bruno 559, 561 f., 596, 618 f., 642, 647
Lindenau, Oskar 534, 604–606
Lindner, Fritz 602
Lindner, Werner 561 f., 616
Littmann, Georg 418
Löffler, Bernhard 387
Logemann, Fritz 452 f.
Lohse, Hinrich 118
Lorber, Karl-Heinz 554–556, 616
Lorenz, Erwin 138
Lubbers, Ruud 680
Lübke, Heinrich 328, 383, 392, 398–400, 405–409, 411, 414, 421, 424, 430, 434, 467 f., 471, 474, 488–490, 495 f., 498, 509, 511, 653, 655 f., 663 f., 697, 700, 720
Lücker, Hans August 409
Ludendorff, Erich Friedrich Wilhelm 24 f.
Ludewig, Johannes 687
Luppe, Hermann 440
Luther, Hans (Reichsernährungsminister, Reichskanzler) 47–50, 56, 67, 99
Luther, Martin (Unterstaatssekretär AA) 194

Machui, Artur von 336
MacSharry, Ray 679, 681, 683, 687, 689–691
Maier-Bode, Friedrich-Wilhelm 419 f., 440, 442
Mansholt, Sicco 481, 483, 490, 499, 509, 655 f., 658, 660 f., 665, 669 f., 697, 705, 719
Marjolin, Robert 660
Marshall, George Catlett 307, 310, 486
Martens, Gunter 425
Martinstetter, Hermann 429–431, 437 f., 453, 475 f., 713
Marx, Karl 565
Marx, Wilhelm 50, 53, 55 f.
Masberg, Winfried 434
Matern, Hermann 572, 627, 629
Matthöfer, Hans 670
Medrow, Siegfried 211
Meinberg, Wilhelm 116, 156
Mellentin, Franz 561
Merkel, Hans 153–155
Merker, Paul 353, 357, 520, 532–534, 536
Merten, Hans 478
Meyer, Konrad 206 f., 222–225, 227
Michaelis, Georg 15, 19, 26
Mielke, Erich 635
Mitterrand, François 683, 696, 705

Moldenhauer, Ernst   534
Molkenthin, Herbert   541, 595
Monnet, Jean   498
Morgenroth, Edgar   337
Moritz, Alfons   116, 132 f., 136 f., 147, 151, 176, 187–189, 214, 242, 250, 252, 260
Morsey, Rudolf   405
Moses, Dirk   432
Mückenberger, Erich   520, 535, 537, 542 f., 545–547, 550 f., 581, 583 f., 614, 623, 629 f.
Müller, August   31 f., 34, 40
Müller, Dietmar   557
Müller, Hermann   38, 57–59, 86
Müller, Josef   320
Müller, Karl   47, 67, 399
Müller, Rolf-Dieter   222
Müller-Armack, Alfred   663
Münch, Werner   596
Münkel, Daniela   145, 151, 410
Mussehl, Friedrich   70, 92
Mussolini, Benito   197
Muthmann, Walter   441

Neef, Fritz   452 f., 663, 672, 683
Nehring, Kurt   622 f.
Nelson, Hans   375, 441, 498
Neu, Erwin   541, 546, 558, 563, 569
Neurath, Konstantin Freiherr von   182
Neuwirth, Ernst   194
Nieschulz, Adolf   420
Niklas, Wilhelm   282, 312, 315, 324 f., 327, 334, 371, 382, 385 f., 389, 391, 395, 398–401, 404 f., 414, 418–422, 425, 429, 434, 440, 442, 447, 451 f., 463, 465, 468, 488, 495, 502, 509, 672, 712
Nobis, Friedrich   379, 505
Nonhoff, Friedrich   337, 491, 496
Norden, Albert   587, 621, 634
Nuppnau, Willy   539

Oberländer, Theodor   400, 636
Obst, Erich   124
Oelßner, Fred   568
Ohnesorge, Wilhelm   149
Oppler, Kurt   332, 417

Palm, Stefanie   438
Palmer, Siegfried   449–451, 471
Panther, Albert   473

Papandreou, Andreas   674
Papen, Franz von   70, 92 f., 95, 112, 709 f.
Passarge, Karl   288, 290–294, 296, 334
Patel, Kiran   412, 414, 495, 497, 653, 657 f., 663 f.
Patton, George   281
Peters, Wilhelm   35
Petersen, Rudolf   279
Petzina, Dietmar   86
Peuckert, Rudolf   172
Pflimlin, Pierre   481, 485, 488
Pieck, Wilhelm   568
Pielen, Ludwig   420, 453
Pisani, Edgard   656, 664
Podeyn, Hans Carl   292, 312, 315, 320, 322, 324, 333 f., 418
Pohl, Oswald   183, 221, 225 f.
Pollock, James K.   280, 283
Pompidou, Georges   666
Popitz, Johannes   166
Prasse, Friedrich   419 f., 427
Pünder, Hermann   58, 84, 86, 90, 316, 324
Pyta, Wolfram   109

Rabien, Herbert   378
Rademacher, Ernst   377
Rapp, Albert   413, 449
Rattenhuber, Ernst   280–282, 327
Rau, Heinrich   346, 349, 588
Rauch, Hans   429
Reagan, Ronald   458, 705
Rebentisch, Dieter   201
Rechenbach, Horst   156, 160, 162
Recke, Hans-Joachim   386, 389, 506
Rehwinkel, Edmund   329, 384 f., 395, 400, 408 f., 492, 496, 511, 664, 697, 700
Reichelt, Hans   543–547, 554, 557–559, 577 f., 580, 584, 586–588, 596, 618, 624, 642, 647
Reimer, Horst   608
Reinhardt, Fritz   430
Reinhardt, Kurt   608
Reinthaller, Anton   137, 208
Reischle, Hermann   120, 141–143, 155, 157, 160, 170, 182, 206
Reutter, Rudolf   348, 533, 540, 593, 612
Richter, Harald   378
Riecke, Hans-Joachim   189, 213, 225–227, 234 f., 240–247, 260
Riehm, Eduard   378

Rinecker, Anton 419f., 447
Ritter, Kurt 58
Rittich, Otto 541, 552
Robertson, Brian Hubert 305, 313
Rocard, Michel 678
Rochereau, Henri 660
Roettgers-Schulte, Hugo 379
Rohr, Hans-Jürgen 453, 458, 672, 682
Rohr, Hansjoachim von 113–116, 123, 130, 132, 137
Rohr-Demmin, Joachim von 93
Rohrbach, Justus 309, 441
Rohrbach, Paul 441
Röhrer, Heinz 620
Rönneburg, Heinrich 66
Rooks, Lowel W. 247
Rose, Berthold 569
Rosegger, Sylvester 616, 618–620
Rosenberg, Alfred 127, 216, 224, 226, 241
Rosenbrock, Ewald 393
Roth, Markus 450
Rothermel, Fridolin 329
Rübensam, Erich 545–547, 599f., 621, 628
Runde, Ludwig 138

Saefkow, Anton 443
Saldern, Adelheid von 73
Salomon, Ernst von 441
Salomon, Joachim 605
Sauckel, Fritz 172, 230
Sauer, Ernst 379
Saure, Wilhelm 137, 141, 143, 148, 155
Schacht, Hjalmar 165, 167, 173, 183, 185, 188
Schäfer, Albert 568, 571f., 577
Schäfer, Wilhelm 635–637
Schäffer, Fritz 276, 280–282
Scheidemann, Philipp 31f., 34, 98
Scherstjanoi, Elke 571
Scheubner-Richter, Max Erwin von 127f.
Scheunert, Carl Arthur 612
Schiele, Martin 52f., 55–58, 62–66, 69, 74, 80–82, 86f., 90f., 94, 101
Schiffer, Eugen 341
Schiller, Karl 667, 670
Schiller, Otto 334f.
Schlange-Schöningen, Hans 88f., 270, 287f., 290–297, 303, 305f., 312, 315–325, 332, 334–336, 338, 360f., 399, 408, 418, 711f., 717f.
Schleicher, Johannes 453, 455f.

Schleicher, Kurt von 92, 94–95, 112, 709
Schlögl, Alois 327
Schmidt, Helmut 669f., 672, 699
Schmidt, Otto 552f.
Schmidt, Robert 28, 30–38, 40, 56, 74, 98
Schmitt, Kurt 121
Schneider, Wolfgang 441
Scholz, Paul 518, 534–538, 540f., 543f., 546, 548, 550f., 553, 569, 571f., 577–580, 594f., 606f., 613f., 645
Schön, Otto 572
Schöne, Jens 571
Schröder, Gerhard (Bundesminister) 400, 425, 660
Schröder, Wilhelm 342, 542f., 548, 569, 572f., 577, 597, 631, 642, 646, 758
Schulenburg, Fritz-Dietlof Graf von der 129, 137, 254, 260, 441, 710
Schülgen, Leo 177, 420
Schulz, Gerhard 151
Schulze, Dietrich 605, 610
Schulze, Heinz Georg 455
Schumacher, Kurt 293, 334
Schumacher, Martin 19, 21, 49, 60
Schuster, Ludwig 131, 138, 147, 156f., 168
Schüttler, Anna Margareta 416
Schwartz, Johannes 410, 438
Schwartz, Martin 378, 438
Schwarz, Werner 409–411, 414f., 430, 434, 436, 474, 477, 479, 490, 493–496, 511, 656f., 663f., 697
Schwerin von Krosigk, Johann Ludwig Graf 427, 422f.
Schwink, Hans 281
Seebohm, Hans-Christoph 417
Seemann, Hans-Joachim 559, 563
Semrau, Heinz 546
Severing, Carl 292
Seyffert, Hans 137
Siegmund, Kurt 521, 533, 535–537, 540f., 543–546, 557, 569–574, 577f., 587
Silverberg, Paul 85
Skalweit, August 20
Skodowski, Bruno 558, 563, 585, 587f., 616
Sonnemann, Theodor 148f., 372, 392f., 398, 400–404, 411f., 414, 420f., 423, 425, 428f., 433, 435, 437, 442, 445, 463, 465, 468, 486, 488–490, 493, 496–499, 506, 510, 697, 700, 713
Spaak, Paul-Henri 482f.

Spangenberg, Hans 401
Speer, Albert 126, 229, 243–245, 255, 392, 404
Sprengel, Aenne 416
Staab, Friedrich 334f., 418, 442, 489
Stahl, Wilhelm 616–619, 622f.
Stalin, Josef 567f., 578
Stalmann, Otto 375, 447, 449f., 492, 496, 498
Stange, Irina 438
Stauffenberg, Claus Schenk Graf von 260, 337, 441
Steck, Hermann 334f., 418
Steding, Friedrich 384, 388, 393, 436, 446, 449, 463, 471
Stegerwald, Adam 89
Steidle, Luitpold 346, 352, 355
Steuer, Robert 472f.
Stoltenberg, Gerhard 699
Stoph, Willi 342
Strasser, Gregor 79, 112
Strauß, Franz-Josef 320, 324, 400, 682, 699
Strauß, Walter 311, 398
Streit, Hermann 572, 577f.
Streit, Josef 634
Stresemann, Gustav 47, 49f., 57
Struve, Detlef 384, 409, 415, 496
Stubbe, Hans 612f., 615–617, 621
Stuckart, Wilhelm 193, 397
Stupow, Alexej D. 567, 569
Swinderen, Jacobus van 211

Tantzen, Theodor 44
Taubert, Eberhard 620
Templer, Gerald Walter Robert 289
Thälmann, Ernst 534
Thamm, Horst 541, 604–607
Thatcher, Margaret 674, 705
Theile, Heinz 594f., 598, 604, 606
Thiemeyer, Guido 474f.
Thomas, Georg 212
Thon, Rudolf 532
Tietmann, Otto 296, 332–335, 380
Tilmann, Gustav 496, 498
Tooze, Adam 108, 212, 254, 256
Trappmann, Walter 378
Treviranus, Gottfried 86f.
Trittel, Günter J. 294
Trojan, Carlo 679, 685

Truman, Harry S. 306
Tschuikow, Wasili 543f.

Uekötter, Frank 434
Ulbricht, Walter 275, 356, 515, 520, 524f., 527, 531–534, 536, 539f., 543f., 568–569, 571, 577–582, 593, 612, 619, 623f., 637, 644

Vettel, Franz 616–619
Vieweg, Kurt 520, 533, 542, 554, 563, 572, 581, 614, 616
Vogt, Karl 161
Volkmann, Kurt 355
Vorwerk, Joachim 445

Wagner, Josef 165
Waigel, Theo 699
Walas, Michael 435
Waldow, Wilhelm von 21, 26
Walter, Hubertus 434
Warmbold, Hermann 92f.
Wegener, Karl August 420
Weißer, Hans 211
Weißhaupt, Fritz 541, 597
Weisz, Christoph 295
Wermuth, Adolf 36
Wetzel, Erhard 224
Wex, Ernst 194
Wildts, Michael 432
Wilke, Walter 557f., 630
Wille, Martin 653
Willikens, Werner 77, 79, 116–119, 130, 133f., 138, 148, 208, 221, 235, 241
Willuhn, Franz 174f.
Wilmowsky, Thilo Freiherr von 52
Winkelstern, Heinrich 425
Wirth, Karl Joseph 42, 46
Wissell, Rudolf 33f., 36, 74
Wodianer de Maglot, Béla von 195f.
Woermann, Emil 230
Wohleb, Leo 301
Wohlers, Robert 316
Wohlthat, Helmuth 189
Wolf, Dieter 384f.
Wurm, Emanuel 29–32, 34

Ziaja, Peter 194
Zinn, Georg August 318